001no Foto: ms

Martin Schmidt
Norwegen

Ja, vi elsker dette landet,
som det stiger frem, furet, værbitt,
over vannet, med de tusen hjem.

Ja, wir lieben dieses Land,
das, vom Meer zernagt und durchfurcht,
mit tausend Heimen aus den Fluten ragt.

Anfang der norwegischen Nationalhymne,
Text von Bjørnstjerne Bjørnson

Impressum

Martin Schmidt
Norwegen

erschienen im
Reise Know-How Verlag Peter Rump GmbH
Osnabrückerstraße 79
33649 Bielefeld

© Peter Rump 2006, 2008
3., neu bearbeitete und komplett aktualisierte Auflage 2010
Alle Rechte vorbehalten.

Gestaltung
Umschlag: G. Pawlak, P. Rump (Layout);
Svenja Lutterbeck (Realisierung)
Inhalt: Günter Pawlak (Layout);
André Pentzien (Realisierung)
Fotos: Frithjof Fure/Innovasjon Norge (ff), Beate Juliussen/
Finnmark Tourist Board (bj), Nancy Bundt/Innovation Norway (nb),
Bjørn Moholdt/Finnmark Tourist Board (bm), Fredrikstad Kommune (fk),
Frank K. Opsahl (fo), Heiko Scholze (hs), der Autor (ms)
Titelfoto: der Autor
Karten: Bernhard Spachmüller, Catherine Raisin und der Verlag
Bildbearbeitung: Klaus Werner, Peter Rump

Lektorat: Michael Luck, Liane Werner
Lektorat (Aktualisierung): Svenja Lutterbeck

Druck und Bindung
Media Print, Paderborn

ISBN 978-3-8317-1938-9
Printed in Germany

Dieses Buch ist erhältlich in jeder Buchhandlung Deutschlands, der Schweiz, Österreichs, Belgiens und der Niederlande. Bitte informieren Sie Ihren Buchhändler über folgende Bezugsadressen:

Deutschland
Prolit GmbH, Postfach 9,
D-35461 Fernwald (Annerod)
sowie alle Barsortimente
Schweiz
AVA-buch 2000, Postfach, CH-8910 Affoltern
Österreich
Mohr Morawa Buchvertrieb GmbH
Sulzengasse 2, A-1230 Wien
Niederlande, Belgien
Willems Adventure,
Postbus 403, NL-3140 AK Maassluis

Wer im Buchhandel trotzdem kein Glück hat, bekommt unsere Bücher auch direkt über unseren **Büchershop im Internet:**
www.reise-know-how.de

Wir freuen uns über Kritik, Kommentare und Verbesserungsvorschläge, gern auch per E-Mail an info@reise-know-how.de.

Alle Informationen in diesem Buch sind vom Autor mit größter Sorgfalt gesammelt und vom Lektorat des Verlages gewissenhaft bearbeitet und überprüft worden.

Da inhaltliche und sachliche Fehler nicht ausgeschlossen werden können, erklärt der Verlag, dass alle Angaben im Sinne der Produkthaftung ohne Garantie erfolgen und dass Verlag wie Autor keinerlei Verantwortung und Haftung für inhaltlic[h] und sachliche Fehler übernehmen.

Die Nennung von Firmen und ihren Produkten und ihre Reihenfolge sind als Beispiel ohne Wertung gegenüber anderen anzusehen.
Qualitäts- und Quantitätsangaben sind rein subjekt[ive] Einschätzungen des Autors und dienen keinesfalls d[er] Berwerbung von Firmen oder Produkten.

004no Foto: ms

Martin Schmidt

Norwegen

Gewidmet:
meinen Eltern

Reise Know-How im Internet

www.reise-know-how.de

- Ergänzungen nach Redaktionsschluss
- kostenlose Zusatzinfos und Downloads
- das komplette Verlagsprogramm
- aktuelle Erscheinungstermine
- Newsletter abonnieren

Bequem einkaufen im Verlagsshop mit Sonderangeboten

Vorwort

Norwegen ist ein Erlebnis! Es ist das Land der mächtigen Fjorde, gewaltigen Berge und der filigranen Stabkirchen. Ein Reich voller Kontraste, Merk- und Denkwürdigkeiten. Das vorliegende Reisehandbuch will helfen, **Norwegen individuell** zu **entdecken,** sei es im lichtdurchfluteten Sommer, im goldenen, farbenfrohen Herbst, zur mystischen Winterszeit oder während des berauschenden Frühlings. Der Reiseführer geleitet dabei zu den großen Touristenattraktionen und auch zu zahllosen, weniger bekannten Natur- und Kultursehenswürdigkeiten. Er präsentiert detailliert das Reich der Fjorde und die endlose Küstenregion, ebenso den lieblichen Süden und die weiten Waldgebiete des Ostens. Des Weiteren führt das Buch den Norwegen-Reisenden nach Norden, zur faszinierenden Inselwelt der Lofoten, nach Tromsø, Hammerfest, zum Nordkap und zum Land der Samen.

Auf zahlreichen Reisen konnte ich die Erfahrung machen, wie wichtig es ist, die Menschen und ihre Kultur zu kennen, um das Land und seine Besonderheiten zu verstehen. Das Buch möchte daher dem Besucher einen tieferen Blick in die Seele Norwegens gewähren und so ein Reisen mit „offenen Augen" ermöglichen. Neben den dafür benötigten **landeskundlichen Informationen,** die gerade auch der Vorbereitung und Einstimmung auf die Reise dienen, muss der Reisende natürlich auch die „harten" Informationen zur Hand haben, die ihm unterwegs helfen, ans Ziel zu kommen. Es wurde daher Wert auf eine umfangreiche Auflistung von Adressen, Internetlinks, Hintergrundinformationen und Tipps gelegt. Sie beinhalten – ganz wichtig im Falle eines Landes, das für sein Naturpotenzial berühmt ist – auch ausführliche Angaben zu sportlichen Aktivitäten.

Neben der herrlichen Landschaft laden auch die Städte Norwegens zu einem Aufenthalt ein. Auf Haupt- und Nebenwegen kann z.B. das quirlige Leben Oslos erkundet werden, es lockt die Küsten- und Kulturmetropole Bergen, weitere Ziele sind die Ölhauptstadt Stavanger und die Domstadt Trondheim. Dazu enthält das Buch umfangreiche **praktische Informationen** zu Unterkünften, Restaurants, Cafés, Verkehrsmitteln und städtischen Freizeitaktivitäten.

Speziell in einem Land mit hohem Preisniveau – und das ist Norwegen – ist es wichtig, die Preise zu kennen und bei Unterkünften genügend Auswahl und mehrere Alternativen zu haben. Das Buch listet daher eine Vielzahl Hotels und Campingplätze auf, preiswerte und teure, einfache und komfortable.

Der Reiseführer ist auch ein Handbuch mit Informationen und Hinweisen zum Reisen mit und ohne Auto, nach und in Norwegen. Er enthält Berichte über das Wegenetz, über Fahrten im Winter, zu Bahn und Buslinien, kurz: alles für eine Reise ohne Komplikationen.

Velkommen til Norge – willkommen in Norwegen!

Martin Schmidt

Inhalt

Praktische Reisetipps A–Z

(unter Mitarbeit von E.H.M. Gilissen)

Land und Leute

Region Oslofjord

Der Süden

Der Westen

Der Osten

Mittel- und Nordnorwegen

Anhang

FINNMARK

012no Foto: ms

Praktische Reisetipps A–Z

013ano Foto: ms

013bno Foto: ms

Ein Hurtigruten-Schiff

Norwegische Hytta

Fjordpferd

An- und Rückreise

Auto/Fähre

Wer mit dem Auto anreist, kann fährfrei nach Norwegen gelangen, muss dann jedoch einen 150 km langen Umweg über die dänische Insel Fyn (Großer Belt, Nr. 12 in der Karte) in Kauf nehmen. Vielleicht ist es da doch schöner, den Urlaub mit einer kleinen Kreuzfahrt zu beginnen.

Die **Wahl der Fährlinie** ist nicht einfach, gibt es doch ein breit gefächertes Angebot. Es kommt darauf an, wie viel Zeit man für die Anfahrt einplant, wie weit man die Reisekasse strapazieren kann/will und ob man Zwischenstopps einlegen möchte.

Auf alle Fälle sollte man sich vorab über die aktuellen, jährlich wechselnden **Preise** informieren. Es gibt zahllose Sondertarife, Nebensaisonrabatte, Studentendiscounte und „Luxuspreis-Tage". **Fahrpläne** findet man im Internet bei den einzelnen Fährlinien oder unter www.richtig-schiffen.de bzw. beim Norwegischen Fremdenverkehrsamt und in Reisebüros.

Bei den meisten Strecken von Deutschland und Norddänemark sollte wegen der hohen Nachfrage am besten zwei bis vier Monate vor Abfahrt gebucht werden. Eine Alternative ist die Fahrt durch Südschweden über die **Vogelfluglinie** (Putgarten (D) – Rødby (DAN) und Helsingør (DAN) – Helsingborg (SWE), siehe Nr. 9, 10, 12 auf der Karte. Diese Passagen bedürfen keiner Buchung.

Die Sicherheit der Fähren ist tadellos, die Ausstattung mit Restaurants und Läden gut.

Die Überfahrt auf den Kurzfähren von Deutschland über Dänemark nach Schweden verläuft meist recht ruhig. Von Kiel nach Oslo bzw. Göteborg gibt es nur an einigen Tagen im Herbst und Winter höheren Seegang. Wind und Wetter stärker ausgesetzt sind die Fähren ab Norddänemark, nach Kristiansand, Egersund und Bergen. Achtung: Schnellfähren nehmen die Wellen etwas schwungvoller mit.

Die angegebenen Preise sind **Festpreise für 2010** (Wohnmobile: Autopreise plus 25–50 %). Da es eine Vielzahl von Sonder-, Haupt- und Nebensaisontarifen gibt und sich die Preise teils auch innerhalb einer Saison ändern, können nur ungefähre Angaben zu den Kosten gemacht werden. Die Zahlen in Klammern bezeichnen die Nummern in der Karte. Mehr Infos und Tipps zur Anreise auch auf: www.norwegeninfo.net.

Anreise über die Insel Seeland (Dänemark) und Südschweden

Die Überfahrten sind **kurz und** teilweise recht **preiswert.** Hinzu kommt aber noch eine 600 km lange Fahrstrecke auf der E 6 (Tempolimit: 90–110 km/Std.) durch Südschweden.

Lohnende Stopps sind beispielsweise Roskilde (Wikingerschiffsmuseum, Dom), Kopenhagen, das berühmte Louisiania-Museum für moderne Kunst in Humlebæk (nördlich von Kopenhagen) und Helsingør (Hamlet-Schloss) in Dä-

Als Gast in Norwegen – Verhaltenstipps

Betritt man die Wohnung eines Norwegers, zieht man immer die Straßenschuhe aus, egal wie sauber diese auch sein mögen. Zur Begrüßung reicht ein einfaches „Hei". Sollte man den Gastgeber schon einmal vorher getroffen haben, so ist es eigentlich höflich, „Takk for sist", „Danke für das letzte Mal" zu sagen. Vergißt man das jedoch, dann ist das heutzutage auch nicht weiter tragisch. In jedem Falle angebracht ist es, sich recht häufig mit einem „Takk" für alles mögliche zu bedanken, und sei es für das Knöllchen am falsch geparkten Auto ...

Sieht man nun einen norwegischen Freund nach längerer Zeit wieder, so sollte man sich nicht davon irritieren lassen, wenn die Wiedersehensfreude eher gedämpft ausfällt. Man ist halt nicht so spontan. Zur Begrüßung sind kleine Mitbringsel gern gesehen. Möchte man dem Gastgeber eine Freude bereiten und den in Norwegen so teuren Alkohol verschenken (man nehme am besten Wein), tut man gut daran, sich zuerst der Einstellung der Freunde zu demselben zu vergewissern: Entweder der Norweger betrachtet Wein und Schnaps als das Lebenselixier schlechthin, oder aber, vor allem in Süd- und Westnorwegen, er meidet ihn, wo er nur kann.

Kommt es zu einem gemeinsamen Essen, so gilt es als höflich und fein, sich anschließend mit „Takk for maten", „Danke für das Essen" zu bedanken. Die dem Mahl folgenden Gespräche leitet man am günstigsten mit Bemerkungen über das Wetter ein: Da kann man nie etwas falsch machen. Ansonsten sind Bescheidenheit und ein wenig Zurückhaltung angesagt. Höchstens die neue Generation von jungen Wirtschaftsunternehmern würde ausführliche Erzählungen von eigenen Erfolgen und Taten gutheißen. Auch sollte man nicht zu sehr am Lande herumnörgeln. Der Norweger selbst spricht öfter recht selbstkritisch, ja fast masochistisch, über seine Heimat, vom Touristen hört man jedoch am liebsten nur nette Sachen. Denn nicht umsonst heißt es in der ersten Strophe der Nationalhymne: „Ja vi elsker dette landet", „Ja, wir lieben dieses Land", und man möchte doch wenigstens ab und zu ein paar Gründe erzählt bekommen, warum dies denn nun eigentlich so ist. Des Weiteren wird es meist als überflüssig erachtet, wenn man am Preisniveau des Landes herummosert – es trifft den Einheimischen genauso wie den Touristen, und man hat sich längst damit abgefunden.

Zu guter Letzt: Es ist in Norwegen üblich, auch wenn eine Höflichkeitsform existiert, sich zu duzen und dabei den Vornamen zu verwenden!

015no Foto: ms

nemark. In Schweden lohnen Göteborg, die südschwedische Schärenküste mit niedlichen Holzhausorten und die Felszeichnungen in Tanum (vor der norwegischen Grenze, E 6) einen Zwischenstopp.

Unterkünfte unterwegs: Dänemark (Vorwahl 0045): Campingplatz Roskilde (toller Platz am Wasser, April–Sept., Tel. 46757996, www.roskildecamping.dk, 10 Hütten). Ganzjährig: DCU Camping Absalon (Kordals vej 132, Rødovre, Stadtplatz am Südrand Kopenhagens, Tel. 36410600, www.camping-absalon.dk); DCU Camping Hornbæk (Hornbæk, nordwestlich von Helsingør, Planetvej 4, Tel. 49700223, www.camping-hornbaek.dk); Undinegårdens Camping in Stenløse (zwischen Kopenhagen und Roskilde, Hütten ab 35 €, Tel. 48183032, www.undine.dk); Info: Camping Dänemark: DK-Camping, Industrivej 5D, 7150 Veilje Ø, www.dk-camp.dk, Tel. 75712962. Jugendherbergen: Danhostel, Vesterbrogt. 39, 1620 Kopenhagen, www.danhostel.dk, Tel. 33313612.

Schweden (Vorwahl 0046): Viele von Mai bis Oktober geöffnete Campingplätze an der schwedischen Ostseeküste (z.B. in Varberg, Kungsbacka, Lysekil, Fjällbacka). Ganzjährig: Camping und Jugendherberge Liseberg Kärralund (in Göteborg, an der E 6 ausgeschildert, Abfahrt Liseberg, Straßenbahn Nr. 5 ab Zentrum, Hütten 50–100 €, Zimmer ab 35 €, Tel. 31/252909, www.liseberg.se); Hafsten Swe Camp Resort, 20 km ab Uddevalla (Str. 161 Richtung Lysekil, am Kreisverkehr in Rutviksbro nach Orust (Str. 160); Hütten 15–25 €, Tel. 522/644117, www.hafsten.se); Camping Schweden: www.camping.se; Sverige Vandrarhem (Jugendherbergen), Box 9, 45043 Smögen, Tel. 413/553450, www.svif.se; Göteborg Vandrarhem (Ausschilderung ab E 6 Abfahrt „mässan“, Möladalsvägen, ganzjährig geöffnet, Tel. 31/401050, www.vandrarhemgoteborg.se).

Fährlinien/-strecken

- **Scandlines,** Tel. 01805/116688, www.scandlines.de. Es bietet sich an, die speziellen Durchgangstarife in Anspruch zu nehmen. Vorabbuchung nicht notwendig, spart aber viel Geld, besonders beim günstigen Economy-Tarif (bis 35 Tage vor Abfahrt buchbar).

Vogelfluglinie: Fähren: **Puttgarden – Rødby (9)** (DAN) (Überfahrt: 45 Min.; rund um die Uhr, jeweils viertel vor und viertel nach jeder vollen Stunde); **Helsingør (DAN, nördlich von Kopenhagen) – Helsingborg (10)** (SWE) (Dauer: 20 Min.; rund um die Uhr, jeweils zehn Minuten nach und zwanzig Minuten vor jeder vollen Stunde); Durchgangstarif (Schweden Ticket): ca. 100 € (Auto + maximal 9 Pers.)

Rostock – Gedser (DAN) (16) (alle zwei Stunden) und **Helsingør (DAN) – Helsingborg (SWE) (10);** Durchgangstarif (Schweden Ticket): ca. 120 € (Auto + max. 9 Pers.).

Rostock – Trelleborg (SWE) (17): NS 100–150 €, HS 125–160 € (Auto + Insassen), 3x täglich.

Saßnitz – Trelleborg (SWE) (18): NS 110–140 €, HS 135–160 €.

- **Öresundbrücke,** www.oeresund-bruecke.de. Anstelle der Fähre von Helsingør nach Helsingborg kann man auch die Öresundbrücke **(12) von Kopenhagen nach Malmö** benutzen. Maut: 36 € pro Auto. An den Fähren Puttgarden – Rødby und Rostock – Gedser kann ein Durchgangsticket für Fähre und Brücke erworben werden (Kosten: ca. 100 € pro Auto inkl. Insassen ab Puttgarden bzw. 105–130 € ab Rostock).
- **TT-Line,** 20422 Hamburg, Buchung: Tel. 04501/80181, www.ttline.de

Travemünde – Trelleborg (SWE) (15) (Überfahrt 7 Std.) und **Rostock – Trelleborg (17)** (6 Std.): Auto inkl. 4 Personen HS 135–165 €, NS ab 75 €, Kabine bei Nachtfahrten: ab 30 €/Pers., tägl. bis zu 4 Abfahrten, Vorabbuchung teils notwendig. Tagesabfahrten am preiswertesten.

- **DFDS Seaways,** Van-der-Smissen-Str. 4, 22767 Hamburg, Buchung: Tel. 01805/8901 051, www.dfdsseaways.de.

Kopenhagen – Oslo (13) (tägl. 17 Uhr Abfahrt, Ankunft 9.30 Uhr): NS ab 75 € p.P., Auto 50 €, HS ab 125 € p.P., Auto 50 €. Diese Fährlinie ist eine Alternative zu den Verbindungen von Stena (Kiel – Göteborg) und Color Line (Kiel – Oslo) (siehe unten).

Fährverbindungen
Die einzelnen Fährstrecken sind jeweils unter derselben Nummer im Text erläutert
Newcastle Island
20
Bergen
NORWEGEN
11
Haugesund
Stavanger
Egersund
Kristiansand
Oslo
Moss
Sandefjord
Larvik
Langesund
Strömstad
SCHWEDEN
E6
2
3
13
7
1
24
4
Hirtshals
Frederikshavn
Göteborg
25
Hanstholm
8
Varberg
5
E4
Halmstad
Grenå
DÄNEMARK
Helsingør
10
Helsingborg
Landskrona
Kopenhagen
12
Malmö
Dragør
Limhamn
Helsinki
Trelleborg
22
FYN
SEELAND
15
18
Bornholm
0
100 km
Rødbyhavn
Gedser
17
Saßnitz
9
Puttgarden
Kiel
16
Warnemünde
Travemünde
Rostock
Lübeck
DEUTSCHLAND

Verbindungen ab Kiel/Deutschland

● **Color Line,** Postfach 6080, 24121 Kiel, Buchung/Reservierung: Tel. 0431/7300300, Fax 7300400; in Norwegen: Tel. 81000811, Fax 22830776, www.colorline.com.

Kiel – Oslo (7). Es verkehren die baugleichen Luxus-Fährschiffe Color Fantasy und Color Magic. Es handelt sich um die größten Kreuzfahrtfährschiffe der Welt, mit über 250 m Länge und sehr stabiler Lage auf dem Wasser. Restaurants, Tax-Free-Shops, Einkaufsstraße, Badeland, Kino, Kabinen mit TV. Gewöhnungsbedürftig: Das kunterbunte Design sieht wenig nach Norwegen aus. Vorbuchung ist angeraten. Preisbeispiele: Autosparpaket – PKW & Kabine, inkl. 2 Personen je nach Saison und Wochentag ab 420–550 €, inkl. 4 Personen ab 480–700 €.

Preistipps: 50 % Studenten-/Seniorenrabatt, Mitte Aug. bis Mitte Juni (außer Fr./Sa. ab Kiel und Sa. ab Oslo).

Die Anlegestelle der Color Line ist vom Kieler Bahnhof aus über eine Fußgängerbrücke zu erreichen. Mit dem Auto der Ausschilderung „Norwegen Kai" folgen.

● **Stena Line,** Schwedenkai 1, 24103 Kiel, Buchung/Reservierung: Tel. 01805/916666, Fax 0431/909200, www.stenaline.de.

Kiel – Göteborg (8): Teils zwar größere Kabinen als bei der Color Line, allerdings hat man ab Göteborg noch 350 km Weg nach Oslo vor sich. Die Preise sind niedriger als die der Color Line Strecke Kiel – Oslo. Abfahrt jeweils 19 Uhr, Ankunft 9 Uhr. Ganzjährig günstige Retourtarife und Studenten-/Seniorentarife. Preisbeispiele: Auto + 1 Pers: ab 100–175 €, Auto + 5 Pers: ab 130–175 €.

In Kiel mit dem Auto den Schildern „Schweden Kai" (liegt 400 m nördlich des Bahnhofs) folgen. Bus ab Göteborg, Infos: www.safflebussen.se, www.berlinlinienbus.de.

Verbindungen von Norddänemark nach Südnorwegen

Zwar sind ab der deutschen Grenze (Flensburg) noch 340 km bis zu den norddänischen Fährhäfen zurückzulegen, die bestens ausgebaute Auto-

018no Foto: ms

bahn (max. 130 km/h) ist jedoch schnell gefahren, da wenig Verkehr herrscht. Es geht hier zügiger vorwärts als in Südschweden, wo man die suburbanen Räume Malmös und Göteborgs passiert. Ab Norddänemark setzen täglich bis zu 10 Schiffe nach Norwegen über. Bei Tagesüberfahrten müssen keine Kabinen gebucht werden. Fr. bis So. sind die Preise höher als unter der Woche. Lohnende Stopps sind z.B. die Sandstrände des Holmsland Klits an der Westküste (nördlich von Esbjerg, Hotels und viele sehr schöne Campingplätze).

Unterkünfte unterwegs (Vorwahl 0045): Etliche herrliche, im Sommer geöffnete Campingplätze zwischen Esbjerg und dem Holmsland Klit; Hirtshals Camping (Kystveien 6, Tel. 98942535, www.hirtshals-camping.de, (Mai-September). Ganzjährig: Tornby Strand Camping (Hirtshals, 3 km südlich, 17 Hütten, 50-60 €, Tel. 98977877, www.tornbystrand. dk); Svalereden Camping (Frederikshavn, Frederikshavnvej 112, Hütten 40-65 €, Tel. 98461937, www.svalereden.dk); Camping Dänemark: www.dk-camp.dk. Privatunterkünfte ab 15 € p.P. vermitteln die Touristeninformationen (deutschsprachig). Frederikshavn Turistbureau, Postboks 200, Skandiatorv 1, DK-9900 Frederikshavn, www.frederikshavn-tourist.dk, Tel. 98423266; Hirtshals Turistbureau, Nørregade 40, DK-9850 Hirtshals. Tel. 98942220, www. hirtshals-tourist.dk. Die Jugendherbergen sind preiswert, 15 € p.P. (www.danhostel.dk).

Fährlinien/-strecken

- **Color Line** (Buchung und Rabatte: s. o.)

Hirtshals - Kristiansand (1): Überfahrt mit der neuen Komfort-Schnellfähre „Super-Speed 1". Das komfortable Schiff ist ganze 211 m lang und schafft die Strecke in nur 3 Std. 15 Min; 2 Überfahrten tägl. Hinweis: Das Schiff ist regelmäßig überbucht. Nur wer früh eincheckt bekommt auch wirklich einen Sitzplatz!.

Hirtshals - Larvik (2): In 3 Std. 45 Min. setzt das komfortable Schwesterschiff „Super-Speed 2" nach Larvik über. Der Ort liegt 130 km südlich Oslos. Freie Sitzplatzwahl. Preisbeispiele (gleiche Preise auf beiden Strecken): Autosparpaket inkl. 5 Personen NS 110-160 €, HS 215-250 €.

- **Stena Line** (Buchung und Rabatte s. o.)

Frederikshavn - Oslo (3): Abfahrt Hauptsaison: ab Frederikshavn 10 Uhr, Ankunft Oslo 18.30 Uhr, Oslo 19.30 Uhr, Ankunft Frederikshavn 7.30 Uhr; Nebensaison: Mo. erst 18.30 Uhr ab Frederikshavn; Di. keine Überfahrt, ansonsten 10 Uhr ab Frederikshavn (ab 26.8.2010 schon 9.30 Uhr!); ab Oslo: Di.-So. 19.30 Uhr). Das komfortable Schiff wurde 2005 modernisiert. Autosparpaket (inkl. 5 Pers.) in HS z.T. ab 50 € (Wochenende ab 125 €). Kabine ab 50 €, Gutes Frühstücks- und Mittagsbuffet.

Fredrikshavn - Göteborg (4), Grenå - Varberg (5), für diejenigen, die neben Dänemark gleich noch Schweden „mitnehmen" wollen. Man setzt jedoch von West nach Ost über und macht keinen fahrtechnischen Gewinn. PKW 44-98 €, 20 € p.P.

- **Fjord Line,** Buchung/Reservierung: MVP travel, Postfach 1203, 18302 Ribnitz-Damgarten, Tel: 03821/7094410, Fax: 03821/709 7219, www.fjordline.de. Mit der Fjord Line ist man am schnellsten in West- u. Südnorwegen.

Hirtshals - Stavanger - Bergen (11): 3x/ Woche nach Bergen, 4x/Woche nach Stavanger zu unterschiedlichen Zeiten mit der 135 m langen MS Bergensfjord, einem zweckmäßigen, gemütlichen Schiff. Staffelpreise wie bei Billigfliegern: Autosparpaket (inkl. 5 Pers.): 50-250 € nach Stavanger, 70-350 € nach Bergen; Kabine ab 25/40 € Hinweise: Die Fähre legte früher ab Hanstholm ab. Neuer Hafen ist nun Hirtshals.

Hirtshals - Kristiansand (24): Hauptsaison 3x täglich, Nebensaison 2x täglich mit dem Schnellboot in 2 ¼ Std. nach Norwegen. Das Schiff hat Platz für 676 Reisende und verkehrt vom 30.4.-16.10. Keine Kabinen. Staffelpreise wie bei Billigfliegern: Autosparpaket (inkl. 5 Pers.): 45-100 €.

- **ThyFerries:** Neue dänische Fährgesellschaft mit wirklich guten Preisen, auch für Wohnmobiltouristen.

Hanstholm – Kristiansand (25): ab 23.4.10 2x tägl. in 5 Std. (nachts 8 Std.) nach Norwegen. Ab Hanstholm: 8 und 18 Uhr, ab Kristiansand: 13 und 23 Uhr. Auto inkl. 5 Pers. ab 100 €, WoMo inkl. 5 Pers. ab 180 €.

Unterkunft: Hanstholm Camping (April–Sept., Tel. 0045/97965198), Tourist-Info: www.hanstholmhavn.dk, Tel. 0045/97961219.

Verbindungen nach Nordnorwegen über Schweden/Finnland

Wer nur in den äußersten Norden Norwegens reisen möchte, ist teils besser beraten, durch Schweden bzw. Finnland zu reisen. Nach der Fährüberfahrt von Deutschland oder der Insel Seeland (Dänemark) nach Südschweden (siehe dort) folgt man in **Schweden** der sehr gut ausgebauten E 4. Camping in Schweden: www.camping.se; Jugendherbergen: www.svif.se

Nach **Finnland** lohnt es sich, zunächst von Rostock bis **Helsinki** mit der Fähre überzusetzen. Bis an die norwegische Grenze sind es nun noch etwa 1200 km sehr gut ausgebaute Straße (Tempolimit 80–120 km/h; ca. 2 Tage). Camping und Hütten *(Mökki)* in Finnland: www.camping.fi; Jugendherbergen: www.srmnet.org.

- **Tallink Silja Line,** Tel. 0451/5899222, Fax 0451/5899203, www.tallinksilja.com. Neue Verbindung nach Finnland. Es verkehren komfortable Schnellfähren.

Rostock – Helsinki (22): täglich 5 Uhr ab Rostock, Ankunft 8 Uhr. 21 Uhr ab Helsinki. Auto: ab 120 €, Kabine ab 390 €.

Verbindungen zwischen Norwegen und Island

- **Smyril Line Deutschland,** Sell Speicher, Wall 55, 24103 Kiel, 0431/200886, 0431/2008870, www.smyrilline.de.

Jeden Dienstag (bis 7.9.) kann man ab Bergen zu den Shetland Inseln, den Färöer Inseln und nach Island übersetzen. Zurück nur in Richtung Hanstholm/Dänemark. **Bergen – Island (20):** Auto (inkl. 4 Pers.): 325–525 €.

Bus

Der Bus stellt preislich eine gute Alternative zur Bahn oder Fähre ab Deutschland dar. Es kann sogar **schneller als mit der Bahn** gehen. Alle Busunternehmen bieten Ermäßigungen für Kinder, Jugendliche, Studenten und Senioren.

Deutsche Touring

Von mehreren Städten in Deutschland steuert die Deutsche Touring GmbH 2–4 mal wöchentlich Oslo via Kopenhagen und Moss an. Ab Köln beispielsweise dauert die Reise rund 18 Stunden und kostet zwischen 110 und 170 Euro hin und zurück.

Die Mitnahme von Reisegepäck ist auf zwei Gepäckstücke in Koffermaßen und ein Handgepäck pro Person begrenzt, das Handgepäck ist frei. Wenn es die Gepäckraumkapazität zulässt, kann nach Ermessen des Fahrers ein drittes Gepäckstück gegen eine Gebühr von 5 Euro mitgenommen werden. Es ist daher reine Spekulation, ob ein Fahrrad mitgenommen werden kann oder nicht, und dann auch nur ordentlich in einen Karton verpackt.

Wichtig: Die Reservierung für die Rückfahrt (Rückbestätigung) muss für offen gelassene Rückfahrttermine vier Tage vor Fahrtantritt am Zielort durchgeführt werden, wofür vor Ort eine Gebühr von 3 Euro erhoben wird.

Vor allem für Preisbewusste, die sich nicht Ewigkeiten im Voraus festlegen wollen, ist der Bus eine gute Wahl. Während bei der Bahn oder den Billigfliegern alle bezahlbaren Kontingente nur bei langfristiger Vorbuchung zu haben sind, lässt sich so ein Busticket auch noch relativ kurzfristig erhaschen.

Infos und Buchung – online oder persönlich – gibt es bei:

- **Gleisnost am Stadttheater,** Bertoldstr. 44, 79098 Freiburg, Tel. 0761/38 30 31
- **www.gleisnost.de/bus**

Berlin Linienbus

Berlin Linienbus, Mannheimer Str. 33/34, 10713 Berlin, www.berlinlinienbus.de, Tel. 030/86096211 oder 0180/1546436, ZOB Reisebüro: Tel. 030/3010380.

Berlin – Rostock – Oslo: 2x täglich, ab Berlin 90 € pro Fahrt, 155 € retour. Von Zeit zu Zeit gibt es auch Sonderaktionen, bei denen man die Fahrt ab Berlin schon für 98 € retour bekommt.

Abgesehen von den vorgestellten Verbindungen bieten die Busunternehmen auch innerhalb Deutschlands günstige Verbindungen an.

Bahn – Bahn & Schiff

Der Weg nach Norwegen, will man ihn komplett mit der Bahn zurücklegen, führt über Kopenhagen. Dorthin bestehen ganzjährig jede Nacht Verbindungen mit dem **City Night Line** auf folgenden Linien:

- **Basel** (ca. 18 Uhr) **– Freiburg – Offenburg – Karlsruhe – Mannheim – Frankfurt/M. – Neumünster – Flensburg – Kopenhagen.**
- **Amsterdam** (ca. 19 Uhr) **– Duisburg – Düsseldorf – Köln** (ca. 22.30 Uhr) **– Wuppertal – Hagen – Dortmund – Hamm – Neumünster – Flensburg – Kopenhagen.**
- **München** (ca. 19 Uhr) **– Nürnberg – Würzburg – Fulda – Neumünster – Flensburg – Kopenhagen.**

Die drei Züge werden in der Nacht zusammengekoppelt und erreichen dann via Flensburg und die Brücke über den großen Belt Kopenhagen gegen 10 Uhr. Je nach Komfortanspruch und Geldbeutel besteht die Wahl zwischen Sitzwagen, Liegewagen (4er- oder 6er-Abteile) und Schlafwagen der Standard- und DeLuxe-Klasse.

Die anschließende Fahrt führt über die Öresundbrücke nach Malmö und über Göteborg weiter Richtung Oslo mit Ankunft abends gegen 21 Uhr.

Alternativ dazu bestehen auch einige Verbindungen tagsüber nach Kopenhagen, die aber nur sinnvoll sind, wenn man dort bzw. in Malmö oder Göteborg einen Stopp über Nacht einplant oder per Schiff weiterfährt.

Aufgrund der geografischen Lage bietet es sich an, Norwegen mit einer Kombination aus Bahn- und Schiffsreise anzusteuern. Diese Variante ist keineswegs etwas für Schnäppchenjäger. Jedoch bieten die eingesetzten Fähren einen exzellenten Komfort-Standard und bieten dem Passagier das Erlebnis einer richtigen Kreuzfahrt. Außerdem lassen sich mit den Schiffen günstigere Ankunftszeiten in Oslo erzielen, die auch noch eine Weiterreise am gleichen Tag ermöglichen. So fährt ein Schiff der DFDS jeden Abend um 17 Uhr von Kopenhagen nach Oslo – Ankunft am nächsten Morgen um 9.30 Uhr. Die Color-Line legt jeden Nachmittag um 14 Uhr in Kiel ab und erreicht Oslo am Folgetag um 10 Uhr.

Billiger und ohne großen Komfort geht es ab den nord-dänischen Häfen Frederikshaven und Hirtshals, die zwar etwas kompliziert, aber dennoch akzeptabel per Zug zu erreichen sind. Dort legen die Fähren nach Larvik, Kristianssand und Oslo ab.

Sowohl für die Züge als auch für die Schiffe auf allen oben genannten Verbindungen sollten die Tickets frühzeitig besorgt werden. Zum einen riskiert man, vor allem in der Hochsaison, bei zu kurzfristiger Buchung keinen Platz mehr in den reservierungspflichtigen Zügen zu bekommen. Zum anderen schwanken die Preise sehr stark – und wer früh dran ist bekommt die besten Tarife.

Um einen vollständigen Überblick über die vielen Angebote der Bahn- und Fährgesellschaften zu erhalten, empfiehlt es sich, die Beratung durch eine spezialisierte Bahnagentur in Anspruch zu nehmen. Man erhält dort alle Tickets – abgestimmt aufeinander aus einer Hand. Auf Wunsch werden sie einem ins Haus Geschickt. Zu empfehlen sind:

- **Gleisnost am Stadttheater,** Bertoldstr. 44, 79098 Freiburg, Tel. 0761/383031
- **Gleisnost im Bahnhof Littenweiler,** Lindenmattenstr. 18, 79117 Freiburg, Tel. 0761/62037
- **www.gleisnost.de**

Autozug

Wer aus dem süddeutschen Raum den langen Anfahrtsweg mit dem PKW verkürzen möchte, kann auch erwägen, den **Autozug nach Hamburg** zu nehmen (verkehrt drei- bis siebenmal wöchentlich ab Lörrach und München von April bis Oktober). Ab München kann man die Strecke nach Hamburg-Altona je nach Datum und Buchungszeitpunkt **für 159–339 € einfache Fahrt** mit Pkw und zwei Personen im Liegewagen buchen. Nicht zu verachten: Man spart dabei eine Zwischenübernachtung, Benzingeld und Autoverschleiß ein.

- **DBAutoZug,** www.autozug.de oder Tel. 01805/241224 (0,14 €/Min.).

Flugzeug

Mit dem Flugzeug geht es am schnellsten. **Nonstop-Verbindungen** zum hochmodernen Flughafen Oslo Gardermoen (50 km nördlich der Hauptstadt) bestehen mit Linienfluggesellschaften aus dem deutschsprachigen Raum ab Wien mit Austrian Airlines, ab Hamburg, Düsseldorf, Frankfurt und München mit Lufthansa sowie ab Berlin, Düsseldorf, Frankfurt und Zürich mit Scandinavian Airlines System (SAS). Daneben fliegt Lufthansa von Frankfurt nach Stavanger sowie von Hamburg und Frankfurt/M. nach Bergen. Die Flugzeit beträgt z.B. von Frankfurt/M. nach Oslo knapp zwei Stunden. Daneben gibt es einige Umsteigeverbindungen über europäische Hauptstädte nach Norwegen, die zwar billiger sein können als die Nonstop-Flüge, bei denen man aber auch eine längere Flugdauer einkalkulieren muss.

Charterflüge nach Norwegen im Sommerhalbjahr bietet Troll Tours (www.trolltours.de) an, und zwar von Friedrichshafen, München und Paderborn nach Bodø, von München nach Evenes (Narvik) sowie von München nach Tromsø. Preise ab 430 €.

Flugpreise

Die Preise für ein Economy-Ticket nach Oslo und zurück betragen je nach Jahreszeit und Aufenthaltsdauer z.B. von Frankfurt/M. **ab knapp über 100 €** (einschl. aller Steuern, Gebühren und Entgelte). Am teuersten sind Flüge in der Hochsaison im Juli und August, für die man bei kurzfristiger Buchung hin

Mini-„Flug-Know-How"

Check-in

Nicht vergessen: Ohne einen **gültigen Reisepass oder Personalausweis** (letzteres nur für EU-Staatsbürger) kommt man nicht an Bord.

Bei den innereuropäischen Flügen muss man mindestens **eine Stunde vor Abflug** am Schalter der Airline eingecheckt haben. Viele Airlines neigen zum Überbuchen, d.h., sie buchen mehr Passagiere ein, als Sitze im Flugzeug vorhanden sind, und wer zuletzt kommt, hat dann möglicherweise das Nachsehen.

Das Gepäck

In der Economy-Class darf man in der Regel nur **Gepäck bis zu 20 kg pro Person** einchecken (Ausnahme z.B. Ryanair mit nur 15 kg) und zusätzlich ein Handgepäck von 7 kg in die Kabine mitnehmen, welches eine Größe von 55 x 40 x 23 cm nicht überschreiten darf. In der Business Class sind es meist 30 kg pro Person und zwei Handgepäckstücke, die insgesamt nicht mehr als 12 kg wiegen dürfen. Man sollte sich beim Kauf des Tickets über die Bestimmungen der Airline informieren.

Seit 2006 dürfen Fluggäste **Flüssigkeiten** oder vergleichbare Gegenstände in ähnlicher Konsistenz (z.B. Getränke, Gels, Sprays, Shampoos, Cremes, Zahnpasta, Suppen, Käse) nur noch in der Höchstmenge von jeweils 0,1 Liter als Handgepäck mit ins Flugzeug nehmen. Die Flüssigkeiten müssen in einem durchsichtigen, wiederverschließbaren Plastikbeutel transportiert werden, der maximal einen Liter Fassungsvermögen hat. Da sich diese Regelungen jedoch ändern können, sollte man sich beim Reisebüro oder der Fluggesellschaft nach den derzeit gültigen Regelungen erkundigen.

Aus Sicherheitsgründen dürfen **Taschenmesser, Nagelfeilen, Nagelscheren,** sonstige Scheren und Ähnliches nicht mehr im Handgepäck untergebracht werden. Diese sollte man unbedingt im aufzugebenden Gepäck verstauen, sonst werden diese Gegenstände bei der Sicherheitskontrolle einfach weggeworfen. Darüber hinaus gilt, dass Feuerwerke, leicht entzündliche Gase (in Sprühdosen, Campinggas), entflammbare Stoffe (in Benzinfeuerzeugen, Feuerzeugfüllung) etc. nichts im Passagiergepäck zu suchen haben.

und zurück mit bis zu 500 € rechnen muss.

Kinder unter zwei Jahren fliegen ohne Sitzplatzanspruch für 10 % des Erwachsenenpreises, ansonsten werden für ältere Kinder die regulären Preise je nach Airline um 25–50 % ermäßigt. Ab dem 12. Lebensjahr gilt der Erwachsenentarif.

Indirekt sparen kann man als Mitglied eines **Vielflieger-Programms** wie www.star-alliance.com (Mitglieder u.a. *Austrian Airlines, Lufthansa, SAS Scandinavian Airlines*). Die Mitgliedschaft ist kostenlos und mit den gesammelten Meilen von Flügen bei Fluggesellschaften innerhalb eines Verbundes reichen die gesammelten Flugmeilen dann vielleicht für einen Freiflug bei einer der Partnergesellschaften beim nächsten Flugurlaub. Bei Einlösung eines Gratisfluges ist langfristige Vorausplanung nötig.

Buchung

Für die Tickets der Linienairlines kann man bei folgenden **zuverlässigen Reisebüros** meistens günstigere Preise als bei vielen anderen finden:

- **Jet-Travel,** Buchholzstr. 35, 53127 Bonn, Tel. 0228/284315, Fax 284086, info@jet-travel.de, www.jet-travel.de. Sonderangebote auf der Website unter „Schnäppchenflüge".
- **Globetrotter Travel Service,** Löwenstr. 61, 8023 Zürich, Tel. 044/2286666, www.globetrotter.ch. Weitere Filialen, siehe Website.

Billigfluglinien

Preiswerter geht es mit etwas Glück nur, wenn man bei einer Billigairline **sehr früh online bucht.** Es werden keine Tickets ausgestellt, sondern man bekommt nur eine Buchungsnummer per E-Mail. Zur Bezahlung wird in der Regel eine Kreditkarte verlangt.

Im Flugzeug gibt es oft **keine festen Sitzplätze,** sondern man wird meist schubweise zum Boarden aufgerufen, um Gedränge weitgehend zu vermeiden. **Verpflegung** wird extra berechnet, bei einigen Fluggesellschaften auch aufgegebenes Gepäck. Für die Region interessant sind:

- **Air Berlin,** www.airberlin.com. Von Berlin-Tegel nonstop nach Oslo sowie von Düsseldorf, Köln-Bonn, Münster, Sylt, Frankfurt, Saarbrücken, Karlsruhe-Baden, Nürnberg, Stuttgart, Memmingen, München, Zürich, Innsbruck, Salzburg, Wien, Graz und Klagenfurt über Berlin-Tegel nach Oslo.
- **Cimber Sterling,** www.cimber.dk. Ab Billund in Dänemark nach Oslo und Bergen.
- **Norwegian,** www.norwegian.no. Von Berlin-Schönefeld, Hamburg, Düsseldorf, München, Genf und Salzburg nach Oslo-Gardermoen. Von den meisten dieser Flughäfen können auch Tickets für Umsteigeverbindungen über Oslo nach Bergen, Stavanger, Trondheim, Bodø und Tromsø gebucht werden. Weitere Direktflüge: Berlin-Schönefeld – Bergen, Stavanger; Salzburg – Bergen und Stavanger. Zudem: Berlin – Oslo-Rygge (bei Moss).
- **Ryanair,** www.ryanair.de. Von Hahn im Hunsrück, Weeze am Niederrhein und Bremen nach Torp (kleiner Flugplatz, 120 km südwestlich von Oslo, bei Sandefjord; Buszubringer in die Hauptstadt und zum Flughafen Oslo Gardermoen). Zudem: Bremen – Haugesund, und Berlin, Bremen, Weeze am Niederrhein, Memmingen und Eindhoven – Rygge (60 km südlich von Oslo, bei Moss).
- **Welcome Air,** www.welcome-air.at. Von Graz, Innsbruck und Hannover nach Stavanger.

Last-Minute

Wer sich erst im letzten Augenblick für eine Reise nach Norwegen entscheidet oder gern pokert, kann Ausschau nach Last-Minute-Flügen halten, die von einigen Airlines mit deutlicher Ermäßigung **ab etwa 14 Tage vor Abflug** angeboten werden, wenn noch Plätze zu füllen sind. Diese Last-Minute-Flüge lassen sich nur bei Spezialisten buchen:

- **L'Tur,** www.ltur.com, Tel. 00800 21212100 (gebührenfrei für Anrufer aus Europa); 165 Niederlassungen europaweit.
- **Lastminute.com,** www.lastminute.de, (D)-Tel. 01805 284366 (0,14 €/Min.), für Anrufer aus dem Ausland Tel. 0049 89 4446900.
- **5 vor Flug,** www.5vorflug.de, (D)-Tel. 01805 105105 (0,14 €/Min.), (A)-Tel. 0820 203 085 (0,145 €/Min.).
- **Restplatzbörse,** www.restplatzboerse.at, (A)-Tel. (01) 580850.

- **Literaturtipps:** „Clever buchen, besser fliegen" und „Fliegen ohne Angst" aus der Praxis-Reihe, REISE KNOW-HOW Verlag.

Mitfahrzentralen

In jeder größeren Stadt gibt es Mitfahrzentralen, die auch Touren in Richtung Norwegen anbieten. Ab der Mitte Deutschlands kostet eine solche Mitfahrt um 50 € (ohne Fährtickets). Frühe Anmeldung bei den Zentralen ist anzuraten. www.mfz.de.

Ausrüstung

Kleidung

Günstig für Ausflüge an die regenreiche Westküste sind wasserdichte und windabweisende Jacken, zumindest sollte man nicht den Schirm vergessen. Zwecks der Mode braucht man sich dabei keine Sorgen zu machen. Legere Sportsachen sind selbst an Sonntagen in Großstädten angesagt. Nur für einige Nachtlokale gelten Kleiderregeln, wobei selbst dort neuerdings auch eine Jeans als ordnungsgemäße Hose durchgeht. Nur Turnschuhe dürfen es nicht sein.

Für Wandertouren durch das Gebirge sind wasserdichte Bergschuhe sehr anzuraten, da man oft über glitschige Steine klettern muss und oft kleine Feuchtgebiete zu durchwandern sind.

Ausrüstung für Campingplätze und Hütten

Bei Übernachtungen in Hütten auf Campingplätzen sollte sicherheitshalber einen Schlafsack und ein Laken mitgenommen werden. Öfter sind auch Decken und Kissen vorhanden, wobei dann Bettwäsche selbst mitgebracht werden muss. In Hüttenzentren und bei Privathütten kann diese teils auch geliehen werden (meist 80 NOK/Set). Als Schlafsack für die beheizbaren Hütten reicht ein preiswerter aus Kunstfaser. Diese halten zumeist im Bereich 10–15 Grad warm.

Wer im Zelt übernachten möchte, sollte auf einen Schlafsack mit einem Extrembereich von -5 bis -15 Grad zurückgreifen. Dies bedeutet nichts anderes, als dass man bei diesen Frostgraden gerade so überlebt. Norwegische Sommernächte werden in der Regel zwischen 12 und 8 Grad kühl. Und da hält ein solcher Schlafsack noch mollig warm. Aus Platzgründen sollten Rucksackreisende auf die leichten und bis auf Fußballgröße zusammenstauchbaren Daunenschlafsäcke zurückgreifen. Deren Nachteile sind jedoch, dass sie, wenn sie einmal nass wurden, nur schwer trocknen und mit 200–400 € recht teuer sind. Einen gleichwertigen Kunstfasersack gibt es schon zum halben Preis. Der ist dann aber auch doppelt so schwer und nimmt viel, vielleicht dringend benötigten Platz im Rucksack weg. Gut als Unterlage eignen sich bis auf 30 cm Kantenlänge zusammenlegbare, selbstaufblasbare **Isomatten.**

Als **Zelt** bietet sich ein möglichst stabiles und windfestes an. Wer mit dem Rucksack unterwegs ist, sollte keines nehmen, dass schwerer als 3 kg ist. Günstig ist es, wenn das Zelt **aus zwei Teilen** besteht. Ein Überzelt schützt das Innenzelt vor Regennässe und Kondenswasser durch Atem. Sollte man bei Niederschlag sein Zelt aufstellen wollen, ist es günstig, wenn das Außenzelt sich zuerst aufbauen lässt und danach das Innenzelt nur in das Gestänge eingehangen wird. Wer plant, in der Nähe von Seen zu campen, sollte darauf achten, dass der Zelteingang aus zwei Teilen besteht, einer normalen Plane und einem Gazenetz gegen Mücken. Vor dem Zeltaufbau sollte man den Untergrund von Steinen säubern.

Als **Campingkocher** empfiehlt sich der spiritusbetriebene Trangia-Sturmkocher. Auf Campingplätzen und in Hütten gibt es fast immer Kochplatten.

Autofahren

Wahrscheinlich die beste Art, das Land zu erkunden, ist das Auto. Man ist unabhängig, kann selbst das kleinste Dorf erreichen und weiß vor allem im Winter die Wärme im Wagen zu schätzen.

Der Straßenbelag ist recht gut, wenngleich durch Frost und Spikes oft etwas geschunden und somit besonders abseits der Hauptstraßen nicht ganz auf deutschem Standard. Die Europastraßen werden zunehmend modernisiert und viele Strecken haben schon eine komfortable Breite. Europastraßen haben meist eine komfortable Breite. Nebenstraßen sind vor allem im Fjordland manchmal recht eng. An kritischen Passagen gibt es Ausweichstellen (Møteplass, Schild mit einem weißen „M" auf blauem Grund).

Das **Verkehrsnetz** wird **immer weiter ausgebaut.** Unermüdlich gräbt man sich durch Berge, errichtet Brücken, baut neue Straßen oder verbreitert alte. Man merkt, dass durch überschüssige Ölgelder ausreichend monetäre Mittel vorhanden sind, wobei oft auch der Nutzer durch **Mautgebühren** *(bompenger)* zur Kasse gebeten wird. Die Entwicklung geht so schnell, dass fünf Jahre alte Karten veraltet sein können, oder sie es schon sind, wenn sie in Druck gehen. Doch keine Sorge, aufgrund der guten Ausschilderung geht man schon nicht verloren. Allerdings sind als Richtung nicht immer Ortschaften angegeben, sondern Straßennummern **(E: Europastraße, Rv: Riksvei/Reichsstraße,** teilweise ergänzt durch die Himmelsrichtungen N - Nord, V - West, S - Süd, O - Ost).

Bei einer Fahrt durch Norwegen sollte man **pro Tag** nie mehr als **150–250 Kilometer** einplanen, so man es wirklich darauf anlegt, die Hektik des Heimatlandes hinter sich zu lassen. Auch angesichts der zahllosen Sehenswürdigkeiten auf engstem Raum, der vielen Fähren und der manchmal doch noch recht engen und kurvenreichen Straßen wird man bald merken, dass es auch mit noch weniger geht. Erfahrungsgemäß liegt die **durchschnittliche Reisegeschwindigkeit** in Ost- und Nordnorwegen bei lediglich 70–80 km/h, in Westnorwegen bei erholsamen 60 km/h.

Im Allgemeinen gilt: Man muss nicht alles in einem Urlaub erkunden. Man entscheide sich am besten für eine Region. Wer nur 14 Tage Zeit hat, ist nicht zu beneiden. Erst nach drei oder noch mehr Wochen stellt sich auch das relaxte Norwegen-Gefühl ein.

Bußgelder

- **Alkohol am Steuer:** ab 615 €
- **20 km/h zu schnell:** ab 390 €
- **Parkverbot:** 90 €
- **Rote Ampel:** 640 €
- **Überholverbot:** 640 €

Verkehrsvorschriften

Ließ man sich früher viel Zeit auf Norwegens Straßen, so reicht seit einigen Jahren die Fahrweise von immer noch sehr zurückhaltend bis recht sportlich. Der Grund liegt einerseits im Fahren als Freizeitbeschäftigung, andererseits im Versuch, auch in kurvigem Gelände noch vor dem Abendessen zu Hause zu sein. Für Urlauber sollte die Regel gelten: Nicht versuchen, die Natur nur noch vom Fahrzeugfenster aus zu erleben, innerhalb der geltenden Höchstgeschwindigkeiten zügig mitfahren und so oft wie möglich die vielen Rast- und Parkplätze ansteuern.

Die **Geschwindigkeitsbegrenzung** innerorts liegt bei 50 km/h, sonst bei 80 km/h. Auf einigen autobahnähnlichen Abschnitten dürfen es 90 km/h sein. Ausnahmen: Die E 6 nördlich und südlich von Oslo, wo man 100 km/h schnell sein darf, und Teile der E 18 zwischen Horten und Kristiansand, wo aus Gründen der Verkehrssicherheit nur 70 km/h erlaubt sind. Die Limitierungen sollten eingehalten werden, weil so manche Straße unvermittelt enger werden kann und schon 3 km/h Übertretung die Urlaubskasse belasten können (siehe Kasten „Bußgelder").

Zudem gibt es immer wieder **fest installierte Blitzer (Automatisk Trafikk Kontroll).** Seit 2009 wird zudem auf einigen Strecken (speziell der E 6 und E 134) die Durchschnittsgeschwindigkeit ermittelt. Sollte man auf der gekennzeichneten Strecke im Durchschnitt zu schnell gewesen sein, heißt es zahlen (Kamera-Verkehrszeichen + Schild: „Gjennomsnittsmåling").

Die **Promillegrenze** liegt **bei 0,2 Promille,** und an die sollte man sich unbedingt halten, wenn man keine Lust auf gefilterte Luft hinter schwedischen Gardinen hat. Des Weiteren gilt: **Abblendlicht auch am Tage einschalten!** Bei Vergesslichkeit – muss man zahlen! Es ist verboten, mit dem **Handy** ohne Freisprechanlage zu telefonieren. Einheimische müssen im Auto **Warnwesten** mitführen, Ausländern wird dies empfohlen.

Fahrten durch Winternorwegen

Gelaugt wird nur auf Schnellstraßen in der Nähe größerer Orte, ansonsten wird gestreut. Allerdings ist der Split schnell verweht. Auf Nebenstraßen bildet sich oft eine festgefahrene Schneedecke. Da Räumfahrzeuge und Spikes die Fahrbahnoberfläche aufrauen, sind die Straßen meist jedoch nicht sehr glatt. Trotzdem sollte man nicht immer mitteleuropäische Verkehrsverhältnisse erwarten. In Küsten- und Fjordregionen kann bei Temperaturen um die 0 Grad häufiger **Blitzeis** auftreten, im Binnenland kommt es nach starkem Schneefall öfter zu **Verzögerungen beim Räumen** und einzelne Pässe werden dann vorübergehend für mehrere Stunden gesperrt. Die Skigebiete des Landes sind von den Fähren aus jedoch passfrei und im Normalfall völlig problemlos erreichbar. Im Fall der Fälle jedoch gilt: Bei Glätte sanft und gleichmäßig lenken und bremsen und generell etwas mehr Zeit einplanen als normal notwendig.

Winterreifen (von Sommerreifen wird dringend abgeraten!) sind in der Regel ausreichend, Spikes bzw. Schneeketten im Gepäck beruhigen die Nerven aber erheblich. Ihre Verwendung ist auf norwegischen Straßen vom 1.11. bis 15.4. erlaubt. Da Spikes bei Schneemangel die Fahrbahn schädigen und Asphaltstaub aufwirbeln, läuft derzeit eine Kampagne gegen Spikes. Ein Resultat ist, dass in Oslo eine tägliche Spikesgebühr in Höhe von 30 NOK entrichtet werden muss und mehr gestreut wird. **Einige Straßen** im Gebirge sind **im Winter gesperrt.**

- **Größere, im Winter gesperrte Straßen:**

- **E 69,** Skårsvag - Nordkap, Okt.-Apr.
- **Rv 13,** Vikafjell (Vik - Voss), Jan.-Apr.
- **Rv 13,** Gaularfjell (nördl. Balestrand), Dez.-Mai
- **Rv 51,** Valdresflya (nördl. Beitostølen), Nov.-Mai
- **Rv 55,** Sognefjell (Skjolden - Lom), Nov.-Mai
- **Rv 63,** Geirangervegen, Nov.-Mai
- **Rv 63,** Trollstigen, Okt.-Mai
- **E 69,** Skarsvåg - Nordkap (Okt.-April)
- **Rv 886,** Vintervollen - Grense Jakobselv (Nov.-Mai)

Nach Schneestürmen können zeitweise auch die **Rv 7,** westlich von Geilo (Alternativstrecke RV 50) und die **E 134** bei Haukeligrend gesperrt werden.

Straßen mit Wintersperre sind auf den meisten Karten verzeichnet.

- **Verleih von Spikes** („piggdekk"): Oslo: Autogrip, Breivillvn. 27, P.B. 154 Alnabru, 0614 Oslo, Tel. 0047/23069600, Fax 23069696 (1750 NOK/Woche); Kristiansand: Heros Dekksenter AS, Ny Teglverksvej 17, 4632 Kristiansand, Tel. 0047/38144140 (1350 NOK/Woche). Infos auch beim ADAC.
- **Infos zur aktuellen Wetter- und Verkehrssituation:** Tel. 175; www.vegvesen.no/Trafikkinformasjon/Reiseinformasjon/Trafikkmeldinger (*stengt* - gesperrt; *Midlertidig stengt* - vorübergehend gesperrt; *ras* - Erdrutsch; *glatt kjørebane* - glatte Fahrbahn; *snø* - Schnee; *vedlikeholdsarbeid* - Instandsetzungsarbeiten; *vegarbeid* - Straßenarbeiten; *kø/trafikkø* - Stau)
- Hilfreich kann es auch sein, sich in Hotels oder Touristeninformationen nach der aktuellen Verkehrssituation zu erkundigen!
- Teilweise kann es auf Pässen auch zu **„Kolonnekjøring"** kommen, d.h. die Straße darf nur in Kolonne befahren werden. In so einem Fall müssen bis zu ein paar Stunden Wartezeit auf das Leitfahrzeug eingeplant werden! Mehr Infos zum Winter in Norwegen auf www.norwegeninfo.net
- Bitte beachten: Zuweilen kann es in Ost- und Nordnorwegen **sehr kalt** werden (bis unter -30 Grad). Das Auto sollte dementsprechend winterfest sein (Frostschutzmittel etc.).

Typisch Norwegisch

- **Abblendlicht:** Das Abblendlicht muss auch am Tag eingeschaltet werden!
- **Tiere auf der Fahrbahn:** Besonders im Fjordland kann es schon mal vorkommen, dass man sich die Straße mit Ziegen und Schafen teilen muss. Nur zu gerne lassen sie sich zu einem Sonnenbad auf der Fahrbahn hinreißen. Erhöhte Aufmerksamkeit ist also dringend angeraten. Auch kommt es immer wieder vor, dass Rentiere oder Elche die Straße queren!
- **Kreisverkehr:** Man könnte den Endruck gewinnen, der Kreisverkehr sei in Norwegen erfunden worden. Selbst das kleinste Dorf leistet sich einen anstelle von Ampeln. Vorfahrt hat stets derjenige, der sich im Kreisverkehr befindet!

- **Tunnel:** Auch der Tunnel scheint eines der Lieblingskinder der Verkehrsplaner zu sein. Auf manchen Strecken in Westnorwegen gibt es Dutzende auf nur wenigen Kilometern. Der längste Straßentunnel Europas führt von Lærdal nach Aurland und ist über 20 km lang. Zumeist sind die Tunnel beleuchtet und gut belüftet, doch es gibt auch Ausnahmen wie die Tunnel der Straße zum Lysefjord. Die meisten Tunnel haben eine Durchfahrtshöhe von 4,50 m im Mittelbereich.
- **Fähren:** Ihre Anzahl nimmt immer weiter ab, u.a. weil eben so viele neue Tunnels gebaut werden. Trotzdem gibt es noch um die 200 Fährstrecken, die ein schnelles Vorankommen erheblich behindern. Doch wer ist schon zum Rasen nach Norwegen gekommen! Man sollte sie also eher als willkommene Abwechslung sehen. Für kurze, 10- bis 15-minütige Verbindungen muss man 60 NOK für das Auto (inkl. Fahrer), 110–130 NOK für das Wohnmobil (je nach Länge) und 20 NOK pro Person (Kinder 10 NOK) zahlen. Für 45-minütige Überfahrten sind etwa 100 NOK für das Auto, 170–200 NOK für das Wohnmobil und 30 NOK pro Person einzuplanen.
- **Rechts vor links:** Hauptstraßen sind oft als solche nicht ausgeschildert und lediglich am Vorfahrtsschild in der einmündenden Nebenstraße erkennbar. Meist herrscht jedoch sowieso rechts vor links, auch wenn die gerade befahrene Straße eindeutig die breitere ist.

Der Preis fürs Autofahren

Der Liter **Super Bleifrei** *(blyfri)* kostet 11–13 NOK, **Diesel** ab 11 NOK (*Dieselavgiftsfri* darf nicht von Urlaubern getankt werden!). Am billigsten sind die stets geöffneten Automatiktankstellen Smart und Uno, wo man mit Geldscheinen direkt an der Zapfsäule bezahlt. *Bensinstasjoner* außerhalb der Großstädte schließen meist ab 22/24 Uhr. Zu beachten ist, dass nur Zapfsäulen

Einige norwegische Hinweisschilder (Auswahl)

Barn leker: spielende Kinder
Bompenger: Mautstelle
Bomvei: Mautstraße
Dårlig veidekke: schlechte Fahrbahn
Elgfare: erhöhte Gefahr durch Wildwechsel, insbesondere Elche!
Ferist: Stahlroste, die quer über der Fahrbahn liegen und das freie Umherwandern von Weidevieh unterbinden sollen.
Helleristninger: Felszeichnungen
Høy Ulykkesrisiko: große Unfallgefahr
Ingen Innkjørsel: keine Einfahrt
Kjør sakte: langsam fahren
Møteplass: Ausweichstelle an engen Straßenstellen, markiert durch ein weißes M auf blauen Grund
Omkjøring: Umleitung!, schwarzer Pfeil auf orangefarbenem Grund
Opphøyed gangfelt/fartsdempere: Asphaltbuckel, die in Wohngebieten die Geschwindigkeit bremsen sollen
Parkering forbudt: Parken verboten
Parkeringsplass: Parkplatz
Senk Farten: langsam fahren
Sentrum: Zentrum
Stavkirke: Stabkirche
Turistkontor: Touristeninformation
Veiarbeid/Vegarbeid/Vegarbeidsområde: Baustelle

 hier wird geblitzt

 vollautomatische Mautstation (nicht anhalten!)

Mautstation *(bomstasjon / toll plaza)*

 Sehenswürdigkeit

 Nationale Tourismusstraße

mit dem Vermerk *kontant* gegen Bares ihr Benzin abgeben. Für andere *(kort)* braucht man eine Kunden- und/oder Kreditkarte.

Zu den Kosten für das Tanken addieren sich Abgaben für **Fähren** und **Mautstraßen** *(bom, bomveg).* Oslo, Bergen, Stavanger und Kristiansand verlangen eine „Eintrittsgebühr", welche schon weit vor dem Zentrum erhoben wird. Die Mautstellen teilen sich in drei Bereiche: *Auto Pass, Mynt/Coin, Manuell.* Der erste Bereich ist für Dauerkunden mit einem Abonnement reserviert. Wer hier durchfährt, riskiert eine Nachzahlung mit Aufschlag. *Mynt/Coin,* ist mit einer Box ausgestattet, in die man die abgezählte Summe einwirft. Wer es nicht passend hat, fährt bei *Manuell* durch und zahlt an der Kasse. Nahezu alle neuen Mautstellen sind **vollautomatisch** (derzeit u.a. in Oslo, Bergen, Kristiansand, die Rv 45 bei Gjesdal und die E6 nördlich von Oslo). Erkennbar sind diese an den „Ikke Stop"- („Nicht anhalten") Schildern. Zahlung für Ausländer: 1. Zahlung per Kreditkarte: Unter www.autopass.no (Link: Zahlung für Besucher) Kreditkarte, Autokennzeichen und Mailadresse registrieren und einen Betrag aufladen. Zu viel bezahlte Beträge werden erstattet. 2. Auf eine Rechnung warten: Vor allem bei geringen Beträgen (z.B. der Stadtmaut in Oslo oder Bergen) wird diese aus Kostengründen oft nicht zugesendet. Kommt doch eine Rechnung, fallen Gebühren an. 3. Nachzahlen: Innerhalb eines Tages kann an Esso-Tankstellen ein „angregiro" ausgefüllt und der Betrag nachgezahlt werden.

Auch für viele Landstraßen ist ein „Wegezoll" fällig. Die Preise reichen von 10 NOK bis zu sagenhaften 180 NOK für die Strecke Fjærland - Sogndal. Zudem heißt es auf sehr vielen kleinen, privaten Gebirgsstraßen: zahlen (meist 20–50 NOK). Pro Urlaub kommen so je Auto gerne 150–300 NOK (18–36 €) zusammen (für Fahrzeuge über 3,5 Tonnen oft das Doppelte). In Städten werden mit den Geldern neue Tunnel und Verkehrsprojekte finanziert. Auf dem Lande zahlt man mit dem Obolus ein bereits fertig gestelltes Bauwerk ab, was sich dann meist einige Jahre hinzieht, aber die Hoffnung mit sich bringt, es irgendwann kostenfrei nutzen zu dürfen.

Noch ein Wort zum **Parken.** Es ist in den meisten Orten **im Sommer kein Problem** - wenn man auf die teureren Parkhäuser zurückgreift. Parkplätze sind nach 17 Uhr meist kostenlos und wie leergefegt. Viele Geschäfte und die meisten Museen sind dann aber auch schon geschlossen. Ansonsten zahlt man für eine Stunde 20–40 NOK (2,50–5 €), etwas außerhalb und in kleineren Städten 12–15 NOK (1,50–1,90 €) pro Stunde. Private Parkflächen (durch schwarzweiße Schilder gekennzeichnet!) sind meist noch etwas teurer. Zudem muss hier oft rund um die Uhr gezahlt werden und die Zahldauer wird häufig kontrolliert! Gratis ist das Parken vor Supermärkten (Kundenplätze!). Parkhäuser sind in Oslo teurer als die Parkplätze (meist 4–5 €/Std., 22 €/Tag), in anderen Großstädten meist gleich teuer oder preiswerter (15–19 €/Tag).

Wohnmobil/Wohnwagen

Das Fahren mit dem Wohnmobil *(bobil)* erfreut sich immer größerer Beliebtheit, sowohl bei Einheimischen als auch bei ausländischen Besuchern. Allerdings wird es gern gesehen, wenn das WoMo auf den Campingplätzen abgestellt wird. Da einige schwarze Schafe dies nie taten und zudem ihre Chemietoilette am Rastplatz entsorgten, ist in Südnorwegen an einigen Stellen das Parken nur bis 20 Uhr oder 2 Stunden erlaubt.

Die zugelassenen **Abmessungen für Wohnwagen** sind: max. Breite 2,30 m, Gesamtlänge max. 18,50 m.

Obgleich die meisten **Straßen** in den letzten Jahren deutlich entschärft wurden, gibt es noch einige, die für das Befahren **mit dem Wohnanhänger** zu schmal und **ungeeignet** sind (z.B. Rv 63: Geirangervegen und Trollstigen, Rv 550: von Jondal nach Utne, Rv 511: von Sudeneshavn nach Kopervik, Straße Lysebotn – Sinnes/ Rystad (im Setesdal), Nebenstraße Dale – Voss, Rv 465: von Farsund (Halbinsel Lista) nach Liknes, Rv 461: Førland – Moi – Konsomo, Rv 501: Hauge i Dalane – Heskestad, Rv 520: Sauda – Røldal und Rv 13: Røldal – Nesflaten, Snøvegen: Lærdal – Aurland, Rv 258: Videseter – Grotli, Rv 651: Volda – Straumshamna, Turtagrø – Øvre Årdal, Stichtraßen im Jotunheimengebirge). Allgemein gilt: Am sichersten sind Haupt- und Europastraßen.

Entsorgungsstationen für die Chemietoilette gibt es auf nahezu allen Campingplätzen und an vielen Tankstellen.

- **Informationen** (u.a. zum Nachfüllen von Gasflaschen) gibt es beim Norsk Caravanklubb, Postboks 104, 1921 Sørumsand, Tel. 63829990, Fax 63829999, www.norskcaravanclub.no und beim Norwegischen Fremdenverkehrsamt in Hamburg, www.visitnorway.com/de/Stories/Uebernachtung/Camping-in-Norwegen, Tel. 0180/5001548.

Automobilclub/Service

Bei einer Panne oder auch einem Unfall kann man unter folgenden Nummern **Hilfe** bekommen:

- **Dänemark:** FALCK, Tel. 79424242, oder DAH, Tel. 70108090.
- **Schweden:** Assistancekåren, Tel. 020/912912; Motormännens Riksförbund, Tel. 020/912912; sowie FALCK, Tel. 087/679000.
- **Norwegen:** NAF, Tel. 08505 (von norwegischen Telefonen), 0047/92608505 (aus dem Ausland), www.naf.no.

Hilfe ist z.B. für ADACPlus-Mitglieder oder ÖAMTC-Mitglieder teilweise kostenlos. Man kann sich auch direkt an seinen **Automobilclub** wenden. Hier die Telefonnummern der drei größten Automobilclubs in Deutschland, Österreich und der Schweiz:

- **ADAC,** Tel. 0049/89/222222, unter 0049/89767676 erfährt man, wo sich in der Nähe des Urlaubsortes ein deutschsprechender Arzt befindet; die Liste kann man auch vorab anfordern.
- **ÖAMTC,** Tel. 0043/1/2512000 oder 01/2512020 für medizinische Notfälle.
- **TCS,** Tel. 0041/22/4172220.

Trotzdem ist es sehr wichtig, die **grüne Versicherungskarte** dabei zu haben und sich im Falle eines Unfalls unbedingt die Versicherung und die Versicherungsnummer des **Unfallgegners** zu notieren. Bei minderschweren Unfällen zieht man in Norwegen in der Regel nicht die Polizei hinzu, was mehrere Stunden dauern könnte, sondern notiert den Unfallhergang und tauscht einfach die Versicherungs- und Kontaktdaten aus.

- **Straßeninfo:** Statens Vegvesen: Tel. 0047/81548991, in Norwegen: Tel. 175, www.vegvesen.no.
- **Autowerkstätten** *(bilverksted)* finden sich in Norwegen in fast jedem noch so kleinen Ort, meist entlang der Hauptstraßen. Achtung: Reparaturservice an Sonn- und Feiertagen kostet meist mindestens 250 €. Aber auch ansonsten bezahlt man ca. doppelt so viel wie daheim.
- **Maut:** www.norvegfinans.com. Unter dem Link „Bompengekart": Karte *(kart)* und Preise *(takster)*.

Nationale Touristenstraßen

Seit einigen Jahren besteht das Projekt, Norwegen durch Nationale Touristenstraßen dem Besucher zu erschließen. Die Routen führen durch besonders schöne Landschaften und weisen gestalterisch anspruchsvolle Rastplätze in bester Lage auf. Derzeit existieren die Touristenstraßen Hardanger (Rv 7), Lofoten (Rv 10), Helgelandsküste (Rv 17), Gamle Strynfjellsvegen und Sognefjell (Rv 55). Bis 2015 sollen 13 weitere folgen. Infos: www.turistveg.no.

Behinderte

Behinderte werden in Norwegen stark in die Gesellschaft integriert. Es gibt in fast allen Einrichtungen - sei es nun ein Museum, ein Kaufhaus, ein Hotel oder ein Campingplatz - Schrägen, Lifte oder Rolltreppen. Sogar verschiedene Angel- und Picknickplätze sind so angelegt, dass sie für körperlich Behinderte gut zu erreichen sind. Trotzdem gibt es natürlich noch genügend Hindernisse, z.B. bei öffentlichen Verkehrsmitteln; Niederflurbusse findet man in Norwegen kaum.

Infos bei **Norges Handikappforbund,** Schweigaardsgt. 12, Postboks 9217 Grønland, 0134 Oslo, Tel. 0047/2410 2400, Fax 0047/24102499, www. nhf.no.

Ein- und Ausreisebestimmungen

(Stand: März 2010)

Für einen Aufenthalt von bis zu drei Monaten benötigen Staatsbürger Deutschlands, Österreichs und der Schweiz einen **Personalausweis,** der noch mindestens 6 Monate gültig ist.

Im Jahr 2001 ist Norwegen dem Schengener Abkommen beigetreten. An den **Fähren** finden aber dennoch in unregelmäßigen Abständen **Kontrollen** statt, vor allem bei jüngeren Reisenden. **Grenzübergänge zu Schweden** sind meist frei passierbar, an Nebenstraßen sind Zollhäuschen selten.

In Deutschland, Österreich oder der Schweiz lebende Staatsbürger anderer Länder sollten sich bei der zuständigen **Botschaft** des Königreichs Norwegen nach der Notwendigkeit für ein Visum erkundigen:

- **Deutschland:** Rauchstr. 1, 10787 Berlin, Tel. 030/505050, Fax 505055, www.norwegen.org.
- **Österreich:** Reisnerstr. 55–57, 1030 Wien, Tel. 01/7156692, Fax 7126552, www.norwegen.or.at.
- **Schweiz:** Postfach 5264, Bubenbergplatz 10, 3001 Bern, Tel. 031/3105555, Fax 3105550, www.amb-norwegen.ch.

Einfuhr

Die Strafen für unerlaubte Alkoholeinfuhr sind immer noch ziemlich hoch.

Verboten ist die Einfuhr von Giften, Pflanzen (auch Kartoffeln!), Säugetieren und Vögeln, Narkotika; Waffen nur mit Sondergenehmigung.

Frei ist die Einfuhr von 1 l Schnaps (max. 60 Volumenprozent) + 2 l Bier oder Wein bzw. kein Schnaps, aber 3 l Bier oder Wein + 2 l Bier, 200 Zigaretten oder 250 g Tabak plus 200 Blättchen. Proviant bis 700 NOK. Über die Quote hinaus dürfen 4 Liter zollpflichtig mitgenommen werden. Für Wein sind pro Liter 47 NOK, für Spirituosen 325 NOK zu zahlen. Infos: www.toll.no und www.norwegen.org.

Ausfuhr

Norwegen gehört nicht zur EU. Kauft man einen Monat vor der Ausreise für über 150 € Waren im Geschäft, fragt man nach der Möglichkeit des Postversandes. Wird die Ware auf diesem Wege außer Landes gebracht, entfällt die Mehrwertsteuer, die 24 % beträgt. Allerdings muss dann in Deutschland Einfuhrumsatzsteuer (15 %) bezahlt werden (das gilt nicht für Bücher).

Folgende **Freimengen** darf man zollfrei einführen in die EU und die Schweiz:

- **Tabakwaren** (für Personen ab 17 Jahren): 200 Zigaretten oder 100 Zigarillos oder 50 Zigarren oder 250 g Tabak oder eine anteilige Zusammenstellung dieser Waren
- **Alkohol** (für Personen ab 17 Jahren) **in die EU:** 1 l Spirituosen (über 22 Vol.-%) oder 2 l Spirituosen (unter 22 Vol.-%) oder eine anteilige Zusammenstellung dieser Waren, und 4 l nicht-schäumende Weine, und 16 l Bier; **in die Schweiz:** 2 l bis 15 Vol.-% und 1 l über 15 Vol.-%
- **Andere Waren** (in die EU): 10 Liter Kraftstoff im Benzinkanister; für See- und Flugreisende bis zu einem Warenwert von insgesamt 430 €, über Land Reisende 300 €, alle Reisende unter 15 Jahren 175 € (bzw. 150 € in Österreich); (in die Schweiz): neuangeschaffte Waren für den Privatgebrauch bis zu einem Gesamtwert von 300 SFr. Bei Nahrungsmitteln gibt es innerhalb dieser Wertfreigrenze auch Mengenbeschränkungen.

Wird die Wertfreigrenze überschritten, sind **Einfuhrabgaben** auf den Gesamtwert der Ware zu zahlen und nicht nur auf den die Freigrenze übersteigenden Anteil. Die Berechnung erfolgt entweder pauschal oder nach dem Tarif jeder einzelnen Ware zuzüglich sonstiger Steuern.

Einfuhrbeschränkungen bestehen u.a. für Tiere, Pflanzen, Arzneimittel, Betäubungsmittel, Feuerwerkskörper, Lebensmittel, Raubkopien, verfassungswidrige Schriften, Pornografie,

Waffen und Munition; in Österreich auch für Rohgold und in der Schweiz auch für CB-Funkgeräte.

Nähere Informationen

- **Deutschland:** www.zoll.de oder beim Zoll-Infocenter, Tel. 069/46997600
- **Österreich:** www.bmf.gv.at oder beim Zollamt Klagenfurt Villach, Tel. 01/51433/564053
- **Schweiz:** www.ezv.admin.ch oder bei der Zollkreisdirektion in Basel, Tel. 061/2871111

Einkaufen und Preisniveau

Norwegen ist das einzige Land in Skandinavien, in dem das **zollfreie Einkaufen noch möglich** ist. In mehr als 3000 Geschäften, die mit einem Tax-free-Schild gekennzeichnet sind, kann man sich die gekaufte Ware verpacken und versiegeln lassen. Man füllt einen Global-Refund-Scheck aus. Diesen zeigt man später an der Grenze vor und bekommt 11–18 % des Kaufpreises zurück, sofern dieser 308 NOK pro Einkauf in einem Geschäft übersteigt. Besonders die beliebten Pullover mit dem typischen Norwegermuster bekommt man so um einiges billiger.

Der Tax-free-Einkauf ist jedoch leider fast die einzige Vergünstigung, die ei-

Im Supermarkt

032no Foto: ms

nen in Norwegen erwartet. Das Preisniveau ist hoch, was am Mehrwertsteuersatz von 24 %, aber auch an der vergleichsweise guten Bezahlung für alle Berufsgruppen (!) liegt. Trotzdem, wer ein paar Regeln beachtet, kann auch in Norwegen relativ kostengünstig über die Runden kommen.

Zunächst einmal sollte man, natürlich in Übereinstimmung mit den Einfuhrregeln, durchaus einiges an **Essen mitnehmen.** Praktisch sind da z.B. Beutelsuppen, einige Konserven, eine Salami und, wer es denn braucht, Süßigkeiten. Lebensmittel kann man gut bei **Rema 1000** einzukaufen. Recht günstig sind auch noch **Rimi, Kiwi** und **Lidl,** nur etwas teurer Coop-Prix und Bunnpris. Sicher sind diese Läden mit ihrer etwas bescheidenen Auswahl keine Einkaufsparadiese, aber einfach weitaus preiswerter als die besser sortierten Coop-Mega, Ica und Spar. Unbedingt zu meiden sind die gnadenlos teuren Campingplatzläden, Kioske und Tankstellen.

Bei der **Kleidung** liegen die norwegischen Preise oft auf deutschem Niveau. Recht kostengünstig sind H&M, Cubus und KappAhl. Hinzu kommt, dass zur touristischen Hauptsaison (Januar/Februar und Juni/Juli) die Zeit der Schlussverkäufe ist. Diese machen mit grellen „Salg"-Schildern auf sich aufmerksam und versprechen 30–50 % Rabatt. Vor allem norwegische Qualitätssportartikel (Bergans, Norrøna, Devold, Helly Hansen) sind dann in Intersport-Läden zu Niedrigpreisen zu haben.

Teils sehr geschmackvolle **Souvenirs** finden sich in den überall anzutreffenden Husfliden-Läden. Zu erstehen sind u.a. die mollig warmen Norwegerpullover, knuffige Elche, kleine Bildbände (Norwegen, Trollgeschichten) und die unvermeidlichen (Latex-)Trolle. Neben dem Husfliden gibt es zahllose weitere Souvenirläden. Diese weisen jedoch mit Superman-Elchen und Wikingermützen ein eher einfaches Sortiment auf.

Spartipp

Bei Museen kann man Rabatt bekommen, wenn man im Besitz eines Internationalen **Studentenausweises** (ISIC) ist (siehe Stichpunkt „Discounts" unter www.isic.de). Den Ausweis muss man allerdings schon zu Hause bei STA Travel oder beim Studentenwerk o.Ä. erworben haben [12 € (D), 10 € (A), 20 SFr (CH)]. Man muss Immatrikulationsbescheinigung, Personalausweis und Passbild vorlegen.

Preisbeispiele/Produkte

Noch recht preiswert ist **Brot** *(brød)* zu haben, es schmeckt für deutsche Gaumen recht mild, da es kaum gesalzen wird und weniger Sauerteig enthält, und ist etwas bröselig. Die billigste Version ist das *Kneippbrød* zu 6/7 NOK. Allerdings hat man dies ungetoastet recht schnell über. Am besten munden die Aufbackbrote der Supermarktkette KIWI. Ansonsten sind alle Mehrkornbrote *(flerkornbrød)* empfehlenswert sowie das milde *Middelhavsbrød* (Mittelmeerbrot) und das *Dansk Ruggbrød* (Dänisches Roggenbrot), das ähnlich wie das deutsche Brot schmeckt. Kosten: 14–18 NOK. Die dazugehörige, oft leicht gesalzene *(lettsaltet)* **Butter** *(smør)* kostet um die 20 NOK (500 g). Als Belag empfiehlt sich der würzige **Jarlsberg Käse** (500 g zu 30 NOK) und der karamelige **Ziegenkäse Geitost G 35** (500 g à 40/50 NOK). Kleine Orientierungshilfe: *geitost* – Ziegenkäse; *gamalost* – alter, extrem würziger Käse; *nøkkelost* – milder Käse mit Kümmel; *gulost* – sehr milder Käse; *ridder* – intensiverer Käse nach dänischer Art; *myseost* - Molkenkäse; *fløtemysost* - brauner Ziegenkäse mit zugesetzter Milch und Molke.

Wurst ist recht teuer. 100 g der billigsten Sorte *(Nordfjord kjøtt)* kosten 10–12 NOK, meist jedoch zahlt man 15–20 NOK. Empfehlenswert: Elch- *(elg)* und Rentier- *(reinsdyr)* Salami. Auch andere Salamisorten sind sehr schmackhaft. Weitere Zutaten: *får* - Hammel; *lam* - Lamm; *storfe* - Rind; *geit* - Ziege; *hest* - Pferd; *svinekjøtt* - Schweinefleisch; *blod* - Blutproteine; *krydder* - Gewürze; *lår* - Keule. (Günstig ist eine Dose Leberpastete *(leverpostei)* für 12 NOK.) Ähnlich verhält es sich mit Steaks u.Ä.: 2 Stück kosten 40–60 NOK. Am besten kauft man die typisch norwegischen **Kjøttboller** (Fleischklopse) oder **Fiskekarbonader** (Fischfrikadellen), die 2-Personen Packung für 30–40 NOK.

250 g **Spaghetti** kosten 7–10 NOK, die Tomatensauce dazu 12 NOK.

Die billigste **Tiefkühlpizza** heißt „Grandiosa", kostet 22 NOK, ist mit Schinkenstreifen sowie einem Berg Käse belegt und avancierte aufgrund ihres Preises zum norwegischen Tiefkühl-Fast-Foot schlechthin.

Als Dessert eignet sich **Joghurt** mit Moltebeeren. Die 0,5-l-Packungen sind mit 12 NOK die preiswertesten.

Empfehlenswert sind die **Marmeladen** *(syltetøy)* der Firma Lerum (nur in Rema 1000-Läden). Hier speziell die Sorte mit den gelben Moltebeeren.

Süßigkeiten sind in Norwegen oft bis zum Rand mit Farbe und Konservierungsstoffen vollgepumpt. Sehr gut schmecken jedoch **Freia-Schokolade** (Tafel für 8–10 NOK), die **Schokowaffel** *Kvikk Lunsj* (ideal für Wandertouren) sowie die **Schoko-Maissnacks** *Smash* und die **Mokkabohnen** *(mokkabønner)* der Firma Nidar.

Bei **Erfrischungsgetränken** zahlt man 10 NOK für die 0,5-l-Flasche und 11–14 NOK für die 1,5-l-Flasche. 1 l Orangensaft ist für 6–8 NOK zu haben. (Achtung: „Saft" heißt auf Norwegisch *juice*, „Sirup" hingegen *saft!*) **Milch** kostet 9–11 NOK. Am besten ist die H-melk, was gute Vollmilch *(helmelk)* und keine H-Milch ist! Sehr wässrig ist hingegen die Magermilch, die *skummet-melk*. Buttermilch heißt *kulturmelk*. Im Verhältnis zum Inhalt ist **Bier** *(øl)* am teuersten. Die 0,5-l-Flasche kostet ca. 20 NOK. Kurioserweise haben 0,33-l-Flaschen den niedrigsten Literpreis. Eine „flaske" Tuborg kostet ca. 10 NOK, andere Marken ca. 9–12 NOK. Am preiswertesten ist „lettøl" (2,5 % Alkohol, 4 NOK/0,33-l-Flasche). Am empfehlenswertesten sind die Marken „Hansa", „Borg", „Aass" und das etwas dunklere „Frydenlund". Hervorragend im Geschmack ist das nur zu Weihnachten gebraute *juleøl*, speziell von den Brauereien „Borg" und „Aass". Achtung: In einigen Regionen gibt es Bier nur im Ølutsalg.

Am Imbissstand gibt es zumeist nur *pølse* (Wiener Würstchen) für 10–15 NOK (verpackt in Brötchen oder *lompe*, einem Teigfladen) und Hamburger (40–60 NOK).

Marktstände am Straßenrand bieten frische, nicht ganz billige landwirtschaftliche Produkte der Region an: *jordbær* (Erdbeeren), *moreller* (Süßkirchen), *epler* (Äpfel), *plommer* (Pflaumen), *bringebær* (Himbeeren), *poteter* (Kartoffeln). Der Zusatz *fersk* heißt „frisch". Die ganz schmackhaften Joghurte und/oder Marmeladen („syltetøy") enthalten auch *moltebær* (Moltebeere), *tyttebær* (Preiselbeere), *skogbærer* (Waldbeeren), *blåbær* (Heidelbeere). An Gemüse findet sich im Laden u.a.: *agurk* (Gurke), *tomat* (Tomate), *blomkål* (Blumenkohl), *squash* (Zucchini). *Løk* ist Zwiebel, *hvitløk* hingegen Knoblauch. Das preiswerteste Obst *(bananer* 8 NOK/kg) und Gemüse gibt es bei Rema 1000 und in den Läden der Einwanderer (siehe „Oslo").

Eine norwegische Spezialität sind **Garnelen** *(reker)*. Nachdem man ihre Schale abgepult hat, genießt man sie am besten roh mit Zitrone oder gekocht. Kosten: tiefgekühlt bei Rema 1000 ab 25 NOK/kg oder am Hafen für bis zu 80 NOK/kg.

Elektrizität

Es werden die **gleichen Steckdosen wie in Mitteleuropa** verwendet und das bei den üblichen **220 Volt/Wechselstrom.**

Essen und Trinken

Die norwegische Küche ist deftig und greift auf die natürlichen Ressourcen des Landes zurück. Elch und Ren sind ebenso auf der Speisekarte zu finden, wie Schneehuhn und Fisch jedweder Art. Typische Gerichte sind *fårikål* (Hammelbraten in Kohl), *sodd* (Lammeintopf), *pinnekjøtt* (Lammrippchen) und Stockfisch, getrockneter und wieder eingeweichter Kabeljau. Eine Sonderform des Stockfisches ist der *lutefisk*, ein gelaugter Dorsch, dessen Konsistenz ein wenig an Qualle in Seifenwasser erinnert. Die geruchs- und geschmacksintensive Art der Verarbeitung des ursprünglich ganz vorzüglich schmeckenden Fisches hat folgende Bewandtnis: Es war einmal ein armer Fischer, dessen Vater schwer krank im Bett lag. Der Sohn wollte ihm einen Stockfisch aufweichen und kochen. Dabei fiel ihm jedoch das Meerestier in einen Topf voller Lauge. Da er es sich nicht leisten konnte, die Mahlzeit zu verwerfen, servierte er dem Vater den nun recht traurig anzuschauenden Fisch, mit dem überraschenden Ergebnis, dass der Mann rasch gesundete ...

Häufig wird man, zumindest in **besseren Restaurants,** neben Steak und Schnitzel, Lachs, Forelle *(ørret),* Schneehuhn-, Elch- und Rentierbraten serviert bekommen, z.T. werden die schmackhaften Gerichte mit leckeren norwegischen Preiselbeeren *(tyttebær)* garniert.

Einfacher als diese Mahlzeiten sind, versehen mit Gemüse und norwegischen Kartoffeln, **kjøttboller** (Fleischklopse) und **fiskeboller** (Fischklopse aus Fischmehl). Oft kann man auch **lapskaus,** einen sich schnell verfestigenden Mischmasch aus Gemüse und Fleisch, und **kylling** (Hähnchen) erhalten.

Als Dessert gibt es u.a. die traditionelle **rømmegrøt.** Die leckere, leicht säuerlich schmeckende Grütze ist die typische bäuerlich-norwegische Begrüßungsspeise in den Märchen von *Asbjørnsen* und *Moe*. Beliebt sind auch **Waffeln** und **lefser,** ein süßliches Fladenbrot aus Mehl und Kartoffeln. Man bestreicht diese Spezialitäten z.B. mit Marmelade aus den Moltebeeren (die nur in Skandinavien wachsen) oder belegt sie mit dem bräunlichen **Ziegenkäse geitost.** Der ist, auch als Brotbelag, Norwegens ganzer Stolz. Er schmeckt leicht karamellig und würzig. Mit Sicherheit bedarf es einiger Zeit der Gewöhnung, wonach man schnell zum Liebhaber werden kann.

Rømmegrøt-Rezept

Zutaten: 500 ml Seterrømme (oder Créme fraiche), 200 ml Weizenmehl, 500 ml Milch, 1 Messerspitze Salz, Zucker, Zimt.

Man lasse die *rømme* 5 Minuten kochen und gebe unter stetem Rühren die Hälfte des Mehls hinzu. Anschließend lasse man das Ganze auf kleiner Flamme weiterköcheln bis sich das Fett absetzt. Dieses schöpfe man nun ab, füge das restliche Mehl und nach und nach die Milch hinzu, welche die Rømme geschmeidig macht. Dabei gut umrühren und alles auf kleiner Flamme 5 Minuten weiterkochen lassen. Man serviere die *rømmegrøt* mit Zucker und Zimt und gieße das flüssige Fett darüber.

Kaum anfreunden wird man sich dagegen mit dem strengen, alles vernichtenden Geschmack des **gamalost (alter Käse).** Bei ihm versteht selbst die Mehrzahl der Norweger nicht, wie man so etwas verzehren oder auch nur herstellen kann.

Die Mahlzeiten

Frühstück (frokost) besteht wie bei uns aus einigen Schnitten, Müsli, Milch und Obst. Das **Mittagessen** wird zwischen 11.30 und 12.30 Uhr eingenommen. Da es jedoch wiederum nur aus ein paar Schnitten besteht, heißt es **Lunsj.** Das warme **„Middag"** selbst speist man erst nach der Arbeit/Schule am Nachmittag zwischen 15 und 17 Uhr. Es kann aber auch, je nach Region und Gewohnheit, das **„kveldsmat"**, das **kalte Abendessen** zwischen 19 und 21 Uhr, ersetzen. Kuchen und Unmengen an Kaffee, dem alkoholfreien „Laster der Nation", passen zu jeder Tages- und Nachtzeit.

Restaurants

Restaurants gibt es gerade in den Großstädten recht viele. Leider sind die Preise mit 20–40 €/Gericht recht abschreckend. Wer trotzdem essen gehen möchte, sollte vergleichen. Manche Gaststätten bieten für diese Summen gerade mal Hamburger, Steak oder Hühnchen an, andere ein kleines Sterne-Menü. Wer nicht so viel Hunger hat, sollte das manchmal angebotene *smårett* bestellen. Diese kleinere Portion kostet 10–15 €.

Für 10–12 € vergleichsweise preiswert und gut essen kann man in den **Einkaufszentren** des Landes. Oft bekommt man typisch norwegische Gerichte. Zur Mittagszeit (bis 15 Uhr) bietet auch die landesweit vertretene Restaurantkette **Egon** Speisen für rund 14 € an (www.egon.no).

Kostengünstig sind die Pizzerien **Dolly Dimple's** und **Peppes Pizza** (Letztere bietet neben Pizzen „amerikanischer Art" auch solche mit italienischem Boden an).

Eine oft sehr gute *Stor-Pizza* (große Pizza, 40 cm) kostet 26–30 € und reicht für 3 Personen. Die *Medium-Pizza* (20–23 €/170–190 NOK, 30 cm) ist für zwei Esser gedacht. Manchmal locken auch „All- you-can-eat"-Angebote für rund 12 €.

Vom Versuch, die selbst in Restaurants erhältlichen, synthetisch schmeckenden **Hamburger** zu verkosten, sei an dieser Stelle abgeraten. Die Fleischklöpse im Sesampack entwickeln sich leider immer mehr auch zum norwegischen Nationalgericht, und man muss ja nun wirklich nicht jede, zumal zweifelhafte, Mode mitmachen. Auch die **Döner** schmecken im Land der Wikinger eher ungewohnt und ein wenig fad.

In Gaststätten sollte man zudem auf die Angebote **„Dagens Rett"** oder **„Dagens Middag"** achten. Bei dieser norwegischen Besonderheit handelt es sich um **Tagesgerichte zu besonders günstigen Preisen** (meist 80–100 NOK). Speziell in China-Restaurants wird man schnell fündig. Ein Vorteil für Mitteleuropäer sind die ungewöhnlichen **Essenszeiten** der Norweger. Da man meist zwischen 15 und 17 Uhr essen geht, sind die Preise zwischen 12 und 13 Uhr am niedrigsten. Günstig ist, dass *et glass vann,* „ein Glas Wasser", in jedem Restaurant gratis zu haben ist.

Noch einige Hinweise

In vielen kleineren Orten wird man Restaurants nur in den Hotels finden, diese sind dann aber auch für Nicht-Gäste zugänglich. Das Essen ist vielfach recht ordentlich, wenngleich nur selten Extraklasse. Besonders **gute oder schöne Restaurants** sind im Buch mit einem ✦ gekennzeichnet. Die Preise für ein normales Gericht, Fleisch oder Fisch, liegen bei **160–250 NOK** (20–30 €), oft auch darüber, und variieren recht stark. Nicht selten findet man in einem Restaurant Gerichte mit Preisdifferenzen von bis zu 15 €. Daher ist es wichtig, dass man auch das Richtige bestellt. Vielerorts gibt es die Speisekarte auch auf Deutsch oder Englisch. Ansonsten hilft der kleine **Sprachführer** im „Anhang" weiter.

Jeg vil gjerne ha... („jei wil järne ha") oder
Jeg skal ha ...: Ich möchte bitte ...
Jeg vil gjerne betale: Ich möchte bezahlen.

biff: Beefsteak
elg: Elch
erter: Erbsen
fisk: Fisch
forretter: Vorspeisen*gås:* Gans
gravlaks: gebeizter Lachs
hovedretter: Hauptgerichte
kake: Kuchen
karbonade: Frikadelle
kjøtt: Fleisch
kjøttboller: Fleischklößchen
krydder: Gewürz
kylling: Hähnchen
ørret: Forelle
poteter: Kartoffeln
reinsdyr: Rentier
rype med multer: Schneehuhn mit Moltebeeren
røkelaks: Räucherlachs
sodd: Lammeintopf
stek: Steak

Restaurants im eigentlichen Sinne heißen auch in Norwegen so. Außerdem gibt es das **Café** (auch mit K geschrieben), das **Kro** (Raststätte, zumeist recht preiswert, 80–120 NOK, einfache Speisen) und die **Gatekjøkken** (Imbissstube mit Hamburgern und Pølse, den norwegischen Wienern).

Alkohol

Oft scheint es, als sei der Alkohol **der Norweger liebstes Thema** und die Norweger des Alkohols liebste Opfer. Getrunken wurde schon immer viel und gern. Sei es nun der Dunkelheit, der Kälte oder irgendwelcher Sorgen wegen, aus Freude, vielleicht auch aus Schmerz, oder einfach nur so, als Beschäftigung am Abend. Und da Vater Staat seine Schäfchen kennt, gibt es die 0,5 l-Flasche **Bier** *(øl)* **im Laden erst ab 2,60 €**, Wein und Hochprozentiges nur im staatlichen „Vinmonopol". Nicht jeder Ort hat einen solchen Spezialladen, nicht jeder hat Zutritt. Über 18 muss man sein, bei Schnaps über 21, ohne stieren Blick und ohne Alkoholfahne. Dann erst bekommt man die Flasche Wein für 70–300 NOK, harte Sachen ab 200 NOK bis unendlich. Danach darf die „heiße Ware" mit nach Hause genommen und nur in geschlossenen Räumen konsumiert werden. Und da ein paar Bretter notfalls auch einen Raum bilden können, sind norwegische Biergärten stets von einem schmucken Zäunchen umgeben ... Im Übrigen darf in der hiesigen Gastronomie nur das ausgeschenkt werden, wozu die Schankgenehmigung berechtigt. Die kann im schlimmsten Fall nur Bier umfassen, was aber immer seltener vorkommt. Was es hingegen nach wie vor gibt, ist das Schnapsverbot an Sonntagen ... Na denn: Skål!

Unter den alkoholischen Getränken ist **der aus Kartoffeln gebrannte Aquavit Norwegens Nationalgetränk.** Berühmteste Marke ist dabei der Linie Aquavit. Dieser reist zunächst stets, wie ein Zertifikat bestätigt, auf einem Handelsschiff, in alten Eichenfässern gelagert, einmal über den Äquator und zurück, bevor er in den Handel gelangt. Unterwegs erst erhält er sein volles Aroma, denn erzählt wird, dass ein Seemann den Schnaps als Ballast auf seinen Bootsreisen mit sich führte und eines schönen Tages daheim entdeckte, dass der Aquavit doch nun viel vollmundiger schmeckt. Die Flasche Linie Aquavit kostet in Norwegen etwa 35 €, in Deutschland hingegen nur 15 €.

Barbeque

Beliebt, und in den letzten Jahren zur Manie geworden, ist das **Grillen im Freien.** Zumeist geschieht dies an Strand und See, wobei den anderen Gästen Rauchwolken schon von weitem anzeigen, wen gerade wieder der Heißhunger gepackt hat. Die Zutaten für ein preiswertes Picknick im Freien sind ein paar *pølser* (die einen auf Schritt und Tritt verfolgende norwegische Ausgabe der Wiener Würstchen), die dazugehörigen Brötchen sowie ein Aluminiumgrill, der inklusive Holzkohle und Feueranzünder für 2 € in allen Supermärkten erhältlich ist.

Feste und Feiertage

Das größte Fest im Jahr ist der **Nationalfeiertag am 17. Mai.** Man zelebriert mit Umzügen, Tausenden von Fahnen und viel guter Stimmung das Datum, an dem im Jahr 1814 Norwegen seine erste Verfassung erhalten hat. Besonders sehenswert sind die Veranstaltungen in Oslo, Bergen und Lillehammer.

Beliebt als Urlaubsperiode ist **Ostern** *(påske).* Seit Beginn des 20. Jahrhunderts, mit dem Aufkommen von Autos und dem Bau von ersten Bahnlinien, ist es Tradition mit Kind und Kegel ins Gebirge zu ziehen und sich auf den sonnenbeschienenen Hochebenen die Osterbräune zu holen. Sämtliche Loipen sind in dieser Zeit hoffnungslos überfüllt, und Hütten werden zu Jahresrekordpreisen vermietet. Immer beliebter wird auch der winterliche Kurzurlaub über **Neujahr.** Allerdings – es ist ja noch finster und oft sehr kalt – sind in dieser Periode bei weitem nicht so viele unterwegs wie zu Ostern, und Hütten sind zu normalen Preisen zu haben.

Neben dem 17. Mai ist wohl **Weihnachten** *(jul)* Norwegens schönstes Fest, dem die Adventszeit als Zeit der Vorbereitung vorangeht. So mussten früher bis zum 13.12., dem Tag der Lucia, alle wichtigen Arbeiten auf dem Hof getan sein, um nicht *Luzifer* herauszufordern. Weihnachten feiert man mit speziellem Weihnachtskuchen, mit Rosinen und Kardamom, sowie dem guten *juløl,* dem Weihnachtsbier. Im Wohnzimmer steht eine Tanne, geschmückt u.a. mit norwegischen Fahnengirlanden, die Gaben bringt der „Nisse“. Um ihn, der gleichzeitig der Beschützer von Haus und Hof ist, bei Laune zu halten, stellt man am Weihnachtsabend ein Schüsselchen Hafergrütze vor die Tür. Auch die Tiere der Umgebung werden bedacht. Für die Vögel bindet man einen Bund Hafer an den Zaun, und das Hofvieh der Bauern bekommt spezielles Weihnachtsfutter. Für die Menschen gibt es Haferbrei, Kabeljau oder Lutefisch. Anschließend erfolgen der gemeinsame Tanz um den Tannenbaum und die Geschenkevergabe. Ein typisches Gericht für den ersten Weihnachtsfeiertag ist *får i kål,* in Kohl eingelegter, fetter Hammelbraten.

War Weihnachten ehedem das heidnische Fest zur Wintersonnenwende, so ist **Jonsok** oder **St. Hans** der entsprechende Festtag zur Sommersonnenwende. Gefeiert wird mit riesigen Lagerfeuern, Gesang und reichlich Alkohol in der Nacht vom 23.6. zum 24.6.

Gleichfalls mit Freudenfeuern wird in einigen Regionen am 29.7. das **Olsok-Fest** begangen, in Gedenken an den in Stikklestad im Jahr 1030 gefallenen König *Olav Haraldson,* der die Christianisierung Norwegens entscheidend voran trieb. Weitere Feiertage: Der **1. Mai, Christi Himmelfahrt** und **Pfingsten.**

Wichtige Feste sind zudem (siehe bei den jeweiligen Orten): Holmenkollen-Festspiele in Oslo im März (Skisprung/Biathlon); Jazzfestivals in Voss, Molde, Kongsberg und Oslo; Bergen-Festspiele im Mai (Konzerte, Theater und Kunst); Oslo Marathons im Mai und September. Weitere Infos unter: www.norwegeninfo.net.

Film und Foto

Wer noch nicht auf „digital“ umgestiegen ist, sollte viele Filme mitnehmen und am Ende noch einige mehr einstecken. Denn zum einen wird, ob der grandiosen Landschaften, der eine oder andere einen regelrechten Fotozwang erleben, zum anderen sind in Norwegen Diafilme mit 6–8 € und Bilderfilme mit 3,50–5 € doch ausnehmend teuer. Speziell Iso 200er- und Iso 400er-Filme sind fast unbezahlbar. Diese eignen sich aufgrund ihrer höheren Lichtempfindlichkeit gut für die dunkle Jahreszeit. Im Sommer hingegen sind 100er-Filme, will man keine Innenaufnahmen machen, völlig ausreichend. Ein Polarisationsfilter ist in Anbetracht des teils grellen Lichtes durchaus anzuraten.

Digitale Bilder können in allen Fotoläden ausgedruckt werden. Allerdings gibt es fast keine Sofortbildautomaten. Meist muss eine Stunde auf die Entwicklung gewartet werden.

Geld

Die **Währung ist die norwegische Krone (NOK).** 1 NOK entspricht 100 Øre. Es existieren nur noch 50-Øre-Münzen. Der Betrag wird jeweils auf- oder abgerundet.

1 € entspricht ca. 8 NOK, für 1 SFr bekommt man 5,52 NOK. 100 NOK sind 12,51 € bzw. 20,40 SFr (Stand: März 2010). Der Kurs ist in Norwegen günstiger als zu Hause!

Bargeld kann man in allen Banken, bei vielen Touristeninformationen und auf Postämtern tauschen. Allerdings ist der Kurs schlechter als wenn man mit der Maestro-(EC-)Karte sein Geld abhebt, außerdem werden hohe Gebühren verlangt.

Mit der **Maestro-(EC-)Karte** kann man an fast allen Automaten problemlos Geld abheben. Ob und wie hoch die **Kosten für die Barabhebung** sind, ist abhängig von der kartenaustellenden Bank und von der Bank, bei der die Abhebung erfolgt. Man sollte sich daher vor der Reise bei seiner Hausbank informieren, mit welcher norwegischen Bank sie zusammenarbeiten. Im ungünstigsten Fall wird pro Abhebung eine Gebühr von bis zu 1 % des Abhebungsbetrags per Maestro-Karte berrechnet.

Mit der **Kreditkarte** kann es durch ein abweichendes Kreditkartensystem in Skandinavien zuweilen Probleme geben. Nicht an jedem Automaten erhält man Geld, einige, nicht auf Touristen eingestellte Läden, akzeptieren die Karte nicht als Zahlungsmittel. Für das **bargeldlose Zahlen per Kreditkarte** werden ca. 1–2 % für den Auslandseinsatz berechnet. Für eine Barabhebung am Geldautomaten gar 5,5 % des Abhebungsbetrags.

Die **Banken** haben in der Regel Mo.–Fr. 9–15 Uhr, Do. bis 17 Uhr geöffnet.

Siehe unter **„Notfall“,** was zu tun ist, wenn die Geldkarten gestohlen worden sind oder verloren wurden.

Siehe Kapitel „Notfall“, falls die Geldkarte gestohlen wurde bzw. verloren ging.

Gesundheit

Die gesetzlichen Krankenkassen von Deutschland und Österreich garantieren eine Behandlung im akuten Krankheitsfall auch in Norwegen, wenn die Versorgung nicht bis nach der Rückkehr warten kann. Als Anspruchsnachweis benötigt man die **Europäische Krankenversicherungskarte,** die man von seiner Krankenkasse erhält.

Im Krankheitsfall besteht ein Anspruch auf ambulante oder stationäre Behandlung bei jedem zugelassenen Arzt und in staatlichen Krankenhäusern. Da jedoch die Leistungen nach den gesetzlichen Vorschriften im Ausland abgerechnet werden, kann man gebeten werden, zunächst **die Kosten der Behandlung** selbst zu tragen. Obwohl bestimmte Beträge von der Krankenkasse hinterher erstattet werden, kann doch ein Teil der finanziellen Belastung beim Patienten bleiben und zu Kosten in kaum vorhersagbarem Umfang führen. Deshalb wird zusätzlich eine **private Auslandskrankenversicherung** dringend empfohlen.

Bei Abschluss der Versicherung – die es mit bis zu einem Jahr Gültigkeit gibt – sollte auf einige Punkte geachtet werden. Zunächst sollte ein **Vollschutz ohne Summenbeschränkung** bestehen, im Falle einer schweren Krankheit oder eines Unfalls sollte auch der **Rücktransport** übernommen werden, denn der Krankenrücktransport wird von den gesetzlichen Krankenkassen nicht übernommen. Diese Zusatzversicherung bietet sich auch über einen **Automobilclub** an, v.a. wenn man bereits Mitglied ist. Diese Versicherung bietet den Vorteil billiger Rückholleistungen (Helikopter, Flugzeug) in extremen Notfällen. Wichtig ist auch, dass im Krankheitsfall der **Versicherungsschutz über die vorher festgelegte Zeit hinaus** automatisch verlängert wird, wenn die Rückreise nicht möglich ist.

Zur Erstattung der Kosten benötigt man ausführliche **Quittungen** (mit Datum, Namen, Bericht über Art und Umfang der Behandlung, Kosten der Behandlung und Medikamente).

Bei Gesundheitsproblemen wendet man sich nicht direkt an das nächste Krankenhaus, sondern an die **legevakt** („Ärztewache", medizinisches Notfallzentrum, in vielen Orten im Krankenhaus integriert), Adressen und Telefonnummern stehen in allen Telefonbüchern unter diesem Stichwort) bzw. an eine Privatpraxis. **Apotheken** findet man unter *apotek,* **Zahnärzte** sind unter *tannlege* und **Krankenhäuser unter** *sykehus* bzw. *sjukehus* aufgelistet. Für die Konsultation eines Arztes sind in jedem Fall 150 bis 250 NOK zu zahlen. Manchmal muss der Arztbesuch, aber immer der Zahnarztbesuch, zunächst komplett bezahlt werden. Das Geld wird später zurückerstattet. Wer in Norwegen arbeitet, ist über seinen Arbeitgeber abgesichert.

Sprachprobleme gibt es kaum. Alle Ärzte sprechen Englisch, viele auch Deutsch (zumal nicht wenige auch aus Deutschland stammen).

Telefonnummern

- **Notarzt:** 113
- **Oslo Legevakt:** Storgata 40, Tel. 22932293, hilft auch mit Informationen zu anderen „legevakten" im Land, www.legevakten.no.

Haustiere

Hunde und Katzen dürfen eingeführt werden. Allerdings dauert die Anmeldung dafür (Ausstellen eines Einfuhrantrags, Impfungen, Identitätsnachweis und Markierung) bis zu sechs Monate. Infos und Unterlagen erhält man beim Norwegischen Fremdenverkehrsamt in Hamburg. Die Prozedur ist notwendig, da es in Norwegen keine Tollwut gibt und dies auch dauerhaft so bleiben soll. Im Vergleich zu früheren Zeiten ist die Einfuhr nun fast ein Kinderspiel. Achtung: Schnellfähren bekommen den meisten Haustieren oft weniger gut. Infos zur Einfuhr auch auf der Internetseite: www.norwegen.org.

Information

Touristeninformation

Beim Norwegischen Fremdenverkehrsamt kann man allgemeine Prospekte zu Norwegen erhalten. Besonders nutzbringend ist die Broschüre: „Transport and Accomodation". Zwar sind nur sehr teure Unterkünfte aufgelistet, dafür aber alle Fährverbindungen und viele Bus-/Bahnverbindungen, inkl. Preise.

- **Norwegisches Fremdenverkehrsamt,** Innovation Norway, ABC-Str. 19, 20354 Hamburg, Tel. 0180/5001548, Fax 040/229415 88, www.visitnorway.de, hamburg@innovationnorway.no.

Durch ein weißes „i" auf grünem Grund gekennzeichnete Touristeninformationen, in Norwegen meist **Turistkontor** genannt, gibt es wie Sand am Meer, das heißt, **in jeder noch so kleinen Ortschaft.** Im Sommer haben sie unter der Woche bis 18 Uhr, oft bis 20 oder sogar 22 Uhr geöffnet, am Wochenende häufig bis 17 oder 19 Uhr. Die Turistkontore sind in Norwegen hilfreiche Anlaufstellen für Erkundigungen aller Art. Sei es nun, dass man die nächste Bus- oder Bahnverbindung erfahren möchte, Briefmarken erstehen will, checken lassen möchte, wo noch ein Bett frei ist, oder den Weg zum nächsten Sportcenter sucht. Hier wird einem mit Sicherheit weiter geholfen, oft sogar auf Deutsch.

Hier nun einige wichtige **regionale Touristeninformationsstellen,** weitere sind bei den Orten unter der Rubrik „Praktische Informationen" aufgelistet.

- Vorwahl Norwegen: 0047

Oslo und Oslofjord

- **Turistinformasjon,** Fridjof Nansens Plass 5, 0160 Oslo. Tel. 81530555, Fax 23158811, www.visitoslo.com

Südostküste (Risør und Umgebung)

- **Risør Turistkontor,** Tel. 37152270, www.risor.no

Kristiansand, Südnorwegen, Setesdal

- **Inspirasjon Sørlandet** (Kristiansand und Umgebung), Vestre Strandgt. 32, 4612 Kristiansand, Tel. 38121314, Fax 38025255, www.sorlandet.com
- **Setesdal informasjonssenter,** 4735 Evje, Tel. 37931400, Fax 37931455, www.setesdal.com

Vestfold (Sandefjord, Larvik, Tønsberg)

- **Sandefjord Reiselivsforening og Turistkontor,** Thor Dahlsgt 7, 3210 Sandefjord, Tel. 33460590, www.visitsandefjord.com
- **Larvik Turistkontor,** Storgaten 48, Postboks 200, Tel. 33139100, Fax 33139111, www.visitlarvik.no

Westnorwegen

- **Bergen Turistkontor,** Vågsallmenningen 1, 5014 Bergen, Tel. 55552000, Fax 55552001, www.visitbergen.com
- **Stavanger Turistinformasjon,** Domkirkeplassen 3, 4006 Stavanger, Tel. 51859200, Fax 51859202, www.visitstavanger.com
- **Sogn og Fjorddane Reiselivsråd AS,** Postboks 299, 6852 Sogndal, Tel. 57672300, Fax 57672806, www.sfr.no

Møre og Romsdal (Molde, Ålesund, Kristiansund)

- **Destinasjon Molde und Romsdal,** P.O. Boks 484, 6401 Molde, Tel. 71201000, Fax 71201001, www.visitmolde.com, www.visitmr.com
- **Destinasjon Ålesund und Sunnmøre,** Skateflukaia, 6002 Ålesund, Tel. 70157600, Fax 79157601, www.visitalesund.com

Lillehammer und Ostnorwegen

- **Lillehammer Turist AS,** Jernbanetorget 2, 2609 Lillehammer, Tel. 61289800, Fax 61289801, www.lillehammerturist.no
- **Røros Reiseliv,** Peder Hiortsgt. 2, 7361 Røros, Tel. 72410000, Fax 72410208, www.rorosinfo.com

Trondheim und Umgebung

- **Visit Trondheim AS,** Munkegata 19, 7411 Trondheim, Tel. 73807660, Fax 73807670, www.visit-trondheim.com

Lofoten und Umgebung

- **Destinasjon Lofoten,** Torget, 8301 Svolvær, Tel. 76069807, www.lofoten-tourist.no

Informationen im Internet

Computer mit kostenlosem Internetzugang sind in Norwegen in fast allen Bibliotheken vorhanden, oftmals selbst in den kleinsten Orten. Die unten aufgeführten Seiten sind natürlich nur eine Auswahl. Es ist jedoch fast jede norwegische Region im Internet vertreten. Interessiert man sich für einen speziellen Ort, sucht man ihn am besten über die **norwegische Suchmaschine: //kvasir.no**. Hier sind unter der Rubrik „Reisen" und dem Unterpunkt „Norge" fast alle Ortsadressen aufgelistet. Ein Update des vorliegenden Reiseführers findet sich auf der Homepage des Autors: www.norwegeninfo.net

Nachfolgend sind nur einige Links zu Norwegen aufgeführt. Eine über 1000 Links umfassende Liste zu Norwegen findet sich in der Linksammlung: **www.norwegeninfo.net**

- **Allgemeine Informationen/Regionen**

www.visitnorway.com (Seite des Fremdenverkehrsamtes)
www.norwegen.no (Seite der Botschaft, Infos zu Kultur, Wirtschaft, Arbeiten, Politik, Studium/Ausbildung, Wohnen)

- **Forum/Informationsaustausch**

www.norwegen-freunde.de (sehr gutes Forum mit Einträgen von Norwegenfans)
www.norwegenportal.de (Deutsch-Norwegische Freundschaftsgesellschaft, Infos zu Norwegen, Arbeiten und Studieren, Wirtschaft, Politik)

- **Unterkünfte/Hütten/Fahrpläne**

www.bbnorway.com (B&B-Unterkünfte)
www.vandrerhjem.no (Jugendherbergen)
www.camping.no
www.rlb.no (Index mit den meisten Unterkünften in Norwegen und Internetadressen – regional geordnet; auf Norwegisch und Englisch)
www.rutebok.no (Bus-, Bahn-, Fähr- und Flugverbindungen in Norwegen, auch auf Englisch)

- **Verkehrsmittel**

www.norwegian.no (Norweg. Billigflieger mit vielen Verbindungen nach Deutschland)
www.nor-way.no (Expressbusverbindungen in Norwegen)
www.nsb.no (Norwegische Staatsbahn)

- **Sport**

www.skiinfo.no (alle Wintersportgebiete, Schneehöhen)
www.turistforeningen.no (Seite des norwegischen Wanderverbandes)
http://fishbooking.com (Angeln in Norwegen)

- **Zeitungen/Bücher/Musik /Media**

www.aftenposten.no (Tageszeitung aus Oslo)
www.nrk.no (Norwegischer Rundfunk, unter „nettradio": Radio übers Internet)
www.nordlandversand.de (Versand von Büchern und Karten)
www.nordische-musik.de (Infos zu Folk, Jazz, Pop aus Skandinavien)

- **Wetter**

www.yr.no (Hervorragende Seite des norwegischen Wetterdienstes)
www.webcamsinnorway.com (Live-Web-Cams in Norwegen)

- **Weitere Links** finden sich in den jeweiligen Kapiteln dieses Norwegenführers.
- **Hot-Spots**

www.hotspot-locations.com (W-LAN Hot-Spots für Reisende mit Laptop)

Nordland, Rv 17, Bodø, Narvik

- **Nordland Reiseliv,** P.O. Box 434, 8001 Bodø, Tel. 75545200, Fax 75545210, www.rv17.no, www.visitnordland.no

Tromsø

- **Destinasjon Tromsø AS,** Postboks 311, 9253 Tromsø, Tel. 77610000, Fax 77610010, www.destinasjontromso.no und www.visittroms.no

Finnmark

- **Finnmark Reiseliv,** 9509 Alta 13, Tel. 7844 0020, Fax 78435184, www.finnmark.com

Freundschaftsgesellschaft

- **DNF - Deutsch-Norwegische Freundschaftsgesellschaft e.V.,** Postfach 100816, 45008 Essen, Tel. 02833/949164, Fax 949165, www.dnfev.de

Jedermannsrecht

Das Jedermannsrecht ist ein **uraltes, 1957 dann schriftlich festgehaltenes Gesetz, das den Aufenthalt in freier Natur regelt** und „jedermann" erlaubt, sich frei, umsichtig und umweltfreundlich in der Wildnis aufzuhalten und zu bewegen. In der Zeit, da Schnee das Land bedeckt, dürfen auch Nutzflächen betreten werden. Es darf in Seen gebadet und auf ihnen gepaddelt werden. Es ist erlaubt, frei wachsende Blumen, so sie nicht unter Naturschutz stehen, und Beeren zu pflücken sowie kostenlos im Salzwasser zu angeln. Auch darf man im freien Gelände bis zu zwei Tage am Stück wild zelten (in Fjellregionen so lange man will), einzige Bedingung: Ein Mindestabstand von 150 m zum nächsten Haus oder Grundstück muss eingehalten werden. Auf alle Fälle ist der Frieden der Anwohner nicht zu stören. Möchte man auf Weideland oder gekennzeichnetem Privatbesitz campieren, sind die Besitzer um Erlaubnis zu fragen. Verboten ist offenes Feuer vom 15.4. bis 15.9. und das Verlassen der Wege mit Motorfahrzeugen jeglicher Art. Tiere dürfen nicht gestört werden, was speziell für die Vogelfelsen gilt.

Karten

Man sollte unbedingt darauf achten, eine **aktuelle Karte** zu haben. Es wird schnell und viel gebaut, und auch die Straßennummern ändern sich gelegentlich. Gerade sie sind jedoch wichtig für den Autofahrer, da auf Wegweisern oft nur Straßennummern und keine Orte angegeben sind. Ob man eine veraltete Karte hat, kann durch einen kleinen Test schnell herausgefunden werden. Eines der letzten Projekte war der Tunnel, der den Oslofjord bei Drøbak (40 km südlich von Oslo) unterquert. Ist dieser nicht eingezeichnet, so ist das Exemplar veraltet.

Zu empfehlen ist der **Veiatlas Norge** im günstigen Maßstab 1:300.000. Der Atlas geizt zwar in manchen Fällen mit den Entfernungsangaben, insgesamt aber ist er wohl das beste Kartenwerk. Auf dem Kartenblatt finden sich touristische Informationen und im Anhang Stadtpläne aller Städte des Landes! Neuerdings gibt es diesen Atlas auch als Faltkartenwerk und als Teil des Skandinavien Atlas, herausgegeben vom Verlag freytag & berndt.

Alle Orte dieses Reiseführers, die im Süden, Westen, Osten und in Mittelnorwegen (bis zur Höhe von Mosjøen) liegen, sind in der vom Reise Know-How Verlag herausgegebenen Karte **„Südschweden/Südnorwegen"** (Maßstab 1:875.000, 8,90 €) im Index rot verzeichnet. Nordnorwegen (ab Mosjøen nach Norden) ist auf der ebenfalls vom Reise Know-How Verlag herausgegebenen Karte **„Finnland und Nordskandinavien"** (Maßstab 1:875.000, 8,90 €) abgebildet.

Eine **Übersichtskarte** im Maßstab 1:1.000.000 und **spezielle Karten für Wohnmobiltouristen** sind **beim Norwegischen Fremdenverkehrsamt** erhältlich (Postfach 113317, 20433 Hamburg, Tel. 0180/5001548, Fax 040/ 22710815)

Wanderkarten: Vom norwegischen Landesvermessungsamt werden Karten im Maßstab von 1:50.000 (flächendeckend!) bis 1:100.000 (wichtige Wandergebiete) herausgegeben – zu bestellen sind sie in jeder Buchhandlung. Oder man kauft sie vor Ort im Buchhandel oder bei Touristeninformationen. Eine **Übersicht** gibt es bei: NORDIS Versand GmbH, Postfach 100343, 40767 Monheim, Tel. 02173/ 95370.

- **Literaturtipp:** Ein nützlicher Ratgeber ist in der Reihe Praxis im Reise Know-How Verlag erschienen: **„Richtig Kartenlesen"** von *Wolfram Schwieder.*

Mit Kindern unterwegs

Für Kinder ist Norwegen zweifellos das **Land der ungeahnten Möglichkeiten.** An fast jeder Ecke lauern versteinerte Trolle, Gnome und märchenhafte Feen. Birkenwälder sind mit ihren moosbewachsenen Miniaturwelten der ideale Abenteuerspielplatz im Reich der Natur, und Vogelfelsen laden mit ihren Bewohnern zu Entdeckungstouren ein.

Kindgerechte Badeplätze gibt es u.a. am Sognsvann und auf der Insel Langøya in Oslo, an den Stränden von Jæren bei Stavanger, in Mandal und der Gegend zwischen Sandefjord und Kristiansand. Im sehr kinderfreundlichen Land Norwegen findet man zudem auf sehr vielen Campingplätzen **Spielplätze,** in vielen Zügen, auf Fähren und teils sogar in Banken und Bibliotheken Wickelräume und Spielecken.

Für Kinder unter 3–5 Jahren ist **vieles kostenlos,** etwa Flüge, Bahnreisen und der Eintritt ins Museum. Bis 14 bzw. 16 Jahren muss **nur die Hälfte bezahlt** werden. In Hotels gibt es für den Nachwuchs meist ein kostenloses Extrabett im Zimmer der Eltern.

Wer trotz des „Spielplatzes Natur" einen **Freizeitpark** aufsuchen möchte, folgende Empfehlungen: TusenFryd-Vergnügungspark und Vikinglandet südlich von Oslo, Telemark Sommarland in Bø, Freizeitpark Kongepark bei Stavanger, der ideenreiche Hunderfossen-Familienpark bei Lillehammer, die Bäder in Namsos, Raufoss und Gol sowie die **Aquarien** in Bergen, Ålesund

044no Foto: ms

und Kabelvåg (Lofoten). Nahe Grong gibt es einen Familienpark mit Elchen und ein Lachsaquarium, weitere stehen in Lærdal und in Sand. **Tierparks** finden sich in Kristiansand (einziger norwegischer Zoo), Oslo (Reptilienpark, Storgata 26) und Flå im Hallingdal (Bärenpark).

Unbedingt empfehlenswert ist ein Besuch im **Internationalen Kinderkunstmuseum** in Oslo. Spannend ist sicher auch das Wikingerschiffsmuseum und das Technische Museum, beide in Oslo, das Fahrzeugmuseum in Lillehammer, die Botanischen Gärten in Bergen, Trondheim und Oslo sowie ein Besuch der Musikinstrumentenausstellung in Trondheim und der Spielzeugabteilung des Bergener Freilichtmuseums.

Rundfahrten mit schnaufenden Dampflocks begeistern in Hamar, Kristiansand und Trondheim.

Kino

In Norwegen werden stets **alle Filme im Original mit Untertiteln** gezeigt. Dabei liegt der Schwerpunkt auf amerikanischen Produktionen. In Oslo, Bergen, Stavanger und Trondheim wird man jedoch auch viele europäische Werke zu sehen bekommen, selten jedoch deutsche Filme. In diesen Großstädten gibt es auch Filmclubs (zumeist die Cinematek), die gegen eine Halbjahresgebühr von 100 NOK, hernach für 30 NOK, jedem Einlass gewähren. Im Großkino kostet der Eintritt zwischen 60 und 90 NOK. Tage mit verbilligtem Eintritt gibt es keine.

Lernen und Arbeiten

Sprachkurse

Neben den Volkshochschul- und Universitätskursen in Deutschland bieten sich noch die folgenden Möglichkeiten:

- **University of Oslo,** International Summer School, P.O. Box 1082 Blindern, 0317 Oslo; Tel. 22856385, Fax 22854199, www.uio.no/iss. Es gibt Anfänger- und Fortgeschrittenenkurse. Es wird jedoch nur eine sehr begrenzte Anzahl an Teilnehmern zugelassen (Bewerbungsschluss: 1.2.). Neben den Sprachkursen werden auch Medien, Umwelt, Literatur, entwicklungspolitische und energiewirtschaftliche Kurse in Englisch angeboten. Die Lehrgänge dauern 6 Wochen, von Ende Juni bis Anfang August.
- **Sommerkurs for utenlanske norskstuderende,** Sydnesplassen 7, 5007 Bergen, Tel. 55582407, Fax 55589660, www.hf.uib.no/i/nordisk/sommer/. Zu diesem Kurs werden etwa 60 Studenten zugelassen, außerdem ist ein Grundverständnis der Sprache Voraussetzung. Die Dauer der Lehrgänge beträgt 4 Wochen, von Anfang Juli bis Anfang August. Da es hier nur Norwegischstudenten gibt, lernt man intensiver als in Oslo.
- **Rosenhofschule:** www.oslovo.no/rosenhof. Norwegischkurse in Oslo.
- **Einwöchige Norwegischkurse** werden auch in Hovden angeboten. Informationen unter: www.norwegischkurse.de.
- **Kurse des Nordkolleg Rendsburg,** Am Gerhardshain 44, 24768 Rendsburg, Tel. 04331/14380, Fax 04331/143820, www.nordkolleg.de.
- **Privat- und Kleingruppenkurse in Deutschland** (Halle, Leipzig, Chemnitz, Berlin, Hannover, Köln): Norwegen-Service, Martin Schmidt, www.norwegeninfo.net, Tel. 0174/3058797

Studieren

Wer in Norwegen studieren möchte, muss gute **Englischkenntnisse** nachweisen oder, je nach Studiengang, einen **Norwegischkurs** belegen. Dabei ist entweder der Test des Bergener Sommerkurses oder Trinn III (Level 3) der Osloer Sommerschule mit 500 von 700 Punkten oder besser zu bestehen, wobei der Bergentest komplizierter ist. Sprachkurse können auch in der Studienzeit absolviert werden.

Langwierige Anmeldeprozeduren und Probleme mit der Anerkennung deutscher Seminarscheine machen es nicht einfach, in Norwegen einen Studienplatz zu erhalten bzw. ein deutsches Studium fortzusetzen. Infos erteilen die jeweiligen Universitäten. Von ihnen ist die Osloer mit 36.000 Studenten die größe (und hoffnungslos überlaufen). Es empfiehlt sich eher der Besuch der

Bergener Uni (17.000 Studenten), der neuen Uni in Stavanger, der nördlichsten Uni der Welt in Tromsø oder der Naturwissenschaftlich-technischen Universität zu Trondheim. In diesen Städten ist zugleich das Preisniveau deutlich niedriger als in Oslo.

Adressen

- **National Academic Information Center,** Postboks 8150, 0033 Oslo, Tel. 21021825, Fax 21021802, naic@nnr.no.
- **Oslo Universitetet,** Blindern, 0316 Oslo, Tel. 22855050, Fax 22854374, www.uio.no.
- **Bergen Universitetet,** Postboks 7800, 5020 Bergen, Tel. 55580000, www.uib.no.
- **Stavanger Universitetet,** www.uis.no.
- **NTNU,** 7491 Trondheim, Tel. 73595000, Fax 73595310, www.ntnu.no.
- **Tromsø Universitetet,** www.uit.no.
- **Hochschulen in Norwegen:** http://www.kvasir.no/c/edu/schools.
- **Folkehøgskole:** siehe „Land und Leute/Staat und Gesellschaft/Bildungswesen".
- **Infos zum Studium in Norwegen:** www.norwegen.no und www.dnfev.de.
- **Wohnheimplätze/Unterkünfte:** vermittelt immer der Studentsamskipnaden. Oslo: www.sio.uio.no, Bergen: www.sib.uib.no.
- **Deutsche Schule Oslo,** Bogstadveien 74, 0366 Oslo, Tel. 22931220, Fax 22931230, www.deutscheschule.no.

Arbeiten

Im Sommer können junge Leute zwischen 18 und 30 Jahren **auf Bauernhöfen** arbeiten. Kost und Logis sind frei und man erhält ein kleines Taschengeld. An folgende Adresse wendet sich auch, wer an einer Au-pair-Stelle interessiert ist:

- **Atlantis Jugendaustausch,** Atlantis Utveksling, Rådhusgata 4 (5. etasje), 0151 Oslo, Tel. 22477170, Fax 22477179, www.atlantis-u.no.
- **Pädagogische Bauernhöfe:** Skarsbu Gård, Langlivn. 12, 3080 Holmestrand, Tel. 0047/33050013, www.kristoffertunet.no, www.camphill.no, www.steinerskolen.no.
- Auf der Suche nach einem **Sommerjob** wendet man sich direkt an den jeweiligen Arbeitgeber, liest die Aushänge in Hochschulen und Universitäten bzw. besucht folgende Internetseite: www.ung.no/sommerjobb.

Wer in Norwegen **länger als drei Monate arbeiten** will, muss sich bei der örtlichen Polizei eine Aufenthaltsgenehmigung ausstellen lassen, die meist ohne Probleme zu bekommen ist. Zudem braucht man eine norwegische Personenkenn-Nummer (P-Nummer), die jeder bei der Kontoeröffnung in Norwegen oder beim Folkeregister erhält. Hat man eine Arbeit gefunden, meldet man diese beim Likningskontor (auch: Ligningskontor) an.

Adressen

- **Zentralstelle für Arbeitsvermittlung,** Feuerbachstr. 42–46, 60325 Frankfurt/M., Tel. 069/71110, Fax 069/7111555.
- **Bundesministerium für Soziale Verwaltung,** Stubenring 1, 1010 Wien, Tel. 01/401480.
- **Österreichisches Komitee für Internationalen Studienaustausch,** Türkenstr. 4, 1090 Wien, Tel. 01/401480.
- **Bundesamt für Ausländerfragen,** Bundesgasse 8, 3003 Bern, Tel. 031/3222111.
- **Stellenangebote in Norwegen** im Internet: www.nav.no (norwegisches Arbeitsamt), www.finn.no.
- **Jobtrainingscenter: Baltic-Training-Center,** August Bebel Straße 32b, 18055 Rostock, Tel. 0381/1207393, Fax 0381/1207395, www. btcweb.de (Sprachkurse, Jobvermittlung); **Nordic Trade Center,** Schiffbrücke 50, 24939 Flensburg, Tel. 0461/ 144380, nordic-trade-center@t-online.de.
- **Jobvermittlung nach Norwegen** und **Tipps zum Auswandern** unter www.norwegeninfo.net.
- Für **Berufspraktika** wendet man sich direkt an den jeweiligen Arbeitgeber.

Maße und Gewichte

Eigentlich ist **alles wie daheim,** allein, es wird **als inoffizielle Entfernungsangabe** oft **noch die Norwegische Meile** verwendet. Sie entspricht 10 Kilometern. Vor allem auf dem Land wird der entsprechenden Frage auch eines Touristen ganz selbstverständlich geantwortet, dass es z.B. noch 2 „mil" bis ans Ziel sind. Das kleine Wörtchen „mil" überhört der Fremde dabei gerne ...

Mietwagen

Mietwagen sind vor Ort gebucht **nicht gerade billig,** doch wer unbedingt möchte, findet Anbieter in allen größeren Orten und an allen Flughäfen. Auch helfen Hotels und Touristeninformationen bei der **Vermittlung.** Im Telefonbuch stehen Mietwagen unter *bilutleie*. Buchen kann man auch bei Reisebüros im Heimatland, denn im Sommer sollte man, besonders im Norden, das Fahrzeug vorbestellen.

Tipp: Mietwagen können online bis 50 % billiger über die deutschen (!) Homepages der internationalen Anbieter gebucht werden (Zahlung mit Kreditkarte). Ein Kleinwagen kostet so z.B. über Europcar für 3 Tage je nach Standort und Zeit 130–160 €.

Vor Ort gebucht ist **Rent-A-Wreck** am günstigsten. Für 1 Woche zahlt man meist 250 € für einen Kleinwagen, der dann oft 10 Jahre alt ist. Um nicht das letzte und schlechteste Modell zu bekommen, sollte man **vorbuchen** oder früh am Tage nachfragen. Preise anderer Anbieter: 100 €/Tag (!). Ist man schon in Norwegen, kann es sich also lohnen, ein Internetcafé aufzusuchen und den Wagen online zu reservieren und zu bezahlen.

- **Rent-A-Wreck:** Tel. 81522050 (Zentrale Norwegen), www.rent-a-wreck.no
- **Europcar:** Zentrale für Norwegen: Tel. 67165800; Oslo: Tel. 22831242; Bergen: Tel. 55367000; www.europcar.no
- **Avis:** Zentrale für Norwegen: Tel. 81533044; Kundenservice: Tel. 66701010; Hauptbüro: 66771100; www.avis.de
- **Budget** (auch Wohnmobile): Zentrale für Norwegen: Tel. 481560600, Fax 466711135, www.budget.de
- **Transfer-Car:** Wer Glück hat, kann für verschiedene Firmen gratis den Mietwagen zurück zur Ausgangsmietstelle fahren. Tel. 90754194 (Mo.–Fr. 8–16 Uhr); www.transfercar4u.no (siehe unter: „ledige biler").
- **Verleih von Wohnmobilen** (ab 9500 NOK/Woche): **Arve Oppsahl,** Industriv. 39, 7080 Heimdal, Tel. 72592800, Fax 72592801, www.aoas.no; **Askjems,** Åshaugveien 4, 3170 Sem, Besucheradresse: Kreuzung E18/ Rv 35, Tel. 33319040, Fax 33319041; www.auc.no

Mücken / Zecken

Zunächst einmal wird man an der Küste und an den Fjorden mit diesen lästigen Plagegeistern nicht so viel zu tun haben, da sie Salzwasser meiden. Auch an Wildbächen ohne Stillwasserbereiche fühlen sie sich nicht sehr wohl. Häufiger jedoch trifft man Mücken **an den Seen Ostnorwegens** und im Juni und Juli **im Binnenland Nordnorwegens** an. Man vertreibt sie noch am ehesten mit Autan oder mit Rauch. Hilfreich ist auch dichte Kleidung und ein Moskitonetz am

Zelteingang. Die Küstenregion Kristiansand – Arendal gilt als **FSME-Risikogebiet.** Rund 25 % aller Zecken sind hier infiziert. Eine Schutzimpfung wird empfohlen.

Museen

Zweifelsohne beheimatet Norwegen einige der interessantesten Museen Skandinaviens. Besonders zu empfehlen sind die in den letzen Jahren eröffneten, didaktisch hervorragend aufbereiteten **Informationszentren nahe der großen Natursehenswürdigkeiten**. Zudem bilden zahllose Freilichtmuseen, Galerien, Kunst- und Historische Museen einen spannenden Kontrast zur wilden Landschaft Norwegens.

Leider sind die **Eintrittspreise** sehr hoch. Sie variieren zwischen 80 und 130 NOK für national bedeutende und moderne Museen, 40 und 60 NOK für ältere, etablierte Museen und Freilichtanlagen in Großstädten sowie zwischen 20 und 40 NOK für die Bauernhöfe der ländlichen Regionen (Bygdetun/Tun) und Kirchen. Nur einige Museen in Oslo sowie die Gelände verschiedener Freilichtmuseen können gratis besichtigt werden. Meist werden 20 % Studenten- und Seniorenrabatt gewährt. Familienkarten kosten zwischen 150 und 200 NOK. (Mit jährlichen Preissteigerungen muss gerechnet werden!) Mit der Rabattkarte der Color Line ist manches 20 % billiger.

Gemeinsam mit dem Norwegischen Museumsverband hat Norwegens größtes Reisemagazin, Reiser og Ferie, **die attraktivsten Museen** im Königreich ermittelt. Hier die Sieger: Kunst: Lillehammer Kunstmuseum, Permanenten – Vestlandske kunstindustrimuseum in Bergen, Internationales Kinderkunstmuseum Oslo; **Geschichte:** Norveg – Kystmuseet i Nord-Trøndelag – Küstenmuseum in Rørvik, Ölmuseum Stavanger, Friedensnobelpreiszentrum Oslo; **Kinder:** Atlanterhavsparken – Norwegens größtes Aquarium in Ålesund, Jærmuseum & der Wissenshof bei Stavanger, Naturhistorisches Museum Oslo; **Erlebnis:** Bergwerksmuseum und Grubenstadt Røros, Maihaugen – Freilichtmuseum in Lillehammer, Lofotr – Wikingerhof auf den Lofoten; **Einen Umweg wert:** Waldmuseum Elverum, Preus Fotomuseum in Horten, Felszeichnungen in Alta in Nord-Norwegen.

Neben diesen Museen sollte man aber auch diese **Klassiker** nicht verpassen: Museen der Halbinsel Bygdøy und das Munchmuseum in Oslo, Troldhaugen in Bergen, das Hardangervidda Natursenter in Eidfjord, das Gletschermuseum in Fjærland, die Stabkirchen in Urnes, Lom, Heddal und Borgund sowie das Polarmuseum Tromsø.

Nachtleben

Ein durchaus üppiges Nachtleben spielt sich **in Oslo, Bergen, Trondheim, Stavanger, Kristiansand und Tromsø** ab. Einige gemütliche Kneipen haben auch noch Lillehammer, Arendal, Tønsberg, Haugesund und Ålesund. In den meisten anderen Orten sieht es jedoch ein wenig mau aus. Sind Pubs oder Discos vorhanden, gehören sie dann oft zu größeren, teuren Hotels.

Da die **Preise fürs Ausgehen schwindelerregende Höhen** erreichen können, hat man sich in Norwegen etwas einfallen lassen. Man nennt es das „Vorspiel". Das Wort stammt zwar aus dem Deutschen, hat aber mit der üblichen sexuellen Konnotation nur so viel gemein, als dass man eben vor dem „Eigentlichen" noch etwas macht, im norwegischen Fall – trinken. Man trifft sich zuhause und pichelt erst mal ein paar Flaschen Bier und etwas Wein, um so die notwendige Basis für die abendliche Sause auswärts zu schaffen. Anschließend müssen dann vom 40–60 Kronen teuren Kneipenbier nur noch wenige getrunken werden, um sich bei Laune zu halten. Wein schlägt im Lokal übrigens mit 40–50 NOK für das winzige 0,1 l-Glas zu Buche.

Nachdem in den letzten Jahren die **Kleiderordnung gelockert** wurde, darf der Gast heute die meisten Kneipen und Discos auch in Jeans betreten (wenn er mindestens 18 Jahre alt ist). Meist muss man – aus Prestigegründen – sogar 20 bis 25 Lenze zählen, um eingelassen zu werden. Lästig und gewöhnungsbedürftig ist die Begutachtung durch einen Türsteher. Allerdings, über Altersgrenzen lässt sich auch verhandeln, und den kräftigen Männern am Eingang sollte man einfach ein Lächeln schenken.

Discos, die nicht einem Hotel angeschlossen sind, findet man eigentlich **nur in Oslo, Bergen, Stavanger und Trondheim.** An Eintritt werden oft 50–80 NOK verlangt, unter der Woche ist der Zugang manchmal gratis.

Wer nun aus Altersgründen oder am Preisniveau scheitern sollte, für den bleibt nicht viel übrig. Da hilft nur das abendliche Umherzigeunern in den Städten oder „die Runde" auf dem Lande. Dabei handelt es sich um „konspirative" Zusammenkünfte der örtlichen Jugend. Man trifft sich, im Fahrzeug sitzend, auf dem, zumeist ausgiebigst asphaltierten, zentralen Platz der Gemeinde, um anschließend endlose Autorunden zu drehen. Gegen Mitternacht hat der Spuk dann meist wieder ein Ende.

Hinweis: Vor allem in den Zentren von Oslo, Bergen und Kristiansand geht es Donnerstagabend und Freitagabend ab Mitternacht hoch her. Man sollte sich da auf einige nicht mehr ganz zurechnungsfähige Nordmänner (und -frauen) einstellen.

Notfall

Wird der **Reisepass oder Personalausweis im Ausland gestohlen oder verloren,** muss man diesen Vorfall generell bei der örtlichen Polizei melden. Darüber hinaus sollte man sich an die nächste diplomatische Auslandsvertretung seines Landes wenden, damit man einen Ersatz-Reiseausweis zur Rückkehr ins Heimatland ausgestellt bekommt (ohne Pass oder Personalausweis kommt man nicht an Bord eines Flugzeuges!).

Auch in **dringenden Notfällen,** beispielsweise medizinischer oder rechtlicher Art, sind die Auslandsvertretungen bemüht, vermittelnd zu helfen. Hier die Adressen der **Botschaften bzw. Konsulate** in Norwegen, Dänemark und Schweden:

Deutsche Vertretungen

- **Norwegen: Oslo,** Oscarsgate 45, Tel. 23275400, oder in dringenden Notfällen außerhalb der Dienstzeiten: Tel. 90850802; **Bodø,** Sjøgata 21, Tel. 75528855 oder 75520520; **Bergen,** Damsgårdsveien 135, Laksevåg, Tel. 55315380; **Kirkenes,** Pasvikturist AS, Dr. Wesselsgate 9, Tel. 78995080; **Kristiansand,** Vigeveien 50, Tel. 90518732; **Stavanger,** Nedre Strandgate 27, Tel. 5184 1220; **Svolvær** (Lofoten), Advokatgården, Richard Withs Gate 7, Tel. 76073400 oder 76069130; **Tromsø,** Advokatfirmaet Steenstrup Stordrange DA, Sjøgate 2, Tel. 7761 7800 oder 48016513; **Trondheim,** c/o Siemens AS, Bratsbergvegen 5, Tel. 73959309 oder 73959363; **Ålesund,** Einarvikgata 8, Tel. 70100970.
- **Dänemark:** Kopenhagen, Stockholmsgade 57, Tel. 35459900, oder in dringenden Notfällen außerhalb der Dienstzeiten: Tel. 40172490.
- **Schweden:** Stockholm, Artillerigatan 64, Tel. 08/6701500 oder in dringenden Notfällen außerhalb der Dienstzeiten: unter 070/ 8529420.

Österreichische Vertretungen

- **Norwegen: Oslo,** Thomas Heftyes gate 19–21, Tel. 22540200; **Ålesund,** Fjelltunveien 71, Tel. 70128944; **Bergen,** Edvard Griegsvei 3B, Tel. 55336141 oder 90048969; **Kristiansand,** Svanedamsveien 56, Tel. 38000555; **Stavanger,** Breiflatveien 18, Tel. 51908100; **Tromsø,** Cora Sandelsgate 2, Tel. 77682663 oder 91544990; **Trondheim,** Granaasveien 13, Tel. 92268037.
- **Dänemark:** Kopenhagen, Sölundsvej 1, Tel. 39294141.
- **Schweden:** Stockholm, Kommendörsgatan 35/V, Tel. 08/6651770.

Schweizerische Vertretungen

- **Norwegen:** Oslo, Bygdøy Allé 78, Tel. 22542390.
- **Dänemark:** Kopenhagen, Amaliegade 14, Tel. 33141796.
- **Schweden:** Stockholm, Valhallavägen 64, Tel. 08/6767900.

Diebstahl oder Verlust von Geld

Bei Verlust oder Diebstahl von Geldkarte oder Reiseschecks sollte man diese umgehend sperren lassen. Für deutsche Maestro-(EC-) und Kreditkarten gibt es die einheitliche **Sperrnummer 0049/116116** sowie im Ausland zusätzlich 0049 30-40504050. Für österreichische und schweizerische Karten gelten:

- **Maestro-Karte,** (A)-Tel. 0043 1 2048800; (CH)-Tel. 0041 44 2712230, UBS: 0041 848 888601, Credit Suisse: 0041 800 800488.
- **MasterCard,** internationale Tel. 001 636 7227111 (R-Gespräch).
- **VISA,** internationale Tel. 001 410 581 9994.
- **American Express,** (A)-Tel. 0049 69 9797 2000; (CH)-Tel. 0041-44 6596333.
- **Diners Club,** (A)-Tel. 0043 1 501350; (CH)-Tel. 0041 58 7508080.

Geldnot

Wer dringend eine größere Summe ins Ausland überweisen lassen muss wegen eines Unfalls oder Ähnlichem, kann sich auch nach Norwegen über **Western Union** Geld schicken lassen. Für den Transfer muss man die Person, die das Geld schicken soll, vorab benachrichtigen. Diese kann es via www. westernunion.de online über sein Bankkonto versenden oder muss bei einer Western Union Vertretung (in Deutschland u.a. bei der Postbank) ein entsprechendes Formular ausfüllen und den Code der Transaktion telefonisch oder anderweitig übermitteln. Mit dem Code und dem Reisepass geht man zu einer beliebigen Vertretung von Western Union in Norwegen (siehe Telefonbuch oder unter www.westernunion.de „Vertriebsstandort suchen"), wo das Geld nach Ausfüllen eines Formulares binnen Minuten ausgezahlt wird. Je nach Höhe der Summe muss der Absender eine Gebühr ab 10,50 Euro zahlen.

Notrufe

- **Feuerwehr:** 110
- **Polizei:** 112
- **Notarzt:** 113
- **Medizinisches Notfallzentrum Oslo:** Oslo Legevakt, Storgata 40, Tel. 22118080, hilft auch mit Informationen zu anderen *legevakt* im Land, www.legevakten.no.

Öffnungszeiten

In Norwegen existiert **kein einheitliches Ladenschlussgesetz.** Der **Einzelhandel** in Städten hat jedoch meist von 9 bis 16.30 oder 17 Uhr geöffnet, am Donnerstag bis 18 oder 19 Uhr, am Samstag bis 13 Uhr. **Einkaufszentren,** die Dutzende Läden unter einem Dach vereinen, sowie **Lebensmittelsupermärkte** haben in der Regel werktags von 10 bis 20 Uhr (seltener bis 21 Uhr) und am Samstag bis 14 oder 16 Uhr geöffnet. Die großen, unübersehbaren Zahlen an der Häuserfront geben die Öffnungszeiten an.

Noch länger einkaufen kann man an den teuren **Tankstellen** (teils rund um die Uhr, teils bis 22 oder 23 Uhr), in vielen **Bunnprisläden** (Mo.–So. geöffnet) und an **Kiosken,** wie Narvesen und 7eleven. Die haben in Oslo oft durchgehend geöffnet, ansonsten, vor allem in kleineren Städten, bis 22/23 Uhr und am Samstag, kurioserweise, nur bis 18 oder 19 Uhr.

Achtung: An den **Feiertagen** sind alle Läden geschlossen, besonders zu beachten sind der Gründonnerstag und der 17.5. (Nationalfeiertag), die anderen Feiertage entsprechen denen in Deutschland.

Für **Museen, Ausstellungen und Gebäude** gilt (wenn es sich nicht um nationale Attraktionen handelt): Sie sind geöffnet von etwa 10/11 Uhr bis 14/15 Uhr, und dies meist nur in der Zeit von Ende Juni bis Mitte August. Ruhetage sind zum Teil der Montag oder der Dienstag. An den Feiertagen (siehe oben) haben viele Einrichtugen geschlossen, das ist aber von Fall zu Fall unterschiedlich.

Achtung: Die Öffnungszeiten von Museen und Ausstelllungen **ändern sich leider sehr oft!**

Post

Die Postämter haben zumeist **von 8 bis 16.30,** Samstag bis 13 Uhr geöffnet.

Unterschieden wird die **teurere A-Post** (Luftpost) und die **preiswertere B-Post** (Landweg). B-Post-Briefmarken müssen meist extra verlangt werden. Luftpost erreicht das Ziel normalerweise nach 2–3 Tagen. Auf dem Landweg brauchen Brief und Karte 3–4 Tage länger. Preise: A-Post 8,50 NOK für Nor-

052no Foto: ms

wegen, 11 NOK für Europa, 13 NOK für den Rest der Welt, B-Post 8, 10, 11 NOK. Preiserhöhungen von 50 Øre pro Jahr sind einzuplanen (www.posten.no). **Briefmarken** *(frimerker)* verkaufen meist auch die Touristeninformationsstellen und Kioske. Achtung: Nur **rote Briefkästen** mit dem Vermerk *utlandet* sind die richtigen.

Ein 1–2 kg schweres Paket nach Europa kostet ca. 180 NOK. (Preise abhängig von der Verpackung und der Versandart). Man beachte, dass auf der Post kein Telefonservice angeboten wird! Die Telefonnummer des Postservices lautet: 81000710.

Alter norwegischer Briefkasten

Rad fahren

Das Radeln ist eine wunderbar natürliche Art, Norwegen kennen zu lernen. Oft ist man allein mit sich und der Natur. Nur wenige Europastraßen, wie die E 6, sind stark frequentiert. Gewöhnungsbedürftig sind die unendlich vielen Tunnels vor allem in Fjordnorwegen. Auch ist Rad fahren in Norwegen oft **anstrengend und schweißtreibend.** Eine Ausnahme von der Regel sind folgende Gebiete: die Regionen Jæren und Karmøy bei Stavanger; Fylke Østfold und Vestfold, südlich von Oslo; die Straßen am Ufer der Fjorde, namentlich entlang des Sogne-, des Hardanger- und des Nordfjords; Küstenstraße Rv 17 (Namsos – Bodø); Lofoten.

Stetig, aber gemächlich bergan und bergab geht es in den zentralnorwegischen Tälern Valdres, Setes-, Halling- und Numedal. Diese sind auch die Verbindungswege von Oslo bzw. Kristiansand in die Fjordregion. Herrlich, wenngleich durch vielen Verkehr nervig, ist die Fahrt durch das Gudbrandsdal (Lillehammer – Dombås). Zum Glück gibt es hier öfters verkehrsarme Parallelwege zur E 6. Am Ende des Tales kann man dann, von Dombås aus, durch das schöne Romsdal zur recht flachen Küste zwischen Ålesund und Kristiansund gehen (Transport zurück mit Bahn und Bus möglich).

Auf der E 6 zwischen Narvik und dem Nordkap und auf der E 8 nach Tromsø herrscht im Sommer viel Verkehr. Die Nebenstraßen sind aber sehr verkehrsarm, wobei dort zuweilen die LKWs sehr schnittig fahren. Tunnel gibt es kaum, dafür umso mehr Wind. Die Anstiege sind meist moderat.

Spezielle **Radkarten und Rundfahrtvorschläge** gibt es u.a. bei den Fremdenverkehrsämtern im Fylke Vestfold (z.B. in den Orten Larvik, Sandefjord, Tønsberg – Küstenfahrradweg) und in Lillehammer (Prospekt: Trollradeln – Mountainbiking im Gebirge).

Wer es etwas härter mag, kann mit der Bergenbahn nach Finse fahren, um dort auf dem Rallarveg über Stein und Schnee nach Flåm zu biken (1000 m Höhenunterschied, vgl. Kap. „Westnorwegen/Sognefjordregion/Flåm/Aktivitäten"), oder sich an der alten Straße hinauf zum Vøringfoss versuchen (siehe Kap. „Westnorwegen/Hardangerfjord/Eidfjord"). Außerdem besteht die Möglichkeit, in Wintersportorten, zum Beispiel wie Oppdal und Hemsedal, die Seilbahnen zu nehmen und sich seinen eigenen Weg bergab zu suchen. Um etliche Erfahrungen reicher ist man auch nach einer Fahrt auf der bis zu 21 % steilen Stalheimskleiva (vergleiche Kap. „Der Westen/Sognefjordregion/Gudvangen") oder nach einer Tour Richtung Lysebotn am Lysefjord. Ebenfalls ungemein anstrengend sind die Strecken zwischen Kristiansand und Flekkefjord. Absolut nicht zu verachten und nur etwas für Biker mit Endlos-Kondition sind die Straße über den Sognefjell-Pass, der Weg hinab zum Geirangerfjord und den berühmten Trollstigen hinauf. Ein wahres Eldorado für Mountainbiker sind zudem die Hochebenen, wie die bei Lillehammer (Nordseter, Sjusjøen) und im Fylke Hedmark sowie das Golsfjell (zwischen Gol und Geilo). Hunderte Kilometer von einsamen, meist mittelschweren Gebirgsstraßen (oft festgefahrene Schotterwege) können „erfahren" werden.

Bei der **Fahrradbeförderung** mit öffentlichen Verkehrsmitteln nach Norwegen gibt es leider immer wieder Probleme. Die von Deutschland nach Norwegen verkehrenden Busse nehmen meist keine Räder mit, sodass man auf die teureren Fähren und Züge ausweichen muss. Dabei ist das Fahrrad in Deutschland bei der Bahn als „Fahrradpaket" mit dem Ziel Norwegen aufzugeben. Eine Ausnahme bilden nur Nahverkehrszüge. Es lohnt sich daher mit diesen bis Kiel zu reisen, dort eine Nacht zu verbringen und am nächsten Tag die Fähre nach Oslo zu nehmen.

In Norwegen gibt es in den Fernzügen meist eigene Abteile für das Fahrrad. Im Sommer kommt auf der Bergenbahn in Richtung des Rallarvegen ein eigener **Fahrradzug** *(sykkeltog)* zum Einsatz. In Nahverkehrszügen kann das Fahrrad mitgenommen werden, wenn genug Platz ist. Das Ticket für das Rad (10 % des normalen Fahrpreises) kauft man am besten gleichzeitig mit dem Fahrschein. Züge, in denen ein Platz fürs Rad reserviert werden kann, sind mit einem **Fahrradsymbol** markiert. Der Transport auf Schiffen, Fähren und in Bussen ist in Norwegen kein Problem, ja teilweise sogar angebracht oder vorgeschrieben, denn einige **Tunnels** sind für Zweiräder gesperrt bzw. nicht gerade empfehlenswert. Zu ihnen gehören fast alle Tunnels an Europastraßen. Gut zu befahren sind da nur die E 16 von Oslo nach Lærdal, die

E 136 von Domås nach Ålesund, die küstennahen E 39/E 18 und die E 10 auf den Lofoten. Doch auch auf diesen Strecken kann es manchmal vorkommen, dass Tunnels mühselig auf Nebenstraßen oder, günstiger, per Fähre zu umfahren sind.

Fahrräder können auf vielen Campingplätzen und bei einigen Touristeninformationsstellen ausgeliehen werden (80–120 NOK, z.T. 150 NOK pro Tag). Im Buch sind diese Möglichkeiten jeweils erwähnt.

Den **Prospekt „Sykkelferie i Norge"**, mit Routentipps und der Möglichkeit, weitere Spezialführer zu bestellen, gibt es unter folgenden Adressen:

- **Sykkelturisme i Norge** (Fahrradtourismus in Norwegen), Nadderudlia 14, 1357 Bekkestua, Tel. 95231706, Fax 55230442, www.bike-norway.com.
- **Norwegischer Fahrradverein: Sykkelistens Landsforening,** Boks 8883, Youngstorget, 0028 Oslo; Besuchsadresse: Storgaten 23 C, 0028 Oslo, Tel. 22473030, Fax 2247 3031, www.slf.no. Der Verein gibt auch eine Karte mit Radouten in Norwegen heraus (Sykkelruter i Norge). Kosten: 90 NOK.
- Das staatliche Verkehrswesen gibt gratis einen ausführlichen **Tunnelführer** für Fahrradfahrer (Tunnelguide for Syklister) heraus. Zu bestellen unter: Tel. 22073837, Fax 22073768.
- **Infos Norwegische Bahn:** Tel. 81533010

Rauchen

Der Glimmstängel ist in Norwegen extrem teuer. In allen öffentlichen Gebäuden, Restaurants, Pubs und Verkehrsmitteln sowie innerorts am Autosteuer ist das Rauchen **strikt verboten!**

Reisezeit

Für den **Sommerurlaub** eignet sich die Zeit von **Mitte Juni bis Ende August,** wobei es Ende Juni/Anfang Juli am längsten hell ist, nördlich des Polarkreises die Mitternachtssonne scheint und Mitte August die wenigsten Touristen unterwegs sind. Hauptreisezeit ist der Juli, und auch dann sind nur wenige Regionen, wie der Vigelandspark in Oslo, die Küstenstadt Bergen, der Gletscher Briksdalsbreen und das Nordkap, wirklich überlaufen.

Im Winter eignet sich besonders der **März.** Es ist recht lange hell, und die Temperaturen liegen bei erträglichen minus 5 bis plus 5 Grad, und das bei sehr guten Schneeverhältnissen.

Bei einer Winterreise ist zu beachten, dass einige Pässe dauerhaft oder zeitweise gesperrt sind (vgl. Kap. „Auto fahren"). Viele Landschaften haben gerade im Winter ein „zweites Gesicht" und gewinnen zusätzlich an Reiz (z.B. Hardangerfjord und obere Valdres).

Der Jahreslauf

Der Winter beginnt im Binnenland mit den ersten Schneefällen etwa Mitte November und endet mit dauerhaftem Tauwetter Ende März/Anfang April. An der Küste unterhalb 600 m ist diese Jahreszeit im eigentlichen Sinne nicht vorhanden. Die Fjordregionen sind unter 200 m oft schnee- und frostfrei, jedoch nicht ganz so mild wie die äußeren Meeresufer. Tageslicht herrscht im Januar im Süden ca. 9.30–15.30 Uhr. Nördlich des Polarkreises regiert die

Mørketid, die Zeit der **Polarnacht** (Lofoten: 5.12.–7.1., Tromsø 15.11.–17.1., Nordkap 18.11.–24.1.). An klaren „Tagen" kann in diesen Regionen die Farbenpracht des Polarlichtes erlebt werde. Anfang März gibt es schon wieder 8–10 Stunden Licht und häufig Sonnenschein.

Frühlingshaft ist es im Süden und Südwesten in Meerwassernähe mit dem Blühen der ersten Krokusse schon an den letzten Märztagen, im Osten nicht vor Mitte Mai und nördlich des Polarkreises erst Ende Mai/Anfang Juni, wo diese Jahreszeit kurz und hektisch ist. Am schönsten ist die Obstbaumblüte an Hardanger- und Sognefjord um den 17. Mai. Die letzten Bäume grünen Mitte Juni. Die schönste Blumenblütenpracht entfaltet sich auf den Lofoten und im restlichen Nordnorwegen Mitte/Ende Juni, teils auch erst Anfang Juli.

Sommerlich wird es in Norwegen, abgesehen von einigen einzelnen warmen Tagen im Mai, nicht vor Anfang/Mitte Juni. Die beste Zeit zum Verreisen ist der **Juli, der wärmste Monat des Jahres.** Am wenigsten Regen fällt jedoch im Mai. Günstig für einen Sommerurlaub ist auch Anfang August, wenn die meisten Reisenden schon wieder zuhause sind und es oft noch angenehm warm ist.

Der **Herbst** kommt mit Temperaturen um die 10/15 Grad schon Anfang September. In dieser Zeit verfärbt sich auch das Laub im Gebirge zu zauberhaften, kräftigen Rot- und Orangetönen. Im Tiefland dauert dies noch bis Anfang Oktober, wenn der Winter im Gebirge schon Einzug hält.

Sicherheit

Auf dem Land und in kleineren Städten gibt es kaum Probleme mit der Sicherheit. Für ein abgestelltes, vollbeladenes Auto kann zwar manchmal die Regel „Gelegenheit macht Diebe" gelten, doch sind Einbrüche oder Schlimmeres eher die Ausnahme.

In Oslo und anderen größeren Orten des Landes sieht es schon etwas anders aus. Es ist festzustellen, dass die Anzahl der Delikte in den letzten Jahren stark zugenommen hat und es Probleme mit Straßenkriminalität, Drogen und, speziell in Oslo-Ost, mit gewaltbereiten Jugendbanden gibt. Trotzdem gilt Norwegen zu recht noch immer als eines der sichersten Reiseländer der Welt, und wenn man sich an die altbekannten Sicherheitsmaßregeln hält und Autos nicht voll beladen in den dunkelsten Ecken des Ortes abstellt, im Gedränge etwas auf die Taschen aufpasst und finstere, bierselige Pubs meidet, sollte es keinerlei Probleme geben. Etwas Vorsicht kann jedoch Freitag- und Samstagnacht in Großstädten nicht schaden, wenn speziell in Kneipenvierteln dem Alkohol gut zugesprochen wurde.

Sport und Freizeit

Im sportverrückten Norwegen dürfte es kaum verwundern, dass es an Betätigungsfeldern eine breite Auswahl gibt. Besonders beliebt ist es, **mit Kind und Kegel eine „tur" zu unternehmen:** im

Sommer per pedes durchs Gebirge, im Winter „på ski" über Zehntausende Kilometer Loipen, auf den Spuren des Skikönigs *Bjørn Dæhlie* und des Meisters aller Klassen *Ole Einar Bjørndalen.* Auch der alpine **Skilauf** ist seit einigen Jahren schwer im Kommen. Sicher haben dazu die mit Gold gekrönten Erfolge der sehr populären *Aksel Lund Svindal, Kjetil André Aamodt* und *Lasse Kjus* beigetragen. Und überhaupt kommt es nicht von ungefähr, dass man in vielen Wintersportarten eine weltweite Macht ist. Neben Skilaufen lernt man schon von Kindesbeinen an, sich auf Eis wohlzufühlen und den Schlittschuhrillen des einstigen mehrfachen Olympiasiegers *Johann Olav Koss* zu folgen. Auch ist das Land die angestammte Heimat der **Skisprungschanzen.** In Ostnorwegen gibt es in einigen Orten gleich drei oder vier, in Oslo sogar Dutzende. Die bekanntesten sind zweifellos der Holmenkollen in der Hauptstadt und die Skiflugschanze von Vikersund. Dank dieser idealen Bedingungen geht es nach längerer Durststrecke mit dem Schanzenspringen in den letzten Jahren wieder bergauf. Mit *Anders Jacobsen* und *Tom Hilde* reift so eine neue Generation Sportler heran. Im Gegensatz dazu schwächelt nach einer Hochphase in den 1990er Jahren der **Fußball** im Moment ein wenig. Und so erinnert man sich derzeit ein bisschen wehmütig an den 2:1-Triumph der norwegischen Nationalmanschaft über den Fußballgiganten Brasilien während der Fußballweltmeisterschaft 1998. Das beste Team der norwegischen Eliteliga, die, der allgemeinen Lotto- und Totosucht folgend auch gleich „Tippeliga" heißt, ist der auch international immer erfolgreicher spielende Serienmeister Rosenborg Trondheim, der jedoch immer öfter vom Thron gestürzt wird, zuletzt 2005 von Vålerenga Oslo, 2007 von Brann Bergen und 2008 vom Osloer Vorortclub Stabæk.

Angeln

Eine **21.000 km lange Küstenlinie** (einschließlich aller Inseln und Fjorde sogar 54.000 km!) und über **200.000 Seen sowie zahllose Bäche** bieten dem Petrijünger ein wahres Eldorado. Meist muss auch auf den Fisch nicht allzu lange gewartet werden. Sollte sich jedoch im See nichts regen wollen, so kann es durchaus sein, dass in ihm schlicht nichts Lebendiges mehr anzutreffen ist: Einige Binnengewässer Südnorwegens hat der saure Regen aus Mitteleuropa in fischlose Gewässer verwandelt.

Lachs- und Forellenanglern macht der 1975 über Russland eingewanderte **Parasit** Gyrodactylus salaris zu schaffen. Dieser rottete bereits viele Populationen aus. Um eine Ausbreitung zu vermeiden, müssen alle Angelgeräte desinfiziert werden. Auch soll der Parasit ab 2010 aggressiv bekämpft werden.

Alle Angler über 16 Jahre, die **Lachs** angeln wollen, müssen zuerst eine **staatliche Angelabgabe** bezahlen (derzeit 210 NOK). Die Gebühr ist Voraussetzung, um Angelscheine kaufen zu können, berechtigt aber selbst nicht zum Angeln in bestimmten Gebieten. Für Süßwasserfische muss seit 1. Januar

2002 keine Angelabgabe entrichtet werden.

Um im Binnenland zu Angeln, ist meistens ein **Angelschein** *(fiskekort)* erforderlich. Er gilt für ein begrenztes Gebiet und nur für einen bestimmten Zeitraum. Der Preis ist von Ort zu Ort unterschiedlich. Erworben werden kann der Schein in Touristeninformationen, an Kiosken, auf Campingplätzen, in Sportgeschäften und sogar an Tankstellen.

Achtung: Seit April 2004 dürfen nur noch max. 15 kg Fischfilet pro Person ausgeführt werden.

Folgende Fische beißen häufig

- **Lachs** *(laks):* Das Lachsangeln ist besonders beliebt und teuer. Leider gibt es in vielen Bächen keinen Wild-, sondern nur noch Zuchtlachs. 100.000 Exemplare entweichen jährlich den Aufzuchtanlagen und verdrängen die angestammten Populationen. Zuchtlachs unterscheidet sich etwas in Farbe, Form und Geschmack vom Wildlachs. Die Angelsaison beginnt Anfang Juni. Geangelt wird an „Rastplätzen", an denen der vom Meer in den Bach zurückschwimmende Lachs Pausen einlegt. Man verwendet Spinnköder oder Fliegen. Besonders gute Lachsflüsse gibt es in Stryn, Gaula, Etne, Lærdal, Sand, Grong, Målselv (bei Bardufoss), Alta, Lakselv, Tana Bru.
- **Meeresforelle** *(sjøørret)*/**Bachforelle** *(ørret):* gut zu fangen u.a. an den Mündungen kleinerer Flüsse und Bäche, die Bachforelle in Gebirgsbächen mit schneller Strömung.
- **Äsche** *(harr):* in Ostnorwegen, im Mittellauf von Bächen und Flüssen.
- **Dorsch** *(torsk):* zu fangen immer kurz über dem Meeresgrund.
- **Köhler** *(sei):* lebt in Ufernähe an Steilküsten und im Fjord, meist nicht weit unter der Oberfläche.
- **Pollack** *(lyr):* lebt über zerklüftetem Meeresgrund, oft auch in Hafenmolen.

Hervorragende Meeresangelgebiete

- **Südliches Westnorwegen:** Bømlo, Tysnes.
- **Westnorwegen:** Mündung Sognefjord, Umgebung Molde, Insel Hitra.
- **Mittelnorwegen:** Halbinsel Fosen.
- **Nordnorwegen:** Lofoten u. Vesterålen, Troms u. Finnmark (Umgebung Tromsø, Skjervøy).

Informationen

- Eine **Spezialbroschüre** zum Thema kann beim Norwegischen Fremdenverkehrsamt in Hamburg bestellt werden.
- **Norges Jeger- og Fiskeforbund** (Norwegischer Jäger- und Anglerverband), Pb. 94, 1378 Nesbru, Tel. 66792200, Fax 66901587, www.njff.no.
- Infos auch unter: www.dorschfestival.de, www.anglerboard.de, //fishbooking.com.

Baden

Wer die Kühle nicht scheut, wird entlang der Küste **viele überwältigend schöne Sandstrände** mit klarem Wasser für ein erfrischendes Bad finden. Nördlich von Ålesund beträgt die Wassertemperatur selten mehr als 16 °C. An der Südküste hingegen werden Werte von 18 °C, manchmal auch 20 °C, erreicht. Einige **Binnenseen,** z.B. in der Telemark und in Oslo sowie einige Badestellen entlang des Oslofjords, können sich noch weiter aufheizen. Wer es lieber wohl temperiert wünscht, sollte lieber in die **Badeparks** in Bø (Telemark Sommarland), Hovden, Raufoss und Sandnes gehen. Die beste Badezeit ist zwischen Anfang Juli und Mitte August.

Bergsteigen/Klettern

In der rauen norwegischen Gebirgswelt findet der Bergsteiger **viele Kletterge-**

biete mit unterschiedlichen Schwierigkeitsgraden. Selbst nahe der Großstädte liegen einige einfachere Felsen und Gipfel. Schon anspruchsvoller sind die Kletterwände der Lofoten, des Romsdals (mit der 1000 m hohen, extrem schwierigen Trollwand), des Setesdals, der Umgebung von Vrådal, des Hemsedals und der Gebirgsregion Jotunheimen. Hier ist als Ausgangspunkt das **Turtagrø Hotel** empfehlenswert.

Bei Touren ist auf alle Fälle zu beachten, dass über 1000 m Höhe die Klimabedingungen ungleich rauer sind als in den Alpen. Man sollte auf rasche Wetterumschwünge gefasst sein und entsprechende Vorsorge treffen. Solide Erfahrungen mit Fels und Eis sowie entsprechende Kondition sind ohnehin unabdingbare Voraussetzungen. Noch ein Hinweis: Die norwegische Einteilung der Schwierigkeitsgrade geht nur bis zu Grad 9, welcher dem deutschen Grad 10 entspricht. Bis zu Grad 7 ist die Einteilung identisch.

Informationen

- **Norwegischer Kletterverband:** Norges Klatreforbund, Serviceboks 1, U.S., Sognsveien 75, 0840 Oslo; Tel. 21029830, Fax 21029017, www.klatring.no.
- **Infos zu Klettergebieten und Klettertouren** Romsdal/Trollveggen: Åndalsnes Klatreklubb, Elvebakken 10, 6300 Åndalsnes, Tel. 92461857, sjkavli@online.no; Lofoten: Nord Norsk Klatreskole, 8313 Henningsvær, Tel. 76074911, www.nordnorskklatreskole.no; Hurrungane (Jotunheimen): Turtagrø Hotel, 5834 Fortun, Tel. 57680800, www.turtagro.no; Oslo: Kolsås Klatreklubb, Colbjørnsensgt. 8b, 0256 Oslo, Tel. 22560431, www.kolsaas.no.

Gletscherwandern

Die majestätische Weite des Jostedalsbreen, des größten Festlandgletschers Europas, verlockt geradezu zu Wanderungen durch das weiß-aquamarinblaue Paradies. Da sich die Gletscher jedoch ständig vorwärts bewegen und, aufgrund des unebenen Untergrundes, viele gefährliche Gletscherspalten aufweisen, sollte unbedingt auf eigenmächtige Touren verzichtet werden!

Äußerst eindrucksvolle geführte Gletscherwanderungen unterschiedlichster Schwierigkeitsgrade werden u.a. von Odda aus auf den Folgefonngletscher und von Briksdal, Jostedal und Fjærland auf den Jostedalsbreen unternommen. Die Preise liegen, je nach Dauer, bei 130 bis 400 NOK. Der Verleih von Eispickeln, Steigeisen und Seil ist im Preis inbegriffen.

- **Info:** www.jostedalen-breforlag.no, www.briksdalsbre.no.

Gold waschen/Mineralien

Also reich wird dadurch wohl niemand werden, aber Spaß macht es trotzdem, und vielleicht, wer weiß, hat man plötzlich doch ein neues Klondike entdeckt. In Norwegen ist Goldwaschen am Femundsee im Süden (//femund.net) sowie im Norden in Narvik (www.katterat.com) möglich. Auf Mineralien- und Gesteinssuche kann man sich auch in Evje (im Setesdal), in Dalen, im Blaafarveværket (bei Hokksund), in Drangedal und in Eidsvoll begeben.

Hundeschlittentour auf dem Fjell

Golf

Augenblicklich gibt es in Norwegen etwa **250 Plätze.** Die bekanntesten liegen in Oslo, Stavanger, Tønsberg und Trondheim, der nördlichste in Hammerfest. Gastspieler sind immer herzlich willkommen.

Informationen

- **Norges Golfforbund,** Postbox 163 Lilleaker, N-0216 Oslo, Tel. 22864296, Fax 2273 6621, www.golf.no

Hundeschlitten fahren

061no Foto: ms

Dieses einmalige Wintererlebnis bieten fast alle Wintersportorte an. Organisierte Touren durch den Wald oder über die Hochebene gibt es u.a. in Lillehammer, Beitostølen, Ål und Trysil sowie bei:

- **Nowaja Adventure,** 2443 Drevsjø, Tel. 62459203, Fax 62459142, www.schlittentour.com.
- **Alaskan Husky Tours,** Narjordet, 2550 Os i Østerdalen, Tel. 62498766, Fax 62498765, www.huskytour.no.
- **Torgeir Øren,** 7470 Røros, Tel. 72414194, Fax 72414142.
- **Engholm Husky,** 9730 Karasjok (Finnmarksvidda/Lappland), Tel. 78467166, www.engholm.no.
- **Tromsø Villmarksenter,** www.villmarkssenter.no.
- **Bjørn Klauers Huskyfarm,** www.huskyfarm.de. In der Nähe von Setermoen (nördlich von Narvik).
- **Arctic Adventures,** Spitzbergen, www.arctiv-adventures.no.

Jagd

In Norwegen findet der Waidmann prächtige Jagdgebiete. Ob Elch, Hirsch, Hase, Reh, alle Tiere sind noch recht zahlreich vertreten (und der Autor hofft, dass dies auch in Zukunft so bleiben möge ...!).

Informationen

(zu Einfuhrbestimmungen von Waffen und zu Jagdrevieren sowie zu Jagdabgaben und Erlegungsgebühren):

- **Direktoratet for Naturforvaltning,** Tungasletta 2, N-7047 Trondheim, Tel. 7358 0500, Fax 73580501, www.dirnat.no.

Kanu/Paddeln

Hervorragende Möglichkeiten hierzu bieten der Halden- und der Telemarkskanal sowie diverse Seen in Ostnorwegen (z.B. der Femundsee). Auch kann man auf den zumeist recht ruhigen Fjorden wunderbar paddeln (speziell auf den Wasserarmen nördlich und nordöstlich von Bergen). Kanus und Ruderboote verleihen fast alle Campingplätze am Wasser. Der beliebteste Wildwasserfluss (viele Einstiegsmöglichkeiten) ist bei Kanuten die Sjoa bei Heidal (Rv 257). Informationen geben die Paddeln-/Raftinganbieter im Tal der Sjoa (siehe „Beitostølen"). Weitere Anbieter:

- **Femund Canoe Camp,** Tel. 62459019, www.femund-canoe-camp.com. Paddeln auf dem Femund-See.
- **Moreld,** Tel. 97195740, www.moreld.net. Paddeln auf dem Sognefjord.
- **Njord,** Tel. 97194511, www.njord.as. Kajakfahren auf dem Sognefjord.
- **Icetroll:** Tel. 57683250, www.icetroll.com. Paddeln auf dem Gletschersee.
- **Villmarkskompaniet,** Tel. 62454300, www.villmarkskompaniet.no. Paddeln und Rafting in Trysil.

Informationen

- **Norges Padleforbund,** Sognsv. 75 L, 0855 Oslo, Tel. 21029835, Fax 21029836, www.padling.no.
- **Literaturtipp:** Wissenswertes rund um den Kanu-Sport bietet das bei REISE KNOW-HOW in der Reihe Praxis erschienene „Kanu-Handbuch" von *Rainer Höh*.

Orientierungssport

In Mitteleuropa ziemlich unbekannt, zählt der Orientierungslauf mit Karte und Kompass in Norwegen zu den Freizeitaktivitäten schlechthin. Über 200 Pfade können erwandert werden. Es finden sogar Meisterschaften statt.

Informationen

- **Norges orienteringsforbund,** Haugar Skolevei 1, N-1351 Rud.

Outdoortravel

Die wilde, ursprüngliche Natur Norwegens kann auf verschiedenste Art und Weise entdeckt und erlebt werden. Diverse Anbieter haben sich auf sportbegeisterte Reisende spezialisiert. Hier eine kleine Auswahl:

Südnorwegen

- **Viking Adventures,** in Evje im Setesdal, Tel. 0047/37710095, www.elchimurlaub.de. Rafting, Kajak, Klettern, Hochseilgarten, Elchsafari, Wandern, Reiten, Mountainbiking, Wandern, Schneeschuhwandern.

Westnorwegen

- **Sognadventure,** Vik am Sognefjord, Tel. 48278469, www.sognadventure.no. Gebirgstouren im Sommer und Winter, Paddeln, Hundeschlittentouren.
- **Fjordbui,** Aurland und Flåm, Tel. 57633200, www.fjordbui.no. Kajak, Wandern, Radfahren, Gletscherwandern, norwegisches Essen.
- **Nordic Adventures,** Voss bei Bergen, www.nordicventures.com, Paragliding, Meereskajak.
- **Sognatur,** Sogndal, Tel. 90085509, www.sognatur.no, Klettern, Ski, Wandern.

Ostnorwegen

- **Dæsbekken Villmarksenter,** östl. Elverum, Tel. 62954857, www.villmarksenter.hm.no. Biber-, Bären- und Elchsafari, Rafting, Klettern, Fotosafari, Hundeschlittenfahren.

Hinweis:
Unter der Rubrik **„Aktivitäten"** im Informationsteil der einzeln aufgeführten Orte und Gebiete sind die meisten Sportmöglichkeiten der jeweiligen Region aufgelistet. Weitere werden bei den einzelnen Hotels und Campingplätzen unter der Rubrik „Unterkunft" erwähnt.

Nordnorwegen

- **Via Alta Tours,** Alta, Tel. 78449555, www.destinasjonalta.no. Igloo Hotel, Snowscootersafaries, Flussboottouren, Hundeschlittentouren, Wandern.
- **Nordic Safari,** Mehamn (Finnmark), Tel. 90147509, www.nordicsafari.no. Vogelbeobachtung, Touren zum Nordkinn, Hochseeangeln, Husky-Expedition, Skilaufen, Snowscootertouren.
- **Barentssafari,** Kirkenes, Tel. 90190594, www.barentssafari.no. Snowscootertouren, Rentierfahrten, Eisangeln, Flussboottouren.
- **Samitour,** Karasjok, Tel. 78487588, www.samitour.no. Die einzigartige samische Kultur erleben.

063no Foto: ms

Nachtskifahrten am Hafjell bei Lillehammer

Rafting

Auch in Norwegen ist diese Sportart absolut trendy. Zumeist sechs bis acht Personen teilen sich den Platz im Schlauchboot und schießen über die Strudel des Gebirgsflusses dahin. Einfache bis mittelschwere Touren kosten 500–600 NOK und werden u.a. im Setesdal, in Geilo, in Skei i Jølster und bei Åndalsnes angeboten. Der beliebteste Raftingfluss ist die Sjoa bei Vågåmo/Beitostølen. Hier stehen auch schwere und mehrtägige Wildwassertouren auf dem Programm (die Adressen von Anbietern stehen bei den entsprechenden Abschnitten im Reiseteil).

Reiten

Die Möglichkeit zu Reitouren, u.a. auf den knuffigen norwegischen Fjordpferden, besteht fast überall im Land („Pferd“ = *hest*). Etwas Besonderes sind sicherlich Ausflüge in die weiten Hochgebirgsebenen, wie z.B. der Hardangervidda, entlang der Fjorde sowie durch die ostnorwegischen Wälder.

Informationen

- **Hest i Turistnæring,** Linn B. Tvete Downing, 2632 Venabygd, Tel. Tel. 37154505, Fax 37154611, www.hest.org und www.hest.no.
- Auf Fjordpferde spezialisiert hat sich das **Norsk Fjordhestsenter** in Nordfjordeid, am Nordfjord, Tel. 57860233, Fax 57860267, www.norsk-fjordhestsenter.no.

Segeln

Die wild zerklüftete Küste mit einsamen Schären und einladenden Fjordlandschaften ist wie geschaffen für ausgedehnte Segeltouren. **Gute Karten** sind jedoch dringend anzuraten, der Orientierung und der Strömungsverhältnisse wegen. Die Hauptkartenserie (Maßstab 1:50.000 bis 1:100.000) deckt die gesamte Küste ab; erhältlich bei: Norges Sjøkartverk, Postboks 60, N-4001 Stavanger.

Außerdem gibt es im Land etwa 120 **Gästehäfen.** Sie werden jeder für sich im Buch „Gästehäfen in Norwegen" (NORDIS Verlag) erläutert. Boote können auch gechartert werden.

Seglerverband

- **Kongelig Norsk Seilerforening (KNS),** Huk Aveny 1, N-0287 Oslo, Tel. 23275600, Fax 23275610, www.kns.no.

Skilaufen

Norwegen ist das Land, in dem *Søndre Norheim* den modernen Skilauf im kleinen Ort Morgedal erfand. Auch wurden einige uns gebräuchliche Worte, wie Ski und Slalom, der Landessprache entliehen. Tausende Loipen durchziehen das Land, und seit etwa 20 Jahren ist auch der Abfahrtslauf immer populärer geworden. Die „Skisucht" kennt in Norwegen kaum Grenzen. Saison ist eigentlich immer. Auch wenn im Tal schon der Frühling Einzug hält – das Volk zieht es über Ostern in die verschneiten Berge. Und wenn die Sonne brennt – dann verreist man zum Gletscherskilauf oder trainiert mit Rollern unter den Brettern für die nächste Saison.

Wetterverhältnisse

Im Hochgebirge sollte man ständig auf **Wetterumschwünge** gefasst sein und sich stets vorab über die aktuelle Wetterlage informieren!

Schnee liegt an der Küste fast nie, im Binnenland allerdings dafür meist überreichlich. Normal sind 50 cm, teilweise, wie in Røldal und Hovden, auch mehrere Meter Schneehöhe. Im Dezember und Januar sind selbst in Südnorwegen die **Tage sehr kurz.** Hell wird es erst gegen halb zehn, um vier ist es schon wieder dunkel. Zudem kann es recht kalt werden (-10 bis -20 Grad), wobei es sich um eine trockene, gut zu ertragende Kälte handelt.

Die **beste Zeit zum Ski laufen** ist **Ende Februar und im März.** Die Temperaturen bewegen sich um die null Grad, Schnee gibt es noch mehr als genug, und es ist teils schon wieder bis 18 (!) Uhr hell. **Meiden sollte man unbedingt die Osterfeiertage.** Die Preise für die Unterkünfte schnellen in dieser Zeit nicht selten in schwindelerregende Höhen, und fast alle Norweger tummeln sich dann in den Loipen und auf den Pisten. Preislich am günstigsten sind die ersten beiden Januarwochen.

Langlauf (langrenn)

Ob über weite Hochebenen oder durch tief verschneite Wälder, es ist für jeden etwas dabei. Allein im Osloer Stadtgebiet gibt es 2000 Kilometer gespurte Loipen *(løyper).* Die landschaftlich schönsten Langlaufregionen sind: Lillehammer, inkl. Gålå, Skei, Sjusjøen und Nordseter, wo auch das alljährliche Birkebeinerrennen stattfindet, das Rondane-Gebirge, die Region Telemark (Rauland, Vrådal, Lifjell, Gautefall), Gol und Geilo, Finse, das Valdrestal (Beitostølen) sowie Ostnorwegen (Trysil). Überall stehen mehrere Kilometer kostenlos zu nutzender, beleuchteter Loipen *(lysløyper)* zur Verfügung. In allen Skizentren sind Skiausrüstungen für etwa 450 NOK pro Woche zu leihen.

Extremwanderungen führen über die Hardangervidda, durch das Jotunheimen-Gebirge und zu den Gipfeln der Lofoten.

Abfahrtslauf (alpin)

Verhältnisse wie in den Alpen darf man natürlich nicht erwarten. Hier geht es dafür ruhiger und gelassener zu. Dass man sich nicht langweilen wird, dafür sorgen die gut präparierten Pisten und die herrliche Landschaft mit ihren, besonders im Januar und Februar, intensiven Farbschauspielen und den märchenhaft erstarrten Wasserfällen. Der Tagespass *(heiskort)* kostet 240–350 NOK, der 6-Tage-Pass 1200–1400 NOK. Skiausrüstung ist für 600–1000 NOK pro Woche zu leihen *(skiutleie)*.

Die vielleicht besten Skigebiete sind: Hemsedal, Geilo, Trysil, Lillehammer (Trollpass für Hafjell, Kvitfjell, Skei und Gålå) und Oppdal. Kleinere Skizentren, mit nur wenigen Liften *(heis)* und geringem Höhenunterschied: Bjorli, Gautefall, Beitostølen, Hovden, Vrådal, Rjukan/Rauland, Kongsberg. Auch in Oslo gibt es einige Lifte.

Sommerskilaufen

Bis Juni kann man die Lifte und Loipen in Røldal nutzen. Anschließend öffnen die Sommerskizenten in Jondal (Folgefonngletscher), in Stryn (oberhalb des Nordfjords) und am Galdhøppigen (Jotunheimen).

Informationen

Informationsmaterial senden die örtlichen Turistkontore (siehe bei den jeweiligen Orten) und das Norwegische Fremdenverkehrsamt in Hamburg zu. www.skiinfo.no, www.skiingnorway.com.

Surfen

Auch das Surfen erfreut sich in Norwegen immer größerer Beliebtheit. Gut, die kalifornischen Monsterwellen wird hier wohl keiner antreffen, aber trotzdem dürfte für fast alle Ansprüche etwas zu finden sein. Populär ist die Küstenregion westlich von Stavanger (Solastranden). Surfausrüstung („Seilbrett") kann dort in vielen Hotels und auf Campingplätzen geliehen werden.

Tauchen

Erstaunlich spannend ist die Unterwasserwelt vor der Küste Norwegens. Neben einer überraschend vielseitigen Fauna und Flora gibt es auch viele **Wracks** zu erkunden, die jedoch keinesfalls geplündert werden dürfen (falls überhaupt noch etwas zu finden ist).

Möglichkeiten zum Abtauchen bieten sich z.B. auf Sotra (westlich von Bergen), auf Solund (Äußerer Sognefjord), in Ålesund (Atlanterhavsparken und auf Runde) sowie bei Molde (Atlanterhavsveien). In Kirkenes in Nordnorwegen kann zudem nach Kamtschatkakrabben getaucht werden.

Informationen

- **Norges Dykkerforbund** (Norwegischer Taucherverband), Serviceboks 1, Ullevål Stadion, 0840 Oslo, Tel. 21029742, Fax 2102 9741, www.ndf.no.
- **„Tauchprojekt Sørlandet",** Vest-Agder Fylkeskommune, Vestre Strandgate 23, Postboks 770, 4601 Kristiansand, Tel. 38074675, Fax 38026957.
- **Informative Homepages:** www.nordtaucher.de; www.norway-team.com.
- **Literaturtipp:** Eine Einführung in das „Tauchen in kalten Gewässern" bietet der in der Reihe Praxis im Reise Know-How Verlag erschienene Titel von *Klaus Becker*.

Wandern

Norwegen ist ein ideales Land für Wanderungen. Und so vielfältig die Natur, so mannigfaltig sind auch die Touren. **Markierte Routen** gibt es u.a. zu den Gipfeln der Gebirge Jotunheimen, Rondane und Dovre. Man kann tagelange Trips über die raue „Hochebene" der

Hardangervidda unternehmen, über uralten Fels zur Klippe des Prekestolen wandern und die Lofoten, die Alpen im Nordmeer, durchqueren; auch die endlosen Wälder der Telemark und die Ufer des Femundsees in Ostnorwegen laden zu einem Besuch ein. Die meisten dieser Wandergebiete liegen in den naturbelassenen Nationalparks.

Auf bekannten Touristenstrecken, wie zum Prekestolen und auf der Vogelinsel Runde, genügen gutes Schuhwerk, ausreichend Proviant sowie Regenschutz und warme Sachen für oft nicht vorhersehbare Wetterumschwünge. Die Strecken sind mit Steintürmchen, roten „T"s oder Punkten gekennzeichnet. Auch ist der Weg als Trampelpfad oft sehr gut zu erkennen. Jedoch sollten die ausgewiesenen Routen in jedem Falle eingehalten werden, da die norwegische Natur nicht mit der der deutschen Mittelgebirge zu vergleichen ist. Bei plötzlich auftretendem Nebel oder bei rutschigem Untergrund können Extratouren schnell gefährlich werden.

Im Hochgebirge, außerhalb bekannter Touristenstrecken, sollte man **niemals ohne Karte und Kompass** wandern und beide Hilfsmittel auch sicher lesen können. Des Weiteren leisten auf Hochebenen ein Höhenmesser und das Satelliten-Navigationssystem GPS gute Dienste. Für viele Strecken sind sie jedoch nicht unbedingt Voraussetzung. Zahllose Gebirgsrouten sind markiert, wobei man die kleinen Farbpunkte oder Felstürmchen schnell mal verfehlen kann. Ausreichend Proviant, regenfeste, warme Kleidung (am besten Gore Tex und darunter Wolle), gute Wanderschuhe und eine solide Kondition sind zwingende Voraussetzungen. Taschenmesser, Streichhölzer, Taschenlampe, Verbandszeug, eine Mütze gegen Auskühlung sowie Sonnen- und Mückenschutzcreme sollten durchaus mitgenommen werden.

Es ist üblich, am Campingplatz, am Auto oder an den Hütten **Informationen über die gewählte Route und die Dauer der Wanderung zu hinterlegen:** So kann im Notfall effektiv geholfen werden!

In den meisten Wandergebieten gibt es vom norwegischen Wanderverein DNT (Den Norske Turistforeningen, Mitgliedschaft 63 €) betriebene **Hütten,** die seltener auch bewirtschaftet werden.

Beliebte Wandergebiete

- **Hardangervidda:** Europas größtes Hochplateau *(vidda)*. Baumlose Hochebene, viele Seen. Bewirtschaftete Hütten. Ein- und mehrtägige Touren möglich. Infos im Text unter: Hardangervidda, Haukelifjell, Lofthus, Eidfjord.
- **Jotunheimen:** Norwegens höchstes Gebirge. Grandiose Bergmassive. Sehr viele Wanderwege, bewirtschaftete Hütten. Ein- und Mehrtageswanderungen möglich. Infos im Text unter: Jotunheimen, Lom, Beitostølen, Skjolden.
- **Rondane:** Uriges, sehr karges Gebirge mit sehr geringen Niederschlagsmengen. Infos im Text unter: Rondane.
- **Dovrefjell:** Raues Gebirge mit der Möglichkeit, Moschusochsen zu beobachten. Infos im Text unter: Dovrefjell, Hjerkinn.
- **Südwestnorwegen:** Raue Hochebenen mit vielen Stauseen zwischen Stavanger und Setesdal. Infos im Text: Setesdal, Prekestolen.
- **Lofoten:** Wanderungen entlang schöner Sandstrände und auf aussichtsreiche Gipfel. Infos im Text unter: Nusfjord, Fredvang, Reine, Å, Værøy.

- Einige im Text beschriebene, **bekannte Kurz- und Eintageswanderungen:** Prekestolen (Felskanzel), Lofthus (Mönchstreppen), Runde (Vogelbeobachtung), Besseggengrad (Panoramawanderung in Jotunheimen), Galdhøppigen (höchster Berg Skandinaviens), Torghatten (Berg mit Loch).
- **Gute Ausgangspunkte für Tageswanderungen** sind auch: Sogndal, Fjærland, Lom, Lillehammer, Geilo (Hallingdal), Lofthus/Eidfjord, Beitostølen, Tromsø, Alta, Nordkap.

Informationen

- **DNT,** Postboks 7 - Sentrum, 0101 Oslo, Besuchsadresse: Storgaten 3, Oslo, Tel. 22822800, Fax 22822855, www.turistforeningen.no, www.huettenwandern.de.
- **Literaturtipps:** In der Reihe Praxis sind im Reise Know-How Verlag eine Vielzahl passender Ratgeber vom Autor *Rainer Höh* erschienen: „Winterwandern", „GPS Outdoor-Navigation", „Orientierung mit Kompass und GPS", „Outdoor-Praxis" und „Wildnis-Küche".

Sprache

In Norwegen existieren heute **zwei offizielle Schriftsprachen,** zum einen das vom Dänischen beeinflusste **„Bokmål",** die Buchsprache, zum anderen das **„Nynorsk",** das Mitte des 19. Jahrhunderts vom Sprachforscher *Ivar Aasen* aus Dialektformen geschaffene Neunorwegisch. Beide Versionen sind ähnlich, wobei es durchaus grammatikalische Unterschiede gibt. Auch differieren verschiedene Wörter. Ungefähr 15 % der Bevölkerung, zumeist in Westnorwegen, schreibt auf Nynorsk. In Oslo ist Neunorwegisch unbeliebt. Es verrät, so meint man, eine gewisse bäuerliche Unbedarftheit. Das Norwegisch ist dem Deutschen und Englischen sehr ähnlich. Etwa ein Viertel der Worte (z.B. *reise, glass, koste, sende*) können problemlos verstanden werden (s. auch „Kleine Sprachhilfe" im Anhang).

Als zweite Sprache existiert das **Samisch,** das der finno-ugrischen Sprachfamilie angehört und unter der Urbevölkerung, den Samen, wieder gelehrt wird.

Als Tourist ist es nicht notwendig, eine dieser Sprachen zu beherrschen. Mit **Englisch** kommt man problemlos durchs Land. Man könnte sogar manchmal den Eindruck gewinnen, dass diese Sprache möglichst rasch zur neuen gemeinsamen Landessprache emporgehoben werden soll. Mit **Deutsch** sieht es schon etwas problematischer aus, wobei es immer mehr an Beliebtheit gewinnt und in der Schule als Zweitsprache oft dem Französischen vorgezogen wird. Auch sprechen oder zumindest verstehen noch viele ältere Leute Deutsch, jedoch kann es vorkommen, dass sie, wenn sie den Zweiten Weltkrieg noch miterleben mussten, dem Englischen uneingeschränkt den Vorzug geben.

Mehr Infos zur Sprache auf: www.norwegeninfo.net. Wer Norwegisch erlernen möchte, kann das mit dem Sprechführer **„Norwegisch – Wort für Wort"** (als Buch und CD) aus der Kauderwelsch-Reihe des Reise Know-How Verlages tun.

Telefonieren

Von fast allen Telefonzellen kann man ins Ausland telefonieren: **Vorwahl** nach Deutschland: 0049, nach Österreich: 0043, in die Schweiz: 0041, nach Norwegen: 0047.

Der Streit um das richtige Norwegisch

Als Norwegen 1814 von Dänemark an Schweden fiel und sich so, nach der Festlegung einer eigenen Verfassung, ein neues nationales Selbstbewußtsein aufbaute, stand die Frage an, ob das einst vom alten Hausherren aufgezwungene Dänisch weiterhin Amtssprache bleiben sollte. Das Bürgertum schien damit wenig Probleme zu haben. Die ländliche Bevölkerung jedoch konnte und wollte dem nicht zustimmen, unterhielt sie sich doch in seit Jahrhunderten gewachsenen Dialekten. Diese sah nun der Sprachforscher Ivar Aasen (1813–1896) als das urnorwegische Sprachsubstrat an, zog los, Wörter zu sammeln, Redewendungen aufzuklauben und das „landsmål", die Landessprache, zu kreieren. Das Ergebnis war eine Schriftsprache, die wesentlich besser die Mundarten des Landes wiederzugeben vermochte und diese somit stützen und erhalten sollte. In der Hauptstadt hingegen, wo man mittlerweile auch einsah, dass es zu einer Strukturreform kommen musste, wollte man vielmehr das Dänische „vernorwegisieren", und so entstand unter Leitung von Knud Knudsen das „riksmål" (Reichssprache).

Offiziell wurden beide Schriftsprachen 1885 anerkannt und im Zuge mehrerer Rechtschreibreformen von Riksmål in **Bokmål** (Buchsprache) und von Landsmål in **Nynorsk** (Neunorwegisch) umbenannt. Der von Ivar Aasen entworfenen Variante des Norwegisch geben nur etwa 15 % der Bevölkerung den Vorzug. Per Gesetz müssen jedoch 25 % aller Formulare, Beiträge und Sendungen in Neunorwegisch abgefasst bzw. in einem regionalen Dialekt ausgestrahlt werden. In einigen Schulen ist das Nynorsk die Schriftsprache des Unterrichts, so sich mindestens 10 Schüler zusammenfinden. Lernen und anwenden können muss diese Variante des Norwegischen allerdings jeder.

Alles in allem sind sich Nynorsk und Bokmål **recht ähnlich,** wobei Ausnahmen die Regel bestätigen. So heißt: „Wann kommst du?" auf Bokmål *Når kommer du?*, auf Nynorsk jedoch *Kva tid kjem du?* Am schnellsten begegnet der Tourist dem Neunorwegischen bei einem Blick auf die Briefmarken des Landes, wo, oft zur allgemeinen Überraschung, nicht das vertraute *Norge,* sondern *Noreg* steht. Auch heißt es z.B. auf Nynorsk nicht *kirke* (Kirche), sondern *kyrkje* und nicht *sykehus* (Krankenhaus), sondern *sjukehus.*

Nun liegt sicher die Vermutung nahe, dass man sich mit etwas Willen als Einheimischer dennoch gut mit seinen Landsleuten verständigen kann. Doch leider kommen eine unüberschaubare Zahl von **Dialekten** hinzu. Fast jedes Dorf, jedes Tal, hegt und pflegt seine Mundart wie einen prunkvollen Schatz. Und wenn man ganz genau lauscht, so wird man vielleicht zumindest die folgenden Dialekte unterscheiden können: Bergensk, das in Bergen gesprochene Norwegisch, mit einer recht harten, fast deutschen Betonung; Vestlansk, in den Fjordregionen gesprochen, mit einem etwas kratzigem Klang; Trøndersk, der Region um Trondheim, meist etwas quietschig und schnell gesprochen; Norlansk, der Gegend Bodø und Lofoten, kommt etwas umnebelt daher und ist ein Wunderwerk an Idiomen; sowie der Osloer Dialekt, mit seiner hauptstädtisch korrekten und doch etwas bierseelig-dänischen Aussprache.

Münztelefone werden mit 1-, 5- oder 10-NOK-Münzen bedient. Die meisten Telefone akzeptieren neben Münzen aber auch **Kreditkarten.** Ein Gespräch nach Mitteleuropa dauert für 40 NOK etwa 11 Min., für 90 NOK 28 Min. und für 140 NOK 50 Min. (auf Campingplätzen kann es teurer sein!). Wer die Möglichkeit hat, einen privaten Festnetzanschluss zu nutzen, sollte das tun. Hier senken sich die Kosten auf 1–1,50 NOK pro Minute.

Telefoniert man nach oder in Norwegen, braucht man **keine Ortsvorwahl!** Diese ist in der achtstelligen Telefonnummer integriert! Nummern mit Extrakosten beginnen in Norwegen mit einer 8, Handynummern mit einer 9 oder 4.

Mit dem **Handy** muss, um z.B. nach Deutschland telefonieren zu können, immer die 0049 vorgewählt werden, für Gespräche innerhalb Norwegens ist stets die Vorwahl 0047 vor die Rufnummer zu setzen. Das eigene **Mobiltelefon** lässt sich in Norwegen problemlos nutzen, denn die meisten Mobilfunkgesellschaften haben Roamingverträge mit den norwegischen Gesellschaften Network Norway (GSM 900 MHz) sowie NetCom und Telenor (beide GSM 900/1800 MHz und 3G). Wegen hoher Gebühren sollte man bei seinem Anbieter nachfragen, welcher der Roamingpartner günstig ist und diesen per **manueller Netzauswahl** voreinstellen. Nicht zu vergessen sind die **passiven Kosten,** wenn man von zu Hause angerufen wird (Mailbox abstellen!). Der Anrufer zahlt nur die Gebühr ins heimische Mobilnetz, die Weiterleitung ins Ausland zahlt der Empfänger.

Wesentlich preiswerter ist es, sich von vornherein auf **SMS** zu beschränken, der Empfang ist dabei in der Regel kostenfrei. Der Versand und Empfang von **Bildern per MMS** hingegen nicht nur relativ teuer, sondern je nach Roamingpartner auch gar nicht möglich. Die **Einwahl ins Internet** über das Mobiltelefon um Daten auf das Notebook zu laden ist noch kostspieliger – da ist in jedem Fall ein Gang in das nächste Internetcafé weitaus günstiger.

Falls das Mobiltelefon **SIM-lock-frei** ist (keine Sperrung anderer Provider vorhanden ist) sollte man sich unbedingt eine **norwegische Netzkarte** *(SIM-kort)* zulegen (an allen Kiosken, Shell, Esso & Statoil Tankstellen und den meisten Supermärkten erhältlich). Z.B. *Lebara Venner SIM-kort,* 100 NOK inkl. 24 NOK Guthaben. Um das Guthaben aufzufüllen, kauft man später eine *påfyllingskort.* Am preiswertesten: *Lebara Ladekort WORLD* (www.lebara.no), Kosten nach Deutschland: SMS 0,49 NOK, MMS 1,99 NOK, Festnetz 0,79 NOK, Mobil 2,79 NOK (Stand Feb. 2010).

Hinweis: Alle Nutzer müssen sich **registrieren.** Dazu füllt man am Kiosk einen Anmeldezettel aus. Der Kioskbetreiber faxt diesen an die Zentrale, einige Stunden später ist die SIM-Karte freigeschaltet.

Die wichtigsten **Notrufe** sind im Kap. „Gesundheit" aufgeführt.

Auskunft Inland: Tel. 180, Auskunft Ausland: Tel. 181.

Trampen

Mit dem allgemeinen Anstieg der Transportkosten erfreut sich Trampen in Norwegen immer größerer Beliebtheit. In abgelegenen oder sehr touristischen Regionen, wo nur bis auf den letzten Platz belegte Autos anzutreffen sind, kann es jedoch zu längeren Wartezeiten kommen. In Nordnorwegen ist vom Trampen des geringen Verkehrsaufkommens wegen eher abzuraten. Günstigste Standorte sind Parkbuchten an großen Hauptstraßen, Einkaufszentren und Bushaltestellen, wo man zur Not auf den öffentlichen Transport umsteigen kann. Wenn man zu Orten gelangen möchte, in die es nicht einmal Busverbindungen gibt, lohnt es sich, erst einmal die nächste Touristeninformation zu kontaktieren. Dort findet man bestimmt irgend jemanden, der das gleiche Ziel hat.

Gefahren bestehen bei dieser Fortbewegungsart in der Regel kaum.

Uhrzeit

Alles wie daheim. Auch von Winterauf Sommerzeit wird am gleichen Tag umgestellt.

Unterkunft

Hotels

Die Bezeichnung Hotel/Hotell ist in Norwegen gesetzlich geschützt und garantiert eine standardgemäße Ausstattung. Eine Besonderheit ist das Høyfjellhotel (Hochgebirgshotel), welches diesen Namen nur tragen darf, wenn es mindestens in einer Höhe von 700–800 m liegt.

Die Qualität der rund 400 Hotels ist gut, was sich auch in den immens hohen Preisen niederschlägt. So muss für ein Mittelklassehotel mit einem Doppelzimmerpreis (DZ) von rund 1200–1600 NOK gerechnet werden. Selbstverständlich haben dafür fast alle Zimmer TV und Telefon. Im Sommer gehen die Preise in Konferenzhotels teils um 10–20 % herunter. Wer jedoch nur in Hotels übernachten möchte, sollte sich unbedingt einen Hotelscheck kaufen, mit dem zusätzlich Rabatt gewährt wird (25–50 %):

- **ProSkandinavia Schecks:** Sie gelten in über 400 Hotels in ganz Skandinavien. Bestellung u.a. bei: ADAC Nürnberg - Tel. 0911/208004, Elch Reisen Berlin - Tel. 030/36285000, www.proskandinavia.no.
- **Fjord Pass:** Norwegens bester Pass. Kostet 120 NOK, gilt ganzjährig für 2 Erwachsene und ihre Kinder. Rabatt erhält man auf ca. 200 Hotels, Pensionen und Hütten in Norwegen. Billigste Übernachtung: 28 €/Person. (Fjord Tours, Strømgt. 4, 5015 Bergen, Tel. 81568222, Fax 55312060, www.fjordpass.no).
- **Nordischer Hotelpass:** Gilt in über 130 Hotels Skandinaviens. Bis zu 50 % Ermäßigung auf Übernachtungen in Choice Hotels. Billigste Übernachtung: 33 €/Person. (Bestellung: in Deutschland, Tel. 0800/1855522, www. choicehotels.no).

Wer nicht immer in Hotels übernachten möchte, sollte die Unterkunft vorab über das **Internet** buchen. Die Preise sind teilweise deutlich niedriger als vor Ort!

- **Choice Hotels,** www.choicehotels.no, DZ ab 900 NOK/Nacht. Ein Low-price calendar verrät die momentan günstigsten Unterkünfte.
- **Thon Hotels,** www.thonhotels.no, DZ ab 900 NOK. Es gibt drei Hotelkategorien: Budget, City und Conference. DZ in Cityhotels meist erst ab 1500 NOK.
- **First Hotels,** www.firsthotels.no, DZ ab 850 NOK, aber oft ausgebucht.
- **Norlandia,** www.norlandia.no, DZ ab 990 NOK. Die günstigsten Preise sind bei langfristiger Planung fast immer buchbar.
- **SAS Radisson,** www.sasradisson.com, DZ ab 950 NOK. Der günstigste Preis ist schnell

ausgebucht. Danach kostet es schnell über 2000 NOK.

- **Rica,** www.rica.no, DZ ab 950 NOK (mit Ferienpass). Der günstigste Preis ist nur selten zu haben. Meist: 1800 NOK.

Hinweise

Vor allem in Oslo, Bergen, Kristiansand und Touristenzentren wie Geiranger und Flåm, sollte man die Zimmer **im Voraus buchen,** da es durch Messen oder Sportveranstaltungen durchaus einmal zu Engpässen kommen kann. Ansonsten ist es in der Regel kein Problem, auch von einem Tag auf den anderen ein Zimmer zu erhalten. In jedem Fall stehen die örtlichen Fremdenverkehrsbüros mit Rat und Tat zur Seite.

Obgleich alle norwegischen Hotels einen hohen Zimmerstandard haben, sehen die Gebäude selbst nicht immer besonders ansprechend aus. Deshalb sind schöne alte und/oder **romantische Hotels** im Text mit einem ✦ gekennzeichnet. Historische Hotels liegen u.a. in Balestrand, Utne, Solvorn und Bergen. www.historiskehotel.no

Preisklassen

Die **im Buch angegebenen Preise** beziehen sich auf das jeweils günstigste Angebot des Hotels. Sonderangebote oder besonders niedrige reguläre Preise werden zusätzlich angegeben. Achtung: Während der in Norwegen sehr beliebten Osterzeit steigen ausnahmslos alle Preise um das Doppelte bis Dreifache an!

(*****) über 1100 NOK pro DZ (meist kostet in dieser Preisklasse ein DZ 1400 NOK)
(****) 850–1100 NOK pro DZ
(***) 600–850 NOK pro DZ
(**) 500–600 NOK pro DZ
(*) unter 500 NOK pro DZ

Hotelzimmer in den Preiskategorien (*) und (**) sind selten, wer preiswert übernachten will, sollte in die recht guten Campinghütten ausweichen.

Pensionen/Hostels/B&B

Die familiären **Gästehäuser** *(gjestehus)* stellen eine preiswerte und gemütliche Alternative zu den großen, meist extrem teuren Hotels dar. 500–800 NOK zahlt man für ein Doppelbettzimmer. Bettwäsche ist meist nicht im Preis enthalten, kann aber für 50–100 NOK/Set geliehen werden. Einer Pension entsprechen oft auch die Jugendherbergen (s. unten).

Viele Schilder verweisen in Norwegen auf *„rom"*, wobei freie **Zimmer in Bauernhäusern** gemeint sind. Kosten: 500–800 NOK.

Preiswerte, gute Unterkünfte, speziell in Großstädten sind **Bed & Breakfast.** Infos: www.bbnorway.com, Zimmer ab 500 NOK. Vorbuchung ratsam!

In Oslo, Trondheim und Bergen gibt es **Schlafsaalunterkünfte** (ab 120 NOK). Eine telefonische Vorbestellung (ein bis drei Tage vor Ankunft) ist ratsam.

Jugendherbergen

Die etwa 75 Jugendherbergen heißen in Norwegen *vandrerhjem* („Wanderheim"), sind oft einer Pension vergleichbar und für Gäste jeden Alters gedacht. Die Ausstattung (WC, Küche, Aufenthaltsräume, TV) ist in der Regel hervorragend. Es stehen Schlafsäle, Einzel- und Doppelbettzimmer zur Verfügung. Allerdings sind die Preise enorm und steigen jedes Jahr. Sehr teuer sind JH mit Hotelstandard, preiswerter die zu Sommer-JH umfunktionierten **Studentenwohnheime.** Preise: Bett im Schlafsaal 200–450 NOK (rd. 25–55 €), Einzelbettzimmer (EZ) 300–450 NOK (rd. 38–55 €), Doppelbettzimmer (DZ) 400–850 NOK (rd. 50–105 €). (Die Buchung kann über www.hihostels.com erfolgen – außer JH in Trondheim.) **Diese Preise und die Preise im Text gelten immer für Nicht-Mitglieder.** Wer nicht alleine reist, wohnt trotzdem in Campingplatzhütten meist billiger, wobei diese in Großstädten oft außerhalb liegen. Bettwäsche kann geliehen werden (ab 50–100 NOK), Schlafäcke sind meist, aber nicht immer, erlaubt.

Spartipp

Hat man einen **internationalen Jugendherbergsausweis** aus dem Heimatland, schläft man auch bei den norwegischen Jugendherbergen zum günstigeren Tarif, sonst muss man eine Tagesmitgliedschaft erwerben. Hat man noch keine Jahresmitgliedschaft bei den Jugendherbergsverbänden daheim, kostet diese 12,50–21 Euro in Deutschland (www.jugendherberge.de), 10–20 Euro in Österreich (www.oejhv.or.at) und 22–55 SFr in der Schweiz (www.youthostel.ch).

Camping und Campinghütten

Die Auflistung aller **1200 Campingplätze** würde jeden Rahmen sprengen. So habe ich versucht, die (subjektiv) besten eines jeden Ortes herauszufiltern. Sicherlich wird man, gar keine Frage, noch so manchen anderen netten Platz entdecken. Einen Mangel an attraktiven Campingplätzen gibt es jedenfalls nicht. Überfüllte Areale trifft man lediglich hin und wieder an der Sonnenküste, zwischen Tønsberg und Arendal sowie in der Umgebung der Großstädte an. Doch selbst dann ist eine Ausweichstelle nicht weit.

Die **Qualität der Plätze** ist allgemein **recht gut.** Es existiert in Norwegen eine 1- bis 5-Sterne-Klassifizierung, welche Rückschlüsse auf die **Ausstattung,** jedoch nicht immer auf den Preis zulässt. Ein einfacher Platz bietet, außer einer Sanitäranlage und einer kleinen Camperküche, meist keinen Komfort. Viele Areale besitzen jedoch noch einen Aufenthalts- und TV-Raum sowie Fahrrad- und/oder Bootsverleih. Komfortplätze haben oft auch Sauna, Schwimmbad und diverse Sportanlagen. Eine Küche, Kinderspielplätze und Möglichkeiten zum Angeln bieten fast alle Anlagen!

Einige Plätze haben ganzjährig geöffnet. Diese sind in den Ortsbeschreibungen erwähnt. Bitte beachten: Die saisonale **Öffnungszeiten** können von Jahr zu Jahr um einige Tage variieren (die meisten Saisonplätze haben von Mitte Juni bis Mitte August geöffnet).

Campingkosten

- **Preis pro Zelt:** ab 120 NOK, normal: 150 NOK, Komfortplätze: 180 NOK, Stadtplätze: ab 250 NOK. Seltener wird pro Person noch eine Gebühr von ca. 15 NOK verlangt, Duschen meist 10 NOK. Waschbecken gratis.
- Ein **Caravan-Stellplatz** kostet in der Regel 140–180 NOK, auf einzelnen Komfortplätzen allerdings bis zu 180–260 NOK. Strom kostet 15–30 NOK. Alle im Buch erwähnten Plätze haben Stromanschlüsse für Wohnmobile/Caravane. Entsorgungsstellen für Chemietoiletten haben fast alle Plätze und sehr viele Tankstellen.
- **Campingkarte (CCS):** Bisher diente die Karte nur dem schnelleren Ein- und Auschecken. Seit 2006 wird sie jedoch auf allen *Pluscamp*-Plätzen verlangt. Die 19 Plätze dieser Kette sind qualitativ gut und ganzjährig geöffnet. Die Campingkarte (100 NOK) bietet neben einer Versicherung auch einige

Vergünstigungen. Erhältlich vor Ort oder unter: *Reiselivsbedriftenes Landsforening*, Postboks 5465 Majorstua, 0305 Oslo, Tel. 2308 8620, Fax 23088621, firmapost@rbl.no.

Campingplatzhütten

Nahezu alle Campingplätze vermieten Hütten. Außer den winzig kleinen Kabinen für 2 bis 4 Personen sind die Hütten in der Regel ansprechend groß, sauber und teils einem Hotelzimmer ebenbürtig. Die **Preise** der Unterkünfte **variieren** je nach Jahreszeit und Hüttengröße **sehr stark!** Ausgestattet sind die teuren (600 bis über 1000 NOK) mit Küche und Bad, oft auch mit TV und Kamin. Die preiswerteren haben nicht immer ein eigenes Bad oder eine Küchenecke; Sanitäranlagen und Kochmöglichkeiten sind dann aber selbstverständlich auf dem Campingplatz vorhanden. Viele Hütten haben etwas Kochgeschirr. Kissen und Decken sind meist vorhanden. Bettwäsche kann manchmal geliehen werden (Haben Sie Bettwäsche? *Har du sengklær?* Aussprache: „har dü sängklär"). Vorteilhaft ist es jedoch, um Überraschungen vorzubeugen, eigene Bettwäsche bzw. einen Schlafsack mitzunehmen (Tipp: Zur Unterlage immer ein Laken mitnehmen!). Campingplatzhütten müssen nicht vorgebucht werden. In Gebieten mit vielen Touristen (Sognefjordregion, Großstädte) ist es jedoch ratsam vor 17 Uhr die Campingplätze anzusteuern oder telefonisch gegen Mittag eine Unterkunft für den Abend zu reservieren.

Zur Not kann auch auf reine Hüttenzentren ausgewichen werden. Diese heißen in Norwegen **Hytteutleie** oder **Hyttegrend,** sind an Straßen durch ein schwarzes Häuschen auf weißem Hintergrund ausgeschildert und meist recht idyllisch im Wald oder am Berghang gelegen. Angeboten werden oft recht preiswerte (400–800 NOK) Holzhütten oder Holzhäuser mit einfacher bis sehr komfortabler Ausstattung.

Sehr viele Hütten auf Campingplätzen und in Hüttenzentren können auch **im Winter** gemietet werden. Es sollte bei Kurzaufenthalten immer am Vortag bestellt werden, damit vorgeheizt werden kann! Für längere Aufenthalte ist, vor allem in Wintersportgebieten, eine mehrwöchige Vorausbuchung ratsam.

Preiskategorien für Hütten:

- ****** – über 800 NOK:** Luxushütten mit allem Komfort, mit Platz für mindestens 6–8, nicht selten über 10 Personen.
- ***** – 600–800 NOK:** Komforthütte, die gleichfalls keine Wünsche offen lässt, oft auch TV und Kamin hat und Platz für mindestens 4, meist jedoch 6–8 Personen bietet.
- **** – 400–600 NOK:** Geräumige und gute Hütten für mindestens 4 Personen; zumeist auch mit Bad und Kochnische.
- *** – 250–400 NOK:** Recht kleine und einfache Hütten mit Platz für 2–4 Personen; Kochnische ist meistens vorhanden, Bad oft nur in der Sanitäranlage des Campingplatzes.

Hinweis: Wird im Buch **/*** angegeben, heißt dies, dass es Hütten der Kategorie 2 und 3 auf dem Campingplatz gibt. Die Preise beziehen sich auf die Hauptsaison im Sommer. Nebensaisonpreise sind teils 25–30 % niedriger.

Rorbuer

Speziell **auf den Inselgruppen der Lofoten und den Vesterålen** kann diese besondere Art von **Fischerhütten** gemietet werden. Sie stehen zur Hälfte auf Pfählen über dem Wasser. Früher waren sie eher schlicht eingerichtet und boten Fischern eine Unterkunft während der Heringsaison. Heute sind alle Rorbuer komfortabel ausgestattet und werden an Touristen vermietet. Der Preis für diese schnuckeligen Unterkünfte liegt oft bei happigen 600–1200 NOK pro Tag, für eine Hütte, die 4–6 Personen Platz bietet.

Ferienhäuser

An herrlichen Ferienhäusern mangelt es gewiss nicht im Land und gerade für Familien lohnt es sich, eine Woche oder länger an einem Ort zu verweilen und die Seele baumeln zu lassen.

Oft tragen auch die Unterkünfte den Namen Hytte. Der Name sollte aber nicht täuschen. Meist verbergen sich dahinter gute Komfortgebäude mit Terrasse, Sauna und etlichen Zimmern. Der Preis liegt dementsprechend bei 800–1500 €/Woche. Etwas bescheidenere, aber gleichfalls sehr gute Häuser gibt es für 400–800 €/Woche. Platz ist meist für 6–10 Personen.

Prospekte und Vermittlung

Ferienhausanbieter ohne Vermittlungsgebühren mit Unterkünften zum Originalpreis der Vermieter: www.norwegeninfo.net; www.statskog.no.

Große Ferienhausanbieter mit Provisionsaufschlag, aber umfassenden Servicepaket: Novasol: Tel. 040/23885924, www.novasol.de; Dancenter: www.dancenter.de; Mach Nordferien: Tel. 02502/23060, www.mach-nordferien.de.

Ferien auf dem Bauernhof

- **Prospekte** zu Ferien auf norwegischen Bauernhöfen (ab 300 €/Zimmer/Woche) können beim Norwegischen Fremdenverkehrsamt bestellt werden.

Wanderhütten

Im norwegischen Gebirge stehen zahllose, von Wandervereinen betriebene Hütten, die **immer eine Tageswanderung auseinander** liegen. Einige von ihnen sind bewirtschaftet, in anderen werden nur Lebensmittel gelagert, die entweder mit Geld oder durch neue Waren vergütet werden müssen. Andere Hütten wiederum, zu denen oft die *seter* (Almhütten) zählen, bieten nur ein Dach über dem Kopf. Zur Nutzung der Hütten – gegen ein Entgelt (80–200 NOK) – muss man Mitglied im DNT (Den Norske Turistforening) sein (Adresse s.u. „Sport und Freizeit/Wandern").

Verkehrsmittel in Norwegen

Bahn

Eine der schönsten und erholsamsten Arten, Norwegen zu entdecken, ist sicherlich die Fahrt mit der Bahn. Allerdings ist das **Streckennetz sehr dünn, die Preise sind eher hoch und die Verbindungen zeitlich recht unzuverlässig.** Meistens muss man, will man nicht dieselbe Strecke zurückfahren, in den Bus oder in das Schnellboot umsteigen. Die Züge sind in der Regel, selbst wenn sie Ekspresstog heißen, **nicht sehr schnell.** Schuld daran ist die zerklüftete Topografie des Landes. Aber man muss ja auch nicht immer so hetzen. Eine **Sitzplatzreservierung** ist für einige Strecken und Abfahrten obligatorisch (20 NOK).

Preisnachlässe

- **Minipris:** Für alle Verbindungen mit einem Regionalzug (Regiontog) gibt es für Frühbucher Minipreis Tickets. Diese kosten 199 bis 399 NOK (Buchung über das Internet spätestens 1 Tag vor Abfahrt: www.nsb.no, Seite auch auf Englisch. Das Ticket muss sofort bezahlt werden. Man bekommt es dann gegen Vorlage einer Reservierungsnummer vor Ort ausgehändigt (am Schalter oder im Zug).
- Nachtzüge sind meist wesentlich teurer – ersparen aber auch eine oft noch teurere Hotelübernachtung. Für Schnellzüge *(signaturtog)* ist teils ein Zuschlag fällig. Platzkartenpflicht besteht für Signatur- und Expresszüge.
- **Kinderrabatt:** Kinder unter 4 Jahren reisen gratis, bis 15 Jahren zu 50 % des normalen Fahrpreises.
- **Gruppenrabatt:** Auf Grünen Abfahrten erhalten Gruppen ab 10 Personen 25 % Rabatt.

Wird das Ticket im Ausland gekauft, gibt es die Ermäßigung schon ab 6 Personen.

- **Rundtourangebote der Norwegischen Bahn** (buchbar in Agenturen der ACP-Rail, z.B. Gleisnost): „Norwegen in einer Nussschale" *(Norge i et nøtteskall)*, Oslo – Flåm (Bahn), Flåm – Gudvangen (Boot), Gudvangen – Voss (Bus), Voss – Oslo (Bahn), 2135 NOK, ab Bergen 975 NOK; Weitere Angebote ab Oslo und Bergen sind u.a. „The Royal Fjord Tour" und „The World Heritage Tour". Infos zu allen Angeboten unter www.fjord tours.no, Tel. 0047/81568222.
- **Eisenbahnpässe:** Interrail in zahlreichen Varianten.
- **Informationen:** NSB Reisesenter, Oslo Sentralstasjon, 0048 Oslo, Tel. 22368085; NSB Kundentelefon: 81500888, nur innerhalb Norwegens; Buchung und Informationen in Deutschland z.B. bei: Norden Tours (Tel. 040/37702270), Polarkreis Reisebüro (Tel. 06803/3636), Troll Tours (Tel. 02982/8368), Wolters (Tel. 0421/8999290), www.nsb.no (telefonische und Internetbuchung möglich).
- **Buchung:** Gleisnost, Bertoldstr. 44, 79098 Freiburg, Tel. 0761-383031, www.gleisnost.de.

Die wichtigsten Bahnstrecken in Norwegen

Bergen-Bahn

Nachdem man 27 Jahre lang den Steckenverlauf diskutiert hatte, begannen 1898 endlich die Bauarbeiten der Bahnlinie von **Oslo nach Bergen.** Bei einer Fahrt mit der Bergen-Bahn wird man schnell verstehen, warum die Planungen so viel Zeit in Anspruch nahmen und die Strecke auch erst 1909 in Betrieb ging. Schon kurz hinter Oslo, in den eigentlich sehr lieblichen Landschaften Ringerike und Hadeland, verstellen ungeahnt viele kleine Berge und Schluchten den Weg. Westlich von Hønefoss biegt dann die Bahn in das langgezogene Hallingdal ein. Es geht nun stetig bergauf, und ab dem 800 m hoch gelegenen Wintersportort Geilo wird es dramatisch. Die Fahrt führt durch die einsame **Hochgebirgslandschaft der Hardangervidda.**

Allerdings verhindern zwischen dem Bahnhof Finse, dem mit 1222 m höchsten Punkt der Strecke, und Myrdal, dem Abzweig zur Flåm-Bahn, einige Tunnels den Blick auf die grandiose Berglandschaft – verständlich angesichts der meterhohen Schneewehen im Winter, die sonst ein Fortkommen unmöglich machen würden.

Nach der Reise über das „Dach Norwegens" führt die Strecke durch das atemberaubend enge Raundal hinab nach Voss.

Wenige Kilometer weiter westlich ist man schon wieder auf Meeresniveau. Vorbei an grüner Fjordlandschaft erreicht man Bergen, den Endpunkt dieser ereignisreichen Strecke.

Platzkarte ist von Oslo bis Myrdal (und zurück) obligatorisch.

Fahrstrecke: Oslo – Hønefoss – Nesbyen – Gol – Geilo – Finse – Myrdal– Voss – Bergen, 5x täglich, 6½ bis 7½ Std.

Flåm-Bahn

In Serpentinen und Spiralen windet sich die steilste Normalspurstrecke der Welt auf nur 20 Kilometern Länge von 2 m (Flåm) auf 865 m Höhe (Myrdal). So kann es passieren, dass man **an einem Tag,** binnen 50 Minuten, **Sommer und Winter** erlebt. Unzweifelhaft eine der schönsten Bahnstrecken Europas. 3–6 mal täglich.

Sørland-Bahn

Die Sørlands-Bahn führt **von Oslo** aus, über die Fährstadt Kristiansand, in das quirlige **Stavanger.** Die Strecke durch Südnorwegen gehört sicher nicht zu den spektakulärsten des Landes, man reist aber trotzdem durch eine sehr **schöne Wald- und Seenlandschaft.** Erst auf den letzten Kilometern bekommt man die Küste zu Gesicht, es sei denn, man steigt in Busse um und besucht so hübsche Orte wie Risør oder Kragerø.

Fahrstrecke: Oslo – Drammen – Kongsberg – Nordagutu – Bø – Kristiansand – Egersund – Stavanger (Alternative zu Beginn: Oslo – Drammen – Tønsberg – Sandefjord – Larvik – Skien – Nordagutu); 5x täglich, ca. 8 Std.

Nordland-Bahn

Mit der Nordland-Bahn kann man innerhalb Norwegens **am weitesten nördlich gelangen.** Zwischen dem **Zielbahnhof Bodø** und der nur an das schwedische Schienennetz angeschlossenen Stadt Narvik bestehen nur Busverbindungen.

Von Oslo aus fährt man in Richtung Norden durch das liebliche Gudbrandsdal. Kurz hinter Dombås schraubt sich die Strecke auf das Dovrefjell hinauf. Im Gegensatz zur Bergen-Bahn wird man hier im Winter keine Probleme mit dem Schnee haben, gehört doch das Fjell zu den niederschlagsärmsten Regionen Norwegens. Weiter geht die Fahrt über den Wintersportort Oppdal nach Trondheim. Hier muss man zumeist den Zug wechseln. Fernab der Küste geht es nun weiter durch eine schöne Wald- und Seenlandschaft. Auf dem rauen Saltfjell wird der **Polarkreis überschritten.** Vom Zielort Bodø existieren Fährverbindungen zu den Lofoten.

Von Oslo nach Trondheim ist der Zug teils recht voll, und man benötigt bei einigen Abfahrten eine **Platzkarte.**

Fahrstrecke: Oslo – Hamar – Lillehammer – Otta – Dombås – Oppdal – Trondheim (5x täglich, 6 Std.) – Mo i Rana – Bodø (ab Trondheim 3x täglich, 10 Std.)

•Romsdal-Bahn

Durch das schöne Romsdal geht die Fahrt, vorbei an einer anfangs weiten, waldreichen Landschaft. Kurz vor dem **Endpunkt** der Strecke in **Åndalsnes** erscheinen dann, zum Greifen nah, die 1000 m hohen Felsen der Trolltindane. Im Ort selber bestehen Busverbindungen zur Küste, Richtung Molde oder Ålesund. Teilweise wird der Zug durch einen Bus (TogBus) ersetzt, der dann gleich bis Ålesund weiterfährt.

Fahrstrecke: Dombås – Åndalsnes, 7x täglich, ca. 2 Std.

•Røros-Bahn

Parallel zur Nordland-Bahn verläuft diese Strecke durch die weite, waldreiche und zum Teil liebliche Landschaft des Østerdal **von Oslo nach Trondheim.** Unterwegs passiert man das unter dem Schutz der UNESCO stehende Bergwerksörtchen Røros. Der Nachteil im Vergleich zur Bahn durchs Gudbrandsdal ist, das es nur langsam vorwärts geht und das Gezuckel nach einigen Stunden schon etwas nervtötend ist. Allerdings findet man hier immer einen freien Sitz, für den man keine Platzkarte benötigt.

Fahrstrecke: Oslo – Kongsvinger/Hamar-Elverum – Røros – Trondheim, 1–2x täglich, ca. 8 Std.

Vokabeln für den Fahrplan: *tog* – Zug; *jernbanestasjon* – Bahnhof; *sentralstasjon* – Hauptbahnhof; *tur/retur* – Hin- und Rückfahrt; *en vei* – Hinfahrt; *voksen* – Erwachsener; *barn* – Kind; *billett* – Ticket; *kjøpe* – kaufen; *rutetider* – Fahrzeiten. Weitere Vokabeln unter der Rubrik „Bus“.

Bus

In Norwegen existiert ein **weitverzweigtes und zuverlässiges Busnetz.** Fast jedes Dorf besitzt eine Anbindung, sehr oft aber nur einmal täglich.

Regionalbusse verkehren am Samstag und Sonntag nur sehr selten, meistens überhaupt nicht! Haltestellen sind durch ein winziges Verkehrszeichen – weißer Bus auf blauen Grund – gekennzeichnet und als solche oft nur schwer zu erkennen. Fahrpläne hängen zumeist nicht aus. Infos zu den Fahrzeiten erteilen aber alle Touristeninformationsstellen oder die Büros der Busunternehmen. Sie liegen an Verkehrsknotenpunkten, die als *busstasjon* oder *skysstasjon* (*skyss* = Mitfahrgelegenheit) bezeichnet werden. Offen haben diese meist Mo.–Fr. 8–16 Uhr, in größeren Orten bis etwa 20 Uhr und am Wochenende etwa 8–15 Uhr. Die Öffnungszeiten variieren jedoch stark und ändern sich nicht selten rasch. Tickets werden im Bus bezahlt (15–25 % Studentenrabatt).

Das **Fernbusliniennetz** wird von der Firma **Nor-Way Bussekspress** dominiert. Die Busse verkehren meist mehr-

Fernbusverbindungen von Nor-Way Bussekspress

Preisangaben von 2010, weitere Infos unter www.nor-way.no.

F11	Flybussekspressen	Oslo–Moss (235 NOK)–Rygge (250 NOK)–Fredrikstad (260 NOK)
130	Trysilekspressen (6–8x tägl.)	Oslo–Elverum–Trysil (335 NOK)
135	Østerdalekspressen (1x tägl.)	Oslo–Røros (470 NOK)–Trondheim (500 NOK)
142	Dag og Nattekspressen	Oslo–Åndalsnes (tags 550 NOK/nachts 700 NOK)–Molde/Ålesund (tags 550 NOK/nachts 700 NOK)
145	Møreekspressen (2–3x tägl.)	Oslo–Lom–Stryn–Ørsta (700 NOK)–Hareid (750 NOK)–Ålesund
147	Nordfjordekspressen (3x tägl.)	Oslo–Gardermoen–Lillehammer (320 NOK)–Lom (520 NOK)–Stryn–Måløy (690 NOK)
148	Gudbrandsdaleksp. (4–5x tägl.)	Oslo–Gardermoen–Hamar–Lillehammer (150 NOK)–Otta (300 NOK)–Skjåk
149	Nordmørsekspressen (1x tägl.)	OsloDombås–Oppdal–Kr.sund (970, z.T. 590 NOK)
160	Valdresekspressen (3x tägl.)	Oslo–Fagernes (320 NOK)–Beitostølen/Lærdal–Årdalstangen (540 NOK)
162	Øst-Vestekspressen (1x tägl.)	Lillehammer–Fagernes–Lærdal–Flåm (445 NOK)–Voss–Bergen (575 NOK)
170	Sogn og Fjordane ekspressen (3x tägl.)	Oslo–Gol–Sogndal–Skei (620 NOK)–Førde–Florø (710 NOK)
175	Hallingbussen (1–3x tägl.)	Oslo–Drammen–Nesbyen–Gol–Geilo (420 NOK)
180	Haukeliekspressen (4x tägl.)	Oslo–Åmot–Haugesund–Bergen (680 NOK)
182	Telemarkekspressen (10x tägl. So. 2x)	Seljord–Bø–Ulefoss–Skien–Porsgrunn–Larvik–Sandefjord (280 NOK)–Torp–Tønsberg (360 NOK)
185	Rjukanekspressen (4x tägl.)	Oslo–Rjukan (355 NOK)
190	Sørlandsekspressen (5x tägl.)	Oslo–Arendal (340 NOK)–Kristiansand (340 NOK)
194	Grenlandsekspressen (7x tägl.)	Oslo–Drammen–Skien (310 NOK)
221	Setesdalekspressen (1x tägl.)	Haukeligrend–Hovden (370 NOK)–Kristiansand
300	Sør-Vestekspressen (3–4x tägl.)	Stavanger–Flekkefjord–Kristiansand (380 NOK)
400	Kystbussen (4 x tägl.)	Stavanger–Haugesund–Stord–Bergen (490 NOK)
430	Vestlandsbussen über Nordfjordeid (2–5x tägl.)	Bergen–Førde–Nordfjordeid–Volda–Ålesund (620 NOK)
431	Vestlandsbus ü. Stryn (3x tägl.)	Bergen–Førde–Stryn (490 NOK)–Stranda–Ålesund
432	Fjordekspressen (1x tägl.)	Bergen–Nordfjord (490 NOK)–Ålesund (615 NOK)
440	Ekspressbussen Bergen–Trondheim (2x tägl.)	Bergen–Førde–Stryn–Lom (580 NOK)–Trondheim (550 NOK)
450	Sognebussen (2–4x tägl.)	Sogndal (410 NOK)/Øvre Årdal–Lærdal–Aurland–Voss–Bergen
611	Rørosekspress (Mo.–Sa. 2x tägl.)	Trondheim–Støren–Røros (260 NOK)
630	Mørelinjen (Mo.–Fr., So. 1–2x tägl.)	Trondheim–Surnadal–Halsa–Molde–Ålesund (600 NOK)
670	Ekspressbussen Namsos–Trondheim (1–2x tägl.)	(Leka/Rørvik-) Namsos (350 NOK)–Trondheim
720	Nord-Norgeekspressen (1–2x tägl.)	Bodø–Fauske–Narvik (500 NOK)
800	Nord-Norgeekspressen (1–3x tägl.)	Narvik–Tromsø (300 NOK)
805	Nord-Norgeekspressen (tägl.)	Tromsø–Alta (400 NOK)

mals täglich und auch an Wochenenden. Die Firma bietet Verbindungen zu allen wichtigen Orten und Touristenzentren an (vgl. nebenstehenden Plan). Generell wird auch hier im Bus bezahlt. Eine Reservierung ist nicht erforderlich, ein freier Platz wird garantiert. Jährliche Preissteigerungen von 10–40 NOK sind einzuplanen! Mit zunehmender Entfernung wird es etwas billiger. Studenten erhalten 25 % Rabatt. 50 % Studentenermäßigung gibt es für alle Strecken in Nordnorwegen (nördlich von Bodø), insofern die Fahrstrecke mehr als 150 km beträgt. Als Legitimation reicht ein Studentenausweis aus der Heimat.

- **Infos:** Nor-Way Bussekspress, Bussterminalen, Galleriet, Schweigaardsgate 8–10, 0185 Oslo oder Karl Johans gate 2, 0150 Oslo, Tel. 81544444, Fax 22001631, ruteinformasjon@nor-way.no, www.nbe.no, Auskunft per SMS: eine SMS an +47 2177 senden. Stichwort: NBE und dann Abfahrtsort, Ankunftsort und Datum angeben.
- **Kostenlose Fahrpläne:** im Büro in Oslo und im Internet. Der Fahrplan kann auch unter dem Link „Kundeservice“ bestellt und heruntergeladen werden *(bestilling og nedlasting av rutehefte)*.
- **Kundenkarte** *(kundekort):* Wurde 2005 abgeschafft. Wiedereinführung aber möglich.
- **Rabatte:** Studenten: 25 % in Südnorwegen, 50 % im Norden und einigen ausgewählten anderen Routen, Senioren: 33 % (**Tipp:** immer auf den Rabattanspruch verweisen: *pensjonistrabatt* – Seniorenrabatt), Kinder: bis 4 Jahre gratis, 4–15 Jahre 50 %; **Tipp:** Gruppenrabatt schon ab 2 Personen 25 %, ab 9–12 Personen 33 %.
- **Makspris:** 2005 wurde auf einigen Strecken ein Maximalpreis eingeführt. Dieser lag bei den Strecken Oslo – Bergen und Oslo – Trondheim bei 550 NOK/Person. Es ist zu erwarten, dass neue Strecken noch hinzukommen, bzw. der Preis sich ändert.
- **Weitere Fernbuslinien:** www.timekspressen.no (Raum Oslo), www.lavprisekspressen.no (Oslo – Bergen/Trondheim ab 50 NOK; extrem gute Preise bei Vorbestellung über das Internet), www.konkurrenten.no (Oslo – Kristiansand). Alle Verbindungen innerhalb des Landes sind im Internet unter www.rutebok.no zu finden (Seite auch auf Deutsch).
- **Wörter für norwegische Reiseportale:**
fra sted/avreisested = Abfahrtsort
til sted/reisemål = Zielort
via sted = über
søk = Suche starten
dato = Datum, tid = Zeit
rutetabell = Fahrplan
rutetider = Abfahrtszeiten
takst/pris = Preis
DX7 = täglich außer Sonntag
- **Routeninformationen** zu allen Busstrecken gibt es in den Touristeninformationen, über Tel. 177 und unter www.rutebok.no (Seite auf Norwegisch und Englisch).

Flugzeug

Mit dem Flugzeug ist schnell fast jeder Winkel Norwegens erreichbar. Die **Hauptflughäfen** sind **Oslo-Gardermoen, Stavanger, Bergen, Trondheim und Bodø.** Von dort kann man u.a. nach Ålesund, Kristiansund, Sogndal und Svolvær fliegen. Die nicht stornierbaren Niedrigpreistickets *(lavprisbillett)* von Norwegian, SAS und Widerøe (rechtzeitige Internetbuchung!) sind bei längeren Distanzen oft billiger als der Fernbus (ab 350–500 NOK pro Strecke).

Fluggesellschaft SAS

Neuer Zusammenschluss von SAS Norge und Braathens. Die Airline bedient alle größeren Flughäfen in Süd- und Nordnorwegen, wie Oslo, Bergen, Trondheim, Stavanger, Ålesund, Bodø und Alta (Kosten: 600–1000 NOK pro Strecke und Richtung). Z.T. gute Sonderpreise: Oslo – Stavanger/Bergen/

Ålesund ab 570 NOK pro Richtung; Oslo - Bodø/Alta ab 670 NOK pro Richtung.
- **SAS,** PB 55, 1330 Fornebu, Tel. 0047/ 91505400 (für Anrufe aus dem Ausland), Kundencenter: Tel. 05400, www.sas.no (Onlinebuchungen möglich); Buchungen auch in allen Reisebüros.

Fluggesellschaft Widerøe

Von Widerøe werden 34 Flugplätze in ganz Norwegen angeflogen. Einige **Verbindungen** sind: Oslo - Stavanger/Bergen/Sogndal/Ørsta/Trondheim/Røros; Trondheim - Brønnøysund/Mo i Rana/Bodø; Bodø - Svolvær/Leknes/Røst/Andenes/Narvik/Tromsø.

Widerøe bietet ausländischen Besuchern im Sommer zwei Flugpässe an. **Das Norwegen Entdecker Ticket (NET):** Norwegen wird in 3 Zonen unterteilt. Die Grenzen liegen bei Trondheim und Tromsø. Das Ticket ermöglicht 14 Tage lang unbegrenztes Fliegen. Innerhalb einer Zone kostet dies 350 €. Für 2 Zonen sind 425 € zu berappen. Ganz Norwegen schlägt mit 500 € zu Buche. Extrawoche: 220 €. Buchung spätestens 3 Tage vor Abflug über: booking.support@wideroe.no bzw. Tel. 81001200.

Youth Tickets: Dieses neue Angebot richtet sich an Jugendliche bis 26 Jahre, bzw. an Studenten bis 32 Jahre. Es gibt bis zu 50 % Rabatt auf den normalen Flugpreis. Buchung u.a. über das Internet: www.wideroe.no.
- **Widerøe Flyselskap,** Postboks 131, 1325 Lysaker, Tel. 81001200, 67116195, www.wideroe.no.

Fluggesellschaft Norwegian

Norwegens beliebteste Airline mit den besten Preisen. Südnorwegen ab 350 NOK, Nord-Norwegen ab 450 NOK. Folgende Verbindungen gibt es (Stand: Feb. 2010): ab Oslo/Gardermoen nach Kristiansand, Stavanger, Haugesund, Bergen, Ålesund, Molde, Trondheim, Bodø, Narvik/Lofoten, Tromsø und Alta. Zudem einige Flüge ab Oslo/Rygge und die Strecken Bergen - Trondheim und Trondheim - Bodø, Tromsø. Internetbuchung notwendig! www.norwegian.no (auch auf Englisch) - Bezahlt wird mit der Kreditkarte. Kundencenter: Tel. 81521815.

Allgemeine Infos

- Infos zu allen norwegischen Flughäfen, An- und Abflügen sowie Flughafenbussen auf www.avinor.no (unter „Lufthavner" bzw. „Airports", Service-Tel. 81530550); Flughafenbusse in Norwegen: www.flybussen.no.

Schnellboot/Fähre

Schnellboote sind die ideale, ja zwangsläufige Ergänzung im Verkehrssystem der zerklüfteten Küstenregion. Die wichtigsten Verbindungen sind im Vestland: Bergen - Stavanger, Bergen - Sognefjord (Sogndal) und Bergen - Nordfjord (Måløy, Selje). Auch verkehren Boote von Flåm nach Sogndal, in den wilden Nærøyfjord und nach Lærdal. Ebenso gibt es ein Boot von Balestrand in den Fjærlandsfjord. Weitere Expressboote fahren zu den vorgelagerten Inseln Südwestnorwegens, von Molde nach Ålesund und von Bodø zu den Lofoten sowie Richtung Sandnessjøen (weitere Hinweise bei den entsprechenden Regionen/Orten: Zu Beginn eines Kapitels werden die Schnellbootlinien der Region erwähnt; im Informationsabschnitt der Orte finden sich weitere Anmerkungen).

- **Flaggruten** (40 % Rabatt für Studenten und Rentner): Stavanger - Bergen (750 NOK, Minipreis für Retourticket: 950 NOK, Studenten 570 NOK), Tel. 05505, www.tide.no.
- **Fylkesbaatane** (50 % Rabatt Studenten, Rentner): Bergen - Selje (700 NOK), Bergen - Sogndal (570 NOK), Tel. 55907070, www.fjord1.no.

Als Autofahrer wird man um die Benutzung von **Fähren** nicht herumkommen. Obwohl kühne Tunnel- und Brückenbauten immer mehr Fähren überflüssig machen, verkehren immer noch an die 200 Boote. Bei kurzen Strecken (10–15 Minuten) liegt der Preis bei 65 NOK für Auto und Fahrer und bei 25 NOK für jede weitere Person (Kinder 10 NOK). Die Gebühren variieren allerdings stark. Die Fährlinien sind bei den Ortsbeschreibungen unter „An- und Weiterreise" aufgelistet.

Hurtigruten

Angepriesen wird die **Fahrt entlang der norwegischen Küste** als die schönste Seereise der Welt. 11 Tage dauert die extrem erlebnisreiche Fahrt **von Bergen nach Kirkenes,** an der russischen Grenze, und zurück. Dabei passiert man unglaublich schöne Fjorde, wilde Berglandschaften und idyllische Orte. Gegründet wurde die Hurtigrute (norwegisch: *Hurtigruten,* „Schnellverbindung") als Postschiffverbindung am 2. Juli 1893. 1917 erweiterte man die Linie bis Kirkenes. Die 2500 Seemeilen lange Strecke, in deren Verlauf 35 Häfen angelaufen werden, diente der Versorgung und Anbindung der nördlichen Landesteile. Wegen mangelnder Rentabilität sollte die Hurtigruten in den letzten Jahren mehrmals stillgelegt werden. Aufgrund der Beliebtheit bei Touristen und der einheimischen Bevölkerung existiert sie jedoch bis heute. Man sondert zudem zunehmend die alten Dampfer aus und ersetzt sie durch modernere, komfortablere Schiffe. Die Romantik leidet darunter natürlich ein wenig.

Die (hohen) **Kosten** (abhängig vom Alter des Schiffes und vom Kabinentyp): Die gesamte Strecke (Bergen - Kirkenes - Bergen) schlägt in der Nebensaison, also Winter und Herbst, mit 800–1500 € zu Buche. Im Sommer sind 900–5000 € zu berappen. Es können auch Teilstrecken gebucht werden (z.B. Bodø - Lofoten). Der Preis von Bergen nach Kirkenes beträgt 65 % des oben angegebenen Betrages, Kirkenes - Bergen 55 %.

Preisbeispiele (Preissteigerungen sind einzukalkulieren):

Bergen - Ålesund 1200 NOK, Bergen - Trond-heim 1950 NOK, Trondheim - Bodø 1900 NOK, Trondheim - Svolvær (Lofoten) 2200 NOK, Tromsø - Kirkenes 2050 NOK. Nebensaison (Januar–Mitte April und Mitte Sept.–Dez.) rund 30 % preiswerter!

Kurze Deckspassagen sind in der Regel auch kurzfristig vor Ort am Schiff erhältlich. Reisen mit Kabine sollten jedoch bis zu einem Jahr im Voraus bestellt werden! Eine Kabine (keine Buchungspflicht) kostet je nach Ausstattung und Art des Schiffes zwischen 200 und 540 NOK im Winter sowie 250 und 1250 NOK im Sommer. Die Autopreise liegen etwa bei der Hälfte des Personenpreises.

Rabatte: Das Rabattsystem verändert sich meist von Jahr zu Jahr. 2010: 50–100 € Frühbucherrabatt auf die gesamte Fahrstrecke. Bis zu 50 % Studentenrabatt auf Teilstrecken in der Nebensaison. Gratismitnahme des PKW auf der Strecke Kirkenes - Bergen, also südgehend.

Buchungen in Reisebüros oder bei NSA, Kl. Johannisstr. 10, 20457 Hamburg, Tel. 040/376930, Fax 040/364177, Buchung in Norwegen: 81030000, www.hurtigruten.de.

Mehr Infos zur Hurtigrute unter: www.norwegische-postschiffe.de.

Versicherungen

Egal welche Versicherungen man abschließt, hier ein Tipp: Für alle abgeschlossenen Versicherungen sollte man die **Notfallnummern** notieren und mit der **Policenummer** gut aufheben! Bei Eintreten eines Notfalles sollte die Versicherungsgesellschaft sofort telefonisch verständigt werden!

Der Abschluss einer **Jahresversicherung** ist in der Regel kostengünstiger als mehrere Einzelversicherungen. Günstiger ist auch die **Versicherung als Familie** statt als Einzelpersonen. Hier sollte man nur die Definition von „Familie" genau prüfen.

Zum Thema Auslandskrankenversicherung siehe „Gesundheit".

Andere Versicherungen

Ob es sich lohnt, weitere Versicherungen abzuschließen wie eine Reiserücktrittsversicherung, Reisegepäckversicherung, Reisehaftpflichtversicherung oder Reiseunfallversicherung ist individuell abzuklären. Aber gerade diese Versicherungen enthalten viele **Ausschlussklauseln,** sodass sie nicht immer Sinn machen.

Die **Reiserücktrittsversicherung** für 35–80 € lohnt sich nur für teure Reisen und für den Fall, dass man vor der Abreise einen schweren Unfall hat, erkrankt oder schwanger wird, gekündigt wird, nach Arbeitslosigkeit einen neuen Arbeitsplatz bekommt, die Wohnung abgebrannt ist u.Ä. Nicht gelten hingegen: Krieg, Unruhen, Streik, etc.

Auch die **Reisegepäckversicherung** lohnt sich seltener, da z.B. bei Flugreisen verlorenes Gepäck oft nur nach Kilopreis und auch sonst nur der Zeitwert nach Vorlage der Rechnung ersetzt wird. Wurde eine Wertsache nicht im Safe aufbewahrt, gibt es bei Diebstahl auch keinen Ersatz. Kameraausrüstung und Laptop dürfen beim Flug nicht als Gepäck aufgegeben worden sein. Gepäck im unbeaufsichtigt abgestellten Fahrzeug ist ebenfalls nicht versichert. Die Liste der Ausschlussgründe ist endlos ... Überdies deckt häufig auch die Hausratsversicherung schon Einbruch, Raub und Beschädigung von Eigentum auch im Ausland.

Eine Privathaftpflichtversicherung hat man in der Regel schon. Verfügt man über eine Unfallversicherung, sollte man prüfen, ob diese im Falle plötzlicher Arbeitsunfähigkeit aufgrund eines Unfalls im Urlaub zahlt. Auch durch manche **Kreditkarten** oder **Automobilclubmitgliedschaft** ist man für bestimmte Fälle schon versichert. Die Versicherung über die Kreditkarte hat jedoch meist nur für den Karteninhaber Gültigkeit!

Europaschutzbrief

Ist man innerhalb Europas mit einem Fahrzeug unterwegs, ist der **Europaschutzbrief** eines Automobilclubs eine Überlegung wert. Wird man erst in der Notsituation im Ausland Mitglied, gilt diese Mitgliedschaft auch nur für dieses Land und man ist in der Regel verpflichtet, fast einen Jahresbeitrag zu zahlen, obwohl die Mitgliedschaft nur für einen Monat gültig ist.

Land und Leute

082no Foto: ms

083ono Foto: ms

083uno Foto: ms

Königliches Schloss in Oslo

Das Polarschiff Fram

Volkssport Skilanglauf

Naturraum

Geografie

Norwegen ist mit einer **Fläche von 323.758 km²** etwas kleiner als Deutschland, mit einer Nord-Süd-Ausdehnung von 1750 km jedoch mehr als doppelt so lang. Das von seinen Bewohnern *Norge* oder *Noreg* genannte Land, dessen Name wahrscheinlich von „gate til nord", „Weg nach Norden", stammt, ist, wie es sich für einen Weg gehört, nur sehr schmal (430 km bis 6,3 km, nördlich von Narvik) und somit, neben Chile und Kroatien, wohl der „beste geografische Witz" auf Erden.

Die **Küstenlänge,** inklusive aller **150.000 Inseln** und der zahllosen **Fjorde,** summiert sich auf unglaubliche **21.347 km,** was knapp dem halben Umfang der Erdkugel entspricht. Der längste und mächtigste aller Fjorde ist dabei der 205 km ins Landesinnere hineinreichende Sognefjord. Unweit desselben liegen auch, im Jotunheimen-Gebirge, die höchsten Gipfel des Landes, der 2469 m hohe Galdhøpiggen und der 2452 m hohe Glittertind.

Westlich der Bergmassive wölbt sich wie ein Deckel der **486 km² große Jostedalsbreen, der mächtigste Festlandgletscher Europas,** über das Felsgestein. Ist die Landschaft hier schroff und wild, so dominieren im Osten dichte skandinavische Wälder sowie das über 200 km lange Tal Gudbrandsdal. Landwirtschaft wird vor allem in der Region um Oslo, im flachen Jæren bei Stavanger und nahe Trondheim betrieben. Die Waldgrenze liegt im südlichen Binnenland bei 900–1000 m, an der windigen Küste bei etwa 300 m und im Norden des Landes bei 150–200 m.

Gegründet wurden die heute größten Orte des Landes im 11./12. Jahrhundert nahe eines Süßwasser führenden Flusses, Baches oder Sees und an windgeschützten Fjordarmen, den mittelalterlichen Hauptverkehrswegen im gebirgigen Norwegen. Der Anlass für die Anlage einer Siedlung war kirchlicher (Klostergründung) oder verwaltungstechnisch-wirtschaftlicher Art.

Geologie und Geomorphologie

Hauptbildungszeit der norwegischen Landmasse war der Zeitraum des Ordovizium/Silur. Vor 500 bis 400 Millionen Jahren stießen die Nordamerikanische und die Eurasische Kontinentalplatte zusammen. Tiefengesteine wurden gefaltet und emporgehoben. Es entstanden die **Kaledoniten.** Ein Teil dieses Urgebirges sind die heutigen Felsmassive Norwegens. Sie bestehen zum größten Teil aus magmatischen und metamorphen Gesteinen wie Graniten und Gneisen.

Vor ca. 600.000 Jahren begann sich, bedingt durch einen Anstieg der Niederschläge und ein Absinken der Temperaturen, eine mehrere tausend Meter mächtigen **Eiskappe** herauszubilden. Das Eis, das sich langsam gen Süden bewegte, rundete dabei die Spitzen der Berge zu Kuppen, die in Norwegen *Fjelle* genannt werden. Es entstanden auch weitläufige Hochebenen *(vidde),* wie die der Hardangervidda, und schon bestehende Täler wurden durch die mächtige gefrorene Last nochmals vertieft. Als sich das Eis vor etwa 8000 Jahren zurückzog, waren viele Täler so weit abgesunken, dass sie unter dem Meeresspiegel lagen, mit Salzwasser voll liefen und sich die für Norwegen typischen **Fjorde** bildeten. Diese sind dort am tiefsten, wo der Gletscher einst am mächtigsten war, also im Landesinneren. So liegt z.B. der Grund des Sognefjordes bei Balestrand 1300 m unter der Wasseroberfläche, während er kurz vor der Mündung in die Nordsee nur 20 m tief ist. Andere Täler entstanden durch den Abfluss von Schmelzwässern unter dem Eis. Drang hernach Seewasser ein, so bildete sich eine Förde, wie z.B. der Oslofjord, der sich zudem besonders gut hat eintiefen können, da das Gebiet Teil einer unterirdischen Störungs- oder Grabenzone ist, die in Richtung Süden noch durch das Rhein- und Rhônetal markiert wird.

Am Küstensaum des Landes wurden bestehende Inseln zu flachen Felseilanden, den **Schären,** abgehobelt. Ganze Insellabyrinthe solcher Art sind der Südostküste Norwegens und dem Festlandsgebiet zwischen Trondheim und Bodø vorgelagert.

Noch heute kann die Wirkung des Eises auf die Landschaft in Norwegen beobachtet werden. Als bestes Beispiel bietet sich da der Nigardbreen, ein Ausläufer des mächtigen Plateaugletschers Jostedalsbreen, an. Die norwegischen **Gletscher** sind jedoch keine Relikte der letzten Eiszeit. Sie bildeten sich erst nach einer neuerlichen Klimaverschlechterung vor gut 2500 Jahren. Während der kühlen Jahre der so genannten „Kleinen Eiszeit", im 17. Jahrhundert, erreichte die Ausdehnung des gefrorenen Nass ihr Maximum. Zu dieser Zeit wurden in einigen Tälen, wie

Das Land im Überblick

Fläche: 323.758 km², zzgl. der teilautonomen Gebiete Svalbard (62.924 km²) und Jan Mayen (380 km²) im Nordatlantik sowie Bouvetøya (58,5 km²) und Peter I Øy (180 km²) im Südatlantik.
Nord-Süd-Ausdehnung: ca. 1750 km
West-Ost-Ausdehnung: max. 430 km, min. 6,3 km (nördlich von Narvik)
Küstenlänge (inkl. aller Fjorde und Inseln): 25.148 km
Höchster Berg: Galdhøpiggen im Jotunheimengebirge (2469 m)
Längster Fjord: Sognefjord (205 km)
Längstes Tal: Gudbrandsdal (über 200 km)
Größter Gletscher: Jostedalsbreen (486 km²)
Einwohner: 4,7 Millionen, davon etwa 40.000 Samen (14 Einwohner/km²)
Größte Städte: Oslo (Hauptstadt) 575.000 Einwohner (mit Vororten über 800.000), Bergen 252.000, Trondheim 168.000, Stavanger 122.000, Kristiansand 80.000, Fredrikstad 71.000
Sprache: Norwegisch in 2 Schriftversionen (Bokmål und Nynorsk), Samisch
Religion: 89 % evang. Lutheraner, ca. 46.000 Katholiken, 78.000 Muslime
Verwaltung: 19 Fylke (Provinzen)
Staatsform: Parlamentarische Monarchie seit 1905, Verfassung von 1814
Staatsoberhaupt: König *Harald V.*, seit 1991
Regierungschef: *Jens Stoltenberg*, seit Herbst 2005
Währung: Norwegische Krone (NOK) 1 Krone = 100 Øre
BSP je Einwohner: 60.890 US $ (2009)
Arbeitslosenrate: 3,2 % (Oktober 2009)

dem Loendal und dem Jostedal, sogar ganze Höfe vom Eis verschlungen. Seit der Mitte des 18. Jh. ziehen sich die Gletscher jedoch wieder zurück, wobei es zu Beginn der 90er Jahre des 20. Jh. wieder erste sanfte Anzeichen für ein Vorrücken des Eises gab.

Flora

Den klimatischen Bedingungen folgend, kann man Norwegen in **fünf Vegetationszonen** untergliedern:

Nordeuropäische Laubwaldregion

Dieses Gebiet umfasst einen schmalen Küstenstreifen entlang des Oslofjordes. Es gedeihen **Erlen, Linden, Eichen, Ulmen und Rotbuchen,** deren größter Bestand des Landes in Larvik liegt. In den letzen Jahrhunderten wurde diese Region auch zunehmend **landwirtschaftlich genutzt,** sodass inmitten der Anbauflächen nur noch Relikte des ursprünglichen Waldes anzutreffen sind. Botanisch interessant sind die Inseln Jeløy bei Moss, Håøya bei Drøbak (Boot ab Oslo) sowie Fornebu, Lindøya und vor allem Gressholmen im Stadtgebiet von Oslo.

Nordeuropäische Mischwaldregion

Das Areal erstreckt sich, der vom Golfstrom erwärmten Küste folgend, vom Oslofjord (hier Glomma und Vorma folgend, bis zum Mjøsasee reichend) über Kristiansand, Stavanger, Bergen, Molde nach Trondheim und folgt den Fjorden ins Landesinnere. Kennzeichnend für das Gebiet ist die Grenze für das Vorkommen von Eichen, die gleichzeitig den Übergang zur Borealen Nadelwaldzone markieren. Anzutreffen sind in der Nordeuropäischen Mischwaldzone vorwiegend **Nadel-Nutzhölzer** (Fichte), durchsetzt mit **Erle, Espe, Birke und Eberesche.** Kultiviert wurden auch **Esche, Hasel, Ulme, Eiche, Winterlinde und Rotbuche.** Markant für dieses Gebiet sind gleichfalls der immergrüne **Ilexstrauch,** der z.B. im Zentrum von Bergen gedeiht, sowie die in den vergangenen Jahrhunderten eingeführten **Rosen,** für

Reise durch die Vegetationszonen

Die Abfolge von der ersten über die zweite bis zur dritten Vegetationszone ist hervorragend in Oslo zu beobachten. Dominieren hier auf den vom golfstromerwärmten Wasser umspülten Inseln des Oslofjords und der Innenstadt noch Kastanie, Linde, Ahorn, Erle und Rotbuche, so setzt sich mit zunehmender Entfernung vom Fjord mehr und mehr die Fichte und die anspruchslose Birke durch. Ab Höhen von nur 200 m, im Waldgebiet der Nordmarka, haben etwas mehr Wärme liebende Laubbäume dann schon ausgesprochenen Seltenheitswert. Auf Kahlschlagflächen und im Unterholz der Wälder gedeihen Unmengen von Himbeeren, Walderdbeeren und Blaubeeren.

Deutlich wird man bei einer Fahrt auf der E 16, von der Valdres über das Filefjell nach Lærdal, den Übergang von der dritten über die vierte in die zweite Vegetationszone miterleben können. Zunächst befindet man sich in der Borealen Nadelwaldzone. Es gedeihen an Bäumen fast nur Fichte und Kiefer. Sommers ist es oft warm und trocken, zur kalten Jahreszeit herrscht meist strenger Frost. Fährt man nun hinauf ins Gebirge, so wird der Wald immer lichter. Es dominiert die kleine Fjellbirke, die Bergkuppen sind waldlos und schon ab Anfang Oktober die Heimat des Winters. Nach einer Passhöhe um die 1000 m reist man hinab in ein wasserreiches Tal. Der Untergrund besteht plötzlich aus Moosen und es wachsen, im Einflussbereich des Golfstromes, Buchen (z.B. an der Borgund-Stabkirche), Eichen sowie allerlei Obstbäume.

087no Foto: ms

die Molde berühmt wurde, und die zahllosen **Obstbäume** (Apfel, Kirsche, Birne) entlang der Ufer von innerem Hardanger- und Sognefjord.

Die äußere **Küste** dieser Zone ist **nahezu waldfrei.** Eine Ursache dafür sind sowohl die oft auftretenden Orkane als auch der Holzeinschlag der letzten Jahrhunderte, zum Beispiel für den Schiffbau. Die Küstenregion hat einige **Moore** vorzuweisen, deren Torf von ehemaligen größeren Waldbeständen zeugt. Ein typisches Pflänzlein für diese Gegenden ist das **Wollgras,** mit seinem buschigen, weißen Köpfchen, u.a. anzutreffen auf der Vogelinsel Runde.

Landschaft in der Valdres

Boreale Nadelwaldzone

Diese Zone umfasst fast gesamt Ostnorwegen und das zentrale Südnorwegen bis in eine Höhe von etwa 900 m, wo ein 100 bis 200 Höhenmeter breiter Saum aus **Fjellbirken** die Waldgrenze und damit den Übergang zum Kahlfjell markiert. Nordwärts reicht das Gebiet der Borealen Nadelwaldzone bis in die Gegend von Bodø. Es dominieren lichte **Fichten- und Kiefernbestände,** durchsetzt mit etwas **Grauerle, Zitterpappel und Eberesche.** Kennzeichnend für diese Vegetationszone ist auch die für Norwegen typische **Moltebeere.** Sie gedeiht in sumpfigen Gebieten, in Südnorwegen vereinzelt in Höhen um 700/800 m (z.B. in der Gegend um Geilo), im „Moltebeer-Bezirk" Nordland fast überall. Das Pflänzlein wird etwa 30 cm hoch. Die Frucht ähnelt der einer Brombeere. Unreif sieht sie grünlich-rötlich aus, verfärbt sich mit zunehmender Reife jedoch gelb. Sie schmeckt vorzüglich als Konfitüre, Joghurt oder pur. Das Pflücken der Moltebeere ist wegen ihrer Seltenheit jedoch nur wenigen Einheimischen gestattet.

Subarktische Region

Dieses Gebiet schließt weite Teile Nordnorwegens und die Kahlfjelle zwischen Kristiansand und Trondheim ein. Dominant ist im Gebirge des Südens, in einer Höhe von 800–1000 m, und in den nördlichen Landesteilen die kleine **Fjellbirke.** An geschützten Stellen gedeihen auch **Kiefern.** In Südnorwegen, z.B. in Jotunheimen, wachsen bis in etwa 1200 m Höhe **Zwergsträucher,** wie die Zwergbirke *Betula nana*. Bis in Gebirgslagen von 1600–1900 m sind auch noch **Flechtenteppiche** anzutreffen. Darüber jedoch dominieren kahle Blockhalden und Gletscher.

Auf den Lofoten, deren Waldarmut allein durch Holzeinschlag bedingt ist, schließt sich an die Waldgrenze meist Gras- oder Felsland an.

Botanisch interessant ist in dieser Region vor allem das **Dovrefjell,** mit Besonderheiten wie der Einblütigen Glockenblume, der Frühlingsküchenschelle, dem nur hier gedeihende Dovre-Löwenzahn und dem Norwegischen Beifuß.

Arktische Region

Eine letzte, fünfte Vegetationszone, die arktische, umfasst geringe Teile der nordnorwegischen Küste (Vardø) und Spitzbergen.

Fauna

Am häufigsten wird der Besucher wohl dem **Rentier** begegnen, allerdings nur den zahmen, meist an Lagern der Samen weidend. Um wildlebende Exemplare dieser Hirschart zu sichten, bedarf es schon längerer Touren durch Jotunheimen und über die Hardangervidda. Das Fell des Ren ist im Sommer hellbraun bis grau, im Winter eher weiß. Das Tier erreicht eine Schulterhöhe von etwas über einem Meter.

Weitaus seltener wird man in Norwegen den König der Wälder, den **Elch** (norwegisch: *elg*), antreffen. Der Einzelgänger erreicht eine durchaus beachtliche Größe. Mit einer Schulterhöhe von über zwei Metern ist das Tier doppelt so groß wie das Ren, und mit einem Lebendgewicht von 600–800 kg kann es, bei Wildwechsel, auch einem Mittelklassewagen schnell gefährlich werden. Warnende Straßenschilder sollte man ernst nehmen – Nils, Busfahrer aus der Valdres: „Einen Winter habe ich auf der 200 km langen Strecke von Fagernes nach Oslo 32 Elche gezählt." Leider ist dem, der den Elch sucht, vor allem im futterreichen Sommer, meist kein solches „Jagdglück" beschieden. Viele mussten fünfmal nach Norwegen reisen, um das erste Exemplar zu Gesicht zu bekommen.

Weitere Säugetierarten sind, neben den 200 im Dovrefjell grasenden **Moschusochsen,** einige umherziehende **Braunbären, Wölfe** und **Luchse** in Ostnorwegen sowie u.a. **Füchse, Hasen, Rehe** und **Hirsche.**

Entlang der Küste gibt es zahllose Kliffs. Hier nisten von April bis Anfang August Millionen von Seevögeln. Die bekanntesten sind die putzigen **Papageientaucher,** mit ihren roten Füßen nicht zu übersehen. Auch gibt es **Lummen, Alke, Basstölpel, Austernfischer, Möven** und **Seeadler.** Die schönsten Vogelfelsen sind Runde, Værøy und Røst. Häufig anzutreffen sind in den Küstenregionen auch **Robben.**

An Zuchttieren wird man in Norwegen immer wieder **Schafe**n und **Ziegen** begegnen. Beide Arten lässt man zumeist entlang der Straßen weiden. Dies jedoch nicht, um Autofahrer zu ärgern

Walfang

Die Tradition des Walfangs reicht in Norwegen und dem restlichen Europa bis in die Zeit des frühen Mittelalters zurück. Ihren ersten Höhepunkt erreichte die Jagd auf die Meeressäuger zwischen dem 16. und 17. Jahrhundert. Ganze Flotten liefen damals aus, um von Segel- oder Ruderbooten aus den Tieren den Garaus zu machen. In der Folge, beschleunigt durch Erfindung und Einsatz der kanonenbetriebenen Harpune auf großen Dampfschiffen, kam es zu einer raschen Dezimierung der Walpopulationen. Zu Beginn des 20. Jahrhunderts waren so etliche Arten, etwa Grönlandwale und Nordkaper, schon akut vom Aussterben bedroht. Daraufhin kam es schon in den 1930er Jahren zu einer ersten Reduzierung der Fangquoten. Seit 1968 gibt es erste Fangverbote, seit 1986 ist der gewerbsmäßige Walfang nicht mehr zugelassen, woran sich bis 1993 auch Norwegen hielt. Seitdem wurden jedoch hier wieder jährliche Fangquoten von 200 bis 400 Zwergwalen zugelassen. Ein Sturm der Entrüstung ging um die Welt. Schnell wurden die Norweger zum Sündenbock und zu den „Schlächtern im Hohen Norden" erklärt. In Norwegen selbst reagierte die große Mehrheit der Bevölkerung auf diese Kritik mit Unverständnis. Man verwies auf die Tradition und darauf, das der Walfang etwas so Normales sei wie Schaf- oder Rinderzucht. Auch wolle man eine zunehmende Abwanderung aus Gegenden wie den Lofoten, wo Walfang seit jeher betrieben wird, vermeiden und wies Erhebungen vor, die den Zwergwalbestand auf 80.000 Tiere schätzten, somit also als nicht gefährdet. Die Gegner dieser Logik meinen, dass der Walfang eh nur ein Zubrot für die Bevölkerung sei, im ganzen Land nur rund 300 Menschen von der Jagd auf die Tiere leben und die verwertbaren Produkte heute wirtschaftlich völlig überflüssig seien. Außerdem hat man Angst, dass, gerät erst einmal ein Teil des schwer erkämpften „Wal-Friedens" ins Wanken, später vielleicht das gesamte Gefüge zusammenbrechen könnte.

Als Tourist sollte man auf alle Fälle an **Fotosafaris** teilnehmen, um so die alternative, völlig harmlose und zugleich unvergesslich eindrucksvolle Jagd mit der Kamera zu unterstützen. Touren starten ab Nyksund, Stø und Andenes auf den Vesterålen.

089no Foto: ms

oder sich das Schlachten ersparen zu wollen, sondern um die dahinterliegenden Weiden als Futterreserve für den Winter aufzusparen.

In den zahllosen Seen und Flüssen Norwegens gibt es u.a. **Forellen, Barsche, Karpfen, Hechte** und **Lachse.** Letztere sind jedoch nur noch zum Teil Wildlachse, da es immer wieder vorkommt, dass Zuchtlachse aus ihren Bottichen entkommen und die ursprüngliche Population an Wildlachsen verdrängen oder dezimieren.

Im Meer leben vor allem **Dorsch, Makrele, Hering** und **Seelachs;** aber natürlich auch **Wale,** darunter die riesigen, bis über 20 m langen Pottwale, die schwarz-weißen Schwertwale und die nur wenige Meter langen Zwergwale.

Nationalparks

Derzeit gibt es in Norwegen **38 Nationalparks** (sieben davon auf Spitzbergen). Der erste (im Rondane-Gebirge) wurde 1962 gegründet. In den nächsten Jahren sollen noch weitere Parks hinzukommen, zu spät allerdings, wie viele meinen, da der Ressourcenverbrauch in der Zwischenzeit, u.a. durch die Anlage von Stauseen und die Verlegung von Starkstromleitungen, schon enorm war. Dennoch ist der Vorsatz, der auch die Umverlegung von Straßen und Leitungen beinhaltet, allen Lobes wert, sollen doch, dem Grundsatz nach, in einem großen Nationalpark die ursprüngliche Landschaft mit ihrer Fauna und Flora bewahrt und geschützt werden. Natürlich stehen die Naturgebiete auch Touristen offen und bieten ihnen die **schönsten Wandergebiete des Landes.** Das impliziert selbstverständlich, dass man sich vernünftig verhält, also das Naturinventar nicht mutwillig zerstört, Pflanzen abreißt oder Tieren zu nahe kommt. In Nationalparks übernachtet man entweder in einer der zahllosen Hütten (Infos beim DNT, siehe Kap. „A–Z/Sport und Freizeit/Bergsteigen“) oder zeltet wild in der freien Natur. Dabei sollte man den Platz so verlassen, wie man ihn gerne antreffen möchte, nämlich sauber!

Informationen

- **Direktorat for naturforvaltning,** Tungasletta, 7005 Trondheim, Tel. 73580500, www.dirnat.no.

Umwelt- und Naturschutz

Riesige Gebirge, endlose Wälder, prächtige Fjorde, gigantische Gletscher – das Naturpotential Norwegens schien grenzenlos. Doch seitdem das Land im Gefolge der erfolgreichen Ölförderung zu einer der führenden Industrie- und Wohlstandsnationen wurde, bekam das Traumbild Risse. Wenngleich das Land als eines der ersten ein Umweltministerium einrichtete, lebt man bis heute eher nach dem Motto: So viel Natur kann man bei so wenigen Einwohnern nun wirklich nicht zerstören.

Ein erstes Alarmsignal, wie anfällig auch dieses nordische Idyll ist, war der Reaktorunfall im ukrainischen Tschernobyl 1986. Radioaktive Wolken bedrohten den Nordteil des Landes. Tausende Rentiere mussten notgeschlachtet werden. Pilze und Beeren waren plötzlich über Jahre hinweg ungenießbar.

Nun ging es Schlag auf Schlag. Schon in folgenden Jahr ereilte das Land der zweite Schock, ergab doch die Ozonschutzkonferenz, deren Vorsitzende die damalige norwegische Ministerpräsidentin *Gro Harlem Brundtland* war, dass das **Ozonloch** auch den Nordteil der Nordhalbkugel, und damit Norwegen, bedroht. Der Staat beschloss daraufhin eine drastische Reduzierung des FCKW-Ausstoßes und schaffte es tatsächlich, die Werte in der Folgezeit um 90 % zu senken. Doch es war wie verhext, denn wiederum nur ein Jahr später, 1988, bedrohten nun **„Killeralgen"** alles Leben in der küstennahen Nordsee. Die Einleitung von 40.000 Tonnen Stickstoff pro Jahr durch skandinavische Firmen ließ kilometerbreite grüne Teppiche gedeihen und brachte nicht nur die Fischindustrie, die eh schon mit den Folgen der Überfischung der Meere zu kämpfen hatte, zur Verzweiflung.

Waren bis dahin alle Umweltkatastrophen nur teilweise Norwegen anzulasten, so bekam die weiße Weste endgültig schmutzige Flecken, als im November 1987 die norwegische Umweltgruppe „Bellona" in Bodenproben vom Gelände der Chlorfabrik in Porsgrunn eine Überschreitung der Schwermetallwerte um das Hundertfache feststellte.

In der Folge, und zusätzlich angeschoben durch den Skandal um den mit Titanschlämmen verseuchten Jøssingfjord, **reagierte der Gesetzgeber.** Man verpflichtete die Industrie, 5 % ihrer Einnahmen für Umweltschutz auszugeben, führte 1989 endlich das bleifreie Benzin ein und förderte die Renaturierung vieler Seen in Südnorwegen, bei denen der Saure Regen zu einem Absinken des ph-Wertes und damit zum Fischsterben geführt hatte. Trotz Kalkung sind jedoch heute noch viele Gewässer im Sørland keine Angelgewässer. Auch gehört Norwegen in Sachen **Hausmüll** weiterhin zu den schwarzen Schafen, Abfalltrennung ist in geringem Maße allenfalls in den Großstädten ein Thema, und was den Wasser- und Energieverbrauch anbelangt, sind die Norweger Weltspitze. Der jährliche **Stromverbrauch** pro Kopf liegt bei 25.000 kWh (Deutschland z.B. erreicht nur etwa ein Viertel dieses Wertes). Allerdings ist der norwegische Energiebedarf auch nicht weiter verwunderlich, denn zum einen beheimatet das Land mit der Aluminiumindustrie einen der energieintensivsten Wirtschaftszweige, zum anderen versucht man, verbunden mit hohen Energiekosten, dem kalten und unfreundlichen Winter entgegenzuwirken, u.a. mit dem Beheizen von Fußgängerzonen, dem Ausleuchten jeder Ecke im Haus und mit Dutzenden von Elektroheizkörpern in den Räumen ... So verständlich dies einem jeden, der das Land in der kalten Jahreszeit einmal besucht hat, auch erscheinen mag, so unverständlich ist es, dass diese „Kultur" auch im Sommer weitestgehend beibehalten wird.

Möglich macht diese Verschwendung der Billigstrom aus über **300 Wasserkraftwerken** des Landes, die, bei aller Umweltverträglichkeit, zur Zerstückelung des Landes durch die Anlage gewaltiger Stauseen und die Verlegung von breiten Starkstromtrassen durchs Gebirge beitragen. Es kommt so

Nationalparks Norwegens

Einige der neuen Parks haben keine Besucherzentren und sind kaum erschlossen. Infos in den Touristeninformationen der Gegend und unter: www.etojm.com und www.dirnat.no.

Südlich von Trondheim

- **Ytre Hvaler:** Schärenlandschaft im Oslofjord, an der Grenze zu Schweden; **354 km²,** erst 2009 eröffnet. Typische Küstenlandschaft mit Gneis und Granit, windzerzausten Kiefern und kleinen Sandbuchten.
- **Hardangervidda:** zwischen Hardangerfjord und Numedal; **3422 km²;** riesige Hochebene, durchschnittlich in 1000 und 1500 m Höhe. Fast waldlos und mit rauem Klima. Moore, Wiesen, Restseen der letzten Vereisung. Wildrentiere. Ideal für Wetterfeste mit guter Orientierung. (Siehe „Der Westen/Gebirge und Täler westlich des Gudbrandsdal".)
- **Hallingskarvet:** oberhalb des Hallingdals, nahe der Ortschaft Geilo gelegen; **450 km²;** große, zusammenhängende Gebirgslandschaft mit dem gletscherbedeckten Hallingskarv-Plateau, vielen Wasserläufen und seltenen Pflanzen (Lengjedalen: 134 verschiedene Arten, Finse: 309 Arten).
- **Folgefonn:** am Hardangerfjord gelegen; **545 km²;** 2005 neu etablierter Nationalpark, der einen der schönsten Gletscher des Landes unter Schutz stellt. (Siehe „Der Osten/Mjøsa-See und Gudbrandsdal/Otta".)
- **Jostedalsbreen:** zwischen Sogne- und Nordfjord; **1310 km²;** mit 486 km² größter Gletscher des europäischen Festlandes. Nur mit Führern zu begehen. (Siehe „Der Westen/Sognefjordregion/ Gaupne/Jostedalen".)
- **Jotunheimen:** zwischen Sognefjord und Lom; **1151 km²;** gewaltiges, raues Gebirge mit den höchsten Gipfeln des Landes. Ideal für Ein- und Mehrtageswanderungen. Eine der beliebtesten Touren Norwegens führt zum Besseggengrad. Gut mit dem Auto erreichbare Einstiegspunkte. (Siehe „Der Westen/Gebirge und Täler westlich des Gudbrandsdal".)
- **Reinheimen:** Gebirgsmassiv zwischen Lom/Grotli und dem Romsdal; **1969 km²;** erst 2006 unter Schutz gestellte Berglandschaft, in der seit Generationen Rentiere gehalten werden. Im Westteil dominieren schroffe Berge. Unberührte Wasserläufe und einzelne Gletscher. Kaum Wanderwege.
- **Ormtjernkampen:** zwischen Lillehammer und Fagernes; **9 km²;** Urwaldgebiet, in das seit unzähligen Jahrzehnten nicht mehr eingegriffen wurde. (Siehe „Der Osten/Lillehammer/Umgebung".)
- **Rondane:** nahe der E 6, bei Otta gelegen; **963 km²;** kahle Gebirgslandschaft, die speziell im September ihre farbenprächtigen, herbstlichen Reize entfaltet. Bester Einstiegsort ist östlich von Otta. (Siehe „Der Osten/Mjøsa-See und Gudbrandsdal/Otta".)
- **Dovre:** nördlich des Rondane-Nationalparks, östlich von Dombås; **289 km²;** 2003 neu eingerichtet; schneearme, raue, weite Berglandschaft mit bis zu 1700 m hohen Bergen, wilden Rentieren und Mooren mit Permafrostböden.
- **Dovrefjell-Sunndalsfjella:** an der E 6, zwischen Dombås und Oppdal gelegen; **1692 km²;** raues Gebirge mit dem 2286 m aufragenden Snøhetta; Europas einziger Moschusochsenstamm, Rentiere, Vogelschutzreservat Fokstua, spezielle Tier- und Pflanzenwelt. (Siehe „Der Osten/Mjøsa-See und Gudbrandsdal/ Dovrefjell".)
- **Femundsmarka:** südlich von Røros; **390 km²;** Berg-, Wald- und Seenlandschaft östlich der großen Wasserfläche des Femund. (Siehe „Der Osten/Östlich des Gudbrandsdal/Femund-See".)
- **Gutulia:** östl. v. Femundsee; **19 km²;** Waldgebiet mit sehr altem Baumbestand. In der Umgebung auch zwei Pflanzenschutzreservate (s. „Der Osten/Östlich des Gudbrandsdal/Femund-See").

- **Forollhogna:** in der nördlichen Hedmark, zwischen Røros und der E 6 gelegen; **1062 km²;** unberührte und wenig erschlossene Gebirgslandschaft mit reichem Tier- und Pflanzenleben, Mooren und einigen Seen. (www.forollhogna.com – Almhütten/Reiten)
- **Skarvan og Roltdalen:** in Sør-/Nord-Trøndelag, östlich Trondheim und Stjørdal, zwischen der E 14 (Meråker) und der RV 705 (Tydal); **441 km²;** 2004 eingerichtet;, unberührte Wald- und Gebirgslandschaft mit kleinen Urwäldern, Mooren und Kulturdenkmälern.

Nördlich von Trondheim

- **Blåfjella-Skjækerfjella:** in Nord-Trøndelag, östlich von Grong, Snåså und Steinkjer, an der schwedischen Grenze; **1924 km²;** unberührte Wald- und Gebirgslandschaft, mit fruchtbaren Tälern, Resten von Urwäldern und eine reiche Tier- und Pflanzenwelt (Grenze zwischen Küsten- und Binnenlandsklima).
- **Lierne:** östlich des Blåfjella-Skjækerfjella-Nationalparks, an der schwedischen Grenze; **333 km²;** 2004 eingerichtet; naturbelassene Gebirgslandschaft mit einzelnen hohen Bergen und mit vielen Spuren der letzten Eiszeit. Einzigartige Vogelpopulation. (www.lierne.net.)
- **Børgefjell:** östlich der E 6, zwischen Grong und Mosjøen, bei Majavatn; **1977 km²;** raue und einsame Gebirgswelt mit Seen und Schluchten. Kaum Wege. Unterlauf des Simkarflusses ist für Ornithologen interessant (Odinshühnchen, Eisenten, Blessgänse u.v.m.).
- **Lomsdal-Visten:** Berg- und Fjordlandschaft in Nordland, östlich von Brønnøysund; **1319 km²,** erst seit 2009 unter Schutz. Ursprüngliches küstengebirge mit rauen Bergen, Wäldern und vielen Wasserläufen.
- **Saltfjell/Svartisen:** bei Mo i Rana, am Polarkreis; **1850 km²;** kahle Hochebenen und die gewaltige Landschaft des Gletscher Svartisen. In der Umgebung liegen einige hochinteressante Höhlen.
- **Junkerdal:** östl. der E 6 und des Saltfjelles, nahe Rognan; **682 km²;** Gebirgs- und Tallandschaft mit seltenen Pflanzen und Vögeln. (www.saltenreiseliv.no)
- **Rago:** 20 km nördlich von Fauske, an der schwedischen Grenze; **167 km²;** Berg- und Bachlandschaft. Mit den schwedischen Parks Sarek und Stora Sjöfallet ist dies die größte Wildnis Europas.
- **Møysalen:** auf den Vesterålen, südlich von Sortland; **51 km²;** wilde Küstenberglandschaft rund um den 1266 km² hohen Gipfel des Møysalen. (www.visitvesteralen.com)
- **Ånderdalen:** im Süden der Insel Senja; **125 km²;** abwechslungsreiche nordnorwegische Küstenlandschaft auf der urwüchsigen Insel Senja. (Siehe: „Mittel- und Nordnorwegen/Troms und Finnmark/Insel Senja".)
- **Øvre Dividal:** östlich von Bardufoss, an der schwedischen Grenze; **750 km²;** weite Gebirgslandschaft, Wälder, Seen und Moore; reiche Tier- und Pflanzenwelt. (Siehe: „Mittel- und Nordnorwegen/Troms und Finnmark/Andselv/Bardufoss"; www.midtitroms.no.)
- **Reisa:** am westlichen Rand der Finnmark, an der schwedischen Grenze gelegen; **803 km²;** enge Täler, Schluchten und Wasserfälle. (www.nordtromsreise liv.no)
- **Øvre Anàrjohka:** südliche Finnmarksvidda, an der Grenze zu Finnland; **1409 km²;** Hochebene mit Mooren, Seen und Urwäldern. Viele seltene Pflanzen und Tiere.
- **Stabbursdalen:** bei Lakselv; **747 km²;** einer der nördlichsten Kiefernwälder der Welt, Lachsflüsse.
- **Seiland:** neuer NP auf einer Insel vor Hammerfest; 316,3 km²; Gletscher, steile Küstengebirge, Birkenwäder, unberührte Flussläufe. Zudem Raubvögel.
- **Varangerhalvøya:** Unter Schutz steht die raue, teils arktische Landschaft der Varangerhalbinsel, **1804 km².** Weitläufige Hochebene am rauen Nordmeer. Baumloses Fjell mit einzelnen Wasserläufen.

- **Øvre Pasvik:** südlich von Kirkenes gelegen; **119 km²;** einer der größten Urwälder Skandinaviens. Mit viele Pflanzen der Taiga. (Siehe: „Mittel- und Nordnorwegen/Troms und Finnmark/Kirkenes".)
- **Svalbard:** Die Inselgruppe hat insgesamt 7 Nationalparks. Für Touristen meist unzugänglich und im Südwesten und Nordwesten Spitzbergens gelegen. Die Natur ist rau und von Eis und Eisbären geprägt. (www.svalbard.net)

zu einem immensen Flächenverbrauch und zur Regulierung vieler Flüsse, wobei schon 63 % aller Gewässer genutzt werden. Immerhin setzt man seit einigen Jahren vermehrt auf umweltschonendere Kleinkraftwerke und ein Gewässerschutzplan verhindert den Ausbau so mancher naturbelassener Wasserläufe. Auch kommt es derzeit zur Errichtung von Hunderten **Windkraftanlagen** an der norwegischen Küste. Zukunftsweisend könnte auch das neue Gaskraftwerk nördlich von Bergen sein. Bei dieser Anlage soll ein Großteil des produzierten CO_2 rückgeführt und in durch die Gasförderung entstandene Hohlräume eingelagert werden. Allerdings greift die **Umweltpolitik** noch nicht auf allen Gebieten. So tat man sich Dank der Ölförderung bislang recht schwer bei der Einhaltung des Kyoto-Abkommens. Und wenngleich umweltfreundliche PKW in Zukunft finanziell etwas gefördert werden sollen, so ist die Besteuerung von Fahrzeugen bislang noch immer recht wunderlich. Das Auto wird als naturbelastender Luxusgegenstand betrachtet und ist dementsprechend teuer. Der Staat ist jedoch gleichzeitig bestrebt, die Landflucht aufzuhalten und betreibt so einen gewaltigen Ausbau des Straßennetzes, mit dem Erfolg, dass fast jedes noch so winzige Dorf an der zerklüfteten Westküste einen fährfreien Verkehrsanschluss hat. Da die Bevölkerungsdichte aber sehr gering ist, verkehren aus wirtschaftlichen Gründen nur ein bis zwei Busse pro Tag. Das Auto wird so zur Lebensnotwendigkeit, nicht zuletzt, weil der nächste Laden oft 10, 20 km entfernt liegt. Weil aber nun neuere Fahrzeuge extrem kostspielig sind (siehe oben), kauft sich „Ola Nordman" ein preiswertes, 15 Jahre altes Vehikel ohne Katalysator, was wiederum extrem umweltschädlich ist ...

094no Foto: ms

Auch in den Großstädten kann kaum jemand auf das Auto verzichten, ist doch der öffentliche Nahverkehr langsam, teuer und unzuverlässig. Die Straßen allerdings sind, dank der Einnahmen aus den Mautgebühren, vorbildlich. Mit dem Fahrzeug sind fast alle Orte schnell und ohne Stau zu erreichen. Ein Lichtblick ist das in Norwegen seit einigen Jahren produzierte Elektroauto „Think" (www.think.no). Auch ist angesichts des Klimawandels eine heftige **Klimaschutzdiskussion** entbrannt. Norwegen möchte hier nun Vorreiter werden.

Umweltschutzabteilung

- **Miljøverndepartement,** Boks 8013 Dep., 0030 Oslo, Tel. 22349090, www.dep.no/md.

Wetter/Klima

In kaum einem Land Europas dürfte das Wettergeschehen schwerer vorherzusagen und spannender sein als in Norwegen. Dementsprechend ist es täglich in aller Munde und seit Jahrhunderten **das beliebteste Gesprächsthema der Norweger,** nicht zuletzt der Fischerei und Seefahrt wegen. Auch das Fernsehen Nrk 1 widmet dem Wetter, in der „Dagsrevy", eine ausführliche, endlose Minuten dauernde Analyse, denn was für den einen Fjord gilt, kann 10 km weiter schon Lug und Betrug sein – „Jedem Tal sein Wetter". Getreu diesem Motto können Urlaubsberichte heimkehrender Touristen völlig verschieden ausfallen, obwohl sie doch alle im gleichen Jahr das Land besucht haben ...

Grund für die vielen Wetter im Land ist Norwegens zerklüftete Gestalt und der milde **Golfstrom,** der die Küste bevorzugt. Er folgt den Westwinden und transportiert warmes Wasser aus dem Golf von Mexiko in Richtung Norwegen. Durch ihn sind auch die **klimatischen Unterschiede zwischen Binnen- und Küstenland** größer als die zwischen dem Süden und dem Norden Norwegens. **Wetterscheiden** sind dabei v.a. das Gebirge Jotunheimen, der Gletscher Jostedalsbreen, die Hardangervidda und das schwedisch-norwegische Grenzgebirge zwischen Trondheim und den Lofoten. Westlich dieser Massive, nahe der vom Golfstrom umflossenen Küste, sind die Winter mild (5–2 °C) und fast immer schneefrei; die Sommer sind kühl (14°–18 °C) und oft regnet es im Stau der Berge (bis zu 2000 mm, gemessen in der Regenhauptstadt des Westlandes, Bergen); 3500 mm in Brekke, dem norwegischen Regenrekordhalter). Ostnorwegen ist weitaus trockener, mit Niederschlagswerten wie in Hamburg (500–800 mm), und weist kontinentaleres Klima auf. Die Temperaturen sinken im Winter oft auf -10 bis -25 °C ab und steigen im Juli teils auf über 25 °C an. Lokale klimatische Unterschiede sind in beiden Großregionen häufig. So sind die im Luv der Gebirge gelegenen Orte Lærdal, Lom und Hjerkinn mit 300–400 mm Niederschlag so trocken, dass die Felder künstlich bewässert werden müssen. Die Fjordregionen haben, da es öfter windstill ist, im Gegensatz zur Küste recht warme Sommer, die sogar Obstbäume gedeihen lassen. Küsten-

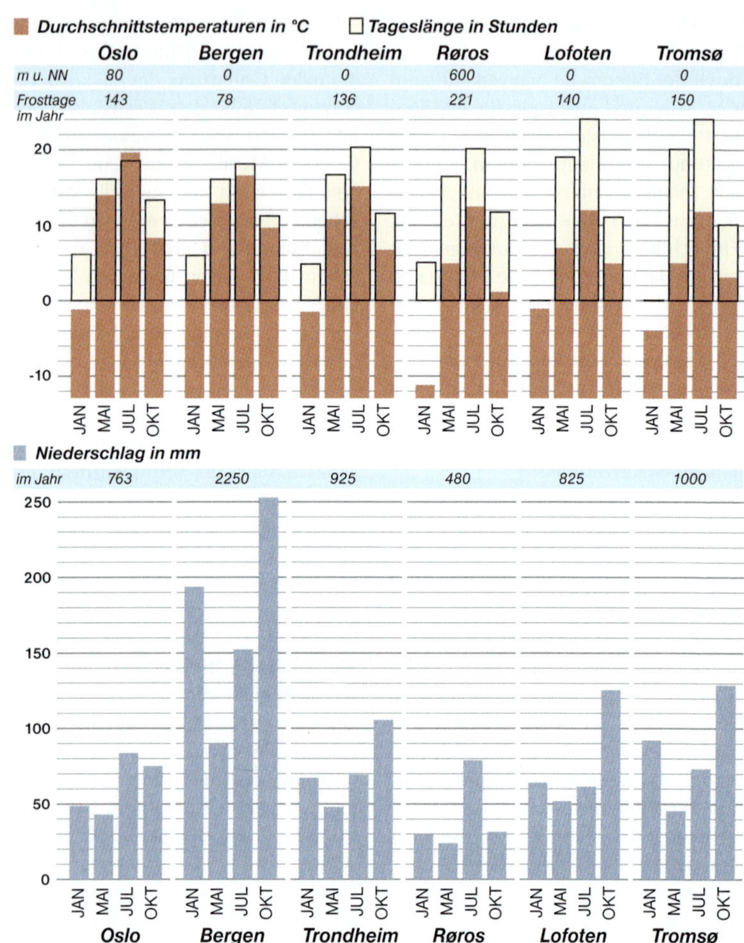

nahe Gebirge sind oft niederschlagsreich und vergletschert, im Binnenland gelegene trockener und mit strengerem Winterfrost. Beiden Bergregionen ist stürmisches, schnell wechselndes Wetter gemein. Apropos Sturm: Dieser tobt ganzjährig besonders heftig aus Richtung West/Südwest nahe der Halbinsel Stad. Diese bildet so eine der wenigen Nord-Süd-Wetterscheiden und findet mit den Bezeichnungen „Sør for Stad" (südlich von Stad)/„Nord for Stad" (nördlich von Stad) in fast jeder Wettervorhersage Erwähnung.

Erläuterungen:
Frosttage: Tage, an denen zumindest kurzzeitig die Temperatur unter 0 °C lag
Lofoten: Mittelwert der Ostseite

Als Regel kann gelten, dass die angegebenen Tagesdurchschnittstemperaturwerte im Verlauf des Monats um 5–7 Grad nach oben und unten differieren. Die **Tageshöchstwerte im Juli** liegen in Oslo bei 25–28 Grad, in Bergen bei 21–23 Grad, in Trondheim bei 20–25 Grad und auf den Lofoten bei 18–22 Grad. Die wärmsten Sommerorte sind Bø in der Telemark und Nesbyen im Hallingdal, der norwegische Rekordhalter mit 35 Grad. Durchweg kühl ist es mit maximal 15–17 Grad in der Region um die Halbinsel Stad, wo auch das norwegische Westkap liegt. Im **Gebirge über 1000 m** sind die Klimaschwankungen extrem: Je nach lokaler Wetterlage kann es im Sommer mit über 20 Grad angenehm warm werden oder aber sogar Neuschnee geben. **Nördlich der Lofoten** ist es in den Küstenregionen im Juli mit 12–20 Grad am Tag mild bis kühl, im Binnenland ist es mit 15–25 Grad wärmer, dafür gibt es mehr Mücken und die Nächte sind kühler.

Vegetationsperiode: Oslo: 11.4.–25.11.; Bergen: 15.3.–15.12.

097no Foto: ms

Auch das Gebiet nördlich der Lofoten gliedert sich in mildes, regenreiches Küstenklima und strenges, trockenes Binnenklima auf. Der Frühling beginnt am Meer wie auf der Hochebene nicht vor Ende Mai/Anfang Juni. Die Sommer an der Küste sind mild (12 bis max. 22 Grad am Tag) und ab dem Nordkap in Richtung Osten mit 8–15 Grad sogar recht kühl. Im Winter hingegen, der in Nordnorwegen Ende September beginnen kann, wird es an der Küste nicht kälter als +5 bis -10 Grad. Das Binnenland (Region: Alta, Lakselv, Kirkenes,

Polarkreis, Polarnacht und Mitternachtssonne

von *Wolfram Schwieder*

„Wir fahren durch bis zum Nordkap, wir wollen schließlich die **Mitternachtssonne** sehen" – eine solche oder ähnliche Antwort ist keine Seltenheit, wenn man die eiligen Nordlandfahrer auf der E 6 in Norwegen zu ihrem Reiseziel befragt.

Andererseits erhält man erstaunte Rückfragen, wenn man von Reiseplänen Ende März ins winterliche Nordnorwegen erzählt. „Ja, dort ist doch dann **Polarnacht** und alles stockdunkel, oder?!"

Die allgemeine **Erklärung** für beide Phänomene sowie für die Lage und Bedeutung der Polarkreise liegt in der **Stellung der (gedachten) Erdachse** zur Ebene der Umlaufbahn der Erde um die Sonne: Man stelle sich die Erde als ein Grillhähnchen vor, aufgespießt auf die eigene mehr oder weniger senkrechte Achse und sich in 24 Stunden einmal um sich selbst drehend. Dabei wird sie von der seitlich stehenden Sonne gegrillt.

Nun ist der Grillspieß leider schräg montiert, sodass ein Ende des Hähnchens trotz ständigen Drehens keine Wärme abbekommt, während das andere Ende ständig der Sonne ausgesetzt ist. Zum Glück sitzt der ganze schräg montierte Grill auf einer riesigen Drehvorrichtung, die einmal im Jahr um die Sonne herumfährt, sodass jedes Ende nur ein halbes Jahr der ständigen Sonne ausgesetzt ist, während die Mitte mehr oder weniger gleich bräunt.

Nun hat die Erde nicht die Form eines Hähnchens, sondern nahezu die einer Kugel, und daher lässt sich eine ziemlich genaue Linie festlegen, über der zu den Enden (Polen) hin mindestens einmal im Jahr trotz der Drehbewegung der Schein der Sonne nicht hinreicht, bzw. über der ein halbes Jahr später der Schein der Sonne nicht verschwindet.

Diese Linie, der **Polarkreis,** ist genau um denselben (Winkel-)Abstand vom Pol entfernt, wie die „schräg montierte" Erdachse von der Senkrechten zur Umlaufbahn, nämlich knapp 23,5°. Daraus ergibt sich die geografische Breite des Polarkreises mit 90° (Pol) minus 23,5° gleich 66,5°. Zum Vergleich: Wien und München liegen auf ca. 48°, Hamburg auf ca. 54°, Oslo auf ca. 60° und das Nordkap auf ca. 71°nördlicher Breite.

Oberhalb dieser Breite gibt es, je näher man dem Pol kommt, mehr und mehr Tage im Sommer, an denen die Sonne nicht untergeht („Mitternachtssonne"), und Tage im Winter, an denen die Sonne nicht aufgeht (Polarnacht). Und das gilt natürlich für **alle Gebiete nördlich von 66,5°,** also auch für Teile Grönlands, Alaskas und Sibiriens (und, ein halbes Jahr versetzt, für die Region um den Südpol).

Die Schiefe der Erdachse, die durch unterschiedliche Tageslängen auch unsere Jahreszeiten verursacht, ist also in ihrer extremen Form der Grund für Mitternachtssonne und Polarnacht. Die Grenze für das Auftreten dieser Extremformen ist der Polarkreis.

Wer sich nicht mit der Vorstellung der Erdbewegungen plagen möchte, kann sich an folgendem Jahreslauf orientieren: Am Frühlingsanfang, um den 21. März, ist weltweit Tag- und Nachtgleiche und daher der Tag überall zwölf Stunden lang (außer direkt am Nordpol, dort beginnt der Polartag). Im **Frühling** werden die Tage schneller länger, je weiter man nach Norden kommt. Am Nordkap (71,2°) hat die Tageslänge bereits um den 12. Mai 24 Stunden erreicht, in Svolvær (Lofoten, 68,2°) ist es um den 26. Mai soweit.

Zum Sommeranfang um den 21. Juni erreicht diese Bewegung ihren Höhepunkt; am Polarkreis, also so weit südlich wie möglich, ist der Tag 24 Stunden lang. Im **Sommer** werden die Tage wieder kürzer, die Grenze des 24-Stunden-Tages und damit der Mitternachtssonne verschiebt sich rasch nach Norden, und bereits um den 30. Juli ist die Sonne auch am Nordkap zum letzten Mal um Mitternacht zu sehen. Trotzdem wird es nachts noch lange nicht dunkel, da auch die Dämmerung länger dauert als in Mitteleuropa.

Zum Herbstanfang um den 23. Sept. herrscht wieder Tag- und Nachtgleiche, am Nordpol beginnt die Polarnacht. Im **Herbst** verschiebt sich nun umgekehrt die Grenze der 24-Stunden-Nacht vom Nordpol nach Süden bis zum Polarkreis. Die Polarnacht beginnt am Nordkap um den 18. November, in Svolvær hingegen um den 5. Dezember, wobei man sich, wiederum wegen der langen Dämmerungszeiten, diese Nacht nicht als wochenlange absolute Finsternis vorstellen darf.

Am Winteranfang um den 21. Dez. erreicht die Polarnacht den Polarkreis, es gibt also einen Tag, an dem die Sonne dort nicht aufgeht. Im **Winter** werden die Tage wieder länger, in Svolvær geht die Sonne um den 7. Januar zum ersten Mal wieder auf, am Nordkap scheint sie um den 24. Januar erstmals wieder, und bis zum Frühlingsanfang im März sind zwar die Temperaturen winterlich, die Tage aber in ganz Lappland schon wieder so lang wie in Mitteleuropa.

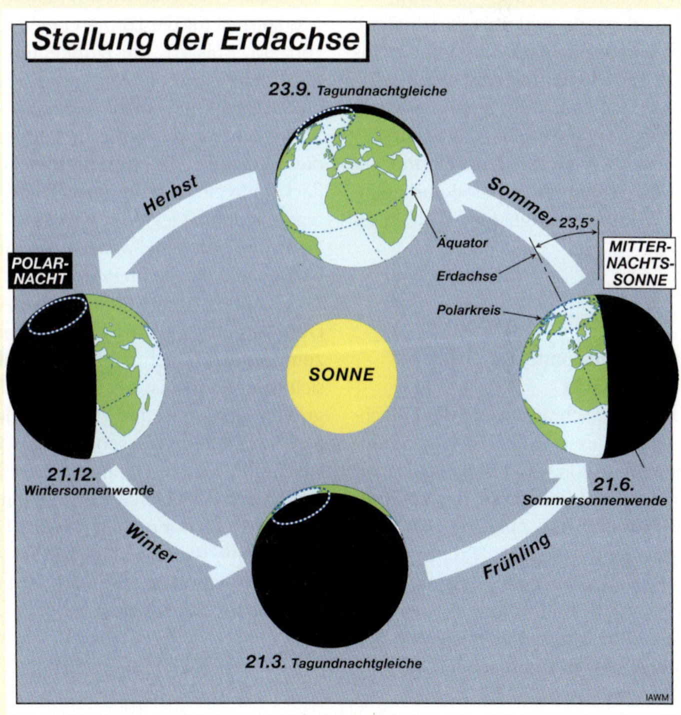

	Mitternachtssonne	Polarnacht
Bodø:	4.6.-8.7.	14.12.-28.12.
Svolvær/Lofoten:	28.5.-14.7.	7.12.-4.1.
Tromsø:	20.5.-20.7.	25.11.-17.1.
Hammerfest:	16.5.-27.7.	20.11.-22.1.
Nordkap:	13.5.-29.7.	18.11.-24.1.
Spitzbergen:	20.4.-20.8.	25.10-16.2.

Im Sommer ist die Nacht 2 bis 3 Wochen vor und nach der Zeit der Mitternachtssonne trotzdem nur ein leichter Dämmerzustand. Im Winter wird es mit Ausnahme von ca. einer Woche auch in der Polarnacht am Tage 1-3 Stunden hell, nur kommt die Sonne nicht bis über den Horizont.

Finnmarksvidda) verzeichnet dahingegen zwischen -10 und -30 Grad, die Finnmarksvidda sogar bis zu -50 Grad! Der Sommer ist dafür hier mit +15 bis teilweise +30 Grad recht warm. Die kühlen Herbstwinde setzen jedoch schon ab Anfang/Mitte August ein.

Aktuelle Wetterprognosen sind auf den Rückseiten der überall ausliegenden Zeitungen *Dagbladet* und *VG* zu finden.

Mitternachtssonne und Polarnacht

Durch die Schrägstellung der Erdachse kommt es nördlich der geografischen Breite von 66,5° (Polarkreis) zum sommerlichen Phänomen des **24-Stunden-Tageslichtes.** Zur Zeit der Sommersonnenwende, am 21.6., ist es am Polarkreis genau einen Tag und eine Nacht lang hell. Je weiter nördlich man reist, um so länger dauert die Zeit des Dauerlichtes. In Bodø scheint die Mitternachtssonne vom 4.6. bis 8.7., auf den Lofoten vom 28.5. bis zum 15.7.

Natürlich kommt es im Winter dann auch zum umgekehrten Phänomen, was speziell für die Lofoten heißt, dass vom 5.12. bis 7.1. die **Dunkelheit regiert.** Allein um die Mittagszeit dämmert es ein klein wenig.

Hinzu kommen in dieser Jahreszeit die Farbspiele des **Polarlichtes.** Der flackernde Lichtschein entsteht am Firmament durch elektrisch geladene Teilchen, die von der Sonne ausgesandt werden und die nur im Bereich der Pole in die Atmosphäre eindringen können. Dort werden sie durch Sauerstoffatome zum Leuchten gebracht. Es entfaltet sich dann ein magisches Schauspiel aus grünen, goldenen und roten Bändern und Formationen. Zu sehen ist das Polarlicht, bei klarem Himmel, recht häufig nördlich des Polarkreises. In Südnorwegen jedoch nur noch an etwa 30 Tagen im Jahr, wobei natürlich während der Sommermonate aufgrund der Helligkeit nichts erkennbar ist.

Geschichte

Das Eis taute, und Menschen kamen. Die ersten zwischen 10.000 und 8000 v.Chr. Sie besiedelten das Land von Süden her sowie aus Richtung der Kola-Halbinsel im Nordosten. Um 4000 v.Chr. begannen die ersten Sippen mit Ackerbau und Viehhaltung, speziell entlang des klimatisch begünstigten Oslofjords. In den folgenden Jahrtausenden drangen immer mehr germanische Stämme nach Norden vor und brachten um 1800 v.Chr. die Kunde von der Bronzeherstellung mit nach Norwegen. So konnten nun allerlei Schmuckgegenstände, Waffen, aber auch Werkzeuge hergestellt werden. Eine wesentliche Verbesserung erfuhren diese durch die Verwendung von Eisen um 500 v.Chr. Aus diesen Zeiten sind in Norwegen auch zahllose **Felszeichnungen** mit kultischen Ornamenten, wie Sonnenrädern und Fruchtbarkeitssymbolen, erhalten. Kulturelle Details und heidnische Götterehrungen wurden erstmalig um 200 n.Chr. in der keilartigen Runenschrift in Stein gemeißelt. Die Menschen begannen sich in Sippen zusammenzuschließen, deren Könige die sogenannten *Jarle* waren.

Gegen Ende des 10. Jahrhunderts begann die zivilisatorische Blütezeit des nun **Normannen oder Wikinger** genannten Volksstammes. Den Beginn der allmählichen Dominanz in Europa markiert der Überfall auf das englische Kloster Lindisfarne im Jahr 793. Ein Grund für diese und folgende Attacken waren die zunehmende Überbevölkerung und Stammesfehden in der Heimat, entlang der Fjorde. Wer überleben wollte, suchte sein Glück in neuen Ländern. Dabei stand das wüste Rauben, Plündern, Morden und Brandschatzen nicht allein im Vordergrund. Man war vielmehr auch ein fahrendes Handelsvolk mit einer zur Perfektion getriebenen Schiffsbautechnik. Die schlanken **Drachenboote** trugen die Wikinger zunächst nach England, in die nach ihnen benannte Normandie und nach Ir-

101no Foto: ms

Runenstein

land. Sie begannen diese Gebiete zu besiedeln und gründeten Siedlungen wie Dublin und Jorvik (York). Die Dörfer dienten in der Folgezeit u.a. als Zwischenstationen auf weiteren Entdeckungsfahrten. Eine solche führte die harten Männer auch nach Island. Dort lebte eine Zeit lang auch der recht blutrünstige, aus seiner norwegischen Heimat wegen Mordes verbannte **Erik der Rote.** Als er auch auf Island seinem Hang zur Gewalt nicht Einhalt gebieten konnte, wurde er erneut vertrieben. So entdeckte er 982 „Grønland". Um für dieses Gebiet neue Siedler zu finden, kehrte er trotz aller Gefahren nach Island zurück. Hier erzählte Erik publicityträchtig von einem grünen Land, eben Grønland. Erstaunlicherweise hielten sich in diesem doch eher eisigen Lande die Siedlungen bis zum Jahr 1400, als wahrscheinlich eine Klimaverschlechterung das weitere Überleben unmöglich machte. Eine dieser Ansiedlungen auf Grønland war auch der Ausgangspunkt für die Entdeckungsfahrt des Sohnes von Erik dem Roten, **Leif Erikson,** nach Amerika. Das von ihm entdeckte legendäre **Vinland** (wahrscheinlich eher mit Weideland denn mit Weinland zu übersetzen) liegt, dem norwegischen Forscher *Helge Ingstad* nach, am Punkt L'anse au Meadows, im Norden Neufundlands.

In der ursprünglichen Heimat der weltreisenden Wikinger setzte gegen Ende des 9. Jahrhunderts eine entscheidende Umstrukturierung ein. So konnte nach der Schlacht am Hafrsfjord, im Jahr 872, unter König *Harald Hårfagre* (Harald Schönhaar), aus dem Geschlecht der *Ynglinge,* das in Kleinkönigreiche zersplitterte **Land** zum ersten Mal **geeinigt** werden. Allerdings zerfiel das Reich nach dem Tod des Königs im Jahre 940 zunächst wieder und wuchs erst einige Jahrzehnte später, unter *Olav II. (Olav Haraldson),* zu einer Nation zusammen. Olav II. war zugleich der König, der das **Christentum** nach Norwegen brachte. Allerdings setzte sich der monotheistische Glaube erst nach seinem gewaltsamen Ableben in der

102no Foto: ms

Wikingerschiff

Schlacht von Stiklestad im Jahr 1030 und seiner Heiligsprechung in Nidaros (Trondheim) durch. Aus dieser Zeit stammen auch die norwegischen **Stabkirchen,** die mit ihren Drachen und Kreuzen das Schwanken der Bevölkerung zwischen heidnischem Götterglauben und Christentum zum Ausdruck bringen.

Eingeleitet wurde das europaweite **Ende der Vorherrschaft** der Wikinger durch den Versuch *Harald Hardrådes,* England zwischen 1047 und 1066 zu erobern. Seine ärgsten Widersacher waren dabei die Normannen, die sich einst hier niedergelassen hatten.

Die alten Göttermythologien der Normannen und die Historie bis Ende des 12. Jahrhunderts wird im imposanten Epos der jüngeren **Edda,** dem Hauptwerk der altnordischen Literatur, von *Snorre Sturluson* beschrieben.

Im 13. Jahrhundert, unter *Håkon Håkonson* und dem glanzvollen König *Sverre,* hatte Norwegen mit seinen Kolonien in Island, Grønland, den Shetland und Orkney Inseln sowie einigen heute zu Schweden gehörenden Provinzen seine größte Ausdehnung. Neben der immer dominanter werdenden Kirche wuchs, vor allem in Bergen, der Einfluss der **Handelsvereinigung der Hanse** (siehe „Der Westen/Bergen/Geschichte“). Das Land erlebte eine wirtschaftliche Blütezeit, der jedoch Jahrhunderte des Niedergangs folgen sollten.

Eingeleitet wurde die schwere Zeit durch den Tod des Königs *Håkon Magnusson* im Jahr 1319. Da er keine männlichen Nachkommen hinterließ, kam es zur Krönung seines Enkels, des Schweden *Magnus Eriksson.* Geschwächt wurde das Land durch eine schwere **Pestepidemie,** die 1349 auf einem Schiff nach Bergen eingeschleppt wurde und fast zwei Drittel der Bevölkerung das Leben kostete. Kurz nach diesem verheerenden Schlag trat der König seine Macht an seinen erst zehnjährigen Sohn *Haakon VI.* ab. Dieser wurde sogleich mit der dänischen **Prinzessin Magarethe I.** vermählt. In der Folgezeit galt sie als eine der mächtigs-

103no Foto: ms

Wache vor dem Königlichen Schloss in Oslo

ten Personen, die Skandinavien je gesehen hat. Ihrem Einfluss ist es zu verdanken, dass nach dem Tod Haakons im Jahr 1380 ihr erst 5-jähriger Sohn *Olav* gekrönt wurde. So konnte das norwegische Königshaus an das dänische gebunden werden. Als dann einige Jahre später auch die Schweden Probleme mit der Nachfolge im adligen Haus hatten, kam es 1397 in der **Kalmarer Union** zur Vereinigung der drei Reiche. Wenngleich dieser Pakt nur kurz währte, so verblieb doch zumindest **Norwegen in dänischer Hand.** Für das Land begann eine finstere Zeit, in der man von der Regierung in Kopenhagen sträflich vernachlässigt wurde. 400 Jahre sollte die kulturelle, wirtschaftliche und politische Pariarolle währen. Dänisch war Amtssprache, es regierten dänische Beamte, und es gab keine höheren Bildungseinrichtungen. Das Leben spielte sich südlich des Skagerak ab, wenngleich es im 18. Jahrhundert, durch die Aufstockung der Handelsflotte, zumindest in den Städten zu einem bescheidenen Wohlstand kam. Doch obgleich sich das Leben meist südlich des Skagerak abspielte, gelangten ab dem 18. Jh. einige Küstenorte zu einem bescheidenen Wohlstand. Man handelte mit Fisch, Holz und Pelztieren, die nach ganz Europa verschifft wurden. Der Export war jedoch mühsam, da die Waren nur über den regionalen Zollhafen verschifft werden konnten. Der bedeutendste dieser Häfen war Bergen an der Westküste.

Eine historische Wende wurde mit den **Napoleonischen Kriegen** eingeleitet. 1807 verbündete sich Dänemark/Norwegen mit Frankreich gegen England und schloss sich der französischen Kontinentalsperre an. Daraufhin blockierten die Engländer die norwegischen Häfen, was speziell auf den vom Fischexport abhängigen Lofoten von 1808 bis 1812 zu schweren Hungersnöten und einer tiefgreifenden Wirtschaftskrise führte. Da Napoleon in der Völkerschlacht zu Leipzig, anno 1813, geschlagen wurde, war Dänemark/Norwegen auf der Verlierer-, Schweden auf der Gewinnerseite. Als Reparationszahlung wurde im Kieler Frieden, im Januar 1814, beschlossen, dass **Norwegen** von Dänemark **an Schweden** abzutreten ist. Den Norwegern wurde zwar eine gewisse Autonomie zugestanden, nach ihrer Bereitschaft, überhaupt eine neue Union unter dem Schwedenkönig *Karl Johan* einzugehen, wurden sie jedoch nicht gefragt.

Dennoch, man begriff den Wechsel als einmalige Chance zu mehr Selbstständigkeit. Daher versammelten sich auf einem Guthof bei Eidsvoll, nördlich von Oslo, 112 norwegische Bürokraten, Geschäftsleute und Bauern, um auf der **Riksforsammling** eine eigene, den Prinzipien der Französischen Revolution und den amerikanischen Grundrechten folgende Verfassung zu verabschieden. Nur fünf Wochen dauerten die Diskussionen, und am 17. Mai, dem heutigen Nationalfeiertag, konnte die **neue Verfassung** unterzeichnet werden. Da zu dieser Zeit die schwedischen Truppen noch nicht wieder einsatzfähig waren, blieb dem großen „Bruder" nichts anderes übrig, als zunächst die norwegische Gesetzgebung zu akzeptieren. Schon einen Monat später jedoch kam es zu einer Invasion schwedischer Truppen, die in nur zwanzig Tagen die Kapitulation des nur ungenügend ausgestatteten norwegischen Heeres erzwangen. Im Friedensvertrag von Moss, am 14. August 1814, wurden dann trotzdem die norwegische Verfassung und das neue **Parlament,** das **Storting,** anerkannt, unter der einen Bedingung, dass Norwegen die Zwangsunion mit Schweden ohne weitere Forderungen aufrechterhalten würde.

Norwegen besaß nun mit seiner eigenen Gesetzgebung eine neue **nationale Identität,** was zusammen mit dem wirtschaftlichen Aufschwung infolge der industriellen Revolution zu einem nie dagewesenen Aufblühen von Wissenschaft und Kultur führte. 1854 wurde die erste autonome Universität gegründet und in Oslo die Prachtstraße Karl-Johan angelegt. Der Bau von Schloss und Storting untermauerte den Willen zur Selbstverwaltung. *Ivar Aasen* schuf das von dänischen Einflüssen unabhängige Neunorwegisch (siehe Exkurs). **Künstler** wie *Henrik Ibsen, Edvard Munch* und *Edvard Grieg,* die die Probleme und die arg geschundene Seele ihres Landes und Volkes niederschrieben, malten und vertonten, erlangten weltweite Anerkennung. **Forscher** wie *Fridtjof Nansen* und *Roald Amundsen* setzten die uralte Entdeckertradition fort und gaben so dem Land neues Selbstbewusstsein, welches u.a. im immer sicherer werdenden Auftreten des norwegischen Storting gegenüber der schwedischen Unionsregierung zum Ausdruck kam. Nur folgerichtig war dann die Entscheidung des norwegischen Parlaments am **11. März 1905,** das Land für **souverän** zu erklären. Der Volksentscheid, den Schweden einforderte, ergab eine Mehrheit von 99,5 % der Stimmen für ein Ende der Union – nach über 500 Jahren war Norwegen wieder selbstständig. Als neuer König bestieg der dänische Prinz *Carl* als *Haakon VII.* den Thron.

Es folgte die Zeit der zwei **Weltkriege.** Nur im ersten konnte Norwegen seine **Neutralitätspolitik** durchhalten, im zweiten wurde das Land am 9. April 1940 von deutschen Truppen überfallen und so direkt in das Kriegsgeschehen verwickelt. Der König kündigte sogleich aktiven Widerstand an, und es gelang der norwegischen Armee, sich den feindlichen Einheiten immerhin zwei Monate zu widersetzen. Der Angriff der Wehrmacht hatte zum Ziel, der Rohstoffe des Landes habhaft zu werden, Narvik einzunehmen, dessen Hafen Ausgangspunkt für die Verschiffung schwedischen Eisenerzes war, und freie Bahn in Richtung der Sowjetunion zu schaffen. Zu diesem Zweck wurden an der Küste zahllose Bastionen, der sogenannte Westwall, erbaut. Anfang 1942 erhob sich der norwegische Kollaborateur und Nationalsozialist **Vidkun Quisling,** eine Marionettenfigur des Hitler-Regimes, zum Ministerpräsidenten, obgleich er in Norwegen so beliebt war wie Ungeziefer in der Wohnstube.

Mit der deutschen Kapitulation am 8. Mai 1945 endete der 2. Weltkrieg. Nordnorwegen war völlig zerstört. Alle

Orte im Süden des Landes, in denen sich der König 1940 auf seiner Flucht in Richtung England aufgehalten hatte, waren dem Erdboden gleichgemacht. Über 10.000 Tote waren zu beklagen, viele seelische Wunden aus dieser Zeit sind noch heute bei älteren Norwegern nicht verheilt. Am 24. Oktober 1945 wurde der des Hochverrats und Mordes angeklagte Vidkun Quisling auf der Festung Akershus hingerichtet.

In der Folgezeit begann man, mit dem Geld aus den Reparationszahlungen das Land wiederaufzubauen und einen Sozialstaat nach schwedischem Vorbild zu formen. 1945 war das Land **Gründungsmitglied der UNO,** deren erster Generalsekretär der damalige norwegische Außenminister *Trygve Lie* wurde. 1949, nach dem Scheitern eines Nordischen Verteidigungsbündnisses, wurde Norwegen Mitglied der NATO.

Im Jahre **1969** wiesen Bohrungen in der Nordsee nach, was man schon seit Anfang der 1960er Jahre dort vermutete: umfangreiche **Öl- und Gasvorräte.** Aus dem Aschenputtel wurde ein Großverdiener.

Drei Jahre später, 1972, kam zum ersten Mal der Gedanke auf, dass man zwar nun ein Ölmagnat sei, sich aber doch wohl kaum von Resteuropa separieren dürfe. In einer **Volksabstimmung über den EG-Beitritt** zeigte sich aber, dass 53,5 % der Norweger, die ihre Stimme abgaben, diese Ansicht nicht teilten. Zu groß war die Angst vor

Das norwegische Parlament von innen

Fremdbestimmung, die man doch bis 1905 und im 2. Weltkrieg hatte über sich ergehen lassen müssen.

In den 1980er Jahren konnte das Land dank der Einnahmen aus dem gut laufenden Ölgeschäft all seine Auslandsschulden zurückzahlen. Da die wirtschaftliche Macht wuchs und man sich auch befähigt fühlte, in Europa stärker aktiv zu werden, entschloss man sich **Anfang der 1990er Jahre** zu erneuten **Beitrittsverhandlungen mit der EU.** Die Volksabstimmung erfolgte 1994 nach den Plebisziten in Finnland und Schweden. Der Hintergedanke der europafreundlichen Regierung bei dieser Terminplanung war einfach: Bei den skandinavischen Nachbarn war, Umfragen zufolge, die EU-Akzeptanz größer als in Norwegen, und so sollten diese Länder im Falle positiver Abstimmungsergebnisse Vorbildwirkung haben. Die damalige Ministerpräsidentin *Gro Harlem Brundtland* verwies zudem auf mögliche günstige wirtschaftliche Auswirkungen eines EU-Beitritts. Allerdings ließ sich auch nicht verleugnen, dass diese nur den größeren Städten zugute kommen würden. In weiten Teilen hatte man berechtigte Ängste vor EU-Normen, Eurokratie und fremden Fischern in eigenen Gewässern. Folgerichtig entschied man sich wieder gegen den Beitritt, diesmal mit 52,3 % etwas knapper als 1972. Ganz entscheidend für den Ausgang zukünftiger Abstimmungen wird es sein, ob Norwegen in der EU seine Identität bewahren könnte. Zu kurz ist die eigene Historie, zu zerbrechlich die norwegische Selbstfindung.

Staat und Gesellschaft

Verfassung

Norwegens **konstitutionelle Monarchie** gewährt dem König zwar relativ wenig Macht, dieser hat aber doch ein – manchmal entscheidendes – Mitspracherecht. Gewählt werden alle vier Jahre die Kommunal- und Regionalverwaltung sowie das **Storting (Parlament).** Es gibt keine Prozenthürden. Die Regionen des Landes entsenden ihre Abgeordneten im Verhältnis zur Einwohnerzahl.

Stimmrecht haben in Norwegen Personen über 18 Jahren. Ausländer dürfen an Kommunalwahlen teilnehmen.

Administrativ ist Norwegen in **19 Großregionen,** die *Fylke,* und über **400 Gemeinden** (davon 47 Stadtgemeinden) gegliedert. Diese können mit 500–2000 km² beachtlich groß sein.

107no Foto: ms

Artikel 3 der Verfassung lautet: „Die ausübende Gewalt liegt beim König." Staatsoberhäupter sind seit 1991, in der Nachfolge von König *Olav V.,* König *Harald V.* (*1937) und seine Frau Königin *Sonja* (Kinder: Kronprinz *Haakon,* seit 25.8.01 verheiratet mit *Mette-Marit Tjessem Høiby,* und *Märtha Louise,* welche seit der Heirat mit dem Schriftsteller *Ari Behn* im Mai 2002 ein bürgerliches Leben führt).

In Artikel 49 der Verfassung heißt es: „Das Volk übt die gesetzgebende Gewalt über das Storting aus." Ministerpräsident ist seit Herbst 2005 *Jens Stoltenberg* von der Arbeiterpartei. Er wurde 2009 wiedergewählt.

Politik

Im Parlament sind derzeit **sieben Parteien** vertreten, eine Vielfalt, die bei wichtigen Entscheidungen, die klare Mehrheiten verlangen, sehr hinderlich sein kann.

Größte Partei ist traditionell die **sozialdemokratische Arbeiterpartei (Ap).** Allerdings erlebte diese nach dem Ausscheiden der Sympathieträgerin *Gro Harlem Brundtland* in den 1990er Jahren einen bis dato nie dagewesenen Popularitätsrückgang. Und obgleich der ebenfalls nicht unbeliebte *Jens Stoltenberg* im Jahr 2000 den Parteivorsitz übernahm, musste die Partei bei der Wahl im September 2001 einen Stimmenverlust von 10,7 % hinnehmen. Die Gründe hierfür wurden allgemein in der zögerlichen Haltung der Ap gegenüber Wirtschafts- und Arbeitsmarktreformen gesehen. Auch hatten viele Wähler den Eindruck, dass die Partei nach Jahrzehnten an der Macht in ihrer Handlungsfähigkeit eingeschränkt sei.

Dies scheint sich in der Zwischenzeit jedoch geändert zu haben, und so geriet die konservativ-liberale Koalition aus Kristlig-Folkepartiet, Høye und Venstre wegen mangelndem sozialem Engagement zunehmend in Bedrängnis und wurde bei den Parlamentswahlen im September 2005 abgewählt. Die Mehrheit der Mandate konnte eine rot-grüne Koalition aus Arbeiterpartei, der bäuerlichen Zentrumspartei und der grünen Sozialistischen Linkspartei auf sich vereinen. Diese Koalition wurde 2009 knapp im Amt bestätigt.

Die wichtigsten Parteien

(Der politische Trend: In Klammern die Prozentzahlen der Parlamentswahl vom September 2009, im Vergleich zur letzten Wahl 2005.)

- **Arbeiterpartiet** (Die Arbeiterpartei), entspricht in ihren Zielen in etwa der SPD und der britischen Labour Party. Die Partei wurde 1887 gegründet und ist traditionell die dominante politische Kraft des Landes (35,4 %, +2,7 %).
- **Høyre** (Die Rechten oder Konservativen), stärkste bürgerliche Partei, die auf Besitzrecht, Privatinitiative und persönliche Freiheit baut. Etwas liberaler als die CDU (17,2 %, -3,1 %).
- **Venstre** (Die Linken), 1884 aus verschiedenen Gruppierungen gegründet und damit älteste Partei des Landes. Trotz des Namens Liberal-konservatives Profil (3,9 %, -2,0 %).
- **Senterpartiet** (Die Zentrumspartei), Partei der Mitte, gegen einen EU-Beitritt. Traditionell die Partei der Landwirte (6,2 %, -0,3 %).
- **Kristlig Folkepartiet** (Christliche Volkspartei), rechtsliberale Partei mit der Zielsetzung, christliche und moralische Werte zu schützen (5,5 %, -1,2 %).
- **Sosialistisk Venstrepartiet** (Die Sozialistische Linkspartei), linke Partei mit grünem Profil und der Forderung nach mehr sozialer Gerechtigkeit (6,2 %, -2,6 %).
- **Fremskittspartiet** (Die Fortschrittspartei), 1973 gegründet, Partei des sehr rechten Spektrums. Sie fordert mehr Recht und Ordnung und eine noch restriktivere Asylpolitik. Ein Teil ihrer Politiker schockiert zuweilen mit skandalösen ausländerfeindlichen Äußerungen (22,9 %, +0,9 %).
- Auf kommunaler Ebene ist mit 2–5 % auch die **Kommunistische Partei (Die Roten)** von Bedeutung.

Bildungswesen

Die **zehnjährige Schulpflicht** beginnt im Alter von sechs Jahren. Die Pflichtschule ist eine Gesamtschule mit drei Stufen, der Primärstufe (1.–4. Klasse), der Mittelstufe (5.–7. Klasse) sowie der Sekundarstufe (8.–10. Klasse). Abgeschlossen wird mit einer Prüfung. In den ersten Jahren wird keine Benotung vorgenommen. Es gibt die Noten 1–6, wobei die 1 die schlechteste und die 6 beste Note ist.

Nach der Pflichtschule kann die 3-jährige **Videregående skole (Gymnasium)** besucht werden. Hier schließt man eine Lehre ab oder das Abitur. Es können naturwissenschaftliche, technische, geisteswissenschaftliche, künstlerische oder Sport-Zweige gewählt werden.

Anschließend besteht die Möglichkeit, eine **Hochschule oder Universität** zu besuchen. Der Abschluss wird hier mit Noten zwischen 1,5 und 4,5 bewertet. Dem Gleichheitsprinzip folgend, wird eine 1 oder 5 fast nie vergeben, da es ja immer noch jemanden geben kann, der noch besser oder schlechter ist. Daher reizt man vor allem den Zensurenbereich von 2,0 bis 3,0 voll aus. Noten besser als 1,5 beinhalten eine Einladung beim König.

Ab 18 Jahren besteht, sowohl für Norweger als auch für Ausländer, die Möglichkeit des Besuchs einer **Folkehøgskole.** Diese werden teils kirchlich geleitet und bieten u.a. Kurse in Kunst, Medienwissenschaft, Tanz, Bibelkunde, Pädagogik, Führungskräftetraining und Sprachen (u.a. Norwegisch als Fremdsprache) an.

- **Information Office for Christian Folk Highschool,** Grensen 9a, 0159 Oslo, Tel. 22396450, www.folkehogskole.no

Gesundheits- und Sozialwesen

35 % der Staatsausgaben kommen allein dem Gesundheits- und Sozialsektor zugute. Es gibt eine **allgemeine Krankenkasse,** in die der Arbeitgeber einzahlt. Im Krankheitsfall beträgt die maximale Zuzahlung, die abhängig vom Lohn ist, 150 €. Es muss zuerst ein Arzt für Allgemeinmedizin konsultiert werden (privat oder in der „legevakt", dem Ärztezentrum). Bei Bedarf wird der Patient dann an einen Spezialisten vermittelt. Ist eine Operation notwendig, muss man sich in eine Warteliste eintragen lassen, es sei denn, es handelt sich um einen Notfall. Dabei soll eigentlich gewährleistet sein, dass man binnen maximal sechs Monaten behandelt wird. Real liegt die Wartezeit jedoch, aufgrund von Ärztemangel und niedrigen Arbeitszeiten, bei bis zu fünf Jahren. Erwiesenermaßen hatten viele den operativen Eingriff dann schon nicht mehr nötig ...

Den Zahnarztbesuch deckt die Krankenkasse nicht ab. Er muss komplett selbst bezahlt werden.

In den Ruhestand tritt man in Norwegen zumeist im Alter von 67 Jahren. Die garantierte jährliche Mindestrente liegt bei 12.000 NOK/Monat (1500 €). In sozialen Notfällen und nach 78 Wochen Arbeitslosigkeit hilft das Sozialamt weiter. Dieses ist auch verpflichtet, Alkohol- und Drogenabhängige zu unterstützen und zu resozialisieren.

1981 führte Norwegen als erstes Land der Welt den **Posten eines Ombudsmannes für Kinder,** also eines staatlichen Kinderbeauftragten, ein. Dieser wird alle vier Jahre vom König ernannt und hat weitreichende Prüf- und Untersuchungsbefugnisse gegenüber allen Einrichtungen für Kinder, egal ob diese staatlich oder privat geführt werden. Auch kann sich jedes Kind kostenlos per Telefon oder Post an den Ombudsmann wenden.

Massenmedien

Presse

Zeitungen und Zeitschriften sind in Norwegen in privater Hand. Selbst wenn diese einer ideologischen Richtung nahe stehen, werden Artikel unterschiedlich denkender Autoren zugelassen. Die Meinungsfreiheit in norwegischen Medien ist in Folge des Journalistenverbandes die größte der Welt. Die größten Blätter sind die in jedem noch so kleinen Laden angebotenen **Boulevardblätter** *VG (Verdens Gang* – Lauf der Welt, konservativ) und *Dagbladet* (Das Tageblatt, Mitte-links). Die Berichterstattung dieser Publikationen ist oberflächlich, allerdings nicht so reißerisch und etwas seriöser als in vergleichbaren Zeitungen in Deutschland. Aber auch unter den anderen norwegischen Blättern ist keines dabei, dass nur annähernd ein deutlich höheres Niveau anstreben würde. Klatsch und Tratsch dominieren auch hier und alles unter dem Motto: „Norge først" – „Norwegen zuerst". Deshalb sind mindestens die ersten fünf Seiten dem eigenen Land gewidmet, bevor ganze ein bis allerhöchstens zwei Seiten mit trockenen Auslandsreportagen folgen, mit maximal sieben bis acht Themen. Gebessert hat sich die Situation etwas, nachdem das Format der großen Zeitungen in den letzten Jahren verkleinert wurde. Die flexiblere Gestaltung der Blätter macht so eine umfassendere Berichterstattung möglich.

Größte seriöse Tageszeitung des Landes ist die **Aftenposten,** die gerne als die „gute, alte Tante aus Oslo" bezeichnet wird. Folgerichtig sind die Berichte vergleichsweise konservativ. Eher sozialdemokratisch sind hingegen **Dagsavisen** und **Morgenbladet.** Letztere Zeitung erscheint wöchentlich und kann mit der deutschen „Zeit" verglichen werden.

Neben diesen Publikationen gibt es große Regionalzeitungen, wie z.B. die **Bergens Tidende** aus Bergen, das **Stavanger Aftenblad** und die Trondheimer **Adresseavisen** sowie über 120 Lokalblätter, was im Verhältnis zur Einwohnerzahl mit Sicherheit rekordverdächtig ist und voraussetzt, dass jede Familie mindestens zwei bis drei Abonnements hat. Über die Welt wird man in vielen Lokalblättern jedoch nichts erfahren, da bleiben sie stumm.

Die vom Namen her kurioseste Zeitung des Landes ist **Klassekampen** (der Klassenkampf). Erstaunlicherweise kann diese mit guter Aufmachung und interessanten Themen punkten.

Wie komplett aus einer anderen Welt wirkt hingegen das einzige Nachrichtenmagazin des Landes, die extrem linke, leicht radikale **Ny Tid** (Neue Zeit). Ihm gegenüber stehen die christlichen, sehr konservativen Zeitungen **Dagen** und **Magasinett.**

Für Touristen mit etwas Norwegischkenntnissen ist es mit Sicherheit spannend, das Geschehen in der persönlichen Lieblingsregion des Landes im Internet mitzuverfolgen. Alle Zeitungen im Netz finden sich unter: www.norskeaviser.com.

Für **Informationen zu Veranstaltungen in Oslo** ist die Donnerstags- und Freitagsausgabe des Dagbladet zu empfehlen. Einen Tag alte Ausgaben deutscher und schweizerischer Zeitungen und Nachrichtenmagazine sind an fast allen Narvesen-Kiosken erhältlich.

Fernsehen

Im Verhältnis zur Einwohnerzahl gibt es sehr viele Sender. Die Anzahl variiert je nach Abonnement und kann bei 15 bis über 60 liegen. Zumeist empfängt man die privaten Kanäle TV 2, TV Norge und TV 3, deren Programmschema dem von RTL, RTL 2 bzw. Kabel 1 ähnelt. Das Angebot an Kanälen des staatlichen Rundfunks Nrk (Norsk Ringkringkastning) wurde 2007 erweitert. Zu empfangen sind nun Nrk 1, mit Lokalsendungen, Dokumentationen, viel Sport und Magazinen, Nrk 2, dem Nachrichten- und Kulturprogramm, Nrk 3 (ab 19 Uhr), mit anspruchsvolleren Serien und Filmen, und Nrk Super, dem Kinderkanal Norwegens.

Die beste Nachrichtensendung ist **Dagsrevyen** um 19 Uhr auf Nrk 1. Ein Mal wöchentlich, außer im Sommer, wird das Auslandlandsjournal **urix** ausgestrahlt. Es ist das erste des Landes und erst seit 1998 (!) auf Sendung.

Über Satellit empfängt man in Norwegen **alle deutschen Kanäle**.

Rundfunk

Landesweit senden die lokal aufgegliederten Programme **Nrk 1** und **Nrk 2,** die privaten Sender **P 4,** mit einer abenteuerlichen Mischung aus Pop, Schlager, Hip Hop und Kinderliedern, Radio Norge (Pop, Rock) und der Jugendsender **Nrk Petre.** Hinzu kommen in den größeren Orten diverse Lokalstationen.

In Oslo kann man ab 22 Uhr, auf 93 Mhz, die **Nachrichten der BBC** empfangen. Popmusik sendet hier der beliebte Sender **Radio 1** (102 Mhz). Alternative Musik strahlt **Radio Tango** (105,8 Mhz) aus. Abends empfängt man auf der Kurzwelle garantiert den Deutschlandfunk und die Deutsche Welle.

Wirtschaft

Noch bis ins 20. Jahrhundert hinein zählte Norwegen zu den ärmeren Ländern Europas. Mit den ersten **Erdölfunden** am 24. Oktober 1966 und der Erschließung des Ekofisk-Feldes in der Nordsee begann jedoch eine beispiellose Erfolgsstory. Binnen weniger Jahrzehnte machte das Schwarze Gold das Land zu einem der wohlhabendsten der Welt, auf einer Stufe mit der Schweiz, Luxemburg und den USA. Es konnten sämtliche Auslandsschulden abbezahlt und ein Fonds angelegt werden, für die Zeit, da die Ölreserven zur Neige gehen. Um ein Überhitzen der inländischen Wirtschaft und eine Aufwertung der norwegischen Krone zu verhindern, wird ausschließlich auf ausländischen Märkten investiert.

Norwegen ist derzeit der weltweit siebtgrößte Förderer und drittgrößte Exporteur von Erdöl.

99 % des eigenen Strombedarfs wird aus **Wasserkraft** gewonnen. Diese ist zudem so preiswert, dass seit Beginn des 20. Jahrhunderts die Ansiedlung großer energieintensiver Industriebereiche, wie die der Aluminiumherstellung und der petrochemischen Industrie, eingeleitet werden konnte. Vor dem Hintergrund großer Forstgebiete in Ostnorwegen etablierte sich auch die Papier- und Zellstoffindustrie. Die größten Werke des Landes liegen zumeist nahe großer Wasserfälle, die zur Energiegewinnung gezähmt wurden, und/oder in Gebieten mit großen Höhenunterschieden, wo man im Gebirge riesige Stauseen anlegte. Die größten und ältesten

110no

Aller Anfang ist schwer

Industrieorte, wie Øvre Årdal, Odda, Rjukan, Sarpsborg und Porsgrunn, liegen daher nicht selten in dramatisch-schöner Umgebung.

Trotz der industriellen Nutzung ist das Naturpotential Norwegens, gerade im Vergleich mit Mitteleuropa, immer noch großartig. So kamen denn 2009 auch etwa 5,2 Mio. ausländische Besucher, die meisten aus Deutschland (950.000), nach Norwegen, Tendenz steigend. Der **Tourismussektor** hat sich, nicht zuletzt dank des vorbildlichen Angebots an Informationsstellen und Unterkünften, als ein bedeutender Wirtschaftssektor etabliert. Einmal abgesehen von Oslo und Bergen, die nach wie vor am häufigsten besucht werden, konnte so vor allem in ländlichen und strukturschwachen Gebieten eine kräftig fließende sommerliche Einnahmequelle geschaffen werden.

Nur 3 % der Oberfläche des Landes sind landwirtschaftlich nutzbar, sodass dieser Wirtschaftszweig nur wenigen zehntausend Menschen Arbeit und Lohn bietet. Auch muss die **Agrarwirtschaft** stark subventioniert werden. Ähnlich steht es um die **Fischerei.** Schrumpfende Fischbestände als eine Folge der Überfischung in den 1950er- und 1960er Jahren führten zu einem spürbaren Rückgang des Erwerbszweiges und zu wirtschaftlichen Strukturproblemen an der Küste. Ein möglicher Ausweg sind die überall anzutreffenden Fischfarmen, die sich vor allem auf die Zucht von Lachsen spezialisiert haben.

Neben den durchaus wachsenden

Bereichen Forstwirtschaft und Rohstoffabbau (Kupfer, Titan, Marmor) ist die **Schifffahrt** seit jeher bedeutend. Die norwegische Handelsflotte gehört, neben denen der Billigflaggenländer, zu den größten der Welt. Auch ist der Schiffsbau ein ökonomisch wichtiger Faktor. Man spezialisierte sich neben der Herstellung von Transportschiffen auf die Produktion von **Ölbohrinseln.** Einer der wichtigsten Konzerne dieser Branche ist Kværner.

Die **niedrige Arbeitslosenrate** von 3,2 % (Okt. 2009) ist vor allem auf eine hohe Beschäftigungsrate im weitreichenden Dienstleistungssektor und auf eine aktive Arbeitsmarktpolitik zurückzuführen. Die durchschnittlichen Stundenlöhne liegen bei 130–160 NOK.

Derzeit größtes Problem der norwegischen Ökonomie ist schlicht – das **Geld.** Es gibt einfach **zu viel** davon! Konkret bedeutet das die Gefahr einer Inflation und konjunkturellen Überhitzung. Um diese zu vermeiden, wird u.a. der Preis für einige Waren künstlich hoch gehalten. Auch fließt das meiste Geld aus Öleinnahmen in einen Fonds zur Finanzierung der Zukunft nach dem Versiegen der Bohrlöcher. Er ist einer der größten der Welt und umfasste Ende 2009 sagenhafte knapp 2600 Mrd. NOK, rund 250 Mrd. € (!). Mit diesen unvorstellbaren Summen könnten z.B. alle Staatsschulden des Nachbarlandes Schweden mit einem Schlag abbezahlt oder Manhatten aufgekauft werden.

Der Sozialapparat Norwegens sieht von den Ölgeldern relativ wenig. Er wird größtenteils durch eine bei 24 % liegende Mehrwertsteuer getragen.

Diese jedoch kann jetzt schon kaum noch die Ausgaben decken, was dazu führt, dass in einem der reichsten Länder der Welt die Kommunen fast pleite sind und der Rotstift zum täglich gebrauchten politischen Handwerkszeug gehört. Zudem stellen Politologen immer wieder fest, dass in Norwegen der Kapitalismus da verankert ist, wo eigentlich der Sozialstaat zum Tragen kommen müsste und semisozialistische Praktiken in Bereichen etabliert sind, wo eigentlich die freie Marktwirtschaft regieren sollte. So soll z.B. das Gesundheitswesen rentabel arbeiten, also Gewinn abwerfen, und Museen und kulturelle Einrichtungen erhalten kaum Subventionen, was u.a. die hohen Eintrittspreise erklärt. Auf der anderen Seite werden nur wenige ausländische Waren importiert, um so die einheimische Wirtschaft vor Konkurrenz zu schützen.

Ein weiteres Problem der norwegischen Wirtschaft zeigte sich Mitte 2008 mit dem Einsetzen der **internationalen Finanzmarktkrise.** Zwar hatten sich norwegische Banken nicht oder nur kaum verspekuliert, doch vergaben sie nun deutlich weniger Kredite. Zudem stieg der Zinssatz stetig an, was die ohnehin schon extrem hochpreisigen Immobilien noch weiter verteuerte. Da nun deutlich weniger Häuser und Wohnungen verkauft werden konnten, brach der bislang boomende Immobilienmarkt ein. Viele Handwerker mussten entlassen werden. Noch Ende 2008 lag die Arbeitslosenrate bei mageren 1,9 %. Ende 2009 waren es schon 3,2 %.

Bevölkerung

In Norwegen leben lediglich **4,7 Mio. Menschen.** Die Bevölkerungsdichte von 14 Einwohnern pro Quadratkilometer ist mit die niedrigste in Europa. Auch ist der Ausländeranteil an der Bevölkerung von 4 % einer der niedrigsten der Alten Welt.

Die Samen

Eine Minorität sind die etwa **40.000 Samen,** die oft als „Indianer des Nordens" bezeichneten **Ureinwohner Skandinaviens.** Mit den nordamerikanischen Eingeborenenvölkern teilten sie bis in die 1970er Jahre das gleiche Schicksal. Die erzwungene Assimilation hieß in Norwegen „Norwegisierung". Es durfte nur die norwegische Landessprache gesprochen werden. Sesshaft sollten die nomadisch lebenden Samen werden, aber Land durfte an sie so gut wie nicht verkauft werden. Seit dieser Zeit hat sich jedoch viel getan. 1969 wurde der Samische Reichsverband gegründet, der zunehmend eine kulturelle Gleichstellung erreichte, die im 1989 gegründeten samischen Parlament gipfelte, welches allerdings nur beratende Funktionen besitzt. Auch werden heute wieder die Traditionen und Sprache der Samen gelehrt. Sprachrohr für ihre Kultur sind der erste samische Film aller Zeiten, „Der Pfadfinder", sowie die auch international recht bekannte samische Sängerin *Mari Boine.*

Ein Teil ihrer Musik ist auch das traditionelle **Joiken.** Die Texte erzählen von der Natur, von Tieren und Erlebnissen. Die Melodien wirken für mitteleuropäische Ohren vielleicht etwas gequält, sind aber vielleicht gerade deshalb ein ungemein interessantes Hörerlebnis, wie man es in Europa gar nicht vermuten würde.

Traditionelle Wirtschaftsformen der Samen sind der **Fischfang** und vor allem die **Rentierzucht.** Ein halbes Jahr lang wanderte man dabei nomadisiernd von Weideplatz zu Weideplatz. Heute sind die Herden meist auf sich allein gestellt und werden später mit Hilfe von Hubschraubern oder Schneemobilen zusammengetrieben.

Die größte Gemeinde der Samen lebt heute in Oslo. Außerhalb der Finnmark fallen in Norwegen nur gelegentlich Camps der Bergsamen entlang der Straße auf. Hier werden Rentierfelle, die typischen Samenschuhe und Messer feilgeboten.

Alltagsleben

Man ist, wie der Norweger gern betont und zeigt, ein Volk unverbesserlicher **Individualisten;** das Motto lautet: *„Du må alltid tenke for deg selv"* – „Du musst immer für dich selbst denken." Zugleich existiert **aber auch** ein **ausgeprägtes Kollektivgefühl,** was vor allem in den Medien durch Satzanfänge wie „Wir, die Norweger..." und „Wir und Europa ..." zum Ausdruck kommt. **Gleichheit** (oder sollte man sagen Gleichmacherei) in der Gesellschaft, die am besten eine ohne Klassen sein sollte, steht an oberster Stelle. So ist z.B. die Schule in den ersten Jahren eine Institution für grundsätzlich alle, für Lern-

113no Foto: ms

schwache wie auch für Hochbegabte. Ungenügende Leistungen werden mit Phrasen wie „Könnte etwas besser gewesen sein" umschrieben. Nie jedoch wird man das vernichtende Wort „schlecht" hören. Auf der anderen Seite ist es aber auch so gut wie unmöglich, ein Lob auszusprechen. Lehrer *Guy* meint dazu: „Meine Tochter ist eigentlich recht gut in der Schule. Wenn ich dies aber voller Stolz meinen Nachbarn erzählen würde, könnten sie dies als Arroganz und Wichtigtuerei auslegen."

Festumzug am 17. Mai, dem Nationalfeiertag Norwegens

Ähnlich verhält es sich mit persönlichem Wohlstand. Aus Angst vor scheelen Blicken wird man ihn eher verbergen als öffentlich zur Schau stellen, getreu dem fast schon zum Leitmotiv gewordenen Satz: „Glaub nur nicht, dass du etwas besseres bist; denk nicht, dass du mehr kannst als all die anderen." Da freut man sich doch lieber im Stillen. Wobei beim **Lohn/Gehalt** auch kein Verbergen hilft. Diese werden nämlich Jahr für Jahr **in den Gemeindeblättern veröffentlicht,** wahrscheinlich um allen Spekulationen vorzubeugen, wobei es ein ausgeklügeltes Steuersystem ohnehin fast unmöglich macht, wesentlich mehr als der Nachbar zu verdienen. So sind bis zu einem Jahresverdienst von 270.000 NOK je nach Region 20–35 %

Steuern zu bezahlen. Von jeder Krone mehr müssen zusätzlich 12 % an den Fiskus abgeführt werden. Ein Campingplatzbesitzer meinte dazu: „Dieses Land geht mir manchmal wahrlich auf den Geist. Es ist immens teuer, voller verworrener Reglementierungen, und es ist dabei fast unmöglich, zu richtigem Wohlstand zu gelangen. Da verbringen meine Frau und ich doch lieber den gesamten Winter im preiswerten Spanien." Dabei wird gerne vergessen, dass der norwegische Sozialstaat solche Ausflüge für viele erst möglich macht. Doch anstatt sich darüber zu freuen, beklagt man sich lieber über die Preise für Alkohol und Essen und glorifiziert dabei nur zu gerne Resteuropa, dessen manigfaltigen sozialen Probleme man nicht beachtet – und oft gar nicht kennt! Wie denn auch, wo doch in den Zeitungen das Weltgeschehen mit maximal zwei Seiten gewürdigt wird und es dabei sogar noch fraglich ist, ob mehr Informationen überhaupt erwünscht wären, sind doch in der kleinen „Wir-die-Norweger-Gesellschaft" die Sechslinge von Nachbars Lumpi und das ausgeprägte Vereinsleben meist von größerem Interesse als ein Krieg auf dem Balkan. Verwunderlich ist dabei, dass die „norwegische Großfamilie" gleichzeitig ein **Volk von Kosmopoliten** ist. Man engagiert sich wie kaum ein anderes Land für die Welthungerhilfe, gibt im Vergleich zu anderen Industriestaaten Unmengen für Entwicklungshilfe aus und ist stolz darauf, ein so kleines, unbescholtenes Land zu sein, das international so viel bewegt: Man denke nur an die Osloer Treffen von Palästinensern und Israelis und an den Friedensnobelpreis. Oft kommt es dabei auch zu großen Enttäuschungen, wenn man von „den Anderen" doch wieder mal übergangen wird und es sich herausstellt, dass das eigene Land doch nicht der Nabel der Welt ist; und dies, wo man doch versucht, tatsächlich viel dafür zu tun. So gehören z.B. die Aufnahmekontingente für Flüchtlinge aus Krisenregionen zu den höchsten Europas (im Verhältnis zur Einwohnerzahl). Auch wurden die Einwanderungs- und Asylregelungen in den 1990er Jahren zunehmend gelockert. Die Bewilligungsprozeduren können jedoch endlos und frustrierend sein. Zudem gehören **Ausländer** oft – mit Ausnahme der Akademiker – zu den ärmsten Menschen der Gesellschaft, ganz wie im restlichen Westeuropa auch. Schockierende Studien aus den letzten Jahren belegen, dass im von Afrikanern und Asiaten dominierten Ostteil Oslos das Lohnniveau 30 bis 50 % und die Lebenserwartung 10 bis 15 Jahre niedriger liegen als im wohlhabenden Westteil der Stadt. Die angestrebte gesellschaftliche Gleichheit scheint sich daher im selbsternannten Musterstaat auch nur auf Einheimische zu beschränken.

Bleibt zum Schluss die Frage, wo sich denn der Norweger in seinem teuren und eigentlich doch so schönen Lande am liebsten aufhält. Zur Lagebeurteilung noch einmal der Osloer Lehrer Guy: „Nun, am wohlsten fühlen wir uns eigentlich auf Wanderungen oder bei Skitouren, allein im Wald. Kommen wir nach Hause in unsere Urlaubshütte oder Holzhaus, Stein wäre zu großer Luxus, muss es warm und behaglich sein. Für diese Gemütlichkeit würden wir gern all unseren Lohn ausgeben. Und das müssen wir im Grunde genommen auch, da man allein kaum ein Haus oder eine Wohnung mieten kann, sie müssen gekauft werden."

Die Frau in der Gesellschaft

Ende des 19. Jahrhunderts beschrieb *Henrik Ibsen* in seinem anklagenden Drama „Nora – ein Puppenheim" die schlimme Lage der Frauen in Norwegen. Sie wurden als Anhängsel ihres Gatten angesehen und durften nicht einmal über eigenes Geld verfügen. Doch seine Nora lehnt sich gegen das System auf und beginnt entgegen allem Konformismus und aller Traditionen ihr eigenes Leben zu gestalten. Ibsen war damit seiner Zeit voraus und unterstützte so aktiv eine wachsende Frauenbewegung in den Zeiten der nationalen Erneuerung. Ende des 19. Jahrhunderts konnten erste, zunächst nur sehr bescheidene und langsam wachsende Erfolge verzeichnet werden. So wurde 1888 durch eine Änderung des Ehegesetzes den Frauen zumindest schon einmal eigener Besitz zugestanden, und 19 Jahre später durften wohlhabende Damen erstmalig für das Parlament abstimmen. Erst 1913, aber nach Finnland immerhin als zweites Land der Welt (!), führte Norwegen das allgemeine Frauenwahlrecht ein. 1945 saß mit *Kristin Hansteen* zum ersten Mal eine Frau im Kabinett. Heute sind die Plätze in Storting und Regierung meist zu mindestens 40 % mit Frauen besetzt. Auch leitete mit *Gro Harlem Brundtland* eine Frau für lange Zeit die Geschicke des Landes.

Es gibt einen **öffentlichen Beauftragten** (Ombudsmann/-frau) **für die Gleichstellung der Geschlechter,** wobei Norwegen 1978 das erste Land der Welt war, dass diesen Posten schuf. Ein Gleichstellungsgesetz soll regeln, dass bei Einstellungen und Karriere Chancengleichheit zwischen Mann und Frau herrscht. In der Praxis sind zwar erstaunlich viele (auch leitende) Positionen mit Frauen besetzt, die Posten in den obersten Chefetagen werden jedoch zu 96,5 % von Männern gehalten. Auch erhalten Frauen für die gleiche Arbeit immer noch nicht den gleichen Lohn, sondern nur 86 %.

Ein Erfolg konnte bei der **Betreuung von Kindern** erzielt werden. Es kann wahlweise Mutter- oder Vaterschaftsurlaub beantragt werden.

Religion

Über 90 % der Norweger sind Mitglied der **evangelisch-lutherischen Staatskirche.** Hinzu kommen ca. 46.000 Katholiken. Anderen Religionsgemeinschaften gehören insgesamt etwa 200.000 Mitglieder an. Viele davon sind Muslime, die größte Moschee Norwegens steht im Osloer Stadtteil Grønland.

Die Religion ist dort am stärksten im Menschen verankert, wo die dramatische norwegische Natur seit jeher starken Einfluss auf die Bewohner hat. Dies trifft vor allem auf die ländlichen Gebiete der Fylke Aust/Vest-Agder und Sogn og Fjordane zu, wobei letztere Provinz das christliche Verhältnis von Mensch und Natur mit der Bezeichnung „Gemeinde und die Fjorde“ schon im Namen trägt. Charakteristisch für diese Gebiete ist, dass die Alkohol-Verkaufsstellen des „Vinmonopolet“ seltener anzutreffen sind als im eher weltlichen Ostnorwegen; die Christliche Volkspartei erzielt speziell in einigen Gemeinden Vest-Agders ihre besten Ergebnisse. Cafés und Restaurants mit Alkoholausschank bekommen schwerer eine Konzession. So durfte z.B. in Kragerø ein Gartencafé nicht eröffnen, da es gegenüber der Kirche lag ...

Kunst und Kultur

Architektur

Norwegens Beitrag zur Welt der Architektur ist zweifellos die **Stabkirche.** Die älteste von ihnen (in Urnes) steht sogar unter dem Schutz der UNESCO. Erbaut wurde sie in der Zeit von 1130–1150, also 100 Jahre, nachdem sich das Christentum unter *Olav Haraldson,* auch *Olav der Heilige* genannt, im Lande der Wikinger durchsetzen konnte. Von da an bis ins 14. Jarhundert hinein wurden 700, vielleicht sogar 1000 solcher Holzpagoden errichtet. Die Zeiten überdauert haben jedoch nur 29 Kirchen. Zu viele wurden in den Zeiten der Pest im 14. Jahrhundert vernachlässigt und zerfielen. Andere wiederum wurden vor allem im 19. Jahrhundert abgerissen. Von Denkmalschutz sprach zu dieser Zeit noch niemand, man benötigte infolge des Bevölkerungszuwaches schlicht größere Gotteshäuser. Was lag da näher, als vom alten, düsteren, fensterlosen Bau das Holz zu verwenden ...

Von den heute noch erhaltenen Stabkirchen haben nur sechs ihre ursprüngliche Form oder konnten in diese zurückversetzt werden. Häufig wurden Fenster eingebaut, man erweiterte die Gebäude zu einer Kreuzkirche und bestuhlte den Innenraum, denn wer mochte schon gerne in einer stockfinsteren Kirche stehend dem Pfarrer lauschen. Viele Gebäude wurden Ende des 19. Jahrhunderts in Freilichtmuseen umgesetzt, etwa in Oslo, Bergen, Trondheim und Lillehammer, und konnten so vor dem Verfall bewahrt werden. Eine Kirche erstand der preußische König *Friedrich Wilhelm IV.* und ließ sie in das heute polnische Riesengebirge verfrachten, wo sie immer noch steht.

In seiner ursprünglichen Gestalt besteht der Stabkirchbau aus **steil übereinander getürmten Giebeldächern.** Unten bilden sie Pultdächer, die den Söller, einen laubenähnlichen Umgang überdecken. An den Enden der Giebel thronen meist **Drachenköpfe.** Sie dienen der Abwehr von Dämonen und sind Ausdruck für den Wankelmut der Erbauer, konnten sie sich doch noch immer nicht so recht zwischen altem Götterglauben und Christentum entscheiden. So stellt auch die prachtvolle Pflanzen- und Tierornamentik der Portale vereinzelt heidnische Motive dar, und den Abschluss der Eingangssäulen bil-

118ano Foto: ms

118bno Foto: ms

Borgund-Stabkirche (links); Urnes-Stabkirche – ehem. Nordportal (rechts)

den gelegentlich fabelartige Geschöpfe, zumeist in Löwengestalt. Gedeckt ist der Bau mit Holzschindeln; die müssen alle vier Jahre geteert werden, weshalb die Kirchen äußerlich mal hell wie der Tag und mal dunkel wie die Nacht erscheinen.

Errichtet wurde ein Stabkirchbau auf **Holzsäulen,** den *Staven,* wovon sich auch der norwegische Name für das Gebäude ableitet: *Stavkirke.* Die Stämme dazu wurden zunächst im Wald entrindet, dann ließ man sie mehrere Jahre trocknen. Hernach setzte man sie im Ganzen nebeneinander auf ein Fundament und verband sie durch Andreaskreuze im oberen Schiff. Der Größe des Innenraums nach können **verschiedene Bautypen** unterschieden werden: Der kleinste und zudem jüngste ist der Numedals-Typ (z.B. in Uvdal und Nore). In diesem Fall wird die gesamte Dachkonstruktion von nur einem Mast getragen. Nächstgrößter Bau ist der Valdres-Typ, mit vier Säulen, zu besichtigen u.a. in Hurum und Lomen. Größte und prächtigste Bauart ist die mit 14 bis 20 Masten, der Sogne-Typ. Hierbei handelt es sich um den ältesten Stil, die Kirchen sind auch am besten erhalten. Die bekanntesten und schönsten Stabkirchen, namentlich die von Borgund, Heddal, Urnes, Lom, Hopperstad und Ringebu, zählen zum Sogne-Typ.

Abgeschlossen werden die Masten des Öfteren mit plastischen Köpfen an der Oberseite, vermutlich eine heidnische Maskerade im Dunkeln des Kirchenschiffes, in das nur spärlich Licht durch wenige winzige Öffnungen eindrang. Um den Innenraum aufzuhellen, wurde er im 18./19. Jahrhundert oft mit Rosenmalerei ausgeschmückt (vgl. Exkurs im Kap. „Der Süden/Binnenland/Numedal").

Ein profanes Gegenstück zur Stabkirche sind die **Stabbure,** kleine bis hausgroße Lagerhäuser mit einem überhängenden ersten Stock. Erbaut wurden sie auf Pfählen, um im Sommer den Nagern den Zugang zum eingelagerten Heu zu verwehren und im Winter die Eingangstür ohne viel Schneeschaufeln erreichen zu können. Viele dieser Speicher aus der Zeit des 16. bis 18. Jahrhunderts stehen heute noch in der Region der Telemark und in Freilichtmuseen, die schönsten in denen von Oslo, Valle im Setesdal und in Lillehammer.

Steinerne Bauwerke aus der Zeit der Romanik gibt es nur sehr wenige. Erhalten sind kleine Kirchen wie die in Vik am Sognefjord, in Kinsarvik am Hardangerfjord, in Borre bei Horten, in Sem bei Tønsberg, in Seljord, die Mariakirche in Bergen und die Gamle Aker-Kirche in Oslo. Den Übergang zur Gotik spiegeln am besten der Dom von Stavanger und vor allem der **Nidaros-Dom** zu Trondheim wider. Er ist das größte sakrale Bauwerk Skandinaviens und ein nationales Heiligtum.

Die meisten norwegischen Landkirchen und fast alle noch erhaltenen Holzhäuser, z.B. in Risør, Kragerø und Skudeneshavn, wurden im 19. Jahrhundert erbaut. Beliebte **Baustile** der Zeit waren der an die Stabkirchen erinnernde Drachenstil (Hotel in Dalen), der verschnörkelte Schweizer Stil, wie ihn z.B. die Villa Breidablikk in Stavanger und das Kvikne's Hotel in Balestrand aufweisen, und der Empire-Stil mit seinen markanten Walmdächern. Klassizistische Strenge beweisen einige zur Zeit der nationalen Selbstfindung errichteten Gebäude in Oslo, u.a. das Uni-Hauptgebäude.

In der modernen norwegischen Architektur wird – wie überall – oft Glas und Metall verwendet, das Osloer SAS Plaza Hotel und die Osloer Aker Brygge sind gute Beispiele dafür. Vor allem für neue Museeumsbauten, z.B. beim Hardangervidda Natursenter in Eidfjord, greift man jedoch immer häufiger auf herkömmliche Materialien wie Holz zurück. Auch besitzen solche Gebäude immer öfter die für Norwegen einst so typischen grasbewachsenen Dächer. Doch Bauten dieser Art sind die Ausnahme: Das Bild der Städte und größeren Ortschaften dominiert oft der Beton, allgegenwärtig ist auch der alles vernichtende Asphalt.

Ein **Architekturmuseum** liegt in der Kongens gate 4 in Oslo.

Die meisten **alten Holzgebäude** wurden in den letzten Jahrzehnten **in zahllose Freilichtmuseen umgesetzt,** um so u.a. für ihre Erhaltung garantieren zu können. Die Museen heißen meist „Bygdetun", „Bygdemuseum" oder tragen einen Eigennamen, der auf *tun* (Anlage) oder *gård* (Hof) endet. Die schönsten und größten Freilichtmuseen liegen in Oslo und Lillehammer.

Literatur

Norwegen - eine kleine Nation als **literarische Großmacht!** Die Dramatik der Landschaft, die verwirrenden Städte, der Kulturenwandel vom Bauerntum zur Ölnation scheinen mehr als genügend Stoff und Inspiration zu liefern.

Nach Edda und der Skaldendichtung über Könige und Krieger des 9./10. Jahrhunderts kam es zu Zeiten der Union mit Dänemark zu einer Lähmung allen kulturellen Lebens in Norwegen. Erst über 300 Jahre nach der Ausrufung des Staatenbundes gelang es **Ludvig Holberg** (1684–1754), dem „Molière des Nordens", das literarische Vakuum zu füllen und zu internationalem Ansehen zu gelangen. Allerdings musste er noch fast all seine Zeit in Dänemark verbringen, hatte er nur dort genug Möglichkeiten, seine komödiantischen Werke zu publizieren und umzusetzen.

Im 19. Jahrhundert begannen sich für die norwegische Literatur ungeahnte Möglichkeiten zu entfalten. Es herrschte nach dem Unionswechsel Norwegens eine fruchtbare Aufbruchstimmung, die unterschiedlichste Blüten trug, jedoch allgemein zum Ziel hatte, ein neues Norwegen literarisch zu manifestieren. Als Begründer dieser Art Nationalliteratur gilt allgemein **Henrik Wergeland** (1808–1845), der mit seinen Werken gegen Unterdrückung und Ausbeutung kämpfte. Seiner Schwester **Camilla Collett** (1813–1896), die sich vornehmlich für die Gleichberechtigung der Frau einsetzte, wird die Schaffung des ersten norwegischen Romans, „Die Töchter des Amtmanns", zugesprochen, der 1854 erschien. Die nordischen Gebrüder Grimm, **Peter C. Asbjørnsen** (1812–1885) und **Jørgen Moe** (1813–1882), schufen eine umfassende Märchensammlung und gaben so dem Land seine „traumhafte" Geschichte zurück. Übersinnlich geht es auch in einem Teil der Werke von **Jonas Lie** (1833–1908) zu. Neben dem Leben von Bauern und Arbeitern beschreibt er schicksalhafte Fügungen und wunderhafte Taten, z.B. in „Der Hellseher". Die soziale Realität hingegen umreißen die Werke von **Alexander Kielland** (1849–1906), Großbürgertum und soziale Missstände anprangernd, und die des Nationaldichters **Bjørnstjerne Bjørnson** (1832–1910). Er, der mit Sicherheit nationalistischste Verfasser seiner Zeit, war ein radikaler Gesellschaftskritiker, Schilderer des norwegischen Bauernlebens und Schöpfer der Nationalhymne „Ja vi elsker dette landet" (Ja, wir lieben dieses Land). Und obwohl er für seine Theaterwerke, Dramen, journalistischen Essays und Romane, wie „Der Brautmarsch", 1903 den Literaturnobelpreis erhielt, so stand und steht er doch im Schatten des großen **Henrik Ibsen** (1828–1906), eines der wichtigsten Dramatiker des 19. Jahrhunderts. Geboren als Sohn eines Kaufmanns in Skien, trat der junge Ibsen 1844 in Grimstad eine Lehre in der örtlichen Apotheke an. Hernach studierte er in Christiania (Oslo) und schrieb seine ersten Dramen. Nachdem er die Theater in Bergen und Christiania geleitet hatte, ging er 1864 nach Italien, siedelte 1868 nach Deutschland um und kehrte erst 13 Jahre später in sein Heimatland zurück. Ibsens Werke sind psychologisch tiefgründig, oft anklagend und Konflikte thematisierend. In Dramen wie „Stützen der Gesellschaft" (1877) proklamiert er den Umbruch der bis dahin unantastbaren bürgerlichen Welt. Er erzählt wie einzelne Personen, etwa „Nora" (1879), ihre gesellschaftlichen Fesseln sprengen und sich emanzipieren oder, wie „Peer Gynt" (1867), der scheinbar heilen Welt mit entlarvender Ironie ins Gesicht lachen. Weitere bedeutende Dramen sind „Der Volksfeind" (1882) und „Die Wildente" (1884).

Bekannteste norwegische Autoren um die Jahrhundertwende und in den ersten Jahrzehnten des 20. Jahrhunderts waren die Literaturnobelpreisträgerin von 1928, **Sigrid Undset** (1882–1949), bekannt geworden durch ihren mittelalterlichen Gesellschaftsroman „Kristin Lavransdatter" (1920–1922), und der in sehr ärmlichen Verhältnissen in Garmo bei Lom geborene **Knut Hamsun** (1859–1952). Sein nicht gerade einfaches Leben schildert er eindrucksvoll im Erfolgsroman „Hunger" (1890). Liebeserzählungen wie „Pan" (1894) und der Roman „Der Segen der Erde" (1907), eine Lobpreisung des bäuerlichen Lebens, folgen. Der nun schon international anerkannte Hamsun erhält 1920 den Nobelpreis für Literatur. Diesem Triumph folgt eine Zeit, in der Hamsun zunehmend antidemokratische Tendenzen in seinem Schreiben und Denken offenbart. Höhepunkt ist seine huldvolle Haltung *Hitler* gegenüber, die ihn 1941 den Einmarsch deutscher Truppen in Norwegen begrüßen lässt und ihn zu einem der umstrittensten Autoren Europas macht. Hamsun wird 1947 wegen Landesverrats verurteilt. Den Versuch einer Selbstrechtfertigung strebt er in seinem letzten Buch „Auf überwachsenen Pfaden" an.

Den Kriegsjahren folgen die **realistischen Romane** der 1950er Jahre, mit Personen, die ihre Welt neu zu ordnen beginnen oder die alte zu verarbeiten suchen. Autoren dieser Zeit sind u.a. *Kjell Askildsen, Terjei Vesaas* und *Bergljot Hobæk Haff*. Auch hauchte *Kjell Aukrust* zu dieser Zeit seinen humorvollen Fabelfiguren „Solan Gunderson" und „Ludvig" Leben ein.

In den 1960er und 1970er Jahren wurde die Literaturszene in Reaktion auf die sozioökonomischen Veränderungen und in Einklang mit der weltweiten Protestkultur zunehmend kritischer, politischer und von einem **Sozialrealismus** marxistisch-leninistischer Provenienz durchdrungen. Typische Vertreter dieser Strömung sind *Dag Solstad, Kjartan Fløgstad* („Dalen Portland"), *Jan Erik Vold* und *Edvard Hoem*. Gleichzeitig erlebte **Frauenliteratur** eine Renaissance, die Themen waren Emanzipation, Beziehungskrisen und Erziehung. Wichtige Vertreterinnen dieser feministischen Strömung sind *Bjørg Vik, Cecile Løveid* und *Liv Køltzow*.

Wegweisend für die 1980er und 1990er Jahre ist, dass die Themen vielschichtiger wurden. Man wendete sich von alten Ideologien und rigiden Denkmustern ab und verfasste eher „lebendige" und „leichtere" Geschichten über das Leben und die Liebe, Gott und die Welt. Politik trat in den Hintergrund. Verbunden mit dieser Umkehr ist ein beachtlicher internationaler Erfolg der Autoren. Allen voran ist **Jostein Gaarder** zu nennen, der mit seinem 1994 erschienenen philosophischen Roman „Sofies Welt" einen Welterfolg feierte (1999 verfilmt). Auch Schriftsteller wie *Lars Saabye Christensen* („Der Alleinunterhalter") und *Erik Fosnes Hansen* („Choral am Ende der Reise", „Momente der Geborgenheit") erfreuen sich in Deutschland wachsender Beliebtheit. Nennenswerte Newcomer der letzten Zeit sind auch *Per Petterson* („Pferde stehlen") und der in Norwegen sehr populäre *Erlend Loe*. Von ihm erschien in deutscher Übersetzung „Die Tage müssen anders werden, die Nächte auch", ein unterhaltsames Buch über die Sinnsuche Jugendlicher Mitte 20. Gleichfalls amüsant, wenngleich oft verwirrend wüst, beschreibt der heute in Hamburg lebende *Ingvar Ambjørnsen* die Probleme der Aussteiger und Querköpfe Norwegens. Am bekanntesten sind der herbe Generationenroman „Weiße Nigger" und die fast schon zur Kultliteratur aufgestiegenen „Elling" Bücher. Das moderne Norwegen und seine gesellschaftlichen Probleme schildern auch die Romane und Krimis von *Jo Nesbø* („Der Fledermausmann", „Schneemann"), *Anne Holt* („Der norwegische Gast"), *Karin Fossum* („Wer anders liebt") und *Gunnar Staalesen,* der seinen Privatdetektiv Varg Veum in Büchern wie „Gefallene Engel" und „Das Haus mit der grünen Tür" das moderne Bergen erkunden lässt und so ein unverkennbares Portrait seiner Stadt kreiert. Wie dieser Autor schon länger auf dem deutschen Markt vertreten sind *Edvard Hoem* („Fährfahrten der Liebe") sowie *Herbjørg Wassmo,* die für ihre Tora-Trilogie den Literaturpreis des Nordischen Rates bekam.

Norwegische Poesie, wie die von *Paal-Helge Haugen, Stein Mehren,* des 1994 verstorbenen *Rolf Jacobsen* und der samischen Lyrikerin *Rauni Magga Lukkari,* findet bisher fast nie den Weg in deutsche Bücherregale. Übersetzt hingegen wurden die Kinder- und Jugendromane von *Ellenor Raffaelsen* und *Unni Lindell.*

Malerei und Bildende Kunst

Zweifellos bedeutendster norwegischer Maler ist **Edvard Munch** (1863–1944). Er gilt als Wegbereiter des Expressionismus und damit als einer der epochalen Künstler schlechthin (vgl. Exkurstext).

Für die Zeit vor Munch sind als wichtige Landschaftsmaler und Romantiker der von *Caspar David Friedrich* stark beeinflusste **Johan Christian Claussen Dahl** (1788–1857) sowie **Hans Gude** (1825–1903) und **Adolph Tidemand** (1814–1876) zu nennen, deren gemeinsames Bild „Brautfahrt in Hardanger" fast ein nationales Symbol ist, so oft wird es abgebildet (im Original zu sehen in der Nationalgalerie). Stimmungsvoll sind die Werke von **Harriet Backer** (1845–1932), märchenhaft und mys-

124no Foto: ms

tisch die berühmten Trollbilder **Theodor Kittelsens** (1857–1914). Wichtigster abstrakter Gegenwartsmaler des Landes ist **Jakob Weidemann** (1923–2001).

Spricht man von der bildenden Kunst Norwegens, fällt automatisch der Name **Gustav Vigeland** (1869–1943). Begann dieser Bildhauer zunächst mit kleineren Arbeiten in Holz, wandte er sich, unter dem Einfluss *Rodins,* recht bald dem Stein zu. Dabei wurden seine Werke immer monumentaler und arteten mit der Vigeland-Anlage fast in Gigantomanie aus. Der Skulpturenpark, der das Leben in all seinen Facetten darzustellen versucht, wurde 1924 begonnen. Die Gemeinde Oslo stellte Vigeland den Park zur Verfügung und er verpflichtete sich testamentarisch, all seine Arbeiten der Stadt zu überlassen.

Skulptur „Sinnataggen" im Vigeland Park

Musik

Klassik

Im Jahr 1843 war es, da Norwegens größtes musikalisches Genie das Licht der Welt erblickte: **Edvard Grieg.** Im Alter von 15 Jahren siedelte er nach Leipzig über und erhielt dort am Musikkonservatorium eine vierjährige Ausbildung, die sein künstlerisches Schaffen entscheidend förderte. Anschließend hielt er sich zu weiteren Studienzwecken in Kopenhagen auf und traf dort u.a. auf *Rikard Nordraak,* der die Norwegische Nationalhymne vertonte. Im Jahr 1866 ließ sich Grieg in Christiania (Oslo) nieder und begann eine nationale Musik auf der Grundlage alter Volksmusiktraditionen aufzubauen. 1869 reiste der Künstler mit einem Stipendium nach Italien, wo er mit *Franz Liszt* zusammentraf und sich inspirieren ließ. Zurückgekehrt in die norwegische Hauptstadt, begann eine fruchtbare Zusammenarbeit mit dem Dichter *Bjørnstjerne Bjørnson.* Allerdings erfuhr die Freundschaft einen Dämpfer, als Henrik Ibsen Edvard Grieg bat, die Musik zu seinem Bühnenstück „Peer Gynt" zu schreiben. Die „Peer Gynt Suite" wurde dann des Komponisten bekanntestes Werk und zählt heute, mit ihren oft interpretierten Teilen „Morgenstimmung"

Edvard Munch

Geboren 1863 in Christiania (Oslo) wuchs Edvard Munch in bescheidenen Verhältnissen auf. Seine Kindheit und Jugend waren geprägt von Tod, Leid und Trauer. Er, der selbst eine kränkelnde Konstitution hatte, verlor im Alter von fünf Jahren die Mutter. Kurze Zeit später begann seine jüngere Schwester an Depressionen zu leiden, und seine ältere Schwester verstarb an Schwindsucht, eine Erfahrung, die er in seinem frühen Werk „Das kranke Kind" zu verarbeiten versuchte. Das Bild, in dem er radikal mit der Kunstrichtung des Realismus brach, entstand 1885/86 nach einem kurzen Studienaufenthalt in Paris. Zurück in Norwegen, schloss er sich Ende der 80er Jahre des 19. Jahrhunderts der anarchistischen Gruppe der Christiania-Bohème an, die sein Leben stark beeinflusste. Nach einer großen Ausstellung erhielt er 1889 ein Künstlerstipendium und kehrte zeitweise nach Paris zurück. Nach dem Tod des Vaters 1890 begann die wichtigste Periode seines künstlerischen Schaffens. Es entstanden zunächst die von tiefer Trauer geprägten Bilder „Nacht" und „Melancholie", danach, als ob er nun alle Anspannung und seelischen Qualen von sich weisen wollte, „Der Schrei". Das Werk ist mit seiner Kraft und Intensität zweifellos ein Meisterwerk und gilt als das erste expressionistische Bild überhaupt.

In seiner Heimat wegen dieser modernen Arbeiten geächtet, wandte er sich erneut Frankreich und diesmal auch Berlin zu. Auch hier führten seine Bilder zunächst zu einem großen Eklat, der zur Schließung seiner ersten Ausstellung nach wenigen Stunden führte. Allerdings, nach angemessener Gewöhnungszeit, erkannte man nach und nach Munchs künstlerisches Potenzial. Es entstanden Bilder wie „Der Tanz des Lebens" und „Die Mädchen auf der Brücke".

1909 kehrte der Maler als gefeierter Künstler endgültig nach Norwegen zurück und schuf hier Werke, die nun auch die lichten Seiten des Lebens beleuchteten. Seine Sonnenbilder zählen dazu. Munch starb im Januar 1944 in Oslo. Seine bekanntesten Werke hängen im Munch-Museum und in der Nationalgalerie in der Hauptstadt.

und „Solveigs Lied" zu den bedeutendsten klassischen Vertonungen der Welt. Ab 1874 erhielt Grieg ein Künstlergehalt und nahm seine Unterrichtstätigkeit in seiner Heimatstadt Bergen auf. 1885 siedelte er dort in die Villa „Troldhaugen" um, in der er zusammen mit seiner gleichfalls musikalisch hochbegabten Frau Nina seinen Lebensabend verbrachte. Edvard Grieg starb im Jahre 1907.

Gleichfalls aus Bergen stammen der Meistergeiger und Komponist *Ole Bull* (1810–1880) sowie der in Norwegen recht bekannte und geschätzte Komponist *Harald Sæverud,* Verfasser der „Ballad of Revolt". Musikalisch neue Wege beschritten *Johan Svendsen* (1840–1911) und *Johan Halvorsen.*

Die wohl bekanntesten lebenden Interpreten klassischer und volkstümlicher Werke sind *Sissel Kykjebö,* bekannt geworden durch ihren Auftritt bei der Eröffnung der Winterolympiade 1994 in Lillehammer, und *Per Vollestad.*

Pop/Rock

Sie waren der Stern am Pophimmel Mitte der 1980er Jahre, **„A-ha",** die smarten Jungs mit den klaren Stimmen und ihren einfühlsamen Mainstreamsymphonien. Kometenhaft war ihr Auf-

121no Foto: ms

stieg, und sie hinterließen eine Wüste. Man tat sich schwer mit internationalen Erfolgen. Wenn etwas aus Skandinavien kam, dann war es schwedisch. Allenfalls *Dance with a Stranger* und *Espen Lind* konnten Anfang und Mitte der 1990er Jahre kurzzeitig auf sich aufmerksam machen, waren jedoch nach wenigen Wochen schon wieder im Nichts verschwunden. Doch die norwegische Musikindustrie arbeitete weiter mit Hochdruck an einem internationalen Durchbruch. Folgerichtig konnte mit *Lene Marlin* 1999 der erste länger andauernde Hitlisten-Erfolg seit langem verbucht werden. Später kamen u.a. *Kings of Convenience, Röyksopp, Kurt Nilsen* und *Marit Larsen* hinzu.

Edvard Grieg –
Norwegens bekanntester Komponist

Folk/Modern Folk

In Sachen Rock und Folk ist nun schon seit Jahren die samische Sängerin **Marie Boine** europaweit erfolgreich. Virtuos schafft sie es, Altes mit Neuem zu verbinden. Samische Melodien wie das Joiken werden mit Instrumenten wie Panflöte, Geige und E-Gitarre begleitet und zu einem neuen Klang verwoben. Die Lieder erzählen von ihrem Volk, seinen Problemen und Hoffnungen. Obgleich die Künstlerin heute in Oslo lebt, schöpft sie nach wie vor ihre Inspirationen in der Weite des Nordens. Sehr empfehlenswert sind die Aufnahmen „Bálvvoslatjna – room of worship" sowie „eallin".

Wichtigstes Instrument der traditionellen und modernen norwegischen Folkszene ist die Hardanger-Fiedel. Meisterhaft spielt sie **Annbjørg Lien,** deren Album „Baba Yaga" besonders hervorzuheben ist. Meist auf die klassische Geige greift hingegen **Susanne Lundeng** zurück. Mit ihrem Album „Walz for the red fiddle" schuf sie eine geniale Symbiose aus traditioneller und zeitgenössischer Folkmusik. Diesen Mix bieten auch die besinnlichen Balladen der in Deutschland immer populärer werdenden Sängerin **Kari Bremnes.** Zu empfehlen ist speziell das Album „Soløye".

Auf dem Gebiet des **Modern Folk** (Folk mit modernen Musikelementen) sind die stark von der traditionellen norwegischen Musik beeinflussten schwedischen Bands *Garmarna, Triakel,*

Hedningarna und *Hoven Droven* zu erwähnen.

● **CD-Tipp: sound)))trip Norway.** Musik verschiedener norwegischer Künstler, u.a. *Marie Boine,* erhältlich über den REISE-KNOW-HOW Verlag.

Jazz

Das Land besitzt zweifellos **eine der aktivsten Jazzszenen Europas.** Und aufgrund der guten Voraussetzungen – es finden etliche Jazzfestivals statt, und vor allem in Oslo gibt es viele Clubs – verwundert es nicht, dass Musiker wie *Terje Rypdal, Nils Pedder Molvær, Silje Nergaard, Rebekka Bakken, Ketil Bjørnstad* und *Jan Garbarek* schon seit Jahren international sehr erfolgreich sind. Als musikalischer Einstieg ist Garbareks Platte „Legend of the Seven Dreams" sehr zu empfehlen. Magischer und mit kirchlichen Klängen verwoben ist das Werk „Officium". Ebenfalls empfehlenswert die Alben von *Kristin Asbjörnsen.*

Ein Tipp für musikalisch anspruchsvolle Ohren sind die Jazz-, Pop- und Klassikeinspielungen der Osloer Firma „Kirkelig Kulturverksted". Sie sind an einem gesonderten Stand in fast jedem Plattenladen Norwegens zu finden.

Theater und Film

Mit der Zeit der nationalen Neuerung ab 1814 hielt auch die Theaterkultur Einzug in Norwegen. Allerdings dauerte es noch seine Zeit, bis **1850** vom Geiger und Komponisten *Ole Bull* in Bergen das **erste Theater** des Landes gegründet wurde. Als zweites folgte erst 1899 das Nationaltheater in Oslo. Heute existieren neben diesen und den größeren Schauspielhäusern in Trondheim und Stavanger Bühnen in fast allen kleineren Orten, so z.B. in Molde, Førde, Skien, dem Geburtsort Ibsens, und Mo i Rana. Orte ohne festes Ensemble werden traditionell vom „Riksteater" (Reichstheater) mit Kultur versorgt. Dieses tingelt Jahr für Jahr durchs Land und legt dabei im Dienste der Schönen Künste per Auto, Bus, Zug oder Theaterboot Tausende Kilometer zurück. Gezeigt werden, wie auch im Nationaltheater, vornehmlich Stücke von *Henrik Ibsen,* dem wichtigsten Theaterdramatiker Norwegens. Aufgeführt werden u.a. „Die Wildente", „Peer Gynt" und „Nora – Ein Puppenheim".

Die Hauptstadt Oslo ist zudem Sitz der Norwegischen Oper, die bekannt ist für ihre teils hypermodernen Interpretationen, des Norwegischen Theaters, in dem alle Aufführungen auf Neunorwegisch sind, und zahlloser privater Showtheater wie dem Dizzie und dem Black Box Theater.

Ein kleines **Theatermuseum** liegt in Oslo am Christiania torv.

Der **Film** kam nach Norwegen, als *Hugo Hermansen* zu Beginn des 20. Jahrhunderts die ersten Kinos im Lande eröffnete. Einige Jahre später, um 1920, gab es in Christiania (Oslo) schon sage und schreibe 26 Lichtspielhäuser. Die bekanntesten Regisseure der damaligen Christiania-Filmgesellschaft waren *Peter Lykke-Seest,* mit seinem Hauptwerk „Die Waisen", und *Ottar Gladtvet.* 1932 wurde die „Norsk Film" mit eigenem Produktionsstudio gegründet.

Erste international anerkannte Streifen des Ateliers wurden „Der Bastard" von *Helge Lund,* gedreht 1941, und der vom Überlebenskampf gegen die Natur erzählende Film „Ni liv" („9 Leben") von *Arne Skouen* aus dem Jahr 1957.

Mit zunehmender Förderung der Filmindustrie Ende der 1980er Jahre ging es, nach einigen eher bescheidenen Krimis und dem sehr guten Puppenanimationsfilm „Flåklypa Grand Prix", mit den cinematografischen Werken bergauf. Viele der auch international bekannt gewordenen Produktionen lassen sich grob drei Gruppen zuordnen. Zum einen sind da die mystisch-atmosphärischen Filme. Mit ihnen, namentlich mit dem sogar für den Oscar nominierten Streifen „Veiviseren" („Der Pfadfinder"), gelangen die ersten Erfolge. Kurioserweise handelt es sich bei diesem Film von *Nils Gaup* eigentlich um keinen „echt" norwegischen Film, sondern um die erste samische Produktion überhaupt. Erzählt wird die spannende Geschichte einer Verfolgung durchs winterliche Lappland. Ein weiteres bekanntes Werk ist der sinnlich-ergreifende Streifen „Eine Handvoll Zeit" von *Martin Aspehaug,* in dem die Zeit sich verflüchtigt wie der Rauch aus dem Wasserkocher.

Neben solcherart mystischen Werken produzierte man auch zunehmend Historienfilme. Die bekanntesten sind die Verfilmung von *Sigrid Undsets* Roman „Kristin Lavransdatter", mit Norwegens bekanntester Schauspielerin *Liv Ullman,* sowie „Hamsun" mit *Max von Sydow.* Ein Buch *Hamsuns* wurde mit dem sehenswerten Streifen „Pan" verfilmt.

Den Übergang zur dritten Kategorie bildet „Der Telegraphist", in dem in der Hauptrolle ein überdrehter Lebemann als Retter von Haus und Hof auftritt. Erzählt werden humorvolle, teils tragikomische Geschichten, in denen die norwegische Kultur das ein oder andere Mal auf die Schippe genommen wird. Paradebeispiele sind der Film „Eggs", mit zwei gleichgeschalteten Brüdern in der norwegischen Wildnis, und „Wenn der Postmann gar nicht klingelt", mit seiner bizarren Handlung im tristesten Teil Oslos.

Erfolgreichster norwegischer Film der letzten Jahre ist die Verfilmung des Buches „Blutsbrüder" von *Ingvar Ambjørnsen.* Unter dem Namen „Elling" verfilmte Regisseur *Petter Næss* auf subtile und doch humorvolle Weise die Wiedereingliederung eines psychisch schwachen Menschen in die Gesellschaft.

Gleichfalls große internationale Erfolge feierten die Filme „Heftig og Begeistret", „Kitchen Stories" sowie 2009 der beschauliche, sehr ruhige Streifen „O'Horten" und das antidepressive Offroadmovie „Nord". Beide bestechen durch fantastische Landschaftsaufnahmen und letztgenannter Film zudem durch einen ganz eigenen Humor.

Ein **Filmmuseum** befindet sich in Oslo in der Dronningensgt. 16. Ein Skandinavisches Filmfestival findet Mitte August in Haugesund statt. Kurzfilmfestivals gibt es in Grimstad und Oslo.

Folklore

Trachten

Untrennbar mit jedem größeren Fest, jeder Hochzeit, mit allen Taufen und Konfirmationen sowie selbstverständ-

126no Foto: ms

lich mit dem Nationalfeiertag verbunden ist das Tragen von Trachten *(bunader)*. Dabei repräsentiert die kunstvoll bestickte Kombination aus Hemd, Weste, Überzug, Kniebundhose oder Rock bei Frauen die Identität einer bestimmten Region, eines Tales oder einer Familie. Die Farben der Oberteile sind zumeist schwarz, grün oder rot. Dazu trägt man oft auch, etwa im Setesdal und in der Telemark, Silberschmuck. Viele Trachten haben über Generationen überlieferte Muster, neu angefertigte werden jedoch auch häufig mit moderneren Accessoires versehen.

Bunader –
Traditionelle norwegische Trachten

Volkstanz und Volksmusik

Teil der alten norwegischen Landkultur sind auch Volkstänze wie der schwungvolle Paartanz *Springar*, der ruhigere, gleichmäßigere *Gangar* sowie der wilde Einmanntanz *Halling*, der der Kultur des Hallingdals entspringt. Begleitet werden die Tänze von Weiden- oder Holzflöten, Maultrommeln und Fiedeln. Die bekannteste ist die Hardanger-Fiedel. Sie kommt mit vier Spiel- und vier Resonanzsaiten daher und klingt ungemein erbaulich. Wundervoll interpretiert wird die Volksmusik von *Egil Storbekken* und *Lief Sørbye* (CD: „Folk Music From Norway“ von Arc Music). Anschaulich illustriert wird der Volkstanz in Freilichtmuseen im Hallingdal, im Setesdal, Lillehammer und Oslo.

Routen durch Norwegen

Die folgenden Routen können selbstverständlich nur Vorschläge sein, wie man das Land bereisen könnte. Sie führen auf touristischen Wegen zu den wichtigsten bzw. berühmtesten Sehenswürdigkeiten Norwegens. Wer nicht zum ersten Mal im Lande ist, tut gut daran, auch abseits dieser Tourenvorschläge das Interessante zu suchen. Infos über nationale Touristenstraßen finden sich unter www.turistveg.no.

● **Norwegen-Schnuppertour** (2 Wochen in Norwegen)
Oslo – E 134 – Kongsberg – Haukelifjell – Låtefoss – Hardangerfjord – Eidfjord (Abstecher Vøringfoss) – Ulvik – Voss – (Abstecher Gudvangen) – Rv 13 – Vik – Balestrand – Moskog – E 39/ Rv 60 – Stryn (Abstecher Briksdalsbreen) – Rv 15 – (Abstecher Geiranger) – Lom – Sognefjellpaß – Luster (Abstecher Nigardbreen) – Sogndal – E 16 – Lærdal – Stabkirche Borgund – Valdres – Oslo

Auf dieser Strecke erlebt man die Hauptstadt Oslo mit ihren interessanten Museen, den romantischen Hardangerfjord und die imposanten Wasserfälle Låtefoss und Vøringfoss. Man durchquert herrliche Fjordlandschaften, das imposante Jotunheimen-Gebirge und besucht die Gletscher Briksdals- und/oder Nigardbreen. Auch liegen entlang der Route die schönsten Stabkirchen Norwegens (Borgund, Urnes, Lom).

Wer noch 3 bis 4 Tage mehr zur Verfügung hat, kann von Eidfjord über die Rv 7 eine Runde in Richtung Bergen, einen der schönsten Orte Norwegens, drehen. Zurück geht es über die E 16 nach Voss.

● **Südnorwegen pur** (2 bis 3 Wochen)
Kristiansand – E 39 – Mandal (Abstecher Lindesnes) – Stavanger (Abstecher Prekestolen) – Haugesund – E 134 – Langfoss – Rv 13 – Eidfjord – Bergen – E 16 – Voss – Rv 13 – Ulvik – Rv 7 – Geilo – Rv 40 – Numedal – Kongsberg (Abstecher Stabkirche Heddal) – Tønsberg – E 18 – Kragerø – Risør – Kristiansand

Die Tour führt zum Südkap Norwegens, Lindesnes, in die Ölhauptstadt Stavanger und zum gigantischen Fels Prekestolen. Auch sieht man einige herrliche Wasserfälle (Låtefoss, Langfoss, Vøringfoss), die Stadt Bergen, das Stabkirchtal Numedal und die sonnenreiche Südküste mit pittoresken Holzhausorten wie Kragerø, Risør und Tvedestrand.

Wer noch 3 bis 4 Tage mehr einplant, kann ab Voss über Gudvangen und Flåm nach Geilo fahren. Unterwegs lohnen eine Fahrt mit der Flåmbahn und ein Abstecher zum Snøvegen (Schneeweg).

● **Süd- und Westnorwegen** (3 Wochen)
Kristiansand – Rv 9 – Setesdal (Abstecher zum Lysefjord) – Haukelifjell – E 134 – Hardangerfjord – Rv 7 – Bergen – E 16 – Voss – (Abstecher zum Nærøyfjord) – Rv 13 – Vik – Balestrand – Moskog – E 39/ Rv 60 – Stryn – Geiranger – Serpentinenstraße Trollstigen – Åndalsnes – E 136 – Dombås – Vågåmo – Rv 15 – Lom – Rv 55 – Sognefjell – Sogndal – Lærdal – E 16 – Stabkirche Borgund – Valdres – Oslo

Abgesehen von der Fahrt durch das romantische Setesdal, dem Abstecher zum wilden Lysefjord und der Fahrt über den grandiosen Trollstigen ist diese Route eine Kombination aus den ersten beiden Touren.

● **Westnorwegen pur** (3 Wochen)
a) Oslo – E 134 – Kongsberg – Stabkirche Heddal –
b) Kristiansand – Setesdal –
Haukelifjell – Hardangerfjord – Eidfjord – Rv 7 – Bergen – E 16 – Voss – Rv 13 – Vik – Balestrand – Moskog – Skei – E 39/ Rv 60 – Stryn – Rv 15 – Måløy/Vestkapp – Vogelinsel Runde – Ålesund – Molde – Åndalsnes – Trollstigen – Geiranger – Rv 15 – Lom – Rv 55 – Sognefjell – Sogndal – Lærdal – Snøvegen (Schneeweg) – Flåm – Rv 50 – Hol (Geilo) – Rv 7 – Hallingdal – Gol – Oslo

Neben den schon erwähnten Attraktionen erlebt man u.a. noch die urtümliche Westküste und die Vogelinsel Runde mit ihren Tausenden von Papageientauchern und Möven.

● **West- und Ostnorwegen** (3 Wochen)
Oslo – E 16 – Valdres – Stabkirche Borgund – Lærdal – Sognadal – Rv 55 – Sognefjell – Lom – Rv 15 – Stryn – Rv 60 – Geirangerfjord – Trollstigen – Molde – Kristiansund – Trondheim – Rv 30 – Røros – Stabkirche Ringebu – Lillehammer – Oslo

Neben Stabkirchen, Fjorden und den Bergen Jotunheimens sieht man das schöne Trondheim mit dem Nidarosdom, die unter Unesco-Schutz stehende Bergwerksstadt Røros und den Olympiaort von 1994, Lillehammer.

● **Westnorwegen und Lofoten** (4 bis 5 Wochen)
Oslo – E 16 – Valdres – Stabkirche Borgund – Snøvegen – Flåm – Gudvangen – Rv 13 – Vik – Balestrand – Sogndal – Rv 55 – Sognefjell – Lom – Rv 15 – Geiranger – Trollstigen – Molde – Kristiansund – Trondheim – E 6 – Lofoten – Küstenstraße Rv 17 – Trondheim – Rv 30 – Bergbaustadt Røros – Stabkirche Ringebu – Lillehammer – Oslo

Zu sehen sind Fjorde, Gletscher, Stabkirchen und hübsche Ortschaften. Als Höhepunkt gilt es die magische Welt der Inseln der Lofoten zu entdecken.

Möchte man den Lofotenausflug auf drei Wochen beschränken, einen Abstecher zu den Vesterålen einbauen oder einfach mehr Zeit vor Ort verbringen, so fährt man auf der E 6 von Oslo nach Trondheim und weiter nach Bodø oder Narvik. Die Rückfahrt bis Trondheim kann auf der Küstenstraße Rv 17 erfolgen.

● **Nordnorwegen** (4 Wochen)
Oslo – E 6 – Trondheim – Grong – Rv 17 – Bodø – Lofoten – Vesterålen – Senja – Tromsø – Alta – Hammerfest – Nordkap – Lakselv – Kirkenes – Finnmarksvidda – Rückfahrt über Finnland oder die E6

Man erlebt auf dieser Strecke alle klassischen Sehenswürdigkeiten des Nordens: mächtige Felsmassive, Wälder, Ebenen und Strände, die Lofoten, Tromsø, tolle Fjorde und Hochebenen sowie das Nordkap.

● **Per Bahn und Boot**
Oslo – Flåm – Bergen – Stavanger – Kristiansand – Oslo
Oslo – Flåm – Bergen – Selje – Ålesund – Kristiansund – Trondheim – Oslo
Oslo – Bodø – Lofoten – Narvik – Bodø – Røros – Oslo

599no Foto: nb

Region Oslofjord

131no Foto: ms

130ano Foto: ms

Oslo – Stadt zwischen Fjord und Gebirge

Die Festung Akershus

Das Nationaltheater in Oslo

Überblick

Die **Gegend um den Oslofjord** ist die am dichtesten besiedelte des Landes. Etwa 25 % aller Norweger haben Haus und Hof entlang des 100 km ins Binnenland reichenden und bis zu 300 m tiefen Meeresarmes. An seinen Ufern liegen mit Tønsberg im Westen, Sarpsborg im Osten und Oslo im Norden die ältesten Orte des Königreiches.

Speziell für die Hauptstädter stellt der **Fjord** eine wichtige Verkehrsachse und ein beliebtes Freizeitrevier dar. Insbesondere an schönen Sommerwochenenden könnte man meinen, halb Norwegen sei auf dem Wasser versammelt, der Sonne zu Ehren und dem vielleicht bootlosen Nachbarn zum Trotz (sollte es den überhaupt geben). In harten Wintern kann es passieren, dass der Fjord als einer der wenigen im Land am Rande zufriert und so zur Bühne für Sonntagsspaziergänge auf Eis wird.

Oslo ↗XXI/C1

Ein bisschen wie abgetrennt vom ländlichen Norwegen liegt die Hauptstadt Oslo in der südöstlichsten Ecke des Landes. Es ist die größte Siedlung des Königreiches und für viele Norweger ein verwirrender gordischer Knoten, allerdings mit den besten Arbeitsplätzen unter der Sonne. Reist man als Gast mit der Fähre an, so mag man jedoch eher glauben, mit **575.000 Einwohnern** Europas größtes Dorf vor sich zu haben, ein kleinteiliges, farbenfrohes Häusermeer, eingebettet zwischen hohe Berge, endlose Wälder und die spiegelglatte Oberfläche des Fjordes. Es dominieren nicht wie anderswo prunkvolle Bau-

132no Foto: hs

ten, wuchtige Schlösser und große Anwesen. Oslos Herz ist sicher nicht in der Architektur zu suchen, es schlägt vielmehr hinter den Fassaden aus Holz, Beton und Backstein, offenbart sich erst beim zweiten Hinsehen. Wer es aber den Einheimischen gleichtut, **alles etwas ruhiger angehen** lässt, in einem der unzähligen Restaurants einen Kaffee schlürft, den Tag im Park vor dem Parlament genießt oder an einem sonnigen Wintertag durch die verschneiten, golden beleuchteten Straßen bummelt, wird sicher recht bald die Stadt für sich entdecken und lernen, sie einfach nur zu genießen.

Für einen ersten Eindruck bieten sich die **Rundblicke** von der weltberühmten Holmenkollen-Skisprungschanze, dem Fernsehturm Tryvannstårn und den Fähren auf dem Fjord an. Doch es überzeugt nicht nur die Lage der Stadt, sondern auch ihre **kulturelle Vielfalt.** Über fünfzig Gebäude, Museen und Ausstellungen können besichtigt werden. Zu den attraktivsten zählen das einmalige Munch-Kunstmuseum, das moderne Skimuseum und die Museumshalbinsel Bygdøy, deren Freilichtanlage mit alten norwegischen Bauernhäusern zu einem Spaziergang einlädt. Auch liegen hier die Sammlungen von Wikinger- und Polarschiffen, die von Reisen zu den Geheimnissen der Welt künden.

Oslo ist eine überaus **dynamische Stadt** und das wirtschaftliche Wachstumszentrum Skandinaviens schlechthin. Man ist bemüht, mit modernen Glasbauten neue, weltstädtische Akzente zu setzen. Unweit von Bahnhofsviertel und Aker Brygge ist Oslo dagegen noch immer ein Ort, dessen beliebteste Plätze weiterhin die Liegewiesen sind und dessen eigentliches geografisches Zentrum versteckt hinter Bäumen idyllisch am See liegt. Allerdings wird weiter mit Hochdruck an einem Imagewechsel gearbeitet. Baustellen gibt es wie Sand am Meer und neue Projekte allerorten, wobei man in Sachen Kultur deutlich langsamer ist. Fast ein Jahrzehnt stritt man sich um die Lage der neuen Oper, bis man einen geeigneten Platz am Wasser fand. Es ist überhaupt erstaunlich, dass man sich um deren Lage so viel Gedanken machte, sehen doch ansonsten Einwohner wie Planer Oslo eher mit einer gewissen Lustlosigkeit.

Dies mag u.a. daran liegen, dass die meisten Bewohner aus ländlichen Gegenden des Landes stammen und eigentlich nur der **Arbeitsplätze** wegen hier sind. Einen persönlichen Bezug haben die Menschen eher zum Heimatort als zur Großstadt Oslo, von der stets behauptet wird, dass sie eigentlich rein gar nichts mit Restnorwegen zu tun habe. Vielleicht ist auch das der Grund für die Massenfluchten an sonnigen Wochenenden. Dann trifft man die Menschen auf den 2000 Kilometern Wanderwegen und Loipen der Nordmarka an und nicht auf der sonst so lebendigen Karl Johans gate.

Je nachdem, wie viele Museen man besuchen möchte, sollte man für den Aufenthalt in der Stadt ein bis drei Tage einplanen.

Stadtgeschichte

Eine erste Besiedlung der Region erfolgte schon vor 7000 Jahren, wovon u.a. die **Felszeichnungen** an der Seemannsschule, nahe des Ekeberg-Campingplatzes, zeugen. Die eigentliche **Gründung Oslos** wird auf das Jahr **1050** geschätzt. Wobei man es da mit der Jahreszahl nicht so genau nimmt, oder nehmen kann, und zur Jahrtausendwende schon mal den 1000sten Geburtstag der Stadt feierte. Gesichert ist hingegen, dass König *Harald Hårdråde*, am Mündungsbereich des Alnaelva (unterhalb des Ekeberges, östlich des heutigen Zentrums) die ersten Gebäude wie den Königshof und die Clemenskirche erbauen ließ. Überreste sind noch im Minneparken an der Oslogata zu sehen. Der Name der Siedlung, Oslo, stammt entweder von „Lo-elvens os" (Mündung des Lo-Flusses) oder von „ass lo" (Götterebene).

Im Zuge der Christianisierung, in der zweiten Hälfte des 11. Jahrhunderts, wurde der Ort zum **Bischofssitz** erhoben und war so für längere Zeit einer der kirchlich-geistigen Mittelpunkte des Landes. Die Grundmauern eines 1147 erbauten Zisterzienserklosters sind heute auf der Insel Hovedøya zu besichtigen. Hauptstadt war Oslo seinerzeit jedoch nur teilweise, wurde doch als politisches Zentrum jener Ort definiert, in dem sich der König samt Gefolge aufhielt. Dies waren neben Oslo auch die Städte Nidaros (Trondheim, mit Bischofs- und Königshof), Tunsberg (Tønsberg, älteste Stadt des Landes) und vor allem Bergen, damals wichtigste Stadt im Nordwesten. Erst **1299,** da der König seine Zentralverwaltung nach Oslo verlegte, wurde der damals 4000 Einwohner zählende Ort reguläre **Hauptstadt.** Zur Sicherung wurde 1308 der Bau der Festung Akershus vollendet. Als 1319 *Haakon V.* starb und keinen männlichen Nachfolger hinterließ, inthronisierte man einen aus der schwedischen Herrscherdynastie stammenden König. Nach seinem Tod im Jahr 1380 wusste die dänische Witwe *Magarethe I.* ihre Macht so geschickt auszunutzen, dass es 17 Jahre später zu einer Verflechtung der nordischen Königshäuser kam. Da Oslo seine Hauptstadtfunktion an Kopenhagen verlor und durch die Pest knapp fünfzig Jahre zuvor arg gebeutelt war, verkam die Stadt zur Bedeutungslosigkeit.

Als Anfang des 17. Jahrhunderts *Christian IV.* an die Macht kam, hatte Oslo nur wenige tausend Einwohner. Außerdem musste ständig damit gerechnet werden, dass die Stadt von den Schweden eingenommen werden würde; die Festung Akershus war einfach zu weit entfernt, um ausreichenden Schutz zu bieten. Nachdem am 17. August 1624 ein Großfeuer die Stadt in Schutt und Asche gelegt hatte, ergriff *Christian IV.* die Gelegenheit und gründete am 27. September desselben Jahres unterhalb der Festung Akershus das **neue Oslo,** welches den bescheidenen Namen **Christiania** erhielt. Der Stadtplanung der Renaissance entsprechend wurde der Ort schachbrettförmig angelegt und die Festung zum Schloss umgebaut. Um zukünftige Brände zu vermeiden, durften – völlig unnorwegisch – nur Stein- oder Fachwerkhäuser erbaut werden. Wirtschaftlich ging es nur langsam voran, trotz des florierenden Holzexportes vor allem nach Holland und England (Wiederaufbau des abgebrannten London).

Johann Hübner schrieb 1733 über die Stadt: „Christiania ... Sie liegt harte bey dem festen Schlosse Aggerhuus an der See über der alten Stadt Opslo; sie ist starck bewohnt, sehr regulair gebauet, und mit Recht die schönste im ganzen Königreiche zu nennen."

Das änderte sich erst mit dem Jahr 1814, als die Dänen Norwegen an Schweden abtreten mussten. Der Sohn des schwedischen Königs *Karl Johan* wurde Statthalter in Christiania und stellte sich an die Spitze der **Unabhängigkeitsbewegung.** Eine Welle der nationalen Identitätsfindung war losgetreten, und die Stadt wurde **Verwaltungszentrum** der schwedischen Provinz Norwegen. Dies und die zunehmende **Industrialisierung** (Textil-, metallverarbeitende-, Nahrungs- und Genussmittelindustrie, Schiffsbau) ließen die Bewohnerzahl Christianias rasant ansteigen. Zählte die Stadt 1855 32.000 Einwohner, waren es 45 Jahre später schon 228.000. Die **Lebensbedingungen waren elend.** Es entstanden graue Mietshausviertel und Arbeitersiedlungen, alte Arbeiterquartiere wie Pipervika gammelten vor sich hin (In den 1930er Jahren niedergerissen, um Platz für den Rathausklotz zu schaffen). Damals nahm auch eine krasse **soziale Differenzierung** in der Stadt ihren Anfang. In der Østkant (östlich des Akerselva) entstanden die typischen Arbeiterviertel mit kleinen, armseligen Häusern, in der *Vestkant* die Nobelviertel mit mondänen Villen. Noch heute ist es für viele Osloer von Bedeutung, auf der „richtigen" Seite des Flusses zu wohnen.

Im Jahr **1925** erhielt die Stadt ihren **alten Namen Oslo zurück.**

Der 2. Weltkrieg hinterließ kaum Spuren in Oslo (der 1. ging ganz an Norwegen vorbei) und endete mit der Hinrichtung des Kollaborateurs und Ministerpräsidenten von Hitlers Gnaden *Viktor Quisling* auf der Festung Akershus. Der Rest des Landes lag jedoch in Trümmern. Geradezu als Zeichen der Wiederauferstehung fanden schon **1952** die **Olympischen Winterspiele in Oslo und Umgebung** statt. Sie läuteten die rasche Nachkriegsentwicklung der Stadt ein. Man begann mit dem Bau großer **Satellitenstädte,** deren erste Lambertseter und Grorud waren. Außerdem entwickelte sich Oslo zunehmend zu einem bedeutenden, skandinavischen **Dienstleistungs- und Verwaltungszentrum.** Fast alle norwegischen Behörden, Versicherungen und Banken haben hier ihren Sitz. Die Stadt wuchs rasant, man vernachlässigte jedoch permanent den innerstädtischen Bereich. Dieser drohte schon lange durch steigende Mieten und den überhandnehmenden Autoverkehr tagsüber zu ersticken und abends zu veröden. 1971 wurden als Gegenmaßnahmen erste **Fußgängerzonen** eingerichtet, die jedoch kaum etwas daran änderten, dass man Oslo in Norwegen und Schweden als behäbiges graues Nest belächelte.

Anfang der 1980er Jahre jedoch kam die Trendwende. Durch die Lockerung der Sperrstunde schossen Cafés und Kneipen wie Pilze aus dem Boden. Die Einnahmen aus dem Ölgeschäft und einer Straßenmaut ermöglichten es, dass viele Hauptverkehrsstraßen in Tunnels verlegt und so die Innenstadt weiter verkehrsberuhigt wurde. Auch begann man nun mit der Restaurierung vieler Gebäude und dem Bau diverser gläsener Einkaufszentren. Oslo ist heute eine lebensfrohe Stadt, voller Kultur und mit einem beeindruckenden, wenngleich teuren Nachtleben, das nun sogar Schweden und Dänen anzieht, die mal so richtig eine Sause machen wollen. Verlässt man jedoch das Zentrum, so findet man noch, das etwas kleinstädtisch-verschlafene Oslo, das so gar nicht Metropole sein will.

Umwelt

Von den **454 km^2 Stadtgebiet** sind 156 km^2 (34 %) als bebaute oder noch zu bebauende Fläche ausgewiesen. Der Rest wird von **242 km^2 Wald, 8 km^2 Park- und Sportanlagen, vierzig Inseln und 343 Seen** in Anspruch genommen. In den Waldgebieten der Nord-, Ost- und Vestmarka wurden viele Stauseen zum Zweck der Trinkwasserversorgung angelegt. Als Resultat hat Oslo für eine Großstadt sehr **sauberes Trinkwasser.** Doch so gut die Kessellage auch für die Wasserversorgung ist, der Luftqualität schadet sie nur. Vor allem im Winter erstickt die Stadt manchmal im eigenen Mief. Schuld an der (winterlichen) Misere sind auch die Spikesreifen, die feinen Asphaltstaub aufwirbeln. Aus diesem Grunde wird seit 2000 für den Gebrauch von Spikes *(piggdekk)* auch eine tägliche Gebühr von 30 NOK erhoben.

Für gelegentliche Reinigungen der Luft sorgen die Niederschläge (720 mm im Jahresdurchschnitt). Die fallen in der kalten Jahreszeit meist als Schnee, mit abnehmender Tendenz in den letzten, recht warmen Wintern. Die Sommertemperaturen in der Stadt können sich mit denen Hamburgs oder Bremens messen, und **fast 1800 Sonnenstunden** im Jahr sprechen für sich.

Im Ortsbild fallen zuweilen etwas mausgraue Gebäude auf (z.B. die Gamle-Aker-Kirche). Diese wurden aus **Kalkgestein** der Kambro-Silurzeit (vor 500–400 Mio. Jahren) erbaut. Auch bildete sich in diesem Erdzeitalter der **Alaunschiefer,** der im Bereich der Straße Grensen zu Tage tritt. Das Sedimentgestein bereitet den Stadtplanern oft Kopfzerbrechen, da es die Eigenschaft besitzt, sich bei der Berührung mit Wasser und Luft auszudehnen und so unberechenbar zu werden.

Sehenswertes

Die **Innenstadt** ist recht klein, sodass **alles bequem zu Fuß erreichbar** ist. Für die wenigen außerhalb gelegenen Sehenswürdigkeiten sollte man am besten die öffentlichen Verkehrsmittel benutzen.

Stadtzentrum

Auf 1,5 Kilometern Länge durchzieht die **Karl Johans gate** das Stadtzentrum. Sie beginnt am Bahnhof, der von hypermodernen Einkaufszentren umgeben ist, und endet am Schloss. Sie ist Haupteinkaufsstraße, Flaniermeile und der ganze Stolz der Osloer. Die Geschäfte sind zwar nicht mehr so nobel wie noch vor ein paar Jahren und zunehmend touristischer, der Stimmung tut dies keinen Abbruch. Besonders im Sommer geht es hoch her. Alle treffen sich hier: Straßenmusiker und Selbstdarsteller, Einheimische und Touristen. Man diniert im Grand Café, speist in einem der zahlreichen Restaurants, oder besucht die heißesten Discos der Stadt – turbulentes Stadtleben, sehen und gesehen werden bis tief in die Nacht. Allerdings gehören zu einer Großstadt auch die Schattenseiten, welche in den letzten Jahren auf der unteren Karl Johans gate, nahe des Bahnhofs, deutlich bemerkbar waren.

Etwas abseits von all dem Trubel steht die **Domkirche.** Die eher kleine und schlichte Backsteinkirche wurde 1697 eingeweiht. Ihr Inneres überrascht durch einen eigenwilligen Kontrast zwischen barocker Altartafel, Kanzel und Orgel und den eher modernistisch wirkenden Deckengemälden, welche zwischen 1936 und 1950 entstanden. Die Glasmalereien stammen von *Emanuel Vigeland,* dem Bruder des Bildhauers *Gustav Vigeland* (geöffnet: täglich 10–16 Uhr, Winter 12–18 Uhr, Messe: So. 11 Uhr, Orgelrezitation: Mi. 12 Uhr, Orgelmusik: Sa. 13 Uhr, gratis). Vermutlich bis Mitte 2010 bleibt die Kirche wegen Renovierungsarbeiten geschlossen. Wer Ruhe sucht, sollte um die Kirche herum in die im 19. Jahrhundert erbauten **Basarhallen** gehen. Hier laden ein Café und Läden zum Verweilen ein.

An jener Stelle, wo die Karl Johans gate nicht mehr Fußgängerzone ist, steht das **Storting,** das **Parlament.** Das bescheidene gelbe Backsteingebäude wurde 1866 errichtet. Bei einer Führung sieht man den prächtigen Versammlungssaal mit dem Gemälde von *Oscar Wergeland.* Es stellt die Reichsversammlung in Eidsvoll dar, bei der 1814 die norwegische Verfassung verabschiedet wurde (Führungen: Juli bis Mitte August 10, 11.30 (deutsch) und 13 Uhr, ansonsten: Sa. 10, 11.30, 13 Uhr, gratis, Treffpunkt am Hintereingang).

Vor dem Parlament ersteckt sich bis zum 1899 eingeweihten **Nationaltheater** der **Park Studenterlunden,** eine kleine grüne Ruhezone im Herzen der Stadt. Gegenüber des Theaters liegt das klassizistische Gebäude der **Universität.** Bevor das mit wuchtigen Säulen versehene Haus im Jahr 1854 vollendet werden konnte, wurden die Baupläne vom deutschen Stararchitekten *Karl Friedrich Schinkel* noch einmal überarbeitet. Sehenswert sind im Inneren die Gemälde „Geschichte", „Alma Mater" und „Die Sonne" von *Edvard Munch.* Zu finden sind sie in der Aula, in der bis 1990 auch der Friedensnobelpreis verliehen wurde. Heute erfolgt die Zeremonie im Rathaus (geöffnet nur in Verbindung mit Veranstaltungen).

Hinter der Universität liegen interessante Museen. Das **Historische Museum** besitzt eine sehenswerte Frühge-

1 Aker Brygge
2 Konserthus
3 Aubergine
4 Stenersen-Sammlung
5 San Lorenzo
6 Ibsenmuseum
7 Königliches Schloss
8 Cochs Pensjonat
9 Litteraturhuset
10 Lorry
11 Archimboldo, Galerie Kunsternes hus
12 Radissons Blu Scandinavia Hotel
13 Tullins Café
14 Historisches Museum
15 T-bane-Haltestelle
16 Fähre nach Bygdøy und Nesodden
17 Kunstnerforbundet
18 Touristeninformation
19 Theatercaféen
20 Kino Saga und Klingenberg
21 Hotel Continental
22 Nationaltheater
23 Universitätshauptgebäude
24 Brasseri 45
25 Einkaufszentrum Paleét, Restaurant Egon und Blom
26 Nationalmuseum für Kunst
27 Café Amsterdam
28 Bristol Hotel
29 Snorre Kompaniet
30 Bondeheimen Hotel
31 Kunstindustriemuseum
32 Festung Akershus mit Museum
33 Smuget
34 Theatermuseum
35 Perminalen
36 Det Gamle Raadhus
37 Café Celsius, Oslo Kunstforeningen, gegenüber Bare Jazz
38 Gamle Logen
39 Museum für Zeitgenössische Kunst
40 Engebret Café
41 Architekturmuseum
42 Coco Chalet
43 Stortorvets Gjestgiveri
44 UngInfo
45 Deichmanske Bibliothek
46 Rockefeller Music Hall
47 Astrup-Fearnley-Museum
48 City Hotel
49 Post und Quadraturen
50 Pascal
51 Café Cappuccino
52 Domkirche
53 Peppes Pizza
54 Royal Christiania Hotel
55 Den Norske Opera
56 Einkaufszentrum Oslo City
57 Oslo Spektrum
58 Radisson Blu Plaza Hotel
59 Touristeninformation
60 Neue Oper
61 Busbahnhof
62 Grønland Basar
63 Goethe-Institut
64 Doga
65 Jüdisches Museum

❶ Parkplatz „Wergelandsveien“
❷ Parkplatz „Festung Akershus“
❸ Parkhaus „Gunerius“
❹ Parkhaus „Spektrum“
- - - - Weg zum Parkhaus/-platz

Karte ***Oslo Übersicht*** siehe Umschlagklappe vorn

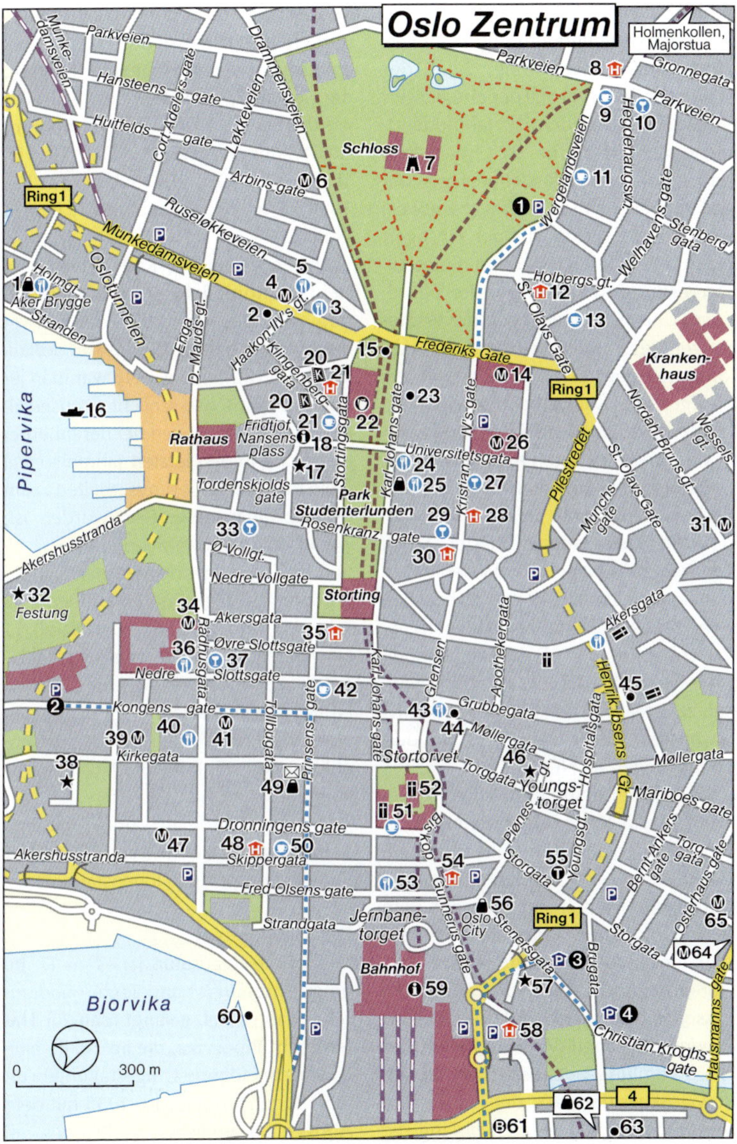

Oslo Zentrum

Holmenkollen, Majorstua

Parkveien
Munkedamsveien
Hansteens gate
Cort Adelers gate
Drammensveien
Huitfelds gate
Løkkeveien
Arbins gate
6
Schloss
7
8
Gronnegata
9
10
Parkveien
Hegdehaugsv.
11
Wergelandsveien
1
Ring 1
Munkedamsveien
Ruseløkkeveien
Welhavens gate
Stenberg gata
1
Holmgt.
Aker Brygge
Stranden
Oslotunnelen
5
4
2
3
Holbergs gt.
12
St. Olavs Gate
13
Enga
D. Maudes gt.
Haakon VII's gt.
Klingenberg gata
15
Frederiks Gate
Kranken-haus
20
21
14
Ring 1
Pipervika
16
20
23
Karl Johans gate
Kristian IV's gate
Rathaus
Fridtjof Nansens plass
21
22
Stortingsgata
18
26
Universitetsgata
Pilestredet
Nordahl Bruns gt.
Wessels gt.
St. Olavs Gate
17
24
Tordenskjolds gate
Park
25
27
Munchs gate
Studenterlunden
29
28
Akershusstranda
33
Rosenkranz gate
31
Ø Vollgt.
30
Nedre Vollgate
32
Festung
34
Storting
Akersgata
Akersgata
35
Rådhusgata
36
Øvre Slottsgate
37
Karl Johans gate
Grensen
Apothekergata
Nedre Slottsgate
42
45
2
Kongens gate
43
Grubbegata
Henrik Ibsens Gt.
40
41
44
Møllergata
39
Kirkegata
Tollbugata
Prinsens gate
Stortorvet
46
Møllergata
38
Torggata
Youngs-torget
Hospitalsgata
49
52
Mariboes gate
51
Dronningens gate
Bispegata
Pløens gt.
Youngsgt.
Bernt Ankers gate
Torggata
47
48
50
Skippergata
54
55
Akershusstranda
Storgata
Osterhaus gate
53
Fred Olsens gate
56
65
Strandgata
Jernbane-torget
Oslo City
Ring 1
Storgata
Gunnerus gate
Stenersgata
64
3
Brugata
Bahnhof
59
57
Bjorvika
60
4
Hausmanns gate
58
Christian Kroghs gate
0
300 m
62
4
61
63

Oslofjord

schichtlichen Abteilung. Zu sehen sind auch ein Wikingerraum und reich verzierte Stabkirchenportale. Eines der schönsten ist das Portal der ehemaligen Kirche von Ål aus dem 12. Jahrhundert, mit der Weltenesche als Ornamentik und einer Sphinx-ähnlichen Figur mit Menschenkopf im Maul. Beachtenswert ist auch das Westportal der einstigen Stabkirche zu Hylestad im Setesdal. Dargestellt sind Szenen aus der Sigurd-Sage. Christlicher hingegen die Verzierungen des Portals der Hemsedal-Stabkirche aus dem 13. Jahrhundert mit den Heiligen Drei Könige hoch zu Ross. Die kleine Ethnografische Sammlung zeigt in der zweiten Etage Objekte der süd- und nordamerikanischen sowie der arktischen Kulturräume. In der dritten Etage wird Afrika und im vierten Stock Ostasien präsentiert. Das Museum rundet die vom Umfang her etwas bescheidene Münzabteilung *(Myntkabinett)* ab. Zu sehen ist u.a. die Friedensnobelpreis-Medaille, die 1922 Fridtjof Nansen zugeteilt wurde (15.5.–15.9. 10–17, ansonsten 11–16 Uhr, gratis, Sonderausstellungen 40 NOK).

Gegenüber dem Historischen Museum liegt die **Nationalgalerie** mit einer umfassenden Sammlung alter und neuer Meister. Von besonderem Interesse dürfte der Munch-Saal sein mit dem Bild „Der Schrei", das als erstes expressionistisches Gemälde der Welt gilt. Außerdem sind Werke von *Cezanne, Picasso, Manet, Gaugin* und *Caspar David Friedrich* zu sehen. Vervollständigt wird die Sammlung mit russischen Ikonen sowie Skulpturen aus der Antike und von *Rodin.* Leider werden bislang die Kunstschätze des Museums sehr lieblos und chaotisch präsentiert. Geplant ist ein Umzug des Museums in Richtung der neuen Oper. Neben dem Museum werden in der Kunsthalle temporäre Ausstellungen gezeigt. (Di., Mi., Fr. 10–18 Uhr, Do. 10–19 Uhr, Sa./So. 10–17 Uhr, Mo. geschlossen, Eintritt gratis).

Am Endpunkt der Karl Johans gate steht das **Königliche Schloss.** Den Auftrag zum Bau gab 1825 der schwedisch-norwegische König *Karl Johan.* Bei der Fertigstellung 1848 war man jedoch verblüfft, wie schlicht es ausgefallen war. Ob deswegen bei der Innenrenovierung in den letzten Jahren so viel Geld für Verschönerungsarbeiten „zum Fenster hinausgeworfen" worden ist, wie in Zeitungen moniert wurde ...? Einen Eindruck davon kann man sich im Sommer auf täglichen Führungen zwischen 11 und 17 Uhr (Mi. u. Fr. ab 13 Uhr) verschaffen. Die englischsprachige Tour findet um 14 Uhr statt 95 NOK). Wenn die Fahne auf dem Dach weht, weilt der König im Hause (Wachablösungen: täglich 13.30 Uhr, www.kongehuset.no.)

Der ganzjährig geöffnete schöne **Schlosspark** ist eine wahre Oase der Ruhe in der quirligen Innenstadt.

Das Hafengebiet

Über die Kvadratur, jenes im 17. Jh. unter *Christian IV.* angelegte quadratische Stadtviertel, gelangt man zur **Hafenbucht Pipervika,** die im 20. Jh. einige einschneidende Umgestaltungen erfuhr. Begonnen hat alles 1933 mit dem Abriss eines ärmlichen Stadtviertes, um dem Bau des mondänen **Rathauses** Platz zu machen. 1950 wurde es anlässlich der 900-Jahr-Feier Oslos eröffnet. Es ist mit seinen zwei wuchtigen Türmen auf den ersten Blick sicher kein architektonisches Glanzstück. Das durchaus imposante Innere des Gebäudes lohnt einen Besuch, wenngleich die naturalistischen Gemälde nicht jedermanns Sache sein dürften. Zu sehen sind u.a. Monumentalbilder wie „Arbeit, Verwaltung, Fest" und „Die Okkupationszeit" (meist 9–18 Uhr frei zugänglich; im Sommer 20 NOK). Zu jeder vollen Stunde erklingt ein Glockenspiel mit norwegischen Stücken.

Rechts vom Rathaus liegt der **alte Westbahnhof,** wo 2005 das Friedensnobelpreiscenter eröffnet wurde. Das sehenswerte Museum ist ganz den **friedenstiftenden Aktivitäten** in aller Welt gewidmet. Kinder und Erwachsene können lernen, wie sie zu Frieden und Versöhnung beitragen können. Auch erfährt man viel über die verschiedenen Friedensnobelpreisgewinner (geöffnet: Juni–Aug. 10–18 Uhr, ansonsten Di.–So. 10–18 Uhr, 80 NOK). Angeschlossen ist auch ein gemütliches Restaurant mit für Osloer Verhältnisse fairen Mittagspreisen (*lunsj:* 125–180 NOK).

Neben dem Museum liegen die Gebäude der **Aker Brygge,** die Ende der 1980er Jahre zu einem schicken Einkaufszentrum umgebaut wurde und bis 2012 in Richtung Fjord um das Viertel *Tjuvholmen,* mit Wohnungen, Kunstmuseum und Skulpturenpark erweitert werden soll. Spannende Architektur, erlesene Geschäfte und gute Restaurants laden zum Schauen und Verweilen ein.

Gegenüber der Aker Brygge liegt die **Festung Akershus.** Der Grund für die Errichtung des stattlichen Bauwerks war vermutlich ein Angriff des Grafen von Sarpsborg, der Oslo 1287 niederbrannte. Nach 12 Jahren Bauzeit wurde die Festung im 17. Jh. im Zuge des Neuaufbaus Oslos zum Renaissanceschloss umgestaltet. Es entstanden u.a. neue Treppentürme, Burggräben und Bastionen sowie mit Goldleder tapezierte königliche Gemächer. Den letzten großen Angriff widerstand das befestigte Schloss 1737. Besichtigt werden können die Schlosskirche, diverse Repräsentationsräume, das königliche Mausoleum und das Arbeitszimmer des Dichters *Henrik Wergeland.* Herrlicher Blick über Hafen und Fjord. (Öffnungszeiten des Museums: Mai–Aug. Mo.–Sa. 10–16 Uhr, So. 12.30–16 Uhr, Führungen 11, 13 und 15 Uhr; die restliche Jahreszeit Sa./So. 12–17 Uhr, 65 NOK; Nur das Festungsgelände: 6–21 Uhr, gratis.)

Auf dem Gelände der Festung gibt es ein kleines Besucherzentrum (meist 10–17 Uhr geöffnet, am linken Ufer des kleinen Sees), wo auch ein Rundgang (Prospekte im Center) beginnt. Die Festung beheimatet zwei Museen. Das eindrucksvolle **Hjemmefrontmuseet (Widerstandsmuseum):** Aufgearbeitet wird hier die leidvolle Zeit der deutschen Besatzung 1940–1945, mit Bild- und Zeitdokumenten wird der norwegische Widerstand geschildert (Juni–Aug. Mo.–Sa. 10–17 Uhr, So. 11–17 Uhr, Sept.–Mai Mo.–Fr. 10–16 Uhr, Sa./So. 11–16 Uhr, 50 NOK). Hinter dem Schloss liegt die zweite Ausstellung, das **Forsvarsmuseet (Verteidigungsmuse-**

um), das die norwegische Militärgeschichte schildert (1.5.–31.8. Mo.–Fr. 10–17 Uhr, Sa./So. 11–17 Uhr, 1.9.–30.4. Di.–Fr. 11–16 Uhr, Sa./So. 11–17 Uhr, meist gratis, Ausstellungen bis 40 NOK).

Nordöstlich der Festung, in Richtung Domkirche und Bahnhof, liegt **Kvadraturen,** das 1624 von *Christian IV.* neu angelegte quadratische Stadtzentrum. Das Viertel schwankt heutzutage zwischen Kunst und Kommerz und weist einige schmucke, aber auch viele absolut einfallslose, düstere Gebäude auf. Sehenswert sind die zahlreichen Museen, deren Glanzpunkt das **Museet for Samtidskunst** (Museum für Zeitgenössische Kunst) am beschaulichen Bankplassen ist. Es ist in einem gründerzeitlichen Bankhaus untergebracht und beherbergt Werke aus der Zeit ab 1945 und wechselnde, thematisch oft sehr hochwertige Ausstellungen (Di., Mi., Fr. 11–17, Do. 11–19, Sa./So. 12–17 Uhr, Mo. geschlossen, gratis).

Gleichfalls am Bankplassen, in der Nummer 3, wurde im März 2008 in neuen Räumlichkeiten das **Architekturmuseum** eröffnet. Die sehenswerte Ausstellung zeigt alle Facetten der norwegischen Architektur. Das Gebäude selbst wurde 1830 als Zweigstelle der Norwegischen Bank erbaut. Der Architekt war seinerzeit *Christian Heinrich Grosch,* der viele Gebäude im Oslo des 19. Jahrhunderts entwarf. Den modernen Anbau zeichnete *Sverre Fehn.* Allein die bauliche Komposition aus Alt und Neu lohnt schon einen Besuch (Di., Do., Fr. 11–17 Uhr, Do. 11–19 Uhr, Sa./So. 12–17 Uhr, gratis).

Schräg gegenüber, am anderen Ende des Platzes, findet man das älteste Café Oslos, das 1857 gegründete **Engebret Café** (im Sommer mit Biergarten).

Unweit entfernt, zwischen der Øvre und Nedre Slottsgate, erweitert sich die Rådhusgate zum Altstadtplatz **Christiania torv,** mit dem gemütlichen **Café Celsius** und dem **Theatermuseum.** Die kleine Ausstellung ist im alten, 1641 erbauten Rathaus von Oslo untergebracht und veranschaulicht anhand von Fotos, Gemälden, Kostümen und Bühnenbildern die Theatergeschichte der Stadt (Juni–Aug. Di.–So. 11–16 Uhr, gratis).

Der Brunnen auf dem Platz stellt den Zeigefinger Königs *Christian IV.* dar, welcher aussagen soll: „Hier wird die neue Stadt gegründet" (vgl. „Stadtgeschichte").

Zurück am Bankplassen gelangt man über diesen geradeaus zum interessanten **Astrup-Fearnley-Museum.** In dem modernen Museumsgebäude wird Gegenwartskunst ansprechend präsentiert, z.B. Werke von *Anselm Kiefer* (Dronningens gate 4, Mi.–So. 12–17 Uhr, gratis).

In der gleichen Straße liegt das **Filmmuseum** mit dem Norwegischen Filminstitut und einem Kinoclub. Erläutert wird die Filmgeschichte des Landes, u.a. anhand von Filmen, optischen Geräten und interaktiven Modellen (Dronningens gate 16, Di., Mi., Fr., 12–17 Uhr, Do. bis 19 Uhr, Sa. 12–16 Uhr, gratis).

Eine weitere Attraktion des Viertels ist **Quadraturen** (Dronningensgt. 15). Das ehemalige Hauptgebäude der Post wurde Anfang 2008 umgebaut und beherbergt nun Designerläden, Restaurants und Cafés. Zentraler Teil des Komplexes ist die restaurierte, jugendstilistische Posthalle mit 11 m hohen Säulen.

Am westlichen Ende der Kvadratur, zwischen Rathaus und Schlosspark, finden sich zwei weitere interessante Museen. Zum einen das **Stenersen-Museum,** unterhalb der Brücke zur Konzerthalle gelegen. Gezeigt wird norwegische Malerei von 1850 bis 1970, u.a. mit Zeichnungen von *Edvard Munch.* Im Erdgeschoss finden temporäre Ausstellungen statt (Di./Do. 11–19 Uhr, Mi., Fr.–So. 11–17 Uhr, 45 NOK).

Läuft man zum Schlosspark, liegt am Drammensveien (Eingang Arbiensgt. 1) das **Ibsenmuseum.** Zu besichtigen ist die Wohnung, in der der weltbekannte Dramatiker von 1895 bis zu seinem Tod 1906 lebte. Die im Originalzustand erhaltenen Räume sind nur im Rahmen einer Führung zu besichtigen. Die angeschlossene Ausstellung wurde anlässlich des Ibsenjahres 2006 neu gestaltet und reflektiert anschaulich Ibsens Leben und Werk (Mitte Mai–Mitte Sept. 11–18 Uhr, Führungen zu jeder vollen Stunde; ansonsten: Di., Mi., Fr., Sa. 11–16 Uhr, Do. bis 18 Uhr, 85 NOK).

Wer nun nach dem kulturellen Stadtrundgang etwas ausspannen möchte, dem sei ein Ausflug auf die **Inseln des Oslofjordes** empfohlen. Die Boote legen von der Halbinsel Vipetangen, südlich der Festung Akershus ab (im Sommer 1x/Std., im Winter etwa 3x tägl.).

Die Route 92 verbindet Hovedøya (Park, Zisterzienserklosterruinen von 1147, Badeplatz), Lindøya und Nakholmen (beide mit vielen niedlichen Holzhäusern bebaut). Die Fähre 93 läuft ebenfalls Hovedøya und Lindøya an, außerdem noch Bleikøya und Gressholmen, die Insel mit den vielen Kaninchen und einem Naturschutzgebiet (ein Café gibt es auch). Als Bade- und Zeltplatz ist Langøyene bekannt (Linie 94). Die Wassertemperatur ist am seichten, kinderfreundlichen Badeplatz immer etwas höher (nicht selten über 20 °C).

Auch auf der Halbinsel Bygdøy gibt es Badestrände *(Huk),* Parks und noble Villenviertel und hübsche Holzhäuser. Zu erreichen ist Bygdøy im Sommer mit der Fähre ab dem Rathaus, mit dem Auto über die E 18 (Abzweig Bygdøy, man bleibt innerhalb des Mautrings) oder mit dem Bus Nr. 30 (ab Nationaltheater oder Hauptbahnhof).

Museumshalbinsel Bygdøy

- **Norsk-Folkemuseum:** Das sehenswerte **Freilichtmuseum** ist das größte in Norwegen. Neben den 153 Holzgebäuden und Gehöften aus allen Teilen des Landes ist sicherlich die nach dem Vorbild der Borgund-Stabkirche in den Originalzustand zurückversetzte Gol-Stabkirche die Hauptattraktion. Um 1200 erbaut, wurde sie 1884, kurz vor dem Abriss, hierher umgesetzt. Zu sehen sind außerdem Osloer Fachwerkhäuser, mit einem alten Krämerladen, wo es köstliche Bonbons gibt. Auch finden regelmäßig Folkloreveranstaltungen statt. 2.1.–14.5. und 15.9.–31.12. Mo.–Fr. 11–15 Uhr, Sa. und So. 11–16 Uhr; 15.5.–14.9. 10–18 Uhr; Öffnungszeiten der Freilichtanlage: Sommer 9–20 Uhr, ansonsten 9–18 Uhr; Sommer: Erwachsene 100 NOK, Studenten 75 NOK, Familien 200 NOK; ansonsten 75/50/150 NOK.
- **Vikingskiphuset:** Zu sehen sind **drei** prächtige **Wikingerschiffe,** welche allerdings

nie das Meer gesehen haben dürften, denn sie stellen Grabbeigaben für Könige und Häuptlinge dar. Die Schiffe waren für die Fahrt nach „Walhalla" gedacht, weitere Gegenstände wie Waffen, Schmuck, Kleider und Küchengeräte für das „Leben" unterwegs. Auch mussten Diener und Pferde den Herren bei seiner Fahrt ins Jenseits begleiten, sie wurden bei der Bestattung getötet. Die Boote der Wikinger sind vermutlich aus Einbäumen hervorgegangen, die durch Ansetzen von sich überlappenden Planken nach oben hin vergrößert wurden. Der Kiel ist ein Überbleibsel des Einbaumes. Gebaut wurde von außen nach innen. Man begann mit einem leicht gebogenen Balken aus der Mitte eines Baumes (meist Kiefer) und verband selbigen mit dem Vorder- und Achtersteven. Zwischen diese spannte man weitere, mit Holznägeln oder mit in Teer getränkten Wollschnüren verbundene, Planken. So entstand die Außenschale. Da man keine Sägen kannte, wurden die Teile wie Tortenstücke aus einem Stamm herausgeschlagen. Das Holz riss dabei an gewachsenen Fasern, war somit biegsam und stabil. Die Planken waren 2–3 cm dünn, was das Boot schnell und leicht machte. Die obersten Planken enthielten Pforten für die Aufnahme der Riemen. Schilde wurden außenbords befestigt. Für die Rahsegel, die mit Pferdefett Wasser abweisend gemacht wurden, mussten bis zu 200 Schafe ihre Wolle lassen. Gesteuert wurde das mit Teer abgedichtete Wikingerschiff mit einem Ruder steuerbords (an der rechten Außenwand).

Gegenüber vom Eingang liegt das am besten erhaltene **Oseberg-Schiff.** Man fand es 1904 unter einem Grabhügel in der Nähe von Tønsberg. Das über 21 m lange und 5 m breite Schiff war vermutlich eine Grabbeigabe für *Königin Alvhild,* die um 850 beigesetzt wurde. In mühsamer Kleinarbeit konnte es rekonstruiert werden, wobei der Steven und deren Ornamentik auf Vermutungen beruht. Im Grab fand man zudem verzierte Wagen und Schlitten sowie Schmuck und Hausrat – alles jetzt in Vitrinen zu bewundern.

Außerdem sind im Museum das 1880 bei Sandefjord gefundene und hochseetaugliche **Gokstad-Schiff** (mit 23 m Länge und 30 Tonnen Traglast das stabilste und größte Schiff) und Teile des **Tune-Schiffs** zu sehen (Mai–Sept. 9–18 Uhr, Okt.–April 10–16 Uhr, 60 NOK, Studenten 30 NOK).

- **Kon-Tiki-Museum:** Zu bestaunen sind das **Balsafloß „Kon-Tiki"** und das **Papyrusboot „Ra II"** des 1914 in Larvik geborenen und 2002 verstorbenen Ethnologen **Thor Heyerdal.** Mit der „Kon-Tiki" überquerte er 1947 den Südpazifik. Ausgangspunkt war Callao (Peru), Endpunkt der 101 Tage langen Fahrt Tahiti. *Heyerdal* wollte seine Theorie beweisen, dass es den südamerikanischen Stämmen möglich gewesen war, den Pazifik zu überqueren und so Polynesien zu besiedeln. Eine weitere These *Heyerdals* behauptete, dass es afrikanischen Stämmen schon lange vor den Wikingern möglich war, auf Schilfbooten den Atlantik zu überqueren. Wieder trat der Forscher selbst den Beweis an und startete 1969 mit dem nach altägyptischem Vorbild angefertigten Papyrusboot „Ra I" in Richtung Südamerika. Der Versuch scheiterte. Ein Jahr später hatte er mit der „Ra II" Erfolg: Nach 57 Tagen war die Karibik erreicht – eine gewaltige Leistung, steht man im Museum und betrachtet das zerbrechliche Boot (Juni–Aug. 9.30–17.30, April/Mai/Sept. 10–17 Uhr, Okt./März 10.30–16 Uhr, Nov.–Febr. 10.30–15.30 Uhr, 60 NOK, Studenten 40 NOK, Familien 125 NOK).
- **Fram-Museum:** Gezeigt wird das **Polarschiff „Fram",** welches 1892 unter der Leitung *Colin Archers* erbaut wurde und im Originalzustand erhalten ist. Das 39 m lange und 11 m breite Schiff war seinerzeit eine Neuentwicklung, deren Besonderheit darin bestand, dass der eiförmig gewölbte Bauch des Schiffes vom Druck des Eises nicht zerdrückt, sondern emporgehoben wurde. Ersten Gebrauch von der „Fram" machte der Forscher *Fridtjof Nansen* (1861–1930). 1893 stach er in See, mit dem Ziel, sich mit den Eismassen Richtung Nordpol treiben zu lassen und diesen dann zu Fuß und mit Hundeschlitten zu erreichen. Er drang jedoch nur bis auf 86 Grad und 14 Minuten vor. Den Triumph musste er dem Amerikaner *Perey* überlassen, der den Pol 1909 als erster Mensch betrat. Doch auch der Südpol war bis dato unerforscht, und so segelte im Jahr

145no Foto: ms

Königliches Schloss

1910 der zweite bedeutende norwegische Polarforscher, *Roald Amundsen* (1872–1928), erneut mit der „Fram" gen Süden, um den Südpol zu erobern, was ihm vor dem Engländer *R.F. Scott* am 15. Dez. 1911 gelang.

Vor dem Museum liegt das **Schiff „Gjøa"**, mit dem *Amundsen* 1903–1906 die Nord-West-Passage (Grønland – Kanada) erkundete und Forschungen zum Erdmagnetismus anstellte sowie die Kultur der Inuit erforschte (Juni–Aug. 9–18 Uhr, Mai/Sep. 10–17 Uhr, März/Apr./Okt. 10–16 Uhr, Nov.–Febr. Mo.–Fr. 10–15 Uhr, Sa./So. 10–16 Uhr, 60 NOK, Studenten 25 NOK, Familien 120 NOK).

- **Norsk Maritimt Museum:** Das Seefahrtsmuseum bietet viele Informationen zu Bootsbau, Fischfang und Seefahrt, **Schiffsmodelle** und **Fischerboote** sind ausgestellt (Mitte Mai–Ende Aug. 10–18, sonst 10.30–16 Uhr, Do. bis 18 Uhr, 60 NOK, Studenten 35 NOK).
- **Schloss Oscarshall:** Am Anfang der Halbinsel liegt das 1847–1852 erbaute **Lustschlösschen** Königs *Oscar I.* Zu sehen sind Gemälde und ein Park (Mo., Mi.–Fr. 11–17 Uhr, So. ab 12 Uhr, 60 NOK).
- **HL Senteret.** Das neu eröffnete Studiencenter für Holocaust und religiöse Minoritäten veranschaulicht beeindruckend und umfassend anhand von Bild und Ton den **Genozid** unter der **Naziherrschaft.** Im Gebäude des Museums wohnte der norwegische Staatsfeind und Hitlerverehrer Vidkun Quisling. Die Villa selbst war somit auch ein Symbol für Unterdrückung und Gewalt (Huk Aveny 56; geöffnet: 11–16.30 Uhr, 50 NOK; Familien 75 NOK; www.hlsenteret.no).

Nördlich des Zentrums

Ab der Karl Johans gate führt die Akersgate, wo viele Zeitungen ihren Sitz haben, in Richtung Norden. Vorbei an den Regierungsgebäuden und der aus dem 19. Jahrhundert stammenden Trefoldighetskirke (Mi. 13–19 Uhr) gelangt man zum **Kunstindustriemuseum.** Gezeigt wird Kunstgewerbe aus zwölf Jahrhunderten. Neben Glas, Keramik und Möbeln zählt zu den Ausstellungsstücken auch der um 1150 angefertigte **Baldishol-Teppich,** einer von nur fünf erhaltenen Bildteppichen aus der Zeit der Romanik (St. Olavs gate 1, Di., Mi., Fr. 11–17 Uhr, Do. bis 19 Uhr, Sa./So. 12–16 Uhr, gratis).

Ein kurzes Stück weiter liegt rechts der **Vår Frelsers Gravlund,** wo u.a. *Ibsen, Munch* und *Bjørnstjerne Bjørnson* begraben sind. Die Gräber liegen auf einer Wiese unterhalb eines Hügels (Schilder an den Osteingängen).

Nördlich des Friedhofes, am Akers-/Telthusbakken, steht die **Gamle-Aker-Kirche.** Sie wurde um 1100 im romanischen Stil erbaut und ist die älteste Kirche Oslos (Mo.–Fr. 12–16 Uhr, So 10–14 Uhr, gratis, Gottesdienst: So. 10 und 12 Uhr).

Neben dem Gebäude liegt das idyllische Sträßchen **Telthusbakken.** Hier, und an der 300 m weiter südlich gelegen Damstredet, ist noch ein Teil der ursprünglichen Bebauung Oslos erhalten. Man folgt dem Telhusbakken bergab und kommt zu einer Rotunde, **Kuba** genannt, auf der früher ein Gaswerk stand. Unterwegs passiert man den zum Studentenwohnheim umgebauten Kornspeicher. Hinter der kleinen Holzbrücke, über den romantischen Fluss Akerselva, liegt das ehemalige Arbeiterviertel **Grünerløkka,** einer der beliebtesten Stadtteile, vor allem bei der Jugend. Die Gründerzeithäuser beherbergen Kneipen, Restaurants, Läden, ein innovatives Theater und Wohnungen für jeden Geldbeutel. Aufgelockert wird die Enge der Straßen durch zwei schöne, nicht immer saubere Parks, dem Birkelunden und dem Olav Ryes plass.

Von Grünerløkka geht es nun entweder weiter nach Osten, durch den Sofienbergpark zum Botanischen Garten und dem Munchmuseum (ca. 1,5 km; siehe: „Östlich des Zentrums") oder nach Süden, über den Markveien und der Torgata, zurück zur Karl Johans gate (Länge: ca. 4 km).

Östlich des Zentrums

Der Rundgang beginnt vor der Domkirche. Vorbei am recht feinen, alteingesessenen Kaufhaus **Glasmagasinet** geht es in die nicht ganz so feine **Torggata.** Hier liegen einige Kneipen, preiswerte Imbissstände, ein Rema 1000 und das Kino Eldorado. Die Straße mündet auf dem Youngstorget. Dieser Platz steht wie kein anderer symbolisch für die Seele Norwegens. Die monumentalen Bauten aus den 1960er Jahren beherbergen die Zentrale der liberalen Partei Norwegens („Venstre"), die Büros der extremen Rechten („Fremskritspartiet") und der Gewerkschaft. In den alten Basarhallen haben sich Cafés und Läden angesiedelt, gegenüber residieren Büros und Post. Dazwischen der tägliche Markt auf dem zentralen Platz, mit Produkten von Bauernhöfen der Umgebung, nepalesischen Hemden und diversen Plastikprodukten.

Abstecher: Die Torggate geradeaus bis zur Hausmannsgate. 100 m nach links liegt in der Nr. 16 **Doga** – das Norwegische Design & Architekturzentrum (Mo.–Fr. 10–17 Uhr, Mi./Do. bis 20 Uhr, Sa./So. 12–17 Uhr). Untergebracht ist es in einer Transformatorenstation, für deren Sanierung 2006 der Preis für Baukunst verliehen wurde.

In der Calmeyers gate (Parallelstraße zur Torggate) wurde 2008 in einer ehe-

Oslo auf Nebenwegen

Fern der Innenstadt, noch weit hinter dem gläsern gen Himmel stürmenden Plaza Hotel, liegt **das kleinstädtische Oslo.** Ein geruhsam vor sich hin träumendes Reich, voll von provinziellem Charme, dessen Mittelpunkt Kuba ist, eine betonierte Rotunde am Ufer des plätschernden Akerselva, umgeben von Liegewiesen und einem ehemaligen, zum Studentenheim umgebauten Getreidesilo. Hier ist der eigentliche Nabel Oslos. Hier liegen die Viertel, deren Zentrum, wen verwundert's, immer ein Park ist.

Zunächst ist da, westlich von Kuba, hinter den winzigen Holzhäusern des Telthusbakken, der **St. Hanshaugen,** ein grüner Hügel, von dem die Sonnenhungrigen einen Gratisblick auf das weite Häusermeer der Innenstadt und den Fjord haben. Am Park entlang verläuft der Ullevållsveien. Folgt man ihm, vorbei an einigen prächtigen Gründerzeitbauten, und hernach dem Sognsveinen, die winzigen Häuser eines um die Jahrhundertwende entstandenen Altenheimes passierend, so gelangt man nach **Ullevål Hageby.** Die Häuser sind auch hier klein, aus Stein und von ungewöhnlich viel Grün umgeben. Kein Wunder, entstand doch hier eine der wenigen Gartenstädte der 1920er Jahre nach dem Boom des tristen Mietshausbaus Ende des 19. Jahrhunderts. Dass Mietshäuser heute keineswegs grau, eng und unfreundlich sein müssen, beweist das Viertel **Grünerløkka,** auch Oslos „Greenwich Village" genannt, unweit der traditionellen Fabrikmeile am Akerselva, östlich von Kuba. Der schönste Teil, mit einheitlich gründerzeitlicher Bebauung und grün wuchernden Innenhöfen, liegt zwischen dem Brunnen auf dem Olaf Ryes plass und der Pauluskirche im Norden. Östlich von Grünerløkka liegt, na klar, ein Park. Engegen seinem Namen, Sofienberg, ist er topfeben. Er begrenzt nach Süden hin ein weiteres schmuck renoviertes Areal mit Gründerzeitbauten und grenzt in der anderen Richtung an **Rodeløkka,** ein mit winzigen Holzhäusern bestücktes Gebiet entlang der Straßen Fjell- und Langgata, nahe der alten Backsteingebäude der Freia-Schokoladenfabrik. So muss Oslo wohl noch vor wenigen Jahrzehnten ausgesehen haben. Doch wie schon erwähnt, die Stadt ist das Wachstumszentrum des Landes, und läuft man von hier in Richtung Süden, in das Viertel **Tøyen,** so sieht man die Auswirkungen des Bevölkerungswachstums. Es dominieren 1960er-Jahre-Wohnsilos Marke „schnell und billig". Um so erstaunlicher ist es, dass sich unterhalb des Kampenparkes ein weiteres Kleinod der modernen Stadtplanung entziehen konnte. Das Viertel heißt **Kampen** und gruppiert sich mit seinen kleinen Puppenhäusern um die Kirche am Berg.

Zum Abschluss sei noch ein Abstecher nach **Grønland** empfohlen, hinter dem gläsernen Turm des SAS Plaza, entlang der Straßen Brugata und Grønlandsleiret gelegen. Keine Bange, einen extra Mantel benötigt man nicht, und auch die vielen Läden mit ihren orientalischen Gewürzen, tropischen Früchten und arabischen Gemischtwaren strafen den Namen der Gegend Lügen.

Mit Grønland endet auch unsere zentrumsnahe Entdeckungsreise. Weiter außerhalb liegen z.B. im Südosten der Stadt weitere, traumhafte Holzhausviertel oberhalb des Fjordes. Auch lohnen hier die märchenhaften Inseln Ulvøya (Wolfsinsel), Ormøya (Schlangeninsel) sowie Malmøya (Erzinsel) einen Abstecher. Zu erreichen sind sie mit dem Fahrzeug über die E 18 und mit dem Bus Nr. 85.

maligen Synagoge (Nr. 15 b) das **Jüdische Museum** eröffnet. Geschildert wird die Geschichte der Juden in Norwegen (Di. 10–15 Uhr, Do. 14–19 Uhr, So. 11–16 Uhr, 50 NOK).

Östlich des Youngstorget liegt **Grønland,** zu erreichen über die Youngsgata und die Brugata. Hier liegen die Wohnungen und Läden der Einwanderer Oslos. Norweger sind hier in der Minderheit und die vielen Gemüse- und Gewürzstände lassen schnell vergessen, in welchem Land man sich befindet. Neues Herzstück des Viertels ist der **Grønland Basar** (Tøyengata 2, Mo.–Fr. 10–20 Uhr, Sa. bis 18 Uhr), mit einem Hauch von Orient und etwas preiswerterem Essen.

Folgt man den Straßen Grønlandsleieret und Tøyengata, erreicht man nach 1,5 km das **Munch-Museum,** eines der bedeutendsten Kunstmuseen des Landes. Testamentarisch überließ *Edvard Munch* der Stadt Oslo Tausende von Gemälden und Grafiken, und obwohl das Museum bereits vergrößert wurde, können nicht alle Objekte gezeigt werden. Die bekanntesten Werke sind natürlich ohne Unterbrechung zu bestaunen, andere werden ausgetauscht. Im Erdgeschoss ist eine Ausstellung über das oft leidvolle Leben des großartigen expressionistischen Malers zu sehen. Im Café kann man dann das Gesehene nachwirken lassen. Nach dem spektakulären Kunstraub im August 2004, bei dem das mittlerweile wiedergefundene Gemälde „Der Schrei“ gestohlen wurde, wird nun über einen Umzug des Museums nachgedacht (Tøyengata 53, T-bane-Linien 2–5, Haltestelle Tøyen, Auto: über den Ring 1

141no Foto: ms

auf die Rv 4 und der Ausschilderung folgen. Geöffnet: Mitte Juni bis Ende Aug. tägl. 10–18 Uhr, ansonsten Di.–Fr. 10–16 Uhr, Sa./So. 11–17 Uhr, 75 NOK, Studenten 40 NOK; oft Okt.–März gratis).

Gegenüber dem Museum erstreckt sich der **Botanische Garten** mit über 1000 Pflanzen und einem kleinen Tropenhaus. Auf dem Gelände liegen auch das **Mineralogisch-geologische Museum** (Gesteine, Mineralien, Meteoritenteile und ein Stück vom Mond), das **Paläontologische Museum** (Fossilien, Dinosaurier-Skelett), das **Botanische Museum** (Herbariumsammlung) und das **Zoologische Museum** (ausgestopftes Getier, etwas angestaubt, aber durchaus interessant präsentiert, zwischen Sarsgata und Tøyengata, T-bane 1–5, Straßenbahn 10, 11, Museen: Di.–So. 11–16 Uhr, Garten bis 20 Uhr, Winter bis 17 Uhr, 50 NOK).

Vom Munch-Museum kann man mit der T-bane Nr. 2–5 (Haltestelle „5" in der Karte), zurück zur Stadt fahren.

Etwa 1,5 km südlich des Botanischen Gartens, zwischen Schnellstraßen und Bahngleisen, befindet sich der **älteste Teil Oslos.** Allerdings ist die historische Kulisse im Viertel spärlich. So sind im **Ruinenpark Gamlebyen** (Oslogate, Straßenbahn 19, St. Halvards plass.) nur armselige Mauerreste zu sehen. Gegenüber liegt der **Oslo Ladegård.** Das 1720 erbaute Haus steht auf den Ruinen der aus dem 13. Jh. stammenden Bischofsburg. Dokumentiert wird die Entstehung Alt-Oslos (Führungen: im Sommer, Mi. 18 Uhr, So. 14 Uhr, 40 NOK). Hinter dem Haus liegt ein kleiner, Barockgarten in einem Stadtviertel, das sich im Umbruch befindet. In den nächsten Jahren sollen die Gleise und Straßen in Tunnel verlegt werden. Folgt man der Straßenbahnlinie weiter und biegt vor der Brücke nach rechts, so gelangt man über eine Fußgängerbrücke zu einem neu gestalteten Ruinenpark. Von hier aus kann man rechterhand das weiße Gebäude der neuen **Oper** erblicken. Diese liegt wie eine gestrandete Eisscholle an der Bucht Bjørvika, gegenüber dem Hauptbahnhof. Das vom norwegischen Architekturbüro *Snøhetta* entworfene, mit italienischem Marmor verkleidete Gebäude wurde am 12.4.2008 eröffnet und hat ein begehbares Dach. Dieses ist, wie bei Eisschollen üblich, äußerst tückisch. An vielen Stellen lauern durch das blendende Gestein kaum sichtbare Stufen ... Ein Besuch ist trotzdem absolut empfehlenswert (www.operaen.no)! Mit ihm hat der Neubau eines ganzen Stadtviertels begonnen. Die Schnellstraße wird in einen Tunnel verlegt, auf den Industrieflächen entstehen Wohngebäude und eine Gondelbahn soll zum Ekeberg hinaufführen.

Westlich des Zentrums

Von der Karl Johans gate führt der Weg am Schloss vorbei durch den Schlosspark und die von einigen schönen Gründerzeithäusern gesäumten Straßen Hegdehaugsveien und **Bogstadveien** hinauf. Hier liegen die teuersten Läden und Wohnungen der Stadt.

Skulpturen im Vigelandspark

Nach etwa 1,5 km erreicht man die **Kreuzung Majorstua** (teils Majorstuen geschrieben). Gerade aus sieht man bei gutem Wetter die Sprungschanze des Holmenkollen. Links, den Kirkeveien entlang, erreicht man nach 700 m den Frognerpark (auch Vigelandspark genannt). Der Höhepunkt des Areals ist die fulminante **Vigeland-Anlage.** Sie entstand in den 1920er bis 1940er Jahren und ist das Lebenswerk des Bildhauers *Gustav Vigeland.* 200 „menschliche“ **Skulpturen** in allen Lebenslagen sind zu bewundern. Zentraler Blickfang ist ein aus 122 verknoteten Menschenleibern bestehender Monolith. Bewerten mag diese Kunst jeder für sich, beeindruckend ist sie allemal. Und wer Zeit hat, sollte sich alles noch einmal im Zwielicht der Dämmerung ansehen (Haupteingang Kirkeveien, Straßenbahnlinien 12 und 15, Tag und Nacht geöffnet, gratis). Noch mehr Arbeiten zeigt das am südlichen Parkrand gelegene **Vigeland-Museum.** Zu sehen ist das ehemalige Atelier samt Plastiken und Zeichnungen des Künstlers (Nobelsgate 32, Juni bis Aug., Di.–So. 10–17 Uhr, Sept. bis Mai Di.–So. 12–16 Uhr, 50 NOK). Noch innerhalb des (südlichen) Parkbereichs befindet sich in einem hübschen Herrenhof das **Stadtmuseum** (Bymuseum). Dokumentiert wird, auf recht unspektakuläre Art und Weise, die Geschichte Oslos. Außerdem gibt es eine Gemäldesammlung zu sehen (Di.–So. 11–16 Uhr, 50 NOK, So. gratis).

Neben dem Vigelandspark liegen das beheizte Frognerbad, eines der beliebtesten Freibäder der Stadt, und das **Skøytemuseet** (Schlittschuhmuseum). Ausgestellt sind z.B. Schlittschuhe aus Knochen. Auch eine Reminiszenz an *Olav Koss,* den König auf Kufen, kommt nicht zu kurz (Middelthunsgate 26, am Frogner Stadion, Di./Do. 10–14.30 Uhr, So. 10–14 Uhr, 20 NOK).

Wer mit Kindern unterwegs ist, kann zum sehenswerten **Internationalen Kinderkunstmuseum** (Barnekunstmuseet) gehen. Gezeigt werden u.a. Zeichnungen und Skulpturen von Kindern aus über 150 Ländern. Im Sommer viele Aktivitäten für Kinder (Lille Frøens vei 4, T-bane 1, Frøen, Ende Juni bis Anfang Aug. Di.–Do., So. 11–16 Uhr, Mitte Jan. bis Mitte Juni und Mitte Sept. bis Anfang Dez. Di.–Do. 9.30–14 Uhr, So. 11–16 Uhr, 50 NOK, Kinder 30 NOK).

Liebevoll aufbereitet ist das **Straßenbahnmuseum** *(Trikke-Stallen)* in der Vognhall 5 (Wagenhalle 5). Mo., Sa. und So. 12–15 Uhr sind herkömmliche und kuriose Trambahnen und Busse aus Oslo zu besichtigen. Das Museum liegt im Gardeveien 5, nahe der T-bane-Haltestelle Majorstua. Sollte gerade einer der Straßenbahnenthusiasten im Hause werkeln, kann man das Museum auch außerhalb der Öffnungszeiten besichtigen (30 NOK).

Außerhalb der Innenstadt

Westlicher Teil

Monumental überragt die weiße, schon von weitem sichtbare **Skisprungschanze Holmenkollen** die Stadt. Die weltbekannte Anlage wurde 1892 eingeweiht. Damals lag der Schanzenrekord bei lediglich 21,5 m. Für die Olympischen Spiele 1952 wurde die Anlage vergrößert, sodass später Sprünge über 120 m möglich waren. Obgleich diese Weiten beeindruckend sind, so entsprach der letztmalig in den 1980er Jahren umgebaute Bakken nicht mehr den modernen Anforderungen und wurde abgerissen. 2010 wurde nun eine hypermoderne Schanze errichtet, die weniger windanfällig ist und neue Maßstäbe im Skisprungsport setzen wird. Den letzten Feinschliff wird die Anlage bis zur Nordischen Ski-WM 2011 erhalten.

Angeschlossen an die Schanze ist das **Skimuseum,** welches jedoch bis zur endgültigen Eröffnung des Holmenkollen geschlossen bleiben wird. Geöffnet hat bis dahin ein Besucherzentrum. Dokumentiert wird die Geschichte des Wintersports. Einträchtig beieinander stehen hier uralte Holzlatten und hochmoderne Rennski wie die des Olympiasiegers *Finn-Christian Jagge.* Außerdem sieht man Teile der Polarausrüstung *Roald Amundsens,* Modelle der Sprungschanze sowie die Technik der Holzskiherstellung (T-bane 1 ab Majorstua bis Holemenkollen; Auto: (Schlechte Ausschilderung!) Vom Ring 1 in den Wergelandsveien (Straße neben dem Schlosspark) einbiegen, der Hauptstraße folgen und über Hegdehaug- und Bogstadveien nach Majorstua fahren. Hier gerade aus der Ausschilderung folgen; Alternative: über Ring 2 nach Majorstua und weiter wie oben. Voraussichtliche Öffnungszeiten: Juni-Aug. 9–20 Uhr, Mai/Sept. 10–17 Uhr, Okt.–April 10–16 Uhr, 70 NOK).

Wer nun während der Bauzeit der Schanze die Aussicht über Oslo vermisst, kann diese auch vom 1,5 km nördlich gelegenen **Restaurant Frognerseteren,** mit dem weltbesten, aber nicht preiswertesten Apfelkuchen, erleben (der Hauptstraße folgen, an der Kreuzung rechts halten). Theoretisch hätte man auch vom 529 m hoch gelegenen **Fernsehturm Tryvannstårnet** eine tolle Sicht auf die Stadt, den Fjord und die endlosen Wälder der Nordmarka, wenn dieser nicht aus Brandschutzgründen 2005 geschlossen worden wäre.

Unterhalb des Holmenkollen, im Tal, liegt das **Gut Bogstad.** Der herrschaftliche Sitz war Residenz der Jarlsberg-Grafen und wurde im 18. Jh. erbaut. Zu sehen sind Möbel und Gemälde sowie ein englischer Garten (Sørkedalsveien 826, unweit nördlich des Bogstad-Campingplatzes, T-bane 2 bis Røa, dann Bus 41, Mitte Mai–Ende Sept., Führungen: Di.–Sa. 13, 14 Uhr, So. 4 x, 60 NOK, Park gratis).

Erwähnung verdient noch das **Emanuel-Vigeland-Museum:** Das von *Emanuel Vigeland,* dem Bruder *Gustav Vigelands,* geschaffene Gebäude, besticht durch eine einzigartige Akustik und Malereien, den Menschen in jeder noch so anzüglichen Lebenslage zeigend. Nach seinem Motto: Alles was Gott geschaffen hat, ist rein. *Vigeland* erbaute 1926 dieses Haus selbst. Es sollte eigentlich eine Heimat für seine Malereien und Skulpturen werden, er entschied aber später, dass es ihm als Mausoleum dienen sollte (Grimelundsveien 8 - keine Ausschilderung! T-bane 1 bis Slemdal bzw. Auto: vom Ring 3 n. Slemdal abbiegen. Ab T-bane- Haltestelle: Stasjonsveien–Frognersetervei-en–Grimelundsveien; nur So. 12–16 Uhr! 30 NOK, oft Warteschlangen).

Westlich von Oslo, in der Kommune Bærum, liegt das gut sortierte **Henie-Onstad Kunstsenter.** Das Museum für Moderne Kunst wurde von dem Eiskunstlaufstar der 1930er Jahre, *Sonja Henie,* und ihrem Mann, dem Reeder *Nils Onstad,* gegründet. Es liegt auf einer idyllischen Halbinsel mit Park und Badestrand. Das Innere wirkt etwas steril. Zu sehen ist Malerei von u.a. *Picasso, Matisse* und *Hundertwasser,* Plastiken von *Henry Moore* sowie Werke von *Beuys* und *Christo* (Høvikodden - bei Sandvika, E 18, Bus 151 ab Oslo Hauptbahnhof bis Høvikodden, Di.–Fr. 11–19 Uhr, Sa./So. 11–17 Uhr).

Zweigt man in Sandvika auf die E 16 und dann auf die Rv 168 ab, so gelangt man zum alten **Handelsplatz Bærums Verk** mit den Holzgebäuden des 1610 gegründeten Eisenwerkes, außerdem mit dem ältesten Gasthaus Norwegens (1640), einem Ofenmuseum, einer Kunstgalerie und einem Einkaufszentrum (Bus 143, 153, Museum: geöffnet Sa. 12–16 Uhr, So. 12–15 Uhr, 15.6.–15.8. Mo.–So. 12–16 Uhr, 30 NOK).

Für Kinder und Technikbegeisterte lohnt an Sonntagen im Sommer der Ausflug zum nördlich gelegenen Lommedal, wo eine **Museumsbahn** verkehrt (50 NOK, Infos: Tel. 67562660, www.lommedalsbanen.no).

Südlich von Bærums Verk erhebt sich unverkennbar der **Kolsås.** Auf dem markanten, unter Naturschutz stehenden Berg lassen sich Wander- und Klettertouren zu einigen kulturgeschichtlichen Sehenswürdigkeiten (Burgreste, Felszeichnungen) unternehmen. Lohnend ist es auch, den Berg aus Gabbro in 3 Stunden zu umrunden (siehe „Praktische Informationen/Wanderungen").

Nördlicher Teil

Am südlichen Rand des Trinkwasserschutzgebietes Mariedalsvannet liegt das interessante **Technische Museum.** Das größte Museum dieser Art in Norwegen zeigt Ausstellungen zu Themen wie Öl, Energie, Wasserwirtschaft und Telekommunikation. Außerdem Autos und Dampfmaschinen. Angeschlossen sind auch ein Vitensenter (Science Center) mit interaktiven Modellen, ein Planetarium und ein Medizinisches Museum (Kjelsåsveien 143, Bus 55 bis Kjelsås, 20.6.–20.8. 10–18 Uhr, 21.8.–19.6. Di.–Fr. 9–16 Uhr, Sa./So. 11–18 Uhr, 80 NOK, Studenten 40 NOK).

Südöstlicher Teil

Über die E 6 in Richtung Süden (Göteborg) erreicht man die Abfahrt Mortensrud. Hier liegt die **Mortensrud kirke,** eine moderne Symbiose aus Natur und Architektur. Eine kaum wahrgenommene Sehenswürdigkeit (Mo.–Do. 10–14 Uhr, So. 11–13 Uhr).

Am südöstlichen Stadtrand liegt der **Vergnügungspark Tusenfryd** (Tausendschön) mit Achterbahn, Westerndorf und vielen anderen Attraktionen. Gleich nebenan das empfehlenswerte **Vikingland** mit Winkingerhöfen, Booten, einer Abenteuergrotte und allerlei lustigen Gesellen mit gehörnten Helmen. (An der E 18 Richtung Schweden, Bus 541, 60 NOK, Tusenfryd 10.30–19

Uhr, Nebensaison bis ca. 17 Uhr, im Mai Sa./ So., Anfang Juni bis 16. August täglich, bis Mitte September Sa./So., Kinder 290 NOK, Erwachsene 360 NOK; www.tusenfryd.no.)

Praktische Informationen

Touristeninformation

- **Turistinformasjonen,** Fridtjof Nansens plass 5, 0160 Oslo – schräg gegenüber dem Rathaus, in der Straße Richtung Karl Johans gate, Tel. 81530555 (auch Hotelreservierungen), Fax 23158811, www.visitoslo.com. – Empfehlenswert der Oslo Guide mit den Öffnungszeiten der Sehenswürdigkeiten. Stadt- und Hafenrundfahrten (Bus ab 250 NOK; Boot ab 120 NOK). Geöffnet: Okt.-März: Mo.-Fr. 9-16 Uhr; Apr./Mai/Sept. Mo.-Sa. 9-17 Uhr; Juni-Aug. Mo.-So. 9-19 Uhr; Oslo Virtuell: www.virtualoslo.com.
- Ein zweites **Fremdenverkehrsbüro** mit erweiterten Öffnungszeiten liegt im „Turm Trafikanten" vor dem Bahnhof. Geöffnet: Mo.-Fr. 7-20 Uhr, Sa./So. 8-18 Uhr (Juni-Aug. bis 20 Uhr), an Feiertagen: 10-16 Uhr.
- **UngInfo,** Møllergata 3, Tel. 24149820, Fax 24149821, mail@ung.info. Alternatives Infobüro für Jugendliche, Studenten und Budgetreisende. Herausgeber des Stadtmagazins *UseIt* (www.use-it.no). Gratis Internet und Gepäckaufbewahrung. Vermittlung von preiswerten Zimmern. Geöffnet: Mo.-Fr. 11-17 Uhr, Juli/Aug. Mo.-Fr. 9-18, Di. 11-18 Uhr.

Der Oslo-Pass

- Preis: 1 Tag 230 NOK, 2 Tage 340 NOK, 3 Tage 430 NOK, Kinder: 100, 120, 160 NOK. Mit dem Pass ist der Besuch aller Museen und Sehenswürdigkeiten, die Fahrt mit öffentlichen Verkehrsmitteln (innerhalb des Stadtgebietes von Oslo), der Besuch des Tøyen und Frogner-Bades und das Parken auf öffentlichen Parkplätzen (blaue Schilder) kostenlos. Rabatt u.a. auf Stadtrundfahrten, Auto- und Skiverleih. Erhältlich in der Touristeninfo, an Narvesen-Kiosken, in vielen Ho-

Der Friedens-Nobelpreis

Seit 1901 werden jedes Jahr im Oktober die neuen Nobelpreisträger bekannt gegeben. Der schwedische Ingenieur **Alfred Nobel** (1833-1896) hatte in seinem Testament verfügt, dass die Zinsen seines umfassenden Vermögens zu gleichen Teilen Menschen zugute kommen sollten, die sich in den Bereichen der Physik, Chemie, Medizin und Literatur besonders engagiert zeigten. Vielleicht mit Hinblick auf seine Erfindung des Dynamits verfügte er auch die Prämierung friedenssichernder Leistungen.

Diese Auszeichnung sollte von einem norwegischen Nobelkomitee überreicht werden. Vermutlich geschah dies, um Norwegen als Juniorpartner in der damaligen Union mit Schweden auch zu berücksichtigen und weil schon seinerzeit das norwegische Parlament, das Storting, international als Schlichter auftrat. Ein Ausschuss des Storting wählt den Preisträger aus.

In der Regel wird der Friedens-Nobelpreis vom norwegischen König in Oslo verliehen, die anderen Nobelpreise überreicht der schwedische König in Stockholm am Todestag Nobels (10. Dezember).

Das Nobelinstitut in Oslo hat an der Ecke Parkveien/Drammensveien seinen Sitz. Zu den Trägern des Friedens-Nobelpreises gehören u.a. der Forscher und Humanist *Fridtjof Nansen* (1922), der Journalist und Pazifist *Carl von Ossietzky* (1936), der Missionsarzt *Albert Schweitzer* (1952), *Willy Brandt* (1971), *Leszek Walesa* (1983), *Michail Gorbatschow* (1990), *Nelson Mandela/Frederik de Klerk* (1993), *Rabin/Peres/Arafat* (1994) und „Die Ärzte ohne Grenzen" (1999).

tels und Campingplätzen. Die Anschaffung des Passes lohnt sich meist.

Orientierung und Parken

Anfahrt mit dem Auto

Oslo liegt eingezwängt zwischen dem Waldgebiet der Nordmarka und dem Oslofjord. Richtung Innenstadt den Ausschilderungen „Sentrum“ oder „E 18“ folgen. Die E 18 unterquert das Zentrum in einem langen Tunnel. Vor und nach der Tunneleinfahrt auf die Abzweige „Sentrum Ø“ (Ost) und „Sentrum V“ (West) achten und dann auf den Ring 1 abbiegen. Dieser führt in einem Bogen um das Zentrum. Entlang der Ringstraße liegen diverse Parkhäuser (siehe unten). Über die E 18 sind auch die Campingplätze, die Museumshalbinsel Bygdøy, die Holmenkollen-Schanze, das Munch-Museum und die Stadtringe 2 und 3 zu erreichen. Ausschilderung im Zentrum: Richtung „Stockholm“ geht es nach Osten zur E 6 und E 18, Richtung „Drammen“ nach Westen zur E 18. Da Ausschilderung und Straßenqualität in Oslo nicht sehr gut sind, empfiehlt es sich öffentliche Verkehrsmittel zu nutzen. Die Einfahrt in die Innenstadt kostet eine **Maut** (zu zahlen bei der Fahrt vom Stadtrand in Richtung Zentrum. Die Grenze bildet ungefähr der westliche und östliche Abschnitt des Ringes 2): 25 NOK. Es gilt ein **automatisches AutoPass-System** mit Lesegerät. Für Touristen: Einfach weiterfahren. Nachbezahlung an Esso-Tankstellen möglich bzw. wird die Rechnung zugesendet (klappt nicht immer). Auch die Fahrt durch den westlichen Nachbarort Bærum kostet Maut: 12,50 NOK.

Parkmöglichkeiten

Parkhäuser: (www.europark.no) Das Parken in Parkhäusern ist extrem teuer und kostet in der Regel 60 NOK/Stunde, bzw. 250 NOK/Tag. Die meisten Parkhäuser sind über den Ring 1 zu erreichen (u.a. Ibsen Parkhaus). Am teuersten sind jene an der Aker Brygge, günstiger (rund 50 NOK/Stunde, 225 NOK/Tag): „Gunerius“, „Spektrum“ und „Galleriet Øst“, siehe Karte. Mit 50 NOK/ Std. und 170 NOK/Tag ist das Parkhaus Frydenlund das preiswerteste (geschlossen: 0–6 Uhr, Sa./So. 0–8 Uhr). Es liegt auf dem Gelände der Hochschule Oslo, nördlich des Schlossparks (zu erreichen über die Pilestredet, vor der Hochschule in die Stensberggt. einbiegen, dann nach links in die Falbesgt.)

Hinweis: Trotz der hohen Preise sollten zumindest nachts voll beladene Autos im Parkhaus abgestellt werden.

Parkplätze: Preiswerter als Parkhäuser! Kommunale Parkplätze mit blauem Schild sind zudem billiger als private (schwarzes Schild). Es muss nur Mo.–Fr. 8–17 Uhr und Sa. 9–15 Uhr gezahlt werden; 4 Parkzonen: rot (25 NOK/Std.), gelb (15 NOK/Std.), blau und grün (9 NOK/Std.); rot: Zentrum innerhalb des Ringes 1 und Bogstadveien; gelb: innerhalb des Ringes 2 (empfehlenswerte Parkplätze: hinter den Mauern der Festung Akershus (s. Stadtplan – P1), am Schlosspark/ Wergelandsveien (s. Stadtplan – P5), in den Straßen hinter dem Schlosspark (Umgebung Parkveien) und in Grünerløkka); blau: außerhalb des Ringes 2; grün: Halbinsel Bygdøy (Fähre ins Zentrum). Gratis: Auf dem Ekeberg südöstlich des Hbfs., nahe des Campingplatzes und an der Ekeberghalle (2–3,5 km bis zum Hbf.; Anfahrt wie Ekeberg Camping).

Bahnhof

Die *Sentralstasjon* liegt östlich des Zentrums, am Ende der Einkaufsstraße Karl Johans gate. Züge Richtung Gol, Geilo (3,5–4 Std.), Voss und Bergen (4–5x tägl., 6,5–7,5 Std.); Lillehammer (15–20x tägl., 2–2,5 Std.), Dombås und Trondheim (5x tägl.; 6,5 Std.); Moss und Fredrikstad (10–15x tägl., 1 Std.); Tønsberg, Sandefjord und Skien (10–15x tägl, 3 Std.), Kristiansand (5x tägl., 4,5 Std.) und Stavanger (5x tägl., 7,5–8 Std.). 10–15x tägl. Lokalzüge nach Gjøvik, Eidsvoll, Kongsvinger, Drammen, Kongsberg, Mysen; Fernzüge nach Narvik, Stockholm, Kopenhagen, Malmö und Hamburg; NSB Tel. 81500888.

Busbahnhof

Er liegt am Ende der Passage Galleriet, von der Bahnhofshalle über eine Brücke erreichbar, (Hinweisschilder beachten). Mit Nor-Way-Bussekspress-Filiale (Tel. 81544444). Busse u.a. nach Kristiansand (340 NOK; 5–6

Std.), Trondheim (300–600 NOK; 11 Std.), Sogndal (450 NOK; 7–8 Std.), Ålesund (500 NOK, 10 Std.), Stryn (580 NOK; 8–10 Std.); Fernbusse: 101, 130, 135, 142, 145, 147, 148, 149, 160, 165, 170, 175, 180, 185, 190, 194. Zudem mit dem Timekspressen u.a. nach Drammen, Kongsberg, Askim, Kongsvinger, mit dem Konkurrenten nach Kristiansand und dem Lavprisekspress nach Bergen und Trondheim (www.lavprisekspressen.no).

Flughafen

Oslo-Gardermoen liegt 50 km nördlich der Hauptstadt, an der E 6. Verbindungen u.a. nach Berlin, Hamburg, Frankfurt am Main und München. Innerhalb Norwegens u.a. nach Bergen, Stavanger, Kristiansand, Sogndal, Trondheim, Ålesund, Bodø, Tromsø; Info: Passagierservice: Tel. 06400, Büro: Tel. 64812000; www.osl.no (Oslo-Torp: siehe unter „Sandefjord", Oslo-Rygge: siehe unter „Moss".) **Anfahrt:** Flughafenzug *(flytoget)*, 170 NOK bis Hbf. und Nationaltheater, 200 NOK bis in die westlichen Vororte Sandvika und Asker, 50 % Rabatt für Studenten, Jugendliche bis 20 Jahre; Kinder/Jugendliche bis 16 Jahre in Begleitung eines Erwachsenen reisen gratis (Stand: Februar 2010); verkehrt ab Flughafen zwischen 5.36 Uhr und 0.56 Uhr, ab Hbf. zwischen 4.45 Uhr und 0.05 Uhr, Tel. 81500777, www.flytoget.no. Der Flughafen hat auch einen Bhf. mit Zugverbindungen nach Lillehammer und Trondheim. www.nsb.no; **Flughafenbus** (flybuss): Der SAS flybuss verkehrt zwischen dem Radisson SAS Scandinavia Hotel nahe des Schlossparks, dem Bahnhofsvorplatz, dem Busbahnhof und dem Flughafen tägl. 5.20–1 Uhr (teils Nachtzuschläge); 140 NOK, 240 NOK Kinder/Jugendliche unter 16 Jahren 75 NOK, in Begleitung Erwachsener gratis, Tel. 2280 4971, www.flybussen.no/oslo; **Fernbusse** Nr. 145, 147, 148 nach Norden und Nordwes-ten, **Winterbus** nach Hemsedal; **Taxi:** Oslo Taxi (Tel. 02323), Kosten 700 NOK.

Parken: P6, P5, P4: 100 NOK/Tag, 390 NOK/Woche (ohne Shuttlebus), ansonsten bis 290 NOK/Tag, oder: Gardermoenparkering (www.gardermoenparkering.no), 100 NOK/Tag, 390 NOK/Woche, gratis Shuttlebus. Parken am Gardermoen Hotel B&B (s.u.) nur 40 NOK/Tag, 200 NOK/Woche (Shuttlebus 45 NOK).

Unterkünfte in Flughafennähe:

SAS Radisson Airport Hotel, direkt am Flughafen, Tel. 63933000, sehr teuer (DZ 2000 NOK, über's Internet 1500 NOK, www.radissonblu.de);

Norlandia Oslo Airport Hotel, Tel. 6394 9500, Fax 63949501, Shuttlebus ab B 25 (50 NOK), 4.50–23.35 Uhr (DZ rund 1300 NOK);

Quality Hotel Gardermoen Airport, Jessheim, Tel. 22334200, am besten vorbuchen: www.choicehotels.no, Shuttlebus (nettbuss) ab B25 (50 NOK), in Jessheim-Nord, 3,9 km ab Flughafen, DZ 1000–1800 NOK, je nach Tag;

Thon Hotel Gardermoen (Tel. 64004500) und **Thon Hotel Oslo Airport** (Tel. 6392 9400), beide nahe der E6 in Jessheim gelegen (Shuttlebus 50 NOK), ca. 7 km bis zum Flughafen. DZ ab 850 NOK/Nacht, Hotel Gardermoen etwas preiswerter als das Hotel Airport;

Gardermoen Gjestegård, einfaches B&B, Tel. 63940800, Fax 63940801, www.gg-gardermoen.no, Shuttlebus ab der oberen Ebene (45 NOK) muss über Tel. 63978245 bestellt werden (nach der automatischen Antwort 3 drücken), (DZ 950 NOK);

Gardermoen Hotel Bed & Breakfast, einfaches B&B, Tel. 63930050, Fax 63999035, www.gardermoenbb.no, Shuttlebus ab der oberen Ebene 45 NOK (über das Hotel zu bestellen, DZ 700–850 NOK, je nach Komfort).

Fähren

Fähren der Color Line (nach Kiel und Hirtshals) legen in Filipstad, zwischen Zentrum und Bygdøy, an (Kai an der E 18; Bus zum Bahnhof). Stena Line und DFDS Seaways verkehren ab Vippetangen, nahe der E 18, des Bahnhofs und der Festung Akershus.

Stadtverkehr

Tickets und Infos (kostenlose Streckennetz- und Fahrpläne) im **Trafikanten,** dem grünen Turm vor dem Hauptbahnhof. Mo.–Fr. 7–20 Uhr, Sa./So. 8–18 Uhr; (Tel. 177, www.trafikanten.no). **Tickets** (Einzel-, Flexi- und Tageskarte) gibt es auch beim Fahrer und an Kiosken. Mit der Oslo-Karte ist alles kostenlos. **Preise:** Einzelfahrkarte *(enkelbillett)* am Automaten 26 NOK, beim Fahrer 40 NOK; 8-Fahrten Karte *(Flexikort)* 190 NOK; 24 Stunden Karte *(Dagskort)* 70 NOK; 7-Tages Karte *(7 dagers kort)* 210 NOK; Monatskarte *(Månedskort)* 550 NOK. Das Verkehrssystem ist recht gut ausgebaut. Allerdings verkehren die Verkehrsmittel nur im 15-20-Minuten-Takt, auf Nebenstrecken und abends alle 30 Minuten.

T-bane (U-Bahn)

Die U-Bahn heißt in Oslo „T-bane" *(Tunnelbana)*, obgleich nur die Zentrumshaltestellen unter der Erde liegen. Fünf Linien verkehren von Ost nach West. Alle, außer Nr. 1 bedienen die Haltestellen Majorstua (Vigelandspark), Nasjonalteatret (Nationaltheater, Rathaus, Aker Brygge), Stortinget, Jernbanetorget (Hauptbahnhof) und Tøyen (Munch-Museum). Verspätungen gibt es leider öfter. Tickets müssen vor dem Einsteigen abgestempelt werden. Züge von 5-0.30 Uhr.

Straßenbahn/Bus

Es gibt acht Straßenbahnlinien *(trikk)*. Zentrale Haltestellen: Stortorvet (Domkirche) und Jernbanetorget (Hauptbahnhof). Über 20 Buslinien fahren in den letzten Winkel der Stadt. Die meisten Busse halten am Hauptbahnhof. Nachtbusse haben kosten (50 NOK).

Preisklassen der Hotels

(*****) **über 1100 NOK** pro DZ (meist kostet ein DZ 1400 NOK)
(****) **850-1100 NOK** pro DZ
(***) **600-850 NOK** pro DZ
(**) **500-600 NOK** pro DZ
(*) **unter 500 NOK** pro DZ (eher selten)
Wer preiswert übernachten möchte, sollte in die recht guten Campinghütten ausweichen.

Besondere Auszeichnungen

Einige besonders **alte und/oder romantische Hotels** sind im Buch mit einem ✦ gekennzeichnet.

Taxi

Pro Kilometer zahlt man ca. 12 NOK, minimal jedoch 65-75 NOK (je nach Uhrzeit, gültig bei 1-4 Personen). Am Wochenende ist es oft schwierig, ein Taxi zu bekommen. Standorte: u.a. Karl Johans gate, Hauptbahnhof. Oslo Taxi: Tel. 02323, 22388090.

Fähren

Zum normalen Ortstarif verkehren folgende Fähren: im Sommer: Aker Brygge/Rathaus - Bygdøy (Linie 91); ganzjährig: ab Vippetangen (südlich der Festung Akershus) zu den Inseln im Oslofjord (Hovedøya und Nakholmen Linie 92; Gressholmen Linie 93; Langøyene (nur im Sommer) Linie 94). Eigene Tarife haben die Boote ab Aker Brygge nach der Nesodden-Halbinsel und Drøbak.

Mietwagen

Am Flughafen Gardermoen: Avis, Hertz, Europcar, Rent A Wreck. In Oslo: Avis, Munkedamsveien 27, Tel. 23239200; Hertz, Holbergsgate 30, Tel. 22210000, Fax 22110093; Europcar, Oslo/Vika, Tel. 22831242; Budget, Tel. 81560600; Bislet Bilutleie, Pilestredet 70, Tel. 22600000, Fax 22600119; Rent A Wreck, Filipstadveien 5, östlich des Color-Line-Anlegers, am Kreisverkehr des Munkedamsveien (siehe Karte), Tel. 22833111, und in Oslo-Ost (T-bane-Haltestelle Økern, Tel. 23375949); Centrum Bruktbilutleie (Gebrauchtwagen), Tel. 90772019; Bilutleiefirmaet Second Hand, Tel. 22064760.

Hinweis: Am günstigsten ist es, die Mietwagen über die deutschen Seiten der Anbieter im Internet vorzubuchen. Bis zu 50 % günstiger als vor Ort. Preiswert sind: www.europcar.de und www.avis.de.

Unterkunft

Ob Jugendherberge oder Luxushotel, es wird sich für jeden Geschmack etwas finden. Jedoch nicht für jeden Geldbeutel, denn will man nicht zelten, findet sich kaum etwas unter 160 NOK pro Person.

Preiswertere Hütten und Zimmer sollten ein paar Tage im Voraus telefonisch gebucht werden, denn manchmal kann es sehr eng werden mit den Unterkünften!

Vermittlung von Unterkünften

- **In der Touristeninformation**
- **UngInfo,** Møllergata 3, 0179 Oslo, Tel. 24149820, Fax 24149821, mail@unginfo.no, www.unginfo.oslo.no; Mo.-Fr. 11-17 Uhr, Mitte Juni bis Mitte August Mo.-Fr. 7-18 Uhr, Sa. 9-14 Uhr, Sonntag geschlossen. Kostenlose Vermittlung von preiswerten Privatunterkünften (ab 140 NOK pro Person), vorzugsweise an Jugendliche und Studenten, jedoch nicht nur. Auch ist hier ein alternatives Stadtmagazin erhältlich (www.use-it.no), und man kann kostenlos im Internet surfen!
- Wer länger in Oslo bleiben möchte, kann sich im Sommer in zwei Studentenhäusern einmieten: **Nordnorsken,** John Colletts alle 110, 0870 Oslo, Tel. 22233451, bestyrer@nordnorsken.no (ab 200 NOK/Tag, 2500 NOK/Monat); **Anker studentbolig,** Storgata 55, Eingang: Torggata, 0182 Oslo, Tel: 2299 7300, studentbolig@anker.oslo.no (ab 2500 NOK/Monat).

Oslo-Paket: Wer in den 30, dem Oslo-Pass angeschlossenen Hotels bucht, bekommt den Oslo-Pass gratis. Infos in der Touristeninformation.

Luxus-/First Class Hotels (*****)

- **Grand Hotel+,** Karl Johans gate 31, Tel. 23212000, Fax 23212100. Altes, traditionsreiches Hotel direkt an der Prachtstraße Karl Johans gate, 1874 gegründet. Im Grand Café des Hotels speisten seinerzeit schon Ibsen und Munch. Außerdem gibt es noch eine Bar, Fitnessraum, Sauna und Swimmingpool. Viele Zimmer wurden von norwegischen Künstlern gestaltet. DZ ab 1900 NOK, Suiten ab 3000 NOK.
- **Radisson Blu Plaza Hotel,** Sonja Henies plass 3, Tel. 22058000, Fax 2208010. Der hohe Glasturm ist eine der besten Hotelattraktionen der Stadt. Ein Panoramafahrstuhl bringt den Besucher zur Nachtbar im 33. Stockwerk, Rundblick auf Oslo inclusive. Natürlich gibt es auch Restaurant, Sauna und Swimmingpool. DZ ab 2500 NOK.
- **Radisson Blu Scandinavia Hotel,** Holbergsgt. 30, Tel. 23293000, Fax 23293001. Auch das zweite SAS Hotel dominiert im Stadtbild. In dem modernen Bau gibt es Restaurant, Bar, Fitnessraum, Sauna und Pool.
- **Hotel Continental,** Stortingsgaten 24-26, Tel. 22824000, Fax 22429689. Vornehmes Hotel, in dem auch Restaurant (Annen Etage) und Bar zur Spitzenklasse in Oslo gehören.
- **Holmenkollen Park Hotel Rica+,** Kongeveien 26 (nahe der Sprungschanze), Tel. 22922000, Fax 22146192. Prächtiges Holzhaus mit herrlichem Stadtblick und Edelrestaurant, kurz: ein Hotel erster Güte. Auch im Angebot: Bar, Fitnessraum, Sauna, Hallenbad, Fahrradverleih. DZ ab 1800 NOK.
- **Royal Christiania Hotel,** Biskop Gunnerus gt. 3, Tel. 23108000, Fax 23108080. Mondänes Hotel mit güldenen Aufzügen, von welchen man einen imposanten Blick auf den glasüberdachten Innenhof mit Piano und Restaurant hat, und, fährt man bis zur letzten Etage, auf die Stadt Oslo insgesamt. Die kleine Fahrstuhlfahrt können auch Nicht-Gäste einmal unternehmen. Restaurant, Bar, Fitnessraum, Sauna, Swimmingpool.
- **Bristol Hotel,** Kristian IV's gate 7, Tel. 2282 6000, Fax 22826001. Gediegenes, elegantes Hotel mit gutem Restaurant und Bar. DZ im Sommer bei Internetbuchung ab 1300 NOK (www.thonhotels.no), sonst ab 2500 NOK.
- **Bondeheimen Hotel** (*****), Rosenkrantzgt. 8, Tel. 23214100, Fax 23214101. Komfortables Best Western Hotel. Traditionelles norwegisches Essen in der Kaffistova. Eigener Souvenirladen (Husfliden). Oft gute Preise bei Internetbuchung: www.bondeheimen.no, DZ 1100-1300 NOK.
- **Choice Hotels,** www.choicehotels.no. Die Hotelgruppe betreibt 5 Hotels in Oslo, u.a. das **Comfort Hotel Børsparken** in der zentralen Tollbugate 4. Bei Buchung über das Internet oft Sonderangebote ab 800 NOK/DZ.
- **Hotel Gabelshus+,** Gabelsgate 16, Tel. 23276500, Fax 23276560. Romantisches Hotel, in dem kein Zimmer dem anderen gleicht.

Mittelklassehotels (****/***)

- **Anker Hotel** (****), Storgata 55, Tel. 2299 7500, Fax 22997520, www.anker-hotel.no. Überdimensionaler, nüchterner Hotelbau, Marke „Wohnburg", aber mit guten Zimmern. DZ 990 NOK für Frühbucher.
- **MS Innvik:** Boot nahe des Stena Line Anlegers, Tel. 22419500, www.msinnvik.no. Das Schiff verkehrte noch vor kurzem in Westnor-

wegen und bietet nun eine B&B Unterkunft für 750 NOK/DZ sowie einen Club mit Kneipe, Frühstück am Wasser: 60 NOK. Man wohnt in den ehemaligen Kabinen des Schiffs. Viel Atmosphäre. Angeschlossenes Theater als Geräusch wahrnehmbar.

- **Thon Hotel Munch,** Munchs gate 5 (westlicher Ring 1, Zentrum), Tel. 23219600, Fax 23219601. Gut ausgestattetes Mittelklassehotel mit überzeugenden Preisen. DZ 900 NOK. Bei Internetbuchung DZ für 800 NOK (dann ohne Frühstück). 25 % Rabatt auf das Ibsen Parkhaus.
- **Thon Hotel Astoria,** Dronningensgate 21 (Zentrum), Tel. 21145550, Fax 21145551. Gutes Mittelklassehotel mit W-Lan, Restaurant, Bar. DZ 900 NOK.
- **Thon Hotel Spectrum,** Brugata 7, Tel. 23362700, Fax 23362701. Mittelklassehotel im Stadtteil Grønland, 250 m nördlich des Hbf. DZ 950 NOK. Parken im Spektrum Parkhaus möglich.
- **P-Hotel,** Grensen 19, Tel. 23318000, Fax 23318001, www.p-hotels.no. Neue Budget-Kette. Buchung erfolgt online, Bezahlung vor Ort mit Kreditkarte. DZ 900 NOK inkl. Frühstück. Gratis W-Lan.

Pensionen/ preiswerte Unterkünfte (**/*)

- **Anker Hostel** (**), Storgate 55 (Straße ab Domkirche, 700 m), Tel. 22997200, Fax 22997220, www.ankerhostel.no. Im Hochhausblock des Anker Hotels. Nette Räumlichkeiten, einfache Zimmer. Bett ab 200 NOK, ohne Bettwäsche u. Frühstück, DZ 540 NOK.
- **City Hotel** (***), Skippergaten 19, Tel. 2241 3610, Fax 22422429, www.cityhotel.no. Relativ ruhig gelegenes Zentrumshotel in Bahnhofsnähe. Frisch renovierte, aber recht nüchterne Zimmer. DZ ohne eigenes Bad 600 NOK, mit eigenem Bad 800 NOK. Gratis W-Lan.
- **Cochs Pensjonat** (***), Parkveien 25 (nahe des Schlossparks), Tel. 23332400. Etwas nüchterne Zimmer, aber angenehme Pension. Etwas laute Lage. DZ ohne eigenes Bad 680 NOK, ansonsten 840 NOK. Frühstück im Café 65 NOK. Kochgelegenheit.
- **Ellingsens Pensjonat,** Holtegate 25 (Querstraße hinter dem Schlosspark), Tel. 2260 0359, www.ellingsenspensjonat.no, gemütliche Pension in alter Villa, DZ 600–700 NOK.
- **Perminalen** (***), Øvre Slottsgate 2, Tel. 24005500, www.perminalen.com. Neues Bed & Breakfast-Haus hinter dem Storting. DZ 840 NOK, Bett 350 NOK.

Folgende Pensionen bieten gute Privatzimmer: **Solveig's B&B,** Tåsen terrasse 11, (T-bane 3 Richtung Sognsvann, Haltestelle Tåsen) Tel. 22236041, www.solveigs.com, 3 Zimmer, DZ 550 NOK; **Den Blå Dør B&B,** Skedsmogata 7, nahe Munch-Museum, Tel. 22199944, DZ 500–550 NOK; **B&B Oslo West,** Holmenkollveien 3B (T-bane 2, Makrellbekken); **Maridalsveien 303** (ehem. Hasleveien 8), Tel. 90013661, www.hasleveien.com, DZ 400 NOK, EZ 250 NOK, preislich unschlagbar, nette Zimmer, Garten, Bus 54 nach Kjelsås stasjon ab Hauptbahnhof, Haltestelle: Blåsbortveien (18 Min.); Auto: ab dem Kreisverkehr am Bahnhof über die Rv 4 bis Kreuzung Sinsenkrysset. Nun nach Norden (links) auf den Ring 3 bis Nydalen, dann nach Süden in den Maridalsveien; **Villa Frogner,** Nordraaksgt.26 (Parallelstr. zum Vigelandspark), Tel. 22561960, www.bedandbreakfast.no, DZ 850 NOK, 3-Bett 1000 NOK, 4-Bett 1200 NOK, Apartments zum gleichen Preis.

Mehr B&Bs unter: www.bbnorway.com.

Jugendherbergen

(Unbedingt vorher reservieren!)

- **Oslo Vandrerhjem Haraldsheim,** Haraldsheimvn. 4, Tel. 22222965, Fax 22221025, www.haraldsheim.no, 2.1.–22.12. Bett 245/270 NOK, DZ 540/620 NOK. Sehr gute Herberge im Nordosten der Stadt. Aufenthalts- und TV-Zimmer, Waschmaschinen, Küche; Straßenbahn 17 bis Sinsenkrysset; über die Wiese den Berg hinauf. Auto: ab Kreisverkehr am Bahnhof Rv 4 folgen, an Kreuzung Sinsenkrysset auf Ring 3 nach Norden bis Storo, dann Ausschilderung folgen.
- **YMCA Rønningen,** Myrerskogveien 54, Tel. 21023600, Fax 21023601, www.oslohostel.com, Juni–Mitte Aug., Bett nur 200

Der Hafen von Oslo

NOK!, DZ 660 NOK, Betonbau nahe des Waldes, ca. 5 km nördlich des Zentrums. Straßenbahn 11, 12, 13 nach Nordosten bis Storo, dann Bus 56 bis Rønningen. Auto: ab Bahnhof der Rv 4 bis Sinsenkrysset folgen, dann nach Norden auf den Ring 3 bis Storo. Richtung Grefsen/Kjelsås fahren und Schildern Rønningen Folkehøyskole/Oslo Hostel folgen.

- **Vandrerhjem Holtekilen,** Micheletsvei 55, 8 km westl. des Zentrums, in Stabekk in Richtung des Fjordes gelegen, Tel. 67518040, Fax 67591230, oslo.holtekilen@hihostels.no, Mitte April–Ende Sept. Schöne Jugendherberge westlich von Oslo. Vorortzug oder Bus (151, 153, 161, 162, 252, 261 bis Kveldsroveien in Stabekk). Auto: E 18 nach Westen, Abfahrt Strand. Bett 250, DZ 630 NOK. Auto: E 18 nach Westen, Abfahrt Strand.

Campingplätze/Hütten

- **Bogstad Camping,** Ankerveien 117 (im Nordwesten Oslos, an der E 18 Richtung Drammen ausgeschildert; Bus 32, 45 ab Hbf. oder T-bane 2 bis Røa, dann Bus 32, 34), www.bogstadcamping.no, Tel. 22510800, Fax 22510850, ganzjährig geöffnet. Oslos größter, aber bestimmt nicht bester Platz (viele Dauergäste, oft voll und nicht gerade sauber). Schöne Lage am Bogstad-See. Golf, Minigolf, TV-Raum, Badeplätze. 36 Hütten (***/****), Zelt ab 260 NOK, Hütte (je nach Größe und Ausstattung): 500–1200 NOK.
- **Ekeberg Camping,** Ekebergveien 65 (2 km südöstlich des Hbf., an der E 18 Richtung Stockholm/Trondheim ausgeschildert, Bus 34, 46 ab Hbf., Haltestelle Ekeberg Camping), Tel. 22198568, Fax 22670436, www.ekebergcamping.no. 24.5.–31.8. Keine Hütten, toller Panoramablick, viele Dauergäste, oft voll und nicht gerade sauber. Ende Juli wegen des Norway Cups sehr voll. Zelt inkl. Auto 260 NOK.
- **Oslo FjordCamping,** Ljansbrukveien 1 (südöstlich von Oslo, zwischen Fjord und E 18, Bus 83 ab Hbf.), Tel. 22752055, Fax 22752056, ganzjährig geöffnet. Keine Hütten, dafür Wohnwagenverleih (300–500 NOK), Zelt 200 NOK. Bis zu einem sehr schönen Abschnitt des Oslofjordes sind es nur 200 m. Leider nahe der Fernverkehrsstraße gelegen. Einfacher Standard. www.oslofjordcamping.no.
- **Langøyene Camping,** vom 20.5.–20.8. kann man auch gratis auf der Insel Langøyene zelten. Dazu nimmt man das Boot 94 ab Vippetangen, südlich der Festung Akershus. Achtung: Man sollte nicht das letzte Boot verpassen! Rezeption im Kiosk.

148no Foto: ms

●**Vestby Hyttepark,** Tel. 64959800, Fax 64959801, www.vestbyhyttepark.no. 30 Min. südlich von Oslo, an der E 6 Richtung Schweden gelegen (Abfahrt Vestby Nord, Richtung Westen). Auf dem Gelände des Sørli Hofes können das ganze Jahr über 13 Hütten und Zimmer für 500–1000 NOK angemietet werden. Wohnwagen: 200 NOK.

●**Wohnwagenstellplatz:** Sjølyst Bobilparkering, Tel. 22509193, www.bobilparkering.no, geöffnet: 1.6.–15.9., 120 NOK. Sehr schlichte Anlage am Wasser neben der E 18, westl. der Innenstadt, nahe Bygdøy. Abfahrt: Sjølyst. Außerhalb des Mautringes.

●**Studenterhytta,** Hütte des Studentenvereins in der Nordmarka, ab 125 NOK/Pers., Tel. 22499036, www.studenterhytta.no.

Restaurants

Oslo quillt über vor Restaurants und Cafés. Leider sind, wenn man nicht gerade Pizza oder Hamburger verzehren will, die Preise enorm hoch. Wer jedoch gewillt ist, tiefer in die Tasche zu greifen, kann mit einer erlesenen Küche rechnen. Die Osloer jedenfalls nutzen das Angebot, vor allem am Wochenende, weidlich aus. Hier nun eine kleine Auswahl an **klassischen und guten Restaurants,** in denen ein Essen 150–400 NOK (nach oben hin offen) kostet. Besonders gute Restaurants sind **mit einem + gekennzeichnet:**

●**Annen Etage+,** Stortingsgaten 24–26 (Hotel Continental). First-Class-Restaurant mit internationalen und norweg. Spezialitäten.

●**Det Gamle Raadhus+,** Nedre Slottsgata 1, Tel. 22420107. Oslos ältestes Restaurant in einem kleinen alten Osloer Häuschen. Gediegenes Ambiente und schmackhaftes Essen.

●**Engebret Café+,** Bankplassen 1, Tel. 2282 2525. Gegenüber des Museums für Moderne Kunst in einem alten Häuschen. Ältestes Restaurant der Stadt, 1857 gegründet. Mittagstisch *(lunsj):* z.B. Bacalau (Stockfisch) und Entrecôte für 200 NOK, abends: 3-Gänge-Menu 400 NOK.

●**Blom+,** Karl Johans gate 41 B, Tel. 2242 7300. Stilvolles Gasthaus, in dem man es sich zwischen alten Wappen und Portraits gemütlich machen kann.

●**Holmenkollen Restaurant,** Holmenkollveien 119, Tel. 22139200. À la carte-Restaurant mit herrlichem Blick über Oslo.

●**Bagatelle+,** Bygdøyallé 3, Tel. 22121440. Eines der besten Gourmet-Restaurants Skandinaviens, dessen Chefkoch Terje Næss schon eine Weltmeisterschafts-Goldmedaille für Kochkunst erhielt (Zwei Michelin-Sterne).

●**Stortorvets Gjestgiveri,** Grensen 1. Eins der ältesten Restaurants Oslos mit etwas angestaubtem Café im Erdgeschoss. Manchmal Live-Musik (Jazz). Dagens Rett ab 100 NOK.

●**Lille Herbern,** das Restaurant liegt auf einer Insel vor Bygdøy und hat nur im Sommer geöffnet. Um nach Lille Herbern zu gelangen, läutet man eine Glocke am Ende des Herbernveien. Die Straße liegt etwa 400 m vor dem Fram-Museum.

Wer nicht über ein grenzenloses Budget verfügt, wird u.a. hier fündig:

●**Brasseri 45,** Karl Johans gate/Universitetsgata. In einem schmucken Haus aus dem Jahr 1897 liegt in der 1. Etage dieses nette Restaurant. Vor allem die Preise überzeugen: Kleine Gerichte *(smårett):* 115 NOK, Hauptgerichte *(hovedrett):* 175–240 NOK.

●**Aubergine** (ehm. Vegeta Vertshus), Akersgate 74, So.–Do. 11–21 Uhr, Fr. 11–16, Sa. 16–21 Uhr. Gutes, aber nicht umwerfendes vegetarisches Restaurant. Kleiner Teller: 130 NOK, großer Teller 145 NOK, all you can eat 190 NOK. Ab Karl Johans gate die Akersgate 500 m geradeaus.

●Ein zweites gutes **vegetarisches Restaurant, Krishna's Cuisine,** liegt im Kirkeveien 59b (Majorstua), Gericht *(dagens rett)* mit Suppe und Salat 110 NOK, preiswerte Mittagsgerichte *(lunsj prosjon)* ab 85 NOK; Mo.–Sa. 11–20 Uhr, So. geschlossen.

●Ein drittes vegetarisches Restaurant mit Öko-Essen ist **Spisestedet** (Hjelmsgate 3, Querstr. des Bogstadveien; ab 14 Uhr geöffnet, So. geschlossen). Einfache Mittagsgerichte *(lunsj)* ab 130 NOK, Abendessen *(middag)* ab 170 NOK.

●**Curry & Ketchup,** Kirkeveien 51 (Majorstua), 13–24 Uhr. Indisches Essen für 70–100 NOK).

●**Peppes Pizza,** Karl Jahns gate 1 (beim Hbf.), Hegdehaugsveien 31, Stortingsgaten 4, Drammensveien 40, Frognerveien 54. Eine

Pizza für 3 Personen kostet 190–230 NOK, Pizzabestellung: Tel. 22555555.

- **San Lorenzo,** Haakon VII's gate 10 (Eingang Ruseløkkeveien), Ital. Pizza 100–135 NOK.
- **im Einkaufszentrum Paleét: Restaurant Egon,** Karl Johans gate 37. Angenehmes Ambiente, man kann für 120 NOK so viel Pizza essen, wie nur geht, und zwar: So. ganztags, Mo.–Sa. 10–18 Uhr. Ähnliche Knüllerpreise gelten auch für den dahinter gelegenen **Inder.** Allerdings schmeckt hier alles etwas eintönig. **Im Keller des Paleét** gibt es hingegen das vielleicht abwechslungsreichste preiswerte Essen Oslos. Für 90–140 NOK kann man italienische, mexikanische, chinesische und griechische Gerichte essen.

Günstige Restaurants liegen auch im **Stadtteil Grünerløkka** – siehe unter„Kneipen/Nachtleben".

- **Stadtteil Grønland** (hinter dem SAS-Plaza-Glasturm gelegen): Hier gibt es einige preiswerte, einfache Restaurants. Sehr zu empfehlen ist das **Punjab Sweet House** (Grønlandsleiret 24). Leckeres indisches Essen für 100–140 NOK.
- **Im Einkaufszentrum Aker Brygge** finden sich einige preiswerte Gaststätten. Ein Essen kostet 80–180 NOK, u.a. **Albertine Café & Bar,** Frühstück 80–90 NOK, warmes Essen 180 NOK; **Rorbua,** typisch norwegisches Essen, Mittag *(lunsj):* ab 90 NOK, Fisch: ab 200 NOK, kleine Gerichte *(småretter):* ab 100 NOK, Gericht des Tages *(dagens middag):* 125 NOK, Pizza (1 Pers.) 85 NOK.
- Preiswertes und gutes Frühstück gibt es auch auf dem **Boot MS Innvik** (siehe „Oslo Unterkünfte").
- **Insel Bygdøy:** Rodeløkken Kafé, im Wedels vei (am Beginn der Halbinsel), mit traditionellen norwegischen Gerichten für 80–140 NOK.
- **Østbanehallen:** Halle neben dem Hbf., Tacos ab 70 NOK, Pizza ab 70 NOK.
- **Universität:** Auf dem Campus in Blindern (T-bane 5, Blindern) befindet sich die Cafeteria Frederike mit preiswerten Essen für Studenten (40 NOK), Mi., Fr., Sa. Bier ab 35 NOK im Pub.
- **Imbiss:** Kebab gibt es für 30 NOK in der Storgata und der Brugata. Die billigsten Pølser (Wiener Würstchen) sind in der Torggata für 10 NOK zu haben. Frische Krabben gibt es für 60 NOK/Liter am Hafen.

Cafés

- **Theatercaféen+,** Stortingsgaten 24–26, Tel. 22824050. Traditionsreicher Platz mit stilvoller Caféhausatmosphäre und Jugendstildekor. Teurer, aber leckerer Kuchen. Feine Abendmenüs in gediegenem Ambiente.
- **Grand Café+,** Karl Johans gate 31 (Grand Hotel), Tel. 23212000. Im Erdgeschoss des Grand Hotel gelegener ehemaliger Treff der Osloer Bohème. Die Portraits berühmter Gäste zieren die Wände des Cafés.
- **Kaffistova,** Rosenkrantzgate 8. Einfaches, doch schon seit Jahren beliebtes Café mit traditionellen Gerichten.
- **Kaffebrenneriet:** Kleine Kaffeebar mit diversen Außenstellen. Ideal für den morgendlichen Schluck. Im Zentrum: Akersgata 16 und Akersgata Ecke Grensen (Mo.–Fr. 7–18 Uhr, Sa. 9–17 Uhr, So geschlossen); neben dem Friedensnobelpreismuseum, nahe der Aker Brygge.
- **Albin Upp,** Galerie und sehr gemütliches Kunstcafé (Di.–Fr. 12–17 Uhr, Sa./So. bis 16 Uhr). Lage: Briskebyveien 42 (direkt hinter dem Schloss 500 m der Riddervoldsgate folgen).
- **Byråkrat,** Café und Pub im Restauranthaus Mona Lisa (Grensen 10 – Straße beginnt an der Domkirche). Tägl. 9–12 Uhr Jazzfrühstück.
- **Bare Jazz,** Grensen 8. Gemütliches Jazzcafé im Hinterhof. Mo.–Sa. ab 10 Uhr offen.
- **Tea Lounge,** im Stadtteil Grünerløkka, Thorvald Meyersgate 33b, am Birkelundenpark. Tees aus aller Welt. Ab 11 Uhr geöffnet, So. ab 12 Uhr.
- **Café Cappuccino,** abseits aller Hektik hinter dem Dom in den Basarhallen gelegenes Freiluftcafé und Restaurant. Ideal im Sommer zum Ausruhen nach dem Stadtrundgang.
- **Coco Chatelet,** Prinsesgt. 21. Gemütliches Café, z.T. in einem glasüberdachten Innenhof gelegen (meist bis 23 Uhr geöffnet).
- **Pascal,** Tollbugt. 11. Bäckerei mit Wiener Caféhausatmosphäre. Großes Kuchensortiment. Neue Außenstelle: im Friedensnobelpreismuseum (Mittagessen ab 110 NOK).

Mo.-Fr. 8.30-17 Uhr, Sa. 10-17 Uhr, So. geschlossen). Eine neue Außenstelle des Cafés liegt im Friedensnobelpreismuseum (akzeptable Mittagspreise: 110-180 NOK/Gericht).

•**Bagel & Juice:** Prinsens gate/Øvre Slotts gate. Hier gibt es alles, was Saft, Kaffee und Schokolade betrifft. 7.30-18 Uhr (Sa./So. ab 9/10 Uhr).

•**Frognerparken Kafè/Herregårdskroen,** die gemütlichen Sommercafés liegen im Frognerpark nahe der Vigelandsanlage.

•**Archimboldo,** Wergelandsveien 17. Gemütliches Künstlercafé im Kunsternes hus. Blick auf Schloss und Park. Ab 11 Uhr.

•**Litteraturhuset,** Wergelandsveien 29. Das Haus ist, wie der Name verrät, der Literatur gewidmet. Großer Buchladen, Veranstaltungsräume und tolles Lese-Café. Geöffnet ab 10 Uhr, So. ab 12 Uhr.

•**Frognerseteren Kafé,** Holmenkollveien 200, an der Straße die vom Holmenkollen weiter in den Wald führt (rechts halten). Der Welt bester Apfelstrudel (*eplekake*) für rund 55 NOK und Osloblick.

Kneipen/Nachtleben

Kaum zu bezahlen sind die Restaurants, Kneipen und Discos an der Aker Brygge, entlang der Rosenkrantzgate und Stortingsgata. Da ist manches in der Fußgängerzone („Karl Johan“) noch billiger. Günstig im Preis sind die Lokalitäten in den Stadtvierteln Grünerløkka und Grønland. Der halbe Liter Bier kostet um die 60 NOK, im günstigsten Fall 40 NOK. Discos verlangen nicht selten 70 NOK Eintritt.

Zentrum

•**Tullins Café,** Tullinsgt. 2, 14-2 Uhr, Gemütliche Kneipe, viele Studenten (Essen ab 75 NOK).

•**Café Amsterdam,** Kristian Augustsgate (an der Nationalgalerie). Herrlicher schummriger Pub mit etwas hohen Preisen, aber viel Atmosphäre, 11.30-2 Uhr, kein Türsteher, auf das Alter (ab 21 Jahren) achtet keiner.

•**Café Bacchus,** in den Basarhallen am Dom liegt dieser gemütliche Pub, bei dem man, um zur oberen Etage zu gelangen, wohl eine Bergsteigerlizenz braucht, bis 24 Uhr.

•**Ett Glass,** Rosenkrantz gate/Karl Johans gate. Hier will man trendy sein und verlangt für das durchgestylte Interieur auch gleich ein paar Kronen mehr. Geöffnet bis 1/3 Uhr.

•**Café Celsius,** am Chritianis torv (Rådhusgate) liegt dieses sehr beliebte, wenngleich überdurchschnittlich teure Café.

•Studenten sei der Besuch im Studentenpub **Chateaux Neuf** empfohlen (an der Haltestelle Majorstua rechts vorbei, die Valkyriegata stadtauswärts entlang. Das C.N. liegt rechts an einem Platz in einem kastenförmigen Bau).

•Eine empfehlenswerte Disco ist das **Smuget** - einer der größten Musikclubs Europas. 5 Abteilungen, 3 Szenen, 7 Bars (Rosenkrantz gate 22, www.smuget.no, bis 3 Uhr).

Bogstad-/Hegdehaugsveien

Entlang der beiden Straßen finden sich einige nette Kneipen. Beliebt ist das **Lorry,** ein alter Pub mit über 100 Sorten Bier, besucht von Künstlern, Musikern und Schauspielern (unweit des Schlossparks, Ecke Parkveien). Etwas weiter folgt, in der Nebenstraße Holtegata, die schummrige **Mikrobryggeri** (Minibrauerei). Einen Besuch wert sind auch der alteingesessene Pub **Broker** (Bogstadveien, zwischen Industri- und Schultzgata), mit über 100 Jahre altem Interieur, sowie **Den Gamle Majoren Lab** (Das Laboratorium des alten Majors; Bogstadveien 66), wo es den Besucher Schaudern lässt. Östlich des Bogstadveien, nahe des Parks St. Hans Haugen, liegt in der Bjerregaards gate der düstere **Underwater Pub.** Di. und Do. treten hier Studenten und Opernsänger kostenlos auf.

Grünerløkka

Vor allem in der Thorvald Meyers gate, nahe des zentralen Olav Ryes plass, liegen etliche nette Kneipen, wie z.B. das **Kafé Sult** (Hunger) Bier 45, Essen 100 NOK, **Mucho Mas** (mit guter preiswerter Küche, Gericht 80 NOK), **Café Noah's Ark** und **Fru Hagen** (Essen ab 80 NOK). Die Atmosphäre ist zumeist herzlich, leger und das Bier etwas preiswerter. Oft schon ab 1 Uhr geschlossen.

Theater

- Zu kulturellen Veranstaltungen ganz allgemein informiert das **Stadtmagazin „What's on?"**, erhältlich bei der Touristeninformation.
- Es gibt 13 Theaterhäuser in Oslo. Die beliebtesten sind folgende: **Nationaltheatret,** mit vielen Stücken von Ibsen. Während der Sommerzeit finden Führungen statt (Tel. 22001400); **Det Norske Teater** (Kristian IV. gate 8), alle Aufführungen auf Neunorwegisch *(Nynorsk)* (Tel. 22424344); **Dukketeatret på Frogner** (Puppentheater), Tel. 2242 1188; **Black Box Teater,** recht neues, innovatives Theater auf der Aker Brygge (Tel. 23407770). **Parkteatret,** alternatives Theater am Olav Ryes plass in Grünerløkka.
- **Den norske Opera:** Die neue Oper wurde im April 2008 nach langjähriger Bauzeit gegenüber des Hauptbahnhofs eröffnet. Das schicke weiße Marmorgebäude wirkt wie eine Eisscholle an Land. Auch die Inneneinrichtung und Akustik überzeugen! Tel. 8154 4488, www.operaen.no.

Kino

- Die Filme werden in Originalsprache mit Untertiteln gezeigt. Der Eintrittspreis liegt bei 80–100 NOK. Zu den größten Kinos im Zentrum zählen: **Saga** und **Klingenberg** (nahe des Nationaltheaters) sowie das **Colosseum** (Major-stua; Großes THX Kuppelkino). Stilvoll sind das alte **Gimle Kino** in der Bygdøy Allé 39, westlich des Schlossparks und das **Frogner Kino,** ein traditionsreiches Haus mit Stuckdecke und Café. Nach Umbau Oslos modernstes Kino. Frognerveien 30. Die **Cinematek** in der Dronningens gate 16 zeigt in erster Linie Filmklassiker. Leider muss man hier erst für 100 NOK Mitglied werden (gültig für ein halbes Jahr), damit man dann für 30 NOK Einlass erhält. **Soria Moria** (Vogtsgt. 64), Kino, Konzerte und Kulturinsel. Essen ab 80 NOK.

Galerien und Bibliotheken

- Die größten und bekanntesten Galerien sind: der **Kunstnerforbundet** (Kjeld Stubs gate 3, nahe des Rathauses) und der **Oslo Kunstforeningen** (Rådhusgaten 19, neben dem beliebten Café Celsius) sowie das **Kunsternes Hus** (mit Künstlercafé) im Wergelandsveien 17 am Schlosspark.
- Die 1999 neu eröffnete **Universitäts-Bibliothek** befindet sich zentral auf dem Campus in Blindern, nahe Blindernveien. **Stadtbibliothek** ist die Deichmanske bibliotek in der Akersgata.

Konzerte/Volkstanz/ Unterhaltung

- Regelmäßig werden **Konzerte** im Oslo Spektrum (Sonja Henies Plass 2) und im Konserthus (Munkedamsveien 14) aufgeführt. Im Sommer finden hier Mo. und Do. um 21 Uhr, im Freilichtmuseum Sa. um 14 Uhr **Volkstanzaufführungen** statt.
- Gute **Jazzkonzerte** gibt es regelmäßig im Blå Jazzclub (Brenneriveien 9, Eintritt ab 20 Jahre).
- Für **Clubkonzerte** sind Gamle Logen (Grev Wedels plass, hinter der Festung Akershus), Rockefeller Music Hall (Torggata 16, nahe Youngstorget, ab 18 Jahren) und Smuget (Rosenkantzgate 22, nahe dem Rathaus) empfehlenswert.
- Im Kanalen Underholdningssenter, Klingenberggt. 4, gibt es **Simulatoren, Brett- und Computerspiele.**

Festivals/Veranstaltungen

- **Holmenkollen Skifestival,** Skisprung-, Biathlon- und Langlaufwettbewerbe, Mitte März.
- **Grete-Waitz-Lauf** im Mai (Marathonlauf nur für Frauen).
- **Bislet Games,** Leichtathletikveranstaltung an den letzten Junitagen, besetzt mit internationalen Leichtathlethikstars.
- **Oslo Grieg Festival,** viele Konzerte, speziell in der Nationalgalerie, Ende Juli.
- **Oslo Jazz Festival,** Anfang August. Oslo gilt bei vielen als die neue Jazz-Hauptstadt des Nordens. Allein dieses Festival bietet über 80 Konzerte. www.oslojazz.no
- **Oslo Kammermusikfestival,** Ende August.
- **Ultima Festival,** Anfang Oktober. Größtes Festival moderner, experimenteller Musik. www.ultima.no

•**Oslo Marathon,** im September (Oslo Marathon: P.O. Box 5889 Majorstua, 0308 Oslo).

•Ende Juni ist die Hauptstadt Zielort für eines der härtesten **Amateurradrennen** der Welt. Jährlich legen über 3000 Teilnehmer die 540 km lange „Store Styrkeprøve", „Die Große Kraftprobe", von Trondheim nach Oslo an einem Tag zurück (Tel. 22579748, Fax 2257947, www.styrkeproven.com).

Mehr Infos zu Festivals und Veranstaltungen auf www.norwegeninfo.net

Sport und Aktivitäten

Baden

•Die beiden **Hauptbäder** mit 27 °C warmem Wasser und allem Schnick-Schnack sind: Frogner (am Vigeland-Park) und Tøyen (am Munch-Museum); Preise: 65 NOK.

•**Baden im See:** Populärster und vielleicht schönster Platz ist der Sognsvann (T-bane 5 bis zur Endhaltestelle), auch ideal für Kinder, Sommertemperaturen bei 19–22 Grad.

•**Baden im Fjord:** Die höchsten Temperaturen (um 20 Grad) erreicht der kinderfreundliche Platz auf der Insel Langøyene. Herrlich sind auch die Plätze Paradisbukten und Huk (auf Bygdøy, auch FKK, am Südende der Halbinsel, Boot ab Rathaus).

Fahrrad fahren (Verleih)

•**Fahrräder der Stadt Oslo:** Gegen eine Abogebühr von 80 NOK können Fahrräder geliehen werden. Eine Kreditkarte muss als Depositum vorgelegt werden. Infos in der Touristeninfo. www.oslobysykkel.no.

•Drahtesel gibt es auch für etwa 250 NOK/ Tag an der T-bane-Haltestelle Voksenkollen.

•Fahrradfahren ist im Zentrum von Oslo nicht sehr angenehm. Fahrradwege gibt es kaum. Am günstigsten ist es, entlang des Flusses Akerselva nach Norden in die **Nordmarka** zu radeln (wo es unendlich viele Tourenrad- und Mountainbike-Wege gibt) oder sich auf einem Fahrradweg am Fjord entlang zur ruhigen Insel Bygdøy zu begeben. Karten sind in allen Buchläden erhältlich (siehe auch „Wanderungen").

Tennis

•Dem Zentrum am nächsten liegen die kommunalen **Plätze des Frogner-Parks** (40 NOK).

Golf

•Am Bogstad-See, nahe dem Camping, liegt der wohl bekannteste Golfclubs Norwegens, des **Oslo Golfklubb** (Tel. 22504402, Fax 22510560, www.oslogk.no). Weitere: **Groruddalen Golfklubb** (Tel. 22216718), **Bærum Golfklubb,** Lommedalen (Tel. 67562870), **Ballerud Golf- og Treningssenter** (in Høvik, Tel. 67124124).

Bowling

•Bowlingbahnen nahe des Zentrums liegen in der Torggate 16 **(Oslo Bowlingsenter)** und am Drammensveien 40 **(Solli Bowlinghall).**

Wintersport

Unweit des Holmenkollen liegt der neue Tryvann Vinterpark mit 7 Liften und 381 m Höhenunterschied (www.tryvann.no, Tagespass 325 NOK). Kleiner und preiswerter ist die Anlage am Grefsenkollen (2 km nordöstlich der Jugendherberge Haraldsheimen), www.oslo-skisenter.no. Tageskarte 250 NOK. Auch gibt es Skianlagen am Kolås (westlich der Stadtgrenze) und in Nittedal, am Varingskollen (24 km nördlich von Oslo, 345 m Höhenunterschied). Außerdem stehen über 2000 km gespurte Loipen zur Verfügung. Die meisten, auch beleuchteten, Loipen liegen im Dreieck Holmenkollen/Studenterhytta/Ulevålseter. Ein Blick auf die Karte verrät, die Möglichkeiten, Øst- und Vestmarka mitgerechnet, sind fast unbegrenzt! www.skiforeningen.no.

•**Skiausrüstung** kann beim A/S Skiservice, an der Haltestelle Voksenkollen (T-bane-Linie 1), geliehen werden (Tel. 22139500). Auch sind hier, für 80–100 NOK, **Schlitten** erhältlich. Beliebt bei Alt und Jung sind Rodeltouren von der Haltestelle Frognerseteren, den Korketrekkeren (Korkenzieher) hinab, zur Midstuen stasjon. Hinauf kommt man wieder mit der T-bane.

•**Schlittschuhlaufen:** Wer noch nicht Gelegenheit hatte, auf einer Haupteinkaufsstraße

Schlittschuh zu laufen – in Oslo hat er sie! An kalten Tagen wird nämlich das Wasserbecken auf der Narvise an der Karl Johans gate in eine Spritzeisbahn verwandelt. Wem das zu klein ist, kann in die Stadien Valle Hovin und Frogner ausweichen.

Stadt- und Bootsrundfahrten

- **Oslo Sightseeing,** Tel. 23356890, Fax 23356899, www.boatsightseeing.com. Abfahrt ab Rathauskai.

Wanderungen

- **Akerselva:** Gleich hinter dem Glasturm des Plaza Hotels (Grønlandsleieret) beginnt der 8 km lange Wander- und Fahrradweg entlang des Akerselva. Er führt über 150 Höhenmeter durch Parks und vorbei an Industriearchitektur des 19. Jh., wie der 1856 eröffneten Segeltuchfabrik nördlich der Rotunde Kuba. Man passiert ein zum Studentenwohnheim umgebauten Getreidesilo, 20 Wasserfälle und, kurz vor dem See Mariedalsvann, wo auch das Technische Museum liegt, einige Badestellen. Unterhalb der Beierbrua liegt außerdem in einem roten Häuschen ein kleines Café, wo Waffeln gereicht werden.
- **Nordmarka:** Das **große Waldgebiet im Norden der Stadt** eignet sich hervorragend für Kurz- oder Mehrtageswanderungen, z.B. vom Parkplatz am **Sogsvann** (T-bane 3 bis Endhaltestelle) 2,5 km Rundweg um den See oder am rechten Ufer vorbei in Richtung Alm Ullevålseter (1 Std. pro Richtung, Imbiss). Kurz vor der Alm zweigt zudem ein Weg nach Bjørnholt ab (1 Std. pro Richtung, Kanuverleih, übernachten im Lavoo: 200 NOK).
- Ebenfalls schön ist die Wanderung **vom Holmenkollen zum Frognerseter-Restaurant,** mit einigen alten Holzhütten, und weiter **zum Fernsehturm Tryvannstårnet.** Dazu überquert man auf einer Holzbrücke die Straße Richtung Frognerseteren und folgt ihr unterhalb auf einem idyllischen Waldweg. Anschließend läuft man am Frognerseter-Restaurant links vorbei, bergauf in den Wald hinein. Kurze Zeit später erreicht man die Haltestelle Frognerseteren. Hinter ihr geht's nun weiter durch einen kleinen Birkenwald (Hinweisschild beachten), solange bis man die Hauptstraße wieder erreicht. Dieser folgt man dann vorbei an einem idyllischen See (hier evtl. Möglichkeiten zum Wildcampen) bis zum Tryvannstårnet.
- **Umrundung des Berges Kolsås** (westlich von Oslo): Guter Einstiegspunkt ist die S-Bahn-Haltestelle Valler. Man folgt dem Dæliveien bis zum Dalbo-Naturreservat und hält sich nun rechts, bis man auf den Gamle Ringeriksvei trifft. Diesem folgt man nach Nordwesten, bis hinter den Steinbruch. Man unterquert die Straße und läuft hinab in das neue Wohnviertel von Helset, folgt dem Helsetveien und Skollerudveien nach Bærums verk. Diesen alten Handelsplatz durchquert man nach Süden und folgt parallel dem Lommedalsveien, bis dieser den Bach überquert. Unterhalb der Brücke liegt ein winziges Wasserkraftwerk von 1917 (Führung: Di.–Do. 13 Uhr). Es geht nun bergan in ein hübsches Wohnviertel; dort folgt man dem oberen Weg der Steinsoppgrenda nach Süden bis zur S-Bahn-Haltestelle Kolsås. Der Bahnlinie kann man nun bis zur Haltestelle Valler folgen. Unterwegs lohnt ein Abstecher den Toppåsveien hinauf zum Kolsåsstupene-Naturreservat. Den schönen Rundgang begleiten oft Schilder zur Natur und Kultur (allerdings auf Norwegisch). Ein Schild der Straße Heggelia (Nebenstraße des Toppåsveien) zeigt die Fossilienvorkommen der Region des Oslofeldes.

Shopping

Haupteinkaufsstraßen

Karl Johans gate (teuer), Grensen (Bekleidungsläden), Torggate (Rema 1000-Lebensmittelmarkt), Storgate (günstige Kleidung, Rema 1000), Brugate/Smalgangen/Grønlandsleiret (günstiges Obst und Gemüse).

Märkte

Stortorvet am Dom (Blumen), Youngstorget (Obst, Gemüse, Kleidung).

Einkaufszentren

Aker Brygge (60 Läden, 35 Restaurants, sehr teuer und edel), Paleét (Karl Johans gate 37–43, 45 Läden und 13 teilweise recht preiswerte Restaurants), Glasmagasinet (am Stortorvet am Dom, u.a. über 25 Bekleidungsläden), Steen & Strøm (Nedre Slottsgate), Oslo City (am Hauptbahnhof, 100 Geschäfte), Byporten (neues, innen bonbonfarbenes Einkaufszentrum neben dem Hauptbahnhof), Østbanehallen (alte Bahnhofshalle neben dem modernen Hauptbahnhof), Gunerius (Storgata, preiswerte Ramschläden).

Geschäfte

Norwegisches Design ist nach wie vor ein Geheimtipp, jedoch schwer im Kommen. Nicht umsonst räumen derzeit norwegische Gestalter bei wichtigen Messen allerhand Preise ab. **Norway Designs** vereint nun die wichtigsten Produkte der Designer des Landes unter einem Dach und zählt daher laut einigen Magazinen zu den Top-10-Shopping-Adressen Europas. Zu erwerben sind u.a. Glas, Keramik, Bekleidung, Spielwaren, Küchen- und Badutensilien. Norway Designs, Stortingsgt. 28, Tel. 2311 4510, www.norway-designs.no, geöffnet: Mo.–Fr. 9–17 Uhr, Do. 9–19 Uhr, Sa. 10–16 Uhr, So. geschlossen.

Buchhandlung **Tanum** (Karl Johans gate 37–43, Paléet, größte in Norwegen, auch breites Angebot an Karten und englisch- und deutschsprachigen Büchern); **Norli International Bookshop** (Universitetsgt. 20); **Husfliden:** Norwegerpullis, Souvenirs, typisch Norwegisches, im Kaufhaus Glassmagasinet, gegenüber dem Dom; **Basarhallene** am Dom (Kunstgewerbe, Gewürze); **Platekompaniet** (Klingenberggate, CDs in der Preislage von 79–129 NOK); **Kodak Fotoladen** (Torggt., einer der preiswerteren); **Sporthuset** (Grensen 5–6, Sportartikel); **Juhls Silvergallery,** Roald Amundsensgt. 2, am Rathaus, Toller Silberschmuck aus Nordnorwegen! Mehr Läden unter www.norwegeninfo.net.

Einer der eigenwilligsten Läden Oslos befindet sich in der Huitfeltsgt. 28 (Tel. 2255 1718). Hier verkauft der **Erfinder Arnold Selnes** Patente, Erfindungen und Kuriosa. 2800 Medaillen hat er für seine Arbeiten erhalten. Egal ob es darum geht, das Wachstum von Nutzpflanzen unter Kälte und Trockenheit zu verbessern oder medizinisch-therapeutische Geräte zu ersinnen, er scheint sich über fast alles Gedanken zu machen. Für den Besucher zeigt sich sein Erfindergeist am ehesten in dem Sammelsurium alter Fahrräder, die er aus Einzelteilen neu zusammensetzte und nun ab 300 NOK zum Verkauf anbietet.

Internet

UngInfo (Møllergata 3, wenige, aber kostenfreie Rechner), **Deichmanske Bibliotek** (Henrik Ibsens gate 1, gratis Internet), **@rctic** (im Gebäude des Hauptbahnhofs).

Kostenloses W-Lan: An allen Hochschulen und der Universität. „Betroffen" sind dadurch auch die im Text erwähnen Kneipen/Cafés: Amsterdam, Tea Lounge, Archimboldo, Gamle Majors Lab, Chateaux Neuf und die T-bane Station Nationaltheater.

Sicherheit

Oslo ist noch immer eine **sichere Stadt,** wenngleich die Probleme in den letzten Jahren nicht weniger wurden. Ein wenig Vorsicht ist demnach nachts in den Stadtteilen **Grønland** und **Tøyen** (Munch-Museum), speziell an den **T-bane Haltestellen** angebracht. Auch in der Gegend um den **Bahnhof** zeigen sich manchmal die Schattenseiten der Stadt. Vollbepackte Autos sollten nachts im Parkhaus, tags zumindest sehr zentral oder an der Unterkunft abgestellt werden. Zudem werden **Fahrräder** öfter zum Ziel dreister Diebe.

Sonstiges

• **Goethe Institut,** Grønland 16, 0188 Oslo, Tel. 22057880, Fax 23364100. **Polizei,** Grønlandsleiret 44, Tel. 22669050. **Hauptpost,** Dronningsgata 15, **Telefon/Telegramm,** Kongensgt. 12 und 21. **Fundbüros,** Grønlandsleiret 44, Tel. 22669055, Dronningsgate 27. **Apotheke,** Jernbanetorget Apotek, Tel. 2335

Winterimpression bei Drøbak

8100, am Platz vor dem Hauptbahnhof, 24 Std. geöffnet. **Arzt,** Legevakt Oslo, Storgata 40 (Str. beginnt am Dom), 0182 Oslo, Tel. 22932293. **Telefonshop,** Brugata (Seitenstr. der Storgata), preiswert telefonieren per Vermittlung oder Telefonkarte (man wählt die Nummer auf der Karte). **Waschsalon,** A-snarvask, Thorvald Meyers gate 18 (Grünerløkka).

Umgebung von Oslo

- Östlich von Oslo, in **Fetsund,** nahe des Satellitenvorortes Lillestrøm, am Glomma-Delta, liegt das **Flößereimuseum** mit Ausstellungen zu Technik und Kunst (11–16 Uhr, Eintritt gratis).
- Unweit nördlich, in **Sørumsand,** beginnt die 4 km lange **Schmalspurbahn „Tertitten".** Sie verkehrt im Sommer für 60 NOK pro Person (Kinder 25 NOK) täglich zu jeder vollen Stunde zwischen 11 und 15 Uhr.
- **Unterkunft:** Frognerstrand Camping, in Nes an der Rv 2, 50 km nordöstlich von Oslo, Tel. 63907460, www.frognerstrand.no. Einfacher, aber sauberer Platz am Fluss Glomma. 13 einfache Sommerhütten für 300–500 NOK.

Östlich des Oslofjordes

Die hügelige Wald- und Seenlandschaft ist ein eher unspektakulärer Teil Norwegens, was nicht heißt, dass er uninteressant ist. Die meisten fahren auf schnellstem Wege zu den bekannten Sehenswürdigkeiten des Westlandes oder die Lofote. Wer sich aber für **Felszeichnungen,** alte **Festungen** und eine für norwegische Verhältnisse **liebliche Landschaft** mit wogenden Feldern begeistert, sollte hier Zwischenstopps einplanen. Leider ist Østfold auch **eine der wichtigsten Industrieregionen** (Holzverarbeitung, Chemie) Norwegens, wobei man sich besonders in Moss und Sarpsborg städtebaulich nicht mit Ruhm bekleckert hat; Fredrikstad hingegen ist recht hübsch und sehenswert.

164no Foto: ms

Auch die Nähe zu Oslo führt zu einer zunehmenden Zerstörung durch den Bau neuer Wohngebiete und Schnellstraßen. Die neuesten Projekte waren ein **Tunnel unter dem Oslofjord bei Drøbak** (55 NOK Maut), der die Hauptstadt entlasten soll, und die 2005 eröffnete **Svinesundbrücke** (20 NOK Maut) an der E 6, welche Norwegen mit Schweden verbindet. Das mächtige Bauwerk ist rund 700 m lang, 60 m hoch und hat eine Bogenspannweite von etwa 250 m. Parallel verläuft die alte, 1946 in Granit errichtete Brücke.

Halden

↗XXI/D3

Sechs Kilometer östlich der E 6 liegt der **26.000-Einwohner**-Ort Halden. Das Städtchen verdankt seine Gründung der strategischen Grenzlage zu Schweden, die seit dem Frieden von Roskilde 1658 durch den Iddefjord verläuft. Die vielen Holzflößersiedlungen wurden zu einem Garnisonslager vereint, und 1661 begann man mit dem Bau einer mächtigen Festungsanlage zum Schutze vor dem skandinavischen Nachbarn. Dies erwies sich auch aus wirtschaftlicher Sicht als klug, entwickelte sich doch Halden, im Schatten der Burg, zu einem florierenden Handelsplatz. Die Befestigungsanlagen waren so gut, dass dreimal dem schwedischen König *Fredik III* Einhalt geboten werden konnte, weshalb der Ort auch zunächst Fredrikshald hieß.

Heute ist die Stadt ein wichtiger **Industrieort** der Region Østfold, mit Holzverarbeitungs- und Kunststoffabriken.

Sehenswertes

Hauptsehenswürdigkeit der Stadt ist die **Festung Fredriksten** (erbaut 1661–1701). Sechsmal wurde sie belagert, jedoch nie eingenommen. Der größte Angriff erfolgte Ende des 18. Jh. unter dem Schwedenkönig *Karl XII.* Als die Haldener Bürger riesige Truppenverbände auf den Ort zumarschieren sahen, zündeten sie heldenhaft ihre eigenen Häuser an und verschanzten sich in der Festung. Das Feuer schlug die Schweden in die Flucht und ließ sie von einem weiteren Angriff auf die Landesgrenzen der norwegischen Provinz absehen. Diesem geschichtlichen Ereignis ist sogar eine Strophe der Nationalhymne gewidmet. Heute beherbergt die weitläufige Festungsanlage eine kriegshistorische Ausstellung, eine alte Apotheke, eine Bäckerei und eine Brauerei. Zudem bietet sich ein herrlicher Blick über die Stadt. Wanderwege laden zu einem Spaziergang ein (Ende Mai bis Mitte August, tägl. 10–17 Uhr). Zudem: Infocenter mit Multimediapräsentation.

Unten im Ort sind eigentlich nur das **Theater** mit der einzigen erhalten gebliebenen Barockszene Norwegens, die spätklassizistische **Immanuels-Kirche** (1833) und der **Rød Herregård** erwähnenswert. Der schöne herrschaftliche Hof stammt aus dem 17. Jahrhundert und ist umgeben von einem Barockgarten sowie einem schönen Naturpark (Führungen finden im Sommer So.–Fr. statt; Lage: 800 m westlich des Zentrums, an der Rv 21).

In der Umgebung Haldens lohnt eine **Bootstour** auf dem 75 km langen **Halden-Kanal.** Man schippert dabei durch die idyllische Wald- und Seenlandschaft Østfolds und passiert wenige Kilometer östlich des Ortes die Brekke-Schleuse, die einen Höhenunterschied von 26,6 m aufweist! In **Ørje** angekommen (70 km nördlich von Halden), kann man ein **Kanal- und Holzflößereimuseum** besichtigen (Sommer tägl. 11–17 Uhr, Tickets in der Touristeninformation Halden).

Touristeninformation

- **Halden Turist,** Torget 2, 1767 Halden, Tel. 69190980, am Markt unweit des Bahnhofs, www.visithalden.com.

Orientierung

- Die Rv 21 aus Richtung E 6 kommend führt direkt ins Zentrum der Stadt. Die Haupteinkaufsstraße liegt nördlich, die Festung und der Bahnhof südlich des Flusses Tista.

An- und Weiterreise

- **Bahnhof,** am südlichen Ufer des Tista-Flusses. Züge Richtung Oslo und Schweden.
- **Busbahnhof,** nur 100 m linker Hand vom Bahnhof entfernt gelegen, Tel. 69180311.

Unterkunft

- **Grand Hotel,** Jerbanetorget 1, Tel. 6918 7200, Fax 69187959, (*****), Wochenende (****). In Bahnhofsnähe. Neu renovierte Zimmer, nettes Ambiente. Besonders schmuck ist der Speisesaal im Empirestil mit großem Kachelofen. Gemütliche Bar.

Jugendherberge

- **Halden Vandrerhjem,** P.B. 2110, Brødløs, 1760 Halden, Tel. 69216968; 24.6.–8.8. Einfache Anlage mit günstigen Preisen: Bett 175 NOK, DZ 475 NOK; 3 km nördlich des Bahnhofs, Ortsteil Brødløs, Bushaltestelle 300 m.

Camping/Hütten

- **Fredrikssten Camping,** an der Festung, Tel. 69184032, nur im Sommer, Hütten. Einfacher, aber recht sauberer Platz im Föhrenwald.
- **Kirkeng Camping,** 1798 Aremark, Tel. 69199298, Fax 69199058, ganzjährig geöffnet. Nahe der Rv 21, ca. 33 km nordöstlich von Halden gelegen. 4 Hütten (*/***), Bootsverleih, Minigolf, Bademöglichkeiten, Tennis.
- **Stora Lee Camping,** Tolsby Gård, 1798 Aremark, Tel. 69198656, www.storalee.no. Mai–Ende September. Schöne Lage nahe der Rv 21, ca. 33 km nordöstlich von Halden. Hütten (**/***), Bootsverleih und Minigolf.

Aktivitäten

- In Halden gibt es u.a. zwei Schwimmhallen, ein Bowlingcenter, Theater und Kino.
- **Wandern:** Auf der Rückseite der Festung beginnt der Wanderweg durch das tolle Waldgebiet der Ertemarka zur Hütte Ertehytta. Wandern kann man auch im Naturschutzgebiet Lundsneset (am See Søndre Boksjø, an der Grenze zu Schweden).

Umgebung

- Richtung Norden geht es weiter auf der E 6. Als kleine Zwischenstopps bieten sich der große Grabhügel (750 n.Chr.) von **Nygård** und die Felszeichnungen am **Hof Hjelmungen** (1 km weiter nördlich) an.
- Bei **Skjeberg** (romanische Kirche mit Runen) kann man auf die Rv 110, den so genannten „Oldtidsveg" (Vorzeitweg, siehe unter „Fredrikstad/Umgebung") oder zum **Badeplatz Sandvika** (siehe unter „Sarpsborg") abbiegen.

Sarpsborg ⇗XXI/C,D2

Sarpsborg, ein etwas blass-grauer **Industrieort,** ist eine der ältesten Städte des Landes, 1016 von *Olav dem Heiligen* gegründet. Er reiste mit seinem Schiff die Glomma hinauf, bis zum mächtigen Wasserfall Sarpsfoss. An dessen Ufern ließ er einen Königshof, also eine *Borg* (Burg) anlegen. Von hier wurden die Ländereien östlich des Oslofjordes verwaltet.

Die **50.000-Einwohner**-Stadt lebt hauptsächlich von der Holzveredelung und vom Holzexporthafen, was auch nur unschwer zu übersehen ist. Der Wasserfall Sarpsfoss an der Glomma, dem längsten Fluss Norwegens, liefert mit seinen zwei Kraftwerken die notwendige Energie.

Wer in den Ort trotzdem etwas Zeit investieren möchte, kann z.B. durch den doch recht idyllischen **Kulåspark** mit Grabhügeln aus der Eisenzeit schlendern (Lage: Ab Bhf. die Jernbanegate immer geradeaus). Zu sehen ist hier auch der aus dem 18. Jahrhundert stammende **Borregaard Hovedgård.** Ein zweiter schöner Gutshof ist der **Hafslund Hovedgård.** Er stammt aus der Zeit des Rokoko und ist umgeben von einem hübschen Englischen Garten mit Grabhügel und einigen Felszeichnungen. Leider liegt die Anlage an der Rv 127 nahe des Industriegebietes. Auf der Suche nach dem alten Sarpsborg wird man im **Borgarsyssel-Museum** fündig. Neben den Ruinen der Nicolas-Kirche aus dem 12. Jh. werden auch alte Häuser aus der Region Østfold präsentiert. Zudem können eine archäologische und Kirchenkunst-Ausstellung, ein Ruinenpark sowie ein historischer Marktplatz besichtigt werden. Für Kinder gibt es den Hof barnas gård (gratis, Ausstellung: Di.–Fr. 11–15 Uhr; Glasbläserei, Lage: östlich des Zentrums).

Touristeninformation

- **Sarpsborg Turistinformasjon,** St. Mariengate 86, Postboks 246, 1702 Sarpsborg, Tel. 69156535, zwischen Fußgängerzone und Kirche, Eingang: Glengsgaten. www.visitsarpsborg.no.

An- und Weiterreise

- **Bahnhof,** Varteiggt. 31, liegt sehr zentrumsnah; Züge fahren in Richtung Oslo, Moss, Fredrikstad, Askim/ Mysen und nach Schweden. Zum Stadtzentrum folgt man der Jernbanegata.
- **Busbahnhof,** Haftor Johnssons gt. 19, westlich des Zentrums; www.ostfold-kollektiv.no.

Unterkunft

- **Quality Hotel og Badeland,** Bjørnstadveien 20, Grålum, Tel. 69101500, Fax 69101501, (*****), Sommer teilw. (****). Neues Hotel mit angenehmem Ambiente, ansprechendem Restaurant und eleganten Zimmern. Außerdem Disco und ein für jedermann zugängliches Badeland.

Camping/Hütten

- **Høysand Camping,** Skjeberg, südlich von Sarpsborg, an E 6 ausgeschildert, Tel. 6916 8125, Fax 69227730. Sauberer, schöner Platz am Bootshafen. Ruhige Lage. 1.5.–1.10. Großes Aktivitätscenter.
- **Utne Camping** (**), E 6, 8 km nördl. Sarpsborg in Greåker, ganzjährig geöffnet, Tel. 69147126, 20 einfache Hütten (*) und bessere Apartments (****).

Jugendherberge

- **Sarpsborg Vandrerhjem Tuneheimen,** Tunevn. 44, 1170 Sarpsborg, Tel. 69145001,

Felszeichnungen – Erzählungen aus alter Zeit

Mit dem Einsetzen von Ackerbau und Fischfang zwischen 4000 und 2000 v.Chr. begann auch die Zeit der nordischen Geschichtsschreibung in Stein. Man erzählte von der Jagd mit Speer, Pfeil und Bogen, zu Fuß, auf Ski oder im Boot. Beutetiere waren Ren, Bär, Fisch und Wal, manchmal mit einer Lebenslinie vom Maul zum Herzen oder mit dem Knochenbau dargestellt, als Teil des Wiedergeburtsritus. Auch sind kreisrunde oder linienförmige, zu beackernde Felder zu sehen, zusammen mit Menschen mit deutlichen Phallussymbolen als Zeichen der Fruchtbarkeit.

Um 1000 v.Chr. tauchen auch zunehmend Räder mit Speichen auf, als kultisches Symbol für die kreisrunde Sonne. Die Verbindung zum Rad kommt dabei nicht von ungefähr, heißt doch das nordische Sonnenfest „Julfest“ (*hjul* = „Rad“) und wurde zum Zeichen der Wiederkehr des Lichtes am ersten Vollmond nach dem 6. Januar gefeiert. Mit der Geburt Christi verlegte man dieses Fest auf den 25. Dezember. Dementsprechend heißt Weihnachten im Norwegischen immer noch „jul“.

Begleitet werden die Sonnenräder oft von eingeritzten Fußspuren. Es wird vermutet, dass diese entweder die Gegenwart des Sonnengottes symbolisieren oder aber Dämonen „vom Feld kicken“ sollen. Auch hat das Boot – neben seinem Stellenwert für die Jagd und Unternehmungen – kultische Bedeutung, dient es doch als Fahrzeug der Toten auf dem Weg ins Jenseits.

171no Foto: ms

Fax 69142291, www.sarpsborgvandrerhjem.no. Ganzjährig geöffnet. Schöne Anlage (Bett 310 NOK, DZ 679 NOK) an der Rv 127, 2 km westlich des Bahnhofs (im Zentrum der Olav Haraldsonsgate folgen). Haltestelle des Expressbusses Oslo-Göteborg.

Kino

- R. Amundsensgate 17, Tel. 69114362.

Festivals

- Zum Gedenken an *Olav den Heiligen* finden Ende Juli/Anfang August jedes Jahr die **St. Olavs Festtage** statt, mit Mittelalterfest und Musikveranstaltungen, Theateraufführungen und Austellungen, www.olavsdagene.no.

Aktivitäten

- **Bootsrundfahrt:** Es besteht die Möglichkeit einer Rundfahrt auf der Glomma, dem längsten Fluss Norwegens. Gleich nördlich des Bahnhofes steht dafür das Schiff „Krabben" bereit. Zur Buchung wendet man sich an die Touristeninformation.
- **Baden:** Sandvika/Høysandbad: Der hübsche, traditionsreiche Badeort liegt ca. 10 km südlich von Sarpsborg an der E 6 bei Skjeberg. Man kann hier im Fjord Steinbergkilden baden und nebenbei noch Minigolf und Tennis spielen!
- **Weitere Aktivitäten:** 2 Golfplätze, Klettern, Reiten, Bowling.

Umgebung

- **„Tomta" – Roald-Amundsen-Gedenkstätte:** Zu sehen ist das Geburtshaus des großen Polarreisenden (Di.–Sa. 11–17 Uhr während des Sommers, Lage: wenige Kilometer südlich von Sarpsborg an der Rv 111 Richtung Fredrikstad).
- Nur 15 km südwestlich liegt der ungleich interessantere Ort Fredrikstad! Nur wer es eilig hat, sollte auf der E 6 bleiben. Pausen könnten an den 3000 Jahre alten **Felszeichnungen in Kalnes** (nahe der Landwirtschaftsschule) und am **Freilichtmuseum in Råde** eingelegt werden.

Fredrikstad

↗XXI/C2,3

Überblick

Fredrikstad ist ein netter, etwas verschlafener Ort mit zwei ungleichen Stadthälften: Auf der einen Seite des Flusses Glomma das moderne neue Zentrum mit guten Einkaufsmöglichkeiten, auf der anderen Seite Gamlebyen, die Festungsaltstadt. Zum Einkaufen sollte man einfach den Schildern „Sentrum", zum Bummeln und Flanieren der Ausschilderung „Gamlebyen" folgen.

Nachdem die Schweden Sarpsborg zerstört hatten, wurde hier am Ufer der Glomma 1567 von *Fredrik II.* Fredrikstad gegründet. 100 Jahre später, etwa zur selben Zeit wie in Halden, begann man auch hier mit dem Bau einer Schutzfestung. Das Fort Kongsten ist aber wesentlich kleiner als sein Pendant an der schwedischen Grenze. Auch entwickelte sich Fredrikstad im Gegensatz zu Halden nur langsam und wurde immer wieder durch Brände zerstört. Heute jedoch ist der **73.000-Einwohner**-Ort ein wichtiges Industrie- und Handelszentrum und die mit Sicherheit **schönste Stadt südöstlich von Oslo.**

Sehenswertes

Gamlebyen mit seiner geschlossenen Holzhausbebauung ist schon etwas Besonderes in einem Land, in dem man oftmals nicht gerade zimperlich mit alter Bausubstanz umgeht. Angelegt wurde die Altstadt im Jahre 1567, zur Festung um- und ausgebaut jedoch erst 1660, nachdem die schwedische Gren-

169no Foto: fk

Oslofjord

ze näher gerückt war. Es entstand durch das Ausheben von Wassergräben eine Insel.

Bei einem Bummel durch die holprigen Kopfsteinpflastergassen sind vor allem das 300 Jahre alte Provianthaus, der Artilleriehof und die **Kalender-Kaserne** (Torvkaserne) zu beachten (Wegweiser auf dem zentralen Marktplatz). Der Aufbau des 1788 fertiggestellten Gebäudes spiegelt die astronomische Zeitrechnung wider: Das Bauwerk hat vier Eingangstüren (= vier Jahreszeiten), 365 Fenster und 52 Zimmer mit insgesamt sechzig Türen. Jedes Fenster besitzt 24 Scheiben. Auf dem Dach stehen zwölf Schornsteine. Gleichfalls am Markt steht das 1784 erbaute **Alte Rathaus** mit dem **Pranger.**

Die Tollbodgate –
In der Altstadt von Fredrikstad

Filigraner als diese Gebäude ist gewiss die alte **Zugbrücke** (Altstadtzugang von Südosten her). Erbaut wurde diese 1695 und immer zwischen Zapfensstreich und Weckruf hochgezogen, eine Arbeit, die bis zu 30 Soldaten forderte. Wenn der Postbote kam, nachdem die Brücke hochgezogen war, wurde die Post per Laufseil über den Wassergraben geschickt.

Über dem Portal ist an der Seite der Leitspruch *Christian V.* eingraviert: *„Pietate et justitia“* – „Milde und Gerechtigkeit“. In der Wachstube von 1740 ist eine **Glasbläserei** untergebracht.

Läuft man über die Brücke und weiter geradeaus, ist nach ca. 500 m der eingangs erwähnte Festungsposten **Kongsten Fort** erreicht. Leider lohnt sich der ganze Aufwand nicht so recht, und so sollte man eher in die Altstadt zurückkehren und dem recht interessanten **Stadtmuseum** einen Besuch abstatten. Die einzelnen Abteilungen liegen in Gebäuden mit so schaurigen Namen wie „Alte Sklaverei" und „Pulverturm". Die maritime Ausstellung befindet sich auf einer kleinen Insel in der Glomma, im Fort Isegran (Mai–Okt., Mo.–Fr. 11–17 Uhr, Sa./So. 12–17 Uhr, 40 NOK).

Im modernen Teil Fredrikstads ist allein der **neugotische Dom** sehenswert. Er besitzt mit etwa 4000 Orgelpfeifen eine der größten Orgeln Norwegens.

Touristeninformation

- **Turistinformasjon,** Tøihusgata 41, 1632 Gamle Fredrikstad, Tel. 69304600, in der Altstadt unweit der Kirche gelegen (Tel. 69304601, www.opplevfredrikstad.com, u.a. Hüttenvermittlung). Geöffnet: im Sommer 8–21 Uhr, ansonsten Mo.–Fr. 9–16.30 Uhr.

Orientierung

- Alle Straßen führen in das neue Fredrikstader Zentrum, welches an der Kreuzung der Rv 110 und der Rv 109 liegt. Zur Gamlebyen folgt man einfach der Ausschilderung oder nimmt die Fähre, welche unterhalb des Bahnhofes zur Altstadt übersetzt.

An- und Weiterreise

- **Bahnhof,** nördlich der Glomma. In Richtung des neuen Stadtzentrums folgt man der Hauptstraße Brønneløkkveien nördlich des Bahnhofs nach links ca. 700 m. Nach Gamlebyen geht es hinab zum Fluss und mit der Fähre zum anderen Ufer. Züge (10–15x tägl. Richtung Oslo, Sarpsborg und Schweden.
- **Busbahnhof,** inmitten des neuen Stadtzentrums. Fernbus F11, TIMEkspress Linie 3 (Sarpsborg/Oslo), 6 (Hvaler/Oslo), 9 (Askim/Mysen/Oslo), www.timekspressen.no, www.ostfold-kollektiv.no.

Unterkunft

- **Rica City Hotel,** Nygaardsgate 44/46 (nahe der Rv 108), Tel. 69385600, Fax 6938 5601, (*****), Sommer (****). Modernes, nüchternes Hotel mit großen Zimmern, Restaurant, Bar, Fitnessraum und Sauna.
- **Hotell Fontenen,** Nygaardsgate 9/11, Tel. 69300500, Fax 69313264, (****), kleineres Hotel mit 52 Betten und guter Ausstattung (Restaurant, Sauna, Fahrradverleih).
- **Gamlebyen Gjestegaarder,** am Artilleriehof, direkt in der Gamlebyen, Tel. 69322020, www.gamlebyengjestegaarder.com, stilvolle, gemütliche Zimmer im Graffgaarden (DZ 1000 NOK) und Artilleriehof (DZ 650 NOK), auch Familienzimmer.

Camping/Hütten

- **Fredrikstad Motel und Camping,** Torsnesveien 16, Tel. 69320315, nur im Sommer geöffnet. Großes, karges Wiesenareal nahe der Festung Kongsten (ab der Fähre nach Gamlebyen: die Altstadt durchqueren, über die Zugbrücke, dann 500 m geradeaus). Es werden 27 Motelzimmer (**) angeboten und Fahrräder vermietet.
- **Bevø Camping,** Tel. 69349215, www.bevo.no. Südöstlich der Stadt gelegen, über die Rv 107 (Ausschilderung Bevø) erreichbar. Akzeptabler Platz in schöner Lage unweit südlich vom Fredrikstad-Campingplatz, er besitzt eine nette Badestelle, Minigolf sowie Kanuverleih und Hütten (ab 500 NOK).

Essen und Trinken

Gamlebyen:

- **Peppes Pizza,** Torggata 57, in der Altstadt. In einem schönen Kellergewölbe. Eine 3-Personen-Pizza kostet um die 220 NOK.
- **Majorstuen,** Voldportgt. 73. Stilvolles Restaurant mit sehr guter Küche (Gerichte für rund 250 NOK).
- **Restaurant Prestegården,** Færgeportgt. 78, Gourmetrestaurant im alten Pfarrhof.
- **Café Balaklava,** stilvolles Gartencafé in der Altstadt (Ecke Kirkegaten/Voldportgaten).

- **Café 18 Kvadraten,** Altstadtcafé (Raadhusgata 18) mit einfachen Gerichten.
- **Café La Mamba,** in der Altstadt gelegen (Voldportgata 74). Guter Kuchen. Wein und Kaffee.

Neues Stadtzentrum:

Pizzerien und Restaurants, mit norwegischer und internationaler Küche, liegen in der Storgata und am Kai der Nygaardsgata.

- **Café Oscar,** Storgata 5, gemütlicher Pub mit Biergarten am Wasser.

Kino

- Nygaardsgate 2–4, Tel. 69306580.

Aktivitäten

- **Kongsten-Sportanlage:** Nahe des Kongsten Forts. Es gibt eine Schwimmhalle, Bowlingbahnen und Minigolf.
- Schöne **Badestellen** über die Rv 117 erreichbar.

Umgebung

Oldtidsruta/Rv 110

In jedem Fall lohnt eine Fahrt über die **Altertumsroute** (Oldtidsruta) zwischen Fredrikstad und Skjeberg (E 6). Neben der lieblichen Landschaft ist allerhand Kulturhistorisches zu entdecken.

Die Gräber und Felszeichnungen entlang der Route belegen, dass dieses Gebiet schon vor über 4000 Jahren besiedelt gewesen sein muss. Die Sehenswürdigkeiten sind gut ausgeschildert und erläutert.

3000 Jahre alte **Felszeichnungen** *(helleristninger)* findet man **bei Begby, Hornes und Solberg.** Zu sehen sind Schiffe, Tiere, Sonnenräder, Wagen samt Gespann und filigrane Darstellungen von Menschen (ähnlich denen auf den Felszeichnungen im schwedischen Tanum, an der E 6 gelegen).

Steinkreise und Hügelgräber bei Hunn, Hünengrab aus der Bronzezeit bei Gunnarstorp.

Kulturzentrum Storedal: Der botanische und geologische Park nördlich der Rv 110 und die „singende" Skulptur „Ode ans Licht" wurden insbesondere für Blinde angelegt.

- **Camping:** In Borge folgt man der Ausschilderung zum **Revebukta-Campingplatz** (Tel. 69142319). Über endlose Schleichwege gelangt man zu dem an einer Meeresbucht gelegenen Platz. Es gibt keine Hütten, dafür einen schönen Sandstrand. Die sanitären Einrichtungen sind in keinem guten Zustand.
- Die ruhige Straße Rv 110 lässt sich auch sehr gut **mit dem Fahrrad** erkunden, das auf dem Fredrikstad-Campingplatz oder über Tel. 69305940 geliehen werden kann.

Hvaler ⬀XXI/C3

Diese **idyllische Inselgruppe** liegt **südlich von Fredrikstad** und steht im Kontrast zum Festland: Kahle Schären, hübsche kleine Orte, Kiefernwälder wie in Norddeutschland, Obstbäume und Sandstrände machen diese Inseln zu einem Erlebnis (Hvaler Nationalpark seit 2009). Wer allerdings mit dem Fahrrad die Gegend erkunden möchte, wird wohl nicht bis zum letzten Eiland (Kirkøy) vordringen können, es sei denn, man hat ein Faible für lange Unterseetunnels. An der Mautstelle muss man zahlen (Auto: 20 NOK). Doch wie gesagt, es lohnt sich! Nicht zuletzt auch wegen des Akerø Forts von 1660 (Insel Akerøya) und der schönen Steinkirche im Ort Hvaler (auf der Insel Kirkøy), die um 1100 erbaut wurde.

- **Busverbindung** Sjærhalden - Hvaler (Kirche) - Fredrikstad, 10x täglich.
- **Hvaler Camping,** Tel. 47289797, www.hvalercamping.com. Zu finden auf der in der Mitte des Archipels gelegenen Insel Spjærøy. Schlichte bis komfortable Hütten in teils schöner Lage ab 500 NOK. Einige Dauercamper, Kiosk, Bootsverleih.
- **Fahrradverleih:** In Fredrikstad am Bahnhof. Tel. 69022667, Tag 200 NOK.

Hankø

Die **idyllische Insel mit der Sommerresidenz des Königs** liegt westlich von Fredrikstad und ist über die Rv 117 zu erreichen. In Vikane kann man dann eine Fähre nehmen, die binnen 10 Minuten nach Hankø übersetzt.

- **Unterkunft: Hankø Hotel & Spa,** Tel. 6938 2850, Fax 69382851, www.hankohotell.no, (*****), modernes und sehr ansprechendes Hotel mit Spa, Tennisbahnen, Sporthalle und eigenem Strand.

Von Fredrikstad fährt man über die Rv 110 zur E 6 zurück, vorbei am idyllischen Vansjø; nach 32 km ist Moss erreicht.

Moss

↗XXI/C2

Moss kann man riechen - und das Verrückte daran: Die Einwohner sind auch noch stolz darauf! Schuld ist die schon 1883 gegründete **Papier- und Zellulosefabrik.** Hinzu kommen noch weitere 200 Betriebe und ein moderner Containerhafen. Also nichts wie weg? Ja, möchte man fast sagen, wäre da nicht die abwechslungsreiche **Insel Jeløy,** die „Perle im Oslofjord“. Neben der schönen Landschaft und dem milden Klima ist auch die **Galerie F15** mit temporären Ausstellungen hervorzuheben (Di.-So. 11-17 Uhr). Sie wurde vor 15 Jahren in einem alten Gutshof eröffnet und liegt in Alby, am Südende des Eilandes. Am Parkplatz neben dem herrschaftlichen Haus beginnt ein Netz von **Wanderwegen.** Sie führen durch dichten Kiefern-, Fichten- und Laubwald zu herrlichen Geröllstränden und schönen Wiesen. Für Botaniker wird die Flora des Eilandes vulkanischen Ursprungs von Interesse sein.

Hauptsehenswürdigkeit des **27.000-Einwohner**-Ortes Moss selbst ist der **Konventionsgården** am nördlichen Ufer des Moss-Flusses. Das Hauptgebäude des Eisenwerkes wurde 1778 erbaut und stand 1814 im Blickpunkt der Weltöffentlichkeit, als hier die so genannte Moss-Konvention zwischen Norwegen und Schweden unterzeichnet wurde. Norwegen wurde dabei zugestanden, sein neu gegründetes Parlament und die neue Verfassung behalten zu dürfen, wenn es der Zwangsunion mit Schweden weiter angehören würde.

Touristeninformation

- Tel. 69241520, www.visitmoss.no. Geöffnet: Im Sommer 9-19 Uhr, So. 10-16 Uhr, ansonsten: bis 16 bzw. 14 Uhr.

An- und Weiterreise

- **Bahnhof:** südlich des Stadtzentrums. Züge Richtung Oslo, Fredrikstad und Schweden.
- **Busbahnhof:** 100 m nördlich der Fußgängerzone und etwa 500 m nördlich des Bahnhofs. Busse nach Jeløy.
- **Fähre:** nach Horten (stündlich), zum gegenüberliegenden Fjordufer (Überfahrt 35 Min., Auto 100 NOK, Erwachsene 30 NOK,

www.basto-fosen.no) und nach Dänemark. Der Fähranleger liegt südlich des Zentrums in Bahnhofsnähe.

- **Flughafen:** südöstlich der Stadt wurde der neue Flughafen *Rygge,* www.rygge.no, eröffnet. Angeflogen wird dieser von *Norwegian.* U.a. Verbindungen nach Berlin. Bus nach Oslo: www.rygge-ekspressen.no (120 NOK), Zug: 140 NOK (35 Min.).

Unterkunft

- **Mossesia Motell,** Strandgaten 27 (hinter dem Bahnhof, Tel. 69253131, Fax 69254242, www.mossesia.com, (****). Einfaches Hotel.
- **Hotel Refsnes Gods,** Godset 5 (Insel Jeløy), Tel. 69278300, Fax 69278301, www.refsnesgods.no (*****), DZ 900 NOK. Das komfortable Hotel liegt auf einem alten Herrensitz und bietet noble Suiten, moderne Zimmer, ein teures Restaurant und eine Sauna. Es werden auch Fahrräder vermietet.

Jugendherberge

- **Vandrerhjem Vansjøheimen,** im Nespark, auf einer Halbinsel im Vansjø. Tel. 69255334, Fax 69250166, moss@hihostels.no. 15.1.–15.12., DZ 700 NOK, Bett 250 NOK. Die Herberge liegt etwa 700 m östlich des Zentrums (Rv 19). Schöner Aufenthaltsraum mit Kamin.

Camping/Hütten

- **Nes Camping,** an der Nordspitze der Insel Jeløy, Tel. 69270176. Großer, terrassierter Platz, an einer Bucht gelegen. Es gibt 12 einfache Hütten (*/**), einen Bootsverleih, Minigolf und eine Badestelle.
- **Larkollen Camping,** Larkollen, Tel. 6926 3194. 10 km südlich von Moss an der Rv 119 in Meeresnähe gelegen. 8 Hütten (*/**), Badeplätze, Angelstellen, Boote.

Baden

- In Moss und Umgebung gibt nicht weniger als 48 **Badestrände.** Diese liegen u.a. auf der Insel Jeløy (in Alby, Refsnes und Vårli) und in Larkollen (14 km südlich von Moss an der Rv 119).

Umgebung

- 5 km südlich von Moss können das 1190 gegründete **Værne-Kloster,** eine idyllische Ruine umgeben von Laubwäldern und Alleen, und die romanische **Rygge-Kirche** aus dem 11. Jahrhundert besichtigt werden (in Rygge, nahe der E 6).
- Auch unweit nördlich von Moss können noch einige Zwischenstopps eingelegt werden. So z.B. in **Son.** Son ist ein idyllischer Badeort mit vielen Holzhäusern aus der Holländerzeit. Vom 17. bis zur Mitte des 19. Jahrhunderts war Son ein wichtiger Holzhafen mit eigenem Zollrecht, dessen Stern erst sank, als 1720 das Handelszentrum Moss gegründet wurde.

Drøbak

↗XXI/C2

Überblick

Dort, wo der Oslofjord nur noch um die 1000 m breit ist, liegt der **beschauliche Badeort** Drøbak. Im 17. Jahrhundert war die Siedlung Holzausfuhr- und Ausweichhafen für Oslo, da der innere Oslofjord zufrieren konnte. Gegen Ende des 19. Jahrhunderts etablierte sich hier eine Künstlerkolonie, in der u.a. der Maler *Christian Krogh* eine Zeit lang wohnte. Der Ort steht mit seinen niedlichen Holzhäusern und verwinkelten Gässchen, mit den herrschaftlichen Villen und der schönen Holzkirche (1776) in Kontrast zum nahen Oslo. Besonders an kalten Wintertagen strahlt Drøbak einen unwiderstehlichen Charme aus. Das werden wohl noch mehr Leute so empfunden haben, gibt es doch hier das Weihnachtshaus, in dem man ganzjährig herumstöbern kann (s.u.). Außerdem soll hier *Julenissen,* der norwegische Weihnachtsmann, wohnen. Der arme Kerl muss offensichtlich schon des Öfteren mit dem Verkehr in Konflikt geraten sein, warnt doch nun die Autofahrer ein weltweit wohl einmaliges Schild: „Vorsicht: Weihnachtsmann überquert die Straße".

Sehenswertes

Die geschichtsträchtigste Sehenswürdigkeit des **4000-Einwohner**-Ortes ist die **Festung Oscarsborg.** Sie liegt auf einer Insel im Fjord und wurde 1845 erbaut. Am 9. April 1940 ist durch Kanonenschüsse von der Festung das deutsche Kriegsschiff „Blücher" versenkt worden. Allerdings geschah das eher durch Zufall, war man doch auf einen Angriff gar nicht vorbereitet und alle wichtigen Befehlshaber bei einem Vortrag in Oslo. Daher entschloss man sich, einfach draufloszuballern. Man traf den Munitionsraum und das Schiff explodierte. Die Vereinnahmung Norwegens konnte so zwar nicht verhindert, aber doch entscheidend verzögert werden, was der Königsfamilie Zeit zur Flucht gab! (Fähre ab Drøbak.)

Gleich am Markt liegt das in Norwegen einmalige **Weihnachtshaus** *(Julehus)*. Das ganze Jahr über kann man sich hier in weihnachtliche Stimmung versetzen, so dies im Juli nötig sein sollte, und dabei allerlei bunte Sachen kaufen (März bis Okt. Mo.–Fr. 10–17 Uhr, Sa. 10–15 Uhr, Nov. Mo.–Fr. 10–19 Uhr, Sa. 10–15 Uhr, Dez. Mo.–Fr. 10–20 Uhr, Sa. 10–16 Uhr, 1.12.–23.12 auch So. 12–16 Uhr, Eintritt frei! Post für den Weihnachtsmann richte man an folgende Adresse: Julenissen, N-1441 Drøbak).

Für einen Sommerausflug eher prädestiniert sind wohl das **Salzwasser-Aquarium,** (11–16 Uhr, Sommer 11–19 Uhr, 30 NOK) am Bootshafen und die **Maritimen Sammlungen** (Mai–Sept. 11–19 Uhr, Okt.–April 11–16 Uhr, täglich, Kroketønna 4, 20 NOK). Und wer an Bootsmotoren und Dampfmaschinen nicht interessiert ist, kann zumindest das recht hübsche **Follo-Museum** besichtigen. Ausgestellt sind hier einige 250 Jahre alte Häuser aus der Region um Drøbak (Juni–Sept. Di.–Fr. 11–16 Uhr, Sa./So. 12–17 Uhr, Belsjøveien, oberhalb von Drøbak).

174no Foto: ms

„Vorsicht Weihnachtsmann"

Touristeninformation

- Das **Turistkontor** befindet sich am Hafen. Tel. 64935087, www.visitfollo.no.

Orientierung

- Biegt man von der E 6 auf die Rv 153 oder Rv 152 ab, landet man direkt auf einem Parkplatz im Zentrum des Ortes. Drøbak liegt etwa 38 km südlich von Oslo.

An- und Weiterreise

Bus 541, ab dem Hauptbahnhof (Strandgata) in Oslo (80 NOK). Im Sommer fährt ab der Aker Brygge in Oslo täglich ein **Boot** nach Drøbak und zu der nördlich gelegenen Badeinsel Håøya.

Unterkunft

- **Reenskaug Hotel,** Storgate 32, Tel. 64989200, Fax 64989222, (*****), Sommer (****). Kleines Hotel im Zentrum.
- **Vestby Hyttepark,** in Vestby an der E 6, südlich von Drøbak, Abfahrt Vestby-Nord (Sørli Gård), Tel. 64959800, www. vestbyhytepark.no, (**), Apps. ab 500 NOK.

Aktivitäten

- **Baden/Spaziergang:** Man geht das steile Sträßchen vom Markt hinab zum Hafen und biegt nach rechts ab. An einem Neubau folgt man links einem idyllischen Weg, der oberhalb des Fjordes entlangführt. Auf diese Weise (oder über eine Abkürzung an der Kirche vorbei) gelangt man zu herrlichen Badeplätzen, die mit ihren hölzernen Umkleidekabinen an das Badeleben zu Beginn des 20. Jh. erinnern. An einem Kiosk gibt es Toiletten und Erfrischungen. Oberhalb, nahe der Kirche, liegt der Anker der Blücher.
- **Fahrrad fahren:** Drøbak ist von Oslo aus sehr gut mit dem Fahrrad zu erreichen. Drahtesel kann man in Oslo am Hafen (nahe der Aker Brygge) ausleihen. Dann nimmt man die von hier abgehende Fähre nach Nesodden (jene Halbinsel, die der Hauptstadt gegenüber liegt). Ab hier fährt man in Richtung Süden und gelangt über Nebenstraßen nach etwa 30 km nach Drøbak. Man sollte für diese Fahrt einige Kondition mitbringen, da diverse Anstiege zu überwinden sind!

Essen und Trinken

- **Galleri Café Teskje,** Niels Carlsensgate 7 (an der ins Zentrum führenden Hauptstr.), leckere Kuchen, Tapas, Salate, Calzone. Gartenlokal unter Apfelbäumen.
- **Den gamle bageri,** traditionsreiche Bäckerei. Ab 10 Uhr geöffnet. In der Straße vom Markt zum Hafen *(Havnebakken)*.

Auf Schnellstraßen geht es Richtung Oslo. Die E 18 zum Zentrum ist die schönere Strecke. Wer nach Westen will, kann Oslo auf der Rv 23, nördlich von Drøbak umfahren (Richtung Drammen, Oslofjordtunnel Maut: 55 NOK).

Askim und Mysen

↗XXI/D2

Östlich von Oslo, im Binnenland Østfolds, liegt die ländliche Region Askim/Mysen. **Land- und Forstwirtschaft** dominieren. Entlang der Glomma, an der Straße Rv 21 (Ørje – Rømskog) und beiderseits des Halden-Kanal (siehe unter „Halden") findet man hervorragende Angelreviere und viel unberührte Natur. Im Kontrast zum Grün der Landschaft steht der imposante, schneeweiße **„Østfold-Dom"** aus dem 12. Jahrhundert (in Eidsberg, südlich von Askim). Ein weitere, Ende des 17. Jahrhunderts zum Schutz vor den Schweden erbaute Festung steht in Rødenes (östlich von Mysen, am Rødenes-See). Im Ort steht außerdem eine schöne Steinkirche aus dem 12. Jahrhundert.

Toristeninformation

- Reiseliv Indre Østfold, Østfold Næringspark, 1814 Askim, Tel. 69817595, www.visitindre.no.

An- und Weiterreise

- Bahnlinie 560 ab Oslo und Sarpsborg, Askim und Mysen.

Camping/Hütten

- **Sukken Camping,** Ørje, Tel. 69811077, Fax 69811824. Einfacher Platz mit 10 Hütten und Fahrradverleih.
- **Olberg Camping,** 1860 Trøgstad, Tel. 69828610, Fax 69828555, ganzjährig geöffnet. 3-Sterne-Campinglatz mit 4 Hütten, Tennisplatz, Ruderboot- und Fahrradverleih. An der Rv 22 nördlich von Mysen gelegen.
- **Dal Gård,** 1878 Hærland östlich von Mysen, Tel. 69895571, www.dalgard.no. Historischer Hof mit tollen Hütten ab 600 NOK.

Westlich des Oslofjordes

Zu dieser Region gehören die Provinz Vestfold und Teile der Provinz Buskerud. Hier liegt das **Kernland der norwegischen Wikingerkultur** mit der ältesten Stadt des Landes, Tønsberg, den Fundorten der Gokstad- und Oseberg-Schiffe sowie den Königsgräbern von Borre. Die Landschaft ist lieblich, mit Feldern, kleinen Bergen und der romantischen Schärenwelt von Tjøme. Dank des milden Klimas und der vielen klaren Tage gehört Vestfold neben dem Sørland zu den beliebtesten Sommer-Urlaubsregionen der Norweger. Die Ortschaften bieten interessante Museen, sind aber von der Bausubstanz her nicht so hübsch wie die weiter südlichen Orte Risør, Kragerø und Lillesand.

Von Oslo aus erreicht man über die Autobahn E 18 Drammen.

Drammen

↗XXI/C1

Überblick

Auf den ersten Blick ist der Industrieort sicher kein Platz zum längeren Verweilen. Kreuz und quer überspannen die Streben der Betonbrücken die Mündung des Drammen-Flusses. Dahinter eine anscheinend lieblos hingeworfene Mischung aus Alt und Neu. Gleiches gilt auch für die westlich gelegenen Siedlungen Mjøndalen und Hokksund, welche fast reine Wohngebiete sind. Allerdings fördern vermeintlich ungastliche Orte oftmals die Kreativität, und so tut sich auch in Drammen seit einigen Jahren recht viel. Der Bragernes-Kai, die alte Papierfabrik (Hochschule, Wissenschaftspark) und das Ufer des Flusses mit der gewagten Ypsilon-Brücke wurden umgestaltet. Lohn für die Mühen ist der 2008 an Drammen verliehene **Europäische Preis für Stadterneuerung.**

Entstanden ist Drammen 1811 durch die Vereinigung der Orte Bragernes und Strømsø. Jahrhundertelang lebte man von der Holzverarbeitung und der Flößerei. Heute beheimatet die **58.000 Einwohner** zählende Stadt zudem den **größten Autoimporthafen des Landes.** Jeder Norweger weiß es, gehen doch hier, kaum dass der vierrädrige

178no Foto: ms

Oslofjord

Freund das Festland erreicht hat, die Fahrzeugpreise um mehr als das Doppelte in die Höhe!

Sehenswertes

Nördlich vom Drammen-Fluss verläuft die **Straße Spiralen,** wegen der wohl die meisten Besucher nach Drammen kommen. Es handelt sich um einen 1600 m langen Tunnel, welcher sich in sechs Spiralen zum **Aussichtsberg Spiraltoppen** emporschlängelt. Ein wenig schwindlig wird es einem bei dieser Fahrerei schon, aber man wird mit einem schönen Blick über den Ort belohnt (Wandermöglichkeiten, Restaurant). Entstanden ist dieser Spiraltunnel, weil man Baumaterial brauchte und dieses aus Umweltschutzgründen im Berg abgebaut hat. Eine selten gute Idee, für die wie so oft der Bürgerwille verantwortlich war! (Geöffnet 7.30–20 Uhr.) Auf dem Gipfel befindet sich auch ein kleines Freilichtmuseum.

Blick vom Spiraltoppen auf Drammen

Im Zentrum lohnen höchstens der **Bragernes Torg** (Markt), mit Stadtkirche (aus dem 19. Jahrhundert) und Rathaus (erbaut 1872), eine Besichtigung. Für die Restaurierung des Ensembles erhielt die Stadt sogar den begehrten Nostra-Preis.

Südwestlich des Bahnhofs liegt das **Drammen Museum** im Herrenhof Marienlyst aus dem Jahr 1780, wo u.a. mit Rosenmalerei verzierte Bauernmöbel zu sehen sind (Di.–So. 11–15 Uhr, 40

NOK). Ebenfalls auf der südlichen Seite des Drammenselva, weiter in Richtung Westen (Nedre Eikervei), befindet sich das hübsche **Gulskogen-Sommerhaus** von 1804 (10.6.-15.8. Di.-So. 11-15 Uhr), mit einer romantischen Gartenanlage sowie einem schönen Spazierweg am Fluss entlang.

Touristeninformation

- **Turistkontor,** Bragernes Torg 6, 3008 Drammen, Tel. 32216450, Fax 32216451, www.drammenturistkontor.no.

Orientierung

- Immer der Ausschilderung „Sentrum" folgen und die Augen offen halten nach einem größeren Marktplatz mit Kirche: Das ist sie nämlich, die Innenstadt.

An- und Weiterreise

- **Bahnhof:** Er liegt gegenüber des Marktes am jenseitigen Flussufer. Züge Richtung Oslo und Kristiansand/Stavanger.
- **Busbahnhof:** Neben dem Bahnhof! **Fernbusse 180, 185, 190, 194.**

Unterkunft

- **Rica Park Hotel,** Gamle Kirkeplass 3, Tel. 32263600, Fax 32263777, (*****), Sommer (***). Feines Zentrumshotel mit Restaurant, Bar und Fahrradverleih.
- **Høvik Overnatting,** Stroem Terr. 9, Tel. 32894322, www.hoevik.no, (***), einfache, aber gemütliche Pension.
- **Danvik Kurs- og Konferansesenter,** Fagerlibakken 1, Tel. 32267600, www.danvik.no. Sommerhotel vom Mitte Mai–Mitte Aug., DZ 750 NOK.

Camping/Hütten

- **Drammen Camping,** Buskerudveien 97, Tel. 32821798. Der Platz liegt am Drammen-Fluss, 5 km westlich des Ortszentrums an der Rv 11. Vermietet werden auch 11 Hütten (*). (Busverbindung)

Theater/Kino

- **Prachtvoller Theaterbau** von 1870, der nach einem Brand 1997 wieder neu eingeweiht wurde. Øvre Storgate 12 (Tel. 3221 3100, Mo.-Fr. 11-17 Uhr).
- **Kino,** Engene 1.
- **Reiches Kulturleben:** KinoCity, Union Scene, Buddy Clubscene, Matendo Kultursenter, zwei Theater.

Aktivitäten

- **Kjøsterudjuvet:** Bei diesem Zungenbrecher handelt es sich um eine wunderschöne Klamm mit bis zu 50 m hohen Wänden. Sie liegt westlich von Drammen, oberhalb der an der Rv 11 gelegenen Trabbahn.
- Im Winter stehen über **100 km Loipen und zwei Lifte** zur Verfügung.
- **Bademöglichkeiten** am Fluss und in den modernen Badeanlagen Sentralbadet und Marienlystbadet (großes Outdoorbad), www.badene.no.

Shopping

- **Steen & Strøm Kaufhaus,** am Drammen-Fluss. 10-20 Uhr, 70 Läden.
- **Blumenmarkt** auf dem Bragernes Torg.

Von Drammen kann man nun entweder auf der E 184 Richtung Westen nach Kongsberg zum Haukelifjell und nach Bergen weiterfahren (siehe Kapitel „Der Süden/Binnenland") oder auf der E 18 südwärts durch die unten beschriebene Region Vestfold.

Die E 18 durchquert ein weites Tal und führt über Sande (mittelalterliche Kirche) in den Ort Holmestrand (siehe „Horten/Umgebung"). Hier besteht die Möglichkeit, auf die Rv 310 nach Horten, Borre und Åsgårdstrand oder auf die Rv 315 in das Binnenland Vestfolds abzubiegen.

Horten

↗XXI/C2

Überblick

Horten **(25.000 Einwohner)** verdankt seine Existenz der Verlegung des Hauptstützpunktes der norwegischen Marine im Jahr 1818 von Stavern hierher. Zeugen dieser Zeit sind die Festung (1830–1842) sowie die neugotische Backsteinkirche (1855). Später wurde der Ort zu einem Fährhafen ausgebaut, 1849 kam es zur Gründung der Werft. Das Stadtrecht verlieh man Horten 1907. Zu besichtigen gibt es hier, abgesehen von einer Handvoll eher ungewöhnlicher Museen, nicht viel. Und wen diese nun nicht so brennend interessieren, der sollte gleich weiterfahren, z.B. in das südlich gelegene Åsgårdstrand.

Sehenswertes

Nördlich des Zentrums, im ehemaligen Marinestützpunkt Karljohansvern, liegt das **älteste Marinemuseum der Welt,** mit über 100 Schiffsmodellen, einem Torpedoboot, einem U-Boot und einer Ausstellung zur Entwicklung des Schiffbaus während der letzten 1000 Jahre (im Sommer 12–16 Uhr; gratis). Eine Stippvisite wert sind auch das sehenswerte **Preus Fotomuseum** (Geschichte der Fotografie, Technik, Hunderte von Kameras, historische und moderne Fotografien, im Sommer Di.–So. 12–17 Uhr, 50 NOK, neben dem Marinemuseum) und das **Automuseum** (*Bilmuseet*, über 40 Autos und Motorräder, im Sommer 12–15 Uhr, 40 NOK, Jernbanegate, in Hafennähe).

Touristeninformation

- **Turistkontor,** Tollbugata 1, Tel. 33031708, am Gästehafen im Zentrum, www.visithorten.com.

Orientierung

- Über die Rv 310 gelangt man direkt in das Zentrum, wo sich auch unmittelbar am Gästehafen der Busbahnhof und der Fähranleger befinden.

An- und Weiterreise

- **Busbahnhof:** Teatergate (unweit des Hafens), Zubringerbus zum Bahnhof in Skoppum, Fernbus 210; Bus nach Tønsberg, Åsgårdstrand und Torp.
- **Fähre,** ab Zentrum Horten nach Moss (30 Minuten, Auto 100 NOK, Erwachsene 30 NOK).

Unterkunft

- **Grand-Ocean Hotell,** Jerbanegt. 1, Tel. 33041722, Fax 33044507, (****). Akzeptables Mittelklassehotel mit Restaurant, Bar, Sauna, Fahrradverleih.
- **Eiken Pensjonat**, Gamleveien 36, nahe der Rv 310, am Wasser im Norden, Tel. 3304 7908, www.eikenpensjonat.no, (***).

Camping/Hütten

Die Touristeninformation vermittelt Hütten im Raum Horten.

- **Rørestrand Camping,** Parkveien 34, Tel. 33073340, www.rorestrandcamping.no. 2010 geschlossen, Wiedereröffnung möglich.

Aktivitäten

- **Angeln:** Ein gutes Angelrevier ist der westlich von Horten gelegene Borrevannet (auch seltene Vogel- und Pflanzenwelt).
- **Fahrrad fahren:** Südlich von Horten beginnt der 105 km lange, markierte **Küstenfahrradweg.** Infos dazu in der Touristeninformation, wo man auch Fahrräder leihen kann.
- Am Markt liegen **Theater** und **Kino.**

Umgebung nördlich von Horten

Holmestrand (9000 Einw.) ↗XXI/C2

Einige Holzhäuser waren dem Verkehr schon geopfert worden, als der Gedanke aufkam, einen 1700 m langen Tunnel zu bauen. Trotzdem findet man noch einige nette Ecken. Ein beliebter Badeort und Künstlertreffpunkt ist der Ort nach dem Bau eines Aluminiumwerks (über 1000 Beschäftigte) aber wohl nicht mehr.

Sehenswert sind die in der Form eines Y erbaute Stadtkirche (1674) und die **Kirche von Botne.** Letztere liegt 4 km westlich des Ortes und ist mit schönen Kalkmalereien aus dem 15. und 17. Jahrhundert verziert. Nördlich von Horten auf der Insel Løvøya kann eine alte Steinkapelle aus dem 13. Jahrhundert besichtigt werden. Netter Campingplatz mit Hütten.

- **Züge** gehen Richtung Oslo, Tønsberg und Skien. **Fernbus 190.**
- **Camping:** Sand Bade und Campingplatz, Snekkestad, 3080 Holmestrand, Tel. 3306 2060, www.sandcamping.com. 1.5.–31.8. Einfacher 2-Sterne-Platz ohne Hütten, dafür mit Badestelle. Südlich von Holmestrand an der E 18.

Umgebung südlich von Horten

4 km südlich der Stadt liegt der **Nationalpark Borre** mit dem größten Königsgräberfeld in Skandinavien. Vermutlich haben hier Mitglieder des ersten Königsgeschlechts von Norwegen, der „Ynglinge", ihre letzte Ruhestätte gefunden. Nahe des Parks wurde das architektonisch ansprechende **Midgard Historisk Senter** eröffnet. Ausstellungstücke und Filme erzählen von der Kulturgeschichte Vestfolds und dem Alltagsleben der Wikinger (11–16 Uhr, ab Sept. Mi.–Fr. 11–14 Uhr, So. 11–16 Uhr, 50 NOK, Park gratis). Ein Küstenwanderweg führt ab hier in Richtung Åsgårdstand. Unweit entfernt liegt die **romanische Kirche von Borre,** aus dem Jahr 1094, mit einem prächtigen Barockaltar (1667).

- **Unterkunft: Borre Familie Camping,** Tel. 33082390, Fax 33367099, 1.5–1.9. Nahe der Borre-Kirche gelegener Platz 4 km südlich von Horten. Hütten (*/**).

Åsgårdstrand ↗XXI/C2

Etwa 8 Kilometer südlich von Horten liegt dieser pittoreske Badeort mit seinen weißen Holzhäusern und viel Atmosphäre. Åsgårdstrand entwickelte sich ab 1650 zu einem Handelshafen für Waren aus dem Hinterland, zog jedoch ab Mitte des 19. Jahrhunderts wegen seines speziellen Lichts, das angeblich nur hier und im dänischen Hirtshals so zu finden war, viele Künstler an. Der bekannteste unter ihnen war **Edvard Munch,** der hier so manchen Sommer in seinem „Glückshäuschen" am Hafen verbrachte. Er kaufte die Fischerhütte aus dem 18. Jh. 1897 und malte hier einige seiner wegweisenden Bilder, wie z.B. „Die Mädchen auf der Brücke" und „Inger am Strand". Das Haus und seine karge Einrichtung ist noch wie zu *Munchs* Zeiten erhalten und entweder durch einen kleinen Park am Wasser oder über eine idyllische Straße oberhalb des Åsgårdstrand Hotels zu erreichen (im Sommer Di.–So. 11–18 Uhr, 20 NOK).

- Die **Touristeninformation** im Åsgårdstrand Hotell am Hafen, Tel. 33081040.
- **Bus** nach Holmestrand u. Horten.
- **Unterkunft: Åsgårdstrand Hotell+,** Havnegaten 6, Tel. 33081040, Fax 33081077, (*****) (im Sommer DZ ab 800 NOK). Schönes, altes Hotel mit gutem Restaurant, Sauna, eigenem Strand und Golfplatz.
- **Essen und Trinken:** Am Markt liegen das gemütliche **Munch-Café** und die **Kneipe Nausted.**

Von Åsgårdstrand aus gelangt man über die Straßen Rv 19 und Rv 311 nach Tønsberg. Alternativ fährt man über Slagen (die Straße verläuft parallel zur Rv 311) nach Tønsberg, so kann man sich noch den Oseberghaugen ansehen (s. u.).

Tønsberg

↗XXI/C2

Überblick

Tønsberg **(37.000 Einwohner** und Hauptstadt des Fylke Vestfold) ist **Norwegens älteste Stadt** (gegründet 871) und eine der wohlhabendsten. Lange Zeit war sie das bedeutendste Handelszentrum des Landes und seit 970 Sitz des Haugarting, einer regionalen Gerichtsversammlung. 16 Könige wurden hier geweiht. Zu Wehrzwecken wurde im 13. Jahrhundert auf dem Slottsfjell die Festung „Castrum Tunsbergis" erbaut. Die Reste dieser damals größten Burganlage Norwegens können besichtigt werden. 1503 zerstörten schwedische Truppen die Festung und 1536 ein Brand die Stadt selbst. Folgerichtig ist aus dieser Zeit nichts erhalten geblieben. Auch Holzhäuser existieren nur noch wenige, die Stadt gibt sich modern. Dennoch lohnt ein kurzer Zwischenstopp, und sei es nur, um ein wenig in den Cafés am Hafen zu verweilen oder in der Schärenlandschaft der Gemeinden Nøtterøy und Tjøme herumzuschippern. Womit man dann auch voll im Trend läge, denn die Haupterwerbsquelle der Stadt war und ist Schifffahrt und Schiffsbau.

Sehenswertes

Der 63 m hohe Schlossberg (*Slottsfjell*) beherbergt die **größte Ruinenanlage Skandinaviens.** Zu besichtigen sind Burgreste von 1200, die Ruinen der St. Michaelkirche von 1191 und der Turm „Slottsfjelltårnet", der allerdings erst 1888 erbaut wurde (geöffnet im Sommer von 11–18 Uhr, Eintritt 20 NOK).

Im Zentrum der Stadt können die **Domkirche** von 1858 (Mo.–Fr. 8–13 Uhr) und das moderne **Haugar-Vestfold-Kunstmuseum** besichtigt werden. Es wurde 1995 in der alten Seemannsschule untergebracht und präsentiert Arbeiten norwegischer Künstler (Gråbrødregaten 17, wechselnde Öffnungszeiten, meist 11–16 Uhr, 50 NOK).

Wenige Kilometer nördlich von Tønsberg, bei **Slagen,** zwischen den Straßen 19 und 311, liegt der Oseberghaug (Infoweg zum Hügel). Unter dem Grabhügel fand man 1904 das 21,5 m lange **Oseberg-Schiff,** eine Grabbeigabe für die Königin *Alvhild,* die 834 hier beigesetzt wurde. Außer dem grünen Hügel sticht aber nichts besonderes ins Auge. Das Originalboot ist jetzt im Wikingerschiffsmuseum in Oslo zu bewundern. Eine Kopie und das Wikingerschiff von Klåstad präsentiert das 2008 umgebaute **Slottsfjellsmuseet.** Erläutert werden die Geschichte Tønsbergs und die Bedeutung der Stadt zu Wikingerzeiten. Die Walfangabteilung zeigt eine Sammlung alter Walskelette. In Richtung des Schlossberges sind 13 alte Almhäuser der Region zu besichtigen, inklusive eines Dachbodens aus dem Jahr 1407 (Farmannsveien 30, östlich des Schlossberges, im Sommer Mo.-Fr. 10-14 Uhr, So. 12-17 Uhr, 50 NOK, Studenten 30 NOK, www.vfm.no).

Ganzjährig (nach Vereinbarung) kann die im Nauen Gård gelegene, 1844 gegründete **Glockengießerei** besucht werden. Angeschlossen ist auch ein **Glockenmuseum,** welches anhand von Ausstellungsstücken und Diashows die Geschichte der Glocke illustriert (Tel. 33359040 oder über das Turistkontor).

Touristeninformation

- **Tønsberg Brygge,** Nedre Langgate 36b, 3126 Tønsberg, Tel. 33354520, Fax 3335 4519, www.visittonsberg.com.

Orientierung

- Über der Rv 308 gelangt man am Schlossberg vorbei (Tunnel) zur Nedre Langgate am Hafen. Am Kasten des Rica Klubben Hotel vorbei gelangt man über die Tollbodgate zum Bahnhof. Nach links geht es zum Vandrerhjem, dem Schlossberg und dem Freilichtmuseum, nach rechts zum Kunstmuseum.

Die Rv 19 führt ins Zentrum und direkt am Bahnhof und den Abzweigen zum Schlossberg, Vandrerhjem sowie den Museen vorbei.

Citymaut: 15 NOK (automatisch - einfach weiterfahren, Nachbezahlung an Esso-Tankstellen bzw. Zusendung der Rechnung).

An- und Weiterreise

- **Bahnhof:** 200 m nördlich des Zentrums. Züge in Richtung Skien und Oslo.
- **Busbahnhof:** Folgt man vom Bahnhof aus der Jernbanegaten, so gelangt man zum Busbahnhof. **Fernbusse, 182, 190,** nach Oslo, www.timekspressen.no. Regionalbus 101 ab Bahnhof nach Notterøy und Tjøme.

Unterkunft

- **Rica Klubben Hotel,** Nedre Langgate 49, Tel. 33359700, (*****). 92 angenehme Zimmer. Gutes Restaurant, Pub, Bar und Disco.
- **Maritim Hotell,** Storgt. 17, Tel. 33002700, Fax 33317252, (****). Der nicht gerade ansehnliche Kastenbau ist mit die billigste Hotelunterkunft in der Stadt. Einfache Zimmer ab 900 NOK. Im Restaurant des Hotels speist man für 160-200 NOK.

Jugendherberge

- **Vandrerhjem,** Dronning Blancasgt. 22, Tel. 33312175, Fax 33312176, ganzjährig geöffnet (außer Weihnachten/Neujahr), DZ 650 NOK, Bett 350 NOK. Schönes Haus, am östlichen Hang des Schlossberges gelegen, 200 Meter bis zum Bahnhof.

Camping/Hütten

- **Furustrand Camping,** 6 km östlich von Tønsberg in Tolvsrød, am Oslofjord, Tareveien 11, Tolvsrød, erreichbar über die Rv 311, Tel. 33324403, Fax 33327403, ganzjährig geöffnet, Bus 111 und 116. Auf dem großen, komfortablen Platz werden 12 gute Hütten (ab 900 NOK) und komfortable, kastenförmige „Villawagen“ zu im Sommer unzivilisierten Preisen angeboten (ab 1000 NOK). Nebensaison ab 600 NOK. Leider ist der Strand kiesig. Boote und Fahrräder können geliehen werden.
- **Skallevold Camping,** 6 km östlich von Tønsberg in Tolvsrød, über die Rv 311 erreichbar, Tel. 33330287, 1.5.-31.8., Bus 111,

116. Guter Platz. Recht idyllische Lage. 2 Hütten (500 NOK), schöner Sandstrand.

Essen und Trinken

- **Am Hafen** (Tønsberg Brygge): Peppes Pizza, Magarita (Soul, Music Bar) und Esmeralda (Restaurant, Pub, Biergarten, Disco). In der Nähe (Nedre Langgate 49): das Harlekin (Bar und Disco).
- **Preiswertes Essen:** Restaurant Mama Rosa (italienische Küche, Stoltenbergs gate 46). Nedre Langgaten (Straße parallel zum Fjord): Restaurant Måken (gute Küche, Biergarten), Pizzabar Kong Sverre.

Theater/Kino

- **Amateurtheater** und **Kilden-Kino,** Kilden 8, Tel. 33329090.
- **Tønsberg Kino,** Nedre Langgate 32, Tel. 33319717.

Bibliothek

- Um sie zu erbauen, wurde der größte Architekturwettbewerb Norwegens ausgeschrieben, und es hat sich gelohnt! Das Gebäude liegt in der Storgt. 16, Tel. 33319485. Im Lesesaal gibt es auch deutsche Zeitungen. Internetanschluss.

Internet

- **Tønsberg Internet,** Nedre Langgate 26b, 50 NOK/Std.

Aktivitäten

- **Bootsausflug:** Mit der „D/S Kysten I" kann man eine schöne Schärenrundfahrt unternehmen. Allerdings besteht das Angebot nur im Juli. Abfahrt ist 12 Uhr. Die Kosten liegen bei 140 NOK. Infos unter Tel. 33312589 oder in der Touristeninformation.
- **Bowling:** Centrum Bowlingsenter, Stoltenbergsgate 46; Sjøsentere Bowling in Tolvsrød.
- **Fahrrad fahren:** Es gibt viele Fahrradwege in Tønsberg. Es bieten sich außerdem Ausflüge zu den Inseln der Gemeinden Nøtterøy und Tjøme und eine Fahrt auf dem Fahrradwanderweg Horten - Tønsberg - Larvik an. **Verleih:** im Turistkontor (140 NOK/Tag).
- **Paddeln:** Tønsberg Kajak Club, Nordbyen 36, Tel. 33369826, Verleih von Kajaks (60 NOK je Stunde).
- **Weitere Angebote:** Reiten, Tauchen, Tennis, Squash, Golf, Schwimmhalle.

Sonstiges

- **Apotheke:** Nedre Langgate 37, Storgate 32; **Ärztewache:** im Krankenhaus Vestfold Sykehus, nahe Rv 19; **Post:** Storgaten 20, Straße beginnt am Markt; **Vinmonopolet:** im Kaufhaus Steen & Strøm, Str. am Bahnhof.

Umgebung

Nøtterøy und Tjøme ⇗XXI/C2

Südlich von Tønsberg liegt die Gemeinde **Nøtterøy.** Weite Teile der lieblichen **Insel** gehören noch zum erweiterten Stadtgebiet Tønsberg. Bemerkenswert ist, dass nicht weniger als drei ehemalige Staatsminister aus dieser Gegend stammen, und das bei nur 19.000 Einwohnern. Eine lange Tradition haben die Seefahrt und die Fischerei.

Sehenswert ist die aus dem 12. Jahrhundert stammende **Nøtterøy-Kirche** (täglich 9–13 Uhr). Vielleicht sollte man ihr einen Besuch abstatten, denn etwas weiter, in **Tjøme,** ist das Ende der Welt! Zumindest trägt der südlichste Zipfel der recht touristisch geprägten Inselgruppe diesen Namen: „Verdens Ende". Auf dem felsigen Kap steht ein originelles Wippfeuer aus dem Jahr 1932, in dessen Korb ein Licht gesetzt wurde, das den Schiffen heimleuchten sollte.

- **Touristeninformation im Zentrum von Tjøme.** Geöffnet im Sommer Mo.–Fr. 10–15 Uhr.

• Ein **Bus** fährt von Tønsberg nach Nøtterøy, Tjøme und weiter zum „Ende der Welt".

• **Unterkunft: Rica Havna Hotel,** Havnaveien 50, Tjøme, Tel. 33303000, Fax 33303001, (****/*****). Schönes Hotel mit umfangreichen Freizeitangebot, Restaurant und Bar (Fahrradverleih, Tennis, Squash, Minigolf, Bootsverleih).

• **Camping/Hütten**

Verdens Ende Motel und Camping, Tel. 33391010, www.verdensende.no. Ganzjährig geöffnet. Bus nach Tønsberg. Platz mit 22 teils einfachen, teils komfortablen Hütten, 250–1000 NOK, kurz vor dem „Ende der Welt".

MA Mostranda Camping, Tel. 33390710, www.mostranda.no, 1.5–1.9., an der Rv 308, kurz vor Verdens Ende, Bus 102. In den Schären gelegenes Areal mit schönem Sandstrand und 17 Hütten (***/****) ab 750 NOK. Viele Dauercamper.

• **Baden:** Schöne Badestellen liegen im Ort Tjøme, in Hvasser und am Verdens Ende.

Westlich und nördlich von Tønsberg (Straße 312)

In **Sem,** 5 km westlich von Tønsberg, liegt der 1699 errichtete und für norwegische Verhältnisse recht mondäne **Jarlsberg Hovedgård.** An seiner Stelle lag ehedem ein Königshof. Begrenzt wird der Herrensitz von der romanischen **Sem-Kirche** (1100), dem ältesten Gotteshaus Vestfolds (geöffnet im Sommer Di.–Fr. 9–14 Uhr).

Ebenfalls sehenswert ist die 17 km nördlich der E 18 gelegene **Stabkirche von Høyjord.** Erst 1905 entdeckte man, dass es sich bei dem Bau auch um eine solche handelt. Kein Wunder, gleicht doch nach Umbauten im Jahr 1689 ihr Äußeres eher einer einfachen Holzkirche. Bei Restaurierungsarbeiten von 1948 bis 1953 versetzte man weite Teile des Innenraumes zurück in den Originalzustand. Der älteste Teil der Kirche ist der romanische Chor aus dem 12. Jahrhundert (geöffnet im Juli Mo.–Fr. 17–18 Uhr und Sa. 11–12 Uhr).

Auf der küstennahen Straße 303 oder der E 18 geht es nach Sandefjord.

Sandefjord

Überblick

Die Stadt **(41.000 Einwohner)** ist großzügig angelegt, mit breiten Straßen, wuchtigen Gebäuden und einem großen Park am Hafen. Entstanden ist dieses Ortsbild nach dem großen Brand im Jahre 1900. Über Jahrzehnte hinweg war Sandefjord Ausgangspunkt für den Walfang, seitdem dieser verboten ist, versucht man nun Touristen zu ködern. Und da das weitläufige Stadtbild sicherlich nicht jedem imponiert, bietet man dem Besucher ein interessantes Museum und errichtete ein wasserumtostes Walfangmonument am Hafen. Die Angebote scheinen auch gut anzukommen, geht es doch während des Sommers immer recht quirlig zu, wobei auch Ausflüge zu den Stränden der Halbinseln Vesterøya und Østerøya südlich von Sandefjord hoch im Kurs stehen.

Sehenswertes

Das interessante **Hvalfangstmuseet (Walfangmuseum)** ist das einzige seiner Art in Europa. Es besteht aus einer kultur- und einer naturhistorischen Ab-

184no Foto: fo

teilung. Erläutert werden u.a. die unterschiedlichen Methoden des Walfanges. Zu sehen ist auch ein riesiges Walskelett (Museumsgate 39, Mai bis Sept. täglich 11–17 Uhr, ansonsten 11–15 Uhr, 50 NOK).

Läuft man zum Hafen, so können dort am Kai Museumsbrygga noch **Walfangschiff „Southern Actor"** und das **Wikingerschiff „Gaia"** bestaunt werden (geöffnet/Rundfahrten: 6.6.–16.8. 11–17 Uhr). Letzteres ist eine Nachbildung des berühmten Gokstad-Schiffes, welches unter dem Grabhügel Gokstadhaugen gefunden wurde (Rv 303, Richtung Tønsberg, kurz hinter Sandefjord). Das Original steht heute im Wikingerschiffsmuseum in Oslo.

Reste des alten Sandefjord stehen noch, in Form niedlicher Holzhäuser, in den Straßen Berggaten und Breili.

Bei Sandefjord

Touristeninformation 

- **Sandefjord Turistkontor,** Thor Dasgate 1, 3210 Sandefjord, www.visitsandefjord.com, Tel. 33460590, am Hafen.

Orientierung 

- Immer der Ausschilderung „Sentrum" folgen. So gelangt man unweigerlich zum Hafen, wo sehr viele, schön betonierte Parkplätze zur Verfügung stehen.

An- und Weiterreise

- **Bahnhof:** zum Zentrum über die Jernbanealléen. Täglich 10–15x Züge Richtung Skien, Tønsberg und Oslo.
- **Busbahnhof:** neben dem Bahnhof. **Fernbusse 182, 190.** Busse fahren mehrmals täglich u.a. nach Larvik, Tønsberg und Vesterøya.
- **Fähre:** Sandefjord – Strömstad (Schweden); Color Line (20 €/p.P., 22 €/Auto; Color Line Norge: Tel. 81000811).
- **Flughafen Torp:** www.torp.no. Nördlich Sandefjord, nahe E 18, mit Ryanair nach Frankfurt/Hahn, Bremen, London; Mietwagen: Europcar (Tel. 33464200), Avis (Tel. 33469550) Rent A Wreck (Tel. 33468787); Busse: Flybuss Torp-Ekspressen nach Oslo Galleriet (180 NOK; Anschluss an Flüge); Bus nach Sandefjord, Tønsberg, Oslo Galleriet (160 NOK); **Fernbus 182** (u.a. zum Telemarkskanal in Ulefoss); Vestfold Taxi (Tel. 33420200).

Unterkunft

- **Clarion Home Hotel Atlantic,** Jernbanealléen 33, Tel. 33468000, Fax 33468020, (*****), Sommer (****). Älteres Stadthotel im Zentrum. Neben modernen Zimmern gibt es noch Bar, Sauna und Fitnessraum.
- **Rica Park Hotel,** Strandpromenaden 9, Tel. 33447400, Fax 33447500, (*****), Sommer DZ ab 950 NOK. Großes Hotel am Hafen mit Restaurant, Hallenbad, Sauna und Fitnessraum.
- **Hotel Kong Carl+,** Torggate 9, Tel. 3346 3117, Fax 33463119, (*****). Das kleine Hotel ist in einem schönen Holzhaus von 1690 untergebracht und besitzt zudem ein erstklassiges Restaurant. Die Zimmer sind eher gediegen denn modern.
- **Sandefjord Vandrerhjem,** Skiringssalveien 160, Tel. 33421790, geöffnet: 15.6.–15.8., Rv 305 nach Sandefjord, erster Kreisverkehr links (Skiringssalveien), 2 km bis Skiringssal Folkehøyskole. Neue JH in gelbem Holzhaus. Bett 350 NOK, DZ 540 NOK.
- **B&B,** zentrumsnah ab 500 NOK: Fremstads, Dølebakken 42, Tel. 99458056; Lisbeth's Gjestehus Bjerggata 33, Tel. 3346 0826; Milly's, Thaulowsgate 9, Tel. 33473337.

Camping/Hütten

- **Granholmen Camping,** Rv 303, 4 km südlich von Sandefjord, Tel. 33458177. Der idyllisch an einem Meeresarm gelegene Platz bietet gute Bademöglichkeiten in der Schärenwelt und einen Bootsverleih.
- **Sjøbakken Camping,** auf der Halbinsel Vesterøya, Tel. 33473746. Sehr schöner, kleiner Platz am Wasser (Bus Nr. 170).
- **Vøra Camping,** auf der Halbinsel Vesterøya, 9 km südl. Sandefjord, Tel. 33473770, www.sandefjordcamping.no, 01.05.–01.09. Hütten ganzjährig. Großer Platz mit Strand, moderne Sanitäranlagen, Hütten ab 450 NOK. Komforthütten 1300 NOK.

Essen und Trinken

- In der Jernbanealléen liegt das gute À-la-Carte-Restaurant **La Scala.** Preiswerter ist die **Pizzeria Kong Sverre** in der Dronningensgate. In der Hjertnessprommenade liegt das bis 3 Uhr geöffnete **Promenaden Café** und am Hafen der **Biergarten Sjøbua.**

Aktivitäten

- **Baden:** Badepark in der Nähe des Hafens. Viele hübsche Badeplätze findet man außerdem auf den Halbinseln Vesterøya und Østerøya südlich von Sandefjord.
- **Fahrrad fahren:** z.B. zu den Halbinseln Vesterøya und Østerøya. **Farradverleih:** Im Turistkontor und im Sykkelsenter, Aasgaardsplass 2, Tel. 33468040.
- **Weitere Angebote:** Bootsrundfahrten, Bowling (Kilgata 39), Tennis, Segeln – Infos im Turistkontor.

Über die E 18 oder die landschaftlich schönere Straße 303 erreicht man Larvik.

Kurz vor Larvik mündet die von Norden kommende Rv 40 (Kongsberg – Larvik, Beschreibung unter Umgebung von Larvik) in die E 18.

Larvik

↗XX/B3

Überblick

Von der alten Bausubstanz der Stadt sind nur zwischen dem neu gestalteten, sehr einladenden Markt und der nahe des Bahnhofs gelegenen Halbinsel Tollerodden einige Holzhäuser erhalten geblieben. Ansonsten gibt sich Larvik (41.000 Einwohner) **modern.** Und obwohl die Stadt, gerade bei sommerlichem Trubel, keinen unfreundlichen Eindruck hinterlässt, liegen die wahren Sehenswürdigkeiten der Region außerhalb der Stadtgrenzen.

Gegründet wurde Larvik an der Mündung des Flusses Lågen. Auf ihm konnte man schnell und preiswert das in der Telemark geschlagene Holz zur Weiterverarbeitung und Verschiffung an die Küste transportieren. Noch heute bestimmen große **holzverarbeitende Betriebe** das Bild der Stadt. Berühmt ist die Larviker **Werft!** Auf ihr ließ 1892 der Schotte *Colin Archer* das Polarschiff „Fram" bauen, mit dem u.a. *Roald Amundsen* Richtung Südpol aufbrach. Zu besichtigen ist es aber nicht hier, sondern im Fram-Museum in Oslo.

Bleibt noch zu erwähnen, dass in Larvik **Norwegens einziges Mineralwasser** („Farris") abgefüllt wird (schmeckt etwas salzig ...). Auch ist der Ort ein bedeutender Fährhafen und Anlaufstelle diverser Schiffe der Color Line.

Sehenswertes

Im **Herregården** (1864–1877 erbaut), der ehemaligen Residenz des dänischen Statthalters *Graf Gyldenløve,* ist das **Stadtmuseum** untergebracht. An der Felswand nahe des Hauses sind die Namen der hier zu Besuch weilenden Könige eingehauen. In den Räumen des Museums kann man sich so interessanten Dingen wie der Betrachtung von Ofenplatten widmen ... (24.6.–15.8. 12–16 Uhr, ansonsten nur So. 12–16 Uhr, Lage: nahe des Kreisverkehrs, östlich des Bahnhofs.)

Obwohl der örtliche Kunstverein im Stadtmuseum auch ein paar Räume unterhält, sollte man vielleicht eher mal im interessanten **Seefahrtsmuseum** vorbeischauen. Es befindet sich in einem alten Zollgebäude am Wasser, nahe des Kreisverkehrs östlich vom Bahnhof. Zu sehen ist eine interessante Ausstellung zum ca. 780 gegründeten Wikinger-Handelsplatz Kaupang. Dieser wurde unweit Larviks entdeckt und war vermutlich noch vor Tønsberg Norwegens erste Stadt (Ausgrabungsstelle in Tjølling). Außerdem ist die Ausstellung *Colin Archer* und dem Ethnologen *Thor Heyerdal,* einem gebürtigen Larviker, gewidmet (im Sommer Di. 16–20 Uhr, Mi.–So. 12–16 Uhr, 50 NOK, Studenten 30 NOK).

Dessen Geburtshaus steht denn auch nur unweit entfernt auf der etwas weiter südlich gelegenen Landspitze Tollerodden. Auch liegen hier noch ein hübscher Park, die Reste der alten Werft und die **Larvik-Kirche,** aus dem Jahr 1677. Sehenswert ist diese vor allem wegen des Gemäldes von *Lucas Cranach d. Ä.* „Jesus segnet die unschuldigen Kinder" (geöffnet Di.–Fr. 11–13 Uhr).

Wer nach dem Stadtbummel Lust auf etwas Natur hat, dem sei ein Besuch des am Farris-See gelegenen **Bøkeskogen** empfohlen, dem nördlichsten Buchenwald der Welt, welcher zudem die Farris-Mineralquelle beherbergt.

Die Region Larvik – Kragerø – Skien ist geologisch besonders interessant. An der Küste finden wir Moränenzüge, wie Mølen bei Stavern und die Insel Jomfruland bei Kragerø. Das Landesinnere besteht aus metamorphen Gesteinen des Karbon und Perm östlich von Skien und des Präkambrium westlich der Stadt. Für geologisch Interessierte wurde der UNESCO Geopakt angelegt (Infos www.geanor.no und in den Touristeninformationen der Region).

Touristeninformation

- **Turistkontor,** Post Box 200, Storgate 48, 3251 Larvik, Tel. 33139100, in der Straße am Bahnhof gelegen (www.visitlarvik.no).

Orientierung

Die Straße 303 führt direkt ins Zentrum.

An- und Weiterreise

- **Bahnhof:** Im Zentrum am Hafen gelegen. Züge Richtung Skien, Tønsberg und Oslo.
- **Busbahnhof:** am Bahnhof, **Fernbusse 182, 190,** Regionalbusse u.a. nach Stavern und Ula.
- **Fähre:** In Larvik legen die Schnellfähren der Color Line an (www.color-line.de). Der Fährkai liegt im Zentrum, nahe der Rv 301 und dem Bahnhof.

Unterkunft

- **Quality Grand Hotel Farris,** Storgt. 38, Tel. 33187800, Fax 33187045, (*****). Großer weißer Kasten im Zentrum der Stadt. Die Zimmer sind aber sehr ordentlich.
- **Trudvang Gjestegaard,** Gårdsbakken 43 (Kreuzung E 18/Rv 303), Tel. 33165270, www.trudvang.no, (***/****). Sehr schöne und alte Hofanlage, tolle Zimmer! DZ 1000 NOK. Neues Freibad.
- **Lysko Antikk Galleri og Minihotell:** Kirkestredet 10 (am Seefahrtsmuseum), 3256 Larvik, Tel. 3318 7779, Fax 33130330, www.lysko-it.no, (***/****). In dem romantischen kleineren Gästehaus mit historischen Zimmern gibt es DZ ab 800 NOK.
- **Seierstad Gjestegård,** Seierstad, 3270 Larvik, Tel. 33111092, Fax 33111260, (*). Der Gästehof liegt 5 km ab Larvik-Zentrum an der E 18 Richtung Oslo. Das einfache DZ gibt es schon ab 450 NOK.

Kino

- Storgate 20 (Straße am Bahnhof).

Aktivitäten

- **Fahrrad fahren:** Die Umgebung von Larvik bietet sich sehr gut für Fahrradausflüge an. Außerdem liegt der Ort am **Küstenfahrradweg** Horten – Larvik – Nevlunghaven. **Fahrradverleih:** im Turistkontor und im Storgaten Sevice Senter, Storgaten 14, Tel. 33186450.
- **Weitere Angebote:** Bowling, Squash, Tennis, Reiten – Infos im Turistkontor.

Shopping

- **Husfliden,** Sigurdsgate 4, nahe des Marktes. Hier gibt es die beliebten Norwegerpullover und Kunstgewerbe.

Umgebung südlich von Larvik

Stavern ↗XX/B3

An der Straße 301 liegt eingebettet in eine idyllische Schärenlandschaft der alte Festungsort Stavern. Diesen verwöhnt die Sonne mit nicht weniger als **200 Bilderbuchtagen im Jahr.** Wen wundert es also, dass man hier auf Scharen sonnenhungriger Nordländer stößt. Staverns Gründung als dänisch-norwegische Küstenfestung erfolgte mit der Anlage der **Citadelløya** (Zitadelleninsel) um 1680. Ein weiteres, noch heute vom norwegischen Militär genutztes Fort, die **Frederiksvern Verft,** entstand 70 Jahre später. Im charmanten Zentrum des Ortes fallen die vielen Holzhäuser und Cafés ins Auge. Speziell nahe dem Rathaus, am Platz mit den vier weißen Wasserpumpen aus dem Jahr 1777, sind noch **alte Garnisonsgebäude** erhalten. Sehenswert ist auch die barocke **Stavern-Kirche** (1756 erbaut, Di.–Fr. 11–13 Uhr). Überragt wird der Ort von der pyramidenförmigen **Minnehalle,** einem 1926 errichteten Monument für gefallene Seefahrer.

Empfehlenswert ist auch ein Abstecher zum malerischen **Dorf Nevlunghavn** westlich von Stavern. 1,5 km vor dem Ort weist ein kleines Schild in Richtung „Mølen" (Parkplatz am Ende des Schotterweges). Hierbei handelt es sich um **Überreste der Vestfold-Moräne,** die vor ca. 10.000 Jahren hier abgelagert wurde und am gegenüberliegenden Fjordufer in Form der Insel Jomfruland wieder zu Tage tritt. Eine kleine Wanderung vorbei an wilden Rosen und über vom Eis geschliffene Steinblöcke lohnt in jedem Fall. Auch zu sehen sind 230 **alte Steinsetzungen** (Gräber) in Schiffsform aus der Wikingerzeit. Für Geologen gleichfalls interessant ist der nördlich des Ortes in Tveidalen gelegene **Steinbruch,** wo der helle „Larvikit" abgebaut wird. Das Gestein (ein Plutonit aus der Zeit des Perm) kommt, wie der Name schon vermuten lässt, nur in dieser Gegend vor und fand u.a. für das Pflaster des Marktplatzes von Larvik Verwendung.

190no Foto: ms

In Stavern

Ula

↗XXI/C3

Östlich von Stavern, im Schärengarten von Ula und Kjerringvik, findet man **herrliche Sandstrände** und idyllische Holzhäuser! Hübsch ist auch die nahe der Straße 303, im Ort **Tjølling,** gelegene Basilika aus dem 12. Jahrhundert.

- **Touristeninformation:** in Hafennähe, in Stavern, Tel. 33197300.
- **Busverbindungen mit Larvik,** ab Stavern Bus 01, 15–20x täglich.
- **Fähre:** Helgeroa – Langesund (im Sommer)
- **Unterkunft**

Hotel Wassilioff+, Stavern, Tel. 33113600, Fax 33113601, www.wassilioff.no, (*****). Das prächtige weiße Gebäude zählt zu den

Oslofjord

Sehnsucht nach der Ferne

Die Zeit der großen norwegischen Entdeckungsreisen begann Ende des 10. Jahrhunderts, als seit einigen Jahren *Bjarni Herjulfssons* Kunde von einem fernen Land weitab der Heimat umhergeisterte. Also machte sich **Leiv Eriksson (Erik der Rote)** auf, dieses unbekannte Reich im Westen zu finden, zu erkunden und zu besiedeln. Er erreichte das Vinland (Weideland) um das Jahr 1000 und entdeckte so 500 Jahre vor *Kolumbus* Amerika.

Ende des 19. Jahrhunderts, in einer Zeit, als Norwegen nach Jahren der (Selbst-)Vergessenheit reanimiert wurde, fanden sich etliche Nacheiferer des schon legendären Leiv Eriksson. Einer der ersten war **Fridtjof Nansen** (1861–1930), der außer durch seine Forschertätigkeit auch mit seiner humanitären Arbeit für Flüchtlinge des 1. Weltkrieges weltberühmt wurde. Seine größten Expeditionsleistungen sind die Überquerung des grönländischen Inlandseises 1888 per Ski und 1894 die Erkundung des Treibeises zwischen der Nord-Ost-Meerespassage und dem Nordpol, wofür er sich mit dem speziell zu diesem Zweck erbauten Schiff „Fram" („Vorwärts") in der Eisdrift treiben ließ, die seiner Theorie nach von den Westsibirischen Inseln über den Nordpol in Richtung Spitzbergen/Grönland verlief. Zwar konnten 90° Nord nicht erreicht werden, Nansens Theorie bewahrheitete sich jedoch 1897, als das Packeis die „Fram" nahe Spitzbergen wieder freigab.

Eine weitere Fahrt mit der „Fram" unternahm der zweite große norwegische Polarforscher und Entdecker jener Zeit, **Roald Amundsen** (1872–1928). Sein Plan war es eigentlich, den Nordpol zu erobern. Da ihm jedoch der Amerikaner *Peary* im Jahr 1909 zuvorkam, änderte er kurzfristig die Reiseroute um 180° und wandte sich dem Südpol zu. Auch hier war Eile geboten, denn schon war der Engländer *Robert F. Scott* mit dem gleichen Ziel unterwegs. Man traf sich 1911 am Ross-Schelfeis, und der Wettlauf begann. Gestartet wurde im Oktober. Scott entschied sich für die westliche und bereits erforschte Route, Amundsen wählte die östliche, unbekannte, dafür aber kürzere Strecke, die sich als die bessere erwies. Am 14. Dezember 1911 erreichte er als erster Mensch den Südpol. Scott, der mit Motorschlitten und Ponys unterwegs war, kam erst einen Monat später an. Völlig erschöpft und enttäuscht starb er auf der Rückreise. Seine Aufzeichnungen jedoch überdauerten die Zeiten und bieten heute einen spannenden und tragischen Einblick in die Zeit der Erforschung der letzten weißen Flecken unserer Erde. Auch Amundsens Buch über die Entdeckung des Südpols ist noch erhältlich. Möglich machten Amundsens Erfolg auch seine früheren Reisen. Als erstem gelang es ihm z.B., mit dem fast schon winzigen Schiff „Gjøa" die Nord-West-Passage von 1903 bis 1906 zu durchqueren.

Bekanntester und aufsehenerregendster Reisender in Sachen Abenteuer und Forschung ist der in Larvik geborene Ethnologe **Thor Heyerdal.** Seine erste Fahrt führte ihn 1947 mit dem Balsafloß „Kon-Tiki" nach Tahiti. Er wollte so seine Theorie untermauern, dass die Bewohner dieser Eilande aus Südamerika einwandern konnten, indem sie ihre zerbrechlichen Boote der Meeresströmung des Humboldtstromes anvertrauten. 1955/56 leitete er eine weitere Expedition zu den Osterinseln, wobei Ausgrabungen drei Kulturepochen nachwiesen. Den Reisen über den Pazifik folgte 1969 die Fahrt mit dem Papyrusboot „Ra I", benannt nach dem ägyptischen Sonnengott. Mit dieser waghalsigen Passage über den Atlantik, die erst im zweiten Anlauf mit der „Ra II" glückte, sollte bewiesen werden, dass die amerikanischen Kulturen entscheidend von den afrikanischen beeinflusst werden konnten. Letztes Projekt war die Erforschung der kanarischen Pyramiden als Teil einer weltweit verbreiteten Bauform.

Im Gegensatz zu Heyerdahl auf den Spuren Amundsens und Nansens arbeiten heute in den Polargebieten die Meteorologin und Glaziologin **Monica Kristensen,** die Forschungsprojekte in der Antarktis leitet, sowie **Erling Kagge,** der 1992/93 den Südpol als erster allein und ohne technische Hilfsmittel bezwang.

Historischen Hotels in Norwegen. Erlesen ist auch das Restaurant!

Jahren Gård: Stavern, südlicher Ortsrand, an der Hauptstraße, Tel. 33199030, Fax 33199946, www.jahrengaard.no. In dem alten Hof gibt es das DZ ab 500 NOK.

• **Camping/Hütten**

Solplassen og Rakke Camping, Stavern, Tel. 33199282, 1.4.–31.10. Großer, ordentlicher Platz unter Kiefern. Viele Dauercamper. 46 Hütten (**/****), ab 450 NOK, die großen nur Wochenmiete, die kleinen ab 2 Nächten Aufenthalt. Minigolf, Spielplatz, Sandstrand. Etwa 1 km südlich von Stavern, über Rv 301 erreichbar.

Etwa 4 Kilometer westlich von Stavern befinden sich an der Bucht Naverfjorden nicht weniger als **sechs riesengroße Campingplätze!** Endlose Wohnwagen- und Caravanburgen bestimmen das Bild. Alle Plätze liegen an Sandstränden, verleihen Hütten und Boote und sind permanent überlaufen. Zwei empfehlenswerte sind: **Kjærstranda Familiecamping,** Stavern, 1.5.–1.9., Tel. 33195730, 10 Hütten ab 400 NOK, Sandstrand, und **Oddane Sand Camping** in Nevlunghavn, Tel. 33188270, Fax 33189033, 1.4.–1.10.; es gibt 21 Hütten (**/***) und einen wunderbaren gelben Sandstrand!

Ula Badestrender og Camping, Ula, Tel. 33193020, www.ula-camping.no. 15.5.–1.9.; 10 Hütten (*/**), Juli nur wochenweise für 3300 NOK, herrlicher Sandstrand, kein Autoverkehr! Bootsverleih.

• **Baden:** In dem hübschen Örtchen Ula südöstlich von Larvik gibt es einen schönen Sandstrand. Weitere liegen zwischen Stavern und Nevlunghavn.

• **Fahrradverleih:** Stavern Turistkontor, Tel. 33197300; Hedlund Sykkelutleie, Stavern, Tel. 33195808, Fahrräder werden bis zu einem Umkreis von 15 km angeliefert! 1 Tag: 150 NOK.

• **Wandern:** Von Stavern nach Helgeroa schlängelt sich der mit blauen Punkten markierte, 35 km lange **Küstenpfad.** Die Wanderung ist völlig unproblematisch. Einstiegsmöglichkeiten u.a. auch in Nevelunghavn.

• **Weitere Angebote:** Tennis, Reiten und Tauchen – Infos in den Touristeninformationen in Larvik und Stavern.

Umgebung nördlich von Larvik

Rv 40 ↗XX/B2,3

Biegt man von der E 18 nach Norden auf die Straße 40 ab (Richtung Kongsberg), so gelangt man in das weite Lågendal, das Reich der Lachse und Elche. Hier, im Herzen des Fylkes Vestfold, liegt auch der kleine Wintersportort **Svarstad.** Kulturell sehenswert sind die drei romanischen Steinkirchen des Tales. Sie stehen in **Hedrum** (9 km nördlich von Larvik, aus dem Jahr 1100, geöffnet im Sommer von 10–19 Uhr), in **Styrvold** (39 km nördlich von Larvik, erbaut 1150–1200) und in **Hem,** nördlich von Svarstad. Die Glocken der Kirche in Hem wurden schon im 12. Jahrhundert gegossen, was durchaus beachtlich ist!

• **Fernbus 194.**

• **Brufoss Camping,** 3275 Svarstad. Ganzjährig geöffneter Platz am Ufer des Lågen. Es werden 8 Hütten (*/**) vermietet, Tel. 33129041.

• **Angeln:** Der Numedalslågen gilt als einer der besten Lachsflüsse des Landes – Infos: Brufoss-Campingplatz.

• **Wintersport:** In Svarstad findet der Skifahrer drei Lifte mit einem Höhenunterschied von 240 m vor.

Von Larvik aus sind es 15 km bis Porsgrunn. Mit der Beschreibung dieses Ortes beginnt der nächste Buchabschnitt: Der Süden: Entlang der Küste.

192no Foto: ms

Der Süden

193bno Foto: ms

193ano Foto: ms

Bei Kragerø

Setesdal, Freilichtmuseum in Valle

Risør

Überblick

Der Süden Norwegens ist das Land der Insellabyrinthe, der dunklen Nadelwälder und der weiten Hochebenen, eine **Region für jede Jahreszeit.** Hier liegen sowohl die Wiege des alpinen Wintersports als auch beliebte Segelreviere.

Per Fähre erreicht man das so genannte Sørland vom dänischen Hirtshals aus. In Kristiansand angekommen, besteht die Möglichkeit, sich für eine der drei Hauptrichtungen zu entscheiden. Entweder fährt man die Küste entlang, Richtung Oslo oder Stavanger, oder man schlägt den Weg nach Norden ein, durch das romantische Setesdal. Jede dieser Strecken geleitet den Besucher durch schöne, wenngleich nur sehr selten spektakuläre Landschaft. Die östliche Küste Südnorwegens ist bekannt für ihre idyllische Schärenlandschaft, mit vielen weißen Holzhausorten. In Richtung Westen finden sich dafür die schöneren Sandstrände, wie z.B. im Ort Mandal und in der Gegend um Stavanger, sowie der beeindruckende Lysefjord. Das Binnenland ist mit seiner Wald- und Seenlandschaft der Region Telemark und den kahlen Hochebenen zwischen Stavanger und dem Setesdal bei Wanderern und Autotouristen gleichermaßen beliebt.

Hinweis: Zwischen Oslo und Kristiansand gibt es direkt an der Küste nicht viele wirklich gute Campingplätze. Zudem sind die Übernachtungspreise recht hoch. Viele der großen Hütten können nur wochenweise gemietet werden.

Die Küste entlang

Hier scheint sie, die Sonne! Also zumindest öfter als im restlichen Norwegen. Das wissen wahrscheinlich auch die Scharen erholungssuchender Skandinavier, welche Jahr um Jahr an die Küste des Sørlandes pilgern. Unmengen privater Ferienhäuser und, im Vergleich zu anderen Teilen des Landes, höhere Preise für Campingplätze sind die Auswirkungen.

Zwischen der Küstenregion der Provinz Telemark und Kristiansand ist die Landschaft zunächst recht lieblich. Sie besticht durch eine Mischung aus glattgeschliffenen Schären, dichten Wäldern und, lässt man die Industrieorte Skien und Porsgrunn außer Betracht, durch die wohl hübschesten **Holzhaussiedlungen** des Landes, gerne auch als die „Weißen Perlen" bezeichnet. Zu den sehenswertesten unter ihnen zählen zweifelsohne die Orte Risør, Lyngør und Kragerø.

Westlich der für Norwegen eher untypischen Stadt Kristiansand wird die Natur allmählich rauer. Ab dem Kap Lindesnes, dem südlichsten Festlandspunkt Norwegens, dominieren unweit der Küstenlinie tiefe, dunkle Täler und kahle Felsen das Landschaftsbild. Eine Ausnahme stellen die fast berglosen Regionen Lista und Jæren dar. Hier findet man einige der schönsten Sandstrände des Sørlandes. Endpunkt der Strecke ist die gemütliche Ölhauptstadt Stavanger, von der ein Abstecher zur majestätischen Felskanzel des Prekestolen am Lysefjord lohnt.

195no Foto: ms

Brevik bei Skien

Der Süden

Porsgrunn/ Skien

↗XX/B3 ↗XX/B2

Das Tor zum Sørland bilden die zwischen dem Ende des Telemark-Kanals und dem Frierfjord gelegenen Städte **Skien (51.000 Einwohner)** und **Porsgrunn (34.000 Einwohner).** Zusammen bilden sie **eines der größten Ballungs- und Industriezentren Norwegens.** Landesweit berühmt ist die 1887 gegründete Porsgrunn-Porzellanfabrik. In fast jedem Bad Norwegens wird man den Produkten des Unternehmens begegnen (Führungen durch Fabrik und Museum). Größte und sicher unansehnlichste Industrieanlage der Region ist mit über 5000 Angestellten die Salpeterfabrik der Norsk Hydro auf der Insel Herøya. Bedeutend auch die elektrotechnische- und holzverarbeitende Industrie, welche, nur schwer zu übersehen, in Skien Fuß fassen konnte. Stellt sich die Frage, warum man hier einen Zwischenstopp einlegen sollte. Die Antwort darauf heißt **Ibsen.** Der weltberühmte Dramatiker wurde am 20.3.1828 in Skien (in Anlehnung an den alten Ortsnamen „Schee-en" ausgesprochen) geboren. 1833 kaufte sein

Vater den Hof Venstrøp. Dieser liegt 4 km nördlich des Zentrums, nahe der Hauptstraße und beherbergt heute eine recht interessante, 2006 neu eröffnete **Ibsen-Gedenkstätte** (geöffnet Mitte Mai bis Ende August, 10–18 Uhr, 50 NOK). Eine weitere interessante Ausstellung ist im **Telemarkmuseum** (Eintritt: 50 NOK, Kombiticket mit Ibsen Museum 70 NOK) im Brekkepark oberhalb des *Torget* (Markt) untergebracht. Sehenswert sind hier der Herrensitz **Søndre Brekke** und die Kollektion alter **Telemark-Wohnhäuser,** deren ältestes, die Børgestua, aus dem Jahr 1580 stammt. Die Wohnräume einiger Gebäude sind mit herrlicher **Rosenmalerei** verziert (geöffnet: 12–18 Uhr, 50 NOK, Park gratis). Im Zentrum Skiens – an trüben Tagen etwas trostlos – ist allenfalls die neugotische **Backsteinkirche** (1894) mit ihren massiven Westtürmen sehenswert.

Bei einer Fahrt nach Norden vorbei am Telemark-Kanal (siehe dort) lohnt das an drei Schleusen des Kanals von hohen Bergen eingekeilte Skottfoss einen Aufenthalt, wo man auf einem 3,7 km langen Kulturlehrpfad „in" der Kanal- u. Industriegeschichte wandern kann.

Touristeninformation

- **Skien Turistkontor,** im Zentrum am Hafen, Nedre Hjellegate 18, Tel. 35905520, Fax 35905530 (www.grenland.no), Mo.–Fr. bis 16 Uhr.

An- und Weiterreise

- **Bahnhof:** nördlich des Zentrums von Skien und östlich des Zentrums von Porsgrunn. Züge Richtung Oslo, Tønsberg, Kongsberg.
- **Bus: Fernbusse 182, 186, 194.**

Unterkunft

- **Rica Ibsen Hotel,** Kongensgt. 33, Skien, Tel. 35904700, Fax 35904701, (*****). Modernes Kastenhotel mit Restaurant, Hallenbad und Sauna.
- **Dag Bondeheimem og Kaffistove,** Prinsessgt. 7, Skien-Zentrum, Tel. 35520030, Fax 35520031, (**). Einfache, saubere Bleibe ohne Komfort. DZ 500 NOK.
- **Quality Hotel Sjærgården,** Langesund, Tel. 37978100, (*****), gutes Hotel mit beliebtem Badepark!

Camping/Hütten

- **Skien Vandrerhjem og Fritidspark,** Moflatveien 65, Tel. 35504870, (1.5.–3.9.) 4 km westlich des Zentrums, schöne Anlage mit Anschluss an den Sportpark (Tennis, Go-Cart, Schwimmhalle). Apartment (***), Bett 300 NOK, Sauna, Solarium. DZ 840 NOK. Expressbus hält in der Nähe.
- **Rognstranda Camping,** Stathelle bei Brevik, Tel. 35973911. Am Fjord gelegen mit Badestelle und 5 Hütten (**).

Aktivitäten

- **Skien fritidspark,** Moflatveien 38: Nagelneuer Freizeitpark mit moderner Badeanlage, Spa, Kletterwand, Eishalle, Loipen, Skilift, Trainingshallen etc.

Umgebung

Südlich von Skien und Porsgrunn beginnt hinter dem Zementwerk (Rv 354) mit **Brevik** die Perlenschnur der weißen Orte des Sørlandes. Der alte Handelsort aus dem 16. Jh. liegt heute geduckt nahe einer riesigen Brücke. Sehenswert ist die Altstadt mit ihren aus dem 18. und 19. Jh. stammenden Holzhäusern, den steilen Gässchen und dem Rathaus im Rokokostil. Richtung Süden, an der Hauptstraße, ist ein unter Glas liegender, riesiger Bergkristall aus den Norcem Gruben zu bestaunen. Danach, kommt man zu den hübschen Holzhaus- und Badeorten **Langesund** und **Stathelle** (Häuser z.T. aus dem 18. Jh.).

- **Baden:** Zwischen Langesund und Kragerø liegen viele schöne Badeplätze wie z.B.: Nystrand, Brevikstrand, Langesund Badepark (beheizt), Rognstranda (in Stathelle am Campingplatz), Ivarsand (Sandstrand, E 18 Abfahrt Åby-Krysset).

Über die E 18 geht es durch waldreiche Landschaft vorbei an den hübschen Orten Brevik und Stathelle nach Kragerø.

Kragerø

↗XX/B3

Als erstes entdeckten im 18. Jh. die wohlhabenden Bürger Christianias das ruhige Handelsörtchen im Schärengarten für sich. Ihnen schlossen sich auf Inspiration hoffende Künstler wie *Christian Krogh* und *Edvard Munch* an. Für letzteren war Kragerø „die Perle unter den Küstenstätten" und der Platz, an den er sich in schlaflosen Nächten zurücksehnte.

Heute ist das **10.000-Einwohner-**Städtchen mit seinen zahllosen bunten, blitzblanken Holzhäusern und viel Atmosphäre noch immer ein hübscher Flecken Erde. Mit der Ruhe und Beschaulichkeit ist es allerdings vorbei. **Unzählige Touristen** und Sonnenurlauber schieben sich durch die engen Straßen. 3500 Ferienhäuser und Villen spiegeln die Beliebtheit der Region bei denen, die Geld haben, wider.

Einen herrlichen Panoramablick auf den Trubel im Zentrum, die markante neugotische Stadtkirche von 1870 und die Schärenwelt hat man vom **Steinmannen.** Direkt unterhalb des Aussichtspunktes befindet sich der **Torvet** (Markt), mit farbenfrohen Holzhäusern aus dem 19. Jh., vielen Biergärten und Cafés. Über die Storgata und Rådhusgata gelangt man zum **Rathaus** von 1867 und zum **Gästehafen.** Folgt man der Strandlinie nach rechts, so erreicht man das kleine **Gunnarsholm Küstenfort,** das im 17. Jh. zum Schutz vor der Seeräuberei angelegt wurde. Wendet man seine Schritte nach links, ist es nicht mehr weit bis zum kleinen Meeresarm **Blindtarmen.** Hier pulsiert zu beiden Enden der alten Stadtbrücke das sommerliche Herz der Stadt. Durch eine kleine Gasse gelangt man zurück zum Markt und zum **Theodor Kittelsen Hus** (Th. Kittelsen vei 5, im Sommer Di.–Sa. 12–16 Uhr, 25 NOK). Im Geburtshaus des am 17.4.1857 geborenen Malers der Trolle zeigt eine Ausstellung einige seiner mystischen Werke. Ein weiteres Museum ist das **Berg-Kragerø Museum** (3 km, an der Straße zum Campingplatz, im Sommer Di.–So. 12–17 Uhr, Eintritt 60 NOK). Im Haupthaus von 1803 sowie in einem Nebengebäude wird Stadt- und Kulturgeschichte dokumentiert. Ein schöner Park mit Badeplätzen erschließt die Umgebung.

Touristeninformation

- **Kragerø Turistkontor,** Torvgt. 1, 3791 Kragerø, Tel. 35982388, Fax 35983177, www.visitkragero.no. Am Kreisverkehr.

An- und Weiterreise

- Bus nach **Neslandsvatn,** ab dort 5x täglich Zug nach Oslo und Kristiansand.
- Bus nach **Tangen,** ab dort Anschluss an **Fernbus 190.**

Unterkunft

- **Victoria Hotel,** P.A. Heuchsgt. 31, Tel. 35987525, Fax 35982926, (*****). Alter Hotelbau, moderne Zimmer, gutes Restaurant, Pub, Café , Nachtclub.

● **Kragerø Sportell,** Lovisenbergvn. 20, 2 km ab Zentrum, Tel. 35985700, Fax 3598 5701. In dem guten „Sportel" gibt es das Bett ab 550 NOK, DZ 650 NOK. Fahrradverleih. Ganzjährig geöffnet.

Camping/Hütten

● **Lovisenberg Camping,** 3 km nördl. d. Zentrums, Abzweig an der Rv 38 beachten, Tel. 35988777, Fax 35988527, www.campingplassen.com. Geöffnet 1.5.-1.9. Sehr schöner Platz an einer Bucht. Ideal für einen längeren Aufenthalt. Fahrrad- und Ruderbootverleih, Badeplatz/Schwimmbad, Angelplatz. 10 gute Hütten (ab 500 NOK), viele Dauercamper.

● **Støa Camping,** 9 km bis Kragerø, an der Rv 38, Tel. 35990261. Kleiner Platz am Waldsee. Angel- und Wandermöglichkeiten. Draisinentour auf den Gleisen der Kragerø Bahn möglich. Ruderboot- und Kanuverleih. Hütten (**).

Essen und Trinken

● Empfehlenswert sind das **Restauranthuset Lanternen** (am Wasser, Speisen 100-200 NOK, Pizza) und das **Restaurant Tollboden** (am Wasser) - Småretter (kleine Gerichte) ab 130 NOK, Hauptgerichte ab 200 NOK, 3-Gänge-Menü 400 NOK.

Shopping/Kino/Bibliothek

● Im Ortskern befinden sich zahlreiche **Antiquariate, Kunsthandwerksläden** und **Galerien:** Galleri Compagniet (Keramik, Textilien), Kragerø Kunstforening (Grafik, Malerei).

● **Kino:** Kragerøvn. 4.

● **Bibliothek:** am Løkkebakken.

Aktivitäten

● **Golfplatz, Schwimmhalle, Badeplätze:** Für Kinder geeignete Badeplätze findet man am Küstenfort und am Lovisenberg Campingplatz, weitere: auf Jomfruland u. Skåtøy.

198no Foto: ms

Aussichtspunkte

- **Steinmannen:** Ab Stadtkirche: Kirkegata – Løkkebakken (Schild „Stadion“ folgen) – Tevannsbakken (kleines Schild „Steinmannen“).
- **Edvard Munchs Aussichtspunkt:** Edvard Munchs vei, Straße am Küstenfort. Hier ließ sich der Maler im Schein der Abendsonne zu Bildern wie „Solen“ und „Historien“ inspirieren (zu sehen in der Aula der Universität Oslo). Munch Skulptur von 1998.

Umgebung

Jomfruland ⇗XX/B3

Westlich vor Kragerø liegt das langgestreckte „jungfräuliche Land“: Jomfuland. Das 7,5 km lange, aber nur bis zu 1 km breite Endmoränen-Eiland wird von gerade mal von 65 Menschen bewohnt. Durch das günstige Klima trifft man auf eine erstaunliche **Vegetationsvielfalt.** Neben Laubwäldern und Wiesen gibt es auch ausgedehnte Moore und Strände. In ausgewiesenen Schutzgebieten leben bis zu **200 Vogelarten.** Der Leuchtturm kann tagsüber besichtigt werden. An ihm beginnt auch der Natur- und Kulturweg.

- Dreimal täglich verkehrt eine **Fähre** von Kragerø nach Jomfruland.
- Übernachtung: **Jomfruland-Camping** (Tel. 35991275). Geöffnet Mai–Sept. Es werden auch Hütten angeboten (**/***). Mit Fahrradverleih.

Blick vom „Steinmann“ auf Kragerø

Drangedal ⇗XX/A,B3

Die in Kragerø beginnende Rv 38 führt in Richtung des Nisser-Sees durch das waldreiche Drangedal. Im recht idyllischen **Hauptort Drangedal** sind das kleine **Freilichtmuseum (bygdetun)** mit 18 Häusern aus dem 19. Jahrhundert (Mi.–So. am frühen Nachmittag geöffnet), die restaurierten Speicher am Seeufer und die alte, steinerne **Eisenbahnbrücke „Kjeåsbru“.**

25 km weiter erreicht man die **Høydalen Gruver in Tørdal,** in denen während des Zweiten Weltkrieges Pegmatit (von Mineraliensammlern geschätztes Gestein) abgebaut wurde. 35 verschiedene Mineralienarten können gefunden werden. Zu bezahlen ist pro Kilo Stein (geöffnet Mitte Mai bis Ende Sept., Anmeldung im Museum oder im Gesteinsladen „Amazonitten“).

- **Touristeninformation: Turistkontor,** På stasjonen, 3750 Drangedal, Tel. 35996052.
- **Unterkunft**

Gautefall Hotel & Apartments, Gautefall, westlich von Drangedal, Tel. 35999777, Fax 35999711 (****; im Sommer DZ ab 850 NOK). Ältere Anlage im Wintersportort. Hallenbad, Sauna, Tennis. So. günstige Tagesgerichte.

Die **Hütten des Skizentrums** können auch im Sommer gebucht werden. Allerdings schließt die Rezeption um 16 Uhr.

Voje Camping, 5 km südlich von Drangedal, Tel. 35956677. Einfacher Platz mit Bootsverleih und 6 Hütten (*). Schöne Lage am See.

Hulfjell Gård & Hytteutleie, Tel. 35998203, Hof mit 3 Hütten (**), Kanu- und Bootsverleih, Badeplatz, vielen Tieren, Hofladen. Am Toke-See, 5 km südlich von Drangedal (1,7 km ab Voje).

- **Baden:** See **Øvre Toke** (Sandvann, nahe Straume), See **Bjørvannet** (westl. von Drangedal, Rv 38, in Sandvik). Weitere: siehe unter „Vrådal“.

● **Paddeln/Angeln:** Die **Stauseen Øvre und Nedre Toke** sind hervorragende Paddelgebiete. Kanus können für 120 NOK/Tag am Dalane Gård (Tel. 35975517) oder am Eie Gård (Tel. 38995638) geliehen werden. Auch gibt es in der Gemeinde hervorragende Angelgewässer (Info-Tafeln).

● **Wandern:** Im Ort Gautefall, am Alpincenter beginnt eine gut markierte Wanderung hinauf ins **„Himmelsreich"** *(Himmelrike;* 1½–2 Std. retour). Der Name für diese urwüchsige, vegetationslose Landschaft mit ihren Heide- und Kiefernoasen übertreibt nicht. Der während der letzen Eiszeit glatt geschliffene Granithang ähnelt in Gestalt und Akustik einem römischen Amphitheater. Einstieg: Am Schild „Gautefall Alpinsenter" dem Weg folgen und den blauen Pfählen den Hang hinauf folgen (oft schwer zu finden). Am Schild „Jørundskar" schräg rechts halten.

● **Wintersport:** Westlich von Drangedal liegt **Gautefall.** Der beliebte und schneesichere Wintersportort ist, günstig für deutsche Urlauber, nur 120 km westlich der Fähre nach Larvik gelegen. 6 Lifte mit 200 m Höhenunterschied, 100 km Wald- und Fjelloipen, www.gautefall.com.

Bei der Weiterfahrt in Richtung des 50 km entfernten Ortes Risør sind auf der E 18 20 NOK **Maut** zu zahlen. Wer die Mautstelle innerhalb der nächsten 6 Stunden nochmals passiert, sollte bei „Manuell" durchfahren und die Quittung behalten.

Risør

↗XX/B3

Risør (7000 Einw.), mit seinen schneeweißen Patrizierhäusern, ist unbestritten eine der schönsten Städte Südnorwegens. Kaufleute gründeten den Ort (dessen Name so viel wie „Inseln mit Gestrüpp" bedeutet) im Jahr 1723, nachdem man schon 200 Jahre lang an dieser Stelle mit Holz aus den Wäldern des Hinterlandes gehandelt hatte. 1861 wurde jedoch eben dieser Rohstoff Risør zum Verhängnis. Eine Feuersbrunst zerstörte 248 Gebäude und nur in den Stadtteilen Volden und Tangen konnten Häuser gerettet werden. Alarm schlug seinerzeit der Nachtwächter *(Vekteren),* der im **Branntårn** (Feuerwachturm mit Galerie) oberhalb des Marktes wohnte. Vom Turm hat man noch heute einen Panoramablick über die nach dem Brand im mondänen Spätempire- und Schweizerstil erbauten Gebäude bis hin zum **Risørflekken,** einem weiß gekalkten Fels am gegenüberliegenden Berghang, der seit 1641 Schiffen den Weg in den Hafen weist.

Bei einem Rundgang durch den Ort sollte man unbedingt die **Hellig Ånds-Kirche** im Ortsteil Volden besuchen, die am Berghang 200 m hinter dem Markt liegt. Erbaut wurde die barocke Kreuzkirche 1647 und ist damit das älteste Gebäude der Stadt. Sehenswert ist die 1667 angefertigte Altartafel, welche die Heilige Nachtwache zeigt. Zu beachten ist gleichfalls die Kanzel (1674), die vier Haupttugenden – Maßhalten, Weisheit, Gerechtigkeit und Mut – darstellend (geöffnet: Mo.–Fr. 12–14 Uhr, So. regelmäßig Konzerte).

Direkt hinter dem Gebäude liegt der **Kunstpark** mit Ateliers, Café, Galerie und dem Stadtmuseum (geöffnet: Juni–Aug. Di.–So. 12–16 Uhr, 30 NOK).

Geht man zurück zum Markt, gelangt man, dem Kai folgend (Standgate), zum **Aquarium** (30 Becken, geöffnet: 11–18 Uhr, August bis 16 Uhr, Winter Sa./So. 12–16 Uhr, 50 NOK).

100 m weiter liegt im Ortsteil Tangen das alte **Kastell,** dessen 8 Kanonen

1808 und 1814 feindlich gesinnte englische Schiffe in die Flucht schlugen.

Touristeninformation

- **Turistkontor** in der Kragsgate (beginnt am Markt), Tel. 37152270, www.visitrisor.no, Vermittlung von günstigen Privatunterkünften, schönes Hofcafé und Galerie.

An- und Weiterreise

- 4x täglich (So. nur 1x) **Bus** nach Vinterkjær. Dort Anschluss an **Fernverbindung 190.** Regionalbusse nach Arendal und Tvedestrand. Bushaltestelle 300 m vor dem Markt.

Unterkunft

- **Risør Hotel,** Tangengt. 16, Tel. 37148000, Fax 37152093, (*****). Holzhaus aus dem Jahr 1861. Meeresblick und Sonnenterrasse.
- **Det Lille Hotel Sjømanns Suitene+,** Storgate 4/5, unweit der Kirche, Tel. 37151495, Fax 37150168, (*****). Kleines, aber feines Hotel im alten Holzhaus. Alle Zimmer haben Bauernmöbel.
- **Risør Gjestehus,** 6 km vor dem Ort, Rv 416, Tel. 37155002, Fax 37155274, (**/***). Nette Pension mit 24 Zimmern. 150 m zum Fjord.
- **Kunstforum,** Tjenngata 76, am Ortseingang, Tel. 37156383, Zentrum für Kunst und Kultur mit einfachen DZ für 600 NOK und 3-Bett-Zimmern für 700 NOK.

Camping/Hütten

- **Sørlandet Feriesenter,** Südseite des Sandnesfjord, Anfahrt über Rv 411, Tel. 37154080, Fax 37154082. Recht teurer, aber ruhiger und sauberer Platz an Wald und Fjord. 22 ganzjährig geöffnete Hütten (**/****), Bootsverleih, Volleyball, Minigolf, Badeplatz, Tauchmöglichkeiten.
- **Moen Camping,** Rv 416, 10 km ab Risør, Tel. 37155091, geöffnet: 1.4.–31.10. Idyllisch am Fjord gelegener Platz mit 7 Hütten (**/****), Bootsverleih.
- 25 **einfache Hütten** vermietet der sehr schlichte Røed Campingplatz (nahe der E 16, hinter der Abfahrt Risør). Tel. 37164227.
- **Lunden Hytter,** Risør, Tel. 37154215, Fax 37151990, www.lunden.no. Vermietung von 6 wunderbaren Häusern zu 3500–5000 NOK/Woche.

Essen und Trinken

- Gemütlich sitzt man im **Kast Loss** (Strandgata). Zudem setzt ein Boot über zum alten Leuchtwärterhaus auf Stangholmen.
- Für Reisende mit schmalem Budget empfiehlt sich das **China Palace** in der Kragsgate. Was man hier nicht erwartet: Es gibt hier auch sehr gutes Eis!
- Beliebt ist zudem das gemütliche **Café im Hof der Touristeninformation** (ebenfalls in der Kragsgate).

Tipp: Frischer Fisch und Salat von der **Risør Fiskemottak** („Fischannahmestelle"). Zu finden im Industriegebiet Holmen. Ab dem Markt über das linke Kaiufer nach 500 m zu erreichen.

Festivals

- Berühmt ist die Jahrmarktatmosphäre auf dem **Holzbootfestival** am ersten Augustwochenende, www.trebatfestivalen.no.
- **Kammermusikfestival** Ende Juni.
- Sehr empfehlenswert ist der große **Kunsthandwerksmarkt** (8.–10.7.2010). Künstler aus ganz Skandinavien treffen sich, um ihre hochwertigen und geschmackvollen Waren anzubieten. Veranstalter ist die *Galerie Villvin,* die in der Touristeninformation zu finden ist.

Aktivitäten

- **Stadtwanderung mit dem Nachtwächter,** Mi. 20 Uhr ab Markt, 30 NOK.
- Ein schöner **Spaziergang** führt vom Kunstpark hinauf zum Badesee Barbulia und ab hier nach rechts zum Finnes Park, der oberhalb von Risørflekken liegt. Ein weiterer Weg führt von der Straße am Kastell am Fjord entlang (Badebucht nach 1,5 km).
- **Angel- und Badetouren:** mit der M/S Østerfjord und der M/S Tara.
- **Fahrrad- und Motorbootverleih, Tauchen:** Sjøsenteret am Hafen, Tel. 37150037.
- **Baden:** Mehrere Badeplätze in der Umgebung, u.a. am Kastell.

Tvedestrand und Lyngør

↗XXIII/D2

Die **Holzhausbebauung** des 6000 Einwohner zählenden Tvedestrand gehört zu den bestbewahrten des Landes. Auffällig ist die architektonische Zweiteilung. Im oberen Zentrum, entlang der Fußgängerzone, stehen kleine, unscheinbare Häuschen, unter ihnen das sich in eine Weggabelung zwängende Strykejernet (Bügeleisen), **Norwegens schmalstes Haus.** Geht man jedoch hinab zum Hafen, mit seinem regen Bootsleben und den gemütlichen Cafés, wird die Bebauung zunehmend herrschaftlicher. Es dominieren großbürgerliche Gebäude im Empire-Stil, wie das Rathaus und die ehemalige Verwaltung des Eisenwerkes, das 1665 eröffnet wurde. Die alten Gruben des Betriebes liegen in Nes (Rv 415) und waren der Auslöser für die Gründung Tvedestrands als Verladehafen. Die Anlage beherbergt heute eine Ausstellung mit Multivisionsshow zur **Eisen- und Stahlverarbeitung** (15.5.-21.8. 11-16 Uhr, 50 NOK).

Seit 2003 ist Tvedestrand zudem Norwegens zweite **Bücherstadt.** In 25 Antiquariaten kann nach Lesbarem gestöbert werden; www.bokbyen-skagerrak.no.

Als lohnendes Ziel für einen Ausflug bietet sich der im Schärengarten gelegene Ort Lyngør an. Zu erreichen ist der **idyllische Archipel** per Boot ab Gjeving, an der Rv 411 zwischen Tvedestrand und Risør. Hervorgegangen ist Lyngør aus einem Nothafen für Segler, die zwischen den Inseln auf besseres Wetter warteten. Da der Standort jedoch günstig war, siedelten sich ab der Mitte des 19. Jh. Kaufleute, Segeltuchmacher und Seefahrer an. Für die Erhaltung des Ortsbilds mit seinen prächtigen, weißen Villen, den schmalen, autofreien Gassen und den herrlichen Gartenanlagen wurde der Ort mit dem Europa-Nostra-Preis ausgezeichnet.

202no Foto: ms

Das „Bügeleisen“ in Tvedestrand

Touristeninformation

- **Turistkontor,** Fritz smiths gate 1, 4900 Tvedestrand, Tel. 37161101. Am Hafen. Internetzugang.

An- und Weiterreise

- **Fernbus 190** (bis Fianesvingen).
- **Bootsverbindungen** nach Lyngør, 10–15x täglich ab Gjeving, 50 NOK.

Unterkunft

- **Sjøverstø Feriested,** 10 km südlich von Tvedestrand, Rv 410, Tel. 37034136, www.sjoversto.no. Ganzjährig geöffnet. Gute Anlage mit Hütten (ab 550 NOK), Zimmern (ab 800 NOK), Restaurant und Badeplatz. Schöne Zeltplätze.
- **Holt Camping,** E 18, nahe des Eisenwerkes, Tel. 37160265, 1.6.–31.8. Schlichter Platz mit 15 Hütten (*-***).
- **Gjeving Marina og Camping,** Gjeving, Rv 411, Tel. 37166367. Einfacher Platz ohne Hütten, aber mit Badeplatz und Bootsverleih.
- **Åmli Naturcamp,** in Åmli/Sigridnes, zwischen Rv 415 und Rv 41, 40 km nordwestlich von Tvedestrand gelegen, Tel. 37081500, www.village.no. Schöner Campingplatz mit 7 Hütten (**) direkt am Fluss.

Aktivitäten

- Einen **Badestrand** findet man mitten im Zentrum von Tvedestrand.
- Ansonsten gibt es noch einen **Golfplatz.**
- Es werden **Biber-Safaris** und **Tauchausflüge** veranstaltet – Infos im Turistkontor.

Arendal

Die Stadt wurde im 15. Jahrhundert, wie auch Kragerø und Risør, im Zusammenhang mit der Anlage eines Hafens zur Verschiffung des eingeschlagenen Holzes gegründet. Bis Mitte des 19. Jahrhunderts entwickelte sich die Segelschifffahrt zum Haupterwerbszweig. Und obwohl das Zeitalter dieser erhabenen Schiffe längst vorbei ist und Industrie und Dienstleistung dominieren, blieb die Stadt dem Meer verbunden. Zudem galt Arendal bis zum großen Brand im Jahr 1868 ob seiner vielen Kanäle als das „Venedig Skandinaviens". Davon ist heute nichts mehr zu sehen, wenngleich es Pläne gibt, im Zentrum das alte Wassergrabenidyll wieder aufleben zu lassen. Trotzdem wird man wohl auch dann nicht mit anderen Sørland-Orten konkurrieren können. Dafür herrscht in der **40.000-Einwohner**-Hauptstadt des Fylkes Aust-Agder zu viel Trubel, und die modernen Häuser machen nicht viel her. Allein im kleinen, am Bootshafen gelegenen Viertel **Tyholmen** stehen noch 300 Jahre alte, ehrwürdige Holzvillen. Das größte der Gebäude ist das als Privathaus erbaute Rathaus (1812–1815), ein anderes das Kløckers Hus aus dem Jahr 1812. In ihm ist heute das **Stadtmuseum** samt Kolonialwarenladen und Bäckerei untergebracht (geöffnet: Di.–Fr. 10–15 Uhr, Sa. nur bis 14 Uhr, 30 NOK). Ein weiteres Museum ist das **Aust-Agder-Museet** am nördlichen Stadtrand (geöffnet: Mo.–Fr. 9–17 Uhr, So. 12–17 Uhr; Winter bis 15 Uhr, 30 NOK). Zu besichtigen sind alte Gutshäuser samt herrschaftlichem Interieur und alte Bauernhäuser. Gelungene Dokumentationen zur Seefahrt, dem Schiffbau, der Eisenverhüttung, dem Holzhandel und der Volkskunst sowie eine Mineraliensammlung runden die Austellung ab. Eine Außenstelle des Museums ist der **Merdøgaard** aus dem Jahr 1720 auf der Insel Merdø. Zu diesem Haus der alten Segelschifffahrtskapitäne, das mit allerlei Entdeckenswertem vollgestopft ist, legen Boote vom innerstädtischen Hafen Pollen ab (Geöffnet: Ende Juni–Mitte Aug. Mo.–So. 12–16 Uhr, 20 NOK). Auch hier draußen findet man einige schöne Strände.

Touristeninformation

- **Arendal Turistkontor,** Sam Eydes plass, Tel. 37005544, Fax 37005540, www.arendal.com. Aug.–Juni Mo.–Fr. 9–19 Uhr, Sa. 11–14 Uhr, Juli auch Sa./So. 11–18 Uhr.

Orientierung

- Von der E 18 gelangt man über die Rv 410 in die Stadt. Die Straße führt am Aust-Agder Museum und am Bahnhof vorbei. Das Zentrum erreicht man, indem man am ersten Kreisverkehr nach dem Bahnhof am Wasser nach rechts abbiegt. Die Straße endet am innerstädtischen Hafen Pollen, an dessen Ende hinter einem Gebäudeblock der Markt liegt. Das Viertel Tyholmen liegt am anderen Ufer des Pollen.

An- und Weiterreise

- **Bahnhof:** nördlich des Zentrums. Züge 5x täglich Richtung Nelaug. Ab hier Richtung Oslo und Kristiansand.
- **Fernbus 190.**

Unterkunft

- **Tyholmenhotel,** Teaterplassen 2, Tel. 37026800, Fax 37026801, (*****). Schönes und nobles Hotel im Tyholmenviertel am Wasser. Sehr gutes Restaurant und Fahrradverleih.
- **Arendal Maritim Hotel,** Vestregate 11, Tel. 37000720, Fax 37025551, (*****) Wochende und Sommer DZ 900 NOK); normales Mittelklassehotel mit 30 Zimmern.
- **Arendal Herregaard,** südöstlich von Færvik auf der Insel Tromøy, Tel. 37060830, www.arendalherregaard.no, Herrenhof mit Wellness-Abteilung, DZ (*****) und Komforthütten. Angeschlossen ist auch ein Campingplatz. Fahrrad- und Bootsverleih.

Camping/Hütten

- **Hove Familiecamping,** Færvik, Tel. 37085479, www.hove-camping.no, geöffnet: 10.6.–20.8. Am Sandstrand gelegener schöner, aber großer Platz unter Bäumen auf der Insel Tromøy, 12 km östl. von Arendal, Rv 409. Hütten (ab 450 NOK). Über die Rv 409 bis Færvik, dann Richtung Hove. Wanderwege, romantische Steinstrände, Spielplatz.
- **Niddelv Brygge og Camping,** Rv 420, 5 km südlich, Tel. 37011425, geöffnet: 1.6.–20.8. Wiesenplatz auf der Insel Hisøy. Boots- und Fahrradverleih, 12 Hütten (*/**).
- **Nidelv Brygge og Camping,** Tel./Fax 37011425, Vesterveien 52 in His, 5 km südwestlich von Arendal, auf der landfesten Insel Hisøy, an der Rv 420. Schöner Platz am Wasser. 14 kleine Hütten (**), Restaurant. Kanu-Verleih.

Essen und Trinken

- Über 50 Cafés, Restaurants und Pubs warten auf den Besucher. Schön sitzt man im Straßencafé Grandtaket am Wasser. Auf Langbryggen und im Nedre Tyholmsvei liegen einige Pubs.

Festivals

- **Grieg-Festival,** Mitte Februar
- **Jazz- und Bluesfestival,** Anfang August

Aktivitäten

- **Galerien:** Arendal Kunstforening im Ortsteil Tyholmen. Tyholmen Galleri am Teaterplass 1.
- **Fahrrad fahren:** Auf Tromøy und nördlich von Arendal gibt es zahlreiche, kaum befahrene Straßen und Feldwege. Lohnend die Bahnfahrt nach Nelaug und die Rückfahrt mit dem Drahtesel. Räder können in fast allen Hotels und auf Campingplätzen gemietet werden.
- **Baden:** Schöne **Sandstrände** gibt es auf Tromøy am Campingplatz und in Fevik südlich von Arendal. Hier ist besonders der Sandstrand Størsanden empfehlenswert.

• **Paddeln:** Am Bahnhof in Nelaug nördlich von Arendal werden Kanus für den **See Nelaugvann** vermietet (Tel. 37082823).
• **Weitere Angebote:** Tauchen und Reiten – Infos im Turistkontor.

Wer nun vom Sørland genug gesehen hat, kann in Arendal auf die Rv 42 in Richtung Setesdal und Westnorwegen abbiegen. Unterwegs passiert man das **Frolands verk.** Hier wurde vom 17. Jahrhundert bis 1975 das in den Lerestvedt-Gruben gewonnene Eisenerz zu Öfen, Kanonen und Kanonenkugeln verarbeitet. Exportiert wurden die Waren nach Dänemark über den Hafen in Grimstad Zu besichtigen sind das alte Kontorgebäude von 1791, mit einer Ausstellung zum Mathematiker *Niels Henrik Abel,* sowie ein idyllischer alter Park (Mi.–Fr. 10–15 Uhr, So. 12–18 Uhr).

Auf der Rv 420 gelangt man vorbei an schöner Küstenlandschaft nach **Fevik.** Das einzig Interessante an dem Ort ist der **Sandstrand Størsanden.**

Wenige Kilometer noch, und Grimstad ist erreicht.

Grimstad

↗XXIII/D3

Bekannt geworden ist das kleine gemütliche Städtchen **(17.000 Einwohner)** im Schärengürtel durch **Henrik Ibsen.** Er hielt sich 1844–1850 als Apothekerlehrling im Ort auf. Im dichterischen Schaffen *Ibsens* spielte seine Jugendzeit in Grimstad eine wichtige Rolle. So schrieb er hier u.a. sein erstes Drama, „Catilina", und ließ sich zu seinem Gedicht über *Terje Vingen* inspiriert. Das neu gestaltete **Ibsenhuset** nahe des Marktes zeigt Erinnerungsstücke und veranschaulicht das Leben des Dramatikers (geöffnet: 11–17 Uhr, So ab 13 Uhr). Zum Museumskomplex gehören ebenfalls die alte Lehrapotheke Ibsens, das Stadtmuseum und der Hof Reimanngården. Einen Zwischenstopp wert ist auch der Ortsteil **Hasseldalen,** auf einer Landzunge genau gegenüber dem Zentrum gelegen. Inmitten idyllischer Holzhäuser liegt das **By- og Sjøfartsmuseum.** Es widmet sich der Stadt- und Seefahrtsgeschichte der Region (Juli 12–17 Uhr, 35 NOK). Größtes sakrales Bauwerk der Stadt und zugleich zweitgrößte Holzkirche Norwegens ist die **Grimstad-Kirke** aus dem Jahr 1881. Nicht so monumental, aber deutlich älter ist die **Fjære-Kirche** aus dem 12. Jh., 3 km östlich des Zentrums. Beachtenswert sind der Männerkopf über dem Südportal aus der Zeit vor 1150, das hochgotische Taufbecken sowie die Bänke mit den aufgemalten Hofnamen der Umgebung.

Neben den Museen und Kirchen der Stadt lohnt vor allem die große, zur Architekturschule gehörende **Parkanlage Dømmesmoen** einen Besuch. Sie umfasst 1000 verschiedene Pflanzenarten, darunter 240 Rosensorten, das **Gartenbaumuseum** (*Norsk Hagebruksmuseum;* Juli 12–16 Uhr) und 45 Grabhügel und **Bautasteine** (schlanke, hohe, meist unbearbeitete und unbeschriftete Steine) aus der Eisenzeit. Darüber hinaus gehört der Energiepark für erneuerbare Energien zum Gelände (http://energiparken.hia.no).

Eine weitere Sehenswürdigkeit ist der an der E 18 gelegene **Hof „Nørholm" des Literaturnobelpreisträgers Knut Hamsun.** *Hamsun* kaufte das Anwesen 1918, um - inspiriert von seinem eigenen Roman „Segen der Erde" - als Bauer leben zu können. Er starb hier am 19.2.1952. Der Hof ist nicht für die Öffentlichkeit zugänglich.

Touristeninformation

- **Turistkontor,** Smith Petersensgt. 3, P.b. 126, 4891 Grimstad, Tel. 37250168, Fax 37049377, www.grimstad.net. Am Hafen gelgen. Im Sommer täglich von 10 bis 20 Uhr geöffnet.

An- und Weiterreise

- **Fernbus 190.**

Unterkunft

- **Grimstad Hotell,** Kirkegt. 3, Tel. 3725 2525, Fax 37252535, (*****). Altes Holzhaus im Zentrum mit 35 hübschen, geschmackvollen Zimmern.

Camping/Hütten

- **Moysand Camping,** Rv 420, Tel. 3704 0209, www.moysand-familiecamping.no, geöffnet: 15.5.–30.9. 5 km östlich von Grimstad gelegener komfortabler Platz mit 4 Hütten (***), Badestrand und Minigolf. 2007 modernisiert, neue Sanitäranlage, Whirlpool, W-Lan. Ab Zentrum auf der Rv 420 ca. 2 km nach Norden, dann nach rechts (Osten).
- **Marivold Camping,** Rv 420, auf der landfesten Insel Marivold, genau gegenüber von Grimstad. Vom Zentrum die Hauptstraße nach Nordosten, vor Vik wieder nach Südwesten abbiegen. Tel. 37044623, www.marivold.no, geöffnet: 15.4.–30.9. Noch recht stadtnaher, ruhiger Platz zwischen bewaldeten Felshügeln, an zwei Sandbuchten. 5 Hütten (***/****). Gute Sanitäranlagen.
- **Bie Apartment/Feriesenter,** ab Zentrum 800 m die Hauptstraße entlang, an der Rv 420, Tel. 3704 0396, Fax 37049688, www.bieapart.no. Ganz-jährig geöffnet. Sehr ordentliche Apartments und gute Hütten (**/****), Platz für Zelte, Schwimmbad. Schöner Platz.

Kino/Bibliothek

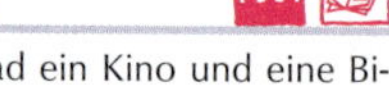

- Es gibt in Grimstad ein Kino und eine Bibliothek mit **Internetanschluss.**

Festival

- **Kurzfilmfestival,** Ende Juni.

Aktivitäten

- Die Touristeninformation verleiht **Boote** mit Motor und ein Segelboot. Westlich Grimstad lohnt eine Tour durch den seit 1882 See und Fjord verbindenden Reddals-Kanal. Er ist nur 1 m tief und steht unter Schutz.
- **Weitere Angebote:** Bowling, Tauchen (Dykkeklubb, Tel. 37040324), Reiten (Rideklubb, Tel. 37047494), Fahrradverleih im Turistkontor.

Lillesand

↗XXIII/D3

Inmitten eines der schönsten Abschnitte des südnorwegischen Schärengürtels liegt das überaus hübsche Lillesand. Seit der Gründung im Jahr 1723 hat kein einziger Brand das Ensemble zerstört! Große Patrizierhäuser im Empire- und Schweizer-Stil bestimmen das **harmonische Ortsbild. Weitläufige Parks und Gärten** kontrastieren mit ihrer farbenfrohen Blumenpracht zum tiefreinen Weiß der **Holzhäuser.**

Folgt man vom Markt aus der Øvregate in Richtung Meer, gelangt zum 1734 errichteten **Rathaus.** Gleich nebenan, in der Nygardsgate, liegt das kleine **Stadt- und Seefahrtsmuseum**

(By-og Sjøfartsmuseum, geöffnet Mo.-Sa. 11-14 Uhr) im 1827 erbauten Haus des Reeders *Carl Knudsen*. Die Straße führt in einem Bogen um die 1889 geweihte **Stadtkirche** herum zurück zum Wasser, wo in der Kokkenesgate das **Sandra Svendsens hus** steht, Lillesands ältestes Gebäude von 1723. Ein Park mit Badestrand lädt zum Verweilen ein. Am Kai entlang, am Rathaus und einem historischen Kolonialwarenladen in der Strandgate vorbei, gelangt man in das kleine **Geschäftszentrum** Lillesands, mit einigen Biergärten am Gästehafen.

Touristeninformation

- **Turistkontor,** Havnegata 7, Tel. 37401910, www.sorlandet.com, Mo.-Fr. 9-18, Sa./So. 12-16 Uhr.

An- und Weiterreise

- **Fernbus 190.**

Unterkunft

- **Hotel Norge,** Strandgt. 3, Tel. 37270144, Fax 37273070, (*****). Zentral gelegenes Haus im Schweizer Stil. Hübsche Zimmer. Restaurant, Pub.
- **Høvåg Gjestehus,** in Høvåg an der Rv 401 zwischen Lillesand und Kristiansand, Tel. 37275335, Fax 37275747. Modernes Gästehaus mit Motelcharakter, DZ für 950 NOK. Gute Zimmer.

Camping/Hütten

- **Tingsaker Familiecamping,** 1 km nordöstlich am Rand des Zentrums, Tel. 37270421, Fax 37270147, 1.5.-1.9. Am Meer gelegen, recht laut, ohne attraktive Stellplätze. 16 große, komfortable Hütten (****), gute Sanitäranlagen, Sandstrand.
- **Kjerlingland Camping,** 5 km westl., E 18, Tel. 37275282. Geöffnet 20.6.-15.8. Ruhige Lage am See, Hütten ab 300 NOK.
- **Høvåg Hyttegrend,** Tel. 48273216, www.norway-team.com, in Hæstad bei Høvåg (Rv 401), 22 km östl. von Kristiansand. Geöffnet 15.4.-1.10. 10 einfache, aber saubere und gemütliche Hütten am See. 600-700 NOK. Ruderboote, Tauchen.
- **Skottevik Maritime Senter,** Høvåg (20 km südwestlich von Lillesand), Tel. 37269191, 37269192, www.skottevik.no, ganzjährig geöffnet. Komfortabler, sauberer, schöner, aber sehr großer Platz an der Küste, südlich der Str. 401. Hütten (im Sommer nur Wochenmiete, ansonsten ab 600 NOK/Tag) und Camping. Aktivitätsangebote: Fahrradtouren, Tauchen (Kurse, Touren, Service), Paddeln, Angeln, Klettern.

Festival

- Ende Juni/Anfang Juli finden die turbulenten **Lillesand-Tage** statt.

Aktivitäten

- **Angeln:** Angelausflüge mit der M/S Øya und der M/S Insel (Tel. 37274600).
- **Paddeln:** Neben Blindleia an der Küste ist der Oggevatn in der Gemeinde Birkeland ein beliebtes Ziel. **Kanuverleih:** Ogge Gjesteheim, Tel. 37961803, www.ogge.no, 240 NOK/Tag. Hütten ab 400 NOK.
- **Wandern:** 3 km nordwestlich in Kaldvell an der E 18 beginnt der **Vestlandske Hovedvei nach Landvik bei Grimstad** (ca. 18 km). Schöner Weg mit Angel- und Bademöglichkeiten.
- **Baden:** Viele kleine Strände und Badestellen entlang der Nebenstraßen, u.a. an der Rv 401: Badeplatz 500 m nach Abzweig von der E 18 in Trøe; Strände an den Campingplätzen Skottevik Maritime Senter und Høvåg Hyttegrend.

Bootsrundfahrt

- Zwischen Lillesand und Kristiansand liegt das bekannte **Schärenparadies Blindleia.** Sehr lohnende Ausflüge durch die Inselwelt nach Kristiansand und wieder zurück bietet Blindleia Charter an (M/S Øya, Tel. 9593 5855; 10 Uhr ab Lillesand-Langbrygga, im Zentrum, zurück mit dem Boot oder dem Bus, 160 NOK). Bekkestø Charter fährt 3x tägl. die Route Lillesand-Åkerøy (160 NOK).

Umgebung

Die Umgebung Lillesands bietet lohnenswerte Ziele. Eines ist die **Halbinsel Justøya** (Badeplätze) mit dem allerliebsten Hafenörtchen Brekkestø.

Andere Ausflüge können zu den gleichfalls netten, bereits im 16. Jahrhundert gegründeten **Häfen Gamle Hellesund und Ulvøysund** (nahe der Rv 401) sowie in das wald- und seenreiche Hinterland der **Region Birkenes** (Rv 402) führen. Die Natur verwöhnt den Besucher. Und: Wir befinden uns auf bibeltreuem Gebiet, wo Glaube groß und Bier sowie Abendfreuden ganz, ganz klein geschrieben und als Sünde verdammt werden. Davon sind auch die Studenten der Folkehøyskole Birkeland nicht ausgenommen.

Eiktre/Mollestadeika (Birkeland, Rv 41): Ein schmales Schottersträßchen führt zu einer tausendjährigen, knöchernen Eiche von 3,5 m Umfang, die auf einem Hügelgrab thront. Ein solcher Baum wird auch *Vettertre* genannt, nach den „Vettern", den unterirdischen Kobolden und Geistern. In diesem Fall lebt hier angeblich der Geist des Gründers des nahen Hofes, der aufmerksam über das Anwesen wacht, solange man ihm regelmäßig Essen, Milch und Bier opfert.

Auf der E 18 geht die Fahrt vorbei am Zoo (siehe „Kristiansand") und dem Flughafen nach Kristiansand. Hier kann man dann in Richtung Norden auf die Straße 9 in das idyllische Setesdal abbiegen (siehe Kapitel „Der Süden, Binnenland") oder auf der Fernverkehrsstraße, welche nun E 39 heißt, bleiben und weiter entlang der Küste Richtung Stavanger fahren.

16 km vor Kristiansand kann auf die Rv 401 abgebogen werden. Stichstraßen zweigen von hier in das Schärenparadies der Südküste und nach Gamle Hellesund und Ulvøysund ab.

Auf der Rv 401 verbleibend, gelangt man nach **Vesterhus.** Zu besichtigen ist hier die sehenswerte Rekonstruktion einer 3000 Jahre alten **Bronzezeit-Siedlung** *(Bronseplassen)* mit Fruchtbarkeitslabyrinth, Galerie, Café und vielen Veranstaltungen. (Juli Mo.–Fr. 11–17 Uhr, Sa./So. 12–16 Uhr, Frühling/Herbst So. 12–16 Uhr, 60 NOK).

Kristiansand

↗XXIII/C3

Überblick

Die **Orientierung** im Zentrum von Kristiansand ist wirklich **einfach.** Schön quadratisch geht es zu. Verantwortlich für das **Schachbrettmuster** ist König *Christian IV.* Er ließ den Ort auf dem Reißbrett entwerfen. Die **Innenstadt,** auch **„Kvadraturen"** genannt, besteht aus 54 auf einer Halbinsel gelegenen Wohnarealen. Dass Kristiansand schon weit über diese Grenzen hinausgewachsen ist, verwundert sicher nicht, wenngleich die Stadt nicht immer ein so beliebter Wohnort war wie heutzutage. Denn nach der Gründung der Siedlung im Jahr 1641 mussten sogar viele Menschen hierher zwangsumgesiedelt werden, weil es außer dem Militär, das hier zur Sicherung der Küste stationiert wurde, keinerlei wirtschaftlichen Grundlagen gab und somit auch kein Anreiz für einen freiwilligen Umzug zu finden war.

Dies änderte sich erst zu Beginn des 19. Jahrhunderts mit der Anlage eines Fährhafens. Durch die **Anbindung an den internationalen Verkehr** kam endlich auch die Industrie in Schwung. Lo-

Kristiansand

Ⓜ	1	Agder-Naturmuseum u. Gimle Gård
	2	Steinkirche Oddernes
Ⓜ	3	Vest-Agder Fylkesmuseum
⚠	4	Roligheden Camping & Apartments
H	5	Christian Quart Hotel
H	6	Yess! Hotel
H	7	Frobusdalen Rom
	8	Fährkai Color Line
Ⓑ	9	Busbahnhof
H	10	Centrum Budget Motel
H	11	Scandic Hotel Kristiansand u.
		Restaurant Egon
★	12	Posebyen
H	13	Sentrumsleilighetene
H	14	Goldfinger Plaza
★	15	Sørlands Kunstnersenter
	16	Domkirche
	17	Amigos Restaurant
✉	18	Post,
i		Turistkontor,
H		Clarion Ernst Park Hotel/ Restaurant Bakgården
•	19	Bibliothek, Christianssands Kunstforening
H	20	Hotel Norge/Café Dronningen
H	21	Hos tante Gerd
K	22	Kino
H	23	Radisson Blu Caledonien Hotel
	24	Agder Theater
	25	Pub Zansibar
	26	Brasserie Hvide Hus
	27	Sjøhuset
H	28	1-2-3 Hotel
★	29	Festung Christiansholm
@	30	Bystranda Internet Café

210no Foto: ms

gische Konsequenz war der Bau der Setesdal-Bahn im Jahr 1896. Mit ihr konnte man nun problemlos die in Evje gewonnenen Erze zur Weiterverarbeitung nach Kristiansand transportieren und dann verschiffen. Heute ist die Stadt am Wasser einer der wichtigsten Wirtschafts-, Dienstleistungs- und Verwaltungsstandorte des Sørlandes.

Kristiansand - Innenstadt

Bei einem Bummel durchs Zentrum fällt auf, dass **wenig alte Bausubstanz** erhalten ist. Dies ist nicht zuletzt den vielen Bränden zu schulden, von denen Kristiansand heimgesucht wurde. Doch selbst wenn die **77.000-Einwohner-**Stadt dadurch nicht so hübsch und idyllisch ist wie die meisten anderen an der Küste des Sørlandes, so lohnt sich trotzdem ein kurzer Besuch.

Sehenswertes

Posebyen, der älteste erhaltene Teil der „Kvadraturen", liegt im nördlichen Zipfel des Zentrums zwischen Elvegata und Festningsgata. Angeblich handelt es sich dabei um „die größte zusammenhängende Bebauung aus einstöckigen Holzhäusern in Nordeuropa", wobei dies angesichts einiger Bausünden im Viertel getrost bezweifelt werden darf. Nun setzt man viel daran, das Viertel, dessen älteste Gebäude aus dem 19. Jh. stammen, auf Vordermann zu bringen. Einen Rundgang lohnen die Rådhusgate, die Gyldenløvesgate und die Skippersgate.

Im zentralen Teil der Innenstadt liegt der hübsche **Markt** mit der 1885 erbauten neugotischen **Domkirche.** Sie zählt mit ihrem 70 m hohen Turm und dem 1800 Besuchern Platz bietenden Innenraum zu den größten sakralen Bauwerken Norwegens (geöffnet im Sommer Mo.–Fr. 10–14 Uhr). Läuft man von hier aus in Richtung Gästehafen, so gelangt man zur **Festung Christiansholm,** die inmitten eines Parks liegt. Erbaut wurde die Anlage 1672, nur 31 Jahre nach der Stadtgründung. Ihre bis zu 5 m dicken Mauern mussten lediglich einem Angriff der Engländer im Jahre 1807 standhalten. Heute beherbergt die Festung eine Kunstgalerie und ist 9–21 Uhr geöffnet.

Folgt man nun dem schön gestalteten Ufer entlang nach Süden, so gelangt man über eine Brücke zum **neuen Stadtviertel Fiskebrygga,** mit modernen Holzhäusern, zahlreichen Kneipen und Restaurants, die sogar mit eigenen Anlegestellen versehen sind, und dem Fischmarkt. Weiter nach Süden, in Richtung des Fernmeldeturms, schließt sich die **Halbinsel Odderøya** an, mit Wanderwegen, Badeplätzen und einem Aussichtsplateau.

Vom Stadtleben erholen kann man sich in der oberhalb der Stadt gelegenen herrlichen **Gartenanlage Baneheia.** Der zwischen 1870 und 1880 angelegte Park eignet sich auch gut zum Picknicken. Wer anschließend noch weiter wandert, gelangt zum vielleicht noch etwas schöneren **Ravnedalen-Naturpark.** Belohnen kann man sich für den Spaziergang mit einem Blick über die Stadt vom Felsen Ravneheia.

Außerhalb der Innenstadt

1,5 km nordöstlich des Stadtzentrums liegt der **Gimle Gård.** Der Herrenhof mit Landschaftspark wurde um 1800 erbaut und beherbergt ein kulturhistorisches Museum und eine Gemäldesammlung (geöffnet 20.6.–20.8. 12–17 Uhr, ansonsten So. 12–17 Uhr, 40 NOK). Direkt daneben befindet sich das **Agder-Naturmuseum mit dem Botanischen Garten.** Gezeigt werden Ausstellungen zu den Themen Geologie, Pflanzen- und Tierwelt. Außerdem gedeihen hier die stachligen Kostbarkeiten der **größten Kakteensammlung Norwegens,** die für mitteleuropäische Verhältnisse trotzdem recht mickrig wirkt (geöffnet im Sommer 11–17 Uhr, ansonsten 10–15 Uhr, 40 NOK, Familien 110 NOK, Kombiticket mit Gimle Gård 55 NOK). Gleichfalls östlich des Flusses Otra liegt die bereits 1040 erbaute **Steinkirche Oddernes** mit einer imposanten barocken Kanzel und einem Runenstein im ehemaligen Waffenhaus (geöffnet nur auf Anfrage: Tel. 38058750).

Nahe der E 18, 3 km nordöstlich des Zentrums, erstreckt sich die sehenswerte Anlage des **Vest-Agder Fylkesmuseums.** Sie besteht aus etwa 40 Gebäuden. Beachtenswert sind der Hof Setesdalstunet, mit Häusern aus dem 17. Jh., das Vest-Agder Tun (Bauernstube mit Rosenmalerei) und Bygaden, ein Straßenzug mit Häusern des alten Kristiansand. Ausstellungen zur Seefahrt und zur Kirchenkunst, eine Sammlung alter Trachten und Spielzeuge sowie regelmäßige Volkstanzaufführungen runden das Angebot ab (geöffnet: Mitte Juni bis Ende Aug. Di.–Fr. 10–17 Uhr, Sa./So. 12–17 Uhr, ansonsten meist 12–17 Uhr, 40 NOK, Familien 100 NOK).

Über die RV 457 ist das **Kanonenmuseum** zu erreichen. Zu sehen ist an Sonntagen eine der größten und wohl friedlichsten Kanonen der Welt (Mitte Juni–Mitte Aug. 11–18 Uhr, 60 NOK).

Praktische Informationen

Touristeninformation

- **Kristiansand Turistkontor,** Rådhusgt. 6, Tel. 38121314, www.sorlandet.com, 01.01.–12.06. und 30.08.–31.12. Mo.–Fr. 9–16 Uhr, 14.06.–29.08. Mo.–Fr. 9–18 Uhr, 05.06.–28.08. auch Sa. 10–18 Uhr, 23.06.–15.08. auch So. 12–18 Uhr.

Orientierung

- Über die Straßen E 18 und E 39 gelangt man in das Zentrum der Stadt, welches auf einer Halbinsel liegt (der Ausschilderung „Sentrum“ folgen).

An- und Weiterreise

- **Bahnhof:** westlich der Fußgängerzone, am Fährhafen. 5x tägl. Züge nach Oslo (4,5 Std.), Arendal, Egersund und Stavanger (3 Std.).
- **Busbahnhof:** neben dem Bahnhof. **Fernbusse: 190, 221, 300**; Regionalbusse: 1x täglich nach Evje, durch das Setesdal nach Haukeligrend; 2–3x täglich Mandal und Farsund (Halbinsel Lista). Oslo: mit www.konkurrenten.no, 50 % Studentenrabatt.
- **Fähre:** Kristiansand ist das Tor nach Südnorwegen schlechthin. Bis zu 5x tägl. setzten die Schiffe von Color Line und Masterferries von Dänemark aus über. Der Fährkai liegt westlich des Zentrums, an der E 39.
- **Flughafen Kristiansand-Kjevik:** Er liegt östlich der Stadt am Zoo, Bus 35/36. Verbindungen u.a. nach Bergen, Haugesund, Oslo. Tel. 38065600, Flughafenbus: www.flybussen.no/kristiansand.
- **Taxi:** Tel. 38002000.
- **Maut:** Die Fahrt in die Stadt kostet 10 NOK Maut (der Fährhafen und die Museen liegen innerhalb des Mautringes, der Zoo außerhalb).
- **Parken:** Viele Parkplätze im Zentrum (19–25 NOK/Std.), Parkplatz an der Festung (Chr. Holms Båthavn) (nur Juni–Sept., 10 NOK/Std., 60 NOK/Tag), Parkhaus „Slottet“ in der oberen Markensgt. und Parkhaus in der Skippergt. 50 (15 NOK/ Std., ab 17 Uhr 4 NOK/Std.), an der Sporthalle auf der Insel Odderøy (unweit Fiskebrygga): 8 NOK/Std., gratis: am Samsen-Kulturhus (Vesterveien 2, 2. Kreisverkehr an der E 39, Richtg. Mandal).

Mietwagen

- **Avis,** Dronningensgt. 17 und am Flughafen, Tel. 38070090; **Rent-a-Wreck,** Olav Trygvasonvei 2, Tel. 38025610; **Europcar,** Tel. 3802 8666.

Unterkunft

- **Clarion Ernst Park Hotel,** Rådhusgate 2, Tel. 38128600, Fax 38020307, (*****). Prachtvoller Bau aus der Zeit um die Jahrhundertwende. Große Zimmer, z.T. mit Stuckdecken. Es gibt zudem eine Brasserie, einen Nachtclub und eine Pianobar.
- **Scandic Hotel Kristiansand,** Markensgate 39, Tel. 22614200, Fax 22614201, (*****). Nüchterne Betonfassade, aber komfortables Inneres mit gemütlichen Zimmern und einem der besten Restaurants der Stadt. Im Sommer auch Biergarten.
- **Radisson Blu Caledonien Hotel,** V. Strandgt. 7, Tel. 38112100, Fax 38112101, (*****). Hoch aufragendes Luxushotel mit edlen Suiten, dem First-class-Restaurant „Camil-

le's Spisestue", einer Pianobar, schottischem Pub und Disco.

- **Hotel Norge,** Dronningensgt. 5, Tel. 3817 4000, Fax 38174001, (*****). An der Hauptstraße gelegenes ansprechendes Hotel. Restaurant und Fahrradverleih. Nur 200 m bis zum Fähranleger!
- **1-2-3 Hotel,** Østre Strandgt. 25, Tel. 3870 1566, www.123-hotel.no. Einfache, aber zentral gelegene, saubere Unterkunft. DZ 700 NOK inkl. Frühstück. TV, W-Lan.
- **Frobusdalen Rom,** Frobusdalen 2, Tel. 9112 9906, www.gjestehus.no, DZ 600–800 NOK, Villa unweit der Kreuzung E 18/RV 9, (**).
- **Hos tante Gerd,** Sørlibakken 16, Tel. 3801 1373 (man spricht Deutsch), geöffnet: 1.5.–31.9. B&B mit 3 Zimmern (*). 3 km, über die RV 456 zu erreichen. *Gerd* ist in Norwegen ein Frauenname.
- **Sentrumsleilighetene,** Tollbugata 56, Tel. 38020385, torfinjo@online.no. Apartments im Zentrum für Touristen und Studenten (ab 400 NOK).
- **Goldfinger Plaza,** Tollbodgata 56/58, Tel. 45805885, goldfingereiendom@gmail.com, Günstige, schlichte DZ und Apartments. DZ Sommer ab 650 NOK, ansonsten schon ab 500 NOK.
- **Yess! Hotel,** Tordenskjoldsgate 12, Tel. 38701570, www.yesshotel.no, neues Budgethotel. Schlicht im Design, aber gut. DZ 700 NOK.
- **Centrum Budget Motel,** am Bahnhof, Vestre Strandgate 49, Tel. 38701565, www.budget hotel.no, Winter 550 NOK, Sommer 650 NOK, auch Familienzimmer. Einfache, aber gute Unterkunft.

Jugendherberge

- **Kristiansand Vandrerhjem Tangen,** wurde 2007 geschlossen.

Camping/Hütten

Campinglätze sind in der Umgebung von Kristiansand recht teuer!

- **Agder Ferie,** Ferienhausvermietung, Tel. 38063161, www.agderferie.no.
- **Roligheden Camping & Apartments,** Framnesveien, Tel. 38096722, www.roligheden.no, geöffnet: 1.6.–1.9. Zwar schöne Lage, aber im Sanitärbereich von nachlassender Qualität. Oft überlaufen. 2 km östl. des Zentrums (Bus 15/16). Teure Apartments und auch sonst nicht gerade preiswert.
- **Dvergsnestangen Camping,** in Dvergsnestangen, etwa 7 km östlich von Kristiansand gelegen (Ausschilderung beachten!), Bus bis zur Rv 401, dann 2 km zu Fuß, ganzjährig geöffnet, Tel. 38041980, Fax 38043492, www.dvergsnestangen.no. Der an der Schärenküste gelegene Platz bietet viel Komfort, ist dafür aber auch nicht ganz billig. 24 Hütten (***/****, ab 680 NOK), Motelzimmer (900 NOK). Nebensaisonrabatte, Badeplatz, Minigolf, Bootsverleih.
- Unweit östlich (Rv 401) liegt auch der das ganze Jahr über geöffnete **Bondegårdsparken** (Tel. 38040314, www.bondegardspar ken.no). Der Bauernhof mit vielen Tieren bietet kleinere und größere Hütten (**/***) und Campingwagen an. Bootsverleih.
- **Hamresanden:** In Hamresanden, nahe des Zoos, liegen gleich **3 Campingplätze** (Bus 35/36). Ganzjährig Hamre Familiencampingplatz (Tel. 38058787, www.hamresanden.biz). Auf einer Halbinsel gelegen, schöner Sandstrand. Allerdings durch den Flughafen recht laut! 25 Hütten (im Juli nur ab 3 Tage Aufenthalt; HS ab 900 NOK, NS ab 600 NOK).
- **Åros Motel Camp,** 4640 Søgne, 16 km westlich von Kristiansand nahe der Straße 456, Tel. 38166411, www.aaros.no, ganzjährig. Zwar schöne Lage und viel Komfort, aber leider recht ungepflegt. Teure Hütten (****).

Essen und Trinken

- Die **besten Restaurants** der Stadt finden sich **im Caledonien Hotel und im Christian Quart Hotel.**
- Bei schönem Wetter ist die **Terrasse des Sjøhuset** in der Øvre Strandgate zu empfehlen. Man sitzt beim Essen und Trinken direkt am Yachthafen.
- Bei Einheimischen beliebt ist die **Brasserie Hvide Hus** in der Fußgängerzone (Markensgate). Die Gerichte sind sehr schmackhaft, aber nicht ganz billig.
- Etwas für Gourmets ist das – wiederum nicht ganz preiswerte – **Restaurant Bakgården** in der Tollbodgt. 5.

- **Preiswerter** sind vor allem das **Café Dronningen** (Dronningensgate 5, 70–150 NOK), **Phileas Fogg** (Markensgate 10, 100–150 NOK), **Peppes Pizza** (Gyldenløvesgate 19) und **Dolly Dimple's am Fischmarkt** (Hotel Caledonien).
- **Amigos** (mexikanisches Restaurant), Vestre Strandgt. 22, Mittagsgerichte (bis 18 Uhr) ab 100 NOK, ansonsten 150–200 NOK.
- **Restaurant Egon,** Markensgt. 39, Mittagsmenü (bis 15 Uhr, ab 115 NOK), Pizza all you can eat (tägl. bis 18 Uhr, So./Mo. ganztägig, 100 NOK), Hauptgerichte (200 NOK).
- **Preiswerter Imbiss:** Ecke Tollbugt./Vestre Strandgate.

Nachtleben

- Die **beliebtesten Pubs** der Stadt liegen in der Dronningensgate: Zansibar (12–3.30 Uhr), Mona Lisa (gemütliches, ruhiges Café), Paddys (Irish Pub, 15–2 Uhr), Up Town Sportsbar. Zu empfehlen sind auch das Herlig Land am Markt (großer Biergarten), die Africa Bar (im Hof des Clarion Ernst Hotel) und das Frk Larsen in der Markensgt. 5 (gemütliches Café mit weichen Sofas, Jazz im Hintergrund und Kunstausstellungen).
- **Typische Bierpubs** sind das Vindmølla (Rådhusgata), Victoria (Markensgate) und Leopold (Vestre Strandgate).
- Die **Discos** der Stadt liegen im Caledonien Hotel und im Clarion Ernst Hotel.

Theater

- Agder Theater in der Kongensgt. 2a. Hier und im Musikkens Hus (Kongensgt. 54) finden auch das ganze Jahr hindurch Konzerte statt.

Kino

- V. Strandgt. 9. Sieben Säle.

Bibliothek und Galerien

- **Bibliothek:** Rådhusgt. 11.
- **Galerien: Christianssands Kunstforening,** Rådhusgt. 11; **Sørlandets Kunstmuseum,** Skippergt. 24B, norwegische Kunst ab dem 19. Jahrhundert und temporäre Ausstellungen (geöffnet Di.–Sa. 11–17, So. 12–16 Uhr, 30 NOK); **Myren Gård,** Rv 475, Myrbakken 5, 1854 erbaut, Künstlerwerkstätten, Kunstverkauf, Rhododendron-Park.

Aktivitäten

- **Fahrradverleih:** Sykkelsenter, Grim Torv, Rv 9, Tel. 38026835, 150 NOK/Tag, 500 NOK/Woche. Herrliche Rundfahrtmöglichkeiten auf kleinen Nebenstraßen östlich der Stadt.
- **Sørlandsparken:** am Zoo, Bowling, Tennis, Go-cart.
- **Paddeln/Kanu:** Verleih am Roligheten Campingplatz, 50 NOK/Std.
- **Klettern:** Samsen, Vestervn. 2, E 39, Ausrüstungsverleih 40 NOK/2 Std. Hallenklettern, Outdoor an Hängen im Setesdal.
- **Reiten:** Islandshestsenteret, Søgne, E 39, Tel. 38169882, Reiten auf Islandpferden.
- Ab 2010 neues **Badeland** im Zoo (s.u.).
- **Bootsrundfahrten:** in den Schärengarten, das Turistkontor vermittelt.
- **Baden:** am Bystranda zwischen der Festung und der Halbinsel Tangen und auf der Halbinsel Odderøya südl. des SAS Hotels.
- **Wandern:** auf der Halbinsel Odderøya südl. des SAS Hotels. Hier gibt es schöne Waldwege zu Badeplätzen, Felsen, einem Aussichtsplateau und einer Festung aus dem 17. Jahrhundert.

Festivals

- Anfang Juli findet an vier Tagen das **Quart-Festival** statt. Es ist nach Roskilde das größte Musikfestival Nordeuropas und bringt mit rund 80 Konzerten Kristiansand zum Kochen. Gäste waren in den vergangenen Jahren u.a. *Björk, Travis, David Bowie* und *No Doubt*. Infos: Quart Festivalen, Postboks 260, 4663 Kristiansand, Tel. 38146969, www.quart.no.

Shopping

- Die **Haupteinkaufstraße** ist die **Markensgate.** Hier liegt auch das **SlottsQuartalet** mit 20 Geschäften und das **Kaufhaus Glasmagasinet.** In der Nähe des Caledonien Hotels befinden sich auch die **Fischhalle** und der **Fischmarkt.**
- **Husfliden: Kunstgewerbeladen** mit den typischen norwegischen Strickwaren, Gyldenløvs gate 11.

- **Sørlandssenteret:** riesiges, am Zoo gelegenes **Einkaufscenter** mit etwa 100 Läden.
- **Nordic Factory Outlet:** Markenwaren von 14 Lieferanten (Kleidung, Geschenke, Design), stark reduziert. In Mosby an der Rv 9 (15 Min. ab Kristiansand).

Internet

- **Bystranda Internet Café,** Skansen 1.

Sonstiges

- **Apotheke:** Elefantapoteket, Gyldenløvesgate 13, Tel. 38125880.
- **Arzt:** Legevakt, Egsveien 102, Tel. 3807 6900.
- **Post:** Markensgate 19 (Fußgängerzone).
- **Vinmonopolet:** in der Kongensgate.

Umgebung

12 km östlich von Kristiansand an der E 18 liegt der **Dyrepark.** Vor allem Familien mit Kindern sei ein Besuch von Norwegens einzigem **Zoo** empfohlen. Allerlei einheimische und exotische Tiere sind hier versammelt. Es gibt u.a. einen Affenpark, nordische Raubtiere und die seltenen roten Pandabären zu bestaunen. Gleich nebenan steht das **Märchendorf „Kardemommeby"** mit Eisenbahn, einem Aussichtstürmchen und niedlichen Häusern, in denen man teilweise auch übernachten kann (Zoo und Märchendorf: Juni bis August 9–19 Uhr, 465 NOK, Kinder 385 NOK, Sept. bis Mitte Juni 10–15 Uhr, 225 NOK, Kinder 205 NOK).

Etwas für Nostalgiker ist der **Ausflug mit der Setesdal-Bahn.** 15 km nördlich von Kristiansand befährt das eiserne Dampfross die 7 km lange Schmalspurstrecke von Grovane nach Vennesla. Ehedem reichte die Linie zum Transport von Holz und Erz 75 km weit in das Setesdal hinein (Abfahrten: Ende Juni–Aug. So. 3x, Juli auch Di.–Fr., 100 NOK; weitere Infos: Turistkontor Kristiansand oder unter Tel. 38156482). In Richtung Norden kann die Weiterfahrt über die Rv 9, durch das wildromantische Setesdal erfolgen. Auf der E 39 gelangt man nach Mandal. Die Strecke kann auch auf Nebenstraßen entlang der Schärenküste bewältigt werden.

So fährt man u.a. auf der Rv 456 durch das hübsche Örtchen **Høllen.** Der Ort wurde einstmals als Ausfuhrhafen für Holz gegründet. Viele weiße Holzhäuser aus dem 19. Jahrhundert sind noch erhalten. Ab dem Hafen kann man im Sommer 4–6x täglich mit „Høllen Båtruter" Ausflüge zum alten Lotsenhafen Ny-Hellesund unternehmen.

Im Nachbarort **Søgne** steht eine schöne Langkirche aus dem Jahre 1640 (reiche Ausschmückung, u.a. Altartafel von 1665; selten geöffnet). Auf dem alten Friedhof liegt die Schwester des Nationaldichters *Bjørnstjerne Bjørnson, Mathilde Bjørnson,* begraben. Außerdem sehenswert sind das geologische Museum mit über 2000 Mineralien und das zoologische Museum (beide nur Di. 12–20 Uhr geöffnet, Eikeveien 157, Ausschilderung beachten) sowie im Ortsteil **Lunde** an der E 39 die stattliche, neue Gemeindekirche aus dem Jahre 1861 und das Søgne Bygdemuseum (kleines Freilichtmuseum mit 3 Gebäuden; geöffnet 12.30–14.30 Uhr, Eintritt frei).

- **Bjønndalen Camp,** Vennesla, Tel. 98298350, www.bjcamp.no, 15.5.–15.9., 25 km (30 Min.) nördl. von Kristiansand (von Rv 9 auf Rv 454 abbiegen, danach links Richtung Røyknes), schöne Lage am Wasser, ideal zum Angeln und Baden, Hütten (ab 500 NOK), Zeltwiese.

• **Baden:** Entlang der Rv 456 u.a. in Høllen (Sandstrand Høllensanden) und 1-2 km östlich des Supermarktes in Langenes (u.a. Langvika, Lauvvuika und Paradisbukta).

Mandal

↗XXIII/C3

Strandleben im Hohen Norden? Nun, im **13.000-Einwohner**-Ort Mandal, der südlichsten Stadt des Landes, ist das möglich! Grund dafür ist der **Sjøsanden,** der mit fast einem Kilometer **längste Sandstrand Norwegens.** Allerdings ist er meist hoffnungslos überlaufen, liegt aber zum Glück inmitten eines großen Erholungsgebietes, sodass man jederzeit auf Wegen die Klippen entlang zu weiteren schönen Badestränden flüchten kann.

Neben der Natur lohnt auch der Ort selbst mit einigen reinweißen Holzhäusern und der quirligen Uferpromenade einen kurzen Aufenthalt. Zu besichtigen sind *Gustav Vigelands* Geburtshaus (Galerie, geöffnet: 11-17 Uhr, 50 NOK), die im Empire-Stil erbaute **Mandal-Kirche** mit 1800 Sitzplätzen (größte Holzkirche Norwegens, geöffnet: Mitte Juni-Anfang Aug. Di.-Fr. 11-14 Uhr) und das **Vest-Agder Museum** in der Fußgängerzone. Das Kaufmannshaus aus dem 19. Jahrhundert beherbergt eine Galerie mit Kunsthandwerk und Bildern, u.a. von den hier gebürtigen Künstlern *Gustav Vigeland* und *Adolf Tidemand* (geöffnet: 1.7.-15.8. 11-17 Uhr, 50 NOK).

Touristeninformation

• **Turistkontor,** Bryggegate 10, 4514 Mandal, Tel. 38278300, www.lindesnesregionen.com. Geöffnet Juni-Aug. 9-19 Uhr, Sa./So. 10-16 Uhr; ansonsten Mo.-Fr. 9-16 Uhr.

An- und Weiterreise

• **Busbahnhof:** Er liegt nahe eines Kreisverkehrs am nördlichen Ende der Strandpromenade. **Fernbusse 300.**

Unterkunft

• **First Hotel Solborg,** Nesevn. 1, Tel. 38272100, Fax 38272101, (*****). Am Ortsrand gelegenes modernes Hotel mit freundlichen Zimmern, Restaurant, Hallenbad und Sauna.

• **Hald Pensjonat,** Hald, am Ortsrand, Tel. 38260100, Fax 38260101, Bett ab 280 NOK. Die im Sommer Mitte Juni bis Anfang Aug. für Touristen geöffnete Bibelschule an der E 39 hat neben 92 Betten auch eine Sauna.

• **Tregde Feriesenter,** Tregde, 8 km östlich, Tel. 38268800, Fax 38268689, www.feriesenter.com. Die komfortable Ferienanlage vermietet 32 an der Schärenküste gelegene Hütten ab 850 NOK, Winter 550 NOK. Ein gutes Restaurant, ein beheiztes Freibad und Bootsverleih ab 350 NOK/Tag vervollkommnen das Angebot.

• **Fagerli Feriehus,** 3 km östlich von Mandal, Richtung Tregde, Tel. 38268683, www.fagerliferiehus.no. Tolle Ferienhäuser am Wasser. Angelmöglichkeiten, Bootsverleih.

• Übernachtungen in den Häusern der **Leuchttürme Haholmen Fyr und Ryvingen Fyr** vermittelt die Touristeninformation in Mandal.

Camping/Hütten

• **Sjøsanden Camping & Feriesenter,** Tel. 38261419, www.sjosanden-feriesenter.no. Schöner Platz am Sandstrand, unter Kiefern gelegen. Tolle Hütten (ab 8000 NOK/Woche) und Apartments (800 NOK) sowie Restaurant mit Disco. Nebensaisonrabatte.

• **Sandnes Camping,** 3 km nördlich, Rv 455, Tel. 38265151, www.sandnescamping.com, geöffnet Mitte Mai bis Anf. Sept. Gemütli-

215no Foto: ms

Mandal-Kirche

cher Platz am Fluss Mandalselva. 5 Hütten (*/**), Badeplatz. Wanderwege.

- **Valand Camping,** 8 km östl. in Valand, E 39, Tel. 45298410. Kleiner Platz am See. Einfache Hütten (*).

Essen und Trinken

- **Hr. Redaktør,** beliebtes Restaurant in der Store Elvegt. 23a (am Wasser), Mittagsgerichte 140 NOK, à la Carte 250 NOK; **Marna Café** (am Hafen), einfaches Essen ab 100 NOK, à la Carte ab 200 NOK; **Jonas B. Gundersen,** Store Elvegt. 25, Jazzclub und gutes Pizzarestaurant (ital. Pizza und Pasta ab 130 NOK); **Edgar's Bakeri,** Store Elvegt. 39, traditionelle Bäckerei und Konditorei.

Festival

- Um den 10. August herum findet an drei Tagen das berühmte **Schalentierfestival** *(skalldyrfestivalen)* statt. Über 50.000 Besucher kommen jedes Jahr, u.a. um sich an der Welt längsten Schalentiertafel zu laben.

Aktivitäten

- **Baden:** Das Stichwort kann hier nur Sjøsanden lauten (siehe oben).
- **Wandern:** Ab dem Sjøsanden führen gut ausgeschilderte und behindertengerecht ausgebaute Wanderwege zu den Sørland-Klippen, Parks (u.a. Furulunden-Park aus dem 18. Jahrhundert) und weiteren Sandstränden.
- **Weitere Angebote:** Bowling, Lachsangeln, Bootsverleih, Kino – Infos im Turistkontor.

Umgebung

Kap Lindesnes ↗XXII/B3

Auf der E 39 gelangt man nach **Vigeland,** Herkunftsort der Familie des Bildhauers *Gustav Vigeland* (1869–1943). Über die Region informieren recht interessante Ausstellungen in der Fjellhall (Berghalle; u.a. Infos zum Verkehr in Norwegen) und einem alten Bunker (Turm und Ausstellungen: Mitte Juni–Anf. Aug. 10–20 Uhr, sonst: 11–17 Uhr, Winter: Sa./So. 11–17 Uhr, 50 NOK). Angeschlossen sind auch ein gut sortierter Museumsladen und ein Café (gute Gerichte für rund 170 NOK). Wanderwege: ab dem Leuchtturm – *blå tursti – kyststien* (mittelschwerer Weg am Wasser entlang); *rød tursti – fjellstien* (mittelschwerer Wanderweg über die Felsen, 2½ Std.). Biegt man im Ort gen Süden ab, so sind es noch 27 km zum urwüchsigen **Kap Lindesnes,** dem **südlichsten Festlandspunkt Norwegens.** Wer sich hier dazu entschließen würde, zum Nordkap aufzubrechen, hätte exakt 2518 km Wegstrecke vor sich. Doch warum in die Ferne schweifen, ist doch die Landschaft hier mit ihrem rötlichen Felsenmeer, den steilen Klippen und den bunten Blumenfeldern ungemein attraktiv.

Nach zahlreichen Unglücksfällen an der stürmischen Küste wurde schon 1665 ein erstes Leuchtfeuer am Kap errichtet. Finanziert wurde es durch Abgaben, die vorbeifahrende Schiffe zu entrichten hatten. 1799 ersetzte man den altersschwachen Turm durch einen neuen aus Stein. Dieser verfiel aber auch zusehends und musste 1920 dem jetzigen eisernen **Leuchtturm** weichen.

• **Lokalbus** von Mandal nach Vigeland und zum Kap Lindesnes.

• **Camping**

Solstrand Camp A/L: Tel./Fax 38256437, geöffnet: 1.5–31.8. Der große, etwas einfallslos angelegte Platz der Freien Evangelischen Kirchen liegt nahe des Ortes Vigeland. Die 44 Hütten (*/***) werden auch im Winter vermietet. Zudem kann der Gast Boote leihen und Golf spielen.

Furuholmen Camping A/S, Tel. 38256598, geöffnet: 1.5.–1.10. Südlich von Vigeland schön auf landfester Insel gelegener komfortabler Platz mit Solarium und Bootsverleih. Keine Hütten.

Lindesnes Camping og Hytteutleie, Tel. 38258874, www.lindesnescamping.no, geöffnet: 1.5–30.9. Die guten Urlaubshütten (ab 500 NOK) sind auch im Winter zu mieten. Schöner Platz zwischen Felsen. Boots- und Fahrradverleih. Modernes Sanitärgebäude.

Lista ↗XXII/B3

Im Ort **Lyngdal** (Freilicht- und Missionsmuseum, im Sommer geöffnet von Mi.–So. 12–18 Uhr), 32 km westlich von Mandal, bietet sich ein Abstecher zur **Halbinsel Lista,** dem Reich der Kontraste, an. Während die Halbinsel selber topfeben ist, dominieren nur wenige Kilometer landeinwärts tiefe, dunkle Täler das Landschaftsbild. Zu sehen gibt es dänische Sandstrände, irische Steinmauern und norwegische Fjorde, deren interessantester wahrscheinlich der bedrückend enge **Fedafjord** ist. Außerdem liegen hier noch interessante, 3000 Jahre alte Felszeichnugen (in Penne; Ausschilderung „helleristninger" beachten) und die hübsche 10.000-Einwohner-Stadt **Farsund.** Der Ort ist durch eine Form der legalen Seeräuberei bekannt geworden. Zu *Napoleons* Zeiten durften die lokalen Reeder feindlichen Schiffen auflauern und diese plündern. Weitere Kaperhäfen waren Eikvåg und Loshavn, wo einige idyllische Holzhäuser die Zeiten überdauert haben. Weiterhin einen Besuch wert ist der 38 m hohe Leuchtturm Lista Fyr, mit Infocenter, Galerie und Vogelwache. Am günstigsten ist es, von Farsund nach Vestbygd und dann Richtung Norden nach Liknes (an der E 39) zu fahren.

• **Touristeninformation:** In Farsund am Markt, Tel. 38390839, www.regionlister.no, nur im Sommer geöffnet.

• **Fernbusse 300, 325.**

• **Unterkunft**

Fjordhotel Farsund, Tel. 38389800, (*****). Terassenförmiger Bau mit guter Ausstattung. Aktivitäten: Elchsafaris, Rafting, Tauchen, Angeln, Kanutouren, Golf, Wasserskianlage.

Havikstrand, Farsund, an der Küstenstraße zwischen Farsund und Vanse, Tel. 38393617, www.havikstrand.no. Ferien- und Erlebniszentrum mit Hütten ab 500 NOK. Vogelsafari, Bootsverleih, Fahrradverleih, Reiten.

• **Camping/Hütten**

Kvavik Camping, Lyngdal, Rv 43, Tel. 3834 6132, ganzjährig geöffnet. Sehr sauberer, ruhiger Platz am Sandstrand. 21 gute Hütten

(**/***). Angeln, Bootsverleih. Viele Dauercamper.
Ganzjährig geöffneter Platz auf Lista: **Nordstranda Camping,** Tel. 38393920, www.nordstranda.com. Bei Vanse am Meer gelegen, schöne Hütten (**), Fahrradverleih. Große Zeltwiese.

Aktivitäten

- **Sørlandsbadet** in Lyngdal. Großes Erlebnisbad (12–21 Uhr, Sa./So. 10–18 Uhr).

Kvinesdal/Knaben/Feda XXII/B2,3

Das Gemeindezentrum **Kvinesdal,** mit einer achteckigen Holzkirche aus dem Jahre 1837 (geöffnet 13–17 Uhr), liegt an der E 39, am Ende des engen, steilwandigen **Fedafjordes.** In Richtung Norden zweigt die Rv 465 ab. Diese führt durch eine einsame Waldlandschaft über Kvinlog zu den vom Wildwasserfluss Kvina ausgehöhlten **Gletschertöpfen** bei Netland und zu dem alten Grubenort **Knaben,** der auch als „Klondyke des Nordens" bezeichnet wurde. Abgebaut wurde hier das seltene, lange Zeit mit Graphit verwechselte Molybdän. Ursprünglich fand das Metall wegen seiner schwierigen Bearbeitbarkeit keine Beachtung. Um 1900 stellte man jedoch fest, dass es als Legierungselement Stahl bruchfester und stabiler macht. Im Zweiten Weltkrieg sicherte sich die Wehrmacht dieses einzige Molybdänbergwerk Westeuropas, bis 1943 nach zwei Bombardements die Förderung eingestellt werden musste. Nach dem Krieg wurde der Betrieb wieder aufgenommen. Sinkende Preise führten jedoch 1973 zur Schließung der Gruben (Grubenmuseum/Stollen, Mi./Fr. 11–17 Uhr, So. 12–17 Uhr).

Abstecher: Vor Knaben zweigt ein Gebirgsweg zur verlassenen **Alm Salmeli** ab. Die bis zu 300 Jahre alten Gebäude sind gut erhalten und spiegeln das harte Leben der Bergbauern wider. Wanderwege führen durch die geschützte Kulturlandschaft, deren Symbol die Heilpflanze Arnika ist.

Ab Kvinesdal folgt die E 39 dem Fedafjord. Auf dem Weg nach Flekkefjord passiert man **Feda.** Der alte Handels- und Schifffahrtsort am Fedafjord besitzt viele malerische Holzhäuser aus dem 19. Jahrhundert und eine Kreuzkiche aus dem Jahre 1802. Besichtigt werden kann Bøkkerbua, die alte Böttcherei, die am Fluss, neben einem Badeplatz, gelegen ist (geöffnet im Sommer Mo.–Fr. 9–15 Uhr). Ursprünglich gab es bis zu 12 Böttchereien im Ort, die seit 1810 Tonnen für den Heringsfischfang herstellten.

- **Unterkunft**

Svindland Camping, Feda, Tel. 38350480, geöffnet 1.6.–30.9. Hütten (*).
Feda Vandrerhjem Fosseland, Feda, geöffnet 1.5.–31.8., Tel. 38352477, Bett 475, DZ 575 NOK.

Flekkefjord ↗XXII/B3

Versteckt zwischen dunkelgrünen Berghängen liegt die blendend weiße Stadt Flekkefjord **(9000 Einwohner,** Fylke Vest-Agder) mit ihrer **denkmalgeschützten Altstadt „Hollenderbyen"** (Holländerviertel). Entstanden ist der Name irgendwann im 16. Jahrhundert, als der Holzhandel zwischen Norwegen und Holland einsetzte und viele niederländische Kaufleute im Ort siedelten. Man sagt, dass Teile Amsterdams auf Flekkefjorder Holzpfählen errichtet wurden. Seine Blütezeit erlebte der Ort jedoch durch die Heringsfischerei Anfang des 19. Jahrhunderts.

Neben dem Holländerviertel kann man sich noch das **Stadtmuseum** mit dem 1720 erbauten Haupthaus (Vest-Agder Museet, Dr. Kaftsgt. 15–17, geöffnet: 15.6.–31.8. Mo.–Fr. 12–17 Uhr, Sa./So. 12–15 Uhr, 25 NOK) und die achteckige **Kirche** ansehen (geöffnet: 20.6.–10.8. Mo.–Fr. 11–13 Uhr). Außerdem hat man vom **Hausberg Lilleheia** einen schönen Blick über Stadt und Land.

Südlich des Ortes (Rv 469) liegt die **Insel Hidra,** auch „Perle des Sørlandes" genannt. Das liebliche Eiland wartet mit den an Sunden gelegenen Holzhausorten Kirkehamn und Eie sowie einigen schönen Sandstränden auf (5 Minuten-Fähre ab Abelsnes).

Touristeninformation

- **Turistkontoret,** Elvegaten 9 (am Wasser gelegen), Tel. 38326995, www.regionlister.no. Geöffnet Mitte Juni–Mitte Aug. Mo.–Fr. 9–17 Uhr, Sa. 10–15 Ur, ansonsten Mo.–Fr. 9–16 Uhr.

Orientierung

- Auf der E 39 kommend, zweigt man auf die Straße 44 ab, welche direkt durch das Zentrum führt.

An- und Weiterreise

- **Busbahnhof:** Liegt östlich des Zentrums auf der anderen Seite des Flusses. **Fernbusse 300.**

Landschaft im Sirdal

Unterkunft

- **Grand Hotel,** Anders Beersgt. 9, Tel. 38325300, (****). Alte Villa von 1897 mit modernen Zimmern. Ruhige Lage. Tipp: Die Erkerzimmer. Es gibt zudem ein Restaurant, eine Bar und zuweilen Disco.
- **Maritim Fjordhotell,** Sundegt., Tel. 3832 5800, Fax 38325801, (*****), Sommer (****). Modernes, direkt am Fjord gelegenes Hotel mit großem Terrassenrestaurant, Bar, Disco, Tennis, Fahrrad- und Bootsverleih.

Camping/Hütten

- **Egenes Camping,** Tel. 38320148, www.egenes.no, ganzjährig geöffnet. Der saubere Platz liegt knapp 4 Kilometer östlich von Flekkefjord an einer Nebenstraße (nahe der E 39) auf einer Halbinsel im See (Badestrand, Bootsverleih). Es werden 5 Hütten (*/***) vermietet. Tolle Wasserski-anlage.
- **Hidra Camping,** Insel Hidra, im Ort Hidrasund am Ende der Rv 469, Tel. 38372487. Kleiner, einfacher Platz mit 3 Mini-Hütten (**) und Bootsverleih.

Aktivitäten

- Mit der **Draisine** die **alte Flekkefjordbahn** entlang (teils unbeleuchtete Tunnel). Juni–Aug. 12 und 16 Uhr ab Flekkefjordstasjon. 250 NOK (Tandem).

Umgebung nördlich von Flekkefjord

Sirdal

↗XXII/B2

Auf der E 39 gelangt man nach 14 km zum Abzweig Richtung **Sira.** Wer noch ein paar Kilometer weiter der Europastraße folgt, kann sein Fahrzeug einem echten Härtetest unterziehen, denn hier führt eine kleine Nebenstraße zum **Trondåsen.** Der Weg über den Berg wurde 1844 angelegt, und bei bis zu 25 % Steigung kommt wohl auch das letzte Pferd unter der Motorhaube ins

219no Foto: ms

Schwitzen! Doch Vorsicht, der idyllische Waldweg ist nur von Nord nach Süd zu befahren. Sollte das Auto diese Kraftprobe überstanden haben, kann nun in Sira der Weg in das ursprüngliche Sirdal eingeschlagen werden. Achten Sie auf Ihre Benzinvorräte, denn auf den folgenden 34 Kilometern findet sich kaum ein Haus, geschweige denn eine Tankstelle. In Tonstad, dem Standort eines der größten Wasserkraftwerke Norwegens, kann man auf der Straße 42 durch das fast menschenleere Gyadal nach Egersund (siehe dort) fahren. Wen es nicht zurück an die Südküste zieht, reist weiter Richtung Norden durch das nun immer wilder und grandioser werdende Sirdal (Straße 468). Eine Attraktion ist hier der **Schafabtrieb** in der ersten Septemberwoche. Die Straßen gehören in dieser Zeit ganz den Tausenden von Vierbeinern, welche zu einer Wiese am Hof Kvæven getrieben werden, wo dann die Sortierung erfolgt.

In Svartevatn/Sinnes gibt es nun drei Varianten der Weiterfahrt: Richtung Nordosten auf dem herrlichen Suleskarveien über die mit Wollgras übersäte Sirdal-Hochebene, vorbei am riesigen Stausee Randfjorden und hinab in das Setesdal oder über eine schmale Serpentinenstraße zum Lysefjord oder in Richtung Südwesten auf der Rv 45 durch das wildromantische Hunnedal zurück zur E 39.

- **Turistkontor,** in Tonstad (9–16 Uhr, Tel. 38377800, Internetanschluss) und in Fidjeland. www.sirdalsferie.com
- **Bus:** Mandal – Sira.
- **Unterkunft**

Sirdal Høyfjellshotell, in Fidjeland, nördlich von Svartevatn, Tel. 38371122, Fax 38371101, (*****). Das komfortable Gebirgshotel ist ideal für einen Aktivurlaub. Es gibt einen Swim-

mingpool, eine Sauna, Reitmöglichkeiten, Angel- und Tennisplätze. Für das leibliche Wohl sorgen ein Restaurant und ein Pub.

• Camping

An vielen Stellen kann man **wild campen,** doch sollte zuvor immer der Besitzer der Wiese um Erlaubnis gefragt werden. **Zeltplätze** liegen u.a. an der Rv 468 zwischen Tonstad und Svartevann (Lindeland Camping in Lindeland, Tel. 92419142; Kalveløa Camping in Tjørhom, Tel. 97503777; Haugen Hytteutleie in Tjørhom Richtung Lysefjord, Tel. 38371283, Camping und gute Hütten).

• Hütten

Sirdal Hytteformidling in Sinnes (Tel. 9903 3531, www.sirdal-hytteformidling.no); **Sageneset feriesenter,** Tjørhom (Tel. 38371300, www.sageneset.no).

• Wintersport: Entlang der Route gibt es mehrere Skilifte und Loipen in den Orten Fitjeland, Sinnes und Tonstad. Im Winter liegen hier regelmäßig 1,5–2 m Schnee.

Hellern am Jøssingfjord

Wer es eilig hat, kann auf der an Sehenswürdigkeiten armen E 39 weiter nach Stavanger fahren. Auf dieser Strecke gibt es nur wenige Unterkünfte, u.a.:

• Camping

Vinningland Camping, Bjerkreim, E 39, Tel. 51450363, Angelplätze. Einfacher Platz auf einer Wiese am Fluss.

Veen Gårdcamping, Rv 503, 20 km nördl. von Vikeså und der E 39, Tel. 51451941, 12 Hütten (*/**). Empfehlenswerter Platz mit günstigen, sauberen Hütten, 3 Spielplätzen und einem Bauernhof. Ruhige Lage am See. Badeplatz. Fußballfeld, Beachvolleyball, Bootsverleih.

Auch von der Natur her reizvoller ist die Rv 44, welche, in Flekkefjord beginnend, immer in Küstennähe verläuft und deshalb auch „Nordsjøvegen" genannt wird.

Nordsjøvegen – auf der Rv 44/507/510 von Flekkefjord nach Stavanger

Die Straße führt duch **sehr abwechslungsreiche Landschaft!** Auf den ersten 60 Kilometern zwischen Flekkefjord und Egersund ist die Natur wild und fast schon bedrückend. Tiefe, sehr enge Täler, kahle Bergrücken und steile Felswände bestimmen das Bild. Man muss schon eine willensstarke Natur haben, um in dieser Landschaft ohne Depressionen durchs Jahr zu kommen. Gerade bei Nebel und Regen fühlt man sich von den alles beherrschenden Bergen bedroht, als ob der Mensch hier nur auf Zeit geduldet würde! Besonders deutlich wird dies in **Hellern** am Jøssingfjord, wo zwei winzige Häuser unter einem Felsvorsprung liegen, der sie fast zu erschlagen droht.

Kurz hinter Egersund, etwa ab Ogna, wird das Land schlagartig flacher, ja nahezu eben. Landwirtschaft und wunderschöne Sandstrände bestimmen das Bild. **Jæren** heißt die Region und ist das **älteste Siedlungsgebiet Norwegens,** über 600 Grabhügel zeugen davon.

1. Abschnitt: Flekkefjord – Egersund, im Reich der Felsen

Wenige Kilometer westlich von Åna Sira liegt der handtuchschmale **Jøssingfjord.** Düster wie sein Felsenufer ist auch seine Vergangenheit, fand hier doch der erste Umweltskandal Norwegens statt: Der Einfachheit halber leitete man die bei Abbau und Verhüttung entstandenen Titanschlämme einfach in den Fjord, womit sich seine Tiefe um 35 m verringerte! Zwar werden die Abfälle heute woanders gelagert, ruiniert ist der Meeresgrund aber wohl auf Jahrhunderte hinaus. Über eine Serpentinenstraße mit finsteren, engen Tunneln erreicht man Hauge i Dalane. Hier kann, wer möchte, einmal so richtig den starken Mann spielen. Man stelle sich einfach an den Rugge-Stein und bewege seine 70 Tonnen Gesamtmasse. Möglich ist dies, weil der mächtige Felsbrocken nur auf wenigen Quadratzentimetern auf dem Boden aufliegt und sich daher „ruggen" lässt – also ein bisschen wenigstens ...

Südlich von Hauge, am Meer, liegt der idyllische Ort **Sogndalsstrand,** mit einigen alten Lagerhäusern aus dem 18. und 19. Jahrhundert, einem Seefahrtsmuseum (Fiskeri og Sjøfartsmuseet, geöffnet Juni bis Mitte Aug. Sa./So. 11–17 Uhr, 20 NOK), dem Kramladen Landhandel und dem Kulturhotel (Tel. 51477255, www.sogndalstrand-kulturhotell.no, DZ 1300 NOK).

- **Camping: Bakkaåno Camping,** Tel. 51477852, geöffnet: 1.5.–30.9. Der Platz liegt nordöstlich von Hauge i Dalane an der Straße nach Moi. Die Ausstattung ist gut, die Lage zwischen Felsen und Wald schön. Hütten (**) können gemietet werden.

Egersund ⇗XXII/A2

Zwar ist in einer Stadt mit nur 8000 Einwohnern nicht gerade der Bär los, aber viele werden sicherlich froh sein, nach der Fahrt durch die wilde und einsame Landschaft mal wieder Menschen und nicht nur Trollen zu begegnen. Für einen kleinen Rundgang bietet sich das hübsche Zentrum von Egersund an, wo es neben einigen spätklassizistischen Holzhäusern auch ein paar adrette Einkaufsstraßen gibt. Sollten die Läden schon wieder geschlossen sein, kann man immer noch auf den Varberg spazieren oder Richtung Bahnhof zum **Fayencen-Museum** schlendern. Ausgestellt werden Produkte, welche bis 1979 in Norwegens einziger Fabrik dieser Art hergestellt wurden. Allerdings ist bemaltes Geschirr sicher nicht jedermanns Sache (geöffnet So. 11–17 Uhr, 20 NOK).

Ein zweites Museum ist das **Dalane Folkemuseum in Slettebø,** 5 km nördlich der Stadt (Rv 42). Hier kann man sich acht Gebäude aus dem 19. Jahrhundert anschauen, u.a. eine Schule und ein Lusthäuschen. Dokumentiert werden auch Handwerke wie Uhrmacher, Tischler, Holzschuhmacher und Böttcher (geöffnet: Mitte Juni bis Mitte Aug. 11–17 Uhr, So. ab 13 Uhr, 20 NOK).

• **Touristeninformation: Turistkontor,** Jernbaneveien 2, 4370 Egersund, an der Straße vom Bahnhof ins Zentrum. Tel. 51492744 (außerhalb der Saison: Tel. 51468220), www.visitdalane.no.

• **Bahnhof:** 1 km nördlich des Zentrums (5x täglich nach Stavanger und nach Kristiansand).

• **Busbahnhof:** gleich neben dem Bahnhof.

• **Fähre:** mit der Fjord Line vom dänischen Hirtshals nach Egersund und Bergen.

• **Unterkunft**

Grand Hotel, Johan Feyersgt. 3, Tel. 5849 1811, (*****). Erstes Haus am Platz, mit Restaurant, Bar und Disco.

Anne's B&B, Sjukehusveien 45, am Sykehus (Krankenhaus), Tel. 5149 3745, ateg@online.no. Schöne Unterkunft in weißer Villa. DZ (850 NOK) und 4-Bett-Zimmer (1200 NOK).

• **Camping/Hütten**

Steinsnes Camping, Tel. 51494136, www.naf-egersund.com. Geöffnet: 1.5.–15.9. Die 15 einfachen Hütten werden ganzjährig vermietet. Die preiswerteste ist für 300 NOK zu haben. Der birkenbestandene Platz liegt direkt an der Rv 44, 3 km nördlich von Egersund.

Hauen Camping, auf der Halbinsel Eigerøy gegenüber Egersund gelegen, über Rv 502 erreichbar, Tel. 51492379, www.hauencamping.no, ganzjährig geöffnet. Guter Platz mit 8 schönen Hütten (400–650 NOK), Bootsverleih.

Gjermestad Gård, 12 km westlich, Rv 44 in Hellvik, Tel. 51496711, www.gjermestad.no. Hof mit schönen Caravanstellplätzen. Hofladen mit Säften und Marmeladen. Wander- und Radwege.

• **Aktivitäten:**

12 km südlich (Rv 502) liegt das **Eigerøy Fyr,** eines der stärksten Leuchtfeuer Europas. 2 km ab Parkplatz bis zum Turm, der im Juli So. 11–16 Uhr über 134 Treppenstufen bestiegen werden kann.

Den Vestlanske Hovedvei: Ein 6 km langer Abschnitt des alten Verkehrsweges ist zwischen Hellvik (E 36) und Ogna zu begehen und mit dem Fahrrad zu befahren. Er führt durch urtümliche Küstenlandschaft.

2. Abschnitt: Egersund – Stavanger, durchs flache Land

An der Straße liegen mit die schönsten und längsten **Sandstrände** Südnorwegens! Der erste ist der in **Ogna,** eingebettet in flachwellige Dünenlandschaft. Im Ort selbst kann man sich eine Kirche ansehen. Ursprünglich stammt sie aus dem Jahr 1250, musste aber nach einem Brand im Jahr 1993 neu errichtet werden. Es ist übrigens erstaunlich, wie relativ häufig Kirchen in Norwegen niederbrennen. Es wird vermutet, dass es sich immer häufiger um von Okkultisten gelegte Brände handelt.

• Fast alle Orte sind per **Bus oder Bahn** von Stavanger und Egersund aus zu erreichen.

• **Camping/Hütten**

Ogna Camping A/S, Tel. 51438242, www.ognacamping.no. 19 ganzjährig geöffnete Hütten (**/***). Der Platz liegt direkt am Sandstrand nahe des Ogna-Flusses, in dem auch nach Lachsen gefischt werden kann.

Brusand Camping, Brusand, Tel. 51439123, www.brusand-camping.no, ganzjährig geöffnet. Das schöne Areal liegt gleichfalls am Sandstrand (Baden an der Flussmündung verboten). Neben 8 Hütten (**) werden auch Fahrräder und Boote vermietet.

Etwas östlich der Straße 44 liegt der Ort **Nærbø.** Sehenswert ist hier das **Jæren-Museum.** Die „Vitengarden" (Wissenshof) genannte Ausstellung im architektonisch ansprechenden Holzhaus informiert mit vielen interaktiven Gerätschaften über die technologische Entwicklung in der Landwirtschaft, über Naturwissenschaft und Mathematik. Das Museum liegt neben der Hannabergmarka, einem Jahrhunderte alten Ackerbaugebiet mit Grabhügeln und Häuserresten aus dem 5. Jh. (geöffnet: Juni–Aug. Mo.–Fr. 10–17 Uhr, Sa. 10–15 Uhr, So. 12–17 Uhr, ansonsten: Mo.–Fr. 10–15 Uhr, So. 12–17 Uhr, 80 NOK, Familien 200 NOK - gilt auch für die Vitenfabrikken in Sandnes). Erwandert werden kann die Kulturlandschaft mit ihren Lesesteinmauern und Feldern auf dem 10 km langen **Kongevegen** (Königsweg), der zwischen Nærbø und Varhaug am alten Varhaug Kirkegård (Friedhof) beginnt.

Weiter geht's auf der Straße 507! Westlich der Rv 507, an der Küste, liegt der **Hå Gamle Prestegård** (Pfarrhof) aus dem Jahr 1637. Er beheimatet eine Galerie (Sommer: 12–17 Uhr). In der Umgebung liegen mehrere Grabhügel.

Obwohl in **Orre** auch eine alte Kirche aus dem 13. Jh. steht, dürften die meisten Besucher wohl wegen des herrlichen Sandstrandes kommen. Wunderschön hinter Dünen gelegen, ist er bei jedem Wetter einen Besuch wert.

Wem es hier an den eher seltenen warmen, windstillen Tagen zu voll ist, wird in Richtung Norden noch weitere schöne Badestellen entdecken.

• Ideal ist die flache Jæren-Region für **Fahrradausflüge!** Fahrradverleih: in Stavanger und Sandnes (siehe dort). Die Turistkontore in Sandnes und Stavanger halten auch Fahrradkarten und Routenvorschläge bereit.

Auf der Straße 510 gelangt man nach Stavanger. Sehenswertes in der Gegend um Sola und Tanager siehe „Stavanger/Umgebung".

• Infos zu den **Mautstationen:** siehe „Stavanger/Praktische Informationen/Orientierung und Parken".

Stavanger ⇗XXII/A1

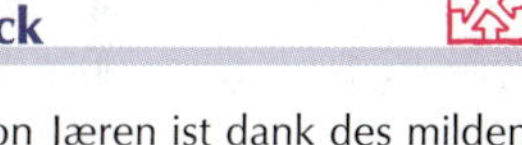

Überblick

Die Region Jæren ist dank des milden Küstenklimas seit mehr als 10.000 Jahren besiedelt. Wann hier die Stadt Stavanger angelegt wurde, ist unklar. Als Gründungsdatum hat man daher kurzerhand den Baubeginn des Domes im Jahre 1125 festgelegt. In der Folge war der Ort über viele Jahre hinweg das **geistige Zentrum** für die Regionen Rogaland, Agder, Hallingdal und Valdres. Im 14. und 15. Jh. erlebte die Stadt einen wirtschaftlichen Niedergang, der

225no Foto: ms

erst durch den aufkommenden Heringsfang im 16. Jahrhundert abgefangen werden konnte. Als jedoch im 17. Jahrhundert der Bischofssitz per königlichem Dekret in die neu entstandene Festungsstadt Kristiansand verlegt wurde, versank Stavanger zunehmend in der Bedeutungslosigkeit. 1733 wurde über die Stadt geschrieben: „... ist eine gute Handels-Stadt ... hat aber von ihrem alten Glanz viel verloren." Folgerichtig hatte der Ort 1800 auch nur 2500 Einwohner. Erst mit dem Aufkommen neuer, modernerer Fischfangmethoden im 19. Jh. begann Stavangers Aufschwung. Der Handel mit Hering entwickelte sich gewinnversprechend. Schifffahrt, Schiffbau sowie Konservenindustrie florierten, und um 1900 hatte die Stadt schon 28.000 Einwohner. „Boomtown" Norwegens ist Stavanger aber erst seit den 1970er Jahren, als große **Erdöl- und Erdgasfelder** in der Nordsee entdeckt wurden. Die Stadt wurde zum Dreh- und Angelpunkt für den Flugverkehr zu den Bohrinseln, auf deren teilweise Herstellung sich die örtliche Werft spezialisierte. Auch haben die viele Ölkonzerne in der Stadt ihre Büros. Ihre Angestellten stammen aus allen Teilen der Welt. Dies verleiht Stavanger eine **multikulturelle und offene Atmosphäre,** treibt aber auch die Preise, selbst für norwegische Verhältnisse, in schwindelerregende Höhen. Ein Grund dafür ist sicher, dass es sich schnell herumsprach, dass man in der Ölindustrie viel Geld verdienen kann. Und so sieht man denn auch viele Men-

Innerstädtisches Hafenbecken Vågen

schen, die nach drei Wochen Maloche auf der Bohrinsel an den folgenden 21 Urlaubstagen ihren Lohn in der Stadt verhökern und auch willens sind, das Preisniveau mitzutragen. Abschrecken sollte einen das jedoch nicht, ist doch das quirlige Stavanger ein wirklich hübscher Ort, dessen Besuch sich, nicht zuletzt wegen der schönen Holzhäuser, allemal lohnt. Die viertgrößte Stadt des Landes hat heute **122.000 Einwohner** und gehört zu den wichtigsten Wachstums- und Innovationszentren Norwegens. Sie war 2008 **Kulturhauptstadt Europas.** Für den Besuch der Stadt sollte man einen Tag einplanen.

Sehenswertes

Östlich des Vågen

Hier pulsiert **das geschäftige Herz Stavangers.** Ein vielfältiges Angebot an Geschäften, Restaurants und Kneipen lässt die für Autofahrer gesperrte Innenstadt aufleben. Wer nun den Eindruck hat, im Gassengewirr die Orientierung zu verlieren, kann sich auch erstmal vom **Valbergtårnet** einen Überblick über das Zentrum verschaffen. Der **Turm** wurde 1850–1853 eigens für den städtischen Nachtwächter erbaut, an welchen ein kleines Museum erinnert (geöffnet: Ende Juni–Mitte Aug. 11–17 Uhr.

Südlich des Vågen

Am Ende des Vågen, zwischen alten Speicherhäusern und modernen Bank- und Bürogebäuden, liegen der **Fischmarkt** und der **Torvet (Hauptmarkt).** Läuft man etwas weiter Richtung Süden, so gelangt man zum alten **Kongsgård,** dem **Königshof** (heute eine Schule), und der **Domkirche „St. Svithun“.** Sie ist neben dem Dom zu Trondheim sicherlich eines der schönsten sakralen Bauwerke Norwegens. Nachdem Stavanger 1125 zum Bischofssitz ernannt wurde, begann man noch im selben Jahr mit dem Bau der Basilika im anglonormannischen Stil. Seit dem Jahr 1272, als die Kirche partiell niederbrannte und einige Teile im Stil der Gotik neu errichtet wurden, erfolgten keine weiteren baulichen Veränderungen mehr. So blieb ihr mittelalter-

230no Foto: ms

Im Dom von Stavanger

Der Süden

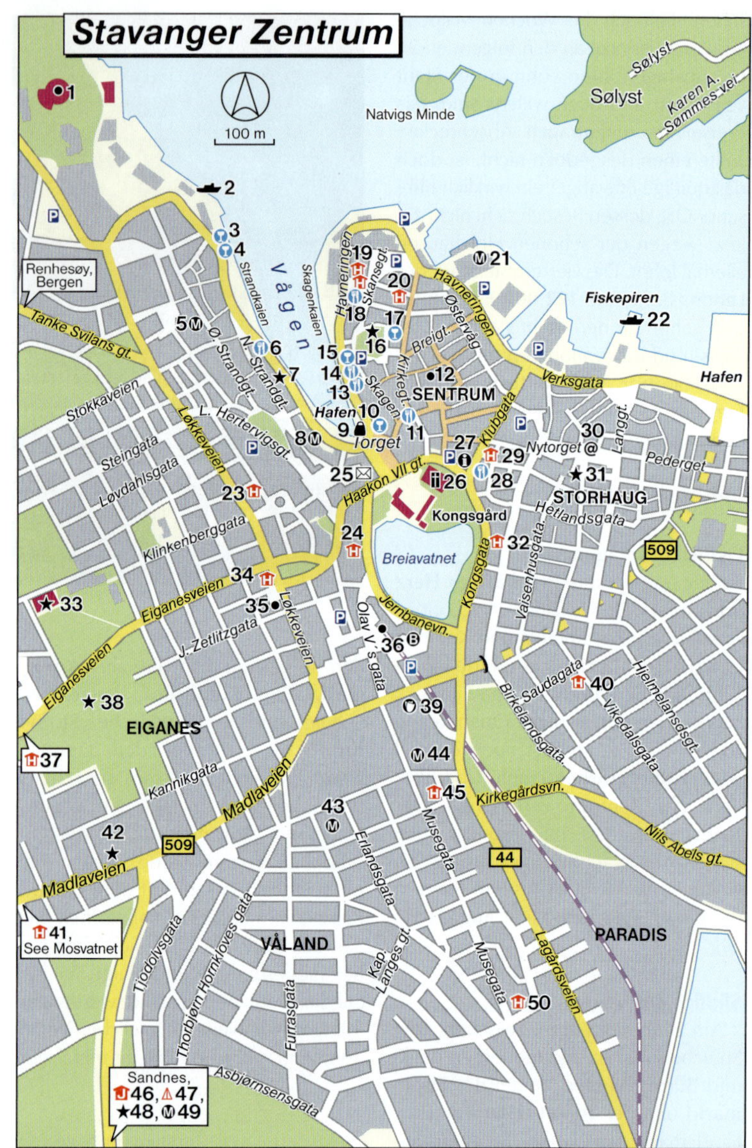
Stavanger Zentrum
100 m
Natvigs Minde
Sølyst
Karen A. Sømmes vei
Renhesøy, Bergen
Vågen
Strandkaien
Skagenkaien
Havneringen
Skansegt.
Fiskepiren
Hafen
Tanke Svilans gt.
Ø. Strandgt.
N. Strandgt.
Kirkegt.
Breigt.
Østervåg
Verksgata
SENTRUM
Stokkaveien
Løkkeveien
L. Hertervigsgt.
Skagen
Torget
Klubgata
Nytorget
Langgt.
Pederget
Steingata
Løvdahlsgata
Haakon VII gt.
STORHAUG
Kongsgård
Hetlandsgata
Klinkenberggata
Breiavatnet
Kongsgata
Vaisenhusgata
Eiganesveien
Jernbanevn.
Olav V's gata
J. Zetlitzgata
Saudagata
Hjelmelandsgt.
Birkelandsgata
Vikedalsgata
EIGANES
Kannikgata
Madlaveien
Kirkegårdsvn.
Musegata
Nils Abels gt.
Erlandsgata
PARADIS
41, See Mosvatnet
VÅLAND
Tjodolvsgata
Thorbjørn Hornkloves gata
Kap. Langes gt.
Furrasgata
Lagårdsveien
Asbjørnsensgata
Sandnes, 46, 47, 48, 49

- ● 1 Stavanger Konserthus
- 2 Fähranleger Fjord und Color Line
- 3 Café Garagen
- 4 Taket
- 5 Hermetikkmuseum
- 6 Straen
- ★ 7 Gamle Stavanger
- 8 Seefahrtsmuseum
- 9 Fischmarkt
- 10 Newsman
- 11 Peppes Pizza
- ● 12 Kulturhaus Sølvberget
- 13 Sjøhuset Skagen
- 14 N.B. Sörensen's Dampskibelsexpedition
- 15 Dickens
- ★ 16 Valbergtårnet (Valbergsturm)
- 17 Café Sting
- 18 Victoria Hotel und Cartellet
- 19 Skagen Brygge
- 20 Havly Hotel
- 21 Ölmuseum
- 22 Fähre nach Tau, Schnellboot nach Bergen
- 23 Tone's B&B
- 24 Radisson Blu Atlantic Hotel
- 25 Post
- 26 Domkirche „St. Svithum"
- 27 Touristeninformation
- 28 Food Story
- 29 Grand Hotel
- @ 30 Access Internet Café
- ★ 31 Rogaland Kunstnersenter
- 32 Thon Hotel Maritim
- ★ 33 Villa Ledaal
- 34 Radisson Blu Royal Hotel
- ● 35 Studententreffpunkt Folken
- 36 Bahnhof, ● Busbahnhof
- 37 Sommerlide
- ★ 38 Villa Breidablikk
- 39 Rogaland Theater
- 40 Stavanger B&B
- 41 Hotel Alstor
- ★ 42 Stavanger Kunstforening
- 43 Archäologisches Museum
- 44 Stavanger-Museum
- 45 Rogalandsheimen Gjestgiveri
- 46 Stavanger Vandrerhjem Mosvangen
- 47 Mosvangen Camping
- ★ 48 Jernaldergarden/Ullandshaugtårnet
- 49 Rogaland-Kunstmuseum
- 50 Thompsons' B&B

liches Aussehen vollständig erhalten, was eine Besonderheit in Norwegen ist (geöffnet: 1.6.-31.8. 11-19 Uhr, ansonsten: Di.-Do., Sa. 10-16 Uhr, Orgelkonzerte: Do. 11.15 Uhr).

Westlich des Vågen

Von weitem sieht man sie schon, die blitzweiße Häuserfront der **Altstadt „Gamle Stavanger".** Nachdem das Viertel lange Zeit dem Verfall preisgegeben war, startete man im Jahr 1975 ein Pilotprojekt zur Restaurierung der 173 aus dem 18. und 19. Jahrhundert stammenden Gebäude. So konnte **eines der malerischsten Holzhausviertel Norwegens** erhalten werden. Bei einem Rundgang durch die Gassen wird man viele idyllische Gärten, kleine Läden, mit teilweise kuriosen Angeboten, und zwei sehenswerte Museen entdecken (siehe unten).

Stavanger-Museum

Das Museum unterhält die **fünf** folgenden **Abteilungen,** von denen drei etwas außerhalb des Zentrums liegen. Eine Eintrittskarte gilt für alle fünf Anlagen (geöffnet: 15.6.-15.8. 11-16 Uhr, ansonsten: Di.-So. 11-16 Uhr, 60 NOK, Studenten 30 NOK, Tel. 51842700).

1. Am südlichen Ende der Altstadt „Gamle Stavanger", in einem alten Kaufmannshof, liegt das **Sjøfartsmuseet.** Sehr anschaulich erläutert wird die Geschichte der Seefahrt und der Fischerei sowie das Leben im Stavanger des 19. und 20. Jahrhunderts. Schiffsmodelle, schnucklige Läden und alte Kontore machen das Haus lebendig.

2. Die Verarbeitung der Früchte des Meeres kann im **Hermetikkmuseum,** in der Øvre Strandgate 88a, nachvollzogen werden. In dem kleinen Fabrikgebäude war bis 1960 ei-

228no Foto: ms

ne Konservenfabrik untergebracht. Gezeigt werden die Verarbeitung von Sardinen und die unterschiedlichen Motive ihrer späteren Verpackung.

3. Südlich des Bahnhofs liegt, in der Muségt. 16, das **Hauptgebäude des Stavanger-Museums.** Zu besichtigen sind hier eine kulturgeschichtliche Abteilung mit einer Ausstellung zur Geschichte der Stadt Stavanger und eine zoologische Abteilung mit vielen ausgestopften Tieren. Außerdem kann hier in einer Bibliothek nach Lesbarem gestöbert werden.

4. Westlich des Bahnhofs, am Eiganesveien 40A und 45, liegen die beiden herrschaftlichen **Villen Breidablikk und Ledaal.** Das prunkvolle Breidablikk stammt aus dem Jahr 1880 und wurde im ornamentreichen Schweizer Stil erbaut. Die Ledaal-Villa ist etwa 80 Jahre älter. In Auftrag gab das Patrizierhaus die Familie Kielland, deren berühmtester Vertreter der Dichter *Alexander Kielland* (1849–1906) ist. Er kritisiert in seinen Werken, so gar nicht seiner Abstammung entsprechend, das Bürgertum und prangert die sozialen Missstände seiner Zeit an, z.B. in den Romanen „Jacob“ und „Arbeiter“. Das Gebäude dient heute als Residenz des Königs bei Besuchen in Stavanger. Beide Holzhäuser grenzen an prächtige Parks.

5. Unweit des Stavanger-Museums, in der Peter Klowsgt. 30A, stellt das **Archäologische Museum** Ausgrabungsfunde aus und erläutert die Kulturgeschichte der Region (geöffnet: Juni–Aug. Di.–So. 11–17 Uhr, sonst: Di. 11–20 Uhr, Mi.–So. 11–15 Uhr, 30 NOK).

Die Altstadt Gamle Stavanger

Archäologisch gleichfalls interessant ist der **Jernaldergarden** (geöffnet 11–16 Uhr, Sa. geschl., 30 NOK), eine restaurierte **Hofanlage aus der Eisenzeit.** Das Gebiet ist nunmehr seit über 1600 Jahren besiedelt. Ganz in der Nähe stehen heute, quasi als zum Nachdenken anregender Kontrast, die überdimensionalen Neubauten der Neuzeit. Doch gibt es auch noch einen kleinen **Botanischen Garten** (gratis) zur Beruhigung der Sinne. Unweit entfernt ragt auch der **Ullandshaugtårnet** auf, der **Fernsehturm** mit Panoramablick. Zu erreichen ist die Anlage über die E 39 und den Ullandhaugveien (3 km Fahrt ab Zentrum, Bus 78).

Etwa 2 km südwestlich der Innenstadt liegt das **Naherholungsgebiet Mosvatnet,** mit einem kleinen See, einigen Hotels, dem Campingplatz und dem **Rogaland-Kunstmuseum.** In dem architektonisch interessanten Gebäude werden etwa 1500 Bilder zumeist zeitgenössischer norwegischer Maler, u.a. Munch, gezeigt (geöffnet: Di.–So. 11–16 Uhr, 60 NOK).

Neuestes und monumentalstes Museum der Stadt ist das **Ölmuseum** (Oljemuseum). Der hypermoderne, an eine Bohrplattform erinnernde Komplex beherbergt eine didaktisch hervorragend aufgearbeitete Ausstellung zu den Methoden der Ölförderung, deren Chancen und Risiken, dem Leben der Menschen auf den bis zu 300 m hohen Bohrinseln in der Nordsee sowie den Möglichkeiten der Nutzung des „schwarzen Goldes" (geöffnet: 1.6.–31.8. 10–19 Uhr, ansonsten 10–16 Uhr, 80 NOK, Studenten/Rentner 40 NOK, Familien 200 NOK; ein Museumsführer auf Deutsch ist am Eingang ausleihbar).

Die Flucht in die Neue Welt

Ärmlich waren die Verhältnisse in der norwegischen Heimat des 19. Jahrhunderts. Die Familien waren groß, der Boden karg und zudem nicht der eigene. Was lag da näher, als einem Neuanfang im fernen, oft verklärt dargestellten Amerika zu wagen. Das erste Schiff, die „Restauration", stach im Juli 1825 von Stavanger aus in See. Sie leitete einen Massenexodus ein, wie er nur noch von den Iren übertroffen wurde. Von einer Million Norwegern wanderten in den folgenden 75 Jahren 750.000 in die Vereinigten Staaten von Amerika aus, davon viele nur mit dem, was sie am Leib trugen. Die Überfahrt war hart, oft stürmisch, generell entbehrungsreich. Wer zu den ersten Siedlern gehörte, hatte nicht selten Glück. Land gab es ohne Ende, und noch dazu konnte man es als sein eigenes erwerben. Man gründete eigene Ortschaften und pflegte fortan auch hier in der Ferne die norwegische Kultur, etwa das Skilaufen und eigene, regionenspezifische Dialekte. Hauptsiedlungsgebiete wurden solche, die der alten Heimat hinsichtlich des Klimas und der Natur glichen. Dies waren zumeist Illinois, Iowa, Wisconsin und Minnesota. Heute leben in den USA ungefähr so viele Menschen norwegischer Abstammung, wie Norwegen selbst Einwohner hat (fast 4,5 Mio.).

Weitere Museen

Folgende Ausstellungen sind meist recht klein und haben nur sporadisch geöffnet. Informationen erteilt die Touristeninformation.

- **Norsk Barnemuseum** (Museum für Kinder mit vielen Aktivitäten. Im Kulturhaus Sølvberget, Di.–Sa. 11–15.30 Uhr, So. bis 16.30 Uhr, 80 NOK, Kinder 40 NOK), **Grafisk Museum** (Druckereimuseum, Sandvigå 24, So. 11–16 Uhr), **Telemuseum** (Geschichte der Telekommunikation, Dronningensgt. 12, Tel. 5176 5045), **Vestlanske Skolemuseum** (Schulmuseum im Stadtteil Hillevåg, Tel. 51585372).

Außerhalb: Mosterøy/Rennfast

25 km nördlich von Stavanger, auf der irisch anmutenden **Insel Mosterøy,** liegt das kleine **Kloster Utstein.** Es gilt

als eine der am besten bewahrten Abteien Norwegens, um 1250 von Augustinermönchen gegründet, nachdem Vorgängerbauten schon 13 Jahre lang als Königsresidenz gedient hatten. Ab 1537 wurde Utstein als Herrenhof genutzt. Bei einem Rundgang sind u.a. die Kirche mit ihrer besonderen, durch in die Wände eingelassene Tontäfelchen hervorgerufenen Akustik, und der Saal des angrenzenden Wohnhauses zu besichtigen. Zwei Porträts über der englischen Truhe zeigen *Christopher Garmann* und seine zweite Frau *Cecilie*. Diese starb mit 24 Jahren. Am Sterbebett versprach Christopher, sich nie mehr zu verheiraten. Nach 20 Jahren jedoch brach er das Gelübte und ehelichte ein dänisches Fräulein im Dom zu Stavanger. In dem Moment, da er das Ja-Wort gab, brach er mit einem Herzinfarkt zusammen und verstarb 8 Tage später. Der Geist Cecilies soll noch heute in den Gemäuern zu Utstein spuken (geöffnet: im Sommer: Di.–Sa. 10–16 Uhr, So. 12–17 Uhr, 50 NOK; Utstein Kloster Hotell: Tel. 51720100). Zu erreichen ist das Kloster über die **Festlandverbindung Rennfast** (E 39, mautfrei), welche Teil des norwegischen Traumes, einer fährfreien Küstenstraße, ist. Man musste die Tunnels bis zu 223 m unter den Meeresspiegel absenken, um zu den Inseln Rennesøy und Mosterøy zu gelangen. Allerdings fragt man sich unweigerlich, wohin denn die Straße eigentlich weiterführen soll. Wahrscheinlich vorsichtshalber haben daher kühne Tourismusmanager das 5800 m lange Teilstück schon mal zum längsten Unterseetunnel der Welt für Autos erklärt.

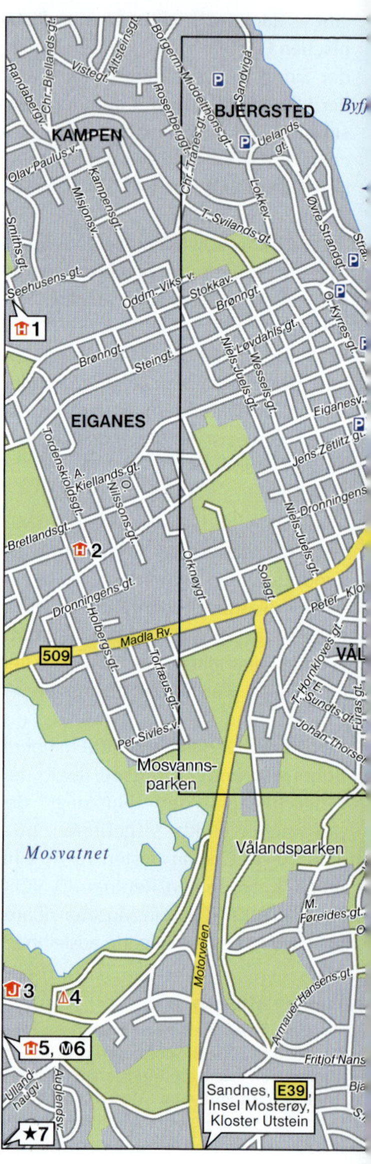

Stavanger Übersicht
Stavanger Zentrum siehe S.236
0
500 m
Sølyst
Natvigs Minde
Grasholmen
STORHAUG
Varden
HILLEVÅG
Hillevågsvatnet
Bybru
Verksgt.
Petersgt.
Ryfylkegt.
Kvitsøygt.
Johannesgt.
Haugesundsgt.
Nymansv.
Avaldsnesgt.
Nylundsgt.
Asbjørn Klosters gt.
Emmausv.
Søylandsgt.
Krossgt.
Storhaug allé
Figgjogt.
Nedstrandsgt.
Karlsminnegt.
Sandnesgt.
Bjerkreimsgt.
Egersundsgt.
S. Ramsvigv.
Nordre Ramsvigv.
Østre Ring
Vardev.
Dalanev.
Solheimsv.
Knud Sørnes v.
Storhagen
Strømvigv.
Strømsbrua
Consul Sigval Bergesens gt.
Lagårdsv.
Hillevågsv.
Høylandsgt.
Rogalandsgt.
Muségt.
Paradiesv.
Haukeligt.
Fritjof Nansen v.
44
509
1 Byhaugen
2 Sommerlide
3 Stavanger Vandrerhjem Mosvangen
4 Mosvangen Camping
5 Hotel Alstor
6 Rogaland-Kunstmuseum
7 Jernaldergarden/Ullandshaugtårnet

Praktische Informationen

Touristeninformation

- **Turistkontor,** Domkirkeplassen 3, 4005 Stavanger, Tel. 51859200, Fax 51859202, www.visitstavanger.com. Geöffnet: 1.6.–31.8. tägl. 9–18 Uhr, ansonsten Mo.–Fr. 9–16 Uhr, Sa. bis 14 Uhr. Es werden auch Unterkünfte, Ausflüge und Rundfahrten vermittelt.

Orientierung und Parken

- Die E 39 mündet in die Straße Rv 509. Diese und die Rv 44 führen durch einen Tunnel direkt in das östliche Stadtzentrum (Ausschilderung „Sentrum"). Parkplätze (12–15 NOK/Std., meist ab 17 Uhr gratis); Parkhäuser: am Bhf. (Jernbanelokket; 70 NOK/Tag), unter dem Vålberg-Turm (Zufahrt vom Kai, 12 NOK/Std., 100 NOK/Tag), hinter der Post (Zufahrt Lars Hervigsgt., 12 NOK/Std., 100 NOK/Tag).
- Achtung: Schon 20 km vor Stavanger stehen **Mautstationen,** 20 NOK. Diese sind vollautomatisch: nicht anhalten, das Kennzeichen wird registriert (weitere Infos siehe im Kapitel „Autofahren/Maut").
- Die **Innenstadt** gruppiert sich um die Bucht Vågen, an deren südlichen Ende der Markt und der Dom liegen. Östlich des Meeresarmes erstrecken sich die quirligen Fußgängerzonen der Innenstadt, gegenüber, auf der westlichen Seite, befindet sich die Altstadt „Gamle Stavanger".

An- und Weiterreise

- **Fahrplanauskunft** für Stavanger und Rogaland: Tel. 177; www.kolumbus.no (Stavanger und Umgebung); Jernbaneveien 9.
- **Bahnhof:** am See Breiavatnet südlich des Zentrums. 5x täglich Züge Richtung Kristiansand, Arendal und Oslo. Lokalzug nach Sandnes, Bryne und Egersund.
- **Busbahnhof:** neben dem Bahnhof. **Fernbusse: 300, 400,** www.kystbussen.no. Regionalbusse nach Egersund, Sola (Flugplatz), Randaberg, Sula, Sauda; Sommerroute zum Prekestolen, Fähre Stavanger – Tau + Bus Tau – Prekestolhytta; pro Richtung 110 NOK); Bus auch nach Lysebotn am Ende des Lysefjords.
- **Expressboote:** Stavanger – Haugesund – Bergen (720 NOK, retour 950 NOK, 25 % Studentenrabatt) mit Flaggruten; Schnellboote zu den Inseln im Boknafjord, z.B. nach Jelsa (hübscher Ort) – Sand – Sauda.
- **Fähren:** Stavanger – Tau (40 Minuten, 28x täglich, 40 NOK/Person; 120 NOK/Auto); E 39 (Richtung Haugesund): Mortavika – Arsvågen (25 Minuten, 37x täglich, Erwachsener 30 NOK, Auto inkl. Fahrer 145 NOK); Rv 47 Mekjarvik – Skudeneshavn (1¼ Stunden, 6x täglich, Erwachsener 55 NOK, Auto 170 NOK). Inforamtionen: www.tide.no. Die Strecke an der E 39 wird von www.fjord1.no betrieben.
- **Flughafen:** Westlich von Stavanger in Sola (Tel. Flughafen: 51658000, durchgehend geöffnet. Flughafenbus ab Zentrum, www.flybussen.no/stavanger). Verbindungen u.a. nach Berlin, Oslo, Bergen, Trondheim, Kopenhagen, Aberdeen, London; SAS: Tel. 8152 0400, Widerøe: Tel. 81001200, Norwegian: Tel. 81521815.

Stadtverkehr

- Die meisten **Busse** halten vor dem Dom und am Busbahnhof. Fast alles ist jedoch zu Fuß erreichbar.

Taxi

- **Stavanger Taxisentral:** Tel. 51909090.

Autovermietung

- **Avis:** Tel. 51939360, Fax 51939361; **Europcar:** Tel. 51651090, Fax 51645330; **Bruktbilutleie** (Gebrauchtwagenverleih) in Sola: Tel. 51654090; **Rent-A-Wreck** in Sola: Tel. 5164 7050.

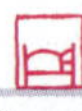

Unterkunft

Die meisten Hotels sind auf Geschäftsreisende zugeschnitten und bieten nicht viel touristischen Service. Die Preise sind in der Zeit von Herbst bis Frühling extrem hoch. **Im Sommer** jedoch, und das wird Besucher freuen, gibt es **viele Sonderangebote.**

Hotels (*****-***)

• **Skagen Brygge,** Skagenkaien 28–30, Tel. 51850000, Fax 51850001, (*****). In dieser Preislage ist das sicherlich eines der schönsten Hotels in Stavanger. Die in Speicherhaus-Architektur gestalteten Gebäude liegen gleich am innerstädtischen Vågen. Sauna, Fahrräder.

• **Victoria Hotel,** Skansegaten 1, Tel. 51867000, (*****). Altes Haus in Hafennähe. Gutes Restaurant und feine Zimmer.

• **Radisson Blu Atlantic Hotel,** Olav V's gt. 3, Tel. 51761000, Fax 51761001, (*****) (DZ 1700 NOK). Mit über 500 Betten größtes Hotel der Stadt und sicherlich eines der nobelsten. Originelles Gourmet-Restaurant Mortepumpen und Disco.

• **Radisson Blu Royal Hotel,** Løkkevn. 26, Tel. 51766000, Fax 51766001, (*****). Großes und luxuriöses Haus westlich des Sees Breiavatnet.

• **Grand Hotel,** Klubbgt. 3, Tel. 51201400, Fax 51201400, (*****). An einer Hauptstraße gelegen, für das „Grand" etwas wenig Service.

• **Havly Hotel,** Valberggt. 1, Tel. 51896700, Fax 51895025, (****), Sommer (***). Zentral gelegenes Best Western Hotel mit komfortablen Zimmern und gutem Frühstücksbuffet. Im Sommer oft: 3 Nächte bleiben, 2 bezahlen.

• **Thon Hotel Maritim,** Kongsgt. 32, Tel. 51850500, Fax 51850501, (****) (Suiten *****). Modernes, 1997 eröffnetes Hotel mit Restaurant, Sauna, Hallenbad und Fahrradverleih.

• **Hotel Alstor,** Tjensvollvn. 31, Mosvangen, Tel. 52044000, Fax 52044001, (*****), Sommer (***). Von außen wirkt das Haus wenig einladend, wartet aber ansonsten mit netten Räumen und gutem Sevice auf. Am See Mosvatnet südwestlich der Stadt gelegen.

Preiswerte Unterkünfte

• **Privatzimmer vermittelt** auch die **Touristeninformation,** Tel. 51859200. Weitere Infos: www.bbnorway.com/hosts/rogaland.htm.

• **Rogalandsheimen Gjestgiveri,** Muségate 18, Tel./Fax 51520188, www.rogalandsheimen.no (**). Gemütliche Holzhausvilla nahe des Stavanger-Museums. DZ 825 NOK.

• **Stavanger B&B,** Vikedalsgt. 1A, Tel. 5156 2500, www.stavangerbedandbreakfast.no, (***). Ruhige Pension östlich des Theaters. DZ ab 700 NOK inkl. Waffeln und Frühstück.

• **Sommerlide,** Eiganesveien 149, Tel. 5152 3171, www.sommerlide.com, (*). Nette Zimmer in alter Villa. Deutsche Besitzer. DZ 500 NOK.

• **Tone's B&B,** Claussønsgate 22, Tel. 5152 4207, www.tones-bb.net, (*). Kleine Pension in altem Holzhaus, direkt oberhalb von Gamle Stavanger. DZ 500 NOK.

• **The Thompsons' B&B,** Muségaten 79, Tel. 51521329, www.thompsonsbedandbreakfast.com, (*). Schönes Holzhaus, gute Zimmer. 800 m bis Zentrum. DZ 500 NOK.

• **Byhaugen,** Bruveien 6, Tel. 51535785, www.byhaugen.no, DZ 600 NOK. Kleines, rotes Häuschen.

• **Norwegian Holiday,** Tel. 48122688, www.norwegian-holiday.com, Apartments ab 650 NOK (6 Pers.)

Jugendherberge

• **Mosvangen Vandrerhjem,** am See Mosvatnet (2 km ab Zentrum, Bus 26 bis Schaucheholveien, die Treppen hinab, über den Campingplatz), Tel. 51543636, Fax 5154 3637, stavanger@hihostels.no, Anf. Juni–Ende Aug., Vorbestellung ratsam. DZ 650 NOK, Bett 280 NOK.

Camping

• **Mosvangen Camping,** neben der Jugendherberge, Tel. 51532971, Fax 51872055, mosvangencamping.no, geöffnet: 23.5.– 8.9. Einziger stadtnaher Platz. Schöne Wiese unter Buchen. 19 kleine Hütten (*/**). TV-Zimmer, durchschnittliche Qualität.

Essen und Trinken

Im Zentrum gibt es unzählige Restaurants mit internationaler und norwegischer Küche. Leider sind die Preise zumeist enorm hoch (250–400 NOK).

• **Die besten Restaurants** der Stadt haben sich unter dem Namen „Herlige Stavanger" zusammengeschlossen. Zu ihnen gehören das **Sjøhuset Skagen** (Skagenkaien 16), in einem Packhaus aus dem 17. Jh., und das hervorragende Fischrestaurant **Straen*** (Nedre Strandgate 15, Tel. 51843700), wo man im herrschaftlichen Ambiente des 19. Jh. speist. Hinter dem schwierigen Namen **N.B. Sörensen's Dampskibelsexpedition** (Skagen 26, Tel. 51843820) verbirgt sich ein ausgezeichnetes Seemannslokal. Hervorragende Gerichte serviert auch das Gourmet-Restaurant **Cartellet*** (Ø. Holmegt. 8, Tel. 51896022).

- **Preiswert Essen:** Café Sting (siehe unten); Dolly Dimple's (Pizzeria am Markt); Peppes Pizza (Kirkegata 2); Nye La Piazza (Holzhaus am Hafen, gegenüber des Fischmarkts, Pizza/Pasta 140–150 NOK, Fleischgerichte 300 NOK); Food Story (Klubbgt. 3; Suppen, Pasta, Fisch, 120–180 NOK). Einige Feinkost-Lokale haben sich zur Kette „Herlige Restauranter" zusammengeschlossen. Manche der Gaststätten bieten günstige Mittagsgerichte (*lunsjretter*, bis 18 Uhr) für 120–180 NOK: Bevaremegvel (Skagen 12, am innerstädtischen Hafen), N.B. Sörens's Dampskibelsexpedition (Skagen 26); Bølgen & Moi (im Ölmuseum; Mittagsmenü ab 150 NOK).

Kneipen/Nachtleben

In Stavanger tobt abends meist das (teure!) Leben. Am Skagenkaien (östliches Vågen-Ufer) und im dahinter liegenden Stadtviertel (vor allem in der Straße Skagen) liegen **unzählige Cafés und Pubs.** Die meisten sind allerdings am Freitag- und Samstagabend hoffnunglos überlaufen.

- Eine urige, gemütliche Kneipe ist das **Dickens** am Skagenkaien 6. In dem alten Packhaus kann man sich wirklich pudelwohl fühlen, nur ist es meist überfüllt.
- Am Valbergsturm liegt in einem alten Holzhaus das gemütliche **Café Sting.** Die Musik entspricht dem Namen des Cafés.
- Treff der Journalisten ist das mit Zeitungen tapezierte **Newsman** (Skagen 14).
- Blues und Rock, manchmal auch live, gibt es im **Café Garagen** am Strandkaien.
- Ein noblerer Pub, mit Bar und anheimelndem Kaminfeuer, ist das **Nåløyet** in der Nedre Strandgate 13.
- **Discos** finden sich meist **in den großen Hotels** der Stadt.

Festivals

- **Auswanderer-Festival** zur Erinnerung an die norwegischen Auswanderer in die Neue Welt Ende des 18., Anfang des 19. Jahrhunderts. Mitte Juni.
- **Jazz-Festival.** Mitte Mai.
- **Kammermusik-Festival.** Anfang/Mitte Aug.

Kunst und Kultur

- **Rogaland-Theater,** südlich des Bahnhofs, Tel. 51919090.
- **Kulturhaus Sølvberget,** Sølvberggt. 2 (im Stadtzentrum), Tel. 51507170. Kino, Bibliothek, Internet und deutsche Zeitungen. und **Norw. Kindermuseum.**
- **Internasjonalt Kultursenter,** Sandvigå 28, Tel. 51508845.
- **Galerien: Stavanger Kunstforening** (Madlaveien 33, Geöffnet: Mi.–Fr. 12–16 Uhr, Do. 14–20 Uhr, Sa. 12–16 Uhr, So. 12–16 Uhr), **Rogaland Kunstnersenter** (Nedre Dalgt. 4–6, geöffnet: Di.–Fr. 10–16 Uhr).
- **Stavanger Konserthus,** im Bjergstedpark nördlich der Altstadt, Tel. 51508810.

Aktivitäten

- **Baden:** Stavanger Svømmehall, westl. des Marktes; Sandstrände in Sola (siehe dort); Hvanna Badeland in Sandnes (siehe dort).
- **Fahrrad fahren:** bestens ausgebautes Fahrradwegenetz in Stavanger und Umgebung! Tourenkarten für Stavanger, Sola und Jæren und gratis Stadträder beim Turistkontor. **Fahrradverleih:** in der Touristeninformation.
- **Paddeln:** „Ut i Naturen", Sandvigå 24, Tel. 51561910, Kanuverleih.
- **Klettern:** Klatresenteret, Breiflåveien 15, www.klatresenter.no, Kletterausrüstungen.
- **Wandern:** Stavanger Turistforening, Boks 239, 4001 Stavanger, Besuchsadresse: Olav Vs gt. 18, Tel. 51840200.
- **Weitere Angebote:** Reiten, Tauchen, Tennis (am Rogaland Kunstsenter), Golf (18-Loch-Platz, Tel. 51555006), Bowling (Auglændsmyrå 9), Eishalle (Sept. bis April geöffnet) –

Infos in der Touristeninformation; weitere Sportmöglichkeiten: siehe unter „Sola" und „Sandnes".

Stadt- und Bootsrundfahrten

(Buchung in der Touristeninformation)

Eine zweistündige **Stadtrundfahrt** kostet 180 NOK. Eindrucksvolle Ausflüge in den **Lysefjord** und zum **Prekestolen** (300 NOK). Fahrten zum **Kloster Utstein** und nach **Helleren** am Jøssingfjord.

Shopping

- Das **Arkaden** entlang der Klubbgt. hat für ein **Einkaufszentrum** noch recht viel Atmosphäre. Es gibt 45 Läden, die bis 20 Uhr geöffnet haben, und einige Cafés (Parken ab 16 Uhr kostenfrei).
- **Haupteinkaufsstraße und Fußgängerzone ist die Kirkegate.**
- **Blumen** kann man auf dem Torget kaufen.
- Recht teure Krabben und Fisch werden auf dem kleinen **Fischmarkt** am Vågen verkauft.
- Husfliden, Kirkegt. 7. Typisch **norwegische Kleidung und Souvenirs.**
- **Oleana,** preisgekrönte norwegische Strickwaren. Kirkegt. 31, im Zentrum.
- Brukskunstsenteret, im Turm Valbergtårnet. **Kunsthandwerk.**
- Südlich der Stadt, am Weg nach Sandnes, liegt das **Kvadrat,** das mit 125 Läden **größte Einkaufszentrum Norwegens.**

Internet

- **Access Kommunikasjon,** Nytorget 15, und **Kulturhus Sølberget.** Mitten im Zentrum.

Sonstiges

- **Studententreffpunkt Folken:** Ny Olavskleiv 16, Tel. 51565767 (zwischen Breiavannet und dem Ledaal-Herrenhaus). **Apotheke:** Olav V's g 11 (am See Breiavatnet, bis 23 Uhr); **Arzt:** Legevakt Bergåstjern Sykehjem (Bergåsv. 13), **Notdienst:** 51510202; **Post:** Haakon VII's gate, am See Breiavatnet; **Vinmonopolet:** Olav Vs gt. (am See Breiavatnet).

Umgebung

Sola

⬀XXII/A1

Die **Landschaft Nord-Jærens** westlich von Stavanger ist für hiesige Verhältnisse eben wie ein Parkett und zählt zu den ältesten Siedlungsgebieten des Landes. Schon 8000 v.Chr. lebten hier Menschen.

Bekannt ist die Region durch die **Schlacht am Hafrsfjord** geworden. Im Jahr 850 stellte sich hier *Harald Hårfagre* (Harald „Schönhaar") unterhalb der Burg am Ytraberget (Ruinen nahe der Rv 510) seinen Kontrahenten. Er ging aus dem Kampf als Sieger hervor und konnte so das bis dahin unter vielen Kleinherrschern aufgeteilte Norwegen zum ersten Mal in der Geschichte einen. Selbstverständlich ernannte er sich selbst zum König des neuen Reiches. In Gedenken an dieses bedeutsame Ereignis errichtete man drei **überdimensionale Schwerter,** welche bei Madla am Nordufer des Hafrsfjords aus der Landschaft ragen.

Neben weiteren kulturhistorischen Sehenswürdigkeiten, wie dem Flughistorischen Museum (Flyhistorisk Museum, 30 alte Flugmaschinen, geöffnet: 12–16 Uhr, 50 NOK) und der romanischen Kirche in Sola, findet der Besucher hier wunderschöne weiße **Sandstrände** und exzellente Bedingungen für erholsame **Fahrradtouren** vor.

- Von Stavanger fahren **Busse** u. a. nach Sola/Solastranden, Tananger, Tjelta und Ølberg.
- **Unterkunft: Sola Strand Hotel,** Axel Lundsv. 27, Solastranden, 4050 Sola, Tel. 51943000, Fax 51943199, (*****). Nähe Flughafen am Strand. Restaurant, Surf- und Tennismöglichkeit.

• **Camping/Hütten**
Ølberg Camping, 4053 Ræge, Tel. 5165 4375, 15.5.–1.9. Am Strand von Ølberg. Camper können direkt in den Dünen zelten. 5 Hütten (*). Über die Rv 510 erreichbar. Südlich des Flughafens dem Nordsjøveien, am Golfplatz dann dem Ølbergveien folgen. Nebenan: **Ølbergstranden Apartments og Hytteutleie** (ganzjährig gute Apartments und Hütten, 700 NOK, Tel. 5165 4900), Bus nach Stavanger, www.olbergstranden.no.
Sola Motell & Camping, Nordsjøvegen 315, 4053 Ræge, Tel. 51654328, ganzjährig geöffnet. Nahe des Solastrandes 20 Hütten (*).
Obrestad Hytteutleige, Obrestad bei Nærbø, über Rv 44 erreichbar, Tel. 51435223, www.obrestadhytte.com, tolle Häuser in Wassernähe, ab 700 NOK/Tag.
• **Baden: Sandstrände** gibt es u.a. in Sola (Fluglärm, aber herrliche Lage), Ølberg (am Campingplatz) und westlich von Tjelta.
• **Fahrradverleih:** Sola Sykkel & Sport, im Zentrum v. Sola-Solakrossen, Tel. 51650319.
• **Reiten:** Sola Hestesenter, Snødevn, 4098 Tananger, Tel. 51699940.

Sandnes ↗XXII/A1

Die Stadt hat etwa **60.000 Einwohner** und geht im Norden fast nahtlos in Stavanger über. Bekannt ist Sandnes für seine Töpfer- und Ziegeleiwaren sowie die DBS-Fahrräder. Der Ort selbst macht nicht viel her, wobei man versucht ist, diesen aufzuwerten. Es gibt gute Einkaufs- und vielfältige Sportmöglichkeiten. In der Storgt. 26 im Zentrum entsteht zudem bis 2008 die **Vitenfabrikken** (die Wissensfabrik). Zu besuchen sind derzeit eine Ausstellung mit 30 interaktiven Modellen zu Zeichnungen Leonardo da Vincis, ein Planetarium und eine interaktive Mathematikausstellung, gewidmet dem norwegischen Mathematiker *Nis Henrik Abel* (geöffnet: Mitte Juni–Mitte Aug., 11–17 Uhr, sonst So. 12–15 Uhr, 60 NOK).

Südlich von Sandnes nahe Figgjo/Ålgård liegt der riesige **Kongeparken-Freizeitpark.** Ein überdimensionaler begehbarer Gulliver, ein Dino-Park, eine Modellstadt, Zirkus und viele Rummelplatz-Attraktionen machen die Anlage äußerst attraktiv, aber auch teuer. Allerdings sind so ziemlich alle Attraktionen im Preis inbegriffen (geöffnet: 10–18 Uhr, Mai, Anfang Juni, Sept. nur an Wochenenden, 250 NOK).

Einen (billigeren) Besuch lohnt auch das unweit gelegene **Rogaland-Arboretum** mit über 1000 verschiedenen Bäumen (E 39, Abzweig Sviland).

In Sandnes selbst liegt der Hove Fuglepark, ein kleiner aber feiner **Vogelpark** im Hoveveien 4.

• **Touristeninformation: Sandnes Reiselivsenter** (nahe des Bahnhofs), Vågsgt. 22, Tel. 51605555, www.visitsandnes.com.
• **Busse und Züge** Richtung Stavanger und Kristiansand.
• **Unterkunft: Rainbow Sandnes Hotel,** an der Rv 44 nördlich des Zentrums, Tel. 51962000, Fax 51962100, (***). Schönes Hotel mit Restaurant und Sauna, nahe des Fjords gelegen.
• **Camping: Vølstadskogen Hytte- og Campinganlegg,** nahe der Kreuzung E 39/Rv 509, Tel. 51627120, 20 Hütten (**/***), ganzjährig. An der Kreuzung auf die Rv 509 nach Sola abbiegen, 1. Straße nach links, dann nach rechts in den Gamle Austvollvei (Nr. 5).
• **Essen und Trinken: Dollie Dimples,** Kirkegt. 4. Schmackhafte Pizzen zum kleinen Preis.
• **Fahrrad fahren:** In der Touristeninformation können für das Stadtgebiet gratis Fahrräder geliehen werden. Ansonsten: Spinn Sykkelshop (Elvegaten 11, im Zentrum, Rv 44), Roviks Sykkel (Jernbaneveien 30, nahe Bahnhof), Naboen (Madlaveien 50).
• **Weitere Angebote:** Bowling, Squash, Reiten, Tauchen, Tennis – Infos in der Touristeninformation.

● **Shopping:** Die **Fußgängerzone** im Zentrum ist die längste Norwegens. **Einkaufszentren:** Vågen 33 (im Zentrum), Havanna (am Badeland), Kvadrat (125 Läden, an der E 39, nördlich von Sandnes). **Fabrikverkäufe:** Waren mit leichten Fehlern, bis zu 50 % billiger. Sandnes Garn (Strickwaren, an der Rv 505, ca. 3 km südl. Sandnes); Iittala Høyang Polaris Fabrikkutsalg (Pozellan, Glas, Pfannen; neben Sandnes Garn); Figgjo Butikk (Porzellan, in Figgjo an der E 39, etwa 6 km ab Sandnes).

Lysefjord – Prekestolen ⇗XXII/B1

Der Lysefjord mit seiner majestätischen Felskanzel Prekestolen ist zweifellos **eine der größten Naturattraktionen Südwestnorwegens.** Erlebt werden kann die Region auf drei Routen: einer Wanderung zum Prekestolen, einer Bootstour durch den Lysefjord oder einer Fahrt auf der Serpentinenstraße hinab nach Lysebotn am Ende des Meeresarmes. Letztere Routen können zu einer Rundfahrt kombiniert werden. Dabei geht es zunächst von Stavanger **mit der Fähre durch den Lysefjord,** vorbei am Prekestolen nach Lysebotn. Von dort führt die **Serpentinenstraße** über 27 atemberaubende Haarnadelkurven 900 Höhenmeter hinauf Richtung Sinnes/Svartevatn. Hier biegt man auf die Rv 45 und fährt durch das wildromantische Hunnedal vorbei an dem gigantischen, durch Eissprengung entstandenen Geröllfeld Gloppedalsura zurück nach Stavanger. Die Tour kann auch als geführter Tagesausflug über das Turistkontor in Stavanger gebucht werden.

Lysefjord: Dieser schmale **Meeresarm** zählt zu den schönsten und eigentümlichsten Fjorden Norwegens. Im Gegensatz zum Hardanger- oder Sognefjord lässt er jeden Liebreiz vermissen. Insbesondere bei Regen und Nebel verwandeln sich – etwas Fantasie vorausgesetzt – seine steilen und rundgeschliffenen Felshänge zu bedrohlichen Fabelwesen und Trollen. Als Kontrast zu den heidnischen Bergriesen ragt am Fjordufer der knapp 600 m hohe, atemberaubende **Prekestolen** („Predigtstuhl") in den Himmel. Die scharfkantige „Felskanzel" ist beliebtes Ziel zahlloser Wanderer, die einem der herrlichsten Wanderwege ganz Skandinaviens folgen.

Am Beginn des Lysefjordes können das **Lysefjord Center** in Oanes (geöffnet im Sommer 10–20 Uhr, ansonsten 11–16 Uhr; gezeigt werden Filme zur Kultur, Geografie und Natur des Lysefjordes) und die **frühzeitliche Siedlung Landa** in Forsand besucht werden. In Landa siedelten schon 1000 v.Chr. Menschen. Restauriert und der Öffentlichkeit zugänglich gemacht wurden je ein Haus aus der Bronze- und aus der Völkerwanderungszeit. Die Bau- und Ausgrabungsarbeiten dauern derzeit noch an.

● **Touristeninformation: im Kraftwerksort Lysebotn,** am Ende des Lysfjordes. Informationen über die Region gibt es auch **im Lysefjord Center** in Oanes (am Beginn des Fjordes, Rv 13), Tel. 51703123.
● **Busse:** siehe unter „Stavanger".
● **Fähre:** Stavanger – Tau (Rv 13), 40 NOK/Person, 120 NOK/Auto; Lauvvik – Oanes (Rv 13), 23 NOK/Person, 55 NOK/Auto. Touristroute: Stavanger – Lauvvik – Lysebotn, 15.6.–8.9., 10 Uhr ab Stavanger (Ankunft 14 Uhr), 15 Uhr ab Lysebotn (Ankunft 19 Uhr), Auto inkl. Fahrer 400 NOK, Erwachsener 210 NOK (ab Lauvvik, wo der Fjord ei-

237bno Foto: ms

237ano Foto: ms

gentlich erst beginnt, billiger), Vorbestellung, speziell wenn das Auto mit soll, ist angeraten (Tel. 51868780, oder im Turistkontor Stavanger, www.tide.no).

- **Maut:** An der Rv 45 bei Gjesdal gibt es eine automatische Mautstation. Einfach durchfahren – Rechnung wird zugesendet.

- **Unterkunft**

Vandrerhjem Prekestolhytta, am Prekestolen Parkplatz, Tel. 51742074, Fax 51749111, www.preikestolhytta.no, April bis Okt. Wunderbare Jugendherberge in einem grasbewachsenen Haus, DZ ab 740 NOK, Bett 280 NOK. Idealer Ausgangspunkt für Wanderungen zum Prekestolen. 4x täglich Bus/Fähre nach Stavanger (110 NOK). Neben dem Gebäude eröffnete Ende 2008 die neue Preikestolen Fjellstue. Das architektonisch anspruchsvolle, nach ökologischen Prinzipien erbaute Haus beherbergt die Rezeption, 28 neue Zimmer und ein Infocenter.

Auf dem Prekestolen

Wald am Prekestolen

- **Camping/Hütten/Zimmer**

Preikestolen Camping, Jørpeland, Rv 13, Tel. 51748077, www.preikestolencamping.com. Gut ausgestatteter, sehr schöner Platz ohne Hütten. Sehr saubere Sanitäranlage, Internet.

Solvik Camping, Tveitavikveien 1, Jørpeland, Tel. 51747712, www.solvik-camping.no. Ganzjährig geöffneter, sauberer Platz mit guten Hütten für 700 NOK und schöner Lage.

Frafjord Hytteutleie, am Ende des Frafjords, einem Seitenarm am Beginn des Lysefjords, über Rv 45 erreichbar, 34 km bis Stavanger, Tel. 51616160, tolle Hütten (850 NOK) in perfekter Lage.

Lysefjorden Vandrerhjem, JH am Ende des Fjords in Lysebotn, Tel. 94826602, Mitte Ju-

ni–Ende Aug., EZ 250 NOK, DZ 750 NOK. Angenehme Unterkunft. Alle Zimmer m. Bad.
Lysefjord Hyttegrend, nördlich von Oanes, Tel. 51700750, www.lysefjord-hyttegrend.no, ganzjährig geöffnet, sehr schöne Hütten ab 500 NOK.
Lysebotn Touristcamp, Tel. 90832035, www.lysebotn-touristcamp.com. Schöner Platz am Ende des Fjordes. Hütten ab 650 NOK, Bett in der Turisthytte 250 NOK. Zeltwiese.

• Wanderungen

Prekestolen: Man setzt von Stavanger aus mit der Fähre nach Tau (südlich des Ortes: am Fjord gelegene Felszeichnungen - Helleristninger) über und fährt nach Süden über Jørpeland zum Parkplatz am Prekestolen (gebührenpflichtig, 60 NOK). Für die mittelschwere, unbeschreiblich schöne Wanderung, bei der man gute, griffige Wanderschuhe tragen sollte, müssen, je nach Kondition, 1,5–2 Stunden Gehzeit pro Richtung eingeplant werden. Markiert ist der Weg mit einem roten „T" und führt durch eine urtümliche Fels- und Moorlandschaft.

Ab dem Parkplatz kann man noch **vier weitere Wanderungen** unternehmen, so z.B. um den herrlichen Refsvatn herum. Auf der dreistündigen Tour passiert man Birkenwäldchen, kleine Moore und den am See gelegenen Hof Torsnes.

Kjerag: Etwa 800 m oberhalb von Lysebotn, am Ende des Lysefjord, an der Serpentinenstraße, liegt das Panoramarestaurant Øygardstølen. Hier beginnt der mit roten „T"s und Steintürmchen markierte Weg zur 984 m hohen Abbruchkante Kjerak sowie einem zwischen zwei Bergmassiven eingeklemmten Felsbrocken. Es sind einige steilere Abschnitte und rutschige Steine zu überwinden (Wanderschuhe angeraten!). Für die außergewöhnlich beeindruckende, mittelschwere Wanderung sind 2 Stunden pro Richtung einzuplanen (Weg immer gut erkennbar). An der Abruchkante ist Vorsicht geboten. Wer nicht schwindelfrei ist, sollte die Wanderung lieber nicht unternehmen. Der Sicherheit und der grandiosen Aussicht über den Lysefjord wegen lohnt diese Tour nur bei schönem Wetter.

Månafossen: Zum 92 m hohen Wasserfall gelangt man, indem man an der Rv 45 über eine Serpentinenstraße Richtung Frafjord abbiegt. Vom Parkplatz wandert man über Treppen und an Ketten entlang und weiter in das wilde Månedalen. Parken: 20 NOK.

Das Binnenland

Zwischen der südnorwegischen Küste und der unwirtlichen Hochebene Hardangervidda liegt die **Telemark,** „Norwegen im Kleinen", wie sie oft genannt wird. Und tatsächlich findet der Urlauber hier von allem etwas: im Nordteil raue Berge, deren mächtigster der 1881 m hohe Gaustatoppen ist, gen Süden eine an den Schwarzwald erinnernde idyllische Mittelgebirgs- und Seenlandschaft, die durchzogen wird vom berühmten Telemark-Kanal - kurz, ein Paradies für Wanderer, Paddler und Wintersportler, deren Mekka Morgedal sein dürfte, wo der „Slalom" erfunden wurde.

In diesem Kapitel werden auch das an Stabkirchen reiche **Numedal** (Kongsberg - Geilo) und das ursprüngliche **Setesdal** (Kristiansand - Haukeligrend) beschrieben.

Von Oslo kommend, biegt man in Drammen auf die E 134 ab und gelangt über die nichtssagenden Orte Mjøndalen und Hokksund (Hokksund Camping: 24 Hütten sind ganzjährig geöffnet, Tel. 32754242) nach Kongsberg.

In **Hokksund** lohnen einen Zwischenstopp die **Glashütte Nøstetangen Glass** (Stryken 8, Di.–Fr. 11–16.30 Uhr, Sa. 11–15 Uhr) und im Nachbarort Steinberg die Galerie **Gulden Kunstverk** mit 60 Kunstwerken berühmter

240no Foto: ms

Rosenmalerei

Die Rosenmalerei als Form der dekorativen Verzierung gelangte im 18. Jahrhundert, ausgehend vom französischen Königshof, über Mitteleuropa nach Norwegen und fand hier wohl ihre emsigsten Nacheiferer. Speziell in der Telemark, im Halling- und im Numedal war die von Renaissance und Barock beeinflusste Kunst besonders weit verbreitet.

Zumeist waren es arme Bauern und Häusler, die, ohne dass sie eine Kunstausbildung gehabt hätten, in der kalten Jahreszeit von Haus zu Haus zogen und sich so als autodidaktische Dorfmaler ein Nebeneinkommen verdienten. Nur wohlhabendere Leute konnten es sich leisten, Geschirr, Truhen, Schränke, Betten, ja ganze Zimmer mit Blumenranken und der immer wiederkehrenden Rose verschönern zu lassen. In zahlreichen Stabkirchen hielten die blühenden Verzierungen Einzug und verliehen so deren düsteren Innenräumen Schwung und Farbe.

Mit zunehmendem Einfluss der städtischen Lebensweise im 19. Jahrhundert ging auch die Bedeutung der Rosenmalerei zurück. Allerdings überdauerte sie die Zeit und ist heute noch vereinzelt ein netter Zeitvertreib an kalten Winterabenden.

norwegischer Maler, temporären Ausstellungen und einem gemütlichen Café (Mi.–So. 11–17 Uhr). Zudem empfehlenswert ist ein 14-km-Abstecher über die Rv 35 zum **Blaafarveværket.** Die **Königlich-Norwegische Grube** in **Modum** wurde 1773 eröffnet. Gefördert wurde Kobalterz, aus dem man blauen Farbstoff zur Tönung von Glas und Porzellan gewann. Neben vielen hübschen, alten Holz- und Fachwerkbauten gibt es einen großen Bauernhof mit Tieren, ein Museum über den Trollmaler *Theodor Kittelsen* und einen Laden, in dem die typischen blauen Glaswaren feilgeboten werden. Geologisch Interessierte können Rundgänge durch die Gruben und über die Halden unternehmen (geöffnet: Sommer 10–18 Uhr, ansonsten So. 11–18 Uhr, 60 NOK, Studenten 40 NOK, Gelände gratis).

11 km weiter nördlich liegt Vikersund mit einer der fünf derzeit existierenden Skiflugschanzen der Welt. Auch beginnt hier die nach Krøderen (siehe dort) führende Krøderen-Museumsbahn.

Kongsberg

↗XX/B1

Inmitten einer dichten Waldlandschaft liegt der Bergwerksort Kongsberg **(23.000 Einwohner).** Von 1623–1957 schürfte man hier unter Tage nach Silber. Heute ist der wichtigste Arbeitgeber eine **Waffenfabrik,** die einzige des Landes. Doch keine Bange, es geht friedlich und ruhig zu in der Stadt, die wie viele andere Orte Norwegens zweigeteilt ist: Auf der einen Seite des Flusses befindet sich das neue Stadtzentrum mit modernen Gebäuden und Geschäften, auf der anderen Seite die Altstadt mit einigen Holzhäusern und der wuchtigen barocken Backsteinkirche. Alles in allem macht Kongsberg einen angenehmen Eindruck und ist ein günstiger Ausgangspunkt für Ausflüge in die naturbelassene Umgebung.

Sehenswertes

Östlich des Flusses Lågen, dort, wo er nach Süden abknickt, liegt das **Lågdal-Museum** mit dem Optikermuseum und der Volkskundeabteilung. In den 35 Gebäuden, die teilweise mit Rosenmalerei verziert sind, werden die Geschichte und die Traditionen des Numedal dokumentiert. Auch eine alte Kongsberger Stadtstraße aus dem 18./19. Jahrhundert ist nachgebaut worden. Eine neue Abteilung, das Vassdragsmuseum, schildert die Geschichte der Wassernutzung und Flößerei der Kognsberger Region (geöffnet: Ende Juni–Mitte Aug. täglich 11–17 Uhr, ansonsten Mo.–Fr. 11–15 Uhr, 50 NOK).

Westlich des Lågen befindet sich der ältere Teil der Stadt. Unten am Fluss das Gebäude des **Bergwerks-, Ski-** und des königlichen **Münzmuseums.** Dokumentiert werden die Entwicklung des norwegischen, speziell des Kongsberger Bergbaus, die Abbautechniken und die Funde wie Silber und Mineralien. Das auch die Geschichte des Skilaufens nachgezeichnet wird, mag wohl daran liegen, dass der berühmte Skispringer und Olympiasieger *Birger Ruud* in Kongsberg geboren wurde und der Ort sich zunehmend als Wintersportort etablieren möchte (geöffnet: 18.5.–31.8., täglich 10–17 Uhr, sonst So. 12–16 Uhr, 70 NOK, Lage: am Wehr des Lågen).

Oben auf dem Berg liegt die **Kongsberg-Kirche.** Äußerlich wirkt das 1761 erbaute Haus sehr massiv und streng. Im Inneren jedoch entfaltet sich seine ganze Pracht! Selten noch wird man in Norwegen ein Gebäude mit so viel Prunk erleben. Die barocke Ausstattung mit Silberleuchtern, Königsloge und Emporen lässt erahnen, wie reich und mächtig Kongsberg im 18. Jahrhundert war. Platz haben im Gotteshaus nicht weniger als 3000 Besucher (geöffnet: Mitte Mai–Ende Aug. Mo.–Fr. 10–16 Uhr, Sa. 10–13 Uhr, So. 14–17 Uhr, ansonsten: Di.–Do. 10–12 Uhr, 30 NOK).

7 km südwestlich von Kongsberg, an der Straße E 134 nach Notodden, liegen die alten **Silberbergwerke** *(Sølvgruvene).* Mit einer Schmalspurbahn kann man 340 m tief in den Berg einfahren und bekommt so einen Einblick in die alten Abbaumethoden. Für die Inbetriebnahme 1623 wurden von König *Christian IV.* extra Spezialisten aus Sachsen angeheuert. Die nach seiner Majestät benannte Königsgrube war bis 1957 in Betrieb (Touren: Mai bis Sept. 1–4x täglich, immer jedoch um 14 Uhr, 140 NOK, Bus ab Kongsberg).

Touristeninformation

- **Kongsberg Turistservice,** Karschesgt. 3, Tel. 32299050, www.visitkongsberg.no.

Orientierung

- Die E 139 führt sowohl am neuen Zentrum (östlich des Lågen, Ausschilderung „Sentrum“) als auch am alten Stadtzentrum vorbei (westlich des Lågen, Ausschilderung „Kongsberg Kirke“, „Bergverksmuseet“).

An- und Weiterreise

- **Bahnhof:** im neuen Stadtzentrum. 10–15x täglich Lokalzug nach Oslo. 5x täglich nach Skien, Kristiansand, Stavanger.
- **Busbahnhof:** neben dem Bahnhof. **Fernbusse: 180, 185;** Regionalbusse ins Numedal, nach Svarstad, Larvik, Notodden, Dalen.
- Mit **www.timekspressen.no** nach Oslo (170 NOK) und Bø.

Unterkunft

- **Quality Grand Hotel,** Chr. Augustsgate 2, Tel. 32772800, Fax 32734129, (*****), Sommer (****). Kastenförmiges Haus mit Restaurant, Bar, Hallenbad, Sauna und einem Tennisplatz.
- **Gyldenløve Hotell,** Hermann Fossgt. 1, Tel. 32865800, Fax 32865801, (*****). Etwas altmodisches Hotel mit gediegenem Restaurant, Sauna und Disco.

Jugendherberge

- **Kongsberg Vandrerhjem,** Vinjesgate 1 (nahe Kreuzung E 134/Rv 40), Tel. 32732024, www.kongsberg-vandrerhjem.no, Weihnachten/Neujahr geschlossen. Bett 350 NOK, DZ 900 NOK. Tolles Frühstück, für eine JH sehr komfortabel (und teuer).

Camping/Hütten

- **Hamremoen Gård,** in Skollenborg (Rv 40), 15 km südl. Kongsberg, Tel. 32768859, www.hamremoen.no. Bauernhof mit preiswerten Hütten (**) und kleinem, familiären Zeltplatz.

Essen und Trinken

- **Jonas B. Gundersen,** am Markt im neuen Stadtzentrum: hervorragende italienische Pizzen ab 150 NOK.

Aktivitäten

- **Fahrrad fahren:** Fahrräder vermietet das Turistkontor.
- **Wandern:** Das am westlichen Stadtrand beginnende **Knutefjell** eignet sich ideal für ausgedehnte Wanderungen. Unterwegs trifft man immer wieder auf Überreste des Kongsberger Bergbaus – Infos über Routen im Turistkontor.
- **Wintersport:** Skizentrum am westlichen Ortsrand: 5 Lifte, 340 m Höhenunterschied, Loipen.
- **Weitere Angebote:** Kongsberg Jazzfestival (Juli), Kino, Bowling (Numedalsveien).

Numedal

↗XVI/A,B3

Von Kongsberg aus in Richtung Norden führt die Straße 40 durch das bilderbuchschöne, über Jahrhunderte hinweg nur schlecht erschlossene Numedal. Die wenigen Bewohner leben hauptsächlich von der Land- und Forstwirtschaft. Abgesehen von den vier Wasserkraftwerken, deren ältestes schon 1927 in Nore erbaut wurde, gibt es hier **kaum Industrie.** Das Tal konnte so weitestgehend seine **Ursprünglichkeit** bewahren. Ausgedehnte Wälder, fruchtbare Almen, uralte Bauernhöfe (z.B. in Kravik) und vier kleine, aber sehenswerte Stabkirchen sind zu erkunden. Das teils weite, dann wieder sich zu Schluchten verengende Tal ist bei einer Fahrt in Richtung Geilo und Sognefjord eine lohnende Alternative zum parallel verlaufenden, weitaus verkehrsreicheren Hallingdal.

In Veggli und westlich von Uvdal besteht die Möglichkeit, über das Gebirge nach Austbygdi zu fahren. Der Ort liegt im abgelegenen, waldreichen Tessungendal. Über Rjukan kann man dann zur E 134 zurückkehren.

Sehenswertes (von Süd nach Nord)

Flesberg-Stabkirche ⇗XVI/A3

Dieser Kirche sieht man ihre Ursprünge nicht mehr an, da sie 1735 zu einer Kreuzkirche umgebaut wurde. Sie besitzt allerdings ein schönes Drachenportal.

Freilichtmuseum Dåsettunet

Ebenfalls in Flesberg steht dieses Museum, eine original erhaltene Hofanlage bestehend aus zwanzig Gebäuden (geöffnet im Juli Di., Do., Sa., So. 11–16 Uhr). Am Museum beginnt ein 2,5 km langer Naturlehrpfad durch den angrenzenden Wald.

Rollag-Stabkirche ⇗XVI/A3

Auch diese, 1425 zum ersten Mal erwähnte Stabkirche wurde im 17./18. Jahrhundert stark verändert. Man baute einen neuen Chor an, verzierte das Gebälk mit barocken Wandmalereien und setzte Fenster ein. 1702 kamen noch Galerien und Querflügel hinzu. Das Ergebnis der Umbauten ist eine **gelungene Verbindung aus Stab- und Blockbautechnik.** Die barocke Altartafel stammt aus dem Jahre 1670. In deren Mitte ist ein Relief zu sehen. Es ist ein Abguss eines Silberreliefs aus der Fredriksborg-Schlosskirche in Dänemark, der Dürers „Kleine Passion" zeigt. Die Kanzel von 1763 ist die erste Rokokoarbeit Numedals und zeigt die 4 Evangelisten (geöffnet: 23.6.–15.8. 11–17 Uhr, So. ab 12 Uhr, 30 NOK). Anfahrt: Von der Rv nach Rollag Sentrum abbiegen. Auf der anderen Flussseite 5 km nach Norden.

Vor der Kirche steht ein Steinkreuz aus dem 11. Jahrhundert. Es war der erste christliche Versammlungsort im Numedal.

Nore-Stabkirche ⇗XVI/A3

Die kleine Einmaststabkirche wurde schon im 12. Jahrhundert erbaut. Das Mittelschiff und das Drachen- und Blattmotive darstellende Westportal (um 1200 errichtet) sind in ihrer mittelalterlichen Gestalt erhalten geblieben. Chor, Querschiffe, Sakristei und Eingangshalle wurden im 17./18. Jahrhundert angefügt bzw. verändert. Beachtenswert sind innen neben der **Rosenmalerei** die Bibelsprüche an den Wänden. Sie haben Form von Bilderrätseln (geöffnet: 11.6.–13.8. 10–18 Uhr, 30 NOK).

Uvdal-Stabkirche ⇗XVI/A2

Man sollte sich nicht irritieren lassen. Die große Stabkirche im Ort ist nur eine Imitation. Das aus dem 12. Jahrhundert stammende Original ist viel winziger und steht am Berghang inmitten eines Freilichtmuseums mit Bauernhäusern aus dem 17. und 18. Jahrhundert. Es ist sicherlich die **schönste Stabkirche des Tales.** Als Hauptstützen dienen ihr lediglich zwei Mäste. Beachtenswert sind die prachtvolle Ausschmückung mit **Rosen- und Fruchtmalerei** (symbolisch für die Früchte des Glaubens) sowie das Westportal. Die rechte Seite stellt *Gunnar* in der Schlangengrube dar. Zu seinen Füßen eine Harfe, deren Spiel die Schlangen einschläfern soll. Auf der linken Seite ist ein Rebenmotiv

243no Foto: ms

zu erkennen, das aus dem Rachen eines Tierkopfes aufsteigt (geöffnet: 1.6.–31.8. 9–18 Uhr, 40 NOK).

Touristeninformation

- **Numedal Turistservice,** 3632 Uvdal, Tel. 32741390, Fax 32741391, www.visitnumedal.com.

Uvdal-Freilichtmuseum

Heddal-Stabkirche

An- und Weiterreise

- **Lokalbus** Kongsberg - Flesberg - Uvdal - Dagali–Geilo (im Hallingdal), Mo.–Fr. 6x tägl., Sa./So. nur 2x, hält nahe der Unterkünfte.

Unterkunft

- **Rødberg Hotell,** Rødberg, Tel. 32741640, Fax 32741381, (****). Schlichtes und doch bequemes Hotel, Pub und Café (Tagesgericht - „dagens middag" - 100–120 NOK; Di. traditionelles norwegisches Essen).
- **Dagali Hotell,** Dagali, Tel. 32093700, Fax 32093810, (*****). Traditionsreiches Hochgebirgshotel südlich von Geilo, mit guten Zimmern, Restaurant, Bar und Sauna.
- **Vasstulan Høyfjellseter,** Uvdal, Tel. 32743600, Fax 32743770, (****). 1100 m hoch gelegenes Hotel. Fahrrad-, Langlaufski-Verleih. Im Winter beginnen die Loipen direkt am Haus. Hütten (*/***).
- **Veggli Vertshus** in Veggli, Tel. 32747900, www.veggli-vertshus.no. Einfaches Gasthaus mit DZ für 800 NOK. Besonderheit: Übernachten in einem ausrangierten Zug, dies allerdings sehr teuer. Preiswertes Café. Teuer, aber sehr gut ist das „Mittelalter-Menü" (370 NOK). Zudem: Draisine 60 NOK, Minigolf, Kanuverleih, Badestelle.

Jugendherberge

- **Uvdal Vandrerhjem,** Tel. 32743020, geöffnet: 10.6.–1.9. In dem hübschen Holzhaus gibt es das DZ für 380 NOK, das Bett schon für günstige 175 NOK.

Camping/Hütten

- **Fjordgløtt Camping og Hyttesenter,** Rødberg, Tel. 32741335, www.fjordglott.net, ganzjährig. Sehr gut ausgestatteter Platz mit 6 Hütten (*/***/****). Fahrräder, Boote, Sauna, Solarium.
- **Norefjord Camping,** Nore, Tel. 32745154, ganzjährig geöffnet. 15 einfache Hütten (*). Gute Angel- und Bademöglichkeiten, Bootsverleih.
- **Søre Traaen,** Rollag, Tel. 32746838, www.traaen.no, Denkmalgeschützter Bauernhof mit tollen Hütten (***).
- **Uvdal Resort,** Tel. 32743108, www.uvdalresort.no. Ganzjährig geöffneter Platz zwi-

schen Straße und Fluss, mit 15 guten Hütten (*/**) und einer Minigolfanlage, Fahrradverleih, Pizzarestaurant.

- **Røisland Hytteutleie og Camping,** Uvdal, Tel. 32743057, ganzjährig geöffnet. 6 gut ausgestattete Hütten (***).
- **Brøstrud,** Uvdal, Tel./Fax 32743609, www.brostrud.no. Schöner Bauernhof nahe des Skigebietes, DZ 750 NOK. Hütten (***).
- **Uvdal Høyfjell og Hyttesenter,** Tel. 32743773, Fax 32743707, www.uvdal.no. 15 sehr komfortable Hütten direkt an den Liften. Es werden auch Fahrräder vermietet.
- **Torsetlia Fjellstue,** Dagali, Tel. 32743681, www.torsetlia.no, Luxushütten (****) mit Outdoor Whirlpool. Zudem gute Hotelzimmer.

Aktivitäten

- **Draisine:** Auf den Schienen der stillgelegten Numedal-Bahn können vom Veggli Vertshus aus Ausflüge mit einer Draisine unternommen werden (40 NOK pro Stunde).
- **Fahrrad fahren:** Durch das Tal führt die Numedalsruta, ein mit weinroten Schildern markierter Fahrradweg von Larvik über Kongsberg nach Geilo im Hallingdal. Hier kann man weiter dem Rallarvegen folgen (siehe „Flåm“). www.numedal.net/numedalsruta. Fahrradverleih: im Rødberg Hotel und in Kongsberg.
- **Langedrag Naturpark:** 25 verschiedene Tierarten, u.a. Wölfe, Hochlandrinder, Pferde, Rentiere und Polarfüchse; ab Rødberg 28 km Richtung Tunhovd; 10–18 Uhr, 160 NOK (Familien 500 NOK), www.langedrag.no.
- **Aktivitätszentrum:** Dagali Opplevelser in Dagali, Tel. 32093820, www.dagaliopplevelser.no, U.a. Rafting und Go-Cart.
- **Wintersport:** Modernes Skizentrum in Uvdal: 3 Lifte, 9 Abfahrten, 620 m Höhenunterschied, 180 km Loipen - eine Alternative zum nicht weit entfernten Geilo. www.uvdalalpin.no.

Auf der E 134 geht es von Kongsberg nach Notodden.

244no Foto: ms

Notodden ↗XX/B2

In dem **Industrieort (12.000 Einwohner,** Fylke Telemark) gibt es außer ein paar alten Werksgebäuden von „Norsk Hydro" (mit einem Museum zur Industriegeschichte) nichts Sehenswertes. Der Chemie-Betrieb wurde 1905 hier in Notodden gegründet und zählt zu den bedeutendsten Unternehmen Norwegens. Heute dominieren die kunststoff- und die holzverarbeitende Industrie das Wirtschaftsleben der Stadt.

Schlussfolgerung: Gleich weiterfahren zur **Stabkirche von Heddal** (5 km westlich von Notodden an der E 134). Sie ist die **größte Stabkirche des Landes** und eine der berühmtesten! Stolze 26 m ist sie hoch und erinnert wie keine andere an eine asiatische Pagode. Ursprünglich stammt sie aus dem 12. Jahrhundert. 100 Jahre nach ihrer Gründung wurde sie, wahrscheinlich durch den Zusammenschluss zweier Stabkirchen, zu ihrer monumentalen Größe aufgestockt. Im 17. Jahrhundert zerschnitt man die Masten und zog eine Zwischendecke sowie Emporen ein. Durch die Renovierungsarbeiten 1952–1954 erhielt das Innere sein mittelalterliches Aussehen zurück. Dieses wirkt allerdings durch die Verwendung neuer Hölzer sehr modern und hell. Ob das dem Troll Finn, der einer Sage zufolge die Kirche an drei Tagen erbaut haben soll, gefällt, sei dahingestellt ... Die Restaurationsphase überstanden haben auf alle Fälle die prächtigen Altartafeln aus dem Jahr 1667 und die ornamentreichen Portale, deren schönstes sicherlich das Südportal ist, verziert mit recht rätselhaften Figuren als Säulenabschluss.

Im gegenüberliegenden Restaurantgebäude gibt es im Keller eine interessante **Ausstellung** zur Geschichte der Heddal-Stabkirche (geöffnet: 20.6.–20.8. Mo.–Sa. 9–19 Uhr, 20.5.–19.6. und 21.8.–20.9. 10–17 Uhr, 60 NOK). Auch ein kleines, oberhalb der Kirche gelegenes Freilichtmuseum kann besucht werden.

Touristeninformation

- **Turistkontor,** Birkelandsgate 3, 3574 Notodden, Tel. 35013520.

An- und Weiterreise

- **Bahnhof:** östlich des Stadtzentrums gelegen. Züge Richtung Oslo und Kongsberg.
- **Busbahnhof:** im Stadtzentrum. **Fernbusse 180, 186.**
- **Timekspress:** Nr. 1 Oslo – Kongsberg – Notodden; Lokalbus 08-454 meist stündlich nach Heddal, www.nettbuss.no.

Biegt man westlich von Notodden auf die Rv 361 ab, so gelangt man auf die Rv 37. Diese führt am langgestreckten See Tinnsjø entlang nach Rjukan und weiter als wunderbare **Panoramastraße,** vorbei an den Gewässern Møsvatnet und Todak sowie dem im Hochgebirge liegenden Erholungsort Rauland. In Åmot mündet die Straße wieder in die E 134.

Rjukan

↗XX/A1

Im Schatten des mächtigen, 1881 m hohen Gaustatoppen liegt der **Industrieort** Rjukan. Das Tal ist hier so eng, dass man 1928 extra eine Seilbahn baute, um den Bewohnern während der Winterzeit auch mal ein wenig Sonne zu gönnen. Gesponsort wurde sie von der Firma „Norsk Hydro", derentwegen die meisten Menschen hierher zogen. Das Werk entstand in der Nähe des Wasserfalls Rjukanfossen, der fast kostenlos die nötige Energie für die Salpeterproduktion lieferte. Er wurde 1911 zu großen Teilen in Rohre gepresst und steht seither im Dienst der Industrie. Sechs Jahre nach der Eröffnung des Vermork-Kraftwerkes hatte das ehedem winzige Dörfchen 9000 Einwohner. Weltweit bekannt wurde Rjukan durch einen aufsehenerregenden Sabotageakt während des 2. Weltkrieges. Amerikaner, Briten und Norweger verhinderten mit mehreren Sprengaktionen (1943) und der Versenkung einer Transportfähre auf dem Tinnsjø (1944), dass die Nazis hier „Schweres Wasser" (D_2O) produzieren konnten. Die beiden H-Atome des Wassers werden dabei durch die des Wasserstoffisotops Deuterium ersetzt. Es kann beispielsweise als Bremsmittel bei der Spaltung von Atomkernen dienen, welche so kalkulierbarer wird. Indirekt war Schweres Wasser unverzichtbar für die Herstellung von Atombomben.

Rjukan setzt heutzutage zunehmend auf den Tourismus, daher soll das Skigebiet Gaustablikk in den nächsten 10 Jahren ausgebaut werden.

247no Foto: ms

Blick auf Rjukan

Sehenswertes

Im **Industriearbeitermuseum Vermork** werden die Sabotageaktionen während des 2. Weltkrieges, die Herstellung des „Schweren Wassers", die Industriegeschichte Rjukans sowie die Energiegewinnung durch Wasserkraft dokumentiert. Außerdem gibt es eine kleine Galerie (Mitte Juni–Mitte Aug. 10–18 Uhr, Mitte Aug.–Ende Sep./Anfang Mai–Mitte Juni 10–16 Uhr, ansonsten Di.–Fr. 12–15 Uhr, Sa./So. 11–16 Uhr, 75 NOK).

Im **Rjukan & Tinn-Freilichtmuseum** sind 22 Häuser aus der Gegend Tinn zu sehen. Angeschlossen ist auch ein Widerstandsmuseum (im Sommer von 12–18 Uhr, 40 NOK).

Die 1928 erbaute **Kabinenseilbahn Krossobanen** war die erste ihrer Art in Norwegen. Bis auf 890 m Höhe kann man mit ihr fahren, sich einen Überblick über die Lage Rjukans verschaffen und, sollte man im Winter hier sein, Sonne tanken, denn im Tal ist sie von Oktober bis Mitte März verschwunden (Mitte Juni–Ende Aug. 10–20 Uhr, ansonsten 10–16 Uhr, 50 NOK, retour 90 NOK).

Eine zweite Bahn, die **Gaustabanen,** führt als kombinierte Schienen-/Pendelbahn im Innern des Gaustatoppen über 1400 Höhenmeter zum Gipfel. Erbaut wurde diese im Jahr 1958, um Material, u.a. für militärische Zwecke, auf den Berg transportieren zu können. Zu Zeiten des Kalten Krieges wurde die Bahn geschlossen und ist heute aus Sicherheitsgründen nur an wenigen Tagen im Jahr in Betrieb (meist im Frühjahr; www.gaustabanen.no).

Östlich von Rjukan kann das **Mår-Kraftwerk** besichtigt werden (Führungen Ende Juni–Mitte Aug. Mo.–Fr. 12 Uhr). Sein Turbinengebäude wurde 300 m tief im Berg gebaut. In der Nähe liegt auch die mit 3975 Stufen längste Holztreppe der Welt, die im Berginneren verläuft und für Besucher nicht zugänglich ist.

Fährt man ab Rjukan in Richtung Westen, so gelangt man zum See Møsvatn. An seinem Ufer liegt das moderne **Hardangervidda Nasjonalparksenter.** Vom Haus mit seiner interessanten Ausstellung zu den wilden Rentieren und dem Forscher *Helge Ingstad* (der bewies, dass die Wikinger schon vor *Kolumbus* Amerika entdeckten) sowie einer Galerie mit Naturfotografie hat man einen faszinierenden Rundblick über die endlose Weite der Hochebene (derzeit geschlossen, Wiedereröffnung ungewiss).

Touristeninformation

- **Turistkontor,** Torget 2, 3660 Rjukan, Tel. 35080550, www.visitrjukan.com.

An- und Weiterreise

- **Fernbusse 185, 186**
- **Lokalbusse** u.a. nach Dalen, Rauland und Åmot, www.tinnbillag.no.

Unterkunft

- **Gaustablikk Høyfjellshotell,** auf fast 1000 m Höhe östlich von Rjukan gelegen, Tel. 35091422, Fax 35091975, (*****). Gemütlicher Aufenthaltsraum und Hallenbad mit Panoramablick (teilweise auch für Nicht-Gäste benutzbar). Die Loipen beginnen vor der Haustür. Zudem gibt es noch Restaurant, Bar und Sauna.
- **Rjukan Fjellstue,** auf 850 m Höhe, 11 km westlich von Rjukan gelegen, Tel. 35095162. In der Gebirgshütte kostet das DZ 800 NOK. Vermietet werden auch 5 Hütten.
- **Skinnarbu Høyfjellshotel,** östlich von Rjukan am Møsvatn gelegen, Tel. 35095600, www.skinnarbu.no, (*****), Sommer (***). Edles Gebirgshotel mit lockerer Atmosphäre, Restaurant, Sauna und Hallenbad. Skiloipen vor der Haustür.
- **Rauland Høgfjellshotel,** Rauland, westlich von Rjukan, info@rauland.no, Tel. 35063100, Fax 35073577. Hervorragendes Gebirgshotel (*****/****). Gute Küche, gemütliche Zimmer, z.T. im Bauernstil, komfortable Hütten (***). Schwimmhalle, Kletterwand, Loipen, Skilifte.
- **Tuddal Høyfjellshotel,** in Tuddal, Tel. 35028888, www.tuddal.no, (*****), Norwe-

gens erstes Hochgebirgshotel und absolut urig!

- **Kvitvågan Fjellstoge & Vandrerhjem,** neben dem Gaustablikk Hotel, Tel. 35092040, www.kvitaavatn.no. Gemütliche Gebirgsbaude (****) und JH (12.6.–30.9., Bett 400 NOK; DZ ab 520 NOK).
- **Rjukan Gjestgård,** Birkelandsgt. 2, Tel. 35080650, www.rgg.no. Zentral gelegenes, kastenförmiges Hostel mit Bett für 215 und DZ für 550 NOK.

Camping/Hütten

- **Rjukan Hytteby,** Brogata 9, Tel. 35090122. 10 nicht ganz billige Ferienhütten (ab 825 NOK), www.rjukan-hytteby.no (u. Motel, DZ 825 NOK).
- **Rjukan Hytte & Caravanpark,** westlich von Rjukan, Tel. 35096353, www.rjukanhytte.com, ganzjährig geöffnet. 14 moderne und historische Hütten (*/***) und Gaustatoppen-Blick gratis! Große Zeltwiese.
- **Sandviken Camping,** wunderschön am Tinnsjø gelegen, Tel. 35098173, ganzjährig geöffnet. Vermietet werden 12 Hütten (*/***), Boote und Fahrräder. Gute Sanitäranlagen. (Der gleich nebenan gelegene Platz ist preiswerter, weniger komfortabel, jedoch genauso schön!)

Aktivitäten

- **Wandern:** Tolle Panoramawanderung auf den Gaustatoppen: Dauer etwa 2 Std. pro Richtung. Beste Einstiegsmöglichkeit: Vom Parkplatz an der Straße Richtung Tuddal/Sauland. 680 m Höhenunterschied, markiert mit einem roten „T". Breiter, unproblematischer Wanderweg bis zur Hütte. Der Grat vor dem Gipfel erfordert Trittsicherheit (glatte Steine!!). Vom 1881 m hohen Gipfel soll ein Sechstel Norwegens zu überblicken sein.
- **Baden:** schöne Badestellen am Tinnsjø.
- **Wintersport:** Beliebt sind die Wintersportzentren **Gaustablikk** (7 Lifte, 350 m Höhenunterschied, www.gaustablikk.no) und **Rauland** (westlich von Rjukan, 8 Lifte, 350 m Höhenunterschied). www.rauland.org.
- **Weitere Angebote:** Reiten auf der Hardangervidda – Infos: www.ridesenter.net/rauland und im Turistkontor.

Bootsrundfahrt

- Ausflugsboot auf dem See Møsvatn westlich von Rjukan.

30 Kilometer südlich von Notodden liegt an der Kreuzung der Straßen 36 und 359 der Ort Bø.

Bø i Telemark

↗XX/B2

Die Anfahrt nach Bø ist sehr unkompliziert, ist der Ort doch der **wichtigste Verkehrsknotenpunkt (4500 Einwohner) der zentralen Telemark.** Einen Aufenthalt allerdings rechtfertigen höchstens die vielfältigen Freizeitangebote und die wunderschöne Umgebung, wohl aber kaum die lieblos hingeworfenen quadratischen Häuser und das Einkaufszentrum mit Plastikpflanzenidylle. Es ist wirklich schade, dass das kulturelle Zentrum der Telemark ausgerechnet so aussehen muss. Und anstatt mit dem augenscheinlich vorhandenen Geld den Ort attraktiver zu gestalten, baute man mitten im Wald eine Halle von der Größe eines halben Fußballfeldes, in welcher der Besucher noch nicht einmal Sport treiben kann. Allenfalls der örtliche Fußballverein oder ein Zirkus geben sich hier einmal die Ehre.

Sehenswertes

Einige Kilometer nördlich von Bø liegt das **Telemark Sommerland.** Die Eintrittspreise sind hoch, es ist aber wirklich schön und toll angelegt. Rutschen aller Art, eine Surfanlage und ein Westerndorf überzeugen Groß und Klein. Der Standort des Wasserparks kommt in übrigen nicht von ungefähr, ist doch Bø im Sommer einer der wärmsten Orte Norwegens! (Geöffnet: Ende Juni bis Anfang August 10–19 Uhr, Anfang Juni/Mitte August 10–17 Uhr, 310 NOK, Kinder 3–13 Jahre 265 NOK, Lage: nördlich von Bø, Busverbindung.)

Außerdem gibt es noch das **Bø Museum** mit dem Dorfladen Åheim, Ausstellungen zur Volkskunst (Trachten, Musikinstrumente) und einer alten Mühle (Sommer, 12–17 Uhr, 30 NOK). Ein weiteres **Freilichtmuseum** (Bygdetun) mit einer alten Hofanlage aus dem 18. Jh. liegt in Evju (bei Gvarv, Rv 36; Sommer 11–18 Uhr).

Erholsam ist ein kleiner **Spaziergang** den Bach in der Ortsmitte entlang und anschließend hinauf zur hübschen romanischen Kirche aus dem 12. Jh. (Mo.–Fr. 9–12 Uhr).

Weitere **Mittelalterkirchen** befinden sich in **Nes** (Rv 360, Langkirche von 1150) und etwas weiter in **Akkerhaugen** (12. Jahrhundert; reiche Ausschmückung des Chores). Hier liegt am See auch der **Patmos-Skulpturenpark für moderne Kunst** (an der Rv 360 ausgeschildert).

Touristeninformation

- Nahe des Ortsmittelpunktes, welcher ein lieblos hingeworfener Kreisverkehr ist. Tel. 35062000, www.boitelemark.com.

An- und Weiterreise

- **Bahnhof:** am Ende der Str. 359 nach Skien. Züge Richtung Oslo und Arendal, Kristiansand, Stavanger.
- **Busbahnhof:** am Bahnhof. **Fernbusse 180, 182, 320,** www.telemarkbil.no.

Unterkunft

- **Bø Hotell,** Tel. 35060800, Fax 35060801, (*****). Im Flachbau sind 90 Zimmer untergebracht. Wenn schon der Bau nicht ansprechend aussieht, so gibt es immerhin einen Swimmingpool.
- **Quality Lifjell Hotel,** am Lifjell gelegen, 15 Kilometer nördlich von Bø, Tel. 35060100, (*****), Sommer (****). Luxuriöses Hotel mitten in der Natur, mit toller Aussicht, 2 Swimmingpools, Tennisplatz, Restaurant und Skibus zu den Liften.

Camping/Hütten

Viele große Familiencampingplätze mit z.T. hohen Hüttenpreisen:

- **Bø Camping,** 5 km nördl., am Sommerland. Bus nach Bø. Tel. 35952012, Fax 35953464, ganzjährig. Ein sauberer Familienplatz mit allem Komfort. Manchmal etwas laut! 11 komfortable Hütten (****), Sauna, Minigolf, Schwimmbad, Spielplatz und Loipe.
- **Beverøya Camping,** Tel. 35061881, www.beveroya.no. Der Platz mit seiner Gartenzäunchen-Idylle liegt etwa 1,5 km östlich von Bø. Vermietung von Kanus. Hütten (je nach Größe 460–1800 NOK), Badestrand.
- **Norsjø Ferieland,** Akkerhaugen, ca. 12 km westlich von Bø, Tel. 35958430, www.norsjoferieland.no. 20 Hütten (***/****). Große, aber gepflegte Anlage. Viel Blumen. Wasserskianlage, Kanuverleih. Restaurant mit hauseigenem Apfelkuchen.
- **Sanda Camping,** Tel. 35954710, Fax 35954746. Am Bøelva, einige Kilometer westlich von Bø. Große Wiese für Zelte. 20 komfortable Hütten (***/****).

Die Touristinfo vermittelt **Urlaub auf den Bauernhöfen** der Gegend. Infos unter: www.gardsturisme.no (*Gard* = Bauernhof) und www.borgja.no.

Essen und Trinken

- Bø ist Hochschulstandort. Daher gibt es im Zentrum einige **Kneipen.** Wichtig ist jedoch, welche man besucht. Denn angeblich ist Bø der Ort, an dem die „Runde" erfunden wurde. Die „lokalen Helden" fahren dabei mit schweren amerikanischen Wagen an den Wochenenden von einem Kreisverkehr zum nächsten und begutachten die Lage, nachdem sie zuvor im Pub in dem roten Holzhaus am zentralen Kreisel zu Gast waren. Schräg gegenüber, im Gebäude mit der halbrunden Fassade, amüsieren sich die Studenten über das abendliche Treiben. Preiswertes Essen und Bier gibt es in beiden Lokalen.

Festival

- Ende Juli findet das bekannte **Telemarkfestivalen** mit Folkmusik-Bands aus aller Welt statt. Infos: www.telemarkfestivalen.no.

Aktivitäten

- **Baden/Knau:** Telemark Sommerland. Badeplätze/Paddeln am Norsjø und Seljordsee. www.sommarland.no.
- **Gullbring Kulturanlage: Hallenbad, Galerie, Kino.**
- **Wandern/Ski:** gekennzeichnete Wanderwege und Loipen existieren am **Fluss Bøelva** und im **Gebirge Lifjell.** Dort gibt es auch drei größere Lifte in einem Skigebiet.
- **Weitere Angebote:** Kanuverleih, Bergsteigen, Angeln, Bibersafari, Kino, Fahrradverleih, Reiten. Infos im Turistkontor.

Telemark-Kanal

↗XX/A,B2

„Mit dem Boot vom Meer ins Gebirge", so lautet der Werbeslogan für eine Bootsfahrt auf dem Telemark-Kanal. Auf der 105 km langen Fahrt, die zweifellos **zu den schönsten Schiffstouren in Skandinavien** gehört, passiert man acht Schleusenanlagen und überwindet 70 m Höhenunterschied. Um den Personen- und Materialtransport zwischen Binnenland und Küste zu erleichtern, Wasser für die Sägewerke reguliert abgeben zu können und Überflutungen zu verhindern, hoben 5 Jahre lang 500 Arbeiter den **Kanal** aus, der 1892 eröffnet wurde und ein einzigartiges Werk der Ingenieurskunst darstellt.

Von Skien kommend, fahren die alten Dampfer zunächst über schmale Kanalarme nach **Skottfoss.** Der Ort hat seinen Namen „Schuss-Wasserfall" daher, dass hier einst die Flößer die geschlagenen Baumstämme die Strömung hinabschießen ließen. Gegen Ende des 19. Jahrhunderts wurde hier auch eine in der Zwischenzeit stillgelegte Papierfabrik gegründet. Zu ihr führte die erste elektrische Eisenbahn Skandinaviens.

Hinter Skottfoss geht es über eine dreistufige Schleuse in den großen, idyllischen **Norsjø.** Am linken Ufer liegt der alte, hübsche **Industrieort Ulefoss** Hier, am „heulenden Wasserfall" *(Ulefoss),* etablierten sich diverse Sägewerke und 1657 auch ein Eisenwerk. Viele Arbeiterhäuser und Fabrikantenvillen aus dem 19. Jahrhundert sind erhalten. Wichtigstes und imposantestes Gebäude ist der Ulefoss Hovedgård (geöffnet Juni–Aug. 12–17 Uhr, 50 NOK). In dem 1807 erbauten Herrenhaus sind diverse schmucke Räume und die Wagensammlung zu besichtigen. Auch steht ein schöner Park dem Besucher offen.

Nahe des Ortes zweigt der Kanal nun in Richtung Westen ab und überwindet drei weitere Schleusen, unter ihnen die von Vrangfoss mit 5 Kammern und einer Hubhöhe von beachtlichen 23 m. Auf schmalen Wasserarmen erreicht wenig später das niedliche **Lunde,** inmitten herrlicher Schwarzwald-Landschaft gelegen. Ab diesem Ort sind nochmals 3 Hebewerke zu meistern, bevor man nach nicht ganz der Hälfte der Strecke ab Flåbygd schleusenfrei über die Seen Flåvatn, Kviteseidvatn und Bandak nach Dalen (siehe dort) schippern kann. Dabei passiert man bis zu 1000 m hohe Bergmassive.

An- und Weiterreise

- **Bahnhof:** in Lunde und Skien.
- **Fernbusse 182** (Ulefoss, Skien, Sandefjord, Torp), **186** (Dalen), Regionalbus Dalen - Kongsberg, www.telemarkbil.no.

Unterkunft

(siehe auch unter „Dalen" und „Skien")

- **Lille Ulefos,** Tel./Fax 35945002, (B&B 850 NOK). Kleines, altes und gemütliches Hotel, DZ ab 800 NOK.
- **Nordsjø Vandrerhjem,** Akkerhaugen, Tel. 35958277, www.norsjo.no. Geöffnet Juli-Aug., Bett 240 NOK, DZ ab 500 NOK. Nette Anlage mit schönem Blick.
- **Lunde Vandrerhjem,** in Lunde, Ausschilderung Landsmarka folgen, 1,5 km bis zur Lunde Schleuse, Tel. 35949068. Einfache JH mit Kanu- und Fahrradverleih. Bett 285 NOK, DZ 570 NOK.
- **Kilen Feriesenter,** Kilen, Tel. 35056587, ganzjährig geöffnet, Zeltplatz und 11 Hütten.
- **Syftestad Camping,** Kviteseid, Tel. 3505 3187, 10 einfache Hütten.

Aktivitäten

- **Fahrrad fahren:** Dem Kanal kann man auf guten Straßen durch herrlich-liebliche Landschaft auch auf dem Rad folgen. Lohnend ist dies vor allem, da man ja zurück immer noch das Boot nehmen kann. Ausdehnen kann man die Rundtour auch zu den Ufern des schönen Nisser-Sees. Fahrräder können in Dalen gemietet werden.
- **Paddeln:** Der Telemark-Kanal ist das ideale Gewässer für Kanutouren. Wer die zumeist per Hand zu bedienenden Schleusen scheut, kann auf der 60 km langen Strecke von Dalen nach Flåbygd und auf dem Norsjø ohne sie auskommen. Achtung: In Richtung Dalen geht es gegen die, wenn auch schwache, Strömung. Boote sind in Dalen zu mieten.

Bootsrundfahrt

- Mit der M/S Telemarken von **Akkerhaugen** (bei Bø i Telemark, am See Nordsjø) nach **Lunde:** 21.5.–18.8., Abfahrt 10 Uhr, Rückfahrt 13.50 Uhr (Ankunft 17 Uhr). Wegen Busanschluss muss der Kapitän informiert werden. 210 NOK (50 % Rabatt auf die Rückfahrt).
- Mit der M/S Victoria (1882 erbaut) und der M/S Henrik Ibsen (1907 erbaut) von **Skien** nach **Dalen:** 17.6.–10.8. tägl., 18.5.–16.6./ 11.8.–8.9. nur Mo./Mi./Fr./Sa., Abfahrt Skien 8.30 Uhr, Ankunft Dalen 18.50 Uhr, Abfahrt Dalen 8.20 Uhr, Ankunft Skien 17.50 Uhr.
- **Rundfahrtmöglichkeiten:** Skien - Lunde - Skien; Dalen - Kjeldal - Dalen; Kosten: Skien - Lunde 400 NOK, Dalen 600 NOK; 50 % Rückfahr- und Kinderrabatt. Vorbestellung der Fahrscheine ist empfohlen: Telemarkreiser A/S, Telemarkreiser AL, Nedre Hjelleg. 18, 3724 Skien, Tel. 35900020, Fax 35900021, info@telemarkreiser.no, www.telemarkskanalen.no.

Seljord

↗XX/A2

In Seljord heißt es die Augen offen halten! Gibt es doch hier im Seljord-See ein **Untier.** Doch leider: **„Selma"** zeigt sich genauso selten wie ihr Vetter im Loch Ness. Bekannt ist nur, dass es 1750 das erste Mal gesichtet wurde und seinerzeit den Bauern *Gunleik Andersson Verpe* angriff, als er über den See ruderte. In den folgenden Jahrhunderten zeigte es sich noch öfter, besonders während warmer Sommertage. Und obgleich es als ein 30–40 m langes Tier mit Elch-, Pferde oder Krokodilskopf beschrieben wird (man ist sich da nicht so

Seljord-See

sicher) und einige wüste Zeichnungen existieren, bleibt das erste Bild der Seeschlange noch zu schießen. Wer seine Blicke trotzdem einmal vom See weglenken kann, wird im Ort zumindest eine schöne romanische **Kirche** aus dem 12. Jahrhundert entdecken. Angeblich wurde diese von einem *Tusse,* einer Art Kobolt, erbaut. Als sie fertig war, fiel der Tusse vom Gebäude herunter und kam um. Dort wo er aufschlug, soll noch heute kein Gras wachsen.

An- und Weiterreise

- **Fernbusse 180, 182, 186.**

Touristeninformation

- Das **Turistkontor** liegt im Rathaus. Tel. 35065988, www.seljordportalen.no.

Unterkunft

- **Seljord Camping og Badeplass,** 1 km vom Ort, Tel. 35050471, www.seljordcamping.no. 10 ganzjährig geöffnete Hütten (*/****). Sandstrand und Kanus.
- **Garvikstrondi Camping,** 8 km vom Ort, Tel. 35052912, www.garvikstrondi.no. Ganzjährig geöffnet. Schöner, komfortabler Platz am Seljord-See mit 7 Hütten (**/***), NS ab 300 NOK. HS ab 500 NOK. Bootsverleih. Viele Dauercamper, moderne Sanitäranlage.
- **Telnessanden Camping,** 12 km östlich, Tel. 35052990, Fax 35052965, ganzjährig geöffnet. Gleichfalls am Seljord-See gelegener, herrlicher Platz. Badestrand, 2 Hütten (***) und Bootsverleih, Wanderwege.

Morgedal

↗XX/A2

Im winzigen Ort Morgedal mitten in der lieblichen Telemark liegt die **Wiege des alpinen Skisports.** Nur folgerichtig wurde hier 1994 die Fackel für die Olympischen Spiele in Lillehammer entzündet. Eindrucksvoll dokumentieren Ausstellungen und Multimediapräsentationen die 4000-jährige Geschichte des Skilaufs im neuen **Skierlebnismuseum** nahe Morgedal (geöffnet: 16.6.–15.8.

252no Foto: ms

9–19 Uhr, 15.–31.8. 11–17 Uhr, im Winter meist 10–15.30 Uhr, Januar geschlossen, 70 NOK, Ticket für alle Museen der westlichen Telemark 150 NOK, www. morgedal.com).

An- und Weiterreise

- **Fernbusse 180.**

Unterkunft

- Im Ort liegen das gute **Morgedal Hotell,** Tel. 35068900, www.morgedalcamping.no (*****) und der schöne **Campingplatz** (Tel. 35054152, Hütten 300–800 NOK).

Aktivitäten

- **Wintersport:** Ein kleiner Lift und einige Loipen stehen zur Verfügung.

Kviteseid/Vrådal/Fyresdal

↗XX/A2

Zwischen Seljord und Morgedal zweigt die Rv 41 nach Süden ab. Nach wenigen Kilometern passiert man **Kviteseid.** Der Ort entwickelte sich als Handelszentrum am Telemarkkanal gegen Ende des 19. Jahrhunderts. Aus dieser Zeit und den Jahren nach dem Stadtbrand anno 1911 sind noch einige Holzhäuser im Schweizer- und Jugendstil erhalten. Besichtigt werden kann das hübsche Kviteseid Bygdetun (Heimatmuseum) mit 12 Stabburen (Speichern) und Wohnhäusern eines wohlhabenden Gutshofes, zum Teil aus dem 16. Jahrhundert. Außerdem gehört eine romanische Steinkirche aus dem 12. Jahrhundert zum Museum (geöffnet im Sommer 11–17 Uhr, 60 NOK).

Folgt man nun der Straße weiter in Richtung Süden, so gelangt man nach **Vrådal.** Der kleine Wintersportort liegt inmitten herrlicher Wald- und Berglandschaft am glasklaren, idyllischen Nisser-See. Einen Besuch wert ist die Silberschmiede *(Sølvsmi)* von *Astrid Søftestad* im Straad Hotel. Zu erwerben sind neben wunderbaren Silberschmuckarbeiten auch Trolle und Nisser im angeschlossenen Nisseloftet, dem Vorratshaus des Weihnachtsmanns. In Norwegen bringt am 24.12. der *Julenisse* die Gaben, und laut Karte befinden wir uns ja im Gemeindebezirk Nissedal.

Westlich Vrådals liegt das ebenso schöne **Fyresdal** mit seinen mal kiefernbestandenen, mal kahlen Felshängen und dem tiefblauen See Fyresvatnet. Zentraler Ort des Tales ist Fyresdal. In den 1870er Jahren entwickelte sich hier ein Handels- und Handwerkszentrum, „Folkestadbyen" (Volksortstadt) genannt. Teile der alten Bebauung sind noch erhalten. In den Gebäuden befinden sich u.a. die Touristeninformation, eine alte Bäckerei und der Laden Neverstova mit Arbeiten aus Birkenrinde, Keramik und Kunstgewerbe (Mo.–Fr. 10–16.30 Uhr, Sa. 10–14 Uhr).

Auch kann in Fyresdal ein beschauliches **Freilichtmuseum** besucht werden. Zu sehen sind inmitten eines Parks mit unter Schutz stehenden Birken und Kiefern 16 Gebäude aus verschiedenen Jahrhunderten (geöffnet Mitte Juni bis Ende Aug. Mo.–Fr. 10–16.30 Uhr, Sa. 10–15.30 Uhr, 30 NOK). Eine Außenstelle ist das **Øyfjell Bygdemuseum.** In einem massiven Steinhaus aus dem Jahre 1931 sind u.a. Trachten *(bunader),* Hausgeräte und Rosenmalerei ausgestellt (geöffnet im Sommer tägl. 11-17 Uhr, 30 NOK).

Touristeninformation

- Touristeninformationen finden sich in **Vrådal** (an der Rv 38, Tel. 35056370, www.vraadal.com) in **Kviteseid** (an der Rv 41 am Nordende des Sees Kviteseidvatnet, Tel. 35053170, www.kviteseidbyen.no) und in **Fyresdal** (Rv 355, Tel. 35041455.

An- und Weiterreise

- **Lokalbusse** in alle Richtungen.

Unterkunft

- **Straand Hotel,** Vrådal, Tel. 35069000, Fax 35069001, (*****). Gemütliches Hotel, Restaurant, Hallenbad, Sauna und angeschlossenes Sommerland (Kanus, Surfbretter, Fahrräder, Pferdeverleih und Kutschfahrten).
- **Vrådal Hotel und Hyttepark,** Tel. 35069300, Fax 35069301, (*****). Moderne, gefällige Anlage mit Hütten (***), Sauna, Hallenbad und Fahrradverleih.
- **Tveitgrendtunet,** 8 km westlich von Kviteseid (Ausschilderung Tveitgrendi), Handy 95085152, www.tvtun.no. Tolle, alte Hofanlage mit urgemütlichen Zimmern. DZ 850 NOK inkl. Frühstück. Sauna, Kanuverleih, Wanderwege, Loipen.

Camping/Hütten

- Viele gute ganzjährig geöffnete Plätze in Vrådal und Umgebung: **Vrådal Hyttegrend,** Tel. 35056183, (***), **Nisser Hyttesenter,** Tel. 35056123, **Nedre Strand Hytteutleie,** Tel. 35056185, ab 400 NOK.
- **Vik Camping,** 15 km südl. der Kreuzung Rv 41/Rv 38, Tel. 35048825. Sauberer Platz am Nisser-See, leider ohne Hütten. Große Zeltwiese.
- **Nisser Hyttegrend & Camping,** Tel. 3504 7867, www.nisser.no, auf der Westseite des Nisser gelegen. Komfortable (***) und schlichte Hütten (**). Große Zeltwiese und Badeplatz. Kletterzentrum!

Die **Campingplätze** am Südende des Nisser, **in Treungen,** können allenfalls als Notquartier herhalten. Besser ist es, noch etwas weiter nach Süden zu fahren:

- **Tjørull Camping,** nahe Kreuzung Rv 41/ Rv 355, Tel. 35045989, Fax 35045901. Am See gelegener, sauberer Platz. Die kleine Anlage hat 7 gute Hütten (*), Bootsverleih.
- **Haugsjåsund Camping,** 10 km südl. von Treungen (Rv 41); Tel. 35045806, Hütten (*).
- **Fossumsanden,** Rv 355; 5 km südl. der Kreuzung Rv 355/Rv 38, Tel. 35042514, www.fossumferie.com. Sehr schöne, saubere Anlage mit Zeltplatz, Hütten (ab 350 NOK), DZ (700 NOK); Reiten, Bootsverleih, Baden, Sauna, Kurse (Meditation, Malen); deutsche Besitzer.

Aktivitäten

- **Angeln:** In den umliegenden Seen möglich. Angelkarte in der Touristeninformation.
- **Baden:** Baden in den Strudeltöpfen *(Jettegryter)* des Fyresdalsåna, 10 km südlich des Nisser-Sees. Weg in Haugsjåsundet an der Rv 41 ausgeschildert. Am Haugsjåsund Campingplatz (Rv 41, 10 km südl. des Nisser) 10 Min Richtung Eikhom fahren (50 NOK Maut). Über eine Bretterrinne gelangt man zu dem herrlichen Badeplatz!
- **Fahrradfahren:** Auf Nebenstraßen am See Kviteseidvatnet möglich. Fahrradverleih in der Touristeninformation in Kviteseid.
- **Klettern:** Kletterzentrum in Fjone am westlichen Ufer des Nisser, u.a. Hallenkletterwand.
- **Wandern:** ab Vrådal 6 Std. über glatte Felsen, durch urige Natur, zum 1018 m hohen Roholtfjell. Strecke durch Punkte markiert. Wanderkarte und Informationen im Turistkontor.
- **Wintersport:** Neuer 8-Sitzer-Sessellift, 4 sonstige Lifte, 425 m Höhenunterschied, 40 km Loipen, www.alpin.no.
- **Weitere Angebote:** Golfplatz, Elch-Safari, Fahrt mit dem Schlepper „Fram" auf dem Nisser-See, Paragliding - s.a. Straand Hotel.

Dalen

↗XIX/C3

Am Bandak-See, umgeben von steilen, bis zu 900 m hohen Bergen, liegt Dalen („Tal"), **Endpunkt des Telemark-Kanals und Zentrum der Region Tokke.** Das Klima ist hier während des Sommers so warm, dass man sogar den Anbau von Wein probierte. Er soll allerdings grausam sauer geschmeckt haben. Größte Attraktion des Ortes bleibt somit die 5 km nördlich gelegene, über die gewagten Serpentinen der Rv 45 zu erreichende **Eidsborg-Stabkirche** (geöffnet: im Sommer 10–17 Uhr, im Juli bis 18 Uhr, 40 NOK). Das einschiffige Gebäude wurde um 1250 erbaut und ist, abgesehen von kleineren Umbauten im 19. Jahrhundert, in seinem mittelalterlichen Aussehen erhalten geblieben. Geweiht ist das Gotteshaus St. Nicolaus von Bari, dem Schutzpatron der Reisenden. Die Statue des Heiligen, heute im Historischen Museum von Oslo zu bewundern, war ähnlich berühmt wie das Kruzifix der Røldal-Stabkirche. Die Skulptur wurde zu jeder Johannisnacht zum Waldsee getragen und dort rituell gewaschen, als Symbol für die Vergebung der Sünden.

In der Nachbarschaft der Kirche liegt das kleine **Vest-Telemark-Freilichtmuseum** mit hübschen Häusern und Ausstellungen zu Silber-, Textil- und Holzarbeiten (Museum und Kirche geöffnet: 1.6.–1.9. 10–17 Uhr). Gleichfalls sehenswert ist das **Grimsdalstunet** (Rv 45, südlich von Dalen, geöffnet: 1.6.–1.9. 10–17 Uhr). Neben alten Hofgebäuden sind Skulpturen der Bildhauerin *Anne Grimdalen* (1899–1961) zu sehen. Ihre bekanntesten Werke schmücken das Rathaus in Oslo.

Ebenfalls südlich von Dalen, aber an der Rv 38 gelegen, befindet sich die alte **Kupfermine Åmdals Verk.** Das Bergwerk wurde 1540 angelegt und ist heute zu besichtigen. Ausgestellt ist eine Mineraliensammlung. Bei einer Wanderung durch die Grubengänge und über die Gesteinshalden kann fleißig gesammelt werden (Kupferkies, Bornit, Malachit). Speziell Kinder dürften sich an der Schmalspurbahn erfreuen (geöffnet: 1.6.–15.8., 10–17 Uhr, 60 NOK).

Folgt man der Rv 38 in die entgegengesetzte Richtung (nach Åmot), kann man bei Lisvingen auf eine parallel zur Rv 38 verlaufende Nebenstraße abzweigen. So gelangt man zur gewaltigen **Ravnejuvet** (Rabenschlucht). Wer sich vorsichtig dem Rand des Abgrundes nähert und einen Papierflieger hinabsegeln lässt, wird feststellen, dass Aufwinde ihn wieder zum Absender zurücktragen.

Touristeninformation

- **In Dalen,** Tel. 35077065, www.visitdalen.com. Geöffnet: Juni–Ende Aug. Mo.–Fr. 9–19 Uhr, Sa./So. 10–17 Uhr.

An- und Weiterreise

- **Busse** Richtung Åmot, Rjukan und Haukeli. www.telemarkbil.no.

Unterkunft

- **Hotel Dalen+,** Tel. 35079000, Fax 3507 7011, www.dalenhotel.no, geöffnet 15.4.–1.1. (*****). Nach der Eröffnung des Telemark-Kanals wurde das Holzhotel im Jahr 1894 im Drachenstil errichtet. Das Haus, das eher wie ein „Palast" wirkt, ist ein Schmuckstück. Besonders eindrucksvoll ist die mondäne Emp-

Die Entstehung des modernen Skilaufs

In den 60er Jahren des 19. Jahrhunderts war es, als es der Hasardeur **Sondre Norheim** (1825–1897) leid war, die Bretter immer nur langweilig parallel durch die Landschaft zu schieben. Rasanter und temporeicher sollte die Fahrt werden. „Was meinst du, Eivind? Ist es möglich, über dieses Scheunendach zu springen?", fragte er seinen Bruder. „Das glaube ich nicht, Sondre." „Was soll's, ich probier's." Zum Glück für die Nachwelt gelang der Sprung, denn kurz danach ertüftelte er Skibretter, welche tailliert und somit besser steuerbar waren. Außerdem besaßen sie eine Weidenrute als Fersenbindung. Die spezielle Telemark-Abfahrtstechnik kam hernach wie von selbst dazu. 1868 dann, bei einem Wettbewerb in Christiania (Oslo), demonstierte Norheim seine neuen Wunderski zum ersten Mal. Er hatte durchschlagenden Erfolg und fand viele Nachahmer.

Das **Wort „Slalom"** stammt übrigens auch aus der Morgedaler Gegend und heißt im Dialekt „slalåm", „sanft hinab gleiten".

Die alte **Telemark-Technik,** bei der man im Gegensatz zum normalen alpinen Skilauf den Bergski belastet und diesen leicht nach hinten einknickt, feiert inzwischen ein Comeback. In Norwegen und den USA sind es schon Tausende, die diese neue, alte Technik anwenden.

fangshalle mit ihrem Glasdach, den Ledersesseln und dem Charme eines verblassten Jahrhunderts.

- **Buøy Camping,** Tel. 35077587, Fax 3507 7701, www.dalencamping.com, ganzjährig geöffnet. Netter Platz auf einer Insel im Fluss, 100 m ab Dalen Zentrum. 6 Hütten (**/***), Hütte ab 600 NOK, DZ 750 NOK. Minigolfanlage, Fahrrad- und Bootsverleih.
- **Groven Camping,** 300 m bis Åmot, Rv 37, Tel. 35071421, www.grovencamping.no. 20 Hütten (ganzjährig) 450–750 NOK, Sauna, saubere Sanitäranlagen.
- Sehr viele Hütten auch im Ferienort Rauland, 17 km nördl. von Åmot (Rv 37). Empfehlenswert u.a.: **Bitumark Hyttegrend** (Tel. 35073645), **Djuvland Fjellgard** (Tel. 3507 3640, historische Hofanlage), **Loftsgardtunet** (35073842; restaurierte Bauernhäuser); www.rauland.org.

Aktivitäten

- **Paddeln/Fahrräder:** Kanus und Fahrräder können am Fähranleger in Dalen gemietet werden. Richtung Westen durch das Waldgebiet von Åmot.

Haukelifjell

XIX/C2

Mit dem wilden, von Krüppelbirken durchsetzten und schäumenden Bächen durchflossenen Haukelifjell hat man den **Südausläufer der Hardangervidda** erreicht. Touristisches Zentrum dieser Region ist die Kreuzung **Haukeligrend,** wo die Rv 9 aus dem Setesdal mündet und die E 134 aus Seljord und Morgedal kommend, weiter in Richtung des Hardangerfjordes führt. Der Ort ist mit seinen Ramschbuden eher abstoßend und allenfalls noch wegen des fast durchgehend geöffneten Supermarktes einen Stopp wert. Auf alle Fälle solle man zwischen Åmot und Haukeligrend in **Mjonøy** an der E 139 halten. Die Hofanlage bietet erstklassige Gebrauchskunst, eine Bäckerei mit leckerem Brot und herrliche Hütten. – Welch ein Kontrast zu Haukeligrend!

256no Foto: ms

Stabkirche in Eidsborg

Bei der Weiterreise in Richtung Westen gelangt man auf die raue Hochebene. Immer wieder sind lange Tunnel zu durchqueren, mal gut beleuchtet, dann wieder düster und grau, wie in der 5,7 km langen Röhre des Haukeli-Tunnels.

Wem nicht der Sinn nach ewiger Finsternis steht, kann sommers auf Umgehungsstraßen ausweichen (Abzweig kurz vor der Tunnelöffnung). Der Umweg durch die **majestätische Fjell-Landschaft** lohnt allemal, auch wenn man den Asphalt immer wieder mit widerspenstigen, freilaufenden Ziegen und Schafen teilen muss. Auf Schneeresten besteht die Möglichkeit zum Sommerskilauf.

An- und Weiterreise

- **Fernbusse 180, 221.**

Unterkunft

- **Botn Skysstasjon,** Edland, E 134, westlich von Haukeligrend, Tel. 35070535, Fax 35070583. Das DZ gibt es ab 700 NOK. Dafür darf man aber nur einfache Zimmer erwarten. Zudem gibt es noch 20 gute Hütten.
- **Vågslidtun Hotell,** rund 10 km westlich von Haukeligrend, an der E 134, am See, Tel. 35070585, Fax 35070572, (*****). Modernes Hochgebirgshotel mit Grasdächern in schöner Lage.
- **Haukeliseter Fjellstue,** rund 20 km westlich von Haukeligrend, an der E 134, am See, Tel. 35962777, Fax 35062778, www.haukeliseter. no, Bett ab 275 NOK, DZ 900 NOK. Hüttensiedlung mit verzierten alten Holzhäusern, in denen auch Nansen schon übernachtete. Wanderwege auf die Hardangervidda und zur Holmevasshytta.

Camping/Hütten

- **Velemoen Camping,** Edland, östlich von Haukeligrend, Tel. 35070109, geöffnet: 18.5.-1.9., 13 gute Hütten (*/**), Bootsverleih und Badeplatz (ob der bei dieser Höhenlage überhaupt Sinn macht?).
- **Mjonøy,** E 139, 22 km östl. von Haukeligrend, Tel. 35072611. Moderne und historische Hütten im Blockhausstil. Unterschiedlicher Standard (**/***). Bäckerei, Kunsthandwerk!

Setesdal

↗XXIII/C1

Zwischen Evje (nördlich von Kristiansand) und der Wegkreuzung Haukeli liegt das naturschöne Setesdal, welches selbst nach dem Kraftwerksausbau und den damit verbundenen Flussregulierungen sowie der Anlage von Stauseen im benachbarten Gebirge **zu den ürsprünglichsten Tälern Norwegens** gehört. Glattgeschliffene Felsen im Trollformat, idyllische Seen und finstere Wälder bestimmen nach wie vor das Landschaftsbild. Da die Gegend bis zur Hälfte des 20. Jahrhunderts schlecht erreichbar war, konnten viele Gehöfte und mit ihnen alte Traditionen die Zeiten überdauern. Auch sind nach wie vor Land- und Forstwirtschaft wichtige Einnahmequellen der wenigen Bewohner, wenngleich der Tourismus an Bedeutung zunimmt. Das Tal **zählt** heute **zu den beliebtesten Urlaubszielen Südnorwegens.**

Berühmt ist das Setesdal durch die Herstellung von **Silberschmuck** geworden, die hier eine lange Tradition besitzt. Dies verwundert, gibt es in der Gegend doch keine einzige Silbergrube weit und breit. Deshalb, so vermutet man, wird wohl das erste Metall gestohlenes Material aus den Gruben von Kongsberg gewesen sein. Wahrscheinlich zeigten sich die örtlichen Handwerker sehr geschickt in dessen Bearbeitung, sodass sich daraus langsam ein florierender Wirtschaftszweig entwickelte. Besonders in Verbindung mit der dunklen Setesdal-Tracht wurde und wird der Silberschmuck getragen. Zu erwerben ist er heute in vielen Spezialgeschäften im Tal.

Evje

↗XXIII/C2

In den Gruben der Umgebung wurden von 1844 bis kurz nach Ende des 2. Weltkrieges vor allem Nickelerze gebrochen. Heutzutage dürfen geologisch Interessierte, ausgestattet mit Hammer und Meißel, in den stillgelegten Aufschlüssen der Umgebung nach Mineralien suchen. Von ihnen gibt es im umliegenden Gabbro-, Gneis- und Granitgestein etwa 100 verschiedene. Ihre elfenhaft schillernden Farben kommen im sehenswerten **Setesdal Mineral Park** besonders gut zur Geltung, präsentiert in nachgebauten Grubengängen unter dem Hauptgebäude (geöffnet: 10–18 Uhr, Mai/Sept. bis 17 Uhr, 110 NOK, www.mineralparken.no).

Im **Evje og Hornes-Museum** (geöffnet: Juli–Anf. Aug. 11–17 Uhr, 30 NOK) gibt es eine Ausstellung zur Geologie und zum Bergbau in der Umgebung. Zu sehen sind auch acht alte Häuser und schöne Mineralien, von denen 200 weitere im Haus der Kommuneverwaltung im Ort **Iveland** etwa 20 km südöstlich von Evje zu bewundern sind (geöffnet: Mo.–Fr. 8–15.30 Uhr, im Sommer nur Sa./So. 11–15 Uhr, gratis).

Abstecher: 25–50 km westlich von Evje erstreckt sich die **Region Åseral.** Die abseits gelegene Berglandschaft mit ihren idyllischen Flussläufen und Seen bietet Erholung abseits der Touristenrouten. Zu sehen sind der Sosteli Jernaldergard bei Kyrkjebygdi (Häuserreste und Grabhügel aus der Eisenzeit), der Botanische Garten **Ljosland Fjellhage** (nahe der Ljosland Fjellstove) und das Atelier des Künstlers *Haakon Aarestove* in **Lognevatn** (eindrucksvolle Webarbeiten und Bilder sowie eine eigene Holzkirche). Die Region verfügt außerdem über markierte Gebirgswanderwege, Loipen und Alpinzentren in Ljosland und Borteli.

Byglandsfjord

↗XXIII/C2

Im nördlich von Evje gelegenen Ort Byglandsfjord bietet sich die Möglich-

259no Foto: ms

Altes Lagerhaus (Stabbur) im Setesdal

keit für einen **Ausflug mit dem holzbefeuerten Dampfschiff „Bjoren“,** das schon 1867 den Betrieb aufnahm. Bis 1962 wurden mit ihm Anwohner und Waren zur Endhaltestelle der 1896 eröffneten Setesdal-Bahn transportiert, die heute gleichfalls nur noch für Touristen in Betrieb ist (siehe „Kristiansand/Umgebung“). Infos zum Boot im Revsnes Hotell.

Die Straße führt am See entlang nach **Bygland.** Hier liegen ein kleines Museum und die **Setesdal-Glashütte** (meist 10–17/18 Uhr geöffnet). Nördlich von Bygland führt die Straße am mächtigen, 200 m hohen Wasserfall **Reiårsfossen** vorbei. Über einen Mautweg erreicht man den Beginn des Wasserfalles und hat einen Blick auf die schäumende Wildheit im Tal.

Touristeninformation

- **Setesdal Informasjonssenter,** 4735 Evje, Tel. 37931400, Fax 37931455, 15.6.–23.8. Mo.–Fr. 8.30–18 Uhr, Sa. 8.30–15 Uhr, So. 13–19 Uhr, ansonsten Mo.–Fr. 8.30–15.30 Uhr, www.setesdal.com.

An- und Weiterreise

- **Fernbus 221** hält in Evje, Byglandsfjord und Bygland. Setesdal Bilruter: täglich 1x nach

Kristiansand, Valle, Hovden und Haukeligrend. 10x täglich Kristiansand - Evje. Tel. 37934400, www.setesdal-bilruter.no.

Unterkunft

•**Dølen Hotel,** Evje, Tel. 37930200, Fax 37930742, (****). Kleines Holzhotel. Restaurant (Essen ab 130 NOK) mit Biergarten, Pub, modernisierte Räume (teils mit Massagebad).
•**Bortelidferie,** 35 km nordwestlich von Evje, nördlich von Åseral, Tel. 37710095, www.bortelidferie.com. Komfortable Wohnungen und Hütten mit Panoramablick auf die Berggipfel. Nahe eines kleinen Skicenters. 1½ Std. ab Kristiansand.
•**Revsnes Hotell Best Western,** Byglandsfjord, Tel. 37934300, (*****). Größtes und bestes Hotel des südlichen Setesdal. Sauna, Boots- und Fahrradverleih. Bar mit Kamin.

Jugendherberge

•**Evje, Setesdal Vandrerhjem,** 5 km nördl. Evje, Tel. 37931177, Fax 37931334, 1.5.-30.9., DZ 410 NOK, Bett 210 NOK, einfach ausgestattet.

Camping/Hütten

•**Viking Adventures**, 10 Minuten zu Fuß nördlich von Evje, Tel. 37710095 und 91176709, www.raftingsenter.no, deutsche Besitzer. DZ ab 400 NOK, Camping 60 NOK/Zelt!. Neue Anlage. Man erhält 10 % Rabatt bei Vorlage dieses Reiseführers! Außerdem gibt es gute Rabatte für Jugendliche, Gruppen und längere Aufenthalte. Darüber hinaus gibt es Möglichkeiten zum Wandern, Kanu- und Radfahren, Rafting.
•**Odden Camping,** Evje, 500 m vom Zentrum entfernt, Tel. 37930603, Fax 37931101, Geöffnet: Mai bis September. Schöner, ruhiger Platz, am Fluss gelegen. Neues Sanitärgebäude. 8 Hütten (*/**/***), Badeplatz, Rafting, Fahrrad- und Bootsverleih, Bowling.
•**Neset Camping,** Byglandsfjord, Tel. 3793 4050, Fax 37934393, www.neset.no, ganzjährig geöffnet. Sehr schöner Platz auf einer Halbinsel im See. 20 Hütten (***), Badeplatz (mit dem angeblich wärmsten Wasser des Tales), Sauna, Bootsverleih.
•**Longerak Hyttesenter og Camping,** Byglandsfjord, Tel. 37934930, www.longerak.com. Geöffnet: 1.6.-1.9. 15 preiswerte Hütten (*/**), Baden, Wandern, Boote und Angeln. Wenig Platz für Zelte.
•**Reiårsfossen Camping,** Bygland, Tel. 3793 4100. Idyllisch auf einer Landzunge gelegen, preiswerte Hütten. Baden, Bootsverleih.
•**Kilefjorden Camping,** Hornnes, 15 km südlich von Evje, Tel. 37933285. Neben 11 Hütten (*/**) werden auch Boote vermietet. Preiswert.

Aktivitäten

•**Baden:** Schöne Badeplätze am See Byglandsfjord (beispielsweise am Neset-Campingplatz).
•**Fahrrad fahren:** Die teilweise unbefestigte, parallel zur Hauptstraße am gegenüberliegenden Flussufer verlaufende Straße bietet sich hervorragend zum Fahrrad fahren an. **Verleih:** Räder können u.a. bei Viking Adventures (siehe unten) und in verschiedenen Unterkünften gemietet werden. Bester Ausgangspunkt ist Byglandsfjord.
•**Mineralien sammeln:** Im Setesdal Mineral Park werden Tickets für den Iveland Mineralsti verkauft. Für 120 NOK (Familien 250 NOK) können selbst Mineralien gebrochen werden. Mit 80 NOK (Familien 200 NOK) preiswerter ist es in den Flåt Nikkelgruben. In Evje am Schild Evje Minalsti abbiegen, an der *Steinslipperi* (Steinschleiferei und Verkauf) vorbei und an der Info-Karte zu markierten Wanderwegen durch das alte Grubengelände rechts halten. Info an den Gruben, www.flaatgruve.com.
•**Wandern: Mineralien- und Naturwanderweg Evje:** Vom Neset-Campingplatz (Infos hier) zur Räuberhöhle (Tjuvhola) und zum 752 m hohen Årdalsknapen; Wanderweg zum Beginn des Wasserfalles „Reiårsfossen". **Viking Adventures** (Adresse: s. Unterkünfte): Schneeschuhwandern, Hochseilgarten, Elchsafari, Kanutouren, Rafting, Mountainbiking, Klettern - sehr guter Anbieter.
•**Troll Mountain:** 5 km nördlich von Evje, Tel. 37931177, www.troll-mountain.no. Aktivitätszentrum an der Jugendherberge. Rafting, Riverboard, Kajak, Elch- und Bibersafari, Kletterwand, Klettertouren, Mountainbiking.

- **Gokart-Bahn:** 5 km südlich von Evje.
- **Bootsrundfahrt:** Dampfschiff „Bjoren" auf dem Byglandsfjord, Tel. 37931400.

Shopping

- Große Auswahl an Geschäften im Zentrum von Evje, u.a. Vinmonopolet.

In **Brokke** besteht die Möglichkeit, auf dem im Zuge des Kraftwerksausbaus angelegten **Suleskavegen** in Richtung Lysebotn, Tonstad (Sirdal) und Stavanger zu fahren. Die Straße führt über die herrlich urwüchsige **Hochebene Sirdalsheiane** mit vielen Seen und Wollgraswiesen. Tolle Panoramablicke.

Rysstad  XXIII/C1

Hier liegt das **Hauptgebäude (Sentralbygget) des Setesdal-Museums.** Zu sehen sind Ausstellungen zur Kultur und Wirtschaft des Setesdal (Ende Juni–Ende Aug. 10/11–17/18 Uhr, ansonsten: Mo.–Fr. 12–15 Uhr, 40 NOK). Die sehenswerten Freilichtabteilungen Tveitetunet und Rygnestadtunet liegen weiter nördlich.

In **Brokke/Nomeland** können das **Brokke-Kraftwerk** (Führungen: im Juli, täglich 14 Uhr) und die alte **Silberschmiede „Sylvartun"** besichtigt werden. Die schönen Gebäude der Anlage stammen aus dem 17. Jahrhundert. Kunstvolle, filigrane Silberschmiedearbeiten werden zum Kauf angeboten, ein Musikzimmer mit den sehr speziell klingenden Hardangerfiedeln ist gratis zu besichtigen, und ein Café steht den Besuchern offen. Mai–Sept. tägl. 10–17 Uhr.

260no Foto: ms

Einige Kilometer südlich von Valle erreicht man über eine kleine Panoramastraße die erste Freilichtabteilung des Setesdalsmuseums, die **Hofanlage Tveitetunet.** Die vier Gebäude stammen aus dem 16. Jh. Das Gelände, wo im Sommer oft auch leckere Waffeln verkauft werden, kann gratis betreten werden, für die kleine Kunsthandwerksausstellung sind 20 NOK zu entrichten (geöffnet: 24.6.-8.8. 10-18 Uhr).

Valle ↗XXIII/C1

Inmitten einer malerischen, hervorragend zum Klettern geeigneten Naturlandschaft liegt das hübsche Örtchen Valle. Kulturell sehenswert ist hier die 9 km nördlich gelegene **zweite Freilichtabteilung des Setesdal-Museums,** das Rygnastedtunet. Interessantestes Gebäude ist zweifellos der dreigeschossige Speicher „Rygnestadloft" aus dem Jahr 1590 (geöffnet: Juli-Mitte Aug., 20 NOK).

Toller Picknickplatz kurz hinter Valle.

Bykle ↗XIX/C3

Hier auf der Anhöhe mit Panoramaaussicht steht die wohl **schönste Kirche des Setesdal,** erbaut wurde sie 1619. 200 Jahre später schmückte man ihr Inneres mit dekorativer Rosenmalerei aus (geöffnet: Ende Juni-Anf. Aug. 11-17 Uhr, gratis).

Gleich nebenan liegen die knorrigen Holzgebäude des **Huldreheimen-Museums.** Die sehenswerte Sammlung besteht aus 2 Höfen, deren älteste Gebäude aus dem 12. und der Stabbur (Vorratshaus) aus dem 14. Jh. sind. Die Anlage kann gratis besichtigt werden, für die Innenräume sind 20 NOK zu zahlen (geöffnet: wie die Kirche).

Touristeninformation

- **Valle/Turistkontor,** 4747 Valle, Tel. 3793 7529, Fax 37937516, valle@setesdal.com. In Valle an der Hauptstraße.

An- und Weiterreise

- **Fernbus 221,** hält in Valle.

Unterkunft

- **Rysstad Feriesenter,** Rysstad, Tel. 3793 6130, Fax 37936345, www.rystadferie.no. Tolle Hütten (**/****). Schöner Platz am Fluss Otra. Große Stellplätze. Hotel Sølvgarden mit exklusiver Turmsuite. Motelzimmer 1200 NOK, Komforthütten ab 900 NOK und Campinghütten ab 600 NOK. Restaurant.
- **Valle Motell & Camping,** Valle, Tel. 3793 7700, Fax 37937715, ganzjährig geöffnet. Die Anlage besteht aus drei Bereichen: schlichtes Motel (DZ ab 800 NOK), Bergtun Hotel (etwas altmodisches Holzhaus mit gemütlichen Bauernmöbeln, DZ ab 700 NOK, Etagenbad), Camping (Zeltwiese, div. Hütten ab 700 NOK). Nebensaisonrabatte, Cafeteria, www.valle-motel.no.

Camping/Hütten

- **Tveiten Camping,** Rv 9, 3 km südlich von Valle, Tel. 37937478. Großer, schöner Platz mit 10 Hütten (*), ab 250 NOK.
- **Steinsland Camping,** Rv 9, 2 km südlich von Valle, Tel. 37937126. Netter Platz unter dem Berghang. 14 ältere Hütten für 300-400 NOK.
- **Flateland Camping,** Rv 9, 6 km nördl. von Valle, Tel. 37937475, www.flatelandcamping.no. 1.5.-1.10. Idyllisch am Fluss Otra (Bade-

263no Foto: ms

Gebirgslandschaft oberhalb des Setesdal

platz) gelegenen. Viel Komfort für wenig Geld. Gute Hütten ab 350 NOK (u.a. Zimmer in einem Stabbur).

- **Sanden Såre Bubilpark,** Rv 9, 8 km nördlich von Valle, Tel. 37936849. Mitten in der Natur, am Wasser gelegener Caravanplatz (Stellplatz 150–200 NOK).
- Einfache Hütten vermietet der **Lunden Campingplatz,** 1 km weiter.

Aktivitäten

- **Baden:** Idyllische Badeplätze liegen in Valle sowie 2 und 3 km nördlich des Ortes.
- **Wandern: Kvernhusvegen-Rundwanderweg** ab der Schule von Valle. Über 4,2 km vorbei an einer kleinen Mühle und dem Museumshof Tveitetunet.

Ålmannvegen: 7 km langer Reitweg, der älteste im Setesdal. Beginn ist am kleinen Lisletog Freilichtmuseum in Bykle.

Byklestigen: am senkrechten Fels entlangführender, 1 km langer, steiler Verbindungsweg zwischen dem Setesdal und dem Ort Bykle, der im 18. Jahrhundert angelegt wurde. Start: Am Parkplatz in Moen, 5 km südlich von Bykle.

- **Weitere Angebote:** Elchsafari, Klettern, Reiten, Forellenangeln in der Otra – Infos im Turistkontor.

Shopping

- **Sylvartun,** in Nomeland, Tel. 37936306. Silberschmuck, Kunstausstellung, Kulturprogramme, Café, Mo.–Fr. 13 Uhr Folkmusik.
- **Hasla Setesdalssylv – Sylvsmie,** Valle/Zentrum, Tel. 37937380. Silberschmuck, Strickwaren.
- **Setesdal Husflidsentral,** in Valle. Norweger-Pullover, Geschenkartikel aus Holz, Ton und Metall.

Hovden

↗XIX/C3

Auf schneesicheren 800 m Höhe liegt der **beliebte Wintersportort** Hovden. Das künstlich angelegte Touristenzentrum versucht der sommerlichen Flaute mit einem reichhaltigen Erlebnis- und

Sportangebot entgegenzuwirken. Bei schlechtem Wetter ist der Besuch des Badelandes angenehm. Doch fährt man deswegen sicher nicht extra nach Hovden. Und so dürfte es ungleich schöner sein, die fast unberührte Wald- und Berglandschaft zu Fuß oder auf dem Rücken eines Pferdes zu erkunden. Wer es bequemer mag, kann sich auch mit dem Sessellift auf den 1175 m hohen Berg Nos gondeln lassen oder an einem Rundflug teilnehmen. Bei Desinteresse an sportlichen Aktivitäten ist das sehr anschauliche **Hovden Jernvinne-Museum** zu besichtigen. Gezeigt werden die Methoden der Eisengewinnung zur Wikingerzeit (geöffnet: Ende Juni-Anf. Aug. 11-17 Uhr, gratis).

Touristeninformation

- **Hovden Ferie A/S,** Postboks 18, 4755 Hovden, Tel. 37939370, Fax 37939377, geöffnet: Sommer Mo.-Fr. 10-16 Uhr, Sa./So. 10-14 Uhr, Winter Mo.-Fr. 9-16 Uhr, Sa. 10-14 Uhr.

An- und Weiterreise

- **Fernbus 221**

Unterkunft

- **Hovden Høyfjellshotell,** Tel. 37938800, Fax 37939611, (*****). Großer, unansehnlicher Kasten mit schönem Kaminzimmer, Restaurant, Bar, Sauna, Hallenbad und Disco.
- **Hovdestøylen Hotell & Hyttetun,** in Horden, Tel. 37939552, Fax 37939655, (****). Schönes, im Setesdal-Stil erbautes Hotel mit herrlichen Holzzimmern. Es gibt außerdem Restaurant, Bar, Sauna, Swimmingpool, Disco und Fahrradverleih.

Jugendherberge

- **Hovden Fjellstoge & Vandrerhjem,** in Horden, www.hovdenfjellstoge.no, Tel. 3793 9543, Fax 37939818, 1.1.-1.12. Wunderbare Anlage mit sowohl einfachen als auch komfortablen, grasbewachsenen Hütten (**/***), Bett für 300 NOK, DZ für 650 NOK.

Hütten

- **Hovden Hytteformidling,** Postboks 16, 4755 Hovden, Tel. 37939729, Fax 37939833, www.hovden-hytteformidling.no.

Aktivitäten

- **Baden: Hovden Badeland,** diverse Becken, Rutschen, Whirlpools, Solarium, 3 Std. 120 NOK. www.badeland.com.
- **Wandern:** Viele Wanderwege südlich des Zentrums, am Nordende des See Hartevatn und ab dem Hovden Alpincenter zur Hütte Sloaros (5 Std. pro Richtung). Kennzeichnung mit rotem „T". Infos: Kristiansand og Opplands Turistforening, Postboks 633, 4665 Kristiansand, Tel. 38025263, www.kto.no
- **Wintersport:** 132 km Loipen, 7 Lifte, 26 Abfahrten, 410 m Höhenunterschied, 7 Tage Liftpass: 1600 NOK. www.hovden.com
- **Weitere Angebote:** Reiten (Tel. 92613180), Angeln, Rundflüge (Fjellfly: Tel. 37939607).

Nördlich von Hovden fährt man auf knapp 900 m Höhe durch eine in ihrer Weite und Kargheit beeindruckende Fjell-Landschaft, die sich hervorragend zum Wandern eignet. In **Haukeligrend** kann man auf der E 134 Richtung Oslo oder Haugesund/Bergen weiterfahren (siehe „Haukelifjell").

264bno Foto: ms

Der Westen

265no Foto: ms

265bno Foto: ms

Der Fjaerlandsfjord

Holzhäuser in Bergen

Obstanbau am Fjord

Überblick

Mächtige Fjorde, enge Täler und schneebedeckte Bergkuppen, eine raue, sturmumtoste Küste mit nackten Felsen und kleinen Sandstränden, tosende Wasserfälle und reichhaltige Obstplantagen – das ist Westnorwegen. Ein Reich der Kontraste, eine Welt der Gegensätze, auf engstem Raum vereinigt zu **einer der schönsten Naturlandschaften Europas.**

Größte und schönste Stadt des Vestlandes ist die alte Hansestadt **Bergen.** Sie ist Endpunkt der Bergen-Bahn und neben Oslo die wichtigste Kulturstadt des Landes. Zugleich ist der Ort das Tor zu den Naturschönheiten der Region. Mächtige **Gletscher** wie der Jostedalsbreen und der Folgefonn, die riesenhaften **Berge** Jotunheimens und die spiegelglatten Wasserflächen der **Fjorde** prägen das Landschaftsbild. Zu Füßen steiler Hänge recken sich zuweilen kleine **Stabkirchen** empor, gleichsam als christliche Wehrburgen gegen die Übermacht der Felsriesen. Trotz allem, das Land wirkt nicht abweisend. Im Gegenteil, es birgt, verglichen mit der ungastlichen Küste zwischen Florø und der Jugendstilstadt Ålesund, noch jede Menge Liebreiz in sich.

Hardangerfjord

↗XVIII/B1, XIV/B3

Der mit 179 km **zweitlängste Fjord Norwegens** ist unzweifelhaft **einer der schönsten und reizvollsten des Landes.** Von der Mündung in die Nordsee bis zur Aufgabelung in zwei Seitenarme bei Utne zeigt er sich noch relativ unspektakulär. Ausschlaggebend dafür ist seine enorme Breite (3–9 km), welche den Besucher eher an einen großen See denn an einen Fjord glauben lässt. Entlang der Seitenarme Eidfjord und Sørfjord ändert sich sein Erscheinungsbild jedoch gewaltig. Steile, hohe Felswände drohen hier, den Fjord und alles Leben zu erdrücken. Zur dunklen Stimmung tragen auch die Ausläufer des Folgefonn-Gletschers bei, welche, oft eingebettet in wallende Wolkenbetten, unermüdlich schäumende Wasserfälle zu Tal schicken. Im Kontrast zur rauen Berglandschaft stehen Hunderttausende von Obstbäumen, die im Mai die Landschaft in einem Meer weißer Blüten ertrinken lassen und ihr Liebreiz und Milde einhauchen. Es ist ohnehin erstaunlich, dass das örtliche Klima ein Gedeihen der Kirsch-, Apfel-, Birn- und Pflaumenbäume, die von Zisterziensermönchen zu Beginn des 13. Jahrhunderts eingeführt wurden, überhaupt zulässt.

Leider wird in Odda die Idylle durch die industrielle Nutzung des Naturpotentials getrübt. Über die Anlage von Stauseen im Gebirge und die Zähmung einiger Wasserfälle würde man wohl hinwegsehen können, über die scheußlichen Fabrikbauten wohl kaum.

Røldal

↗XVIII/B2

Westlich des Haukelifjell, eingerahmt von mächtigen Bergen, liegt das Örtchen Røldal. Sehenswert ist hier die – stark umgebaute – **Stabkirche.** Das im 13. Jahrhundert geweihte Bauwerk weist neben schönen Rosenmalereien eine weitere Besonderheit auf. Zu jeder Johannisnacht soll das aus der Zeit um 1250 stammende Kruzifix Schweiß absondern und dadurch Kranke heilen. Jahrhundertelang fanden aus diesem Grunde Wallfahrten zu der Kirche statt (geöffnet: Ende Mai bis Anf. Sept., 10–17 Uhr, 30 NOK).

Touristeninformation

- **Røldal Turistkontor,** 5760 Røldal, Tel. 53647245, www.roldal-reiseliv.no.

An- und Weiterreise

- **Fernbusse 180, 181.**

Camping/Hütten

- Es gibt 5 ganzjährig geöffnete Campingplätze. U.a.:

Røldal Hyttegrend & Camping, im Zentrum, Tel. 53647133, www.roldal-camping.no, ebenes Wiesengelände am Teich, saubere Sanitäranlagen, 13 einfache bis komfortable Hütten (*/****), Internetzugang.

Røldal Skysstasjon, Tel. 53647385, www.skysstasjonen.no, schönes Wiesengelände unter Birken, ansprechende Hütten (**/****), Cafeteria.

Seim Camping, Tel. 53647371, www.seimcamp.no. Wiesengelände am Rødalsee, einfache bis komfortable Hütten (*/****). Neuere Sanitäranlage, Bootsverleih.

Aktivitäten

- **Wintersport:** Über 3 m Schnee laden im Winter zum Skifahren ein. Drei bis Juni geöffnete Lifte (500 m Höhenunterschied, Tel. 53647274), Liftkarte: 1 Tag 280 NOK. www.roldal.com.

Umgebung

Sauda

↗XVIII/B2

Kurz hinter Røldal zweigt die Straße 520 (Wintersperre!) in Richtung Süden ab. Man fährt durch wilde, faszinierende Berglandschaft, vorbei an dem **Wasserkraftwerk Hellandsbygd** (Führungen: im Sommer), nach Sauda. Der Ort ist an sich ganz hübsch, mit einem traditionsreichen Fjordhotel und schönen Holzhäusern. Allerdings entstand die ganze Pracht erst im Zuge der Errichtung **eines der größten Eisenlegierungswerke der Welt.** Die günstigen Bedingungen zur Gewinnung von Energie aus Wasserkraft führten dazu, dass das Werk 1907 an dieser landschaftlich reizvollen Stelle gegründet wurde (Führungen im Sommer, Mo.–Fr., Anmeldung im Turistkontor).

- **Touristeninformation: Saudaferie,** Postboks 328, 4201 Sauda, Tel. 52784200, www.saudaferie.no.
- **Bus:** Røldal – Sauda, www.tide.no.
- **Schnellboot:** Sauda – Sand – Stavanger.
- **Unterkunft**

Sauda Fjord Hotel+, im Ortsteil Saudasjøen, Tel. 52781211, Fax 52781558, (*****). Prächtiges, 1914 gegründetes Holzhaushotel mit wunderbarer Aussicht und allem Komfort. Restaurant, Bar und Tanz.

Kløver Hotel, Skulegt. 1, Tel. 52786999, Fax 52786998, (****). Einfacher, aber auch billiger, dennoch mit Restaurant, Bar und Gelegenheit zum Tanzen.

Sauda Turistsenter, im Ortsteil Saudasjøen, Tel. 52785900, Fax 52785901, ganzjährig geöffnet. In der sehr gut ausgestatteten Anlage gibt es neben 24 Hütten, ab (**) auch Solarium, Bootsverleih, Bade- und Angelmöglichkeiten.

- **Angeln: Lachs und Forelle** beißen gut in den umliegenden Gewässern.
- **Baden:** Beheiztes Freibad im Zentrum.
- **Fahrradfahren:** Fahrradverleih im Turistsenter, BMX-Strecke.
- **Paddeln:** Kanuverleih im Turistkontor.
- **Wandern:** Durch Schluchten führende Wanderung zu den alten Zinkgruben (7 km nördlich von Sauda); Zudem Wandermöglichkeiten im ursprünglichen Åbødalen, genau nördlich des Ortes.

Sand ↗XVIII/B2

Auf der Rv 13 (oder Rv 520 über Sauda) gelangt man durch eine der eindrucksvollsten Landschaften der Region Ryfylke zu den majestätischen Felsen am **Suldalsvatnet.** Am südlichen Ende des Sees steht in Kvilldal das **Ulla-Førre-Kraftwerk, das größte Wasserkraftwerk des Landes.** Seine Turbinen nutzen die 1000 m Höhenunterschied zum riesigen Stausee Blåsjø, zu dem ab Kvæstad eine Stichstraße führt.

Der uns ab dem Suldalsvatnet begleitende **Fluss Suldalslågen** gehört zu den besten Lachsflüssen des Landes. Er mündet in den Hylsfjord nahe des kleinen Örtchens **Sand.** Wer sich nicht als Petrijünger versuchen möchte, kann sich ins **Lachsstudio** begeben und dort Lachs und Forelle mühsam einen Wasserfall bewältigen sehen (geöffnet: Mitte Juni bis Mitte August 10–18 Uhr, Mitte August bis Mitte September 12–16 Uhr, 30 NOK).

Bleibt man auf der Rv 13 Richtung Stavanger, so gelangt man in das Herz der Region Ryfylke, mit Bergen rund wie Bonbons und einer Fjordlandschaft, die teils lieblich, teils schroff und abweisend ist. Kulturell sehenswert sind u.a. die aus dem Jahr 1821 stammende **Hofanlage Vigatunet** (bei Årdal, Mitte Juni bis Mitte Aug. Sa./So. 11–16 Uhr, 30 NOK) und die im 17. Jahrhundert erbauten **Renaissancekirchen in Årdal** (südlich des Jøsenfjord, reiche Ausschmückung mit Propheten, Engeln und Blumen; geöffnet Mitte Juni bis Anfang August 11–16 Uhr, So. 13–17 Uhr) **und Jelsa.** Das niedliche Dorf liegt an der Rv 517 südlich von Sand.

Übrigens, wie wäre es mit **Inselhopping** durch den Boknafjord in Richtung Stavanger? Dies ist zwar teurer und langwieriger, aber zweifelsohne ein besonderes Erlebnis; und zur Felskanzel Prekestolen bei Jørpeland kann man hinterher noch einen Abstecher machen.

- **Touristeninformation:** Suldal Reiselivslag, Tel. 52790560, Fax 52790561, www.suldalturistkontor.no.
- **Lokalbusse** Røldal – Sand – Jelsa, Sand – Nesvik – Hjelmeland – Tau (Fähre nach Stavanger), Tau – Jørpeland – Oanes.
- **Schnellboot** Richtung Jelsa – Finnøy – Stavanger.
- **Fähren** für das Inselhopping: Nesvik (Rv 13) – Skor (Ombo), Eidsund – Judaberg, Lastein (Insel Finnøy) – Hanasund (Insel Rennesøy). Abfahrten mehrmals täglich.

- **Unterkunft**

Gullingen Turistsenter, 11 km östlich Sand, von Rv 46 nach Süden abbiegen (Serpentinenstr.), Tel. 5279 9901, ganzjährig. www.gullingen.no Bett 185 NOK, DZ 500 NOK. Zu-

Der Låtefoss

dem sind 10 Hütten im Angebot (800 NOK). Wer zelten möchte, kann dies ebenfalls tun, und als Zuschlag hat man noch die Möglichkeit zum Saunen, Reiten und Fahrrad fahren.

Osa-Bu Pensjonat og Hytter, Suldalsosen, Rv 13, 19 km östlich von Sand, Tel. 527992 60, Fax 52799260. Preiswerte Zimmer (*/**) und große Hütten (*/**), Fahrradverleih.

Hjelmeland Camping, Hjelmeland am Jøsenfjord, Tel. 51750230, Fax 51750230. Ganzjährig geöffneter Platz mit 9 Hütten (**). Außerdem gibt es Tennisplatz und Fahrradverleih.

Finnøy Fjordsenter, Insel Finnøy im Boknafjord, Tel. 51712646, ganzjährig geöffnet. 13 Hütten (**/***) sowie gleichfalls Fahrrad- und Bootsverleih.

- **Wandern:** Bergwandern durch die urtümliche, allerdings mit Stauseen durchwachsene Landschaft der Lyseheiene. Wanderung zum Berg Prekestolen (s. „Stavanger/Umgebung").
- **Angeln: Lachs und Forelle.** Lachsfestival Anfang September – Infos in der Touristeninformation.

Von Røldal geht es nun weiter auf der E 134. Diese durchquert den über 5 km langen Røldal-Tunnel, der aber auf einer kleinen Nebenstraße mit Panoramablick umfahren werden kann. An der Weggabelung Jøsendal/Skare zweigt die E 134 nach Südwesten ab, in Richtung Etne und Haugesund. Selbst wer nun beabsichtigt, auf der Rv 13 zum sehenswerten Hardangerfjord zu fahren, sollte noch ein wenig auf der Europastraße bleiben und über einige Serpentinen einen 20 km langen Abstecher zum **Wasserfall Langfoss** machen. Bei diesigem Wetter meint man, seine schäumenden Fluten förmlich aus den Wolken fallen und in den märchenhaften Åkrafjord stürzen zu sehen. Achtung: Vor dem Langfoss 40 NOK Maut!

269no Foto: ms

Zurück auf der Rv 13, ist es ratsam, die Reisegeschwindigkeit erneut zu drosseln, denn hier rauscht der 165 m hohe **Låtefoss,** ein wild schäumender Zwillingswasserfall, zu Tal. Am rechten Rand kann man, am Wasser entlang, emporwandern und so den Touristenmassen entfliehen.

Am **Sandvin-See** entlang, mit immer wieder überwältigenden Ausblicken auf den Folgefonn-Gletscher, geht es nach Odda.

Odda

↗XVIII/B1

Ist man nicht gerade zu Einkäufen gezwungen, sollte man eher das Weite suchen und nur vor und nach Odda **(8000 Einwohner)** einen Stopp einlegen. Noch bis zu Beginn des 20. Jh. war der Ort ein beliebtes Touristenziel, was angesichts der reizvollen Lage am Ende des Sørfjordes auch kaum verwundert. Berühmte Besucher wie *Wilhelm II.* und *Friedrich Engels* gaben sich die Ehre und nächtigten u.a. in einem Holzhotel, das seinerzeit das größte in Norwegen war. 1906 kam dann die Trendwende. Man entschied sich mit der Gründung des Eyde-Konzerns gegen den Tourismus und für den Ausbau der Wasserkraft zum Zweck der Errichtung einer Karbidfabrik. Bis 1918 wurden etliche Stauseen angelegt und unter Zähmung des mächtigen Tyssefossen die Tyssedal-Kraftstation errichtet. Mit dem Abriss des alten Holzhotels 1976 dürfte der Ort dann den letzten Rest Charme verloren haben. Heute dominieren die Industriebauten der Norzink AG das Ortsbild, die u.a. auch dafür verantwortlich ist, dass in den 1980er Jahren Schwermetalle im Fjord gefunden wurden.

Gerechterweise muss allerdings erwähnt werden, dass Odda für industrie-

270no Foto: ms

historisch Interessierte durchaus einiges zu bieten hat. Im Ortsteil Tyssedal können das interessante **Industriemuseum** (*Norges Vasskraft og industristadsmuseum,* geöffnet: Juni bis August, täglich 10–17 Uhr, Herbst/Winter: Di.–Fr. 10–15 Uhr, 70 NOK) und die alte, unter Denkmalschutz stehende Kraftstation (Öffnungszeiten wie Industriemuseum) besucht werden. Im oberhalb von Tyssedal gelegenen Skjeggdal besteht außerdem die recht einzigartige Möglichkeit der **Fahrt mit einer alten Schienenbahn** (derzeit außer Betrieb, aber lohnender Aufstieg über die „Endlostreppe" an der Schienenbahn möglich). Von der Bergstation bietet sich ein schöner Rundblick auf den Ringedal-Stausee mit seinem 33 m hohen Steindamm und auf die dramatische Naturlandschaft der Hardangervidda. Da Odda wie viele westeuropäische Orte unter der Verlagerung der Industrie leidet, möchte man nun wieder mehr auf Tourismus und Kultur setzen.

Touristeninformation

- **Odda Reiselivslag,** Postboks 114, 5751 Odda, Tel. 53654005, www.visitodda.com.

An- und Weiterreise

- **Fernbusse 180,** www.tide.no.
- **Schnellboot** im Hardangerfjord, Mo.–Fr.: Odda- Lofthus - Kinsarvik - Utne - Norheimsund (z.T. auch nach Ulvik und Eidfjord).

Landschaft südlich von Odda

Unterkunft

- **Hardanger Hotel,** Eitrheimsvegen 13, Tel. 53646464, Fax 553646474. Das Haus liegt im Zentrum und bietet Zimmer der (*****) an. Auch eine Bar und ein Restaurant sind vorhanden.
- **Tyssedal Hotel,** Tyssedal, Tel. 53640000, Fax 53646955, (*****). Das rote Jugendstilhotel stammt aus dem Jahr 1913, also aus der Zeit der Industrialisierung der Region (Fabriken gleich nebenan). Galerie, Sauna, gutes Restaurant.

Camping

- **Odda Camping,** am südlichen Ortsrand, Tel. 53641600, geöffnet: 1.6.–31.8. Es gibt keine Hütten, dafür Tennisplatz, und Bootsverleih. Schöne Lage, neue Sanitäranlage.
- **Hildal Camping,** südlich von Odda, Rv 13, Tel. 53645036. Einfacher, aber schöner Platz am Fluss. 6 Hütten. Kostenlose Angelmöglichkeit.

Aktivitäten

- **Wandern:** Anspruchsvolle und eindrucksvolle Wanderung, (3 Std. retour), **zum Buerbreen,** einem Ausläufer des Folgefonn-Gletschers: Ausgangspunkt ist das Buerdalen, 3 km südlich von Odda. Gutes Schuhwerk ist unbedingt notwendig. Wanderungen auf dem Gletscher vermittelt die Touristeninformation.

  Skjeggedal: Das Tal oberhalb von Tyssedal ist Ausgangspunkt für Wanderungen **zum Gipfel des Lilletop** entlang des Ringedal-Stausees und zu den westlichen Ausläufern der Hardangervidda.
- **Weitere Angebote:** Angeln, Reiten, Jagd, Rundflüge – Infos im Turistkontor.

In Odda kann man sich nun entscheiden, ob man am Westufer Richtung Utne oder am Ostufer Richtung Lofthus weiterfährt. Fähren muss man, will man in Richtung Bergen oder Voss weiterfahren, in beiden Fällen benutzen. Seit 2001 besteht zudem die Möglichkeit, ab Odda auf der Rv 551 durch den über 11 km langen Folgefonntunnel (Maut: 60 NOK) zur Baronie in Rosendal zu fahren.

Westufer

↗XVIII/B1

Die Straße, die früh im Schatten des Gebirges liegt, ist schmaler als die auf der anderen Seite des Fjordes, dafür aber mit wesentlich weniger Verkehr. Zu Füßen übermächtiger, steiler Berghänge schlängelt sich der Weg zunächst nach **Aga.** Täglich 11–17 Uhr kann hier ein interessantes **Freilichtmuseum** besucht werden. Der Hof mit seinen 30 Häusern ist eine der wenigen erhaltenen Haufensiedlungen des Landes, deren ältestes Gebäude das Gerichtshaus Lagmannsstova aus dem Jahr 1250 ist (Gelände gratis; kleine Gemäldesammlung/Führung: 60 NOK).

In Aga führt nun die Straße weiter nach **Utne.** Neben dem gemütlichen, schon 1722 gegründeten Utne Hotel ist das tolle **Hardanger-Volksmuseum** die größte Sehenswürdigkeit des kleinen Ortes. Die Anlage umfasst Höfe, Stabbure und Bootshäuser aus dem 13.–19. Jh. sowie permanente Ausstellungen zu den berühmten Brautzügen in Hardanger, dem Obstanbau und den Volkstrachten. Auch stehen eine Musikinstrumentesammlung, mit den sehr speziell klingenden Hardangerfiedeln, sowie eine Geigenbauer- und eine Skiwerkstatt dem Besucher offen. Im Hauptgebäude befindet sich ein kleines Café; Kunstgewerbe und Folkmusik CDs können erworben werden (geöffnet: Mai–Aug. 10–17 Uhr, ansonsten Mo.–Fr. 10–15 Uhr, 50 NOK).

In Utne kann man die Fähre nach Kinsarvik/Kvanndal nehmen oder die Fahrt bis **Jondal** fortsetzen (ebenfalls Fährverbindung zum anderen Ufer). Östlich des beschaulichen, inmitten lieblicher Landschaft gelegenen Dorfes besteht die Möglichkeit zum Sommerskifahren auf dem Folgefonn-Gletscher.

Touristeninformation

- **Jondal Turistkontor,** 5627 Jondal, Tel. 53668531, Fax 53668409.

An- und Weiterreise

- **Fernbus 180** hält in Utne. Täglich Busse: Odda - Utne - Jondal. Utne - Kvanndal (Fähre) - Bergen. Jondal - Nordheimsund - Bergen. Bus Jondal - Sommerskizentrum (auch Direkbusse ab Bergen), 2x täglich.
- **Fähren:** Erwachsene (1), Auto inkl. Fahrer (2): Utne–Kinsarvik: (1) 30 NOK, (2) 80 NOK; Utne–Kvanndal: (1) 30 NOK, (2) 75 NOK; Jondal–Tørvikbygd: (1) 30 NOK, (2) 75 NOK).
- **Schnellboot:** Mai–Sept. ab Utne 9.50 Uhr nach Eidfjord und 16.35 nach Norheimsund, Tagesausflüge nach Lofthus und Eidfjord möglich.

Unterkunft

- **Utne Hotel+,** Tel. 53666400, Fax 5366 1089, über Weihnachten/Neujahr geschlossen, (*****). Das wunderbare alte Holzhaus gehört zu den Historischen Hotels. Es ist Norwegens ältestes Hotel (eröffnet 1722) und bietet viel Gemütlichkeit mit herrlich altmodischen Zimmern und urigem Restaurant sowie Aufenthaltsräumen.
- **Hardanger Gjestegård,** Utne, Tel. 53666710, Fax 53666666, (***/****). Gasthaus in restauriertem Ciderhof aus dem Jahr 1898, umgeben von Obstbäumen.
- **Jondal Gjestgjevarstad,** Jondal, Tel. 53668563, Fax 53668766, (***). Weißes Holzhaus mit Cafeteria. DZ ab 600 NOK.

Camping/Hütten

- **Eikhamrane Camping,** zwischen Odda und Aga, Tel. 53662248, Fax 53662248. Schöner Waldplatz mit 5 kleinen Hütten (*), Bootsverleih und Badeplatz. Fjordblick.
- **Lothe Camping og Badeplass,** schöner Platz 5 km westlich von Utne, Tel. 53666650, geöffnet: 15.5.–15.9. 5 gemütliche Hütten, Bootsverleih und Badeplatz.
- **Vassel Hytter og Camping,** Herand, zwischen Utne und Jondal, Tel. 53668178, Fax 53668178. Empfehlenswerter Platz am Herand-See. 8 gute Hütten (**), Fahrrad- und Bootsverleih sowie Badeplatz. Gegen den Hunger hilft ein Besuch im urigen Backhaus, und zur Verdauung geht's anschließend auf die Wanderwege.
- **Folgefonn Hytter og Gardscamp,** ca. 4 km östlich von Jondal, Tel. 53668423. Auf dem im schönen Krossdal gelegenen Platz gibt es 6 Hütten (*/**) und einen Bootsverleih.

Aktivitäten

- **Angeln:** Es beißen wieder mal **Forellen und Lachse** an. Diesmal in Jondal.
- **Wandern:** Jondal, Gletscherwanderungen (Buchung: Tel. 55298921).
- **Wintersport: Jondal Sommerskizentrum,** 3 mobile Lifte mit 250 m Höhenunterschied, Loipen, Skiverleih, Juni bis Sept. 10–16 Uhr geöffnet; www.folgefonn.no.

Bootsrundfahrt

Bergen – Rosendal – Jondal – Norheimsund und zurück (19.6.–23.8.).

Die landschaftlich vielleicht interessantere Route folgt dem **Ostufer des Sørfjordes.** Man fährt an Obstanbaugebieten entlang, die steil am Berghang liegen. Im Juli werden an vielen Ständen frische Kirschen feilgeboten. Nach etwa 35 km erreicht man Lofthus, Zentrum des Obstanbaus am Hardangerfjord.

Lofthus

↗XIV/B3

Rund 500.000 Obstbäume wachsen in der Gemeinde Ullensvang und in Lofthus **(800 Einwohner).** Sie verleihen dem Ort ein liebliches Flair, als Kontrast zu schneebedeckten Bergen und schäumenden Wasserfällen. Schon **Edvard Grieg** muss dies zu schätzen gewusst haben, verbrachte er doch hier in einem kleinen Haus so manchen Sommer. Die 1877 errichtete **Komponistenhütte** steht im Garten des Ullensvang Hotels. Zu besichtigen sind ebenfalls die um 1250 erbaute gotische **Ullensvang-Steinkirche** mit ihrer hervorragenden Akustik (geöffnet: 10–19 Uhr, südlich des Zentrums) und das kleine **Freilichtmuseum Skredhaugen** oberhalb von Lofthus. Die alten Bauernhäuser enthalten die Sammlungen von *Jon Bleie:* Werke norwegischer Kunstliteratur, Volkskunst und Bilder, u.a. die des Trollmalers *Theodor Kittelsen* (Ende Juni–Anf. Aug. 10–17 Uhr).

Touristeninformation

- **Turistkontor,** 5781 Lofthus, Tel. 53661190, www.hardangerfjord.com.

An- und Weiterreise

- Täglich **Busse** nach Odda, Kinsarvik und Norheimsund.
- **Schnellboot:** Mai–Sept. 10.10 Uhr nach Eidfjord und 16.15 Uhr nach Norheimsund.

Unterkunft

- **Hotel Ullensvang,** Lofthus, Tel. 53670000, Fax 53670001, (*****). Großes und teures Hotel mit allem Komfort: Schwimmhalle, Fitness, Sauna, Tennishalle, Squash, Bowling, Golfsimulator, Boots- und Fahrradverleih, Rundflüge, Angeln – was will man mehr.

• **Hardanger Vandrerhjem,** Lofthus, Tel. 53671400, Anf. Juni–Anf. Aug., Zimmer im schönen Holzhaus der Hochschule, Bett 250 NOK, DZ 600–700 NOK.

Camping

• **Lofthus Camping,** am Hang oberhalb des Ortes, Tel. 53661364, Fax 53661500, 27 Hütten (**/***). Herrlicher Platz unter Obstbäumen mit Panoramaaussicht! Tennis, Hallenbad, Sauna und Bootsverleih. Gute Sanitäranlagen. TV-Zimmer.

Aktivitäten

• **Badebucht Haugsundsvika** in Lofthus, **Bad am Lofthus-Campingplatz**.
• **Wandern:** Imposante Wanderung ab Lofthus-Campingplatz zu den Mönchstreppen aus dem 13. Jh. Über sie gelangt man zum 950 m hohen Panoramaberg Nosi (4½ Std. retour). Man braucht dafür aber Kondition. Möglichkeit zum Fortsetzen der Wanderung auf der Hardangervidda, z.B. zum See Opesjovatnet (2 Std. ab Nosi).
• **Weitere Angebote:** siehe Ullensvang Hotel!

Auf enger Straße, durch idyllische Obstbauplantagen, geht es nun den Fjord entlang nach Kinsarvik.

Kinsarvik und Eidfjord

↗XIV/B3 ↗XV/C3

Wenige Kilometer nördlich von Lofthus liegt **Kinsarvik** (sprich: chinsarwik). Besuchern stehen hier die **romanische Steinkirche** (geöffnet: 20.5.–15.9., 10–19 Uhr) und der kleine **Hardanger-Ferienpark** (Rutschen, Autorennbahn, Boote, Pferde, Sommer 10.30–18.30 Uhr, 140 NOK) offen. Wer etwas Zeit hat, kann eine Wanderung zu den Wasserfällen im Husedalen unternehmen.

Selbst wer gedenkt, in Brimnes die Fähre über den Hardangerfjord zu nehmen, sollte einen Abstecher nach **Eidfjord** einplanen. Der in urwüchsiger Landschaft gelegene Ort ist Ausgangspunkt für einen Ausflug zum **Vøringfoss, einem der schönsten und beliebtesten Wasserfälle Norwegens** (es gibt zwei Aussichtspunkte, empfehlenswert ist der untere). Um ihn zu sehen, fährt man auf der Rv 7 durch das wilde und bedrückend enge Måbødalen mit seinen fast 1000 m hohen Felsgiganten. Über Serpentinen und durch Tunnels schraubt sich die Straße langsam empor. Manchmal bekommt man auch den alten, beängstigend schmalen Fahrweg zu Gesicht. Dieser steht noch immer Wanderern und Fahrradfahrern offen. Zum Vøringfoss sei noch gesagt, dass er leider schon etwas an Kraft einbüßen musste, da auch er im Dienste der Energiegewinnung steht. Im Sommer gilt aber eine garantierte Mindestabflussmenge, die ihn wenigstens imposant erscheinen lassen soll. Das übrige Wasser wird in Tunnels zum **Sima-Kraftwerk** geleitet, das nördlich von Eidfjord 700 m tief in den Fels gesprengt wurde und zu besichtigen ist. Außer einer überdimensionalen Turbinenhalle, die ohne Maschinen einem 14-stöckigen Wohnblock Platz bieten würde, und einem Film über den aufwändigen Bau der Anlage ist hier aber nicht viel zu sehen. Produziert wird allein in diesem Werk die Energie, die eine 200.000-Einwohner-Stadt in eineinhalb Jahren verbraucht (Führungen finden um 10, 12 und 14 Uhr statt, 60 NOK).

275no Foto: ms

Der Westen

Wer sich für Natur, Ökologie und Kultur Südnorwegens und der Hardangervidda interessiert, sollte dem – auch architektonisch gelungenen – **Hardangervidda Natursenter** in Øvre Eidfjord unbedingt einen Besuch abstatten. Das sehr anschaulich gestaltete Erlebniszentrum beinhaltet zudem ein Aquarium und zeigt einen sehenswerten Ivo-Caprino-Film (Mitte Juni bis Mitte Aug. 9–20 Uhr, April, Mai, Sept., Okt. 10–18 Uhr, 110 NOK, www.hardangervidda.org).

In Eidfjord selbst lohnt die **Galleri Nils Bergslien** im Hotel Vøringfoss einen Besuch. Ausgestellt werden die im 19. Jahrhundert entstandenen, oft recht witzigen Trollmalereien von Bergslien (Ende Juni–Mitte Aug., 12–18 Uhr).

Touristeninformation

- **Eidfjord Turistkontor,** 5783 Eidfjord, hardangerfjord.com, Tel. 53673400, Fax 53673401, www.eidfjordinfo.com.
- **Kinsarvik Touristeninformation** im Zentrum, Tel. 53663112.

An- und Weiterreise

- **Regionalbusse:** Eidfjord/Kinsarvik nach Odda, Brimnes, Norheimsund; ab Fähranleger Brimnes/Bruravik nach Voss und Ulvik.
- **Schnellboot:** Mai–Sept. 14.30 Uhr nach Norheimsund.
- **Fähren:** Brimnes – Bruravik (10 Minuten, 1–24 Uhr, So. ab 7 Uhr); Kinsarvik – Utne – Kvanndal (45 Minuten).

Hardangerfjord bei Eidfjord

Unterkunft

- **Kinsarvik Fjord Hotel,** Tel. 53663100, Fax 53663374. Teures Hotel (*****) mit Restaurant, Bar und der Möglichkeit zum Tanz.
- **Dyranut Turisthytte,** an der Rv 7 auf der Hardangervidda gelegen, Tel. 53665715. Geöffnet: Juni–September. Traditionsreiches Gebirgshotel mit einfachen Zimmern ab 650 NOK. Idealer Ausgangspunkt für Wanderungen auf der Hochebene.
- **Quality Hotel Vøringfoss,** Eidfjord, Tel. 53674100, Fax 53674111, (*****). Schönes Holzhotel mit Restaurant und Café.

Camping/Hütten

- **Hardangertun,** Kinsarvik, Tel. 53671313, www.hardangertun.no. Ganzjährig geöffnet. 26 teure und luxuriöse Hütten (****/***). Der komfortable 5-Sterne-Campingplatz hat unter anderem eine Sauna, ein Freibad und einen Bootsverleih. Gute Sanitäranlagen.
- **Kinsarvik Camping,** Tel. 53663290, ganzjährig geöffnet. Guter Platz an der Rv 13. 25 Hütten (Mini und Komfort, im Sommer meist nur auf Vorbestellung). Sehr schöner Blick über den Fjord. Einkaufsmöglichkeit gleich um die Ecke.
- **Myklatun Camping,** Øvre Eidfjord, Rv 7, Tel. 53665915. Auch dieser Platz hat einen Bootsverleih und Badeplatz, die Hütten sind aber einfacher (*).
- **Sæbø Camping,** Øvre Eidfjord, Rv 7, Tel. 53665927, März–Sept. Schön gelegener Platz am Eidfjord-See mit 12 Hütten (350–900 NOK), Bootsverleih und Badeplatz.
- **Liseth Pensjonat & Hytter,** Tel. 53665714, www.liseth.no. Tolle Lage in 700 m Höhe (an der Rv 7, nahe des Vøringfoss)! 11 schöne Hütten (**), 15 Zimmer.
- In Sysendalen (Rv 7): **Garen Gaard** (Tel. 53665721; 12 Hütten) und **Gaaren Camping** (Tel. 53665725; schöne Hütten, 300–750 NOK).

Aktivitäten

- **Angeln:** Lachs und Forelle.
- **Baden:** Freibad und Rutschen im Hardangertun.
- **Fahrrad fahren:** Beliebte, aber ungemein anstrengende Tour auf dem alten Fahrweg **durch das Måbødal** in Richtung Vøringfoss. **Fahrradverleih** im Turistkontor Eidfjord.
- **Wandern: Kinsarvik:** Herrliche, aber etwas anstrengende Wanderung zu den 4 Wasserfällen im Husedalen. Vor dem Freizeitpark biegt man rechts ab, parkt das Auto auf dem Parkplatz und geht auf der Straße bis zum Wasserfall Tveitafossen. Ab hier mit „T" markierte Route Richtung Stavali, durch waldiges, später baumloses, morastiges Gelände, unter anderem zum 218 m hohen Nyastølfossen. 4 Stunden retour (5 Stunden pro Richtung bis zur Stavli Hütte auf der Hardangervidda). Infokarte gibt es im Turistkontor in Kinsarvik.

Eidfjord: Im Ort biegt man in das Simadal ab. 600 m über dem Ende des Fjordes liegt

276no Foto: ms

Winterliches Måbødal

wie ein Adlerhorst der viel fotografierte Hof Kjeåsen. Er ist über eine kleine Serpentinenstraße mit dem Auto zu erreichen. Umweltfreundlicher und erlebnisreicher ist es jedoch, dem steil ansteigenden Wanderpfad zu folgen (1–1½ Stunden pro Richtung).

Øvre Eidfjord: Im Ort fährt man auf einer schmalen, unbefestigten Serpentinenstraße Richtung Süden in das unberührte Hjølmodalen. Unterwegs ist u.a. der über einen 650 m langen Berghang hinabstürzende Vedalsfoss zu bewundern. Am Ende der Straße: einfache Wanderung durch morastiges Gelände, vorbei an idyllischen Birkenwäldern zum 272 m hohen Valurfoss (1 Stunde retour, „T" Markierung, Ausschilderung Viveli/Valurfoss/Eidfjord). Innerhalb einer Stunde kann auch zur Berghütte Viveli gelaufen werden. Von hier in Richtung Süden zur Hedlo-Hütte (nochmals 3 Std. retour) oder Richtung Westen zur 5 Stunden entfernten Selbstversorgerhütte Stavali. Ab hier geht es (wiederum 5 Std.) zum Tveitafoss und nach Kinsarvik hinab.

Måbø: Am Ende des engen Teils des Måbødal (Parkplatz am Museum Måbøgård) beginnt die zweistündige (hin und zurück), eindrucksvolle Wanderung zum Fußpunkt des Vøringfoss. Sie ist recht unproblematisch zu bewältigen. Die Tour kann auf dem alten Fahrweg zum oberen Teil des Wasserfalles fortgesetzt werden. Sollte dafür die Kondition nicht ausreichen, so kann man am Ausgangspunkt (Måbø) auch den Trollzug nehmen.

- **Wintersport: Sysendalen Skicenter,** oberhalb des Vøringfoss, 2 Lifte, Loipen.

Ulvik und Granvin

↗XV/C3 ↗XIV/B3

Auf der Straße 7/13, von Süden kommend, bietet es sich an, den 11 km langen Tunnel in Richtung Granvin, wo es eh kaum etwas zu sehen gibt, zu umfahren und einen Abstecher nach **Ulvik** ins Programm aufzunehmen. Der niedliche Ort liegt am idyllischen Ulvikfjord und ist umgeben von kleinen Almen, Obstplantagen und schneebedeckten Bergen - kurz, ein idealer Ort zum Verweilen. Allerdings ist Ulvik ein recht beliebter Urlaubsort, und so sollte, wer die Einsamkeit sucht, besser noch bis nach **Osa** fahren, einem kleinen Dorf umringt von hohen Bergen. Zu sehen gibt es hier die interessante, aus 2300 Mauersteinen und 3000 Stöcken bestehende **Olympiaskulptur von Stream Nest** und einen **Demonstrationsgarten für den ökologischen Anbau von Kräutern.** In Ulvik liegt die älteste Gartenbauschule Norwegens, mit einem öffentlich zugänglichen Kräuter- und Rosengarten.

Touristeninformation

- **Turistkontor,** 5730 Ulvik, Tel. 56526360, Fax 56526623, www.visitulvik.com. Mitte Mai–Mitte Sept. Mo.-Sa. 9–17, So. ab 13 Uhr, ansonsten Mo.-Fr. 9–14 Uhr.

An- und Weiterreise

- **Lokalbus:** Ulvik - Granvin - Voss, Ulvik - Osa.

Unterkunft

- **Brakanes Hotel,** Ulvik, Tel. 56526105, Fax 56526410. Komfortables Hotel (*****). Natürlich gibt es hier alles, was das Herz begehrt: Restaurant, Bar, Swimmingpool mit angeschlossenem Fitnesscenter, Tennisplatz, Sauna und Fahrradverleih.
- **Strand Fjordhotel,** Ulvik, Tel. 56526305, Fax 56526410, geöffnet: 1.4.-1.11. Die Zimmer sind etwas preiswerter, (*****), die Ausstattung ist ähnlich der des Brakanes Hotel: Restaurant, Bar, Swimmingpool, Sauna, Tennis, Fahrradverleih.
- **Rica Ulvik Hotel,** Tel. 56526200, Fax 56526641. Weniger Ausstattung, ähnlich ho-

her Preis (*****). Neben Restaurant und Bar gibt es auch Sauna und einen Fahrradverleih.

- **Ulvik Fjord Pensjonat,** Tel. 56526170, Fax 56526160, geöffnet: 1.5.–20.9. In dem schönen Holzhaus kosten die Zimmer 880 NOK, Restaurant und Sauna gibt es auch.
- **Sollia,** Ulvik, Tel. 56526387, arnmoster@ulvik.org. Von Mai bis Sept. geöffnete Pension, Zimmer 500 NOK.

Camping

- **Ulvik Camping,** Tel. 91179670, geöffnet 1.5.–15.9. Einfacher, aber schön am Fjord gelegener Platz mit neu saniertem Sanitärgebäude. 6 Hütten (*/**).
- **Granvin Hytter og Camping,** Tel. 5652 5282, Fax 56525282, ganzjährig geöffnet. Man bietet 15 Hütten (*/**) an. Mit Badestelle und Bootsverleih.

Aktivitäten

- **Wandern:** In Osa ab der Galleri Hjadlane in 15 Min. zum Wasserfall Røykjafossen. Zudem Straße auf das Osafjell.
- **Weitere Angebote:** Angeln, Rundflüge.

Bootsrundfahrt

- **Fjordrundfahrten** für 150 NOK.

Von Ulvik geht es über die Rv 572 nach Granvin vorbei am schönen Espelandsdalen-Campingplatz.

Will man nach Bergen weiterfahren, kann man das über Voss auf den gut ausgebauten Straßen 13 und E 16 oder über Øystese/Norheimsund auf der teilweise recht engen Rv 7 tun. Letztere Variante ist wahrscheinlich die landschaftlich schönere, auch wenn es langsamer voran geht. Leider passiert man in dieser reizvollen Umgebung, mit ihren Obstbäumen und wuchtigen Bergen, auch die schockartig auftauchenden grauen Industrieanlagen von **Ytre Ålvik.**

Øystese/ Norheimsund

↗XIV/B3

Die beiden Orte mit **zusammen 8500 Einwohnern** liegen eingebettet in eine liebliche, im Sommer etwas unspektakuläre Landschaft mit einladenden Wäldern, kleinen Feldern und zahlreichen Obstbäumen. An sonnigen Winter- und Frühlingstagen jedoch hat man, speziell von Øystese aus, einen faszinierenden Rundblick auf nun alpiner wirkende Massive, deren massige Formen Schnee, Licht und Schatten einzigartig herausmodellieren.

Für den Nachschub an Lebensmitteln laden in beiden Gemeinden große, recht ansprechend gestaltete **Einkaufszentren** zum Shopping ein.

Ansonsten lohnen einen Besuch das **Ingebrigt Vik-Museum** in Øystese, mit Werken des bedeutenden norwegischen Bildhauers (geöffnet: Juni–Aug. 10–17 Uhr, ansonsten Di.–So. 11–15 Uhr, 50 NOK) sowie das sehenswerte **Hardanger Fartøyvernsenter.** Die lebendige **Museumswerft** (geöffnet Mai bis August, 10–17 Uhr, 80 NOK, Familien 150 NOK) liegt in Norheimsund. Unter anderem können Interessierte bei der Restauration alter Boote zuschauen und neue Schiffe entstehen sehen.

Keinesfalls verpasst werden sollte der 2 km westlich des Ortes gelegene **Steinsdalsfossen.** Gut, vielleicht gab es schon gewaltigere Wasserfälle entlang des Weges. Doch konnte man auch hinter diesen entlanglaufen, ohne auch nur einen Tropfen abzubekommen?

Neu ist das **Akvasenter** in Steinstø, 11 km östlich von Øystese. In der Schauanlage für Lachszucht erfährt der Besucher viel über den 18-monatigen Aufenthalt des Fisches in der Anlage, bevor er auf dem Teller der Feinschmecker landet (Juni–Mitte Aug., 13–19 Uhr, 80 NOK).

Touristeninformation

- **Øystese Turistinformasjon,** www.kvamreiselivskontor.no, Tel. 56555910.
- **Norheimsund Turistinformasjon,** Tel. 56551585, www.visitkvam.no, Mitte Juni–Mitte Aug. 10–20 Uhr, Sa. Bis 18 Uhr, So. 15–20 Uhr.

An- und Weiterreise

- **Fernbus 180** und Busse nach Voss und Bergen, www.tide.no.
- **Schnellboot:** Mai–Sept. ab Norheimsund 8.55 Uhr nach Utne, Lofthus und Eidfjord.

Unterkunft

- **Sandven Hotel+,** Norheimsund, Tel. 5655 2088, Fax 56552688, www.sandvenhotel.no, geöffnet: 1.4.–15.10., (*****/****). Weißes, romantisches Holzhotel im Schweizer Stil mit altem Interieur und modernen Zimmern. Restaurant, Disco, Fahrradverleih.
- **Hardangerfjord Hotell,** Øystese, Tel. 56556300, Fax 56556303, (*****). Moderner Bau am Fjord. Restaurant, Sauna, Pool, Disco.

Camping/Hütten

- **Hardanger Fjordhytter,** Øystese, Tel. 5655 5180, Fax 56555184, www.hardanger-fjordhytter.no. Ganzjährig geöffnet. 4 komfortable Hütten (***) am Wasser.
- **Oddland Camping,** 4 km ab Norheimsund, Rv 49, Tel. 56551686. Kleiner Platz am Fjord. Einfache saubere Hütten direkt am Wasser (*), Strand und Ruderbootverleih.
- **NAF Kro og Camping,** Kvamskogen, Rv 7, ca. 12 km westl. von Norheimsund, Tel. 5655 3131, ganzjährig, 10 Hütten (350–750 NOK), sehr gut ausgestatteter Platz, Bootsverleih.

Aktivitäten

- **Fahrrad fahren/Wandern:** Auf einer alten Straße vom Steindalsfossen zur Schlucht Tokagjel hinauf **nach Kvamskogen.**
  Weg vom Steindalsfossen über den Goldfischsee **zum Fjordarm Fykesund.**
- **Wintersport:** 8 Lifte in Kvamskogen westlich von Norheimsund.
- **Kunsthaus Kabuso** in Øystese: interessante Ausstellungen, Café, Park, Sommerkonzerte (Juni–Aug. 10–17 Uhr, Sa./So. 12–16 Uhr).

Bootsrundfahrt

- Fahrt in den engen **Fykesund** (20 km östl. von Norheimsund), 13 Uhr ab Steinstø am Beginn des kleinen Fjordes. 200 NOK. www.hfr.no.

Auf der Rv 7 und der E 16 sind es 80 km bis Bergen. Die Strecke kann aus Mangel an Sehenswürdigkeiten schnell bewältigt werden.

Küste zwischen Stavanger und Bergen

Der teils unwirtliche, teils liebliche Küstenabschnitt gliedert sich in **unzählige Inseln.** Viele von ihnen sind steinern, flach und baumlos. Andere beherbergen knorrige Kiefern und blumenreiche Wiesen. Alte Kulturlandschaft mit romantischen Lesesteinmauern und Holzhäusern mischt sich mit modernen Werft- und Industrieanlagen, wobei man immer wieder und immer noch sehr viele idyllische Flecken findet.

Karmøy

↗XVIII/A3

Von Stavanger kommend empfiehlt es sich, mit der einstündigen Fähre von Mekjarvik nach Skudeneshavn überzusetzen (6–8x tägl.) und so der reizvollen **Insel Karmøy** einen Besuch abzustatten. Der Preis für die Überfahrt mag hoch erscheinen (170 NOK pro Auto, 55 NOK pro Person, 6x täglich), im Endeffekt aber zahlt man auch nicht viel mehr als bei der neuen Tunnel/Fähre-Variante über Rennesøy und Bokn (Fähre: 145 NOK pro Auto, 35 NOK pro Person).

Die flache Insel Karmøy überrascht mit einer für norwegische Verhältnisse **recht dichten Besiedlung** entlang der Westküste und im Nordteil, aber auch mit schönen Heidelandschaften und kleinen Sandstränden. Industrie gibt es nur in Kopervik, wo Norsk Hydro ein großes Aluminiumwerk stehen hat.

Sehenswertes

Skudeneshavn

↗XVIII/A3

Das **Fischerdorf** besticht durch ein geschlossenes Ortsbild, welches mit seinen im 18. und 19. Jahrhundert erbauten blitzweißen Holzhäusern und den vielen Cafés zum Bummeln und Verweilen einlädt. Zu besichtigen ist das **Kaufmannshaus Mælandsgården** mit einem alten Krämerladen, einer Seefahrtsabteilung sowie Informationen zu verschiedenen Handwerksberufen, z.B. dem des Böttchers (geöffnet: 1.6.–31.8. Mo.–Fr. 11–17 Uhr, So. 13–18 Uhr, Sa. geschlossen, 30 NOK).

280no Foto: ms

Avaldsnes ↗XVIII/A3

Avaldsnes ist Norwegens ältester Königssitz, gegründet von *Harald Hårfagre* um 870. Noch heute findet man in der Umgebung viele Grabhügel (z.B. Rehaugen) und Siedlungsreste. Bedeutendstes erhaltenes Denkmal ist jedoch die um 1250 unter König *Håkon Håkonson* errichtete **Olavskirche** (Geöffnet: 1.6.–31.8. 11–17, So. 12–17 Uhr, 20 NOK). Bei einem Rundgang um den Sakralbau entdeckt man an der Nordwand einen Bautastein (Gedenkstein). Er trägt den Namen „Nähnadel der Jungfrau". Einer Sage nach ist das Ende der Welt nah, wenn der heidnische Stein die geweihte Kirchenmauer berührt. Seine Neigung ist schon beträchtlich, doch versucht man scheinbar das Jüngste Gericht noch ein wenig aufzuschieben, denn – hat da nicht jemand eine Ecke an der Spitze abgebrochen?

Eingedenk der geschichtsträchtigen Umgebung wurde nur 15 Minuten von der Kirche entfernt ein **Wikingerhof** restauriert. Im Sommer von 11.30–18 Uhr sieht man allerlei gehörnte Gesellen ihr Tagewerk verrichten. Außerdem findet Mitte Juni das Wikingerfestival mit Schaukämpfen, Konzerten und Sagaabenden statt. Unweit des Hofes liegt das **Nordvegen Historiesenter,** in dem die Geschichte dieser Region anschaulich präsentiert wird (Mai–Sept. Di.–Fr. 11–17 Uhr, Sa./So. 12–17 Uhr).

4 km westlich von Avaldsnes befindet sich mit den **Visnes Gruben** ein industriegeschichtliches Denkmal neueren Datums. 1865–1972 wurde in dem damals größten Bergwerk Nordeuropas Kupfer gefördert, das qualitativ zum besten der Welt gehörte und u.a. beim Bau der New Yorker Freiheitsstatue Verwendung fand (geöffnet: Grubenmuseum und Café, Mai–August Mo.–Sa. 11–17 Uhr, So. 12–18 Uhr, 40 NOK).

Einen anderen, noch heute bedeutenden Wirtschaftszweig der Region beleuchtet das neue, in einem modernen Beton-Glas-Kasten untergebrachte **Fiskerimuseum** in Vedavågen. Dokumentiert wird die Geschichte der Fischerei seit 1950 (geöffnet: Sommer Mo.–Fr. 11–17 Uhr, So. 14–18 Uhr, 30 NOK).

Fährt man weiter in Richtung Haugesund, so entdeckt man auf der Festlandsseite, zu Füßen der Karmsund-Brücke, die **„Fünf törichten Jungfrauen"** („De fem dårlige jomfruer"). Die fünf **Bautasteine** stammen aus der Zeit der Völkerwanderung und waren vermutlich Teil eines astronomischen Kalendersystemes.

Touristeninformation 

- **Avaldsnes Turistinformasjon,** Tel. 5281 1488, tägl. bis 18 Uhr geöffnet, Sa. bis 17 Uhr.
- **Kopervik Turistinformasjon,** Tel. 528575 10, ganzjährig Mo.–Fr. 8–15 Uhr.
- **Karmøy Tourist Information,** 4280 Skudeneshavn, Tel. 52858000, www.visitkarmoy.no. Im Sommer bis 18 Uhr.

An- und Weiterreise 

- **Bus:** Skudeneshavn – Kopervik – Haugesund (entlang der West- und Ostküste).

Unterkunft

Gemütliche **Ferienunterkünfte** in und um Skudeneshavn **vermittelt die Touristeninformation.**

- **Norneshuset,** Skudeneshavn, Tel. 52827262, ganzjährig geöffnet, (***). Das hübsche Haus in der Altstadt, am Wasser gelegen, wurde 1837 von Riga hierher verfrachtet. Alles ist gemütlich eingerichtet.
- **Karmøy Vandrerhjem,** Kopervik, Tel. 5284 6160, karmoy@hihostels.no, 25.5.-10.8. Gut und günstig! Bett 170 NOK, DZ 490 NOK.

Camping/Hütten

- **Skudenes Camping,** Skudeneshavn Ortsausgang, Rv 47, Tel. 52828196. Guter Platz mit zum Teil komfortablen und sauberen Hütten (*/****).
- **Sandhåland Camping,** Sandeve (Rv 47), Tel. 52843234, www.sandhaaland.no, Schöner Platz am Sandstrand. Einfache bis komfortable, saubere Hütten (*/**).
- **Privatunterkünfte** in Skudeneshavn: www.skudeneshavn.com (*overnatting*).

Festivals

- **Vikingfestivalen:** Mitte Juni (Avaldsnes; www.vikingfestivalen.no).
- **Skudefestivalen:** Anfang Juli (Skudeneshavn; Küstenkulturtage, www.skudefestivalen.no).
- **Olavstage:** Mitte Juli (Avaldsnes; Konzerte, Seminare, Olsok Gottesdienst).

Aktivitäten

- **Baden:** Die **Sandstrände** sind meist versteckt hinter Häusern gelegen und etwas schlecht zu finden. Einer der schönsten und am besten zu erreichenden ist der am Campingplatz Sandhåland.
- **Fahrrad fahren:** Kaum Steigungen, schöne Landschaft, also ideal zum Biken. Allein Regen und Wind können einen Strich durch die Rechnung machen. Fahrradverleih in der Touristeninformation Skudeneshavn.

Haugesund ↗XVIII/A2

Überblick

Schon im Jahr 1217 wurde Haugesund vom isländischen Chronisten *Snorre* erwähnt. Allerdings war der Ort bis 1840, mit gerade mal 150 Bewohnern, völlig bedeutungslos. In den Folgejahren setzte man sich jedoch durch die günstige Lage an einem geschützten Sund gegenüber Skudeneshavn durch, zumal die nun aufkommenden Dampfschiffe hier besser anlanden konnten. Die Einwohnerzahl stieg sprunghaft um das Zwanzigfache an, und schon 1884 wurden die Stadtrechte verliehen. Wie gut es der Bevölkerung ging, ist unschwer an dem von einem Reeder gestifteten rosa Rathaus zu erkennen. Heute zählt Haugesund **32.000 Einwohner** und lebt nur noch bedingt vom Fischfang. Erdöl- und Aluminumindustrie haben ihm den Rang abgelaufen.

Das Zentrum des Ortes ist ein bunter Mix aus Betonfassaden und Holzhäusern, wobei Haugesund erstaunlich viel Flair besitzt. Am schönsten ist eine kleine Wanderung von den hübschen Villenvierteln nördlich und südlich der Innenstadt durch die lebendige **Fußgängerzone Haraldsgate** hin zum innerstädtischen Wasserarm Smedasund mit seinem Sammelsurium aus stolzen Yachten, winzigen Kähnen und gediegenen Fischerbooten. Allein, skandinavienweit bekannt wurde der Ort nicht durch seinen Hafen, sondern durch das alljährlich Mitte August stattfindende **Film-Festival.** Verliehen wird hier der Armanda-Preis, der norwegische Oscar.

283no Foto: ms

Landschaft in der Region Etne

Ein Grund dafür, dass die Veranstaltung ausgerechnet hier an der Westküste stattfindet, mag sein, dass die Vorfahren der Filmlegende *Marilyn Monroe* aus dieser Gegend stammen. Eine Statue der Schauspielerin verkündet es.

Sehenswertes

Eines der auffälligsten Gebäude des Zentrums ist neben der neugotischen Backsteinkirche das **Rathaus.** Der rosafarbene Bau wurde 1931 eingeweiht und ist eine Schenkung des Reeders *Knut Knutsen*. Geht man von hier die Skåregata entlang in Richtung Norden, so gelangt man zum Zentralgebäude des **Karmsund Folkemuseums** mit umfangreichen, aber teils etwas langweilig präsentierten Sammlungen zu Themen wie Seefahrt, Fischerei, Kunsthandwerk und Archäologie (geöffnet: Mo.–Fr. 10–14 Uhr, Sommer So.–Fr. 12–17 Uhr). Die **Freilichtausstellung Dokken** liegt nördlich des Zentrums, unterhalb der Brücke zur Insel Hasseløy. Zu sehen sind vier Häuser mit Wohnungseinrichtungen aus dem 19. Jahrhundert, ein großes Bootshaus und eine Böttcherwerkstatt.

Nationalmonument Haraldshaugen

Die **bedeutendste Sehenswürdigkeit der Region** liegt 2 km nördlich des Zentrums. Errichtet wurde der 17 m hohe **Granitobelisk** 1872 anlässlich des

1000-jährigen Jubiläums der Einigung Norwegens durch König *Harald Hårfagre,* der im Jahr 930 an dieser Stelle beigesetzt wurde. Die 29 Steine im Rund symbolisieren die alten Landesteile.

Geht man in Richtung Süden, so erreicht man nach 75 m den **Krosshaugen.** Es ist ein **alter Thingplatz,** an dem sich die Wikinger versammelten, um Rat zu halten. Das den Hügel zierende Steinkreuz ist etwa 1000 Jahre alt.

Touristeninformation

- **Reisetrafikkforeningen for Haugesund,** in der Fußgängerzone, Haraldsgate, Tel. 5201 0830, www.haugesund.net, geöffnet Mo.–Fr. 8–15.30 Uhr.

Orientierung

- Die E 134 mündet auf die Rv 47, welche dann östlich am Zentrum vorbeiführt. Großer Parkplatz am Busbahnhof (an der Rv 47).

An- und Weiterreise

- **Busbahnhof:** 500 m westlich des Zentrums, **Fernbusse 180, 400;** Regionalbusse nach Bømlo und Tysnes.
- **Schnellboot:** Verbindungen nach Bergen, Leirvik und Stavanger, Tel. 05505, www.flaggruten.no.
- **Fähren:** Passagierfähren zu den Inseln Utsira (1 Std. 15 Min.) und Røvær (45 Min.).
- **Flughafen:** 14 km südlich von Haugesund. Verbindungen u.a. nach Oslo, Bergen und Stavanger. Tel. 52857900, geöffnet 5–1 Uhr, Sa. bis 22 Uhr.

Unterkunft

- **Rica Maritim Hotel,** Åsbygd 3, Tel. 52863000, Fax 52863001, (*****). Elegante Zimmer mit Blick auf den Smedasund, gutes Restaurant, Sauna und Disco.
- **Hotel Amanda,** Smedasund 93, am Wasser, Tel. 52808200, Fax 52728621, (*****). Empfehlenswertes, modernes Hotel in altem Gebäude am Wasser. Fahrradverleih.
- **Skeisvang Gjestgiveri,** Skeisvannvn. 20, Tel. 52712146, Fax 52713270, (*/**). Kleine Pension östlich des Zentrums bei einem großen Sportzentrum.

Camping/Hütten

- **Haraldshaugen Campingplatz,** 1,5 km nördlich des Zentrums an der Rv 47, Tel. 52728077. Herrlicher Naturplatz in Top-Lage am Wasser, unweit vom Haraldshaugen. Vermietet werden auch 22 Hütten (*/**).
- **Grindafjord Feriesenter,** Aksdal, Tel. 52775740, Fax 52775212, ganzjährig geöffnet. Schöner Platz im Nadelwald. 17 km östlich von Haugesund (Rv 515). 13 Hütten (*/**/***), Strand, Pool, Sauna, Tennisplatz.

Essen und Trinken

- In den beiden parallel zum Smedasund verlaufenden Straßen Haraldsgata (Fußgängerzone) und Strandgata gibt es **etliche Gaststätten und Pubs.** Die besten Restaurants haben wie in allen Kleinstädten die Hotels.
- **Restaurant Egon** (Smedasund 93, Hafen): all you can eat, Pizza 110 NOK, vor 18 Uhr, Mo./So. ganztägig.

Kino

- Thuhauggt. (kreuzt die Fußgängerzone), Tel. 52728422.

Galerie

- Nördlich des Zentrums (Erling Skjalgssonsgt. 4) liegt die Haugesund **Billedgalleri,** mit 1500 Gemälden und Kunsthandwerksprodukten die drittgrößte Galerie Westnorwegens (geöffnet: Di.–So. 12–15 Uhr).

Aktivitäten

- **Baden: Badesee Haraldsvang** und **Hallenbad** liegen etwa 1 km östlich vom Haraldshaugen-Campingplatz.
- **Paddeln:** Boote vermittelt die Touristeninformation unter Tel. 52743353.
- **Wandern:** Herrliche Aussicht über Stadt und Land vom **Varda- und Steinsfjell,** beide am östlichen Stadtrand.
- **Fahrrad fahren:** Die relativ flache Umgebung eignet sich hervorragend für Fahrrad-

touren. **Verleih:** Sykkelverksted, Strandgt. 154, Tel. 52723301.

- **Weitere Angebote:** Bowlinghalle, Smedasund 50; Tauchen; Reiten.

Festivals

- Jedes Jahr im Sommer finden das **Silda-Jazz Festival,** das **Kleinboot-Festival** sowie das **Winkinger-Festival** statt. Hinzu kommen das **Internationale Film-Festival** Ende August und die **Heringstafel,** an der man sich um den 21.8. herum kostenlos laben kann.

Umgebung

Die liebliche **Region Etne,** östlich Haugesunds (E 134), und die raue Inselwelt nördlich der Stadt bieten viele Freiräume für Entdeckungen abseits der touristischen Hauptströme. Größte Attraktion Etnes ist der gewaltige **Wasserfall Langfoss,** der 612 m in den, in felsiger Schönheit erstarrten Åkrafjord stürzt.

15 km vor der Küstenlinie befindet sich das flache Felseiland **Utsira,** die am exponiertesten liegende Insel Norwegens. Mit 300 Vogelarten ist sie besonders für Ornithologen interessant.

Der teils raue Archipel **Bømlo** ist über die Trekant-Festlandsverbindung mit dem Festland und der Insel Stord verbunden. Für die gewagte Brücken-Tunnel-Kombination sind 85 NOK zu zahlen. Zu besichtigen sind in Moster die aus dem 12. Jh. stammende älteste Steinkirche Norwegens sowie das Amphietheater, mit einer Ausstellung zur Christianisierung Norwegens und einem unweit entfernten Erlebnisbad.

Südlich Bømlos liegt **Espevær,** mit so vielen Schären wie das Jahr Tage hat und dem eigenwilligen Bau des Hummerparks.

Nordöstlich von Stord erheben sich die kiefernbestandenen Berge der Insel **Tysnes.** Die Besiedlung des Eilandes begann vor etwa 3500 Jahren durch das aus Jütland in Dänemark stammende Volk der Hordaner (nach denen noch heute die Provinz Hordaland benannt ist). Im 10. Jh., zur Zeit der Wikinger, verlagerte sich das Machtzentrum vom Gewässer Vevatnet bei Lunde nach Onarheim im Südosten. Unweit des Ortes, in Årbakka, stehen noch 7 Bautasteine. Unten am Wasser liegen die zur Galerie umfunktionierten Gebäude eines Landhandels. Eine wunderbare Panoramastraße umrundet die Insel.

- **Touristeninformation: Etne Reiselivslag,** 5590 Etne, Tel. 53756926. **Bømlo Reiselivslag,** 5430 Bremnes, Tel. 53448260.
- **Busse:** siehe unter „Haugesund".
- **Fähren:** Jektavik – Hodnanes (10 Minuten, bis 21 Uhr, 25 NOK/Person, 60 NOK/Auto), Sandvikvåg (Stord) – Halhjem (50 Minuten, bis 23 Uhr, 9–15x täglich, 50 NOK/Person, 170 NOK/Auto) Våge (Tysnes) – Halhjem (35 Minuten, bis 19.30 Uhr, 10x täglich, 40 NOK/Person, 110 NOK/Auto).
- **Camping/Hütten**

Kyrping Camping, Etne, E 134, 20 km ab Langfoss, Tel. 53770880, Fax 53770881, ganzjährig geöffnet. Auf dem hübschen Platz am Åkrafjord werden 29 Hütten (**) und Ruderboote vermietet.

Langenuen Motel & Camping, Børtveit, Insel Stord, Tel. 53495815, ganzjährig geöffnet. Schöne Lage am Wasser. Ruderbootverleih und 11 Hütten (*/***), Zimmer (***).

Gripne Camping, im Nordosten der Insel Tysnes, Tel. 53433270. Einfacher Platz am Wasser, Hütten (*).

Tysnes Sjø og Fritid, Uggdal, Tel. 99745533, www.angelferien.no. Deutsche Inhaber. Zimmer ab 500 NOK (Nebensaison preiswerter). Bootsverleih und Angelcenter zu jeder Jahreszeit geöffnet. Preiswertes Bistro. Tipps zum Wandern auf Tysnes.

Utsira Overnatting, Tel. 91171021, DZ ab 550 NOK. **Utsira hytte og båtutleie,** Tel. 52749180. **Bømlo Kystferie** (bomlo-kystferie.com, Tel. 534246 90, in Finnås, viele gute Hütten.

Von den Inseln Stord und Tysnes kann man direkt die Fähre nach Halhjem nehmen und nach Bergen weiterfahren. Wer noch etwas Zeit hat, sollte sich den Umweg über Rosendal gönnen.

Rosendal

↗XVIII/B1

Zu Füßen des mächtigen Folgefonn-Gletschers liegt dieser idyllische Ort mit der in ganz Norwegen einmaligen **Baronie.** Das **kleine Schloss** wurde 1665 von der Familie *Rosenkrantz* aus Bergen gegründet. Seit dem 19. Jahrhundert bereichern ein Park und ein prächtiger Rosengarten das Ensemble. Im Gebäude hängen Gemälde u.a. von *Dahl* und *Munch* (Mai–Ende Sept. 10–17 Uhr, 70 NOK). Zu besichtigen sind in Rosendal auch ein **Schiffsbaumuseum** (geöffnet: Sommer: Mo.– Sa. 11–17 Uhr, So. 11–16 Uhr, 25 NOK) und die **mittelalterliche Steinkirche** von 1255 mit den Särgen derer von Rosenkrantz (im Sommer: 12–17 Uhr, 25 NOK). Außerdem befindet sich nördlich des Ortes, in Ænes, ein neuer **Lachspark,** mit Aquarium und Angelmöglichkeiten (geöffnet: 11–17 Uhr, 35 NOK, Angeln 75 NOK/Kilogramm).

Touristeninformation

- **Kvinnherad Reiselivslag,** Rosendal, nur im Sommer geöffnet, Tel. 53470235, www.turistservice.no.

An- und Weiterreise

- Ausflugs- und Schnellboote nach Bergen.

Unterkunft

- **Rosendal Fjordhotel,** Tel. 53488000, (*****). Gutes Hotel im Ort. Restaurant, Disco, Tennisplatz, Sauna und Fahrradverleih.
- **Rosendal Alvsgard & Fruehuset,** an der Baronie, Tel. 53482999, www.baroniet.no, (***). Romantische Zimmer!
- **Rosendal Gjestgiveri,** Tel. 53473666, (***). Altes Holzhaus mit schönen Zimmern, Restaurant, Pub.
- **Løvfall Camping,** 4 km bis Rosendal, Tel. 53484700. Einfacher Platz oberhalb des Fjordes. 5 Hütten (*).

Wandern

- Ab Sundal führt ein breiter Weg in einer Stunde zum See an der mächtigen Gletscherzunge Bondhusbreen.

Bergen

↗XIV/A3

Überblick

Die **Metropole des Fjordlandes** ist **kulturelles Zentrum Norwegens** und **eine der schönsten Städte des Landes,** allerdings nass wie eine volle Badewanne. Nicht weniger als 2 m³ Wasser pro Quadratmeter, also fast viermal so viel wie in Berlin, prasseln Jahr für Jahr auf die **252.000 Einwohner** von Bergen nieder. Kein Wunder also, dass böse Zungen behaupten, die Menschen hier seien mit Schwimmhäuten an den Füßen zur Welt gekommen und der Regenschirm sei ihr liebstes Utensil. Den weltoffenen Urbergenser stört dies, mit Blick auf die glorreiche Geschichte der Stadt, jedoch kaum. Ihm ist es eh ein

287no Foto: ms

Vergnügen, zwischen sich und den Restnorwegern zu unterscheiden.

Den besten Eindruck von der Bergstadt am Meer erhält, wer vom Zentrum aus mit der **Standseilbahn** den **Fløyen** erklimmt. Hier, auf 320 m Höhe, steht man wie auf einer Empore über dem Bergener Häusermeer. Der Panoramablick offenbart zunächst die einem Dorn gleich in den Byfjord hinausragende **Halbinsel Nordnes** mit idyllischen Wohnvierteln und dem Aquarium. Rechts von ihr die **Bucht Vågen,** an deren Flanken die hanseatischen Handelsgebäude der Tyske Brygge und die alte Festung Bergenshus liegen. In der anderen Richtung, am Ende des kleinen Meeresarmes, der **Torget (Markt).** Er bildet den Mittelpunkt eines farbenfrohen Zentrums mit kleinen Gässchen, winzigen Holzhäusern und wuchtigen Gebäuden aus der Gründerzeit. Beugt man sich nun etwas weiter vor, so erkennt man die grünen Kupferkuppen der drei ältesten Kirchen im Ort, unter ihnen auch die romanische Mariakirche. Schaut man nach links, wird deutlich, woher Bergen seinen Namen haben könnte. Wie ein Korsett schnüren sieben steile Berge (auf einem steht man) den Ort ein. Der mit dem Turm ist der 642 m hohe **Ulriken,** der zweite und höchste Panoramaberg der Umgebung.

Blick auf Bergen vom Berg Fløyen

Bergen
Parkhaus „By Garasjen“
Parkplatz „Tollbudalmenningen“
Parkplatz „Klostergate“
Parkhaus „Klostergarasjen“
Weg zum Parkhaus/-platz
0
300 m
★1, ★2
★ii 34
★70, 71, ●72
NYDNES
NØSTET
FLØYEN
Hauptbahnhof
Lille Lungegårdsvann
Nygards-parken
Prof. Hansteens gate
Nøstet
Nøstegate
Vestre Murallm.
Neumanns gt.
Teatergaten
Håkonsgaten
Vestre Torggate
Vaskerelven
Øysteinsgate
Klostergt.
Markeveien
Strandg.
Strand
Strandkaien
Ole Bulls plass
Olav Kyrresgate
Christiesgate
Torgalmenningen
Torget
Vågsalm.
Vetrl. alm.
Nygt.
Kong Oscars gt.
Lille Øvregaten
Marken
Kaigaten
Thormølensgate
Welhavensgate
Parkveien
Allegaten
Rosswinckelsgate
Nygårdsgaten
Strømgaten
Lars Hilles gate
Vestre Strømkaien
Skivebakken
Brattlien
Forskjønnelsen
Fjellveien
Fløyve
Kalfarveien
Kalfarlien
Skansemyrsveien
540
555
585
E39

★	1	Damsgård Hovedgård
★	2	Alvøen
●	3	Bergen Bobilsenter
	4	neuer Kai der Hurtigrute
	5	Sydnessmuget Gjestehus
	6	Schnellbootkai
	7	Kulturhaus USF
★	8	Aquarium
	9	Seefahrtsmuseum
	10	Kulturhistorische Sammlungen
	11	Naturhistorische Sammlungen
	12	Johanneskirche
	13	Restaurant Soho
	14	Bergen Kino
	15	Kjellersmauet Gjestehus
	16	Spisekroken
	17	P-Hotel
	18	vegetarisches Restaurant Pars
	19	Café Opera
	20	Theater am Ole Bulls plass
	21	Schnellbootkai
	22	Best Western Hotel Hordaheimen
	23	Clarion Hotel Admiral
	24	Augustin Hotel
	25	Nykirke
	26	Fähren nach Dänemark u. England
	27	Romantik Hotel Park Pension
	28	Steens Hotell
	29	Det Akademiske Kvarter, Gullaksen Gjestehus
	30	Restaurant Cyclo
	31	City Appartment Hotel
	32	Vestlandske Kunstindustriemuseum
	33	Radisson Blu Hotel Norge/Dickens
★	34	Troldhaugen/ Fantoft-Stabkirche/Lysøen
★	35	Grieg-Halle
	36	Rasmus Meyers Sammlung & Lysverket
	37	Bergens Kunsthall
	38	Stenersen Sammlung
	39	Post
	40	Galleriet Einkaufscenter
	41	Strand Hotel
	42	Touristeninformation
●	43	Fischmarkt
★	44	Bryggen
	45	Bryggenmuseum
★	46	Schøtstuene
	47	Mariakirche
	48	Radisson Blu Royal Hotel
	49	Thon Hotel Bergen Brygge
★	50	Håkonshalle, Rosenkrantzturm
	51	Fischereimuseum
	52	Gamle Bergen
	53	Busbahnhof
	54	Grand Hotel Terminus
	55	Lepramuseum
	56	Jacob's Apartments
	57	Domkirche
	58	Marken Gjestehus
	59	Banco Rotto
	60	Pygmalion
	61	Vandrerhjem YMCA
	62	Korskirke/Krenzkirche
	63	Café Capello
	64	Restaurant Egon
	65	Hanseatisches Museum
	66	Thon Hotel Rosenkrantz
●	67	Standseilbahn (Fløibane)
	68	Skansen Pensjonat
	69	Intermission
★	70	Gamlehaugen
	71	Vandrerhjem Montana
●	72	Berg Ulriken
	73	Fjellsiden Gjestehus
	74	Skuteviken Gjestehus

290no Foto: ms

Hansehäuser der Brygge

Sollte der Aufenthalt auf den Gipfeln der Stadt nun jäh durch einen Regenschauer unterbrochen werden, so bieten sich zur Abwechslung über dreißig Museen, Galerien und zu besichtigende Gebäude an. Unbedingt einen Rundgang wert sind dabei das gut sortierte Bergen Kunstmuseum, der ehemalige Wohnsitz *Edvard Griegs, Troldhaugen,* das Hanseatische Museum und das Freilichtmuseum Gamle Bergen. Bergen rechtfertigt durchaus einen Aufenthalt von zwei bis drei Tagen.

Geschichte

Gegründet wurde Bergen **1070** von König *Olav Kyrre* an dem Platz, wo heute das Bryggen Museum steht. Die Schifffahrt und der Handel mit Stockfisch waren die wichtigsten Wirtschaftszweige. Die günstige Lage und die Verlegung des Bischofs- und Königssitzes nach Bergen Anfang des 13. Jh. förderten das Wachstum zur größten und bedeutendsten Stadt Nordeuropas, die um 1250 schon 40.000 Einwohner zählte und noch weit vor Oslo wirtschaftliches Zentrum der Region war.

1343 hielten die **Hanseaten** Einzug in der Stadt und gründeten einige ihrer wichtigsten Handelskontore. Ihren Namen erhielten die Geschäftsleute vom

Hanse-Bund, im 12. Jh. gegründet und zunächst mit der Aufgabe versehen, Kaufleute und ihre Handelswege vor Seeräubern und allerlei anderen dunklen Gesellen zu schützen. Nach und nach entwickelte sich dann aus der einstigen Schutzgemeinschaft eine dominante Handelsvereinigung. Sitz des Kaufmannsbundes wurde ab Mitte des 14. Jh. Lübeck. Sein Einfluss war mächtig und übertraf teilweise sogar die Befugnisse von Königen. Monopolistisch wurde mit land- und forstwirtschaftlichen Produkten gehandelt. Das Kontor in Bergen spezialisierte sich auf den Export von Stockfisch und den Import von Bier und Salz aus Norddeutschland.

Selbst als die letzte Hanseniederlassung im Jahr 1764 geschlossen wurde, blieb Bergen mit seinen Standbeinen Fischfang und -export eine bedeutende Stadt im Nordseehandel, ganz im Gegensatz zum Rest des Landes, der stärker den dänischen Machthabern unterworfen war und sich nur kümmerlich entwickelte. Bergen hatte zu diesen Zeiten mit dem hinter hohen Gebirgen liegenden Restnorwegen weniger Kontakt als z.B. zu England, das schifffahrtstechnisch ja praktisch um die Ecke lag. Diesen Umständen verdankt sich wohl auch der flotte, noch heute gern schmunzelnd zitierte Wahlspruch der Einwohner: „Ich komme nicht aus Norwegen, ich komme aus Bergen".

Im 19. Jahrhundert erfolgte eine rasche **Industrialisierung** der Stadt, und es kam zu einem explosionsartigen **Anstieg der Einwohnerzahl** (wie fast überall in Europa). Außerdem bescherte die Küstenlage dem Ort die **Hurtigruten,** welche als Postschiffroute für Nordnorwegen gegründet wurde und bis auf den heutigen Tag hier im Hafen beginnt. Auch wurde mit der Eröffnung der **Bergen-Bahn** im Jahr 1909 endlich eine Gleisverbindung zum Hinterland geschaffen. Da sah so mancher Bergenser erstmals, wie weitläufig Binnennorwegen doch eigentlich ist.

Der **2. Weltkrieg** begann für die Stadt mit dem Einfall der deutschen Flotte am 9. April 1940. Zum Glück hinterließ er bis auf die Explosion eines Munitionsschiffes anno 1944, bei dem allerdings die alte königliche Håkon-Halle (ein wichtiges nationales Monument!) zum Teil zerstört wurde, kaum Spuren. Ganz im Gegensatz zu weiter nördlich an der Küste gelegenen Orten.

In der Nachkriegszeit konnte sich Bergen als **Kulturmetropole Norwegens** etablieren. Nicht umsonst beheimatet man das älteste, schon 1850 gegründete Theater Norwegens. Ihren Reichtum bezieht die Stadt nach wie vor aus dem Meer. Fischfang und Öl bilden die Grundlagen, wenngleich man Stavanger den Rang als „Dallas Skandinaviens" nicht ablaufen konnte. Auch spielen die zweitgrößte Universität des Landes und der Tourismus eine große Rolle im Wirtschaftsleben Bergens.

Sehenswertes

Am Ende des Hafenbeckens Vågen liegt der **Torget,** der **natürliche Mittelpunkt der Stadt.** Auf ihm findet wochentags von 7 bis 16 Uhr (Sa. bis 15 Uhr) der weit über die Grenzen der Stadt hinaus bekannte und vor allem bei Touristen beliebte **Fischmarkt** statt. Auch sind hier etliche gute Restaurants und Kneipen zu entdecken. Der Platz ist neben dem Torgalmenningen, der sich im Süden anschließt, der beliebteste Treffpunkt Bergens.

Rundgang am rechten Ufer des Vågen

An der nördlichen Stirnseite des Torget fällt ein Haus mit einem etwas erhöht liegenden Eingang und einem **Freiluftcafé** auf. Dieses ist eine kleine, originell eingerichtete Markthalle, in der man Kuchen, Käse, Kaffee und ähnliche Leckereien erhalten kann. Gleich links neben dem Gebäude liegt das **Hanseatische Museum.** Das Haus stammt aus dem 18. Jh. und veranschaulicht im Inneren Leben und Arbeit der alten Hanseaten. Im Erdgeschoss werden Handel und Wandel der Kaufleute und die Verwendung diverser Arbeitsgeräte erläutert. Im 1. Stock dann die ehemaligen Wohn- und Arbeitsräume eines reichen Handelsmannes. Gemütlich warm wurde es in den zugigen Zimmern aber wohl auch nie. Doch zur Not konnte man ja in die Schøtstuene (siehe unten) ausweichen. Eine Besonderheit ist der geheime Gang im Schrank, durch den der vielleicht schon hoch verschuldete Mann vor seinen Gläubigern flüchten konnte (geöffnet: Mitte Mai–Mitte Sept. 9–17 Uhr, ansonsten Di.–Sa. 11–14 Uhr, So. 11–16 Uhr, 50 NOK, Winter 30 NOK, Ticket gilt auch für Schøtstuene).

Läuft man nun den Kai entlang, so gelangt man zu den nussbraunen **Hansehäusern der Brygge,** früher auch wegen der deutschen Hanseaten Tyske Brygge genannt. Die wohl bekanntes-

292no Foto: ms

ten Holzhäuser Norwegens sind „nur" knapp 300 Jahre alt, da 1702 ein Großbrand wütete und weite Teile der Stadt zerstörte. Man baute die Gebäude aber anschließend originalgetreu wieder auf. Grund genug für die UNESCO, sie unter Schutz zu stellen. Die teilweise über 1000 hanseatischen Kaufleute nutzten die Häuser als Kontore sowie Wohn- und Lagerräume. Waren wurden über Seilwinden an den Giebeln der Gebäude oder über Kräne, von denen noch einer am Hanseatischen Museum steht, an Land gehievt. Auch heutzutage geht es in der Brygge lebendig zu. Dutzende Restaurants, Kneipen und originelle Läden laden zum Verweilen ein. Scharen von Einheimischen und Touristen drängen durch die holzgepflasterten Gassen des Stadtteils.

Wer nun noch etwas mehr über die Kulturhistorie der Stadt und der Brygge erfahren möchte, dem sei ein Besuch im **Bryggen-Museum** ans Herz gelegt. Es befindet sich am Ende der Brygge direkt neben dem komfortablen SAS Hotel. Erläutert werden Leben und Handwerk im Hochmittelalter. Zu sehen gibt es u.a. archäologische Ausgrabungen, alte Töpfereiwaren und die keilartigen Runenschriften (geöffnet: Mai bis Aug. 10–17 Uhr, Sept. bis April Mo.–Fr. 11–15 Uhr, Sa. 12–15 Uhr, So. 12–16 Uhr, 40 NOK, Studenten 20 NOK).

Vågen – innerstädtischer Hafen

Geht man weiter am Kai entlang, kann mit etwas Glück das norwegische **Segelschulschiff „Statsrad Lehmkuhl"** begutachtet werden. Meist jedoch ist es unterwegs, und die Matrosen üben das Reffen der Rahsegel auf hoher See, nur im Beisein von Fisch und Wal.

Fast am Ende des Hafenbeckens liegt die **Festung Bergenshus mit der Håkonshalle.** In Auftrag gegeben wurde diese von König *Håkon Håkonsson,* der es leid war, seine Feste in einem Bootsschuppen feiern zu müssen. Die Einweihung des seinerzeit größten Baus des Bergenser Köngishofes erfolgte anlässlich der Hochzeit und Krönung des Prinzen *Magnus* im Jahre 1261. Leider fielen Teile der Halle 1944 einer Explosion zum Opfer, doch konnte alles originalgetreu rekonstruiert werden, sodass der große Saal heute wieder durch seine Ausmaße und Architektur beeindruckt (geöffnet: 15.5.–31.8. 10–16 Uhr, ansonsten 12–15 Uhr, Do. 15–18 Uhr, 50 NOK, Studenten 25 NOK).

Beim Verlassen der Festung ist rechter Hand der **Rosenkrantz-Turm** zu sehen. Das hoch aufgeschossene Haus wurde im 16. Jahrhundert vom Stadthauptmann *Erik Rosenkrantz* erbaut und diente gleichzeitig Wohn- und Wehrzwecken. Dies mag das unglaubliche Labyrinth an Zimmern, schmalen Gängen und kühlen Kellern erklären. Die Erkundung des Gebäudes macht sicher nicht nur Kindern Spaß (geöffnet: 15.5.–31.8. 10–16 Uhr, ansonsten nur So. 12–15 Uhr, 40 NOK, Studenten 20 NOK).

Bei Interesse an alten und modernen Fischfangmethoden sowie der Küstenkultur kann das hinter der Festung nahe des Fähranlegers gelegene **Norwegische Fischereimuseum** besucht werden (geöffnet: Mitte Mai–Mitte Sept. Mo.–Fr. 9–16 Uhr, Sa./So. 10–16 Uhr, ansonsten: Mo.–Fr. 10–14, So. 11–16 Uhr, 40 NOK, Studenten 20 NOK).

Auf dem Weg zurück in Richtung Torget biegt man nun vor der Festung nach links ab und gelangt so, um zwei Ecken herum, zur **Mariakirche.** Das aus dem 12. Jh. stammende Gotteshaus ist das älteste Bauwerk der Stadt und war die Gemeindekirche der Hansekaufleute. Im Kontrast zum schlichten romanisch-gotischen Äußeren steht das prachtvolle Interieur. Ältestes Inventarstück ist der mit Blattgold verzierte Altarschrank aus dem 15. Jh. Das von einem deutschen Meister geschaffene Werk zeigt Maria mit dem Kinde, umgeben von Heiligen wie *St. Olav* und den 12 Aposteln. In der Mitte des Raumes steht die barocke Kanzel aus dem Jahr 1676 (wegen Restaurierungsarbeiten bis 2015 geschlossen).

Gleich hinter der Kirche, verdeckt durch eine alte Steinmauer, liegt die **Schøtstuene.** Das Hansehaus war Kneipe, Küche und Aufenthaltsraum der Handelsleute. Nur diese Räume durften, aus Brandschutzgründen, geheizt werden. In den düsteren Gemächern kann man noch heute, mit etwas Fantasie, die altnordischen Diskussionen nachhallen hören, und blickt man nur lang genug auf den knorrigen Tisch, erwachen auch die alten Handelsherren zu neuem Leben. Hier saßen sie nicht selten beisammen, tranken, speisten und hielten Gericht (geöffnet: Mitte Mai–Mitte Sept. 10–17 Uhr, ansonsten Di.–So. 11–14 Uhr, Jan. sowie Febr. geschlossen, 50 NOK. Das Ticket gilt auch für das Hanseatische Museum).

Weiter geht es nun die Øvregate entlang bis zu dem hübschen **Platz** mit dem verrückten Namen **Vetrlidsalmenning.** Als Almenninge werden in Bergen die sich zu Plätzen erweiternden Straßenzüge bezeichnet. In diesem Fall ist ein solcher Markt der Ausgangspunkt für die **Standseilbahn zum Berg Fløyen** (8–23 Uhr, Anf. April–Aug. bis 24 Uhr, So. immer ab 9 Uhr, 35 NOK pro Richtung). Man nimmt in den neuen Wagen Platz und schon bald, nach kurzer Tunnelfinsternis, ziehen hübsche Holzhäuser, alte Bäume und ein wunderbares Stadtpanorama am Fenster vorbei. Die besten Plätze sind die im unteren Teil des schrägen Waggons. Die Fahrt endet auf 320 m Höhe. Der Blick von hier oben ist, wie eingangs beschrieben, grandios. Man glaubt, jede Regung, jeden Pulsschlag der Stadt live miterleben zu können. Wer genug geschaut hat, kann im qualitativ recht guten Restaurant einkehren oder schöne Wanderungen in das umliegende einsame Gebirge beginnen. Lohnend ist auch statt der Fahrt der Spaziergang hinab in den Ort. Dazu umrundet man zunächst das Bahngebäude und hält sich anschließend links (Weg Nr. 4). Bei der nächsten Gelegenheit biegt man wieder nach links ab und läuft in Serpentinen durch einen schönen Buchenwald. Anschließend nimmt man entweder die erste oder die zweite Abzweigung nach links und wandert durch hübsche Wohngebiete hinab in die Stadt.

Am Fußpunkt der Standseilbahn geht es weiter, links herum, in Richtung **Domkirche.** Das gar nicht so große Bauwerk stammt ursprünglich aus dem 12. Jh., später wurden viele Teile im Stile der Gotik verändert. Das kostenlos zu besichtigende, düstere Innere mit seiner barocken Altartafel ist eine Besichtigung wert, obgleich die eigentliche Besonderheit des Gotteshauses außen, hoch oben an der Fassade des Turmes zu entdecken ist: Hier sitzt seit einer Seeschlacht im Hafen vor knapp 350 Jahren eine eiserne Kanonenkugel im Mauerwerk fest (geöffnet: Mitte Juni–Mitte Aug. Mo.–Fr. 11–16 Uhr, ansonsten Di.–Fr. 11–12.30 Uhr, Do. 12 Uhr Orgelmusik).

200 m weiter geradeaus befindet sich in einem alten Holzhaus das **Lepramuseum.** Das *St. Jørgens* ist eines der ältesten Krankenhäuser Skandinaviens. Gezeigt wird Interieur aus dem 18. Jahrhundert und die medizinisch-historische Sammlung Bergens (Juni–Ende Aug. 11–15 Uhr, Mai So. 11–15 Uhr, 50 NOK).

Die dritte im Bunde der alten Kirchen Bergens ist die nahe gelegene, über den Kong Oscars gate zu erreichende **Kreuzkirche (Korskirke).** Das von einem kleinen, romanischen Garten umgebene Haus stammt ebenfalls aus dem Mittelalter, wurde jedoch im Renaissancestil umgebaut. Das Innere ist eher schlicht und freundlich gehalten (Mo.–Sa. 11–15 Uhr, Do. bis 18 Uhr, freier Eintritt, im Sommer Mi. 11.30 Uhr und Sa. 12 Uhr Orgelmusik).

Über den Korskirkealmenningen gelangt man (vorbei an einer auf der rechten Seite gelegenen Ökobäckerei mit leckerem Brot) zurück zum Torget.

Abstecher auf die Nordnes-Halbinsel

Etwas oberhalb des Fischmarktes liegt der **Torgalmenningen** mit dem etwas klobig wirkenden **Seemannsmonument.** Entlang des erst kürzlich renovierten Platzes liegen die größten Kaufhäuser der Stadt und das schmucke Einkaufszentrum Galleriet.

Nach rechts geht es weiter Richtung Halbinsel Nordnes, über die Strandgate zur **Nykirke** (im Sommer Di.–Fr. 10–14 Uhr, Orgelkonzert Mi. um 12 Uhr). Der Bau stammt ursprünglich aus dem 18. Jahrhundert, wurde jedoch bei der Explosion 1944 mit zerstört und ist deswegen wirklich „neu“, wie der Name schon sagt. Gegenüber der Kirche liegt eine der Serpentinenstraßen von Nordnes. Selbst ein Meister der Lenkradbeherrschung wird sie wohl kaum befahren können, ohne hin und her rangieren zu müssen.

Weiter geht es nun bis zu dem am Ende der Halbinsel gelegenen **Aquarium.** In 42 Becken sieht man alles, was die Nordsee noch so hergibt. Natürlich sind auch einige buntere Artgenossen aus der Südsee sowie Seehunde und Pinguine vertreten. Eine der größten Attraktionen, der Stör „Nikita“, ein Geschenk des sowjetischen Staatspräsidenten *Nikita Chruschtschow* aus dem Jahr 1964, ist 1999 an einer Überdosis artfremden Salzwassers verstorben (geöffnet: Mai bis Sept. 9–19 Uhr, ansonsten 10–18 Uhr, Fütterungen um 13 und 14 Uhr, 100 NOK, Familien 300 NOK. Fähre ab Torget).

Zurück geht es über den Haugeveien. In den Nebenstraßen Ytre Markeveien und Knosenmauet findet sich eines der schönsten **Holzhausviertel** Bergens. Entlang steiler Kopfsteinpflastergassen stehen die Häuser kunterbunt durcheinander, wie im Spielzeugladen. Für einen Zwischenstopp bei Kaffee und Kuchen bietet sich das Kulturhaus USF unten am Wasser an (Verftsgaten).

In Richtung des Sees Lille Lungegårdsvann

Der Torgalmenningen mündet auf den **Ole Bull plass,** ein idealer Ort, um sich auf einer Bank eine Pause zu gönnen. Diese könnte z.B. vor dem **Theater** (Den Nationale Scene) stehen. Es ist das älteste Schauspielhaus Norwegens und wurde 1850 vom „Teufelsgeiger" *Ole Bull* gegründet. Über den Platz mit seinem Namen geht es nun in Richtung des Sees Lille Lungegårdsvann. Am rechten Ufer liegen einige Museen, die kein Kunstfreund verpassen sollte. Erstes ist das **Vestlandske Kunstindustrimuseum** (Permanenten). Es zeigt nationales und internationales Kunstgewerbe (u.a. aus dem chinesischen Kulturraum), Designerprodukte und die 1562 erbaute älteste Geige der Welt (geöffnet: 15.5.–14.9. 11–17 Uhr, ansonsten Di.–So. 12–16 Uhr, 50 NOK, Studenten 40 NOK). Nebenan, in der **Bergen Kunsthall** (Di.–So. 12–17 Uhr, 40 NOK) werden ebenfalls temporäre Ausstellungen gezeigt, zumeist zeitgenössische Kunst. Direkt daneben liegen die Gebäude des **Bergen Kunstmuseums** (geöffnet: 11–17 Uhr, 15.9.–14.5. Mo. geschlossen, 50 NOK, Studenten 35 NOK). Das erste Haus, das früher die Stenersen Sammlung beherbergte, bietet nun Raum für wechselnde Ausstellungen. Nächste Highlights sind die **Rasmus Meyer Sammlung** mit norwegischen Werken aus der Zeit des 18. Jahrhunderts bis 1915, u.a. Munch, Dahl, Tidemand und Backer, und die neu gestaltete **Galeri Lysverket.** Zu sehen sind hier Kunst aus dem 15. Jahrhundert bis in die Gegenwart und die Gemälde der Stenersen Sammlung, u.a. Munch, Picasso, Miró, Kandinsky und Klee.

Hat man im letztgenannten Museum einmal aus dem Fenster geschaut, wird man die etwas hässlichen Betonmauern der ansonsten hervorragenden **Grieg-Halle** gesehen haben. Wir gehen an dieser vorbei die Strømgate entlang. Auf dem Weg passieren wir einige Villen aus der Zeit um 1900 und kommen zum Nygårdspark. Bei schönem Wetter empfielt sich ein Spaziergang durch den idyllischen Landschaftspark.

Vor dem Park biegen wir in den Parkveien ab. Die Straße führt vorbei am etwas deplatziert wirkenden Haus des Studentsenter und endet am großen Gebäude der **Naturhistorischen Sammlungen.** Zu sehen ist hier viel ausgestopftes Getier, aber auch eine sehr umfangreiche Mineraliensammlung, ein riesiges Walskelett und Dutzende getrockneter Pflanzen (1.6.– 31.8. Di.–Sa. 10–16 Uhr, So. 11–16 Uhr, ansonsten Di.–Fr. 10–15 Uhr, Sa./So. 11–16 Uhr, 40 NOK, Studenten gratis). Umgeben ist das Haus von einem kleinen **Botanischen Garten mit Gewächshaus.**

Man umrundet nun das Gebäude und gelangt zu den dahinter liegenden **Kulturhistorischen Sammlungen.** In den zumeist erst kürzlich renovierten und neu aufbereiteten Räumen erhält man einen Einblick in die Kulturgeschichte Norwegens. Eine interessante Sammlung von Stabkirchportalen und Interieur, eine Ausstellung zu den Wikingern, mittelalterliche Ikonen und Informationen zur Stadtgeschichte rechtfertigen den Besuch. Nur die ethnografische Abteilung ist etwas blass und dürftig gehalten (geöffnet: siehe „Naturhistorische Sammlungen").

Im Gebäude nebenan, im **Seefahrtsmuseum,** erfährt man alles über die Tradition der Schiffahrt und deren Bedeutung für die Stadt (geöffnet: Juni bis Aug. 11–15 Uhr, ansonsten Di.–So. 11–14 Uhr, 30 NOK, Studenten frei).

Letzte Sehenswürdigkeit dieses Stadtviertels ist die am Universitätsgelände stehende **Johanneskirche.** Das neugotische Backsteingebäude wurde 1894 errichtet und beeindruckt im Inneren durch seine filigrane und überaus zerbrechlich wirkende Holzdachkonstruktion (geöffnet: Juni bis Mitte Aug. 10–14 Uhr, ansonsten Di.–Fr. 11–12.30 Uhr). Von der Kirche führt eine steile Straße zurück zum Ausgangspunkt.

Hinter dem Nygårdspark, am Wasser, liegt das neue Wissenszentrum **„VilVite"** („will wissen"), das speziell Kindern Wissenschaft und Technik spielerisch näher bringt (Di.–Fr. 9–16 Uhr, Sa./So. 11–18 Uhr, Kinder 80 NOK, Erwachsene 120 NOK, Familien 330 NOK).

Nördlich der Innenstadt

Einige Kilometer außerhalb liegt **Gamle Bergen,** das **Freilichtmuseum.** Die über vierzig Stadthäuser aus dem 18. und 19. Jahrhundert waren teilweise bei der „Stadtplanung" im Wege. Zum Glück hat man sie hierher umgesetzt und so ein schmuckes, sehenswertes Ambiente geschaffen. Die Einrichtungsgegenstände, wie z.B. die Utensilien von Zahnarzt, Bäcker und Fotograf, sind nur im Rahmen einer Führung zu besichtigen. Gesondert wird zudem noch eine hübsche Spielzeugausstellung präsentiert (Führungen Anf. Mai–Ende Aug. 10–16 Uhr, 70 NOK, die Anlage selbst ist gratis zu betreten. Anfahrt: ab Torget die E 16/39 nach Norden, außerhalb des Mautrings gelegen, Busverbindung).

Südlich der Innenstadt

In Richtung Nesttun liegen einige Sehenswürdigkeiten, die nach Möglichkeit nicht verpasst werden sollten. Die erste ist der 642 m hohe **Berg Ulriken.** Zu seinem Gipfel schwebt eine **Seilbahn.** Der Blick – wie aus einem Krähennest – reicht über die zu Spielzeuggröße geschrumpfte Stadt hinweg bis zum Schärenlabyrinth der Küste. Auch lassen sich vom Fernsehturm aus vorzügliche kurze bis eintägige Wanderungen unternehmen (geöffnet: 9–21 Uhr, im Winter: 10–17 Uhr, 80 NOK, retour 145 NOK, inkl. Shuttle Bus ab Torget retour 195 NOK (Bus und Seilbahn); mit dem Auto ist die Seilbahn ab Torget über die Rv 585 zu erreichen).

Über die E 39 oder die Rv 585 kann die **Fantoft-Stabkirche** aufgesucht werden. Vom Original-Bauwerk aus dem Jahr 1150, welches 1883 von Fantoft hierher verlegt wurde, ist nichts mehr erhalten: Am 6. Juni 1992 brannte die ganze Pracht komplett ab. Zum Glück konnte alles restauriert werden, wobei allerdings ein hässlicher Maschendrahtzaun, der einen neuen Anschlag verhindern soll, dem Fotografen die Sicht nimmt (15.5.–15.9. 10.30–18 Uhr, 30 NOK, Studenten 20 NOK; alle Bussse ab Bahnsteig 19, 20, 21 bis Haltestelle Fantoft).

Wer sich schon immer mal die Frage gestellt hat, wie denn ein König so residiert, sollte die Gelegenheit nutzen und **Gamlehaugen** besuchen. Ist seine Majestät anwesend, kann das Haus natürlich nicht besichtigt werden. Ansonsten ist dies Juni–August 12–15 Uhr möglich. Der Garten kann ständig betreten werden. Das Haus liegt in Fjøsanger im südlichen Teil Bergens (Busverbindung).

Pilgerziel aller Musikliebhaber ist **Troldhaugen,** der **ehemalige Wohnsitz Edvard Griegs.** 22 Jahre seines Lebens verbrachte der weltberühmte Komponist in dem Haus am Nordås-See. Sein Grab und das seiner Frau *Nina* befinden sich im Garten des Anwesens. Zu besichtigen sind neben seiner Komponistenhütte auch das 1995 eröffnete **Grieg-Museum.** Zudem laden ein Café und der Musiksaal zum Verweilen ein (geöffnet: 1.5.–30.9. 9–18 Uhr, ansonsten 10–16 Uhr, 60 NOK, Studenten 30 NOK; Anfahrt: über die E 39 Richtung Süden, 7 km; Bus wie Fantoft Stabkirche, Haltestelle Hopsbroen).

Weitere lohnende Ausflusziele südlich der Innenstadt sind über die Straße 553 zu erreichen: Zum **Arboretum** und zum **Botanischer Garten** biegt man in Fjøsanger auf die Rv 556 in Richtung Blomsterdalen (Blumental) ab und schlägt in Hjellestad den Weg nach Milde ein (Parkplatz am Hafen). Nun geht es wenige Meter bergan die Straße zurück. Linker Hand befinden sich die schönen Anlagen des Botanischen Gartens. Zum extrem weitläufigen Arboretum, mit Bäumen aus aller Welt, folgt man nach rechts einer kleinen Straße.

In **Fana,** einem kleinen Ort mit einer 1105 erbauten Steinkirche und dem Horda-Museum für Landwirtschaft und Handwerk, endet die Rv 553. Hier fährt man nun auf einer kleinen Serpentinenstraße in Richtung Süden. An einer Weggabelung nach 8 km geht es links zu den **Ruinen des Lyseklosters,** einer 1146 gegründeten Zisterzienserabtei, und rechts zum Parkplatz am Fähranleger **Lysøen.** Die Bootspassage in Richtung des märchenhaften Hauses kostet 50 NOK und ist durchaus ihr Geld wert. Die außergewöhnliche **Holzvilla des Geigers Ole Bull** ließ der Meister 1872/73 für seine Familie errichten. Dem Musiker, der nie eine Ausbildung absolviert hatte, eilte der Ruf voraus, mit dem Teufel im Bunde zu sein, um so rasant spielen zu können. *Bull* selbst verstand sich eher als Reisender in Sachen der schönen Künste. Dementsprechend vereint das von einem Zwiebelturm gekrönte Haus Stilelemente aus aller Welt, wie z.B. maurische Gewölbebögen und jüdische Sterne. Die Wohnräume sind Mitte Mai–Ende Aug. täglich 12–16 Uhr (So. 11–17 Uhr) zu jeder vollen Stunde im Rahmen einer Füh-

299no Foto: ms

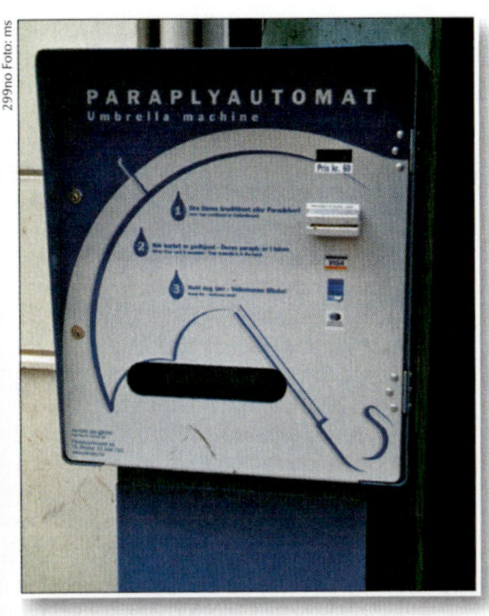

Sehr sinnvoll: Regenschirmautomat

rung (30 NOK, auch auf Deutsch) zu besichtigen. Auf der Insel laden zudem Badestrände und idyllische Wanderwege zum Verweilen ein (Boot, 40 NOK retour: letzte Rückfahrt 16.30, So. 17.30 Uhr; Bus 19, 20, Haltestelle Buena Kai, 120 NOK, retour).

Ein weiterer Vertreter der norwegischen Musikszene ist der **Komponist Harald Sæverud** (1897–1992). Seine durchdringende Musik ist in Mitteleuropa noch ein echter Geheimtipp und kann auf Konzerten in seinem ehemaligen **Wohnhaus Siljustøl** erlebt werden. Außerdem steht im Sommer die ganze 700 m² umfassende, 1937 fertiggestellte Natursteinvilla So. 12–16 Uhr Besuchern offen (60 NOK, Studenten 20 NOK; Rv 553, 12 km südlich des Zentrums).

Westlich der Innenstadt

Hier sind zwei herrschaftliche Anwesen zu bewundern. Zum einen ist dies der gegenüber der Halbinsel Nordnes gelegene **Damsgård Hovedgård.** Das stattliche Holzhaus wurde im 18. Jh. im Rokokostil erbaut und ist umgeben von einem schönen Park (Führungen im Sommer Di.–So. zu jeder vollen Stunde 11–16 Uhr, 50 NOK, Rv 555, Bus 19).

Das zweite Gebäude ist **Alvøen** (12 km westlich der Innenstadt). Das Haus dem Jahr 1797 beherbergt alte Möbel, Porzellan und Gemälde und liegt ebenfalls in einem herrlichen Park (Führungen So. 12–16 Uhr, 50 NOK, Lage: nahe der Rv 555, Bus 433–439).

Praktische Informationen

Touristeninformation 

- Vågsallmenigen 1, 5014 Bergen, Tel. 5555 2000, Fax 55552001, www.bergen-guide.com, www.visitbergen.com. An einem kleinen Platz am Fischmarkt gelegen. Das Haus war ehemals der Sitz der Bergener Börse. Erbaut wurde es 1862 und im Inneren in den 1920er Jahren mit kunstvollen Fresken versehen, geöffnet: Juni bis Aug.: 8.30–22 Uhr, Mai/Sept. 9–20 Uhr, ansonsten Mo.–Sa. 9–16 Uhr, Auskünfte zu Bergen und Westnorwegen, Zimmervermittlung, Tickets, Briefmarken und Telefonkarten, Gepäckaufbewahrung.

Bergen Card/Eintrittspreise 

- Mit ihr ist kostenlos: Eintritt in fast alle Museen, Fahrten mit öffentlichen Verkehrsmitteln, Parken auf kommunalen Parkplätzen, Eintritt in Frei- und Hallenbad; Ermäßigungen: Ulriksbahn, Aquarium, Mietwagen, Sightseeing; Preise: 24 Std. 190 NOK (Kinder 75 NOK), 48 Std. 250 NOK (Kinder 100 NOK).

•Beim Besuch mehrerer Museen des Vereins „Bymuseet i Bergen“ zahlt man nur jeweils den halben Preis pro Museum. Es gehören dazu: Håkonshalle, Rosenkrantztårn, Bryggens Museum, das Freilichtmuseum, Lepramuseum, Damsgård & Alvøen.

•Museumsticket für „Museum Vest“: 100 NOK für die Museen: Hanseatisches Museum, Schøtstuene, Fischereimuseum, Nordsjøfartmuseet in Telavåg & Kystmuseet i Øygarden in Ovågen.

Orientierung/Parken

•**In das Stadtzentrum:** führen die E 16, E39, Rv 585; Abfahrt „Sentrum“ am großen Kreisverkehr nahe des Bahnhofs.

•**Parken:** Parkhäuser: Parkhaus ByGarasjen – ab der E 39 dem Vestre Strømkai folgen. Anfahrt ab dem Fähranleger: Am Fähranleger nach rechts, hinter dem zweiten Kreisverkehr in den Tunnel, nach dem Tunnel immer links halten! (15 NOK/Std.; max. 100 NOK/Tag). Klostergarasjen: 20 NOK/Std., 125 NOK/ Tag, 70 NOK von 18–6 Uhr. Am Beginn der Halbinsel Nordnes, über die Str. Vaskerelven erreichbar. Ab Fährkai: nach links. Einfahrt über die Str. Vestre Murallmenning. Parkplätze: 20–30 NOK/Std. im Zentrum, 15 NOK/ Std. am Ende der Halbinsel Nordnes (Tollbudalmenningen, Klostergate; max. 9 Std.); gratis ab 17 Uhr, Sa. ab 10 Uhr und So (Hinweis: In der nächsten Zeit werden eventuell alle Zentrumsparkplätze in Anwohnerparkplätze umgewandelt. Bitte nehmen Sie das Parkhaus ByGarasjen – gratis P-Bus ins Zentrum). Bester Platz für WoMos: Bergen Bobilsenter, 20 NOK/Std., 170 NOK/ Tag. Dusche, WC, Waschmaschine. Ganzjährig geöffnet.

•**Aus dem Zentrum heraus:** Ausschilderung am Torget beachten. **Nach Norden:** Über die Rv 585 zur E 39/E 16, Richtung „Åsane“! **Nach Westen** (Sotra): über die Rv 555. **Nach Süden** (Troldhaugen, Campingplätze, Lysøen): Über die E 39/Rv 580. Die Ausschilderung variiert. Richtung Stavanger bzw. Nesttun fahren.

•**Maut:** 15 NOK, es gibt zwei Mautringe: ca. 3–5 km vor dem Zentrum und am Zentrum. Durchfahrt innerhalb einer Stunde gratis. Es gibt keine Kassen. Es gilt ein elektronisches AutoPass System mit Lesegerät. Für Touristen: Nachbezahlen an Esso-Tankstellen in Bergen möglich bzw. bekommt man später

300no Foto: ms

eine Rechnung zugesendet (klappt nicht immer). www.brotunnel.no.

An- und Weiterreise

- Vom **Bahnhof** ins Zentrum geht es immer geradeaus über die Fußgängerzone Marken. 5x täglich **Bergen-Bahn** in Richtung Voss und Oslo.
- **Busbahnhof:** unweit südlich des Bahnhofs. Eingang durch ein Einkaufszentrum. **Fernbusse: 162** (Lillehammer, 575 NOK) **400** (Stavanger, 490 NOK), **430** (Førde, 340 NOK; Ålesund, 620 NOK), **431** (Ålesund 620 NOK), **432, 440** (Trondheim, 550 NOK), **450** (Sogndal, 400 NOK); **Regionalbusse:** z.B. zu den Inseln Store Sotra, Askøy, in die Region südlich von Bergen und zum Hardangerfjord, www.tide.no.
- **Schnellboote/Fähren: Flaggruten** (Tel. 05505, www.flaggruten.no), ab Vågen nach Haugesund (510 NOK), Stavanger (750 NOK); **Fylkesbaatane** (Tel. 57757000, www.fylkesbaatane.no), nach Florø (580 NOK) und Selje (760 NOK) sowie Balestand (455 NOK), Sogndal (570 NOK), Flåm (665 NOK); überall 50 % Studenten- und Interrailrabatt und Retourrabatt; Fähren ab Festung Bergenhus: **Fjord Line** (Hanstholm, Newcastle), **Smyril Line** (Island, Färör Inseln); **Hurtigrute** (Abfahrt Sommer 20 Uhr, Winter 22.30 Uhr; Ankunft 14.30 Uhr; Tel. 8103000, www.hurtigruten.com).
- **Flughafen:** in Flesland, 20 km südwestlich der Stadt, Tel. 55998155, www.avinor.no/lufthavn/bergen. Flughafen nachts geschlossen, Verbindungen: mit Norwegian nach Oslo, Stavanger, Trondheim (ab 350 NOK pro Richtung); mit Widerøe u.a. nach Sogndal, Førde, Sandane (Nordfjord), Ørsta/Volda (ab 450 NOK je Richtung) und im Sommer nach Bodø und Tromsø (ab 550 NOK je Richtung). Mit SAS u.a. nach Ålesund und Kristiansand (ab 400 NOK je Richtung); Flughafenbus: www. flybussen.no/bergen, 90 NOK, Haltestellen: Fantoft, Busbahnhof, SAS Hotels.

Auf dem Bergener Fischmarkt

Stadtverkehr

- **Fahrkarten** gibt es am Busbahnhof, in der Touristeninformation oder in den Bussen. **Gratis ist die Fahrt vom Haupt- und Busbahnhof zur Stadtmitte!** www.gaiatrafikk.no.
- Die meisten **Busse** halten in der Olav Kyrres gate und natürlich am Busterminal südlich des Bahnhofs. www.gaiatrafikk.no.
- **Fährverkehr** zwischen Fischmarkt und Aquarium (Mo.–Fr. bis 16.15 Uhr, 40 NOK hin und zurück).

Autovermietung

- **Budget,** über Touristeninformation (Tel. 55273990); **Avis,** Lars Hillesgt. 20a (Tel. 55553955); **Europcar** (Tel. 55367000); **Bruktbilutleie** (www.bruktbilutleie.no, Gebrauchtwagen, für 400 NOK pro Tag, Tel. 55960180); **Auto 23** (www.auto23.no, Gebrauchtwagen).

Taxi

- Tel. 55997000 oder Tel. 07000.

Hotels (*****/****)

Unterkünfte (DZ ab 400 NOK, EZ ab 300 NOK) **vermittelt gegen 30 NOK Gebühr die Touristeninformation.** Alle Hotels bieten im Sommer Last-minute-Preise an, die bei 400–600 NOK pro Person liegen.

- **Radison Blu Hotel Norge,** Ole Bullspl. 4, Tel. 55573000, Fax 55573001, (*****). Größtes, komfortabelstes und natürlich teuerstes Hotel im Herzen der Stadt. Es gibt ein erstklassiges Restaurant, Sauna und Hallenbad.
- **Radison Blu Royal Hotel,** Bryggen, Tel. 55343000, Fax 55573031, (*****). Edles First-Class-Hotel neben den Hansehäusern. Gemütliche Zimmer (ohne Aussicht), glasüberdachtes Restaurant, Schwimmhalle und viel Komfort.
- **Thon Hotel Rosenkrantz,** Rosenkrantzgt. 7, Tel. 55301400, Fax 55311476, (*****). Großes, 1921 erbautes und 1995 renoviertes Haus mit ansprechend eingerichteten Zimmern (ab 1300 NOK) und ruhiger, allerdings lichtarmer Lage. Das Restaurant ist teuer und gut, der Nachtclub gehört zu den beliebtesten der Stadt.

• **Grand Hotel Terminus,** Zander Kaaesgt. 6, Tel. 55212500, Fax 55212501, (*****). Traditionsreiches Haus am Bahnhof. Es gehört zu den Historischen Hotels in Norwegen und ist dementsprechend gemütlich ausgestattet. Sommer: DZ ab 1100 NOK.

• **Clarion Admiral Hotel,** C. Sundtsgate 9, Tel. 55236400, Fax 55236464, (*****). Die Zimmer und Aufenthaltsräume wirken etwas einfallsloser als in den anderen großen Hotels der Stadt, dafür hat man hier allerdings den wohl besten Blick über Hafen und Altstadt.

• **Strand Hotel,** Strandkaien 2b, Tel. 5559 3300, Fax 55593333, (*****). Kleines Hotel im 3. Stock. Familiäre Atmosphäre und Hafenblick. Aussicht über den Torget bieten auch die Ervingen Kaffistova (günstiger Kaffee und Kuchen) sowie das Restaurant Lido mit seinen preiswerten Tagesgerichten (100–120 NOK).

• **Best Western Hotell Hordaheimen,** C. Sundtsgt. 18, Tel. 55335000, Fax 55234950, (*****). Behagliches Apartmenthotel zwischen Hafen und Holzhausviertel. Geschmackvoll eingerichtet mit einer Küchenecke.

• **Augustin Hotel,** C. Sundtsgt. 22–24, Tel. 55304000, Fax 55304010, www.augustin.no, (*****). Eines der ältesten Hotels in Familienbesitz in Bergen. Moderne, gemütliche Zimmer, gutes Restaurant. Hohe Preise, aber oft sehr gute Winterangebote (z.T. 700 NOK/DZ).

• **Romantik Hotel Park Pension+,** Harald Hårfagresgt. 35, Tel. 55544400, Fax 5554 4444, www.parkhotel.no (****/*****). Das 1890 erbaute Haus liegt im Villenviertel der Stadt und quillt geradezu über mit antikem Interieur. Zum Hotel gehört auch ein gegenüberliegendes, etwas moderner eingerichtetes Gebäude.

• **Steens Hotell+,** Parkvn. 22, Tel. 55308888, Fax 55308889, www.steenshotel.no, (*****). Jedes Zimmer (DZ ab 1340 NOK) der alten Villa ist anders gestaltet und weist eine Besonderheit auf. Stilvoll und romantisch sind vor allem die unter dem Dach gelegenen Räumlichkeiten. Als Zugabe gibt es einen urigen Aufenthalts- und Frühstücksraum und zumeist freien Blick über den hübschen Nygårdspark.

• **Thon Hotel Bergen Brygge,** Bradbekken 3, Tel. 55308700 und 55329414 (****). Hotelturm an der Festung Bergenshus. Geschmackvoll eingerichtete Zimmer (ab 900 NOK), gutes Restaurant, Kaminzimmer und Hafenblick! Schnell ausgebucht.

• **P-Hotel,** Vestre Torggt. 9, Tel. 80046835, www.p-hotels.no. Gutes Budget-Hotel in rotem Eckhaus. Gute Preise (DZ 900 NOK).

Gästehäuser/ Pensionen (*/**/***)

• **Marken Gjestehus,** Kong Oscarsgate 45 (zwischen Hbf. und Torget), ganzjährig geöffnet, Tel. 55314404, Fax 55316022, www.marken-gjestehus.com, (*). Empfehlenswerte Pension im Eckhaus. 2005 renoviert. DZ 550 NOK; Bett ab 175 NOK (Zimmer nach Geschlechtern getrennt). Küche, gute Bäder, Aufenthaltsraum mit TV. Bettwäsche auf Wunsch (55 NOK).

• **Citybox**, Nygårdsgaten 31, Tel. 55312500, DZ ab 700 NOK, preiswert und gut. Buchung und Bezahlung vor Ort am Terminal (Kreditkarte o. Maestro) oder über: http://citybox.no, per Telefon + 50 NOK. W-LAN.

• **Gullaksen Gjestehus,** Olav Kyrresgt. 32, Tel. 55964373, www.gullaksen-gjestehus.no. Zentral nahe des Fischmarkts. DZ 540–620 NOK.

• **Skansen Pensjonat,** Vetrlidsal. 29, Tel. 55319080, www.skansen-pensjonat.no. Nette Pension mit Aussicht. Zentral, am Platz, wo die Fløyenbahn beginnt. DZ ab 700 NOK.

• **Kjellersmauet Gjestehus,** Kjellersmauet 22,ab Torgallmenningen in den Markveien, nach links in Vestre Murallm und gleich nach links in Kjellersmauet, Tel. 55962608, www.gjestehuset.com. Gemütliche Apartments, je nach Größe 600–400 NOK/Pers., Internet.

• **Fjellsiden Gjestehus,** Øvre Blekevei 16, oberhalb der Brygge (über Øvregt. – Steinkjellergt. erreichbar), Tel. 55321791 und 95129851, www.harila.biz. Kleine Pension. Gemütliche Zimmer (600 NOK) in weißem Holzhaus. Stadtblick. Küche.

• **Sydnessmuget Gjestehus,** Sydnessmuget 5, Handy: 93420539, DZ 600 NOK, in romantischem Holzhaus. Stadtteil Sydnes, 500 m bis Zentrum.

• **Skuteviken Gjestehus,** Skutevikens smalgang 11, Handy 93467163, www.skuteviken guesthouse.com. Sehr gemütliche, saubere Pension in Holzhausviertel hinter der Festung Bergenshus. Apartment für 2 Pers. 800 NOK, für 3 Pers. 1050 NOK.

• **City Apartment Hotel,** Christiesgate 14, Tel. 55558777, www.city-apartment.no. Gemütliches Haus mit 35 Zimmern. DZ 800 NOK, Familienzimmer 325 NOK p.P., Sept.-April billiger.

• **Jacob's Apartments,** Kong Oscars gate 44, Tel. 98238600, www.apartments.no. Zentrale Lage. Recht schöne Apartments mit Küche (ab 530 NOK/Person). Schlafsaal (220 NOK/Bett). Aufenthaltsraum.

Schlafsäle/Jugendherberge

• **Intermission,** Kalfarveien 8, Tel. 55300400, Mitte Juni-Mitte Aug., Bett 120 NOK. Der Schlafsaal mit 37 Plätzen liegt unweit oberhalb des Bahnhofs. Das hübsche Holzhaus mit Garten, Küche, Waschmaschine und einer angenehmen Atmosphäre ist dem YMCA vorzuziehen. Oft ausgebucht, und man schließt von 11-17 Uhr.

• **Vandrerhjem YMCA,** zentral unterhalb Korskirke, Tel. 55606055, Fax 55606051, www.bergenhostel.com, 2.1.-22.12., modernisierte 2-6-Bett Zimmer (DZ 90 NOK, Bett 180 NOK); nur Mai-Sept., Bettwäsche 55 NOK.

• **Vandrerhjem Montana,** 5 km südlich des Zentrums in Landås (nahe Rv 585, Bus Nr. 31 bis Haltestelle am Einkaufszentrum Xhibition). Tel. 55208070, www.montana.no. Geöffnet: 2.1.-22.12., Bett 200 NOK, DZ 800 NOK (Sommer 750 NOK), 3-Bett-Zimmer 800 NOK im Sommer. Bettwäsche 70 NOK, Schlafsack nicht zugelassen. W-Lan. Schlafsaal (nur im Sommer) 170 NOK. Bekannte und recht gute JH. Gemütliche Aufenthaltsräume.

Campingplätze

Leider liegen fast alle Plätze weit außerhalb und lassen teilweise von der Lage her etwas zu wünschen übrig.

• **Lone Camping,** Haukeland, Rv 580, 19 km bis Bergen, Tel. 55392960, Fax 55392979, www.lonecamping.no. Ganzjährig geöffnet. Zwar der am weitesten von der Stadt entfernt liegende Platz (an Shell-Tankstelle), aber auch der schönste! Neue, saubere Sanitäranlage, recht ruhige Lage an einem schönen See. TV-Zimmer. Trampolin. Kanuverleih. 18 Hütten (**/***), 12 Zimmer.

• **Bratland Camping,** Haukeland, Tel. 5510 1338, Fax 55105360, www.bratlandcamping.no. Mitte Mai bis Anf. September. Kleinerer Platz an der Straße 580, 17 km südlich. 17 Hütten (*/**/***), gute Sanitäranlagen.

• **Grimen Camping,** Helldal, an der Rv 580, Tel. 55102590, geöffnet: Mai bis Okt. 15 km südlich der Stadt, ebenfalls an einem See gelegener Platz mit 17 Hütten (*/**).

• **Midttun Motell und Camping,** Nesttun, Tel. 55103900, Fax 55104640, ganzjährig geöffnet. Vierter Platz an der Rv 580 nur 10 km südlich des Zentrums. 6 Hütten (**/***), 32 Motelzimmer, Sauna und Solarium.

• **Bergen Campingpark,** Haukås i Åsane, Tel. 55248808, Fax 55248606, ganzjährig geöffnet. Großer Platz mit Mängeln, 15 km nördlich von Bergen an der E 39. 16 Motel-Zimmer 19 Hütten (*/***).

• **Skogtun (Møvik) Camping,** Rv 559, 20 km westlich von Bergen, Tel. 56336344, ganzjährig geöffnet. Herrlich gelegener Platz im Schärengarten der Insel Sotra. Allein die sanitären Einrichtungen schmälern das Erlebnis. Zu erreichen ist der Platz über die Rv 555. In Fjell zweigt man dann auf die Rv 559 und folgt der Ausschilderung. Busse 465-469 (15-20x täglich, bis Ulveseth Skole (Schule) und dann 2 km zu Fuß. 60 NOK, Sechserkarte: 220 NOK, 8 Hütten (*).

• **Bergen Bobilsenter,** Stellplatz für Wohnmobile, ganzjährig geöffnet, Damsgårdsveien 99, Tel. 93256788, Stellplatz 175 NOK, Strom 25 NOK, Parken 20 NOK/Std.

Essen und Trinken

Wer über das nötige Kleingeld verfügt (250-350 NOK/Gericht), kann in den folgenden Restaurants fürstlich tafeln. Außerdem verfügen alle besseren Hotels über gute Lokale.

• Einige der besten Restaurants des Landes befinden sich in den Hansehäusern der Brygge. Zu ihnen zählen beispielsweise das **Fisch-**

restaurant Enhjørningen, das in historischem Ambiente gehaltene **Bryggeloftet & Stuene** sowie das urige Lokal **Bryggen Tracteursted.** Es liegt hinter den Frontgebäuden und ist eines der ältesten Gasthäuser Norwegens.

- Empfehlenswert sind auch die typisch bergenser Lokale **Holbergstuen** (im Galleriet-Einkaufscenter) und **Wesselstuen** (Ole Bulls plass 8/10). **Tipp:** Beide Lokale bieten zwischen 11 und 17 Uhr (So. ab 14 Uhr) preiswertes *lunsj* an. Warme und kalte Gerichte für 100–150 NOK.
- **Spisekroken:** Gemütliches Restaurant mit sehr guten Speisen (rund 260 NOK). Ab 16 Uhr geöffnet, Klostergaten 8.
- **Soho:** Sushi-Restaurant in der Håkonsgate 27. Hervorragende Gerichte für rund 240 NOK, Happy Hour (Mo.–Sa. 16–18 Uhr, ab 160 NOK).
- **Dickens,** Kong Olav V's plass 4. Gutes Mittelklasserestaurant mit Gerichten für rund 250 NOK; Tipp: Mittagsgerichte für 150–170 NOK 11–16 Uhr, So. ganztägig.
- Einige **internationale Restaurants** (Mexikaner, Peppes Pizza) beherbergt die Zachariasbrygge am Torget.
- Der Touristeninformation gegenüber liegt **Jeppes,** mit der Pizza für 120 NOK.
- Wer es **preiswerter** mag, sollte sich zur südlich des Ole Bulls plass gelegenen Neumannsgate begeben. Hier liegen diverse preiswerte (80–120 NOK) **italienische und Kebab-Kneipen** sowie das **Café Opera** (Engen 24, Gerichte für 60–120 NOK). In der Querstraße Sigurdsgate befindet sich das vortreffliche **vegetarische Restaurant Pars** (170–180 NOK, 16–23 Uhr geöffnet, Mo. geschlossen).
- Ein preiswerter **Kebab-Imbiss** liegt auch am Platz vor der Fløien-Bahn.
- **Pygmalion,** Ökocafé mit vegetarischem Essen. Am Platz vor der Kreuzkirche, nahe des Fischmarktes gelegen (Nedre Korskirke allmenning 4), 9–23 Uhr.
- **Cyclo,** asiatisches Restaurant in der Olav Kyrres gate 28, Preiswerte Gerichte für rund 100 NOK!
- **Kulturhaus USF** (Halbinsel Nordnes, am Wasser): Gute, studentenfreundliche Preise. Einfache Gerichte für 80–100 NOK.
- **Fischereimuseum,** preiswerte, mittags für alle geöffnete Angestelltenkantine.
- **Egon Restaurant,** im Kjøttbazar am Fischmarkt und am Torgallmenning (Marktplatz). Pizzen für 2–3 Pers. (etwa 80 NOK/ Pers.), Fisch ab 180 NOK, Mittagsgerichte (bis 15 Uhr) ab 110 NOK; all you can eat 110 NOK (bis 18 Uhr, Mo. und So. ganztägig).

Kneipen/Cafés/Nachtleben

- Etliche gemütliche, wenglich nicht billige Kneipen befinden sich in den Brygge-Häusern am Fischmarkt, **O'Brien Irish Pub,** am Ole Bulls Plass, **Dickens-Pub,** und neben dem Theater, **Finnegans Irish Pub.**
- Preiswert: **Fusion Bar** in der Pension Crowded House (Bier 45 NOK).
- Ein nettes Café für Tag und Abend ist **Mr. Bean** hinter der Korskirke (warme Getränke ab 20 NOK) und das **USF-Café.**
- Ein weiteres ist das **Kaffàan** in der Vestre Torggt (Verlängerung Torgalmenningen, 14–21 Uhr, Kaffee 10 NOK, Kuchen 10 NOK).
- **Café Capello,** Retro-Café – kleine Gerichte, extrem leckere Milchshakes. Skostredet 14 (geöffnet ab 12 Uhr, So. ab 13 Uhr).
- Wer es relaxter mag, wird sicher am **Café Opera** (Engen 24, bis 3 Uhr geöffnet) Gefallen finden. Live-Musik und/oder Disco gibt es in **Det Akademiske Kvarter** (Studentenpub, Olav Kyrresgt. 49) und im **Ricks** (Veiten 3, am Theater).

Theater

Am Ole Bulls plass, Tel. 55901790 (Juli/ Aug. Sommerpause).

Kino

- **Bergen Kino,** Neumannsgate 3 (nahe des Theaters); **Forum,** Danmarksplass; **Kulturhaus USF,** Verftsgaten auf Nordnes, Kino, Ausstellungen, Kneipe, Konzerte (Jazz: Sept. bis Mai um 22 Uhr).

Bibliothek

- Zwischen Busbahnhof und Hauptbahnhof gelegen. Hier gibt es **deutsche Zeitungen und Internetzugang.**

- **Bergen Internasjonale Kultursenter:** Olav Kyrresgt. 28, Buchcafé (Mo–Fr 13–18 Uhr) mit Spielmöglichkeiten für Kinder.

Konzerte

- Grieghalle, Troldhaugen, Siljustøl, auf dem Fløyen (18.6.–20.8. abends um 20 Uhr) und dem Ulriken, Domkirche, Korskirke.

Festivals

- Jedes Jahr im Mai, dem sonnigsten Monat, finden die berühmten **Bergen-Festspiele** statt, elf Tage lang Konzerte, Theater und Kunst (Festspillene i Bergen, Bryggen 7, Box 183, 5804 Bergen, Tel. 55210630, Fax 5521 0640, www.fib.no).
- **Weitere Festivals:** Nachtjazz (Mai, www.nattjazz.no); Mittelalterfest (Ende Juni), diverse Musikfestivals, www.visitbergen.com.

Aktivitäten

- **Baden:** Freibad am Aquarium, Hallenbad in der Teatergate und Vannkanten Erlebnisbad (Loddefjord, Rv 555 Richtung Sotra).
- **Fahrrad fahren:** Verleih im Sommer auf dem Torget.
- **Wandern:** Ein weitverzweigtes Netz an Wanderwegen gibt es **auf dem Fløyen und dem Ulriken.** Ein Eintageswanderung von Berg zu Berg ist möglich, eine Wanderkarte ist empfehlenswert, wenngleich einige Wege recht gut (z.B. rote Punkte oder „T"s) markiert sind – Infos: Bergen Turlag, Tverrgaten 4/6, 5017 Bergen, Tel. 55322230 (unweit des Domes) und in fast allen Sportgeschäften (wo es auch Wanderkarten zu kaufen gibt).
- **Weitere Angebote: Sentrum Bowling,** Nygårdsgate 89 (Straße an der Grieghalle), Tennis und Squash im **Paradis Sportsenter** (südlich des Zentrums, E 39), **Meland Golfplatz** (18-Loch, Tel. 56174600).

Stadt- und Bootsrundfahrten

Zu buchen in der Touristeninformation. Stadtrundfahrten ab 100 NOK. Großes Angebot an Ausflügen zum Hardanger-, Sogne- und Osterfjord. Museumsbahn Garnes-Midttun (nur Sonntags, Tel. 55249100).

- **„Norwegen in einer Nussschale":** Der eintägige Ausflug führt mit dem Boot durch den Sognefjord **nach Flåm.** Von hier aus geht es mit der Flåm- und der Bergen-Bahn zurück zum Ausgangspunkt (800 NOK, Kinder und Rentner 400 NOK).

Shopping

- **Einkaufszentren:** Galleriet (70 Läden) und Kaufhaus Sundt, beide am Torgalmenningen; Kløverhuset (40 Läden), nahe des Strandkaien; Bystasjonen (über 30 Läden), am Busbahnhof; Kjøttbasaren, Vertlidsalm. 2, am Torget, schnucklige Markthalle mit üppigem Fleisch-, Käse-, Fisch- und Kaffeeangebot.
- **Einkaufsstraßen:** Torgalmenningen, Strandgaten (Halbinsel Nordnes), Marken (niedliche Straße am Hbf.), entlang der Brygge (Souvenirs, Malerei, Mineralien) und einen Husfliden (typisch norwegische Souvenirs).
- **Sportgeschäfte** finden sich nahe der Korskirke und gegenüber der Post (Småstrandgate, nahe Torget).
- **Buchhandlung** am Torgalmenning.
- Leckeres **Ökobrot** verkauft die Bäckerei am Nedre Korskirkealmenningen (unterhalb der Kreuzkirche) und Godt Brødt (Vestre Torggt. – Straße ab Markt hinauf zur Johanneskirche).
- **Antiquarische Läden** liegen in der Øvregaten (Straße beginnt an der Fløien Bahn).

Internet

- In der **Stadtbibliothek**, im **Einkaufszentrum Galleriet,** bei **Dataport** (Olav Kyrresgt) und **Accezzo** (am Markt).

Sonstiges

- **Post:** Christiesgt/Småstrandgate, **Apotheke**: am Busbahnof, bis 23 Uhr; **Arzt:** Legevakt, Vestre Strømkai 19, Tel. 55568700, **Vinmonopolet:** Strandgaten.

Umgebung

Osterøy ↗XIV/A3

Es gibt viel zu entdecken auf der urwüchsigen und kontrastreichen **Insel nordöstlich von Bergen.** Die Natur zeigt sich teils rau mit steilen Berghängen und dunklen Fjorden, teils lieblich mit weit ausladenden Laubbäumen und idyllischen Seen. Auch gibt es einige schmucke kulturhistorische Sehenswürdigkeiten. Zum einen sind da die **Holzkirche von Hamre** aus dem 17. Jahrhundert und das alte **Håvråtunet,** eine **alte Siedlung** mit 36 Gebäuden (östlich der Rv 566 hinter der neuen Brücke über den Sørfjord). Zum anderen liegt hier das **Osterøy-Museum.** Besonders hübsch anzusehen sind vor allem die moosbewachsenen Steingebäude und das Heimvik-Haus aus dem Jahr 1570. Auch die kühne Art des Straßenbaus der 90er Jahre des 19. Jahrhunderts kann auf Osterøy bestaunt werden.

Bei **Krossdal** östlich von Lonevåg schlängelt sich ein alter Karrenweg über 17 Haarnadelkurven mit Steigungen bis zu sagenhaften 27 % den Hang hinauf.

Sotra/Øygarden ↗XIV/A3

Das langgestreckte **Schärenparadies** liegt westlich von Bergen und ist über die Rv 555/561 zu erreichen. Lohnend ist die kontrastreiche Fahrt zum abgelegenen **Fischerdorf Hellesøyni** an der äußersten nördlichen Spitze des Inselreiches. Unterwegs passiert man raue Felsinseln, bunte Wiesen, schottische Moore und moderne Ölpiers als Zeichen des neuen Reichtums.

- **Übernachten** kann man auf dem Trollvatn Campingplatz in Hellesøy im Norden (Tel. 56389977, www.trollvatncamping.no, ganzjährig geöffnet, schöne Hütten (*/***). Bootsverleih, 50 km bis Bergen) und auf dem Tofterøy Campingplatz im Süden der Inselkette (Tel. 56338660, www.tofteroy-camping.no, in Hummelsund am Wasser, einfache Hütten (ab 300 NOK), 42 km bis Bergen).

Nördlich von Bergen

Dale ↗XIV/B3

Inmitten von deprimierend engen, vor Regen triefenden grünen Schluchten und kahlen Gebirgsregionen liegt an der E 16 der **kleine Industrieort** Dale. Auch wenn es hier außer einigen bunten Häusern nichts anzuschauen gibt, dürfte fast jeder den Ortsnamen schon einmal gehört haben. Dies liegt daran, dass die 1879 hier gegründete **Bekleidungsfirma Dale Fabrikker** ihre Strickwaren im ganzen Land vertreibt und zum Inbegriff für **Norwegerpullover** geworden sind. Im betriebseigenen Laden (im Zentrum nahe des Coop; www.dale.no) können sie verbilligt erworben werden. An der Fabrik vorbei geht es zum Dale **Kraftwerk,** mit dem etwas altmodisch präsentierten Energisenteret (Kraftwerksführung), dessen Ausstellung den Aha-Effekt vermissen lässt.

An- und Weiterreise

- **Fernbus 450.**

Voss

↗XIV/B3

Eigentlich hätte die liebliche Landschaft einen schöneren Ort verdient. Doch leider wurde das Zentrum von Voss 1940 fast völlig zerstört und hernach recht schmucklos wieder aufgebaut. Das Stadtbild prägend - dies allerdings schon seit Jahrhunderten - sind die dunkelgrauen **Schieferdächer** und die etwas klobige **Vangs-Kirche.** Das frühgotische Haus wurde 1277 geweiht und besitzt wuchtige, bis zu 2 m dicke Mauern (geöffnet: Juni–Aug. 10–16 Uhr). Mehr altes Bauwerk gibt es im **Voss-Folke-Museum** *(Mølstertunet)* zu besichtigen. Die Anlage mit ihren 16 bis zu 400 Jahre alten Häusern liegt oberhalb des Ortes und ist über einen 2 km langen Anstieg zu erreichen (geöffnet: 10–17 Uhr, im Winter Mo.-Fr. 10–15 Uhr, 50 NOK). Noch bemerkenswerter als das Museum ist die **Halle Finnesloftet,** eines der ältesten Profangebäude Norwegens (1 km westl. des Bahnhofs). Erbaut wurde es im Jahr 1250. Im Sommer steht es 11–16 Uhr Besuchern offen (40 NOK).

An sonnigen Tagen lohnt sich unbedingt eine **Fahrt mit der Gondelbahn** vom Vosser Zentrum **hinauf zum Hangurstoppen.** Der gesamte 6000-Einwohner-Ort liegt dem Besucher hier zu Füßen. In der kalten Jahreszeit laden etliche Lifte und Loipen zur sportlichen Betätigung ein. Die Wurzeln des Wintersports in Voss reichen bis in die Mitte des 19. Jahrhunderts zurück.

Touristeninformation

- Vangsgate 32 (Zentrum), Tel. 56520800, www.visitvoss.no, www.vossnow.net.

An- und Weiterreise

- **Bahnhof/Busbahnhof**
Beide liegen nebeneinander, 500 m westlich des Zentrums. Züge Richtung Oslo und Bergen, **Fernbusse 165, 181, 450,** www.tide.no.

Unterkunft

- **Fleischer's Hotel+,** am Bahnhof, Tel. 56520500, Fax 56520501, (*****). Holzhaus im Schweizer Stil (1889) mit modernem, angepassten Anbau. Alles renoviert und hübsch eingerichtet. Restaurant, Hallenbad, Sauna, Tennis.
- **Park Hotell Vossevangen,** in der Nähe des Bahnhofs, Tel. 56511322, Fax 56510039, (*****). Modernes Hotel mit See-Blick-Zimmern und Disco. DZ 1000–1300 NOK.
- **Eenstunet,** E 16, 6 km nördlich von Voss, Tel. 56516834, www.eenstunet.no. Historische Hofanlage mit gemütlichen Apartments (ab 500 NOK).
- **Øyeflaten gård,** 15 km östlich von Voss Richtung Mjølfjell (von Rv 13 abbiegen), Tel. 56518473, www.raundalen.no. Ökohof mit zwei schönen Häusern (ab 400 NOK).

Jugendherberge

- **Voss Vandrerhjem,** Tel. 56512017, Fax 56510837, www.vosshostel.com. Ganzjährig. Nette Herberge am See, 2 km vom Bahnhof entfernt, an der E 16. Bett 300 NOK, DZ 880 NOK. W-LAN, Biofrühstück, Kanuverleih.
- **Mjølfjell Vandrerhjem,** Mjølfjell, Tel. 56523150, Fax 56523151, www. mjolfjell.no. Geöffnet: 1.3.-30.4. und 15.6.-1.10. 72-Betten-Jugendherberge im herrlichen, östlich von Voss gelegenen Raundalen. Eigene Bergen-Bahn-Haltestelle Mjølfjell. Bett 235 NOK, DZ 490 NOK.

Camping/Hütten

- **Voss Camping,** am See, nahe Ortskern, Tel. 56511597, www.vosscamping.no. Ganzjährig geöffnet. Guter Platz mit schönen Stellplätzen, Kiesstrand, Freibad, Fahrradverleih und 5 Hütten (600 NOK).
- **Tvinde Camping,** Skulestadmo, E 16, Tel. 56516919, ganzjährig geöffnet. 12 km nördl. von Voss am Tvindefossen, aber auch direkt

305no Foto: ms

an der Straße gelegen. Einfacher Platz, 21 Hütten (*).

- **Voss Fjellandsby,** 25 km nördl. Voss, Rv 13 Richtung Vik, Tel. 56531030, www.vossfjellandsby.no. Topmoderne Hütten an kleinem Skigebiet. Gute Sommerpreise!

Festival

- Jedes Jahr vor Ostern findet das bekannte **Vossajazz-Festival** mit bekannten Künstlern aus aller Welt statt.
- **Extremsportfestival:** Ende Juni–Anf. Juli. Alles für den letzten Kick! www.ekstremsportveko.com.

Wasserfall Tvindefossen

Aktivitäten

- **Rafting: Rafting Senter,** Tel. 56510525, Fax 56510630, www.vossrafting.no. 2,5 km nördlich des Zentrums: Nedkvitnesvegen, an der E 16.
- **Wintersport:** 10 Lifte auf dem Hangurstoppen, bis zu 800 m Höhenunterschied und oft über 1 m Pulverschnee. Herrliche Winter-Langlauftour zum oft vereisten Fernsehturm auf dem Slettafjell, www.vossresort.no.
- **Weitere Angebote:** Tandem-Paragliding, Canyoning, Bowling/Squash im Zentrum, Minigolf, Tennis, Golf, Kino. Info: Turistkontor.

Folgt man der E 16 vorbei am hochromantischen Tvindefossen, der in Kaskaden in die Tiefe spritzt, so gelangt man zur Weggablung Vinjo. Hier geht es nun weiter in Richtung des wilden Nærøyfjordes (Gudvangen) oder über die Serpentinen der Rv 13 zur Hopperstad-Stabkirche in Vik am Hauptarm des Sognefjordes.

Küste bis Sognefjord ⇗XIV/A2-3

Trotz der modern ausgebauten Europastraße, die die Küstenregion zwischen Bergen und dem Sognefjord durchquert, liegt sie **abseits aller Touristenströme.** Wählen kann man zwischen einer Gebirgs- und einer Küstenstraße. Erstere ist die E 39. Sie führt zunächst entlang des breiten Osterfjordes und gibt den Blick frei auf die mächtigen Berge der Insel Osterøy. Einige Kilometer später verschwindet die Straße in einem der vielen langen Tunnels. Kaum dass man den dunklen Schlund wieder verlassen hat, engt sich die Landschaft merklich ein. Es bietet sich ein Abstecher in das ursprüngliche **Modal** an, ein guter Platz für Wanderer und Naturliebhaber. Der Fjord zur Rechten ist schmal wie ein Handtuch und wirkt durch die mehrere hundert Meter steil aufragenden Berge, wie der Felskanzel „Slottet" (Das Schloss), besonders imposant. Am Ende des Meeresarmes weitet sich das Tal etwas und man erreicht das niedliche Örtchen Mo. Unwillkürlich fragt man sich, wie man in dieser Einöde nur überleben kann. Eine Antwort erhält man, wenn man auf die E 39 zurückkehrt und den grünen Masten der Stromleitung nach **Matre** folgt. Hier liegt eines der größten Kraftwerke Norwegens. Entsprechend viele, allerdings kleinere Stauseen liegen im benachbarten Stølsheimen-Gebirge. Einen Eindruck von der trotz allem herrlichen Berglandschaft bekommt man, indem man in Matre auf die Serpentinenstraße in Richtung **Bjordal** am Sognefjord abbiegt. Westlich von Bjordal können die natur- und kulturhistorischen Ausstellungen des **Wildnis-Museums in Masseneset** besichtigt werden (geöffnet: 1.5.–31.8., 10–18 Uhr, 40 NOK). Übrigens, sollte es gerade regnen, so ist dies hier absolut nichts Ungewöhnliches. Brekke am Sognefjord ist mit über 3500 mm/Jahr die norwegische Regenhauptstadt (zum Vergleich: Berlin 500 mm).

Die Alternativstrecke ist die Rv 57 entlang der Küste. Man biegt in Knarvik nördlich von Bergen in Richtung **Mongstad** ab. Mongstad ist eine der größten Raffinerien des Landes. Das Öl-Terminal verzeichnet über 2000 Schiffsanläufe pro Jahr. Doch keine Bange, es gibt trotzdem noch reichlich Natur, die die Fahrt hierher lohnt. So bietet sich z.B. ein Abstecher zur wild-romantischen **Insel Fedje** an. Im Gegensatz zu anderen Eilanden der Küste hat Fedje fast keine Abwanderung der Bevölkerung zu verzeichnen. Mag es nun an der Heimatverbundenheit, dem Geschäftssinn im Handel mit Fisch oder am Durchhaltevermögen der 730 Einwohner liegen, für den Besucher ist die karge Inselgruppe allemal der ideale erholsame Urlaubsort.

Touristeninformation 

- **In Oppedal** (Sognefjord) am Fährkai (23.6.–15.8. täglich von 11–17 Uhr) und **in Bergen.**

An- und Weiterreise 

- **Fernbusse 430, 431, 432, 440.**
- **Täglicher Bus:** Dale – Mo.
- **Boot:** Stamneshella – Mo, von Bergen in Richtung Fedje.
- **Schnellboote:** Bergen – Sognefjord/Nordfjord.

• **Fähren:** Sævrøy - Fedje (7–10 mal täglich, Sa. nur bis 17.30, ab Fedje!), Leirvåg (Mongstad) - Sløvåg (12–17 mal täglich).

Unterkunft

Achtung: Entlang der Strecke gibt es relativ wenig Unterkunftsmöglichkeiten.

• **Kræmmerholmen,** 5133 Fedje, Tel. 5616 4205, Fax 56164206, www.kremmerholmen.no. 6 Apartments, im Haupthaus des alten Handelsplatzes Kræmerholmen befindet sich auch ein Restaurant mit einer bis in das 17. Jahrhundert zurückreichenden Tradition. Bootsverleih und kleines Küstenkulturmuseum (weitere Unterkünfte auf Fedje werden vor Ort oder in der Touristeninformation in Bergen vermittelt).

• **Eivindvik Hotell,** 5966 Eivindvik (westlich der Rv 57), Tel. 57784310, Fax 57784313, (****).

• **Brekkestranda Fjordhotel,** Brekke, westlich der E 39, am Sognefjord, Tel. 57785500, Fax 57785600, www.brekkestranda.no, (****). Fantastischer Holzbau mit Grasdächern und scheinbar ohne rechten Winkel. Romantische Zimmer. 3 Hütten.

Camping/Hütten

• **Nautesund Camping og Hytter,** Risnes, 5192 Hosteland (östlich vom Fähranleger Sløvåg nördl. von Mongstad, Rv 57), Tel. 56367044, Fax 56366230, www.nautesund.no. Ganzjährig geöffnet. Sehr gut ausgestatteter, am Wasser gelegener Platz. Es werden 11 Hütten (*/***), Fahrräder und Boote vermietet.

• **Botnen Camping,** 5950 Brekke (westlich der E 39, am Sognefjord), Tel. 57585471, ganzjährig geöffnet. Einfacher Platz mit 8 preiswerten Hütten (*).

• **Nesheim Camping,** 5927 Bjordal (am Sognefjord), Tel. 57710133, www.nesheimcamping.no. Es werden Hütten (*/****) vermietet.

Aktivitäten

• **Angeln:** Im Modal: Lachse und Forellen (Angelkarten im Supermarkt). Meeresangeln in Fedje.

• **Paddeln:** Besonders um die Insel Osterøy herum und östlich von Mongstad gibt es viele ruhige Fjordabschnitte, welche sich hervorragend für Kanuausflüge eignen!

• **Wandern:** Das Gebirge Stølsheimen (östlich der E 39) bietet erstklassige Möglichkeiten für ein- oder mehrtägige einsame Bergwanderungen. Infos bei: Bergen Turlag, Tverrgt. 4/6, 5017 Bergen, Tel. 55322230.

Sognefjordregion

Bis zu 205 km weit schneidet sich der majestätische Sognefjord in das Landesinnere ein. Er reicht so vom tosenden Meer bis zu den Felsen Jotunheimens, dem höchsten Gebirge Skandinaviens. Die landschaftliche Mischung ist dabei einmalig. Über 1000 m hohe Berghänge, gleißende Gletscher und kleine, knorrige Obstbäume bieten einen prächtigen Anblick. Der Grund des mächtigsten Fjordes Europas liegt dabei selbst im schmalsten Seitenarm mehrere hundert Meter unter der Wasseroberfläche. Nahe Balestrand wird gar eine Tiefe von sagenhaften 1380 m erreicht. Der Sognefjord ist damit um einiges tiefer als weite Teile der vorgelagerten Nordsee.

Der beeindruckendste Teil des Meeresarmes beginnt etwa 100 km landeinwärts in der Region Balestrand-Vik-Vangsnes. Der Fjord gliedert sich hier in mehrere Seitenarme auf, von denen der z.T. nur 500 m breite Nærøyfjord mit seinen fast senkrechten Felshängen und der grünlich-blau schimmernde Lustrafjord wohl die schönsten sind. Nicht verpassen sollte man auch ein Besuch der Stabkirchen von Urnes und Vik so-

308no Foto: ms

Blick auf Vik am Sognefjord

wie eine Reise durch das wilde Jostedal mit der Gletscherzunge Nigardsbreen.

Wer auf Fahrstress verzichten möchte, kann den Fjord vom Schiff aus erkunden und anschließend eine spektakuläre Fahrt mit der Flåm-Bahn unternehmen. Die Reise kann ab Bergen und Flåm als Rundtour „Norwegen in einer Nussschale" gebucht oder auf eigene Faust unternommen werden.

Äußerer Sognefjord und Dalsfjord ↗XIV/A1-2

Der Mündungsbereich des Sognefjordes ist touristisch noch weitgehend unentdecktes und unerschlossenes Gebiet. Die Landschaft an der viele Kilometer breiten Mündung des Sognefjordes gibt auch nicht so viel her. Die Berge sind nur wenige hundert Meter hoch, und es regnet häufig. Aber es gibt einige recht schöne, waldreiche und enge Täler, wobei eine dieser Senken, in **Høyanger,** der Standort für ein großes Aluminiumwerk ist. Hier werden u.a. Felgen für bekannte deutsche Automarken hergestellt (modernes Industriemuseum). Im Kontrast zum Binnenland stehen die kargen Felseilande Solund (Sola) und Bulandet/Værlandet. Schutzlos sind sie dem brausenden Atlantik ausgeliefert. Sie bestechen durch eine raue und isländisch-irisch anmutende Naturlandschaft.

Sehenswertes

Die zwei interessantesten und abgelegensten Archipele sind **Utvær,** der westlichste Punkt Norwegens, und **Bulandet.** Auf beiden **Inselgruppen** stehen einige hübsche Holzhäuser, eingebettet in eine schier undurchdringliche und karge Schärenlandschaft.

Im Landesinneren sind der **Hof Lillingstonheimen** (Rv 607, am Dalsfjord, Führungen Sa./So. 13–17 Uhr, 40 NOK) mit zahlreichen Kulturschätzen und einem englischen Park sowie das alte **Steinkreuz in Korssund** an der Mündung des Dalsfjord erwähnenswert. Es wurde im Jahr 1030 (!) im Zuge der Christianisierung Norwegens errichtet.

Touristeninformation

- **Jensbua – Reisemål Ytre Sognefjord og Dalsfjord,** 6961 Dale i Sunnfjord, Tel. 5773 9020, Fax 57739021, www.jensbua.no.
- Vom 23.6. bis 15.8. geöffnete Touristeninformationen liegen **in Askvoll** (Mo.–Fr. 10–15 Uhr, Tel. 57730650), **Dale** (Mo.–Fr. 10–17 Uhr, Tel. 57739020) **und Solund** (Mo.–Sa. 11–16 Uhr, Tel. 57787205).

An- und Weiterreise

- **Fernbusse 430 und 431.**
- **Lokalbusse** (fahren meist nur von Mo. bis Fr., 2–3x täglich): auf Solund, Dale – Førde, Dale – Askvoll, Førde – Dale – Rysjedalsvika, Rysjedalsvika – Lavik – Sogndal. www.tide.no.
- **Schnellboote:** Bergen – Nordfjord (hält in Krakella (Solund) und Askvoll) und Sognefjord (hält in Lavik).
- **Linienboote** (meist nur 1x täglich, Infos in den Touristeninformationen): Askvoll – Grytøyra – Bulandet und Florø, Kolgrov (Solund) – Utvær, Eivindvik – Solund.
- **Fähren:** Oppedal – Lavik, Krakhella (Solund) – Rutledal – Rysjedalsvika, Askvoll – Værlandet – Bulandet, Dale – Eikenes.

Unterkunft

Am Dalsfjord und auf den Inseln:

- **Fjordane hyttesenter,** Hellevik am Dalsfjord, Rv 607, Tel. 57735330, www.fjordanehyttesenter.no. 14 gute Hütten ab 500 NOK.

Am Sognefjord:

- **Leirvik Kro og Motel,** Leirvik, Tel. 57788920, Fax 57788921, (****). Modernes, ansprechendes Hotel an einer Bucht des Sognefjordes. 11 gut ausgestattete Zimmer, Cafeteria und Kneipe. DZ 900 NOK.
- **Lavik Fjordhotel,** in Lavik, Tel. 57714040, Fax 57714041. Am Fjord gelegenes Holzhotel mit modernem Anbau.

Camping/Hütten

- **Birkeland Camping,** Leirvik Rv 57, Tel. 57788591, geöffnet: 1.5.–1.11. Einfacher kleiner, an einem See gelegener Platz. Es werden 5 Hütten (*), Fahrräder und Boote vermietet.
- **Mosemyra Camping,** Lavik, Tel. 57711860, Fax 57711848. Nettes Areal, aber sehr beengt und liegt direkt an der E 39. Hütten (**). Gehört zu Leirvik Fjordhotel. Hütten ab 450 NOK.
- **Dalsfjord und Inselgruppe Solund:** viele Hüttenunterkünfte (meist nur Wochenmiete), Infos: Touristeninformation Jensbua.

Aktivitäten

- **Angeln: Lachs, Forelle und Meeresforelle.** Angelfahrten für 500–700 NOK/Std. Anmeldung/Infos in den Touristeninformationen.

Hopperstad-Stabkirche

● **Fahrrad fahren/Wandern:** Radfahrer meiden zwischen Bergen und dem Sognefjord besser die mit langen Tunneln reich bestückte E 39 und nutzen die Rv 57. Der **alte Trondheimer Postweg,** welcher zwischen Systad und Flekke parallel zur Rv 57 verläuft, eignet sich für Mountainbike- und Wandertouren. Entlang des Pfades, in Skor, trifft man auch auf ein altes Mühlenanwesen. Fahrradverleih auf dem Birkeland-Campingplatz.

● **Tauchen: Klares Wasser und viele Wracks** sind ideale Voraussetzungen für Unterwasserausflüge: Bulandsferie, Tel. 57732172, Taucherclub Solund, Tel. 57787314, Tauchzentrum Sørbøvåg bei Hyllestad, Tel. 57787314.

Weiter geht es entweder auf der E 39/ Rv 55 in Richtung Balestrand am Nordufer des Sognefjordes oder nach Førde und weiter Richtung Nordfjord.

311no Foto: ms

Vik/ Vangsnes

↗XIV/B2
↗XV/C2

Aus Richtung Voss kommend, schraubt sich die Straße 13 über mehrere Serpentinen zum wilden **Vikafjell** hoch. Lassen Sie es langsam angehen, immer wieder versperren bockige Ziegen der nahe gelegenen Farm die Fahrbahn. Vielleicht wollen sie so auf die Geitost- (Ziegenkäse-) Verkaufsstellen aufmerksam machen. Nach der Überquerung des Fjells geht es ebenso spektakulär wieder hinab, wobei sich noch ein herrlicher Rundblick auf den Fjord bietet.

Im Tal angelangt, erreicht man **Vik,** einen hübschen Ort mit hölzernen Lager- und Wohnhäusern aus den vergangenen zwei Jahrhunderten. Diese waren die Unterkünfte der sogenannten Strandsitter, die ihre Arbeitskraft den umliegenden Bauerngehöften anboten. Sie siedelten direkt am „Strand" auf Gemeindeland. 1801 wohnten hier 262 Menschen, u.a. vier Schuhmacher, zwei Schmiede, zwei Schreiner, ein Wächter und ein Unteroffizier.

Die Hauptattraktion der Gemeinde liegt einige Kilometer vor der Siedlung: die **Hopperstad-Stabkirche** (geöffnet: Mai- Sept. 10–17 Uhr, Mitte Juni bis Mitte Aug. 9–18 Uhr, 55 NOK). Das pagodenförmige Haus mit drei Schiffen und 16 Säulen wurde 1130 erbaut. Dass die Kirche heute noch zu bewundern ist, ist dem Architekten *Peter Blix* zu verdanken. Er gebot dem nach der Einweihung der neuen Kirche im Jahr 1875 einsetzenden Verfall und Abrissarbeiten Einhalt. Das Gotteshaus konnte gerettet werden und wurde bis 1891 nach dem Vorbild der Borgund-Stabkirche renoviert. Beachtenswert ist das Westportal mit üppigen Pflanzenranken, die aus dem Maul eines Untieres hervortreten.

Schön ist auch die **Steinkirche in Hove** unweit östlich der Rv 13. Schon 1170 errichtete man das Gebäude im romanischen Stil. Es ist somit die älteste Steinkirche in der Region Sogn und war vermutlich die Hofkirche eines Wikingerhäuptlings (21.6.–10.8. 11–16 Uhr, 45 NOK).

Etwa 10 km nördlich von Vik liegt **Vangsnes.** So unscheinbar der Ort, so auffallend die 12 m hohe **Fritjov-Statue** oberhalb des Fjordufers. Sie ist ein Geschenk des deutschen Kaisers *Wilhelm II.* aus dem Jahr 1913. Ihr zu Füßen legen die Fähren nach Hella und Dragsvik ab. Dort, auf der anderen Seite des Fjordes, in Balestrand, ist eines der Zentren des Tourismus in der Region Sogn.

Hinweis: Das Vikafjell (Rv 13) ist im Winter gesperrt.

Touristeninformation

- **Turistkontor** im Gemeindehaus am Kai in Vik, www.sognefjord.no, Tel. 57695686.

An- und Weiterreise

- **Fernbus 450.**
- **Lokalbus:** Vik - Vangsnes - Fresvik.
- **Schnellboot** ab Bergen nach Vik (350 NOK) und Sogndal.
- **Fähre:** Vangsnes - Hella - Dragsvik, 6–23 Uhr, Hella-Vangsnes 0–23 Uhr. Um von Vangsnes nach Dragsvik zu gelangen, muss man in Hella die Fähre verlassen und sich an der Autoschlange neu anstellen.

Unterkunft

- **Hopstock Hotell & Motell,** Vik, Tel. 57696550, Fax 57696551, (*****/****). Geschmackvolles Hotel mit freundlichen Zimmern im Zentrum von Vik. Das Hauptgebäude ist aus dem Jahr 1836. Es gibt ein empfehlenswertes Bistro, Sauna und Fahrradverleih.
- **Vangsnes: Solvang Camping & Motell,** Tel. 57696620. Günstige Zimmer (***), Hütten und Zeltplatz, direkt am Fährkai. Dort liegt auch das **Sognefjord Gjestehus** (Tel. 57696722, DZ 1200 NOK).

Camping/Hütten

- **Vik Camping,** Vik, Tel. 57695125. Einfacher und kleiner Wiesenplatz an der Uferstraße Rv 13. Die 8 Hütten sind sehr gut ausgestattet und teuer (****).
- **Djuvik Camping,** zwischen Vik und Vangsnes, Tel. 57696733, www.djuvikcamping.no, geöffnet: 1.5.–30.9. Tolle Lage am Fjord, Spielplatz, Strand, Bootsverleih, gute und günstige Hütten (ab 300 NOK).
- **Fjellheim Camping,** Vangsnes, Tel. 5769 6624, Hütten auch im Winter geöffnet. Einfacher, aber idyllisch am Fjord gelegener Platz mit eigenem Strand und 11 Hütten (*). 1 km zum Fähranleger.
- **Tveit Camping,** Vangsnes, Tel. 57696600, geöffnet: 1.5.–1.10. Wunderbarer, sauberer Platz am Fjord in schöner, recht ruhiger Lage zwischen Felsen. 12 gute Hütten (**/***). Badeplatz.

Essen und Trinken

- Recht gut essen und eine Zeitlang verweilen kann man im **Restaurant und Pub Dampen** in Vik. Gemütlich auch das **Viking Kafe** im Zentrum.

Aktivitäten

- Durch den Ort führt ein **Kulturlehrpfad.** Beginn an der Steinkirche.
- Ein schöne **Panoramawanderung** führt auf dem Vikafjell (Rv 13) um den Tunnel auf der Passhöhe herum (ca. 1,5 km pro Richtung).

In Vik kann man mit der Fähre nach Dragsvik (Fahrt nach Balestrand oder Førde) oder nach Hella (Weiterreise nach Leikanger und Sogndal) übersetzen.

Gudvangen/ Nærøyfjord/ Undredal

↗XV/C2

Aus Richtung Voss kommend kann die Strecke über Gudvangen und Flåm eine Alternative zur Route über Vik darstellen.

In **Vinjo** biegt die E 16 gen Osten ab und folgt dem immer enger und magischer werdenden **Nærøydal.** Kurz vor dem ersten Tunnel sollte man unbedingt zum Stalheim Hotel abbiegen und von dort den viel fotografierten und überwältigenden Ausblick über das Tal genießen. Mutige Naturen können dann, statt durch den Tunnel zu fahren, die bis zu 21 % Neigung aufweisende **Stalheimskleiva** nutzen. Die Straße ist nur wenige Meter breit und überwindet auf lediglich 1,5 km Länge 350 m Höhe. Selbst einige kühne Busfahrer wagen sich auf diese Strecke.

Kurze Zeit später erreicht man den zum Fürchten engen **Nærøyfjord,** der seit 2005 zum UNESCO-Weltnaturerbe zählt. An seinen Ufern stürzen zu Schleiern zerstäubende Wasserfälle in die bodenlose Tiefe. Wer Zeit hat, sollte unbedingt eine Fahrt durch den mit 250 m schmalsten Fjord Europas unternehmen. Die senkrechten Felswände ragen über 1300 m hoch in den Himmel, der Meeresgrund ist erst 235 bis 1000 m unter dem Ausflugsboot bzw. der Fähre erreicht.

Blick in das Nærøytal

313no Foto: ms

Von Gudvangen aus geht es weiter durch einen 12 km langen Tunnel nach Flåm. Wer schnell reagiert, kann vor der nächsten, ebenfalls etliche Kilometer langen Röhre nach **Undredal** abbiegen. Der Abstecher in dieses pittoreske Dörflein am Aurlandsfjord lohnt sich schon allein der **kleinsten Kirche Skandinaviens** wegen. Dass es sich dabei um eine 1147 erbaute Stabkirche handelt, ist jedoch kaum noch zu erkennen. Hübsch ist ihr Inneres, mit originalen Wandmalereien (Pflanzenornamentik), Sternen und biblischen Motiven an der Decke sowie einem Altar von 1696 (geöffnet: Mai–Juni Sa./So. 11–17 Uhr, Führungen tägl. 11, 13, 15 Uhr, 50 NOK).

An- und Weiterreise

- **Schnellboot/Bus:** siehe „Flåm“.
- **Fähre:** Gudvangen (Nærøyfjord)-Kaupanger-Lærdal, nur 1.5.–30.9., 1–4x täglich, Auto 600 NOK, Erwachsene 250 NOK (Rückfahrrabatte), ansonsten: Gudvangen – Kaupanger: Di., Do., So. 17 Uhr. Infos/ Buchung: Tel. 55907070 und im Turistkontor Flåm; www.fjord1.no (Fähren/Boote), www.ruteinfo.net (Bus).

Unterkunft

- **Gudvangen Fjortell,** Tel. 57633929, Fax 57633980, (****). Architektonisch gelungenes Hotel mit viel Holz und Grasdächern. Blick auf die Wasserfälle und Berghänge des Fjordes. À la carte-Restaurant.
- **Stalheim Hotel,** Tel. 56520122, Fax 5652 0056, (*****). Die grandiose Aussicht über das Tal muss man leider teuer bezahlen. Trotzdem lohnt sich der Aufenthalt in dem Berghotel, auch wegen des guten Essens.

Camping/Hütten

- **Reed Camping,** nahe Stalheim, Tel./Fax 57868133, geöffnet: 1.5–15.9. Ein schöner Platz mit allem Komfort und 11 Hütten (*/**).
- **Vang Camping,** 900 m vor Gudvangen, Tel. 57633926, Fax 57633926, geöffnet: 15.5.–10.9. Einfacher Platz im tiefen Tal. 10 hübsche Hütten (*/**).
- **Gudvangen Camping,** Tel. 57633934, geöffnet: 10.5.–30.9. Direkt an der E 16. Einfache (350 NOK) sowie tolle Komforthütten (ab 600 NOK). Wasserfallblick.
- Kleine, schlichte **Zeltwiese in Undredal** am Hafen. Rezeption im Café. Ruhige und schöne Lage.

Essen und Trinken

- In Undredal am Hafen: **Café** mit leckerem, preiswertem Essen (50–120 NOK). Auch kann hier leckerer weißer *geitost* (Ziegenkäse) gekauft werden.
- **Cafeteria im Gudvangen Fjordhotel:** Gerichte ab 120 NOK.

Wandern

- Von Gudvangen aus führt eine alte Straße nach Bakka (2,5–3 km). Diese ist z.T. von Geröllmassen bedeckt, die überstiegen werden müssen. Erst am Ende des Dorfes Bakka zeigt ein kleines Schild links den Weg hinauf zum Rimstigen (2 Std.). Der Weg geht steil bergan. Wanderschuhe zwingend notwendig. Panoramablick auf den Nærøyfjord.

Ab Undredal am Fjord entlang (neben der Kirche den Bauernhof kreuzen.) Der Pfad ist recht schwierig zu gehen, bietet aber ein tolles Fjordpanorama. Einzelne Geröllhalden müssen überstiegen werden (bei Regen glitschig).

Flåm

Nachdem man, von Gudvangen kommend, die endlosen Schlünde der Tunnels verlassen hat, erreicht man über eine ziemlich überdimensioniert wirkende Brücke das am Aurlandsfjord gelegene Flåm. Die Brücke ist Teil eines Verkehrsprojektes, das zum Ziel hatte, eine fährfreie und im Winter weniger von Schnee beeinträchtigte Straßenverbindung zwischen Oslo und Bergen zu schaffen. Der lange gehegte Wunsch ging im Jahr 2000 mit der Eröffnung des 24 Kilometer langen Tunnels zwischen Aurland und Lærdal in Erfüllung. Flåm ist unbestritten das touristische Zentrum am Sognefjord, mit Läden voller kurioser Souvenirs und Kreuzfahrtreisenden auf der Suche nach dem „Besonderen".

Flåm-Bahn

Auf alle Fälle sollte man in Flåm sein Auto für einen halben Tag stehen lassen, es den vielen Rundreisetouristen gleichtun und in die berühmt-berüchtigte **Flåm-Bahn** umsteigen. Diese quält sich, teils in Tunnelserpentinen, von dem 2 m über dem Meeresspiegel gelegenen Bahnhof auf der steilsten Normalspurstrecke der Welt hinauf in eine Höhe von 865 m. Für die 20 Kilometer braucht sie dabei geschlagene 50 Minuten. Unterwegs passiert man das romantische Flåmdal und den wild schäumenden Kjosfoss. Den Touristen zuliebe legt der Zugführer, der gleichzeitig Reiseführer ist, einen Fotostopp ein. Das Ziel, Myrdal, ist am Rande der Hardangervidda gelegen und nicht selten im Sommer noch in der festen Hand des Winters. Umsteigen kann man in die nicht minder spannende Bergen-Bahn (Richtung Bergen und Oslo).

- **Flåm-Bahn,** www.flaamsbana.no (im Sommer 10x täglich, im Winter 4x): Für die 50-minütige Fahrt (pro Richtung) sind enorme 340 NOK (Hin- und Rückfahrt, Familien 850 NOK) zu berappen. Vielleicht sollte man nur hinauffahren (Kosten 240 NOK) und zurück den schönen Wanderweg gehen (21 km, Gehzeit mind. 5 Std). Die Route folgt meist einem Fahrweg.

In Flåm informiert ein kleines **Museum** über das Abenteuer Flåm-Bahn (geöffnet: Mai–Sept. 9–17 Uhr, ansonsten 13.30–15 Uhr, gratis).

Gleichermaßen spannend wie die Fahrt mit der Bahn ist ein Ausflug **mit dem Schnellboot nach Gudvangen.** Unterwegs passiert man die gigantischen Felsformationen entlang des Aurland- und Nærøyfjords.

Touristeninformation

- Das **Turistkontor** (Tel. 57632106) ist im Bahnhof untergebracht. Bahn in Flåm: Tel. 57632100, www.alr.no, www.visitflam.com. Im Sommer bis spät abends geöffnet. Internetanschluss. Post, Ticketverkauf, Fahrrad- und Bootsverleih. Mietwagen.

An- und Weiterreise

- **Schnellboote:** Flåm - Aurland - (Nærøyfjord) - Gudvangen (ganzjährig 4x täglich, 255 NOK, retour 360 NOK), Flåm - Aurland - Balestrand (Anschluss nach Sogndal, im Sommer 2x täglich, 225 NOK), 13.5.-16.9. Flåm - Bergen (665 NOK), Info: Tel. 5590 7070, 50 % Studenten- und InterRail-Rabatt. Auch Fahrradfahrer müssen Richtung Gudvangen das Boot benutzen.
- **Lokalbus:** nach Aurland, Gudvangen, in das Hallingdal (Geilo) sowie über den Snøvegen nach Lærdal; www.fjord1.no (Fähren/Boote), www.ruteinfo.net (Bus).
- **Fernbus: 162.**

Unterkunft

- **Heimly Pensjonat,** Flåm, Tel. 57632300, Fax 57632340, (****). Schlichtes, aber teures 49-Betten-Haus 400 m östlich des Bahnhofs. Für Gäste gibt es einen großen Garten, eine Cafeteria und einen Pub.

• **Fretheim Hotell,** Flåm, Tel. 57636300, Fax 57636400, geöffnet: 1.5.–15.10., (*****). Traditionsreiches, aber sehr teures Hotel mit modernem Anbau. Gleich hinter dem Bahnhof gelegen.

Camping/Hütten/ Jugendherberge

• **Flåm Camping & Vandrerhjem,** Flåm, Tel. 57632121, Fax 57632380, www.flaam-camping.no, 1.4.–1.10. geöffnet, Herbst und Winter auf telefonische Anfrage. Campingplatz und Jugendherberge liegen nahe des Bahnhofs am Fluss, gegenüber der Gleise. Die kleine Herberge überzeugt durch ihre Preise (Bett 200 NOK, DZ 470–755 NOK), die Zeltwiese durch ihre Lage teilweise unter Obstbäumen. Die Ausstattung ist gut, die schönen aber kleinen Hütten sind für 600 NOK zu haben. Man trifft auf dem Platz Reisende aus aller Welt. Für Ausflüge kann man Räder ausleihen. Leider recht geräuschvolle Lage (Bahn und Straße). Keine Camperküche, lange Wege zu den (sauberen) Sanitäranlagen.

Essen und Trinken

• Die **Restaurants am Bahnhof** bieten zwar preisgünstiges (100–120 NOK), doch eher durchschnittliches Essen. Wesentlich besser ist das **Restaurant im Flåm Marina** (Salate 80 NOK) und jenes im **Fretheim Hotel** (hohe Preise, aber toller Blick).

Aktivitäten

• Empfehlenswert ist eine **Radfahrt auf dem Rallarveg** (offiziell geöffnet ab 15.7.) **von Finse nach Flåm.** Zunächst geht es mit der Flåm-Bahn hinauf und weiter mit der Bergen-Bahn nach Finse. Zurück fährt man auf einem alten Fahrweg so ziemlich parallel zur Bahnstrecke. Über das holprige Schottersträßchen und die später errichtete Flåm-Bahn wurde das Material zum Bau der Bergen-Bahn herangekarrt. Bis Flåm kam dieses auf dem Seewege über den Fjord.

Bei der Fahrt auf dem Weg kann es passieren, dass man vereinzelt noch bis Ende Juni Schneefelder überqueren muss. Es ist daher ratsam, die Tour **nicht vor Anfang Juli** zu unternehmen. Da der Pfad oft steinig ist, sollte vor allem bei der Fahrt hinab ins Tal vorsichtig gefahren werden! Wer nicht von Finse (1222 m ü.d.M., 40 km) oder Haugastøl (985 m ü.d.M., 65 km) durch das Hochgebirge zurückradeln will, was durchaus schön, aber anstrengend ist, kann auch mit der Bahn bis Myrdal (865 m ü.d.M.) fahren und so nur die Serpentinenstraße hinab in das Flåmdal genießen (etwa 15 km). Alternative: Fahrrad in der Flåmbahn mitnehmen und bergab radeln (Schotterweg, Helm nicht vergessen). 21 km.

Fahrradverleih (180 NOK pro Tag) und Informationen zum Rallarveg in der Touristeninformation, www.rallarmuseet.no.

Fjordtouren mit Kanu: www.njord.as, Tel. 91351672, oder über die Touristeninfo.

Rundfahrt

• **„Norwegen in einer Nussschale“:** Eintägige Rundfahrt mit der Flåm- und der Bergen-Bahn (siehe Kap. „A–Z/Verkehrsmittel in Norwegen/Bahn/Preisnachlässe“).

• Fahrt mit der Flåmbahn **nach Myrdal,** von hier mit der Bergen-Bahn nach Voss und später mit dem Bus **nach Gudvangen,** dann mit dem Boot **durch den Nærøyfjord** zurück nach Flåm. Preis: 450 NOK, Kinder und Rentner 250 NOK.

• Andere Fjordrundfahrten vermittelt die Touristeninformation.

Aurland

↗XV/C2

Etwa 5 km nördlich von Flåm liegt das pittoreske Aurland mit weißen Holzhäusern und einer Kirche aus dem Jahre 1202. Neben dem südlich des Ortes gelegenen **Otternes-Bauerndorf** (geöffnet im Sommer von 10–17 Uhr, 50 NOK) mit knorrigen Gebäuden aus dem 17. Jahrhundert und tollem Fjordblick ist vor allem die Landschaft entlang der beiden Passstraßen sehenswert.

Die erste dieser Straßen ist der **Snøvegen** (auch *Aurlandsvegen* genannt) in Richtung Lærdal. Noch bis Ende Juni fährt man auf einem freigefrästen Stück Straße durch meterhohe Schneewehen. Man glaubt sich in der Jahreszeit getäuscht zu haben. Dicke Eisschollen treiben auf den Seen, und das Wollgras beginnt gerade erst die schneefreien Heideflächen mit einem Meer runder, weißer Blütenköpfe zu übersäen. Beiderseits des Passes genießt man überwältigende Rundblicke in die Täler. Die Aussicht auf den Aurlandsfjord zählt dabei zweifellos zu den schönsten Panoramen Westnorwegens. Um dieses auch in vollen Zügen genießen zu können, wurde eine kühne Aussichtsplattform hoch über dem Fjord angelegt (etwa 7 km ab Aurland). Wer möchte, kann jedoch seit 2000 die teils recht enge Passstraße auf der E 16 (24 km Tunnel) umfahren (vgl. „Lærdal").

Die zweite, an finsteren, engen Tunneln reiche Gebirgstraße ist die **Rv 50 in Richtung Geilo.** Die Hochgebirgslandschaft mit ihren von Flechten überzogenen Gesteinswüsten ist gleichfalls imposant. Allerdings sind die vielen Stromleitungen störend, und es zeigt sich deutlich, dass in Aurland der meiste Strom für die 250 km entfernt liegende Hauptstadt produziert wird. Das Vangen-Kraftwerk kann besichtigt werden.

Touristeninformation

- **Aurland Turistkontoret,** 5745 Aurland, Tel. 57633313, Fax 57633280, www.alr.no.

An- und Weiterreise

- Siehe unter Flåm.

Unterkunft

- **Aurland Fjordhotel,** Tel. 57633505, Fax 57633622, (*****/Winter ****). Hübsches Hotel im Zentrum von Aurland. Die Zimmer sind angenehm eingerichtet, das Restaurant ist gut.
- **Vangsgaarden,** Aurland, Tel. 57633580, Fax 57633595, (**/***). Der nahe des Fjordes gelegene schöne, alte Hof vermietet 23 einfache Zimmer und 4 neue Rorbuer. Auch gibt es ein Pub und ein Café.

Camping/Hütten

- **Lunde Gård & Camping,** Aurland, Rv 50, Tel. 57633412, Fax 57633165, www.lunde-camping.no. Geöffnet: 1.5.–1.10. Nettes, am Fluss gelegenes Waldareal mit 16 Hütten (**/***, ab 500 NOK) und Minigolfplatz. Gute Sanitäranlage. Straße in Hörweite.
- **Hütten** (*/***): Skaim Hytter, Rv 50, Tel. 57633523; Skresanden Hytter, 3 km ab Aurland, Tel. 57633472; Winjum Hytter, 500 m ab dem Zentrum Richtung Suøvegen, Tel./Fax 57633461.

Wandern

- Das Aurlandsdalen wird gern als der **Grand Canyon Norwegens** bezeichnet. Eine bekannte, erlebnisreiche Tour führt von Vassbygdi, kurz hinter dem Ende des Sees an der Rv 50, hinauf zur Hütte Østerbø (6 Std. pro Richtung). Nur 2 Std. dauert die Wanderung ins ebenfalls schöne benachbarte Stondalen.
- **Panoramaberg:** Am Aurlandvegen, ab der blauen Hütte, 10 km vor Aurland 10 Min. den Hang hinauf. Blick auf den Fjord. Die Tour kann weiter geführt werden in Richtung des 1363 m hohen Berges Prest (steiler Pfad).

Lærdal

↗XV/C2

Am Ende des aus Aurland kommenden Snøvegen liegt das **2000-Einwohner-Dorf** Lærdal. Es entwickelte sich aufgrund seiner zentralen Lage zu einem wichtigen Handelsplatz. Schon zu Wikingerzeiten waren das Lærdal und das nahe Filefjell wichtige Verbindungsadern zwischen Ost- und Westnorwegen. Hier verliefen ab 1647 die Postroute und der Königsweg. Seit dem 19. Jh. ist Lærdal einer der Hauptorte des Tourismus in Westnorwegen. Neben dem modernen Ortsteil mit Rathaus und Geschäften gibt es noch das alte **Lærdalsøyri** mit dem kleinen Postmuseum und 160 farbenfrohen Holzhäusern. Läuft man hier die 1,5 km lange Hauptstraße Øyragata entlang, so kommt dies einer Wanderung durch die norwegische Architekturgeschichte gleich. An den alten Ortskern mit seinen Häusern aus dem 18. und 19. Jh. schließen sich einige prächtige klassizistische, Schweizer- und Jugendstil-Villen sowie die Hauge-Kirche aus dem Jahr 1869 an.

Reizvoll ist auch die **Umgebung Lærdals.** Dank des milden Klimas mit vielen Sonnenstunden und wenig Niederschlag gedeihen hier zu Füßen gewaltiger Berghänge **viele Obstbäume.** Der Lærdalselv gilt als **einer der besten Lachsflüsse der Welt**. Informationen zu Lachszucht- und den norwegischen Wildlachspopulationen vermittelt das **Norsk Villakssenter** (Wildlachscenter). Die Ausstellung ist informativ, wenngleich die endlosen Texte teils entnervend wirken. Lachsaquarium, kulturhistorische Ausstellung, Café und Restaurant (preiswerte Lachsgerichte) ergänzen das Museum (Mai–Sept. 10–18 Uhr, Juli bis 22 Uhr, 80 NOK).

317no Foto: ms

Die E 16 führt durch den 24 km langen, kostenlosen **Lærdalstunnel** nach Aurland. Alle 7 km sind große Hallen (Parkmöglichkeiten) in den Fels gesprengt worden, die von blauem Laserlicht illuminiert werden. Auf diese Weise soll das Ende des Tunnels vorgetäuscht, die Fahrt angenehmer gestaltet und einem „Tunnelschock“ vorgebeugt werden. Die Wirkung ist durchaus beeindruckend.

Richtung Südosten führt die E 16 Richtung Valdres und nach 31 km zur sehr sehenswerten **Stabkirche von Borgund** (siehe dort). Nach Norden geht es durch den Fodnes-Tunnel Richtung Sogndal und Øvre Årdal.

Touristeninformation

- **Lærdal Tourist Office,** Pb 122, N-6886 Lærdal, Tel. 57641207, Fax 57666422, www.alr.no.

An- und Weiterreise

- **Fernbusse 162, 165, 170.**
- **Lokalbus:** Sogndal - Lærdal - Borgund - Borlaug; weiteres siehe unter „Flåm“.
- **Fahrradfahrer** in Richtung Kaupanger müssen die Fähre ab Lærdal benutzen. Der Snøvegen in Richtung Flåm ist eine echte und reizvolle Herausforderung, kann aber mit dem Boot auch vermieden werden.
- **Fähre:** Manheller - Fodnes (Rv 5), 1-24 Uhr, 15 Min., Auto inkl. Fahrer 65 NOK, Erwachsene 30 NOK. Lærdal - Kaupanger - Gudvangen, nur im Sommer, 4x täglich. Info: Tel. 55907070.

Unterkunft

(Siehe auch unter Borgund-Stabkirche.)

- **Lindstrøm Hotel,** Lærdal, Tel. 57666900, Fax 57666681, geöffnet: 1.5.-30.9., (*****). Gutes Holz/Beton-Hotel gegenüber dem Rathaus, Restaurant und Fahrradverleih.
- **Sanden Pensjonat,** Øyragata 9, Lærdal, Tel. 57666404, www.sandenpensjonat.no. Schöne Zimmer in altem Holzhaus im Ort. DZ 400-700 NOK, im Winter geschlossen.

Camping/Hütten

- **Lærdal Ferie og Fritidspark,** Kreuzung E 16/Rv 5, Tel. 57666695, Fax 57666788, geöffnet: 15.4.-1.10., Hütten ganzjährig. Nur 400 m vom Zentrum Lærdals entfernt liegender Platz mit allem Komfort. Neben 8 Hütten (***/****), DZ ab 600 NOK) gibt es einen Tennisplatz, die Möglichkeit zum Baden und einen Fahrradverleih. Saubere Sanitäranlage.
- **Vindedal Camping & Hytter,** 10 km westlich von Lærdal, Tel. 57666528. Schöne und ruhige Lage am Fjord. Kleine Hütten (*).
- 3 km östlich der Borgund-Stabkirche liegen **zwei einfachere Plätze** mit ganzjährig geöffneten Hütten (*/**) und Fahrradverleih.

Aktivitäten

- **Angeln:** Der **Lærdalsøyri** ist der ungekrönte König unter den Lachsflüssen Norwegens. Angelkarten sind in der Touristeninformation erhältlich. Allerdings bereitet seit vielen Jahren der Lachsparasit Gyrodactylus Salaris Probleme.

Wer auf dem Weg in Richtung Oslo oder in die Valdres ist, kann von Lærdal kommend auf der nagelneuen Rv 53 am **Årdalsfjord** entlangfahren. Nach 23 km erreicht man das zwischen Bergriesen eingekeilte Årdalstangen und nach weiteren 7 km Øvre Årdal. Auf diesem Weg kann man zwar dem herrlichen Wasserfall Vettisfossen einen Besuch abstatten, verpasst jedoch die Borgund-Stabkirche.

In Richtung Westnorwegen geht es weiter auf der Rv 5 nach Kaupanger.

In Laerdal

Øvre Årdal ⇗XV/D1,2

Um einen Eindruck vom **6300-Einwohner**-Ort zu gewinnen, fährt man am besten ein Stück die Serpentinen Richtung Tyinkrysset hinauf. Unten im Tal liegt nun, am Rande des Jotunheimen-Gebirges, das **größte** und manchmal auch für Besucher geöffnete Aluminiumwerk Norwegens (und damit auch die Erklärung für den etwas aufdringlichen Geruch im Ort). Es wurde 1914 vom Hydro-Konzern gegründet, nachdem hier bereits im 18. Jahrhundert Erz für den dänisch-norwegischen König gewonnen wurde. Die notwendigen riesigen Energiemengen werden in den örtlichen Wasserkraftwerken produziert. Diese speist u.a. der Tyin-See, der bei der Weiterfahrt auf dieser Straße zur Linken in einsam-trister Fjell-Landschaft liegt. Verschifft werden die jährlich hergestellten 150.000 Tonnen Alu über den **Verladehafen in Årdalstangen.**

Nun wäre diese Industrielandschaft sicher nichts für einen Norwegenurlaub, gäbe es nicht in der Umgebung die herrliche, verflixt schmale **Bergstraße nach Turtagrø** (Richtung Sognefjellveien, Rv 55) und einige sehr lohnende **Wanderziele im Jotunheimen-Gebirge** wie z.B. den 275 m hohen Vettisfossen. Um zu ihm zu gelangen, biegt man in Øvre Årdal in das Landschaftsschutzgebiet Utladalen ab und fährt bis Helle. Weiter geht es 6 km zu Fuß oder 4 km in der Kutsche und 2 km per pedes bis zum Wasserfall. Eifrige Wanderer können nun ihren Weg durch das tief eingeschnittene und äußerst wilde Utladalen bis in das Herz Jotunheimens fortführen.

Ein weiterer sehr beliebter Ausgangspunkt für Wanderungen in das höchste Gebirge Skandinaviens ist **Eidsbugarden.** Die **Hütte** am Ende des Bygdin-Sees erreicht man, indem man den Tyin-See entlangfährt und auf die Rv 252 abbiegt (weitere Informationen zu Jotunheimen und Eidsbugarden siehe unter „Sognefjellveien" und „Valdresflya").

Touristeninformation

- **Am Utladalen-Campingplatz** und im Zentrum von Øvre Årdal, Tel. 57663010.

An- und Weiterreise

- **Fernbusse 160, 450**
- **Lokalbus** nach Lærdal und Sogndal.

Unterkunft

- **Klingenberg Hotell,** Årdalstangen, Tel. 57665800, Fax 57660135, (*****). Feines Hotel mit allem Komfort. Hohe Preise.

Camping/Hütten

- **Utladalen Camping,** 4 km von Øvre Årdal entfernt, Tel. 57663444, ganzjährig geöffnet. Kleiner, schöner Platz mit 14 Hütten (*).
- **Årdalstangen Feriepark,** Tel. 57661560. Schöne Anlage mit Hütten (*/**/***). Fahrradverleih.

Aktivitäten

- **Baden:** Es gibt in Øvre Årdal ein schönes **beheiztes Freibad** mit Rutsche und großem Becken.
- **Wandern:** Zu den oben erwähnten Wanderungen sind noch Ausflüge in die bei Årdalstangen gelegenen Täler Seimsdalen und Ofredalen (alte Hofanlage) möglich.

Kaupanger

↗XV/C2

An der fast kreisrunden Amla-Bucht auf halbem Wege zwischen Lærdal und Sogndal liegt der alte Marktflecken Kaupanger (*kaupang* = Handelsplatz). Im frühen Mittelalter befand sich hier die erste Stadt Westnorwegens. Diese wurde jedoch im Sommer 1184 vom Zorn König *Sverres* eingeholt und zerstört. Grund dafür war, dass die Bürger von Kaupang und Sogn dem nicht eben beliebten Stellvertreter des Königs, *Magnus,* kein kostenloses Weihnachtsfest gewähren wollten. Stattdessen vertrieben die Einheimischen ihn und sein Gefolge, mehr oder minder gewalttätig. Ob auch die **Stabkirche,** entgegen dem Befehl König Sverres, geschleift oder anderweitig zerstört wurde, ist unklar. Auf alle Fälle stammt der heutige Bau aus der Zeit nach der Schlacht und wurde etwa um das Jahr 1200 errichtet. Äußerlich wirkt das 14 m lange Gebäude mit der aus dem 17. Jahrhundert stammenden Vertäfelung keinesfalls mehr wie eine Stabkirche. Im Inneren jedoch ist der bauliche Ursprung noch deutlich an den zwanzig Stützmasten zu erkennen (geöffnet: Mitte Mai–Mitte Sept. 10.30–17.30 Uhr, 45 NOK, Studenten 35 NOK).

Unweit der Kirche, am Hafen, liegt das **Sogn-Fjord-Museum.** Das kleine Haus ist vollgestopft mit alten Booten sowie Austellungsgegenständen zu den Themen Fischerei und Bootsbau (geöffnet: Juni–Aug. 10–17 Uhr, das hier erworbene Ticket gilt auch für das Sogn Folke-Museum).

Folgt man der Straße nach Sogndal, vorbei am Gewerbegebiet und einigen Supermärkten, gelangt man zum sehenswerten **Sogn-Folke-Museum.** Zu sehen sind die Sammlungen des Gutsbesitzers und Lehrers *G.F. Heiberg.* Die wirklich gelungene Kollektion von 35 Holzhäusern und alten Einrichtungsgegenständen dokumentiert das Leben in Sogn während der letzten vier Jahrhunderte. Kinder werden sicherlich an den vielen Haustieren (u.a. Fjordpferde) ihre Freude haben. Im Hauptgebäude gibt es interessante Ausstellungen zu den norwegischen Festtagen, dem Leben der Bauern und Handwerker (deutsches Infoheft gratis). Außerdem gibt es dort eine Caféteria, die leckeren Kuchen anbietet (geöffnet: Mai/Sept. 10–15 Uhr, Juni bis Aug. 10–17 Uhr, 60 NOK, Studenten/ Rentner 50 NOK).

An- und Weiterreise

- Siehe unter Sogndal. Zudem: Fähre nach Gudvangen, Mai–Sept. tägl. 250 NOK/Pers. 600 NOK/Auto, Winter: Mo., Mi., Sa. 9.15 Uhr. Ein besonders tolles Erlebnis, wenn Schnee liegt.

Unterkunft

- **Amla Nedre,** Kaupanger, Tel. 57678401, Fax 57678659, geöffnet: 1.6.–1.9., (**/***). Im herrschaftlichen Bauernhaus von 1840 werden drei Zimmer vermietet.

Sogndal

↗XV/C2

Das moderne und trotzdem gemütliche Sogndal (**6000 Einwohner** inkl. Kaupanger) ist das **Handels- und** mit 2000 Studenten **Bildungszentrum der Sognefjord-Region.** Die Ortsmitte bildet ein großes Einkaufscenter mit dem wohl besten Warensortiment im Umkreis von 100 Kilometern. Neben Hochschule und Einzelhandel ist die norwegenweit bekannte Konservenfabrik Lerum der größte Arbeitgeber. Attraktionen gibt es außer der lieblichen Landschaft nur wenige. Zu besichtigen ist im Sommer von 9–21 Uhr die 1867 erbaute **Stedje-Kirche** am Berg südwestlich des Zentrums. Hinter dem Holzbauwerk, am Abhang, steht ein 1,9 m hoher **Runenstein** aus dem Jahr 1100, einer der wenigen, die noch nicht in ein Museum verfrachtet wurden. Seine Inschrift besagt: „König Olav schoss zwischen diese Steine". Der Sage nach soll dort, wo der Pfeil herunter kam, der Chor der neuen Kirche erbaut worden sein. Zu einer größeren, kompakten Siedlung wuchs Sogndal im 17./18. Jahrhundert heran. Immer mehr Handwerker ließen sich hier nieder. 1801 wohnten im zentralen Teil, Fjøra, 222 Menschen. Sie boten handwerkliche Dienstleistungen für die meist auf Obstanbau spezialisierten Bauernhöfe der Umgebung an. Man nannte sie **„Strandsitter"**, da ihre Häuser direkt an der Strandlinie erbaut waren. Sie lebten in ärmlichen, slumähnlichen Verhältnissen. Seit dem 19. Jahrhundert ist Sogndal ein Hochschulstandort.

Wer nach Borgund und Kaupanger nochmals auf den Spuren König Sverres wandeln möchte, kann einen Abstecher nach **Fimreite** unternehmen (Straße entlang des Fjordufers, das der Rv 55 gegenüberliegt). König *Sverre* und *Magnus Erlingsson* stritten hier am 15. Juni 1184 in einer Seeschlacht um die Vorherrschaft in Norwegen. Da Magnus unterlag, wurde Sverre Alleinherrscher.

320no Foto: ms

Blick auf Sogndal

Touristeninformation

- **Sognefjorden AS,** Postboks 222, 6852 Sogndal, Tel. 57633313 www.sfr.no, www.sognefjord.no.
- Das **Turistkontor,** Tel. 97600443, liegt im Kulturhaus am Ende des Einkaufscenters. Es werden auch Ferienhäuser vermittelt.

An- und Weiterreise

- **Fernbusse 160, 170.**
- **Lokalbusse:** Richtung Lærdal, Kaupanger, Solvorn/Gaupne/Jostedal/Fortun; 8.45 Uhr zum Gletscher Nigardbreen; über das Sognefjell nach Lom, www.ruteinfo.net.
- **Schnellboote** nach Bergen (550 NOK), Vik, Balestrand und Flåm.
- **Flughafen:** Flüge nach Oslo, Bergen, Florø.

Mietwagen

- **Hertz,** in Sogndal, Tel. 57820088.
- **Europcar,** in Sogndal, Tel. 57676670.
- **Avis,** in Kaupanger, Tel. 57725080.

Taxi

- Tel. 57671000.

Unterkunft

- **Hofslund Fjord Hotel,** Ortsausgang Richtung Kaupanger, Tel. 57627600, Fax 57627601, (****). Holzhaus mit quadratischem Betonanbau und guten Zimmern. Garten am Fjord mit extra Swimmingpool. Von der Lage her die beste Wahl in Sogndal.
- **Sogndal Hotel,** Gravensteingt. 5, an der Hauptstraße im Zentrum, Tel. 57627700, Fax 57627740, (*****). Schlicht wirkendes und doch gut ausgestattetes Hotel mit gediegenem Restaurant und Swimmingpool.
- **Lægreid Turisthotell,** Almenningen 3, Tel. 57628888, Fax 57628889, (*****/****). Gutes Mittelklassehotel mit gemütlichem Pub.
- **Loftesnes Pensjonat,** Fjørevn. 17, Tel./Fax 57671577, (***). Kleine Pension in einem weißen Holzhaus im Zentrum mit 15 einfachen Zimmern und einem Chinarestaurant.
- **Sogndal Vandrerhjem,** Straße Richtg. Kaupanger, am Kreisverkehr vor der Brücke, Tel. 57627575, Fax 57627570, Mitte Juni–Mitte Aug. Bett im Holzhaus 210 NOK, DZ 50 NOK.

Camping/Hütten

- **Vesterland Resort,** an der Straße nach Kaupanger, Tel. 57627100, Fax 57627200, www.vesterland.no. Ganzjährig geöffnet. Große Anlage im Wald mit 46 perfekt ausgestatteten teuren Hütten mit Kamin (****) und 60 Apartments. Zudem ein Meditationshaus, ein schönes Café, Minigolf- und Tennisplatz. Bootsverleih.
- **Kjørnes Camping,** an der Straße nach Kaupanger, Tel. 57674580, www.kjornes.no. Schönes Wiesenareal am Fjord mit Bademöglichkeit und herrlichem Blick auf Sogndal. Leider wirkt die benachbarte Straße etwas störend. Es werden 8 hübsche, zwischen Obstbäumen gelegene Hütten vermietet (*/**), DZ 800 NOK.
- **Stedje Camping,** einige hundert Meter südlich des Busbahnhofs an der Rv 55 Richtung Leikanger, Tel. 57671012, Fax 57671190, geöffnet: 15.6.–31.8., Hütten ganzjährig. Schöner aber einfacher Platz unter Obstbäumen. Als Zugabe gibt es ein Solarium, Ruderbootverleih und 14 einfache Hütten (*/**).
- **Loftesnes Hytter,** Tel. 57672695, kurz hinter der Brücke, 7 gute Hütten hübsch am Fjord gelegen, direkt an der Straße nach Kaupanger (700 NOK).
- In der näheren Umgebung gibt es mehrere gute Hüttenanbieter (500–700 NOK/Hütte), z.B. **Timberlids Hytter** Richtung Kaupanger (Tel. 57678764) sowie **Svedal Hytter** (Tel. 57679920) und **Kollsete Hyttegrend** (Tel. 57679914) in Richtung Fjærland.

Essen und Trinken

- Ein gutes Restaurant ist im **Sogndal Hotel** zu finden. Dort gibt es auch das **Dolly Dimple's Pizzarestaurant,** ein weiteres dieser Kette liegt im Einkaufzentrum.
- Ein netter **Pub** mit Ledersesseln ist **im Lægreid Turisthotell** (Fr./Sa. bis 2 Uhr).
- Für Jugendliche ab 18 Jahren gibt es den **Studentenclub Meieriet** mit einer Kneipe, Disco (teils bis 3 Uhr) und **Internetanschluss,** im Haus mit dem Schornstein.

Kino/Bibliothek

- Das Kulturhaus im Zentrum beherbergt ein Kino und eine Bibliothek (Internetanschluss!).

Aktivitäten

- **Angeln: Forellen** können im Sogndalselva und einigen Gebirgsseen geangelt werden.
- **Baden:** 2 Badeplätze an der Straße nach Leikanger und in Solvorn am Fähranleger.
- **Fahrradverleih:** in der Toursteninformation, allerdings zu gehobenen Preisen (ab 170 NOK pro Tag).
- **Paddeln:** Boote: Nils Svedal Hytter (Tel. 57679920).
- **Reiten:** Reitverein Kaupanger, Tel. 57678562.
- **Wandern: Vom Kjørnes-Campingplatz zum Sogn Folke-Museum** (Richtung Kaupanger): Die zweistündige, leichte Wanderung folgt einem alten Fahrweg und eignet sich ideal für Familien.

  Panoramablicke: Loftenesfjell: Berg hinter dem Kjørnes Camping Campingplatz, der Weg beginnt oberhalb des Wohngebietes, in der Kurve südlich vom Platz, 3½ Std. (retour); Storehaugen: 4½ Std. (retour), Einstieg: an der 2. Kehre der Straße zum Flughafen; Stedjeåsen: Einstieg am Wohngebiet oberhalb der Kirche, steiler, guter Weg (4 Std., retour).

  Auch gibt es im Sogndalsdalen **diverse markierte Wanderwege.** Verschiedene nicht markierte Wege führen **zum Gletscher Myrdalsbreen und nach Fjærland.** Alle 33 Touren sind auf der **Touristenkarte Sogndal** (Maßstab 1:50.000) verzeichnet (inkl. Wegbeschreibung).
- **Wintersport:** Im Sogndalsdalen und bei Hafslo liegen zwei Skigebiete mit bis zu 500 m Höhenunterschied.

Shopping

Das große **Warenhaus im Zentrum** bietet fast alles von Büchern über Bekleidung bis hin zu Souvenirs. Auch das **Vinmonopolet** hat hier eine Filiale.

Drei Richtungen können nun eingeschlagen werden: Zunächst wird der Weg nach Nordwesten zum Pass des Sognefjellveien beschrieben, anschließend die Wege nach Balestrand und nach Fjærland.

Solvorn am Lustrafjord

Solvorn/ Urnes/Hafslo

⇗XV/C1

Nördlich von Sogndal erstreckt sich inmitten lieblicher Kulturlandschaft – dazwischen die blanke Spiegelfläche des Hafslovatn – die aus vielen weitverstreuten Gehöften bestehende **Siedlung Hafslo.** Hier zweigt die Straße hinab nach **Solvorn** ab. Das niedliche Dorf am Lustrafjord mit seinen weißen Holzhäusern und Bootsschuppen liegt inmitten von Obstplantagen. Gegenüber dem traditionsreichen Walaker Hotel befindet sich der Fähranleger. Von hier setzt ein kleines Boot nach **Urnes (Ornes)** über. Noch während der Fahrt fällt sie einem auf, die oberhalb des beschaulichen Dorfes gelegene **älteste Stabkirche Norwegens** (erbaut 1130–1150), die auf der UNESCO-Liste der erhaltenswerten Baudenkmäler steht. Im Gegensatz zum leicht veränderten Äußeren ist der Innenraum in seiner mittelalterlichen Form erhalten geblieben. Besonders beachtenswert ist das Mittelschiff mit seinen geschnitzten Säulenköpfen, die Fabelwesen darstellen. Die Kerzenhalter wurden im 13. Jahrhundert in Limoges (Frankreich) angefertigt. Das weitere Interieur stammt aus dem 17. Jahrhundert. Bei einem Rundgang um die Kirche fallen die Schnitzarbeiten an den Portalen auf. Sie sind auf ihre Art einmalig und werden als Urnes-Stil bezeichnet. Noch weitestgehend unbeeinflusst vom christlich-romanischen Stil, weisen sie noch recht viel Tier- und weniger Pflanzenornamentik auf. Die ältesten Verzierungen

323no Foto: ms

sind die des ehemaligen Nordportales (siehe „Architektur"). Sie stellen in der unteren linken Ecke einen Rothirsch und die mächtigen Zweige der mythischen Weltenesche Yggdrasil dar. Das Portal stammt wahrscheinlich von einer noch um 100 Jahre älteren Stabkirche (Ende Mai–Ende Aug., 10.30–17.30 Uhr, 55 NOK). Wer nur die Kirche besuchen will, kann das Auto in Solvorn lassen.

Hat man von Solvorn mit dem Auto übergesetzt, kann die Weiterfahrt am östlichen Ufer des Lustrafjordes erfolgen. Unterwegs passiert man den über 218 Höhenmeter hinabrauschenden **Wasserfall Feigefossen.**

An- und Weiterreise

- **Bus** Solvorn – Sogndal.
- **Fähre** Solvorn – Urnes 7.6.–31.8. 11–16.40 Uhr, Urnes – Solvorn 11.20–17 Uhr.

Unterkunft

- **Walaker Hotel+,** Solvorn, Tel. 57682080, Fax 57682081, www.walaker.com. Geöffnet: 16.4.–14.10., (*****/****). Romantisches Holzhaus mit schönem Garten, einer bekannten Kunstgalerie (20 NOK) und tollen Zimmern. Gutes Restaurant.
- **Eplet,** Solvorn, Handy 42649469, www.eplet.net. Tolles Hostel des Weltenbummlers *Trond Henrik*. Herrliche Lage! DZ 600 NOK (2. Nacht 550 NOK), Bett 180 NOK, Zeltplatz. Wer im Sommer beim Ernten hilft, kann kostenlos nächtigen. Gratis: Mountainbikes.
- **Urnes Gard,** Tel. 57683944, www.urnes.no. Bett ab 200 NOK, Hütte ab 600 NOK. Zudem: Café, Hofladen und Hirschfarm.
- In Hafslo gibt es aufgrund des Heggmyrane-Skigebietes einige **Hüttencenter,** z.B. Hafslo Hytteutleige (Tel. 57685140, www.hafslohytteutleige.com), Hafslotun Kro & Hyttesenter (Tel. 57684178) und Gløtten Hytter (Tel. 57684444, www.hafslohytter.no, am Hafslosee).
- **Hafslo Gjestehus,** Tel. 57686575, www.hafslogjestehus.com, ab 250 NOK/Person.

324no Foto: ms

Einfache, aber gemütliche Pension am Sogn Skisenter.

- **Tungastølen Turisthytte,** im Tal von Veitastrond, nördl. von Hafslo, Tel. 94189029. Urige Touristenhütte mit Tal- und Gletscherblick.

Wandern

- Nördlich von Hafslo führt von der Rv 55 eine Nebenstraße nach Modland/Baten. Nach rund 2,5 km liegt links der Ausgangspunkt zur Wanderung (5 km) in Richtung des herrlichen Panoramaberges Molden.
- Ab Hafslo führt eine Straße in das grandiose Tal von Veitastrond. Am Ende des Weges kann man binnen 2 Stunden **zur Gletscherkante des Austerdalsbreen** wandern.
- An der Straße von Urnes nach Skjolden liegt der Feigefoss. Zu den Nebelschleiern des Wasserfalls führt am rechten Ufer des Wildbaches ein kurzer Pfad durch märchenhaften Birkenwald.

Urnes – die älteste Stabkirche Norwegens

Gletscher Nigardsbreen

Gaupne/ Jostedalen

↗XV/C1

Gaupne ist das Zentrum der Gemeinde Luster, unschwer am gläsernen Einkaufszentrum Pyramiden zu erkennen. Im Ort selbst gibt es, abgesehen von einer Balkenkirche aus dem 17. Jh., deren Westportal von einer alten Stabkirche aus dem 12. Jh. stammt (28.6.–3.8. Mi.–So. 11–16 Uhr, 45 NOK), keine Sehenswürdigkeiten. Dafür aber ist Gaupne der **Ausgangspunkt für eine Fahrt zum Gletscher Nigardsbreen.** Er ist neben dem Briksdalsbreen bei Stryn einer der schönsten Ausläufer des 486 km² großen Gletschers Jostedalsbreen.

Zunächst biegt man in das wilde und ursprüngliche Jostedal ab. Die Fahrt geht vorbei an mächtigen Bergen, an Wasserfällen und grünen Wiesen. Nach

30 km erreicht man in **Gjerde** das **Breheimsenter.** In diesem architektonisch an ein umgestülptes Wikingerschiff erinnernden Bau erhält man Informationen zu Gletschereis und Schnee, wobei das weitaus interessantere Museum zu diesen Themen in Fjærland (siehe dort) angesiedelt ist (geöffnet: 2.5.–21.6. 10–17 Uhr, 21.6.–20.8. 9–19 Uhr, 20.8.–1.10. 10–17 Uhr, 50 NOK, Studenten 40 NOK, inkl. Internetzugang, www.jostedal.com).

Unweit des Breheimsenter zweigt eine 3 km lange mautpflichtige Straße (20 NOK) in Richtung des Nigardbreen ab. Immer wieder fallen quer das Tal abriegelnde Erd- und Steinwälle (Endmoränen) auf. Dieses Lockermaterial schliff einst der Gletscher vom Untergrund ab und schob es vor sich her. Der heutige **Nigardsbreen** liegt wesentlich weiter oben im Tal am Ende eines durch eben solche Moränen aufgestauten Sees. An dessen Rand befindet sich der Parkplatz. Ab hier folgt man nun entweder anderthalb Stunden einem Pfad über glatte, rutschige Steine, oder man setzt mit dem Boot über (10.6.–31.8. 10–18 Uhr, 30 NOK, hin und zurück). Von der Anlegestelle sind es dann immer noch einige hundert Meter bis zum gähnenden Schlund des Gletschertores. Durch ihn fließt alles Schmelzwasser in den Gletschersee ab. Einmalig ist der Kontrast von blauem Eis und mausgrauen, glattgeschliffenen Felswänden. Schaut man zurück ins Tal, fällt die typische, durch Gletscherschliff entstandene U-Form auf (Trogtal).

Der bis zu 11 m mächtige **Jostedal-Gletscher,** wie wir ihn heute hier sehen können, ist kein 10.000 Jahre altes Relikt aus der letzten Eiszeit. Vielmehr taute seinerzeit alles Eis ab und erst vor gut 2500 Jahren bildete sich nach einer Klimaverschlechterung neues Eis. Voraus-

Der Westen

325no Foto: ms

setzung für die Entstehung eines Gletschers sind hohe Schnee-Niederschlagsraten bei nicht zu niedrigen Wintertemperaturen und geringerer Abtau- als Akkumulationsrate. Aus diesen Gründen können sich in küstenferneren, trockeneren und kälteren Gegenden wie dem gleichfalls mehr als 2000 m hoch aufragenden Rondane-Gebirge keine Eiskappen bilden.

Ein Gletscher ist ständig in Bewegung. Ursache dafür ist neben der Schwerkraft auch das Druckfließen. Durch die Last des Eises kommt es zur Temperaturerhöhung in Richtung des Untergrundes. Auf dem sich bildenden Wasserfilm gleitet das Eis ins Tal. Der unebene Untergrund verursacht dabei mehrere Meter tiefe Gletscherspalten an der Oberfläche. Sie sind Grund genug, dass ein Gletscher nie auf eigene Faust erwandert werden sollte! Auch ist man am Eisrand nie vor abbrechenden Eisbrocken sicher!

Dem Plateaugletscher Jostedalsbreen kommt man noch etwas näher, indem man 20 km weiter auf einer schmalen Straße zum Stausee Styggevatnet hinauffährt. Er liegt in 1200 m Höhe am Ende des Jostedales. Es bietet sich hier oben selbst im Hochsommer ein Anblick, der eher in Grönland zu erwarten gewesen wäre – Schnee und Eisschollen so weit das Auge reicht.

Touristeninformation

- **Turistkontor,** 6868 Gaupne, liegt im Pyramiden-Einkaufszentrum **in Gaupne,** Tel. 57681588.
- **Luster Reiselivslag,** 6868 Gaupne, Tel. 97600443, www. lustertourist.com.
- Ein weiteres Turistkontor befindet sich **im Gletschermuseum,** Tel. 57683250, Fax 57683240.

An- und Weiterreise

- **Bus:** 15.6.–15.9.: 8.45 Uhr ab Sogndal – Nigardsbreen Parkplatz (10.20 Uhr), 16.50 Uhr Rückfahrt.

Unterkunft

- **Jostedal Hotell,** Gjerde, 6 km vom Nigardsbreen entfernt, Tel. 57683119, Fax 57683157, www.jostedalhotel.no. Neu renovierte Pension. DZ ab 910 NOK, 3-Bett-Zimmer ab 1300 NOK.
- **Marifjøra Sjøbuer,** Marifjøra, 3 km südlich von Gaupne, Tel. 57687405, Fax 57687457. Schöne Apartmenthäuser, am Fjord (700 NOK) im niedlichen Holzhaus-Örtchen Marifjøra gelegen. W-Lan 30 NOK/Tag; www. rorbu.net.
- **Tørvis Fjord Hotell,** Marifjøra, Tel. 57687200, Fax 57687444, (****). Ansprechendes Holzhotel im idyllischen Marifjøra. Boots- und Fahrradverleih.

Camping/Hütten

- **Sandvik Camping,** Gaupne, Tel. 57681153, ganzjährig geöffnet. Der schöne Wiesenplatz rechterhand neben dem Zentrum bietet einen hohen Standard und verleiht 19 gute Hütten (**).
- **Nigardsbreen Camping og Hytter,** in Gjerde, 3 km vor Elvekrok, dem Abzweig zum Nigardbreen, Tel. 57683135, geöffnet: 25.5.–25.9. Das nahe des Gletschermuseums an einem rauschenden Bach gelegene Wiesengelände hat 8 kleine Hütten (*) zur Vermietung. Obgleich der Platz sehr schön gelegen ist, muss man bei der Ausstattung Abstriche machen.
- **Jostedal Camping,** Rv 55, 5 km bis zum Gletscher, Tel. 57683914, www.jostedalcamping.no, einfache (350 NOK) bis komfortable (1000 NOK) Hütten, neue Sanitäranlage. Guter Platz.

Lustra – herrliches Fjordpanorama

Wandern

- **Gletscherwanderungen:** Tickets und Informationen dazu im Gletscher-Museum. Einstündige Anfängertouren gibt es schon für 200 NOK. Etwas anspruchsvollere Wanderungen (ab 12 Jahren) kosten 500 NOK aufwärts. Ausrüstung wird gestellt. Karten im Breheimsenter-Museum. www.bfl.no
- **Wandern:** Leichte Wanderung **zur Gletscherzunge Begsetbreen.** Straße ab Gjerde. Vom Parkplatz sind es noch 2½ Stunden zu Fuß. Wanderschuhe sind trotzdem nötig.
- **Kanutouren** auf dem Gletschersee Styggvatn: Tel. 57683250, www.icetroll.com. 1 Tag 890 NOK.

Luster

↗XV/C1

Ob bei strahlendem Sonnenschein oder tief hängenden Schleierwolken und Nebeldunst – die Umgebung von Luster ist zweifellos **einer der herrlichsten Abschnitte Westnorwegens.** Ein Kontrastprogramm aus dem grün-blauen Wasser des Fjordes, rauschenden Wasserfällen, glitzernden Schneeflecken, kleinen Obstbäumen und Himbeerplantagen. Passend dazu die kleine, ehrwürdige **Dale-Kirche** in Luster. Das gotische Steingebäude wurde um 1250 aus Granitgneis erbaut. Seine Wände sind bis zu 1,5 m stark. Im Chor mit dem barocken Altarbild sind Wandmalereien aus dem 16. Jahrhundert zu bewundern. Die „Brautbank" an der Seite wurde im 12. Jahrhundert geschnitzt und ist älter als die Kirche. Passend zur Ausmalung die Kanzel. Das kleine Schmuckstück existiert seit dem Jahr 1633. Ihr gegenüber steht der 1699 angefertigte Stuhl des Oberst *Krogh*. Er ist vielsagenderweise etwas höher als die Kanzel (geöffnet im Sommer 10–18 Uhr, 20 NOK).

328no Foto: ms

Unterkunft

•**Nes Gard,** Høyheimsvik, Tel. 57683943, www.nesgard.no. B&B mit Fjordblick und Atmosphäre! Zimmer und Apartments (ab 850 NOK).

Camping/Hütten

•**Nes Camping,** Høyheimsvik, 5 km südöstlich von Gaupne an der Straße nach Luster, Tel. 57686474. Wiesenplatz oberhalb des Fjordes mit schöner Aussicht auf den Feigefossen. Einfache, kleine, doch sehr preiswerte Hütten (*).

•**Viki Fjordcamping,** in Høyheimsvik, zwischen Gaupne und Luster gelegen, Tel. 57686420, Fax 57686420, geöffnet: 1.5.–15.10., Hütten ganzjährig. Einfacher Platz ohne Komfort in toller Lage am Fjord. Neben 13 Hütten (*/**) werden auch Boote und Fahrräder vermietet.

•**Luster Fjordhytter,** Rv 55, Høyheimsvik, Tel. 57686500, Fax 57686540, www.lusterfjordhytter.com. Im Angebot stehen mehrere gute Hütten (**/***) am Fjord.

•**Dalsøyren Camping,** Rv 55, Luster, Tel. 57685436, Fax 57685230, geöffnet: 1.5.–31.8. Die herrliche Lage am Fjord lässt nichts zu wünschen übrig. 16 große und kleine Hütten (*/***), außerdem Boote. Badeplatz.

Wandern

Im Ort Luster beginnt das schöne Dalsdalen, wo man **auf dem Bispevegen** (Bischofsweg) nach Kilen wandern kann.

Skjolden

Der kleine verschlafene Ort mit dem großen Wasserkraftwerk im Fortundal (Führungen: Tel. 57686121) ist die **letzte Siedlung am Lustrafjord.** Biegt man nicht zurück in Richtung Süden ab, z.B. zur Stabkirche Urnes, geht es jetzt nur

329no Foto: ms

noch steil bergan. Kurvenreich windet sich die Straße vom Salzwasser hinauf in eisige Höhen. Nach 14 Kilometern Fahrt und 1000 m Höhenunterschied ist das traditionsreiche Berghotel Turtagrø erreicht. Hier mündet auch die unvergleichlich schöne, gewaltige Bergstraße aus Øvre Årdal in die Rv 55.

Die nun folgende Strecke ist meist erst im Mai/Juni von den Schneemassen geräumt und wieder passierbar. Der höchste Punkt der Straße liegt in 1440 m Höhe. Dies entspricht von den klimatischen Bedingungen her in etwa einer Höhe von 4000 m in den Alpen.

Die beeindruckende Fahrt über den Sognefjell-Pass hinein in das Herz Jotunheimens ist unter „Jotunheimen/Sognefjellveien“ beschrieben.

Touristeninformation

- **Im Gemeindehaus** im Zentrum von Skjolden, Tel. 57686750, www.skolden.com. Hier gibt es auch einen Laden mit Handwerksprodukten aus der Region, Schwimmhalle, Kletterwand, Café und Bibliothek.

An- und Weiterreise

- **Bus** von Sogndal nach Skjolden, Fortun.

Unterkunft

- **Skjolden Hotel,** Tel. 57682380, Fax 5768 2381, geöffnet: 15.5.–15.9., (****, DZ 990 NOK). Äußerlich schlichtes Hotel, überzeugt durch Ausstattung und Lage am Fjord. Restaurant, Bar, Schwimmhalle. Fahrradverleih.
- **Turtagrø Hotel,** an der Rv 55, Tel. 5768 0800, www.turtagro.no. Nach einem Brand architektonisch ansprechend neu errichtetes Hotel auf 1000 m Höhe. Gute Zimmer, Bergsteigerzentrum. DZ 880 NOK, Bett ab 340 NOK, Zelten 60 NOK.
- **Munthehuset,** Skjolden, Tel./Fax 57683725, www.munthehuset.no. Historisches, gemütliches Holzhaus mit Atmosphäre (**/***).
- **Jugendherberge,** Skjolden Vandrerhjem, Tel. 57686188, an der Rv 55, 25 modernisierte Zimmer, angeschlossener Campingplatz. Bett 250 NOK, DZ 755 NOK.

Camping/Hütten

- **Vassbakken Kro & Camping,** Skjolden, Tel. 57686188, Fax 57686185. Zwischen Straße und Wildbach gelegener komfortabler Platz mit herrlichem Blick auf die Berge. Neben 13 Hütten (*/***), gibt es auch eine JH (s.o.), Pub, Bootsverleih, Sauna und Solarium. Angelmöglichkeiten in Fluss und Fjord.
- **Nymoen Leirplass,** Skjolden, Tel. 5768 6603, geöffnet: 1.5.–1.10. Am Abzweig nach Urnes sehr schön gelegener, sonniger Platz am See. Große Zeltwiese, 12 Hütten (**/****). Einfach, aber sauber.

Aktivitäten

- Die **Fjordstua** im Zentrum von Skjolden bietet **Kletterwand, Schwimmhalle** (im Sommer 15–18 Uhr) und Bibliothek.
- **Fjord-Kajak:** Vetle Kroken, Tel. 57683750, www.vetle-kroken.com, ½ Tag 200 NOK, Touren ab 400 NOK/Pers. An der Straße nach Urnes.
- **Skjolden Rafting:** Tel. 47392460, www.skjoldenrafting.no.
- **Klettern:** Günstigster Ausgangspunkt für Klettertouren **im Jotunheimen-Gebirge** ist das Turtagrø-Hotel. Hier gibt es ein 1962 gegründetes, landesweit bekanntes Bergsteigerzentrum mit Kletterschule.

Ein sehr interessantes Klettergebiet ist das **Hurrungane-Massiv** südlich des Hotels. Es locken Touren der Schwierigkeitsgrate II bis VI. Beliebt sind Ausflüge zum 2403 m hohen **Skagastølstind** (3 leichtere und 2 schwierige Touren ab der Hütte Skagastølsbu) und zum 2074 m hohen **Søndre Dyrhaugstind.**

- **Wandern:** Gute Möglichkeiten zum Gebirgswandern bestehen von den **Nebentälern Mørkridsdalen und Fortunsdalen** (Karte: Breheimen) aus. Ein hervorragender Ausgangspunkt für Touren **durch das Jotunheimen-Gebirge** ist das Turtagrø-Hotel. Eine

Campingplatz am Lustrafjord in Luster

kurze (3,5 Stunden, retour), nicht allzu schwierige Wanderung (Karte: Jotunheimen) führt **zum Bergsee Fremste Skagastølsvatnet** zu Füßen des 2285 m hohen Bergmassivs Skagastølstindane. Der Weg beginnt an zwei Holzgebäuden unterhalb des Hotels, nahe des Abzweigs nach Øvre Årdal. Zunächst geht es an einem Fluss entlang. Dort, wo dieser einen Bogen beschreibt, folgt man einem kleineren Bach und quert diesen kurze Zeit später. Man wandert immer auf dem gut erkennbaren, breiten Hauptpfad. Über ein steileres Geröllfeld und zeitweilig steilere Schneefelder gelangt man zu einer Berghütte, 15 Min. unterhalb eines Karsees in frostklirrender Berglandschaft.

Nach der Überquerung des Sognefjell-Passes kann man in Lom wieder in Richtung Fjordland zum Nord- und Geirangerfjord abbiegen.

Eine lohnende Alternativstrecke ist die Route von Sogndal über Leikanger und Balestrand nach Skei oder von Sogndal über Fjærland nach Skei. Dort kann man dann gleichfalls in Richtung Nord- und Geirangerfjord abbiegen.

Leikanger/ Hermansverk ↗XV/C2

80.000 Obstbäume gibt es in der Gemeinde Leikanger **(3000 Einwohner).** Blütezeit ist Mitte/Ende Mai. Das große Obstlager füllt sich im September mit Äpfeln, Pflaumen und vor allem Birnen. Doch das **milde Fjordklima** ermöglicht noch mehr! Selbst Walnüsse, Pfirsiche und Aprikosen reifen! Und das ist bei einer Lage auf dem gleichen Breitenkreis wie die Südspitze Grönlands doch mehr als erstaunlich.

Einen Einblick in den Obstanbau gewinnt man bei einem Besuch des **Henjatun.** Zu sehen sind auch sechs alte Gehöfte, Henjatunet genannt. Als Zugabe kann Apfelwein gekostet werden (Mo.–Fr. 15–17 Uhr, 70 NOK).

Mehr **exotische Bäume** findet der Besucher **im Pfarrhofgarten.** Neben Ginko- und Mammutbaum steht hier auch eine riesige, 25 m hohe Eiche. Unweit der Anlage ist eine hübsche Steinkirche aus dem 13. Jahrhundert zu besichtigen.

An- und Weiterreise

- **Fernbus 170.**
- **Schnellboot** nach Sogndal/Bergen.

Unterkunft

- **Leikanger Fjordhotell,** Tel. 57653622, Fax 57654030, geöffnet: 1.4.–14.12., (*****). Traditionsreiches Holzhotel mit modernem Anbau. Gemütliche Zimmer, teils individuell ausgestattet. Gutes Restaurant.
- **Sognefjord Hotel A/S,** Hermansverk, Tel. 57651100, Fax 57654271, (*****). Modernes Hotel mit guter Ausstattung. Neben Hallenbad und Sauna gibt es einen Tennisplatz.
- **Hütten in der Umgebung** vermietet Hella Fjordhytter, Tel. 57652921.
- **Systrond Camping,** Leikanger, Tel. 5765 3917. Einfacher Platz direkt im Ort. 14 Hütten (*/***), Badeplatz. Sognefjordblick.

Balestrand ↗XIV/B2

Dort, wo sich der Sognefjord, breit wie ein Meer, in mehrere Nebenarme aufzugliedern beginnt und schneebedeckte Berge in die Höhe wachsen, liegt der seit über 100 Jahren beliebte Urlaubsort Balestrand. Schon Kaiser *Wilhelm II.*

verbrachte hier um 1900 seine Ferien. Seit dieser Zeit steht auch an dieser Stelle eines der größten und prächtigsten Holzhotels des Landes. Neben dem Kvikne's findet man in dem **800-Einwohner-Ort** noch mehrere schöne Landhäuser und die hübsche, eine Stabkirche imitierende **St.-Olavs-Kirche** (1897). Zu besichtigen sind das **Sognefjord Aquarium,** ein lebendiges Aktivitätscenter mit Fischen der Sognefjord-Region (geöffnet: 15.4.-15.6. und 20.8.-1.11. 10-16 Uhr, 15.6.-20.8. 10-18 Uhr, 50 NOK), und das **Arboretum** am Fähranleger Dragsvik. Ein Fremdenverkehrsmuseum in der Touristeninformation zeigt die Geschichte des Tourismus in der Region (11-15 Uhr, 19-22 Uhr).

Nahe des Sjøtun-Campingplatzes liegen 800 Jahre alte **Wikingergrabhügel.** Einer ist mit der Statue des Wikingerkönigs *Belem* versehen, die Kaiser Wilhelm II. 1913 stiftete.

Touristeninformation

- **Sognefjord Reiseliv,** Postfach 53, 6899 Balestrand, reiseliv@sognefjord.no, Tel. 5769 1617. Am Kai gelegen. Hütten und Privatzimmervermittlung. Boots-/Fahrradvermietung.

An- und Weiterreise

- **Fernbus 170, 171,** www.ruteinfo.net
- **Schnellboot:** Bergen/Sogndal.
- **Fähre:** nach Fjærland (1.5.-30.9., 2-4x tägl., immer jedoch 8.05 Uhr und 12 Uhr, 185 NOK (hin und zurück 275 NOK), Auto inkl. Fahrer 335 NOK). Fähre Dragsvik - Hella - Vangsnes, 6-23 Uhr, Hella - Vangsnes 0-23 Uhr (24 mal pro Tag). Um von Dragsvik nach Vangsnes zu gelangen, muss man in Hella die Fähre verlassen und sich an der Autoschlange neu anstellen.

Unterkunft

- **Kvikne's Hotel+,** Balestrand, Tel. 5769 4200, Fax 57694201, www.kriknes.no. Geöffnet: 1.5.-30.9., (*****). Das prächtige Haus wurde 1894-1913 im Schweizer Stil erbaut. Es ist das **größte Holzbauwerk Nordeuropas.** Man sollte darauf achten, ein Zimmer im alten Teil des Hotels zu erhalten und nicht im hässlichen Betonanbau. Nur so kann man auch die viel gerühmten Sonnenuntergänge beobachten. Wunderschön auch der Park am Fjord. Und so laden gute Zimmer, ein gepflegtes Restaurant und gemütliche Aufenthaltsräume zum Verweilen ein. **Tipp:** Auch wer nicht Gast ist, sollte einen Blick in den vom Holzschnitzer Ivar Høyvik mit nordischen Motiven gestalteten Saal werfen (im Haus immer rechts halten). Im Restaurant gibt es gute Gerichte für 210-250 NOK.
- **Midtnes Hotel,** Balestrand, an der Kirche, Tel. 57691133, Fax 57691584, (***). Holzhaus im Schweizer Stil mit kastenförmigem Betonanbau. Kuschelige Atmosphäre. Kaminzimmer. DZ ab 750 NOK, meist mit Fjordblick.
- **Balestrand Hotell,** neben der Kirche, Tel. 57691138, Fax 57691911, geöffnet: 1.5.-30.9. Altes Holzhotel mit Neubautrakt. Fjordblick hat man fast immer. DZ ab 990 NOK.
- **Balestrand Vandrerhjem Kringsjå,** www.kringsja.no, Tel. 57691303, Fax 57691670, 23.6.-16.8. Schönes, über dem Fjord gelegenes Haus, Bett 255 NOK, DZ 790 NOK.

Camping/Hütten

- **Veganeset Camping,** in Dragsvik nahe des Fähranlegers, Tel. 57691612. Die 8 Hütten (*/**) sind auch im Winter geöffnet. Hübsch gelegener, sauberer Platz in einer kleinen Bucht, mit einem Wäldchen, umrahmt von steilen Bergen. Saubere Sanitäranlagen.
- **Sjøtun Camping,** am südlichen Ortsrand von Balestrand, Tel./Fax 57691223, 1.6.-15.9. Gemütlicher Wiesenplatz am Fjord mit Bade- und Angelstellen. 11 Hütten (**/ ***).

Aktivitäten

- **Angeln:** In den umliegenden Gewässern kann nach **Lachs und Forelle** geangelt werden. Besonders ergiebig sind die Seen entlang der Straße 13 in Richtung Førde.

- **Fahrrad fahren:** Verleih in der Touristeninformation zu 130 NOK pro Tag. Es gibt jedoch kaum Wege abseits der Hauptstraße.
- **Wandern:** Durch Balestrand führt ein **Kulturwanderweg** mit Informationstafeln. Eine erklärende Karte gibt es in der Touristeninformation.

Shopping

- In Balestrand gibt es mehrere Kunstgewerbeläden und Galerien, in denen Keramik, Grafiken und Schmuck erworben werden können.
- **Bäckerei Wilker** mit leckeren Backwaren am Fähranleger.

Auf der Rv 13 geht es über Serpentinen durch eine überwältigend schöne Fjord- und Berglangschaft mit Felsen wie Giganten in Richtung Norden in die Region Gaular.

Zuvor lohnt sich durchaus ein Bootsausflug in den engen und zugleich unheimlich schönen Fjærlandsfjord. Das an seinem Ende gelegene Örtchen Mundal (Fjærland) ist aber auch über die Rv 5 ab Sogndal zu erreichen. Leider sind wegen der zwei langen Tunnels horrende 165 NOK Maut zu entrichten. Die Straße führt zunächst durch das Sogndalsdalen. An dem schön gestalteten **Rastplatz Vatnasete** kann sich der Reisende über Geologie und Morphologie der Gegend informieren. Wer nach der Durchquerung des nun folgenden Tunnels schnell reagiert und links ranfährt, hat vom Parkplatz Berge einen herrlichen Blick über den 30 km langen Fjærlandsfjord (von Sogndal kommend ist die Straße bis zum Parkplatz Berge mautfrei zu befahren).

Fjærland

Überblick

Umrahmt von bis zu 1500 m hohen Bergen und Plateaugletschern, an der Grenze von Salz- und Süßwasser, liegt das romantische Fjærland.

Die **Ebene am Delta des Bøyaelvi** ist schon seit Wikingerzeiten besiedelt und gehört seit jeher zu den abgelegensten Regionen Westnorwegens. Der extremen **Abgeschiedenheit** verdankt sich auch die sehr eigene, selbst für viele Norweger recht unverständliche Mundart der Einwohner.

Die ersten Touristen entdeckten die prächtige Landschaft im Jahr 1880. Zumeist Engländer und Deutsche reisten mit dem Boot aus Balestrand an. Auf Pferdekutschen ging es dann weiter zu den Gletscherzungen. Mit der Eröffnung des Mundal Hotels im Jahr 1891 stand auch die erste Unterkunft vor Ort zur Verfügung. Freilich hielt sich der Tourismus in bescheidenem Rahmen. Da auch die Landwirtschaft die Familien nur begrenzt ernähren konnte, wanderten viele Einwohner zu Beginn des 20. Jahrhunderts nach Amerika aus. Stolz ist man noch heute darauf, dass die Familie des ehemaligen US-Vizepräsidenten Mondale von hier stammt.

Die folgenden Jahre gingen an dem Ort spurlos vorüber, bis 1986 mit der Eröffnung des 6 km langen Fjærland-Tunnels der Abgeschiedenheit ein jähes Ende bereitet wurde. Ein neues Zeitalter für die Bewohner begann. Nur wenige Jahre später weihte man hier das erste Gletscher-Museum Norwegens ein.

Bald darauf, 1996, die Eröffnung der Straße nach Sogndal. Auf diese Weise schaffte man es innerhalb von nur acht Jahren, das einsame Dörfchen aus seinem Dornröschenschlaf zu reißen und an den Rand einer der Hauptverkehrswege Mittelnorwegens zu verpflanzen.

Ornithologie: Das Delta des Bøyaøyri entstand durch die Ablagerung von Sedimenten, die das Gletscherwasser mit sich führte. Es bildete sich so ein Sumpfgebiet. Bis zu neunzig verschiedene Vogelarten wurden hier beobachtet. Fünfzig davon nisten vor Ort.

Fjærland liegt im Grenzbereich von Küsten- und Binnenklima. Die Bandbreite der **Vegetation** reicht von Sumpfpflanzen über die Flora der Wälder und Wiesen bis hin zur Hochgebirgsvegetation. Zu finden sind beispielsweise Wald-Storchschnabel, Gletscher-Hahnenfuß, Glockenblumen, Steinbrecharten und die Alpen-Mandelmilch.

Sehenswertes

Der Ort liegt 3 km abseits der Rv 5 am Westufer des Fjordes. Es macht Spaß, die Atmosphäre zwischen **Mundal Hotel** und **Holzkirche** (1861) zu genießen. Zudem ist Fjærland eines der beiden **Bücherdörfer** des Landes. In 12 Antiquariaten, die z.T. in alten Bootshäusern untergebracht sind, kann unter 250.000 Büchern gestöbert werden (Mai–Sept. 10–18 Uhr; www.bokbyen.no). Der Laden über dem Supermarkt bietet auch deutsche Bücher an. Ein Lesecafé komplettiert das Angebot.

Nahe der Fernverkehrsstraße liegt das **Gletscher-Museum.** Anhand zahlreicher Schautafeln und Experimente nähert sich der Besucher fast spielerisch dem Thema Eis und Eiszeiten sowie den aktuellen Fragen der Klimaveränderung. Man lernt, wie Fjorde entstanden sind und weshalb sich in einigen Regionen Gletscher ausbilden können und in anderen nicht. Eine Wetterstation überträgt die aktuellen Daten vom Flatbre. Ergänzend gibt es eine begehbare Eisgrotte und einen spannenden Panoramafilm von *Ivo Caprino* (geöffnet: Juni bis Aug. 9–19 Uhr, April/Mai/Sept./Okt. 10–16 Uhr, 110 NOK, Familie 250 NOK).

Natürlich sollte man auch die **zwei Fjærlander Gletscherzungen** nicht verpassen. Erstere ist der **Bøyabreen.** Er liegt nur unweit der Rv 5 kurz vor dem Fjærland-Tunnel, der das Quellgebiet der Gletscherzunge, den mächtigen Jostedalsbreen, unterquert. Am Ende der etwa 1 km langen Zufahrtsstraße parkt man an der Brevasshytta (Terrassencafé und Souvenirladen). Von hier sind es nur noch wenige Meter bis zum Gletschersee. Zäh kriecht das Eis den steilen Fels hinab. Manchmal können hier Lawinen und Eisstürze beobachtet werden, was auch die vielen Eisschollen auf dem Wasser erklärt.

Vielleicht noch etwas eindrucksvoller ist der Gletscherarm **Suphellebreen.** Wenige hundert Meter nördlich des Gletscher-Museums zweigt ein Fahrweg in das alpin wirkende Suphelledal ab, dessen grüne Idylle unwillkürlich die Frage aufwirft, wo denn hier Eis herkommen soll. Doch nur Geduld, nach 3 km ist es soweit: Mächtige Gletscher- und Wassermassen drängen den Berg hinab und vereinen sich in einem von feinkörnigen Sedimenten milchig-grau gefärbten Wildbach.

Touristeninformation

- **Im Zentrum,** Tel. 57693233.

An- und Weiterreise

- **Fernbus 169, 170.**
- **Lokalbus** nach Skei und Førde.
- **Bus** vom Zentrum zum Gletscher-Museum und nach Bøyabreen.
- **Fähre:** 1.5.–30.9. 2–4 x tägl. nach Balestrand (davon 2x Weiterfahrt nach Vangsnes am anderen Fjordufer); 185 NOK/Pers. (hin und zurück 275 NOK), Auto inkl. Fahrer 335 NOK.
- **Mautstraße:** nach Sogndal, 165 NOK.

Unterkunft

- **Mundal Hotel+,** Fjærland, Tel. 57693101, Fax 57693179, www.hotelmundal.no. Geöffnet: 1.5.–1.10., (*****). Romantisches Holzhaus ohne moderne Verschandelungen. Urgemütliches Ambiente mit schönen Räumen, kleinem Lesecafé und guter Küche. Als Zugabe der Blick auf den Fjord und zwei knöcherne Rotbuchen. Leider hohe Preise (DZ 1600 NOK). Betrieb 2010 unklar.
- **Fjærland Fjordstue Hotel,** Tel. 57693200, Fax 57693161, (***/****). Kleines, aber komfortables Haus am Fjord mit ansprechendem Lokal.

Camping/Hütten

- **Bøyum Camping,** am Gletscher-Museum unweit der Bushaltestelle, Tel. 57693252. Der schöne und moderne Platz hat neben 7 komfortablen Hütten (ab 700 NOK) auch einen gemütlichen Aufenthaltsraum mit TV, einen Kiosk und saubere Sanitäranlagen. Auch kann in einem Schlafsaal unter dem Grasdach übernachtet werden (160 NOK). Leider ist die Luft hier oben etwas muffig. Zudem: DZ für 300 NOK.
- **Weitere Hütten:** Hamrum Fjord-og Naturhytter, ganzjährig, (*/**), Tel. 57693205; Jorddal Hytter, Tel. 57693251, Hütten (**).

332no Foto: ms

Fjærland

Aktivitäten

- **Fahrrad fahren: Verleih** im Supermarkt im Zentrum (150 NOK/Tag). **Fahrradtouren** bieten sich z.B. **nach Jorddal** (südlich von Fjærland, am Fjord), **in das Mundalsdalen** (westlich von Fjærland) und das **Suphelledalen** an.
- **Gletscherwanderungen:** In diesem Fall sind keine Angebote für Anfänger dabei, die

es eher am Nigard- oder Briksdalsbreen versuchen sollten. Die in Fjærland angebotenen Touren dauern 6–8 Stunden und kosten 350–450 NOK pro Person.

• **Wandern:** In der Umgebung gibt es **10 markierte Wanderwege** in einsame Täler und auf Berge mit Panoramaaussicht. Außerdem können noch etwa **13 unmarkierte Hochgebirgspfade** erkundet werden (z.B. zur Flatbrehytta am Suphellebreen. Parkplatz, mit Schautafel etwa 1 km vor der Gletscherzunge. 1000 m Höhenunterschied sind zu überwinden). Karte, Kompass und genügend Erfahrung sind dann aber Grundvoraussetzung (Regionalwanderkarten gibt es in der Touristeninformation, am Campingplatz und im Gletscher-Museum).

Die Rv 5 führt weiter durch einen 6 km langen Tunnel (gratis) und anschließend durch die dramatische Berglandschaft nach Skei am Jølstra-See.

Zwischen Sogne- und Nordfjord

Skei

↗X/B3

Die Landschaft um den **Jølstra-See** ist idyllisch und dramatisch zugleich. Oft gleicht das Wasser einem Spiegel, in dem schneebedeckte Berge und grüne Almen zu einer genialen Kopie des Originals werden. Schade nur, dass der Verkehrsknotenpunkt Skei so nichtssagend und blass ist. Wesentlich hübscher dagegen das 15 km westlich des Ortes an der Südseite des Sees gelegene **Freilichtmuseum Astruptunet.** Neben grasbewachsenen Häusern gibt es auch eine Galerie mit Werken des Künstlers *Nikolai Astrup* (1880–1928). Geöffnet ist im Sommer von 10–17 Uhr (50 NOK, Studenten 40 NOK, Gelände gratis). Ein zweites Museum liegt in Vassenden. Es ist das **Jølstramuseet** mit 13 bis zu 400 Jahre alten Gebäuden, einer Kunstgalerie und einem kleinen Kulturpark (geöffnet: Sa./So. 12–17 Uhr, 50 NOK).

Touristeninformation

- **Jølster Turistkontor** im Zentrum von Skei. Im Sommer 10–19 Uhr geöffnet, Tel. 57728588, www.jolster.com.

An- und Weiterreise

- **Fernbusse 170, 430, 431, 432.**

Unterkunft

- **Skei Hotel,** Skei, Tel. 57727800, Fax 57727801, (****). Schlichter Flachbau, der aber gute Zimmer und Komfort bietet (u.a. Hallenbad und Sauna).
- **Lunde Turiststasjon,** Tel. 57728221, www.lunde.turiststasjon.no. Holzhaus in herrlicher Lage (Rv 5, Richtung Fjærland, kurz vor dem langen Tunnel) mit einfachen Zimmern zu 500 NOK und Hütten ab 300 NOK. Uriger Aufenthaltsraum mit TV, Küche.

Camping/Hütten

- **Jølstraholmen Camping,** Vassendalen, am Südwestende des Sees, E 39, Tel. 57728907, Fax 57727505, ganzjährig geöffnet. Komfortabler Platz u.a. mit Solarium, Minigolfanlage, Fahrrad- und Bootsverleih. Die Stellplätze sind jedoch einfallslos aufgereiht. 19 Hütten (*/***), je nach Saison).
- **Øvrebo Hytter & Hotel,** Vassenden, Tel. 57727126, Motel mit 6 Apartments und sehr gut ausgestatteten, schönen Hütten.
- **Høyseth Turiststasjon og Camping,** im Stardalen (14 km ab Abzweig von E 39, nördlich von Skei), Tel. 57728963. Schöne Lage, gute, günstige Hütten (ab 300 NOK).
- Nicht weit entfernt liegen zudem die schönen, aber einfachen Plätze **Jølvassbu** (Tel. 57727120) und **Solrenning** (Tel. 57727287, Hütten (*).
- **Haugen Camping,** Skei i Jølster, Tel. 5772 8385. Mitte Juni bis Ende August geöffnete, sehr preiswerte Hütten (*).

Aktivitäten

- **Angeln:** Angelausrüstung vermietet und Angeltouren vermittelt das **Angelzentrum in Vassenden** (angeschlossen an das Jølstramusset) am Ende des Sees.
- **Rafting:** Jolster Rafting in Solrenning am Südwestende des Sees (Hinweisschild). www.jolster-rafting.no, Tel. 90067070.

Die Rv 5 führt nun weiter nach Førde. In Moskog mündet die aus Balestrand und der Region Gaular kommende Straße 13 ein.

Landschaft am Fossestien in Gaular

338no Foto: ms

Gaular

↗X/B3

Die landschaftlich reizvolle Rv 13 führt über Serpentinen durch wilde Berglandschaft von Balestrand in Richtung Moskog (bei Førde) durch die **Landschaft Gaular.** Über zwanzig Jahre kämpften Naturschützer gegen den Kraftwerksausbau in diesem Gebiet. Ihnen ist es zu verdanken, dass der ungestüme **Wasserlauf der Gaula** 1993 unter Schutz gestellt wurde und noch heute über **15 Wasserfälle** entlang des Flusses zu bewundern sind (markierter Weg „Fossestien", 23 km; guter Einstieg: Eldalen an der Rv 13, Richtung Balestrand, unweit der Kreuzung mit der Rv 610).

Wer Richtung Førde weiterfahren möchte, hat in **Nes** zwei Möglichkeiten. Die erste folgt weiterhin der Rv 13 und passiert den herrlichen Vallestadfossen (in Vallestad am Haukedalsvatnet). Die Alternativstrecke führt zuerst weiterhin entlang des Gaula-Flusses und seinen Seen, vorbei an der Holzkapelle von Hestadt. In Sande kann man direkt auf die E 39 einbiegen, oder aber man macht noch einen kleinen Umweg über **Osen** und **Bygstad.** In dieser ursprünglichen Gegend hat man immer wieder tolle Ausblicke, so z.B. auf den monumentalen, 1209 m hohen Kvamshesten.

Die westliche Umgebung ist im Abschnitt Äußerer Sognefjord beschrieben. Das Gaularfjell (nördlich von Balestrand) ist von Januar bis März gesperrt.

Unterkunft

- **Sande Kro & Hotel,** Sande, Tel. 57718051, Fax 57718050, (****). Kleines und gemütliches Haus mit 15 Zimmern und Caféteria.

Camping/Hütten

- **Viksdalen Camping,** Viksdalen, Tel. 57716925. 9 Hütten (*/**), ganzjährig geöffnet. Platz am Wasserfall, kaum Komfort.
- **Hov Hyttegrend,** 9 km östl. Kreuzung Rv 13/Rv 610, Tel. 57717937, Fax 57717955, Empfehlenswerter, sauberer Platz am See. 22 gute Hütten (**). Fahrservice entlang des Fossestien.
- **Gjerland Gard,** im Haukedal, östlich von Rørvik an der Rv 13, Tel. 57825155, Fax 5782 6430, 2 gut eingerichtete Zimmermannshütten in toller Lage.

Aktivitäten

- **Angeln:** Der **Gaula-Fluss** gehört zu den besten Angelrevieren des Landes. Es beißen **Lachs und Forelle** in mehr als 50 Gewässern. Angelscheine gibt es am Campingplatz.
- **Wandern:** Am See Haukedalsvatnet beginnt das ursprüngliche Haukedal. Ab Grønning führt ein Forstweg zum See Grønningstølsvatnet. Ab dort z.T. markierter, leichter bis mittelschwerer Weg zu vier weiteren Seen inmitten herrlicher Berglandschaft. Die Seen tragen die einfallsreichen Namen Andrevatnet (2. See), Tredjevatnet (3. See), Fjerde- u. Femtevatnet (4. u. 5. See). Bergschuhe!

Fossestien: Toller Wanderweg auf holprigem Pfad (Wanderschuhe!) entlang des Wildwasserflusses Gaular. In noch recht rauer Landschaft gelegen ist der obere Einstiegspunkt Torsnesstølen. Danach folgt der Einstieg Langestølen. Ein dritter Startpunkt ist am Wasserfall Likeholfossen. Empfehlenswert ist die Wanderung von Langestølen zum Likeholfossen (ca. 1,5 Stunden pro Richtung). Man kommt an rauschenden Gewässern, bezaubernden Birkenwäldern und stillen Seen vorbei. Die Einstiege sind entlang der Rv 13 ausgeschildert.

Førde

↗X/B3

Wer nicht gerade einkaufen muss, braucht dem etwas eintönigen, in einheitlich-quadratischem Baustil errichteten Førde keinen Besuch abzustatten. Der Ort zählt **10.000 Einwohner** und ist das **wirtschaftliche Zentrum der Region.** Das eigentliche Zentrum des Tals lag in **Skei** am Jølster-See. Hier gab es schon im 16. Jahrhundert eine Gerichtsstätte und ein Gasthaus. Zudem wurden hier Waren umgeschlagen und der Krämer des Ortes hatte einen königlichen Handelsbrief. Später wuchs auch ein Strandsittermilieu heran. Der **harte Winter 1780** brachte jedoch die Wende. Der Jølster-See war dick zugefroren und ein Sturm presste das Eis den Fluss hinab in Richtung Førde. An vielen Stellen suchte sich das Wasser einen neuen Weg und überflutete Weiden und Höfe. Da das Tal nun schwerer zu passieren war, geriet Skei ins Hintertreffen und Førde konnte sich als neuer zentraler Ort der Region entwickeln.

Sehenswertes gibt es in **Moskog,** 10 km östlich, an der Kreuzung Rv 13/ Rv 5. Hier liegt der 90 m hohe **Huldrefossen,** der zweifellos zu den schönsten Wasserfällen des Landes gehört. Unweit entfernt das hübsche **Sunnfjord-Freilichtmuseum** mit 30 alten, grasbewachsenen Gebäuden (1.6.–31.8. Mo.–Fr. 10–18 Uhr, Sa./So. 12–17 Uhr, sonst Mo.–Fr. 10–15 Uhr, 50 NOK).

Touristeninformation

- **Im Ortszentrum:** Langebruvegen 20, P.O. Box 490, 6801 Førde, Tel. 57721951, Fax 57721955, www.sunnfjord.no. Im Sommer bis 20 Uhr geöffnet.

An- und Weiterreise

- **Fernbusse 170, 430, 431, 432.**

Unterkunft

- **Quality Hotel Førde,** Hafstadvn. 26, an der E 39, Tel. 57821411, Fax 57826070, (****). Quadratischer Betonturm in Zentrumsnähe. À la carte-Restaurant, Pub und Disco.
- **Sunnfjord Hotel,** direkt im Zentrum, Tel. 57824000, Fax 57826522, (*****). Zusammengestückelter Bau mit allerdings gutem Restaurant, gemütlichem Pub, Disco und Hallenbad.

Camping/Hütten

- **Førde Gjestehus & Camping**, am Ortsrand, Straße E 39/Rv 5 in Richtung Moskog, Tel. 57826500, Fax 57826555, ganzjährig geöffnet. Der Platz ist gut ausgestattet (Fahrradverleih) und bietet 10 gemütliche Hütten (***) und 16 Zimmer (*).

Essen und Trinken

- Außer den Restaurants in den Hotels gibt es noch die Pizzaketten **Dolly Dimple's** und **Peppes Pizza.**

Kunst und Kultur

- Im Førdehuset gibt es eine **Bibliothek, Café, Kino und Theater.** Unweit entfernt liegt die **Fylkesgalerie Sogn og Fjordane.**

Festival

- Jeweils Anfang Juli findet in Førde ein großes **Folklore- und Volksmusikfestival** statt, mit über 200 Teilnehmern aus verschiedenen Ländern. www.fordefestival.no.

Shopping

- Die Einkaufszentren **Førde Torg** und **Handelshus** bieten eine sehr gute Auswahl an Geschäften.

Auf der Straße 5, durch den Naustdaltunnel (Maut 40 NOK) und vorbei an beeindruckenden Bergmassiven, gelangt man zur Küstenstadt Florø.

Florø

↗X/A3

Überblick

Vor den Unbilden der wilden See durch zahlreiche Schären geschützt, liegt am Ende einer schmalen, 20 km langen Halbinsel Florø. Die **einladende, quirlige Stadt** ist die westlichste Norwegens und zudem die einzige im Fylke Sogn og Fjordane **(10.000 Einwohner).** Man lebt hier, wie könnte es anders sein, von den Früchten des Meeres. Die Fischgründe waren ausschlaggebend für die Gründung im Jahr 1860. Heute sichern Heringsfang und Verarbeitung sowie Bau von Schiffen und Ölplattformen die Existenz der Kleinstadt.

Sehenswertes

Bei Sonnenschein eignet sich Florø bestens zum Bummeln und Schauen. Allerdings ist das kleine Zentrum mit seinen Holzhäusern schnell erkundet. Daher lohnt es sich, den Spaziergang nach Süden auszudehnen. Über die Torggate erreicht man so, nach etwa 1 Kilometer, das **Kystmuseet i Sogn og Fjordane.** In dem schönen **Freilichtmuseum** wird die Küstenkultur anschaulich vermittelt. Neben einer Sammlung von Gebäuden und Gerätschaften gibt es eine Bootshalle zu besichtigen. Hier steht u.a. der 200 Jahre alte Holmedal-Küstensegler. Dokumentiert wird auch die moderne Küstenkultur: Bilder, Modelle und Videos zeichnen Leben und Arbeit auf der Snorre-Bohrinsel nach (Mo.–Fr. 11–18 Uhr, Sa./So. 12–16 Uhr, Nebensaison: Mo.–Fr. 11–15 Uhr, So. 12–15 Uhr, 40 NOK).

Für eine Stärkung nach der Rundwanderung lud bisher das traditionsreiche Café Kakebua ein. Leider ist dies geschlossen. Als Alternative bietet sich das **Restaurant Bryggekanten** im Quality Hotel Førde an. Von hier hat man einen schönen Blick über den Hafen mit seinen zahllosen Segel- und Fischerbooten. Sie laden förmlich ein zu einer Tour hinaus zu den wilden Eilanden an der Westkante Norwegens. Erster Anlaufpunkt ist die **Insel Kinn.** Rau und karg ist die Natur, schlicht und trutzig die kleine Kirche aus dem 12. Jahrhundert. Bemerkenswert ihre reich verzierte, gleichfalls aus dem 12. Jahrhundert stammende Empore. Wem nach einem Kontrastprogramm zumute ist, wechselt in Florø das Boot und setzt zur idyllischen **Insel Svanøy** über. Das alte Gut aus dem Jahr 1685 und die reichhaltige Vegetation lassen die sonst so raue Küstenlandschaft vergessen.

Ein anderer Ausflug führt zu den **Felszeichnungen in Austevika** (nur per Auto!). Man zweigt östlich von Florø, an der Rv 5 in Hovland nach Stavang ab. Nach 20 km erreicht man Austevik. Am ersten Gehöft rechts in einem Kiesweg einbiegen (Schild „Helleristningene" beachten). Das Felszeichnungsgebiet liegt zu Füßen des 765 m hohen Skåletind. Es gehört zu den größten in Norwegen (teils eingeschränkte Sicht durch Konservierungsarbeiten). Die Bilder sind mehr als 3000 Jahre alt und zeigen neben geometrischen Motiven auch Tier- und Menschenfiguren.

Touristeninformation

- **Vestkysten Reiseliv As,** Strandgata 30, 6900 Florø, Tel. 57747505, Fax 57747716, www.vestkysten.no. Geöffnet: 15.6.–15.8. Mo.–Fr. 8–18 Uhr, Sa. 10–16 Uhr, So. 12–16 Uhr, ansonsten: Mo.–Fr. 8–15.30 Uhr. Vermittlung von Unterkünften.

Orientierung

- Die Straße 5 endet direkt an zwei großen Parkplätzen am Rande des Zentrums (Gratis-Parkplatz am Rema 1000).

An- und Weiterreise

- **Busbahnhof:** Er liegt am westlichen Rand der Innenstadt.
- **Schnellboot:** Bergen – Florø – Måløy – Selje.
- **Lokalboote:** nach Kinn, Fanøy, Askrova, Svanøy, Smørhamn auf Bremanger (alle 1–3x täglich, zumeist zwischen 13 und 14 Uhr).

Unterkunft

- **Victoria Hotel,** Markegt. 43, Tel. 57741000, Fax 57741980, (*****). Zentrumshotel an der Hauptstraße. Nur durchschnittliche Zimmer zu überhöhten Preisen. Fischrestaurant, Pub und Disco.
- **Quality Hotel Florø,** im Zentrum am Wasser, Tel. 57757575, Fax 57757510. Modernes, gemütliches Haus mit Restaurant und Pub.
- **Florø Motell,** westlich des Zentrums, Tel. 57745100, Fax 57750190, (***). Kleine Pension mit 10 Zimmern in ruhiger Lage. Sauna, Fitness- und Massageraum.
- **Florø Rorbu,** 2 km östlich des Zentrums, südliche Parallelstraße zur Rv 5, Tel. 5774 8100, www.florbu.com, (**/***). Schönes, 1995 erbautes Holzgebäude mit 15 komfortablen Zimmern (á 4–7 Betten). Eine echte Alternative zum Zentrumshotel.
- **Batalden Havbu,** Insel Batalden vor Florø, Tel./Fax 57745422, (***). Vortrefflich restaurierte Seehäuser mit komfortabler Ausstattung und Galerie.
- **Kvanhovden Fund Stabbenyr,** Übernachtung in Leuchttürmen! Buchung und saisonale Preise über die Touristeninformation.

Camping/Hütten

- **Krokane Camping,** 1,5 km östlich des Zentrums, südliche Parallelstraße zur Rv 5, Tel. 57752250, Fax 57752260, ganzjährig. Kleiner Platz auf einem Hügel, mit wenig Stellplätzen. 11 schöne Hütten (**), Bootsverleih.

Essen und Trinken

- So ziemlich **alle Restaurants und Kneipen befinden sich in der Strandgate,** beispielsweise das **Bistro „To Kokker"** (Fr./Sa. bis 3 Uhr geöffnet) und eine preiswerte Pizzeria.

Aktivitäten

- **Tauchen:** Eine üppige Meeresflora und Unterwasserfauna laden zur Erkundung ein. Auch das Tauchen zu alten Wracks ist ein besonderes Erlebnis. Fahrten veranstalten die Touristeninformation und private Anbieter.
- **Baden:** Neues Erlebnisbad in Florø, www.havhesten.no.
- **Wandern:** Leichte Wanderung **zur Kinnaklova auf der Insel Kinn.** Der weithin sichtbare Felspalt diente und dient als ein markantes Seezeichen. Es geht immer in der Nähe des Ufers entlang, durch eine waldlose, karge Landschaft.

  40 km östlich der Stadt liegt zu Füßen des Gletschers Ålfotbreen das **Grøndalen.** Es lohnt sich, in diesem beschaulichen Tal umherzustromern. Allerdings zählt es zu den niederschlagsreichsten Gebieten Norwegens, was Ursache für die reichhaltige Vegetation und den Kangrø-Wasserfall ist.
- Für Individualisten gibt es viele ruhige und wilde **Kanureviere** im Schärengürtel um Florø.

Bibliothek/Kino/Internet

- Im Samfunnshuset gibt es eine Bibliothek und ein Kino. **Internetanschluss** im Touristkontor.

Veranstaltung

- Für Fischfans gibt es am dritten Wochenende **im Juni die längste Heringstafel der Welt.** An ihr kann man sich kostenlos satt essen. *Vel bekomme!*

Bootsrundfahrt

- **Leuchtturm-Safari, Angeltouren und Rundfahrten** mit Veteranenschiffen sind in der Touristeninformation zu buchen.

Shopping

- **Einkaufszentrum Snorre** mit dem preiswerten Supermarkt Rema 1000 (bis 20 Uhr geöffnet).
- **Haupteinkaufsstraßen** sind die Strandgate und die Markegate.

Umgebung

Bremanger

Nördlich von Florø bzw. dem Gemeindegebiet Flora liegt die Region Bremanger. Zu ihr gehört der fruchtbare Festlandsbereich zwischen dem Gletscher Ålfotbreen und dem Nordfjord sowie die kahle Inselgruppe Bremangerlandet. Zu den Attraktionen des Eilandes zählen das niedliche **Fischerdorf Kalvåg,** mit seinem Holzhausambiente, der 2 km lange Sandstrand Grotlesanden (westlich der Ortschaft Bremangerpollen) und der **Berg Hornelen.** Er ist mit 850 m die höchste Seeklippe Skandinaviens. Gegenüber des Cliffs liegt, inmitten unberührter Landschaft, das **Felszeichnungsfeld „Vingen".** Die Anlage zählt zu den interessantesten des Landes. Bis zu 6000 Jahre alt sind die über 1000 Figuren, Sonnenräder und mystischen Symbole. Zu erreichen war Vingen über einen beschwerlichen 6 km Wanderweg ab Svelgen. Da dieser gesperrt wurde, bleibt nur noch das Boot ab Florø (Mi., Sa. 300 NOK).

- **Touristeninformation: Im Svelgen Hotell** Bremanger VeKsT reiseliv, in Kalvåg, Tel. 57793750, www.visitbremanger.no.

- **Expressboot:** Bergen - Florø - Smørhamn (Bremangerlandet) - Måløy - Selje.
- **Tunnel:** Neue mautpflichtige Festlandsanbindung von Bremanger.
- **Lokalbus:** Florø - Svelgen, Bremanger - Smørhamn - Kalvåg (Mo.-Fr. 4x täglich).
- **Unterkunft:** Bremanger bietet viele gute Unterkünfte ab 600 NOK (Infos über die Touristeninformation): **Igland Hyttegrend** (schöne Hütten direkt am Wasser, Tel. 57791513), **Knutholmen** (Tel. 57796900, tolle Holzhausanlage am Meer, gutes Restaurant, Café, Boote); Hütten am Wasser: **Berle, Torvanger** und **Bremanger Kysthytter.**

Auf dem Festland (Rv 614): **Langsjø Hyttegrend,** Tel. 57795866, ansprechende Hütten am See, (***). **Svelgen Hotell** in Svelgen, Tel. 57793301, (****).

Nordfjord

↗X/A,B2

Gewiss ist er nicht so überwältigend wie der mächtige Sognefjord oder so filigran wie der Geirangerfjord, der Nordfjord gehört aber dennoch zu den schönsten Meeresarmen des Landes. Er beginnt südlich des **Stadhavet,** des rauesten Meeresabschnittes der südnorwegischen Küste. Die Natur versagt sich hier jeden Liebreiz. Selbst Wald wächst erst wieder, nachdem bis zu 1000 m hohe Berge den Stürmen einen Riegel vorschieben. Das Klima wird Richtung Osten aber rasch milder. Schon in Nordfjordeid kann wieder Landwirtschaft betrieben werden, und nach 110 km, am Ende des Fjordes (in Stryn), gedeihen sogar Obstbäume.

Die schönsten Landschaftsabschnitte der Nordfjord-Region liegen etwas abseits des Meeres. Zu ihnen zählen das Oldedal mit der bekannten Gletscherzunge Briksdalsbreen, der See Lovatnet (bei Loen) und der Hornindalsvatnet, der mit 514 m tiefste Binnensee Europas.

Panoramablicke über den Fjord: E 39, von Byrkjelo kommend und von der Rv 613 bei Stryn.

Måløy

↗X/A2

Über die 1200 m lange, „singende“ Brücke erreicht man Måløy **(3000 Einwohner).** Sturm ist hier fast an der Tagesordnung. Offenbar hat man ihn wohl beim Brückenbau unterschätzt,

342no Foto: ms

Der Kannestein bei Måløy

gibt sie doch jetzt bei entsprechender Windrichtung seltsame Töne von sich.

Nach der Einfahrt in den Ort wird man das Gewerbe vieler Einwohner, den Fischfang, recht bald geruchlich wahrnehmen. Zwischen 1910 und 1920 hat die Stadt durch den Fischfang die **„Goldenen Jahre“** erlebt. Die Einwohnerzahl stieg von 400 auf 1200 an und es wurde viel Geld verdient. In einem Regulierungsplan von 1920 wurde festgelegt, dass alle hangparallelen Straßen Nummern tragen sollten, was noch heute so ist. Die Stadt legte man für 10.000 Einwohner aus und es gab ein reichhaltiges Kulturleben mit einem Theater, Konzerten und einem privaten Kino. Nach einigen Krisenjahren gegen Ende der 1950er Jahre wird die Fischwirtschaft nun nicht mehr saisonal, sondern ganzjährig und nachhaltig betrieben. Leider hat sich das Ortsbild nicht so vorteilhaft entwickelt und Måløy lohnt somit heute kaum einen Zwischenstopp. Allein die Natur rechtfertigt einen Abstecher auf die **Insel Vågsøy.** Höhepunkte sind dabei der herrliche, 1,5 km lange Sandstrand Refviksanden (nördlich von Måløy), der alte Handelsplatz Vågsvåg mit Häusern aus dem 17. Jahrhundert und der weiter nördlich gelegene **Kannestein** (westlich von Måløy), der mit seiner schlanken Taille und dem dicken „Kopf“ einer spaßigen Laune der Natur entsprungen zu sein scheint.

Lohnend ist auch ein Ausflug zum **Leuchtturm Kråkenes fyr.** Das kleine Häuschen mit Übernachtungsmöglichkeit steht exponiert auf einer Felsnase und scheint den Naturgewalten in wilder Entschlossenheit zu trotzen. Bei schönem Wetter erblickt man im Norden die Halbinsel Stadlandet sowie das Vestkapp (siehe dort). Allerdings, so ansprechend die Landschaft auch sein mag, für gemütsschwere Urlauber hat die Region einen entscheidenden Nachteil, gibt es doch hier - statistisch gesehen - nur 14 Sonnentage, und das pro Jahr!

Touristeninformation

- **Turistkontor,** 6700 Måløy, im Zentrum von Måløy, Tel. 57845077, geöffnet 10–18 Uhr.

An- und Weiterreise

- **Fernbus 147**
- **Lokalbusse** nach Selje, Kråkenes und Refviksanden (Mo.–Fr. 1–2x pro Tag).
- **Schnellboot:** Bergen - Måløy - Selje.

Unterkunft

- **Norlandia Måløy Hotell,** Gate 1, Nr. 25, Tel. 57849400, Fax 57850589, (*****). Gehobenes Mittelklassehotel mit gutem Restaurant, Aquarium und Mineraliensammlung.
- **Ulvesund Fyr,** ab Deknepollen 10 km nach Norden. Leuchtturmhäuser in schöner Lage. Übernachtung auf Anfrage: Tel. 57851777, www.ulvesundfyr.no, ab 390 NOK/Pers., Spezialangebote für Künstler. Café (So. 13–18 Uhr), Ausstellungen.

Camping/Hütten

- **Almenning Camping,** Almenningen, Rv 15, 12 km vor Måløy, Tel. 57854850, Fax 57852581. Kleiner, netter Campingplatz mit recht einfachen Hütten (*).
- **Steinvik Camping,** Deknepollen, 5 km ab Måløy, Tel. 57851070. Anlage am Wasser, 6 Hütten, Bootsverleih, Angelplätze.

Aktivitäten

- Das Fremdenverkehrsamt verleiht **Boote und Fahrräder.** Auch werden **Tauchtouren** vermittelt.

Die Legende von der Heiligen Sunniva

Um das Jahr 936 lebte in Irland eine Prinzessin namens Sunniva, die das Reich ihres Vaters erbte und fortan mit Güte und Frömmigkeit regierte. Die Kunde von ihrer Umsichtigkeit drang bis nach Norwegen, wo ein Wikingerhäuptling sogleich beschloss, sie zu ehelichen. Um diesem heidnischen König nicht in die Hände zu fallen, blieb der Christin nur die Flucht. Sunniva und ein Teil ihres Gefolges bestiegen drei Schiffe und ließen sich in Gottvertrauen ohne Ruder auf das offene Meer hinaustreiben. Im Sturm wurden die Boote voneinander getrennt, eines strandete auf der Insel Kinn (siehe unter „Florø"), die beiden anderen auf der **Insel Selja.** Die Schiffbrüchigen lebten hier recht gut von den Früchten des Meeres, bis König Håkon die Nachricht zugetragen wurde, es hätte sich an der Küste ein sagenumwobenes Volk angesiedelt. Um der Sache auf den Grund zu gehen, machte er sich mit seinem Gefolge zur Insel auf. Als das Inselvolk Håkon an Land kommen sah, versteckten sie sich in einer Höhle, und Sunniva betete zu Gott, dass er sie vor den Heiden schützen möge und ihnen die ewige Ruhe schenke, indem er die Felswände zusammenstürzen lasse. Und siehe, es geschah, und König Håkon fand nichts als Gestein.

Etliche Jahre später jedoch beobachtete man immer wieder ein seltsames Licht über der Insel. Davon erfuhr der nun schon christliche König Olav Tryggvason, der 997 samt Gefolge zur Insel übersetzte. Hinter einer noch frischen Steinlawine fand man wohlriechende Gebeine und den fast unversehrten Körper Sunnivas. Sie wurde daraufhin heiliggesprochen. Man baute eine kleine Holzkirche, der im 12. Jahrhundert ein von englischen Mönchen gegründetes Kloster folgte.

Selje/ Vestkapp ↗X/B1,2, A1,2

Den größten Teil der Gemeinde Selje nimmt die **Halbinsel Stadlandet** ein. Sie ist die markanteste **Wetterscheide** in Südnorwegen und fehlt bei keiner meteorologischen Vorhersage. Prognosen für die Küstenregion werden stets mit den erklärenden Zusätzen „sør for Stad" (südlich von Stad) und „nord for Stad" (nördlich von Stad) versehen. An den rauen, felsigen Ufern der Halbinsel beherrschen zumeist auch schwere Stürme und dichter Nebel das Wettergeschehen. Kein Wunder also, dass das angrenzende Stadhavet zu den gefährlichsten Meeresabschnitten Norwegens zählt und selbst für das Expressboot aus Bergen eine scheinbar unüberwindliche Hürde darstellt. Damit das Schiff jedoch in Zukunft bis Ålesund ohne Probleme durchfahren kann, plant man bei Selje den **Bau eines Schiffstunnels.** Er wird nahe der Stelle liegen, an dem es schon die Wikinger vorzogen, kleinere Boote über Land zu ziehen, anstatt sich den stets unberechenbaren Gefahren des Meeres auszusetzen. Nicht transportable Schiffe mussten jedoch auch damals teilweise wochenlang auf ein Nachlassen des Windes warten. Wahrscheinlich leitet sich von dieser erzwungenen Pause auch der Regionalname *Stad* ab, der vermutlich dem altnorwegischen Wort „stadr" (stoppen) gleichzusetzen ist.

Den wohl besten Eindruck vom wüsten und launischen Wetter der Region hat man bei einer Fahrt zum **Felsen**

345no Foto: ms

Der Westen

Kjerringa, dem 497 m hohen, westlichsten Festlandspunkt Norwegens **(Vestkapp).** Peitschender Regen, orkanartige Böen, Sonnenstrahlen und dichter Nebel können sich in Minutenschnelle abwechseln und so dramatisch-schöne Lichtspiele hervorzaubern. Beiwohnen kann man dem Naturschauspiel in aller Ruhe, bei einer Tasse Kaffee, im architektonisch gelungenen Gebäude des Vestkapp-Huset.

Größter und günstigster Platz zum Übernachten in der Region ist das an einem weißen Sandstrand gelegene **Selje.** Hier besteht die Möglichkeit, um 13 Uhr mit dem Boot (150 NOK, Tickets im Turistkontor) zu den Überresten des Benediktinerklosters auf der Insel Selja überzusetzen.

Strand in Selje mit Blick auf das Vestkapp

Touristeninformation

- Das **Turistkontor** (Tel. 57856606) liegt unweit des „Zentrums" am Sandstrand. Es ist im Sommer von 10–18 Uhr geöffnet. Vermittlung von Ausflügen.

An- und Weiterreise

- Tägliches **Schnellboot** nach Måløy, Florø und Bergen.
- **Keine Busverbindung zum Vestkapp** (2stündige Taxirundfahrt 450 NOK).
- Wochentags **Lokalbusverbindungen** nach Måløy und in Richtung Ålesund/Runde.

Unterkunft

- **Selje Hotel,** Tel. 57858880, Fax 57858881, www.seljehotel.no, (*****). Ansprechendes und gutes Hotel direkt am Sandstrand. Restaurant, Disco, Hallenbad, Sauna und Fahrradverleih. Spa Thalasso.

Camping/Hütten

- **Selje Camp og Hyttesenter,** 500 m südlich des Zentrums an der Rv 518, Tel. 57856243, ganzjährig geöffnet. Hübscher Platz (bei starkem Regen etwas sumpfig) mit Rundblick und 8 guten Hütten (**).
- **Rundereim Hytter,** Tel. 57858212, www.rundereimhytter.com, 15 km südl. von Selje (Rv 618), Hütten am Wasser (**/***).
- Auf Stadlandet gibt es **Campingplätze in Leikanger: Vestkapp CA,** Tel. 57859950, Hütten (**); und, völlig abgelegen (nördlich von Leikanger), am Ende der Nebenstraße in **Eltvika,** Tel. 57859889.
- **Galerie:** Atelier Amdam, Galleriet mot storhavet, Selje, www.amdam-art.no. Interessante Galerie in Grasdachhäusern am Nordmeer (12–16 Uhr).

Nordfjordeid

↗X/B2

Die Ebene um den **2500-Einwohner-Ort** war schon zu Wikingerzeiten besiedelt. Ab dem 18. Jahrhundert entwickelte sich unweit des alten Großmannshofes Gjerde ein **Handwerkermilieu.** Es siedelten hier u.a. die Strandsitter, also Handwerker, die den Höfen der Umgebung ihre Arbeitskraft anboten. Zudem gab es hier auf 100 x 100 m Apotheker, Schuhmacher, Landhandlungen etc. Berühmt wurde Nordfjordeid durch seine Kirchenbaumeister, die Gotteshäuser in ganz Sogn og Fjordane errichteten, und durch seine Pferdezucht. 1886 fand die erste Fjordpferdeausstellung im Ort statt.

Die stämmigen **Fjordinger** mit ihrem ockerfarbenen Fell und der putzigen hell-dunklen Mähne sind noch heute das Wahrzeichen der Region. Die genügsamen Tiere wurden hauptsächlich zur Arbeit im Wald und auf dem Feld eingesetzt. Heute stehen sie auch Touristen zur Verfügung, und wer gerne einmal einen Ausflug mit den braven Fjordingern unternehmen möchte, kann sich u.a. an das 1989 gegründete Norsk Fjordhestsenter wenden.

Für alle, die nicht dem Ruf der Pferde folgen wollen, gibt es, zum **Schlendern und Flanieren,** das **Zentrum** Nordfjordeids mit einigen niedlichen Holzhäusern aus dem 19. Jahrhundert. Auch eine hübsche, mit Rosenmalereien dekorierte **Kirche** (1849) befindet sich im Ort am Ende der Fußgängerzone (geöffnet nur im Sommer von 10–20 Uhr) sowie der älteste **Exerzierplatz** des Landes aus dem 17. Jahrhundert (neben dem Telenor-Gebäude, an der Brücke über dem Fluss).

Touristeninformation

- In der Sjøgata **im Zentrum** des Ortes. Im Sommer Mo.–Fr. 10–18 Uhr, Sa. bis 16 Uhr geöffnet, Tel. 57864600, www.nordfjord.no.

An- und Weiterreise

- **Fernbusse 145, 147, 430, 432.**

Unterkunft

- **Nordfjord Hotell,** Tel. 57860433, Fax 57860680, (*****), Sommer (****). Feines Hotel im Zentrum von Nordfjordeid. Gutes und gemütliches Pizza-Restaurant, Tennisplatz, Sauna, Fahrradverleih, Fitnesscenter.
- **Skipenes Gard,** 800 m vom Zentrum entfernt, Tel./Fax 57860824, (**). Hübscher Bauernhof in reizvoller Umgebung. Vermietet

werden 2 Wohnungen, einige Zimmer (650 NOK), Fahrräder und Boote.

Camping/Hütten

- **Eidatunet A/S,** Nordfjordeid, Tel. 5786 0145, Hütten/Zimmer (ab 500 NOK) im Winter auf Vorbestellung geöffnet. Komfortabler Platz inmitten eines Gehöftes mit alten Blockhäusern. Schwimmbad, Fahrrad- und Bootsverleih, Angeln, Caféteria.
- **Nesjartun Camping,** am Hornindalsvatnet, 8 km östlich des Zentrums, Rv 15, Tel. 5786 2732, geöffnet: 1.5.-1.10. Idyllischer Platz am See mit 11 Hütten (**/***) und Badeplatz.
- **Hüttenvermietung:** Alsaker (6 große Hütten in Zentrumsnähe, Tel./Fax 57860209); Årskogvika Camping, große, moderne Hütten (**) am Nordfjord (8 km südöstl., an der E 39), Tel. 57864422, www.arskog.no.

Essen und Trinken

- Unbedingt einen Besuch wert ist das Café **Didrik's** in der Fußgängerzone. Viel familiäre Atmosphäre. Leckere Getränke, preiswertes Essen und Handwerksladen (Mo.-Fr. 10-16 Uhr, Sa. 10-15 Uhr).

Aktivitäten

- **Angeln: Lachs und Meeresforellen** (Eidselva; günstige Angelscheine:Turistkontor).
- **Reiten:** Norsk Fjordhestsenter (Reittouren, Kurse, Hüttenvermietung) - Tel. 57864800, www.norsk-fjordhestsenter.no; Evas Ridesenter (Islandpferde) - Tel. 57862263.
- Gut sortiertes **Einkaufszentrum** am Wasser. In der **Fußgängerzone:** Goldschmiedewerkstatt BergArt; Sommershopping jeden Samstag; am Platz am Ende der Fußgängerzone: Laden mit reduzierten Kleidungsstücken norwegischer Hersteller (Wolle, Kindersachen, Outdoor).

Umgebung

Ørsta/Volda ↗X/B2

Die überwältigende Landschaft der alpinen **Bergregion Sunnmøre** wartet mit für Norwegen ungewöhnlich scharfkantigen Felsmassiven und milden Tälern auf. Besonders empfehlenswert sind Ausflüge zum Austefjord, in das Norangsdal (Rv 655) und nach Standalseid, östlich von Ørsta. Wanderer und Kletterer werden in dieser unberührten Natur auf ihre Kosten kommen.

Das wirtschaftliche Herz der Gegend bilden die Schul- und Industrieorte **Ørsta und Volda** mit jeweils 5000 Einwohnern. Zwischen beiden Städten, von denen Volda mit der eigenwilligen Kirche aus dem Jahr 1932 sicher die ansehnlichere ist, liegt das **Ivar Aasen Museet.** Zu sehen sind eine wertvolle Büchersammlung und das **Geburtshaus des Sprachforschers Ivar Aasen** (1813-1896), der Ende des 19. Jahrhunderts aus lokalen Dialekten die Sprachvariante Nynorsk entwarf. Diese schriftliche Form des Norwegischen (vgl. Exkurs „Der Streit um das richtige Norwegisch") findet in Sunnmøre ihre treuesten Anhänger. Und so wurde unlängst das nationale **Kulturzentrum Ivar Aasen Tunet** gegründet, mit Ausstellungen zur Entwicklung des Nynorsk (Mo.-Fr. 10-16 Uhr, Sa./So. 12-17 Uhr, 70 NOK, www.aasentunet.no).

- **Touristeninformation: Ørsta Reiselivslag,** Holmegt 4, P.O. Box 324, Parkveien 7, 6151 Ørsta, Tel. 70068518, www.orstainfo.no. **Volda Turistinformasjon,** Tel. 70078802.
- **Fernbusse 145, 430, 432.**
- **Unterkunft**

Volda Turisthotell, Tel. 70077050, Fax 70078995, (****) (im Sommer 2). Kleiner 48-Betten-Kasten, Restaurant, Sauna, Disco.

Hotel Union+, Øye, Tel. 70062100, Fax 70062116, www.unionoye.no, (*****), geschlossen im Winter. Herrliches Holzhaus von 1891, im Schweizer Stil erbaut, in Øye am Norangsfjord zwischen Ørsta und Gei-

rangerfjord gelegen. Romantische, antike Zimmer und Aufenthaltsräume. Das schöne Haus liegt inmitten mächtiger Gebirgs- und Fjordlandschaft.
Sagafjord Hotell, Sæbø, Tel. 70040260, Fax 70040350, (*****). Moderne und doch gemütliche Gebäude mit Grasdächern, auf denen Ziegen weiden. Am Hjørundfjord gelegen (östlich von Ørsta).

● **Camping/Hütten**

Hjørundfjord Camping, Sæbø, Tel. 7004 0016, Fax 70040016. Idyllisch gelegener, einfacher Platz, 26 km östlich von Ørsta. Vermietung von 11 Hütten (*/**), ab 250 NOK).
Aurstad Camping, Tel./Fax 70050053. Große Wiese in wirklich schöner Lage am Austefjord, 16 km, Rv 651, südöstlich von Volda. 4 Hütten.
Brudevoll Gard, Ørsta (Rv 655), Tel. 70067105, Fax 70067318, www.brudevollgard.no. Wunderbare Hütten (*/**) mit sehr guter Ausstattung. Kostenlose Benutzung von Pferd und Motorboot!
Ørsta Ferie og Frititsgård, Tel. 70067761, www.naturferie.no, 500 m südl. des Zentrums, über den Melsvegen erreichbar. 3 tolle Hütten auf dem Hof (**/****). Badezuber, TV, Internet, Kanu, Reiten.

● **Angeln: Lachs und Forelle** gibt es u.a. im Fluss Ørsta und im Kilselva.

● **Bergwandern:** Die **Sunnmørsalpane** mit ihren über 1500 m aufragenden Bergmassiven, unberührter Natur und schroffen Felsen sind ein ideales Wandergebiet. Die vielen Wege sind jedoch nicht oder nur kaum markiert. Karte und Kompass sind also vonnöten. Lohnend z.B. eine Tour auf den 1300 m hohen Saudehornet bei Ørsta.

Eine **Familientour** (5–6 Std.) führt **durch das schöne Skorgedalen,** gleichfalls bei Ørsta.

● **Klettern:** Auch Bergsteiger kommen in dieser Region auf ihre Kosten. Kletterfelsen liegen u.a. **am Saudehornet bei Ørsta und im Molladalen** (Schwierigkeitsgrade 3–8). Als der schönste Gipfel Norwegens wird oft der 1559 m hohe **Slogjen** bei Øye am Norangsfjord (30 km westlich, Rv 655, zwischen Ørsta und Geirangerfjord) gerühmt. Als „Herrscher von Sunnmøre" bezeichnet man den 1463 m hoch aufragenden **Kolåstind** am Hjørundfjord (nordöstlich von Ørsta) – Infos/Touren: Sun-Alp, Tel. 70077483, Sunnmøre Klatreklubb: Tel. 70120356.

Für die Fahrt nach Stryn und zu den Gletscherzungen bei Olden und Loen bietet sich die Strecke vorbei am idyllischen **Hornindalsvatnet** an (Rv 15). Er ist mit 514 m der **tiefste Binnensee Europas!** Alternativ kann der gleichfalls lohnende, aber längere Weg über Sandane und Byrkjelo eingeschlagen werden (siehe unten).

Sandane

↗X/B2

Sandane ist das nicht sonderlich attraktive **Zentrum der 6000-Einwohner-Gemeinde Gloppen.** Sehenswert ist im Ort selbst nur das **Nordfjord Folke-Museum** mit 42 sehr schönen Bauernhäusern aus dem 18. und 19. Jahrhundert sowie einigen alten Segelschiffen (im Sommer 9–16 Uhr, Sa./So. ab 13 Uhr, 50 NOK). Einige Kilometer außerhalb der Innenstadt befindet sich die hübsche, rote **Gimmestad-Kirche** aus dem Jahr 1692 mit dem großen Karnilshaugen-Grabhügel in der Nähe.

Zwischen Sandane und dem zwischen hohen Bergmassiven liegenden Byrkjelo schäumt der fischreiche **Gloppenelva.** Unterbrochen wird der stete Lauf des Wassers vom wild rauschenden **Eidfoss.** Den Wasserfall überwindet eine der längsten Lachstreppen der Welt (Angelscheine im Gloppen Hotel).

Touristeninformation

● **Im Zentrum von Byrkjelo,** Tel. 57867301.

An- und Weiterreise

- **Fernbusse 430, 431, 432, 440.**

Unterkunft

- **Gloppen Hotell+,** Sandane, Tel. 57865333, Fax 57866002, (****). Wunderschönes Biedermeier-Hotel aus dem Jahr 1866. 50 Betten, gutes Preis-Leistungs-Verhältnis. Pizzarestaurant.

Camping/Hütten

- **Gloppen Camping og Fitidssenter,** Sandane, Tel./Fax 57866214, geöffnet: 1.6.–1.9. Schöner Platz am kinderfreundlichen Sandstrand des Gloppenfjord 2,5 km westlich des Zentrums. 20 einfache und Komfort-Hütten (*/**/***), Tennisplatz, Bootsverleih, Minigolf und neues Schwimmbad.
- **Byrkjelo Camping,** in Byrkjelo, Tel. 9173 6597, www.byrkjelo-camping.no. Recht moderner Platz an der E 39, südl. von Byrkjelo. Hütten (*/***), beheiztes Freibad.

348no Foto: ms

Gletscher Briksdalsbreen

Olden

↗XI/C2

Am Ende des Nordfjord, zwischen Stryn im Norden und den beiden recht hübschen Landgemeinden Innvik und Utvik im Westen, liegt Olden. Der Ort selbst ist nicht weiter spannend. Einen Zwischenstopp lohnen allenfalls die Galerie Cylindra des berühmten Möbeldesigners *Peter Opsvik* (Mai–Aug. Mo.–Fr. 9–18 Uhr und 20–22 Uhr, So. ab 12 Uhr, www.cylindra.net) und der Werksverkauf der Outdoor-Marke Skogstad.

Sehr lohnend ist ab Olden ein **Abstecher** in das **wilde, urtümliche Oldendal.** Vorbei am idyllischen See Oldenvatn erreicht man nach 23 km den Parkplatz (50 NOK) nahe der weltberühmten **Gletscherzunge des Briksdalsbreen.** Von hier aus hat man einen fantastischen Panoramablick auf mächtige Bergkolosse, Sturzbäche und kleinere Schneefelder, z.B. des Melkevoll-Gletschers. Bis zum ewigen Eis des Briksdalsbreen ist es nur eine Stunde Fußmarsch auf einem Fahrweg, durch ein idyllisches Tal, vorbei an einem tosenden Wasserfall. Wer nicht so gut zu Fuß ist, kann sich fahren lassen. Allerdings verpesten die kleinen Dieselautos kräftig die Luft. Zudem gibt es wohl auch wesentlich weniger überlaufene Ecken des Landes.

Der **Briksdalsbreen** selbst schmolz in den letzten Jahren kräftig ab. Deutlich sieht man das helle, vom Eis erst kürzlich freigegebene Gestein. Bis an das Eis selbst kommt man vorerst nicht mehr. Zum Glück soll der Gletscher nach einigen schneereichen Jahren nun wieder auf dem Vormarsch sein.

Touristeninformation

- **Im Einkaufszentrum Olden,** Tel. 57873126. Fahrradverleih und Internet.

An- und Weiterreise

- **Fernbusse** nach Olden: **431, 432, 440.**
- **Lokalbusse:** siehe unter „Stryn".

Unterkunft

- **Olden Fjordhotel,** an der Straße nach Loen, Tel. 57870400, Fax 57870401, geöffnet: 1.5.–30.9. (*****/****). In Terrassen angelegtes First-Class-Hotel mit gutem Service und schönen Zimmern.
- **Briksdalsbre Fjellstove,** Tel. 57876800, Fax 57876801, geöffnet: 20.4.–30.9., (****). Gemütliche Gebirgsbaute mit 1 Hütte und 3 Zimmern. Direkt am Gletscher!

Camping/Hütten

Plätze in Oldedal:

- **Løken Camping,** 2,5 km südlich von Olden, Tel. 57873268. Ruhiger Platz auf schrägem Wiesengelände mit 13 guten Hütten (**). Boots- und Fahrradverleih.
- **Olden Camping Gytri,** 9 km ab Olden, Tel. 57875934, www.oldencamping.com. Schöner Platz am See. Neue Sanitäranlage, kostenloser Bootsverleih. 3 Hütten (*/**).
- **Oldevatn Camping,** Tel. 57875915, www.oldevatn.no, an der Brücke über den Oldevatn gelegen. Zeltplätze direkt am See. Sehr gute Sanitäranlagen. Einfache, aber ansprechende Hütten (ab 400 NOK). Spielplatz. Boots- und Kanuverleih.
- **Gryta,** Tel. 57875950, www.gryta.no. Der Platz mit der wahrscheinlich besten Lage, direkt am See und mit Blick auf einen Gletscher gelegen. Saubere Sanitäranlagen. Spielplatz. 13 km von Olden im Oldedal gelegen. 5 gut ausgestattete Hütten (**).
- **Trollbu,** 3 km vor dem Gletscher, Tel. 57873838. 2 große alte „Trollhütten" mit allem Komfort, wie z.B. Kamin (**/***). 2 Doppelzimmer (600 NOK). Traditionshof.

350no Foto: ms

●**Melkevoll Bretun,** Tel. 57873864, Fax 57873890, ganzjährig geöffnet. Hervorragend ausgestatteter Platz unterhalb des Melkevoll-Gletschers am Ende des Tales (1x täglich Bus nach Olden/Stryn). Idealer Ausgangspunkt für Wanderungen zum Briksdalsbreen. 7 Hütten (**/****) und Gratis-Sauna. Einzige „Lärm"quellen: Wildbäche und Wasserfälle. Links sind die sonnigsten Stellplätze.

Gletscherwanderungen

●Geführte Wanderungen **auf dem Briksdalsbreen** (www.briksdalsbre.no, Infos und Treffpunkt am Melkevoll-Campingplatz). Preise, je nach Schwierigkeitsgrad und Dauer: 350–450 NOK (inkl. Ausrüstung). Auch Kurse im Berg- und Eisklettern im Angebot.
●Weniger bekannt ist die Gletscherzunge **Brenndalsbreen.** Wanderweg ab Åberg, am Ende des Sees Oldevatn. 1 Std. pro Richtung.

Loen

↗XI/C2

Der kleine Ort ist herrlich **am Fjord gelegen** und besitzt eine schöne Uferpromenade. Auffällig sind das große, noble Hotel Alexandra, der Campingplatz mit seinen vielen Wohnwagen, aber auch die hübsche Holzkirche und die weißen Bauernhäuser. Auf alle Fälle lohnend ist ein Abstecher in das südöstlich des Ortes gelegene wildromantische **Loendal.** Zunächst erreicht man auf einer zerbrechlich wirkenden und einschüchternd engen Straße den **Loenvatn.** Gleißende Gletscher, rote Vogelbeersträucher und mächtige, düstere Berghänge spiegeln sich im blaugrünen Wasser des Sees. Doch die Natur ist alles andere als friedlich: Dreimal, zuletzt 1950, forderten gewaltige Bergstürze etliche Menschenleben, zerstörten durch eine 74 m hohe Flutwelle (1936) einige Bauernhöfe und schleuderten im Jahr 1905 das Dampfschiff Lodalen 350 m weit über den See.

Das wildromantische Loendal

Am Talende können zwei fantastische, nur wenig besuchte **Gletscherzungen** erlebt werden. **Bødalsbreen:** Man folgt einer kleinen, aber guten Mautstraße 5 km steil bergauf. Ab dem Parkplatz gelangt man in rund 1 Std., vorbei an der alten, auf 600 m Höhe gelegenen Alm Bødalseter, zu der einen flachen Hang hinab kriechenden Gletscherzunge (leichter, aber glitschiger Wanderweg durch einen Birkenwald). **Kjendalsbreen:** Man fährt bis zum Ende der Hauptstraße, die letzten Kilometer sind gebührenpflichtig (30 NOK). Zunächst passiert man die Bergbaude Kjenndalstova (Boots- und Fahrradverleih, preiswertes Essen). Blickt man von hier zurück über den See, so erkennt man deutlich am gegenüberliegenden Berg die große Abbruchkante, wo sich jene Felsmassen lösten, die seinerzeit zu den Überschwemmungen im Tal führten. Der Weg führt nun ohne große Steigungen vorbei an monumentalen Bergriesen zu einem Parkplatz. Ab hier ist es nicht mehr weit zu Fuß bis zur in urtümlicher Felslandschaft liegenden Gletscherzunge.

An- und Weiterreise

●**Fernbusse** nach Loen: **431, 432, 440.**
●Keine Busverbindung in das Loendalen.
●www.ruteinfo.no.

Unterkunft

●**Hotel Alexandra,** Loen, Tel. 57875050, Fax 57875051, (*****). Teures Hotel mit hervorragendem Sevice und 359 schönen, teils edlen Zimmern. Gutes Restaurant, Tanzbar, Schwimmhalle, Freibad und Sauna.

- **Hotel Loenfjord,** Loen, Tel. 57875700, Fax 57585751, (****). Neues, nicht ganz so mondänes, ansprechendes Hotel am Fjord. Preiswerte Alternative zum Alexandra.

Camping/Hütten

- **Lo-Vik Camping,** Loen, Tel. 57877619. Recht guter, zwischen Straße und Fjord gelegener Platz. 22 Hütten (*/***), auch im Winter geöffnet. Billiger und noch schöner gelegen sind die Zeltplätze im Loendal.
- **Tjugen Camping,** Tel. 57877617, www.tjugen.no. Schöner sauberer und ruhiger, in Terrassen angelegter Platz, 2 km vom Zentrum in Richtung Loendal gelegen. 6 sehr gute Hütten (*/**).
- **Loenvatn Feriesenter,** Tel. 57877655, Fax 57877710, www.loenvatn.com, ganzjährig geöffnet. Schön am See gelegene Feriensiedlung mit 28 z.T. sehr preiswerten Hütten (**), einer Caféteria und einer Sauna.
- **Sande Camping,** Tel. 57874590, Fax 57874591, www.sande-camping.no. Ganzjährig geöffnet. Herrliche Aussicht über den See. Modernes Sanitärhaus, Sauna, Fahrrad- und Bootsverleih. Dazu 16 hübsche Hütten (*/**), ab 300 NOK). Schöne Ferienhütten am Talende.

Aktivitäten

- **Fahrrad fahren:** Das Tal eignet sich hervorragend für Fahrradtouren. Wenngleich die Straße schmal ist, so sind nur geringe Höhenunterschiede zu überwinden, und man kann die Ruhe in dieser Landschaft genießen (Verleih am Sande-Campingplatz).
- **Bergwanderung:** Eine der klassischen Wanderungen in Norwegen führt **zum** 1843 m hoch gelegenen **Steintürmchen Skålatårnet.** Die Wanderung beginnt an einem Parkplatz an der Straße ins Loendal etwa 2 km hinter Loen. Ausdauer ist die Grundvoraussetzung für die 14 km lange Strecke mit 1800 m Höhenunterschied (8½ Std., hin und zurück). Block- und Schneefelder müssen überquert werden. Der Weg ist gut markiert. Oben hat man eine überwältigende Aussicht über die weite Gletscherlandschaft. Der Bau des Turms wurde 1891 von einem Arzt in Auftrag gegeben, der hier oben lungenkranke Patienten heilen wollte. Fragt sich nur, wie diese es bis hierher schaffen sollten ...

Bootsrundfahrt

- Ab Sande (10.30 Uhr) am **Loenvatn:** Rundfahrt mit der M/B Kjendal auf diesem herrlichen See. Kosten: 150 NOK pro Person.

Stryn

↗XI/C2

Die **3000 Einwohner** des Verwaltungszentrums leben hauptsächlich von Landwirtschaft mit Obstanbau, vom Fremdenverkehr und ein wenig Kleinindustrie. Der Ort selbst wurde in den letzten Jahren recht attraktiv umgestaltet und ist für Touristen als Einkaufszentrum mit vielen Andenkenläden interessant. Dass Stryn recht bekannt, ja sogar berühmt wurde, verdankt es dem **Lachsreichtum im Strynselv.** Leider sind weite Teile des 12 Kilometer langen Flusses an Amerikaner vermietet. Doch selbst auf den zwei noch zur Verfügung stehenden Kilometern sind Fänge von bis zu 30 kg schweren Lachsen möglich (Angelkarten im G-Sport-Laden).

Östlich des Ortes liegt, umrahmt von einer beeindruckenden Bergkulisse, der See Strynevatn. An seinen Ufern, im Örtchen Oppstryn, 20 km von Stryn entfernt, befindet sich das **Jostedalsbreen Nationalparkcenter.** Zwar ist das Gebäude architektonisch sehr gelungen, jedoch kann die Ausstellung kaum das bieten, was der hochtrabende Name verspricht. Es gibt lediglich einige Informationen zum Bergsturz im Loental und dessen Folgen sowie ein paar ausgestopfte Tiere. Sehenswert sind allein der Panoramafilm, der lehrreiche Botanische Garten und der Geologiepark mit Gesteinen aus ganz Norwegen. (Geöffnet Juli 10–18 Uhr, Mitte Mai–Juni und Aug.–Mitte Sept. 10–16 Uhr, 80 NOK, Cafeteria.)

Touristeninformation

- **Stryn Turistkontor,** im Zentrum von Stryn, Tel. 57874040, Fax 57874041, www.nordfjord.no. Geöffnet: im Juli 8.30–20 Uhr, Sa./So. 9.30–19 Uhr, Juni/Aug. bis 18 Uhr, Sa./So. bis 17 Uhr; ansonsten: Mo.–Fr. 8.30–15.30 Uhr. Infos zu Unterkünften, Wanderungen, Gletschertouren; Internet.

An- und Weiterreise

- **Fernbusse 145, 147, 431, 432, 440.**
- **Lokalbusse:** Stryn – Loen – Olden – Innvik – Utvik – Byrkjelo, Stryn – Loen – Olden – Briksdal (10 Uhr ab Stryn, Olden 10.15 Uhr, Rückfahrt 14 Uhr), Stryn – Hornindal – Hellesylt (Fähre nach Geiranger), Stryn – Oppstryn – Tystigen (Sommerski), www.fjord1.no.

Unterkunft

- **Stryn Hotel,** Visnesveg 1, Tel. 57870700, Fax 57870701, (*****/****). Ansprechendes 147-Betten-Hotel an der Flussmündung.
- **Visnes Hotel+,** Stryn, Tel. 57871087, www.visnes.no. Geöffnet: 1.5.–15.10., (*****). Sehr kleines gemütliches, aber teures Hotel in einer 1850 im Schweizer Stil erbauten Villa. An der Straße nach Loen.
- **Hjelle Hotel+,** Hjelledalen, Tel./Fax 57875250, geöffnet: 1.5.–30.9., (****). Hübsches 60-Betten-Hotel mit Betonanbau am Ende des Strynvatn mit Blick über denselben. Das altertümliche Haus stammt aus dem Jahr 1896.
- **Grotli Høyfjellshotell,** Tel. 61217474, Fax 61217475, geöffnet: 10.4.–1.10., (****). Gemütliches Gebirgshotel in altem Ambiente. Das Haus liegt in Grotli am Ende des Gamle Strynfjellveg (Rv 258) in 900 m Höhe.

Jugendherberge

- **Stryn Vandrerhjem,** ein Kilometer oberhalb von Stryn, Tel./Fax 57871106, stryn.hostel@vandrerhjem.no. Geöffnet 1.6.–31.8, im Winter nach Vorbestellung. Von außen nicht sehr schöne Jugendherberge mit Betten für 245 NOK und DZ für 590–690 NOK.

Camping/Hütten

- **Stryn Camping,** Tel. 57871136, Fax 57872025, ganzjährig geöffnet. Am östlichen Rand von Stryn. Mit Pub, Schwimmbad, Minigolf und 24 Hütten (*/**).
- **Robjørgane Gardshus,** Rv 613, 10 km westlich von Stryn, Tel. 57876414, idholen@frisurf.no, 3 schöne Hütten (**) mit Panoramablick über den Fjord.
- **Nedrebergtunet,** 3 km westl. Stryn, Rv 15, Tel. 57871461, www.nedreberg.no. Uralter, romantischer Hof, viele Kurse und Aktivitäten. 2 Hütten und Almhütte, (***/****).

Die folgenden Plätze liegen alle östlich von Stryn an der Rv 15 am See Strynsvatn:

- **Kleivenes Camping,** 6,5 km, Tel. 5787 7513, Fax 57874698, ganzjährig geöffnet. Kleiner Platz am Fluss. Bootsverleih und Spielplatz. 10 einfache Hütten (*/**), Boots- und Fahrradverleih, Reitstall 2 km entfernt.
- **Mindresunde Camping,** 10 km, Tel./Fax 57877532, ganzjährig geöffnet. Teils sehr einfache, teils noble Hütten (*/***), am See. Bootsverleih und guter Service.
- **Strynsvatn Camping:** 12 km, Tel. 5787 7543, Fax 57877565, ganzjährig geöffnet. Komfortabler, sauberer Platz am See. Neue Sanitäranlagen. Neben 30 erstklassigen Hütten (**/***), gibt es Sauna, Solarium und Bootsverleih. Am Hang oberhalb der Straße gelegen. Blick auf Berge und den See.

Aktivitäten

- **Die Strynhalle** bietet u.a. die Möglichkeit zu folgenden Spielen: **Squash, Tennis, Tischtennis und Badminton.**

- **Sommerski:** Das **Stryn Sommerskisenter** ist vielleicht die beste Anlage dieser Art in Norwegen. Sessel-, Schlepplift und Loipen. Geöffnet von 9–16 Uhr. Infos und Vermittlung von Unterkünften: Tel. 57872333, www.strynfjellet.com. Die Lifte liegen östlich von Stryn zwischen Videseter und Grotli.
- **Wandern** östl. von Stryn (Rv 15): Fruchtbares Gletschertal Erdalen, am Grande Campingplatz in das Erdal abbiegen, ab dem Parkplatz geht es in 5–6 Stunden teils steil bergan zur Alm Vetledalsæter.
- **Panoramastraße/Wandern:** 6 km westlich von Stryn beginnt die **Rv 613,** eine eindrucksvolle Panoramastraße über dem Nordfjord. Unbedingt ansehen sollte man sich den Wasserfall Tvinnefoss. Er liegt 22 km hinter dem Abzweig in Randabygda (Parkplatz und Einstieg am Sportplatz). Man erreicht ihn auf einem sehr einfach zu gehenden Panoramaweg innerhalb von 30 Minuten. Nach Regen oder Schneeschmelze schießen hier unglaubliche Wassermassen zu Tal. Das Besondere: Man kann hinter der „Wand aus Wasser" entlang gehen.

Wer in Richtung des vielbesuchten Geirangerfjords weiterfahren möchte, hat 2 Optionen: Auf der Rv 60 zum Hornindalsvatnet, dem mit 514 m tiefsten Binnensee Europas. Hier zweigt man auf die Rv 60 ab. Diese führt durch die beschauliche Siedlung Hornindal und weiter durch ein herrliches Tal mit guten Wandermöglichkeiten. Zielpunkt ist **Hellesylt.** Der Ort liegt an einem tosenden Wasserfall und weist architektonische Gegensätze auf, die man zumindest interessant finden kann. Sollte man auf die Fähre (Mai–Sept., 255 NOK/ Auto, 125 NOK/Pers.) warten müssen, so lohnen ein Besuch der Peer Gynt Galleri, mit Holzschnitzarbeiten von Oddvin Parr zum Thema Peer Gynt, sowie der Werksverkauf der Outdoor- und Norwegerpullover-Marke Devold.

Die zweite Möglichkeit führt ab Stryn auf der Rv 15 über Serpentinen den Berg hinauf in das kahle, oft noch tief verschneite Hochgebirge. Dabei kann man in Videseter entweder auf der nun durch viele Tunnel führenden Rv 15 bleiben oder über den **Gamle Strynfjellsveg** vorbei am Sommerskizentrum nach Grotli fahren. Die von Mai bis September geöffnete Nebenstraße ist in 13 Jahren Arbeit aus den Felsen gehackt, gesprengt und gefräst worden. Selbst im Juni mussten sich die zumeist schwedischen Bauarbeiter noch durch meterhohe Schneewehen kämpfen. 1894 galt die Straße als ein technisches Meisterstück. Wer an ihrem Ende nach links abbiegt, sollte vor dem Gespensterwarnschild am Breidalsvatnet nicht allzusehr erschrecken: Der hier spukende Geist soll, so wird versichert, handzahm und völlig harmlos sein ...

Am Ende beider Wegstrecken geht es ostwärts weiter in das Örtchen Lom (Stabkirche!) und nach Westen zum Geirangerfjord. Bevor man über die Serpentinen hinab zum Meer fährt, sollte man noch einen Abstecher auf den 1476 m hohen **Aussichtsberg Dalsnibba** machen!

Unterkunft

- **Hellesylt Vandrerhjem,** Tel. 70265128, geöffnet 1.4.–20.12., JH mit Hütten, etwas oberhalb des Ortes. Bett 225 NOK, DZ 630 NOK.
- **Hellesylt Camping,** Tel. 70265188, Einfacher Platz am Fjord.

Aussicht von der Flydalsjuvet

Wege zwischen Geirangerfjord und Trondheim

Höhepunkte einer Fahrt durch diese Region sind zweifellos der viel fotografierte Geirangerfjord und die kühne Serpentinenstraße Trollstigen, die an der Rückseite der über 1000 m hohen Trollwand entlangführt. Die Berglandschaft mit ihren massiven Felsen ist faszinierend schön und steht im Kontrast zur relativ flachen, sturmumtosten Küste. Unbedingt empfehlenswert ist hier ein Ausflug zur Jugendstilstadt Ålesund, iund zur bekannten Vogelinsel Runde.

Geirangerfjord ↗VI/A3, XI/C2

Der wunderschöne Fjord, der seit 2005 auf der UNESCO-Weltnaturerbe-Liste steht, ist mit seinen vielen Wasserfällen und den fast senkrechten, über 1000 m hohen Bergen unbestritten **eine der größten Sehenswürdigkeiten Norwegens.** Da verwundert es auch nicht, dass der kleine **Ort Geiranger (Maråk)** einzig und allein dem Tourismus dient. Dieser hat seine Wurzeln in den Sechziger Jahren des 19. Jahrhunderts, als der erste Dampfer Kurs auf den haarnadeldünnen Meeresarm nahm. Seither legen hier jährlich an die 100 Kreuzfahrtschiffe an, und es scheinen immer mehr zu werden. Wissenswertes zum Tourismus und dem Leben am Fjord vermittelt seit 2002 das sehenswerte **Norsk Fjordsenter** (Juli 9–22 Uhr, Mai–Juni/Aug.–Sep. 9–16 Uhr, teils bis 18 Uhr, 85 NOK, Familie 170 NOK; Kunstcafé; www.fjordsenter.info). Das Museum liegt etwas oberhalb des Ortes. Auf dem Weg dahin passiert man eine hübsche, achteckige Holzkirche aus dem Jahre 1842.

Erleben lässt sich der Fjord preiswert bei einer **Fährfahrt von Hellesylt nach Geiranger** (255 NOK Auto inkl. Fahrer, 125 NOK/Person). Auf der 60-minütigen Tour passiert man viele mehrere hundert Meter über dem Fjord gelegene **verlassene Bauernhöfe.** Sie waren nur auf dem Seeweg und oftmals nur über Leitern erreichbar. Auch beeindrucken – vorausgesetzt, es lag genug Schnee – einige der schönsten **Wasser-**

355no Foto: ms

fälle Norwegens. Aus Richtung Hellesylt kommend sind dies zunächst „De Syv Søstre", „Die Sieben Schwestern". Von dunklen Höhen fällt das Wasser herab und zerstiebt zu einem silbrigen Nebel, ähnlich einem Brautschleier, der sich dann nicht weit entfernt in den Fjord hinabsenkt. Schaut man hinüber zum anderen, südlichen Ufer, so entdeckt man den wild aufbrausenden, ungestümen „Freier". Seit Tausenden von Jahren dauert diese „Brautwerbung" nun schon an und der arme Kerl scheint unterdessen dem Alkohol verfallen, ist doch inmitten seiner zwei Nebelschleier deutlich eine Flasche zu erkennen.

Wem dieser Bootsausflug nicht in die Routenplanung passt, sollte einen Ausflug zum 1476 m hohen **Dalsnibba** unternehmen. Der Berg liegt an dem zwischen 1880 und 1889 erbauten Geirangervegen (Straße nach Lom bzw. Stryn). Ein Mautweg (70 NOK) führt über engste Haarnadelkurven die letzten tausend Meter den Berg hinauf. Schönes Wetter vorausgesetzt, hat man von diesen eisigen, nicht selten bis Ende Juni tief verschneiten Höhen einen überwältigenden Blick hinab auf den grün und blau schimmernden Fjord. Auffallend sind hier die vielen **Steintürmchen.** Wir befinden uns an dieser Stelle nämlich im Reich der Bergtrolle, und diese können Störungen ihres Friedens nun gar nicht verkraften. Ein Steintürmchen jedoch erfreut sie so sehr, dass sie davon absehen, bei der Fahrt hinunter ins Tal Steine hinterherzuwerfen. Ein kurzer Blick zurück auf die 29 Kurven und Serpentinen des Geirangervegen: Nun, schaden kann ein kleines Steinmonument jedenfalls nicht ...

Sollte sich der Dalsnibba hinter einem Wolkenschleier verbergen, empfehlen sich zwei weitere, nicht minder schöne Aussichtspunkte. Zu ihnen gelangt man über den Geirangerweg (Rv 63. Man fährt aus Richtung Grotti kommend zum Fjord hinab, passiert das alte, noch befahrbare Teilstück „Knuten" (Knoten), für das die Erbauer bei der Weltausstellung in Paris im Jahr 1900 die Goldmedaille erhielten, und erreicht die **Flydalsjuvet** (*juv* = Schlucht). Hier hat man nun Gelegenheit, eines der am häufigsten geschossenen Norwegen-Bilder auch in die eigene Sammlung aufzunehmen. Ein Schnappschuss vom **„Adlerblick",** dem zweiten Aussichtsplateau, hat auch nicht gerade größeren Seltenheitswert. Allerdings kann man man von diesem Platz am **Ørnevegen** (Adlerweg), der Straße in Richtung Trollstigen, weiter in den Fjord hineinsehen. Am nun folgenden **Norddalsfjord** kann man, z.B. um die Wartezeit auf die Fähre zu verkürzen, einen Ausflug nach Norddal und zur weiter oben im Tal liegenden 300 Jahre alten Alm Herdalssetra machen (Almmuseum, Käserei). Der **Geirangervegen** (Rv 63) ist zwischen November und Mai gesperrt.

Touristeninformation

- **Turistkontor** am Fähranleger, Tel. 7026 3099, www.geiranger.no. Vermittlung von Unterkünften und Ticketverkauf.

Wolkenverhangen – Blick auf die Serpentinenstraße Trollstigen

An- und Weiterreise 

- **Fernbusse 146 und 431** nach Hellesylt und ab dort Fähre nach Geiranger.
- **Lokalbusse** nach Åndalsnes und in Richtung Lom/Stryn.
- **Fähre** durch den Fjord, 1.5.–30.9. 4–8 x tägl., 255 NOK Auto inkl. Fahrer, 125 NOK/Person, Hin- und Rückfahrt Rabatte, www.fjord1.no.
- **Die Straße Geiranger – Grotli ist im Winter geschlossen!**

Unterkunft 

Vorher buchen ist angesichts der vielen Touristengruppen empfehlenswert!

- **Villa Utsikten,** Tel. 70269660, Fax 7026 9661, 15.5.–15.9., (*****), 300 m über Geiranger gelegenes gutes Holzhotel mit modernem Anbau. Schöner Fjordblick! Gutes Restaurant.
- **Union Hotel,** Tel. 70268300, Fax 70268351, geöffnet: 1.3.–20.12., (*****). Obwohl das Gebäude nicht sehr schön ist, lässt das Angebot keine Wünsche offen. Feines Restaurant, Hallenbad, Sauna und Parkanlage.
- **Hotel Geiranger,** Tel. 70263005, Fax 70263170, geöffnet: 1.5.–30.9., (*****). Modernes 300-Betten-Hotel am Fähranleger. Gemütliches Restaurant.

Camping/Hütten 

- **Geiranger Camping,** Tel. 70263120, geöffnet: 20.5.–10.9. Sehr einfacher Platz ohne Hütten im Zentrum von Geiranger beiderseits des Wildbaches.
- **Vinje Camping,** Tel. 70263017, www.vinjecamping.no. Sauberer, schöner Platz, etwas oberhalb des Zentrums. Idyll. Lage am Wasserfall. Hütten (***).
- **Fjorden Campinghytter,** Tel. 70263077, Fax 70263077. Am Südufer des Fjordes 2,5 km von Geiranger entfernt gelegener ruhiger empfehlenswerter Platz (keine Zelt- oder Wohnwagenstellplätze). Die 11 kleinen

357no Foto: ms

Die Trolle

Früher als in der Ebene verschwindet die Sonne. Blutrot versinkt sie hinter den Felsgiganten. Entfacht ein himmlisches Feuer, das recht bald in graublauer Finsternis erstickt. Nebel zieht auf. Der Wald bekommt Augen. Wolken bilden Schaumbärte. Die runden Berge verschwimmen zu greisen, mächtigen Trollen. Der Riesen Zepter ist eine umgestürzte Fichte, ihr Reich beginnt gleich hinter dem letzten Haus. Dort, direkt hinter dem Zaun, liegt die unnahbare, düstere Heimat des Waldtrolls (**Skogtroll**), eines furchtbaren Gesellen mit Haaren aus Moosen und langen Flechten; und da, unmittelbar nebenan, im kleinen Teich mit seinem grünen Überzug aus Entengrütze und Seerosen das ewig finstre Heim des hinterlistigen **Nøkk.** Schon manch arme Seele, die, angelockt von seinen golden funkelnden Augen, zu nah ans Ufer trat, riss er in die Tiefe.

Dagegen ist sein Nachbar, der hinter Wasserfällen hausende **Fossegrimen,** geradezu nett, denn ihn hört man nicht selten zum dumpf rauschenden Wasser mit seiner zarten Fidel eine Erdensymphonie komponieren.

Gefährlicher ist da schon der **Draugen.** Er haust im Meer, erscheint in Gestalt der in den Fluten Ertrunkenen und kündet so von Unheil und Tod.

Auf andere Art nimmt die **Huldra,** ein weiblicher Troll, die Menschlein für sich ein. Ihrem Werben und ihrer unsagbaren Grazie kann kein Mann widerstehen. Allein, ihre Schönheit verunstaltet ein Pferdeschwanz, welchen sie nur verlieren kann, so ein sicher tragischer Held mit ihr den Bund der Ehe einginge.

Das hässliche Gegenteil zur Huldra sind die mürrischen, launischen und nicht selten, oh Graus, mehrköpfigen **Bergtrolle.** Ihre Heimat ist das raue Trollheimen, das sie von Zeit zu Zeit über den Trollstigen, die Troll-Leiter, verlassen. Da heißt es auch am Tage aufgepasst! Nur allzu leicht verscherzt man es sich mit einem solchen Bergriesen. Aber sein Gemüt ist schlicht, und ein einfaches Steintürmchen erwärmt sein kaltes Herz. Auch kann es sein, dass er Milde walten lässt, da er sich gerade auf einer viele Tausende Jahre dauernden Reise nach Jotunheimen ins Reich der Jotun-Trolle befindet, wo im golden glänzenden Soria-Moria-Schloss eine, vielleicht ja seine, überschwengliche Hochzeit stattfinden soll.

Ob zu dieser auch die **Nisser** eingeladen werden, ist fraglich, sind sie doch wesentlich kleiner und – ziemlich allein auf weiter Troll-Flur – dem Menschen wohl gesonnen. Sie helfen in Haus und Hof, bei der Arbeit und bringen zu Weihnachten die Gaben. Aber wehe man ärgert sie oder man vergisst ihnen am Weihnachtsabend als Dank für getane Arbeit die Weihnachtsgrütze vor die Tür zu stellen! Schnell brennt da die Scheune! Auch auf die Nisser der Nachbargehöfte sind sie nicht gut zu sprechen: Da gibt es nachts ein emsig Zanken und Streiten ...

358no Foto: ms

Hütten sind Standard (350 NOK), die 4 großen sind vom Feinsten (***). Bootsverleih. Nebenan liegt noch der **Solhaug Camping** (gemütliche Hütten, Tel. 70263076).

- **Grande Hytteutleige og Camping,** Tel. 70263068, Fax 70263117, geöffnet: 1.4.-1.10. 1 km in Richtung Adlerweg gelegen. Hübscher Platz am Fjord mit 11 großen, gemütlichen Hütten (**/***).
- **Fossen Camping,** Tel. 70263200, Fax 702630048, www.fossencamping.no, 3 km oberhalb des Ortes Richtung Grotli gelegen. Gemütliche Hütten (**) mit Panoramablick.
- **Dalen Gard Familiecamping,** 7 km ab Geiranger Richtung Adlerweg, Tel. 70263070, www.dalengaard.no. Herrliche Lage in 400 m Höhe, Hütten (*/**/****), Reiten, Wanderwege.
- **Westerås,** 3 km, Straße nach Grotli, 1 km ab Hole Bru, Tel. 70263214. Hof mit ansprechenden Hütten auf 400 m Höhe (*/**). Fjordblick, Wanderwege.

Aktivitäten

- **Wandern:** Wanderung am Südrand des Fjordes von Homlong (3 km westlich von Geiranger, der durch den Ort führenden Straße folgen) zum 520 m hoch über dem Geirangerfjord gelegenen **Preikestolen.** Recht anstrengende, mit roten Punkten markierte 7-km-Tour (etwa 1½ Stunden pro Richtung). Am Ziel erwartet den Wanderer eine spektakuläre Aussicht über den Fjord.
- **Wintersport:** Im nordwestlich von Geiranger gelegenen Ort Stranda liegen nicht selten 1 Meter Schnee, und 5 Skilifte mit 700 m Höhenunterschied stehen Besuchern zur Verfügung (Info: www.strandafjellet.no) (im Winter geöffnete Campingplätze mit Hütten: Osen Camping, Tel. 70260438; Dalheim Hytter, Tel. 70260937).

Bootsrundfahrt

- **Fjord-Sightseeing** mit der M/S Geiranger.

Über die Rv 650, vorbei an Stordal (Kirche mit herrlichen Rosenmalereien), gelangt man nach Ålesund. Die Rv 63 hingegen führt zum Trollstigen.

Trollstigen und Åndalsnes

↗VI/B2,3

Der **Trollstigen** (die Troll-Leiter) ist mit Sicherheit **eine der schönsten und beeindruckendsten Serpentinenstraßen Europas.** Alles beginnt jedoch recht harmlos (von Geiranger kommend). Die Straße führt recht sanft bergan. Nach 12 Kilometern lohnt ein erster Zwischenstopp. Schäumend bahnt sich hier der Valldøla seinen Weg durch die 20 Meter tiefe Schlucht Gudbradsjuvet. Weiter geht es durch eine langsam rauer werdende Landschaft. Der Birkenwald wird lichter, bis er am Ende ganz verschwindet. Kegelförmige, monumentale Felsen markieren den Beginn des Reiches der Bergriesen. Immer mehr Steintürmchen, zur Freude der Trolle, sind zu entdecken – der Abhang ist nahe! Das rampenähnliche Ende des Valldal und der Beginn des nun folgenden spektakulären Abschnitts ist ein wildes Durcheinander unzähliger Nippes- und Souvenirläden (allein das Trollstig-Veg-Museum lohnt einen Besuch). Doch selbst wer an Fellen, Plastik-Trollen und bunten Kärtchen keinen Bedarf hat, sollte den Parkplatz ansteuern und sich nach rechts den Weg, vorbei an den Buden, zur Aussichtsplattform bahnen. Tief unten liegt nun der Trollstigen, einem Rinnsal gleich den Hang hinabgleitend. 800 Höhenmeter überwinden die engen Serpentinen auf ihrem Weg ins Tal. Ergänzt wird das Szenario vom 180 m hohen, ungestüm drauflos schäumenden Stigfossen und bis zu 1700 m hohen Bergen mit Namen wie

Donnerhall: *Kongen* (der König), *Dronninga* (die Königin) und *Bispen* (der Bischof). Östlich des Abgrundes (in Blickrichtung Tal rechts) die Rückseite der Felswand Trollveggen. Diese ist am schönsten von der anderen Seite anzuschauen, von dem an dieser Stelle wild und mächtig, fast einschüchternd gewaltig wirkenden Romsdal (E 136) aus. Über 1000 Meter ragen die senkrechten, zackigen Bergwände der Trollwand empor – ein alpines Panorama, wie es in Norwegen kaum ein zweites gibt!

In südöstlicher Richtung schließt sich das **Romsdal** (E136) an, das durch schlichte Schönheit besticht. Eine weitläufige Waldlandschaft sowie die vielen Stromschnellen und Wasserfälle des Lågen machen den Reiz des Tales aus. Außer dem kleinen Wintersportzentrum Bjorli und der Ansiedlung Lesjaskog gibt es kaum Ortschaften.

Vom Trollstigen und der Trollveggen sind es noch 12 Kilometer bis nach **Åndalsnes am Isfjord** (Eisfjord). Der Ort, 1996 zur Stadt erklärt, wurde während des 2. Weltkrieges in Schutt und Asche gebombt. Wenngleich in etwas nüchtern wirkenden Betonarchitektur wiedererrichtet, ist die Lage zwischen dunklen alpinen Bergen und dem blauen Meereswasser nach wie vor einmalig! Das wissen auch die Kreuzfahrtgesellschaften zu schätzen, deren Schiffe Åndalsnes seit 1883 immer häufiger anlaufen. Der Tourismus wurde neben der Holz- und Bekleidungsindustrie zur Haupteinahmequelle der Einwohner.

32 km nördlich von Åndalsnes, am Weg nach Molde, steht die um 1300 erbaute **Rødven-Stabkirche.** 1689 fegte ein schwerer Sturm Dach und Turm des kleinen Hauses in den Fjord. Beim anschließenden Wiederaufbau erhielt die Kirche ihr heutiges Aussehen und wohl auch die Stützpfeiler an den Außenwänden. Man beachte vor allem das Nordportal mit romanischem Schnitzwerk und den erhabenen Innenraum mit dem lebensgroßen Kruzifix (geöffnet: 10–16 Uhr, 30 NOK).

Der Trollstigen ist zwischen Ende Oktober und Anfang Juni gesperrt.

Touristeninformation

- **Turistkontoret,** 6301 Åndalsnes, Tel. 7122 1622, www.visitandalsnes.com. Am Bahnhof.

An- und Weiterreise

- Die Panoramawagen der **Rauma-Bahn** fahren täglich in Richtung Dombås (Umsteigemöglichkeit nach Oslo und Trondheim).
- **Lokalbusse** nach Molde, Ålesund (170 NOK) und über den Trollstigen nach Geiranger. **Fernbus** 142.

Unterkunft

- **Grand Hotel Bellevue,** Åndalsgt. 5, Tel. 71227500, Fax 71226038, (****). Zentral gelegenes, modernes Haus mit gehobenem Standard.
- **Rauma Hotell,** Vollan 16, Tel. 71223270, Fax 71223271, (****). Gutes Hotel im Zentrum mit allerdings nur 30 Betten.
- **Trollstigen Gjestegård,** Isterdalen, Tel. 71221112, Fax 71222248, www.trollcamp.no, geöffnet: 1.4.–30.9., (**). Schöne Anlage 10 km südl. Rv 63, mit Zimmern, Apartments, gemütlichen Hütten (*/***), Campingplatz, Sauna, Restaurant.
- **Chateau Risen,** Tel. 71221599, Mai–Sept., (*). Holzhaus in Bahnhofsähe.
- **Remmen Gard,** im Romsdal, E 136, 21 km von Åndalsnes entfernt, Tel. 71223754, (**/***) (DZ ab 650, Bett 200 NOK). Hübscher Hof in der Nähe eines Wasserfalls mit 8 alten Zimmern.

Jugendherberge

- **Åndalsnes Vandrerhjem,** Setnes, 2 km außerhalb (über die Brücke) gelegene schöne Herberge, Tel. 71221382, Fax 71226835, www.aandalsnesvandrerhjem.no/. Geöffnet: 20.5.–31.8., Betten ab 275 NOK und DZ für 690 NOK. Busse nach Ålesund halten auf Wunsch am Haus.

Camping/Hütten

- **Åndalsnes Camping & Motel,** Tel. 7122 1629, www.andalsnescamp.no, geöffnet: 1.5.–15.9. Großes Wiesengelände am Fluss etwa 3 km südlich vom Zentrum Richtung Trollstigen (man quert die Brücke über den Fluss und erreicht nach weiteren 1,3 km den Platz). Hervorragend ausgestattet mit 37 unterschiedlich großen Hütten (***), Angelplätzen (Lachs, Forelle), Minigolf, Fahrrad- und Bootsverleih.
- **Mjelva Camping og Motel,** 3 km in Richtung Trollveggen, Tel. 71226450, Fax 7122 6877, www.mjelvacamping.no. Geöffnet: 15.5.–15.9. Großer sauberer Platz mit herrlichem Blick auf die Bergmassive. 43 gute Hütten (*/**) verschiedener Größe und Ausstattung sowie Fahrradverleih.
- **Gjerset Turistsenter,** Tel. 71225966, in Tørvik am Isfjord, ganzjährig, 11 gute Hütten, 550–750 NOK.
- **Trollveggen Camping,** Tel. 71223700, Fax 71221631, www.trollvegen.com. Sehr gut ausgestatteter, sauberer Platz unterhalb der Trollwand (vom ADAC empfohlen). 3 Hütten (***).
- **Aaheim Camping,** Lesjaskog im Romsdal, Tel. 61244561, ganzjährig geöffnet. Relativ ruhiger Platz, gute Ausstattung, viele Dauercamper und 4 rustikale Hütten (*).
- **Trollstigen Gjestegård,** siehe oben.
- **Bjorli Camping,** Tel. 92432100, www.bjorli.no. Zentral in Bjorli (Romsdal) gelegener Platz mit guten Hütten (**).

Essen und Trinken

- Gute Restaurants bieten das **Grand Hotel** und **Hotel Aak.**
- Café und Kuchen: **Fru Grimstad,** Vollan 17; **Måndalen Konditori,** Havnegata 5. Alle Richtung Fjord hinter den Bahngleisen gelegen.

Aktivitäten

- **Klettern/Wandern:** In der Touristeninformation gibt es Informationen zu 18 1- bis 8-stündigen Wanderungen. Eine der schönsten führt zur **Rückseite des Trollveggen** (8 Std., retour). Der Weg ist einfach begehbar, aber eine gute Portion Kondition sollte man schon mitbringen. Ausgangspunkt ist der Parkplatz am Trollstigen.

  Der sicherlich beliebteste Kletterberg ist das 1555 m hohe **Romsdalshorn.** Der Berg ist über die Nordseite, Schwierigkeitsgrad 2, noch relativ einfach zu besteigen und bietet die wahrscheinlich grandioseste Aussicht der Umgebung.

  Weitaus schwieriger ist natürlich das Erklimmen der 800–1200 m hohen, fast senkrechten **Trollwand** (Trollveggen). Sie gehört zu den größten Herausforderungen für Kletterer in Norwegen. 3 komplizierte Routen stehen zur Auswahl, die Tour dauert aber in jedem Fall mindestens 24 Stunden!

  Drittes, etwas leichteres, aber noch ergiebigeres Klettergebiet ist das Dreigestirn: **Bispen, Kongen und Dronninga.** Am einfachsten ist eine 2–3-Stunden-Tour auf den Bispen. Ausflüge auf den Kongen dauern, je nach Route, 3 Stunden bis 4 Tage.
- **Klettern/Wandern:** Tel. 92456616, www.tinderogbanditter.com; Tel. 92054057 www.norgesguidene.no.
- **Rafting:** Einer der besten Rafting-Flüsse Norwegens liegt **im Valldal** (Rv 63, südwestlich des Trollstigen). Valldalen Rafting: Tel. 70257767, www.valldal.no.
- **Wintersport:** Das immer beliebter werdende **Skizentrum Bjorli** bietet 6 Lifte (500 m Höhenunterschied), viele Kilometer Loipen und mindestens einen Meter Schnee von Ende Nov. bis April. www.bjorliskisenter.no.

Auf der E 136 geht es weiter zu der am Meer gelegenen Jugendstilstadt Ålesund. Wer es eilig hat, in den Norden zu gelangen, kann auf der Rv 64 zur Rosenstadt Molde oder durch das waldreiche Romsdal in Richtung Dombås weiterreisen.

Ålesund

↗X/B1

Überblick

Inmitten des Inselgewirrs der unwirtlichen Küste, umgeben von bis zu 700 m hohen Bergen, liegt Ålesund, die norwegische **Stadt des Jugendstils.** Vor einem Bummel durch die Straßen des Fischerortes lohnt die Aussicht vom **Hausberg Aksla.** Das oft fotografierte Panorama erschließt die in Stein gehauene Schönheit der Art-Nouveau-Gebäude, die blaue Spiegelfläche des Nordmeeres und die schroffen, teils vergletscherten Gipfel der Sunnmøre-Alpen. Erhaben wie der Blick vom Berg ist auch das Zentrum von Ålesund. Viele hübsche **Jugendstilfassaden** sind zu entdecken, die schönsten entlang des kleinen innerstädtischen Wasserarmes Brosund, in der Fußgängerzone Kongensgate und in der Apotekergata und der Kirkegata. Die Straßen sind, zumindest unter der Woche, angenehm belebt, und immer wieder findet sich ein Plätzchen zum Verweilen.

Stadtgeschichte

Die **Ausgrabungen auf Borgundkaupangen** weisen darauf hin, dass das Gebiet um Ålesund mindestens seit der Wikingerzeit besiedelt ist und bis ins späte Mittelalter hinein eines der größten Handelszentren Sunnmøres war. Während der norwegischen Union mit Dänemark fiel der Ort dann in die Bedeutungslosigkeit zurück. Zu Beginn des 19. Jahrhunderts lebten hier gerade einmal einige hundert Menschen. Doch dank seines geschützten Hafens ent-

- **1** Volsdalen Camping
- **2** Prinsen Strandcamping
- **3** Freilichtmuseum Sunnmøre u. Mittelalter-Museum
- **4** WoMo Stellplatz
- **5** Aussichtspunkt Kniven auf dem Aksla, Fjellstua Restaurant
- **6** Ålesund Vandrerhjem
- **7** Aalesund Kunstforenning
- **8** Rica Parken Hotel
- **9** Kino mit Fresken-Malereien
- **10** Restaurant Egon
- **11** Kjelleren Pizza Pub
- **12** Comfort Hotel Scandinavie
- **13** Dolly Dimple's
- **14** Peppes Pizza
- **15** Orient Bar & Restaurant
- **16** Internetcafé RCG
- **17** Touristeninformation
- **18** Hummer & Kanari
- **19** Café Hoffmann
- **20** Ålesund-Museum
- **21** Post
- **22** Kremmergaarden
- **23** Bibliothek im Rathaus
- **24** Busbahnhof
- **25** Hotel Atlantica
- **26** Bulls Brygge Restaurant
- **27** Anleger der Hurtigrute
- **28** Anleger der Schnellboote
- **29** Fischereimuseum
- **30** Scandic Hotel
- **31** Glasshuset Panorama
- **32** Sjøbua Fiskerestaurant
- **33** Clarion Collection Hotel Bryggen
- **34** Galleri Cylindra
- **35** Hotel Brosundet
- **36** Jugendstilsenter
- **37** Annecy Sommerpensionat
- **38** Ålesund-Kirche
- **39** Atlanterhavsparken/ Aquarium

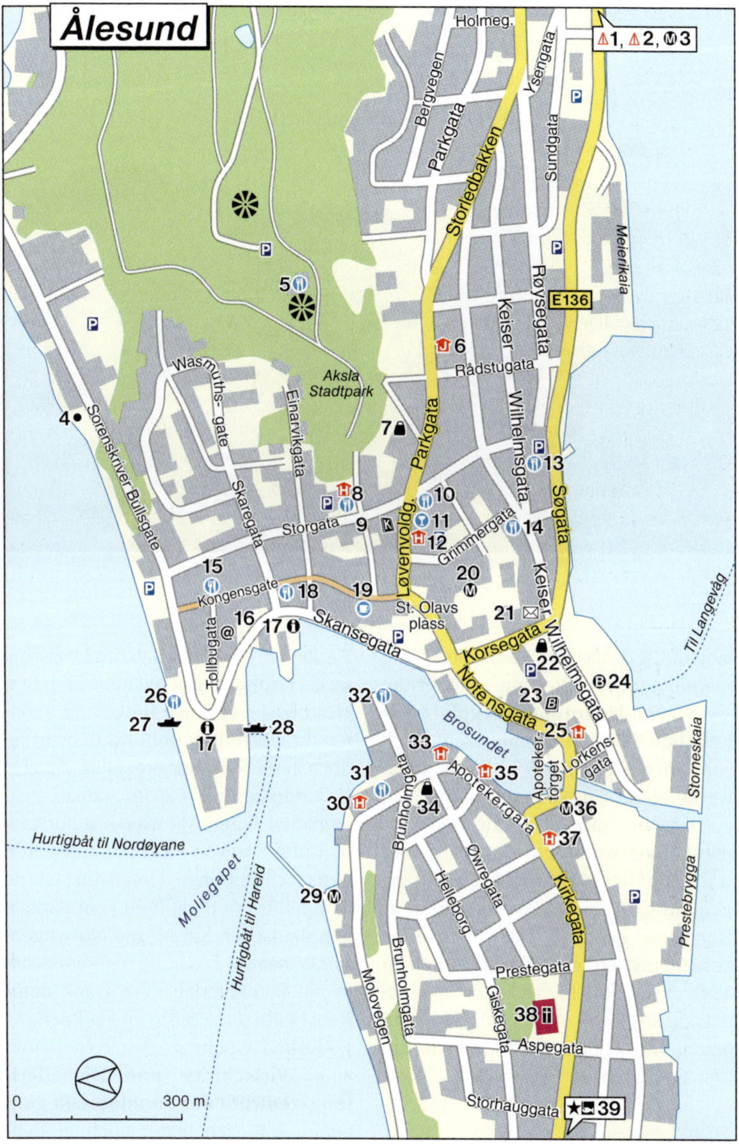

Ålesund

Holmeg.
1, 2, 3
Bergvegen
Parkgata
Ysengata
Sundgata
Storledbakken
Meierikaia
Røysegata
E136
Keiser
5
6
Rådstugata
Wasmuths-gate
Aksla Stadtpark
Einarvikgata
4
Sorenskriver Bullsgate
7
Parkgata
Wilhelmsgata
13
Søgata
8
10
Løvenvoldg.
Skaregata
Storgata
9
11
12
Grimmergata
14
15
Kongensgate
18
19
20
Keiser
Til Langevåg
St. Olavs plass
21
16
17
Skansegata
Korsegata
Tollbugata
22
Wilhelmsgata
24
Notensgata
26
32
23
27
17
28
Brosundet
25
33
Lorkens-gata
Apoteker-torget
31
35
Apotekergata
Storneskaia
30
34
Brunholmgata
36
Hurtigbåt til Nordøyane
37
Øwregata
Molјegapet
Hurtigbåt til Hareid
Helleborg
Kirkegata
29
Prestebrygga
Molovegen
Brunholmgata
Prestegata
Giskegata
38
Aspegata
0
300 m
Storhauggata
39

Der Westen

361no Foto: ms

lang des Brosund und durch die zunehmende Industrialisierung wuchs Ålesund zum **Hauptumschlagplatz für Kabeljau** (Dorsch) heran. Dem Fisch wurden die Innereien entfernt, dann wurde er auf Gestellen getrocknet, die auf Klippen standen (heute noch auf den Lofoten zu sehen) – das Ergebnis war Klippfisch (Stockfisch). Der Export ging bis nach Spanien und Italien (dort *Stoccafisko* genannt). Das Geschäft lief ausgesprochen gut. Der Ort bekam 1848 die Stadtrechte verliehen und hatte Ende des 19. Jh. schon eine Einwohnerzahl von 11.000. Dann jedoch, am 23. Januar 1904, geschah das Unfassbare: Ein **Großbrand** vernichtete über 800 Holzhäuser. Fast alle Bewohner verloren ihr Dach über dem Kopf, nicht jedoch ihren Mut: Nur drei Jahre dauerte es, und Ålesund war im damals zeitgemäßen Jugendstil wieder auferstanden (der Bau von Holzhäusern wurde gesetzlich verboten). Unterstützt wurde man beim Wiederaufbau vom damaligen deutschen Kaiser und Norwegen-Fan *Wilhelm II.* Er sandte mehrere Schiffe mit Baumaterial. Zum Dank dafür steht heute seine Büste im Stadtpark.

Blick über Ålesund

Ålesund wuchs in den Folgejahren zum **Wirtschafts- und Dienstleistungszentrum der Sunnmøre-Region** heran, was sich leider auch in dem mausgrauen Betonrathaus niederschlägt, für das man – welch Frevel – einen Vogelfelsen sprengte. Die **42.000-Einwohner-Stadt** ist immer noch einer der wichtigsten Fischerei- und Exporthäfen (Klippfische!) des Landes.

Sehenswertes

Wie eingangs erwähnt, hat man den schönsten Panoramablick auf die Küstenstadt vom **Aussichtspunkt Kniven,** der auf dem 189 m hohen **Hausberg Aksla** liegt. Erreichbar ist er entweder mühsam zu Fuß über 418 Treppenstufen (Beginn am Stadtpark) oder mit dem Auto (Ausschilderung „Fjellstua" beachten). Wenn man oben angekommen ist, kann man die Aussicht vom gewagt konstruierten, aber eher an eine Mensa erinnernden Café und Restaurant **Fjellstua** genießen.

Im Zentrum des quirligen Städtchens lohnt sich ein Besuch des **Ålesund-Museums** (R. Rønnebergsgt. 16). Schon vor der Tür fällt das „Brunde Egg" auf. Das eiförmige Boot wurde vom Ålesunder *Henrik Brunde* entwickelt. Er überquerte damit 1904 den Atlantik, wobei es sich als unsinkbar erwies und seither als Prototyp des geschlossenen Rettungsbootes gilt, wie es heute z.B. auf Bohrinseln Standard ist. Doch auch drinnen ist viel Interessantes zu entdecken. Neben Gemälden und Fotografien gibt es auch ein Modell der Stadt vor dem Brand. Mit Modellen und Schautafeln wird die Entwicklung der Fischerei und der verschiedenen Schiffstypen recht nett erläutert (geöffnet: 11–15 Uhr, So. ab 12 Uhr, 50 NOK).

Gleich hinter der Brücke liegt das neue **Jugendstilsenter,** mit Möbeln, Kunsthandwerk, Jugendstilzimmern und Infos zur Geschichte (Juni–Aug. tägl. 10–17 Uhr, ansonsten Di.–Sa. 11–16 Uhr, So. ab 12 Uhr; 60 NOK, Familien 120 NOK). Gleich nebenan wurde im ehemaligen Gebäude der Norges Bank Ende 2005 das **Kunstmuseum KUBE** eröffnet. Themen sind Malerei, Architektur und Design (geöffnet wie Jugendstilsenter; Ticket für beide Museen: 70 NOK, Familien 140 NOK). Nicht weit entfernt liegen die 1909 im neoromanischen Stil erbaute **Ålesund-Kirche** (geöffnet im Sommer Di.–So. 10–14 Uhr) sowie das 1998 anlässlich des 150-jährigen Stadtjubiläums eröffnete **Fischereimuseum.** Die Ausstellungen erläutern hauptsächlich die Herstellung von Klippfisch und die Tran-Produktion (meist 11–15 Uhr).

Bis vor kurzem war auch das Ålesunder **Aquarium** im Zentrum zu besichtigen. Die Fischlein zogen jedoch um in den **Atlanterhavsparken** am westlichen Rand der Stadt (4 km, die Hauptstraße immer geradeaus). Obgleich nicht mehr so zentral gelegen, ist die Anlage nun wesentlich interessanter geworden. Neben großen Aquarien mit zumeist einheimischem Getier kann auch die Unterwasserwelt des Atlantischen Ozeans bestaunt werden. Sehr einladend auch das neue **Erlebnisareal mit Bade- und Tauchplätzen** (Tel. 70128200, Fax 70128282, geöffnet: Juni bis August 10–19, Sa. bis 16 Uhr, Sept. bis Mai 11–16 Uhr, 130 NOK, Busverbindung im Sommer, 20 NOK).

Vier Kilometer östlich des Zentrums (Busse 13, 14, 18, 24), am Fjord, nahe der E 136, liegt das ehemalige mittelalterliche **Handelszentrum Borgundkaupangen.** Die archäologischen **Ausgrabungen** dokumentiert das **Mittelalter-Museum** (geöffnet: Mitte Juni–Mitte Aug. Di.–Fr. u. So. 12–15 Uhr, 70 NOK) mit Resten der Bebauung aus dem 12. Jh. Vollständig erhalten sind Teile der alten Peterskirche, die heute das Querschiff der 1904 teilweise umgebauten **Borgund-Kirche** bildet (Di.–Fr. 10–14 Uhr).

Unweit entfernt liegt die dritte Sehenswürdigkeit dieses Erholungsgebietes, das **Freilichtmuseum Sunnmøre.** Es gehört mit seiner imposanten Anlage von über fünfzig Häusern sicherlich zu den schönsten des Landes. Im Hauptgebäude gibt es umfassende Ausstellungen zu alten Handwerksgilden wie Büchsenmacher und Silberschmiede. Etwas für kleine und große Seebären sind die drei großen Hallen mit über dreißig Booten. Hier stehen auf dem Trockenen u.a. die Nachbildung des Kvalsund-Wikingerschiffes, das Åttrings-Boot und der Kutter Hetland, der im 2. Weltkrieg als Flüchtlingsschiff diente (Mitte Juni–Mitte Aug. 11–17 Uhr, So. ab 12 Uhr; ansonsten meist 11–15 Uhr; 70 NOK, Familien 140 NOK).

Nördlich der Stadt

Über eine Mautstraße (Rv 658, 60 NOK) geht es durch endlose Tunnels und über lange Brücken zur **Inselwelt nördlich von Ålesund.** Weite Moorlandschaften und schroffe Berge bestimmen das kontrastreiche Bild. Das hübscheste der fünf erreichbaren Eilande ist wahrscheinlich **Giske.** Schon zu Wikingerzeiten war die Insel ein bedeutendes Machtzentrum, wovon noch die malerische Marmorkirche aus dem 12. Jh. zeugt. Auf Entdecker warten das charmante Fischerdorf Alnes auf Godøya und der gähnende Schlund der Skjong-Höhle auf Valderøya.

Praktische Informationen

Touristeninformation

- **Turistkontor,** Skateflukaia, 6025 Ålesund, www.visitalesund.com, Tel. 70157600, Fax 70157601, geöffnet: 1.6.–29.8. Mo.–Fr. 8.30–19 Uhr, Sa. 9–17 Uhr und So. 11–17 Uhr, ansonsten: Mo.–Fr. 9–16 Uhr. Vermittlung von Stadtwanderungen und Hafenrundfahrten.

Orientierung

- Die E 136 aus Richtung Molde und Åndalsnes führt direkt ins Stadtzentrum. Hier stehen am Rathaus (der große graue Klotz) genügend Parkplätze zur Verfügung.

An- und Weiterreise

- **Busbahnhof:** Er liegt direkt neben dem Rathaus am Wasser. **Fernbusse 431, 432, 145, 630. Lokalbusse** nach Molde, Kristiansund, Trondheim, Geiranger, Info: Tel. 177, www.nettbuss.no.
- **Flughafen:** nördl. der Stadt, Verbindungen u.a. nach Oslo, Bergen und Trondheim, Tel. 67032121, www.flybussen.no/aalesund. Flughafenbus ab Zentrum 77 NOK.
- **Schnellboote:** Anleger für die Hurtigrute und Schnellboote am Nordende des Brosund: Ålesund – Myklebust – Brattvåg – Molde (200 NOK).
- **Taxi:** Tel. 70103000.

Autovermietung

- **Avis,** Tel. 70132400.

- **Sydsiden Bilutleie,** Tel. 70113999.
- **Rent-A-Wreck,** Tel. 70151000.

Unterkunft

- **Clarion Collection Hotel Bryggen,** Apotekergt. 1–3, Tel. 70126400, Fax 70121180, (*****). Schönes, am Wasser des Brosund gelegenes Hotel mit geschmackvollen Zimmern. Sauna.
- **Scandic Hotel,** Molovn. 6, Tel. 21614500, Fax 21614511, (*****). Hypermodernes First Class-Hotel hinter alter Fassade. Direkt am Wasser. Gemütliche Zimmer, sehr gutes Restaurant, Hallenbad, Sauna und Tanzbar.
- **Rica Parken Hotel,** Storgt. 16, Tel. 70125050, Fax 70122164, (*****). Renovierter Betonklotz am Park. Gute Ausstattung: 1a. Restaurant, Bar, Diskothek.
- **Comfort Hotel Scandinavie,** Løvenvoldgt. 8, Tel. 70157800, Fax 70157801, (*****), DZ am Wochenende z. T. für 900 NOK! Feines Jugendstilhotel mit 62 sehr schönen Zimmern.
- **Hotel Brosundet,** Apotekergt. 5, Tel. 70121000, Fax 70121295, (****). Gemütliches, renoviertes Haus direkt am Wasser.
- **Hotel Atlantica,** Rasmus Rønnebergsgt. 4, Tel. 70129100, Fax 70126252, (*****/****). Komfortables Hotel mit günstigen Sommerpreisen und guter Ausstattung. Die Lage am Rathaus ist aber sicher nicht erste Wahl.
- **Einfache, gute Pensionen** zu günstigen Preisen (DZ 400–600 NOK), meist in zentraler Lage: vom 15.6.–15.8.: **Annecy Sommerpensionat,** Kirkegt. 1 B, Tel. 70129630, annecy@alesund.com; **Hybelhuset Helleborg,** Nørvegt. 34 D, nahe der E 136, etwa 3 km ab Zentrum, Tel. 70137814, www.hybelhuset-helleborg.com; **Kneiken Romutleie,** Kneiken 2 (Nebenstraße des Weges zur Fjellstua), Tel. 70128268, 2 DZ (400 NOK).

Jugendherberge

- **Ålesund Vandrerhjem,** Parkgt. 14, Tel. 70115830, Fax 70115859, ganzjährig geöffnet. In der Jugendherberge kostet das DZ 690–750 NOK, Einzelbett ab 255 NOK.

Camping/Hütten

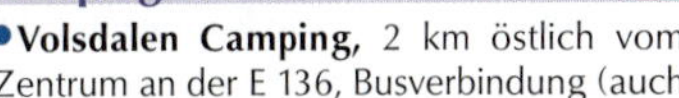

- **Volsdalen Camping,** 2 km östlich vom Zentrum an der E 136, Busverbindung (auch Fernbusse halten hier auf Wunsch), Tel. 70125890, geöffnet: 1.5.–15.9. Der stadtnächste, jedoch sicher nicht der schönste Platz, nahe des Fjordufers. Kleine Zeltwiese unterhalb eines Neubaus, 17 ansprechende Hütten (*/***).
- **Prinsen Strandcamping,** 5 km östlich vom Zentrum, Busverbindung, Tel. 70155204, Fax 70154996, ganzjährig geöffnet. Großer und schöner Platz an einer Bucht mit Sandstrand. Neues Sanitärgebäude. 26 Hütten (*/***), Zimmer für 300–500 NOK, Tennisplatz, Boots- und Fahrradverleih.
- **WoMo-Stellplätze** am Ufer, 5 Min. nördl. vom Zentrum; Hjelsetgården Bobilparkering, Sorenskriver Bullsgate, Tel. 70162128.
- Hütten und Rorbuer auf den Inseln vor Ålesund: **Alnes Rorbuferie** (Godøy, Tel. 7018 5196, ab 550 NOK), **Godøy Hytter** (Tel. 70185026, ab 500 NOK).

Essen und Trinken

- Gute, aber nicht ganz preiswerte Restaurants sind das **Sjøbua Fiskerestaurant** (Fischspezialitäten, Brunholmgt. 1), **Bulls Brygge Restaurant** im SAS Hotel (S. Bullsgt. 7) und die **Brasserie Normandie** im Rica Parken Hotel (Storgt. 16). Preiswerter hingegen sind: **Hummer & Kanari** (Kongensgt. 19; Bistro und Restaurant, gute Fisch-, Fleisch- und Pastagerichte für 100–230 NOK, im Bistro ist alles 10–15 NOK billiger als im Restaurant), **Orient Bar & Restaurant** (Kongensgate 30, 15–23 Uhr; preiswerte Mittagsgerichte (bis 17 Uhr) für 80–100 NOK, ansonsten 150–200 NOK), **Big Bite** (im Kremmergaarden; Sandwiches) sowie die Pizzarestaurants **Dolly Dimple's** (Keiser Wilhelmsgt 32), **Peppes Pizza** (Keiser Wilhelmsgt 25) und **Restaurant Egon** (Løvenvoldgate 8); all you can eat Di.–Sa. bis 18 Uhr, So./Mo. ganztägig, 110 NOK).
- Ein nettes **Tagescafé** ist das **Hoffmann** (Kongensgt. 11).
- Viel Atmosphäre haben auch: **Apoteker'n Café** (im Jugendstilsenter), **Det Lune Hjørnet** (m. Kunstausstellung und Buchladen, Apotekergt. 10), **Invit Espresso Bar** (gute Kaffeebar, Apotekergt. 9) und das **Jugend Café** (Kirkegt. 9).

Kino/Bibliothek/Internet

- **Løvenvold Kino** mit Fresken-Malereien, Løvenvoldgt. 11.
- **Moa Kinosenter** in Spjelkavik.
- **Bibliothek** im Rathaus, Mo.–Fr. 10–18 Uhr.
- **Internetcafé:** RCG, Tollbugata.

Galerie

- **Aalesund Kunstforenning,** Parkvegen 3.
- **Galeri Cylindra,** Øwregata 2. Arbeiten des Möbeldesigners Peter Oppsvik.

Aktivitäten

- **Baden: Moa Shoppingcenter,** Schwimmhalle (Spjelkavik), im Sommer: Mo.–Fr. 13.30–18 Uhr, Strand am Vosdalen-Camping.
- **Ålesund-Sunnmøre Turistforenning (Wanderverein),** Boks 300, 6001 Ålesund, Keiser Wilhelmsgt. 22, Tel. 70125804, www.aast.no.
- **Wanderung** zum Aussichtsberg Sukkertoppen (das Zentrum auf der Hauptstraße durchqueren, nach 3,5 km am Kreisverkehr rechts, Parkplatz am Sukkertoppvegen).
- **Ausflug mit der Hurtigruten** (im Sommer): Ålesund – Geirangerfjord (9.30 Uhr, Rückfahrt 13:30 Uhr), 330 NOK.

Shopping

- **Fußgängerzone Kongensgate** (Bekleidung, Bücher).
- **Einkaufszentren:** Kremergaarden, am Rathaus; Ålesund Storsenter (ansprechende Ladenpassage im Zentrum); Møller City, Kipervikgt. 9; Moa (100 Läden) in Spjelkavik; Husfliden (Norwegen-Souvenirs, Bekleidung), Parkgata 1. **Fabrikverkauf:** Devold in Langevåg, Rv 657, 10–17 Uhr, So. 12–15 Uhr, (www.devold.no), Pullover, Jacken, Leinenartikel. **Cylindra:** Tusvik/Ikornes (am Ufer des Storfjord) – Werke des berühmten Möbeldesigners Peter Opsvik (Stokke). Mo.–Fr. 10–18 Uhr (Winter 16 Uhr).

Sonstiges

- **Post:** Keiser Wilhelmsgata.
- **Arzt:** Legevakt: Ålesund Sykehus, Tel. 70143113.
- **Vinmonopolet:** Røysegata 15.

Umgebung

Hareid und die Vogelinsel Runde

X/B1

Südwestlich von Ålesund liegt die **Insel Hareidlandet.** Unweit des Hauptortes Hareid steht als Blickfang am Meer ein großes **Denkmal** zur Erinnerung an die siegreiche Seeschlacht der norwegischen Wikinger gegen die Dänen im Jahr 986. Durch den Gewinn des Kampfes behauptete man zunächst die Unabhängigkeit gegenüber Dänemark. Einen Abstecher zum Monument rechtfertigt aber wohl erst der nebenan gelegene weiße und feinsandige **Strand.** Nördlich von Hareid, in **Brandal,** kann zudem das **Ishavsmuseet,** das **Eismeer-Museum,** besucht werden. Brandal war bis 1998 über 100 Jahre lang ein Zentrum des Robbenfangs und Ausgangspunkt diverser Polarexpeditionen. Das Museum zeigt das Polarschiff Aarvak von 1912, natürlich viele (ausgestopfte) Robben und das Inventar alter Jagdhütten (12–18 Uhr, 40 NOK).

Weiter geht die Fahrt über Ulsteinvik nach Myrvågane. Hier zweigt die Rv 654 nach Fosnavåg und Runde ab. Über viele kleine, fast zerbrechlich wirkende Brücken führt die Straße in Richtung der Vogelinsel. Das dies so überhaupt möglich ist, ist der Subventionspolitik der Regierung zu verdanken. Ihr Ziel ist es, die Abwanderung in die Städte zu bremsen und die Küste als Lebensraum attraktiv zu halten. Pro (menschlichem) Kopf gerechnet, erhielten daher 1981 die 160 Personen (und **500.000 Seevögel**) von **Runde** eine der teuersten Straßenanbindungen des Lan-

368no Foto: ms

des. Dies machte sich durchaus bezahlt, denn die nur 6,4 km² große Insel konnte sich dadurch als eines der beliebtesten westnorwegischen Ziele für Naturliebhaber und Ornithologen etablieren.

Zwischen Mai und Mitte August brüten etwa 170.000 Seevogelpaare an dem drittgrößten Vogelfelsen Norwegens. Aus Gründen des Naturschutzes ist ein Betreten der **Nistgebiete** zwischen dem 15.3. und dem 15.8. strikt verboten! Doch auch aus gehöriger Entfernung sind die 230 verschiedenen Arten gut zu beobachten. Die auffälligsten Gäste auf den Felsen sind die putzigen, rotfüßigen Papageitaucher (bis Mitte Juli), die gelbköpfigen Basstölpel, die grünlich-schwarzen Krähenscharben sowie die schwarz-weißen Tordalke und Trottelummen. Wesentlich seltener wird man wohl eine Raubmöve zu Gesicht bekommen.

Papageitaucher

Zu erwandern sind die Vogelfelsen auf einer 2- bis 4-stündigen **Rundtour.** Verlaufen kann man sich dabei auf den markierten Trampelpfaden kaum. Doch als kleine Hilfe, z.B. beim Auffinden der Aussichtspunkte, gibt es an allen Unterkünften kostenlose Karten. Günstigster Ausgangspunkt für einen ornithologischen Ausflug ist der Goksøyr-Campingplatz am Ende der Straße. Zu Beginn der Wanderung geht es recht steil bergan. Später kann es beim Queren kleiner Moore recht schlammig werden. Wasserdichte Schuhe sind da durchaus nützlich. Besonders empfehlenswert ist der Blick über den Vogelfelsen Rundebranden und hinab zum Leuchturm Runde Fyr.

Wer die doch recht mühsame Wanderung scheut, kann eine **Inselrundfahrt** mit dem Kutter unternehmen. Allerdings ist die See selbst bei gutem Wetter ungemütlich rau. Vorbei geht die Tour an den senkreckten, mit Guano weiß getünchten Vogelfelsen, hin zum Leuchturm von Runde. Meterhohe Wellen zerstörten hier vor Jahren einige eigentlich in sicherem Abstand zur Küste stehende Holzhäuser. 1725 hatte es einen niederländischen Ostindien-Segler getroffen. Seine Fracht, 40.000 Silber- und 6000 Goldmünzen, fanden Sporttaucher im Jahr 1972. Sie durften damals 75 % des Schatzes behalten!

- **Turistkontor:** Mai–Ende Aug. 9–18 Uhr, Tel. 70088300.
- **Lokalbus** (Mo.–Sa.) Richtung Ulsteinvik (Verbindung nach Selje und Hareid/Ålesund).
- **Unterkunft**

Ulstein Hotel, Ulsteinvik, Tel. 70013000, Fax 70013013, (*****), Sommer (****). Modernes Hotel mit toller Aussicht, gutem Restaurant,

Hallenbad und Sauna. Tauch- und Segeltouren.

Flø Feriesenter, 10 km nördl. Ulsteinvik, Tel. 70015080, www.floe-feriesenter.no. Sehr gemütliche Hütten mit Meeresblick (800 NOK), kleine Zeltwiese, Bootsverleih.

Goksøyr Camping, Runde, am Ende der Straße, Bushaltestelle, Tel. 70085905, Fax 70085960, www.insel-runde.no. Ganzjährig geöffnet. Gemütliches Areal mit Caravanplatz am Wasser und schöner Zeltwiese. 6 Hütten (*/**), Fahrrad- und Bootsverleih, DZ 300–400 NOK.

Runde Camping & Vanderheim, Tel. 7008 5916, Fax 70085870, www.runde.no, ganzjährig geöffnet. Das Haus mit Mini-Supermarkt liegt wenige hundert Meter rechts der Brücke. Eines der einfachen, doch recht gemütlichen Zimmer gibt es für 500 NOK (Bett 230 NOK). Der preiswerte Zeltplatz liegt direkt am Meer. Boots- und Angeltouren.

Ulsteinvik Vandrerhjem, Ulsteinvik, Rv 61, Tel. 70009600, JH in großem Hotelkomplex. Schlichte Zimmer. Bett 275 NOK, DZ 650 NOK

• **Tauchen:** Tauch- und Segeltouren organisiert das Ulstein Hotel in Ulsteinvik. Zu erleben sind vor allem Wracks, wie Flugzeuge aus dem 2. Weltkrieg und Segelschiffe aus dem 17. Jahrhundert. Gesucht wird im Übrigen immer noch die mit unermeßlichen Goldschätzen beladene *Castillo Negro,* welche 1588 vor Runde zerschellte. Infos zum Tauchen auf Runde auf den dortigen Campingplätzen erhältlich. Außerdem unter www.ullahavsportsenter.no.

• **Baden:** Kinderfreundliche Strände: Insel Leinøya (am Ende der Straße nach Torvika/Bø), in Ulsteinvik und südöstl. von Hardeid, Nerlandsøya (westl. von Kvalsvik).

Winter auf der Insel Averøy bei Molde

Molde

↗VI/B2

Bekannt wurde Molde **(24.000 Einwohner)** durch sein gewaltiges Gebirgspanorama am gegenüberliegenden Fjordufer, durch das Jazz-Festival Mitte Juli und das ausgesprochen milde Klima. Es trug dem Ort im 19. Jahrhundert den Beinamen **„Stadt der Rosen“** ein. Molde (altnordisch: *Moldar* – Erden) lud damals vor allem Kreuzfahrttouristen mit seinen Parks und Gärten und den mondänen Hotels Grand und Alexandra zum Verweilen ein. Noch heute warten viele Vorgärten nördlich des Zentrums mit einer Blütenpracht auf, die man auf dem 62. Breitengrad nicht für möglich halten will. Im Zentrum selbst gibt es allerdings nur eine einzige, etwas biedere Rosenanlage. Sie liegt auf dem Dach des kantigen, 1966 erbauten Rathauses, nahe der markanten, 1957 geweihten **Domkirche** (geöffnet: 10–15 Uhr, 10 NOK). Ältere Gebäude als diese, die nach den verheerenden Zerstörungen des 2. Weltkriegs errichtet wurden, findet man im **Romsdal-Museum.** Die **Freilichtanlage** ist gut zu Fuß über den oberhalb des Rathauses gelegenen Øvre vei/Parkveien durch den Reknes-Park (rechts der Straße) erreichbar. Neben vielen knorrigen Häusern zeigt das Museum Ausstellungen zum Leben und Arbeiten der Menschen von der Zeit des Mittelalters bis heute. Zuweilen werden auch Volkstänze aufgeführt (Öffnungszeiten Gebäude: Juli 11–18 Uhr, So. ab 12 Uhr, Juni und Aug. 11–15, So. ab 12 Uhr, 60 NOK; Museumspark 9–22 Uhr, gratis; Café ab 11 Uhr).

Eine zweite Anlage, die man gesehen haben sollte, ist die des **Fischereimuseums.** Sie liegt **auf der Badeinsel Hjertøya** inmitten der Mini-Schärenwelt des Fjordes und ist mit einem kleinen Boot zu erreichen. Dieses legt um 12, 14 und 16 Uhr vom Marktplatz ab (17.6.–19.8.).

Obgleich man auch vom Boot und vom Hafen einen schönen Blick auf die Berge rund um Molde hat, so ist doch die Aussicht vom 400 m hohen **Stadtberg Varden** die unbestritten schönste! 222 teils schneebedeckte Gipfel und der Romsdalsfjord liegen dem Besucher zu Füßen. Auch sieht man das neue **Rica Seilet,** das in Anlehnung an ein Haus in Dubai einem Segel gleicht. Dieses Hotel ist Teil der geplanten Umgestaltung der Stadt, zu der auch das Stadion und ein Ausbau der Hafenpromenade zählen (Anfahrt zum Aussichtspunkt: Ausschilderung „Varden" ab Zentrum; Panoramarestaurant und Wanderwege ebenfalls auf dem Gipfel vorhanden).

Touristeninformation

- **Turistkontor,** Box 484, 6401 Molde, Tel. 71201000, Fax 71201001, www.visitmolde.com, am Markt (Torget 4).

An- und Weiterreise

- **Flughafen:** Tel. 71214760, nachts geschlossen. Verbindungen u.a. nach Oslo und Bergen (Mietwagen: Europcar, Tel. 71259400).
- **Busbahnhof:** Er liegt im Zentrum nahe des Torget (Markt). **Fernbusse 550, 630. Lokalbusse** verkehren (meist nur Mo.–Sa.) nach

Aukra, Bud, über den Atlanterhavsveien nach Kristiansund, nach Åndalsnes, nach Sunndalsøra und Oppdal - Routeninfo: Tel. 177, www.nettbuss.no.

- **Schnellboote/Fähren:** Fähre von Hollingsholmen nach Aukra und von dort weiter zur Insel- und Schärenwelt von Sandøy, Inselhopping nach Ålesund über Midsund oder Aukra - Haröya - Brattvåg möglich (je nach Route 150–200 NOK pro Auto und 50–70 NOK pro Person); Fähre nach Vestnes zur gegenüberliegenden Fjordseite.

Unterkunft

- **Rica Seilet,** Tel. 71114000, Fax 71114001, (*****). Neues Hotel am Wasser, in Form eines riesigen, gläsernen Segels.
- **Hotel Alexandra,** Storgt. 1–7, Tel. 7120 3750, Fax 71203787, (*****), Sommer (****). Gutes Hotel. Gemütliches Fischrestaurant, Hallenbad, Sauna und Disco.
- **Skarstua,** Skaret, Tel. 71268090, Fax 71268091, www.skarstua.no, (***). Gelungene Ferienanlage nordöstlich von Molde an der Umgehungsstraße des Tunnels der Rv 64. Gemütliche, hölzerne Zimmer, Hütten (**/***), Café, Restaurant, Reiten und Fahrradverleih.
- **Hotell Molde,** Storgt. 19, Tel. 71203000, www.hotellmolde.no, (*****). Gutes, aber nicht außergewöhnliches Hotel, z.T. gute Übernachtungsangebote.

Camping/Hütten

- **Kviltorp Camping,** 3 km östlich des Zentrums, Busverbindung, Tel. 71211742, Fax 71211019, ganzjährig geöffnet. Ansprechender und stadtnaher Platz am Fjord mit 22 Hütten (**/****).

Essen und Trinken

- Die beliebtesten Restaurants/Cafés sind **Rød** und **Bare Blå** im Hotell Molde. Gutes Essen für 180–250 NOK; **Dolly Dimple's,** Romsdalsgaten 1; **Peppes Pizza,** Torget 1 (am Markt); **Restaurant Egon** (Storgata 8; all you can eat Di.–Sa. bis 18 Uhr, So./Mo. ganztägig, 110 NOK).

Festivals

- **Molde Jazzfestival** (Mitte Juli), eines der bekanntesten und besten Jazzfestivals in Skandinavien (2000 war z.B. der „Buena Vista Social Club“ zu Gast), www.moldejazz.no.
- **Bjørnson-Festival** (Literatur, Anfang Aug.)
- **Molde Blues** (Feb./März)
- **Molde Roots** (Oktober)

Kino/Bibliothek

- **Kino** mit 3 Sälen an der Mündung des Baches Moldeelva.
- **Bibliothek** neben dem Rathaus.

Umgebung

Die Natur nördlich von Molde ist ein Kaleidoskop unterschiedlichster Landschaftsformen. Über 1000 m hohe Berge, weite Moorgebiete und liebliche Fjorde - alles erlebbar bei einer Fahrt auf dem **Atlanterhavsvegen.** Die Straße führt gewagt von Schäre zu Schäre am offenen Meer entlang durch die schäumende Brandung des Ozeans. Vor der Fahrt über diese wunderbare, wunderliche Straße, lohnen sich noch Abstecher zur sagenhaften **Trollkirche** (siehe unter „Wandern“) und zum niedlichen **Fischerdorf Bud,** einem Ort, in dem die Natur die Oberhand behielt, denn selbst der während des 2. Weltkrieges erfolgte Umbau des Vogelfelsens zur Bastion konnte die wehrhaften Seevögel nicht in die Flucht schlagen. Bud war im 16. und 17. Jahrhundert ein wichtiger Handelsort und mit 400 Einwohnern die größte Siedlung zwischen Bergen und Trondheim.

Seit 2009 ist Averøy mit Kristiansund durch einen mautpflichtigen, 5,7 km langen Unterseetunnel verbunden (85 NOK).

Wer nun am Ende der Straße 64, am Fähranleger nach Kristiansund, etwas warten muss, kann derweil einen Ausflug zur südlich gelegenen **Kvernes-Stabkirche** machen. Sie ist eine der jüngsten des Landes und wurde erst 1432 zum ersten Mal erwähnt. Nach Umbauten im 17. Jahrhundert wirkt sie heute etwas klobig, aber dennoch irgendwie niedlich. Von ihrem exponierten Standort oberhalb des Fjordes hat man einen erhabenen Blick auf die Berge Nordmøres. Das weiße Etwas in der Ferne ist übrigens Krifast, die neue Festlandsverbindung nach Kristiansund (die Kirche ist im Sommer 10–17 Uhr geöffnet).

• **An- und Weiterreise:** siehe unter „Molde".

• **Unterkunft**

Bud Camping, Rv 664, 500 m von Bud entfernt, Tel. 71261023, geöffnet: 1.4.–1.10. Herrlicher sauberer Platz am Meer. Wiesenareal zwischen Felsen mit 13 schönen Hütten (*/****) und Bootsverleih.

Blåhammer Camping, 1,5 km südlich von Bud, Tel. 71261703, 1.5.–1.10. Gleichfalls ein wunderbarer Platz an einem kleinen Sandstrand zwischen Bäumen. 6 Hütten (*).

Håholmen, Insel am Atlanterhavsveien. Tel. 71517250, Fax 71517251, www.haholmen.no. Zwischen 11 und 20 Uhr setzen stündlich Boote zu einem der schönsten Urlaubsplätze der Westküste über. In den herrschaftlichen Gebäuden des alten Fischerörtchens Håholmen kann man für 600 NOK pro Person übernachten. Es gibt ein erlesenes Fischrestaurant und ein Café. Segel- und Fischtouren werden angeboten (u.a. mit einem Wikingerschiff). Boote können auch gemietet werden.

Lysø Camping, auf Storsandøya östlich des Atlanterhavsveien, Tel. 71512113, Fax 7151 2409, ganzjährig geöffnet. Nettes Fleckchen am Meer im hübschen Lysøy. 10 Hütten (*/**).

Skjerneset Camping & Robur: Bremnes, Tel. 71511894, Fax 71511815, ganzjährig geöffnet. Südwestlich des Fähranlegers nach Kristiansund am Meer. Schöne Anlage mit 5 Hütten (*/**), kleinem Fischereimuseum mit Aquarium, Boots- und Fahrradverleih.

Hütten: Ståle Vågen (Bud, Tel. 71261894, robuferie.no), **Jon Gule** (Bud, Tel. 71261587, bgule@online.no), **Gossen Feriesenter** (Aukra, Tel. 71174428)

• **Bootsausflüge: Insel Bjørnsund** – Per Parlamentsbeschluss in den 1970er Jahren wurden die Bewohner der Insel umgesiedelt. Zu kostspielig wäre es gewesen, die Infrastruktur der rauen Insel an die moderne Zeit anzupassen. Viele der bunten Holzhäuser werden als Wochenendunterkünfte genutzt und bieten zusammen mit den idyllischen Wegen, der Eisbärenstatue und den Vogelfelsen eine ideale Kulisse für Fotosafaris (Boot Mitte Juni–Mitte Aug., Mo., Mi., Fr.–So., 11 und 17 Uhr (Sa. und Mi. nur 11 Uhr), Mai/Anf. Juni/Ende Aug./ Sept. nur Mo., Fr., Sa., ab Harøysund, südl. von Bud, 30 Minuten, 90 NOK); **Insel Ona** – Das winzige, windumtoste Eiland liegt mitten im Atlantik. Die farbenfrohen Holzhäuser, die sich dicht gedrängt an den Schären festzukrallen scheinen, der rote Leuchtturm und die Keramikstube verleihen dem Ort eine einzigartige Atmosphäre (westlich Molde: Fähre ab Hollingsholmen nach Aukra. Auf Aukra Fähre ab Småge nach Ona. Ona Feriehytter, Tel. 71277117).

• **Fahrrad fahren:** Die flache Küste mit ihren ruhigen Straßen ist ideal zum Radfahren. Allein der Wind macht zu schaffen! **Verleih:** Molde, Touristeninfirmation.

• **Tauchen:** Averøy Dykkerlag, Tel. 71298300.

• **Wandern:** Die **Trollkirche** *(trollkyrkja)* ist ein Höhlensystem, bestehend aus drei märchenhaften Kalkgrotten mit unterirdischen Bächen und bis zu 14 m hohen Wasserfällen, die in den beiden unteren Grotten in weißen Marmorbecken enden. Auf der Höhe der oberen Grotte liegt ein See mit weißen Marmorufern. Auch die Bergkulisse mit ihren Zacken und Spitzen ist beeindruckend. **Hinweis:** Wasserdichte Schuhe anziehen und Taschenlampe für die unbeleuchteten Höhlen mitnehmen. Beginn der Wanderung: An der Rv 64, hinter der Kreuzung mit der Rv 663, am Parkplatz bei Syltesetra. 90-Minuten-Wanderung, anfangs durch einen romantischen Wald. Steiler Pfad.

373no Foto: ms

Kristiansund ⇗VI/B1

Überblick

Noch bis zu Beginn der 1990er Jahre war Kristiansund, als letzte Stadt des Landes, nur über Fähren zu erreichen. Dann jedoch erbarmte man sich im Osloer Verkehrsministerium der **17.000 Einwohner** und zirkelte ihnen für zwei Milliarden Kronen eine neue Festlandsverbindung in die Landschaft. Freilich muss man für die schwimmende Pontonbrücke, die 1500 m lange Hängebrücke und den 5 km langen Unterseetunnel auch bezahlen, und das mit 70 NOK sicher nicht zu knapp (neuestes Projekt ist der **Unterseetunnel** in Richtung der Insel Averøy, seit 2009).

Die Stadt wurde an der Nahtstelle zwischen Ozean und Festland auf den **drei Inseln Nordlandet, Goma-/Kirkelandet und Innlandet** gegründet. Diese gruppieren sich um vier Sunde, sodass der Ortsmittelpunkt genau genommen im Wasser liegt. Eigentlich passend, bildet doch das Meer seit Jahrhunderten die Lebensgrundlage der Einwohner. Ähnlich wie in Ålesund

Kristiansund

fischte man auch in Kristiansund nach Dorsch, der gleichfalls getrocknet und zu Klippfisch verarbeitet wurde. Des guten Geschäftes wegen siedelten sich auch viele ausländische Kaufleute im Ort an und wohnten in herrschaftlichen Gebäuden wie dem Lossius- und dem Christiegården im Stadtteil Innlandet. Der Transport des Stockfisches erfolgte hauptsächlich auf Schiffen aus den Ländern des Mittelmeerraumes. Dass die Besatzungen wohl auch reichlich Ausgang hatten, mag, wie manche meinen, auch die vielen dunkelhaarigen Menschen in der Stadt erklären ...

Sehenswertes

Das Zentrum von Kristiansund gibt sich nach den Zerstörungen im 2. Weltkrieg recht modern. Doch trotz vieler neuer Bauwerke wirkt alles recht harmonisch und weniger steril als anderswo. Als ein Glanzpunkt zeitgenössischer Architektur gilt die **Kirkeland-Kirche** oberhalb der Innenstadt. Sie wurde vom Architekten Odd Østby entworfen und 1964 vollendet. Ihr Innenraum mit einer 30 m hohen Chorwand und 320 farbigen Fenstern wirkt einfach zauberhaft und erhaben (geöffnet: Mo.–Fr. 9–15 Uhr, gratis). In Aussehen und Baustil unterscheiden sich von ihr die jugendstilistische **Norlandet-Kirche** und die winzige, 1470 erbaute **Stabkirche auf der niedlichen Miniaturinsel Grip** draußen im Atlantik. Immer wieder wurde das Inselchen von schweren Stürmen heimgesucht, in deren Gefolge teils sogar ganze Häuser von den Fluten verschlungen wurden.

Einen schönen Rundblick über das Meer und die Stadt hat man vom **Vardetårnet** aus, einem **Wachturm,** der ursprünglich 1892 erbaut und 1972 abgerissen wurde. Das heutige Bauwerk ist eine 1992 angefertigte Kopie. Etwas unterhalb, am Ufer des innerstädtischen Meeresarmes Vågen, liegt die **Mellemværftet** (geöffnet: Ende Juni–Anf. Aug. Di.–Fr. 12–16 Uhr, Mo.–Fr. 8–15 Uhr, 20 NOK). Auf der **Museumswerft** werden noch heute kleine Boote restauriert und „klar Schiff" gemacht. Die Gebäude der Anlage stammen noch aus dem 19. Jahrhundert und sind ein Teil des **Nordmøre-Freilichtmuseums,** das von der Küstenkultur und den Arbeitsverhältnissen im alten Kristiansund berichtet. Auch archäologische Funde der 7000 Jahre alten Fosna-Kultur sind zu bestaunen (geöffnet: Di.–Fr. 10–14 Uhr). Eine neue Außenstelle des Museums ist das Klippfiskmuseum, mit Infos zum Stockfisch (geöffnet im Sommer: Mo.–Sa. 12–17, So. 13–16 Uhr).

Ein neues Erlebniszentrum ist das **Petrosenteret.** Erläutert wird die Geschichte des norwegischen Öl-Abenteuers, wie die ersten Funde gemacht wurden und wie das schwarze Gold das Leben veränderte (im südlichen Zentrum am Kai gelegen; geöffnet: 1.6.–1.9., 11–16 Uhr).

Touristeninformation

- **Kristiansund Reiselivslag,** Postboks 508, 6501 Kristiansund. Tel. 71585454, www.visitkristiansund.com.
- **Turistkontor** am Fähranleger im Zentrum, Tel. 71585454, Fax 71585455, Mo.–Fr. 9–16 Uhr, im Sommer wochentags bis 20 Uhr, Sa./So. von 10.30 bis 17/18 Uhr geöffnet.

Der Westen

Orientierung

- Die Rv 70 führt am Futura-Einkaufszentrum, dem Museum und der Kirkelandet-Kirche vorbei ins Zentrum und zum Fähranleger.

An- und Weiterreise

- **Busbahnhof:** am Fährkai im Zentrum. **Fernbusse 550, 630. Lokalbusse** zum Zug nach Oppdal, www.nettbuss.no.
- **Schnellboote/Fähren:** Kai (Insel Grip, nach Bremsnes, Trondheim) im Zentrum. Schnellboot nach Trondheim (500 NOK). Tägliche Fahrten zur Insel Grip (Tickets im Turistkontor, www.gripskyss.no).
- Auf dem Meer in der Stadt verkehren zwischen den einzelnen Inseln kleine **Sundbåte.**

Unterkunft

- **Rica Hotel Kristiansund,** Storgt. 41–43, Tel. 71571200, Fax 71571201 (*****). Großes, graues First Class-Hotel am Wasser südlich des Zentrums. Restaurants, Disco.
- **Quality Hotel Grand,** Bernstorffstredet 1, im Zentrum, Tel. 7151300, (*****). Außen wie innen ein ansprechendes Haus, Restaurant, Sauna und Disco.

Camping/Hütten

- **Atlanten Camping og Turistsenter,** Dalavn. 22, www.atlanten.no, Tel. 71671104, ganzjährig geöffnet. Komfortplatz mit Abstrichen unweit nördlich des Zentrums an einem kleinen Wäldchen. Die Zeltwiese kann z.T. etwas sumpfig sein. 18 Hütten (*/**), Zimmer (700 NOK), Jugendherberge (DZ 450 NOK), Tennis, Minigolf, Fahrradverleih.

Essen und Trinken

- Sehr gemütlich sitzt und speist man auch in dem **Fischrestaurant Smia,** in einem alten Holzhaus nördlich des Fährkais. Die sehr guten traditionellen Kristiansund-Gerichte (200–250 NOK) umfassen u.a. *Bacalao* (Stockfisch) und *Klippfisch.*
- Da man in einer so maritimen Stadt bei Fisch bleiben sollte, empfiehlt sich auch der Gang zum **Sjøstjerna** im Zentrum (in der Fußgängerzone gelegen). Traditionelle Fischgerichte (u.a. *Klippfisch*) gibt es ab 180 NOK, Fischsuppen ab 80 NOK. Nachmittags werden Apfelkuchen mit Vanilleeis und Waffeln serviert.
- Beliebt sind auch das **Café Onkel** (Kaibakken 1; Bar, Pub, Lesecafé, Internet) und das **Dødeladen Café** (Skippergata 1a, ab 18 Uhr geöffnet).

Aktivitäten

- **Tauchen: Barmans Diving,** Tel. 71676511.
- **Weitere Angebote:** Bowlingcenter südlich vom Zentrum, Squashhalle, Schwimmhalle mit Sauna, Angeltouren – Infos im Turistkontor.
- **Atlanterhavsbadet:** Neues Erlebnisbad (100 NOK, bis 21 Uhr, Sa. bis 18 Uhr geöffnet).
- **Oper:** Kritiansund hat sich als Stadt der Oper einen Namen gemacht. Die Tradition des Hauses reicht bis in das Jahr 1805 zurück. Sommerpause bis Anfang Oktober. Opernfestspiele im Februar; www.oik.no.

Zwischen Kristiansund und Trondheim

Die Landschaft zwischen Kristiansund und Trondheim gehört mit ihren waldreichen und weiten Tälern sicher nicht zu den aufregendsten Gegenden Norwegens. Immerhin können die dem Festland vorgelagerten **Inseln Smøla, Hitra und Frøya** für sich in Anspruch nehmen, eine der untypischsten Landschaften des Landes zu besitzen. Speziell Smøla ist nämlich topfeben. Ausgedehnte Moore prägen die Natur, und es gibt Straßen, die auf wundersame Weise mal über ganze 3 km geradeaus führen. An Restnorwegen erinnern da nur noch die Myriaden von Schären und so abgelegen-idyllische Orte wie Veidholmen auf Smøla.

Sehenswert auf Hitra sind die mittelalterliche Dolm-Kirche, der Handelsort Hopsjø (17. Jahrhundert) und die Dolmen-Miniaturstadt bei Kjerringvåg.

Touristeninformation

- **Hitra Turistkontor,** Boks 83, 7240 Fillan, Tel. 72444010, Fax 72444020, www.hitra turistservice.no. Vermittlung von Unterkünften, Verkauf von Angelkarten.

An- und Weiterreise

- **Fähren** von Nordheim (östlich von Kristiansand) nach Smøla und Hitra.
- Das **Schnellboot** von Kristiansund nach Trondheim hält in Edøy (Smøla) und Sandstad (Hitra).

Unterkunft

- **Dolmsundet Hotell,** Melandsjø, www.dolmsundet.no, Tel. 72440440, Fax 7244 0441. Hübsche Anlage im Norden der Insel Hitra mit gemütlichen hölzernen Zimmern und Apartments (*****), komfortablen Hütten (**) und einem Zeltareal. Ausflüge und Angeltouren werden organisiert.
- **Fjellvær Kyst- og Bondegardsferie,** Hitra, Tel. 72440132, Fax 72440256, www.fjellvar.no, (**). Im nordöstlichen Teil der Insel in Knarrlagsund. Auch gute Hütten (**/****).
- **Vågen Camping,** Hitra, Tel. 72444160, www.hitra.as. Herrlicher Platz mit 10 Hütten ab 400 NOK, 15 km westlich von Sandstad.
- **Hitra Camping & Kro,** Sandstad, Tel. 72443730, www.hitracamping.com. Nette Hütten (*/**), Bootsverleih.
- **Frøya Kystcamp,** Hamarvik, Tel. 72446174. Hütten, Camping, Bootsverleih, Angeltouren.
- **Auf Smøla** gibt es **Campingplätze** in Straumen (Edøy) und im Norden, inSteinøysund.
- **Hellesfjord Feriesenter,** Edøy, Tel. 7154 3734, (*). Die Anlage im Süden der Insel Smøla bietet vor allem Anglern ein unerschöpfliches Reservoir an Plätzen zum Auswerfen der Rute. Im Ort Edøy können die romanische Kirche von 1190 und die Kupferminen besichtigt werden.
- **Småøyan Camping,** Surnadal, Rv 65, Tel./Fax 71662904, www.smaaoyan.no. Hübscher Platz in Fjordnähe. Hütten (*). Als Ausflug bietet sich das Svinviks-Arboretum 17 km südlich von Surnadal (bei Todalen) an.

Aktivitäten

- **Angeln:** Die Möglichkeiten zum Angeln sind auf den Inseln (speziell auf Smøla, Hellesfjord Feriesenter) so gut wie unbegrenzt – gute Fänge sind fast schon vorprogrammiert. Angeltouren organisiert das Dolmsund Hotell.
- **Tierbeobachtung:** Auf Smøla leben u.a. Graugänse, Fischreiher, Gänse, viele Meeresvogelarten und Moorschneehühner. Auch Hirsche und wilde Nerze gibt es.
- **Tauchen: Dykkesenter** in Kvenvær (im Westen von Hitra), Tel. 88006006, Fax 7244 4540.

Gebirge und Täler westlich des Gudbrandsdal

Die Hauptsiedlungsgebiete und Verkehrsadern der Region sind die alten Kulturlandschaften des **Hallingdal** und der **Valdres.** Diese waldreichen Täler liegen gleichsam eingekeilt zwischen zwei der mächtigsten und ausgedehntesten Gebirgsregionen Norwegens: Im Süden die weitläufige Hochebene der Hardangervidda, im Norden die Bergriesen Jotunheimens. In diesem Gebiet befinden sich einige **schöne Stabkirchen,** z.B. in Lom, Borgund und Reinli, sowie so **einmalige Gebirgspässe** wie der Sognefjellveien von Skjolden am Sognefjord nach Lom und die Valdresflya von Fagernes (in der Valdres) nach Vågåmo.

Hønefoss und Tyrifjord

↗XVI/B3

Das **12.000-Einwohner-Städtchen Hønefoss** liegt etwa 60 km nordwestlich von Oslo und ist der zentrale Ort der Region Ringerike. Prägend für Hønefoss war und ist der große **Wasserfall,** der nun schon seit über 300 Jahren im Dienste der Holzverarbeitung steht. Optisch hat der Ort davon kaum profitiert. Südlich der Kleinstadt erstreckt sich umgeben von dunklen Wäldern und grauen Felsen der tiefblaue **Tyrifjord.** Auch wenn es sein Name suggeriert, so ist dieser „Fjord" genauso wenig mit Meereswasser gefüllt wie der nördlich gelegene, knapp 80 km lange **Randsfjord.** Ihr fjordartiges Aussehen verdanken die Gewässer der Tatsache, dass sie beide während der letzten Eiszeit Schmelzwasserrinnen waren. Darin gleichen sie dem salzhaltigen Oslofjord.

Den schönsten Blick auf den Tyrifjord hat man – und die Namen sprechen eigentlich schon für sich – von der **Dronningens** (Königinnen) **utsikt** und der **Kongens** (Königs) **utsikt.** Beide sind über eine kleine Mautstraße ab Sundvollen an der E 16 zu erreichen. Zur Aussicht des Königs muss allerdings noch 20 Minuten gewandert werden.

Unten im Tal, 5 km vor Hønefoss, sind die mittelalterliche **Kirche von Norderhov** und das **Ringerike-Museum** zu besichtigen. Die Ausstellung ist in einem Pfarrhof aus dem 17. Jahrhundert untergebracht. Zu betrachten sind u.a. Stab und Tornister des Märchenerzählers *Peter Christen Asbjørnsen* (1812–1885). Er ging hier in Norderhov zur Schule und wanderte oft in der Gegend umher. *P. Asbjørnsen* und *Jørgen Moe* (1812–1885) sind das norwegische Pendant zu den *Gebrüdern Grimm* (geöffnet Di.–So. 11–16 Uhr, 60 NOK).

An- und Weiterreise

- **Züge** Richtung Oslo und Bergen.
- **Fernbusse 161, 160.**

Unterkunft

- **Sundvolden Hotel,** Krokkleiva, Tel. 3216 2100, Fax 32751397, (*****), Sommer (****). Sehr komfortables und ansprechendes, historisches Haus am Tyrifjord südlich von Hønefoss. Neben erstklassigen Zimmern gibt es einige sehr gute Hütten (**), Hallenbad und Sauna.
- **Utvika Camping,** unterhalb der E 16, Tel./Fax 32160670, www.utvika.no, ganzjährig geöffnet. Schöner Platz am Tyrifjord, 39 km vor Oslo. 14 gute Hütten (**/***), Fahrrad- und Bootsverleih.
- **Onsakervika Camping,** Røyse, Tel. 3215 7333, www.onsakervika.no. Der Platz ist herrlich auf der Halbinsel am Tyrifjord gelegen. Großer, lebhafter Strand, 17 Hütten (*/**), Bootsverleih.

Um zum Krøderen-See und in das Hallingdal zu gelangen, biegt man in Hønefoss auf die Rv 7 ab, die E 16 führt weiter in die Valdres (siehe unten).

Krøderen

↗XVI/B3

Der langgezogene **Krøderen-See** markiert den **Beginn des Hallingdales.** Der gleichnamige Ort am Südende des Sees ist Ausgangspunkt für die dampfbetriebene **Krøderen-Bahn.** Sie verkehrt an Sonntagen im Sommer auf einer 26 km langen Strecke nach Vikersund (Tel. 32150550, www.njk.no, Juli–Aug. 3x täglich, 180 NOK).

„Wer kennt wohl nicht unsere bekannten und liebgewonnenen Abenteuer, und hast du dir nicht schon öfters mal eine Reise in ein Abenteuerland gewünscht?" Mit diesen Worten lockt das **Märchenschloss der Villa Fridheim in Noresund** große und kleine Weltreisende zu einem Besuch. In dem Haus wie aus einem Traum, dem strahlenden Soria Moria-Schloss, werden Trolle und Märchen der Erzähler *Asbjørnsen* und *Moe* lebendig (Anf. Mai–Anf. Okt. 10–17/18 Uhr, 70 NOK, Kinder 35 NOK).

Traumhaft geht es auch im **Haus des Trollmalers Theodor Kittelsen** zu, das 18 km südlich in Prestfoss i Sigdal (Rv 287) steht (geöffnet: Mitte Juni bis Mitte August, 11–17 Uhr). Ausgestellt sind viele Bilder und Schnitzereien des Künstlers.

In Prestfoss liegt zudem ein kleines **Freilichtmuseum** mit „Folkemusikksenter" (11–17 Uhr, 50 NOK).

Zu **Blaafarveværket** und **Hokksund Glashütte** siehe „Süden/Binnenland".

Touristeninformation

- **Norefjell Turistkontor,** Tel. 32150550, Fax 32150560.
- Die Gegend zwischen Tyrifjord und Krøderen wird einheitlich als das **„Tal der Künstler"** vermarktet, mit Ausstellungen u.a. zu Volksmusik und zum Trollmaler Theodor Kittelsen. Infos: www.kunstnerdalen.net.

An- und Weiterreise

- **Bahnhof in Flå, Fernbus 170.**

Unterkunft

- **Norefjell Bookingservice,** Tel. 32150550, www.norefjell.no. Hütten, Zimmer und Apartments am Norefjell Skisenter.

Camping/Hütten

- **Stavn Campingplass,** Flå, Tel. 32052530, www.stavncamping.com. Kleine, ganzjährig geöffnete Hütten (*). Sehr wenig Platz für Zelte.

Essen und Trinken

- Das **Krøderen Kro** südlich von Noresund bietet preiswerte Snacks und eine schöne Aussicht auf den See. DZ 600 NOK.

Aktivitäten

- **Reiten:** Es werden Reitausflüge über das Norefjell organisiert – Infos im Fjellhvil Hotel.
- **Wintersport:** Die Anlage am Norefjell war Austragungsort für die alpinen Wettbewerbe der Olympischen Winterspiele 1952. Die 11 Lifte und die 1000 m Höhenunterschied haben durchaus schon fast alpines Format, Infos unter www.norefjell.com.

Hallingdal ↗XVI/A,B2

Inmitten unwirtlicher Fjell-Landschaft und dichter Fichtenwälder war das liebliche Hallingdal über die Jahrhunderte hinweg **eines der besten Siedlungsgebiete zwischen Oslo und Bergen.** Allerdings konnte das lebenspendende Tal nur sehr schwierig erreicht werden, und so lebten die Bewohner jahrhundertelang fast isoliert von der Außenwelt. Dies änderte sich erst mit der Inbetriebnahme der Bergen-Bahn 1909 (vgl. „A–Z/Verkehrsmittel/Bahn/Bahnstrecken"). Das Tal lang nun schlagartig an einer der modernsten und wichtigsten Verkehrsverbindungen des Landes. Mit den Zügen kamen auch die Gäste. Neben der Holz- und Landwirtschaft wurde so der **Tourismus** zu einem wichtigen Erwerbszweig. Heute gehört

378no Foto: ms

Das liebliche Hallingdal

das Hallingdal mit den Wintersportzentren Geilo, Ål, Gol und dem benachbarten Hemsedal zu den bedeutendsten Urlaubsregionen Norwegens. Etabliert hat sich in den letzten Jahrzehnten auch die **Wasserwirtschaft,** was dem Gebiet den Beinamen „Norges kraftdal Nr. 1" eintrug.

Überdauert haben die Veränderungen der letzten Jahrzehnte u.a. die kleine Stabkirche von Torpo, die prächtigen Rosenmalereien der Bauernhäuser und der in ganz Norwegen bekannte **Volkstanz Halling.** Im Mittelpunkt des Reigens steht dabei ein Bursche, der wie ein Derwisch herumwirbelt und tänzelnd versucht, einen Hut, der von einem Mädchen etwa 1,5 m hoch gehaltenen wird, mit den Füßen zu erwischen und aufzufangen. Angefeuert wird er dabei durch schrille und jubilierende Laute der Umstehenden.

Nesbyen

↗XVI/A2

Nesbyen hält mit 35°C im Schatten den norwegischen Temperaturrekord! Leider ist dies fast schon das Aufregendste an dem **2200-Einwohner**-Ort. Erwähnenswert sind nur das große, in den Berg gesprengte **Wasserkraftwerk von Nes,** von dem das Kabelchaos über der Straße kündet, und das **Hallingdal Folke-Museum.** Hübsch anzuschauen sind der knorrige Speicher aus dem 14. Jh. und die prächtigen Ranken und Farben der Rosenmalerei in einigen der zwanzig Bauernhäuser. Oft finden Volkstänze statt (geöffnet im Juni–Aug. 11–16 Uhr, 50 NOK).

6 km nördlich von Nesbyen zweigt eine Straße Richtung Garnås zur **Gardnos Brekzie** ab. Dabei handelt es sich um einen Meteoritenkrater, der vor 650 Mio. Jahren entstand. Rot und blau markierte Naturwanderwege erschließen das Gelände. Der blaue Pfad ist 2 km lang, der rote führt zu einem Aussichtspunkt mit Blick über den Krater. Informationszentrum am Parkplatz (www.gardnos.no).

Südlich von Nesbyen, in **Flå,** liegt der bis 18 Uhr geöffnete schöne **Vassfaret Bjørnepark** (Bärenpark, wo man auch Elche antreffen kann (100 NOK, Fam. 300 NOK).

Touristeninformation

- **Hallingdal Informasjonssenter,** 3540 Nesbyen, Tel. 32070170, www.nesbyen.no.

An- und Weiterreise

- **Züge** nach Oslo, Gol, Geilo, Bergen.
- **Fernbus 170, Lokalbusse** nach Oslo, Gol und Geilo, Hallingdal Billag: Tel. 32086060, www.fjord1.no/hallingdal.

Unterkunft

- **Sutøya Feriepark,** Nesbyen, Tel. 32071397, Fax 32070111, www.sutoyaferiepark.no, sutferie@online.no, ganzjährig geöffnet. In der Ferienanlage gibt es einen Campingplatz mit 16 komfortablen Hütten (**/***), eine Jugendherberge (Bett ab 220 NOK, DZ ab 470 NOK) und eine Caféteria. Fahrradverleih.
- **Nesbyen Camping,** südl. Ortsrand, Rv 7, Tel. 32071307. Guter Platz, Hütten (*).
- **Hagaled Gjestegård,** Tel. 32071007, www.hagaled.no. Sehr ansprechende Pension mit Atmosphäre und historischen Zimmern zum guten Preis (DZ 900 NOK). In Nesbyen im Kreisverkehr Richtung Kirche abbiegen. 600 m.
- **Trondrudmarka:** Ruhiges Waldgebiet 16 km westlich von Nesbyen: **Haraldset Hytter,** Tel. 32068765, (**); **Nystølen Hytter,** www.nystolen.no, Handy 91845238, (***).

Gol

↗XVI/A2

An der Stelle, wo das Hallingdal westwärts abknickt, liegt das weitläufige Gol. Die größte Attraktion des **2000-Einwohner**-Ortes, die **Stabkirche,** wurde 1882 zerlegt und nach Oslo verfrachtet, nachdem sie zu klein geworden war und ein neues Gotteshaus das alte überflüssig machte. Wer nun aber doch eine „norwegische Pagode“ am Fluss entdeckt hat, der halluziniert keinesfalls, sondern hat eine Mitte der 1990er Jahre errichtete Kopie vor Augen (geöffnet: 15.5.–11.9. 10–15 Uhr, Juli/Aug. 9–18 Uhr, 75 NOK; neben der Kirche befindet sich eine Rekonstruktion eines Wikinger-Häuptlingshauses). Obgleich die Kirche außerordentlich gelungen ist, dürften dennoch die meisten Besucher eher wegen der sehr guten Einkaufsmöglichkeiten und der fast unendlich **vielen Sportangebote** nach Gol kommen.

Am Ortsrand kann täglich zwischen 13 und 17 Uhr die **Ausstellung alter Hallingdaler Hofgebäude im Skaga Bygdetun** besucht werden. Sonntags werden auch Volkstänze aufgeführt (Juli Di.–Sa. 11–16 Uhr).

Touristeninformation

- **Gol Reisemål,** Skysstationen, Sentrumsveien 93, 3550 Gol, Tel. 32029700, Fax 32029701, www. golinfo.no.

An- und Weiterreise

- **Bahnhof:** Der Bahnhof liegt auf der dem Zentrum gegenüberliegenden Seite des Flusses. Züge nach Oslo, Geilo, Bergen.
- **Busbahnhof:** Er liegt am Pers Hotell. **Fernbus 170, Lokalbusse** nach Geilo, Nesbyen und Oslo. Hallingdal Billag: Tel. 32086060, Routeninfo: Tel. 81500184.

Unterkunft

- **Pers Hotell,** Gol-Zentrum, Tel. 32023100, Fax 32023101, www.pers.no, (*****), Sommer (****). Erstes und bestes Haus im Ort, mit sehr vielen Sportmöglichkeiten (Badeland, Squash, Bowling), à la carte-Restaurant und Disco. Vermietet werden auch 26 Finnhütten (***) und gemütliche Apartments (ab 600 NOK).
- **Storefjell Resorthotel,** Tel. 32078000, Fax 32078001, www.storefjell.no, (*****). 1000 m hoch auf dem Golsfjell gelegenes First-Class-Hotel, bei dem der Sport im Mittelpunkt steht (Hallenbad, Reiten, Fitnesscenter). **Internetanschluss.**
- **Oset Høyfjellshotel,** Oset, Tel. 32079500, Fax 32079501, (*****). Traditionsreiches, elegantes Haus auf dem Golsfjell (900 m). Hallenbad, Saunas, Fitnessraum.
- **Golsfjell Fjellstue,** 950 m hoch gelegen, Tel. 32073913, Fax 32073911, (****/***). Wem die großen Høyfjellhotels nicht zusagen, ist in diesem netten Holzhaus am See genau richtig. DZ und Hütten.
- **Solstad Hotell & Motell,** Gol, Tel. 32029720, Fax 32029750, (****/***). Familiäres Hotel in einem gelben Holzhaus. Restaurant, Sauna.

Camping/Hütten

- **Fossheim Hytte og Camping,** Gol, Rv 7 Tel. 32029580, Fax 32029585, ganzjährig geöffnet. Komfortabler sauberer und idyllischer Platz 3,5 km westlich von Gol am Waldesrand zwischen Straße und Fluss gelegen. 17 gute Hütten (**/***), Sauna.
- **Gol Campingsenter & Apartments,** 2 km westlich Gol, Rv 7, Tel. 32074144, Fax 3207 5396, www.golcamp.no, ganzjährig. Komfortabler Platz, leider nahe der Straße. 38 Hütten (**/***), Angelplatz, Sauna, Freibad.
- **Personbråten,** Rv 7 Richtung Geilo, Ortsrand Gol, Tel. 32075970. Kleiner Platz ohne viel Komfort. Keine Hütten.
- **Kvanhøgd Turistsenter,** Rv 51, Tel./Fax 32073957, www.kanhogd.no, ganzjährig geöffnet. Gut ausgestatteter Camping- und Caravanplatz auf dem Golsfjell (Straße nach Fagernes). 13 Hütten (*/***).
- **Jondalen Fjellgård**, Rv 51, 7 km oberhalb von Gol, Handy 90577577, www.jondalen.no. Tolle Hütten am Rande des Golsfjells.

Aktivitäten/Shopping

- **Baden:** Große Tropicana-Badeanlage im Pers Hotel mit diversen Bassins und Rutschen (200 NOK, Familien 520 NOK).
- **Wintersport:** 2 längere Lifte, 320 km Loipen – fast unbegrenzte, herrliche Tourmöglichkeiten auf der weiten, unendlich erscheinenden Hochebene Golsfjell.
- **Weitere Angebote:** Angeln im Hallingdalselv, Reitausflüge ins Gebirge, Elchsafari, Gocart, 9-Loch-Golfplatz (Tel. 32077534), Segelfliegen, Bergwanderungen auf dem fast topfebenen Golsfjell, Tennis, Squash, Bowling, Reiten, Klettern. Infos im Turistkontor.
- Sehr gute **Einkaufsmöglichkeiten** (Lebensmittel, Bekleidung, Sportartikel) im Zentrum von Gol. Auch liegt hier eine interessante **Glasbläserei** (9–14/15 Uhr).

380no Foto: ms

Ski fahren im Hemsedal

Umgebung

Hemsedal ↗XVI/A1

Oberhalb von Gol beginnt das abwechslungsreiche Hemsedal. Es bietet neben flachen waldreichen Gebieten, in denen Elch und Elchkuh zu Hause sind, auch ein alpines Gebirgspanorama mit dem markanten **140-m-Wasserfall Hydnefossen** und einem schäumenden Wildbach, dem Hemsli. Dieser bildet kurz hinter Tuv den **Rjukandefoss,** der trotz bescheidener 18 m Höhe ausnehmend schön ist und den Spaziergang zu seinen Ufern lohnt.

Wenige Kilometer vor der Aufgabelung des Tales in das **Grøndal** (Grünes Tal) und das **Mørkedal** (Dunkles Tal) liegt der **Ort Hemsedal** (Tal der Zerstörung). Seit den 1980er Jahren wurde die Siedlung zu einem der größten und **attraktivsten Wintersportzentren** des Landes ausgebaut und das Lift- und Bettenangebot soll noch weiter vergrößert werden, sodass man endgültig mit Trysil in Ostnorwegen gleichziehen kann.

Das Mørkedal, dem die Rv 52 folgt, endet auf dem **Hemsedalsfjell.** Die **Hochebene** wirkt eher trist, allerdings wölbt sich über ihr in klaren Nächten ein unvergleichliches, funkelndes Ster-

381no Foto: ms

nenzelt. Solch glitzernde Vielfalt wird man im kunstlichtverseuchten Mitteleuropa wohl kaum erleben können.

Nach einigen Kilometern Fahrt über das Gebirgsplateau windet sich die Straße auf Serpentinen hinab nach Borlaug, das von mächtigen und rundhöckrigen Bergen eingerahmt ist. Hier trifft man auf die E 16, die aus dem Valdres-Tal kommend zur Stabkirche von Borgund und nach Lærdal am Sognefjord führt.

Der Wasserfall Rjukandefoss im Winter

Dyranut Turisthytta – im Winter wegen drei Meter Schnee geschlossen

- **Touristeninformation:** Hemsedal Turistkonto, Postboks 3. 3561 Hemsedal, www.hemsedal.com, Tel. 32055030, Fax 3205 5031.
- **Fernbus 170.**
- **Unterkunft** (Hohe Winter-, niedrige Sommerpreise).

Skogstad Hotell, Tel. 32055000, Fax 3205 5001, (*****), Sommer (****). Modernes Hotel mit à la carte-Restaurant, Nachtclub und Disco.

Fanitullen Ferieleiligheter, Hemsedal-Zentrum, Tel. 32060600, Fax 32060654, (****). 1990 erbautes ansprechendes Hotel mit gemütlichen Apartments. Pizzarestaurant.

Hemsedal Hotell, Tuv, Tel. 32055400, Fax 32060691, (*****/****). Renoviertes Hotel in Tuv bei Hemsedal.

Huso Fjellgård, Huso, 15 km südlich, Tel. 32023100, Fax 32023101, www.huso.no. Romantischer Berghof mit komfortablen Hütten und Apartments (3000–6000 NOK/Woche). Auch ein kleines naturkundliches Museum gibt es hier, viel Getier und Aktivitätsangebote für Groß und Klein. Ferner liegen ein rekonstruiertes Wikinger-Häuptlingshaus und ein Hof aus der Eisenzeit auf dem Berghof (geöffnet im Sommer 11–18 Uhr).

Fossheim Gjestehus, Tel. 32060315, Fax 32060745, www.fossheim. com. Sehr ansprechendes Gästehaus mit schönen Zimmern (****) und gemütlichen Hütten (***). Restaurant, Bar.

- **Camping/Hütten (alle mit Bushaltestelle)**

Haug og Bru-Haug Camping, Hemsedal, Tel. 32060525, Fax 32060584, ganzjährig geöffnet. Komfortable Hütten (**/***) am Fluss im Zentrum. Alle mit TV und Sauna. Sehr viel preiswerter, aber auch viel schlichter sind die **Hütten vom Haug-Platz,** oberhalb des Ortes (*).

Rjukandefoss, Tuv, Tel. 32062174, Fax 3206 2020, ganzjährig geöffnet. Schlichter Platz an der Straße mit einfachen, netten Hütten (3000 NOK/Woche im Winter, Sommer ab 300 NOK/Tag).

Hulbak Hytter, 4 km nördlich, Tel. 3206 2275, www.hulbak.no. Einfacher, schöner Campingplatz am Bauernhof. Hütten, z.T. mit Kamin und TV, (*/**) (Winter 3500–8000 NOK/Woche). Besonders romantisch: Haus Hallingstue (730 NOK).

Moen Hytter og Camping, Ulsåk, Tel./Fax 32060136, ganzjährig geöffnet. Guter, 5 km nördlich von Hemsedal gelegener Platz. 17 Hütten (*/**).

- Im Zentrum gibt es **Pubs, Restaurants und Diskotheken.**
- **Fahrrad fahren:** Ein Sessellift hat auch im Sommer geöffnet und bietet eine eigene Mountain-Bike-Abfahrt.
- **Klettern/Eisklettern/ Paddeln:** Kurse und Touren bietet der Outdoorladen Skandinavisk Høyfjellutstyr in 3560 Hemsedal an (Tel. 32060177, Fax 32060501).
- **Wintersport:** 13 Lifte, 800 m Höhenunterschied, 27 Abfahrten, beleuchtete Pisten und Loipen, Langlaufgebiet einige Kilometer südl. Richtung Gol. Liftpass: 6 Tage 1500 NOK, Skiverleih, Skischule. www.hemsedal.com.
- **Weitere Angebote:** Elchsafari, Reiten, Angeln, Gleitschirmfliegen, Tennis, 9-Loch-Golfplatz (Tel. 32062144).
- Um nach Ål zu gelangen, kann im Sommer auch die enge, teils holprige Gebirgsstraße ab dem Skisenter in Hemsedal benutzt werden. Sie führt durch herrliche Fjellandschaft mit guten **Wandermöglichkeiten.**

Torpo/Ål ↗XV/D3

In **Torpo,** 15 km westlich von Gol, steht schlank und rank eine winzig klei-

384no Foto: ms

ne **Stabkirche.** Erbaut wurde sie um das Jahr 1200. Ihre heutige turmförmige Gestalt erhielt sie durch den Abriss der umlaufenden Gänge und des Chores im 18. Jh. Beachtenswert sind die farbenfrohen, aus dem Leben Jesu erzählenden Bilder am Baldachin, der Dachwölbung im Inneren (9–18 Uhr).

10 km weiter kommt man in den netten, bei Norwegern immer beliebter werdenden **Urlaubsort Ål.** Neben der schönen Natur mit dichten Moospolsterwäldern, in denen Auerhahn, Elch und Hirsch leben, ist das kleine **Ål-Bygda-Museum** von Interesse. In dem Freilichtmuseum sind 20 alte Holzhäuser, eine alte Schulstube und eine Abteilung zum Thema Rosenmalerei zu besichtigen (geöffnet Juli–Mitte Aug. Di.–So. 12–16 Uhr).

- **Touristeninformation: Ål Turistkontor,** 3570 Ål, Tel. 32081060, Fax 32082336, www.kulturstreif.no, www.aal.as.
- **An- und Weiterreise:** siehe unter „Geilo".
- **Unterkunft**

Hallingdal Hotell, Ål, Tel. 32082011, Fax 32082032, (****). Recht ansprechend gestaltetes Hotel mit netten Zimmern, Swimmingpool, Sauna.

Actif Hotel, Votndalen, Tel. 32086666, Fax 32086667, (*****). Modernes Sporthotel: Tennis, Sauna, Hallenbad, Bowling, Fitnessraum, Skizentrum. Hütten (****).

Ål Folkepark, Tel. 32081326. Anlage mit Freilichtbühne und Marktständen. 25 Hütten unterschiedlicher Größe und Ausstattung (**/***), z.T. am Fluss gelegen. Zeltplatz. Teils stark frequentiert.

- **Wintersport:** 3 Lifte mit 460 m Höhenunterschied, Liftpass für 5 Tage 1000 NOK. Schlittenhundefahrten, Schlittenfahrten, beleuchtete Loipen.
- **Kulturhaus:** Turistkontor, Kino, Bibliothek **Internet** und Museum mit Arbeiten des deutschen Künstlers *Rolf Nesch*.

Hol ↗XV/D3

Der kleine Ort zwischen Ål und Geilo hat eine sehenswerte Kirche. Der Ursprung des Baus geht auf eine im 16. und 19. Jahrhundert umgebaute Stabkirche zurück. Nahe des Gotteshauses liegt das idyllische **Hol Bygdemuseum** mit 20 Häusern aus dem 18. und 19. Jahrhundert. Neben alten Hofgebäuden gibt es auch eine Schul- und eine Pfarrstube (geöffnet: Juli–Aug. Di.–So. 11–16 Uhr).

Geilo ↗XV/D3

Schon Ende des 19. Jahrhunderts kamen die ersten Gäste in das 900 m hoch gelegene Geilo (sprich: „jeilu", altnordisch: Viehweg). Aus dem anfänglich noch sanft vor sich hin schlummernden Bergdorf wurde im Laufe der Jahre **eines der bedeutendsten Wintersportzentren Skandinaviens.** Schon 1935 fanden hier die ersten Abfahrtsrennen statt, und heute stehen 18 Lifte zur Verfügung. Die geringen Höhenunterschiede aber machen den recht teuren Ort vor allem zu einem Zentrum für den **Langlauf.** Ganz besonders hoch im Kurs stehen da Touren über die angrenzende Hardangervidda und zum markanten Bergmassiv des 1933 m hohen Hallingskarvet nördlich von Geilo.

Touristeninformation

- **Geilo Turistinformasjon,** 3580 Geilo, Tel. 32095900, Fax 32095901, www.geilo.no.

An- und Weiterreise

- **Bergen-Bahn:** siehe Kap. „A–Z/Verkehrsmittel/Bahn/Die wichtigsten Bahnstrecken".
- Tägliche **Zugverbindungen** nach Oslo, Gol, Ål und Bergen.

- Über die oft bis in den Juni hinein tief verschneite nördliche Hardangervidda geht es in Richtung Westen zur Bergstation Finse (siehe unter „Hardangervidda"), nach Myrdal, mit dem Abzweig der dramatischen Flåm-Bahn (vgl. „Der Westen/Sognefjordregion/ Flåm"), und nach Bergen an der Küste des Westlandes.
- **Im Sommer: Bus** (Fahrradtransport) nach Haugastøl, Tråstølen, Dyranut und Eidfjord.

Unterkunft

- **Dr. Holms Hotel+,** Geilo, Tel. 32095700, Fax 32091620, www.drholms.no, (*****). Romantisches und zugleich sehr modernes Holzhotel, im Winter sehr teuer. Erbaut wurde die noble Unterkunft im Jahr 1909, sie war eine der ersten im alten Geilo. Gutes Restaurant, Pub, Hallenbad, Sauna.
- **Norlandia Geilo Hotel,** Tel. 32090511, Fax 32091730, (*****/****). Angenehmes und traditionsreiches Haus mit gutem Service zu akzeptablen Preisen. Sauna, Fitnesscenter.
- **Bardøla Høyfjellhotel,** 1,5 km vom Zentrum entfernt, Tel. 32094100, Fax 32094101, www.bardola.no, (*****/****). Großes Qualitätshotel mit sehr guter Ausstattung. Hallenbad, Sauna, Tennis, Nachtclub. Top-Hütten.
- **Norlandia Ustaoset Hotell,** 10 km westl. Geilo, Rv 7, Tel. 32093161, Fax 32093128, (*****). Januar z.T. (*/**). Traditionsreiches Hochgebirgshotel am Rande der Hardangervidda. Schwimmbad, Sauna, Pianobar, Kaminstube, sehr gute Küche.
- **Geilo Booking,** Tel. 32095940, Fax 32095941.

Jugendherberge

- **Geilo Vandrerhjem,** Tel. 32087060, Fax 32087066, www.oenturist.no, ganzjährig geöffnet. Gute Jugendherberge mit dem Bett für 290 NOK und dem DZ für 690 NOK.

Angeschlossen ist das **Øen Turistsenter** mit 29 einfachen Hütten (ab 400 NOK) und guten Apartments (ab 650 NOK).

Camping/Hütten

- **Geilo Camping og Hytter,** zentrumsnah, Tel. 32090733, Fax 32091156, ganzjährig geöffnet. Der einfache Platz vermietet 21 zumeist schlichte Hütten (*), im Winter 2000–4000 NOK/Woche).
- **Ødegård Teigen,** Geilo Tel. 32090298, Fax 32091723, www.odegardteigen.no. Einige Hütten sind „nur" komfortabel, andere Luxus, gemütlich sind alle. Sommer: 600–1500 NOK (7–15 Personen). Die Häuser Blomset und Skarvegløtt kosten 9000–12000 NOK (pro Tag), für 15–50 Personen.

På Hytta – das Glück im Kleinen

Über 400.000 Hytter bedecken das Land der Fjorde und Fjelle wie Zucker den Kuchen. Entweder sind es alte Wohnhäuser unweit der luxuriösen, neuen Gebäude, Teile eines Bauernhofes oder aber maßgeschneiderte Freizeit-Unterkünfte, die vorzugsweise Wald, See und Hochgebirge mit endlosen Wegen und Loipen gleich in der Nähe haben. Der nächste Nachbar sollte dabei außer Sicht-, zumindest aber außer Rufweite hausen – die Wahrung der Privatsphäre ist oberstes Gebot! Die Hütte ist schließlich ein kleines Himmelreich, ein Zufluchtsort vor der Zivilisation, der Platz für nostalgische Familienerbstücke, der Ruhepol mit Kamin und knisterndem Birkenholz. Allerdings teilt man, ist man mal nicht „på hytta", also in Hüttenklausur, das Anwesen gern mit anderen – ein unschätzbarer Vorteil für Verwandte, Freunde und Touristen.

Aktivitäten

- **Reiten:** Es werden u.a. Reittouren auf die Hardangervidda angeboten. Geilo Hestsenter, Tel. 32090181, www.geilohest.no. Sudndalen Hestsenter, Tel. 32088525.
- **Wandern/Fahrrad fahren:** An der Straße in Richtung Sognefjord gibt es viele Einstiegsmöglichkeiten zu Wanderungen **auf die Hardangervidda,** z.B. ab den Touristenhütten Halne und Dyranut. Ab Tråstølen, 1,5 km

vor Dyranut, führt ein nicht zu verfehlender Fahrweg südwärts zur Bjoreidalshytta (4 km), weiter zur Hütte Trondsbu (nochmal 4,5 km) und endet in Byen (nochmal 4,5 km). Der Weg ist auch gut mit dem Mountain-Bike zu bewältigen! Ab Bjoreidalshytta führen Pfad/Loipe binnen 5 Stunden zur bewirtschafteten DNT-Hütte Sandhaug (80 Schlafplätze). Auch diese Strecke ist Mountainbike-tauglich, fordert aber schon viel mehr Leistung und technisches Können!

Westlich von Geilo, in Haugastøl, beginnt der berühmte **Fahrradweg Rallarvegen** (siehe auch unter „Flåm"). Viele benutzen diesen Weg aber erst ab Finse, da man sich so die 300 Höhenmeter bis Finse ersparen kann (Zug bis Finse!). **Fahrradverleih** im Hotel in Haugastøl (175 NOK/Tag, 600/Woche), Geilo, Finse, Flåm.

Ab Prestholsætre bei Geilo führt eine anstrengende 3,5-Stunden-**Wanderung hinauf zum Prestholtskarvet,** einem Teil des Hallingskarvet. 600 m Höhenunterschied sind zu überwinden.

• **Wintersport:** Geilo: 18 Lifte, 275 m Höhenunterschied, 59 Abfahrten, 500 km Loipen, beleuchtete Pisten und Loipen, Liftpass 6 Tage 1500 NOK; Vinterland: mit Hemsedal, Ål, Gol, Hallingskarvet (30 km ab Geilo, Rv 50: 3 Lifte, 510 m Höhenunterschied).

Nach Süden (Rv 40) geht es ins Numedal (siehe dort).

Über die nördlichen Ausläufer der Hardangervidda (im Winter zeitweise gesperrt!) führt die Rv 7 zum dramatisch-schönen Wasserfall Vøringfoss (siehe unter „Eidfjord").

Hardangervidda ⇗XIX/C,D1

Westlich von Geilo, im Zentrum des oft so lieblichen Südnorwegens, erstreckt sich über ein Areal von 9000 km² **Europas größte Hochebene,** die tundraartige Hardangervidda. Entstanden ist die Rumpffläche an der Wende vom Präkambrium zum Kambrium (vor ca. 600 Mio. Jahren). Das Meer glättete und schliff die Oberfläche. Sedimente lagerten sich ab. Im Ordovizium (vor etwa 500 Mio. Jahren) begann mit der Kaledonischen Faltungsära die Heraushebung der Scholle. Vor etwa 10.000 Jahren war das Gebiet vom Eis der letzten Eiszeit überdeckt, wovon noch die vielen Seen und Moränen zeugen. Die durchschnittliche Höhe der Vidda (Hochebene) liegt heute bei 1000–1200 m. Einzelne Berge reichen im zentralen Teil bis 1400 m hoch und am Rand bis 1600 m. Der **mächtigste Gipfel** ist der nördlich von Geilo gelegene **Hallingskarvet** (1933 m). Allgemein ist die Vidda aber eher flachwellig, wobei sie in Richtung Osten sanft und nach Westen zu steil zum Hardangerfjord hin abfällt. Das Gebiet liegt über der Baumgrenze, war jedoch nach der letzten Eiszeit teils bewaldet, wovon noch einzelne Baumstämme künden.

Das **Klima** ist **zumeist subpolar,** mit dem Niederschlagsmaximum im Südwestteil der Hochebene. Selbst im Hochsommer steigen die Temperaturen nur selten auf über 10 °C, im Winter fallen sie zum Teil bis auf -40 °C. Tägliche **Wetterumschwünge** sind keine Seltenheit. Nicht umsonst testen viele norwegische Polarreisende ihre Ausrüstung in einigen Teilen der Vidda.

Trotz allem darf man sich die Hochebene nicht als eine endlose, leere Wüste vorstellen. In den vielen Senken konnten sich Moore und Böden ausbilden. **450 Pflanzenarten** gedeihen hier, einhundert davon endemisch, d.h. nur hier vorkommend. Auch leben auf der Vidda **28 Säugetierarten.** Mit etwas

Glück trifft man u.a. auf Schneehühner, Vielfraße, Luchse und Lemminge, die sich aus unerfindlichen Gründen alle paar Jahre in einem Massensuizid die Hänge hinabstürzen müssen. Bevor man ihnen begegnet, wird man eher einige der 15.000 wilden Rentiere oder 35.000 Schafe kennen lernen.

In heutiger Zeit ist speziell der 7500 km² große, als **Nationalpark** geschützte **Zentralteil der Hardangervidda** ein **beliebtes Wandergebiet,** sowohl im kühlen Sommer als auch im frostigen Winter. Mehrere Tage kann man unterwegs sein und wird trotzdem kaum einen Menschen treffen. 35 z.T. bewirtschaftete Hütten stehen für die Übernachtung bereit. Auch auf Eintagestouren bekommt man schon einen guten Eindruck von der herrlichen Natur (z.B. ab der den Nordteil der Vidda durchquerenden Rv 7, ab Eidfjord, Kinsarvik und Haukeli).

• **Informationen**
Am interessantesten ist das **Hardangervidda Natursenter** in Eidfjord am nördlichen Hardangerfjord (siehe „Westen/Hardangerfjord"). Ansonsten halten auch die **Touristenbüros der angrenzenden Orte** (z.B. Rjukan, Geilo, Eidfjord) Informationen bereit. Auch der **norwegische Gebirgswanderverein (DNT)** erteilt Hinweise zu Wanderungen (DNT, Storgaten 3, Postboks 7, Sentrum, 0101 Oslo, Tel. 22822822, www.dntoslo.no). Erhältlich sind hier u.a. kostenlose Wanderkarten mit Angaben zu Wanderzeiten. Detaillierte topografische Karten im Maßstab 1:50.000 und 1:100.000 kauft man am besten in den Buchhandlungen in Oslo und Bergen oder in Sportläden der umliegenden Orte. Auch in Buchhandlungen in Deutschland oder bei NORDIS kann man diese Karten bestellen (NORDIS, Tel. 02173/95370).

Viele der Hütten auf der Vidda können nur genutzt werden, wenn man Mitglied im DNT ist. Die Häuser liegen jeweils einen Tagesmarsch voneinander entfernt. Wild gezeltet werden darf überall, und natürlich kostenfrei.

• **Unterkünfte am Rande der Hochebene**
Gute Ausgangspunkte für Eintagestouren auf die Hardangervidda sind die Hotels und Campingplätze in Rjukan, auf dem Haukelifjell, in Finse, Eidfjord und Geilo. Größere Höhenunterschiede auf dem Weg zur Vidda ab Lofthus und Kinsarvik (siehe auch bei den jeweiligen Orten).

Finse ↗XV/C3

Finse ist der **höchste Punkt der Bergen-Bahn,** liegt zwischen Geilo und Myrdal und ist nur mit dem Zug zu erreichen. Der 1222 m hoch gelegene Ort – eigentlich nur ein Hotel, ein Museum und einige Urlaubshütten – ist ein **idealer Ausgangspunkt für Ski- und Wandertouren auf die Hardangervidda.** Finse liegt auch am **Fahrradweg Rallarvegen** (siehe unter „Flåm").

Das **Rallarmuseet** dokumentiert die Geschichte der Bergen-Bahn (geöffnet im Sommer 10–20 Uhr, 30 NOK).

• **Hotel Finse 1222,** Tel. 56527100, Fax 56527110, www.finse1222.no, geöffnet: 1.2.–1.10. Das schlichte Hotel vermietet 44 Zimmer (****). Lift in der Nähe. Schnee liegt bis Anfang Juni. Hundeschlittentouren, Gletschertouren und Fahrradverleih für den Rallarvegen.

• **Finsehytta des DNT:** Tel. 90852245, www.turistforeningen.no/finsehytta.

• **Hinweise zum Gebigswandern:** siehe Kap. „A–Z/Sport und Freizeit/Wandern".

• **Durchquerungen der Hardangervidda** dauern 7–9 Tage. Karte, Kompass, warme Sachen und feste Bergschuhe gehören zur Grundausrüstung!

• **Reittouren auf der Hardangervidda** werden u.a. von Rjukan und Geilo aus angeboten (siehe dort).

Valdres

↗XII/A3, XVI/A1

Zwischen den Hochebenen des Golsund Hemsedalfjell und der rauen Bergwelt Jotunheimens liegt die weite, liebliche Landschaft der Valdres. Nachdem auch dieses Tal über Jahrhunderte hinweg von der Außenwelt abgeschnitten war und sich so eine ganz eigene Mundart und Trachtenkultur entwickeln konnte, wird das Gebiet heute, wie so viele andere auch, von einer Fernverkehrsstraße durchzogen. Allerdings hat die Valdres glücklicherweise kaum etwas von ihrer Ursprünglichkeit eingebüßt. Und obwohl man versucht, immer mehr Touristen anzulocken, so ist doch der moderne **Charterflughafen in Fagernes** bis dato eine der wenigen einschneidenden Veränderungen – und eine von den Einheimischen viel belächelte Fehlinvestition noch dazu.

Wer aus Richtung Oslo über die E 16 in Richtung der Valdres fährt, hat unterwegs die Möglichkeit, zwei Stabkirchen zu besichtigen. Eine davon ist die Stabkirche von Hedal (nicht zu verwechseln mit Heddal!). Zu ihr biegt man am Ende des wurmförmigen Sperillen-Sees, in Nes, auf die Rv 243 ab (25 km). Durch schöne Waldlandschaft erreicht man die einschiffige Kirche aus dem 12. Jahrhundert. Lange Zeit blieb das Haus, nachdem im 14. Jahrhundert die Pest wütete, ungenutzt und ward nach einiger Zeit vergessen. Erst im Jahr 1558 fand man das Gebäude noch relativ gut erhalten im Wald. Es sah noch so aus wie nach dem letzen Gottes-

388no Foto: ms

dienst, allein ein Bär hielt Winterschlaf am Altar. Kurz danach weihte man die Kirche erneut und baute sie 140 Jahre später zur Kreuzkirche um. Besonders sehenswert ist heute das reich verzierte Westportal (im Sommer von 11–16 Uhr geöffnet). Unweit des Gotteshauses liegt die alte „Prestestugur", die Unterkunft für den „Prest", den Pfarrer. In dem aus Rundhölzern erbauten Haus ist u.a. altes Kircheninventar zu besichtigen (geöffnet Anf. Juni–Mitte Aug. 10–17 Uhr).

Weltliche Gegenstände zeigen hingegen die einige Kilometer südlich gelegenen **Bautahaugen Samlingen.** Neben Gehöften mit Schulmuseum und Krämerladen gehören auch eine alte Mühle und eine Fischerhütte zur Anlage (geöffnet: Juli bis Mitte August 12–17 Uhr. Sa. geschlossen).

Ab Hedal kann man über eine kleine, 6 km lange Serpentinenstraße mit Panoramablick zum schönen Begnatal und damit zur E 16 zurückkehren.

Die zweite **Stabkirche** der Gegend liegt **in Reinli** bei Bagn (25 km südlich von Fagernes). Das an eine kleine gotische Hallenkirche erinnernde Haus thront hoch droben über den Felsen und Bergen der südlichen Valdres. Der 1327 erstmals erwähnte Bau ist unter den Stabkirchen Norwegens einmalig, da Schiff, Chor und Apsis die gleiche Breite haben. Beachtenswert die teils an Karnevalsmasken erinnernden Köpfe am Ende der Innensäulen und die kunstvoll verzierten Beschläge der Türen (geöffnet Ende Juni–Ende August 11–17 Uhr).

Blick über die Valdres

Camping/Hütten

- **Buttingsrud Camping,** Hallingby, Tel. 32143160, ganzjährig geöffnet. 36 km nördlich von Hønefoss zwischen dem Sperillen-See und der E 16 gelegener, einfacher Platz. 6 Hütten (*/**).
- **Sperillen Camping,** 8 km südlich von Nes, Tel./Fax 32143200, geöffnet: 1.5.–15.9. Oberhalb des Sperillen-Sees gelegener, einfacher Platz mit schönem Strand. Hütten (*).

Fagernes

↗XVI/A1

Mit etwa **3000 Einwohnern** ist Fagernes der **größte und wichtigste Ort der Valdres.** Das Zentrum der um 1857 als Verkehrs- und Handelszentrum gegründeten Siedlung wurde in den letzten Jahren neu gestaltet und steht ganz im Zeichen des Tourismus. Besichtigt werden kann das **Valdres-Folke-Museum.** Die imposante und sehenswerte Sammlung liegt im Ort auf einer Halbinsel im See. Unter den ausgestellten 93 alten Gebäuden ist der Methusalem das Hovi-Lagerhaus aus der Zeit um 1200. Ihm zur Seite stehen Gehöfte, Mühlen, Badehaus und Handwerksbetriebe. Anfang Juli bis Anfang August finden mehrmals täglich **Volkstanzaufführungen** statt. Jede Sommerwoche ist zudem abwechselnden Thematiken gewidmet. Die Anlage wird abgerundet durch ein Café mit landestypischen Gerichten und einen Kinderspielplatz (geöffnet: Juli 10–17 Uhr, Juni/Aug. 10–16 Uhr, ansonsten Mo.–Fr. 10–15 Uhr, 60 NOK, Familien 125 NOK).

Touristeninformation

- Am Busbahnhof (Skysstasjon), **Valdres Turistkontor,** 2900 Fagernes, Tel. 61359410, Fax 61359415, www.visitvaldres.no.

An- und Weiterreise

- **Fernbusse 160, 450,** www.jvb.no.
- **Flughafen:** Charterflüge von Oslo, Bergen und manchmal auch von Deutschland aus nach Fagernes, Tel. 61364300.

Unterkunft

- **Fagernes Hotel,** Zentrum, Tel. 61358000, Fax 61358001, (*****). Aus einem kleinen Holzhotel entstand die große, elegante Anlage am See. Die Zimmer sind ansprechend, das Restaurant ist gut. Disco/ Nachtclub, Fahrrad- und Bootsverleih, Sauna, Hallenbad.
- **Nythun Høyfjellstue,** 16 km vom Zentrum, Tel. 61357930, Fax 6137940, www.nythun.com. (****). 19-Zimmer-Berghotel in schöner Lage auf 870 m Höhe.
- **Danebu Kongsgård,** Aurdal, Tel. 61357600, Fax 61357601, www.danebu.no, (*****). Wirklich tolle Anlage aus dunklen Holzhäusern mit grünen Grasdächern. In 985 m Höhe gelegen. 44 komfortable Zimmer, 14 große Hütten. Restaurant, Bar, Sauna, Tennis, Minigolf, Fahrradverleih. Unweit des Alpincenters.
- **Fagerlund Hotell,** Jernbanevegen 3, Tel. 61361858, www.fagerlundhotell.no. Sehr gemütliches, ursprüngliches Hotel mit DZ ab 960 NOK, Restaurant, Café und Bäckerei.

Camping/Hütten

- **Fagernes Canping,** am Freilichtmuseum, zentrumsnah, Tel. 61360510, Fax 61360751, ganzjährig geöffnet. Großer sauberer Wiesenplatz am See mit 15 Hütten (*/***), Fahrrad- und Bootsverleih. Badestrand.
- **Strandefjorden Fritidspark,** Leira, Tel. 61357780, Fax 61357781, ganzjährig geöffnet. 4 km südlich, am Wasser gelegen. Komfortable Ausstattung mit 16 z.T. luxuriösen Hütten (*/***), Tennisplatz, Fahrrad- und Bootsverleih, Spielplätzen, Badestellen, Café mit norwegischer Küche und Pferdeschlittenfahrten im Winter.
- **Vasetdansen Camping,** Tisleidalen, Rv 51, Straße nach Gol, Tel. 61359950, Fax 6135 9955, www.vasetdansen.no, ganzjährig. Ein herrlicher Platz zwischen Bäumen am Wildbach. 20 Hütten (*/****), sehr gute Saniäranlage, Angelteich und Loipen.

Aktivitäten

- **Reiten:** Das **Vaset Hestesenter** (im Gebirgsdorf Vaset westlich von Fagernes) bietet Reitausflüge auf die Hochebene Tel. 61343384, www.vaset.no.

Heste Sportellet, Skrutvold Gård, in Skrautvål, Rv 51, 6 km nördl. Fagernes, Tel. 6136 3735, www.skrutvold.no. Gesundheitsfarm mit gemütlichen Unterkünften und Reitstall!

Hellebekk, Bagn, E 16, 20 km südl., Tel. 61350930, www.hellebekk.no. Reitcenter mit Hütten.

- **Organisierte Ausflüge**

Sør Valdres Utvikling: Tel. 61346461, www.svu.no. Wandern zur Schlucht Kverrvilljuvet.

Turistkontor Fagernes: Tel. 61359410, ornithologische Touren.

Valdres Naturaktiviteter: Tel. 61342500, Hulbakk-Höhle bei Vaset.

- **Mountain-Bike/Auto-Ausflug:** Von Fagernes nach Ulnes. Hier hinauf nach Vaset. Von dort auf dem Panoramavegen (Maut) über das Fjell nach Hemsedal (etwa 60 km, 600 m Höhenunterschied) oder nur bis zum Storfjorden. Von dort in Richtung Südosten zum Golsfjell und sodann auf der Rv 51 zurück nach Fagernes (etwa 70 km).
- **Wintersport: Valdres Alpinsenter** in Aurdal, 15 km südlich von Fagernes. 3 Lifte, 350 m Höhenunterschied und günstige Preise. Unzählige Kilometer Loipen gibt es ab der Bergstation, ab Vaset, in der Region Etnedal und auf dem Golsfjell.

Essen und Trinken

- **Briskeby Café:** Gemütliches Buchcafé mit Galerie im Zentrum von Fagernes.
- **Munke Kroen:** südl. von Fagernes an der E 16 (dänisches Restaurant (Gerichte ab 170 NOK) und Konditorei).
- **Pizzahytta:** im Zentrum, gute und preiswerte Pizza.

Shopping

Im Zentrum gibt es u.a. Sportgeschäft, Buchladen, Fotoläden und ein Husfliden-Geschäft mit Strickwaren und Souvenirs.

Umgebung

Das Valdres-Tal ab Fagernes ↗XII/A3

In Fagernes beginnt die Valdres, eines der schönsten Verbindungstäler nach Westnorwegen. Beeindruckend ist der Kontrast zwischen den lieblichen Wiesen und Wäldern und den grauen, mächtigen Bergen Jotunheimens.

17 km nordwestlich von Fagernes lohnt in **Vestre Slidre** der romanische **Slidredomen** (geöffnet: 23.6.–15.8., 11–17 Uhr) einen Stopp. Der imposante Kirchenbau wurde zwischen 1150 und 1200 errichtet und besitzt bis zu 2 m starke, wehrhafte Mauern. Einen aufmerksamen Blick wert sind die mittelalterlichen Türbeschläge und die Wandgemälde aus dem 13. und 15. Jahrhundert. Gleichfalls in Slidre, am See Slidrefjord, erstreckt sich das **Garbergfelt** den Hang hinauf. Das **Gräberfeld** besteht aus einem Opferstein, über 600 Steingräbern aus der Zeit von 300 bis 900 n.Chr. und dem Einang-Runenstein aus dem 4. Jahrhundert. Ein Teil seiner Inschrift besagt, dass ein gewisser *Gudgjest* (zu Deutsch: Gottesgast) die Runen meißelte.

Nördlich von Slidre, fast am Ende des idyllischen Sees Slidrefjord, steht die kleine **Stabkirche von Lomen** (geöffnet: 23.6.–15.8., 10.30–17 Uhr). Dem im 13. Jahrhundert erbauten Gebäude sieht man nach zahllosen Umbauten seinen Ursprung nicht mehr an. Nur das Westportal weist noch die alte Tier- und Pflanzenornamentik auf. Auch der Innenraum hat infolge seiner hellen Farbgebung einiges von seiner einstigen Erhabenheit eingebüßt. Er lohnt kaum das Anschauen.

Um die einige Kilometer westlich gelegene **Høre-Stabkirche** ist es auch nicht viel besser bestellt. Das um 1180 geweihte Haus wurde im Laufe der Jahrhunderte mehrmals umgebaut und erinnert heute von außen nicht im entferntesten mehr an eine Stabkirche. Sehenswert sind allerdings die Schnitzereien im nur viermastigen Innenraum (geöffnet vom 20.6.–15.8., 11–18 Uhr).

Die einzigen Kirchen der Valdres, die auch heute noch ihrer mittelalterlichen Bauweise gleichen, sind die von Vang und Øye. Die Vang-Stabkirche allerdings wurde einst an den preußischen König *Friedrich Wilhelm IV.* verkauft und steht heute im polnischen Riesengebirge. Die heutige Kirche im Ort (Grindaheim) ist von 1839. Nahe des Hauses steht der 2,5 m hohe Runenstein von Vang aus dem 12. Jahrhundert. Auf der rechten Seite des 2 m hohen Monuments steht, dass die Söhne des Hofes Gåse ihn für ihren Bruder Gunnar errichteten. Die Rückseite weist eine sehr schöne Ornamentik auf. Zu sehen sind ein stilisierter Baum und im oberen Teil ein stilisierter Löwe.

Bevor es nun in das Gebirge, zur Tyinskrysset und auf das Filefjell geht, liegt am Ende des Sees Vangssmjøsi das **Stabkirchlein von Øye.** Eigentlich stammt das geduckte Häuschen aus dem 12. Jahrhundert, wurde jedoch 1747 abgerissen. Als 1935 bei einer Re-

392no Foto: ms

novierung der danach erbauten Kirche unter dem Fußboden 156 gut erhaltene Bauteile des alten Stabkirchhauses gefunden worden, beschloss man, das Gebäude wieder entstehen zu lassen (geöffnet im Sommer 10–16 Uhr).

- **Touristeninformation:** Turistkontor in Grindaheim (Vang), www.valdres.com.
- **Fernbus 450.**
- **Bus** Tyinkrysset – Eidsbugarden.
- **Unterkunft**

Hütten: www.valdres-hytteutleie.no.
Vasetstølen, Røn-Vaset, Tel. 61363350, www.vasetstolen.no. Herrlicher alter Bergbauernhof mit komfortablen, urwüchsigen Hütten (**), Winter (***).
Grindbutunet, Røn-Vaset, Tel. 61361910, www.grindbutunet.no. Sehr komfortable Hütten in herrlicher Gebirgslandschaft.

Borgund-Stabkirche

Bøflaten Camping, Vang, Tel. 61367420, ganzjährig geöffnet. Guter Platz in Seenähe. 16 Hütten (*), Fahrrad- und Bootsverleih. Angelplätze.
Tyinkrysset Fjellstue og Gjestegård, Tyinkrysset, Tel. 61367800, Fax 61367777, (***). Netter Gasthof mit Lift und dem Jotunheimen-Gebirge in der Nähe. Hütten (**). „Trollige“ Caféteria auch für Nicht-Gäste.
Am Abzweig **Tyinkrysset** (E 16/Rv 53) gibt es viele Hütten (Info: Tel. 61367711, www.visitfilefjell.no).

- **Botanik:** Mautstraße ab Grindaheim (Vang) zum **Helin-Feld. 35 km² Naturschutzgebiet.** Phylitt-Schiefer-Vorkommen.

In Tyinkrysset besteht die Möglichkeit, zum Stausee Tyin abzubiegen. Hier gabelt sich dann die Straße und führt nach Eidsbugarden (siehe unter „Valdresflya“) und zum Industrieort Øvre Årdal, wo der berühmte Wasserfall Vettisfoss liegt (siehe „Øvre Årdal“).

Wer auf der E 16 bleibt, gelangt über das raue Filefjell zu der im tiefen Tale zwischen mächtigen Felsmassiven liegenden Stabkirche von Borgund.

Borgund-Stabkirche ↗XV/D2

Borgund ist **eine der schönsten Stabkirchen Norwegens** und, nach Urnes, die zweitälteste des Landes. Erbaut wurde das Meisterwerk mittelalterlicher Holzbaukunst um das Jahr 1150. Einmalig ist, dass sie in ihrer ursprünglichen, fensterlosen Form bewahrt wurde.

Verziert mit mythischen Drachenköpfen zur Abschreckung böser Wesen und mit christlichen Kreuzen geschmückt, reckt sich das Haus den Bergriesen entgegen. Durch das reich ornamentierte Westportal gelangt man in das andächtig-düstere Innere. Gegliedert ist der schlichte Raum ohne Sitzgelegenheiten in drei Schiffe, deren Masten mit Andreaskreuzen verbunden sind. Die Altartafel stammt aus dem Jahr 1650, die Kanzel aus der zweiten Hälfte des 16. Jahrhunderts. Beachtenswert auch die Figuren des Südportals. Als Säulensockel dient ein Tierkopf, den Säulenabschluss bildet ein Löwe (geöffnet: Mai/Sept. 10–17 Uhr, Juni–Aug. 8–20 Uhr, 70 NOK. Neues, sehenswertes Besuchercenter mit einer Ausstellung zu den Stabkirchen).

Richtung Lærdal geht die Fahrt weiter durch ein sich zur wilden Schlucht verengendes Tal, mit Wasserfällen und dem alten Königsweg zur Linken.

- **Unterkunft**

Borlaug Vandrerhjem, Borlaug (Kreuzung Rv 52/E 16), Tel. 57668780, Fax 57668744. Kleines, vom 1.2.–31.10. geöffnetes Haus mit Betten für 265 NOK und das DZ für 550 NOK.

- **Camping/Hütten**

Borgund Hyttesenter og Camping, Steinklepp, Tel. 57668171, geöffnet: 15.5.–10.10. Einfacher Platz 2 km östlich der Stabkirche, mit 11 bunten, ganzjährig geöffneten Hütten (*/**) www.hyttesenter.com.

Eggum Gard, Steinklepp, Tel. 57668275, geöffnet: 1.5.–1.10. Traditionsreicher Platz am Bauernhof mit 5 ganzjährig zu mietenden tollen Hütten (**/***), mit Angelplätzen.

- **Wandern:** Eine schöne Wanderung führt **über den Königsweg.** Der Sage nach erhielt er seinen Namen von König Sverre, welcher 1177 auf der Flucht vor den Lærdalern hier entlang ritt. Später wurde der Pfad zu einem Postkutschenweg ausgebaut. Er beginnt am Ortrøvatn (südlich Tyinkrysset) und verläuft über die alte Postkutschenstation Maristuen (aus dem Jahr 1791) zur Borgund-Stabkirche. Hier, 500 m nördlich der Kirche, wandert man nun durch die Vindhella-Schlucht zum

390no Foto: ms

Borgund-Stabkirche – ein Löwe als Säulenabschluss

Husum Hotel. Der Weg ist jetzt als „Sverrestien" ausgeschildert und verläuft meist parallel zur E 16 am gegenüberliegenden Flussufer entlang. **Tipp:** Am besten von Husum nach Borgund laufen. Hohe Stufen, enge Pfade.

Beitostølen/Valdresflya ↗XII/A3

In Fagernes geht es über die fantastische Panoramastraße Rv 51 hinauf nach **Hegge.** Die örtliche **Stabkirche** (13. Jahrhundert) wurde zwar, wie so viele andere auch, im 18./19. Jahrhundert umgebaut, besitzt aber noch heute ein kunstvoll verziertes Portal mit Ranken und Drachenmotiven (geöffnet im Sommer von 11–16 Uhr).

Nördlich von Hegge liegt in 900 m Höhe der norwegenweit bekannte **Wintersportort Beitostølen.** Die sportliche Ära der Alm „Weideland" begann mit der Eröffnung des Hochgebirgshotels im Jahr 1934 und der Anlage des Olaheisen, des ersten Skilifts, anno 1965. Der Ort ist ein exzellenter Ausgangspunkt für Ski- und Wanderausflüge in Richtung Jotunheimen.

Das „Reich der Riesen" beginnt gleich hinter Beitostølen. Die Landschaft ist hier harsch und karg. Der Blick schweift nach Osten über eine nahezu mongolische Weite: kein Baum, kein Strauch, nur die Unendlichkeit des Himmels und die flechtenüberzogene Gesteinswüste der Valdresflya. In Richtung Westen jedoch majestätische Berggiganten, andächtige Gebirgsseen und ein Symphonie aus Fels und Eis. Landschaftliche Höhepunkte sind sicherlich die **Bergseen Bygdin** (Stausee) **und Gjende,** auf denen auch Boote verkehren. Wer etwas Mühe und Anstrengung nicht scheut, kann vom Ufer des Gjende-Sees **eine der herrlichsten Wanderungen des Landes** unternehmen. Die Tour führt über den Besseggengrad in Richtung der Hütte Memurubu.

Nachdem man an der kleinen Jugendherberge den mit 1390 m höchsten Punkt der Passstraße überquert hat, geht es ab dem Berghotel Bessheim hinunter in das waldreiche und sehr ursprüngliche Sjoadal in Richtung Vågåmo. Hat man nicht vor, auf der **Sjoa,** dem beliebtesten **Kajak- und Rafting-Fluss** Norwegens, einen Trip zu unternehmen, sollte man zumindest für einen Moment verweilen, um ihn an der imposanten Schlucht **Riddarspranget** zu betrachten. Der Name geht auf eine Sage zurück, die davon berichtet, dass der Ritter *Sigvart Kvie* samt geraubter Braut mit seinem Pferd über die Schlucht gesprungen sei, was seinem Verfolger und rechtmäßigen „Besitzer" der Maid nicht gelang (Lage der Schlucht: ca. 5 km südlich der Kreuzung Rv 51/Rv 257).

5 km nach der wilden Klamm lohnt ein Abstecher nach **Heidal** (Rv 257). Der Ort und vor allem das nahe gelegene **Bjølstad** besitzen die **größte Anzahl denkmalgeschützter Anwesen in Norwegen.** Einige Häuser stammen gar aus dem 13. Jh.! Die meisten von ihnen liegen weit oben am Berghang, wo die Gletscher vor 8000 Jahren fruchtbares Moränenmaterial ablagerten. Die Kirche im Ort Heidal ist eine Kopie des 1933 angebrannten Vorgängerbaus, von dem noch die schönen, im 11. Jahrhundert entstandenen Portale stammen.

Hinweis: Von November bis Mai ist die Rv 51 zwischen Beitostølen und Maurvangen gesperrt!

- **Touristeninformation: Turistkontor,** 2953 Beitostølen, Tel. 61342900, Fax 61342905, www.bookingservice.com, www.beitostolen.com. Geöffnet: Sommer 9–20 Uhr (Sa./So. bis 16 Uhr), Winter: 9–16 Uhr. An der Tankstelle gelegen.
- **Fernbus 160** bis Beitostølen
- **Bus** Bygdin - Fagernes, www.jvb.no.
- **Unterkunft**

Beitostølen Høyfjellshotell, Beitostølen, Tel. 61341300, Fax 61341032, (****). Angenehmes Haus mit 80 feinen Zimmern und großen Hütten. Disco Amadeus.

Bergo Hotel, Beitostølen, Tel. 61351100, Fax 61351101, (*****). Empfehlenswertes Haus mit traditioneller Atmosphäre und gemütlichen Zimmern, Apartments und Hütten (im Winter ab 4000 NOK/Woche). Spa.

Bygdin Fjellhotell, am östlichen Ufer des Bygdin-Sees, Tel. 61341400, Fax 61341216, www.bygdin.com, (***/****). Einfaches, aber auch einfach schön gelegenes Haus am See.

Bessheim Fjellstue, nahe des Gjende-Sees, www.bessheim.no, Tel. 61238913, Fax 61238950, geöffnet: 10.2.–25.9., (DZ 800–900 NOK inkl. Frühstück). Nettes Gebirgshotel in 953 m Höhe. Einfache, gemütliche Zimmer, uriger Aufenthaltsraum und gute Hütten (**/***). Sauna. Guter Ausgangspunkt für Gebirgswanderungen und Raftingtouren im Sjoadal. Reiten durch das Jotunheimen-Gebirge.

Hindsæter Fjellhotell, Tel. 61238916, Fax 61238938, www.hindseter.no. Traditionsreiches, gemütliches Gästehaus auf 920 m Höhe (Rv 51, 15 Fahrminuten nördl. des Besseggengrades). Nach Besitzerwechsel wieder empfehlenswert. Aufenthaltsraum mit Kamin, 2 Saunas, Restaurant mit norwegischer Küche, Bar. 26 Zimmer (****, 1100 NOK inkl. Frühstück), Hütten (*/***), Lavo für 15 Personen, Nebensaisonrabatte.

- **Camping/Hütten**

Beitostølen Camping & Hytter, Tel. 6134 1100, Fax 61341544. Komfortabler, sauberer Platz am südlichen Ortsrand. 16 unterschiedlich große, gut ausgestattete Hütten (*/**) und Zimmer. Fahrradverleih, Sauna, Minigolf.

Besseggen Fjellpark, Maurvangen, nahe des Gjendesees, Tel. 61238922, Fax 61238958, ganzjährig geöffnet. In 980 m Höhe gelegener Platz am Wildbach. 25 sehr gemütliche, sehr einfache und luxuriöse Hütten (**/***/****). Sehr guter Ausgangspunkt für Wanderungen.

Hüttenzentren in Beitostølen: Kveto Fjellgard, Tel. 61341552, www.kveto-fjellgard.no, gute Hütten (*/***); **Fjellvang Hyttegrend,** Tel. 61341014, www.fjellvang-hyttegrend.no. Hüttensiedlung 3 km westlich von Beitostølen (ab 400 NOK); Bitigrenda, Tel. 6134 1440, www.bitigrenda.no, komfortable Hütten (***); **Knuts Hyttegrend,** Tel. 61341008, www.knuts-hyttegrend.no, (*-****).

Unterkünfte im Heidal: Nordre Ekre Gård, Nedre Heidal, Tel. 61234113. Sehr gemütliche, im historischen Stil modernisierte DZ in uralten Bauernhäusern ab 650 NOK/Person.

Jotunheimen Feriesenter, Heidal, Tel. 61234950, www.jotunheimenferiesenter.no. Im oberen Heidal gelegener, schöner Platz mit großer Zeltwiese, moderner Sanitäranlage, 14 Hütten (*/**), Kletterturm, Café, TV-Zimmer. **Weistad Kafé og Hytter,** im Ort Heidal, Tel. 61234044, weistad@heidal.com. 7 gemütliche Zimmermannshütten (*/***).

Sjoa Vandrerhjem, Tel. 61236200, geöffnet: 15.5.–15.9., Schöne JH in historischem Haus. Bett 295 NOK, DZ ab 690 NOK.

- **Essen und Trinken:** Gemütlich sitzen und preiswert essen ist in Beitostølen bei **Peppes** möglich. Recht gute, aber teure Restaurants haben die **Hotels.** Feucht-fröhlich geht es abends im **Svingen Pub** zu.
- **Angeln:** Ideale Bedingungen **am Wildwasserfluss Sjoa.**
- **Bootsrundfahrt:** Mit der M/S Gjende ab Gjendesheim **über den Gjende-See zu den Hütten Memurubu** (100 NOK, 130 NOK retour) **und Gjendebu** (1 Std. 15 Min., 150 NOK, 200 NOK retour). Täglich 2 Abfahrten nach Gjendebu (7.45/14.25 Uhr.) im Zeitraum 26.6.–15.8. www.gjende.no, Tel. 61238509.

Über den südlich des Gjende-Sees gelegenen **Bygdin-See** tuckert das alte Dampfschiff Bitihorn in Richtung der Unterkünfte Torfinnsbu (100 NOK, 150 NOK retour) und Eidsbugarden (1¾ Std., 200 NOK retour). Ab Bygdin: 10.05, 14.30 Uhr; ab Eidsbugarden: 8.05, 12.30 Uhr. **Hinweis:** Der Bygdin ist ein Stausee und kann dementsprechend leer sein.

• **Mountainbike/Auto-Ausflug:** In Bygdin (1031 m) beginnt die schmale Straße **Jotunheimvegen** (Wintersperre). Der Weg führt nach Osten über die Hochebene nach Skåbu (650 m) im Espedalen (55 km). Hier geht es weiter in Richtung Norden nach Vinstra im Gudbrandsdal. **Fahrradvermietung** u.a. im Sportladen G-sport.

• **Paddeln/Rafting:** Wildwasser-Kajakfahrer können **unterhalb des Klamms Ridderspranget** die Fahrt **über die Sjoa** wagen. Guter Einstieg an der Kirche von Heidal.

Die **Sjoa** ist auch **eines der beliebtesten Raftinggebiete Norwegens.** Es werden Touren mit unterschiedlichen Schwierigkeitsgraden und variierender Dauer angeboten (ab 500 NOK). Ausrüstung (wasserdichte Anzüge, Schwimmwesten und Helme) werden gestellt. Nass wird man trotzdem bei dem wilden (jedoch ungefährlichen) Ritt über die Stromschnellen. Raftinganbieter entlang der Straße 257 (Hinweisschilder beachten!): **Heidal Rafting** (www.heidalrafting.no, Tel. 61236037. **Sjoa Rafting** (Tel. 61236170, sjoarafting.com), **Norwegian Wildlife & Rafting** (Tel. 61238727, www.nwr.no) und www.villmarken-kaller.no.

• **Canyoning, Rafting, Grottenbesuche, Skifahren, Elchsafari.** Upptur: www.upp.no. Kontakt: Hindsæter Hotel.

• **Reiten: Fjellrittet Beitostølen,** Reiten im Hochgebirge, Tel. 61341101, www.fjellrittet.no. Auf **Stølsvollen** gegenüber dem Beitostølen Høyfjellshotell kann zudem der Welt kleinste Pferderasse bewundert werden.

• **Wandern**

Besseggen-Tour: Eine der wohl schönsten und bekanntesten Wanderungen Norwegens führt vom Gjendesheim am Gjende-See (984 m) über einen 1743 m hohen Pass, den Grad Besseggen, zur Hütte Memurubu, die wiederum am Gjende-See liegt. Hinter der Gjendesheim-Hütte geht es steil den Berg hinauf. An der Glitterheim-Weggabelung zweigt man nach links (Westen) ab. Weiter geht es über den steilen, gut erkennbaren Pfad zum 1743 m hohen Veslefjell. Man passiert unterwegs eine immer rauer werdende Einöde ohne Vegetation, überquert einige kleine Schneefelder und hat immer wieder sagenhafte Rundblicke auf Jotunheimen. Von dem mit einem Turm markierten Veslefjell geht es noch ein Stück weiter, und vor dem Wanderer liegt der etwas steile Abstieg zum schmalen Bessegengrad zwischen den Seen Bessvatnet (1373 m) und Gjende. Wenngleich der Höhenweg von hier oben aberwitzig schmal wirkt, und Henrik Ibsen seinen „Lügenbaron" Peer Gynt an dieser Stelle auf einem Rentier den Hang hinab schickte, so ist der Abstieg für schwindelfreie bedenkenlos zu meistern. Wem nicht danach zumute ist, kann das grandiose Bergpanorama genießen und zurücklaufen (gute 2 Stunden pro Richtung) – das Beste hat man nun schon gesehen. Wer noch nicht genug hat, kann noch 3,5–4 Stunden bis zur Hütte Memurubu wandern. Von hier fährt ein Boot zurück. Die Abfahrtszeiten des Bootes wechseln oft und sind vorher unbedingt in Gjendesheim abzuklären! 2005 fuhr das Boot 16.40 Uhr zurück, daher kann es günstiger sein, die Tour in Gegenrichtung zu unternehmen (Mumurubu Turisthytte: Tel. 61238999, DZ ab 450 NOK, kleine Zeltwiese, Caféteria). Die Tour erfordert Trittsicherheit und Schwindelfreiheit, ist aber bei gutem Wetter gut zu meistern, wenn man genug Kondition hat! Der Weg ist gut erkennbar. Rote „T"s und Punkte dienen als Markierung.

Vom Wandern noch nicht genug? Kein Problem! Ab Memurubu geht es, nicht mehr ganz so spektakulär, **weiter bis zur Hütte Gjendebu** am westlichen See-Ende. Die teils recht anspruchsvolle Tour, für die man auch schwindelfrei sein sollte, dauert etwa 4 Stunden. Der Weg ist gut erkennbar und gleichfalls teils mit roten „T"s und Steinmännchen markiert. Bootsverbindung: Gjendebu – Mumurubu – Gjendesheim. Bus: Breitostølen – Gjendebu/Maurvangen (1–2x tägl.) (Gjendebu Turisthytte: Tel. 61238944, Bett ab 165 NOK, Zeltbereich, Caféteria).

Eine schöne **Gipfelwanderung** führt zum Berg Bitihorn (1607 m) ab dem Parkplatz am Samenlager, etwa 10 km nördlich von Beito-

395no Foto: ms

stølen, über 500 Höhenmeter durch herrliche Gebirgslandschaft und bietet einen Panoramablick als Lohn (2 Std. für Hin- und Rückweg, immer dem Trampelpfad mit der roten Markierung und später dem Turm auf dem Gipfel folgen).

Huldrestigen: 5,5 km langer, recht einfach zu gehender Kulturwanderweg durch leicht wellige Heide- und Moorlandschaft mit üppiger Vegetation. Einstieg zur Wanderung: An der Rv 51, zwischen dem See Nedre Sjodalsvatnet und dem Hindseter Hotel, in Russlia an einem Parkplatz, hinter dem Brücken über den Fluss führen.

•**Wintersport: Zwei Skigebiete** in Beitostølen (Skibus) mit insgesamt 8 Liften und 14 Abfahrten (eine davon beleuchtet). Nur 150–315 m Höhenunterschied. Der Ort ist aber eher für **Langläufer** prädestiniert. Es warten 320 km Loipen in Ortsnähe und 2000 km Loipen in der weiteren Umgebung! Es gibt Wald-, Hochgebirgs- und beleuchtete Rundwege. Wer nicht nur Ski fahren will, für den gibt es eine Schlittenbahn, Pferde- und Hundeschlittenfahrten und Eisklettern.

Vågåmo

↗XII/A2

Der Ort im **Ottadalen** ist eine recht hübsche Komposition aus alten, noch bewohnten Gehöften, einem kleinen Freilichtmuseum und der nussbraunen **Vågå-Stabkirche.** Das einschiffige Gebäude wurde zu Beginn des 12. Jahrhunderts erbaut. Um 1627 war die Kirche jedoch dem Zerfall nahe und musste abgerissen werden. Beim Bau der heute zu besichtigenden Kreuzkirche wurden möglichst viele alte Materialien des Vorgängerbaus verwendet, sodass

Die Besseggen-Tour – eine der wohl schönsten Wanderungen in Norwegen z.B. die dekorativen Schnitzereien am Portal noch von der mittelalterlichen Stabkirche stammen. Der helle Innenraum jedoch erstrahlt in den Farben und im Stil der Renaissance und des Barock (geöffnet: Juli 9–19 Uhr, Juni Mo.–Fr. 9–15 Uhr, Aug. Mo.–Fr. 9–19 Uhr, 30 NOK).

Gleichfalls einen kurzen Besuch wert ist das **Jutulheimen bygdemuseum.** Es besteht aus 9, zwischen 1700 und 1900 errichteten Gebäuden eines Großbauernhofes (geöffnet: Juli: Mo.–Fr. 12–16 Uhr). Die Straße neben dem Museum führt zur mächtigen Bergformation **Jutulporten-Riesentor.**

Wer noch (schon wieder?) auf der Suche nach überwältigenden Panoramen ist, sollte die **Mautstraße zum Jetta-Fernmeldeturm** (40 NOK) befahren. Der Weg führt auf 15 km Länge vom 360 m hoch gelegenen Vågåmo auf den 1617 m hohen Berg Blåhø.

Gleichfalls prächtige Naturerlebnisse bietet die kleine **Mautstraße durch das Slådal.** Von Vågåmo fährt man nördlich nach Lesja im Lågendal.

Bei der Fahrt in Richtung Lom lohnt ein kurzer Stopp in **Garmo.** Nachdem die örtliche Stabkirche im vergangenen Jahrhundert nach Lillehammer umgesetzt wurde, blieb wenigstens noch das winzige und ärmliche **Geburtshaus des Schriftstellers Knut Hamsun** (1849–1952) im Dorf. Es ist Teil eines kleinen Museums *(Hamsunstyga)*. Hamsun hieß mit bürgerlichen Namen *Knud Pedersen* und lebte hier drei Jahre lang. Sein Künstlername leitet sich vom Hof Hamsun in Nord-Norwegen ab, wohin seine Familie 1862 umzog.

Touristeninformation

- **Turistkontor,** Tel. 90776163. www.visitvaga.no. Am Smedsmo Campingplatz.

An- und Weiterreise

- **Fernbusse 145, 147, 440.**

Unterkunft

- **Vågå Hotel,** Vågåmo, Tel. 61239550, Fax 61239551, (****). Modernes Hotel im alten Stil, im Zentrum. Viele Reisebustouristen. Hallenbad, Sauna, Fahrradverleih.
- **Valbjør gard,** 4 km westlich Vågåmo, Parallelstr. zur Rv 15, Tel. 90822989, Bergbauernhof mit historischen Hütten und im alten Stil eingerichteten Räumen. Hofladen.

Camping/Hütten

- **Smedsmo Camping,** Vågåmo, Tel. 6123 7450, ganzjährig geöffnet. Guter, sehr empfehlenswerter Platz im Zentrum. 23 Hütten (**/***), Sauna, Badeplätze.
- **Lemonsjø Fjellstue,** Rv 51, Tel. 61238722, Fax 61238762, www.lemonsjoe.no, ganzjährig. Schöne Hüttenanlage am See, 25 km südlich von Vågåmo. (**/***). Gemütliche Caféteria, Skilift.

Aktivitäten

- **Rafting/Naturerlebnisse: Jotunheimen Aktiv,** Vågåmo, Tel. 61237717, Fax 61237518. Angebote: Klettern, Mountainbiking, Motocross, Wasserski, Snowscooterfahren, Eisklettern, Snowrafting. www.aktivit.no.
- **Rafting auf der Sjoa:** siehe „Beitostølen".

Lom

↗XI/D3; XII/A2

Das **900-Einwohner**-Dorf Lom bildet den **touristischen Mittelpunkt des Lågendal** und ist ein idealer Ausgangspunkt für Ausflüge nach Jotunheimen. Neben der fabelhaften Umgebung und dem hübschen Ortszentrum mit seinen vielen dunkelbraunen Holzhäusern, wo sich wundersamerweise selbst die Einkaufszentren und die Hotels harmonisch einfügen, lädt auch das Klima zum längeren Verweilen ein. Mit nur rund 300 mm (!) fällt hier, im Regenschatten Jotunheimens, so wenig Niederschlag wie in manchen Wüstengegenden.

Die zweifellos größte kulturelle Attraktion der Siedlung ist die **Stabkirche,** die zu Recht zu den schönsten des Landes zählt. Ihr Äußeres gibt sich, je nachdem, wann die Teerung zur Konservierung der Kirche stattfand, in einem lebendigen Hellbraun oder biederen Schwarz. Die Ursprünge des Gebäudes reichen bis in das Jahr 1150 zurück, wobei im 17. Jahrhundert Umbauten erfolgten. Zu beachten sind vor allem die filigranen Schnitzereien an den Portalen, mit Ranken und Drachenmotiven, sowie das freundliche und doch erhabene Innere mit zwanzig Stützmasten, barockem Altar und einer 1793 eingesetzten Kanzel (Mitte Mai–Mitte Juni 10–16 Uhr, Mitte Juni–Mitte Aug. 9–20 Uhr, Mitte Aug.–Mitte Sep. 10–16 Uhr, 40 NOK). Die Geschichte der Stabkirchen vermittelt das zu gleichen Zeiten geöffnete kleine Stavkirkesenteret. Ausgestellt sind u.a. ein 750 Jahre alter Drachenkopf und ein Dachkamm mit Kreuz (im Souvenirladen gegenüber der Kirche, 10 NOK).

Unweit der Stabkirche liegt das 1994 eröffnete, architektonisch sehr gelungene Bauwerk des **Norsk Fjell-Museums** (Gebirgsmuseum). In einem Raum werden Bergfotos und Gemälde sowie Ausrüstungsgegenstände der kühnen Bezwinger der Felsen gezeigt. Das Ganze ist optisch wie akustisch glänzend aufbereitet. Weitere Abteilungen befassen sich mit der Nutzung der Gebirge und sensibilisieren für mögliche Folgewirkungen. Filmvorführungen, ein Jotunheimen-Modell, Café und Leseecke komplettieren die gelungene Ausstellung (geöffnet: Mitte Juni–Mitte Aug. 10–20 Uhr, ansonsten meist Mo.–Fr. 9–16 Uhr, Mai/Anfang Juni/Ende Aug./Sep. tägl. 10–17 Uhr, 60 NOK, Studenten 30 NOK). Die Geschichte der Stabkirchen vermittelt das zu gleichen Zeiten geöffnete **Stavkirkesentet** (in der Bibliothek ggü. der Kirche (10 NOK).

Gleich hinter dem Gebirgsmuseum folgt das **Lom-Bygda-Museum.** Das nette, kleine **Freilichtmuseum** ist Teil eines alten Häuslerhofes aus dem 19. Jahrhundert und wartet u.a. mit dem **Storstabbur,** dem größten **Vorratshaus** dieser Bauart in Norwegen, auf. Errichtet wurde das Lagergebäude, in dem heute Ausstellungen zu sehen sind, im 16. Jahrhundert (geöffnet: Juni–Mitte Aug. 11–16 Uhr, 40 NOK).

Eine weitere, für geologisch Interessierte sicher nicht unbedeutende Sehenswürdigkeit ist das **Fossheim Steinsenter** am Ortsrand (Richtung Vågåmo). Die private **Mineraliensammlung** ist die größte in Norwegen. Schmuck und Mineralien werden auch zum Verkauf angeboten (geöffnet 9–20 Uhr, gratis).

Touristeninformation

- **Jontunheimen Reiseliv a.s.,** Postboks 63, 2686 Lom, Tel. 61212990, Fax 61212995, www.visitlom.com, www.fjellnorge.no.

399ano Foto: ms

399bno Foto: ms

• Das **Turistkontor** befindet sich im Fjellmuseum. Geöffnet: Mitte Juni–Mitte Aug. 9–19 Uhr, Sa./So. ab 10 Uhr, Mai–Mitte Juni/Mitte Aug.-Ende Sep. 9–16 Uhr, Sa./So. 11–17 Uhr, ansonsten Mo.-Fr. 10–15 Uhr.

An- und Weiterreise

• **Fernbusse 145, 147, 440.**
• **Lokalbusse** über den Sognefjellveien nach Sogndal (Abfahrt 8.35, 16.15 Uhr) zu den Berghütten (je 160 NOK, retour): Juvasshytta und Sommerskizentrum (8.35, 13.10 Uhr), Spiterstulen und Leirvassbu (beide 8.35, 16.25 Uhr), www.ottadalen.no.

Unterkunft

• **Fossheim Turisthotell,** Lom, Tel. 61219500, Fax 61219501, geöffnet: 21.2.–22.12., (****). Modernes und schmuckes Holzhotel mit exzellenter Restaurantküche des Meisters *Arne Brimi*. Reiten/Minigolf in der Nähe.
• **Fossberg Hotell & Hytter,** Lom, Tel. 61212250, Fax 61212251, (****). Geschmackvolles Holzhaus mit guten Zimmern und hübschen Hütten (***). Sauna, Schwimmbad.
• **Pollfoss Gjestehus,** Gemeinde Skjåk, westlich von Lom, Nordberg, Tel. 61214700, Fax 61214846, geöffnet: 1.3.–1.11., (***). Etwas biederes Gasthaus mit 50 Betten.
• **Sjåk Turistheim,** 10 km die Rv 15 Richtung Stryn, Tel. 61214024, www.skeidkro.no. Zimmer (***), große (**) und kleine (*) Hütten.

Camping/Hütten

• **Nordal Turistsenter,** Lom, Tel. 61219300, Fax 61219301, www.nordalturistsenter.no. Holzgebäude mit gemütlichen Zimmern mitten im Zentrum. Dahinter sage und schreibe 55 Hütten (*/***/****) ab 500 NOK und große Campingwiese. Skiverleih. Sauna, Swimming-Pool, Fahrradverleih, Pub. Recht neues Sanitärgebäude.
• **Strind Gard,** Lom, Rv 55, 3 km Richtung Sogndal, Tel. 61211237, www.strind-gard.no, Alter Bauernhof mit tollen Zimmern und Stabburen (250–600 NOK), nette Vermieter.

Außen- und Innenansicht der Stabkirche in Lom, eine der schönsten in Norwegen

• **Gjeilo Camping,** 7 km westlich, Rv 15, Tel. 61213032. Einfacher, sehr schön am See nahe eines kleinen Naturschutzgebietes gelegener, preiswerter Platz mit 10 schlichten Hütten (*). Kanuverleih für den See, sandige Badestellen, Angelplätze.
• **Nissegarden,** 2 km ab Lom, Rv 15 Richtung Stryn, Tel. 61211930, www.nissegard.com. Alter Hof mit Nisse-Laden (norw. Weihnachtsmänner), 20 sehr gemütlichen Hütten (**/***), Zeltplatz, Freibad (80 NOK).
• **Storhaugen Gard,** 20 km südl., Rv 55, Tel. 61212069, www.storhaugengard.no. Alter Bauernhof mit knorrigen Blockhäusern, Apartments und einer Almhütte (**/***/****).
• **Dønfoss Camping,** Nordberg, Rv 15, Tel. 61214898, www.donfosscamping.no. Knapp 30 km westlich von Lom gelegener Platz am fulminanten Wasserfall Dønfoss. Sein Wasser wird teils abgeleitet zu einem schön angelegten Badeplatz. 7 tolle Hütten, (**/***), Angelplätze.

Essen und Trinken

• Italienische Eiscreme im **Souvenirladen Fjoset** im Zentrum.
• Im Nordal Turistsenter liegt der gemütliche **Nordalsfjoset Pub** und ein **Café.**
• **Bäckerei** im Haus unterhalb der Brücke. Sehr gutes Brot, gemütliches Café mit leckeren Sandwiches.

Aktivitäten

• **Mountain-Bike/Auto-Ausflug/Wandern Ab Nordberg** bei Bismo führt eine kleine Serpentinenstraße über 700 Höhenmeter hinauf **zum** 1100 m hoch gelegenen **Aursjøen-See.** Hier beginnt auch ein 5,5 km langer, rot markierter Kulturwanderweg mit 10 Infotafeln.

Die Touristeninformation Lom hat einen Gratisprospekt zu lohnenden Wanderungen in der Umgebung des Ortes, z.B. ab der urigen Sotrasæter DNT-Turisthütte (77 Betten, Tel. 94193344) westlich von Bismo/Lom.
• Weitere Aktivitäten: **Geführte Gebirgs- und Gletscherwanderungen** und Klettertouren bieten die Firmen Naturopplevingar, Jotunheimen Aktiv, Jotunheimen Adventure und Jotunheimen Bre og fjellføring in Lom an. **Kletterwand** vor dem Sportladen in Lom.

Klettertour zum Lomseggen ab dem Hof Nissegarden. **Kanuverleih** am Gjeilo Campingplatz. **Rafting:** www.skjak-rafting.no, www.lsadventure.no; **Reiten:** www.hesttilfjells.no; **Sommerski:** an der Juvasshytta, www.gpss.no; **Freibäder:** Dønfoss Camping, Nissegarden; **Hallenbad:** Fossberg Hotel. **Ausflüge:** Juvasshytta 35 km, Stryn am Nordfjord 120 km, Gletscherzunge Briksdalsbreen 165 km, Geirangerfjord 95 km, Skjolden am Sognefjord 85 km.

Lom ist der ideale Ausgangspunkt für Ausflüge zu den Fjorden: Sognefjord 82 km, Geirangerfjord 96 km, Nordfjord 123 km, Gletscher Nigardbreen 141 km.

Shopping

Im Zentrum gibt es u.a. Supermärkte, einen Buchladen (Verkauf von Wander- und Straßenkarten), den Sportladen Fjell og Fritid (Ausrüstungsverleih, Fahrradservice) und den unvermeidlichen Husfliden Souvenirshop.

Bleibt man auf der Rv 15, geht die Fahrt in Richtung Nordfjord und Geiranger durch das schöne **Tal der Otta.** Besonders im oberen Teil beeindruckt die Landschaft durch schöne Kiefernwälder, die sich auf harschem Fels festkrallen, mächtige Berge und rauschende Wasserfälle. Hervorzuheben sind da der Pollfoss, direkt an der Straße, und der wild schäumende Fluss Tora in Billingen (Wanderweg entlang des Wassers in Richtung Gebirge). Wer Anfang Juni unterwegs ist, wird in der Gegend um Grotli noch einer Welt aus Eis und Schnee begegnen.

Biegt man in Lom gen Süden ab, so gelangt man über den Sognefjellveien zum Sognefjord. Die Straße selbst und auch diverse Stichstraßen führen in das Herz des gigantischen Gebirges Jotunheimen.

Jotunheimen

↗XI/D3, XII/A2,3

Jotunheimen, die „Heimat der Riesen“, ist das **höchste Gebirge Skandinaviens.** Mehr als 250 Gipfel liegen über 1900 m, zwanzig überragen gar die 2000-m-Marke. Die mächtigste Erhebung und **höchster Berg Nordeuropas** ist der **Galdhøpiggen (2469 m).** Bis vor kurzem noch machte ihm der Glittertind Konkurrenz. Er ist zwar nur 2452 m groß, mit „Eishut“ allerdings überragte er den Galdhøppigen um ganze 3 m. Schwindel! Erstens schmilzt seine Kappe unaufhörlich, und zweitens: Seit wann zählt die „Kopfbedeckung“ bei der Ermittlung der „Körpergröße“ ...? Trotzdem ist der Berg auf vielen Karten mit 2472 m Höhe eingezeichnet.

Seit nun schon etwa 150 Jahren ist die raue, von über sechzig kleineren Gletschern überzogene Landschaft Jotunheimens **eines der beliebtesten Wandergebiete** des Landes. Erschlossen ist das Gebiet mit Hunderten Kilometern Wegen und über vierzig Hotels, Campingplätzen und Hütten, von denen viele vom Norwegischen Gebirgswanderverein DNT verwaltet werden.

Zentraler Teil des Gebirges ist der **über 1000 km² große Nationalpark** (1980 gegründet). Er schließt selbstverständlich die höchsten Gipfel mit ein. Diese bestehen übrigens aus dem magmatischen Tiefengestein Gabbro, das zurzeit der Entfaltung des Gebirges vor etwa 500–550 Mio. Jahren entstand und härter ist als der etwas anders strukturierte Gabbro der Umgebung.

Sogneftjellveien

↗XI/C,D3

In Lom endet die vom Sognefjord kommende Rv 55. Der schon vor 500 Jahren angelegte Handels- und Verkehrsweg ist mit Sicherheit **eine der schönsten und beeindruckendsten Passstraßen Norwegens!**

Von dem noch am Meerwasser des Sognefjord gelegenen Ort Skjolden schraubt sich die oft recht enge Straße über **endlose Serpentinen** hinauf zum Bergsteigerzentrum des Turtagrø Hotels (siehe unter „Sognefjordregion/ Skjolden"). Immer wieder öffnet sich ein majestätischer Blick auf das Bergsdal und die eisigen Weiten des Hurrungane-Bergmassivs.

Die Landschaft wird immer rauer und harscher. Nicht selten stapelt sich hier oben selbst im Hochsommer der Schnee mehrere Meter hoch entlang der Straße. An der **Sognefjellhytta** erreicht man auf 1440 m den **höchsten Punkt der Gebirgsstraße.** Bei guter Sicht ist man vom fantastischen Panorama überwältigt: Für Norwegen ungewöhnlich schroffe, alpenähnliche Bergspitzen, endlose Schneeflächen und zäh dahinfließende Gletscher machen den Reiz dieser einmaligen Landschaft aus – bei Sonnenschein ein wahres Paradies! Doch wehe der Wettertroll offenbart seine wahren Leidenschaften! Eine dicke Nebel- und Wolkensuppe verschleiert dann jedweden Blick. Sturmböen reißen alles um, was nicht fest verankert ist. Schauer und Schneeregen peitschen in das Gesicht des Besuchers, der über die Urgewalten nur staunen kann.

Ab der Sognefjellhytta und dem Hotel Krossbu führt die Straße relativ sanft bergab. Man passiert schäumende Wildbäche und mächtige, bucklige Berge. Langsam setzt die Vegetation wieder ein, zuerst Heidekräuter, dann Zwergbirken. Das Tal wird immer lieblicher, und meist scheint in Lom, selbst bei noch so extravaganten Unwettern auf den Gipfeln Jotunheimens, wieder die Sonne.

Stichstraßen in das Herz Jotunheimens

Vom schönen und waldreichen Bøverdalen (Rv 55, südlich von Lom) zweigen **drei enge Mautstraßen** zu den Touristenhütten und Unterkünften Juvasshytta, Spiterstulen (1100 m) und Leirvassbu (1400 m) ab. Die schönste Strecke – sie führt über flechtenüberzogene Felswüsten und bietet sagenhafte Gebirgspanoramen – ist die 15 km lange **Serpentinenpiste zur** 1840 m hoch gelegenen **Juvasshytta.** Kein Grasbüschel wächst in diesen Gefilden mehr. Nur Gesteinsbrocken und Gletscher bestimmen das wilde Landschaftsbild.

Touristeninformation/ An- und Weiterreise

- Siehe unter Lom.

Unterkunft

Herbergen entlang des Sognefjellveien, Rv 55:

- **Sognefjell Turisthytte,** 53 km ab Lom, Tel. 61212934, www.sognefjellet.no, (***), Bett ab 250 NOK, DZ ab 840 NOK. In 1440 m Höhe, am höchsten Punkt der Straße gelegene Pension mit gemütlicher Caféteria.

Nordische Mythologie – von Göttern, Riesen und anderen Wesen

Erstes überliefertes Werk der alten isländisch-nordischen Dichtungen ist die **ältere Edda** (oder Lieder-Edda) aus dem 9./10. Jahrhundert. Sie umfasst die Göttersagen, Spruchdichtung und Heldensage und ergänzt die **Prosa-Edda** aus dem 12. Jahrhundert, verfasst von *Snorre Sturluson.* Er erzählt von alten Mythen und Historien seiner Zeit und aus der Zeit, als die Welt noch unbeseelte Materie war.

„Ich weiß im Beginn/Die Giganten geworden,/Die in alten Zeiten/Mich selbst erzeugten./Neun Weltenkreise waren,/Neun Wölbungen droben,/Und unten dem Staube/Noch nicht entstiegen/Das beste Gebilde,/Der Baum der Mitte." (Wala-Weissagung, Völu-Spâ)

Am Anfang waren Kälte und Wärme, mit dem nebligen, frostigen **Nifelheim** zur einen und dem heißen, feurigen **Muspelheim** zur anderen Seite. Zwischen beiden Reichen Eis und Schnee. Es wurde wärmer, und der **Urriese Ymir** entstand und mit ihm, aus den Tropfen des Schmelzwassers, die **Urkuh Audhumla.** Diese gebar nach drei Tagen **Buri,** „den Erzeuger", und Großvater der Götter *Odin, Vili* und *Ve.* Aus Ymir entsprangen – während er schlief und schwitzte – neue Wesen, das Geschlecht der **Riesen.** Es folgte ein langer Kampf zwischen Gut und Böse, der mit dem Tod Ymirs endete. Aus seinem Körper formten die Götter das Weltenreich mit Himmel und Erde. Dann, als Odin und seine Brüder eines Tages am Meer entlangliefen, fanden sie zwei umgestürzte Bäume: eine Esche, aus der sie den **ersten Mann, Ask,** entstehen ließen, und eine Ulme, aus der die **erste Frau, Embla,** erwuchs.

Die Zeit begann, und die Riesen „Tag" und „Nacht" bekamen ihre Bestimmung. Die Götter traten zusammen und ordneten den Platz. Sie schufen den **Garten der Mitte, Midgard,** das Reich der Menschen, umschlossen vom Weltenmeer, in dem die Midgardschlange lebt. Als äußere Abgrenzung entstand **Utgard.** Hier, im Land, das auch *Jotunheim* heißt, ist der Wohnsitz der Riesen, Jotner und Trolle. Für sich selbst erschufen die Götter die **Burg Åsgard.** Sie liegt – so fühlen sich die Sterblichen nicht verlassen – inmitten von Midgard und ist durch die **Regenbogenbrücke Bifrost,** bewacht von *Heimdall,* mit dem menschlichen Reich verbunden. In Åsgard leben u.a. **Göttervater Odin** mit seiner Frau *Frigg* und den beiden Raben *Hugin* und *Munin,* die jeden Morgen hinaus in die Welt fliegen und Kunde bringen von den neuesten Ereignissen. Nächstmächtigster Gott ist **Thor,** der Sohn Odins. Er ist der Stärkste und mit seinem Hammer *Mjølner* unschlagbar. Schönstes aller Wesen in Åsgard ist die **Fruchtbarkeitsgöttin Frøya.** Ihr gehört auch das magische Schiff Skibladner, das sie an alle Punkte der Welt zu tragen vermag.

Die Mitte des Reiches der Götter bildet die **Weltenesche Yggdrasil.** Ihre drei Wurzeln, in Jotunheim, Nifelheim und Åsgard gelegen, geben dem Universum Festigkeit. Unter dem Baum, in Åsgard, sprudelt eine Quelle. Hier leben die **Nornen,** die drei Schicksalsgöttinnen „Vergangenheit", „Gegenwart" und „Zukunft", das Los der Menschen und den Gang des Universums bewachend.

Eines Tages nun entdeckten die Götter, dass aus einem Rest des Fleisches des Riesen Ymirs noch weitere Wesen entstanden waren, darunter die **Zwerge,** die aufgrund ihres mürrischen Charakters nach **Svartalfheim,** in die **Unterwelt,** verbannt wurden. Die sanften Geschöpfe, die **Elfen,** durften sich in **Alfheim,** zwischen Midgard und Åsgard, ansiedeln.

Chaos in dieses Weltengefüge bringen u.a. die Schlange **Niddhogg,** die stets an den Wurzeln der Weltenesche nagt, **Loki,** der Gott der Lügen, in dem sowohl göttliches als auch Riesenblut fließt, sowie der gefährliche **Fenriswolf,** der zwar gefesselt ist, aber immer noch unheilvoll zubeißen kann.

- **Krossbu Turiststasjon,** 46 km ab Lom, Tel. 61212922, www.krossbu.no. (***), Bett 240 NOK, DZ ab 620 NOK. 80-Betten-Holzhotel auf 1260 m Höhe. Ausgangspunkt für Wanderungen. Caféteria.
- **Bøvertun Fjellstugu,** 38 km ab Lom, Tel./Fax 61212924, (****). Seit 1864 betriebene Unterkunft am See, mit Campingplatz und Restaurant.
- **Jotunheimen Fjellstue,** 30 km ab Lom, Tel. 61212918, Fax 69212911, (****/*****). Durchaus nettes Holzhotel mit 42 guten Zimmern, aber hohe Preise.
- **Elveseter Hotel,** 23 km ab Lom, Tel. 61212000, www.elveseter.no, (DZ ab 1050 NOK, App. ab 1500 NOK). Ansprechender Hof mit z. T. 350 Jahre alten Gebäuden und moderner Hotelanlage. Am markantesten ist auf dem Anwesen die 32 m hohe Sagasøyla. Die Säule zeigt einen Querschnitt durch die norwegische Geschichte von 872 bis 1814. Eigentlich sollte sie im Osloer Zentrum aufgestellt werden. Ihr grobes und düsteres Aussehen macht verständlich, warum sie 1992 dann am Rand des Gebirges platziert wurde.
- **Bøverdalen Vandrerhjem,** 20 km ab Lom, Tel./Fax 61212064, geöffnet: 1.6.–1.10. Kleines Haus an der Straße mit Betten für 175 NOK und DZ für 420 NOK. Campingwiese und Caféteria.
- **Røisheim Hotel,** 15 km ab Lom, Tel. 61212031, (*****). Malerisches Holzhaus mit z.T. 200 Jahre alten Gebäuden. Gutes Restaurant, wenige Zimmer zu extrem hohen Preisen.

Unterkünfte am Ende der Strichstraßen ins Gebirge:

- **Spiterstulen Turisthytte,** im Visdalen, Tel. 61219400, Fax 61219401, www.spiterstulen.no. Die seit 1850 betriebene Anlage bietet Kaminzimmer und gemütliche Mehr- oder Doppelbettzimmer. Der Hof liegt in 1100 m Höhe und wird vom DNT betrieben. Die Preise liegen bei 190–430 NOK pro Person. Restaurant, Schwimmbad, Sauna, Zeltplatz. Als Ausgangspunkt für Wanderungen auf den Galdhøppigen geeignet. Geführte, einfache Wanderung durch die bizarren Eislabyrinthe des wild zerklüfteten Gletschers Svellnosbreen werden angeboten.
- **Raubergstulen,** Straße zur Juvasshytta, Tel. 61211800, Fax 61211801, www.raubergstulen.no. Auf 1000 m Höhe gelegene Anlage mit komfortablen Hütten (**/***) und preiswertem Restaurant. Zeltplatz.
- **Juvasshytta,** Tel. 61211550, www.juvasshytta.no, (**), Bett 350 NOK, DZ 760 NOK. In rauester Berglandschaft gelegenes Hotel mit urgemütlichen Zimmern und Aufenthaltsräumen. Caféteria. Das Sommerskizentrum liegt nebenan. Ausgangspunkt für Wanderungen auf den Galdhøppigen (auch geführte Touren).
- **Leirvassbu,** Leiradal, Tel. 61211210, Fax 61211211, www.leirvassbu.no, (***) (Bett 385 NOK, DZ ab 490 NOK). Gemütliche Gebirgspension auf 1400 m Höhe mit guten, einfachen Zimmern und einer Caféteria.

Aktivitäten

- **Fahrrad fahren:** Die **Sognefjellstraße** gehört zu den größten und beliebtesten Herausforderungen auf einer Fahrradtour durch Norwegen, wie ganze Bikerkolonnen dem erstaunten Autofahrer immer wieder vor Augen führen. Zwischen Skjolden und der Sognefjellhytta sind auf 30 km über endlose Serpentinen 1400 m Höhenunterschied zu überwinden. Zwischen der Gebirgsbaude und Lom führt die Straße ohne viele Kurven 53 km sanft bergab. Dabei sind 1000 m Höhenunterschied zu meistern. Alles in allem ist die Nord-Süd-Überquerung des Passes einfacher und weitaus weniger kräftezehrend. **Radverleih in Lom.**
- **Sommerskifahren:** Kleiner Lift an der Juvasshytta. 150 m Höhenunterschied, Liftpass 325 NOK/Tag, 285 pro halben Tag, Skiverleih 200 NOK/Tag, Loipen. www.gpss.no.

Wandern

- **Wanderung zum Galdhøpiggen**

Es gibt **zwei Ausgangspunkte** für die Wanderung auf Norwegens höchsten Berg. Die erste beginnt an der **Juvasshytta.** Diese Route dauert 5 Stunden, überwindet lediglich 600 Höhenmeter und folgt einem deutlich erkennbaren Pfad über den Nordgrat. Allerdings muss der Styggebreen („Der hässliche Gletscher") überquert werden. Meist sind

404no Foto: ms

auch hier schon deutliche Wanderspuren zu sehen, ungefährlich muss es aber wegen evtl. neu auftretender Gletscherspalten nicht unbedingt sein. Daher sollte man sich einer nicht allzu teuren, geführten Tour ab der Juvasshytta anschließen (9.30, 12 Uhr, etwa 120 NOK/Person).

Nicht so gefährlich, aber weitaus anstrengender ist die zweite Route **ab der Spiterstulen Turisthytte.** Der Weg ist markiert und deutlich zu erkennen, überwindet aber 1300 Höhenmeter, und dafür braucht man schon einiges an Kondition. Für die Tour sind hin- und zurück 6 Stunden einzuplanen. Die Galdhøppigen-Gipfelhütte hat ab 12 Uhr geöffnet.

- **Kurztour zum Svellnosbreen**

Ein Kurztour führt ab Spiterstulen in 2 Stunden zur 1914 m hoch gelegenen Abbruchkante am Svellnosbreen. Man folgt zunächst der Galdhøppigen-Route und biegt nach einer Stunde, nach der Durchquerung einer deutlich erkennbaren Schneemulde, links ab. 30 Minuten geht es über den Hang zur Abbruchkante mit dem gigantischen Ausblick auf die bizarren Eistürme des Gletschers.

- **Geführte Tour zu den Eisskulpturen des Svellnosbreen**

Eine geführte Tour geleitet ab Spiterstulen direkt zu den bizarren Eisskulpturen des Svellnosbreen – ein einmaliges Erlebnis, das man so schnell nicht vergessen wird!

Achtung: Aus den milchig-trüben Gletscherbächen, zu denen auch die Visa in Spiterstulen gehört, darf aufgrund mangelnder Mineralienablagerungen niemals getrunken werden!

- **Spiterstulen – Leirvassbu**

Markierter, oft erwanderter Pfad am Ostufer der Visa entlang. Fantastische und einfache 6-Stunden-Tour durch das grüne Tal und durch die Schlucht Kyrkjeglupen.

- **Zur Turisthytte Glitterheim**

Eine weitere Tour führt ab Spiterstulen zur 1300 m hoch gelegenen Turisthytte Glitterheim. Von hier (5 Stunden, retour) und auch von Spiterstulen aus (8 Stunden, retour) kann der vergletscherte Glittertind erklommen werden. Vom Gipfel bietet sich ein überwältigendes Gebirgspanorama.

Keine dieser Touren sollte bei schlechtem Wetter unternommen werden!

588no Foto: ms

Der Osten

407bno Foto: ms

407ano Foto: ms

Das Gudbrandsdal

Fjell bei Lillehammer

Winterland Lillehammer

Überblick

Ausgedehnte Waldgebiete, große Seen wie der Mjøsa und der Femund sowie die endlos erscheinenden Bergregionen Jotunheimes und des Dovrefjells und des Rondane-Nationalparks bestimmen das Landschaftsbild Ostnorwegens. Die interessantesten Orte sind der Olympiaort von 1994, Lillehammer, und das unter UNESCO-Schutz stehende Bergbaustädtchen Røros.

Der Tourismus in dieser Region konzentriert sich zumeist auf das Gudbrandsdal, wobei selbst durch dieses wunderschöne Tal viele nur auf der E 6, der „Rennstrecke" zu den Lofoten und zum Nordkap, hindurchrauschen. In die endlosen Wald- und Fjell-Landschaften östlich der Nord-Süd-Magistrale verirrt sich kaum ein Sommerurlauber. Allerdings gehört die Region sicher nicht zu den norwegischen Highlights.

Mjøsa-See und Gudbrandsdal

↗XVII/C1,2 ↗XII/A1–B3

Inmitten sanfter Hügellandschaft, mit Wäldern und fruchtbaren Feldern, liegt 60 km nördlich von Oslo der liebliche **Mjøsa-See.** Das 100 km lange und bis zu 450 m tiefe Gewässer ist der **größte See Norwegens.** Mit 366 km² hat er in etwa zwei Drittel der Ausdehnung des Bodensees.

Der Mjøsa ist das natürliche Tor zum mächtigen Gudbrandsdal. Zu seinem felsigen Südufer wurde 1854 eine der ersten Bahnlinien Norwegens verlegt. Da jedoch die Berge ein Weiterkommen vorläufig unmöglich machten, musste der See als Verkehrsweg dienen. So nahm 1856 das in zwei Jahren erbaute Boot **„Skibladner"** seinen Dienst auf. Es verkehrt noch heute und ist damit der **älteste Schaufelraddampfer der Welt,** der noch in Betrieb ist! Für die komplette Strecke von Minnesund nach Lillehammer braucht der 14 Knoten schnelle „Weiße Schwan des Mjøsa" sechs Stunden. Von den Eindrücken her ausreichend und preiswerter ist der kürzere Ausflug von Hamar nach Lillehammer und zurück (Infos unter Eidsvoll/Gjøvik).

Am Nordende des Sees, in Lillehammer, beginnt das romantische **Gudbrandsdal.** Seit Jahrhunderten schon ist das am dichtesten besiedelte Tal des Landes eine der wichtigsten Verkehrsachsen. Schon um das Jahr 1000 lag es an der beliebten Pilgerroute von Oslo zum Dom in Nidaros (Trondheim). Die Reise war für norwegische Verhältnisse recht unbeschwerlich, da im Tal ein recht mildes Klima herrscht, es nur gemächlich bergan geht und an Pässen lediglich das gut zu erwandernde Dovrefjell überquert werden musste.

Die Landschaft im „Tal der tausend Möglichkeiten" gleicht zwischen Lillehammer und Vinstra einer weiten und lieblichen Mittelgebirgslandschaft. Später schnüren die Bergmassive den Fluss Lågen regelrecht ein, und das Tal verengt sich teils zu einer Schlucht. Etwa

150 km nördlich von Lillehammer zweigt in Dombås das Gudbrandsdal in Richtung Nordwesten ab und geht am 600 m hoch gelegenen See Lesjaskogvatnet in das Romsdal über. Der alte Pilgerweg und die heutige E 6 biegen jedoch zuvor nach Norden ab und durchqueren die weiten Hochebenen des Dovrefjell. Anschließend geht es durch das zunächst schluchtartige, später weite Drivdal hinab zum Wintersportort Oppdal und zur Domstadt Trondheim.

Hadeland und Gjøvik

↗XVII/C1,2

Verlässt man Oslo auf der Rv 4 in Richtung Norden, so erreicht man durch die Waldgebiete der Nordmarka die liebliche Kulturlandschaft Hadeland am über 80 km langen See Randsfjord. Hoch droben, über der Ebene und ihren Feldern, stehen bei **Gran** die **Søsterkirkene.** Die beiden romanisch-gotischen Kirchen wurden im 12. Jahrhundert für zwei Schwestern erbaut, die sich weigerten, zusammen in eine Kirche zu gehen - so erzählt zumindest die Sage. Gleichfalls beachtlich ist das aus dem 13. Jahrhundert stammende **älteste profane Steinhaus Norwegens** (am Pfarrhof).

Weitere schöne mittelalterliche Kirchenbauten befinden sich im **Freilichtmuseum von Brandbu** (romanische Kirche von Tinglestad, 12. Jahrhundert; zwei Kulturwanderwege) und im 13 km südlich gelegenen **Lunner** (Kirche aus dem 12. Jahrhundert). Hier zweigt auch die Rv 35 nach **Jevnaker** ab, wo, gewissermaßen als kleiner Ableger zu den bekannten Glasbläsereien im schwedischen Småland, das bekannte **Hadeland Glassverk** liegt, in dem seit 1762 das Handwerk des Glasblasens ausgeübt wird. (Zu besuchen sind ein Glasmuseum, eine Galerie, diverse Läden und eine Bäckerei in den schmucken Holzhäusern der Anlage. 10–18 Uhr, Sa. bis 17 Uhr, Winter bis 16 Uhr.)

Nach Norden geht es weiter auf der Straße Nr. 4 durch die gleichfalls landwirtschaftlich dominierte Region Toten nach **Gjøvik** (27.000 Einwohner). Leider hat die „Weiße Stadt am Mjøsa" schon viele ihrer hellen Häuser verloren. Einen Zwischenstopp lohnen die hübsche Uferpromenade, beginnend am Skibladnerhaus, wo der Schaufelraddampfer sein Winterquartier hat, und die **Olympiske Fjellhall.** Die riesige Felsenhalle liegt 120 m tief im Berg und bietet bis zu 6000 Zuschauern Platz. In ihr fighteten während der Olympiade 1994 die Eishockeyteams um den Puck. Heute ist die Anlage ein Kulturzentrum und kann besichtigt werden. Sie liegt am westlichen Ende des Zentrums (Storgate) unweit der Rv 4 (geöffnet: 11–21 Uhr, Wochenende bis 18 Uhr, 20 NOK).

Auch wenn das Maihaugen-Museum in Lillehammer gleich „um die Ecke" liegt, so lohnt doch das **Mjøsmuseum** mit seinen beiden Außenstellen einen Zwischenstopp. In Gjøvik, in der Niels Ødegaardsgate 3–9, befindet sich der Kulturzentrum und Café umfassende **Gjøvik Gård** von 1810. Er war die Residenz des Glaswerksbesitzers *Casper*

Kauffeldt und liegt zentrumsnah am Fluss, unterhalb der noch heute in Betrieb befindlichen Industrieanlage (nahe der Rv 33, geöffnet Di.–Sa. 11–15 Uhr).

Die schöne Freilichtanlage des Museums, das **Eiktunet,** umfasst 35 Gebäude aus der Region und liegt 3,5 km westlich der Stadt am Øverbyvegen 108 (geöffnet: Juni–Aug. 11–17 Uhr).

Touristeninformation

- **Turistkontor,** Jerbanegt. 2, 2821 Gjøvik, Tel. 61146710, www.turistinnlandet.no.
- **Hadeland,** Tel. 61331143, www.visithadeland.no.

An- und Weiterreise/Gjøvik

- **Bahnhof:** Der Bahnhof liegt im Zentrum, am Wasser. Züge verkehren nach Oslo.
- **Busbahnhof:** Unweit südlich des Bahnhofs. **Fernbusse 147, 152.**

Unterkunft

- **Thon Hotel Gjøvik,** Strandgata 15, Tel. 6113 2000, Fax 61180864, www.gjovikspa.no (*****). Neues, ansprechendes Hotel mit moderner Wellness-Abteilung.
- **Grand Hotel,** Jerbanegaten 5, Gjøvik, Tel. 61140000, Fax 61140001, (*****). Schönes Hotel am Bahnhof. Amerikanisches Restaurant, Bar.
- **Gjøvik Vandrerhjem Hovdetun,** Parkvegen 8, Gjøvik, Tel. 61171011, Fax 61172602, ganzjährig, außer Weihnachten/Neujahr, geöffnet. Größere Anlage am See, mit dem Bett für 325 NOK und dem DZ ab 700 NOK.

Camping/Hütten

- **Vikodden Camping,** Gjøvik, Tel. 61173233. Guter zentrumsnaher Stadtplatz am See. 20 Hütten.
- **Hekshusstranda,** Kapp, Tel. 61169157. Familienfreundlicher Platz am Mjøsa, Rv 33, 15 km südl. von Gjøvik. Badestrand, Bootsverleih.
- **Sveastranda Camping,** Biri, E 6, Tel. 6118 1529, Fax 61181723, ganzjährig geöffnet. 12 km nördlich von Gjøvik, am Mjøsa gelegene große Anlage mit vielen Dauercampern. Recht moderne Sanitäranlage. Beachvolleyball. Langer Strand, Bootsverleih, 33 teils recht komfortable Hütten (*/**/***).
- **Stranda Camping,** Biristrand, 35 km nördlich Gjøvik, Tel. 61184672. Hübscher Platz am See, aber auch direkt an der E 6. 24 ganzjährig geöffnete Hütten (*/**), Bootsverleih, Badestellen.
- **Lyngstrand Camping,** 27 km westl. Gjøvik, Rv 34, 4 km nördlich Hov, Tel. 61123062. Idyllischer Platz am See Randsfjord. 5 ganzjährig geöffnete Hütten (*/**).

Essen und Trinken

- **Peppes Pizza:** Bjørnsonsgt. 6.
- **Restaurant Egon:** Jernbanegata 5 (am Bhf.), im Grand Hotel.
- Preiswerte Restaurants im Einkaufszentrum **CC Mart'n.**

Aktivitäten

- **Reiten:** Norsk Hestesenter, Tel. 61165500; www.nhest.no.
- **Weitere Angebote:** Kletterwand, Baden und Eislaufen in der Felsenhalle. Fahrradverleih im Turistkontor. Trabrennbahn in Biri (zwischen Gjøvik und Lillehammer).

Bootsrundfahrt

- Für **Rundfahrten mit dem „Skibladner“** bietet sich nur Gjøvik an. Von anderen Orten ist an einem Tag nur eine Richtung zu schaffen. Mi, Fr, So. 9.30 Uhr nach Hamar (280 NOK, retour) und Eidsvoll (320 NOK, retour); Di, Do, Sa. 9.30 Uhr nach Lillehammer (280 NOK, retour); www.skibladner.no.

Shopping

- Schöne **Fußgängerzone** im Zentrum und **zwei große Einkaufszentren** (CC Mart'n und City) am See gelegen.

Eidsvoll

↗XVII/C2

Der **2500-Einwohner**-Ort liegt nahe der Südspitze des Mjøsa, ist Endstation des Dampfschiffes „Skibladner" und beherbergt 2 km vor den Toren der Siedlung, in Eidsvollverk, ein norwegisches Nationalmonument: das **Eidsvoll Bygningen.** Der **alte Gutshof,** im Jahr **1814** Schauplatz der **Reichsversammlung,** steht in einem hübschen Park. Die Anlage ist gegen 75 NOK Eintritt zu besichtigen. Zu sehen sind u.a. die Portraits der Versammlungsteilnehmer und schmucke Räume (geöffnet: Mai–Aug. 10–17 Uhr, ansonsten Mi.-Fr. 10–15 Uhr, Sa./So. 12–17 Uhr).

An- und Weiterreise

- **Züge** nach Oslo und Richtung Hamar/Lillehammer, Trondheim.
- **Fernbusse 130, 145, 147.**
- **Flughafen Gardermoen:** siehe „Oslo/Praktische Informationen/An- und Weiterreise").

Unterkunft

- **Solli Pensionat,** Torvet 5, Eidsvoll, Tel. 63964509, (***). Gemütliches, einfaches Holzhaus mit Park.

Bootsrundfahrt

- Infos zum **Skibladner:** siehe „Hadeland und Gjøvik".

Mineralien

- **Am Byrud Gard** bei Minnesund (Rv 33) liegen die Gänge der einzigen **Smaragdgrube** Skandinaviens. Schmucksteine sind auf dem Hof zu erwerben (8–20 Uhr geöffnet).
- **Gold** hingegen gab es einmal **in der Grube an der Rv 181** (östlich von Eidsvoll). Auch hier darf während des Sommers nach Schätzen gesucht werden. Info zur E 6: Ausbau zur Autobahn zwischen Flughafen Gardermoen und Hamar. Auf den zwei fertigen Teilstrecken: Maut (13/16 NOK). Automatische Mautstation, nicht anhalten - nachbezahlen an Esso- und Shell-Tankstellen oder auf die Rechnung warten.

Ein Gesetz wird geschaffen – die Reichsversammlung und der 17. Mai

Einberufen wurde die **Riksforsammling** (Reichsversammlung), nachdem Norwegen von Dänemark an Schweden abgetreten werden musste. Ziel der 112 Eidsvollmänner, der Entsandten einer jeden Gemeinde, war es, den Wechsel der Zugehörigkeit des Landes als Chance zu verstehen und eine eigene Verfassung zu entwerfen. Auf harten Pritschen saßen sie dann wochenlang, Tag für Tag, zusammen und tüftelten ein Grundgesetz aus, welches sich an die Ideale der Französischen Revolution und an die amerikanische Verfassung anlehnen sollte. Am 17. Mai war es dann soweit. Das neue norwegische Gesetz wurde verabschiedet. Dies brachte Norwegen zwar noch lange nicht die Unabhängigkeit, jedoch eine größere innenpolitische Selbstständigkeit sowie ein gesteigertes Selbstbewusstsein, im Zuge dessen u.a.Künstler wie *Grieg, Munch* und *Ibsen* Weltruhm erlangen konnten.

Der **17. Mai** ist heute der **norwegische Nationalfeiertag** und wird landesweit ausgiebigst mit prächtigen Umzügen gefeiert. Dabei tragen viele ihre eigene Landestracht, Spaß und Frühlingsfreude stehen eindeutig im Vordergrund. Nichts wäre in Norwegen an diesem Tage so unangebracht wie pompöse Militärparaden. Man schwingt zum Zeichen des nationalen Selbstwertgefühls sein Fähnchen und ist vergnügt.

Hamar

↗XVII/C1,2

Die Umgebung des heutigen Hamar war zur Regierungszeit *Harald Hårdrådes,* Mitte des 11. Jahrhunderts, ein wichtiger Handelsplatz. Das Fylke Hedmark, dessen Hauptstadt Hamar ist, war die letzte Region, die *Olav der Heilige* zu christianisieren vermochte (vermutlich kann der Name Hedmark auch mit „Wald der Heiden übersetzt werden"). 1152 wurde der Ort ein **wichtiges religiöses Zentrum** mit Dom, Kloster, Schule und Rathaus. Über 400 Jahre lang zählte Hamar zu den fünf bedeutendsten Städten des Landes. Als jedoch 1567 der Dom durch den schwedischen Heeresführer *Johan Siggeson* zerstört wurde, gab man die Stadt nahezu auf. Erst 1849 wurde diese auf königlichen Beschluss hin als Handelszentrum für das Binnenland neu gegründet.

Eine der wenigen herausragenden architektonischen Leistungen im Ort ist das **Vikingskip.** Die **Olympiahalle** erinnert, wie der Name schon vermuten lässt, an ein Wikingerschiff, und zwar an ein umgestülptes. Das gewagt aus Holz und Beton konstruierte Gebäude bietet rund 20.000 Menschen Platz, also 7000 weniger als der Ort Einwohner hat. Finden nicht gerade Wettkämpfe im Eisschnelllauf statt, ist die Arena gegen 30 NOK Eintritt Ende Juni–Anf. Aug. Mo.–Fr. 8–18 Uhr, Sa. 10–16 Uhr, ansonsten Mo.–Fr. 8–16 Uhr) zu besichtigen. Eine kleine Fotoausstellung lässt dabei die Erinnerungen an die grandiosen Olympiatage wieder aufleben.

Fünf Minuten außerhalb der Stadt liegt auf der **Halbinsel Domkirkeodden** die **Freilichtanlage des Hedmark-Museums** (im Zentrum am See entlang, der Storhamargate und der Ausschilderung „Museer" folgen). Die 40 Gebäude am Ufer des Mjøsa sind gratis zu besichtigen. 75 NOK Eintritt kosten hingegen das nette, aber nicht eindrucksvolle Mittelaltermuseum (Ruinen der Bischofsburg, Ausgrabungsfunde, alte Schlitten) und die von einer gewaltigen Glaskonstruktion überdachte Ruine des Domes. Das Bauwerk wurde im 12. Jahrhundert geweiht und vier Jahrhunderte später bei einem schwedischen Angriff zerstört. Die Anlage ist Zeuge der einstigen Bedeutung des Bistums Hamar. Es war über Hunderte von Jahren hinweg die einzige Stadt in Norwegens Binnenland und ein wichtigtes Handelszentrum. Im 19. und 20. Jahrhundert verlor der Ort seine Macht jedoch an das neu gegründete Lillehammer („Klein-Hamar").

Auf der Halbinsel sind ferner ein duftender **Kräutergarten** und die **Galerie des Künstlerzentrums** zu besichtigen. Der Domkirkeodden hat 20.5.–1.9. Di.–So. 10–16 Uhr, Ende Juni bis Mitte August täglich bis 17 Uhr geöffnet, 80 NOK.

Gleichfalls am Ufer des Mjøsa-Sees liegt inmitten eines Waldes das **Norsk-Jernbane-Museum.** In dem 1896 gegründeten, hochinteressanten **Eisenbahnmuseum** steht u.a. das alte, 2200

Die Olympiahalle Vikingskip

PS starke Dampfross „Dovregubbe". Außerdem gibt es eine eigene Schienenanlage mit Bahnhöfen, Wärterhäusern, Loks und Waggons. In einem dieser alten Wagen ist auch ein originelles Café untergebracht. Rundfahrten können mit dem kleinen Tertit-Zug unternommen werden. Auch rollt seit kurzem wieder die gewaltige Dampflokomotive „Caroline" aus dem Jahr 1861 (geöffnet: Mitte Juni–Mitte Aug. 10.30–17 Uhr, ansonsten 11–15 Uhr Uhr, 75 NOK).

Touristeninformation

- **Turistkontor** in der Vikingskiphalle, Tel. 62517503, Fax 62517551, www.hamarregio nen.no.

Orientierung

- Zentrum, Wikingerschiff und Domkirkeodden liegen westlich der E 6 und sind über die Rv 25 zu erreichen.

An- und Weiterreise

- **Bahnhof/Busbahnhof:** Beide liegen unweit östlich des Zentrums. Züge nach Oslo, Lillehammer und Trondheim. **Fernbusse 145, 147.**

Unterkunft

- **Scandic Hotel,** Vangsvn. 121, Tel. 2161 4000, Fax 21614011, (*****). Neues, komfortables Hotel mit 126 ansprechenden Zimmern, gutem Restaurant, Sauna und Fitnesscenter.
- **Astoria Hotel,** Torggt. 23, Tel. 62707000, Fax 62707001, (*****). 79-Zimmer-Kasten im Zentrum. Pub, Nachtclub.
- **Victoria Hotel,** Strandgt. 21, Tel. 6202 5500, Fax 62533223, (*****). Großes und feines Zentrumshotel. Recht gutes Restaurant „Christian Krohg".
- **Seiersted Pensjonat,** Holsetgt. 64, zentrumsnah, Tel. 62521244, www.seiersted.no, 720 NOK für gemütliche Zimmer im Holzhaus (inkl. Frühstück). E 6 ab Richtung Zentrum, bei Statoil rechts, nächste Ampel links.
- **Bellevue Bed & Breakfast,** nördlicher Stadtrand, Tel. 62523477, Aluvegen 65,

413no Foto: ms

www.hamarbooking.no, (DZ 970 NOK, Studenten 750 NOK). Gemütliche Pension mit familiärer Atmosphäre.

- **Hamar Vandrerhjem,** am Vikingskip, Tel. 62526060, ganzjährig geöffnet, an der Vikingskiphalle gelegen. Moderne, schöne JH, aber sehr teuer: Bett 410 NOK, DZ 840 NOK.
- Preiswerte Unterkünfte in Hamar: **Hamar Booking,** www.hamarbooking.no, Tel. 9971 7066.

Camping/Hütten

- **Hamar Hytteutleie,** Tel. 62519370, Teil der Hamar Folkehøyskole, 3 km ab Zentrum (2 km ab E 6) Richtung Hamar Vest/Hedmarktoppen. Neue Komforthütten.

Essen und Trinken

- Recht **gut** sitzen und leider recht **teuer** speisen kann man im seit 1849 existierenden **Stallgården** (Torggata 82).
- Sowohl kostengünstig als auch recht lecker sind die Pizzen im **Pizzanini** (Torggata 24).
- Günstig ist auch das Restaurant **Ny & Ne** in der Jugendherberge (Gerichte ab 80 NOK!).
- Beliebte Cafés sind das **Alle Tiders** und **Helles Bakeri.** Beide in der am Markt beginnenden Torggata.

Aktivitäten

- Neben dem Vikingskip besitzt die Stadt drei weitere große Hallen, z.B. die **Ankerskogen-Halle** mit großem Hallen- und Freibad, Sauna, Tennis- und Badmintonplätzen.
- **Wandern:** Ein guter Ausgangspunkt für Wanderungen im recht unberührten Berg- und Waldgebiet Hedemarksvidda sind die Hütten Gåsbu (15 km nordwestlich der Stadt) und Budor (30 km nordwestlich).
- **Tierparks: Amadeus:** 25 km südl. Hamar, nahe der E 6. Im Sommer von 10–17 Uhr geöffneter kleiner Tierpark u.a. mit Zebras, Kamelen, Affen, Fasanen, Schlangen (100 NOK). **Snilsberg Familiepark:** Halbinsel Nes, Rv 213, westl. von Hamar. Hof mit u.a. Lämmern, Ziegen, Ponys. Spielplatz, Hofladen, Naturwanderweg (im Sommer von 11–17 Uhr, 90 NOK).
- **Weitere Museen: Kirsten Flagstad Museum** (über die weltbekannte Opernsängerin *Kirsten Flagstad;* Kostüme, Requisiten, Fotografien; Juni–Aug. Di.–So. 11–16 Uhr, ansonsten Di.–Fr. 11–15 Uhr; 50 NOK, Kirkegt. 11 im Zentrum). **Prøysenhuset** (das Museum huldigt dem Liedermacher *Alf Prøysen* und ist besonders für Kinder interessant; meist 10–16 Uhr geöffnet, 75 NOK, an E 6 ausgeschildert). **Utvandrer-Museum** (an E 6 ausgeschildert): Es wird die Abwanderung nach Amerika im 19. Jh. thematisiert (Sommer 12–16 Uhr).

Umgebung

Die Umgebung von Hamar ist schon seit über 4000 Jahren eine Ackerbauregion. Spuren längst vergangener Kulturen findet man auf der **Insel Helgøya** im Mjøsa-See.

Interessant und hübsch ist auch die alte **Kirche von Stange** aus dem 12. Jahrhundert.

Lillehammer ↗XVII/C1

Überblick

Noch 150 Jahre nach der **Gründung** des Marktfleckens „Klein Hamar" durch den Kaufmann *Ludvig Wiese* im Jahr **1827** war Lillehammer ein unscheinbares Örtchen am Nordende des Mjøsa-Sees. Die Siedlung mit dem Skifahrer im Wappen konnte sich zwar als Handels-, Erholungs- und Künstlerzentrum etablieren, hatte jedoch lediglich die 1925

In der Fußgängerzone

von *Tor Bjørklund* gemachte **Erfindung des Käsehobels** als aufregendes Ereignis vorzuweisen.

Allerdings besaß Lillehammer aufgrund seiner **schneesicheren Lage** schon seit dem 19. Jh. eine gewisse Anziehungskraft auf norwegische Skiläufer. Und da selbst von Leuten, die es wirklich wissen mussten, die Landschaft mit ihren weiten Hochebenen, schönen Wäldern und ski-idealen Berghängen hoch gelobt wurde, entstand die kühne Idee der Bewerbung für Olympia.

Und man hatte Erfolg: 1988 gab der Präsident des IOC, *Juan Antonio Samaranch,* das international völlig unbekannte „Lilly Hammer" als Sieger der geheimen Abstimmung bekannt, und mit der Ausrichtung der **17. Olympischen Winterspiele** im Jahr **1994** schaffte Lillehammer den Sprung in die Elite der europäischen Skizentren. Und dies – das ist das Erstaunliche –, ohne an Charme und Gemütlichkeit einzubüßen. Im Gegenteil, Lillehammer ist heute wie vor hundert Jahren ein beschaulicher Ort mit einem pittoresken Zentrum und einer schönen Umgebung. Mit dem Unterschied natürlich, dass seit 1994 ein paar Sehenswürdigkeiten, Sportstätten, Hotels und Restaurants dazugekommen sind. Auch stieg die Bevölkerungszahl innerhalb weniger Jahre um 3000 auf **25.000 Einwohner** an.

Sehenswertes

Die Innenstadt und die olympischen Stätten von Lillehammer erkundet man am besten auf einem Rundgang zu Fuß (3 km).

415no Foto: ms

416no Foto: ms

Die Tour beginnt am Nordende der **Fußgängerzone Storgata.** Wir folgen dem hübschen Boulevard mit seinen kleinen Holzhäusern und den vielen, recht geschmackvollen Geschäften. Nach etwa 150 m (Ausschilderung beachten) führt nach rechts ein Weg zum sehenswerten **Lillehammer-Kunstmuseum.** Schon im 19. Jahrhundert war Lillehammer wegen seines inspirierenden Lichtes bei Dichtern *(Bjørnson, Sigrid Undset)* und Malern beliebt. Zu sehen sind im Museum vor allem Werke norwegischer Künstler, wie *Munch, Werenskiold, Krogh, Gude, Dahl* und *Weidemann* (geöffnet: Di.–So. 11–16 Uhr, Ende Juni–Ende Aug. auch Mo. bis 17 Uhr offen. 90 NOK, schönes Café).

Blick von der Sprungschanze

Wir gehen nun zurück zur Fußgängerzone und laufen, vorbei am etwas missratenen neuen Rathaus, zum hübschen **Søndre Park,** an dessen unteren Ende die neugotische **Backstein-Stadtkirche** (1882) liegt. Die Storgate wird nun zur Hauptstraße. Dieser folgen wir bis zur Sondregate, biegen in diese nach links ein und folgen der Ausschilderung sowie dem Maihaugenvegen zum **Maihaugen-Museum** (Sandvigske Samlinger), einem der schönsten und größten Freilichtmuseen Norwegens (Eingang 100 m die Straße hoch). Gegründet wurde die Anlage 1887 vom Zahnarzt *Anders Sandvig.* Sie besteht heute aus 170 hölzernen Bauwerken aus dem Gudbrandsdal, deren eindrucksvollste zu dem im 18. Jahrhundert erbauten Hof Bjørnstadgården gehören. Höhepunkt der Sammlung ist zweifellos die um 1200 erbaute **Stabkirche.** Das erhabene Gebäude wurde 1882 in Garmo bei Lom abgerissen und fand knapp 40 Jahre später hier einen gleichermaßen würdevollen Platz. Vervollkommnet wird die Freilichtanlage durch verschiedene Werkstätten, idyllische Waldwege, Seen, Almen, ein nettes Café mit traditionellem Essen und die spannende **Ausstellung „Wie das Land unser wurde"** im kantigen Hauptgebäude. Auf sehr anschauliche Art kann hier die Entwicklung Norwegens, von der Bronze- und Wikingerzeit über das Mittelalter bis hin zur Neuzeit mit ihrem Überfluss und Reichtum, nachvollzogen werden. Seit 2003 beheimatet Maihaugen auch das **Postmuseum** (geöffnet: Juni–Aug. 10–17 Uhr, ansonsten Di.–So. 11–16 Uhr, 140 NOK

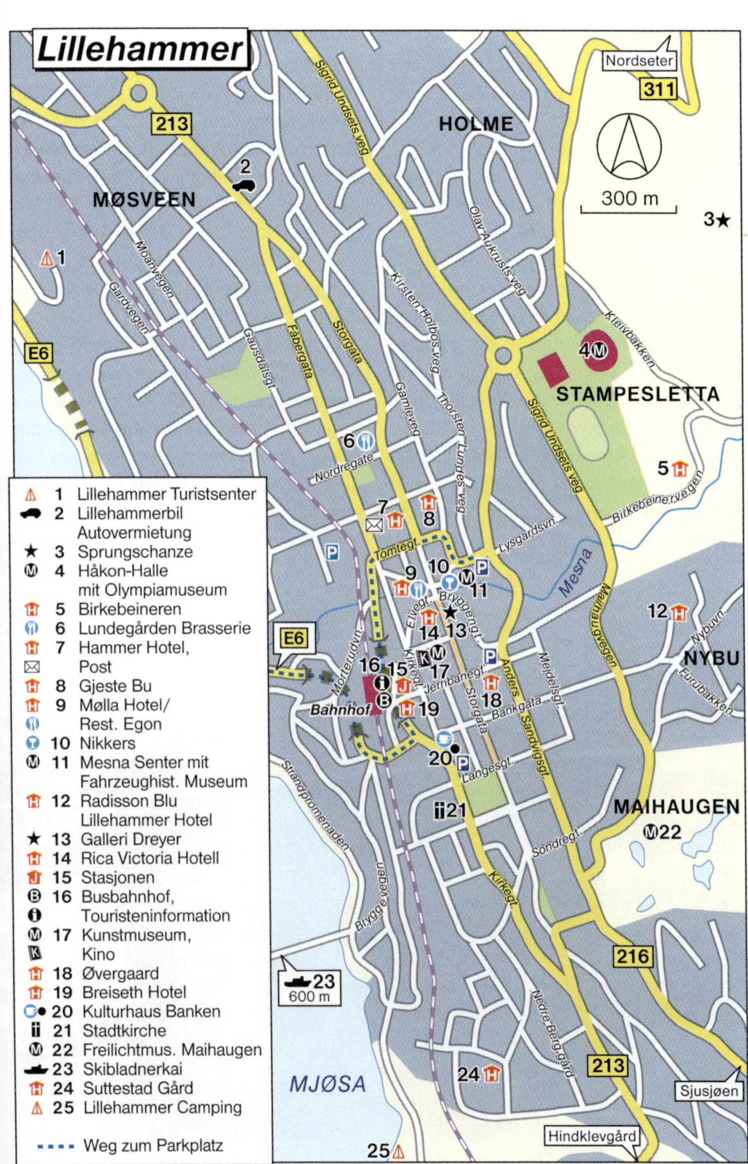
Lillehammer
Nordseter
311
213
HOLME
300 m
MØSVEEN
3★
1
E6
STAMPESLETTA
Sigrid Undsets veg
Olav Aukrusts veg
Kirsten Holbos veg
Kleivbakken
Moanvegen
Gardvegen
Gausdalsgt.
Fåbergata
Storgata
Gamleveg
Thorsten Lundes veg
Nordregate
Lysgardsvn.
Birkebeinervegen
Tomtegt.
Mesna
Elvegt.
Bryggengt.
Maihaugvegen
Nybuvn.
NYBU
Furubakken
Morterudvn.
Kirkegt.
Jernbanegt.
Meidelsgt.
Anders Sandvigsgt.
Bankgata
Bahnhof
Langesgt.
Strandpromenaden
MAIHAUGEN
Søndregt.
Bryggevegen
216
Nedre Berg gård
600 m
MJØSA
Sjusjøen
Hindklevgård
1 Lillehammer Turistsenter
2 Lillehammerbil Autovermietung
3 Sprungschanze
4 Håkon-Halle mit Olympiamuseum
5 Birkebeineren
6 Lundegården Brasserie
7 Hammer Hotel, Post
8 Gjeste Bu
9 Mølla Hotel/ Rest. Egon
10 Nikkers
11 Mesna Senter mit Fahrzeughist. Museum
12 Radisson Blu Lillehammer Hotel
13 Galleri Dreyer
14 Rica Victoria Hotell
15 Stasjonen
16 Busbahnhof, Touristeninformation
17 Kunstmuseum, Kino
18 Øvergaard
19 Breiseth Hotel
20 Kulturhaus Banken
21 Stadtkirche
22 Freilichtmus. Maihaugen
23 Skibladnerkai
24 Suttestad Gård
25 Lillehammer Camping
Weg zum Parkplatz

Der Osten

(Sept.-Mai 80 NOK), Studenten 80 NOK, Familien 200 NOK, Deutsche Führungen gratis. Vom 1.10.-17.5. ist das Gelände kostenlos zu betreten. Info: www.maihaugen.no).

Hinweis: Sammelticket für Maihaugen, Olympiamuseum und Bjerkebæk: 220 NOK, Familie 550 NOK.

Nach diesem Ausflug in die ältere Kulturgeschichte Norwegens begeben wir uns nun den Maihaugvegen entlang zum **Olympiamuseum** in der Håkon-Halle. Die sehenswerte Ausstellung zeigt die Geschichte der Olympischen Spiele von der Antike bis zur Neuzeit. Eine eigene Abteilung beschäftigt sich selbstverständlich mit der Olympiade in Lillehammer 1994 (geöffnet: 1.6.-31.8. 10-18 Uhr, 1.9.-31.5. Di.-So. 11-16 Uhr; 80 NOK, Studenten 70 NOK, Familien 200 NOK).

Gleich oberhalb der Halle liegt der **Lysgårdsbakken.** Vom Turm der großen **Sprungschanze** hat man einen wirklich überwältigenden Blick auf Lillehammer und das Gudbrandsdal. Die Anlage ist 9-20 Uhr geöffnet (bis 11.6./ab 23.8. 11-16 Uhr, 20 NOK; Sessellift zum Turm: 40 NOK retour, Anfahrt auch über die Rv 311).

Gegenüber der Håkons-Halle befindet sich **Bjerkebæk.** Hinter dem neuen, sich harmonisch in die Umgebung einfügenden Eingangsgebäude liegt das ehemalige Anwesen *Sigrid Undsets.* Die Literaturnobelpreisträgerin lebte hier von 1919 bis 1949. In den Räumlichkeiten mit Bibliothek, alten Gemälden (u.a.

418no Foto: ms

von *Gerhard Munthe*), Kamin und Bauernmöbeln kann der Gast noch förmlich den Geist der Schriftstellerin spüren (Führungen: 18.5.–30.9., 11–16 Uhr, 100 NOK; Publikumsgebäude gratis). Unterwegs lohnt noch der Besuch des **Fahrzeughistorischen Museums** (Kjøretøyhistorisk Museum) im Mesna Senter. Neben etlichen rüstigen Oldtimern sind auch alte Fahrräder und Schlitten ausgestellt (geöffnet: 15.6.–19.8. 10–18 Uhr, 21.8.–14.6. Mo.–Fr. 11–15 Uhr, Sa./So. bis 16 Uhr, 40 NOK).

Sehenswürdigkeiten in Øyer, 13–15 km nördlich der Stadt

An einer kleinen Nebenstraße, parallel zur E 6 (in Øyer-Zentrum von der E 6 abbiegen), liegt **Hunderfossen,** der vielleicht schönste **Freizeit- und Familienpark** Norwegens. Nach Zahlung von 340 NOK (Kinder 275 NOK) wird es märchenhaft-mystisch. Schon kurz hinter dem Eingang lauert, auf eine mächtige Tanne gestützt, der größte Troll der Welt. Doch nicht verzagen, denn nur durch ihn hindurch gelangt man zur traumhaften Märchengrotte. Auch gibt es seit neuestem ein 37 m hohes Soria Moria-Märchenschloss, in dem nun u.a. *Askeladden,* das norwegische *Aschenbrödel,* zuhause ist. Abgerundet wird die gelungene Anlage noch durch ein Energie-, Medien- und Kommunikationscenter, ein Abenteuerkino, eine Badeanlage, ein Eiscremecenter, ein Wachsfigurenkabinett und ein Trollrestaurant. Der Park steht auch im Winter Besuchern offen. Angeboten werden Schneerafting, Eisbowling, der Besuch im Eis- und Abenteuerschloss, eine Eisbar und Klettern im Hochseilgarten. **Übernachten** kann man im südlichsten Eishotel der nördlichen Hemisphäre, www.vinterparken.no, www.hunderfossen.no (geöffnet: Juli 10–19 Uhr; Juni/Aug. meist 10–17 Uhr; Jan.–März Mi./Sa. 17–20 Uhr; Winter 200 NOK, Sommer 340 NOK).

Alter Speicher (Stabbur) im Freilichtmuseum von Lillehammer

Auf der gleichen Straße gelangt man auch zu den zwölf **helleristninger (Felszeichnungen) am Fluss Lågen** und zum **Norsk Vegmuseum.** Sehr anschaulich wird in diesem Straßenmuseum die Entwicklung des norwegischen Verkehrssystems dargestellt. Die Geschichte beginnt bei den alten Königs- und Pilgerwegen und endet bei den neuesten, teils ingenieurtechnisch meisterhaften, Tunnels, Schnellstraßen und Brückenprojekten. Auch eine Multivisionsshow sowie eine Freianlage mit fünf historischen Gebäuden und alten funktionstüchtigen Maschinen sind zu sehen. Unweit des Vegmuseums wurde zudem 2004 die Zweigstelle des **Fjellsprengningsmuseet** eröffnet. In einem 240 m langen Tunnel erlebt man die spannende Geschichte des Tunnelsprengens (18.5.–31.8. 10–18 Uhr, ansonsten: 10–15 Uhr, Eintritt frei! http://www.vegvesen.no).

Überquert man nun nördlich der Olympischen Bobbahn den Fluss, so gelangt man zum **Hafjell Alpinzentrum** (an der E 6). Auf dem Weg zum Parkplatz am Sessellift bitte nicht unruhig werden! Nicht das Auto ist zum

Gulliver geworden, sondern die Häuser schrumpften zur Miniaturstadt „Lilleputthammer". Neben der Zwergenausgabe der Hauptstraße Lillehammers gibt es ein nostalgisches Karussell, ein Bibliothekshaus mit 4000 Kinderbüchern sowie ein Café (Ende Mai–Anf. Juni 10–17 Uhr, Ende Juni–Anf. Aug. 10–19 Uhr, 195 NOK; Winter: 20 NOK, Gebäude geschlossen).

Wesentlich monumentaler – und künstlerisch bedenklich – ist die am gegenüberliegenden Berghang liegende Waldrodung des Olympischen Fackelmannes. Einsehbar von den Skipisten des Hafjell.

Praktische Informationen

Touristeninformation

• **Lillehammer Turist,** Jernbanetorget 2, 2609 Lillehammer, im Bahnhof gelegen, Tel. 61289800, www.lillehammerturist.no, geöffnet: 9–19 Uhr, So. bis 18 Uhr, im Winter: 9–16 Uhr, Sa. 10–14 Uhr, So. geschlossen.

Orientierung

• In Richtung „Sentrum" fährt man von der E 6 am Einkaufszentrum mit den „zwei Kirschen" nach Osten durch einen Tunnel, biegt gleich danach links ab und fährt nochmal durch einen Tunnel. Nun geradeaus zum Parkhaus oder an der Post nach rechts über die Tomtegate zum Parkplatz am Kiwi-Supermarkt (ab 17 Uhr gratis).

An- und Weiterreise

• **Bahnhof/Busbahnhof:** Beide liegen direkt beieinander unterhalb des Zentrums. **Züge** nach Oslo, Hamar, Ringebu, Vinstra, Otta, Dombås, Oppdal, Trondheim. **Fernbusse 145, 147, 154. Lokalbusse** u.a.nach Hamar, Gjøvik, Nordseter, Sjusjøen, Hafjell. www.opplandstrafikk.no.

• **Mietwagen:** Europcar, Tel. 61250103, Budget, Tel. 61250854, Avis, Tel. 61265800.

• **Lillehammerbil,** Gudbrandsdalsveien 187, Tel. 61268600, www.lillehammerbil.no, 750 NOK/Tag, 3800 NOK/Woche.

Unterkunft

• **Radisson Blu Lillehammer Hotel,** Turisthotelvn. 7, Tel. 61286000, Fax 61257333, (*****). Großes und edles Hotel oberhalb des Maihaugvegen. Schon die IOC-Honoratioren nächtigten hier. Feine Zimmer, Hallenbad, Sauna, gutes Restaurant, Bar, Pub, Disco.

• **Rica Victoria Hotell,** Storgt. 84b, Tel. 61250049, Fax 61252474, (*****). Schönes Holzhotel mit nüchtern-modernem Anbau. Komfortable Zimmer und gutes Restaurant. Bar, Disco.

• **Breiseth Hotel,** Jerbanegt. 1–5, Tel. 6124 7777, Fax 61269505, (*****). Modernes Künstlerhotel am Bahnhof. Altertümliche und neue Zimmer, Restaurant, Caféteria.

• **Hammer Hotel,** Storgata 108, Tel. 6126 3500, Fax 61263730, (*****/****). Modernes und sehr gemütliches Holzhotel im Zentrum. Hübsche Zimmer.

• **Mølla Hotel,** Elvegaten 12, Tel. 61057080, Fax 61057081, (*****). Ansprechend gestaltetes Hotel in einem alten, 30 m hohen Getreidesilo. Originelles Restaurant, Bar.

• **Birkebeineren,** Birkebeinervn. 24, Tel. 6126 4700, Fax 61264750, www.birkebeineren.no (**/***). Für die Olympischen Spiele erbautes Haus mit recht ansprechenden Zimmern und Apartments. An der Straße zur Sprungschanze. DZ im Hotel 1020 NOK, im Motel 610 NOK, auch 3- und 4-Bett-Zimmer, Kaminzimmer, Sauna, W-Lan.

• **Suttestad Gård,** Suttestadveien 17, Tel. 61250444, jenshomb@online.no, (**/***) (ab 700 NOK). Alter Hof, romantische Zimmer mit Himmelbetten.

• **Øvergaard,** Jernbanegt. 24, Str. beginnt am Bahnhof, home.c2i.net/overgaard, Tel. 61259999, (**) (ab 500 NOK). Nette Pension in altem Holzhaus. Küche, TV-Zimmer.

• **Gjeste Bu,** Gamleveien 110, Tel. 61254321, www.gjestebu.no, (*). Preiswerteste Unterkunft im Zentrum, in der Parallelstraße zur nördlichen Storgata gelegen (von der Storgata an der Løkkegata den Berg hinauf). EZ ab 290 NOK, DZ ab 500 NOK, Apartment ab 800 NOK, TV-Zimmer, Küche, Balkon, einfache, aber saubere u. gemütliche Ausstattung.

- **Lillehammer Vandrerhjem Stasjonen,** im Gebäude des Bahnhofs, Tel. 61260024, Fax 61252334, www.stasjonen.no. Lt. Auszeichnung eine der besten Jugendherbergen Europas. Alle Zimmer mit W-Lan und TV. Bett 325 NOK, DZ 840 NOK, 3-Bett-Zimmer 990 NOK, inkl. gutem Frühstück.
- **Hindklev Gård,** 6 km südl. an der Rv 213, Tel. 61250624, hindklev@c2i.net. Schöner Hof in ruhiger Lage, Apartment ab 400 NOK.
- **Bjerke Gård,** Nordre Stranden, Tel. 61252933, post@bjerke-gaard.com. Sehr gemütliche Zimmer auf alter Hofanlage gegenüber der Stadt, am Mjøsa. Äußerst empfehlenswert. DZ 1300 NOK.

Unterkünfte in Sjusjøen

Auf der Hochebene in 850 m Höhe, 20 km nordöstlich von Lillehammer, gibt es folgende, allesamt sehr empfehlenswerte und recht gemütlichen **Hotels/Hütten** (an der Straße ausgeschildert):

- **Sjusjøen Høyfjellshotell,** Tel. 62357670, Fax 62347671, (*****).
- **Rustad Hotell & Fjellstue,** Tel. 62363408, www.rustadhotel.no, (****), uriges Kaminzimmer.
- **Fjellheimen Fjellpensjon,** Tel. 62347670, www.sjusjoen-hotel.no. Einfache, aber saubere DZ und Hütten. Sehr gute Sommerpreise: Hütten ab 350 NOK, DZ 400 NOK, Essen ab 110 NOK.
- **Hervorragende Hütten** (*/***/****): Sjusjøen Hytteutleie (Tel. 62334960, www. sjusjoen. no). Sjusjøvangen Hytteutleie (Tel. 62363433, www.sjusjovangen.no).
- Sehr gute Unterkünfte auch im noch idyllischeren **Nachbarort Nordseter:** Nordseter Fjellstue og Hytter (**), Apartment ab 500 NOK im Sommer, Tel. 61264008, www.visitnordseter.com), Komfortable Hütten: www. nordseter.no.

Camping/Hütten

- **Lillehammer Turistsenter,** nördlicher Stadtrand, Tel./Fax 61259710, www.motelcamp. no. Ganzjährig geöffnet. Moderner Platz nahe der E 6 (Abzweig Storhove, an der Esso-Tankstelle nach rechts). Gute Hütten ab 550 NOK, DZ ab 700 NOK. Beachvolleyball, Fahrradverleih. Gute Sanitäranlagen.
- **Lillehammer Camping,** Abzweig Lillehammer Sentrum, Tel. 61253333, Fax 61253365, www.lillehammer-camping.no. Ganzjährig geöffnet. Stadtplatz am Wasser (Badeplatz), nahe der Bahnlinie (nachts aber ruhig). Apartments ab 900 NOK, 5 einfache Hütten ab 550 NOK. Z.T. recht einfache Sanitärausstattung.
- **Roterus Fritidsgård,** Rv 216, 6 km Richtung Sjusjøen, www.norutleie.no, Tel. 6126 9860, ganzjährig geöffnet. Schöner, ruhiger Platz mit Panoramablick. Einfache, aber schöne Hütten (*/**). Nur Hüttenvermietung.
- **Samuelstuen Camping,** Rv 213, 18 km südlich, Tel. 62360390. Schöner Platz direkt am Mjøsa. 19 Hütten (*), Badestrand, Bootsverleih.
- **Hunderfossen Camping,** am Hunderfossen-Familiepark, eigener Bahnhof, Tel./Fax 61277300, ganzjährig geöffnet. Schöner Platz am Wasser, leider direkt an der Bahnlinie. 54 Hütten (*/**/***). Bootsverleih.

Unterkünfte in Øyer (Hafjell Alpinzentrum) und Umgebung

- **Hunderfossen Turistsenter,** an der Bobbahn, Tel. 61274000, Fax 61277212, www. hafjell.info, ganzjährig geöffnet. Familiäres Hotel (****), 61 gute Hütten (*-****).
- **Rustberg Camping,** oberhalb der E 6, 20 km nördl. von Lillehammer, Tel. 61275850, Fax 61278705, ganzjährig geöffnet. Hübscher Platz am Waldesrand. 32 Luxus- und Minihütten (*/****). Swimmingpool im Sommer. Straße in Hörweite.
- **Skarsmoen Gård,** 25 km nördl. von Lillehammer, Tel. 61276313, www.skarsmoen.no. Sehr schöne Hofanlage etwas abseits der E 6. Tolle Hütten (**/***). Ruhige Lage.
- **Skåden Gård,** Tel. 61278160, www. skaadengaard.no. Bauernhof mit Panoramablick ins Tal. Gemütliche Zimmer und Hütten (*/**/***), kl. Museum. In Øyer-Nord abbiegen, dann nach links, an Tankstelle rechts und der Ausschilderung folgen.

Essen und Trinken

- **In der Fußgängerzone Storgata** finden sich u.a.die gemütliche Pizzerien **Peppes Pizza,** und **Dolly Dimples,** das preiswerte **Café Opus** und das winzige, aber sehr gemütliche **Tee- und Kaffee-Haus one-hand-clapping.**
- **Restaurant Egon:** Im Mølla Hotel (Elvegt. 12); All you can eat Di.-Sa. bis 18 Uhr, So./Mo. ganztägig. Preiswerte Mittagsgerichte (ab 100 NOK).
- **Subway:** Preiswerte Sandwiches (gegenüber dem Kunstmuseum).
- **Siga Barneklær:** Café und Babybekleidung (am Südende der Storgt.).
- **Café Banken:** Im Kulturhaus Banken. Sehr gutes Essen, aber nicht gerade preiswert.
- Gut und teilweise günstig isst man im **Nikkers** (s.u.; Gerichte 100–200 NOK).
- Mittagsbuffet im **Restaurant Blåmannen** (am Mesna Senter): leichte Gerichte bis 16 Uhr für 140–170 NOK. Abendgerichte ab 240 NOK.
- **Lunegården:** Storgaten 108a. Sehr gutes, aber wirklich nicht gerade preiswertes Restaurant.

Nachtleben

- Am nördlichen Ende der Fußgängerzone liegt die **Pizzeria Dolly Dimples.** Ihr gegenüber, in der Elevegate, liegen **Svarte & Berg** (gutes Restaurant, Pub), der angesagte **Pub Nikkers** (Nachtclub, Biergarten, Essen 100–200 NOK) und der vielseitige **Nachtclub Brenneriet.** Gegenüber des Nikkers, auf der anderen Seite des Baches, liegt das **Lille Blå,** ein gemütliches, gläsernes Café sowie ein rockiger Nachtclub. Etwas heruntergekommener ist die **Independent-Kneipe Felix** (am Südende der Fußgängerzone). Studenten trifft man im **Bingo'n** (Storgata 31), irische Gemütlichkeit herrscht im Pub **Dirty Nelly** vor (Storgata 93).

Kino

- 3 Säle, Kirkegt. 69, **am Kunstmuseum.**

Galerien/Veranstaltungshäuser

- Am Ende der Kirkegate, imposantes, oranges Gebäude des **Kulturhaus Banken.**
- **Galleri Zink:** Sehr gute Kunstgalerie an der Storgate, neben dem neuen Rathaus.
- **Fabrikken:** Altes Industriegebäude mit Ateliers und Galerien vieler Künstler. An der Fåberggt. am Rimi über die Brücke (www.fabrikken.no).

Bibliothek/Internet

- Hinter dem Kino, Tel. 61266400. Mit Internetzugang. Den hat man auch in der Bibliothek der Hochschule im Stadtteil Storhove im Norden Lillehammers (die Storgate immer geradeaus) und in der Touristeninformation.

Festivals

- **Julebyen:** romantischer Weihnachtsmarkt, Konzerte, bis 31.12. (www.julebyen.com).
- **Literaturfestival/Undset Tage:** Vorträge, Theateraufführungen, Ende Mai (www.litteraturfestival.no).

Aktivitäten

- **Baden:** Sjusjøen Sommerland (beheizte Becken, Rutschen, Boote); Freizeitbad Jorkestad nahe Fåberg (Hallenbad, Rutschen, Sauna), Badestelle im Bach, unterhalb der Brücke der Str. von Maihaugen zur Håkonshalle.
- **Elchsafari:** Turistkontor in Lillehammer.
- **Mountainbiking:** Das Gebirge rund um Nordseter und Øyer (Panoramaweg nach Nysætra) bietet Hunderte Kilometer Pisten. Ein Eldorado für Biker! (Karte: Lillehammer Omland, 1:50.000); Fahrradverleih: siehe unten unter „Veranstalter".
- **Veranstalter:** in Nordseter: Nordseter Aktivitetssenter, in der Baude am Ende der Hauptstr, Tel. 61264037, www.nordseter.no, Fahrräder: 150 NOK/Tag, Alpinskiausrüstung 185 NOK/Tag, Woche 500 NOK, Langlauf: 150 NOK/Tag, Reiten; Sjusjøen Sport und Aktiviteter, Tel. 62363004, sjusjoen-sport.no, Fahrradverleih, Fjelltouren; Sjusjøen Fritid, Kanutouren, Elchsafari, sjusjoen-fritid.no, Tel. 62363405.
- **Wandern:** Nordseter: Umrundung des schönen Sees Nevelvatn (ca. 5 km); Wanderung zum Panoramaberg Nevelfjell (12 km, retour); Nebenstraße nach Øyer, parallel zur E 6: 2,5 km nach Abzweig in Fåberg, auf Holzschild „Helleristninger" achten. Der idyl-

lische Waldweg führt hinab zu den Felszeichnungen am Fluss (ca. 1,5 km).

- **Wintersport: Hafjell,** 13 km nördlich von Lillehammer, www.hafjell.no. 10 Lifte (820 m Höhenunterschied), 12 leichte bis schwere Abfahrten. Zusammen mit Kvitfjell, Skei und Gålå (ein Skipass für alle Lifte) eine der besten Alpinanlagen des Landes. Skiverleih: Komplett 350 NOK/Tag (billiger in Nordseter, siehe oben unter „Veranstalter").

Eines der vielleicht schönsten und vielfältigsten **Langlaufgebiete,** mit Hunderten Loipenkilometern, beginnt an der Bergstation des Hafjell sowie an den Hüttenzentren Nordseter und Sjusjøen (je ein kleiner Skilift, Skiverleih, Pferde- und Hundeschlittentouren, Eisangeln, Schlittschuhbahn am Sjusjøen Høyfjellhotel). Beliebte Skitouren führen durch die olympische Langlaufarena in Lillehammer, von Nordseter zum Nevelfjell (6 km) und von Nordseter nach Sjusjøen (5 km).

Die 170 km lange **Troll-Løypa** verläuft von Lillehammer nach Sjusjøen und Nordseter (600 m Höhenunterschied), weiter über weite Ebenen zum Venabygdsfjell im Rondanegebirge (bei Ringebu), und endet in Høvringen. In Abständen von 10 bis 30 km gibt es an 9 Orten Unterkünfte. Tourenrennen (20–95 km) in der Troll-Loipe Anfang April, Infos: Ringebu Turistkontor. Die gesamte 170-km-Tour kann auch im Sommer als wunderschöne 7-Tage-Wanderung unternommen werden!

An der Olympischen Freestyle-Arena am Kanthaugen in Lillehammer gibt es eine **Rodelbahn mit Lift.**

- **Weitere Angebote:** Ski-/Bobsimulator nahe der Håkon-Halle. Håkon-Halle: Squash, Kletterwand, Badminton. Bowling: Storgt. 170–174; Bobfahren (im Sommer und Winter) mit Piloten: Bobbahn in Øyer. Tennisclub.

Birkebeiner-Rennen

- In Erinnerung an die Birkebeiner findet jedes Jahr Mitte März dieses Rennen zwischen Lillehammer und Rena statt. Der Sage nach retteten die Birkebeiner im Jahr 1206 den durch Erbstreitigkeiten in Gefahr geratenen Thronfolger Håkon Håkonson. Sie brachten den Knaben über das winterliche Fjell in Sicherheit. Noch heute muss auf der sehr beliebten, 58 km langen Skitour in Erinnerung an das Königskind ein 3,5 kg schwerer Rucksack mitgeführt werden (Infos: Tel. 61275810, Fax 61275805, www.birkebeiner.no). Es nehmen regelmäßig **über 8000 Läufer** teil.

Bootsrundfahrt

- **Dampfschiff Skibladner:** siehe „Hadeland und Gjøvik".

Shopping

- In der Fußgängerzone gibt es eine breite Auswahl an Geschäften, u.a. Sportläden, ein Husfliden mit Souvenirs und Buchläden. Zudem gibt es am Wasser noch ein großes Einkaufszentrum.

Umgebung

Nördlich von Lillehammer, in Fåberg, zweigt die Rv 255 in in das sehr ursprüngliche Gausdal ab. Man passiert in **Aulestad** den ehemaligen Wohnsitz des Nationaldichters *Bjørnstjerne Bjørnson* (Sommer: 10–17 Uhr, 75 NOK). Wenige Kilometer danach gabelt sich die Straße. Verbleibt man auf der Rv 255, folgt eine wunderschöne Fahrt durch das **Espedalen.** Dabei passiert man am Südende des Sees Espedalsvatnet die **„Hölle" (Helvete).** Glücklicherweise handelt es sich dabei jedoch nur um **Gletschermühlen** *(jettegryter),* deren bis zu 50 m tiefe Strudeltöpfe zu den größten in Skandinavien gehören.

Wer daran und auch an alten Nickelgruben und Bergwerksanlagen kein gesteigertes Interesse hat, kann stattdessen den **Peer-Gynt-veien** befahren. Diese nach dem Romanheld von *Henrik Ibsen* benannte Gebirgsstraße führt zudem, wie beruhigend, durch die „Paradies-Ebene" bei Skei. Um in diesen Garten Eden zu gelangen, biegt man an der eingangs erwähnten Weggabelung auf die Rv 254 ab. Bevor es wieder in das Tal, nach Tretten an der E 6, geht, zweigt die Straße nordwärts zum Ski- und Urlauberort Skei ab. Durch herrliche Almenlandschaft geht die Fahrt zum Wintersportzentrum Gålå.

Hinweis: Während des Winters ist der Peer-Gynt-vegen zwischen Skei und Gålå gesperrt.

• **Unterkunft: Dalseter Høyfjellshotell,** Espedalen, Tel. 61299910, Fax 61299941, www.dalsenter.no, (*****). Bekanntes und erstklassiges Gebirgshotel mit Hallenbad, Tennisplätzen, Kanuverleih und Reiterhof.

• **Camping/Hütten**

Skei: sehr komfortable Hütten ab 600 NOK/Tag, www.gausdal.com, Tel. 61224534.

Gålå: gleichfalls sehr gute, teils historische Hütten, ab 800 NOK/Tag.

Olstad Camping, Vestre Gausdal, Rv 255, Tel. 61225445. Recht einfacher Platz mit 10 Hütten (*), die auch im Winter gegen Vorbestellung gemietet werden können.

Skåbu Hytter og Camping, Skåbu, Rv 255, Tel. 61295654, www.skabu.com. Schöne Anlage. 6 Hütten (*).

• **Natur:** Ab Forset/Vestre Gausdal führt eine kleine Serpentinenstraße zum **Urwald Ormtjernkampen.** Der **Nationalpark** hat nur eine Größe von 9 km².

• **Wintersport: Skei** – 8 Lifte, 350 m Höhenunterschied, schöne Anlage am Skeikampen, www.skeikampen.com; **Gålå Ski Arena** – 6 Lifte, 315 m Höhenunterschied, teure Anlage in sehr schneesicherer Lage, www.gala-resort.com.

Über Fåvang, wo eine im 17. Jahrhundert zur Kreuzkirche umgebaute Stabkirche steht, und das Kvitfjell Alpinzentrum gelangt man nach Ringebu. Die größte Sehenswürdigkeit der Region, die Stabkirche von Ringebu, liegt 2 km südlich des Ortes am Hang oberhalb der Straße.

Ringebu

↗XII/B3

Oberhalb des finsteren Tales, mit Blick auf die mächtigen Berge Rondanes und des Kvitfjell, steht die hölzerne **Stabkirche von Ringebu.** Erbaut wurde das durchaus monumentale, kathedralenartige Gebäude um das Jahr 1270; damals lag es unmittelbar am Pilgerpfad von Oslo nach Nidaros, dem heutigen Trondheim. Aus der Zeit des späten Mittelalters ist nur noch das Kirchenschiff erhalten. Den markanten roten Turm und die reichhaltige Ausschmückung des von zwölf Säulen getragenen Innenraums erhielt das Haus erst im 17. Jahrhundert (geöffnet: Ende Mai–Ende Aug. 9–17 Uhr, Juli bis 18 Uhr; 40 NOK).

In Ringebu zweigt die Rv 27 zum **Venabygtfjell** ab. Die weite **Hochebene** ist ein südlicher Ausläufer des ungemein imposanten, aber recht kargen Rondane-Gebirges. Im Winter sind hier zahllose Loipen gezogen (u.a. Troll-Loipe von Lillehammer nach Høvringen), und ein kleiner Lift ist in Betrieb.

Touristeninformation

• **Ringebu Turistkontor,** 2630 Ringebu, Tel. 61284700, www.ringebu.com.

An- und Weiterreise

• Siehe unter Lillehammer.

Unterkunft

• **Gudbrands Gard,** Kvitfjell, Tel. 61284800, www.gudbrandsgard.no, (*****), Sommer (***). Neuer Hotel-/Hüttenkomplex am Alpinzentrum. Außergewöhnlicher Holzbau mit Grasdach. Gute Küche, Hallenbad und Sauna.

• **Venabu Fjellhotel,** Venabygdfjell, Tel. 61293200, Fax 6129350, www.venabu.no, (*****). Angenehmes Gebirgshotel mit 60 Zimmern. Geführte Gebirgswanderungen, Reiten, Ausflüge zu den Myfallene-Wasserfällen, Hundeschlittentouren, Fahrradverleih, gute Hütten.

• **Spidsbergseter,** Venabygdsfjell, Tel. 61284000, www.gudbrandsdal-hotel.com, (*****, DZ 1100 NOK). Schönes und sehr beliebtes Berghotel mit viel Komfort. 24 erstklassige Hütten mit Kamin (**/***), Hallenbad, Sauna. Skilift und Loipen in der Nähe.

• **Tromsnes Gård,** im Zentrum von Fåvang, Tel. 61282276, www.tromsnes.no, Denkmalgeschützter Hof mit Apartments für 700 NOK.

• **Frya Leir,** 5 km nördl. von Ringebu, Tel. 61281130, Fax 61280103, www.fryaleir.no. Zwischen Kiefern gelegene umgebaute und renovierte ehemalige Militäranlage, von Niederländern geleitet. Preiswerte Unterkunft (Bett 100 NOK, DZ ab 380 NOK) mit günstigen Mahlzeiten. Einfache, aber gemütliche Zimmer!

Camping/Hütten

• **Mageli Camping,** zwischen Tretten und Fåvang an der E 6, Tel. 61276322, Fax 61276350, ganzjährig geöffnet. Idyllischer Platz am See. 32 Hütten (*/**), Badestellen, Bootsverleih. Leider direkt an der E 6.

• **Elstad Camping,** Ringebu, Tel. 61280071. Großer sauberer Platz, an der E 6 gelegen. 12 Hütten (*).

• **Barnåla Hyttegrend,** Tel. 61284043, www.lundes.no. Tolle Hütten auf dem Venabygdsfjell. Rezeption im Kiwi Supermarkt.

• **Trabelia,** Rv 27, ca. 12 km ab E6, Tel. 6128 4075, www.trabelia.no. Campingplatz mit schönen Hütten (**/***) am Rande des Venabydsfjells.

Aktivitäten

• **Wintersport: Kvitfjell** (www.kvitfjell.no), 6 Lifte, 11 Abfahrten. Olympia- und FIS-Abfahrt, die zu den schwersten der Welt gehört. Aber auch flache Pisten. Liftpreise: siehe „Lillehammer". Langlauf ist am besten auf dem Venabygdsfjell möglich.

Vinstra

↗XII/B2

Unweit des eher unscheinbaren Ortes lebte von 1732–1785 **Peder Olsen.** Er war das Vorbild für den Jäger, Hallodri und Angeber Peer Gynt im gleichnamigen Drama von *Henrik Ibsen.* In dem 1867 verfassten Werk glänzt der Held Peer Gynt durch wilde und wüste Märchen- und Lügengeschichten. Mit ihnen steht er sinnbildlich für die Auflehnung gegen die Normen der Gesellschaft und für die Ausprägung eines eigenen, individuellen Charakters.

Noch heute wird das Drama regelmäßig am Nationaltheater in Oslo aufgeführt. Die eigentlich dazugehörige „Peer-Gynt-Suite" von *Edvard Grieg,* eines der herausragenden klassischen Werke des 19. Jahrhunderts, wird aufgrund ihrer Länge meist getrennt vom Theaterstück dargeboten.

Das Gehöft des einstigen „Lügenbarons" liegt in Hågå am **Peer-Gynt-veg** südlich von Vinstra. Der parallel zur E 6 laufende wunderschöne Mautweg ist unter Lillehammer beschrieben.

An- und Weiterreise

• Siehe unter Lillehammer.

Unterkunft

• **FEFOR Høifjellshotell og Hytter,** Vinstra, www.feforhotell.no, Tel. 61290099, Fax 61291760, (*****). Sehr nobles Hochgebirgshotel bei Vinstra. Hütten (***), Hallenbad, Tennis, Reiten.

Camping/Hütten

• **Furuheim Camping,** Vinstra, Tel. 6129 0981, 1.6.–1.9. Einfacher, gemütlicher Platz an der Rv 255, 500 m von Vinstra entfernt. 11 schlichte Hütten (*).

Über das mit einigen Sägewerken ausgestattete Dorf Kvam und den Ort Sjoa (Abzweig nach Heidal - siehe unter „Beitostølen") geht es durch das sich verengende Gudbrandsdal zur Stadt Otta.

Otta

↗XII/B2

Nach den Zerstörungen während des 2. Weltkrieges ist das Zentrum der **2800-Einwohner**-Ortschaft ganz im kantigen Design der 1950er Jahre gehalten. Die herrliche Tallage lässt das Dorf aber nicht einmal unattraktiv erscheinen. Früher lebte man hier hauptsächlich vom Schieferabbau, heute vornehmlich von ein bisschen Industrie (Sägewerk, Lebensmittelproduktion), Handel und vom Tourismus, da Otta ein idealer Ausgangspunkt für **Touren in das weitläufige Rondane-Gebirge** ist. Günstigster Startpunkt für Wanderungen durch den Nationalpark ist das Rondane Høyfjellshotel in Mysuseter 13 km östlich der Stadt. Erreichbar ist das Hotel auch über eine schmale Mautstraße (20 NOK), die in Sel, etwas nördlich von Otta, beginnt. Dieser Weg führt durch ein Tal, vorbei an den putzigen **„Kvitskriuprestin"**, den **„Weißen Priestern"**. Diese bis zu 6 m hohen **Erdpyramiden** entstehen in Regionen, wo wenig Niederschlag fällt und das bisschen Regen in Form von Starkregen niedergeht und so in vegetationsfreien Gebieten unter Steinen kleine Türmchen entstehen lässt (erreichbar über einen steilen Pfad; 20 Min. Gehzeit).

426no Foto: ms

Bei Otta - die Erdpyramiden „Kvitskriuprestin"

13 km nördlich von Otta liegt **Nord-Sel.** Der Ort, oder vielmehr der **Hof Jørundgard,** wurde durch den Roman „Kristin Lavransdatter" bekannt. Geschrieben hat die über 800 Seiten lange Familiensaga *Sigrid Undset* (1852–1949), die 1928 den Nobelpreis für Literatur erhielt. 1994/95 wurde die im 14. Jahrhundert spielende Geschichte hier auf den Höfen unter Mitwirkung der berühmten Schauspielerin *Liv Ullmann* verfilmt. Neben den schönen Gebäuden sind eine Kristin-Lavransdatter-Statue und eine hübsche Kirche aus

dem 18. Jahrhundert zu besichtigen (Ende Juni–Mitte Aug., 10–17 Uhr, 65 NOK). Das **Restaurant** bietet traditionelles norwegisches Essen für 180–200 NOK an, u.a. *Sodd* (Lammeintopf), *Spekemat* (Schinken) und *Rømmegrøt* (Sauerrahmgrütze).

Touristeninformation

- **Otta Turistkontor,** Postboks 94, 2675 Otta; am Bahnhof. Tel. 61236650, Fax 6123 0960, www.visitrondane.com.

An- und Weiterreise

- Siehe unter Lillehammer. Täglich **Bus** nach Mysuseter, Info: Tel. 177. **Mietwagen:** Rent a Wreck, Tel. 61230871. www.ottadalen.no.

Unterkunft

- **Rondane Høyfjellshotell og Hytter,** Mysuseter, Tel. 61233933, www.rondane.no, (*****). Gutes Hotel am Rande des Rondane-Nationalparks. Hervorragender Ausgangspunkt für Wanderungen. Hütten (****), Hallenbad, Spa, Fahrräder.
- Folgende Anlagen bieten Komfort am Rande Rondanes, alle an der E 6 ausgeschildert: **Mysuseter Fjellstue** (Tel. 61233925, teure DZ, billige Betten für Wanderer - 300 NOK inkl. Frühstück). **Formoseter** (Tel. 61231670, www.formoseter.no, alte Alm mit schönen Hütten, 500/800 NOK); **Brekkeseter** (Tel. 61233711), Top-Hütten auf traditionsreicher Alm, (****); **Putten Seter** (Tel. 61233012, www.puttenseter.no), gute Hütten, (***/****).

Camping/Hütten

- **Otta Camping,** Tel. 61230309. 1,5 km westlich des Zentrums, am Fluß gelegener, ruhiger Platz. 17 Hütten (*), App. 700 NOK.
- **Otta Turistsenter,** direkt in Otta, Tel. 61230323, Fax 61231161, www.ulvolden.com, guter Stadtplatz am Fluss. 14 Hütten (***). Fahrradverleih. DZ 700 NOK,

Aktivitäten

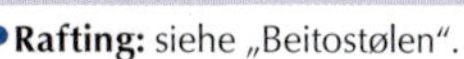

- **Rafting:** siehe „Beitostølen“.
- **Wandern:** Die kahle, tundraartige **Landschaft des Rondane-Nationalparks** ist ideal für Ausflüge der besonderen Art. Die Natur oberhalb der Baumgrenze ist recht karg, wartet jedoch mit Überraschungen im Detail auf. Die urwüchsige Gegend ist von geglätteten und abgerundeten Formen geprägt, die während der letzten Eiszeit entstanden sind. Im Rondane-Herbst lässt die Heide die Berghänge in unglaublichen Farben erstrahlen.

Im Zentrum des Gebirges, am See Rondvatnet, liegt die **DNT-Hütte Rondvassbu.** Zu ihr gelangt man binnen 2 Stunden auf einem nur sanft ansteigenden Fahrweg ab Mysuseter. Ab der 1170 m hoch gelegenen Hütte sind es über markierte Wege 2 Stunden auf den 2138 m hohen Storronden, „Den Großen Rond“, und 4 Stunden auf das Rondslottet, „Das Schloss Rond“, mit 2178 m höchster Berg des Gebirges. Mit einem Boot kann man auch zum Nordufer des Sees Rondvatnet übersetzen und über den westlichen Höhenrücken zur Hütte Rondvassbu zurückkehren.

Das nördlich von Mysuseter gelegene Høvringen ist Endpunkt einer 170-km-Wanderung ab Lillehammer (siehe dort).

Übernachtung in Hütten, wie der Rondvassbu, oder im Zelt. Info: www.etojm.com und www.visitrondane.com. Nationalparkcenter mit Internetzugang im Zentrum von Otta (Mo.–Fr. 10–16 Uhr, Sa. bis 14 Uhr).

Festival

- Anfang Juli finden die **Kristin-Lavransdatter-Festtage** statt (Konzerte, Theater).

Nördlich von Otta liegt das Verwaltungszentrum Dovre. Hier zweigt eine schöne Nebenstraße zum alten Gutshof **Tofte** ab. Hier waren vom Mittelalter bis in die heutige Zeit alle norwegischen Könige zu Gast. Nördlich des Hofes zweigt auch der alte **Kongevegen** (Königsweg) in Richtung Fokstugu ab. Der etwa 12 km lange, sehr schöne Pilgerpfad ist eine Wanderung wert.

Dombås ⇗XII/A1

In Dombås biegt das Gudbrandsdal in Richtung Westen ab. Das Tal geht am See Lesjaskogvatnet „fließend" in das Romsdal über. Am Ende des „Doppeltales" ohne Pass liegt die gigantische Felswand des Trollveggen (siehe unter „Åndalsnes"). Die E 6 hingegen schlängelt sich in Serpentinen zum Dovrefjell empor.

Das Dorf **Dombås** selbst hat nicht viel zu bieten außer einem überdimensionalen Einkaufszentrum mit Kafeteria (traditionelle Speisen ab 90 NOK), einem guten Souvenirladen und dem neuen **„Trollpark"**, einer witzigen, kleinen Ausstellung zu Trollen, wie dem im Dovrefjell wohnenden *Dovregubbe*. Dieser ist sehr menschenfreundlich und zog zu Wikingerzeiten u.a. König *Hårfagre* groß, welcher seinerzeit schwor, sich nicht eher das Haar zu schneiden, bis er Norwegen geeint haben würde – daher auch sein Beiname *Harald Schönhaar* (40 NOK). Besucht werden kann auch ein kleineres **Nationalparksenter** mit den Themen Tourismus, Wandern und Natur sowie Informationen zur Vogelwelt im Fokstu-Moor (im Sommer 9–20 Uhr, Sa./So. Bis 16 Uhr, 40 NOK).

Dovrefjell

Touristeninformation

- **Turistkontor im Einkaufszentrum,** Tel. 61241444, www. dovrenett.no. Infos und Nationalparkcenter. Mitte Juni–Mitte Aug. 9–20 Uhr, So. bis 16 Uhr, ansonsten: Mo.–Fr. 9–16 Uhr.

An- und Weiterreise

- **Züge** nach Oslo, Lillehammer, Oppdal, Trondheim und durch das Romsdal nach Åndalsnes.
- **Fernbusse 154, 440.**

Unterkunft

- **Dovrefjell Hotell,** Dombås, Tel./Fax 6124 1005, (*****), Sommer (****). Ganz nettes Hotel am Ortsrand, jedoch ohne Besonderheiten. Swimmingpool, Sauna.
- **Toftemo Turiststasjon,** E 6, 10 km südl. von Dombås, www.toftemo.no, (*/***). Tel. 61240045. Sehr angenehmes Hotel. Gute Zimmer (400–800 NOK), Hütten (*). Freibad, Golf. Sauberer Zeltplatz, leider an der Straße.

Jugendherberge

- **Dombås Vandrerhjem Trolltun,** Tel. 61240960, www.trolltun.no. Ganzjährig geöffnet außer 23.12–1.1. 1 km außerhalb, bergauf an der E 6 nach Trondheim gelegen. Bett 300 NOK, DZ 850 NOK, Hütten (****). Empfehlenswerte Anlage.

Camping/Hütten

- **Midtskog Camping,** Tel. 61241021. Kleiner, netter Platz, 500 m ab Zentrum an der E 136. 22 Hütten (*).
- **Ljoshaug Hytter,** 1 km nördlich, 300 m ab E 6, Tel. 61241128. Teils gute, teils einfache Hütten (*/**). Panoramablick über das Tal.
- **Südlich von Dombås** liegen 5 Campingplätze. Teils am Fluss, aber immer nahe der E 6, alle mit einfachen Hütten (*/**).

Aktivitäten

- Das Turistkontor vermittelt **Elch- und Moschusochsensafaris** und verleiht **Fahrräder** (150 NOK/Tag).

428no Foto: ms

Der Osten

Dovrefjell

↗XII/A,B1

Nördlich vom 670 m hoch gelegenen Dombås liegen, als Riegel zwischen dem Drivdal und dem Gudbrandsdal, die **weiten Hochebenen und runden Bergkuppen des Dovrefjell.** Ein Teil des Gebietes einschließlich des 2286 m hohen, teils vergletscherten Snøhetta wurde 1974 als **Nationalpark** ausgewiesen und 2002 erweitert.

Von Dombås kommend, passiert man zunächst den Haltepunkt **Fokstugu.** Am alten Bahnhofsgebäude beginnt ein 6 km langer Rundwanderweg durch das **Vogelschutzgebiet der Fokstu-Moore.** Es können (speziell in der Zeit von Ende April bis Anfang Juli) Birkenfinken, Bachstelzen, Moorfalken und Kraniche mit dem Fernglas beobachtet werden (Abzweig Fokstugu Fjellstua, am Bauernhof Zauntüren öffnen und durchfahren).

Eine zweite Wanderung führt in drei Stunden Richtung Süden über den **Kongeveien** nach Tofte. Der Königsweg ist Teil eines mittelalterlichen Verbindungspfades von Hof und Herberge in Tofte im Gudbrandsdal über Fokstua, Hjerkinn, nach Nidaros (Trondheim).

Sanft geht es nun bergan, vorbei am bekannten Restaurant Dovregubbens Hall („Halle des Berggeistes"), bis zum höchsten Punkt der Straße kurz hinter **Hjerkinn** (1026 m). Der Ort ist Militärstützpunkt, Bergwerksort (Kupferkies) und mit unter 300 mm Regen und Schnee pro Jahr einer der trockensten Flecken Norwegens, was allerdings nicht heißen soll, dass hier häufig die Sonne scheint ... Von der Straße hat man einen schönen Blick auf den im Westen gelegenen **Snøhetta,** den höchsten Berg des Gebirgsmassivs.

Nach einigen Kilometern Fahrt erreicht man die schon wieder etwas im Tal gelegene **Kongsvoll Fjellstue.** Die schöne **Holzhausanlage** ist Gasthaus und Forschungsstation zugleich. Auch gibt es hier ein kleines **Dovrefjell-Museum** und einen interessanten **Botanischen Garten** mit vielen Gebirgspflanzen. Einige von ihnen sind in dieser Region endemisch, d.h. nur hier anzutreffen. Neben der Flora (z.B. Einblütige Glockenblume, Frühlingsküchenschelle, Arktischer Mohn) sind auch die auf den Weiten des Dovrefjell lebenden **Moschusochsen** etwas ganz Besonderes. Die Herden repräsentieren die einzigen wild lebenden Bestände auf dem europäischen Festland. Eingeführt wurden sie in den 1950er Jahren aus Südgrönland. Seither haben sie sich, so scheint's, gut eingelebt. Auch wenn die pelzigen Zotteltiere etwas behäbig aussehen, so wird doch ein Sicherheitsabstand von 100 m empfohlen. Wer weiß schon, was hinter einem solchen Gehörn vor sich geht ...? Sehen kann man die Vierbeiner mit ein wenig Glück auf eigenen Wanderungen zwischen Kongsvoll und Reinheim oder auf geführten Safaritouren.

An- und Weiterreise

- Siehe unter Dombås.

Unterkunft

- **Kongsvold Fjellstue,** Tel. 72404340, www.kongsvold.no, (****). Gemütliche Zimmer und nette Caféteria in schönem Ambiente. Informationszentrum. DZ ab 1050 NOK.
- **Hjerkinn Fjellstue,** Hjerkinn, Tel. 6121 5100, Fax 61215101, www.hjerkinn.no, (**/***/*****). Schönes Hotel mit gemütlichen Zimmern (DZ ab 550 NOK). Reitstall, Sauna, W-Lan. Mit Zeltplatz.

Camping/Hütten

- **Hageseter Turisthytte,** südlich von Hjerkinn, Tel. 61242960, Fax 61242945, ganzjährig geöffnet. Alte Almanlage mit 12 guten Hütten (***/****) und Zeltplatz.
- **Furuhaugli Turisthytter,** Tel. 61240000, www.furuhaugli.no, ganzjährig geöffnet. Schöne Anlage nördlich des Fokstu-Moores einige 100 m von der E 6. 22 Hütten (*/***), Sauna, Solarium, Fahrradverleih, Zeltplatz.
- **Sletten Fjellgard,** Dalholen, Rv 29, 14 km östl. Hjerkinn, Tel. 62493108, www.fjellgard.no, Hof auf 800 m Höhe, Naturexkursionen, Hütten (**/****), DZ 500–600 NOK.

Aktivitäten

- **Wandern:** 100 m südlich der Kongsvoll Fjellstue beginnt der markierte Weg zur **DNT-Hütte Reinheim.** Die Wanderung dauert etwa 4,5 Stunden pro Richtung. Man sieht unterwegs recht oft Moschusochsen – wie gesagt: 150–200 m Abstand halten! Ab Reinheim führt, teils über Schneefelder, ein Pfad auf den Snøhetta (5 Stunden, retour).

Nicht durch das Gebirge, sondern durch das Drivdalen führt der **Vårstigen,** der Frühlingsweg. Er ist Teil des oben erwähnten Kongeveien. Der deutlich erkennbare, 6 km lange und gut zu erwandernde Pfad beginnt an einem Parkplatz nördlich der Kongsvoll Fjellstua. Die Strecke verläuft nahezu parallel zur E 6 und passiert eine alte Grube.

Vom Dovrefjell kommend fährt man hinab in das dunkle Drivdalen. Die Reise geht vorbei an großen Steinbrüchen, wo der norwegenweit bekannte Oppdaler Schiefer gebrochen wird.

Bei Engan lohnt die **Schlucht Magalaupet** einen Halt. Wild tosend durchstürmt die Driva das Gestein, furchterregende Strudeltöpfe bildend. Jahrtausende hat der Fluss gebraucht, um sich so in den Fels zu graben. Vorbei am Driva Kro (Mineralienausstellung) geht es nach Oppdal.

Oppdal

↗VIII/B3

Der **3500-Einwohner**-Ort liegt zweifellos **in einer der besten Sportregionen Norwegens.** Das Zentrum wurde kürzlich saniert und wirkt nun sehr einladend. Zudem übt die Lage Oppdals in einem weitläufigen Hochtal zu Füßen bis zu 1600 m hoher Berge einen eigenwilligen Reiz aus. Dies müssen wohl schon die Wikinger so empfunden haben, als sie das **Vang-Grabfeld** (Rv 70, 3 km westlich) anlegten.

Zu sehen sind auch eine hübsche Kirche aus dem Jahr 1651 und ein kleines Freilichtmuseum mit 25 Gebäuden.

Über die Natur des Dovrefjell informiert seit Sommer 2005 ein neues **Nationalparkcenter** (Mitte Juni–Mitte Aug. Mo.–Fr. 9–18 Uhr, Sa./So. 9–16 Uhr, ansonsten Mo.–Fr. 9–16 Uhr; gratis).

Touristeninformation

- **Turistkontor,** 7340 Oppdal. Tel. 72400470, Fax 72400480, www.oppdal.com.

An- und Weiterreise

- **Züge** Richtung Oslo und Trondheim.
- **Fernbusse 154, 440.**
- **Lokalbus** nach Sunndalsøra.

Unterkunft

Buchung und Vermittlung auch über das Turistkontor.

- **Hotell Oppdal,** am Bahnhof, Tel. 7240 0700, Fax 72400701, (*****), Sommer (****). Größtes und bestes Hotel im Ort, aber sicher nicht der allerschönste Platz zum Wohnen. Feine Restaurants und Pubs. Disco.
- **Hotel Nor,** im Zentrum, Tel. 72400800, Fax 72400801, (*****). Modernes und ansprechendes Hotel mit gutem Restaurant, Disco und Pub im Keller. Sommerrabatte.

Camping/Hütten

- **IMI Stølen,** 3,5 km nördlich, an der E 6, Tel./Fax 72420931. Gute Anlage, Apartments ab 800 NOK, DZ ab 450 NOK, (*/***), 7 Hütten mit 4 und 19 Betten (*/***), Terrasse, Zeltplatz.
- **Festa Camping,** 12 km westl., an der Rv 70, Tel./Fax 72423329, ganzjährig. Etwas einfallslos gestalteter Platz in schöner Landschaft, 7 Hütten (*/**/****), Sauna. Caféteria.
- **Granmo Camping,** 6,5 km südlich, an der E 6, Tel. 72424147. Großer Wiesenplatz mit ganzjährig geöffneten Hütten (*).
- **Driva Kro,** 9 km südlich, an der E 6, Tel. 72424158, www.rise.no. Nette Caféteria, in der eine Mineralienausstellung gezeigt wird. Etwas älteren Hütten (*).
- **Magalaupet Camping,** 12 km südlich, an Nebenstr. parallel zur E 6, Tel. 72424684, www.magalaupe.no, ganzjährig geöffnet. Herrlicher Platz am Wasser, nahe der Schlucht Magalaupet. Hütten (*/***), ab 300 NOK. Sauna, Fahrradverleih.
- **Smegarden Camping,** 8 km südlich, Tel. 72424159, www.smegarden.no, ganzjährig geöffnet. Guter Wiesenplatz, aber direkt an der E 6. 16 Hütten (*/**).
- **Halsetløkka Camping,** nördlicher Ortsrand, Tel. 72421361, Fax 72422567, ganzjährig geöffnet. Komfortabler, schöner Platz im Wald, aber direkt an der E 6. 25 Hütten (*/***), Sauna, Minigolf, Golf.

Essen und Trinken

- Gute Restaurants in den Hotels, ansonsten: **Peppes Pizza** und diverse **Aprés-Ski Cafés.**

Aktivitäten

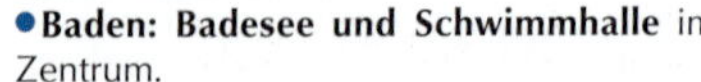

- **Baden: Badesee und Schwimmhalle** im Zentrum.
- **Mountainbiking/Gondelfahrt:** Die Gondelbahn im Ortsteil Hovden führt hinauf zum Panoramalokal Toppen. Fahrräder können mitgenommen werden. Eine Abfahrt mit über 500 m Höhenunterschied wartet sodann auf den Biker. **Fahrradverleih im Turistkontor.**
- **Wintersport:** Großes, preiswertes Skizentrum mit 16 Liften, 35 Abfahrten und 650 m Höhenunterschied. 50 km Loipen, Curlinghalle, Schlittschuhbahn.
- **Weitere Angebote:** Das Turistkontor vermittelt Reittouren, Kletterkurse, Rafting, Goldgräbertouren, Moschusochsensafari, Drachenfliegen. Außerdem gibt es: Golfplatz, Kanuverleih, Rafting, Klettern, Schluchtenwandern, Bowling, Eisklettern, Curling und Hundeschlittenfahrten. Kulturhaus mit Kino.

Bootsrundfahrt/Wandern

- Westlich von Oppdal zweigt von der Rv 70 eine Mautstraße ab zum großen, 660 m hoch gelegenen **Gebirgssee Gjelivatnet** im Trollheimen-Gebirge. Auf dem wunderschönen Gewässer verkehrt im Sommer das Schiff „Trollheimen II". Es legt in Osen bzw. nahe der Gjevilvasshytta zur Alm Vassenden ab (12 Uhr ab Osen). Auf Wanderwegen geht es entweder zurück zum Ausgangspunkt (3 Std. bis Gjevilvasshytta) oder weiter zur Trollheimshytta im Herz des Reiches der Trolle und Berggeister. Die Hütte kann auch ab der Gjevilvasshytta in etwa acht Stunden erreicht werden.

Shopping

- Im Zentrum gibt es ein sehr gutes Husfliden-Geschäft mit Souvenirs, einen Buchladen, ein großes Einkaufszentrum und Sportläden.

Umgebung

Wer in Oppdal auf die Rv 70 abbiegt, fährt durch die grandiose Felslandschaft des ungemein dramatischen **Sunndal** in Richtung Küste und Kristiansund.

Unterwegs lohnt in **Gjøra** ein 14-km-Abstecher nach **Jenstad** in ein Tal mit vier aufeinandertreffenden Wasserfällen.

Das Sunndal (www.sunndal.com) endet ausgerechnet in **Sunndalsøra.** Auch wenn der Ort in den letzen Jahren durchaus etwas verschönert wurde, so wirkt das riesige Aluminiumwerk immer noch wie ein Schlag ins Gesicht. Zu der Fabrik führen breite Stromtrassen. Die Energie wird an den **Stauseen** südlich der Gemeinde produziert. Der größte dieser Speicher ist der Aursjø. Zu ihm gelangt man ab Sunndalsøra durch das wildromantische und handtuchschmale **Litldalen.** Weiter führt der enge Weg erst über die Staumauer und dann durch wilde und raue Berglandschaft hinab in das liebliche und wunderschöne **Eikesdalen** mit dem mächtigen Wasserfall Mardalsfoss.

Ein weiteres sagenhaftes Tal ist das unter Landschaftsschutz stehende **Innerdal,** das sich nördlich von Sunndalsøra parallel zum Sunndalen erstreckt. Vom Parkplatz Nerdalen weg lohnt eine kleine **Wanderung:** In einer Stunde gelangt man zur idyllischen, im Sommer bewirtschafteten Hüttenanlage Rendølsetra. Oberhalb dieser liegt geradeaus rechts der bei Kletterern beliebte **Innerdalstårnet,** das „Norwegische Matterhorn"!

Sehenswert ist auch das **Svinvik Arboretum** (11–17 Uhr) mit 320 Rhododendronarten in Kvanne (auch Kvenna genannt) am Stangvikfjord, 25 km nördl. Sunndalsøra.

• Unterkünfte
Gjøra Kro & Camping, in Gjøra, Rv 70, Tel. 71694149, www.nisja.no, Gut und sauber. 4 Hütten (*); **Trædal Hotell & Turistsenter,** am Litldal, Tel. 71698700, www.tredal-turistsenter.no, DZ ab 750 NOK, Hütten (*/**), Zeltplatz, Fjordblick; **Eikesdal Camping,** idyllische Lage im Eikesdal, Tel. 71234553, kleine Hütten (*).

Die Fahrt von Oppdal nach Trondheim geht zunächst durch enge Täler mit rauschenden Wildbächen, später durch hügeliges Agrarland. Interessante Sehenswürdigkeiten gibt es keine.

Östlich des Gudbrandsdal

Die Fahrt geht durch endlose Täler und große Waldgebiete, die teils intensiv forstwirtschaftlich genutzt werden. Ab und zu wird die Einheitlichkeit der Natur durch baumlose, etwas über 1000 m hohe Fjellregionen unterbrochen. Für den Touristen am interessantesten sind im Sommer sicher der **Femundsee** samt Nationalpark und das schmucke Städtchen **Røros.** Im Winter hingegen lockt **Trysil** mit Dutzenden Skiliften und Hunderten Kilometern Loipen.

433no Foto: ms

Kongsvinger

↗XVII/D3

Etwa 100 km östlich von Oslo, an der Straße Nr. 2, liegt die **Festungsstadt** Kongsvinger **(18.000 Einwohner),** deren größte Sehenswürdigkeit eben die Verteidigungsanlage samt angrenzenden Holzhäusern und Park ist. Die Gemäuer des Forts wurden 1681 zum Schutz des Fähranlegers vor den Schweden erbaut und werden noch heute militärisch genutzt. Trotzdem ist die Anlage - und auch ein kleines militärhistorisches Museum - zu besichtigen. Von hier oben hat man eine wunderbare Aussicht auf Kongsvinger, die sanfthügelige Waldlandschaft und die Sandbänke des Flusses Glomma.

Unterhalb der Festung (geöffnet: 8–21 Uhr) liegen der Hauptsitz des **Kongsvinger-Museums** mit der Abteilung des nationalen Frauenmuseums *(kvinnemuseet)* (geöffnet im Sommer von 11-17 Uhr) und die 1697 erbaute **Vingerkirche** mit Zwiebelturm. Auf dem Weg von der Festung hinab zur Kirche kommt man durch **Øvrebyen,** der oberen Stadt. Hier liegt Kongsvingers ältestes Stadtviertel mit Offizierswohnungen aus dem 18. und 19. Jahrhundert. Auch finden sich hier einige alte Häuser der privilegierten Landhändler.

Man kommt auf der Weiterfahrt durch das neue Stadtzentrum, das bis 2009 umfassend saniert wurde.

Touristeninformation

- **Turistkontor Glåmdal,** Tel. 62819459, Fax 62815925, www.hedmark.com.

435no Foto: ms

An- und Weiterreise

- **Bahnhof und Busbahnhof** liegen nebeneinander im modernen Ortszentrum südlich der Glomma. Die Altstadt liegt nördlich. **Züge** nach Oslo, Røros und Trondheim.

Unterkunft

- **Vinger Hotell,** Østre Solørvei 6, Tel. 6281 7222, Fax 62817035, (*****). Modernes Hotel mit Sauna und Hallenbad. Spa.
- **Sjøstrand Camping,** Rv 2, Tel. 62827159, ganzjährig geöffnet. 11 km südlich von Kongsvinger gelegener, recht idyllischer Platz mit 14 Hütten (*/**), Boots-, Fahrradverleih.

Umgebung

- Auf der Rv 2 gelangt man in die wunderschöne, südlich von Kongsvinger gelegene **Waldlandschaft Finnskogen,** benannt nach finnischen Einwanderern. Der in der Tat Finnland gleichende Finnskogeneweg erstreckt sich entlang der Grenze in Richtung Norden bis Trysil.
- **In Magnor** an der schwedisch-norwegischen Grenze stehen ein 1896 gegründetes, für Besucher offenes **Glaswerk** und, direkt an der Grenze, das **Friedensmonument von Morokulien.**
- Zum **Einkaufen** bieten sich die preiswerteren Supermärkte **im schwedischen Charlottenberg** an.

Auf der Rv 20 fährt man entlang der breiten, mit vielen Sandbänken versehenen Glomma (Glåma) in Richtung Norden. Unterwegs lohnt ein Halt an der 1828 erbauten **Empirekirche von Kirkenær.**

25 km östlich des Ortes, in **Svullrya** an der Rv 201, liegt das **Finnetunet,** ein **Freilichtmuseum** zur Kultur der finnischen Einwanderer (im Juli täglich geöffnet).

Der Fluss Glomma bei Kongsvinger

Elverum

↗XVII/D1

In der nach den Zerstörungen des Zweiten Weltkrieges modern wiederaufgebauten **11.000-Einwohner**-Stadt beschlossen seinerzeit König und Reichstag, sich nicht den deutschen Truppen zu ergeben. Städtebaulich dominant sind Stein und Beton, wobei das Projekt „Trebyen" dem Holz in der Architektur wieder mehr Platz einräumen möchte.

Einzige, dafür aber auch durchaus bedeutende Sehenswürdigkeiten sind die zwei Museen (an der Rv 20). Das erste ist das **Glomdalmuseet.** Das Freilichtmuseum ist mit seinen 95 Gebäuden, verteilt auf 11 Gehöfte, das drittgrößte Norwegens. Das älteste Haus stammt aus dem Jahr 1611. Neben über 35.000 verschiedenen Gegenständen aus dem Leben der Bauern werden auch 250 Gemälde, u.a. von Munthe, Tidemand, Werenskiold und Chr. Krohg gezeigt (geöffnet: Juni–Aug. 10–17 Uhr, ansonsten 10–16, 90 NOK). Die zweite Ausstellung ist das **Norsk Skogmuseum,** das Museum für Forstwirtschaft. Es gibt viel ausgestopftes Getier zu bestaunen und Aquarien zu begucken. Außerdem wird die Geschichte der Wald- und Forstwirtschaft, der Jagd, Flößerei und Binnenfischerei sehr anschaulich präsentiert (geöffnet: Juli–Mitte Aug. 10–18 Uhr, ansonsten bis 16 Uhr, 80 NOK, beide Museen zusammen: 100 NOK). Verschiedene Vereine im Ort offerieren Jagdtouren.

Ganz in der Nähe der Museen liegt der **Elveparken** mit Bade-, Angel- und Spielplätzen.

Touristeninformation

- **Elverum Reiselivslag,** Storgt. 24, 2409 Elverum, Tel. 62413116, Fax 62416060. www.hedmark.com

An- und Weiterreise

- **Züge** nach Oslo, Kongsvinger, Røros.
- **Fernbusse** 130, 135.

Unterkunft

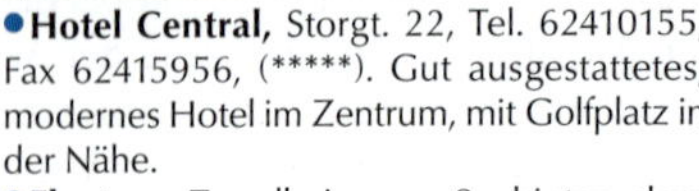

- **Hotel Central,** Storgt. 22, Tel. 62410155, Fax 62415956, (*****). Gut ausgestattetes, modernes Hotel im Zentrum, mit Golfplatz in der Nähe.
- **Elgstua,** Trondheimsvn. 9, hinter dem Bahnhof, Tel. 63431010. In den Holzhäusern der „Elchstube“ übernachtet man gut, und im sehr bekannten Restaurant werden hervorragende Wildgerichte serviert. DZ 950 NOK.
- **Dæsbekken Villmarksenter,** in Åsnes, südöstlich von Elverum, Tel. 62954857, www.villmarksenter.hm.no. Östlich von Flisa (Rv 206). Gemütliche Hütten (*/**/****), Restaurant mit Wildgerichten (Mittagessen ab 100 NOK, Abendessen ab 200 NOK). Tolles Wildniszentrum. Angeln, Jagd, Fahrrad- und Bootsverleih.
- **Finnskogen Fritid,** Våler (Rv 33), 33 km südl. von Elverum, Handy 97082191, www.finnskogenfritid.no, 5 einfache Hütten im Wald. Kanuverleih.
- **Tysken Hund- og Hyttesenter,** Åsnes Finnskoken (an der schwedischen Grenze), Rv 206, östlich von Flisa (südöstlich von Elverum), Tel. 62954607, www.tyskenhundoghyttesenter.com, 8 romantische Hütten im Wald (*/**/***).
- **Bookingkontor Elverum:** Tel. 62415567, www.elverum-hostel.no.; Zimmer ab 175 NOK p.P.
- **Midtskogen Gård,** an der Rv 3, 5 km westl., Tel. 62417594, www.midtskogen.no. Bauernhof mit Reitmöglichkeiten. Apartment./Zimmer/Hütten 200–800 NOK.

Camping/Hütten

- **Elverum Camping,** am Forstmuseum, Tel. 62416716. Großer und komfortabler Platz mit Hütten (*/**). Saubere, sanierte Sanitäranlagen.

Østerdalsveien

↗XVII/C,D1–XIII/C1,2,3

Zwischen Elverum im Süden und Tynset im Norden verläuft durch das teils liebliche, teils recht raue und waldreiche Østerdalen der Østerdalsveien (Rv 3). Die **Parallelstrecke zum Gudbrandsdal und zur E 6** ist wesentlich verkehrsärmer und auch nicht so reich an Attraktionen. Interessant ist die Route vor allem für jene, die ein wenig mehr Ruhe abseits der Touristenströme suchen, Røros besuchen wollen und bis dato noch keinen **Elch** gesehen haben. Immerhin ist auf dieser Straße die Wahrscheinlichkeit, die Hirschart anzutreffen, sehr groß: Ganz plötzlich kann so ein mächtiges Tier mit 2 m Schulterhöhe vor der Motorhaube stehen und verständnislos in den Fahrgastraum glotzen ...

Erster größerer Ort nach Elverum ist **Rena.** Hier endet bzw. beginnt das alljährliche **Birkebeiner-Rennen** von und nach Lillehammer (siehe auch „Lillehammer/Praktische Informationen“). Das 2000-Einwohner-Dorf ist auch bekannt für seine Skisprungschanzen. Die größte hat ihren kritischen Punkt bei 120 m. Die bekanntesten Wirtschaftszweige des Ortes sind eine Kartonfabrik und der Export von Moosen und Rentierflechten.

Die nächsten Attraktionen des Tales sind zwei Straßen, die aus dem Tal wieder hinausführen. Zunächst ist dies der nach den Birkebeinern benannte Weg Richtung Südwesten über das kahle Fjell nach Lillehammer. Die zweite Route beginnt in **Koppang.** Man zweigt zunächst auf die nach dem Dichter *A.O. Vinje* benannte Straße ab. Dieser Weg mündet auf den Friisvegen. Der Name „Frei-Eis" lässt jedoch keine Rückschlüsse auf irgendwelche klimatischen Verhältnisse oder auf Stände mit kostenlosen Eistüten zu, sondern bezieht sich auf den Schriftsteller und Jäger *J.A. Friis!* Die Straße führt über das Gebirge nach Ringebu im Gudbrandsdal.

Die spektakulärste Attraktion des Østerdal liegt 17 km südlich von Alvdal in **Barkeid** (Campingplatz). 500 m nördlich des Ortes zweigt eine kurze, enge und kurvenreiche Straße zur gigantischen **Schlucht Julhogget** ab. Der bis zu 150 m tiefe und 2,5 km lange Canyon beeindruckt durch schroffe und urwüchsige Felslandschaft, wie man sie sich eher auf dem Mond als in Ostnorwegen vorstellt.

Alvdal ist der Heimatort des Schriftstellers *Kjell Aukrust,* eines Autors recht witziger, z.T. satirischer Geschichten, in denen zuweilen die niedliche Ente Solan Gunderson die Hauptrolle spielt. Das **Aukrustsenter** ist meist 10–17 Uhr zu besichtigen (100 NOK). Im Ort zweigen auch zwei recht sehenswerte Straßen ab. Die erste führt steil und voller Serpentinen hinauf auf den 1666 m hohen **Berg Tron,** der vulkanischen Ursprungs ist. Von hier oben hat man einen grandiosen Blick in Richtung des Rondane-Gebirges.

Die Rv 29, führt von Alvdal zurück zur E 6. Man passiert den ehemaligen **Bergwerksort Folldal,** in dem nach Kupferkies geschürft wurde. Täglich können Spaziergänge durch die Stollen unternommen werden (Museum, Gruben, Rondane-Nationalparkcenter: Juni–Aug. 11–17 Uhr, Museum und Center 25 NOK, Grubenfahrt mit Zug 60 NOK). Eine Kuriosität am Rande: In Folldal, einem der trockensten und schneeärmsten Orte Norwegens, werden ausgerechnet Tretschlitten hergestellt!

Bei Tynset gabelt sich die Straße. Auf der Rv 3 geht es zurück zur E 6, auf der Rv 30 zum schönsten Ort in Ostnorwegen, Røros. Unterwegs lohnt ein Stopp bei **Egil Storbekken** nahe des Ortes Tolga. Wer etwas für typisch **norwegische Volksmusik** und beschwingte Flötentöne übrig hat, liegt bei seiner einfühlsamen Musik goldrichtig. Im Haus sind norwegische Musikinstrumente zu bewundern und auch zu erwerben (geöffnet: Ende Juni bis Anfang August, 10–18 Uhr, 40 NOK).

Touristeninformation

- **Nord Østerdal Reiseliv,** 2560 Alvdal, Tel. 62488050, Fax 62487000, www.osterdalen.com.

An- und Weiterreise

- **Züge** Richtung Oslo, Røros und Trondheim, **Bahnhöfe** u.a. in Rena, Koppang, Barkald, Alvdal und Tynset.
- **Fernbus 135.**

Unterkunft

- **Koppangtunet Hotel,** Koppang, Tel. 6246 0455, Fax 62461180 (DZ ab 1000 NOK). Nettes 23-Betten-Hotel mit Caféteria, Bar und angeschlossenem Freilichtmuseum.
- **Kvebergsøya,** Grimsbu, Rv 29, 12 km östl. Folldal, Tel. 62490333, www.kvebergsoeya.com. Traditionsreicher Bauernhof. DZ (700 NOK) und Ferienhaus. Reiten, Reitausflüge, Kutschfahrten, Elchsafaris u.v.m.

- **Tynset Hotel,** Hotelkasten im Zentrum von Tynset, Tel. 62480600. Einfache Hotel- und Motelzimmer (**/***).

Camping/Hütten

- **Koppang Camping og Hytteutleie,** Tel. 62460234, ganzjährig geöffnet. Schöne Anlage im Wald mit 20 Hütten (*/**) und Bootsverleih. Reitstall.
- **Gjelten Bru Camping,** 5 km westlich von Alvdal, Tel. 62487444, Fax 62487020, ganzjährig geöffnet. Am Fluss, nahe der Rv 29 gelegener einfacher Platz mit 13 guten Hütten (**), Fahrradverleih, Angelplätzen.
- **Tynset Camping og Motell,** Tynset-Zentrum, Tel. 62480311, ganzjährig geöffnet. 24 schöne Hütten, einfach bis luxuriös, (*/***/****), DZ (*), beheiztes Freibad, Angelplätze.

Aktivitäten

- **An der Glomma,** dem längsten Fluss Norwegens, finden sich einige **gute Angelplätze.**
- Das **Østerdal** sowie das Nachbartal **Renadal** (Campingplätze in Abständen von 20 bis 40 km) eignen sich ideal für **Fahrradtouren.** Es herrscht wenig Verkehr, und es gibt viele sehr einsame Nebenstraßen, die direkt in den Wald zu Elch und Hase führen.
- **Wandern:** Südlich von Alvdal liegen die bisher noch wenig erwanderten **östlichen Ausläufer des Rondane-Gebirges.** Günstiger Ausgangspunkt für Touren sind Follandsvangen und die am Ende der Straße gelegene Hütte Flatsætra (südöstlich von Alvdal am Fluss Sølna). Von beiden Plätzen sind es 2,5–3 Stunden Wanderung auf markierten Wegen zur Hütte Breisjøsætra.

Trysil

Östlich des Østerdal, lediglich 35 km von der schwedischen Grenze entfernt, liegt **Innbygda,** auch Trysil genannt. Es ist mit dem 1132 m hohen Trysilfjell **eines der besten und beliebtesten Alpinskizentren Skandinaviens.** In der schneesicheren Umgebung finden sich auch viele Kilometer Waldloipen. Die Unterkünfte bestehen zumeist aus luxuriösen und nicht ganz billigen Hütten an den Skipisten.

Im Sommer, also in der Nebensaison, kann das **Freilichtmuseum Trysil Bygdetun** mit Sägewerk und Mühle besichtigt werden (Juli–Mitte Aug., 11–16 Uhr, 60 NOK). Auch in der freien Natur gibt es viel zu erleben. Es werden Biber-, Bären- (!) und Elchsafaris organisiert. Es können Flöße zusammengezimmert werden, um damit Angel- und Flusstouren zu unternehmen.

Touristeninformation

- **Trysil Turistkontor,** 2420 Trysil, Tel. 6245 1000, Fax 62451165, www.trysil.com.

An- und Weiterreise

- **Fernbus 130.**

Unterkunft

- **Trysil Knut Hotel,** Zentrum, Tel. 62449750, (*****). Mittelklassehotel mit gutem Service. Restaurant mit norwegischen Spezialitäten, Sauna, Disco.
- **Trysil Hotel,** Zentrum, Tel. 62450833, Fax 62451290, (*****). Recht gemütliches Holzhotel mit gutem Restaurant und Sauna.
- **Trysil Gjestegård,** 1 km südlich, Tel. 62450850, (****). Sehr gemütlicher Gasthof mit Restaurant und Panoramablick.
- **Trysil Vandrerhjem,** an der Rv 26, Tel. 90132761, ganzjährig geöffnet, empfehlenswerte JH mit Betten für 225 NOK und DZ für 450 NOK.

Camping/Hütten

- **Klara Camping,** 1 km südlich, Tel./Fax 62451363, ganzjährig geöffnet. Recht guter, preiswerter Platz mit Blick auf das Trysilfjell. 10 Hütten (**/***).

•**Trysil Hyttegrend,** Øraneset, Handy 90132761, www.trysilhytte.com. Gute Hütten am Fluss (**).

Aktivitäten

•Bei G-Sport können **Fahrräder** geliehen werden (200 NOK/Tag, 370 NOK/3 Tage).
•**Wintersport:** Nicht weniger als 24 Lifte und 62 Abfahrten warten auf den Besucher. Der Höhenunterschied liegt bei 685 m. Es gibt 5 beleuchtete Pisten, einige Aprés-Ski-Möglichkeiten und 90 km Loipen. www.trysil.com.
•**Weitere Angebote:** Das Turistkontor vermittelt Biber- und Elchsafaris, Schluchtenwanderungen, Bergsteigerkurse, Kanu- und Raftingtouren.

Femundsee und Nationalparks ⇗XIII/D1

Nördlich von Trysil und südöstlich von Røros liegt die langgestreckte Wasserfläche des Femund. Der **See** ist mit 202 km² der **drittgröße Norwegens** und mit Sicherheit einer der schönsten, unberührtesten und einsamsten. Kurz: ein Eldorado für Kanuten, Angler und Wildnisfreunde.

Wer sich nicht mit einem kleinen Boot auf die oft recht großen Wellen des Gewässers traut, sollte sich dem seit 1905 in Dienst stehenden **Schiff „Femund II"** anvertrauen. Dieser Schaufelraddampfer verkehrt im Sommer täglich in vier Stunden von Synnervika am Nordende des Sees in Richtung Femundsenden im Süden. Unterwegs legt das Schiff unter anderem an der Femundshytta, einer verlassenen Bergbaustadt, an.

Fährt man um das Gewässer herum, so gelangt man zu zwei an der schwedischen Grenze liegenden Nationalparks. Zunächst erreicht man den östlich der Straße gelegenen, kleinen **Gutulia-Nationalpark.** Es steht hier ein urwüchsiger Wald mit 350–500 Jahre alten Fichten und Kiefern unter Schutz. Zu besuchen ist auch die Gutuli-Alm.

Die Straße endet in **Elgå,** dem südlichsten **Reservat der Samen,** der Ureinwohner Skandinaviens, welche hier von der Züchtung von etwa 3000 halbwilden Rentieren leben. Auch ist das Örtchen Ausgangspunkt für einsame Wanderungen in den 390 km² großen **Femundsmarka-Nationalpark,** den kahle Bergregionen, baumbestandene Moränen mit riesigen Felsbrocken und viele idyllische Seen auszeichnen. Über das Gebiet informiert das 2005 eröffnete Nationalparkcenter in Elgå (Mitte Juni–Mitte Aug. 11–17 Uhr, Ende Aug 11–15 Uhr, Sept. nur Sa./So., 40 NOK).

Sehenswert ist auch das **Blokkodden Villmark-Museum** in **Drevsjø** mit Freilichtausstellungen zu den Samen (geöffnet im Sommer, Mo.–Sa. 11–16 Uhr, 40 NOK).

An- und Weiterreise

•**Bus Røros – Synnervika,** am Nordende des Sees, ab hier Anschluss an **Boot „Femund II"**, 9 Uhr, bis Elgåsenden (200 NOK). Farräder und Kanus werden mitgenommen, Kanu 200 NOK, Fahrrad 50 NOK. Infos: www.femund.no.

Unterkunft

•**Johnsgård Turistsenter,** Sømådalen, Westufer, Tel. 62459925, www.johnsgard.no. Schöner Platz mit 19 Hütten (*/**), Zeltplatz.
•**Femund Fjellstue,** Elgå, Tel. 62459541, www.femundfjellstue.no. Guter Platz am Ostufer. Bootsverleih. Hütten (*/**).

• **Femundtunet,** Drevsjø, Tel. 62459066, www.femundtunet.no. Ansprechende Anlage am Südufer des Femund. Zeltplatz, Hütten (*/**, ab 400 NOK), Apartments.

Aktivitäten

• **Femundtunet:** in Femund, Tel. 62459066, www.femundtunet.no, Angeltouren, Goldwaschen, Fahrrad- und Bootsverleih.

• **Ornithologie/Flora:** Zwei unter Naturschutz stehende **Feuchtgebiete** liegen nahe der Rv 26. Das **Kvisleflået** befindet sich südöstlich von Drevsjø. Das **Galtsjøen-Reservat** liegt westlich von Isterfossen (Kreuzung Rv 26/217) am gleichnamigen See.

• **Paddeln:** So herrlich eine Paddeltour über den 60 km langen Femund auch ist, starke Winde und Wellengang versauern ein wenig das Vergnügen bzw. machen es sogar etwas unsicher! Auch ist das Zelten am Ufer, bei dichtem Wald, nicht immer möglich. Wetterumschwünge, die ein Weiterkommen verhindern können, kommen durchaus vor. Mit Rat und Tat steht das Femund Canoe Camp in Femundsenden zur Seite. Hier können auch Hütten und Kanus gemietet werden (Tel. 62459019, www.femund-canoe-camp.com).

• **Wandern:** Wie das Paddeln, so ist auch die Wanderung **durch den Femundsmarken-Nationalpark** ein Abenteuer. Wer jedoch nicht allzu tief in die menschenleere Wildnis eindringen will, findet ab Elgå, parallel zum Femund, einen herrlichen und einfachen Wanderpfad. Er folgt einem alten Fahrweg bis zum Bootsanleger Revlingodden (1 Stunde). Weiter geht es auf einem markierten Weg Richtung Osten zur bewirtschafteten Hütte Svukuriset (1 Stunde). Ab hier entweder Abstecher zum 1415 m hohen Store Svuku (3 Stunden, retour) oder dem Schild folgend einen zweiten Weg zurück nach Elgå gehen (1 Stunde).

Auch **zum Gutulia-Nationalpark** kann gewandert werden. Dazu biegt man von der Straße von Femundsenden nach Elgådalen zum kleinen See Gutulisjøen ab und parkt dort das Auto. Nun ist es nicht mehr weit (etwa 3 km) bis in die Urwüchsigkeit (Ausschilderung Gutulivollen).

Røros

IX/C3

Überblick

Der **5500-Einwohner**-Ort gehört mit seinen Bergmannskaten und der schmucken Barockkirche mit Sicherheit **zu den schönsten Siedlungen des Landes.** Den Ausschlag zur Gründung Røros' gab der Bauer *Hans Olsen Aasen* im Jahre 1644. Er war auf der Jagd und als das von ihm angeschossene Rentier zu Boden ging, schabte es mit dem Huf ein wenig Erde beiseite. Es kam ein **glänzender Stein** zum Vorschein. Von dem Kupfer-Fund bekam *Joachim Irgens* aus dem deutschen Itzehoe Wind. Er war einer der größten Kreditgeber der dänisch-norwegischen Doppelmonarchie. Schon zwei Jahre später wurden das erste **Schmelzwerk** und die Siedlung Røros gegründet.

Obgleich der Ort durch schwedische Überfälle in den Jahren 1678 und 1679 stark in Mitleidenschaft gezogen wurde, florierte das Geschäft. Zur Exploration der Schätze im Berginneren heuerte man sogar deutsche Experten an. Reich allerdings wurden nur die Minenbesitzer. Die Arbeiter lebten mehr schlecht als recht in winzigen Holzhütten. Hunger und Armut waren tägliche Begleiter. Der Bergbau lief über 330 Jahre lang, und erst zwischen den Jahren 1977 und 1986 schlossen die letzten Gruben wegen Unrentabilität. Was blieb, sind eine intakte, von der UNESCO als **„Kulturerbe der Menschheit"**

Røros – Fußgängerzone Kjerkgata

eingestufte **Holzhausstadt,** die zur Besichtigung freigegebene Olavsgrube, aber auch einige Abraumhalden, die noch heute vom einst intensiven Bergbau zeugen.

Die wirtschaftliche Nutzung der Umgebung veränderte auch das Mikroklima im 630 m hoch gelegenen Røros. Durch das Abholzen der Wälder zum Zwecke der Befeuerung der Schmelzöfen kühlt der Ort im Winter stärker aus als früher. Bei sternenklarem Himmel können die Nächte – selten zwar, aber immerhin – bis zu -40 °C kalt werden. Zuletzt im Winter 2009/2010.

Sehenswertes

Die Stadt ist ein **lebendiges Museum aus alten Holzgebäuden.** Die schönsten stehen entlang der betriebsamen **Fußgängerzone Kjerkgata,** wo es in den vielen Häuschen etliche Souvenir-, Kunstgewerbe- und Krims-Kramsläden sowie gemütliche Cafés gibt. Älter noch, nämlich aus dem 17. und 18. Jahrhundert, sind die knorrigen Katen und Höfe der Parallelstraße Bergmannsgata. Einige der ältesten Häuser hier sind der **Rasmusgård** (Nr. 9) von 1680, der **Bergskrivergård** (der Hof der ehemaligen Verwaltung des Bergwerkes; Nr. 15) von 1793 und der **Direktørgård** (Nr. 19). In diesem Hof von 1790 ist heute das Rathaus untergebracht.

Über der Stadt, am Ende der Kjerkgata, liegt die **Røros-Kirche.** Sie ist der einzige Steinbau inmitten von Holzhäusern und wurde im Jahr 1784 errichtet. Die Barockeinrichtung entwarf *Peder Ellingsen* (1725–1803). Auf dem Friedhof neben der Kirche liegt das Grab des

441no Foto: ms

442no Foto: ms

Die Røros-Kirche – der einzige Steinbau inmitten von Holzhäusern

Schriftstellers *Johan Falkberget* (1879–1967). In seinen Romanen beschreibt er den täglichen Überlebenskampf der Bergleute von Røros (noch bis Ende 2010 geschlossen, ansonsten im Sommer 10–17 Uhr, So. 13–15 Uhr, Eintritt 25 NOK).

Unterhalb der Kirche, nahe der gleichfalls unter Denkmalschutz stehenden Abraumhalden, liegt das **Røros-Museum (Smelthytta).** Das Haus ist eine Rekonstruktion der von 1646 bis 1953 in Betrieb befindlichen Kupferhütte. Hier wurde das Erz aus den zahllosen Gruben der Umgebung eingeschmolzen und das Kupfer vom Restgestein getrennt. In der hervorragend aufbereiteten Ausstellung werden anhand vieler Modelle dem Besucher die Verhüttungsprozesse sowie das Leben und die Arbeit der Grubenarbeiter nahegebracht (geöffnet: Ende Juni-Mitte Aug. 10–18 Uhr, ansonsten: Mo.–Fr. 11–15 Uhr, Sa./So. 11–14 Uhr, 70 NOK, inkl. Olavsgrube 125 NOK).

13 km östlich von Røros, nahe der Rv 31, liegt die alte **Olavsgrube.** Sie besteht aus zwei Teilen. Zum einen aus der Grube Nyberget, der aus dem 17. Jahrhundert stammenden, zweitältesten Anlage der Region, zum anderen aus der darunterliegenden Kronprinz-Olav-Grube. Ein **Museum** dokumentiert das harte Leben der Kumpel zur damaligen Zeit. Im Rahmen von Führungen kann man 500 m weit und 50 m tief in den Berg vorstoßen. Achtung: Hier drinnen herrschen dauerhaft kühle 5 °C, warme Kleidung ist daher anzuraten! (Ende Juni bis Mitte Aug. täglich 6 Führungen, ansonsten nur Mo.–Fr. 13 und 15 Uhr, So. 12 Uhr, Oktober bis Mai Sa. 15 Uhr, 90 NOK.)

Touristeninformation

- **Røros Reiseliv,** Postboks 123, 7361 Røros, www.rorosinfo.com, Tel. 72410000, Fax 7241 0208, Turistkontor in der Peder Hjortsgata 2, geöffnet: Mo.–Fr. 9–16 Uhr, Sa. 10–14 Uhr, im Sommer bis 20 Uhr und So. bis 18 Uhr, auch Zimmervermittlung.

An- und Weiterreise

- **Bahnhof:** Der aus dem Jahr 1877 stammende Bahnhof liegt südöstlich des Zentrums. **Züge** nach Trondheim und Oslo. Unweit entfernt auch der **Busbahnhof. Fernbusse 135, 611.**

Unterkunft

- **Quality Hotel & Resort Røros,** Zentrum, Tel. 72408000, Fax 72408001, (*****). Komfortables Haus oberhalb des Zentrums. Swimmingpool, Nachtclub und Disco.
- **Bergstadens Hotel,** Osloveien 2, Tel. 72406080, Fax 72406081, (*****). Am unteren Ende der Fußgängerzone an der Hauptstraße gelegen. Ansprechende, aber teure Zimmer. Swimmingpool, Nachtclub mit Disco, gemütlicher Pub.
- **Erzscheidergården+,** Spell-Olav 6, Tel. 72411194, Fax 72411960, (*****). Altes, gemütliches Holzhaus im Zentrum mit 27, teils urigen, teils urgroßmütterlichen Zimmern mit Spitzengardinen. DZ 1050 NOK. Kaminzimmer.
- **Vertshuset Røros,** Fußgängerzone, Tel. 72419350, Fax 72419351, (*****). Altes Gasthaus mit 17 Zimmern, 7 Apartments und gemütlich-urtümlichem Restaurant.
- **Fjellheimen Turiststasjon,** 1 km ab Zentrum, Rv 30, Tel. 72411468, (***). Einfache Zimmer und **Campingplatz.**
- **Idrettsparken Hotel,** 300 m unterhalb des Zentrums, Tel. 72411089, Fax 72412377. Gemütliches, ganzjährig geöffnetes **Hotel** (DZ 850 NOK), Hütten (**) **und Campingplatz.**

Camping/Hütten

Hinweis: Selbst an wamen Sommertagen können die Nächte mit bis zu 0 Grad empfindlich kalt sein.

- **Bergstaden Camping,** J. Falkbergerts vei 34, Rv 30, Tel. 72411573, ganzjährig geöffnet. Einfacher Platz, am nördlichen Stadtrand gelegen. 7 Hütten (*).
- **Håneset Camping,** Rv 30, Tel. 72410600, Fax 72410601, ganzjährig geöffnet. 2,3 km südlich vom Zentrum gelegener, großer Platz mit 9 Hütten (*/***/****).

Essen und Trinken

In Røros ein hübsches Café zu finden, fällt nicht schwer.

- Sehr empfehlenswert ist die alternative Atmosphäre des **Thomasgården** am oberen Ende der Fußgängerzone. Es gibt indischen Tee, ein automatisches Klavier und geschmackvolle Keramik.
- Geht man die Bergmannsgata hinab, kommt man zu den in der Nebengasse gelegenen **Café Kaffestuggu** (Kuchen schon ab 15 Kronen).
- Ein **gemütlicher Pub** für die Tages- und Nachtstunden ist die **Krambua** in der Fußgängerzone. Auch Gerichte für 100–140 NOK werden angeboten.
- **Preiswerte Pizzen** hat das behagliche **Vertshus** in der Kjerkgate 34.

Bibliothek/Internet

- Unweit der Kjerkgata gelegen (mit Internetanschluss).

Veranstaltung

- Auf königlichen Beschluss hin findet seit 1853 jedes Jahr Mitte Februar der **Røros-Markt** statt.

Aktivitäten

- **Reiten: Reitcenter** Stall Røros, Femundveien 41, www.stallroros.no, Tel. 92811386.
- **Fahrradverleih:** Am Bahnhof, Flugplatz und in der Touristeninformation werden **kostenlos** Fahrräder zur Erkundung des Ortes verliehen.
- **Wintersport:** 12 km südlich der Stadt liegt das **Hummelfjell** mit 2 Liften und 6 Abfahrten. Der Höhenunterschied beträgt 300 m. Im Winter können in der Touristeninformation für 20 NOK **Tretschlitten** ausgeliehen werden. Mit ihnen macht die Røros-Erkundung doppelt soviel Spaß.
- Zur kalten Jahreszeit können auch **Hunde- und Pferdeschlittentouren** über das Rørosplateau unternommen werden – Infos über Touristkontor (www.huskytours.no).
- **Hessdalen**, 30 km nördlich, Rv 30, www.hessdalen.org. Wissenschaftliches Projekt zur Untersuchung von unerklärlichen Lichterscheinungen.

444no Foto: ms

Mittel- und Nordnorwegen

445ano Foto: ms

445bno Foto: ms

Rorbu auf den Lofoten

Strand auf den Lofoten

Lofoten im Winter

Überblick

Mittel- und Nordnorwegen umfasst das Gebiet von Trondheim bis zum äußersten Norden mit einer Nord-Süd-Ausdehnung von ca. 1300 km Luftlinie (auf der Straße sind es von Trondheim bis zum Nordkap 1600 km).

Die Reise in den Norden fängt zunächst recht harmlos an. Gerade mal 300 bis 900 m hohe Hügel- und Bergketten, saftige Wiesen und kleine Felder prägen das Landschaftsbild **Mittelnorwegens.** Die Fjorde sind breit und einladend und eignen sich – wie auch die Schärenküste – hervorragend für Angelausflüge. Zentraler Ort der Region Mittelnorwegen ist die alte Bischofsstadt Trondheim.

Folgt man ab hier der E 6 bzw. später der Küstenstraße Rv 17, so gewinnt die Natur zunehmend an Dramatik. Weite Kiefern- und Birkenwälder wechseln mit wilden Bergformationen und spätestes auf den **Lofoten** meint man, „die Alpen im Nordmeer" zu sehen.

Nördlich dieser Inselgruppe beginnt mit den Provinzen **Troms und Finnmark** der wohl unberührteste Teil Norwegens, wenn man vom völlig überlaufenen Nordkap einmal absieht. Vergletscherte Gebirgszüge, überraschend liebliche Täler, raue Hochebenen und eine überaus urtümliche, karge Küste bilden den Hintergrund für eine der atemberaubendsten Naturlandschaften Europas.

Trondheim – die Stadtbrücke

Trondheim

↗IX/C2

Überblick

In der Mitte Norwegens, auf halbem Wege zwischen Süd und Nord, dort, wo sich die Landschaft weitet, an der Mündung des Nidelv, liegt Trondheim. Schon 997 ließ *König Trygvasson* seine Residenz an dieser Stelle erbauen. Das alte **Nidaros** wurde Hauptstadt, Pilgerziel und Thing-, also Gerichtsstätte. Noch heute zeugen der markante Dom und der Erzbischofshof von der Zeit, da die Stadt der Nabel der Welt im Hohen Norden war.

Heute präsentiert sich der sympathische **160.000-Einwohner-Ort** als hübsche Holzhausstadt, zu klein, als dass man sich in ihr verlieren könnte, doch groß genug für ein aktives Kultur- und Studentenleben, Dutzende Restaurants, Pubs und zahlreiche Attraktionen. Kurz und gut: Trondheim ist der ideale Ort, um auf dem Weg in den Norden noch einmal Stadtluft zu schnuppern, ohne jedoch nach den Natursehenswürdigkeiten Südnorwegens einen Stadtschock zu erleiden.

Auf einem **Rundgang** durch die gemütlichen Straßen des Zentrums gelangt man zu den windschiefen Stelzenhäusern am Fluss, dem Holzpalais Stiftsgården und, über kurz oder lang, immer wieder zurück zum Markt, dem Mittelpunkt der Stadt, wo König Trygvasson auf einem hohen Sockel noch immer über seine Stadt wacht.

Für den Aufenthalt in Trondheim sollte man einen halben bis einen ganzen Tag einplanen.

447no Foto: ms

Stadtgeschichte

Trondheim wurde **997** als zweite Stadt in Norwegen (nach Tønsberg) unter dem Namen Nidaros **gegründet,** benannt nach dem Hof Nidarnes des Wikingerkönigs Olav Trygvasson. Nachdem dieser nur drei Jahre später in einer Seeschlacht bei Svolvær auf den Lofoten fiel, übernahm *Olav Haraldson* die Regentschaft. Dieser wurde vor allem durch die Christianisierung Norwegens bekannt, die er mit mehr oder minder feinen Mitteln vorantrieb. König Olav fiel 1030 in der Schlacht von Stiklestad. Nach seiner Heiligsprechung hieß er nur noch **Olav der Heilige.** Er wurde in der 1016 gegründeten Clemenskirche beigesetzt, die an der Stelle des heutigen Doms lag. 1080 erhielt Trondheim einen Bischofssitz und es wurde über dem Grab Olavs ein Schrein errichtet. 1152 stieg die Stadt sogar zum Erzbischofssitz auf. Aufgrund einer Verwechslung mit der Region Trøndelag (altnordisch: fruchtbares Land) wurde der Ort im Vatikan nun zusätzlich unter dem Namen **Trundum (Trondheim)** geführt.

Das **Hochmittelalter** war eine **Zeit der Blüte und des Wachstums.** So gab es um die 20 Kirchen und mehrere Klöster in der Stadt und es kamen Tausende Olavs-Pilger von Süden über das Dovrefjell. Allerdings musste Trondheim auch viele Rückschläge hinnehmen. So verlor der Ort 1217 den Hauptstadtstatus an Oslo. Nachdem Norwegen 1380 die Union mit Dänemark eingehen musste, verlor die Stadt an Bedeutung.

Zahlreiche Stadtbrände, verursacht durch eine zu enge Bebauung, vernichteten den Ort. Vom Wiederaufbau nach 1681 zeugt der rechtwinklige Grundriss des Zentrums. Architekt und Stadtplaner war der Hugenottengeneral *J.C. Cicignon.* Die breiten Straßen sollten das Übergreifen neuer Brände unterbinden. Am Schnittpunkt der beiden Hauptachsen, Kongensgate und Munkegate, wurde der *Torg* (Markt) angelegt.

Ende des 17. Jahrhunderts ging es langsam bergauf. Trondheim wurde zum **Verladehafen** für das Erz aus Røros. **Industrialisierung** und der **Bau der Dovre- und Røros-Bahn** taten im 19. Jahrhundert ein Übriges, und so wuchs die Einwohnerzahl von 7500 im Jahr 1770 auf 50.000 zu Beginn des 20. Jahrhunderts.

Heute ist Trondheim das wirtschaftliche, wissenschaftliche und kulturelle Zentrum Mittelnorwegens. Die technisch-naturwissenschaftliche Universität zählt über 20.000 Studenten.

Sehenswertes

Südlich des Marktes liegt der imposante, 102 m lange und 50 m breite **Nidaros-Dom,** das **größte sakrale Bauwerk Skandinaviens,** Norwegens Nationalheiligtum und Krönungskirche. Mit dem Bau wurde im Jahr 1070 über dem Grab Olavs des Heiligen begonnen. Im spätromanischen Stil sind noch das Querschiff und die Sakristei erhalten. Aus der Zeit der Frühgotik stammt die oktogonale Kuppel. Hochgotisch sind Chor und Hauptschiff, die z.T. erst im letzten Jahrhundert in ihren heutigen Zustand versetzt wurden. Denn nach der Reformation verkam die Kirche zunächst und wurde teils sogar als Steinbruch verwendet. Erst mit dem neu erstarkten Nationalbewusstsein Mitte des 19. Jh. begann man mit der Restaurierung und Wiederherstellung des Gotteshauses. So sind denn auch die meisten der 75 Skulpturen der überaus eindrucksvollen Westfassade Werke des frühen 20. Jahrhunderts. In der Mitte ist Christus dargestellt, Olav Tryggvasson ist in der ersten Reihe der erste von links, Olav der Heilige befindet sich in der zweiten Reihe, der vierte von links. Im erhaben-düsteren Inneren fallen die herrlichen Glasmalereien und Rosetten auf. Die Barockorgel wurde 1741 gebaut und überzeugt durch ihren vollen Klang. Im Krönungsdom, liegen neun Könige begraben (geöffnet: Mitte Juni bis Mitte Aug. Mo.–Fr. 9–17.30 Uhr, Sa. 9–14 Uhr, So. 13–16 Uhr, Anfang Mai bis Mitte Juni und Mitte Aug. bis Mitte Sept. Mo.–Fr. 9–15 Uhr, Sa. 9–14 Uhr, So. 13–16 Uhr, Mitte Sept. bis Ende April Mo.–Fr. 12–14.30 Uhr, Sa. 11.30–14 Uhr, So. 13–15 Uhr, Sammelkarte Dom/Erkebispegården: 100 NOK, nur Dom: 50 NOK, Orgelkonzerte: im Sommer fast täglich 13.30 Uhr – Anschlagtafel Munkegate).

Neben dem Dom liegt der Steinbau des **Erkebispegården,** das **Erzbischofspalais.** Das älteste weltliche Gebäude Skandinaviens, im 12. Jahrhundert erbaut, war bis zur Reformation Sitz des Erzbischofs. Im alten Ost- und im neu-

Mittelnorwegen

en Südflügel sind archäologische Funde, Skulpturen aus dem Dom, die Rüstkammer und ein Widerstandsmuseum untergebracht. Eine neue Ausstellung zeigt zudem die **Kronregalien** *(riksregalier)*. Die erste Krönung fand 1163 in Bergen statt. Dabei wurde festgelegt, dass der König zu Ehren Gottes und Olav dem Heiligen die Regalien der Christlichen Kirche Nidaros zu opfern hat. 1397 wurde Trondheim Krönungsstadt und seit dem Unionswechsel 1814 finden alle Zeremonien im hiesigen Dom statt. Die heutigen Kronregalien wurden auf Veranlassung des damaligen Schwedenkönigs Karl III. Johan angefertigt (geöffnet: Anf. Juni–Anf. Aug. 10–17 Uhr, Sa. 10–15 Uhr, So. 12–16 Uhr; ansonsten meist 10–15 Uhr, So. 12–16 Uhr; Museum 50 NOK, Kronregalien 70 NOK).

Gleichfalls neben dem Dom, in der Bispegata, befinden sich die Galerie des **Trondhjem Kunstforening** (geöffnet: Di.–Fr. 12–16 Uhr, 25 NOK) samt gemütlichem Café und das **Trondheim-Kunstmuseum.** Wer internationale Malerei erwartet, wird sicher enttäuscht, aber die norwegische Kunstszene ist ganz gut vertreten. Heraus ragen Werke von *Munch, J.C. Dahl, Tidemand, Gude, Krohg, Harald Solberg* und *Harriet Backer* (geöffnet: 10–17 Uhr, Winter 11–16 Uhr, 50 NOK).

Folgt man vom Dom weg der Munkegate, gelangt man zum interressanten **Nordenfjeldske Kunstindustrimuseet (Kunstgewerbemuseum).** Zu sehen sind Möbel, Glas, Porzellan und Kleidung von der Renaissance bis zur Gegenwart. Beachtenswert sind die zurzeit der deutschen Besatzung entstandenen Wandteppiche mit politischen Inhalten der schwedischen Künstlerin *Hannah Ryggen* (geöffnet im Sommer 10–17 Uhr, So. ab 12 Uhr, ansonsten: Di.–Fr. 10–15 Uhr, So. 12–16 Uhr, 60 NOK).

Etwas weiter noch, und man hat den **Torget,** den **zentralen Markt,** erreicht. In seiner Mitte thront weithin sichtbar Olav Trygvasson. Rechterhand (Kongensgate) liegt die **Vår Frue Kirke.** Die hübsche Liebfrauenkirche stammt aus dem 13. Jahrhundert und wurde 1739 teils umgebaut. Sie ist Mi. 11–14 Uhr zugänglich. Ihr gegenüber beginnt die beschauliche **Fußgängerzone Nordre gate.** Ihr folgt man bis zur nächsten Kreuzung und kehrt über die Dronningensgate zur Munkegate zurück. Hier liegt nun links von uns der **Stiftsgården.** Das 1787 erbaute Palais ist mit 3000 m² und 140 Räumen das **größte Holzhaus Nordeuropas.** Erbaut wurde die königliche Residenz 1774–1778 für die Geheimrätin *Cecilie Christine Schøller,* die für die kultuelle Blütezeit der Stadt im 18. Jahrhundert steht. Das Palais wurde im barock-klassizistischen Stil errichtet, mit Elementen aus dem Rokokko und Neoklassizismus. Die Fassaden sind nahezu originalgetreu erhalten, die Räumlichkeiten wurden zu verschiedenen Anlässen stark verändert und umgebaut. Viele Zimmer weisen Stuckdecken und Landschaftsbilder über den Eingängen auf. Die Möbel

Frontansicht des Nidaros-Doms

stammen zumeist aus dem 19. und 20. Jahrhundert. Es gibt u.a. einen **Königinnen-Saal** und ein **Chinesisches Kabinett.** Bei Krönungszeremonien ist das Haus Ausgangspunkt für Prozessionen zum Dom (geöffnet: meist Mo.–Sa. 10–17 Uhr, So. 12–17 Uhr, 60 NOK, Studenten 40 NOK, Familien 100 NOK).

Die Munkegate führt geradeaus bis zum **Ravnkloa,** dem **Fischmarkt.** Hier legen jede volle Stunde von 10–18 Uhr die **Boote nach Munkholmen** ab (50 NOK, retour). Die **Mönchsinsel** war die Richtstätte der Stadt, bis hier im Jahr 1000 ein Benediktinerkloster gegründet wurde. 1658 baute man dieses wieder zu Festung und Gefängnis um. Heute finden sich hier draußen im Trondheimsfjord ein Restaurant und Badeplätze.

Weiter geht es nun, vorbei an den bunten Holzlagerhäusern der Fjordgate, zum **Seefahrtsmuseum** am Ende der Straße. Das kleine, 1725 als Zuchthaus erbaute Gebäude ist vollgestopft mit einer hübschen Sammlung von Schiffsmodellen, Seekarten und Instrumenten. Im 2. Weltkrieg musste das Häuschen übrigens als Entlausungsstelle herhalten (geöffnet: 1.6.–31.8. 10–16 Uhr, 40 NOK).

Ab dem Museum lohnt ein Abstecher über die Fußgängerbrücke an das andere Flussufer. Hier liegt das neu gestaltete Stadtviertel **Solsiden,** mit Shoppingcenter, Restaurants, Cafés und schönen Plätzen am Wasser.

Wir laufen die Kjøpmannsgata entlang und passieren die zum Teil aus dem 18. Jahrhundert stammenden

451no Foto: ms

Speicherhäuser am Nidelva. Am Ende der Straße führt die alte **Stadtbrücke** *(Bybro)* aus dem Jahr 1861 über den Fluss. An ihrem jenseitigen Ende liegt das hübsche **Holzhausviertel Bakklandet.** Bewohnt wird es vornehmlich – die Kneipen sind ein deutliches Indiz – von Studenten. Folgt man der Verlängerung der Brücke den Berg hinauf, gelangt man zur **Festung Kristiansten.** Von der um 1681 erbauten Anlage mit vierstöckigem Kanonenturm (heute mit Café) hat man einen sehr schönen Blick auf die Stadt. Fahrradfahrer können unterwegs übrigens „trampe", den wohl einzigartigen Fahrradlift der Welt benutzen.

Weiter nordöstlich der Festung steht der 124 m hohe **Fernsehturm Tyholttårnet** mit einem Drehrestaurant in 74 m Höhe. Es bietet sich ein toller Rundblick auf die Stadt (geöffnet ist 11.30–23 Uhr, am Sonntag nur 12–22 Uhr; Bus 20, 60). Im Turm ist das Restaurant Egon untergebracht.

Weitere Museen in der Innenstadt

- Schräg gegenüber der Vår Frue Kirke, in der Kongensgate 1, liegt im Gebäude der Norges Bank das **Vitensenter.** Anhand von recht spannenden Experimenten kann der Besucher viel über Naturwissenschaft und Technologie erfahren (geöffnet: Mo.–Fr. 10–16 Uhr, Sa./So. 11–17 Uhr).
- Noch einmal um die Wissenschaft geht es im **Vitenskapsmuseet (Wissenschaftsmuseum) der Universität,** in der Erling Skakkesgt. 47. Zu sehen sind archäologisches Material aus der Wikingerzeit, dem Mittelalter und der samischen Kultur sowie eine Sammlung von Kircheninventar. Erklärt werden auch die Bedeutungen der Felsritzungen. Es gibt eine ausführliche naturhistorische und Umweltausstellung mit Luchs, Bär und zahlreichen nordischen Vogelarten (geöffnet: Di.–Fr. 9–14 Uhr, Sa./So. 12–16 Uhr, 50 NOK).
- **Rockheim:** Neues nationales Erlebniszentrum für Rock & Pop, Öffnungszeiten standen noch nicht fest. Brattørkaia 14.
- In der Kongensgate 95 gibt es ferner ein **Polizeimuseum** (geöffnet im Sommer Mo.–Fr. 10–15 Uhr), in der Arkitekt Christies gt. 1b ein **Jüdisches Museum** (Mo.–Do. 10–16 Uhr, So. 12–15 Uhr) und ein **Straßenbahnmuseum** an der Haltestelle Munkvoll (geöffnet im Sommer Do.–So. von 11.30–14.30 Uhr).

Museen außerhalb der Innenstadt

- Südwestlich der Innenstadt liegt das **Trøndelag Folkemuseum Sverresborg.** Zu sehen sind alte Hofanlagen, Wohnkaten der Samen und die winzige **Holtalen-Stabkirche.** Das einschiffige, überaus schlichte Gotteshaus wurde um 1170 erbaut und 1884 hierher umgesetzt. Ergänzt wird die durchschnittlich gute Freilichtanlage durch Ausstellungen zum Skilauf, zur Telekommunikation und zu den verschiedenen Handwerksinnungen. Die etwas bedrückende Aufmachung der neuen Ausstellung im Hauptgebäude, welche den Lebenslauf von der Wiege zum Grabe schildert, lässt nicht gerade Frohsinn aufkommen. (Erreichbarkeit: Bus 8, 9 ab Dronningensgt, Auto: Ab Torget über Kongensgate, den Gleisen folgen und in den Byåsveien nach links abbiegen. Ausschilderung beachten. Geöffnet: 1.6.–31.8. 11–18 Uhr, ansonsten Mo.–Fr. 10–15 Uhr, Sa./So. 12–16 Uhr, 80 NOK, Studenten 60 NOK, Familien 210 NOK.)
- Über die E 6 erreicht man das 2 km östlich des Zentrums gelegene **Ringve-Museum.** In dem alten Gutshof aus dem 17. Jahrhundert ist ein für Norwegen einmaliges **Spezialmuseum für Musik** untergebracht. Über 1000 Instrumente gehören zur Sammlung, unter ihnen ein Flügel von Chopin und die berühmten Hardangerfiedeln. Im neueröffneten Teil „Museum im Heuboden" können die verschiedenen Stationen der Musikgeschichte, wie z.B. die Erfindung des Klaviers, der Jazz, Rock und Pop usw, nachvollzogen werden. Auch traditionelle Instrumente aus aller Welt sind zu bestaunen. Viele Liebhaberstücke, wie eine Locke Richard Wagners, die Gips-

hand Chopins, diverse Spieluhren und eine Spazierstockvioline, vervollständigen die sicher einmalige Ausstellung, die auf der Privatsammlung Viktoria Bachkes aufbaut (Lade Allé 60, Bus 3, 4 ab Munkegaten, geöffnet: Ende Juni–Ende Aug. 11–17 Uhr, Mitte April–Ende Juni sowie Ende Aug.–Mitte Sept. 11–16 Uhr, ansonsten meist So. 11–16 Uhr, Führungen und häufig Konzerte, 75 NOK, Studenten 55 NOK).

• Unweit des Museums, in der Lade Allé 58, liegt der **Botanische Garten von Ringve.** Er ist täglich kostenlos geöffnet und beinhaltet 4 Hauptabteilungen mit über 2000 Pflanzenarten. Zu sehen sind u.a. ein Kräutergarten, ein Arboretum und ein Parkabschnitt, der im englischen Stil angelegt ist.

Praktische Informationen

Touristeninformation

• **Turistkontor,** Munkegata, Torget, P.b. 2102, 7001 Trondheim, Tel. 73807660, Fax 7380 7670, www.visit-trondheim.com und www.trondheim.com. Ende Juni–Anf. Aug. 8.30–20 Uhr, Sa./So. 10–18 Uhr; Ende Mai–Mitte Juni und restlicher Aug. 8.30–18 Uhr, Sa./So. 10–16 Uhr; ansonsten Mo.–Fr. 9–16 Uhr, Sa. 10–14 Uhr. **Vermittlung von Privatunterkünften** (DZ ab 400 NOK).

Orientierung

• Der Ausschilderung „Sentrum" folgend, gelangt man in jedem Fall zur Prinsensgt. im Zentrum. Die E 6 selbst führt an der Innenstadt vorbei. Seit Anfang 2006 gibt es keine Mautgebühr für die Fahrt ins Zentrum mehr. Maut kostet hingegen die E 39 nach Westen und die E 6 nach Osten.

Parken

• Parken entlang der Straßen im Zentrum: 1. Std. 20 NOK, 2. Std. 45 Nok, 3. Std. 75 NOK; preiswerter in Parkhäusern: 20 NOK/Std., 160 NOK/Tag (8–20 Uhr, Sa. bis 15 Uhr). Preiswerter: nordwestlich des Bahnhofs, am Hafen (15 NOK/Std.); **Parkhäuser:** am Markt und Bhf., am St. Olavs Hospital, südlich des Zentrums, am Hafen (Pirbadet) und an der Brücke Bakke Bru.

An- und Weiterreise

• **Bahnhof:** Er liegt direkt nördlich der Innenstadt. **Züge** nach Bodø, Røros und Oslo.

• **Busbahnhof:** Naben dem Bahnhof gelegen; **Fernbusse 135/611** (Røros, 290 NOK), **155** (Oslo, 550 NOK), **440** (Bergen, 550 NOK), **630** (Ålesund, 550 NOK).

• **Schnellboote/Fähren:** Der Hurtigruten-Pier liegt nördlich vom Bahnhof. Hier starten auch Schnellboote zur gegenüberliegenden Fjordseite (Vanvikan) und nach Hitra/Kristiansund (450 NOK), Tel. 73890700.

• **Flughafen Trondheim Værnes:** liegt 32 km östlich der Stadt (Flughafenbus ab Bhf, 100 NOK), Tel. 73822500, www.flybussen.no/trondheim. Verbindungen u.a. nach Oslo, Bergen, Kopenhagen, Bodø, Molde, Ålesund, Tromsø.

Autovermietung

• **Avis,** Kjøpmannsgt. 34, Tel. 73841790, Fax 73841791.

• **Europcar,** Tel. 73828850.

• **Budget,** Tel. 73526920.

• **Rent-A-Wrack,** Tel. 73907000.

Taxi

• Taxizentrale: Tel. 07373.

Stadtverkehr

• Das Zentrum ist so kompakt, dass sich eine Fahrt mit dem Bus erübrigt. Zum Freilichtmuseum fährt Bus 8 und 9, zum Ringve-Museum Bus 3 und 4. Haupthaltestellen liegen in der Prinsensgt. Im westlichen Teil der Kongensgt. beginnt die einzige Straßenbahnlinie Trondheims. Sie führt zum Naherholungsgebiet Bymarka/Gråkallen.

Unterkunft

Hotels

• **Blu Royal Garden Hotel,** Kjøpmannsgt. 73, Tel. 73803000, Fax 73803050, (*****). Eines der besten Hotels der Stadt, mit dschungelhaft begrüntem Innenhof, feinen Zimmern, Schwimmhalle, Sauna und natürlich guten Restaurants.

•**Grand Olav Hotel,** Kjøpmannsgt. 48, Tel. 73808080, Fax 73808081, (*****). Gleichfalls luxuriöses Hotel mit 106 Zimmern gegenüber dem SAS. Geschmackvolle Zimmer und nettes Restaurant.

•**Britannia Hotel,** Dronningensgt. 5, Tel. 73800800, Fax 73800801, (*****). Erstklassiges Hotel in einem schönen Jugendstilgebäude. Das Hotel beherbergt auch ein ausgezeichnetes Restaurant (Gerichte für 250 NOK) mit Palmengarten, Pub, Pianobar und Sauna.

•**Scandic Residence,** Munkegt. 26, Tel. 73528300, Fax 73526460, (*****). Feines Jugendstilhotel, am Markt gelegen. Das nette Restaurant und das Café lohnen ebenfalls einen Besuch.

•**Gildevangen Hotel,** Søndregate 22b, Tel. 73870130, Fax 73523898, (*****). Natursteinhaus in Bahnhofsnähe. Nette Zimmer, speziell unterm Dach.

•**Bakeriet Hotel,** Brattørgata 2, Tel. 73991000, Fax 73991001, (*****), Sommer (****). Ansprechendes und komfortables Hotel mit gemütlichen Zimmern.

•**City Living – Trondheim Booking:** Tel. 80082080, www.trondheim-booking.no. Zusammenschluss der Hotels: **Quality Hotel Augustin** – Kongensgt. 26, **Comfort Hotel Park** – Prinsensgt. 4a, **Fru Schøller Apartment** – Dronningensgate 26, **Comfort Hotel Lipp** – Nordre gate 12 (nahe des Fru Schøller). Gute, aber unspektakuläre DZ für 700 (Park) – 1000 NOK (Lipp).

•**Thon Hotel Trondheim,** Kongensgate 15, Tel. 73884788, Fax 73516058, Mittelklassehotel mit wirklich guten Preisen (DZ ab 900 NOK). Recht schnell ausgebucht.

•**P-Hotels,** Nordregt. 24, Tel. 80046835, www.p-hotels.no. Neues, preiswertes Konzept. Inkl. Frühstück: DZ 900 NOK.

•**Trondheim Leilighetshotel,** Gardemoens gt. 1, Tel. 73500700, www.tlh.no. Schöne DZ und Apartments unterschiedlicher Größe, ab 990 NOK. Lage: ab Zentrum E 6 nach Osten, Abfahrt Lade/Ringve Museum, erste Ampel hinter der Eisenbahnbrücke nach rechts, an nächster Kreuzung wieder rechts. Bus 3 und 4 bis Stiklestadvegen (15 Min.).

454no Foto: ms

Preiswerte Unterkünfte

Günstige Privatzimmer (ab 350 NOK) vermittelt die Touristeninformation.

- **Bruns Botellet,** Kjøpmannsgt. 34/41 (Str. beginnt an der Brücke Bybroa), Rezeption in der Texaco Tankstelle, Tel. 73807950, www.bilbrun.no, (***), DZ 630 NOK. Gute Zimmer für wenig Geld. Sonderangebot für Parken im Parkhaus: 120 NOK/Tag.
- **Pensjonat Jarlen,** Kongensgt. 40, Tel. 73513218, Fax 73528080, www.jarlen.no, (**). Günstiges und sehr zentral gelegenes 68-Betten-Gästehaus, DZ 650 NOK, 3-Bett-Zi. 900 NOK, 4-Bett-Zi 1200 NOK.
- **Åse's Romutleie,** Nedre Møllenberggt. 27, Tel. 73511540, aaseander@hotmail.com, 15.6.–1.9., (*). Zentral: Über die Brücke Bakke Bru, Kreisverkehr links, dann rechts in Nonnegt, die 2. Querstraße rechts. DZ 450 NOK.
- **Singsaker Sommerhotell**, Rogertsgt. 1, Tel. 73893100, sommerhotell@singsaker.no, Mitte Juni–Mitte Aug. Weißes Holzhaus des Studentenwohnheims. Bett 230 NOK, DZ ab 700 NOK inkl. Frühstück, recht viel Geld für kleine Zimmer ohne eigenes Bad! Während der Fischereimesse Mitte August noch teurer. Zu Fuß: ab Brücke Bybroa den Hang hinauf. Auto: ab Elgeseter der Christian Frederiks gate folgen.

Jugendherberge

- **Trondheim Vandrerhjem Rosenborg,** Weidemannsvei 41, Tel. 73874450, www.trondheim-vandrerhjem.no, ganzjährig, in kastenförmigem Betonbau. Bett ab 245 NOK, DZ ab 660 NOK. 800 m ab Brücke Bakke bru, über Innherredsveien, abbiegen in die Rosenborggt. und nach links in den Weidemannsvei.
- **Studentsamfundet-InterRail Center,** Elgesetergate 1, Tel. 73899538. Im dem vom 2.7.–10.8. geöffneten Studentencenter gibt es das schlichte Bett im 20-Mann-Schlafsaal für unschlagbare 180 NOK, Frühstück inklusive. Gemütliche Kneipe (bis 2 Uhr offen) und kostenloser Internetzugang. Im roten, turmähnlichen Haus hinter der südlichen Brücke über den Fluss.

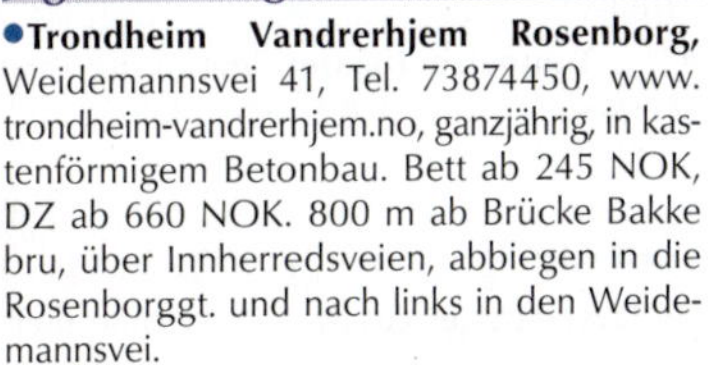

Speicherhäuser am Fluss Nidelva

Camping/Hütten

Leider mangelt es in der näheren Umgebung der Stadt an wirklich überzeugenden Campingplätzen.

- **Flakk Camping,** Flakk, Rv 715, Tel. 7284 3900, geöffnet: 1.5.–1.9. Sehr schöner Platz am Fähranleger, 10 km westlich von Trondheim. Leider teils auch nachts Maschinengeräusche der Fähre. Badeplatz am Fjord. 4 Hütten (*).
- **Sandmoen Motell & Camping,** Heimdal, E 6, südl. von Trondheim, Tel. 72596150, Fax 72596151, ganzjährig geöffnet. Großer, lauter Platz. Oft überlaufen. Zimmer (***), 35 Hütten (**). Viele Langzeitmieter.
- **Øysand Camping,** E 39, 20 km ab Trondheim, Tel. 72872415, www.oysandcamping.no, geöffnet: 1.5.–1.9. Schöne Lage am Fjord, aber mäßige Qualität. 24 Hütten (*/**), Zimmer (*), Badeplatz.
- **Tråsåsvika Camping,** E 39, Tel. 73867822, Fax 72867979, geöffnet: 1.5.–30.9. Idyllischer, akzeptabler Platz am Trondheimsfjord 35 km südwestlich von Trondheim. Ganzjährig 17 Hütten (*/**). Bootsverleih.
- **Vikhammer Camping,** nahe der E 6, Rv 950, Vikhammer, www.vikhammer.no, Tel. 73976164, Fax 72848211, ganzjährig geöffnet. Kleinerer Platz am Fjord 14 km östlich von Trondheim. 21 Hütten (**). Viele Dauergäste, mäßige Qualität.
- **Storsand Gård Camping,** in Malvik, nahe der E 6, Tel. 73976360, Fax 73977346, ganzjährig. 17 km östlich von Trondheim. Akzeptabler Platz, Lage am Fjord, recht laut aber sauber. 70 Hütten (*/**), Badestellen.
- **Caravanparkplatz (Bobilparkering),** gratis Stellplatz an der Kirche im Ortsteil Lade, 2,8 km östlich des Zentrums. Ab Zentrum über die Brücke Nidelv bru, nach dem Kreisverkehr links in den Mellomveien, geradeaus bis zur Lade Allee.

Essen und Trinken

- Die besten und teuersten Restaurants der Stadt beheimaten das **Britannia Hotel** (Palmehaven, Jonathan Restaurant und Weinkeller) und das **Royal Garden Hotel** (Prins Olav Grill, Bakkus. Von Kritikern hoch gelobt wird auch das **Restaurant Bryggen*** (Øvre Bakklandet 66, Tel. 73874242) am Ende der Bybru in einem alten Speicherhaus. Sehr empfehlenswert ist außerdem das **Grenaderen** (Kongsgårdsgt. 1e, Tel. 73516680), wo norwegische Spezialitäten serviert werden. Gleiches gilt für das alte **Vertshuset Tavern,** direkt neben dem Freilichtmuseum.
- Wesentlich kostengünstiger sind hingegen **Peppe's Pizza** (in einem alten Speicherhaus, Kjøpmannsgate), **Dolly Dimple's** (Nordregt, Fußgängerzone, Pizzen), **Egon** (Thomas Angelsgt. 8, Nebenstr. der Nordregt. und im Fernsehturm, all you can eat Di.–Sa. bis 18 Uhr, Mo./So. ganztägig, Mittagsgerichte ab 100 NOK) und das Essen im **InterRail Center.** Sonderangebote haben teils auch das **Peking House** und **Dickens** (beide Kjøpmannsgt.). Chinesisches Essen ab 150 NOK: **Szechuan Restaurant** (Olav Trygvasonsgt. 20). Günstige indische Mittagsgerichte ab 90 NOK (14–16 Uhr): **Jadab Indian Restaurant** (Brattørgt. 5). **Ristorantino Italiano** (Nordre gate 4): gute Pasta-, Pizza- und Fleischgerichte (90–180 NOK).

Cafés

- Schöne Cafés sind die **Dromedar Coffeebar,** das **Choco Boco** und das **Kafé Gåsa** in Bakklandet (am Ende der Bybro) sowie das **Café in der Bibliothek** (Thomas Angelsgt.). Im Zentrum liegen zudem das gemütliche **Café Vivaldi** (Thomas Angells gate 10B) und die hervorragende Bäckerei mit Café **Godt Brød** (Thomas Angells gate 16).

Kneipen/Nachtleben

Fast alle Kneipen haben, zumindest am Freitag und Samstag, bis 2.30 Uhr geöffnet.

- Neben dem **InterRail-Center** ist bei Studenten das **3 B** (Brattørgata) am beliebtesten.
- Unglaublich gemütlich sind die meisten **Kneipen in Bakklandet,** speziell das **Kafé Gåsa.** Die vielleicht beste, **Den gode nabo,** liegt in einem uralten Speicherhaus direkt neben der Bybro. Gleichfalls nett sitzt man im **Posepilten** (Prinsensgt. 32, Fr./Sa. bis 4 Uhr offen), wo es auch preiswerte Gerichte (90 NOK) gibt. Das Kino und **Theatercafé Replikken** (Olav Trygvasonsgt. 5) kennzeichnet ebenfalls Jazzstimmung, es hat Sa./So. bis 4 Uhr geöffnet. Schottisch geht es im **Macbeth** (Søndregate 22b) zu.

Bibliothek und Galerien

- **Bibliothek:** Kongensgate 2. In dem im Sommer Mo.–Fr. 9–16 Uhr (ab 22.8. bis 19 Uhr) geöffneten Haus liegen einige hübsch präsentierte Kirchenruinen des alten Trondheim. Es gibt ein hübsches Tagescafé, **Internetanschluss** und internationale Zeitungen.
- **Trøndelag Kunstnersenter:** E.C. Dahlsgt. 7; **Aunes Keramikk:** Kongensgt. 27; **Modern Art Gallery:** Olav Trygvasonssgt. 22.

Internet

- Kostenloser Internetzugang im **InterRail-Center** und in der **Bibliothek.**

Kino

- Trondheim hat zwei Kinos: **Prinsen** (Prinsensgt. 2b) und **Nova** (Olav Trygvasonsgt. 5).

Theater

- Das **Trøndelag Theater** liegt in der Prinsensgate. Symfonieorkester, Infos: Tel. 73994050.

Festivals

- **Olavsfesttage:** ca. 26.7.–7.8, Mittelaltermarkt neben dem Dom, Konzerte, Oper, Ritterturniere (www.olavsfestdagene.no).

Aktivitäten

- **Angeln:** Im Nidelv ist der **Forellen- und Lachs**bestand gut. Infos in Sportgeschäften.
- **Baden:** Der klassische Trondheimer Strand liegt auf der **Insel Munkholmen,** die man mit der Fähre ab dem Ravnkloa erreicht. Weitere Strände findet man an der Halbinsel am Fjord

nördlich des Ringve Museums. Pirbadet, **Norwegens größtes Hallenbad** (Wellenbad, Rutschen, Sauna), Havnegata 12, 120 NOK.

- **Wandern:** Im **Naherholungsgebiet Bymarka,** erreichbar mit der Straßenbahn, gibt es zahllose Wanderwege, z.B. in Richtung Gråkallen.
- **Wintersport:** Zum einen liegt im Süden der Stadt **Granåsen** mit der neuen Skisprungschanze und vielen Loipen. Zum anderen ist da das **Vassfjell-Skizentrum** 8 km südlich der Stadt: 5 Lifte, 460 m Höhenunterschied. Freitag ab 13 Uhr 50 % Studentenrabatt, ansonsten 20 %.
- **Weitere Angebote:** Bowling hinter dem Einkaufszentrum Trondheims Torg (am Markt); Eishalle Leangen (Tel. 73915037); Tennisclub (Tel. 73522993); Golfplatz in der Bymarka. Kanalen-Unterhaltungscenter mit Spielen und Automaten in der Søndre gate.

Shopping

- Das größte **Einkaufszentrum** der Stadt ist der bis 20 Uhr geöffnete **Trondheims Torg** am Markt. Andere sind das **Olavs Kvartalet** in der Kjøpmannsgate, das **Byporten** in der Fußgängerzone Nordre gate und das neue **Solsiden,** direkt am Wasser (siehe Stadtplan).
- **Fischhalle** mit viel Auswahl, am Platz Ravnkloa.
- Leckeres Ökobrot und Backwaren gibt es bei **Godt Brød** (Thomas Angellsgt. 16).
- **Supermarkt:** Bunnpris in der westlichen Kongsgt, auch So. ab 11 Uhr geöffnet.
- **Bücherantiquariat** hinter der Vår Frue Kirche. **Buchläden** in der Nordre gate (auch deutsche Bücher), **Sportladen** in der Fjordgate. **Norwegische Strickwaren:** Husfliden, Olav Trygvasonsgt. 18.

Sonstiges

- **Post:** Dronningensgt. 10, **Arzt:** Legevakt, Tel. 73522500, **Apotheke:** Solsiden Einkaufszentrum (bis 24 Uhr) und Kongensgt. 11.

Umgebung

Orkanger ↗VIII/B2

Der Hauptort der Gemeinde Orkdal liegt 42 km westlich von Trondheim an der Straße E 39. Südlich des etwas nichtssagenden Dorfes erstreckt sich das liebliche **Orkladal** mit seinem Lachsfluss, Wäldern, Feldern und Trockenrasen. Bis 1987 noch wurde hier kupferhaltiger Schwefelkies gefördert. Die 1654 gegründete Grube in Løkken gehörte zu den ertragreichsten der Welt und kann heute zusammen mit dem **Orkla-Industriemuseum** besichtigt werden (Infos im Turistkontor). Dieses umfasst auch ein **Eisenbahnmuseum** einschließlich Museumsbahn, die auf einem Teilstück der 1904 erbauten Thamshavn-Bahn zwischen dem Werk in Løkken und dem Verladehafen am Fjord verkehrt.

- **An- und Weiterreise: Fernbus** Ålesund – Trondheim

457no Foto: ms

Leuchtturm vor der Küste Fosens

● **Unterkunft: Kvåles Kro og Ridesenter,** Fannrem bei Orkanger, Tel. 72485215, Fax 72486230, ganzjährig geöffnet. Kleiner Platz mit 5 Hütten, der auch über ein Reitzentrum verfügt.

Fosen VIII/B1; IX/C1

Die nördlich von Trondheim gelegene **Halbinsel** erreicht man am besten mit der Fähre ab Flakk (westlich von Trondheim) oder ab Valset (Rv 710). Als eine verkehrsarme Alternative zur E 6 bietet sich die Rv 720 (später Rv 17) an. Die kulturellen Sehenswürdigkeiten liegen jedoch etwas abseits an der Straße 710.

Mit der Fähre ab Valset gelangt man nach **Brekstad** (Kirche aus dem 14. Jahrhundert), dem Zentrum der dicht besiedelten und fast topfebenen Gemeinde Ørland. 7 km östlich des Handelsörtchens, am Fjord, liegt die **Burg Austrått,** ein alter Fürstensitz. Die Anlage wurde 1654–1656 im Stil der Renaissance erbaut. Sie besitzt einen schönen Innenhof mit Laubengängen und biblischen Säulenfiguren. Säle, wie der Rittersaal und das Kaminzimmer, sind mit Möbeln aus dem 17. und 18. Jahrhundert ausgestattet. Die Kapelle weist u.a. 1664 angefertigte Kirchenbänke und eine schöne Holzkanzel auf (Juni–Aug. 11–17 Uhr, 60 NOK; Café). In der Umgebung befinden sich der nördlichste Eichenwald der Welt und mehrere Hügelgräber. Ein Ableger der Burg ist der **Hof Uthaug** im gleichnamigen Dorf, nördlich von Brekstad. Die Anlage wurde 1710 als Witwensitz erbaut und ist wie auch die schöne Straße Sjøgata zu besichtigen. 1 km westlich von Uthaug liegt auf einer kleinen Insel der rote **Leuchtturm Kjeungskjær Fyr,** welcher besonders gut von den Schiffen der Hurtigrute zu sehen ist.

Folgt man weiter der Straße 710, so gelangt man in die hübsche Gemeinde **Bjugn** mit natürlicher Küstenlandschaft und idyllischen, abgelegenen Orten, z.B. Råkvåg, zu erreichen über die Rv 715/718, und Lysøysund, anzusteuern auf der Rv 721.

● **Touristeninformation: Turistkontor Ørland** im T-Centeret Brekstad, Tel. 72525460; www.fantastiske-fosen.com.

● Das **Schnellboot** von Trondheim nach Kristiansand hält in Brekstad.

● **Fähre:** Flakk – Rørvik (115 NOK/Auto inkl. Fahrer, 35 NOK p.P, 0–24 Uhr).

● **Camping/Hütten**

Austrått Camping, an der Burg, östl. der Rv 710, Tel./Fax 72521470. Guter Platz mit 14 Hütten ab 300 NOK und Motelzimmern, außerdem Minigolf und Bootsverleih.

Hüttenverleih: Oldnesset Hytter (östl. Lysøysund, Tel./Fax 72529494).

● **Monstad Camping** in Monstad, Rv 715, Tel. 72531540, Hütten (**).

● **Angeln:** Überall ideale Angelbedingungen!

● Im hübschen Örtchen Råkvåg bietet sich das gemütliche **Bryggecaféen** zur Einkehr an.

● In **Brekstad** gibt es eine **Bibliothek,** ein kleines **Kino** sowie eine **Schwimmhalle.** Für Vogel- und Botanikfreunde lohnen der Besuch des **Grandfjæra-Naturreservates** (westlich von Brekstad) und der **Inselgruppe Tarva** (der Gemeinde Bjugn vorgelagert).

Nord-Trøndelag und Nordland

Nördlich von Trondheim liegt die Provinz Nord-Trøndelag, an die sich im Norden die Provinz Nordland anschließt.

Das **Land** wird schmal wie ein Gänsehals. Myriaden von Inseln und Schären ragen ins Nordmeer, das warme Wasser des Golfstromes auffangend und konservierend. Das **Klima** ist so bis zu den Inselgruppen der Lofoten und Vesterålen recht **mild.** Im Winter fallen die Temperaturen kaum unter -10 °C, eher gibt es schon mal Tauwetter, der Sommer hat dauerhaft Temperaturen zwischen 14 und 20 °C. Der größte Pluspunkt der Region ist jedoch die **unvergleichliche Landschaft:** Berge wie Monumente, glasklare Fjorde und die zauberhaften **Lofoten,** „die Alpen im Nordmeer". Zu erreichen ist die Region über den „Nordkap-Highway"E 6, oder gemütlicher über die Küstenstraße Rv 17.

Auf der E 6 nach Narvik

Die Schnellstraße E 6 gehört sicherlich zu den am meisten befahrenen Straßen Norwegens. Zumindest im Sommer, wenn Tausende von Touristen so schnell wie möglich **zum Nordkap** eilen, um anschließend auf einem völlig überlaufenen Plateau zu stehen und in der Nebelsuppe vergeblich zu versuchen, die Mitternachtssonne zu entdecken. Man lasse sie alle fahren, denn hat man die längsten 900 Kilometer der Welt (durchgehend Tempo 80) in Narvik hinter sich gebracht, kann man zu den **Lofoten und Vesterålen** abbiegen, der Märchenwelt, in der die Mitternachtssonne öfter zu sehen ist als am Nordkap.

Für die Fahrt von Trondheim nach Narvik auf der E 6 sollte man sich 2 bis 2½ Tage Zeit lassen (900 km). Die Weiterreise bis in die Gegend des Nordkaps dauert bei Schnellfahrern nochmals 1½, ansonsten mindestens 2 Tage (730 km). Wer nur zum Nordkap oder in die östlichen Regionen des Nordens will, kann auch zeitsparender **über Finnland anreisen** (siehe „Praktische Reisetipps A–Z/An- und Rückreise"). Für Fahrunwillige ist es zudem eventuell gut, eine Teilstrecke mit der **Hurtigrute** zurückzulegen (siehe „Praktische Reisetipps A–Z/Verkehrsmittel in Norwegen/Hurtigrute"). Der Autotransport von Nord nach Süd ist meist gratis, der Gesamtreisepreis aber trotzdem hoch.

Stjørdal ⇗IX/C1,2

Die E 6 östlich von Trondheim ist **mautpflichtig** (25 + 10 NOK), kann aber auf der Straße am Fjord (Ranheim – Vikhamar – Hommelvik – Stjørdal) kostenlos umfahren werden.

Die Region zählt zu den ältesten Siedlungsgebieten Mittelnorwegens, wovon einige interessante **Felszeichnungen (helleristninger)** zeugen. Die ersten entlang des Weges liegen südlich von Stjørdal, an einer Parallelstraße zur E 6,

im Örtchen Hell („Glück"). Das Steinmohaugen-Feld zeigt 15 verschiedene Weide- und Jagdritzungen, deren Alter auf 5000 Jahre geschätzt wird (Führungen 40 NOK).

Interessanter noch sind die **Felszeichnungen von Leirfall bei Hegra,** an der E 14, 13 km östlich von Stjørdal. Sie gehören zu den umfassendsten Felszeichnungen Norwegens und wurden zwischen 1500 und 500 v.Chr. angelegt. Man sieht bronzezeitliche Sonnenräder, Boote, Pferde und eine Prozession mit 13 Menschenfiguren, verteilt auf ein Haupt- und drei Nebenfelder. Ein neues Bergkunst-Museum (Mitte Juni–Mitte Aug. 11–17 Uhr) informiert über die mystische Bedeutung der Kultfiguren.

Ist man einmal in der Region, so kann man 5 km südlich von Hegra, über einen schmalen Schotterweg, noch die im Wald gelegene **Festung Hegra** besuchen. Die Anlage wurde ursprünglich 1908–1910 zum Schutz gegen mögliche schwedische Angriffe nach der Unionsauflösung erbaut. 1940 versteckten sich hinter ihren Mauern 251 Menschen und hielten 27 Tage lang massiven deutschen Angriffen stand. Von dieser Zeit zeugt heute das kleine Museum (geöffnet: Juni–Aug. 11–16 Uhr, Führung 80 NOK).

Der **Ort Stjørdal** selbst war zu Wikingerzeiten ein mächtiges regionales Machtzentrum und beheimatet heute den ortsbildprägenden Trondheimer Flughafen und in dessen Nähe ein großes Einkaufszentrum. Touristisch interessant ist die **Værnes-Kirche** aus dem Jahre 1085 (im **Ortsteil Værnes,** ab der E 14 ausgeschildert). Die Enden des hölzernen Dachstuhles im Inneren des Gebäudes weisen groteske, dämonenabweisende Köpfe auf. Der Stuhl Værnesstolen aus dem Jahr 1685 und die Altartafel von 1639 sind weitere eindrucksvolle Schnitzereien (Mitte Juni–Mitte Aug. 11–16 Uhr).

Neben der Kirche können in Værnes zudem der alte Pfarrhof (gleiche Öffnungszeiten wie Kirche) mit seinem Stilmix aus Barock, Neoklassizismus, Historismus und Jugendstil sowie der kleine englische Landschaftspark besichtigt werden.

Verlässt man Stjørdal auf der E 6 in Richtung Norden, so gelangt man nach 10 km bei Tiller zu den **Ruinen der Festung Steinvikholm.** Der Bau wurde 1525 vom letzten norwegischen Erzbischof *Olav Engelbrektsson* in Auftrag gegeben und galt mit seinen 5 m dicken Mauern lange Zeit als uneinnehmbar. Viele Jahre lang wurde das Land von hier aus regiert, wobei seine Exzellenz sich stark für die Selbstständigkeit Norwegens einsetzte (Führungen im Sommer 11–17 Uhr, Kiosk, Badeplatz; 20 NOK Parkgebühr).

Touristeninformation

- **Stjørdal Turistkontor,** Tel. 74834580, www.visitstjordal.no.

An- und Weiterreise

- **Bahn** nach Trondheim und Bodø.
- **Fernbus** 670, **Lokalbusse:** www.177nordland.com, Tel. 75772410.

Unterkunft

- Am Airport: **Rica Hell Hotel** (*****), Tel. 74844800, Fax 74844895.

Camping/Hütten

- **Ertsgaard Camping,** 5 km östlich von Stjørdal, nahe der E 14, Tel. 74827407. Bauernhof mit recht schönem Zeltplatz am Fluss und 7 einfachen Hütten (*).
- **Torpet Familiecamping,** 14 km ab Stjørdal, in Hegra, E 14, Tel. 74800796, Fax 74800799, www.torpet.no. Recht schöne Lage am Wasser. Einfache und sehr komfortable Hütten (**/****).
- **Vinge Camping,** 10 km nordwestlich von Stjørdal, am Trondheimsfjord (in Skatval von der E 6 abbiegen), Tel. 74803205. Auf diesem Platz gibt es viele Dauercamper, ein Vorzug ist allerdings der Badeplatz.

Halbinsel Frosta

↗IX/C1

Bei der Weiterfahrt in Richtung Norden passiert man die westlich der E 6 gelegene, relativ fruchtbare Halbinsel Frosta mit dem bekannten **Tautra-Vogelreservat** (auf der Insel Tautra).

Sehenswert ist auf der Halbinsel die mittelalterliche **Kirche von Logtun** aus dem Jahre 1407, in deren Nähe sich im Mittelalter das Parlament „Frostatinget" versammelte. Die Vertreter der acht Teilregionen Trøndelags traten hier zusammen um nach den **Regeln des Frostaloven** Gericht zu halten. Es besagt u.a., dass das Land „mit Recht und Gesetz aufgebaut und nicht zerstört werden soll". Einige Kilometer nördlich liegen die Überreste des **Tautra-Zisterzienserklosters.** Dieses ist auf der kleinen Insel Tautra gelegen, die durch eine Brücke mit Frosta verbunden ist. Das Kloster, im Jahr 1207 gegründet, wurde 1532 im Zuge der Reformation geschlossen. 2006 eröffnete in der Nähe das neue **Tautra-Mariakloster** (www.tautra.no).

Camping

- **Frosta Camping,** in Frosta, Tel. 74807528, Hütten (**).
- **Hauganfjæra Camping** in Haugan an der Südspitze der Insel Tautra, Tel. 74808676, Hütten und Badeplatz.

Über den Industrieort **Skogn** (Steinkirche von Alstadhaug von 1150, mit Kalkmalereien aus dem 13. Jahrhundert und oktogonalem Chor) erreicht man die 7000-Einwohner-Stadt Levanger.

Levanger/Verdal

↗IX/C,D1

Levanger entwickelte sich im 16. Jahrhundert zu einem bedeutenden Handelsplatz zwischen den Jämten aus Schweden, die Eisen, Korn und Felle feilboten, und den norwegischen Trøndern, die Trockenfisch verkauften. Obgleich recht schön am Fjord gelegen, bietet heutzutage der Industrieort dem Touristen keine Höhepunkte. Interessant sind allenfalls die spärlichen Ruinen des von englischen Mönchen gegründeten **Munkeby-Klosters,** dem wohl nördlichsten Zisterzienserkloster der Welt, aus dem Jahre 1150 (10 km östlich Richtung Okkenhaug; neues Mönchskloster im Bau, www.munkeby.net) und das kleine Regionalmuseum im Herrenhof Brusve Gård (1803 erbaut; Ende Juni–Mitte August So. 12–15 Uhr).

10 km entfernt von Levanger liegt die **Stadt Verdal** (ca. 13.000 Einwohner). Auch wenn der Ort nicht gerade unfreundlich wirkt, so würden viele hier trotz allem keinen Stopp einplanen, läge 6 km weiter östlich, an der Rv 757,

nicht die geschichtsträchtige **Siedlung Stiklestad** (Ausschilderung „Nasjonalt Kultursenter" folgen). Hier starb König *Olav II. (Haraldson)* im Kampf gegen ein Heer heidnischer Bauern. Jahrelang hatte er versucht, die von *Olav Trygvasson* eingeleitete Christianisierung voranzutreiben. Die Bekehrung gelang erst, nachdem Olav in Trondheim heilig gesprochen wurde. Heutzutage wird jedes Jahr die **Schlacht des 29. Juli 1030** nachgestellt. Über 20.000 Zuschauer folgen am 29.7. dem Mittelalterspektakel auf Norwegens größter **Freilichtbühne** (www.stiklestad.no).

Neben der Bühne gibt es ein **Freilichtmuseum** (gratis) mit 30 bis zu 400 Jahre alten Bauernhäusern und das **Nasjonalt Kultursenter** mit einer Darstellung der nordischen Mythologie und einem Turistkontor (geöffnet: 1.6.–15.8., 9–20 Uhr, ansonsten 9–17 Uhr).

Touristeninformation

- **Servicekontoret Verdal Kommune,** Verdal, Tel. 74048200, www.visitinnherred.com.

An- und Weiterreise

- Siehe unter Stjørdal.

Unterkunft

- **Verdal Hotell,** Jernbaneveien, Verdal, Tel. 74078800, Fax 74077465, (****/*****). Wie das nebenan gelegene Saga Park Hotel ein gutes Mittelklassehotel nahe Stiklestad. Gutes Restaurant.

Camping

- **Gullberget Turist-Camp,** Åsen, 20 km südlich von Levanger, Tel. 74056151. Ganzjährig geöffneter, recht ansprechender Platz mit 25 Hütten (*/**) und Zimmern.
- **Levanger Camping,** Tel. 74084055, Fax 74084057. Großer Wiesenplatz am Wasser in Levanger, im Sommer mit Motel.
- **Soria Moria Camping,** Verdal, 1 km von E 6 entfernt, Tel. 74076933, www.soriamoria.nu, Mai–Sept. Kleiner Platz am Fjord, bis zum Strand 700 m, 11 Hütten ab 400 NOK.
- **Stiklestad Camping,** an der Stiklestad Kirche nach rechts, am Sportplatz gelegen, Tel. 74041294, ganzjährig geöffnete Hütten (*/***), am Fluss gelegen.

Aktivitäten

- **Dampsaga-Erlebnisbad,** in Levanger inkl. Großkino, Bibliothek, Galerie und Café.

Levanger/Verdal – Steinkjer

Ein weiterer Abstecher führt ab Røra zur **Insel Inderøy** (Rv 755/761), mit lieblicher Wald- und Feldlandschaft und dem Ort **Straumen.** Er liegt am zweitstärksten Gezeitenstrom Norwegens, besitzt einen Sandstrand und kleine Holzhäuser, die viele Läden mit buntem Sortiment, die Nils-Aas-Kunstwerkstatt und ein Turistkontor beherbergen.

Auf der E 6 gelangt man nach **Steinkjer,** der Hauptstadt Nord-Trøndelags.

Steinkjer

↗V/B2

Das 20.000-Einwohner-Städtchen, das im 19. Jh. als Güterumschlagplatz an Bedeutung gewann, wurde im 20. Jahrhundert zweimal komplett zerstört, durch einen Großbrand im Jahr 1900 und bei Luftangriffen im Jahr 1940. Die kantige **Nachkriegsarchitektur** wirkt ziemlich schmuck- und einfallslos. Beste Beispiele dafür sind die 1965 vollendete Stadtkirche und die Beton-Häuser entlang der Zentrumsstraßen.

462no Foto: ms

Die eigentlichen Sehenswürdigkeiten sind demnach im Umland zu finden. Zu den wichtigsten zählen die **Felszeichnungen von Bardal** (nördl. von Steinkjer Zentrum hinter dem Tunnel der E 6 nach Westen, 12 km, Bardal Gård/helleristningsfelt; 60 bis zu 5000 Jahre alte Ritzungen mit Jagdmotiven und 350 bis zu 3800 Jahre alte Ritzungen von Booten) und die 11 Gebäude einer Hofanlage aus dem 19. Jahrhundert (**Egge-Museum,** Sommer 11–16 Uhr, 2,5 km ab Zentrum Richtung Norden). In der Umgebung finden sich zudem viele Grabhügel *(gravfelt)* und schiffsförmige Steinsetzungen aus der Bronze- und Eisenzeit. So in **Skei** (12 km südl. von Steinkjer, in Mære von der E 6 nach Heistad abfahren; sternförmig angelegte Grabhügel) und in **Helge** (in Steinkjer auf die Rv 762 abbiegen, 3 km. Das Helgefelt umfasst Grabhügel und Steinsetzungen). Schild „gravfelt" folgen.

Am See Snåsavatnet

Touristeninformation

- **Steinkjer Turistkontor,** Namdalsveien 11, Box 91, 7701 Steinkjer, Tel. 74401716, Fax 74401710, www.visitinnherred.com. Ende Juni–Mitte Aug. 10–19 Uhr, ansonsten Mo.–Fr. 9–16 Uhr.

An- und Weiterreise

- Siehe unter Stjørdal.

Unterkunft

- **Tingvold Park Hotel,** Gamle Kongeveg 47, Tel. 74141100, Fax 74141101, (*****). Herrschaftliches Holzhaus aus dem 19. Jahrhundert. Restaurant mit Stil und schöne Zimmer.

●**Grand Hotel Steinkjer,** Tel. 74164700, Fax 74166287, (*****). Großer Betonkasten mit dem üblichen Service.

Camping/Hütten

●**Guldbergaunet S-Hotel/Camping,** Steinkjer, ganzjährig, Tel. 74162045, Fax 74164735, g-book@online.no. Gute DZ (800 NOK) und Apartments für 3–4 Personen (ab 950 NOK). 82 gute Hütten (*/***). Am Sportplatz gelegen.

Steinkjer – Grong

In Steinkjer zweigt die Rv 17 nach Namsos ab (s. „Rv 17: Die Küste entlang"). Alternativ zur E 6 kann man in Steinkjer auch der landschaftlich reizvolleren **Rv 763** folgen. Unterwegs lohnt der Stopp an einer der berühmtesten **Felszeichnungen** des Landes, dem **„Rentier von Bøla"** *(bølareinen)*. Das Motiv (ein Rentier in Originalgröße) ist 6000 Jahre alt. Unweit wurde auch die Felsritzung eines Skifahrers entdeckt.

Der **See Snåsavatnet** soll ähnlich dem schottischen Loch Ness und dem Seljord-See in Südnorwegen ein Seeungeheuer beherbergen. Es wurde sogar unter Schutz gestellt. (Vielleicht, um es wirklicher erscheinen zu lassen ...?)

Camping/Hütten

●**Strindmo Gård & Camping,** Rv 763, Tel. 74152247. Schöner, ruhiger Platz mit Hütten, am Südufer des Sees Snåsavatnet.

●**Føllingstua,** 14 km nördlich von Steinkjer (E 6), Tel. 74147190, www.follingstua.com. Guter, ganzjährig geöffneter Platz am See Snåsavatnet. Gute Hütten (*/***) und Zimmer (ab 500 NOK). 200 m von der E 6 entfernt, relativ ruhige Lage. TV- und Kaminzimmer.

465no Foto: ms

Nördlich des Sees Snåsavatnet geht die Fahrt auf der E 6 weiter, vorbei am schönen **Wasserfall Formofoss,** nach **Grong.**

Grong

V/B2

Der kleine Ort ist ausschließlich für Touristen da. Im **Winter** locken 4 Lifte mit bis zu 500 m Höhenunterschied und zahllose Loipen. Im **Sommer** kann man u.a. Rad fahren und reiten.

Wichtigste Attraktion ist jedoch das **Lachsangeln.** Für alle, die dabei nicht selbst mit dem Fisch kämpfen wollen, gibt es das **Namsen Laksakvarium,** mit der längsten Lachstreppe (Wanderhilfe für die Lachse) der Welt, einem Panoramastudio zum Beobachten der Fische und einem Lachsmuseum. In diesem erfährt man mehr über die englischen Lords und deutschen Barone, die vor rund 100 Jahren zum Angeln hierher kamen. Informiert wird auch über alte und neue Fangmethoden (11–17 Uhr, 60 NOK).

Eine Besonderheit der Umgebung ist der **Lachs Namsblanjen,** der ausschließlich im Süßwasser lebt.

Touristeninformation

- **Turistkontor Grong,** Tel. 74312700, Fax 74312701, www.grongfri.no. Sehr informatives Turistkontor. Verkauf von Angelscheinen und Verleih von Ausrüstung (Ende Juni–Anfang Aug. 9–19 Uhr, Sa./So. 11–18 Uhr, ansonsten Mo.–Fr. 9–15.30 Uhr).

An- und Weiterreise

- Siehe unter Stjørdal.

Unterkunft

- Empfehlenswerte Pension in Grong: **Grong Gård og Gjestegård,** Tel. 74331116, Fax 74331340 (ab 750 NOK). Rv 760, nahe Kreuzung mit E 6.

Jugendherberge

- **Grong Vandrerhjem,** im Zentrum von Grong, Tel. 74332000 geöffnet Juni–Juli. Jugendherberge im roten Holzhaus der Folkehøyskole. Bett 200 NOK, DZ 440 NOK.

Camping/Hütten

- **Langnes Camping,** Grong, Tel. 74331850, Fax 74330126. Ganzjährig geöffneter, relativ ruhiger, sauberer Platz, abseits der E 6. Angelplätze. 8 gute Hütten (**). Sehr gute Sanitäranlagen. Empfehlenswert.
- **Saga Camping,** Grong, am Bahnhof. Tel. 74331236. Vermietet werden 8 einfache Hütten (*/**).
- **Værem Gård,** 3 km westlich von Grong, Rv 760, Tel. 74332309. Hof mit 7 DZ (für 500 NOK) und Campingplatz. Angelkartenverkauf.
- **Moa Camping,** 15 km nördlich von Grong, Tel. 74332729, geöffnet 1.5.–1.10. Hübscher, nachts ruhiger Platz etwas oberhalb der E 6. 20 Hütten (*/***), Minigolf.
- **Harran Camping,** 15 km nördl., E 6, Tel. 74332990. Einfacher Platz an der Kirche. Ganzjährig mietbare Hütten (3 neue; */****), Minigolf, Angelkartenverkauf.

Aktivitäten

- **Angeln:** Grong ist ein wahres Eldorado für Angler und bietet einen der besten Lachsflüsse des Landes. Gute Angelplätze liegen u.a. am Laksakvarium und am Campingplatz Langnes Familiecamping. Infos: Turistkontor, bei Langnes Familiecamping und unter www.grongfri.no.
- **Wandern:** Wandern kann man in den Nationalparks Blåfjella-Skjækerfjella und Lierne, östlich von Grong, und im Børgefjell-Nationalpark östlich des Majavatn. Informationen im Turistkontor.
- **Reiten:** Jørum Gård in Grong am Fluss, Tel. 74332162. Reiten auf Islandpferden, außerdem Zimmervermietung.

Landschaft bei Grong

Grong – Mosjøen

Die E 6 führt nun durch das einsame **Namdalen** (mit der angeblich saubersten Natur Europas) zum sehr gelungenen, idyllisch gelegenen **Namsskogan Familiepark** mit Elchgehege, Rodel- und Go-Kart-Bahn, Trampolinen und Angelplätzen (Juni bis Aug. von 11–18 Uhr, Feb.–März am Wochenende offen; 210 NOK, Familie 700 NOK; Winter 180 NOK).

Nordöstlich des Freizeitparks liegt der 1400 km² große **Børgefjell-Nationalpark.** Er gehört zu den ursprünglichsten Naturparks Norwegens. Weite Teile des Areals liegen oberhalb der Baumgrenze. Es gibt ausgedehnte Hochebenen, Moore, mächtige Berggipfel und wilde, rauschende Gebirgsflüsse. An Vögeln leben hier unter anderem Adler und Odinshühnchen.

Der Park ist nur gering erschlossen und daher ideal für abenteuerlustige Naturliebhaber. Eine gute Einstiegsmöglichkeit liegt in Tomasvatn am See Majavatn.

Nördlich von Trofors passiert man den wild tosenden Wasserfall **Laksforsen,** den die Lachse springend zu überwinden versuchen, um zu ihren angestammten Laichgebieten zu gelangen.

Unterkunft

• **Elvaheim Camping,** 15 km nördl. vom Familienpark, E 6, Tel. 74334260. In Brekkvasselv am Fluss gelegen, 15 Hütten (*/**), neue Sanitäranlage.

• **Majavatn Camping,** E 6, Tel. 75182859. Einfacher Platz am See Majavatn. Hütten ganzjährig (*/**).

Mosjøen V/B1

Der nächste Ort, Mosjøen (15.000 Einwohner), ist abgesehen vom riesigen Elkem-Aluminiumwerk, das in den 1950er Jahren in dieser recht strukturschwachen Region gegründet wurde, recht ansehnlich. Am schönsten sind die zum Teil auf Pfählen errichteten **Lager- und Wohnhäuser der Sjøgata** (18./19. Jh.). Durch eine Bürgerinitiative sind sie erhalten geblieben. Die Gebäude beherbergen heute Künstlerateliers, Kneipen, Cafés und Wohnungen.

Die Geschichte des Hafen- und Handelsortes, der 1875 Stadtrechte erhielt und im 19. Jahrhundert durch den Holzexport nach England einen gewissen Wohlstand erlangte, beleuchtet das **Vefsn (Stadtmuseum)** in der Sjøgata 31b (geöffnet: Ende Juni–Mitte Aug. 10–18 Uhr, Sa. bis 15 Uhr, 30 NOK inkl. Freilichtanlage). Einen Besuch lohnt auch die **Vefsn Bygdesamling.** Diese Freilichtanlage liegt in der Nähe der E 6 und zeigt 12 verschiedene Häuser der Region, die zum Teil aus dem 17. Jahrhundert stammen (geöffnet: Mo.–Fr. 10–15 Uhr, So. 11–15 Uhr, 30 NOK).

Touristeninformation

• **Indre Helgeland Reiseliv A/S,** Postboks 308, 8651 **Mosjøen,** Tel. 75111240, www.visithelgeland.com. Tipps für Wanderungen zur Kalksteinhöhle und zu dem Samischen Kulturzentrum von Hattfjell.

Polarkreiszentrum am Polarkreis

Unterkunft

- **Fru Haugans Hotel,** Strandgt. 39, im Zentrum von Mosjøen, Tel. 75114100, Fax 75114101. Traditionsreiches Hotel, (*****). Schöne DZ ab 1200 NOK, gutes Restaurant (Gerichte rund 250 NOK).
- **Åremma Gård,** 7 km nördl. Mosjøen, Tel. 75188768, (***). Hof, Bootsverleih, Café.
- **Mosjøen Hotell,** Tel. 75171155, in der Nähe des Campingplatzes Mosjøen Camping (siehe dort). Zimmer 600–900 NOK.

Jugendherberge

- **Mosjøen Vandrerhjem Sandvik,** Tel. 75115000, www.sandvik-gjestegard.no, 1.6.–15.8., 20 km nördlich von Mosjøen am See Mjåvatn (*), Bett 390 NOK, DZ 620 NOK.

Camping/Hütten

- **Mosjøen Camping,** E 6, Tel. 75177900, Fax 75177901, www.mosjoencamping.no. An der Straße, ganzjährig geöffnet, 22 Hütten ab 400 NOK, Schwimmbad, Bowling, Tennis.

Kunst und Kultur

- Im **Elevepark** im Zentrum kann man, als Teil des Projektes **„Skulpturlandschaft Nordland"**, die Skulpturen „Tre Elder" (Drei Feuer) besichtigen.

Außerdem **Mjåvatn Stein- og Gavesmie** (Laden mit Steinen aus der Umgebung und Souvenirshop) an der E 6 am See Mjåvatn, 15 km nördlich.

Über den 550 m hohen **Pass Korgfjell** (Panoramablick auf bis zu 1900 m hohe Berge des Okstindan im Osten, auf den Svartisen-Gletscher im Norden) erreicht man Mo i Rana.

Mo i Rana/Polarkreis

↗IV/A3

Die günstige Lage am Ende des eisfreien Ranafjordes und die Nähe zur schwedischen Grenze, die über einen sicheren Pass erreicht werden konnte, ließen an dieser Stelle im 18. und

466no Foto: ms

19. Jahrhundert ein größeres **Handelszentrum** entstehen. Exportiert wurden aus dieser Region unter anderem Boote und Schneehühner.

Nach dem Zweiten Weltkrieg hatte Mo i Rana knapp 9000 Einwohner. Der Erzreichtum der umliegenden Berge, das große Wasserkraftpotenzial und das Ziel, das ländliche Norwegen zu stärken, waren die Gründe für den Beschluss des Parlaments, Mo i Rana als Standort für das **Eisen- und Stahlwerk Norsk Jernverk** auszuwählen. Dieses Werk sollte Norwegen mit Eisen und Stahl versorgen und das Land importunabhängig machen. Die internationale Stahlkrise der 1970er und 1980er Jahre führte jedoch zum Konkurs des Betriebes, der zuletzt 3000 Beschäftigte hatte. Auf dem ehemaligen Betriebsgelände findet sich heute der **größte Industriepark Norwegens** mit ca. 100 verschiedenen Unternehmen. Auch ist der **Hafen** der zweitgrößte des Landes mit etwa 1000 Anläufen pro Jahr.

Die Gemeinde Mo i Rana hat heute knapp 25.000 Einwohner und wird recht clever als „Polarkreisland" bezeichnet. Doch im Ort selbst ist trotz beheizter Fußgängerzone und einem guten Warenangebot touristisch nicht viel los. Einzig das **Rana-Museum** rechtfertigt einen Stopp. Zu sehen ist ein alter Hof mit 14 Häusern im Zentrum nahe der Bahn sowie natur- und kulturhistorische Ausstellungen (geöffnet im Sommer meist von Mo.–Fr. 10–15.30 Uhr).

Die größten Attraktionen liegen etwas außerhalb der Siedlungsgebiete. Zu ihnen gehört zweifellos der Nationalpark des mächtigen **Gletschers Svartisen.** Nomen est omen: Sein Eis ist wirklich etwas schwarz, teilweise durch Umwelteinflüsse, zum gößten Teil aber durch den enormen Abrieb von winzigen Gesteinspartikeln. Zum Gletscher gelangt man über eine Nebenstraße, die in Røssvoll (Richtung Flughafen) von der E 6 abzweigt. Man passiert dabei die **Grønli-Grotte** (Ende Juni–Mitte Aug. Führung jede Stunde 10–18 Uhr, 120 NOK). Die Kalksteinhöhle ist neben der nahegelegenen, fantastischen **Seter-Grotte** (unbeleuchtet; Felshallen, Marmor, Kalkstalaktite; Führungen Mitte Juni–Mitte Aug., 15 Uhr, 275 NOK, Tel. 75162350) eine der schönsten Höhlen des Nordens, www.gronligrotta.no, www.setergrotta.no.

Die Straße endet am See Svartisvatnet (Kiosk und Camping). Für 100 NOK (retour) kann man Ende Juni–Mitte Aug. zu jeder vollen Stunde (10–16 Uhr) übersetzen. Danach sind es noch 3 km zu Fuß bis zur überwältigenden **Gletscherzunge Austerdalsisen.**

Die zweite vielbesuchte, jedoch eigentlich unsichtbare Sehenswürdigkeit ist der **Polarkreis** (vgl. Exkurs „Polarkreis, Polarnacht und Mitternachtssonne"). Ihn überquert man auf dem kargen Saltfjell in etwa 700 m Höhe, rund 70 km nördlich von Mo i Rana. Verfehlen kann man ihn nicht. An entsprechender Stelle gibt es direkt neben der E 6 ein **Polarkreiszentrum** mit Postamt (Sonderstempel!), Cafeteria, Multivisionsshow und einer nicht ganz so gelungenen Ausstellung (geöffnet: 1.5.–15.9. 10–18 Uhr, Eintritt 70 NOK, Tel. 75129696).

Touristeninformation

- **Polarsirkelen Reiseliv,** Postboks 1325, 8601 **Mo i Rana,** Tel. 75139200, Fax 7513 9209, www.arctic-circle.no.

Unterkunft

- **Meyergården Hotell,** Mo i Rana, Tel. 75134000, Fax 75134001, (*****). Komfortables, modernes Hotel mit allem Service. Gutes Restaurant.
- **Hotel Ole Tobias,** Thora Meyersgt. 2, Zentrum, Tel. 75157777, (*****). Recht angenehmes, modernes Hotel mit DZ für 1200 NOK (nur im Sommer, sonst liegt der Preis über 1500 NOK).
- **Mo Gjestegård,** Elias Blix gt. 5, von E 6 Richtung Zentrum, am Kreisverkehr rechts halten (Sørlandsveien), erste Straße rechts (Peter Dass gate), dann 2. Straße links und wieder links. Tel. 75152211, www.mo-gjetegaard.no. Recht gute Pension in gelbem Haus, DZ ab 800 NOK.
- **Fammy Hotel/B&B,** O.T.Olsengate 4 (Straße Richtung Zentrum/Bhf.), Tel. 75151999, www.fammy.no. Schlichter Bau, aber gute Zimmer, DZ 700–800 NOK.

Camping/Hütten

- 30–37 km südlich von Mo i Rana liegen **Bjerka Camping,** Bjerka, Tel. 75190547, Fax 75190763, www.bjerkacamping.no, 1.6.–31.8., 25 Hütten (*), direkt an der E 6; und **Korgen Camping,** Korgen, nahe der E 6, idyllischer, relativ ruhiger Platz am Fluss, 1.6.–10.9. Tel. 75191136, 18 Hütten (*/***).
- **Yttervik Camping,** Dalselv, 14 km südl. Mo, direkt an der E 6, Tel. 75164565, ranjas@online.no, 1.6.–15.9. Recht guter Platz am Fjord mit ansprechenden, auf Vorbestellung ganzjährig zu mietenden Hütten (*/***). Außerdem gibt es einen Bootsverleih. Minigolf.
- **Storli Camping,** Tel. 75160232, kleiner, einfacher Platz, 20 km nördlich von Mo i Rana, in Storforshei, direkt an der E 6. Geöffnet nur im Sommer.
- **Skogly Overnatting,** Tel. 75160157, geöffnet 15.5.–15.9. 30 km nördlich von Mo i Rana, an der E 6, gelegen. Recht netter Platz mit 12 zum Teil sehr gemütlichen Hütten (*/**/***). Zeltwiese.
- 65 km nördlich von Mo i Rana, in Krokstrand, im Tal südlich des Saltfjell (E 6), liegt der idyllische, ruhige Platz **Krokstrand Camping** an einem Wasserfall, Angelplätze (Tel. 75166002, 1.6.–20.9., 15 Hütten ab 350 NOK). Gute Sanitäranlagen, Café.

Mo i Rana – Fauske

Im Reich des „mystischen" Lichtes angelangt, führt die Straße vom Polarkreis bergab, mit dem rauschenden Lønselva zur Rechten und dem **Saltfjell Nationalpark** zur Linken.

Unterwegs lohnt ein Abstecher auf der Rv 77 in Richtung des **Junkerdal-Nationalparks.** Berühmt ist der Park für seine einmalige Pflanzen- und Vogelwelt sowie die Schlucht Junkerdalsura (siehe „Wandern"). Informationen über den Nationalpark erhält man im neuen Nordland Nationalparkcenter in Storjord an der E 6 (Mitte Juni–Mitte Aug. 10–18 Uhr, Mai–Mitte Juni Mo.–Fr. 10–16 Uhr, Mitte Aug.–Ende Sept. 10–16 Uhr, 60 NOK).

Die Straße führt nun durch das schöne waldreiche und niederschlagsarme **Saltdal,** das aufgrund seiner abgeschirmten Lage in den Sommermonaten manchmal die norwegische Tagesrekordtemperatur liefert.

Wieder am Fjord angelangt, ist der recht beschauliche Ort **Rognan** erreicht. Sehenswert ist hier das **Saltdal-Museum,** insbesondere die Freilichtabteilung mit zum Teil 400 Jahre alten Gebäuden und einer Gedenkstätte. Diese erinnert an die vielen Kriegsgefangenlager während des Zweiten Weltkrieges in der Umgebung und an die Deportation von Häftlingen in Richtung Norden (geöffnet 10/13–16 Uhr, 50 NOK). Norwegenweit bekannt wurde der Ort durch die Revue **Alt for Rognan** (Alles für Rognan). Zunächst als TV-Realityserie geplant, bei der 10 künstlerisch eher unbedarfte Einwohner ein Programm auf die Beine stellen sollten, tourt die Vorstellung mittlerweile durch das ganze Land und spielt Millionen ein. Mit dem Erfolg wurde das angestrebte Ziel, ein nahezu unbekanntes, von Abwanderung geplagtes Dorf in das Zentrum des Interesses zu rücken, erreicht.

Camping/Hütten

• **Saltdal Turistsenter**, E6 Røkland, 15 km südl. Rognan, Tel. 75682450, www.saltdalturistsenter.no. Ganzjährig, großer Platz, beheiztes Freibad, Sauna, TV-Raum. Zelt und WoMo Plätze, 8 Hütten (***), 4 Zimmer. Weitere Hütten und Stellplätze im **Nordnes Camp & Bygdecenter** (Tel. 75693855) in Nordnes. Direkt an der E 6, ganzjährig geöffnet, www.nordnescamp.no. 9 recht gute Hütten (**/***), schöne Cafeteria mit Hausmannskost.

• **Rognan Fjordcamp,** Tel. 75690088, www.fjordcamp.com. Anglercamp am Fjord. Gute Hütten (**/***), Zeltplatz, Kanu- und Fahrradverleih.

• **Junkerdal Turistsenter,** im Junkerdal, Tel. 75694040, 16 Hütten (***), Caravanplätze. Minigolf, Rafting, Tischtennis, Wanderungen.

Aktivitäten / Shopping

• **Angeln:** Sehr gute Angelbedingungen im Fjord, im Fluss Saltdalselva (Lachs) und den umliegenden Seen.

• **Wandern:** Markierter Pfad ab der Rv 77 durch die Schlucht Junkerdalsura im Nationalpark Junkerdal. Zudem: Wanderweg ab Skaiti (Nebenstraße ab der Rv 77), 2 Std. bis zur Hütte Argaladhytta.

• **67° Nord,** Aktivitätsanbieter in Rognan, Tel. 90667067, www.67nord.no. Grottenwandern, Angeln, Rafting.

• **Actic Lys & Design:** Die „Lysstøperi" in Røkland (E 6, südl. von Rognan) bietet einen geschmackvollen Kerzenladen, ein kleines Erlebniszentrum und ein Café (11–17 Uhr).

Fauske und Sulitjelma ↗IV/B2

Nördlich von Rognan erreicht man das **9000-Einwohner-Städtchen Fauske.** Der Ortsname stammt vermutlich aus dem Altnordischen und heißt soviel wie „morsches Holz". Allerdings sind es eher die harten Naturstoffe, die Fauskes Bedeutung ausmachen. Zunächst wurde von 1887 bis 1983 **Kupfer und Schwefelkies** aus der Bergwerkssiedlung Sulitjelma von hier aus in alle Welt verschifft. Später kam noch der **Marmor** hinzu. Das Gestein wird unweit nördlich, nahe der E 6, gebrochen und diente u.a. zur Verkleidung des UNO-Gebäudes in New York.

Da Fauske ein wichtiger **Verkehrsknotenpunkt** ist, kommt fast jeder auf seiner Fahrt gen Norden hier vorbei, wenngleich nur die wenigsten anhalten. Das sicher zu Recht, wirkt doch alles recht trist und grau (wenngleich das Zentrum in den nächsten Jahren umgestaltet werden soll). Allein das kleine **Salten-Freilichtmuseum** mit seinen bis zu 200 Jahre alten Gebäuden rechtfertigt einen Kurzbesuch (geöffnet Mo.–Fr. 11–17 Uhr, 30 NOK).

Einen Abstecher lohnt **Sulitjelma** (erreichbar über die Rv 830). Der Name des Ortes ist samischen Ursprungs und heißt entweder soviel wie „Auge der Sonne" oder „Schwelle zur Insel". In jedem Fall verweisen beide Namen auf die **sagenhafte Landschaft:** Rauschende Wälder und Wasserfälle sowie mächtige Berge verzaubern noch heute den Gast.

Bis 1983 wurden innerhalb von knapp 100 Jahren 26 Mio. Tonnen Roherz abgebaut (Kupfer, Zink und Schwefel). Besucht werden können im Sommer die stillgelegten Gruben (Führung 17.6.–19.8. um 13 Uhr, 125 NOK) und das **Grubenmuseum** (Ende Juni–Mitte Aug. 11–17 Uhr, 35 NOK). Wanderwege führen in die umliegenden Berge.

Touristeninformation

- Die Touristeninformation befindet sich in der Sjøgata 86 in Fauske, Tel. 75643303, www.saltenreiseliv.no.

An- und Weiterreise

- **Bahn** nach Bodø, Mo i Rana und Trondheim.
- **Fernbusse: 720, 761, 815.**

Camping/Hütten

- **Fauske Camping & Motell,** 3,5 km südlich von Fauske, Tel. 75648401, Fax 75648413, direkt an der E 6. Ganzjährig, 44 Hütten (*/****), Motelzimmer.
- **Lundhøgda Camping,** Rv 80, ab Fauske 2 km auf die Halbinsel im Fjord, Tel. 7564 3966, www.lundhogdacamping.no. Ganzjährig geöffnet, recht ruhige Lage, großer Platz mit 34 Hütten (*/**/***), schöner Fjordblick, Café.
- **Sulitjelma Camping og Fritidssenter,** Sulitjelma, Tel. 75640433. Einfacher Platz, ganzjährig geöffnet, Caféteria, Hütten (**), DZ 400 NOK.
- **Strømhaug Camping,** 14 km nördlich von Fauske, in Straumen, Tel./Fax 75697106, www.stromhaug.no. Perfekt ausgestattet, ganzjährig, mit Hütten (*/***). Sauna, Bootsverleih. Gute Sanitäranlage. 1 km von der E 6 entfernt.
- **Øyra Camping,** 25 km nördlich von Fauske, Tel. 75696584. Ruhiger, schöner Platz, an einer Nebenstraße der E 6 am Ende des Nordfjords am Weg zum Rago Nationalpark gelegen.

Aktivitäten

- **Wandern:** Im Rago-Nationalpark, 25 km nordöstlich von Fauske. Einstieg: Von der E 6 in Nordfjord abzweigen, bis Lakshola. Lohnenswert ist eine anstrengende 3-Stunden-Wanderung in dramatischer Landschaft zur Hütte Storskoghytta. Sulitjelma: Am Ende des Fahrweges ab Loame auf einem Fahrweg nach Coarvi am Stausee Balvatn (ca. 10 km).

Shopping

- Die Firma **Saulo** stellt Kunsthandwerk aus Kupfererz aus Sulitjelma her. Infos: im Sulitjelma Hotel, Tel. 41626690, www.saulo.no.

Fauske – Narvik

Auf dem Weg nach Narvik haben Berge, Seen und Fjorde immer häufiger zwei Namen, einen norwegischen und einen samischen. Die eigentlich recht unspektakuläre Landschaft scheint trotz allem inspirierend zu wirken, schrieb doch *Knut Hamsun* in Gedanken an diese **Bergwelt** seinen Roman „Segen der Erde".

Bei der Weiterfahrt lohnt nördlich von Leirfjord ein Stopp am Parkplatz oberhalb des **Sees Kobbvatn.** Von hier aus hat man einen herrlichen Blick über den See (Tipp: Pause unten am See – Stichstraße von der E 6 aus).

Von der nun folgenden Wegstrecke lohnen zwei Abstecher. Der erste führt auf der Rv 835 durch einen 8,1 km langen Tunnel durch einsame Landschaft zur **Insel Engeløya.** Sehenswert sind hier das Steigen Bygdetun in Laskestad, ein kleines Bauernmuseum mit Kräutergarten und Café (11–17 Uhr, 35 NOK) und der Steigen Fortidspark im Ort Steigen an der Kirche beginnend. Auf einem Rundweg kommt man an Grabhügeln, Bautasteinen (Gedenksteinen), einer ringförmigen Hofanlage und der Festungsanlage „Batterie Dietl" aus dem Zweiten Weltkrieg vorbei, in der ein kleines Museum die Schrecken der Kriegsjahre dokumentiert (17.6.- 19.8. 11–18 Uhr).

Hinweis: Die einzige kleine Tankstelle der Insel liegt in Laskestad.

Der zweite Abstecher geleitet ab Tuva auf der Rv 81 nach **Hamarøy** und **Tranøy** in das Reich *Knut Hamsuns*. Er lebte hier 1862–1879. Im Ort Hamsun wurde in dem Haus, in dem der Schriftsteller seine Kindheit und Jugend verbrachte, ein kleines, etwas unspektakuläres Museum eingerichtet (geöffnet: 17.6.–19.8. 11–17 Uhr, 40 NOK). Am Ende der Rv 81 kann man ab Skutvika mit der Fähre nach Svolvær auf den Lofoten übersetzen (350 NOK/Auto, 100 NOK/ Pers., 4x tägl. Mo.–Fr. **Hinweis:** Wegen der neuen Festlandsverbindung könnte diese Fährverbindung eingestellt werden). Infos: www.torghatten-nord.no, Tel. 90620700.

Auf der E 6 erreicht man nun den **Fähranleger Bognes.** Von hier geht es entweder nach Lødingen in Richtung der Vesterålen/Lofoten oder nach Skarberget (E 6, Richtung Narvik).

Die Wartezeit kann man sich mit dem Besuch der **Felszeichnungen (helleristninger) bei Leiknes** (4 km nördlich) vertreiben. Im Herbst und Winter beginnen zudem ab Storjord die einmaligen **Orca-Walsafaris** (Infos: siehe „Aktivitäten").

Eine Alternative zu dieser Route führt 36 km vor Bognes auf der Rv 827 nach **Drag.** Hier liegt das recht interessante Àrran-Kulturzentrum der Lulesamen mit einer Ausstellung zur Kultur und Geschichte dieser Volksgruppe (geöffnet 17.6.–19.8. 11–17 Uhr, 40 NOK). Weiter geht es nun mit der Fähre (45 Min., 6–9x pro Tag, 120 NOK/Auto, 40 NOK/Pers.) über den herrlichen **Tysfjord** nach **Kjøpsvik** (Zementwerk).

15 km nördlich des Ortes am Ende des Stefjord liegt der **Stetind,** ein 1391 m hoher natürlicher Monolith (Picknickplatz und Infotafel), dessen Besteigung noch heute eine Herausforderung ist.

An- und Weiterreise

- **Fähren:** zu den Lofoten: s. „Lofoten/Anreise" und „Bodø". E 6: Bognes – Skarberget (Auto inkl. Fahrer 85 NOK, Erwachsene 35 NOK) und Bognes – Lødingen auf den Vesterålen (1 Std., letzte Fahrt 22.30 Uhr, Sa. 20 Uhr, Auto inkl. Fahrer 180 NOK, Erwachsene 55 NOK).
- **Fernbusse 720, 761, 770.**

Unterkunft

- **Hamarøy Hotell,** Innhavet, E 6, Tel. 75772560, Fax 75772622, (****). Schlichtes, doch gut ausgestattetes Haus: Schwimmbad, Sauna, Bar, Restaurant.
- **Hamarøy Gjestegård,** Oppeid, Rv 81, Tel./Fax 75770305, (****), gute Pension mit Café und Fahrradverleih.

Camping/Hütten

- **Tømmerneset Camping,** Tømmerneset, an der E 6, 1 km nördl. der Kreuzung E 6/Rv 835, 109 km nördlich von Fauske, Tel. 9062 0700, www.torghatten-nord.no. Ganzjährig geöffnet. Wirklich gut ausgestatteter Platz in Fjordnähe. 16 Hütten (*/***), Sauna, Solarium, Fahrrad- und Bootsverleih.

Aktivitäten

- **Orca-/Schwertwalsafaris** auf dem Tysfjord (Ende Okt.–Mitte Jan.). Das einmalige Erlebnis kostet 950 NOK. In Storjord, Tel. 7577 5370, Fax 75775375, www.tysfjord-turistsenter.no. Außerdem werden Hütten (**) und Zimmer (****) vermietet.

Narvik

↗IV/B1

Begonnen hat die Entwicklung der Stadt 1898 mit dem Bau der Ofoten-Bahn und der Anlage eines Hafes am dank des Golfstromes eisfreien Nordmeer zur **Verschiffung des schwedischen Eisenerzes** aus Kiruna. Dies wurde dem Ort während des 2. Weltkrieges auch zum Verhängnis. Am 9. April 1940 nahmen die Deutschen die Stadt ein, um die Kontrolle über den Erztransport zu erlangen. Allerdings drängten norwegische, französische und polnische Soldaten die Deutschen in Richtung der schwedischen Grenze zurück und versenkten bei drei Seeschlachten alle im Hafen ankernden Schiffe des Feindes. Noch heute gleicht der Fjord einem riesigen Friedhof. Am 28. Mai 1940 war die Stadt zurückerobert. Es war der erste Sieg der Alliierten gegen die Nazis. Diese zogen sich jedoch aufgrund der Entwicklungen in Mitteleuropa wieder zurück, woraufhin Narvik erneut an die Deutschen fiel und komplett zerstört wurde.

Heute zählt das moderne Narvik **19.000 Einwohner.** Die Gleise und Förderbänder der Erztransportanlagen sowie einförmige Nachkriegsbauten bestimmen das Stadtbild. Nur in wenigen Straßen, etwa der Dronningensgate, stehen noch ältere Häuser. An die grausame Zeit des Krieges erinnert das **Krigsminnemuseet** (10–16 Uhr, im Sommer bis 21 Uhr, 50 NOK). An verschiedenen Stellen der Stadt und auf allen Friedhöfen gibt es Gedenkstätten für die Opfer der Barbarei.

Das zweite Museum der Stadt ist das **Ofoten-Museum** im Zentrum. Es informiert über Narviks Luftfahrtgeschichte, die Ofotenbahn, Handel, Schule, die Felszeichnungen und den Fischfang. Ergänzend kann man auf zahllosen Bildern das Gestern und Heute der Stadt nachvollziehen (geöffnet Mo.–Fr. 10–15 Uhr, im Sommer auch Sa./So. ab 11 Uhr, 50 NOK).

Nach dem Rundgang lohnen ein Abstecher zur 3000 Jahre alten **Felszeichnung** *(helleristning)* eines Elches im Norden der Stadt und die Fahrt **mit der Gondelbahn auf das 650 m hohe Fagernesfjell.** Von hier bietet sich ein grandioser Rundblick über Narvik und die Bergkette der Ofoten (Betriebszeit der Bahn Sommer: 13–20 Uhr, Winter Sa./So. teils 11–17 Uhr, 120 NOK).

Touristeninformation

- **Destinasjon Narvik,** Postboks 338, 8505 Narvik; Kongensgate 26, Tel. 76965600, Fax 76965609, www.narvikinfo.no.

Orientierung

- Die **E 6** führt direkt durch die Stadt, im Zentrum als Kongens gate, vorbei an den beiden Museen.

An- und Weiterreise

- **Bahnhof:** Er liegt nordöstlich des Zentrums. **Züge** nach Kiruna und Stockholm.

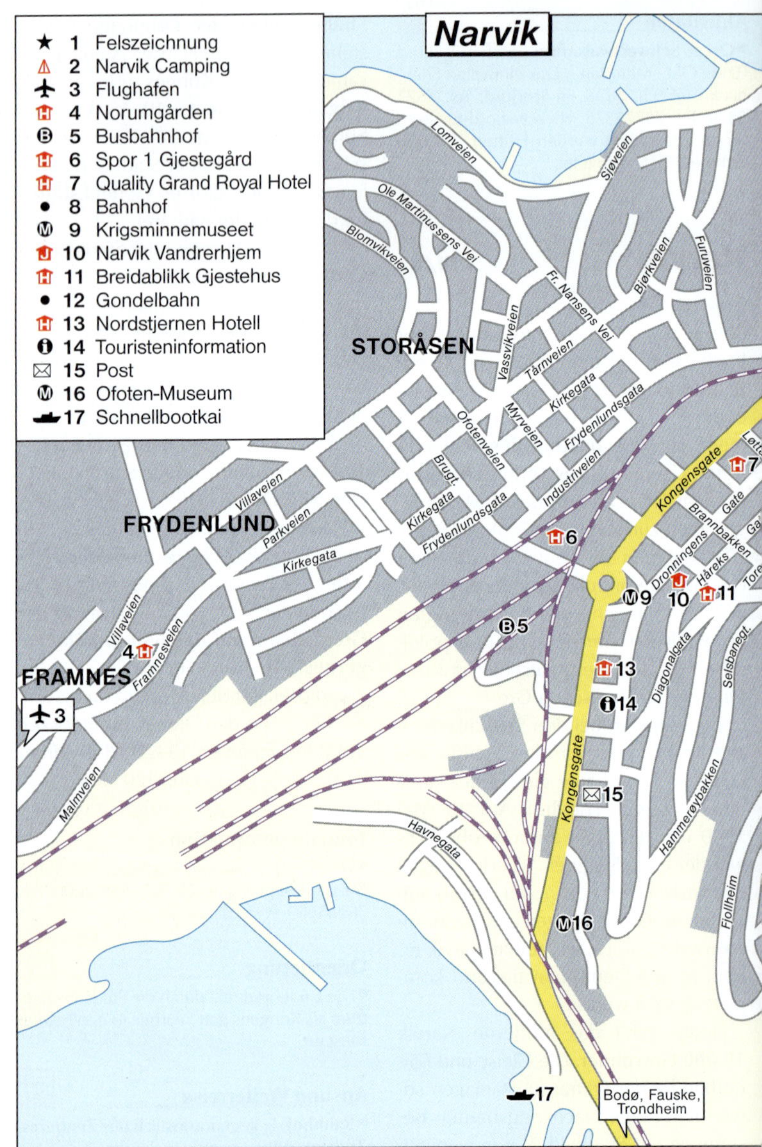
Narvik
1 Felszeichnung
2 Narvik Camping
3 Flughafen
4 Norumgården
5 Busbahnhof
6 Spor 1 Gjestegård
7 Quality Grand Royal Hotel
8 Bahnhof
9 Krigsminnemuseet
10 Narvik Vandrerhjem
11 Breidablikk Gjestehus
12 Gondelbahn
13 Nordstjernen Hotell
14 Touristeninformation
15 Post
16 Ofoten-Museum
17 Schnellbootkai
STORÅSEN
FRYDENLUND
FRAMNES
Lomveien
Ole Martinussens Vei
Blomvikveien
Sjøveien
Bjørkveien
Furuveien
Fr. Nansens Vei
Vassvikveien
Tårnveien
Kirkegata
Myrveien
Ofotenveien
Frydenlundsgata
Industriveien
Brugt.
Villaveien
Parkveien
Kongensgate
Brannbakken
Dronningens Gate
Håreks
Diagonalgata
Selsbanegt.
Hammerøybakken
Fjollheim
Havnegata
Framnesveien
Malmveien
Bodø, Fauske, Trondheim

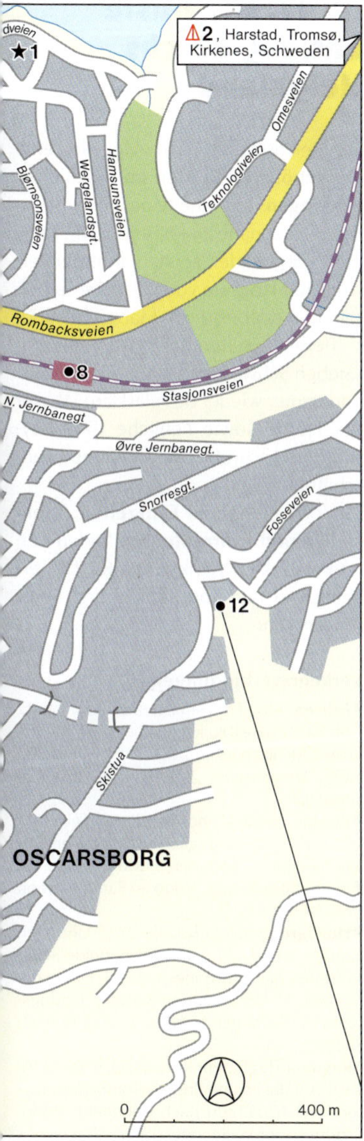

• **Busbahnhof:** nahe des Marktes, www.ofotens-bilruter.no (unter „ruteinfo", „tidtabell"), Tel. 76923500. **Fernbusse 720, 815, 760, 800** (Tromsø). **Bus 23-760** nach Svolvær, Leknes und Å auf den Lofoten (2x tägl.).

• **Flughafen:** Mitten im Ort. Nur noch eine Verbindung nach Bodø mit Widerøe.

Ansonsten: **Flughafen Harstad-Evenes** (in Evenes, 75 km westlich, an der E 10); Verbindungen mit Widerøe und SAS nach Bodø, Tromsø und Oslo sowie mit Norwegian nach Oslo; **Flughafenbus** nach Narvik (70 Min., 5–7x tägl., www.flybussen.no/narvik); Bus 128 nach Kiruna, 720 nach Fauske/Bodø, 760 2x tägl. Richtung Lofoten (Svolvær, Leknes, Å), ab Gullesfjordbotn Anschluss nach Sortland (Vesterålen), ab Tjeldsund nach Harstad. Verbindungen unter: www.cominor.no („rutesøk", „Cominor avd. Narvik", „regionale ruter"); Tel. Flughafen: 67034100. **Mietwagen** am Flughafen: Avis (Tel. 76982133), Europcar (76982120); Taxi: Tel. 90684224.

Mietwagen

• **Avis:** Tel. 76943980, **Europcar:** Tel. 7696 9333, **National:** Tel. 76923330, **Budget:** Tel. 76952516.

Unterkunft

• **Quality Grand Royal,** Kongensgt. 64, Tel. 76977000, Fax 76977007, (*****). Großes Konferenzhotel mit z.T. guten Preisen (DZ ab 1200 NOK).

• **Nordstjernen Hotell,** Kongensgate 26, Tel. 76944120, Fax 76947506, (****). Mittelklassehotel mit guten Zimmern und Restaurant.

• **Breidablikk Gjestehus,** Tore Hundsgt. 41 über Brannbakken erreichbar, 700 m ab Bhf. Tel. 76941418, www.breidablikk.no. Moderne, frische Zimmer. Toller Blick. DZ 600–975 NOK, Bett 340 NOK.

• **Spor 1 Gjestegård,** Brugt. 2A, Tel. 7694 6020, www.spor1.no. Einfaches Haus für Rucksackreisende, DZ 600, Bett im Schlafsaal 230 NOK, Bar; Straße beginnt am Kreisverkehr im Zentrum, 1 km ab Bhf.

• **Norumgården,** Framnesveien 127, Tel. 76944857, http://norumgaarden.narviknett.no. Schönes Holzhaus mit individuell gestalteten Romantik-Zimmern. DZ 600–700 NOK.

Jugendherberge

- **Narvik Vandrerhjem,** Droningensgate 58, Parallelstraße zur E 6, Tel. 76962200, www.narvikvandrerhjem.no, ganzjährig. Hostel im Haus des **Victoria Hotels,** Bett 270 NOK, DZ 660 NOK. Restaurant.

Camping/Hütten

- **Narvik Camping,** Tel. 76945810, Fax 76941420, ganzjährig geöffnet. 2 km nördlich des Zentrums, an der E 6. Guter Platz. 30 Hütten (**), Sauna.
- **Ballangen Camping,** Ballangen, 35 km westlich, E 6, Tel. 76927690, Fax 76927392, www.ballangen-camping.no., ganzjährig geöffnet. Empfehlenswerter sauberer Platz am Fjord. 50 Hütten (*/**/***), Caféteria, Sauna, Pool, Strand und Boots-/Fahrradverleih.

Essen und Trinken

- **Rallar'n Pub og Kro** (im Quality Hotel): Gerichte für 150–250 NOK.
- **Peppes Pizza,** Kongensgate 66.
- **Victoria Restaurant,** im Victoria Hotel, hervorragende Gerichte.

Aktivitäten

- **Wandern:** 5000 Wanderarbeiter, *rallar* genannt, legten zwischen 1898 und 1902 die Ofotenbahn an. Auf dem Versorgungsweg entlang der Gleise, dem *Rallarvägen,* kann heutzutage hervorragend gewandert werden. Außerdem Wanderwege ab der Gipfelstation der Gondelbahn. Mehr Infos zu Touren in das herrliche Hinterland Narviks im Turistkontor.
- **Wintersport:** Narvik verfügt über ein größeres Skizentrum mit Gondelbahn, 5 Liften und 900 m Höhenunterschied. Beste Saison: Februar bis Mai. Im Winter gibt es „Nordlichtfahrten", im Mai „Mitternachtssonnentouren". www.narvikfjellet.no.
- Narvik wird zum **Aktivitätszentrum** ausgebaut: Mountainbiking von der Gipfelstation ins Tal, Goldwaschen (Katterat Fjellstue), Paragliding, Grottenwandern, Reiten, Klettern, Golf, Walsafari (Okt.–Jan.). Informationen im Turistkontor.

Rv 17: Die Küste entlang durchs Helgeland

Die Reichsstraße 17 ist zweifellos **eine der schönsten Routen im nördlichen Norwegen** und eine Möglichkeit, dem Meer ganz nahe zu kommen. Die Fahrt geht wegen der sechs Fähren unterwegs nur langsam voran, ist aber erholsam und erlebnisreich. Man sieht kuriose Berge, wie den Torghatten und die „Sieben Schwestern", unberührte Natur und immer wieder das glasklare Wasser der Fjorde sowie liebliche (Brønnøysund) und schroffe (Kilboghamn) Landschaften.

Informationen zu **Fährzeiten, Tankstellen und Fahrradtouren** finden sich im Prospekt „Kystriksveien Rv 17", erhältlich in den Touristinfos, und unter www.rv17.no.

Verkehrsverbindungen

- **Fähren:** Mo.–Fr. 6–15x, letztes Boot ca. 22 Uhr, Sa./So. 6–10x, letztes Boot ca. 20 Uhr. Kosten für alle 6 Fähren: Auto inkl. Fahrer 500 NOK, Erwachsene: 200 NOK, www.helgelandske.no.
- **Busse:** www.177nordland.no, Tel. 177 75772410. 1–2x täglich Brønnøysund – Sandnessjøen – Mosjøen/Bodø.
- **Schnellboot:** tägl. Bodø – Sandnessjøen (500 NOK).
- **Hurtigrute:** hält in Rørvik (21.15 Uhr nach Norden, 21.30 Uhr nach Süden, beide Schiffe treffen sich), Brønnøysund (1 Uhr nach Norden, 17 Uhr Richtung Süden), Sandnessjøen (4.15 Uhr gen Norden, 13.30 Uhr nach Süden).
- **Regionalflughäfen:** Rørvik (Tel. 67033250, nach Trondheim und Brønnøysund); Brønnøysund (Tel. 67033300, nach Trondheim, Bodø, Sandnessjøen); Sandnessjøen (Tel. 6703

3350, nach Bodø, Trondheim, Bønnøysund). www.wideroe.no.

Mietwagen

- Brønnøysund: **Europcar:** Tel. 75020699, **Avis:** Tel. 75018120.

Zur Rv 17 zweigt man im Süden, **in Steinkjer, von der E 6 ab.** Durch einsame, wunderschöne Waldlandschaft erreicht man schließlich das Städtchen **Namsos.**

Namsos

Der Ort wurde 1845 als Verladehafen für Holz gegründet und im 2. Weltkrieg komplett zerstört, erhielt aber in letzter Zeit eine recht ansehnliche Hafenfront. Den besten Blick über das 12.000-Einwohner-Städtchen, heute kulturelles Zentrum mit 2 Galerien, Skulpturenpark, modernem Kino und Kulturhaus, hat man vom Berg „Klompen".

Zu besichtigen sind das **Sagbruk-Museum** (Sägewerk mit alter Dampfsäge, geöffnet im Sommer Di.-Sa. 9-17 Uhr), die Freilichtanlage des **Namdal-Museums** (mit dem Boot „fembøringen" und dem Krankenhausmuseum, 21.6.-17.8. Di.-So. 11- 15 Uhr) und **„Oasen"**, das weltweit größte **Schwimmbad im Fels** (geöffnet: 10-20 Uhr, Sa./So. bis 16 Uhr, Eintritt 70 NOK).

Touristeninformation

- **Namsos Turistinformasjon,** 7801 Namsos, Tel. 74226604, www.namsosinfo.no.

An- und Weiterreise

- **Busse** in Richtung Grong und Trondheim.
- **Schnellboot** nach Rørvik. Infos: www.ntsasa.no, Tel. 74216300.
- **Mautring:** 15 NOK.

Unterkunft

- **Børstad Gjestgiveri,** Carl Gulbransonsgt. 19, zweigt von der Rv 769 im Zentrum ab, Namsos, Tel. 74272131, Fax 74271448, (****/*****). Kleine Pension, gemütlichste Unterkunft in Namsos.

Camping/Hütten

- **Namsos Camping,** 5 km östlich von Namsos, Tel. 74275344, Fax 74275393, ganzjährig geöffnet. Wirklich schöner, empfehlenswerter Platz am Fluss mit 31 Hütten (**). Es gibt einen Strand und Fahrradverleih.
- **Aglen Camping,** Tel. 74284138. Der Platz liegt in Aglen, 40 km westlich von Namsos, direkt am Meer (erreichbar über die Rv 767). 12 Hütten, Bootsverleih, Angeln.

Shopping

- **Lokstallen og Lysstøperiet:** Geschmackvolle Kerzengießerei und Geschenkeladen in einem alten Lockschuppen (geöffnet: 10-18 Uhr, Sa./So. 12-16 Uhr).

Kunst und Kultur

- Namsos ist bekannt als die Wiege des **Trønderrocks.** Viele bekannte Bands stammen aus der Stadt, und da verwundert es auch nicht, dass wöchentlich Konzerte stattfinden und im April ein großes Rockfestival veranstaltet wird. Auch soll es bald das „Trønderrock Erlebniszentrum" geben.

Aktivitäten

- Neben dem **Schwimmbad** im Fels gibt es noch weitere interessante Aktivitätsangebote: Um 9.30 Uhr Ausflug **mit dem Schnellboot Namdalingen zum idyllischen Fischerort Sørgjæslingan,** der auf einer winzigen Insel mitten im Atlantik gelegen ist (260 NOK). Außerdem können auf den alten Eisenbahngleisen **Draisinentouren** unternommen werden.

Man kann alternativ auch erst **in Grong auf die Rv 17 abbiegen.** Auf dem Weg zum Fähranleger in **Holm** lohnt, für all jene, die etwas Zeit mitbringen, ein **Abstecher in Richtung Westen.**

Rørvik und Insel Leka

↗V/A2

56 km westlich der Rv 17 erstreckt sich inmitten rauer Küstenlandschaft am Nærøysund der **2600-Einwohner-Ort Rørvik.** In geschützer Lage, und doch nicht weit vom brausenden Meer entfernt, ist die Siedlung stark vom Fischfang geprägt. Nur logisch, dass hier das **Norveg-Küstenkulturzentrum** gegründet wurde. Es befindet sich in einem hypermodernen Bau aus Beton, Glas und Stahl, welcher sich gelungen von den Holzhäusern der Umgebung absetzt. Zu sehen sind lehrreiche Ausstellungen zum Leben und Arbeiten an der Küste (geöffnet 10–17 Uhr, Sa./So. ab 12 Uhr und während der Liegezeiten der Hurtigruten, 80 NOK, www.norveg.org).

Neben dem Museum lohnt der 6000 Inseln umfassende **Schärengarten** einen Besuch (Bootsverleih). Eine der hübschesten Siedlungen auf den Eilanden ist das schon 1521 erwähnte Fischerörtchen **Nordøya** (Übernachtung in den alten Gebäuden ab 200 NOK/Pers., Tel. 74391560; Transport nur für Gruppen ab 10 Personen, Info: www.nordoyan. no). Besser erreichbar ist das romantische Fischerdörfchen **Sør-Gjæslingen.** Nächtigen kann man in historischen Fischerhütten. Noch vor 100 Jahren war der Aufenthalt hier weniger angenehm, wohnten doch während der Fangsaison rund 4000 Fischer auf engstem Raum, was die Ausbreitung von Krankheiten begünstigte (Schnellboot ab Rørvik: 8.6.–24.8., So. 12 Uhr).

Eine der interessantesten Inseln hingegen ist **Leka,** nordöstlich von Rørvik gelegen (Fähre ab Gutvik, an der Rv 771, 20 Min., 6–14x/Tag). Das wilde, geologisch hoch interessante Eiland, das zumeist aus rotem Serpentingestein besteht, wurde vor 500 Mio. Jahren gebildet und war ehemals ein Teil des Ozeanbodens, der im Zuge der kaledonischen Gebirgsbildung emporgehoben wurde. Aus diesem Grunde sieht man an einigen Stellen die MOHO-Diskontinuität, also die Grenze zwischen Erdmantel und Erdkruste. Doch auch die jüngste geologische Vergangenheit ist repräsentiert. So haben an einigen Stellen Strandlinien aus der letzten Eiszeit vor 12.000 Jahren die Zeiten überdauert. Die bekannteste Felsformation ist Lekamøya, die an eine Frau mit Kopftuch erinnert und im Süden der Insel liegt. Ein Kultur- und Geologiewanderweg ab dem Ort Skei erschließt die Insel (mehr Geologie-Infos: www.leka steinsenter.no).

Touristeninformation

- **Rørvik Turistinformsjon,** Tel. 74361670.
- **Leka Kommune,** Tel. 74399770.

An- und Weiterreise

- **Busse** in Richtung Grong, Schnellboot nach Namsos. www.fosennamsos.no.
- **Hurtigrute:** nach Norden 21.15–21.30 Uhr, nach Süden 21.30 Uhr; beide Schiffe treffen sich in Rørvik.

Unterkunft

- **Kysthotellet Rørvik,** Tel. 74366600, (*****, Sommer DZ ab 1000 NOK). Kleines, zweckmäßiges Hotel im Zentrum, mit Restaurant und Nachtclub.

Camping/Hütten

- Über das **Norveg Küstenkulturzentrum** (Tel. 74390484, www.norveg.org) können gemütliche Rorbuer in der Umgebung von Rørvik angemietet werden (ab 600 NOK).
- **Rørvik Rorbuer,** Tel. 47802240, www.rorvikrorbuer.com. Gemütliche Rorbuer direkt im Ort Rørvik. Bootsverleih.
- **Kleiva Camping,** Tel. 7439190. Kleiner Platz an der Küste, 8 km nördlich von Rørvik. 4 Hütten (**/***).
- **Leka Motel & Camping,** Tel. 74399823, www.leka-camp.no. Auf der Insel Leka südwestlich des Fähranlegers gelegen. DZ 680 NOK, Hütten ab 400 NOK, u.a. interessante Steinhütten aus Lesesteinen.
- **Nausthaugen Hytteutleie,** Leka, Tel. 7439 9896, www.nausthaugen.no. Herrliche neue Hütten am Wasser (800 NOK). Bootsverleih.

Aktivitäten

- In Rørvik bestehen sehr gute Möglichkeiten zum **Angeln, Radfahren, Paddeln und Wandern.** Infos in der Touristeninformation.

Wer auf der Rv 17 verblieben ist, nimmt die **Fähre nach Vennesund** (20 Min.) und erreicht so das 7000-Einwohner-Dorf **Brønnøysund.**

Brønnøysund ↗V/A,B1

Obgleich Brønnøysund keine architektonischen Höhepunkte aufweist, so ist doch die **Lage inmitten des Inselgewirrs des Helgelandes** recht einmalig. Das Panorama bestimmen zahllose birkenbestandene Schären und mächtige Berge, unter ihnen auch der monumentale, 13 km südwestlich des Ortes gelegene **Torghatten.** Was von der Straße her nicht auffällt, ist, dass er in seiner Mitte ein gewaltiges, 20 m breites, 35 m hohes und 160 m langes Loch aufweist (siehe Exkurs). Zu erreichen ist der gewaltig-magische Schlund ab dem Parkplatz (gratis) in etwa 20 Minuten.

Abgesehen vom Torghatten ist Brønnøysund bei den Norwegern auch als Sitz des berüchtigten **Brønnoysundregisters** bekannt, in dem alle Fahrzeuge und Immobilien des Landes gelistet sind und damit auch alle Schulden oder Hypotheken, die auf den Besitztümern lasten.

478no Foto: ms

Am Torghatten

Das Loch im Torghatten

Die Naturwissenschaft meint, dass der Schlund entstand, als der Meeresspiegel noch höher und der Fels tiefer lag und sich die Wellen einen Durchbruch schufen. Ein charmanteres Erklärungsmodell ist sicherlich folgende **Legende:** Es war einmal ein Troll, der sich anschickte, eine der sieben Jungfrauen des Trollkönigs zu freien. Doch diese wollten sich nicht trennen lassen und flohen gemeinsam in wilder Hatz. Als nun der Troll feststellte, dass der Morgen nahte und – wie jedermann weiß – er dann bei den ersten Sonnenstrahlen sterben müsste, wurde er rasend. Um seine Schmach wenigstens zu mildern, wollte er die unwilligen Schwestern töten. Dessen wurde im letzten Moment der König gewahr, der seinen Hut dazwischenwarf. Die Sonne ging justament in dem Moment auf, da der Pfeil (die lange Insel hinter dem Loch) den Hut (Torghatten) durchbohrte. Auch die Trolljungfern ereilte der Lichttod, heute stehen sie versteinert als die „Sieben Schwestern" nahe des Ortes Sandnessjøen nördlich von Brønnøysund.

Aus der Ferne zu betrachten ist das Loch im Hut im Rahmen eines Kurzausfluges mit der Hurtigrute von Brønnøysund nach Rørvik (ab Brønnøysund 17 Uhr, zurück ist man um 0.30 Uhr, 250 NOK, retour).

Der Name Brønnøysund (wörtlich: Brunnen auf der Insel am Sund) verweist darauf, dass Seefahrer hier **Trinkwasser** finden konnten. Die Ortsentwicklung wurde maßgeblich davon beeinflusst, dass die Hurtigruten die Siedlung um 1900 als Anlaufstelle auserwählte.

In der Umgebung des Ortes lohnt ein Ausflug in Richtung des unberührten **Tosenfjordes.** Unterwegs passiert man in **Hømmelstø** eine der ältesten Holzkirchen des Landes, die 1674 erbaut wurde. Nördlich der Siedlung wurde 2009 der **Lomsdal-Nationalpark** etabliert. Unter Schutz stehen ein unberührtes Berggebiet und der Wildbach Lomselva.

Touristeninformation

- **Torghatten Reiseliv,** Boks 314, 8901 Brønnøysund, Tel. 75018000, Fax 75018001, www.visithelgeland.com.

An- und Weiterreise

- **Busverbindungen** nach Namsos, Mosjøen und Sandnessjøen. www.tts.no (siehe unter „ruter og takster": „buss").
- **Flughafen:** Flüge u.a. nach Trondheim und Bodø. www.wideroe.no.
- **Hurtigrute:** nach Norden 1 Uhr, nach Süden 17 Uhr.

Unterkunft

- **Thon Hotel Brønnøysund,** Tel. 75008900, Fax 75008901, (*****). Teures Zentrumshotel im Kastenformat. Restaurant und Bar.
- **Galeasen Hotel,** Brønnøysund, Tel. 7500 8850, Fax 75008851, (*****). 22-Betten-Hotel mit recht netten Zimmern (z.T. mit Hafenblick), Restaurant, Bar, Pub und Disco. Sommerrabatte.
- **Corner Motell,** Brønnøysund, Tel. 7501 8010, (****). Schlichtes Haus im Zentrum. DZ ab 800 NOK.
- **Rødligården Soveri,** Havnegt. 29, Tel. 9740 8000, www.rodligarden.no. Äußerlich wenig ansprechendes Haus im Zentrum, aber sehr gute Zimmer! DZ 800 NOK, Pizzarestaurant.
- **Torgarhaugen B&B,** am Torghatten, Tel. 75020747. Preiswertes Haus (DZ 800 NOK) im ehemaligen Infocenter.

Camping/Hütten

- **Vennesund Camping,** Tel. 75027375, www.vennesund.no, ganzjährig geöffnet. Herrlicher Platz am Fähranleger, 16 Hütten/ Zimmer (400–900 NOK). Boots- und Fahrradverleih, Tauchen, Café.
- **Bjørnvika Natursenter,** Rv 17, 40 km südlich von Brønnøysund, in Vik nach Westen abzweigen, Tel. 75029450, www.bjornvika.com. 8 sehr ansprechende Komforthütten (***) in toller Lage. Bootsverleih.
- **Aarstrand Fjordferie,** Rv 76, Hømmelstø, Tel. 41613800, www.aarstrand.no. Schöne Rorbueranlage, 23 km östlich von Brønnøysund. Bootsverleih.
- **Skogmo Familiecamping,** Rv 17, Skogmo, ca. 10 km östl., Tel. 75026641. Einfacher Platz mit Hütten (**) und Zeltwiese.
- **Torghatten Camping,** 15 km ab Brønnøysund, Tel. 75025495. Schöner Platz unterhalb des Torghatten. Hütten (**/****), Sandstrand.
- **Mosheim Camping,** Tel. 75022012. Einfacher Platz an der Rv 17, 3 km nördl. Brønnøysund, 5 kleine Hütten (*).

Aktivitäten

- **Fahrräder und Boote** vermietet die Touristeninformation Brønnøysund. Auch werden **Schärenrundfahrten und Angelausflüge** angeboten.
- 7 km nordöstlich von Brønnøysund: Anstrengende **Wanderung** (30 Min.) zu den bis zu 5000 Jahre alten Höhlenmalereien der Skåren-Monsen-Höhle (Taschenlampe!; nahe der Rv 17/76). Einfacher hingegen ist ein Rundgang durch **Hildurs Urterarium** (Kräuter, Rosen, Kakteen) 6 km nördlich der Stadt, 40 NOK.
- **Kino** von Brønnøysund: im Sommer Diashow über die Kultur Helgelands.
- Überall in der Provinz Nordland wird man auf den Hinweis **Skulpturlandskap Nordland** treffen. Die zahllosen Skulpturen wurden von international anerkannten Künstlern aufgestellt. Ein wichtiges Ziel dabei war, dass die Kunstwerke eine Einheit mit der Landschaft bilden. www.skulpturlandskap.no.

Brønnøysund – Tjøtta

14 km nördlich von Brønnøysund liegt der **Fähranleger Horn.** Hier setzt man in 15 Minuten nach **Andalsvåg** über. Nach nur 17 km Fahrt mit dem Auto muss man sich erneut eines Bootes bedienen. Die Abfahrten sind meist aufeinander abgestimmt, es bleiben aber trotzdem etwa 15 Minuten Zeit für die **Felszeichnungen in Forvik** (Vistnes) oder die 1796 geweihte Kirche von **Vevelstad.** Die Fähre braucht rund 60 Min. von Forvik nach **Tjøtta.** Unterwegs legt sie manchmal in **Stokkasjøen** am Vistenfjord, dem saubersten Fjord Norwegens, und in **Tro auf Rødøya** an. Wer hier aussteigt, kann den ältesten Skiläufer Norwegens besuchen – in Stein gemeißelt, 4000 Jahre alt. Das Motiv diente als Vorlage für die Sportpiktogramme der Olympiade von Lillehammer 1994 (ab Tro 30 Min. Richtung Vale laufen; Fährstopp auf Rødøy muss 15 Min. vor dem Anlegen telefonisch bestellt werden: Tel. 48077010).

Ab dem Fähranleger Horn setzt im Sommer 5x täglich eine Fähre nach Igerøy auf der **Insel Vega** über. Die Inselgruppe, die neben der Hauptinsel Vega noch ca. 6500 weitere Inseln und Schären umfasst, steht seit 2004 auf der UNESCO-Weltnaturerbeliste (ausgezeichnet für die auf der Welt einzigartige nachhaltige Lebensweise der Inselbewohner im Einklang mit der Natur). Die flache Topografie eignet sich ideal für Fahrradausflüge.

In **Nes** im Norden liegt in einem alten Handeshaus das interessante **Ærfuglmuséum** mit einer Ausstellung zur traditionellen Daunenproduktion (Juni-Aug., 10–17 Uhr. Turistkontor in Vega: Tel. 75035388/47907132).

Unterkunft

•Sehr gemütliche Rorbuer und Hütten auf Vega vermieten: **Nes Bryggeferie** (in Nes, Tel. 7503 5247, ***); **Andernesset** (in Holand, Tel. 75035073, **/***); **Vega Brygge** (in Igerøy, Tel. 75035433, ****); **Øvernessbrygga** (in Nes, Tel. 75035481, 800 NOK); **Gardsøya Rorbuer** (in Vega, Tel. 95768028, ****).

•**Grindbakken Camping,** Tel. 75035106, hjem.monet.no/camping. Hübscher Platz unter Birken im Ort Vega. DZ 500 NOK, Fahrrad- und Bootsverleih. Reiten, Angeln.

•**Visthus Rorbucamping,** Visthus beim Fähranleger Stokkasjøen, Tel. 7503771, www.visthus.com. Tolle Rorbuer in abgeschiedener Lage, ideal zum Angeln.

Wandern

Im Süden der Insel liegt in Eidem der Sandstrand **Eidemsstranda.** Ab hier: **Küstenwanderweg** nach Ærvika, Nepsundet, Vegdalen und Sundsvoll. Tipps zu weiteren 10 Zielen in der Touristeninformation in Vega.

Alstahaug

↗V/A1

Wir erreichen die Region Alstahaug. Nördlich des Fähranlegers **Tjøtta** passiert man einen großen **Kriegsgräberfriedhof.** Hier ruhen über 9500 zumeist unbekannte russische Kriegsgefangene, die sich auf dem deutschen Schiff „Rigel" befanden, als es 1944 von britischen Jagdflugzeugen versenkt wurde.

Man fährt nun weiter, um den breiten Haugsfjord herum, und erreicht den **Petter-Dass-Hof.** Der Pfarrhof war über lange Zeit der mächtigste im gesamten Helgeland und wurde nach dem sehr volksnahen Dichter und Prediger *Petter Dass* benannt, der hier zwischen 1689 und 1707 wohnte und Gottes Wort verkündete. Wichtigstes Gebäude der Anlage ist die hübsche Zwiebelturmkirche aus dem 13. Jahrhundert. In ihrer Nähe entstand ein neues Museumsgebäude (60 NOK, Café). Derzeit sind die Häuser Anf. Juni–Mitte Aug. zwischen 10 und 19 Uhr zu besichtigen (ansonsten Di.–So. meist 11–15.30 Uhr, 70 NOK). An sonnigen Tagen laden Bänke und schattige Bäume zum Verweilen ein.

Wichtigste Natursehenswürdigkeit der Umgebung ist die von schlanken Felstürmen gekrönte **Bergkette der „Sieben Schwestern", Sju Søstre** (vgl. Exkurs „Das Loch im Torghatten"). Die Zinnen können, ausgestattet mit Bergschuhen, Karte und reichlich Ausdauer erklommen werden. Sicherer ist es jedoch, sich einem Bergführer anzuvertrauen (Infos in der Touristeninformation Sandnessjøen).

Camping/Hütten

•**Offersøy Camping,** Tjøtta, Tel. 75046411, Fax 75046372, www.kystferie.no. Schöner Platz am Wasser mit Hütten (**/****), Café und Bootsverleih.

•Auch in Tjøtta: **Taraldsen Brygge** (Tel. 97982263) mit preiswerten, aber guten Hütten am Wasser (**).

•**Belsvåg Gård og Camping,** Alstahaug, Rv 17, Tel. 75045319. Einfacher Platz auf dem Gelände eines schönen, alten Bauernhofes. Zimmer und Hütten für 300–500 NOK.

Sandnessjøen

↗V/B1

Der 6000-Einwohner-Ort Sandnessjøen, ein schon im 17. Jahrhundert erwähnter Handelsort, ist das **Wirtschafszentrum der Gegend** und als solches nicht weiter interessant. Lohnend ist jedoch ein Abstecher mit dem Ausflugsboot oder der Fähre zur **Insel Dønna.** Das Eiland ist schon seit dem frühen Mittelalter bewohnt, wovon noch heute Wikingergräber im Ort Glein zeugen. Auf einem der Hügelgräber steht zudem ein Steinphallus, welcher Dønna den Beinamen „Fruchtbarkeitsinsel" eintrug. Neben der herrlichen Landschaft mit hohen Bergen, dichten Wäldern, einem undurchdringlichen Schärengarten und dem Sandstrand bei Sandstrak ist vor allem die aus dem Jahre 1130 stammende Dønnes-Kirche mit Zwiebelturm und reicher Ausschmückung sehenswert. Auch das idyllische Fischerdorf Skaga lohnt einen Besuch.

Touristeninformation

- **Polarsirkelen Reiseliv,** Boks 414, 8801 **Sandnessjøen,** Tel. 75044500, Fax 7504 6494, www.helgelandskysten.com. Farradverleih.
- **Dønna Turistinformasjon in Bjørn,** Tel. 75053685.

An- und Weiterreise

- **Busse:** in Richtung Brønnøysund und Mosjøen. www.helgelandske.no (ruter).
- Um 6.45 Uhr **Schnellboot** nach Bodø. 1–3 x tägl. Schnellbootverbindungen zu den Inseln Vega und Dønna. www.helgelandske.no, Infos unter „rutetider og priser".
- **Flüge:** nach Bodø. www.wideroe.no.
- **Fähre:** ab Sandnessjøen nach Bjørn auf Dønna (3–5 x täglich).
- **Hurtigrute:** nach Norden 4.15 Uhr, nach Süden 13.30 Uhr.

Unterkunft

- **Rica Hotel Sandnessjøen,** Tel. 75065000, Fax 75065001, T. Kveldulvsonsgt. 16, (****/*****). Bestes Haus am Platz, Restaurant, Bar.
- **Dønnes Gård,** in Nordøyvågen auf Dønna, Tel. 75055615. Schöner alter Hof mit englischem 700, Lusthäuschen und guten Zimmern für 650 NOK. Fahrradverleih.
- **Sandnessjøen Vandrerhjem,** Håreks gate 15, ab Fähranleger nach Dønna nach Südwesten immer geradeaus, dann links und wieder rechts (Sjøbergsgate). Nun immer geradeaus. Tel. 46904743, ganzjährig geöffnet. Schönes Haus, gute Zimmer, Bett 550 NOK, DZ 700 NOK.

Camping/Hütten

- **Sandnessjøen Camping,** Tel. 75045440, www.ssj.no. An der Rv 17, nahe des Flughafens gelegen. Schöne Aussicht, relativ ruhige Lage. Hütten (**/***).
- **Aaker Brygge,** Dønna, Tel. 75054858, geöffnet: 1.4.–30.9. Einfacher Platz mit Rorbuer für 500 NOK, Zeltareal und Bootsverleih.

Aktivitäten

- **Bootsausflüge:** Ab Sandnessjøen, Tjøtta und Nesna fahren Boote in das Inselgewirr der Küste. Infos: Turistkontor Sandnessjøen.
- **Tauchen, Meeresrafting und Kanuverleih:** Infos im Turistkontor.

Sandnessjøen – Forøy

Über die mächtige, 1000 m lange Helgelandbrua gelangt man zum **Fähranleger Levang.** Auf der Rv 17 verbleibend, setzt man hier innerhalb von 20 Minuten nach **Nesna** über. Die Straße führt nun durch eine raue Landschaft mit geschwungenen glatten Felsen ohne Bewuchs und gigantischen Bergen, denen die Laune der Natur oft genug witzige Kappen aus Wolkenschaum aufsetzt. Unterwegs lohnt der Abstecher mit der Fähre ab Stokkvågen zur unverkennbaren und bekannten, nur 4,9 km² großen, aber 625 m emporragenden **Vogelinsel Lovund** mit über 200.000 Papageientauchern.

481no Foto: ms

Nach einigen Kilometern erwartet den Reisenden eine herrliche einstündige **Fährfahrt von Kilboghamn nach Jetvik.** Unterwegs überquert man den Polarkreis! Anschließend fährt man 28 km auf der Küstenstraße und nimmt von **Ågskardet nach Forøy** das letzte Schiff der Route.

Touristeninformation

- **Nesna Turistinformasjon,** Tel. 75056540. www.artic-circle-coast.no.

Unterkunft

- **Lovund Rorbu Hotell,** Tel. 75094532, www.lovund.no. Rorbuer u. Zimmer ab 900 NOK.

Der Hafen von Nesna

Gletscher Svartisen

- **Nesna Vandrerhjem,** direkt im Ort, Skoleveien 34, Tel. 48015709, ganzjährig geöffnet, äußerlich schlichte, innen gemütliche JH. Bett 320 NOK, DZ 600 NOK.

Camping/Hütten

- **Nesna Feriesenter og Motell,** Nesna, Tel. 75056540, Fax 75056697, nesnaferie.no. Ganzjährig geöffnet. Sehr schöner sauberer Platz am Wasser mit Hütten (*/***), Boots- und Fahrradverleih.
- **Polarsirkelen Kystferieanlegg/Hilstad Camping,** 3 km nördlich des Fähranlegers Kilboghamn, Tel. 75097186, Fax 75097108. Ganzjährig geöffneter, toller Platz am Wasser mit hervorragendem Blick auf mächtige Berge. Hütten (*/***), Sauna, Angelplatz, Bootsverleih, Café.

Ausflug

- Ab Stokkvågen durch den Schärengarten zur **Vogelinsel Lovund:** Fähre meist 2x tägl., am Vormittag hin, am Abend zurück, 2,25 Std., 70 NOK/Pers. www.helgelandske.no.

Shopping / Café

- **Lysstøperiet:** Kerzengießerei und Café mit selbstgemachtem Kuchen in Levang (20.6.–20.8., 11–18 Uhr).

Forøy – Ørnes

↗IV/A3

Nächster, sehr lohnender Stopp ist **Holand.** Hier setzten 10–21 Uhr Boote (110 NOK) zum **Gletscher Svartisen** über. Die Wanderung zur extrem imposanten Gletscherzunge Engenbreen dauert eine Stunde, mit dem Fahrrad (60 NOK, Verleih wird auf dem Boot vermittelt) gehts schneller. Gletschertouren (ab 400 NOK) um 12 Uhr, ein Platz für Zelte *(teltplass)* liegt unweit des Gletschersees. Infos unter: www.svartisen.com.

Die Rv 17 durchquert nun den 7 km langen **Svartistunnelen** (für Radfahrer gesperrt – bitte auf den Bus umsteigen). Gleich nördlich der schwarzen Röhre liegt der 1993 angelegte Storglomvann. Er produziert u.a. die Energie für die Kunstdünger- und Kalksalpeterindustrie der folgenden Siedlung **Glomfjord.**

Den Ort kann man getrost links liegen lassen und gleich nach **Ørnes** weiterfahren. Dort gibt es zwar keine Sehenswürdigkeiten, doch hat man sich bei der Gestaltung des Zentrums immerhin sichtlich Mühe gegeben. Es gibt gute Einkaufsmöglichkeiten und einen herrlichen Blick auf die Berge.

Touristeninformation

- **Meløy Turistkontor,** Boks 254, 8151 Meløy, Tel. 75754888, Fax 75754808.

An- und Weiterreise

- **Bus** in Richtung Bodø.

482no Foto: ms

485no Foto: ms

• **Schnellboot** nach Bodø hält in Ørnes, genauso wie die **Hurtigrute** (nach Norden 9.30 Uhr, nach Süden 7.15 Uhr)

Unterkunft

• **Ørnes Hotel,** Tel. 75754599, (****). Gutes Hotel in Ørnes. Es verfügt über Restaurant, Pub und Disco. DZ ab 1000 NOK.

Camping/Hütten

• **Furøy Camping,** Halsa, Tel. 75750525, geöffnet: 1.5.–1.10. Nahe des Fähranlegers in Halsa gelegen. Hütten (**/****), Zimmer (ab 500 NOK), Bootsverleih.
• Noch schöner ist der 30 km westlich gelegene Platz **Åmnes Sjærgårdscamping,** Tel./Fax 75751350, ganzjährig, Hütten (**/***), Angelplätze, Sandstrand und Fahrradverleih. Ausflüge. Toller Blick!
• **Reipå Camping,** Rv 17, 6 km nördlich von Ørnes gelegen, Tel. 75755774. Einfacher Platz mit Hütten (*).
• **Mevik Camping,** RV 17, 15 nordöstlich von Ørnes, Tel. 75756134, Einfacher, aber schöner Platz an sandiger Bucht. Hütten (*).

Ørnes – Saltstraumen

Die Rv 17 führt nun durch einsame Landschaft nach **Storvika** (Panoramablick) und weiter zur Kreuzung mit der Rv 838. Hier kann zur **Gildeskål-Kirche** aus dem 12. Jahrhundert abgezweigt werden (im Sommer um die Mittagszeit geöffnet). Die Region ist außerdem bekannt für ihr reichhaltiges **Orchideenvorkommen**. Allein auf der Halbinsel Inndyr wurden 26 Arten nachgewiesen.

Die Straße führt nun durch recht unspektakuläre Landschaft in Richtung des Saltstraumen.

Camping/Hütten

• **Kjellingstraumen Fjordcamp,** Nygårdsjøen, Rv 17, Tel. 75757111, www.kjellingstraumen.no. Schöner Platz am Wasser. Hütten (*/**). Boots- und Fahrradverleih. Gute Angelbedingungen am nahen, weniger bekannten Mahlstrom Kjellingstraumen.

Saltstraumen

↗IV/A,B2

Die Strudel dieses **stärksten Mahlstromes (Gezeitenstromes) der Welt** werden durch den stetigen Wechsel von Ebbe und Flut hervorgerufen. Sie sind am stärksten bei Neu- und Vollmond, am schwächsten bei Halbmond. Das Wasser wird dabei mit einer Geschwindigkeit von bis zu 10 Knoten in den Skerstadfjord gepresst. Da Fische der Strömung nicht standhalten können, ist das Anglerglück so gut wie garantiert. Im **Saltstraumen-Museum** an der Kirche gibt es Ausstellungen zur Küstenkultur und Norwegens ältestes Musikinstrument, den „Brummstein", zu sehen (Di.–Fr. 16–19 Uhr, Sa. 11–15 Uhr, So. 13–18 Uhr, 30 NOK). Bis Bodø sind es 25 km.

Camping/Hütten

- **Saltstraumen Camping,** Tel. 75587560, Fax 75587540, www.saltstraumen-camping.no. Guter Platz am Saltstraumen. Hütten (**/****), Fahrrad- und Bootsverleih.
- **Elvegård Camping,** Saltstraumen, Tel. 75587104, Fax 75563322. Empfehlenswert, sauber. Blick auf Saltstraumen. Hütten (**/****). Gute Angelplätze. Bootsverleih.
- **Saltstraumen Fiskecamp,** Tel. 75587138, www.saltstraumen-fiskecamp.no. Recht teure Hütten und Apartments (800–1500 NOK), Bootsverleih, Tauchcenter. Café und Pub.

Der Saltstraumen ist bei Anglern besonders beliebt

Aktivitäten

- **Tauchzentrum** (Dykkesenter): www.saltstraumendykkesenter.com, Tel. 97407099, mit Übernachtungsmöglichkeiten. In Tuv am Südufer des Saltstraumen.
- **Saltstraumen Naturopplevelser:** www.saltstraumen-adventure.com, Tel. 99427606, Seeadlersafari, Rafting auf dem Mahlstrom.

Bodø

↗IV/A2

Die mit **46.000 Einwohnern** zweitgrößte Stadt Nordnorwegens wurde nahe der seit 1775 bestehenden Krämersiedlung am Hof Hundholmen gegründet, um die Abhängigkeit der Nordnorweger von den Kaufleuten in Bergen zu reduzieren. Kaum war die Stadt gegründet, brach über diese die Stagnation herein, denn nach wie vor ging aller Handel mit dem Norden über die Lofoten, wo die Fischgründe lagen. Die Wende brachte das Jahr 1864, als der **Winterhering** plötzlich dauerhaft die Seegebiete um Bodø aufsuchte. Der Fischfang legte somit die ökonomische Grundlage für ein rasches Wachstum. Um 1870 war die Stadt eine der sich am schnellsten entwickelnden in Norwegen. Als der Heringsfischfang in den 1880er Jahren nachließ, waren bereits viele neue Unternehmen wie Handelsbanken, Konservenfabriken, Werften und Dampfschiffgesellschaften etabliert, die ein langfristiges Wachstum sicherten.

Bodø ist heute Hauptstadt des Fylke Nordland und somit Sitz wichtiger Verwaltungsorgane und Dienstleitungsunternehmen sowie Hauptstützpunkt des Militärs der nördlichen Landesteile.

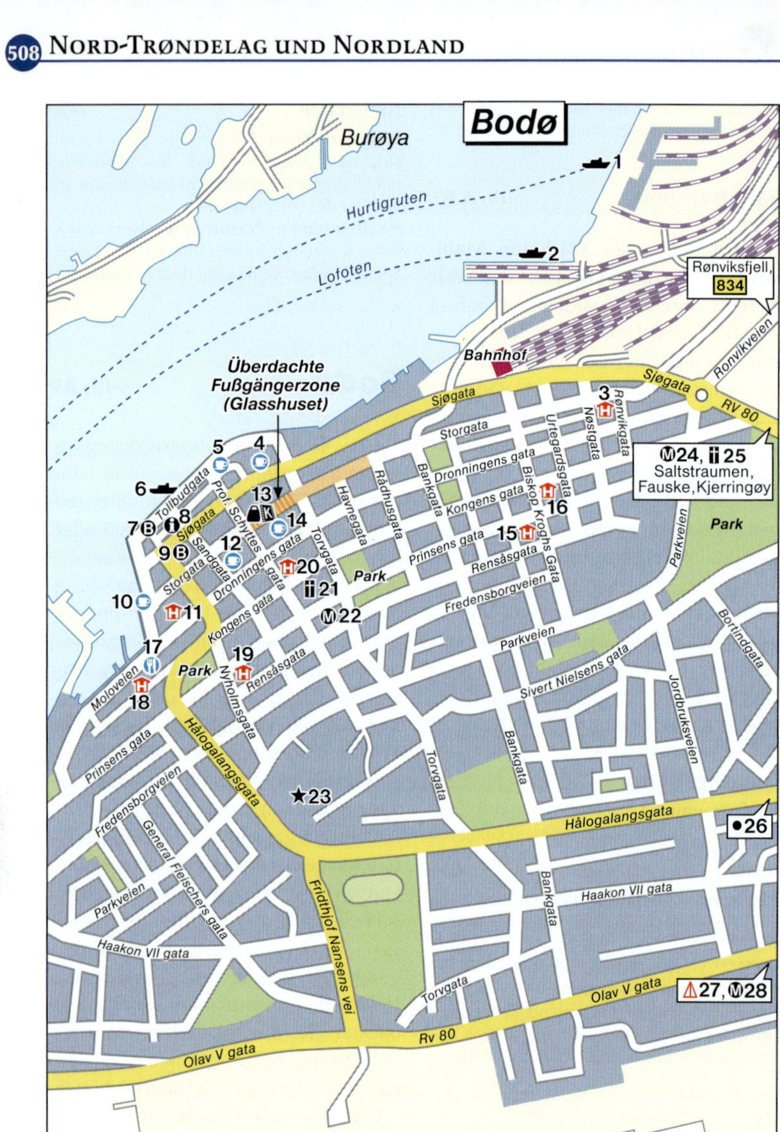
Bodø
Burøya
Hurtigruten
Lofoten
Rønviksfjell, 834
Bahnhof
Rønvikveien
Sjøgata
RV 80
Überdachte Fußgängerzone (Glasshuset)
Storgata
Dronningens gata
Kongens gata
Prinsens gata
Rensåsgata
Fredensborgveien
Parkveien
Sivert Nielsens gata
Bortindgata
Jordbruksveien
Rådhusgata
Havnegata
Torvgata
Bankgata
Nøstgata
Rønvikgata
Urtegardsgata
Biskop Kroghs Gata
Tollbudgata
Prof. Schyttes gata
Sandgata
Moloveien
Nyholmsgata
Hålogalangsgata
General Fleischers gata
Haakon VII gata
Fridthjof Nansens vei
Olav V gata
Rv 80
Park
Ⓜ24, 25
Saltstraumen, Fauske, Kjerringøy
•26
27, Ⓜ28
Flughafen
0
500 m

1 Kai der Hurtigruten	15 Kristensen Pensjonat
2 Fähre (Moskenes, Værøy, Røst)	16 Opsahl Gjestegård
3 City Hotel	17 Restaurant Egon
4 Min Plass	18 Thon Hotel Nordlys
5 Løvolds Kafé	19 Skagen Hotel
6 Schnellbootkai	20 Bodø Hotel
7 Busbahnhof (regional)	21 Domkirche
8 Touristeninformation	22 Nordlandmuseum
9 Busbahnhof (überregional)	23 Bodø-Kulturhaus
10 En Kopp	24 Bodøsjøen-Freilichtmuseum
11 Blu Hotel Bodø	25 Bodin-Kirche
12 Kafé Kafka	26 Nordlandsbad (Bodø Spektrum)
13 Glasshuset	27 Bodøsjøen Camping
14 Kafé Aga	28 Luftfahrtmuseum

Deshalb donnern regelmäßig Tiefflieger über die Stadt und es gibt ein **Luftfahrtmuseum** in Form eines Propellers südlich des Zentrums. Die interessante Ausstellung präsentiert die Geschichte der Fliegerei, zahllose Flugzeuge, u.a. eine Ju 52 und eine Twin Otter, sowie einen Flugsimulator. Das Haus liegt in der Olav V gt. an der Rv 80 (Mo.–Fr. 10–18 Uhr, Sa./So. 10–17 Uhr, 80 NOK, Familien 190 NOK).

Ein Rundgang durch den Ort zeigt schnell: Sehenswerte Gebäude gibt es kaum. Schuld daran sind die verheerenden **Zerstörungen** im Zweiten Weltkrieg und der etwas einfallslose Wiederaufbau.

Allein das älteste, 1903 erbaute Gebäude Bodøs (Prinsens gate 116) mit dem **Nordlandmuseum** (recht interessante Austellungen zur Fischerei und den Samen, geöffnet: 9–16 Uhr, Sa./So. ab 11 Uhr, 35 NOK) und die **Domkirche** ragen heraus. Errichtet wurde das Gotteshaus im Jahr 1956, mit einem einzeln stehenden Turm und eindrucksvollen 12 m hohen Glasfenstern (geöffnet: Mo.–Fr. 9–14.30 Uhr, gratis).

Schöner ist allerdings die 3 km südöstlich des Zentrums stehende **Bodin-Kirche** (Mo.–Fr. 10–15 Uhr), im Jahr 1240 erbaut und 1670 mit einem barocken Altarbild ausgestattet, auf dem jede Person eine biblische Figur oder Handlung symbolisiert. Ein weiteres Kleinod ist die um 1650 erschaffene Renaissancekanzel.

Die beste Aussicht auf Bodø haben Besucher vom 150 m hohen **Rønviksfjell** (Wanderwege/Loipen über die Rv 834 erreichbar). Beim Blick hinab fällt die herrliche Lage des Ortes, an der Nahtstelle zwischen den majestätischen Bergen des Hinterlandes und dem brausenden Meer auf. Dieses sorgt immer für eine steife Brise, bei der es sich jedoch laut Tourismuswerbung immer um Rückenwind handelt. Zu schätzen wissen die Thermik, so scheint es, vor allem die Seeadler, deren Bestand der größte innerhalb einer städtischen Region ist.

Ein weiteres schönes Ausflugsziel ist das 3 km entfernte, Richtung Flughafen gelegene **Bodøsjøen-Freilichtmuseum,** dessen Gelände mit 14 alten Häusern der Region Salten gratis betreten werden darf.

Touristeninformation

- **Destianasjon Bodø,** Postboks 514, Sjøgate 3, 8001 Bodø, Tel. 75548000, Fax 75548001, www.nordlandreiseliv.no., www. bodoe.com. An der Rv 80 in der Straße am Hafen, 500 m vom Bahnhof. Sommer: Mo.–Fr. 9–20 Uhr, Sa. 12–18 Uhr, So. 12–20 Uhr.

Orientierung

- Die Rv 80 führt als Ringstraße direkt in das Zentrum und wieder heraus.

An- und Weiterreise

- **Bahnhof:** am Rande des Zentrums. Zug 3x täglich nach Trondheim (9–10 Stunden), u.a. Nachtzug.
- **Busbahnhof:** ab Bhf. 500 m die Sjøgata geradeaus, **Fernbusse: 720;** ab Fauske **724, 761, 815.** Im Sommer 1x tägl. nach Svolvær und Å; 50 % InterRail/Scanrail Rabatt, www.177nordland.no.
- **Fähren/Hurtigrute:** Der Terminal für die Fähren und die Hurtigrute liegt 500 m vor dem Bahnhof (Jernbaneveien).

Fähre Bodø – Moskesnes auf den Lofoten, Anf. Juni–Ende Aug.: 4.30 Uhr (außer So.), 6 Uhr (nur Juli), 10.15 Uhr, 14 Uhr (nur Juli), 17.45 Uhr, z.T. auch 0.45 Uhr. Ansonsten 1x tägl. außer Sa. zu unterschiedlichen Zeiten. Überfahrt: 3,5 Std. (oft recht starker Wellengang). Auto inkl. Fahrer 570 NOK, Erwachsene 160 NOK, für Fähren Mitte Juli Vorbestellung für Autofahrer ratsam (+160 NOK; Tel. 90620700, www.177nordland.no siehe unter „rutetabeller", „ferje", „18-782", Mo.–Do. bis 15 Uhr, Fr. bis 12 Uhr).

Hurtigrute: Südgehend: Ankunft in Bodø 2 Uhr (Abfahrt 4 Uhr, bis dahin darf man sich in der Kabine aufhalten); Nordgehend: Bodø (15 Uhr) – Stamsund (19.30 Uhr) – Svolvær (21 Uhr), 455 NOK, Auto 220 NOK, Info: www.hurtigruten.no (siehe unter „priser", „kortere reiser", „ruteplan"), Tel. 75548030.

Schnellboot: Bodø – Svolvær (Lofoten), 23.6.–21.8. Mo., Mi., Do., Fr. 10 Uhr, Di. 7.30 Uhr, Frühling/Herbst tägl. zu unterschiedl. Zeiten, 3,5 h, 300 NOK;

Bodø – Ørnes – Sandnessjøen, 1x tägl., meist am Nachmittag, 260 NOK. www.hurtigruten.no (siehe unter „hurtigbåt", „rutesøk").

- **Flughafen:** 2 km südlich des Zentrums (das Gebäude öffnet 4 Uhr), Tel. 67033510; Flughafenbus ins Zentrum (Haltestelle am SAS Hotel), 25 NOK. Keine Verbindung zum Hafen (800 16,5m zu Fuß ab SAS Hotel). Taxi: rund 125 NOK (Tel. 075500). Flüge u.a. nach Oslo, Trondheim, Lofoten (Leknes, Svolvær), Widerøe: Tel. 75504890, www.wideroe.no.

Mietwagen

- **Avis:** Tel. 75541000, **Budget:** Tel. 7552 3440, Fax 75523287, **Hertz:** Tel. 75548400, **Europcar:** Tel. 75507500; und www.didriksen.no (auch Wohnmobile), Tel. 7554100.

Unterkunft

- **Blu Hotel Bodø,** Storgt. 2, Zentrum, Tel. 75519000, Fax 75519001, (*****). Hotel der Luxusklasse. Gutes Rest., Bowlinghalle, Sauna.
- **Skagen Hotel,** Nyholmsgt. 11, Tel. 7551 9100, Fax 75519101, (*****). Schönes Hotel mit Charakter und Meeresblick. 1.7.–15.8. DZ ab 850 NOK. Außerdem werden auf Anfrage auch Übernachtungen im Leuchtturm Landego fyr angeboten.
- **Bodø Hotel,** Prof. Schyttes gate 5, Zentrum, Tel. 75547700, Fax 75525778, (****). Empfehlenswertes Mittelklassehotel mit Restaurant.
- **Thon Hotel Nordlys,** Molovn. 14, Tel. 7553 1900, Fax 75531999, (*****). Modernes, teures Hotel am Wasser, mit Restaurant, Bar und Solarium.
- **City Hotell,** Storgt. 39, Tel. 75520402. www.bodoapartment.no. Preisgünstiges Haus (ehemals JH) im Zentrum. DZ 700 NOK, Familienzimmer 900 NOK.
- **Opsahl Gjestegård,** Prinsen gate 131, zentrumsnah, Tel. 75520704, Fax 75520228 (****). Äußerlich schlichter, innen komfortabler, sehr gemütlicher Gasthof.

- **Kristensen Pensjonat,** Rensåsgt. 45, Tel./Fax 75521699, (**). Einfaches Gästehaus nahe des Zentrums und des Sentralsykehus (Krankenhaus).

Camping/Hütten

- **Bodøsjøen Camping,** Kvernhusvn. 1, Tel. 75563680, ganzjährig geöffnet. 2,5 km südl. des Zentrums gelegen. Nur mäßig guter Stadtplatz. 45 Hütten (*/***). TV-Zimmer.
- **Geitvågen Bad og Camping,** Rv 834, 11 km nördl. von Bodø, Tel. 75510142, Fax 75524958, geöffnet: 28.5.–21.8. Recht schöner Platz mit Strand und Badesee. Hütten (*/**).

Essen und Trinken

- **In der Storgata und Sjøgata** finden sich die meisten Restaurants und Pubs. Darunter auch **Peppes Pizza** (Storgt. 3). Preiswert und gut ist das **Kafé Aga** (Pizza und Kuchen) im Einkaufszentrum Glasshuset. Gemütlich sitzt man im **Kafé Kafka,** Sandgata 5B. **Løvold Kafeteria:** 9–18 Uhr, Sa. bis 15 Uhr, So. geschlossen, Café und Treffpunkt für alle. Essen ab 110 NOK, Tollbugata 9; **En Kopp:** nettes Café, Storgata 2, Kuchen und Snacks ab 80 NOK. Empfehlenswert: **Min Plass** – Café & Club, Shushi, Wok und Sandwiches (ab 150 NOK), Sjøgata 12.
- Am Hafen (Molovn. 14) liegt das **Restaurant Egon** (Pizza all you can eat für 110 NOK bis 18 Uhr). Teuer, aber gut, isst man im Restaurant **Blix** im Rica Hotel.

Aktivitäten

- Es gibt ein **Kino** und ein **Kulturhaus** im Zentrum. **Fahrräder verleiht die Touristeninformation.** Hier auch Infos zu **Angelfahrten und Seeadlersafaris** (keine andere Stadt der Welt weist einen größeren Bestand an diesen Vögeln auf).
- **Internet**: Touristeninfo und im Kafé Kafka.
- **Baden**: neues Erlebnisbad seit 2004.

Shopping

- Teile der Storgata sind zum überdachten **Einkaufszentrum Glasshuset** umgebaut worden (40 Läden).

- **Bertnes Geo-Senter,** Rv 80, 9 km östlich von Bodø. Mineralien, Steine, Silberschmuck und Café.

Umgebung

38 km nördlich der Stadt, an der Rv 834 (Fähre 14x tägl., 9–23.30 Uhr, 10 Min.), liegt der alte Handelsplatz **Kjerringøy** (Weiberinsel). Die 15 Gebäude der sehenswerten Anlage stammen aus dem 19. Jahrhundert Zur Blütezeit des Marktfleckens befand sich das Anwesen in den Händen eines im Fischfang und Im-/Exportgeschäft tätigen Kaufmannes mit dem vielsagenden Namen *Zahl.* Seine Lebensgeschichte wurde in den 1990er Jahren hier am Originalschauplatz im sehenswerten Film „Der Telegrafist" auf Zelluloid gebannt. Auch kam es 1994 auf Kjerringøy zu einer modernen Verfilmung des Buches „Pan" von *Knut Hamsun*. Dies verwundert nicht, fand doch der Dichter 1879 hier Inspiration und Ruhe für sein dichterisches Schaffen.

Neben der im Sommer 11–17 Uhr geöffneten Hofanlage (40 NOK, Familien 90 NOK) mit Garten, Café, altem Kaufmannsladen und Kiosk lohnt vor allem die beeindruckende, sagenhaft schöne Küstenlandschaft diesen Abstecher. Und wer sich angesichts dieser verleitet fühlt, länger zu bleiben, kann Fahrräder und Boote ausleihen und findet auf dem schönen **Kjærringøy Campingplatz** (Tel. 75511240, Hütten ab 350 NOK) und in dem alten Holzhaus des Pfarrhofs angenehme Unterkünfte (Tel. 75507710, DZ ab 500 NOK, www.kjerringoy.no).

Die Lofoten

Die Inselgruppe der Lofoten mit der gezackten Lofotenwand, den „Alpen im Nordmeer", **gehört zu den imposantesten Landschaftsformen Europas.** Berge ragen wie Denkmäler bis zu 1200 m steil aus dem Ozean empor. Dazwischen grüne Wiesen, schneeweiße Sandstrände und idyllische Fischerdörfer mit Gestellen, auf denen der Kabeljau zu Stockfisch trocknet. Sie versinnbildlichen das **wirtschaftliche Herzstück der Inselwelt,** deren Wohlstand schon seit Wikingerzeiten mit der Ernte in den Netzen steht und fällt. In manchen Jahren konnte ein Ausbleiben der **Fisch**schwärme die Seeleute in bittere Armut stürzen. Am härtesten traf es die Lofotinger von 1807–1810. Die Seeblockade der Engländer gegen Frankreich, unterband den schon seit Hansezeiten florierenden Export in Richtung Südeuropa. Wohlstand war auch in den folgenden Jahren wachsender Erträge, als bis zu 32.000 Mann (1895) über 100.000 Tonnen Dorsch und Hering an Land zogen, nur wenigen Gutsbesitzern und Händlern beschieden. Die sozialen Spannungen entluden sich u.a. in der Schlacht am Trollfjord (siehe „Svolvær").

Die ökologischen Folgen der „reichen Ernte" machten sich zum ersten Mal in den 60er Jahren des 20. Jh. bemerkbar. Der Fang ging stetig zurück und lag 1988 nur noch bei 11.000 Tonnen. Und wenngleich sich derzeit die Fischbestände wieder einigermaßen erholt haben, für mehr als 2000 Seeleute reicht die Arbeit vor Ort nicht.

Die Hauptsaison für den Fischfang ist in der Zeit von Januar bis März. Verläuft sie schlecht, so helfen über das Jahr nur noch die Einnahmen aus den schon im 19. Jahrhundert etablierten fischverarbeitenden Betrieben und dem **Tourismus.** Dieser allerdings erlebt gerade eine Blütezeit. Jahr für Jahr entdecken bis zu 400.000 Besucher die Inselgruppe für sich. Viele übernachten dabei in den alten, heute luxuriös umgebauten **Rorbu-Fischerhütten** (*Rorbu* oder *Rorbuer*). Die meist am Wasser stehenden **Stelzenhäuser** dienten seinerzeit den Seeleuten als Unterkunft und ließen damals noch jeden Komfort vermissen.

Einer Sage nach sollen die Lofoten, deren Name sich von den altnordischen Worten *ló* (Luchs) und *fotr* (Fuß) ableitet, entstanden sein, als Gott noch ein Schäufelchen Urmaterie übrig hatte, sie ins Meer warf und sprach: „Mag es werden, was es wolle". Naturwissenschaftler schätzen die Inselgruppe auf ein **Alter von 3,5 Mrd. Jahren.** Wind und Wetter ebneten das Gebirge noch mehrfach ein, bis sich vor etwa 1 Mrd. Jahren durch das Empordringen magmatischer Gesteine die heutigen Lofoten bildeten. Erst 500 Mio. Jahre danach erfolgte die Heraushebung und Faltung Festlandnorwegens. Von dieser Gebirgsbildungsphase waren die Lofoten nur am Rande betroffen. Auch die letzte Eiszeit, die hier vor 10.000 Jahren endete, hinterließ nur wenige Spuren, wie einige vom Eis ausgehöhlte, sehr tiefe Karseen. Die markanten spitzen Berge blieben jedoch erhalten und wurden nicht wie in Südnorwegen zu Hochebenen abgehobelt.

In der Folgezeit gewann die **Vegetation** verlorenes Land zurück, und es gedieh der dichte Lofotenwald. Das Bedürfnis nach Feuerholz führte schon ab 4500 v.Chr. zu Abholzungen, und um das Jahr 1820 war der Wald fast verschwunden. Durch die Umstellung auf das Heizen mit eingeführten Materialien konnte sich der Wald regenerieren. Heute prägen zum Teil Birken und Kiefern wieder das Landschaftsbild.

Spannend wie die Landschaft der 1227 km² großen Lofoten ist auch das **Wetter.** Der Zerklüftung der Inseln und ihrer exponierten Lage, dem Westwind zugewandt, ist es zu verdanken, dass Regen und Sturm, Sonne und Windstille oft nur wenige Kilometer auseinanderliegen. Extrem ist der Wechsel von der winterlichen *Mørketid* (Dunkelzeit) zum goldenen Licht der **Mitternachtssonne** (28.5.–15.7., siehe „Land und Leute/Naturraum/Wetter//Mitternachtssonne und Polarnacht" sowie Exkurs). Die Temperaturen im Jahresverlauf unterliegen nur geringen Schwankungen, eine Folge des steten Westwinds und des Golfstroms. Das Wasser hat, wenige Buchten ausgenommen, die 16–18 °C warm sind, ganzjährig eine Temperatur von 7–12 °C. Die Luft kühlt selbst im Januar kaum auf unter 0 °C ab – in der Finnmark oder in Grønland ist es zur selben Zeit meist 24 °C kälter, was die größte Temperaturanomalie eines Breitengrads auf der Welt ist. Der Sommer ist mit durchschnittlich 13 °C kalt, an sonnigen Tagen können es aber auch mal über 20 °C werden. Ein laues Lüftchen weht dabei beständig, wobei es im Herbst durchaus zu einem ausgewachsenen Orkan heranreifen kann. Kein Wunder also, dass der lofotentypische Ortsname *vær* sowohl „Fischerdorf" als auch „Wetter" bedeutet.

Anreise

Über die E 10 ab Narvik können die Lofoten seit Dezember 2007 über eine durch spektakuläre Landschaft führende Straße **fährfrei** erreicht werden.

- **Fähren:** ab Bodø (siehe dort); Skutvik (Rv 81) – Svolvær (im Sommer fast stündlich, ab ca. 19.8. 3x täglich, 2 Std., Auto inkl. Fahrer 350 NOK, Erwachsene 100 NOK, diese Strecke könnte eventuell eingestellt werden); E 6/E 10: Bognes – Lødingen (E 6, 1 Std., letzte Überfahrt 22.30 Uhr, Sa. 20 Uhr, Auto inkl. Fahrer 180 NOK, Erwachsene 55 NOK); Melbu – Fiskebøl (E 10, 12x tägl., Auto inkl. Fahrer 90 NOK, Erwachsene 35 NOK).
- **Flug:** Flüge ab Bodø zu den Lofoten bzw. Billigflug nach Bodø, dann Fähre zu den Lofoten oder Billigflug nach Evenes (siehe unter „Narvik") und dann Bus.
- **Busverkehr:** Nordtrafikk, Tel. 76111111, www.177nordland.com.

Unterkunft

In der Zeit von Mitte Juni bis Mitte August kostet die Nacht in einem Rorbu bei Belegung mit 2 Personen meist 1000–1200 NOK (danach + 100 NOK/Pers.). Preiswertere Angebote ab 600 NOK u.a. in Sørvågen und Å. Ab ca. 10. August Nebensaisonrabatte.

Svolvær

↗B3

Der Ort auf der Insel **Austvågøy** ist mit seinen **5000 Einwohnern** der größte der Lofoten und **wirtschaftliches und kulturelles Zentrum** der Inselwelt. Verschiedene Fischverarbeitungsfirmen, die Inselzeitung „Lofotposten", die Fischereiverwaltung und einige Werften haben hier ihren Sitz. Diese zentrale

Lofoten und Vesteråle
A
B
1
3
0 20 km
Reine
Hamnøy
Moskenes
Å
Sørvågen
Moskenestraumen
MOSKEN
VÆRØY
Søværøy
Røst
RØST
nach Bodø
200 km
Alta
Tromsø
FIN
Narvik
Kiruna
Bodø
SCHWEDEN
Mosjøen
Trondheim
Ålesund
Lillehammer
NORWEGEN
Oslo
Drammen
Bergen
Stavanger
Kristiansand
VESTE
LOFOTEN
Nyksund
SKOGSØY
Øksnes
Smines
Utskår
Sandset
Hovden
Nykvåg
Rygge
Krakberget
Husvåg
Skorpa
Straume
Søberg
Føre
Guvåg
Eidsfjor
Straumsnes
820
Bø
Vik
Steine
Eidsfjord
Sandnes
Breivik
Stokmarknes
Ånstad
HADSELØY
Melbu
Hadselfjorde
Hadselsand
Fiskebøl
Delp
Morfjord
Straumnes
Grunfjordfjord
Brenna
Eidet
Laupstad
Kvalnes
Slåttholme
Eggum
Vik
Gimsøy
Sildpollen
Vågen
Vorheim
Haugen
Sundklak
AUSTVÅGØY
Unstad
Øyhelle
Borg
Alstad
Framnes
VESTVÅGØY
Liland
Vikjordal
Rørvik
Svolvær
Utakleiv
Kabelvåg
Brette
E10
Valberg
LILLE MOLL
Våje
Festvåg
Myrland
Offersøy
Leknes
Storfjordvik
Henningsvær
Skrova
Napp
Gravdal
Stamsund
Grimsøystraumenbrücke
Vareid
Ure
Ramberg
Flakstad
Mortsund
Fredvang
Kilan-
plass
Ballstad
Selfjord
Finnbyen
Hurtigruten
Nusfjord
Nesland
Mølnarodden
siehe oben links
Vestfjorden
ENGE
Hamnøy
Reine
Moskenes
Å
Sørvågen
nach Sørværøy, Bodø
nach Bodø
Holksta
Kvalnes
Nordskot

Nordnorwegen

Stellung in der Region erlangte Svolvær erst gegen Ende des 19. Jahrhunderts mit dem Ausbau des Naturhafens für Dampfschiffe und dem regelmäßigen Anlegen der Hurtigrute. Zuvor lag der Ort im wirtschaftlichen Schatten der Fischerorte Kabelvåg und Henningsvær.

Svolvær ist heute ein für hiesige Verhältnisse recht lebendiges Städtchen. Ein Rundgang lohnt sich trotz der schön gestalteten Hafenfront weniger der Häuser wegen, sondern aufgrund einiger Galerien. Zum einen ist da das **Nordnorwegische Künstlerzentrum** (Nordnorsk Kunstnersenter) mit Kunstausstellungen und dem unweit gelegenen Atelier Lofoten (geöffnet: Mitte Juni–Mitte Aug. 10–18 Uhr, die restliche Zeit Di.-So. 10–16 Uhr, 30 NOK). Zum anderen kann die **Galerie** des in ganz Norwegen bekannten Lofotenkünstlers **Dagfinn Bakke** besichtigt werden (ganzjährig: 11–15 Uhr, Do. bis 19 Uhr, Sa. bis 14 Uhr, gratis).

Weitere touristische Anlaufpunkte sind das Besucherzentrum **Lofoten Na-**

494no Foto: ms

ture mit einer Ausstellung zur Natur, Geschichte und Geologie der Lofoten sowie tollen Fotografien (Eingang durch Touristeninformation, gleiche Öffnungszeiten, 50 NOK) sowie die Eis-/Lichtinstallation „Magic Ice" (geöffnet 15.6.–20.8. 12–22.30 Uhr, ansonsten 18–22 Uhr, 95 NOK, www.magic-ice.no).

Bewacht wird das ganze Ortsensemble von der 569 m hohen **Svolværgeita** (*geit* = Ziege). Ihre Steinhörner sind am besten vom Fähranleger aus zu sehen. Die Besteigung des Felsens und der bis zu 800 m hohen Berge ist nur erfahrenen Berggehern zu empfehlen.

Touristeninformation

- **Destination Lofoten,** Postboks 210, 8301 Svolvær, Tel. 76069800, Fax 76073001.
- **Turistkontor am Marktplatz** (im Sommer bis 20 Uhr, im Winter Mo.–Fr. 9–15.30 Uhr), Tel. 76069807, www.lofoten.info.

An- und Weiterreise

- **Fähre:** siehe „Lofoten/Anreise".
- **Busbahnhof:** westlich des Marktes, 100 m hinter dem Nordlandia Hotel (am Ausgang des umzäunten Hurtigrutenkais nach links).
- **Fernbusse:** Bus Nr. 23–760: 2x tägl. nach Leknes und Å sowie zum Flughafen Harstad/Evenes (Billigflieger Norwegian) und Narvik; 23–754 nach Stokmarknes und Sortland (Vesterålen). Sa./So. oft nur 1x tägl., www.177nordland.no und www.veolia-transport.no, Tel. 78407000.
- **Schnellboote:** nach Bodø.
- **Hurtigrute:** legt nordwärts 21 Uhr, südwärts 18.30 Uhr an.
- **Schließfächer für Gepäck:** im Norlandia Hotel am Markt (abends nur Hintereingang geöffnet).
- **Flughafen:** Tel. 67033950, rund 5 km östlich der Stadt, Flüge u.a. nach Bodø, Trondheim, www.avinor.no/lufthavn/svolvar, oft nur Taxi: Tel. 76070600.

Mietwagen/Taxi

- **Avis:** Tel. 76071140, **Budget:** Tel. 7607 0000, Fax 76072424, **Europcar:** Tel. 7606 8333.
- **Rent a car Lofoten:** www.rentacar-lofoten.com, Tel. 47643560, Miete und Abgabe am Fährkai Svolvær.
- **Lofoten Taxi,** Tel. 76070600, 5 km rund 110 NOK.

Unterkunft

- **Thon Hotel Lofoten,** am Markt, Tel. 7604 9000, Moderner Glasbau neben dem Kulturhaus. Gute Zimmer, viele mit tollem Blick (*****).
- **Royal Hotell,** Siv Nilsens gt. 21, Tel. 76071200, Fax 76070850, (*****). Ein recht gutes und teures Hotel in etwas einfallsloser Lage. Restaurant und Tanzbar. Nur durchschnittliche Zimmer.
- **Anker Brygge,** Tel. 76066480, Fax 76066470, (*****). Architektonisch gelungenes, vergleichsweise komfortables Haus am Hafen. Sehr gutes Restaurant.
- **Rica Hotel Svolvær,** Tel. 76072222, (*****). Sehr ansprechendes Hotel am Wasser. Gutes Restaurant.
- **Norlandia Vestfjord Hotel,** Havna, Tel. 76070870, Fax 76070854, (****/*****). Gutes, gemütliches Hotel am Hafen. Mit Restaurant.
- **Svolvær Sjøhuscamp,** Tel. 76070336, Fax 76076463, www.svolver-sjohuscamp.no. DZ ab 500 NOK, 4-Bett-Zimmer ab 750 NOK. Schönes Holzhaus am Wasser, 5 Min. zu Fuß östl. des Marktes.
- **Lofoten Rorbuer,** Marinepollen, Tel. 9159 5450, www.lofoten-rorbuer.no. Historisches Seehaus mit einfachen, aber guten Zimmern (DZ 690 NOK) und Rorbuer (900 NOK). An der E 10, unweit östlich des Zentrums.

Landschaft auf der Insel Austvågøy

Svolvær
Kabelvag, Vestvågoy
Osanpollen
Leirose
E 10
Svolværveien
Solheimveien
Zindelsens vei
Nemak-veien
Storøyveien
Brugata
Storøyveien
Raftsundgata
Vorsetøyveien
Nonshaugen
Vestermyr
Lofotgata
Valggata
Withs Gate
Trollfjordgt.
Storgata
Rich
Roald Amundsens Gate
Sivert Nilsens Gate
Valggata
Avisgata
Sjøgata
Torggata
Kong
Torget
Kirkegt.
John E. Paulsens Gate
Storgata
Øysteins Gate
E 10
Sjømannsgata
Vestfjordgata
Skolegata
Parkgata
Bakkegata
Gymnasgata
Ausnesfjord-gata
Lamholmen
Østre Havn
Gunnar Bergs vei
Vesterøyveien
Austnesfjordgata
B. Salvesens vei
Kløfterholmveien
SVINØY
1
2
3
4
5
6
7
8
9
10
11
12
13
14
15
16
17

0 300 m
Strandveien
Villaveien
Strømbrubakken
Dr. Daaes Veg
...eyerbakken
Nybyveien
Garsosen
...e Harveisvei
Marinehaugen
Skytter-veien
E 10
Marine-pollen
18
Jektveien
Nyveien
Skipperveien
Flughafen, Sortland

1 Fährkai
2 Rema 1000 Supermarkt
3 Svolvær Amfi Einkaufszentrum
4 Royal Hotell
5 Arkaden Einkaufszentrum
6 Galleri Dagfinn Bakke
7 Vestfjord Hotel
8 Magic Ice
9 Busbahnhof
10 Kai der Hurtigruten
11 Touristeninformation
12 Thon Hotel Lofoten
13 Du Verden
14 Lofoten sykkelutleie
15 Svolvær Sjøhuscamp, Lofoten temagalleri
16 Rica Hotel, Anker Brygge
17 Nordnorwegisches Künstlerzentrum Galleri Gunnar Berg, Svinøya Rorbuer
18 Lofoten Rorbuer

Camping/Hütten

- **Knutmarka Feriesenter,** 3 km nördlich am See, Tel. 76072164, www.knutmarka.no. Sehr gute Finnhütten (**/****). Sauna, Tennis, Loipen, Lift.
- **Hammerstad Sjøhuscamping,** E 10, 10 km nördl., www.hammcamp.no, Tel. 76070305, (**/***), ganzjährig.
- **Svinøya Rorbuer,** Tel. 76069930, www.svinoya.no. Sehr gute, aber teure Rorbuer auf einer Insel gegenüber dem Hafen (Brücke).

Zudem: **Historischer Laden** und das hervorragende, im marinen Stil gehaltene **Restaurant Børsen Spiseri** (Gerichte rund 250 NOK).

Essen und Trinken

- Sehr gute, empfehlenswerte Restaurants sind im **Anker Brygge Hotel** und die **Børsen Spiseri** (Svinøya Rorbuer). Preiswerter sind

Zwischen Svolvær und Kabelvåg

die **Lokale am Markt.** Eine beliebte Kneipe ist das **Du Verden** am Hafen (Gerichte 150–250 NOK, Pizzen, Lunch ab 100 NOK).

Kunst und Kultur

• Für Abwechslung sorgen ein kleines **Kino,** die von Zeit zu Zeit stattfindenden **Konzerte** in der klobigen Kirche und der Trubel in der Hauptfischfangzeit von Januar bis April. Östlich des Marktes liegt die **Bibliothek.** Neu ist das **Lofoten Kulturhus** am Hurtigrutenkai mit Konzerten und Theater, Tel. 75420220.

• **Galleri Gunnar Berg:** Bilder des Lofotenkünstlers *Gunnar Berg* (1863–1893), u.a. „Die Schlacht am Trollfjord". Zudem wird ein sehr sehenswerter Film über die Lofoten gezeigt. Auf dem Gelände von Svinøya Rorbuer.

Internet

• Im **Turistkontor** und bei **Tante Nelly** im Nachbarort Kabelvåg (Storgt. 7).

Aktivitäten

• **Baden: Beliebter Strand** 3 km östlich von Svolvær nahe der Straße.

• **Bowling:** am Svolvær Amfi Einkaufszentrum.

• **Fahrradverleih: Lofoten sykkelutleie,** Vestfjordgt. 7, Tel. 76073000, www.lofoten-aktiv.no und **Lofoten Sykkel** am Markt.

• Diverse **Aktivitätsanbieter** in Svolvær: Bootsausflüge, Adlerbeobachtung, Angeln e.t.c. Infos in der Touristeninformation.

• **Wintersport:** Im Ort gibt es einen längeren **Skilift** und **beleuchtete Loipen** (Tel. 7607 0177).

Bootsrundfahrt

• Unbedingt anzuraten ist der **Ausflug zum Trollfjord.** Der Seitenarm des Raftsund ist 2,5 km lang, nur ganze 100 m breit, dafür aber endlos tief. Seine fast senkrechten Bergwände erreichen Höhen von über 1000 m. Bekannt wurde der Trollfjord durch die nach ihm benannte Schlacht im Jahr 1890. Damals gab es aus unerfindlichen Gründen nur in dieser Gegend Dorsche. Profitgierig versperrte der Geschäftsmann *Kaarbø* die Meeresenge, um den „Schatz" allein an Land ziehen zu können. Dass dies den ohnehin schon unter seiner Macht leidenden Fischern nicht recht war, versteht sich. Und so kam es, dass sich in einem chaotischen Kampf, bei schlimmstem Unwetter, 600 kleine Boote freien Zugang zum Fischreichtum erkämpften. Beschrieben ist das Leben der Seeleute im Essay „Die Lofotfischer" von *Johan Bojer* (in Sammelbänden skandinavischer Literatur abgedruckt). Das Bild „Die Schlacht am Trollfjord" von *Gunnar Berg* hängt in der gleichnamigen Galerie (siehe „Kunst und Kultur").

Touren: Diverse Anbieter. Kosten: 300–400 NOK.

Shopping

• Marktstände und Kiosk auf dem **Markt.** Zwei **Einkaufszentren:** Arkaden und Amfi.

Bei **Rema 1000** preiswerte *Reker* (Garnelen). **Buchladen** in Nebenstr. des Marktes. **Fotoladen** gegenüber Einkauszentrum, hinter einem kleinen Park. **Vinmonopolet.**

Umgebung

Ab Svolvær lohnen Ausflüge zum sagenhaften **Trollfjord** (siehe „Bootsrundfahrt") und mit der Fähre zu den **Holzhäusern auf Skrova.** Bei einer Fahrt in Richtung des **Fähranlegers in Fiskebøl** (Fähre nach Melbu, Vesterålen) durchquert man den Nordteil der Insel Austvågøy. Bei **Laupstad,** an der E 10, bieten sich herrliche Panoramablicke auf die mit über 1000 m höchsten Berge der Lofoten. **Schöne Strände** liegen **am Morfjord** (Nebenstraße ab Fiskebøl).

• **Unterkunft**
Sandsletta Camping, Tel. 76075257. Der gute, saubere Platz liegt westlich der E 10, 10 km von Vestpollen entfernt. Hütten ab 250 NOK.
Skippergården Camping, Tel. 76075197. Ein weiterer Platz, der in Laukvika liegt, nahe des offenen Meeres, 20 km ab Vestpollen.

In Fiskebøl kann man seit Dezember 2007 nach Osten auf die **neue Festlandsverbindung Lofast** (E 10) abzweigen. Die Straße führt durch einsame, beeindruckende Gebirgslandschaft. In Hannøyvika lohnt ein Abstecher zum 20 km südlich gelegenen **Digermulen.** Der einsam, abseits aller Hektik, inmitten herrlicher Berg- und Wiesenlandschaft gelegene Ort auf der Insel Hinnøya, die eigentlich schon zu den Vesterålen gehört, war schon bei Kaiser Wilhelm II. beliebt. An seine Besuche erinnert die Wanderung „Kaisermarsch", welche jedes Jahr Ende Juli organisiert wird (www.digermulen.de). Man kann die Wanderung natürlich auch allein machen:

• **Wanderung**
Ab dem alten Fähranleger gen Süden durch den Ort laufen. Hinter dem Supermarkt zweigt ein Weg zum 349 m hohen Keiservarden ab (siehe Schild). Der Weg ist nicht schwer zu gehen, führt aber steil bergan und ist teils mit Seilen gesichert (1 Std. pro Richtung). *Kaiser Wilhelm II.* ging diesen Weg anno 1889 und 1906.

• **Unterkunft**
Kongsmark Hytteferie, in Tengelfjord, Tel. 76155845, 20 km vor Digermulen, www.kongsmark.no. Gute Hütten (500–650 NOK), Bootsverleih.

Kunst und Kultur

• **Atelier Trollfjord** in Digermulen. *Christian-Ivar Hammerbeck* fängt in seinen Bildern die dramatische Landschaft der Lofoten ein. Die Verkaufsausstellung ist absolut einen Besuch wert. Tel. 76076568.

Kabelvåg

↗B3

Wie auch Svolvær gehört der **1600-Einwohner**-Ort Kabelvåg zur Gemeinde Vågan. Als ältestes Fischerdorf der Lofoten ist er deren historisches Zentrum. Hier war der Abstand zu den **Fanggründen** besonders kurz. Da es in den katholischen Ländern Südeuropas verboten war, während der Fastenzeit Fleisch zu essen, importierte man dorthin getrockneten Fisch. Der **„tørrfisk"** war Norwegens erstes wichtiges Exportprodukt und machte im 14. Jahrhundert 80 % der Gesamtausfuhr aus. Vågan, 1120 gegründet, hatte eine stadtähnliche Struktur. Hier fand im Frühsommer eines jeden Jahres ein großes Treffen statt, an dem Wikinger aus allen Landesteilen, Gesandte des Königs, Ausländer, Fischer und Händler aus Bergen und Trondheim teilnahmen. Das „Vågastemne" verband Nord- mit Südnorwegen und dem Ausland. Es wurde Handel getrieben, Politik erörtert und Gericht gehalten.

Aus der Zeit stammt vermutlich auch der mit einem normannischen Kreuz versehene Trollstein. Er steht unweit der imposanten, 1898 errichteten **Vågan-Kirche.** Die „Kathedrale der Lofoten" ist mit 1200 Sitzplätzen die größte Holzkirche Nordnorwegens.

Südwestlich des hübschen Zentrums liegt **Storvågan,** der **älteste Teil Kabelvågs.** Im Gebäude des ersten, 1811 gegründeten Gasthauses der Lofoten ist das sehenswerte **Lofot-Museum** untergebracht. Zu sehen sind Ausgrabungen des mittelalterlichen Vågan, Boote und thematische Ausstellungen zur Entwicklung des Fischfangs und des Stockfischexports (1.6.–31.8. 9–18 Uhr, sonst Mo.–Fr. 9–15 Uhr, 60 NOK). Ergänzt wird der interessante Museumskomplex durch das moderne **Lofot-Aquarium** mit Café (1.6.–31.8. 10–19 Uhr, sonst So.–Fr. 11–15 Uhr, 80 NOK) und die **Galleri Espolin.** Zu betrachten sind hier die beeindruckenden Lofotenbilder des Künstlers *Kaare Espolin Johnson* (geöffnet: 1.6.–31.8. 10–18 Uhr, sonst außer Sa. 11–15 Uhr, 60 NOK, Kombiticket für alle 3 Museen: 160 NOK).

An- und Weiterreise

- Siehe „Svolvær".

Unterkunft

- **Nyvågar Rorbuhotell,** nahe der Museen, Tel. 76069700, Fax 76069701. 40 toll ausgestattete Rorbuer (*****). Boote, Fahrräder.
- **Tyskhella Rorbuferie,** Tel. 76074500, www.lofotferie.no. Ganzjährig geöffnete Anlage mit komfortablen Rorbuer (950–1600 NOK).
- **Kabelvåg Lofoten Vandrerhjem,** Vågen Folkehøyskole, Tel. 76069880, Fax 7606 9881. Geöffnet: Anf. Juni–Anf. Aug. Einfache Unterkunft, Bett 250 NOK. DZ 620 NOK.
- **Kalle Hovedgård,** Tel. 76077600, www.kalle.no. Historischer Hof mit schönen Rorbuer ab 800 NOK, Apartments und einer Zeltwiese. Abends schnell im Schatten!
- **Lofoten Rorbusuiter**, Tel. 90689206. Fax 76074898, www.lofotodden.no. Neue, sehr komfortable Rorbuer (****), u.a. mit Sauna, Outdoor-Spa, Kamin und Internet.

Camping/Hütten

- **Sandvika Fjord og Sjøhuscamping,** Ørsvåg, Tel. 76078145, Fax 76079010, www.lofotferie.no, ganzjährig. Neben dem Lofoten Turistsenter, herrlicher Platz. Hübsche Hütten/Rorbuer (650–1200 NOK). Boots- und Fahrradverleih. Angelmöglichkeiten, Tauchen und Seekajakfahren. Strand. 1 km zum Bus.
- **Ørsvågvær,** Tel. 76078180, www.orsvag.no. Geöffnet: 1.4.–1.10. Fantastische Anlage auf einer Halbinsel. Rorbuer (****), Campinghütten (*), Zeltwiese, neben Sandvika Camping.

Essen und Trinken

- **Prestengbrygga,** Kneipe und Restaurant am Markt. Uriges Ambiente und günstiges Essen.

Aktivitäten

- **Lofoten Aktiv,** Wandern, Radfahren, Bergsteigen, Tauchen, Kajakvermietung und Touren, Schwertwalsafari. www.lofoten-aktiv.no, Tel. 99231100.
- **Golf: 6-Loch-Platz** auf der Insel Gimsøy westlich von Kabelvåg. Tel. 76072002, Fax 76072003, www.lofotengolf.no.
- **Schwertwalsafari:** Ende Okt.–Mitte Dez., www.orca-lofoten.no (Tel. 45832710; Kabelvåg).

501no Foto: ms

Weiter geht es auf der E 10 bis zum schönen **Sandstrand in Rørvika** (hinter dem Tunnel). Hier biegt ein Sträßlein zu einem der bekanntesten Fischerdörfer der Lofoten ab.

Henningsvær ↗B3

Der kleine Ort ist **eine der malerischsten Siedlungen der Lofoten.** Allerdings ist der gern verwendete Beiname „Venedig des Nordens" doch etwas hoch gegriffen, erst recht, seitdem Henningsvær im Jahr 1983 eine landfeste Verbindung erhielt und einige der Sunde zugeschüttet wurden. Dennoch, die zahllosen Stelzenhäuser, die weißen Katen und das farbenfrohe Bootsgewirr im Schatten mächtiger Bergmassive beeindrucken nach wie vor. Henningsvær entwickelte sich im 18. Jahrhundert als Fischer- und Handelsort. Bis 1842 *Henrik Dreyer* den Ort für 6000 Speciedaler kaufte, war er in unterschiedlichem Besitz gewesen. Unter Dreyer wurde Henningsvær zum wichtigsten Fischerdorf der Lofoten.

Zum Verweilen lädt das **Hafengebäude Lofotens hus** ein. In dem Haus sind natur- und kulturhistorische Ausstellungen sowie die **Karl-Erik-Harr-Galerie** untergebracht. Harr ist einer der populärsten Künstler Norwegens, seine imposanten Nordland-Bilder sind sogar in der Nationalgalerie in Oslo zu be-

Die Henningsvær im Winter

wundern (Juni–Aug. 10–19, sonst 11–15 Uhr, 75 NOK).

Besichtigt werden kann auch das neue **Wal-Forschungszentrum Ocean Sounds.** Den Forschern kann bei ihren Exkursionen zur Hand gegangen werden. Zudem gibt es eine gelunge **Multimediapräsentation** zur Natur der Lofoten und eine Galerie (1.6.–31.8. 14–18 Uhr, Hellandsgata 63, gratis; www.ocean-sounds.com) auf der anderen Seite des Hafenbeckens.

Henningsvær hat heute etwa 550 ständige **Bewohner** und ist eines der Zentren des Lofotfischfangs. Hauptsaison dafür ist von Januar bis März, in dieser turbulenten Zeit verdreifacht sich durch die auswärtige Fischer die Einwohnerzahl des Ortes.

Touristeninformation

- www.henningsvar.com.

An- und Weiterreise

- 3–6x täglich **Bus nach Svolvær.**

Unterkunft

- **Henningsvær Bryggehotel,** Tel. 76074750, Fax 76074730, www.henningsvaer.no, (*****). Wunderbares, modernes Holzhotel am Wasser. Restaurant, Sauna.
- **Finnholmen Brygge,** Tel. 76069960, www.finnholmen.no, (****/*****). Hotel in altem Hafenhaus. Recht einfache Zimmer, aber Sauna, Badezuber u. gemütlicher Pub. Sehr gutes Restaurant.
- **Henningsvær Rorbuer,** Tel. 76074600, Fax 76074910, www.henningsvar-rorbuer.no, geöffnet: 15.2.–31.10. Komfortable, teuere und sehr beliebte Rorbuer (***/****) in schöner Lage. Gutes Restaurant, Sauna, Fahrrad- und Bootsverleih.
- **Den Siste Viking,** Tel. 76074911, Fax 7607 4646. Gehört zur Kletterschule (siehe unten), Bett im Schlafsaal der Kletterschule (300 NOK) oder Apartment im Haus, wo *Johan Bojer* seinen Roman „Der letzte Wikinger" schrieb.
- **Johs. H. Giæver,** Tel. 76074719, Fax 76074900. Z.T. preiswerte, ganzjährig geöffnete Unterkunft am Hafen. Vermietet werden 4 Rorbuer (***/****) und DZ im Seehaus (**/***).

Essen und Trinken

- Die Fischspezialitäten des Restaurants **Fiskekrogen** (Tel. 76074652) zählen zum Besten, was man im Norden erwarten darf. Ansonsten gibt es ein nettes **Café** in der Galerie von *Karl Erik Harr* und der Kletterschule. Ein relativ gutes und preiswertes Restaurant liegt auch im **Henningsvær Gjestegård** (Speisen ab 130 NOK). Gegenüber: nette Bar/Pub **Bakeriteatret.**

Kunst und Kultur

- **Galerie Engelskmannsbrygga:** Glas, Keramik, Fotos – am Markt, 10.6.–10.8. 10–18 Uhr.
- **Henningsvær Lysstøperi:** Kerzengießerei und Souvenirs.

Aktivitäten

- **Rafting** auf dem Meer, **Seeadlersafari, Walsafari:** Tel. 76075001 www.lofoten-opplevelser.no.
- **XXLofoten:** Tel. 91655500, Neuer Aktivitätsanbieter, www.xxlofoten.no.
- **Wandern:** 1. Die Straße nach Henningsvær überquert nach etwa 3 km den Djupfjord. Am Fjord entlang führt ein Weg zu einem Badestrand (etwas mehr als 1 Std.). 2. Vor der Brücke zur Insel Gimsøya nach Brenna abzweigen. Durch das Gatter, dann Richtung Wasser. Wanderweg am Meer entlang Richtung Sundlandsfjorden (teils etwas moorig). Hervorragend zur Beobachtung der Mitternachtssonne.
- **Kletterschule** (Klatreskole): Henningsvær, u.a. Touren auch für ungeübte, Tel./Fax 76074911, www.nordnorskklatreskole.no.

Die E 10 hangelt sich über eine Brücke zunächst zur **Insel Gimsøy** hinüber. Das touristisch kaum erschlossene Eiland ist reich an Mooren und, einigen Funden nach, der **älteste Siedlungsplatz auf den Lofoten.** Sehenswert ist die kleine, weiße Holzkirche, die starke Drahtseile vor Orkanböen sichern.

Einen Besuch wert ist auch der idyllische Ort **Hov,** in dessen Umgebung kleine Sandstrände liegen und von dem man eine leichte Wanderung auf den 368 m hohen Hoven („der Huf") unternehmen kann. Der markante Berg soll einst die Heimat des **Hovtrolles** gewesen sein, welcher während der Brautwerbung um die schöne Matmora mit seinem Widersacher Ånstadkallen in Streit geriet und ihn mit mächtigen Steinen bewarf. Noch heute ist das Ergebnis dieses Wutausbruchs in der Region gut zu beobachten (Wanderweg auf den Hoven ab Hov; 45 Min.).

Auf der E 10 gelangt man nun über eine zweite Brücke auf die teils wilde, teils liebliche **Insel Vestvågøy.** Die Straße gabelt sich auf in E 10 und Rv 815. Zunächst folgen wir der Europastraße.

Borg

↗A3

1981 war es, als ein Bauer beim Beackern seines Grund und Bodens auf die Grundrisse mehrerer Häuser stieß. Die Anlage stammt wohl aus der Zeit von 600 bis 850 n.Chr. und war ein Machtzentrum der Wikinger im Hohen Norden. Verschiedene Gefäße verweisen u.a. auf Handelsbeziehungen zum Reich der Franken sowie zu den Wikingerstädten Birka in Schweden und Haithabu in Schleswig-Holstein.

Seit 1995 ist Borg ein lebendiges **Museum.** Hauptattraktion ist das rekonstruierte, 83 m lange Haus des Häuptlings mit seinem düster-mystischen Innenraum aus der Zeit, als Fackeln noch die einzigen Lichtspender waren. In der großen Halle wird geschneidert, gekocht und gewerkelt. Eine Dauerausstellung zeigt Funde wie Ringe, mit Goldfäden durchwirkte Scherben und Amulette. Nach dem Rundgang lohnt – per pedes oder mit der Pferdekutsche – der Weg hinab zum 23 m langen **Winkingerschiff „Lofotr"** und zur modernen, 1987 errichteten Kirche. 100 NOK Eintritt sind für das Dargebotene jedoch nicht wenig (1.6.–24.8. 10–19 Uhr, Juni/Sept. 11–17 Uhr, ansonsten: Fr. 13–15 Uhr).

Nordwestlich von Borg liegen, dem tobenden Meer schutzlos ausgeliefert, die beiden pittoresken **Fischerorte Eggum und Unstad.** Speziell solch kleine Siedlungen auf der Wind und ungestümem Wetter zugewandten Seite der Lofoten sind stark von der Abwanderung betroffen. Kultur, bessere Berufschancen und ein für Leib und Seele angenehmeres Klima halten die Jugend in fast allen Fällen in ihren Studienorten oder lassen sie bestenfalls in die größeren Orte der Inselgruppe zurückkehren. Zurück bleiben die alteingesessenen Fischer und Seebären.

Eggum ist übrigens einer der besten Plätze zur **Beobachtung der Mitternachtssonne** auf den Lofoten.

An- und Weiterreise

- Mehrmals täglich **Busverbindung** von Borg nach Svolvær und Leknes. Nach Eggum und

Der Große Branntweinkrieg

Schon immer wurde der Alkohol als ein Mittel gegen die physischen und psychischen Strapazen des Hochseefischfangs geachtet und geschätzt. Gegen Ende des 18. Jahrhunderts, als mit der staatlich erteilten Erlaubnis, Gasthäuser zu eröffnen, auch der Branntweinkonsum enorm anstieg, kam es soweit, dass viele Fischer ihr Gehalt im Wirtshaus verpfändeten, was zu bitterer Armut unter den Seeleuten führte und gegen Ende des 19. Jahrhunderts schließlich einen Aufstand gegen die Branntweinhändler einleitete. Am 24./25. März 1895 stürmten Tausende von aufgebrachten Stamsundern durch die Straßen, zerschlugen Fässer, vertrieben Händler und die besonders verhassten Schmuggler. Noch heute feiert man den 25. März, klar, mit einigen Schlucken Alkohol. Was durchaus darauf hinweist, dass der Branntwein wieder einmal eine nicht unbedeutende Rolle auf den Lofoten spielt, nachzulesen u.a. in *Kjell Nyquists* Erzählung „Eine Weihnacht auf den Lofoten" (im „Norwegen Special" des Eiswasser-Verlages, 1997).

Unnstad nur ein paar Mal in der Woche. **Taxi:** Tel. 76084599.

Unterkunft

- **Seehäuser** im Sommer: Joh. Unstad in Unstad, Tel. 76085427, (*/**). 9 Zimmer in Rorbuer.

Camping/Hütten

- **Unstad Camping,** Tel. 76086433, geöffnet: 1.5.–15.9. Einfacher Platz mit 4 Hütten in toller Lage (*/***). Café.

Baden

- An der **Unstadvika** bei Unstad und im **See Nedre Heimredalsvatn** bei Eggum. Viele schöne kleinere **Strände** liegen am Wegesrand bei einer Fahrt in Richtung Kvalnes **nordöstlich von Borg.**

Wandern

- Von Eggum nach Unstad verläuft der beliebte **kyststien.** Die nicht allzu komplizierte 9-km-Wanderung führt immer am Meer entlang und bietet in klaren Sommernächten eine irreal schöne Aussicht auf die Mitternachtsonne. Man folgt zunächst in Eggum der Schotterstraße bis zum Ende. Ab hier ist der Pfad mit roten „T"s markiert. An steileren Passagen wie der Klippe von Kleiv ist der Weg mit Ketten gesichert. Die Wanderung dauert ca. 2 Std. pro Richtung. Wildcampingplätze gibt es am winzigen See Utdalsvatnet (auf halber Strecke), in Unstad und Eggum.

Bootsrundfahrt

- Täglich Rundfahrten **mit dem Wikingerboot „Lofotr",** einer Kopie des Gokstadt-Schiffes.

Shopping

- **Aalan Gård,** Lauvdalen am Nordufer des Sees, an dem Borg liegt, nach Südosten abbiegen, Kräutergarten, Bauernhofladen mit Kräuterprodukten (Tee, Seife). www.aalan.no.

Folgt man statt der E 10 der Rv 815, so gelangt man vorbei an mächtigen Berggipfeln und der Kirche von Valberg (1889) nach Stamsund (abzweigen auf die Rv 817).

Stamsund

↗A3

Das teils aus Stein erbaute Stamsund ist mit seiner vielschiffigen Trawlerflotte, einer großen Stockfisch-Exportfima sowie den Gefrier- und Filetieranlagen der **bedeutendste Fischerort der Westlofoten** und somit nicht ganz so einladend wie so viele andere Siedlungen. Immerhin besitzt Stamsund die wohl schönste Jugendherberge des Archipels, eine umgebaute rot-hölzerne Rorbu-Anlage am Wasser.

Zentrum des Fischhandels ist das **1400-Einwohner**-Städtchen seit der Fertigstellung der Kaianlage im Jahr 1926. Deren Bau und die Errichtung der Kirche im Jahr 1937 verdankt Stamsund der Familie *Johansen,* die nun schon in vierter Generation über das wirtschaftliche Wohlergehen des Ortes wacht. Den Großgrundbesitzern gehören auch diverse fischverarbeitende Betriebe. In ihnen wird z.B. Fischmehl aus den Stockfischköpfen hergestellt.

Touristeninformation

- **Turistkontor am Fähranleger.** Im Sommer bis abends geöffnet, Tel. 76056999.

An- und Weiterreise

- 1–5x tägl. **Busverbindung nach Leknes** (letzter Bus: 18.15 Uhr, bei verspäteter Hurtigrute spätestens 19.30 Uhr; Tel. 7611 1111, 95192798).
- Die **Hurtigruten** legt um 19 Uhr (nach Norden) und um 21.45 Uhr nach Süden an.
- **Taxi:** Tel. 40003738.

Unterkunft

- **Stamsund Lofoten Hotel,** Tel. 76089300, Fax 76089726, (*****). Ziemlich teuer, mit Restaurant, Schwimmbad und Fahrradverleih. Es werden außerdem Bootsausflüge angeboten.
- **Fiskarheimen Havly,** 200 m ab dem Kai, Tel. 76089206 und 47757787. Preiswertes Missionshotel (***) mit gemütlichem Café.
- **Stamsund Vandrerhjem und Justad Rorbuer,** Tel. 76089334, Fax 76089739, geöffnet: 1.3.–15.10. Wirklich tolle Unterkunft auf Stelzen. Das Bett gibt es für günstige 150 NOK, das DZ für 445 NOK. Moped- und Fahrradverleih. Rorbuer (**).
- **Skjærbrygga,** Tel. 76054600, www.skjaerbrygga.no. Sehr teure, aber auch sehr feine Rorbuer (ab 1000 NOK) im Zentrum. Zudem: gutes Restaurant, Pub, Konzerte und Schmiede.
- **Ytterviks Rorbuer og Sjøhus,** Tel. 76089356, Fax 76089680, www.yttervik.no. 14 vom 1.4.–1.10. zu mietende komfortable Hütten ab 600 NOK, Fahrradverleih und Restaurant.

Camping/Hütten

- **Storfjord Camping,** 7 km vor Stamsund, Tel. 76086804, Fax 7088010, Ganzjährig, am besten für Caravans geeignet. 10 Hütten, Fahrrad- und Bootsverleih.
- **Brustranda Camping,** Strandslett, Rv 815, Tel. 76087100, Fax 76087144, www.brustranda.no, ganzjährig geöffnet. Guter, sauberer Platz in herrlicher, ruhiger Lage. 17 km bis Leknes. 21 Hütten (*/***). Gemütlicher Aufenthaltsraum. Außerdem gibt es einen Laden mit Gesteinen, Andenken und ein gutes Restaurant. Eigene Autovermietung.

Shopping

- **Galleri 2,** Gemälde und Textilkunst in der alten Wäscherei (12–16 Uhr, im Sommer auch 19.30–21.30 Uhr).
- **Karins Sirkel,** Bücher, Geschenke, Internet.

Internetcafé

- **Fiskarheim Havly.** Gratis Internet, preiswerte Waffeln und Kaffee.

Leknes, Gravdal und Fygle

↗A3

Die drei Orte haben **zusammen fast 4000 Einwohner** und bilden mit Fischereifachschule, Holzindustrie und Geschäften das **Handels- und Dienstleistungszentrum Vestvågøys.**

Fast alle **Sehenswürdigkeiten** liegen **in Fygle.** Zentral im Ort steht das in einem alten Schulgebäude untergebrachte **Vestvågøy-Museum** mit einer sehenswerten Ausstellung zur Lebens- und Arbeitsweise der Lofotfischer. Zur Anlage gehört auch ein Wohn- und Bootshaus mit Schmiede im 12 km südöstlich gelegenen Sennesvik (1.6.-31.8. So.-Fr. 12-16 Uhr, 40 NOK). Auf dem Weg zur Außenstelle des Museums passiert man den Abzweig zur **Kirche von Hol.** Sie ist das älteste Gotteshaus der Insel, stammt ursprünglich aus dem 14. Jahrhundert und wurde 1806 stark verändert und umgebaut. Sehenswert ist das Altarbild aus dem Jahr 1766.

Die auffallendste und vielleicht auch architektonisch schönste **Kirche** der Region liegt **in Gravdal.** Das sowohl „Buskenes-Kirche" als auch (in Anlehnung an die Verzierungen der Stabkirchen) „Drachenkirche" genannte Haus stammt aus dem Jahr 1905 und ersetzt die von Stürmen hinweggefegten und von Blitzen in Brand gesetzten Vorgängerbauten aus dem 14. und 17. Jahrhundert (Di.-Fr. 10-19 Uhr, So. ab 15 Uhr).

Touristeninformation

- **Turistkontor Leknes,** Tel. 76087553, Handy: 90703104, www.lofoten-startside.no. Mitte Juni-Mitte Aug. Mo.-Fr. 9-19 Uhr, Sa./So. 10-14 Uhr, ansonsten Mo.-Fr. 9-15.30 Uhr. Aufenthaltsraum mit WC am Tage geöffnet.

An- und Weiterreise

- **Bushaltestelle** im Zentrum an der Touristeninformation; **Bus zum Flughafen** Harstad/Evenes und nach Narvik; 5x tägl. (Sa. nur 2x) nach Borg, Kabelvåg und Svolvær; ab Borg 2-4x wöchentlich nach Eggum und Unstad; nach Ballstad Mo.-Fr. 10x tägl, Sa./So. nur 2-3x; 1-5x tägl. nach Stamsund; www.veolia-transport.no.
- **Flughafen:** direkt in Leknes, Tel. 67033900, Verbindungen nach Bodø und Svolvær. www.avinor.no/lufthavn/leknes, Taxi: Tel. 76 082911.

Mietwagen/Taxi

- Leknes: **Avis:** Tel. 76089300; **Gebrauchtwagen:** Lofoten Bruktbilutleie, Storgt. 102 (Leknes-Zentrum), Tel. 76088331 und 9524 7552, ab 350 NOK/Tag; Bakke Bil, Myrstien, 8370 Leknes, Tel. 76082981, la-bak@frisurf.no (350 NOK/Tag).
- **Leknes Taxi,** Tel. 76082911, 5 km kosten rund 110 NOK.

Unterkunft/Hütten

- In Leknes bietet das **Lofoten Hotell** (Tel. 76080825, Fax 76080892) allgemein üblichen Hotelkomfort (****/*****).
- **Hagstua Eigendom,** 5 km östl. von Leknes, an der Rv 815, Tel. 76083100, zehn ganzjährig geöffnete Hütten (**).
- **Sandberg Hytteutleie,** 4,5 km ab Leknes, an der Str. nach Mortsund, Tel. 76087379, ganzjährig geöffnete Hütten.

Aktivitäten

- **Baden: In Leknes** gibt es eine **Schwimmhalle.** Ein herrlicher **Strand** liegt **in Vik** (5 km vor Utakleiv nördlich von Leknes) und in Gravdal (beliebter Wildcampingplatz).
- **Reiten:** Lofoten Fritidsgård-Reiterhof nahe der Kirche von Hol (bei Fygle) und Western Riders Lofoten, Leknes, www.wrl.no, Tel. 95159570.

• **Weitere Angebote:** In Leknes gibt es ein kleines **Kino, Surfregatten** Juni und August und zuweilen **Konzerte** in der Kirche zu Hol.

Bootsrundfahrt/Wandern

• Auf der **Halbinsel Holsneset** südlich von Fygle liegen Ruinen von Bootsschuppen aus dem Mittelalter und auf der **Insel Holsøy** eine große Grabhügelanlage aus der Wikingerzeit. Erreichbar sind die Sehenswürdigkeiten mit dem Ausflugsboot des Museums oder bei Ebbe zu Fuß über eine Landverbindung. Info-Tafel nahe der Schule von Fygle.

Für extremere Wanderungen kann Lofoten Turlag (www.lofoten-turlag.no) kontaktiert werden.

Shopping

• Leknes ist neben Svolvær das beste Einkaufszentrum der Lofoten. Die Geschäfte haben, abgesehen von Supermärkten, bis 17 Uhr geöffnet. Neben **Buch-, Outdoor- und Bekleidungsläden** gibt es einen **Rema 1000** und ein **Vinmonopolet.**

Umgebung

Südlich von Leknes lohnt die malerische **Fischersiedlung Mortsund** einen Besuch. **Unterkunft** gibt es bei: Statles Rorbusenter, Tel. 76055060, www.statles.no, (**/****).

Ballstad ⇗A3

Ebenfalls im Süden liegt das **1000-Einwohner**-Dorf Ballstad, der Ort, in dem der Rorbu-Tourismus auf den Lofoten seinen Anfang nahm.

Obgleich auf der innerörtlichen **Insel Ballstadøy** noch einige, wenige Fischereigebäude aus dem 19. Jahrhundert die Zeiten überdauert haben, gibt es hübschere Orte auf den Lofoten.

Auffallend ist im Zentrum das **Werftgebäude** mit einem der größten **Wandgemälde** der Welt. Über die nicht gerade sensible Farbgebung des Monumentalwerkes kann man sich allerdings sicherlich streiten.

Einen schönen Blick über den Ort hat man von 200 m hohen **Berg Ballstadheia.** Ein markierter Pfad beginnt 100 m vor der Kræmmervika Rorbu-Anlage. Ein weiterer Weg führt ab der Rorbuanlage am Wasser entlang zur Südspitze der Insel nach **Brurstolen.**

• **Unterkunft**
Ballstad Rorbuer, Tel. 76088195, Fax 76055119, 1.6.–1.9. 19 gemütliche, aber zum Teil teure Rorbuer in guter Lage (**/****).
Solsiden Brygge, Tel. 97735300, www.solsiden-brygge.no. Komfortable Rorbuer (****). Motorboot- und Kanuverleih. Sommer: ab 800 NOK, Winter nur 400 NOK!
Kræmmervika Rorbu, Tel. 76060920, Fax 76060926, growth@online.no. ganzjährig. Älteste Anlage des Archipels. Neben schönen Rorbuer (**/****) gibt es ein gutes, ansprechendes Restaurant (Fischgerichte ab 70 NOK) und einen Pub.

• **Fahrradfähre** nach Nusfjord (15.6.–15.8., 215 NOK).

Westlich von Leknes führt die E 10 durch den Nappstraumen-Tunnel, und man gelangt zur wilden Schönheit der **Insel Flakstadøy.** Hier entfaltet sich eine Mischung aus zerklüfteten Bergen, gleißend-weißen Sandstränden und einigen romantischen Fischerdörfern.

Erster Ort am Weg ist **Napp.** Hier beginnt der **Flakstadstigen.** Der 23 km lange, markierte **Wanderpfad** führt von Napp an der Küste entlang nach Myran, weiter ins Binnenland nach Kilan und von hier südwärts nach Nusfjord und Nesland. 4 km südlich von Napp passiert man **Storbåthallaren,** die Reste ei-

506no Foto: ms

ner über 6000 Jahre alten **Steinzeitsiedlung.**

Westlich von Napp lohnt ein Abstecher zur **Glasbläserei und Keramikwerkstatt „Lofoten Design"** von **Vikten.** In dem architektonisch gelungenen Bau am Strand kann man in der Zeit vom 1.5.–31.8. 10–19 Uhr gegen 20 NOK Eintritt den Kunsthandwerkern bei der Arbeit zuschauen, im Gebäude, das wegen der Öfen einer Sauna gleicht, umherstromern und allerlei Präsente käuflich erwerben. Auch die Umgebung mit den majestätischen Bergen Jetten (Der Riese), Kongen (der König), Tilblivelsen (Das Dasein), Smykket (Der Schmuck) und Mammutøret (Das Mammutohr) lohnen die Fahrt hierher. Die Felsen (zumeist Gneis) sind teils 2 Mrd. Jahre alt und von der letzten Eiszeit überprägt worden. Zwei Wanderwege (Morenestien und Tangrandstien, am Ufer entlang) erschließen das Gebiet.

Blick auf Nusfjord

Nusfjord ↗A3

Einst waren es Hunderte von Fischern, die den Ort zur Hauptsaison übervölkerten und in den dreißig kleinen Rorbuer übernachteten. Diese Zeiten sind vorbei. Heute steht das überaus pittoreske Nusfjord **unter Denkmalschutz** und auf dem Reiseplan eines jeden Lofotenbesuchers. Dies mit Sicherheit nicht zu Unrecht, ist doch der Anblick der roten Häuschen, die eingekeilt zwischen schroffen Felsmassiven sich fast schüchtern um den Hafen gruppieren, überaus faszinierend. Passend zur Atmosphäre kann man sich in einem kleinen Krämerladen von 1900 mit dem Nötigsten eindecken, in den 34 Rorbuer der Nusfjord A/S übernachten (siehe unten) und von den alten Zeiten träumen, da auch in Nusfjord noch Seemannsgarn gesponnen wurde.

Seit 2005 muss man **für den Besuch des Ortes Eintritt bezahlen** (50 NOK pro Person oder 150 NOK pro Auto inklusive Insassen; in diesem Preis inbegriffen ist der Besuch des kleinen Museums). Wanderer sollen genauso wie Übernachtungsgäste davon ausgenommen sein. Auch im Winter ist der Besuch des Ortes gratis. Das Geld fließt in die Instandhaltung der Anlage, wobei am Sinn, für ein nicht-museales Fischerdorf Eintritt zu verlangen, durchaus gezweifelt werden darf.

Lohnend ist die zweistündige Familientour auf dem **Flakstad-Wanderpfad nach Nesland.** Der herrliche Wanderweg folgt der Küstenlinie, führt auf maximal 120 m Höhe und ist gut zu erkennen sowie mit Punkten und Steintürmchen markiert. Der Zielort Nesland war von 1870 bis 1970 bewohnt. Der Siedlung wurde zum Verhängniss, dass der Hafen nicht für größere Trawler ausgebaut werden konnte. Viele Holzgebäude, darunter die Lachsräucherrei, die Mühle und der Bootsschuppen, sind noch erhalten. Mit dem Auto ist der idyllische Ort über eine holprige Straße ab Ramberg erreichbar.

Camping/Hütten

- **Nusfjord A/S,** Tel. 76093020, Fax 7609 3378, www.nusfjord.no, 34 Rorbuer (**/****), ganzjährig geöffnet. Es gibt Nebensaisonrabatte. Rorbuer ab 1200 NOK, Fahrrad- und Bootsverleih, Tauchen.

Flakstad und Ramberg ↗A3

Im Ort **Flakstad,** der der Insel ihren Namen gab, steht eine Kreuzkirche aus dem Jahr 1780. Augenfällig am roten Haus das kleine Zwiebeltürmchen. Den Innenraum schmückt eine Altartafel aus dem Jahr 1765, gemalt vom Meister *Gotfred Ezechel* aus Bergen.

Auf dem Weg nach **Ramberg,** dem administrativen Zentrum der Inselgemeinde, fährt man an einem schönen Sandstrand vorbei, welcher dem noch etwas bekannteren im Zentrum des Ortes sicher ebenbürtig ist. Inspiriert von der sagenhaften Natur wurden *Inger Anne* und *Johs Røde,* die ihre Bilder und Skulpturen in der **Galerie Lofotkunst** zum Verkauf anbieten (Mo.–Fr. 10–17 Uhr, Sa. bis 14 Uhr).

Reist man weiter gen Süden, kann man in das **Fischerdorf Sund** abzweigen und dort die **Schmiedekunst** kennen lernen. *Hans Gjerdsen* hat sich dabei vor allem auf Kormorane spezialisiert und stellt noch allerlei Kuriositäten aus (10–18 Uhr). Angeschlossen ist ein kleines **Fischereimuseum** mit alten Motoren (10–16/18 Uhr, 40 NOK).

Touristeninformation

- Geöffnet: Juni–August 9–19 Uhr, Tel. 7609 3110.

Unterkunft

- **Ramberg Gjestegård,** Tel. 76093500, Fax 76093140. Kleiner Platz am Wasser, ganzjährig. 10 Hütten (700–1000 NOK), Restaurant, Fahrräder.
- **Strand- og Skjærgårdscamping,** Fredvang, Tel. 76024288, 20.5.–15.9. Sicher mit der schönste Platz auf den Lofoten. Am Sandstrand, mit Panoramablick auf grandiose Bergformationen und Mitternachtssonne. Bootsverleih. Der Platz liegt schon auf Moskenesøy, westlich von Ramberg.
- **Lydersen Rorbuer & Sjøhus,** Fredvang, Tel. 76094117, Fax 76094040. Einfache Rorbuer zu sonnigen Preisen: ab 400 NOK.

Aktivitäten

- In der Kirche zu Flakstad finden zuweilen **Konzerte** statt.
- Die Gewässer um Ramberg eignen sich zum **Surfen.** Regatten im Juni, Juli, August.
- **Wandern:** Herrliche Möglichkeiten am Wasser bei Fredvang, Ytresand und Selfjorden. Zum Beispiel: Ab Ytresand bei Fredvang, 100 m vor dem Wendeplatz. Hier führt ein deutlich erkennbarer Weg den Hang hinauf zu einem kleinen Gewässer und weiter zur Bucht Stokkvika (moderate Wanderung, 1,5 Std. pro Richtung). Eine leichte Familientour folgt ab dem Wendeplatz in Ytresand dem Ufer entlang in Richtung des Sandstrandes von Mulstøa. Unterwegs können oft Seeadler beobachtet werden. Das restaurierte Versteck eines Adler-Fängers *(ørnfangerhule)* ist ab Lundehalsen ausgeschildert (2 Std. hin und zurück).

Über eine kleine Brücke erreichen wir die bizarre und urwüchsige **Insel Moskenesøy.** Das Gestein der 25 Bergmassive ist über 3 Mrd. Jahre alt und erzählt in seiner Schroffheit von der Entstehung der Welt.

Als erstes trifft man auf das weitestgehend aus Pfahlbauten bestehende idyllische **Hamnøy.** Nur dreißig Menschen wohnen hier. Hinzu kommen Tausende Dreizehenmöwen. Zu besichtigen gibt es das rührende **Dagmars Dukkemuseum** (Puppenmuseum) mit unzähligen knuffigen Puppen, Teddys und altem Spielzeug aus der Zeit von 1860–1965 (Ende Juni–Mitte Aug. 10–20 Uhr, restlicher Juni und Aug. bis 18 Uhr, 50 NOK; kleines Café). In der örtlichen Fischfabrik wird Fisch verkauft.

Unterkunft

- **Eliassen Rorbuer,** Tel. 76092305, Fax 7609 2440, www.rorbuer.no, ganzjährig geöffnet. Sehr schöne Anlage mit tollen, gut eingerichteten Stelzenhäusern (ab 850 NOK). Nebensaisonrabatte, Bootsverleih.
- **Hamnøy Rorbuer,** Tel. 76092320, Fax 76092154, 1.4.–1.10. Gleichfalls tolle, modernisierte Rorbuer, 700–850 NOK, ab Mitte Aug. 600 NOK.
- **Sakrisøy Rorbuer,** Tel. 76092143, Fax 76092488. Ansprechende, teure Stelzenhäuser am Puppenmuseum, www.lofoten.ws, (****).
- **Mildrid Hansens,** Tel. 76089281, aomolund @online.no, 2 restaurierte Rorbuer (750 NOK).

Ansicht von Reine

Reine

↗A3

Für einige Freizeitparks in Europa wurde Reine nachgebaut, auf Tausenden Bildern geisterten seine Bergpanoramen schon durch die Welt, und doch kommt nichts einem Besuch in diesem Ort gleich, der wie kein zweiter eine gelungene Symbiose aus menschgemachter Architektur und überwältigender Natur darstellt.

Gegründet wurde Reine als Handelsort im Jahr **1743.** Dass so manch neues Gebäude zu erblicken ist, liegt an dem traurigen Umstand, dass die Häuser der Siedlung 1941 von den deutschen Besatzern zum Teil niedergebrannt wurden, da sie hier eine Kommandozentrale der Engländer vermuteten. Das Flair der Gegend überlebte jedoch auch diese Zeit und ist nach wie vor eine Inspitation für Maler, Fotografen und Naturfreunde.

Neben den gigantischen Bergen ist besonders auch der **See Reinevatn** bemerkenswert. Er liegt 60 m oberhalb des Ortes und ist 69 m tief. Seine Grundfläche liegt also unter der Meeresoberfläche.

An- und Weiterreise

- Der **Bus** fährt im Sommer 9x täglich **nach Å und Svolvær,** in den übrigen Zeiten 1–4x täglich.

Unterkunft

- **Reine Rorbuer,** Tel. 76092222, Fax 7609 2225, www.reinerorbuer.no. Beste, aber teuerste Anlage, ab 1300 NOK, mind. 2 Nächte.
- **Toppøy Rorbu,** Tel. 76092143, toppoy@lofoten-info.no, 4 einfache Rorbuer (ab 600 NOK) an der Straße nach Hamnøy.

509no Foto: ms

- **Reinebua,** Reine, am Beginn des Reinefjord, Tel. 41429286, 3 schön restaurierte Rorbuer ab 1000 NOK.
- **Ekjords Rorbuer,** Tel. 47333593. 2 herrliche Rorbuer mit sehr gemütlicher Ausstattung. Ab 1000 NOK/Nacht.
- **Det Gamle Hotellet,** Tel. 76091170, lilian dijkema@yahoo.no. Zentrumsnahes Holzhaus, DZ 600 NOK. Etwas antiquierte Zimmer.
- **Mehr Infos:** www.lofoten-info.no.

Essen und Trinken

- Das 200 Jahre alte **Haus Gammelbua** ist eine Institution auf den Lofoten. Ein gutes Schlemmerlokal, ein Café und eine Kneipe sind hier unter einem Dach vereint. Man sitzt inmitten allerlei Fischereiutensilien aus längst vergangenen Zeiten. Für den schmalen Geldbeutel gibt es auch Pizzen.

Aktivitäten

- **Baden: Schwimmhalle** in der Schule und in Sørvågen südlich von Reine.
- **Wandern:** Die wohl unvergesslichste Wanderung weit und breit führt hinauf zum 448 m hohen **Reinebringen.** Einstieg: Vom Parkplatz direkt am Abzweig nach Reine 500 m in Richtung Å, am Tunnel vorbei laufen (Schild „Tursti"). Der gut erkennbare Pfad führt über den Tunnel hinweg 1 Stunde lang extrem steil bergan, ist aber in Turn- oder

Bergschuhen mit etwas Geduld und Ausdauer auch von Untrainierten zu bewältigen. Oben angelangt eröffnet sich ein schier unbeschreibliches, gigantisches Bergpanorama; unten liegt das verschwindend kleine Reine.

Wanderung ab dem Bootsanleger in Vindstad (Reinefjord): 2 Std., leichte Tour zum tollen **Sandstrand in Bunes.** Deutlich steiler, aber immer noch einfach ist die Tour ab dem Anleger Kjerkfjorden (2 Std. pro Richtung zum Strand in Horseid; am Anleger nach rechts, dann nach links - Schild beachten).

Winterwanderungen auf Moskenes- und Flakstadøy: bei Schnee nur entlang der Straßen möglich (kaum Verkehr). Å - Sørvågen - Reine 10 km (2 Tunnel müssen durchwandert werden; Bus); Abzweig E 10 - Fredvang 3,5 km, 6 km bis zum tollen Stand in Ytresand; Ramberg - Flakstad 4 km; Abzweig E 10 - Nesland 10 km; Abzweig E 10 - Nusfjord 6 km; Abzweig E 10 - Vikten 4 km. Bushaltestellen an den Abzweigen (Busfahrpläne im Bus erhältlich).

Bootsrundfahrt/Wandern

- Bis zu 4x täglich (im Winter 1x) fahren die Linienboote hinein in die bizarre Welt des **Reinefjord** (auch **Kjerkfjord** genannt). Die lohnende Fahrt dauert 1 Std. Anleger unterhalb der Kirche. Unterwegs ab dem Anleger in Vinstad: recht einfache dreieinhalbstündige **Wanderung** zu dem an der Westküste gelegenen, 1944 verlassenen Ort **Bunes (toller Sandstrand).**

Moskenes und Sørvågen

↗A3

Als nächsten Ort erreicht man **Moskenes.** In dem malerischen Dorf steht eine **Holzkirche** aus dem Jahr 1821. Ihr Interieur stammt zum Teil aus dem 16. Jahrhundert. Oberhalb des Hauses befindet sich ein alter Richtplatz: Hier wurde 1814 das letzte Todesurteil vollstreckt. In Moskenes legen die Fähren nach Bodø, Værøy und Røst ab.

Der vorletzte Ort entlang der E 10 ist **Sørvågen.** Er gruppiert sich um einen beschaulichen Hafen (auf Nachfrage zum Teil Fischverkauf an Touristen bei *Brødrene Arnetzen*). In einigen Gebäuden der hübschen Fischersiedlung war bis 1978 die **zweitälteste Telegrafenstation Europas** untergebracht, von der 1906 die erste drahtlose Telefonverbindung Norwegens in Betrieb genommen wurde. Dass dies gerade hier im wilden Norden der Fall war, lag daran, dass man schon früh feststellte, dass sich der Fischfang nochmals um 25 % steigern ließ, wenn die einzelnen Orte und Boote Funkkontakt hatten. Auf diese Art und Weise konnten z.B. jene Schiffe, die die Köder für die Langleinen an Bord hatten, besser dirigiert werden, und auch wichtige Wettermeldungen erreichten die Seeleute früher. Die Entwicklung der Technik kann im recht spannenden **Telekommunikationsmuseum** nacherlebt werden (im Sommer 15–17 Uhr, 40 NOK).

Von der Anhöhe des alten **Telegrafenturms** hat man einen herrlichen Blick über die fantastische Inselwelt der Lofoten.

Touristeninformation

- **Turistkontoret,** 8392 Sørvågen am Fähranleger, www. lofoten-info.no, Tel. 76091599, Handy: 98017564, Fax 76092425, 10–17 Uhr (Mitte Juni–Mitte Aug. bis 19 Uhr), März/Apr./Sep. Mo.–Fr. 10–14 Uhr. Fahrradverleih, Autovermietung, Internetanschluss, Infos zu Bus und Fähre.

An- und Weiterreise

- **Fähre:** Moskenes - Bodø (25.6.-8.8. 6.30, bis 22.30 Uhr, Näheres siehe unter „Bodø").
- **Bus:** Mo.-Fr. 6x tägl. nach Å und Reine, Sa./So. nur 3x tägl. Zu Fuß sind es an der Straße entlang je 5 km nach Å und Reine.

Unterkunft

- **Moskenes Camping,** Tel. 76091148 und 99489405, kleiner Platz 150 m neben dem Fähranleger.
- In Sørvågen finden sich viele, sehr gute Rorbuanlagen zu günstigen Preisen (ab 400 NOK), teils ganzjährig geöffnet (www.lofoten-info.no): **Buodden Rorbuer,** Tel. 7609 1285, Fax 76091567, (**), **Kjell Arntzen Rorbuer,** Tel./Fax 76091214, (**), **Lofoten Sjøhus & Rorbuer** Tel. 76091155, Fax 76091156, (500-1000 NOK), Zimmer (*), **Stoltenberg Rorbuer,** Tel. 99430186, (ab 400 NOK).
- **Tind Rorbuer** (Tel. 76091121, (****). Top Anlage mit Badezuber, Sauna und Café).

Wandern

- **Sørvågen – Munkebu:** Etwas anstrengende Wanderung (je nach Kondition 2–3 Std. pro Richtung) zur wunderschönen **Gebirgshütte Munkebu** (geöffnet für DNT-Mitglieder mit Standardschlüssel des DNT - norwegischer Wanderverband), inmitten der Bergwelt der Lofoten gelegen!

Beginn am Parkplatz an der Westseite des Sees Sørvågvatn an der Galleri Krysset. Zunächst folgt man der im Winter beleuchteten Loipe in Richtung des Sees Studalsvatnet. Guter und deutlich erkennbarer Weg am Ostufer in Richtung Tridalsvatnet (ausgeschildert). Der Weg führt nun steil bergan, führt später über die Ebene Djupfjordheia und ist mit Steintürmchen und Schildern markiert. Bitte unbedingt auf das Wetter achten! Einfache Alternative: Umrundung des Sees, ca. 1 Std.

Å

A3

Einem der schönsten und eindrucksvollsten Enden der Welt verpasste man auf den Lofoten den letzten Buchstaben des norwegischen Alphabets: Å. Wahrscheinlich ist die Wahl des kürzesten Ortsnamens zwischen Nord- und Südpol weniger auf Redefaulheit denn auf Erstaunen zurückzuführen, klingt die Aussprache des Buchstabens doch sehr wie ein kehliges „Oh" - und diesen Laut hört man hier angesichts der majestätischen Umgebung wirklich oft.

Å hat heute **100 Einwohner** und ist ein einziges, lebendiges Museum mit über dreißig rotgetränkten Häusern und Rorbuer. Die ältesten Gebäude sind über 150 Jahre alt, unter Denkmalschutz stehen sie alle.

Im alten Speicher für Trockenfisch ist das **Stockfisch-Museum (Tørrfisk Museum)** untergebracht. Dokumentiert wird die Geschichte der Ware Stockfisch, die sehr lange haltbar ist und besonders in Südeuropa, in Italien und Portugal, als Delikatesse geschätzt wird. Unterschieden wird zwischen *tørrfisk* (Dorsch, der von März bis Mai auf den überall im Ort zu sehenden Gestellen trocknet) und *klippfisk*. Dieser trocknete früher direkt auf Klippen, heute jedoch in großen Hallen, wobei Unmengen an Salz dem Fisch die Feuchtigkeit entziehen (geöffnet im Sommer 11–17 Uhr, 40 NOK).

Eine zweite Ausstellung ist die des **Norwegischen Fischerdorfmuseums.** In neun Häusern mit 14 Abteilungen wird die Geschichte des Lofotfischfanges und der Fangmethoden erzählt. Es gibt eine alte Schmiede, eine Bäckerei, in der leckeres Brot feilgeboten wird, und eine zum Glück stillgelegte Trankocherei. Außerdem stehen dem Besucher ein Bootsschuppen und ein alter Landhandel zur Besichtigung offen (20.6.-20.8. 10-17 Uhr, ansonsten Mo.-Fr. 11-15 Uhr, 50 NOK. Die Teilnahme an den Führungen wird empfohlen).

Den schönsten Blick auf das Halbrund der Berge und in Richtung des **Sees Åvatn** hat man vom Campingplatz. Am südlichen Horizont ist die **Meerenge des Moskenesstraumen** auszumachen. Die Gezeiten wühlen das Meer auf. Am stärksten sind die Strudel, wenn bei Flut das Wasser des Atlantiks durch die 4 km breite Meeresenge in den Vestfjord gepresst wird. Eindrucksvoll, dramatisch überhöht beschreibt *Edgar Allen Poe* exakt diesen Meeresstrom in seiner Erzählung „Im Strudel des Mahlstromes". Vielleicht sollte man diese Story nicht gerade vor dem Betreten der Fähre nach Værøy und Røst lesen, da sie die Meeresströmung passiert ...

Geht man vom Campingplatz ans Ufer, kann vereinzelt ein auffallend weißes Gestein beobachtet werden. Es handelt sich um Pegmatit. Dieses magmatische Material schob sich in einem Gang nach oben, erstarrte und bildete dergestalt große Kristalle aus. Vor etwa 500 Mio. Jahren förderte dann der Zusammenprall der Nordamerikanischen und Eurasischen Kontinentalplatten das Gestein langsam zu Tage.

An- und Weiterreise

- Siehe „Reine", „Moskenes" und „Leknes".

Unterkunft

- **Hamna Rorbuer,** im Zentrum, Tel. 76091211, Fax 76091114, www.lofotenferie.com, ganzjährig. Gemütliche, z.T. historische Rorbuer (700-1000 NOK). Zimmer im Stockfischmuseum (500 NOK) und Betten im Hennumgården (100 NOK). Fahrradverleih.
- **Vågen Rorbuer,** an der Mole gelegen, ganzjährig geöffnet, Tel. (im Sommer) 75584604, (im Winter) 76091382, kjohalor@frisurf.no, gemütliche Anlage mit 3 modernen, gemütlichen Rorbuer (ab 500 NOK).
- **Feskarbrygga,** Tel. 76091595. Gemütliche kleine Unterkunft mit 6 Zimmern (ab 675 NOK).

Jugendherberge

- **Å Vandrerhjem og Rorbuer,** im Zentrum, www.lofoten-rorbu.com, Tel. 76091121, Fax 76091282, ganzjährig. Nette Anlage, Bett 200 NOK, DZ 450 NOK, 3-Pers.-Zimmer 600 NOK (*), tolle Rorbuer (****). Nebensaisonrabatte. Fahrradverleih.

Camping/Hütten

- **Moskenesstraumen Camping,** Å, Tel. 76091148, 1.6.-1.9. Sehr einfacher, schöner Platz mit fantastischer Aussicht. Allerdings haben die Zelte oft mit dem Wind zu kämpfen. 17 Hütten (*/**).

Essen und Trinken

- Ein hübsches Café ist das **Bekkhaugen Kafé.**
- **Brygga** ist ein annehmbares Restaurant.

Aktivitäten

- **Angeln/Bootsrundfahrt:** Sowohl das **Meer** als auch die **Binnenseen** wie der Åvatn bieten gute Angelmöglichkeiten. Die Mitglieder des Fischerdorfmuseums organisieren u.a. Angeltouren und Hochseeausflüge. Moskstraumen Adventure: 1.6.-20.8., 12 Uhr ab Feskarbrygga in Å, Tel. 97756021, „Fischer für einen Tag", 500 NOK, 4 Std. inkl. Fahrt über den Mahlstrom.
- **Wandern:** Ausgangspunkt ist der große Parkplatz in Å (Hinweisschild an den Tro-

ckengestellen). Am einfachsten ist die Wanderung **um den See Åvatn herum.** Lohnender jedoch ist die Wanderung **zur Westseite der Insel.** Man läuft zunächst am Südufer des Sees Åvatn entlang und beachtet dann an seiner Westseite die Markierungen, die steil den Hang hinauf zum 400 m hohen Pass geleiten. Auf der anderen Seite geht es etwas sanfter bergab zum Stokkvika-See und zur Bucht. Wegen der Sümpfe sind wasserdichte Schuhe anzuraten. Die recht anstrengende Tour ist bis zur Bucht und zurück etwa 12 km lang (rund 7 Std.). Der Weg ist meist gut ausgetreten und erkennbar.

Umgebung

Südlich von Å und an der Westküste der Insel liegen die meisten **verlassenen Fischerorte** der Lofoten. Über die Jahrhunderte siedelten hier Menschen auf kleinen Ebenen an Buchten mit weißen Sandstränden. Ihr Leben war hart und entbehrungsreich, jeder Tag ein Kampf gegen Stürme und tückische Strömungen, um die Früchte des Meeres ernten zu können. All diese Orte waren notgedrungen Selbstversorger. Man züchtete Schafe und Kühe, verarbeitete Fisch, butterte Milch und spann aus Wolle die Kleidung. Als jedoch die Versuchungen und Segnungen der modernen Welt - Kino, Theater, ärztliche Versorgung u.v.m. - zu groß wurden, wollte kaum ein Fischer an der unwirtlichen Westküste weiterhin sein Leben für eine Handvoll Heringe riskieren. Die meisten Siedlungen wurden in den ohnehin schon mageren Zeiten vor und nach dem 2. Weltkrieg aufgegeben. Übrig blieben nur schemenhafte Grundrisse von Orten wie Ånstad, Tuv und Hell, was auf Norwegisch Glück, auf Englisch jedoch Hölle bedeutet ...

3 km entfernt von der 1951 aufgegebenen Siedlung Refsvik liegt am Südwestzipfel der Insel die imposante **Höhle Kollhellaren.** Wenn während der Sommermonate die Mitternachtssonne durch den Nordeingang scheint, hat es den Anschein, als würden im Inneren der Höhle eine Handvoll kleiner Männchen zum Leben erweckt. Entdeckt wurden die Felsritzungen erst 1987. Bei gutem Wetter sind die im Verborgenen lebenden Wesen mit Ausflugsbooten ab Hamnøy und Å erreichbar (Infos im Turistkontor von Moskenes).

Værøy

↗A1

Südlich des Mahlstromes (Gezeitenstromes) Moskenesstraumen erheben sich die eiszeitlich gerundeten Berge Værøys steil aus dem Nordmeer empor. Das **wunderschöne Eiland** mit dem bezeichnenden Namen „Wetterinsel", den satt-grünen Hängen und waldlosen Küsten ist die Heimat von **820 Menschen und Hunderttausenden Seevögeln.** Das Sammeln von Daunen und Eiern sowie die Jagd auf Papageientaucher, Trottellumme und Tordalk diente bis zu Beginn des 20. Jahrhunderts neben dem Fischfang und der Schafzucht dem Lebensunterhalt. Um speziell der delikaten Lundevögel (Papageientaucher) habhaft zu werden, wurde der winzige **Norsk-Lunde-Hund** gezüchtet. Er ist klein genug, um in die Nisthöhlen der Vögel einzudringen, und besitzt zwei zusätzliche Krallen an jedem Fuß, die ihm im unwegsamen

Gelände zusätzlichen Halt geben. Für die Pirsch auf Adler war der Hund allerdings doch zu zwergenhaft. Hier musste der Mensch selbst Hand anlegen. Zunächst lockte man den Raubvogel mit einem Stück Beute, das man, sobald das Tier auf ihm wild herumhackte, langsam an sich heranzog. Mit einem schnellen Griff war es dann um den Herrn der Lüfte geschehen. An einigen Stellen können noch die Höhlen und Verstecke der Adlerfänger ausgemacht werden.

Hauptort der 17,5 km² großen Insel ist **Sørland,** das sich um die Bucht Sørlandsvågen gruppiert. Hier steht auch die neue Inselkirche aus dem Jahr 1939. Das alte Gotteshaus mit einer zwiebelförmigen Kuppel findet man im Norden im Örtchen Nordland. Das Gebäude wurde 1799 geweiht und stand zeitweise in Kåbelvåg. Ein Teil des Interieurs, wie Taufbecken, Skulpturen und Kruzifix, stammt aus dem 15. und 16. Jahrhundert.

Touristeninformation

- Das **Turistkontor** liegt **unweit des Fähranlegers.** Es hat nur 15.6.–15.8. 9–15 Uhr geöffnet (Tel. 75420600).

An- und Weiterreise

- **Helikopterverbindung nach Bodø**
- Im Sommer tägliche, im Winter mehrmals in der Woche **Fähranbindung nach Røst, Bodø und Moskenes,** Tel. 76118245. Fähranleger im Süden der Insel.

Unterkunft

- **Værøy Gamle Prestegård,** Tel. 76095411, Fax 76095484, (**/***). Einfaches, hübsches Hotel im alten Pfarrhof mit gemütlichem Restaurant.
- Im Nordteil der Insel (7 km ab Fähranleger), am ehemaligen Flugplatz, liegt die **Zeltwiese** des Campingplatzes **Trollhavna** (Tel. 9002 5221, www.trillhavna). Außerdem gibt es hier einen Pub. Im Süden des Eilandes bietet **Kornelius kro** komfortable Hütten (Tel. 7609 5299) und **Sørtun Brygge** (Tel. 76065203) preiswertere Zimmer (**) in einem alten Seehaus und darüber hinaus Bootsausflüge an. Unterkünfte vermittelt auch das **Værøy Hotel** (Tel. 9002 5221).
- Gute **Wildcampingplätze** in Nordland.

Aktivitäten

- Die Touristeninformation vermittelt **Angelausflüge, Bootstouren zu den Vogelfelsen und Helikopterrundflüge.** Öffentliche **Schwimmhalle** steht in der Schule.

Wandern

- **Einfache Wanderungen** führen **zum Strand von Sørlandshagen** (15 Min. nordwestlich von Sørland) und in 90 Min. **auf den** Gipfel des 438 m hohen **Håheia** (teils NATO-Sperrgebiet). Unterwegs sieht man auch eine restaurierte Adlerfanghöhle.
- Eine **Wanderung mit hohem Schwierigkeitsgrad** führt vom Flugplatz in Nordland in Richtung des verlassenen Ortes **Mostad** (4 Std., retour). Der Pfad ist gut mit roten Strichen markiert. Er führt zunächst am Meer entlang, später über einen kleinen Pass nach Mostad und ab hier hinauf zum Gipfel des 446 m hohen **Mostadhorn.** Hier liegen auch die **Vogelfelsen,** die aber besser und ungefährlicher vom Boot aus zu betrachten sind. Auch Mostad, wo noch einige Ferienhäuser stehen, wurde verlassen, als sich herausstellte, dass der Hafen unmöglich für Motorboote ausgebaut werden konnte. Für die Wanderung sind gute Schuhe und viel Proviant Voraussetzung. Der aufmerksame Wanderer wird zudem viele an versteinerte Trolle erinnernde Felsen entdecken.

Sonstiges

- Auf Værøy gibt es einen **Gemischtwarenladen, Post, Bank, Bibliothek,** ein **Geschäft mit Webarbeiten** und eine **Tankstelle.**

Røst ↗A1

Im Gegensatz zu Værøy ist Røst weitestgehend flach, oft absolut eben, und zählt, kalendarisch korrekt, so viele grasbewachsene Eilande wie das Jahr Tage hat; ohne Bewuchs sind es noch einige Hundert mehr. Die **690 Einwohner** leben jedoch allein auf der Hauptinsel, der Rest bleibt den **über 2,5 Millionen Seevögeln** vorbehalten. Ihre Population geht allerdings zurück. Als ein Grund dafür gilt der Entzug der Lebensgrundlage durch Überfischung.

Angesichts der exponierten Position der Inselscheiben im tobenden Nordmeer ist es nicht weiter verwunderlich, dass die Ortskirche mehrmals vom Sturm hinweggetragen wurde. Der heutige Bau stammt aus dem Jahr 1899. Die maritime Lage Røsts hat jedoch nicht nur Nachteile. So machen die Westwinde und der Golfstrom das **Klima** zu **einem der mildesten in Norwegen.** Die Jahresdurchschnittstemperatur liegt bei satten 6 °C, was dem Wert von Oslo entspricht. Im Winter fällt kaum Schnee (wir bewegen uns immerhin nördlich des Polarkreises), im Sommer wird es nie richtig warm, und die Temperaturen erreichen meist nur 2–3 Grad mehr als im „kältesten" Monat.

Besiedelt ist Røst schon seit dem frühen Mittelalter. Reste alter Hofanlagen finden sich in **Skau,** im nordöstlichen Teil der Hauptinsel. Das Anwesen war von 850–1850 dauerhaft bewohnt.

Einer der ältesten Berichte über das Eiland im Wind stammt von dem Italiener *Pietro Querini.* Er erlitt 1431 Schiffbruch im Ärmelkanal und trieb anschließend im Beiboot mit seiner 68-köpfigen Mannschaft gen Norden und strandete auf der Røst-Insel Sandøy. Querini beschrieb die Bewohner der Eilande als freundliche Menschen, die, oh Schreck!, gelegentlich zusammen nackt einen überheizten Raum betraten und sich dort, in der Sauna, sogar wohl fühlten ...

Touristeninformation

- Das **Turistkontor** liegt am Fähranleger. Geöffnet 20.6.–20.8. bei Fährankunft, Tel. 45492186.

An- und Weiterreise

- **Tägliche Flugverbindung nach Bodø.**
- **Fähren** nach Værøy, Bodø und Moskenes (Buchung: Tel. 76118245).

Unterkunft

- Zwei moderne Hotels mit Restaurant und Zimmern ab 900 NOK sind das **Fiskarheim** Havly (Tel./Fax 76096900) und das neue **Bryggehotell** (Tel. 76050800, Fax 76096040, Fahrradverleih).
- **Kårøy Rorbucamping,** Tel. 76096238. Das Bett Seehaus kostet nur 200 NOK.
- **Røst Havfiske Camping,** Handy: 9925 8348, (*), Zeltplatz, Angeln. DZ 500 NOK.

Bootsausflug

- Im Sommer werden Bootsausflüge **zur Vogelinsel Vedøy** angeboten. Hier und in der Umgebung nisten u.a. Papageientaucher, Seeschwalben, Austernfischer und Adler.

Sonstiges

- Lebensmittel, Pub, Post, Bank, Tankstelle.

Die Vesterålen

Reist man nicht über die teuren Fährverbindungen ab Skutvika und Bodø zu den Lofoten, passiert man in jedem Fall die sich im Norden anschließende Inselgruppe der Vesterålen. Die Natur ist hier ein bisschen weniger dramatisch, dennoch außergewöhnlich schön und erstaunlich kontrastreich. Noch im Südteil von **Hinnøya,** der mit 2198 km² **größten Insel Norwegens,** dominieren die obeliskhaften Berge. Zugleich aber lassen die breiten Täler größeren Raum für Birken- und Kiefernwälder, für Wiesen und Weiden. Nach Norden zu fällt das Land sanft ab und wird auf **Andøy** teils zur Ebene. Diese prägen ausgedehnte Moore und flache Gezeitenküsten mit schönen Sandstränden.

Stokmarknes und Hadsel

↗B2

Nördlich von Vestvågøy, im Herz des Lofoten-Vesterålen-Archipels, liegt die grüne **Insel Hadseløy.** Ihr Umfang beträgt exakt 42,195 km, also die klassische Marathonstrecke. Dies nimmt man im August zum Anlass für einen großen Volkslauf.

Hauptort der Insel ist das, an der Nordflanke gelegene, nicht gerade ansprechende **Stokmarknes,** 3700 Einwohner, das 1776 das Stadt- und Handelsrecht erhielt. So verwundert auch nicht, dass hier 1881 die für die Region so wichtige Schifffahrtsgesellschaft „Vesterålen Dampskipselskap" gegründet wurde, welche die Grundlage für die drei Jahre später ins Leben gerufene Postschiffverbindung der Hurtigrute bildete.

Deren Geschichte wird im **Hurtigruten-Museum** beleuchtet. Der interessante Bau wurde komplett privat finanziert und die monetären Probleme sind nicht gering. So kommt u.a. das Geld für die Restaurierung der hier vor Anker liegenden „Finnmarken", einem Urgestein der Schiffslinie, nur langsam zusammen. Die adrette Atmosphäre der 1950er/1960er Jahre, wie sie nach der letzten Instandsetzung entstand, kann auf einem Rundgang jedoch schon heute erlebt werden.

Über eine Brücke gelangt der Besucher in die angeschlossenen Ausstellungsräume, die den Wandel der Hurtigrute von der „Lebensader Nordnorwegens" zur heutigen Touristenlinie mit Kreuzfahrtcharakter dokumentieren. Die didaktische Aufbereitung kann allerdings, bei aller Sympathie für dieses Projekt, nicht wirklich überzeugen (geöffnet: Mitte Juni–Mitte Aug. 10–18 Uhr, ansonsten meist 12–16 Uhr, 80 NOK, Familien 170 NOK; zudem: Souvenirladen und Kulturhaus).

4 km von Stokmarknes entfernt liegt der alte Kirchenort **Hadsel,** mit der achteckigen **Kirche** von 1824, mit einem Altar aus dem Jahr 1520 (Sommer Mo.–Fr. 10.30–15.30 Uhr). Neben dem Gotteshaus liegt der **Kulturdenkmalpark** mit einem Weg zu 22 Kulturdenkmälern aus der Eisenzeit. An der Südküste der Insel befindet sich der 2500-Einwohner-Ort **Melbu** mit zwei interessanten Museen. Das **Norwegische Fi-**

schereimuseum, in einer alten Heringsöl- und Fischmehlfabrik, erläutert die Fischwirtschaft vom Fang bis zur Verarbeitung (20.6.-15.8. 10-17 Uhr, Sa./So. ab 11 Uhr, 16.8.-19.6. Mo.-Fr. 9-15 Uhr, 50 NOK). Die zweite, recht spannende Ausstellung ist im **Vesterål-Museum** untergebracht. Es ist in einem Herrenhaus aus dem 19. Jahrhundert untergebracht und erzählt von der natur- und kulturhistorischen Geschichte der Vesterålen. Auch einen kleinen Krämerladen und eine kulturhistorische Parkanlage mit Lehrpfad hat man eingerichtet (Mitte Juni-Mitte August 11-17 Uhr, ansonsten Mo.-Fr. 9-15 Uhr, 40 NOK).

Touristeninformation

- Im Sommer geöffnete **Turistkontore** liegen **in Stokmarknes** (geöffnet Mitte Mai-Mitte Aug. 10-20 Uhr, Tel. 76164660).

An- und Weiterreise

- **Fernbusse 760, 761.**
- Die **Hurtigrute** legt in Stokmarknes um 1 Uhr an (n. Norden), nach Süden 15.15 Uhr.
- **Fähre:** Melbu - Fiskebøl, 12x tägl., 25 Min., 80 NOK/Auto inkl. Fahrer, 30 NOK/ Person.

Unterkunft

- **Hurtigrutens Hus,** Tel. 76152999, Fax 76152995, (****/*****). Gutes Hotel im Haus der Hurtigrute. Restaurant, Bar, Fahrräder.

Camping/Hütten

- **Stokmarknes Camping,** am südöstlichen Ortsrand, Tel. 76152022, 1.6.-31.8. Einfacher, aber ansprechender Platz mit 8 Hütten (*) und Tennisplatz.

Festivals

- Jedes Jahr im August findet das internationale **Kulturfestival „Sommer-Melbu"** statt.
- **In Stokmarknes** wird Mitte Juni das **Vesterål-Fest** gefeiert.

Aktivitäten

- Ein schöner **Strand** liegt **westlich von Melbu.**
- **Island Adventur,** Gulstadveien 22, Melbu: Vogelsafaris, Rafting, Meereskajak, Trollfjordtouren, Tel. 95200689, www.islandadventu re.no.

Kunst

- Auch auf den Vesterålen sind einige Kunstwerke des Projektes **„Skulpturenlandschaft Nordland"** (www.skulpturlandskap.no) zu besichtigen. So sind auf der Insel Borøy, an der E 10 östlich von Stokmarknes, zwei Granithäuser im Wasser zu sehen, ein helles und ein dunkles. Als Kontrast dazu entdeckt man auf der Weiterfahrt noch einige alte Holzschuppen, zäh Wind und Wetter trotzend.
- Die Vesterålen bieten auch ansonsten einen guten Nährboden für Künstler. Einige Galerien in Auswahl: **Galleri Apotheket** (im alten Apothekerhof im Zentrum von Stokmarknes): Sommerausstellung (Mitte Juni-Mitte Aug.) mit Werken der Künstler der Vesterålen (Di.-So. 12-15 Uhr); **Galleri Uvær** (12 km westl. Stokmarknes): Bilder und Glaskunst, Ende Juni-Ende Juli Di.-So. 11-17 Uhr; **Galleri på Flatset** (7 km westl. Stokmarknes): Skulpturen, Juli-Sept.; **Tollergården** (Hadsel): Aquarelle, Ende Juni-Anf. Aug., Di.-So. 12-18 Uhr.

Sortland

B2

Die kleine Stadt ist **auf der Insel Langøy** gelegen. Sie ist mit **4000 Einwohnern** die heimliche Hauptstadt der Vesterålen und Sitz der Küstenwacht. Sortland bietet gute Einkaufsmöglichkeiten (z.B. das einzige Vinmonopolet der Umgebung), hatte aber auch lange Zeit eine der langweiligsten Innenstadtgestaltungen nördlich des Polarkreises. Um den Ort ein wenig aufzupeppen, gibt es daher das Projekt, markante Bauten blau zu streichen (entgegen dem Namen des Ortes: „Schwarzland"). Die verschiedenen Blautöne verleihen den faden Bauwerken durchaus einen gewissen Reiz.

Einzige Sehenswürdigkeiten sind eine ornamentreiche **Kirche** (1901 erbaut), das **Künstlerhaus** im Zentrum (Tel. 76123355) und die **Skulptur „Meerauge"** am Hafen. Das Werk ist ein Teil des Projektes „Skulpturenlandschaft Nordland" und zeigt eine bootsförmige Grundfläche, die ein Haus mit einer Öffnung trägt, in der sich Himmel, Meer und Berge, Licht und Bewegungen widerspiegeln.

10 km nördlich (Rv 820) lohnt der über 100 Jahre alte Handelsplatz **Jennestad** einen Besuch. In den kleinen, noch heute zu besichtigenden Kaufläden gab es seinerzeit ein überwältigendes Angebot. Über die 17 m lange Theke wurden Pariser Modeartikel gleichermaßen gereicht wie Schuhcreme, Nägel, Haarnadeln und Kautabak für Herrn *Knut Hamsun* (Galerie mit Sommerausstellung 14.6.–15.8. Mo.–Fr. 11– 17 Uhr, Sa./So. ab 12 Uhr, 30 NOK).

Touristeninformation

- **Vesterålen Reiseliv,** Postboks 243, Kjøpmannsgata 2, 8401 Sortland, Tel. 76111480, www.touristoffice.com. Im Sommer bis 20 Uhr geöffnet, sonst Mo.–Fr. 9–17 Uhr, Fahrradverleih.

An- und Weiterreise

- 1–4x tägl. Regionalbusse nach Stokmarknes, Melbu und Fiskebøl; Myre und Bø sowie nach Andenes. Zudem zum Flughafen Harstad/Evenes. www.veolia-transport.no.
- **Hurtigrute:** legt um 3 Uhr an (Richtung Norden) und um 13 Uhr (nach Süden).

Mietwagen

- **Avis,** Tel. 76113710.

Unterkunft

- **Sortland Nordic Hotel,** Vesterålsgate 59, Tel. 76108400, Fax 76108401, (****/*****). Größtes Hotel am Platz mit allem Service.
- **Strand Hotel,** Strandgate 34, Tel. 7611 0080, Fax 76110088, (*****). Das kleine Hotel mit blauem Anstrich bietet guten Standard. Restaurant.
- **Postmestergården,** Tel. 76121041, solsenes @frisurf.no, 15.6.–15.8. Gemütliche Pension in einer alten, gelben Holzvilla im Nordlysveien 35, (**).
- **SjøhusSentert,** Tel. 76123740, Fax 7612 0040, sjoehus@online.no, ganzjährig, an der Rv 820, 2 km vom Zentrum. Komfortable Hütten, Zimmer und Badezuber (Platz für 6 Pers., 600 NOK/Session).

Camping/Hütten

- **Sortland Camping og Motell,** Vestervegen 51, Tel. 76110300, ganzjährig geöffn. Guter Stadtplatz mit 25 Hütten */***), 9 Zimmern (***), Schwimmbad, Boote, Fahrradverleih.

Aktivitäten

- Im Zentrum gibt es **Kino** und **Bibliothek.**
- **Sortland-Sportpark,** Schwimm- und Sporthalle.
- Südlich von Sortland, auf der anderen Seite des Hadselfjord, legen von Kvitnes und Hennes **Ausflugsboote zum Trollfjord** (Infos unter Svolvær) ab (Tel. 76156262).
- **Nationalpark Møysalen,** südlich von Sortland. Geführte Touren auf den schwer zu besteigenden 1263 m hohen Møysalen (Infos im Turistkontor).

Einfacher ist die zweistündige Tour auf einem deutlich sichtbaren Pfad zum **Holandsknurren** (652 m). Einstieg oberhalb der Videregående skole (Gymnasium) in Kleiva (E 10),

6 km südlich von Sortland. Toller Panoramablick.

- **Radfahren:** Die Vesterålen eignen sich mit ihren vielen ebenen Nebenstraßen ideal für Zweiradfreunde.
- **Kulturhof Lihallen Galerie:** 12 km südöstlich Sortlands, in Sigerfjord nahe der E 10 (30 NOK), schönes Café und Sommerkonzerte. Im Zentrum von Sortland: **Galleri Vesterålen:** Strandgata 33, Verkaufsausstellung mit bekannten Künstlern des Nordens, Mo.-Fr. 16-16 Uhr, Sa. 10-14 Uhr; **Studio Blå:** Kjøpmannsgata 2, Kunstfotografie, Juni-Ende Aug. Mo.-Fr. 9-16.30 Uhr, Sa. 10-14 Uhr; **Verkstedutsalg Keramikk:** schöne Keramik, Risevn 253, Rv 82, genau zwischen Sortland und Stokmarknes, 9-22 Uhr.

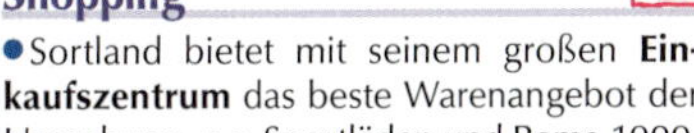

Shopping

- Sortland bietet mit seinem großen **Einkaufszentrum** das beste Warenangebot der Umgebung, u.a. Sportläden und Rema 1000.

Umgebung

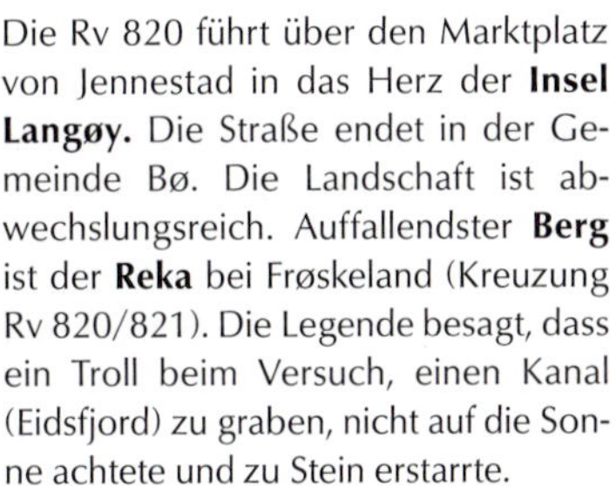

Die Rv 820 führt über den Marktplatz von Jennestad in das Herz der **Insel Langøy.** Die Straße endet in der Gemeinde Bø. Die Landschaft ist abwechslungsreich. Auffallendster **Berg** ist der **Reka** bei Frøskeland (Kreuzung Rv 820/821). Die Legende besagt, dass ein Troll beim Versuch, einen Kanal (Eidsfjord) zu graben, nicht auf die Sonne achtete und zu Stein erstarrte.

Abstecher können unternommen werden zum malerischen **Fischerdorf Nykvåg** mit einem Vogelfelsen in Ortsmitte und Blick auf die Mitternachtssonne, zu den mit 3,5 Mrd. Jahren ältesten, aus grau-grünem Gneis bestehenden Bergen Europas zwischen Eide und Straumsjøen, sowie zu den Sandstränden von Fjærvoll und Bø. In **Bø** gibt es zudem ein hübsches **Seemanns- und Fischereimuseum** (geöffnet 16.6.- 10.8. Di.-So. 10-16 Uhr, 30 NOK) sowie eine Kreuzkirche von 1824 zu besichtigen. Auf einer Anhöhe in **Vinjesjøen** steht die 4,30 m hohe, gusseiserne Skulptur „Der Mann vom Meer".

Zweigt man in Frøskeland auf die Rv 821 ab, so gelangt man nach **Myre,** der größten Fischersiedlung der Region (Wikingergräber auf der Halbinsel Sommarøy). Der Ort verzeichnete in den letzten Jahren ein stetes Bevölkerungswachstum, wobei er von der Abwanderung aus kleineren Orten profitierte. Von denen wurden später viele zu Geisterstädten, wie z.B. das etwas weiter nördlich gelegene **Nyksund.** Der Niedergang dieser Siedlung wurde mit den ausbleibenden Trawlerflotten eingeleitet, die nicht anlegen konnten. Heute ist der Ort ein unheimlicher und doch herrlicher Platz mit zahllosen Motiven für Maler und Fotografen. Die zerfallenen Gebäude werden in privater Initiative restauriert, die auch ein Künstlerhaus unterhält, welches Kurse und Seminare anbietet (www.nyksund-info.com).

In Nyksund beginnt ein 15 km langer, Kondition erfordernder **Wanderweg nach Stø** (Infos im Turistkontor Myre). Der pittoreske Ort mit einem schönen Sandstrand ist der nördlichste der Insel und bietet freien Blick auf die Mitternachtssonne. Ein Erlebniszentrum organisiert, wie auch in Andenes, Angeltouren, Wander- und Bootsausflüge sowie **Walsafaris.** Die „Fotojagd" auf die Tiere dauert bis zu acht Stunden und kostet ca. 800 NOK (www.arcticwhaletours.com, Tel./Fax 76134300). Es werden auch Seehund- und Vogelsafaris angeboten. Saison ist von Juni bis Mitte Sept.

Wer sich darüber hinaus für die Küstenkultur der Region interessiert, für den lohnt sich der Besuch des kleinen **Øksnes Bygdemuseums in Alsvåg,** 9 km östlich von Myre gelegen, das Ausstellungen zur Archäologie und zur Entwicklung der Fischerei zeigt und außerdem über einen alten Laden mit Süßigkeiten verfügt (26.6.–20.8. Mo.–Fr. 10–17 Uhr, Sa./So. ab 12 Uhr, 35 NOK).

Die hübsche **Galerie Fjøset** mit Geschenkeladen und Café liegt in **Steinland,** südlich von Myre (Rv 821). In der Umgebung beginnen mehrere Wanderwege.

• **Touristeninformation:** Ryggedalen, Tel. 76114200, und Myre, Tel. 76185050.

• **Verbindungen/Rundfahrten:** Bus von Myre und Bø nach Sortland;

4x täglich fahren Lokalboote von Myre nach Øksnes und Smines – die Fahrt eignet sich auch als hübsche Bootsrundfahrt (Tel. 76111111).

• **Unterkunft**

Bø Hotell, Tel. 76138590, Fax 76138594, (***). Kleines Haus, gute Zimmer u. Restaurant.

Stø Bobilcamp, in Stø, Tel. 76132530, www.stobobilcamp.com. Sehr schöner Platz am Wasser. Zeltwiese, Fahrradverleih. Gute Sanitäranlagen.

Holmvik Brygge, Nyksund, Tel. 76134796, www.nyksund.com. Restaurierte Fischerhäuser. Legere Atmosphäre, (**). Café, Pub, Galerie.

Nyksund Vertsbrygger, Tel. 76134477, www.nyksundbrygge.no, 1.6.–15.9., restaurierte Holzhäuser, gemütliches Café, Bett 150 NOK.

Toftenes Sjøhuscamping, 9 km östl. von Myre, Tel. 76131455, ganzjährig, mit Hütten und Bootsverleih.

Verschiedene Seehaus-Anbieter in Straumsjøen und Bø.

Fjordcamp in Kråkberget (Rv 820): Tel. 76137614. 26 gute Hütten und Zeltplatz. Boots- und Fahrradverleih, kleiner Sandstrand, Restaurant.

Von der Brücke in Sortland führt die Rv 82 nach Norden zur spannenden Insel Andøy, die man in Risøyhamn erreicht. Nach 40 km **Andøy Friluftssenter** am Forfjord (Tel./Fax 76148804, www.andoy-friluftssenter.no). Sehr komfortable Hütten (ab 935 NOK), schöner Zeltplatz, Restaurant mit leckeren arktischen Speisen, Wanderwege in Richtung des Naturreservates Eikeland mit uralten Kiefern und den nordwestlichsten Ausläufern der Taiga.

Andøy

↗B,C1

Über eine 1974 fertiggestellte Brücke erreicht man das gemütliche Dorf **Risøyhamn** mit dem **Andøy-Museum** (Mitte Juni–Mitte Aug. 10–18 Uhr, 30 NOK). Informationen über die Kulturgeschichte dieser besonderen Insel, die mit ihren Bergen, den weitläufigen Ebenen, den Moltebeermooren und Stränden eine eigenwillig-schöne Landschaft präsentiert.

Auf der Rv 82 gelangt man über Åse (Ruinen einer Wikingersiedlung) nach **Dverberg** mit einem der größten Moore der Umgebung und der viel fotografierten oktogonalen **Kirche** aus dem Jahr 1843. Nächster Stopp ist **Ramså.** Neben dem flachen Strand, der bei Ebbe derart mit Felsbrocken übersät ist, als hätte ein Troll Murmeln gespielt, ist das Dünengelände von Interesse. Hier

521no Foto: ms

finden wir auf einem **Geologielehrpfad** die jüngsten Gesteine des Landes aus dem Jura und der älteren Kreidezeit. Diese Sedimente (Sandsteine und Schiefer) wurden vor 200–100 Mio. Jahren in einer Senke abgelagert. Dabei entstand Norwegens einziges Kohlevorkommen auf dem Festland. Auch viele Fossilien gibt es hier.

Die Straße endet in **Andenes,** einem recht ansehnlichen Holzhausort mit dem markanten 1859 erbauten, 40 m hohen **Leuchtturm.** Von ihm hat man einen Blick auf die rauen, schroffen Berge, das Nordmeer und den schneeweißen Sandstrand am Campingplatz.

Auf Andøy unterwegs

Dieser wiederum bietet den besten Blick auf die Mitternachtssonne (19.5.–25.7.).

Der schon um 1300 gegründete Handelsort Andenes ist auch Ausgangspunkt für die **bekanntesten Walsafaris Norwegens,** (ca. 25.5.–15.9.) ein wirkliches Muss für jeden Naturfreund. Die Fahrt zu den Revieren ist recht kurz, da hier ausnahmsweise nur wenige Kilometer vor der Küste der Meeresboden an einem Kontinentalrand steil abfällt und an den Hängen, wo kaltes Tiefen- und warmes Oberflächenwasser ineinanderfließen, genug Krill, die Nahrung der Wale, gedeihen kann. Für die beeindruckenden Fahrten, für die kein Preis zu hoch wäre, sollten einige Tage Aufenthalt eingeplant werden, da wegen der Witterungsbedingungen hin und wieder nicht abgelegt werden kann. Im Preis von rund 830 NOK (Familien- und Studentenrabatte!) sind ein Imbiss, Tabletten gegen Seekrankheit und der Besuch des Walzentrums (8.30–19 Uhr, 25.5.–14.6./16.8.–15.9. bis 16 Uhr) eingeschlossen (Walsafari: Tel. 76115600, Fax 76115610, www.whalesafari.no).

Das **Polarmuseum** zeigt Ausstellungen zu Tierfang und Fischerei (Mitte Juni–Mitte Aug. 10–18 Uhr, 25 NOK) und das interessante **Naturzentrum Hisnakul** informiert beispielsweise über das Vogelleben und die Natur- und Kulturgeschichte der Region. Vom 20.6.–15.8. ist zudem von 12–14 Uhr das **Nordlyssenter** geöffnet. Es werden die Geheimnisse des **Nordlichts** visualisiert (40 NOK).

Die Rückfahrt kann über die Westküste erfolgen. Dabei passiert man das hübsche, in einem Wäldchen gelegene Dorf **Bleik.** Der Ortsname leitet sich dabei entweder vom altnordischen Adjektiv *bleikr* ab, was soviel wie „bleich" oder „hell" bedeutet und eine Anspielung auf den wirklich sehr markanten Sandstrand sein könnte. Eine andere mögliche Deutung wäre die Herleitung vom Wort *blikk,* übersetzt „totenstill", da selbst wenn auf hoher See ein schwerer Sturm tobt, hier gerade mal eine schwache Brise weht.

Bleik weist eine seit der Eisenzeit (um 600 n.Chr.) ununterbrochene Besiedlungsgeschichte auf, wovon Grabbeigaben und Häuserreste noch heute zeugen. Außerdem ging hier anno 1904 das erste mit Wasserkraft betriebene Elektrizitätswerk Norwegens ans Netz.

Folgt man den für Norwegen recht untypisch schmalen Flurstreifen in Richtung Meer, so erspäht man die 156 m steil empor ragende Insel **Bleiksøy.** Landesweit bekannt ist diese für ihren Vogelreichtum (speziell Papageientaucher). Jedes Jahr im Mai werden von Einheimischen einige der Eier der gefiederten Lebewesen gesammelt und nach einem jahrhundertealten, komplizierten System unter den Beteiligten aufgeteilt. Die Eier gelten hier als besondere Delikatesse.

Eine weitere Besonderheit ist die **Bleiksmoräne,** welche auf ein Alter von 20.000 Jahren datiert wird und somit der älteste eiszeitliche Erdwall Norwegens ist.

Bei der Weiterfahrt in Richtung Süden lohnen Stopps am herrlichen **Sandstrand in Stave** und **im Örtchen Bø an der Galerie Bølgeblikk** (Wellenblick) (ganzjährig Di.–Sa. 10–17 Uhr geöffnet).

Folgt man der Straße weiter, so gelangt man zum rund 10 km südwestlich von Nordmela gelegenen **Atelier Nøss,** mit sehr interessanten, von der rauen Natur inspirierten Arbeiten.

Wer weiter nach Norden will, kann mit der Fähre zur Insel Senja übersetzen.

Touristeninformation

- **Andøy Turistinformasjon,** am Walzentrum Havnegata 1, 8480 Andenes, Mo.–Fr. 8–16 Uhr, 14.6.–14.8. tägl. 10–18 Uhr, Tel. 7614 1203, Fax 76141204, www.andoyturist.no.

An- und Weiterreise

- Mo.–Sa. 2–5x tägl. **Busverbindung** von Andenes nach Risøyhamn und Sortland. Andøy Trafikklag, Tel. 76141333, andtraf@online.no.

520no Foto: ms

Strand bei Stave

• Auf dem auch militärisch genutzten **Flughafen** (Tel. 67034050), einem der meistfrequentierten des Landes, starten täglich zahllose Flieger nach Bodø, Narvik, Tromsø.

• **Fähre: Andenes-Gryllefjord** (Senja), von Ende Mai–Mitte Aug. 9 und 19 Uhr; Ende Juni/Juli auch 15 Uhr; Dauer: 1¾ Std. Das kleine Schiff ist dem Seegang direkt ausgesetzt! Auto inkl. Fahrer 405 NOK, 160 NOK/Pers. (Tel. 76146600, www.senjafergene.no).

Tipp: Wer von Botnhamn auf Senja nach Brensholme bei Tromsø übersetzt, hat eine Alternativstrecke zur Fahrt auf der E 6.

Mietwagen/Taxi

• **Avis,** Tel. 76141338.

• **Taxi,** Tel. 76141200.

Unterkunft

Im Sommer ist Vorbestellung ratsam.

• **Andrikken Hotel,** Andenes, Tel. 76141222, Fax 76141933, (****/*****). Ein nicht gerade umwerfender Bau. Restaurant, Disco, Fahrradverleih. Zum Hotel gehört auch die schöne Apartmentanlage Lankanholmen.

• **Hotel Marena,** Storgata 15, im Zentrum von Andenes, Tel. 91583517, www.hotellmarena.no. Neues Hotel. Schicke, von Künstlern gestaltete Zimmer (****).

• **Den Gamle Fyrmesterbolig,** Andenes, Tel. 76141027. Ganzjährig geöffnete Unterkunft im alten Leuchtturmwärterhaus. DZ 450 NOK, Winter 350 NOK.

• **Hisnakul,** Hamnegata 1, Tel. 76141203. Preiswerte, gute Zimmer im Walzentrum. DZ für 400 NOK.

• **Fargeklatten Veita,** Sjøgt. 38A in Andenes, Tel. 97760020, www.fargeklatten.no. Tolles Haus mit Atmosphäre. Romantische Zimmer, Atelier, Garten. DZ ab 700 NOK, Familienzimmer 900 NOK.

• **Norlandia Bleik Apartments,** im Ort Bleik, Tel. 76141222, www.norlandia.no/bleik. Sehr schöne, neue Unterkünfte, DZ für 800 NOK.

Camping/Hütten

• **Andenes Camping,** unweit des Andrikken Hotels am Ortsanfang, Tel. 76141412. Geöffnet: 1.6.–1.9. Keine Hütten, aber einmalige Lage auf den Dünen oberhalb des Sandstrandes – kostenloser Blick aus dem Zelt zur Mitternachtssonne! Neues Servicegebäude, Aufenthaltsraum, Grillplatz, Küche, www.andenescamping.no.

• **Grønnbua,** Tel. 76141499, www.robucamping.no. Gute, grüne Rorbuer, (DZ ab 600 NOK) die in Andenes direkt am Hafen gelegen sind. Anmeldung: Im Lysthuset in der Hauptstraße (Storgata).

• **Midnattsol Hytteutleie,** in Bleik, Tel. 76148863, sara.kjell@c2i.net. Komfortable, tolle Hütten am Sandstrand ab 500 NOK. Nebenan liegt auch ein kleiner Campingplatz.

• **Stave Camping,** Tel. 76146562, Mai–Sept., 18 km südwestlich von Andenes. Toller Platz an der Westseite der Insel. Mitternachtssonnenblick, Outdoor-Badezuber (200 NOK/Pers.), Vogelsafari. Kleine Hütten und Zimmer (*/**), www.stavecamping.no.

• **Marmelkroken,** in Bø auf der Westseite, ca. 45 km bis Andenes, Tel. 76148167, www.marmelkroken.no. Gute Hütte und DZ für 750 NOK. Fahrradverleih. Restaurant (120–170 NOK).

• **Kvalnesbrygga,** in Kvalnes an der Rv 82 (16 km bis Andenes), Tel. 76146378, Tauchzentrum mit Camping und Zimmern (*). Bootsverleih.

• **Wildes Zelten** ist in der Nähe der Raketenabschussbasis Oksenbasen westlich von Andenes verboten.

Aktivitäten

• Zeitweilig hat in Andenes ein kleines **Kino** geöffnet, es gibt eine **Bibliothek,** eine **Schwimmhalle** und ein **Hochseefisch-Festival** am letzten Wochenende im Juli.

• **Fahrrad fahren:** Andenes ist ideal für Ausflüge mit dem Fahrrad. Es sind kaum Steigungen zu überwinden, und im Binnenland gibt es einige wenig befahrene Wege. **Verleih** in einigen Hotels. Andøy Aktivitætsbørs (s.u.) und bei Naturpartner, beide in Risøyhamn.

• **Wandern**: Ab Stave zum 408 m hohen Måtind (Panaromablick), mittelschwere Tour (3 Stunden). Karte gibt es im Sportladen in der Storgata.

• **Papageitauchersafari und Angeltouren** ab Bleik (www.puffinsafari.no, Tel. 908385 94); Andøy Aktivitætsbørs in Risøyhamn: **Kajak- und Wandertouren,** Tel. 91166947; **Tauchen:** ab Kvalnesbrygga Camping (s.o.).

Bootsrundfahrt/Ornithologie

• Im Turistkontor Andenes kann man sich 1.6.–20.8. für Fahrten **zur Vogelinsel Bleikøy** vor Bleik anmelden (400 NOK).

Sonstiges

Am Ortseingang Supermarkt und Tankstellen, im Zentrum Rema 1000, Vinmonopolet und Einkaufszentrum. **Internet:** im Hisnakul neben dem Leuchtturm; **Preiswert Essen:** Napoli, No 19, Sjøgata; Fischrestaurant Sørvesten in der Grønnebua (gute Fischgerichte für 150–250 NOK); Smia Pub und Café in Bleik; Restaurant auf dem Campingplatz Marmelkroken in Bø (Gerichte 100–150 NOK); **Øymuseet:** Sammlung von Gegenständen, die auf Andøy gefunden wurden, ausgestellt in einer Garage am Polarmuseum; **Hisnakul:** Nicht nur Museum und Standort der Walsafaris, sondern auch aktives Kulturhaus mit erstaunlich vielen Konzerten.

Von Andenes oder der Region Myre/Bø kehrt man nach Sortland zurück. Von hier führt die E 10 ostwärts – vorbei am ganzjährig geöffneten Gullesfjord-Camping (Tel. 77091110, 13 Hütten) in Gullesfjordbotn – weiter nach Narvik. Unterwegs zweigt in Hamna die Rv 83 in nördlicher Richtung nach Harstad ab.

Harstad ↗C2

Harstad, **mit 24.000 Einwohnern größter Ort auf den Vesterålen,** liegt im Osten von Hinnøya, der mit 2198 km² größten Insel der Vesterålen und ganz Norwegens. Historisches gibt es außer am Hafen und in der Fußgängerzone nicht zu entdecken. Dafür wurde die Stadt in den letzen Jahrzehnten, unter anderem durch den Einfluss der Ölindustrie und ihrer Konzerne, zu stark modernisiert. Trotzdem besitzt das kulturelle Zentrum zwischen Trondheim und Tromsø einen gewissen Charme, zumal wenn gerade die „Anna Rogde", der älteste Schoner der Welt, im Hafen vor Anker liegt.

Die wichtigsten Sehenswürdigkeiten liegen auf einer Halbinsel 3 km nördlich der Stadt, am Ende der Hagebyveien. Zu besichtigen sind das **Trondenes Historiske Senter,** mit einer multivisionalen Ausstellung zur Geschichte (Mitte Juni–Mitte Aug. 10–17 Uhr, 70 NOK), die **Trondenes-Kirche** aus dem Jahr 1250 und die monströse **Adolfkanone,** der Welt größte Landkanone.

Weitere düstere Relikte aus dem Zweiten Weltkrieg, aber auch reizvolle Landschaft erschließt der **Kulturwanderweg** ab der Kirche (Infotafeln auch auf Deutsch).

Touristeninformation

- **Harstad Turistkontor,** Torvet 8, 9486 Harstad, Tel. 77018989, www.visitharstad.no.

Orientierung

- Die Rv 83 führt direkt zur Sjøgata (Parkplätze) und damit in die Innenstadt.

An- und Weiterreise

- Der **Busbahnhof** liegt direkt im Zentrum nahe der Fußgängerzone.
- Die **Hurtigrute** legt 6.45 Uhr an (Richtung Norden), nach Süden 8 Uhr.
- **Flughafen:** Harstad/Evenes, Flughafenbus, Tel. 67034100.

Unterkunft

- Drei gleich recht komfortable und sehr teure Hotels (*****) sind das **Grand Hotell** (Strandgata 9, Tel. 77003000, Fax 77003001), **Viking Hotel** (Fjordgate 2, Tel. 77003200, Fax 77003201) und **Hotel Arcticus** (Havnegate 3, Tel. 77040800, Fax 77040801).

Camping/Hütten

- **Harstad Camping,** 4 km südlich, Rv 83, Tel. 77073662, Fax 77073502, ganzjährig geöffnet. Schöner, recht guter Platz am Meer mit netten Badeplätzen. 15 Hütten (*/***). Angelmöglichkeiten und Bootsverleih.

Essen und Trinken

Das Zentrum bietet **einige Kneipen** für die abendliche Sause. Gut und in uriger Umgebung isst man im alten **Hof Røkenes Gård** 6 km nördlich der Innenstadt.

Aktivitäten

- Es gibt ein **Kino** (Erlingsgt.), eine **Bibliothek** und ein großes, neues **Kulturzentrum mit Lesesaal und Multivisionsshow.**
- Zudem gibt es das neue **Grottebadet,** ein tolles Erlebnisbad. Håkonsgt. 7 (hinter dem Markt, nahe der Rv 83), 140 NOK.
- Ideal zum **Radfahren** sind die Insel Bjarkøy, Heimat des wüsten Wikingerhäuplings *Tore Hund,* der vermutlich in der Schlacht von Stiklestad Olav den Heiligen tötete (Kulturwanderweg ab Nergård) und die Nebenstraßen in Richtung Sortland.

Troms und Finnmark

Mit den beiden Fylken (Provinzen) Troms und Finnmark erreicht der Reisende das „Dach Europas". Gleichsam wie bei der Bedeckung eines Hauses, so sind auch hier die exponierten Regionen Wind und Wetter ausgesetzt und bieten Schutz und Geborgenheit für das Hinterland. An der Küste weht je nach Jahreszeit ein laues Lüftchen oder es braust der Sturm. Der Golfstrom, der dafür sorgt, dass das Meereswasser auch im Winter eisfrei bleibt, prägt das **Klima** der Küstenregionen: Die Temperaturen fallen selbst im Januar selten unter -10 °C und erreichen nur an lauschigen Sommertagen um die 15 bis 20 °C. Im Kontrast dazu steht die Finnmarksvidda, wo im Juli das Thermometer auf 30 °C steigen kann und in der kalten Jahreszeit gern auf deutlich unter -40 °C absackt.

Auf der Fahrt gen Norden fällt auch auf, dass die **Landschaft** nördlich von Narvik zunehmend rauer wird, südöstlich von Tromsø, an den inneren, geschützten Fjordarmen, aber plötzlich wieder erstaunlich lieblich und einladend wirkt. Die **Baumgrenze** schwankt zwischen 100 m und 300 m. Es gedeihen Zwergbirken und bis in die Region von Alta sogar Kiefern. In Vardø, dem einzigen Stück arktischer Klimazone auf dem norwegischen Festland, haben dahingegen selbst Sträucher kaum eine Chance, wohl aber die Flechten, einer Symbiose aus Pilz und Alge. Die bekannteste Art ist die **Rentierflechte,** welche, der Name sagt es schon, besonders beliebt ist beim Rentier, dem Wahrzeichen Lapplands und der Lebensgrundlage der Samen.

Wann genau das Nomadenvolk der **Samen** begann, die Region zu besiedeln, steht sprichwörtlich in den Sternen. Gesichert ist hingegen, dass schon vor mehr als 6000 Jahren die Menschen der **Komsakultur** in der Umgebung von Alta lebten. Eindrucksvolle **Felszeichnungen** zeugen noch heute von der Jagdtätigkeit und dem Götterglauben dieser Menschen.

Der **Alltag der Bewohner** war jedoch seinerzeit nicht einfach – und ist es noch heute nicht. Die Früchte des Meeres können nach Jahren der Überfischung nicht mehr so zahlreich an Land gezogen werden wie noch vor wenigen Generationen, und so sind viele Landstriche von Abwanderung geprägt. Ausnahmen bilden das Wirtschafts- und Wissenschaftszentrum Tromsø und neuerdings auch Hammerfest, wo das Öl für Optimismus sorgt. Trotzdem, mit 226.000 Einwohnern kann dieses Gebiet von der Größe Bayerns als nicht gerade dicht besiedelt gelten und der sonnige, milde Süden des Landes ist für viele Bewohner des Nordens noch immer das erklärte Ziel ihrer Träume.

Zum Nordpol ist es kürzer als nach Oslo: Wegweiser in Alta

Reisen in Troms und der Finnmark

Das Reisen in Troms und der Finnmark ist in der **warmen Jahreszeit** sicher kein Problem, wenngleich es bei weitem nicht so viele Zeltplätze und Tankstellen gibt wie in Südnorwegen. Auch dauert der Sommer lediglich von Ende Juni/ Anfang Juli bis Anfang August. Ab Mitte August können die Nächte in küstenfernen Regionen schon wieder 0–5 Grad kalt werden, und die Urlaubssaison neigt sich dem Ende zu. Im Juni und Juli ist im Binnenland mit vielen Mücken zu rechnen.

Väterchen **Frost** regiert meist von Anfang Oktober bis in die letzen Maitage. Unterkünfte sollten da unbedingt vorgebucht werden. Das Auto muss bei Reisen von November bis März Frost von mindestens -40 °C standhalten, wobei zwischen Binnenland und Küste **extreme Temperaturunterschiede** herrschen können. So sind Temperaturen von -20 bis -30/-40 Grad auf der Finnmarksvidda, in Målselv/Bardufoss und in der Region Kirkenes eher die Regel, als die Ausnahme. An der Golfstrom umspülten Küste hingegen gelten -10 Grad schon als sehr kalt. Meist liegen die Temperaturen bei lediglich -5 bis +2 Grad, und es fällt vergleichsweise mehr Schnee. Zwischen Hammerfest und Kirkenes ist es zudem oft recht **stürmisch.**

Die **Mitternachtssonne** scheint am Nordkap vom 13.5. bis zum 29.7., die **Polarnacht** regiert hier vom 18.11. bis zum 24.1.

Tipp: Die geraden Straßen, die Helligkeit im Sommer und die weiten Entfernungen verführen viele zum **schnellen und langen Fahren.** Die Gefahren dabei sind nicht gering. Lassen Sie es bitte ruhig angehen und nehmen Sie sich Zeit.

527no Foto: ms

Narvik – Setermoen

Hinter Narvik führt die **E 6** noch 30 km am Fjord entlang, um dann bei Bjerkvik ins Landesinnere abzuzweigen. Die Fahrt geht durch nordische Täler, flankiert von über 1200 m hohen Bergen und kleineren Wasserfällen. Einen Zwischenstopp lohnt **Gratangen,** denn am Fjordufer liegt eines der besten Bootsmuseen des Landes. Zu sehen sind cirka 70 Boote unterschiedlichsten Bautyps sowie Angel- und Jagdgeräte (Nordnorsk Fartøyvernsenter og Båtmuseum, Mitte Juni–Mitte Aug. 11–18 Uhr, 50 NOK; Café). Neben dem Gebäude befindet sich der Minnelunden, ein kleiner Park mit Denkmälern, die an die Zerstörungen des Zweiten Weltkrieges erinnern.

In Gratangsbotn zweigt die Rv 825, eine ruhige Nebenstraße mit vielen Aussichtspunkten in Richtung Harstad auf den Vesterålen ab (siehe dort). Einen Stopp lohnt die Ebbestua in **Tovik,** ein restauriertes Nordlandhaus aus dem Jahre 1854, mit Café und geschmackvollem Kunsthandwerksladen. Ein Abstecher führt von Tovik nach Süden in die Berglandschaft **Vilgesvarre (Blåfjell),** zum samischen Museum mit Wildniscamp (www.vilgesvarre.no).

Wer auf der E 6 verblieben ist, gelangt nach **Fossbakken.** 13 km hinter dem Ort erreicht man den laut Eigenwerbung **„nördlichsten Tierpark der Welt".** Hier sagen sich nicht nur Fuchs und Hase gute Nacht, sondern auch Elch, Bär, Hirsch und Moschusochse (www.polarzoo.no, Juni–Aug. 9–18 Uhr, ansonsten meist 10–15 Uhr, 215 NOK, Familien 600 NOK; Tipp: Fütterungszeiten sind vom 21.6. bis 22.8. 14 Uhr).

Danach erreicht man auf der E 6 den vom Militär geprägten Ort **Setermoen** (auch **Bardu** genannt), der von Einwanderern aus dem Süden im 19. Jahrhundert gegründet wurde. Hier sind eine achteckige Holzkirche aus dem Jahre 1829 (im Sommer Mo.–Fr. 8–15 Uhr geöffnet) und ein kleines Freilichtmuseum (Hofanlage von 1860 mit Mineralienausstellung; geöffnet 28.6.–12.8. Mi., Do. 10–18 Uhr, Sa., So. 12–18 Uhr) die einzigen Attraktionen.

Ab Setermoen lohnt sich ein Abstecher auf der Rv 847 nach **Lunde** und ab hier in das ursprüngliche **Sørdalen** (Wanderweg ab Sørmo) oder weiter auf der 847, vorbei am alten Bergbauernhof Strømsør Fjellgård (aus dem 19. Jh.) in **Strømsøra,** zum elftgrößten See Norwegens, dem 80 km² umfassenden **Altevatnet** (Stausee).

Zurück auf der E 6, gelangt man als nächstes nach Andselv/Bardufoss.

Andselv/ Bardufoss

↗II/A2

Wie schon zuvor Setermoen, so ist auch der Doppelort Andselv/Bardufoss von Armeeeinrichtungen geprägt. Und so bleibt als einzige bauliche Sehenswürdigkeit nur das schöne **Freilichtmuseum Fossmotun in Fossmoen,** 5 km östlich von Andselv (geöffnet: im Sommer, Di.–So. 11–17 Uhr). Zu sehen ist eine alte Hofanlage, wie sie von Einwanderern aus dem Süden des Landes Mitte des 19. Jahrhunderts gegründet wurde. Außerdem gibt es noch einen Kulturwanderweg.

Unweit des Museums liegt jedoch die wahre Attraktion dieser Gegend: der **Fluss Målselv.** Er gilt als einer der schönsten Wasserläufe des Nordens, bildet einen wild schäumenden Wasserfall und verspricht Anglern sehr gute Fänge (Lachs, Forelle, Saibling). Da der Fluss jedoch nur im Sommer Touristen anzieht, hat man im Örtchen **Rogn-**

moen an der Rv 854 große Pläne. Neben dem neu entstandenen **Skizentrum** soll auch ein **Blånisseland,** gewidmet den für das Winterlicht zuständigen blauen Wichteln, und ein **Snowmanland** entstehen. In diesem möchte man dem in Mitteleuropa durch den Klimawandel langfristig vom Aussterben bedrohten Schneemann ein Zuhause bieten und mit den Finnen um Touristen buhlen, die ja schon den Weihnachtsmann für sich vereinnahmen. Infos zu den Projekten: www.malselvfjellandsby.no.

Wer etwas Zeit mitbringt, kann zudem nördlich des Ortes auf die Rv 854 abbiegen und gelangt so durch das Dividal zum 741 km² großen **Nationalpark Øvre Dividal.** Die weite Gebirgslandschaft mit ihren Kiefern und dem reichen Tier- und Pflanzenleben lohnt den Abstecher allemal. Es können u.a. Braunbären, Wölfe und Luchse beobachtet werden. Der Wanderweg „Nordkalottruta" erschließt das Gebiet des Nationalparks.

Touristeninformation

- Das **Turistkontor der Gemeinde Målselv** liegt in Andselv, Tel. 77837700, www.visittroms.no.

An- und Weiterreise

- **Fernbusse:** 800, 815; www.177troms.no.
- **Flüge:** Größerer Flughafen in Bardufoss, mit Verbindungen nach Oslo und Bergen. Tel. 67034400 und 77830360.

Unterkunft

- **Bardufoss Hotell,** Tel. 77830500, Fax 77830501, (*****). Teures Mittelklassehotel mit gutem Restaurant.
- **Rundhaug Gjestegård,** Tel. 77830570, www.rundhauggjestegard.no, (****). Sehr ansprechendes historisches Gästehaus mit guter Küche in Rundhaug (Rv 854).
- **Bardufosstun,** Tel. 77834600, (****/*****), Kurs- und Trainingscenter nahe des Flughafens, das außerdem auch Zimmer und Hütten vermietet. Schöne Lage.

Camping/Hütten

Plätze zwischen Narvik und Andselv/Bardufoss:

- **Fossbakken Veikro & Camping,** in Fossbakken, Tel. 77177120, ganzjährig. Platz direkt an der E 6, 10 Min. vom Zoo entfernt. 6 Hütten.
- **Bardu Camping & Turistsenter, Bardu,** Industriveien 2, Tel. 77181558. Platz mit guten Hütten (*/***) und Fahrradverleih.
- **Målselvfossen Turistsenter,** Andselv/Bardufoss, Tel. 77834700, mfturist@online.no, geöffnet: 1.5.–1.9. Idyllische Lage am Fluss Målselv. Hütten (****) und Zeltwiese.
- **Nedre Målselvfossen Feriesenter,** Rv 87, südöstlich von Andselv/Bardufoss, Tel. 7783 2730, Fax 77835244, www.maalselvfossen.no. 38 einfache bis komfortable Hütten, ganzjährig geöffnet (*/**/****). Komfortabler großer Platz am Fluss mit Aufenthaltsraum, Minigolf und beheiztem Freibad.
- **Dividalen Camping,** Tel. 77837816. Einfacher Platz im Dividal.

Aktivitäten

- **Baden:** Im Fluss sicher meistens zu kalt, aber es gibt ja zum Glück das Polarbad in Bardufoss, ein ansprechendes Badeland (www.polarbadet.no), 130 NOK.
- **Hundeschlittenfahrten & Anderes:**

Bjørn Klauers Huskyfarm, in Innset, südöstlich von Bardu, Tel. 77182371, www.huskyfarm.de. Hundeschlittenfahrten unter sachkundiger Leitung eines ausgewanderten Deutschen. **Arctic Husky,** in Bardu, Tel. 77184584, oddmov@online.no, Hundeschlittentouren von Dezember bis Mai. Angel- und Skitouren. **Undervegs:** Aktivitätszentrum in Øverbygd (Rv 87), östlich von Bardufoss, Tel. 77837200, www. undervegs.no. **Northern**

Experiences: in Øverbygd (Rv 87), östlich von Bardufoss, Tel. 77831794, www.northernexperiences.com. Hundeschlitten, Skitouren, Seekajak und Segeln.

• **Wandern:** Ab Ventebua am Ende der Straße durch das Dividal kann binnen 3 Stunden zur 12 km entfernt gelegenen Hütte Dividalshytta gewandert werden (mittelschwere Wanderung). Infos im Turistkontor.

Insel Senja

↗II/A2

Ab Andselv führen die **Straßen 855 und 86** nach Senja, der mit 1590 km² zweitgrößten Insel Norwegens. Alternativ gelangt man dorthin auch mit der **Fähre ab Andenes** auf den Vesterålen.

Gleichsam einer Hand streckt sich die **urtümliche Insel** Senja den Unbilden des Nordmeeres entgegen. Der Ostteil des Eilandes ist relativ waldreich und vergleichsweise lieblich, die zerklüftete Westküste jedoch ganz das Gegenteil. Bis zu 800 m hohe, steil emporragende Bergmassive lassen kaum Raum für größere Siedlungen und man muss schon hart im Nehmen sein, um sich hier behaupten zu können.

Größter Ort an der Westseite ist **Gryllefjord.** Ihn erreicht man mit der Fähre ab Andenes auf den Vesterålen. Still ducken sich die bunten Häuser des Dorfes an den grünen Berghang. Direkt am Fähranleger liegt das rote Häuschen der Touristeninformation. Diese verrät, dass die einzige kulturelle Sehenswürdigkeit im Nachbarort Torsken („der Dorsch") liegt: eine kleine 1784 erbaute Kirche mit schmuckem Innenraum (Schlüssel beim Küster).

Die teils recht schmale Straße 86 verlässt Gryllefjord in Richtung Osten, umrundet den grünlichen Fjord und schraubt sich auf eine Anhöhe hinauf, wo Tische und Bänke einladen, das grandiose Bergpanorama zu genießen. Wieder am Wasser angelangt, passiert man den alten Handelsplatz **Hamn.**

Die Gebäude stammen aus dem Jahr 1881 und beheimaten heute ein feines Restaurant und gediegene Unterkünfte für Touristen (Tel. 77859880, DZ ab 650 NOK). Einige Kilometer weiter, in **Finnsæter,** hausen hingegen die Trolle. Neben kleinen Wuschelköpfen im Wichtelformat ragen der **Senjatroll** und seine Frau empor. Es ist wohl der größte nachgebaute Troll der Welt und verbirgt in seinem Bauch ein kleine mystische Ausstellung (geöffnet: 1.6.–31.8., 9–21 Uhr). Der Eintrittspreis von 100 NOK ist für das Dargebotene sicher etwas zu hoch, doch sollte man auf alle Fälle im nebenan gelegenen „Hobbithaus" dem Café und Souvenirladen „Hulderheimen" einen Besuch abstatten (www.senjatrollet.no).

Unweit der Anlage zweigt die Rv 864 nach Norden ab. Seit Ende 2004 kann man über dieses Sträßchen direkt zum Fähranleger **Botnhamn** (Fähre in Richtung Tromsø) gelangen. Unterwegs passiert man den Abzweig zum 15 km abseits der Hauptstraße gelegenen äußerst malerischen Inselort **Husøy.** Das Dorf ist über eine 300 m lange Mole mit dem Festland verbunden. Die Häuser stehen dicht an dicht und vermitteln so ein Gefühl von Geborgenheit in diesem rauen Klima, zum dem auch schwere Herbststürme gehören. Nicht

530no Foto: ms

Troll auf der Insel Senja

umsonst sind viele Garagen mit Stahlseilen fest verankert.

Die Rv 86 führt hingegen weiter gerade aus, durch weite Landschaft, die nun auch rauschenden Wäldern wieder Platz bietet. Am östlichsten Punkt der Insel überquert die Straße im hohen Bogen den Gisund und man erreicht **Finnsnes.** Der Ausgangs- bzw. Endpunkt einer Reise durch Senja könnte wirklich schöner ausfallen. Recht lieblos gruppieren sich Häuserkästen der Marke schnell und billig um einen ansonsten hübschen See.

Über die Rv 860 erreicht man ab Finnsnes den im Süden Senjas gelegenen **Ånderdalen-Nationalpark,** mit bis zu 500 Jahre alten Bäumen, einem dichten Urwald im engen Trolldal und Mooren mit so seltenen Orchideenarten wie zum Beispiel Widerbart und Krallenwurz.

Die Rv 860 endet in **Stonglandseidet.** Ab hier führt eine Nebenstraße nach **Skrolsvik.** In dem kleinen Ort kann im alten Hafengebäude das **Kveitemuseum** besucht werden. Es informiert über den Heilbuttfischfang. Angeschlossen sind auch ein kleines Meereswasseraquarium, ein Literaturmuseum über den Autoren *Jens Hagerup* und ein historischer Laden, in dem es auch die lokale Spezialität „getrockneter Heilbutt" gibt (geöffnet: 20.6.–15.8., 12–17 Uhr).

Touristeninformation

- **Destinasjon Midt i Troms,** Box 326, 9305 Finnsnes, Tel. 77850730, Fax 77850731, www.visitsenja.no.

An- und Weiterreise

- **Busse** in Richtung Bardufoss, www.177troms.no, Senja Rutebil (Busunternehmen): Tel. 77853800.
- **Fähren:** Gryllefjord – Andenes (Ende Mai–Ende Aug. 11 und 19 Uhr; Ende Juni/Juli auch 15 Uhr; mehr Infos: siehe unter „Vesterålen/Andenes"); Botnhamn – Brensholme (auf Kvaløya bei Tromsø; Anfang Juni–Ende Aug., 5x tägl, meist 11, 15.45 und 17.30 Uhr, Auto inkl. Fahrer 160 NOK, 60 NOK p.P.).

Unterkunft/Camping

- **Finnsnes Hotell,** Tel. 77870777, Fax 77870778, (*****). Gutes Mittelklassehotel.
- **Finnsnes Motell & Camping,** Tel. 7784 5465, post@finnsnesmotell.com, ganzjährig geöffnet, 5 km westl. von Finnsnes, an der Rv 86. Zimmer, gute und einfache Hütten (*/***), großer Zeltplatz.
- **Senja Camping,** Tel. 77853255, www.senjacamping.no, 13 km westlich von Finnsnes, idyllisch und ruhig an einem See zwischen der Rv 86 und der Rv 860 gelegen. Gute Hütten unterschiedlicher Größe (*/**/****). Beheiztes Freibad. Angeln!

•**Tranøybotn Camping,** Tel. 77853222. Guter Platz in Vangsvik (Rv 860). Ausgangspunkt für Wanderungen in den Ånderdalen-Nationalpark. 11 Hütten (*/***, ab 400 NOK), Sauna, Bootsverleih.

•**Fjordbotn Camping,** Tel. 77849310, fjordbca@online.no. Ganzjährig geöffneter Platz an der Rv 861, 10 km südlich des Fähranlegers Botnhamn. Tolle Lage am Wasser. 6 gute Hütten (**).

•**Senja Vandrerhjem,** in Silsand gegenüber von Finnsnes, Tel. 77844165, Anf. Jan.-Mitte Dez., gute, neue JH in schönem Holzhaus. Bett 240 NOK, DZ 660 NOK.

Aktivitäten

•**Wandern:** Ab der Brücke über den See Lysvatn führt ein Wanderweg in das schöne **Nord-Heggedal** hinein.

Ab dem Tranøybotn-Campingplatz in Vangsvik kann man in den **Ånderdalen-Nationalpark** hineinwandern (markierter Wanderweg).

Shopping

•Kleine **Supermärkte** gibt es in: Gryllefjord, Botnhamn und Berg. **Rema** und **Rimi** findet man in Finnsnes.

Sonstiges

•**Tanken:** Tankstellen gibt es in Gryllefjord, Senjahopen, Stonglandseidet und Vangsvik. Ganz sicher geöffnet haben aber nur jene in Finnsnes.

Ab Senja gelangt man auf der gut ausgebauten Rv 855 und anschließend auf der gleichfalls bestens zu befahrenden E 6 durch waldreiche Gebirgslandschaft (besonders lohnenswert ist der Panoramablick in Heia) nach **Nordkjosbotn,** das am Ende des dramatisch schönen **Balsfjordes** gelegen ist. Der Ort befindet sich in reizvoller Lage im Schatten mächtiger Berge, bietet jedoch neben einem Sammelsurium an Tankstellen, einem Rema 100 und zwei sauberen, aber etwas laut gelegenen Campingplätzen nicht viel.

•**Camping und Hütten**

Bjørnebo Camping, Tel. 77728161, Aufenthaltsraum und preiswerte Hütten (*/**). Nur im Sommer geöffnet. Gute Sanitäranlagen, schöne Zeltwiese, aber mitten im Ort gelegen. Straße in Hörweite.

Sjøvollan Camping, in Nordkjosbotn, Tel. 77728470, ganzjährig geöffnet, Hütten.

Vollan Gjestestue, Tel. 77722300, in Nordfjordbotn. Gemütliches Gästehaus mit schönen Zimmern im Bauernstil (DZ 1100 NOK). Restaurant und Bar.

Von der E 6 lohnt unbedingt ein **Abstecher in Richtung Tromsø** (80 km). Dieser kann entweder über die kleine und etwas schmale Rv 858 (inkl. Fähre) oder über die bestens ausgebaute E 8 erfolgen. Unterwegs begleiten **fantastische nordische Bergpanoramen** den Reisenden. Mächtigster Fels ist der 1238 m hohe Tromsdalstid neben der E 8.

Die mit sagenhaften 2650 km² flächenmäßig ausgedehnteste Stadt Norwegens erreicht man, vorbei an der Eismeerkathedrale, über die eindrucksvolle Brücke Tromsøbrua.

Tromsø aus der Vogelperspektive

Tromsø

↗II/A2

Tromsø ist mit **67.000 Einwohnern** die größte Stadt nördlich des Polarkreises und die lebhafteste und interessanteste zugleich. Der Ort besticht durch seine wirklich **einmalige Lage auf der Insel Tromsøya,** welche durch kühne Brückenbauten im Osten und Westen mit dem Festland und der Region Kvaløya verbunden ist.

Städtebaulich ist Tromsø eine Mischung aus Alt und Neu. Schmucke Holzhäuser, deren Zustand in Nebenstraßen leider nicht immer der beste ist, wechseln mit Betonbauten und sehr ansprechender moderner Architektur. Besonders viel Charme haben vor allem der Hafenbereich und die Storgata.

Den besten Eindruck von der Stadt gewinnt man vom **Hausberg Storsteinen,** zu dem die Seilbahn Fjellheisen empor führt. Gerade an klaren Tagen zur Zeit der Mitternachtssonne (21.5.-23.7.) ist der Blick von hier oben wirklich einmalig.

Stadtgeschichte

Die Besiedlungsgeschichte der Region begann schon vor mehr als 4000 Jahren, wovon noch heute **Felszeichnungen auf der Insel Kvaløy** zeugen.

Tromsø selbst war über Jahrhunderte hinweg durch seine äußerst geschützte Lage ein beliebter Anlegeplatz für Schiffe. Es konnte sich so ein kleiner **Handelsplatz** entwickeln, dem 1794 das **Stadtrecht** verliehen wurde und der sich rasch zu einem wichtigen Warenumschlagsplatz (Fisch, Wal, Tran usw.) im Hohen Norden entwickelte. Reger Im- und Export **belebten die Wirtschaft,** und die Einwohner, die Trom-

533no Foto: ms

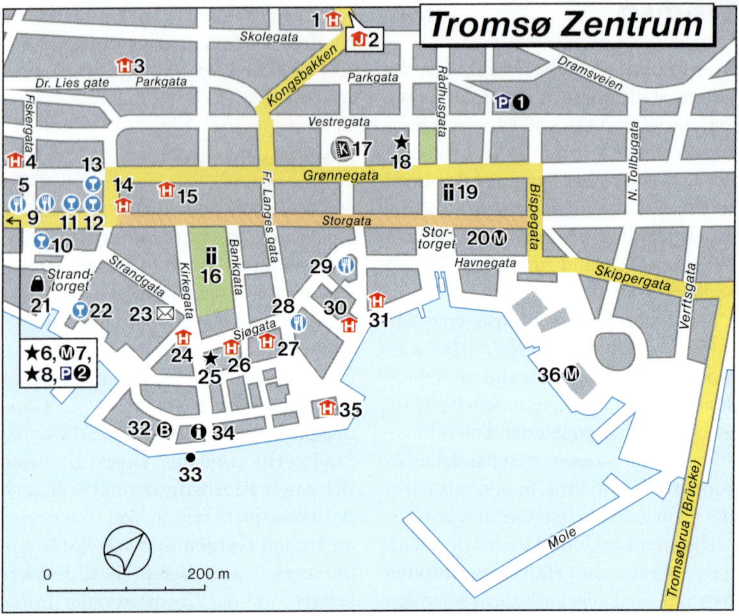

Tromsø Zentrum

- 1 Ami Hotel B&B
- 2 Tromsø Vandrerhjem
- 3 Hotell Nord
- 4 Viking Hotel
- 5 Thai House Restaurant
- ★ 6 Tromsøer Kunstverein
- 7 Polaria-Museum
- ★ 8 Brauerei Mack
- 9 Markens Grøde
- 10 Blå Rock Café
- 11 Circa
- 12 Le Mirage
- 13 Meieriet
- 14 Grand Nordic Hotel
- 15 Thon Hotel Polar
- 16 Domkirche
- 17 Kino
- ★ 18 Rathaus
- 19 Katholische Kirche
- 20 Perspektivet (Stadtmuseum)
- 21 Steen & Strøm
- 22 Vertshuset Skarven
- 23 Post
- 24 Quality Hotel Saga
- ★ 25 Nordnorsk-Kunstmuseum
- 26 Amalie Hotell
- 27 Radisson Blu
- 28 Steakers
- 29 Aunegården
- 30 Clarion Hotel Bryggen
- 31 Clarion Hotel With
- 32 Busbahnhof
- ● 33 Kai der Hurtigruten
- 34 Touristeninformation
- 35 Rica Ishavshotel
- 35 Polarmuseum

- ❶ Parkhaus „Fjellet“
- ❷ Parkplatz am Polaria Museum

 Fußgängerzone

søværinger, kamen zunehmend in Kontakt mit Idealen und Lebensgewohnheiten aus großen europäischen Städten wie zum Beispiel Paris. Französische Worte wie Trottoir (Fußweg) bereicherten die Sprache, man kleidete sich mit feinstem Zwirn und ein **reichhaltiges kulturelles Leben** ließ Ausländer ob dieser Stadt nicht schlecht staunen. Ein Reisebericht aus dem Jahr 1827 schildert die Situation folgendermaßen: „Wenn man an den schmucken Häusern vorbeigeht, die großen und wohl bestückten Packhäuser sieht und den Hafen voller Schiffe, auf deren Masten Flaggen der unterschiedlichsten Nationen wehen, man die charakteristischen Gesänge der vor- und zurückrudernden Russen hört, das Leben in den Straßen sieht, den Klang der Hämmer von emsigen Schmieden hört, wohlgekleidete Damen und Herren spazierengehen sieht, da kann man kaum glauben, dass man sich nur unweit des 70. Breitengrades befindet und dass man in einem Ort ist, der erst 1794 als Handelsstadt entstand." Vermag es nun noch verwundern, dass um 1900 ein deutscher Tourist den Begriff vom **„Paris des Nordens"** prägte?

Doch nicht nur Handel und kultureller Austausch mit südlicheren europäischen Regionen und Russland waren kennzeichnend für Tromsø. Es waren auch die vielen **Polarexpeditionen** unter Leitung von Herren wie *Amundsen* und *Nansen,* die den Ort beeinflussten und von denen heute in einigen Museen der Stadt berichtet wird.

Im **Zweiten Weltkrieg** wurde Tromsø als beinahe einzige Siedlung im Norden nicht zerstört - nach der Besetzung Oslos durch deutsche Truppen war Tromsø sogar drei Wochen lang norwegische Hauptstadt. Von den Gefechten blieb man trotz allem nicht verschont, u.a. führte der Beschuss des deutschen Schlachtschiffes Tirpitz am 12.11.1944 in der Nähe der Insel Håkøya zu dessen Untergang. Das Wrack konnte in den 50er Jahren geborgen werden. Weitere Informationen erhält man im **Verteidigungsmuseum** der Stadt (Forsvarsmuseum, Mi.-So. 12-17 Uhr, 40 NOK).

Da nach dem Krieg viele nordnorwegische Städte wieder aufgebaut werden mussten, wurden dort alle Gelder investiert und das eigentlich gut erhaltene Tromsø verfiel zusehens. Erst ab den 1960er Jahren wurde der Ort zunehmend zum **Wachstumszentrum des Nordens.** Die Stadt profitierte dabei einerseits von der Abwanderung aus den ländlichen Regionen, andererseits von den guten Verkehrsanbindungen und dem Zusammenspiel von Wirtschaft und Wissenschaft. Tromsø beheimatet seit 1972 die **nördlichste Universität der Welt.** Die zahlreichen Studenten und die dazugehörigen Kneipen (mehr als 50 Gasthäuser bieten wohl für jeden Geschmack etwas) lassen das einstige „Paris des Nordens" noch heute lebendig erscheinen.

Sehenswertes im Zentrum

Das Zentrum erschließt sich am besten auf einem Rundgang, welcher am **Markt Stortorget** vor dem neu errichteten Rathaus der Stadt beginnt. Schräg gegenüber des modernen Glas-/Beton-

536no Foto: ms

baus liegt die 1861 erbaute **Katholische Kirche** (geöffnet 9–19.30 Uhr). Mit Blickrichtung Hafen geht es nun nach rechts, die von einigen Holzhäusern aus dem 19. Jahrhundert gesäumte **Fußgängerzone Storgata** entlang. Nach 250 m erreicht man die Grünanlage des Rich.-Withs-Platzes, in deren Zentrum die **Domkirche** steht. Der schmucke Bau wurde 1861 auf dem Gelände einer mittelalterlichen Grabstätte geweiht und besitzt eine schöne Orgel (Di.–So. 12–16 Uhr geöffnet).

Man folgt nun der Storgata geradeaus, bis nach 300 m die **Brauerei Mack** erreicht ist. Es ist die nördlichste Brauerei der Welt, gegründet im Jahre 1877

Die Eismeerkathedrale in Tromsø

vom Deutschen *Ludvig Markus Mack,* einem gelernten Bäcker, der wahrscheinlich hier im Norden bös auf dem Trockenen saß (Führungen: Mo.–Do. 13 Uhr, 150 NOK). Verköstigt werden kann das Gebräu gleich gegenüber des Hauses, in der „Ølhalle" (Bierhalle).

Es geht nun noch wenige Meter weiter die Straße entlang. Rechts, oben am Berg, liegt das aus dem Jahre 1877 stammende Gebäude des **Tromsøer Kunstvereins** (Gegenwartskunst, Verkauf, Café; meist Di.–So. 12–17 Uhr, gratis). Schräg gegenüber, am Wasser, meint man gestrandete Eisschollen zu erkennen. Es ist das architektonisch gelungene **Polaria-Museum.** Die etwas magere Ausstellung widmet sich den Themen Natur und Ökologie der Polargebiete. Am überzeugendsten sind daher der Ivo-Caprino-Panoramafilm über

Spitzbergen, mit dem man den Rundgang beginnt, und die tollen Aquarien, in denen allerlei Getier des arktischen Meeres haust. Für Kinder sind sicherlich die Fütterung der Robben und die große Spielecke mit Seeräuberschiff am spannendsten (18.5.–22.8. 10–19 Uhr, 23.8.–16.5. 12–17 Uhr; 95 NOK). Unweit des Museums kann zudem das 1949 erbaute, unter Glas stehende Fangschiff „Polarstjerna“ besichtigt werden. Es wurde 1949 erbaut und hat 33 Saisons im Eismeer hinter sich (15.6.–15.8. 11–18 Uhr, 30 NOK).

Es geht nun die Straße zurück und kurz nach der Brauerei Mack nach rechts in die Strandgata hinein. Man passiert eine kleine **Glasbläserei** (wieder mal die nördlichste der Welt, Mo.–Fr. 10–17 Uhr, Sa. bis 15 Uhr), den schönen **Kerzenladen Løiten Lys** und das ansprechende **Einkaufszentrum Streen & Strøm.** Hinter diesem biegt man rechts in die Straße Strandskillet ein, an welcher Tromsøs wohl bekanntester und meistfotografierter Pub liegt, das **Vertshuset Skarven.** Weiter geht es nun am Wasser entlang zum **Roald-Amundsen-Platz.** Ein Denkmal erinnert hier an *Amundsen,* einen der bedeutendsten Seefahrer des Landes. Am Platz liegt auch das **Nordnorsk-Kunstmuseum,** mit einer Ausstellung norwegischer Malerei (u.a. beeindruckende Landschaftsmalerei von *J.C. Dahl, Hans Gude, Knud Baade* und *Gunnar Berg,* ein Bild von *Edvard Munch* sowie exotische Polarbilder von *François Auguste Biard*) und nordischen Kunsthandwerks (Mo.–Fr. 10–17 Uhr, Sa./So. ab 12 Uhr, gratis!).

Wir folgen weiter der Straße nahe des Ufers und dem dort liegenden Kai der Hurtigrute. Nach etwa 200 m erreicht man den innerstädtischen **Hafenbereich** mit dem an ein Schiff erinnernden Bau des **Rica Ishavshotels.** Nach weiteren 200 m am Wasser entlang kommt man zum Ausgangspunkt, dem Stortorget, zurück.

Unweit des Marktplatzes liegen noch zwei Museen. Zum einen ist dies das **Stadtmuseum Perspektivet,** mit wechselnden Expositionen, untergebracht in einem alten Hof aus dem Jahre 1838 in der Storgata 95 (Di.–So. 11–17 Uhr, 40 NOK; schönes Café). Zum anderen kann das sehr sehenswerte **Polarmuseum** besucht werden, erreichbar über die Hafenpromenade. Das Holzhaus vom Beginn des 19. Jahrhunderts ist ein wahres Schmuckkästchen. Die Ausstellung ist schlicht gehalten, hat aber gerade in ihrer Einfachheit ihren Reiz. Zu sehen sind Originalstücke der Expeditionen von *Amundsen* und *Nansen* und es wird die Nutzung der Arktis thematisiert, einschließlich des Robben-, Eisbären- und Walfangs. Die Texte sind nur zum Teil auf Deutsch, vieles erschließt sich aber von selbst (16.6.–15.8. 10–19 Uhr, ansonsten meist 11–15 Uhr, 50 NOK, Familie 100 NOK).

Sehenswertes außerhalb des Zentrums

Schon bei der Ankunft in Tromsø passiert man der Stadt eigenwilligstes Gebäude, die 1965 geweihte, eigenwillige **Eismeerkathedrale** (Ishavskatedralen/ Tromsdalen kirke). Der Architekt *Jan*

Hovik ließ sich beim Bau der Kirche von der nordnorwegischen Natur inspirieren. Die äußere Form, mit ihren 35 m hohen Frontpartien, erinnert dabei an eine Gletscherspalte, die gläsernen Zwischenräume zwischen den mit Wellblech verkleideten Betonstreben symbolisieren Mitternachtssonne bzw. Polarlicht. Das Innere wird dominiert von der 1972 eingesetzten, 142 m² großen Glasmalerei von *Victor Sparre*. Sie zeigt die Wiederkunft Jesu Christi. Weitere Kunstwerke sind der Kronleuchter aus tschechischem Kristall und die an ein Schiff erinnernde Orgel (1.6.–15.8. 9–19 Uhr, ansonsten 16–18 Uhr und So. 13–19 Uhr, 30 NOK; der größte Besucheransturm ist zwischen 13 und 14.30 Uhr, wenn die Hurtigrute vor Anker liegt. Konzerte: 1.6.–15.8. 23.30 Uhr, im Juli zusätzlich um 14 Uhr). Der Besuch kann mit einem Spaziergang über die 1036 m lange **Brücke Tromsøbrua** verbunden werden, an deren Ende, auf dem Festland, die Kirche liegt.

Läuft man von der Eismeerkathedrale geradeaus und biegt in den A. Jacobsens veg ein, so gelangt man nach 500 m zum Ausgangspunkt der **Seilbahn (Fjellheisen)** auf den 421 m hohen Storsteinen, von wo aus man einen sagenhaften Rundblick hat und im Sommer die Mitternachssonne genießen kann (20.5.–10.8. 10–1 Uhr, 11.8.–9.9. 10–22 Uhr, Frühjahr/Herbst 10–17 Uhr, Winter bis 16 Uhr, 100 NOK, Familien 250 NOK; Panoramarestaurant).

3 km nördlich der Innenstadt, an einer Tunneleinfahrt neben der Uni, liegt der kleine, aber hübsch angelegte **Botanische Garten** *(botanisk hage)*, wiederum „der nördlichste der Welt“. Zu sehen sind alpine wie auch arktische Arten (24 h geöffnet, Eintritt gratis). Auf dem Universitätsgelände befindet sich auch das berühmte **Nordlichtplanetarium,** welches aber leider derzeit geschlossen ist.

Fährt man nun am Ufer entlang in die Gegenrichtung, zum Südende der Insel, so gelangt man zur Freilichtabteilung des Stadtmuseums, dem **Folkepark,** mit 13 alten Gebäuden aus der Region Tromsø (So. 12–16 Uhr, 25 NOK, Bus 34). Unweit entfernt befindet sich das **Tromsø-Museum** der Universität. In informativen Ausstellungen lernt man viel über die Kultur der Samen, das Nordlicht und die Felszeichnungen. Zudem gibt es eine Mineralien- und Fossiliensammlung und es wird Kirchenkunst ab dem 13. Jahrhundert präsentiert. Einige Abteilungen sind kindgerecht aufbereitet. Ein schönes Café lädt zum Verweilen ein (geöffnet: 1.6.–31.8. 9–18 Uhr, 1.9.–31.5. Mo.–Fr. 9–15.30 Uhr, Sa. 12–15 Uhr, So. 11–17 Uhr, 30 NOK).

Praktische Informationen

Touristeninformation

- **Visit Tromsø,** Kirkegata 2, Box 311, 9253 Tromsø, Tel. 77610000, Fax 77610010, www.destinasjontromso.no; 1.6.–18.8. Mo.–Fr. 9–19 Uhr, Sa./So. 10–18 Uhr; ansonsten Mo.–Fr. 9–16 Uhr, Sa. 10–16 Uhr.

Orientierung und Parken

- **Anfahrt mit dem Auto:** Nach der Brücke Tromsøbrua an der Kreuzung nach links, nach etwa 250 m nach rechts (Bispegt.). Von hier in die Hauptstraße Grønnegata einbie-

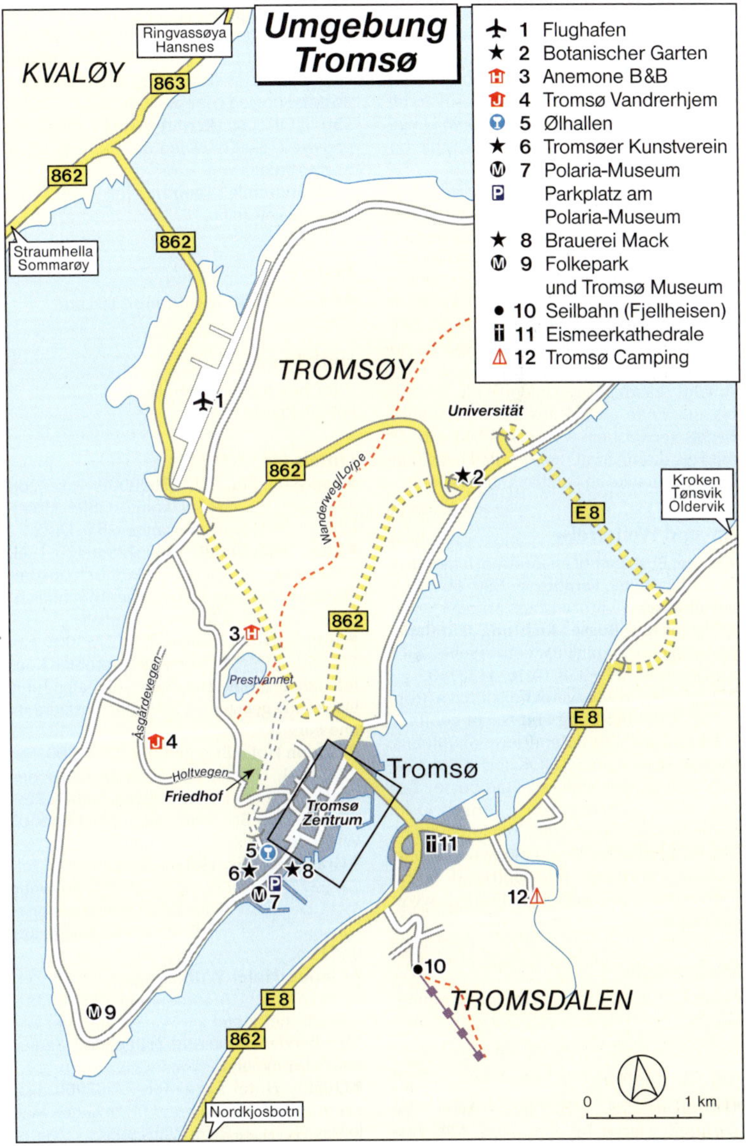

Umgebung Tromsø

- 1 Flughafen
- 2 Botanischer Garten
- 3 Anemone B&B
- 4 Tromsø Vandrerhjem
- 5 Ølhallen
- 6 Tromsøer Kunstverein
- 7 Polaria-Museum
- Parkplatz am Polaria-Museum
- 8 Brauerei Mack
- 9 Folkepark und Tromsø Museum
- 10 Seilbahn (Fjellheisen)
- 11 Eismeerkathedrale
- 12 Tromsø Camping

Ringvassøya
Hansnes
KVALØY
863
862
862
Straumhella
Sommarøy
TROMSØY
Universität
862
Wanderweg/Loipe
Kroken
Tønsvik
Oldervik
E8
862
Prestvannet
Åsgårdevegen
E8
Tromsø
Holtvegen
Friedhof
Tromsø
Zentrum
TROMSDALEN
E8
862
Nordkjosbotn
0
1 km

gen. Diese Straße führt oberhalb des Zentrums durch die Stadt zum Polaria-Museum und nach Süden. Um die Stadt zu entlasten, münden einige Straßen oberhalb des Zentrums in ein *Tunnelsystem*. Um dieses zu bezahlen gibt es in der Stadt und deren Umgebung eine extra Benzinabgabe, was die hohen Preise an den Zapfsäulen erklärt.

- **Parken:** Parkplätze (ab 20 NOK/Std., ab 17 Uhrs gratis, Sa. ab 15 Uhr): nur wenige Möglichkeiten entlang der Straßen im Zentrum. Parkplatz am Polaria-Museum: 20 NOK/Std., max. 3 Stunden. An der Eismeerkathetrale: gratis, über die Brücke sind es 1,5 km bis in die Stadt. Parkhaus Fjellet: 20 NOK/Std., max. 100 NOK/Tag. Riesige, unheimliche Anlage, ohne Schmuck in den Fels gesprengt. Anfahrt (kaum ausgeschildert): die Bispegt. bis zum Ende gerade aus, dann nach links. Rechts verweist ein winziges Schild (ein „P" mit Fels drumherum) auf das Parkhaus (hinter der Schranke im Parkhaus links halten!).

An- und Weiterreise

- **Busse:** Busbahnhof im Zentrum hinter dem Rica Ishavshotel. **Fernbusse:** 800, 805, 815; **Lokalbusse:** www.tromsbuss.no oder www.177troms.no; **Busse Richtung Finnland:** www.eskelisen-lapinlinjat.com (Seite auch auf Deutsch), Tel. +358/(0)16/3422160.
- **Flughafen:** www.avinor.no/lufthavn/tromso, Tel. 67034620, Tag und Nacht geöffnet, 3 km westlich des Zentrums (Shuttlebus, www.fly bussen.no, 55 NOK, inkl. 1 Std. Gratis-Nutzung aller anderen Stadtbusse. Taxi 140 NOK). Verbindungen u.a. nach Oslo, Bodø, Alta und Spitzbergen (Longyearbyen). SAS Braathens: Tel. 81520400, www.sasbraathens.no, Widerøe: Tel. 81001200, www.wideroe.no, Norwegian: Tel. 81521815, www.norwegian.no.

Stadtverkehr

- **Uni:** Bus 20, 32, 34, 36, **Tromsø Camping:** Bus 24.

Autovermietung

- **Europcar:** Tel. 77675600; **Avis:** Tel. 77615850; **Hertz:** Tel. 77624400; **ABC Lavpris** („Niedrigpreis"; ab 435 NOK/Tag): Parkgata 4 (Hotel Nord), Tel. 77668300, Fax 77668320, abc.bilutleie@tromso.biz; **Bilbørsen:** Paul Bjørviksgate 1, Tel. 77666611, post@bil-borsen.com, ab 3000 NOK/Woche, 530 NOK/Tag; **Rent-A-Wreck:** gleichfalls preiswert, Skattøraveien 60, Tel. 77670010, tromso@rent-a-wreck.no.

Wohnmobile (bobil): Tel. 77689091, www.tbcaravan.no.

Taxi

- Tel. 77603000, www.tromso-taxi.no/.

Unterkunft

Im Juni haben viele Hotels um 20–30 % höhere Preise.

Hotels (****/*****)

- **Radisson Blu,** Tel. 77600000, Fax 7768 5474, (*****). Großer komfortabler Hotelklotz in der Sjøgata. Restaurant, Bar, Disco.
- **Rica Ishavshotel,** Tel. 77666400, Tel. 77666444, (*****), Architektonisch ansprechendes Haus am Hafen. Alle Annehmlichkeiten für einen schönen Aufenthalt.
- **Scandic Hotel Tromsø,** Tel. 77755000, Fax 77755011, (*****). Norwegens größtes Konferenzhotel, das zwischen Flughafen und Universität gelegen ist. Sehr gute Restaurants und Bars.
- **Clarion Hotel Bryggen,** Tel. 77781100, Fax 77781101, (*****). Das neueste Hotel der Stadt, direkt am Hafen gelegen. Neben Restaurant und Bar wird auch ein Outdoor Whirlpool geboten.
- **Grand Nordic Hotel,** Storgate 44, Tel. 77753777, Fax 77753778, (*****, Sommer ****). Der graue Betonklotz verbirgt ein erstklassiges Hotel mit Restaurants, Nachtklub und Pub.
- **Clarion Hotel With,** Sjøgata 35/37, Tel. 77664200, (*****, Sommer ab 1000 NOK). Gemütliches Hotel am Wasser, mit sehr ansprechenden Zimmern, Hafenblick, Sauna und Schwimmbad.
- **Quality Hotel Saga,** Tel. 77607000, Fax 77607010, (*****, Sommer ****). Gutes Mittelklassehaus am Rich. Withs plass.

- **Amalie Hotell,** Tel. 77664800, Fax 7766 4810, www.amalie-hotell.no, (*****). Neues kleines Hotel in der Sjøgata 5 B mit kuscheliger Kaminstube. Sehr gute Zimmer. DZ am Wochenende 1100 NOK.
- **Viking Hotell,** Grønnegt 18, Tel. 77647730, www.viking-hotell.no, DZ 1000–1300 NOK. Neu saniertes und nun gut ausgestattetes, gemütliches Hotel. W-Lan, Bar.

Hotels/Pensionen (* bis ***)

- **Thon Hotel Polar,** Tel. 77751700, Fax 7775 1710. Mittelklassehotel in der Grønnegt. Gute Preise! DZ ab 800 NOK. Bekannt für Rudy's Bar, eine gute Adresse für Nachtschwärmer.
- **Hotell Nord,** Parkgata 4, Tel. 77668300, www.hotellnord.no. Preiswertes Hotel. Recht niedriger Standard bei Zimmern ohne eigenes Bad. DZ mit Bad 850 NOK, ohne Bad 700 NOK, 3-Bett-Zimmer 950 NOK, 25 % Studentenrabatt! Teilweise herrliche Aussicht über Tromsø. TV-Zimmer, Internet. Eigene Küche für Gäste. W-LAN 50 NOK/Tag. Über Grønnegata – Kongsbakken – Parkgata erreichbar. Zentrumsnah.
- **Ami Hotel B&B,** Skolegata 24, Tel. 77621000, www.amihotel.no, DZ ohne eigenes Bad 700 NOK, mit Bad 800 NOK, auch Familienzimmer. Ab 2 Nächten 10 % Rabatt. Gratis Internet und Kaffee. TV-Zimmer. Einfache Unterkunft am Kongsparken. Anfahrt: Grønnegata – Kongsbakken, dann nach links in die Petersborggt., sofort wieder nach links und sodann in Skolegata nach links einbiegen.
- **Fjellheim Sommerhotell,** Mellomveien 96, Tel. 77755560, www.fjellheimsommerhotell.no. Sommerunterkunft in der Bibelschule. DZ ohne Bad 700 NOK, mit Bad 900 NOK. Schlafsaal: Bett 250 NOK. 15 Min. südl. des Zentrums. Ab Polaria-Museum der Bjørnøygata ca. 500 m folgen.
- **Anemone B&B,** ab Zentrum Richtung JH/Flughafen, direkt nördl. des Sees Prestvannet nach rechts in den Hochlinvegen (Nr. 21), Bus 28, Tel. 91546986 (nur 15–16 Uhr), anemone.skaland.com, 8 einfache, aber gute Zimmer in rotem Holzhaus. DZ 660 NOK, Rabatt ab 3 Nächten.
- **Privatzimmer** für rund 600 NOK vermittelt die Touristeninformation.

Jugendherberge

- **Tromsø Vandrerhjem,** Tel. 77657628, Fax 23139350, tromso@hihostels.no, geöffnet: Mitte Juni–Mitte Aug., Bett 225 NOK, DZ 510. Einfache Unterkunft im grauen Betonhaus des Studentenwohnheim. Teils erstklassige Aussicht! Bus: Nr. 26 Richtung Giæverbukta, bis Haltestelle Åsgårdveien (ca. 15 Min.). Auto: Ausschilderungen nicht vorhanden! Grønnegata – Kongsbakken (Richtung Åsgård), am Friedhof geradeaus halten (nicht der Straße nach rechts folgen!), nun noch etwa 1 km die Hauptstraße entlang.

Camping/Hütten

- **Tromsø Camping,** Tel. 77638037, Fax 77638524, www.tromsocamping.no, ganzjährig geöffnet. 3 km östlich der Eismeerkathedrale, im Tromsdalen (Bus 24). An einem idyllischen, mückenreichen Fluss gelegen. Der Platz ist unter neuer Leitung und soll schöner gestaltet werden. Hinzu kommen: Sauna, Solarium und neue Sanitäranlagen. 31 einfache Campinghütten, 25 Komforthütten, teils mit TV. 500–1200 NOK.
- **Skittenelv Camping,** Tel. 77690027, Fax 77690050, www.skittenelvcamping.no, Lage: an der Eismeerkathedrale vorbei, 25 km nach Norden, Richtung Oldervik, ganzjährig geöffnet. Ansprechender Wiesenplatz mit Panoramablick und Hütten (450–900 NOK). Minigolf und beheiztes Freibad mit der nördlichsten Wasserrutsche der Welt. Angelmöglichkeiten und Grill. Bootsverleih. Sauna.
- **Ramfjord Camping,** Tel. 77692130, Fax 77692260, 30 km südlich Tromsøs, etwas unterhalb der E 8, ganzjährig geöffnet. Nette Lage am Wasser, aber kaum Zeltstellplätze. Hütten (*/**).

Essen und Trinken

- Folgende Restaurants sind dem anspruchsvollem Gaumen empfohlen und nur eine winzige Auswahl aus der Vielfalt des Angebotes: **Emma's Drømmekjøkken** (Kirkegt. 8, an der Domkirche; Gourmet à la Carte), **Astro** (Sjøgata 19/21, renommiertes Hotelrestaurant), **Markens Grøde** (Storgata 30, Wild und Fisch), **Lotus** (Sjøgata 39, populäres Restaurant).

- Preiswerter: **Peppes Pizza** (am Stortorget, Richtung Hafen); **Knott og Tott** (gegenüber der Domkirche; Baguettes ab 50 NOK, Mo.–Fr. bis 18 Uhr, Sa. bis 16 Uhr, So. geschlossen); **Studenthuset Driv** (nahe des Polarmuseums); ab Juni 2008 gibt es auch das **Restaurant Egon** (u.a. all you can eat-Pizza bis 18 Uhr); **Steakers,** Fredrik Langesgate 13, Steaks ab 200 NOK, Mo.–Fr. 15–17 Uhr oft Tagesgericht *(ettermiddagsbiff)* für 150 NOK; **Thai House Restaurant,** Storgt. 22, Gerichte 150–200 NOK (ab 15 Uhr, So. geschlossen); **Ronas Pizzeria** im SAS Hotel (Pizza ab 100 NOK); **Aunegården,** Sjøgata 29, Mittagsgerichte ab 110 NOK, abends ab 190 NOK, sehr guter Kuchen!

Kneipen/Nachtleben

- Bekannteste Kneipe ist zweifellos das **Vertshuset Skarven** (Strandtorget 1), vor allem wenn die Sonne scheint. **Blå Rock Café:** nördlichestes Rockcafé mit der größten Bierauswahl der Stadt (Strandgata 14/16). **Ølhallen:** Hier fließt das „Macks" in Strömen (Storgt. 4). **Le Mirage:** bei Studenten und Journalisten beliebte Kneipe (Storgt. 42), **Kafe å Lars:** sehr netter Pub gegenüber der Domkirche (z.T. Livemusik); **Kaos:** intimer Pub mit Konzerten und Jamsessions (Strandgt. 22); **Meieriet Café & Storpub:** großer Pub mit Billard, Back Gammon und Zeitungen (Grønnegt. 37/39), **Circa:** Jazzkneipe mit behaglicher Atmosphäre (Storgt. 36).

Kunst/Kultur/Festivals

- **Bibliothek:** Das neu erbaute, an eine Kathedrale erinnernde Gebäude liegt hinter dem Rathaus. Von den Sesseln in der obersten Etage hat man eine tolle Aussicht. Tel. 77790900.
- **Theater:** www.ht.tr.no, Tel. 77665100
- **Kulturhaus:** www.kulturhuset.tr.no.
- **Kuturhaus, Kneipe und Filmclub:** Studenthuset Driv, unweit des Polarmuseums in der Søndre Tollbudgt. 3B; www.driv.no.
- **Multikultureller Treffpunkt:** Kulturkaféen, Skippergt. 7 A.
- **Konzerte:** Symphonieorchester, www.tromsymf.no, im Sommer 23.30 Uhr in der Eismeerkathedrale; Juni–Juli 17.30 Uhr Konzerte in der Domkirche, Jazzclub: http://go.to/tromsojazz.
- **Kino:** es gibt 2 Kinos: Fokus (Grønnegata 100) und Verdensteatret (Storgata 93 B), www.tromsokino.no.
- **Festivals:** Nordlichtfestival (Ende Januar, zahlreiche Konzerte, www.nordlysfestival.no); Internationales Filmfestival (Mitte Januar, www.tromsokino.no/filmfestival); Midnight Sun Marathon (Mitte Juni, www.msm.no).

Sport und Aktivitäten

- **Baden:** Strand der Telegrafenbukta am Tromsø Museum (meist 12–16 °C), Skittenelv Camping und Schwimmhalle im Ortsteil Alfheim.
- **Bowling und Squash:** Stakkevollvn. 49/51.
- **Fahrradverleih:** Rica Ishavshotel: gratis Stadträder für 6 Stunden; Sportshuset, Storgata 87.
- **Golf:** Tromsø Golfpark, 18-Loch-Bahn, Tel. 77633260, www.tromsogolf.no.
- **Reiten:** Holmesletta Gård im Tromsdalen, Tel. 77619974, holmesl2@frisurf.no. Im Winter auch Pferdekutschfahrten.
- **Tauchen und Meeresrafting:** Dykkersenteret, Stakkevollveien 2, Tel. 77696600, www.dykkersenteret.no.
- **Wandern: Wanderverein Troms Turlag,** Grønnegt. 32, Tel. 77685175, tromstur@online.no, http://www.turistforeningen.no/tromsturlag. Sehr informative Anlaufstelle! U.a. Tipps zu Wanderungen in den mächtigen bis zu 1800 m hohen Lyngdalsalpen, 80 km östlich der Stadt.

Schöne Einstiegswanderung: Ab Parkplatz zwischen Snarby und Oldervik (35 km nördl. von Tromsø; Str. ab Eismeerkathedrale gen Norden) **in das Trolldal** zur Hütte Trollvassbu (ausgeschildert). Der Weg führt zum Teil durch schöne Birkenwälder.

Zu Fuß **auf den Storsteinen:** ab Talstation der Gondelbahn die Straße nach Norden, an nächster Kreuzung rechts. Ab Ende der Straße dem Weg 1 km bis zu einem Hügel

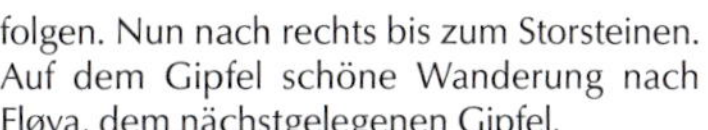

folgen. Nun nach rechts bis zum Storsteinen. Auf dem Gipfel schöne Wanderung nach Fløya, dem nächstgelegenen Gipfel.

- **Wintersport: Tromsø Alpinsenter** (im Krokelvdalen): Lifte und 33 km beleuchtete Loipe, sites.google.com/site/tromsoalpinsenter; zudem beleuchtete Stadtloipe direkt oberhalb des Zentrums; **Skiverleih:** Sportshuset, Storgata 87; **Kunsteisbahn:** im Tromsdalen. Achtung: Mørketid (Po-larnacht) 25.11.–21.1.; Schneeverhältnisse: meist etwa 50 cm Schnee und -10 bis +5 °C.
- **Veranstalter:**

  Wildmarkszentrum: Gletscherwandern, Klettern, Kajak, Hundeschlittentouren, Tel. 77696002, www.villmarkssenter.no.

  Natur i Nord: Fotosafaris, Nordlichttouren, Eisangeln, Meeresangeltouren, Tel. 77667366, www.naturinord.no.

  Weitere Fotoexkursionen bieten an: **Studio 78,** www.studio78.no, Tel. 77520817; **Nordlysjakt med kamera,** www.auroraphoto.no, Tel. 90737552.
- **Arktisk Geoturisme:** Naturkundliche Touren ab Tromsø und Skjervøy, www.arktiskgeoturisme.no, Tel. 95733173.
- **Tauchen:** Dykker Sentret AS, Stakkevollveien 72, www.dykkersentret.no.

Shopping

- Entlang der Fußgängerzone gibt es u.a. **Sport-, Buch- und Bekleidungsläden,** zudem im nördlichen Teil der Stadt einen **Rema 1000. Steen und Strøm:** gutes Kaufhaus im Zentrum mit ansprechenden Läden. **Husfliden** (Norwegerpullover): Sjøgata 4 (am SAS Hotel). **Tromsø Souvenir Shop:** Strandgata 36, an der Domkirche. **Vinmonopolet:** Grønnegt. 64.

Internet

- **Meieriet Café,** Grønnegt. 37/39; auf dem Campingplatz **Skittenelv Camping.**

Sonstiges

- **Apotheke:** Tel. 77601480, in der Storgata; **Arzt:** Legevakt (Ärztewache), Tel. 77628000, im Universitetssykehus nahe der Uni; **Post:** in der Strandgata; **Deutsches Konsulat:** Tel. 77673424.

Umgebung

Die Umgebung Tromsøs wartet mit unberührter nordnorwegischer Landschaft auf. Es wechseln dabei kahle, raue Bergregionen mit überraschend lieblichen Tälern.

Einen Abstecher lohnt vor allem die **Region Kvaløy,** westlich der Stadt gelegen. Zu sehen sind das wirklich hübsche Dorf **Sommarøy** (Sommerinsel) mit weißem Sandstrand und die **Felszeichnungen von Skavberg** (an der Planteskole in Straumhella; Bus Nr. 1). Leider sind diese nicht sehr deutlich zu erkennen.

Ein weiterer Abstecher führt ab der Eismeerkathedrale am Fjord entlang nach **Oldervik.** Vor dem einsam gelegenen Örtchen bieten sich sagenhafte Gebirgspanoramen, u.a. in Richtung der Lyngsalpen.

Für die Weiterfahrt ab Tromsø in Richtung der E 6 und weiter gen Norden gibt es zwei Alternativen.

Alternative 1: Auf der **E 8** bis Fagernes und weiter auf der **Rv 91.** Die Landschaft ist von erhabener Schönheit und man spart Wegstrecke bei der Weiterfahrt gen Norden. Die Straße führt direkt an den bis zu 1883 m hohen **Lyngsalpen** vorbei. Den besten Blick auf die spektakuläre, unberührte Bergwelt hat man bei der Fahrt von **Svensby** nach Norden (viele Klettermöglichkeiten) sowie entlang der Rv 91 zwischen dem düsteren, zerklüfteten Fjordarm Kjosen und dem Ort **Lyngseidet** (Kirche von 1740). Außerdem zeigen sich die Berge in ihrer ganzen Pracht auf der Fährfahrt von Lyngseidet nach **Olderdalen.**

544no Foto: ms

Fähren:
Breivikeidet – Svensby (10–15x tägl., 6.15–20 Uhr, 20 Min., Auto inkl. Fahrer: 85 NOK, pro Person: 30 NOK).
Lyngseidet – Olderdalen (8–10x tägl., 35 Min., von 6.30/10 Uhr bis 18.45/20.30 Uhr, Auto inkl. Fahrer: 115 NOK, pro Person: 40 NOK).

Infos: www.bjorklid.no (siehe unter „fergeruter"), Tel. 77711400.

Alternative 2: Auf der **E 8** zurück nach Nordkjosbotn und auf der sehr gut ausgebauten **E 6** weiter am Storfjord entlang. 5 km hinter Nordkjosbotn passiert man den **Piggstein,** einen Fels voller Graffiti, der gleichsam als Gästebuch für Reisende dient.

Die Lyngsalpen

Lyngenfjord und Skibotn

↗II/B2

Den Beginn des Storfjordes, eines Teils des Lyngenfjordes, markiert die 1306 m hohe Doppelpyramide des **Otertind,** des „Matterhorns der Arktis". Gut einzusehen ist der mächtige Berg von einer Brücke, 14 km weit im wilden **Signaldal** gelegen. Der Name des Tales leitet sich bezeichnenderweise vom samischen Wort *ciegnal* („tief") ab. Besiedelt wurde das üppig grüne Gebiet zum ersten Mal Mitte des 19. Jahrhunderts von Einwanderern aus dem Gudbrandsdal im Süden des Landes.

Die E 6 führt nun weiter, am Wasser entlang, nach **Skibotn** (Tankstellen und Läden). Der kleine Ort war einst ein Marktplatz, auf dem mit Rentieren,

Schneehühnern, Butter, Mehl und Fisch gehandelt wurde. Die meisten Waren wurden in kleinen Verkaufshäuschen entlang der Hauptstraße feilgeboten. Zwei der Holzgebäude sind noch erhalten und stehen an der E 6. Zu sehen ist in ihnen u.a. eine Ausstellung über die religiöse Erweckungsbewegung des Laestadianismus, die sich u.a. gegen den Alkoholmissbrauch wandte und sich von Skibotn aus um die Mitte des 19. Jahrhunderts herum über Nordnorwegen ausbreitete.

Dass sich genau in diesem Landstrich so viele Handels- und anderen Aktivitäten entwickelten, lag wohl auch am Klima. Die Region ist eine der niederschlagsärmsten Nordnorwegens, was wohl auch gute Voraussetzungen waren für die Gründung eines Nordlichtobservatoriums.

Es bietet sich in Skibotn die Gelegenheit für einen weiteren Abstecher. Dieser führt 10 km weit in das **Skibotndal** (E 8) hinein. An einem Parkplatz mit Infotafel beginnt der 2,5 km lange **Lulledalen-Waldpfad** (Lulledalen skogsti). Er führt vorbei an einer Schlucht, durch urwaldgleiche Natur. Der aufmerksame Wanderer kann bis zu 16 verschiedene Orchideenarten entdecken (u.a. Frauenschuh und blattloser Widerbart).

Zurück auf der E 6 geht es durch **tolle Landschaft mit fantastischen Panoramablicken** auf die Berge der Lyngsalpen und Gletscherzungen. Rechts der Straße rauschen unzählige Wasserfälle zu Tal und geben der Reise eine erfrischende Note. Die beste Rundsicht eröffnet sich von der **Landzunge Nordnesodden** (nur wenige Parkflächen).

Ab hier macht die Straße einen 25 km langen „Umweg" und umrundet den erstaunlich lieblichen **Kåfjord,** in dessen Umgebung die nördliche Getreidegrenze verläuft. Am Ende des Meeresarmes zweigt ein Sträßchen zu den aus dem 19. Jahrhundert stammenden Gebäuden des kleinen samischen Museums von **Holmen** ab.

Touristeninformation

- In Skibotn, Tel. 77714175, auch preiswerte DZ im gleichen Haus.

An- und Weiterreise

- **Lokalbusse** Richtung Tromsø ud Nordkjosbotn.

Unterkunft/Camping

- **Olderelv Camping,** Skibotn, Tel. 77715444, www.olderelv.no, ganzjährig geöffnet. Sehr guter, großer, sauberer Platz an der E 6. Kleine und große, gute Hütten (500–950 NOK). Kiosk, Imbiss, Waschmaschine, Sauna.
- **Skibotn Camping,** Tel. 77715277. Einfacher und preiswerter Platz in Skibotn an der E 6. Nur im Sommer geöffnet.
- **Vandrerhjem Helligskogen,** JH an der E 8, Richtung Schweden, Tel./Fax 77715460, 1.6.–20.8., Bett 180 NOK, DZ 360 NOK.

Aktivitäten

- Neben **Wandern** und **Klettern** locken ein **Ganzjahresskigebiet** und eine **Schwimmhalle** in Skibotn.

Wer noch einen Schnappschuss von den Lyngsalpen machen möchte, hat dazu an der kleinen **Halbinsel Spåknes bei Djupvik** die letzte Gelegenheit (später fehlen dazu die Parkplätze).

Camping:
Rotsundelv Camping in Rotsund, etwas abseits der E 6 (Tel. 77764124). 90 km nördlich Skibotn.

Storslett

II/B2

Der Ort mit seiner Hand voll Supermärkten und Tankstellen lohnt höchstens zum Besuch des Nationalparkzentrums für einen kurzen Zwischenstopp (Infos weiter unten), ist ansonsten jedoch ein idealer Ausgangspunkt für zwei interessante Ausflüge.

Der erste führt 14 km westlich ab **Sætra** auf der Rv 866 nach **Skjærvøy (2300 Einwohner)** in Richtung Norden. Das Fischerdorf wurde im Zweiten Weltkrieg nicht zerstört, hat noch eine schöne Kirche aus dem Jahre 1728 aufzuweisen und liegt vor einer unvergleichlich schönen Gebirgskulisse.

Ein zweiter Abstecher beginnt direkt in Storslett und folgt dem **Reisadal** nach Süden. Man passiert nach 18 km das kleine **Freilichtmuseum Tørrfoss Kvengård,** wo ein alter Hof kvenischer (finnischer) Einwanderer besucht werden kann (Ende Juni bis Anf. Aug., Mi.–So. 12–18 Uhr), und gelangt nach weiteren 28 km nach **Bilto.** Ab hier fährt in unregelmäßigen Abständen ein Boot über den Fluss Reisa, zu dem rauschenden Wasserfall Mollisfossen (269 m). Wer nun ab hier weiter wandert, gelangt in den einmalig schönen **Reisa-Nationalpark,** dessen Kernstück ein langgestreckter Cañon ist, den die Reisa über Jahrtausende hinweg in die Gebirgsebene eingeschnitten hat. In diesen stürzt in wildem Fall der Imofossen. Infos zum Nationalpark, zu Wandermöglichkeiten, zur Bootsverbindung sowie zu Kultur und Natur der Umgebung gibt es vorab im 2004 eröffneten **Halti-Nationalparkcenter in Storslett.** Das Center bietet zudem eine Sauna, Übernachtungsmöglichkeiten in Gammen (den Erdhütten der Samen) und Gletscherwanderungen (geöffnet: Mitte Juni bis Mitte Aug. Mo.–Fr. 9–18 Uhr, Sa./So. 12–18 Uhr; ansonsten: Mo.–Fr. 9–15 Uhr).

Die E 6 führt weiter nach **Øksfjordhamn.** Der kleine Ort mit einem Zeltplatz an der Straße (Tel. 77765800) wirkt durch seine bunten Holzhäuser gerade an lichten Sommertagen sehr idyllisch.

Hinter dem Ort geht es nun hinauf aufs Fjell. Vom Parkplatz am **Gästehaus Gildetun** bietet sich ein umwerfender Blick. Und sollte es gerade stürmen, so lässt sich dieser auch von der einladenden Caféteria aus genießen.

Touristeninformation

- In Storslett, Tel. 77770556. Hier erhält man Angellizenzen, außerdem Bootsverleih.

An- und Weiterreise

- **Fernbusse:** 805, 815.

Camping

- **Skjervøy Fiskecamp,** in Skjervøy, Tel. 90724555, www.skjervoy-fiskecamp.com. In Terrassen angelegt. Schöne Lage, gute Hütten (**). Zeltareal.
- **Fosselv Camping,** Sandnes, Tel. 77764929, geöffnet Ende Mai bis Ende Sept. Guter Platz am Fjord, nahe der E 6, 11 km nordöstlich von Storslett. 10 einfache Hütten (*/**). Lav-

Am Gletscher Øksfjordjøkelen

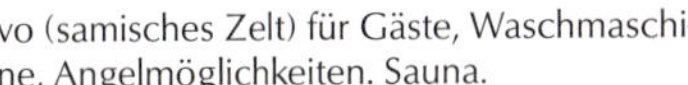

vo (samisches Zelt) für Gäste, Waschmaschine, Angelmöglichkeiten. Sauna.

- **Sandnes Camping,** Tel. 77764915, einfacher Platz an der E 6. Recht schöne Lage.
- Am Wasserarm Kvænangen, 50 km östlich von Storslett, liegen 3 einfache Campingplätze, u.a. am Südufer: **Bjørkenes Camping,** Tel. 7776 8109.

Aktivitäten

- **Angeln:** Ideal für Petrijünger ist der Gezeitenstrom zwischen dem Straum- und dem Reisafjord und der Wasserarm Kvænangen (an der Brücke), der 50 km weiter östlich liegt.
- **Wandern:** Am Fjord Kvænangen liegt neben dem Navitfoss-Campingplatz der **Wasserfall Navitfossen.** Am Fluss entlang führt ein 1,5 km langer Pfad zum noch schöneren **Røykfossen.**

  Auch schön ist die Erkundung des **Burfjorddal** weiter nördlich (Abzweig von der E 6 in Kåsen), wo besonders große Kiefern gedeihen.
- **Boot in den Reisa Nationalpark:** 3 Std.

Alteidet/Øksfjord/Altafjord

↗II/B1,2

Auf halber Strecke zwischen Storslett und Alta biegt in Alteidet eine kleine und etwas enge Nebenstraße nach **Jøkelfjord** ab. Wer meint, dass allein das Gebirgspanorama kurz hinter dem Abzweig den Umweg lohnen würde, sollte sich noch 10 km gedulden, denn mit dem Erreichen des Parkplatzes in Saltnes hat man den Blick frei auf den **Øksfjordjøkelen.** Es ist mit 46 km² Norwegens neuntgrößter Gletscher und der einzige des Landes, der direkt ins Meer kalbt. Zu erreichen ist das gefrorene Nass nach einer 2–3 Stunden langen Wanderung (7,5 km) oder mit dem Boot über den See (Infos und Buchung am Altafjord Campingplatz).

547no Foto: ms

Der Gletscher kann auch von der Straße 882 in Richtung **Øksfjord** eingesehen werden. Der Ort selbst hat viel fischverarbeitende Industrie, bietet aber bei gutem Wetter Aussicht auf die Mitternachtssonne.

Die E 6 folgt nun dem dem **Langfjord,** einem Seitenarm des **Altafjords,** mit freier Sicht auf bemerkenswerte Bergformationen. Hinter der Landzunge Isnestoften geht es recht kurvig am Fels entlang, durch den malerischen Ort **Talvik** und der vom Kupferbergbau geprägten Siedlung **Kåfjord.** Die Gruben waren von 1826 bis 1909 in Betrieb. Das Gelände kann auf einem 1,2 km langen Kulturlehrpfad erkundet werden. Sehenswert ist außerdem das im englischen Dorfkirchstil erbaute Gotteshaus aus dem Jahre 1836, welches die Zerstörungen des Zweiten Weltkrieges überstand.

Camping

- **Simonsen Gårdsferie,** Tel. 77769386, www.simongard.no, ganzjährig geöffnet. Ruhig gelegener Bauernhof mit vielen Tieren, u.a. Lamas. Unweit westlich von Alteidet, 1 km ab dem Ort Storeng (an der E 6 ausgeschildert) gelegen. Es gibt eine Zeltwiese, 4 Ferienhäuser (650–950 NOK) und 4 DZ (450 NOK).
- **Alteidet Camping,** Tel. 77769357, Einfacher Platz an der E 6 in Alteidet. 20 Hütten (*/**), Sauna und Bootsverleih.
- **Altafjord Camping,** Tel./Fax 78432824, www.altafjord-camping.no. An der E 6 gelegener Ökobauernhof mit Zeltareal, 1 km südl. von Langfjordbotn. 25 Hütten (*/***), saubere Sanitäranlagen, Sauna, interessantes Hofmuseum, Aufenthaltsraum mit Fjordblick, TV-Zimmer, Vermittlung von Ausflügen. Wanderweg.

Aktivitäten

- **Wandern:** Lohnend ist ein Ausflug zur aus dem Fels empor„blubbernden" **Springquelle Bubbelen.** Um zu ihr zu gelangen, biegt man 500 m neben dem Altafjord Campingplatz in das sehr liebliche Bognelvdal ab (ca. 4 km). Parkplatz 1 km nach Beginn des Schotterweges. Ab hier geht es durch lichten Birkenwald etwa 600 m den Berg hinauf.

Eine weitere Wanderung führt von Kåfjord aus auf den 904 m hohen **Berg Haldde,** wo das restaurierte Haus des ersten Nordlichtobservatoriums der Welt steht, das von 1898 bis 1927 hier eingerichtet war. Der Weg ist steil und mühsam (3 Stunden).

Alta

↗II/B2

Das aus mehreren Siedlungskernen bestehende Alta erstreckt sich sehr weitläufig über viele Kilometer entlang des Fjordes und der E 6. Mit **18.000 Einwohnern** ist die Ortschaft die größte der Provinz Finnmark und seit Jahrtausenden ein vor allem **samisches Siedlungsgebiet,** wovon die berühmten Felszeichnungen im Stadtteil Hjemmeluft noch heute zeugen.

Alta wurde während des **Zweiten Weltkrieges** arg in Mitleidenschaft gezogen, sodass das Ortsbild recht modern wirkt. Doch nicht nur Häuser, sondern auch ein Großteil des einst so riesigen **Kiefernbestandes** der Region brannte nieder. Zum Glück sind einige Reste noch erhalten und laden zu Spaziergängen ein.

Alta soll in den nächsten Jahren umgestaltet werden. Angedacht sind u.a. der Bau eines **modernen Hotelturms** und einer großen **Kathedrale.**

548no Foto: ms

Sehenswertes

Größte Attraktion sind unbestritten die unter dem Schutz der UNESCO stehenden **Felszeichnungen** *(helleristninger)*, am westlichen Ortsrand, unterhalb der Straße gelegen.

Das Gebiet war für die Menschen der Komsakultur ein heiliger Ort, der nur für rituelle Handlungen aufgesucht wurde. Entstanden sind die Abbildungen vor 6200 bis 2000 Jahren. Sie erzählen von einer mystischen Zeit, vom Götterglauben und den harten Lebensverhältnissen. Eingemeißelt wurden sie ursprünglich nahe der Wasserlinie, welche die Grenze zwischen der Unterwelt und der luftig-geistigen und damit göttlichen Welt symbolisierte. Das heutzutage alle Ritzungen 8–26 m über dem Meersspiegel liegen, hängt mit der Landhebung zusammen, welche die Folge einer Druckentlastung ist, verursacht durch das Abschmelzen der riesigen Eismassen der letzen Eiszeit. Folgerichtig sind die höher gelegenen Figuren die älteren.

Insgesamt unterscheidet man vier Entstehungsphasen. Abgebildet sind u.a. Boote, Jäger, Fischer und verschiedene Tiere, deren am häufigsten vertretene

Altas größte Attraktion: die berümten Felszeichnungen zeugen von längst vergangenen Zeiten

Art die Rentiere sind. Seltener findet man Darstellungen von Elchen, Gänsen und Walen. Auch entdeckt man am Wegesrand einen Skifahrer, Ritzungen von Treibjagden und rituellen Tänzen.

Der 2,9 km lange **Rundgang** durch das Areal beginnt am Museumsgebäude mit Ausstellungen zur Vorgeschichte und zur Kultur der Finnmark und führt rollstuhlgerecht zu 14 verschiedenen Standorten (geöffnet vom 1.6. bis 31.8. 8–20 Uhr, Mai/Sept. 8–17 Uhr, ansonsten 9–15 Uhr, Sa./So. 11–16 Uhr, Eintritt 85 NOK, inkl. Infoblatt; www.alta.museum.no).

Neben den Felszeichnungen ist Alta international bekannt geworden durch den **Wasserlauf Altaelv.** Er gilt zu Recht als einer der besten Lachsflüsse der Welt und Angellizenzen sind nur

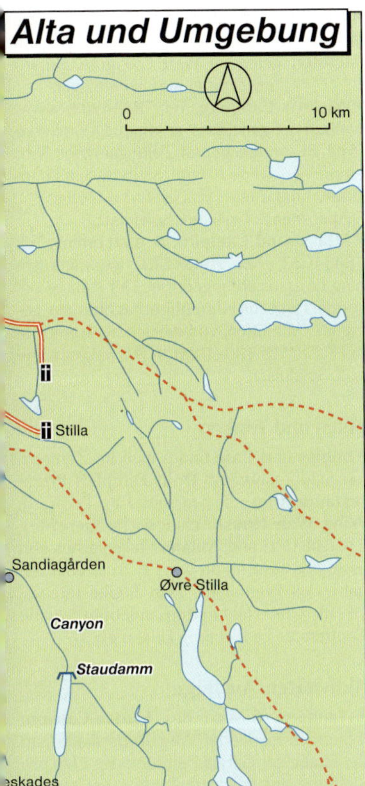

schwer zu haben. Wer keine abbekommen hat, kann aber zumindest die Petrijünger nahe der Campingplätze ihre Fänge an Land ziehen und Seemannsgarn spinnen sehen.

Außerdem lohnt sich ein Ausflug flussaufwärts zum **Sautso-Canyon.** Er ist der größte in Nordeuropa und ein erhabener Anblick. Zu erreichen ist er nur über eine längere Wanderung (s.u.).

Praktische Informationen

Touristeninformation

- **Alta Turistinformasjon,** im Einkaufszentrum Parksenteret im Zentrum gelegen, Tel. 78445050, www.visitalta.no. Ganzjährig Mo.–Fr. 8.30–16.30 Uhr, Sa. 10–14 Uhr, So geschlossen.

An- und Weiterreise

- **Busse: Fernbusse:** 805, 815; **Regionalbusse:** Bus nach Hammerfest (1–4x tägl., 240 NOK), Kautokeino, Tana Bru und Kirkenes. www.veolia-transport.no, Rutetider -> Finnmark -> Lokalbuss/Langrutebuss, Tel. 7845 7700 oder Tel. 177; **Busse Richtung Finnland** (u.a. Rovaniemi): www.eskelisen-lapinlinjat.com (Seite auch auf Deutsch).
- **Fähren/Boote:** www.veolia-transport.no, Rutetider -> Finnmark -> hurtigbåt (Schnellboot)/ferger (Fähren).

  Schnellboote: Tägliche Verbindung nach Hammerfest, meist 7 Uhr. 270 NOK.
- **Flughafen:** Tel. 67034900, Flughafengebäude geöffnet von 6.45 biss 23.30 Uhr, am östlichen Ortsrand. Verbindungen mit Widerøe (www.wideroe.no) innerhalb Nordnorwegens und mit Norwegian (www.norwegian.no) nach Oslo.
- **Taxi:** Tel. 78435353.

Autovermietung

- **Avis:** am Flughafen u. Betongveien 3, Tel. 78445606; **Europcar:** am Flughafen u. Skiferveien 2, Tel. 78444050; **Rent-A-Wreck:** Altaveien 195, Tel. 78433945; **Alta Autosenter:** Wohnmobile, www.alta-autosenter.no.

Unterkunft

- **Rica Hotel Alta,** Løkkeveien 61, Tel. 78482700, Fax 78482777, (*****). Größtes und teuerstes Hotel am Platz. Restaurant, Bar.
- **Park Hotell Alta,** Markedsgata 6, Tel. 7845 7400, Fax 78457401, (*****). Gutes Mittelklassehotel im Zentrum mit gratis Internet auf fast allen Zimmern. Sommer DZ 1000 NOK.
- **Quality Hotel Vika,** Fogdebakken 6, Tel. 78434711, Fax 78434299, (*****). Teures

Hotel mit dem üblichen Standard der Quality-Kette. Restaurant und Bar.

- **Gargia Fjellstue,** 16 km südlich von Alta, an einer Nebenstraße, Tel. 78433351, www.gargia-fjellstue.no. Gästehaus in herrlicher Natur mit DZ ab 990 NOK und 2-Personen-Hütten für 600–900 NOK. Badezuber und Sauna. Wintersafaris.
- **Sorrisniva,** Tel. 78433378, www.sorrisniva.no. Der Welt nördlichstes Eishotel. Geöffnet von Ende Januar bis April. 50 Betten, Eis-Bar, Eis-Kapelle. 2400 NOK pro Person inkl. Abendessen und Frühstück, Sauna und Transfer. Eintritt 100 NOK.

Jugendherberge

- **Alta Vandrerhjem,** in Kvenvikmoen an der E 6, 10 km westl. von Alta, Tel. 91003003, alta@hihostels.no, geöffnet: 1.5.–31.8., Bett 350 NOK, DZ 975 NOK, 3-Pers. 1175 NOK, inkl. Frühstück und Bettwäsche.

Camping/Hütten

Folgende 3 Plätze liegen 5 km südlich der Stadt, nebeneinander am Fluss Altaelva (über die Rv 93 erreichbar):

598no Foto: bm

- **Alta River Camping,** Tel. 78434353, www.alta-river-camping.no. Der der Straße am nächsten gelegene Platz. 20 gute Hütten (**/***/****) 6 Zimmer und Samenlager.
- **Wisløffs Camping,** Tel. 78434303, www.wisloeff.no, ganzjährig geöffnet. Der mittlere Platz. Besonders gut für Zelte geeignet. Sehr empfehlenswerte Anlage. Saubere Sanitäranlagen, Küche mit TV. 7 einfache Hütten (*), 6 Apartments. Grillhaus. Spielplatz.
- **Alta Strand Camping & Apartment,** Tel. 78434022, Fax 78434240, www.altacamping.no, ganzjährig geöffnet. Der Platz ist besonders gut für Hüttenübernachtungen geeignet. 35 Hütten, von einfach bis komfortabel (*/**/****; 300–1000 NOK), Sauna, Minigolf, Spielplatz.

Essen und Trinken

- **Imbiss** und **Café** findet man im Zentrum der Stadt, außerdem **Dolly Dimple's Pizzarestaurant** im Alta Storsenter im Zentrum; **Wing Wah House** (chinesische Gerichte), E 6, östl. Ortsrand; **Milano** (italienisches und asiatisches Essen), an der E 6, in Elvebakken nahe des Flughafens; **Han Steike** (Steaks, 15–18 Uhr Nachmittagsangebote), nahe Zentrum an E6 Richtung Flughafen.

Aktivitäten/Ausflüge

- **Wandern:** Besuch des **Sautso-Canyon:** 4 Stunden markierter Weg ab Bæskades, an der Straße zur Gargia Fjellstue oder 7 km pro Richtung auf der asphaltierten Kraftwerksstraße (Anfahrt: durch das Tverrdal bis zur Schranke bei Tutteberget).

Geführte Ausflüge zum 110 m hohen Altaelv-Staudamm (siehe Exkurs) südlich des Canyons, dem dortigen Infozentrum und zum Canyon selbst können bei Via Alta Tours gebucht werden (in Touristeninformation): Aktivitäten aller Art, www.visitalta.no.

An einer Nebenstraße 16 km südlich Altas liegt die **Gargia Fjellstue.** Ab der Gebirgsbaude können auf dem Fahrweg herrliche Wanderungen in unberührter Natur unternommen werden. Am Wegesrand nach Gargia passiert man große **Schieferbrüche** *(skiferbrudd).* Das Produkt kommt u.a. im Zentrum der Stadt Alta zum Einsatz (**Schiefermu-**

Der Altaelv-Staudamm

(Text von Frank Herbst)

1979 erlangte Alta durch den Bau des Altaelv-Staudamms eine internationale Berühmtheit. 1968 legte die norwegische Gesellschaft für Elektrizität und Wasserkraft der Regierung einen Plan zur Nutzung des Altaelvs vor. Danach sollte dieser lachsreiche Fluss aufgestaut werden. Dabei hätte man große Teile des grandiosen Alta-Canyons mitsamt dem Samendorf Masi überflutet. Dies hätte das Ende des Fischreichtums bedeutet. Außerdem hätte der Stausee den Zug der Rentiere behindert.

Nach heftigem Protest der Samen, der Bewohner Masis und vieler Naturschützer wurde 1970 der Plan geändert, wodurch Masi gerettet war. Der Einfluss der Stromgesellschaft in der Regierung war allerdings sehr groß. Selbst als bekannt wurde, dass man dem Minister falsche Zahlen vorgelegt hatte, um das Projekt durchzubekommen, änderte dies nichts am Baubeginn.

Die Erdarbeiten kamen ins Stocken, als am 15. Juli 1979 die Baustelle von Samen und Naturschützern besetzt wurde. In den nächsten Monaten kamen rund 5000 Menschen aus ganz Europa, um gegen den Bau zu protestieren. Im Herbst wurde die Baustelle das erste Mal geräumt. Bei der zweiten Versuch zur Räumung musste die Polizei aufgeben.

Inzwischen schlugen die Wogen des Protestes bis nach Oslo, wo es Demonstrationen und einen Hungerstreik der Samen vor dem Parlamentsgebäude gab. Die Arbeiterpartei unterstützte inzwischen die Gegenseite, die dann das Lebensmittellager der Besetzer in die Luft sprengte. Im Winter 1981 kam es zu einem dramatischen Höhepunkt, als ein starkes Polizeiaufgebot mit Kettenfahrzeugen und Schneemobilen den Bauplatz erneut räumte. Eine Handvoll Besetzer hatte sich trotz klirrender Kälte dort angekettet. Mit eigens dafür gecharterten Fährschiffen wurden diese dann nach Oslo vor das Gericht transportiert.

Alle diese Proteste und Aktionen konnten den Bau des Staudamms allerdings doch nicht verhindern.

Heute kann man den 110 m hohen Damm besichtigen. Außerdem gibt es einen Inforaum, der in den Berg gesprengt ist.

597no Foto: bm

Staudamm am Altaelva

seum Pæskatun: Rv 93, 20 km südl. Alta, Mo.–Do. 11–15 Uhr, Fr. 10–13 Uhr, 40 NOK).

- **Baden/Strand:** 1 km östlich von Alta der Ausschilderung Lathari folgen. Am Ufer findet sich ein Strand, Spielplatz, Grillplätze und ein herrlicher Kiefernwald. Längere Strandspaziergänge möglich.

Nordeuropas größter Canyon – der Sautso Canyon

- **Fahrrad fahren:** Verleih in der Buchhandlung Studentbokhandelen im Zentrum und bei Hammari Sport.
- **Veranstalter:**

www.aku-finnmark.com, Tel. 78434840, Angeltouren, Kanuausflüge;

Sorrisniva, www.sorrisniva.no, Tel. 7843 3378, Eishotel, Schneescootersafari, Rentierrennen, Restaurant, Flussbootfahrten, Sauna, Outdoor-Whirlpool, Lavvo;

Northern Lights Husky, Gargia veien 29, Tel. 78442183, post@northernlightshusky.no, Hundeschlittenfahrten.

Finnmark Snowmobile Safari, Tel. 7844 5050, www.snowmobile-safari.no, Ausflüge mit dem Schneemobil und Seerafting.

Finnmarksreiser, Tel. 90011066, http://finnmarksreiser.no/, u.a. Schneemobiltouren.

Holmen Hundesenter, www.holmenhundesenter.no, Tel. 78436645, Hundeschlittentouren, nahe Alta River Company.

- **Alta im Winter:** Viele Aktivitäten (siehe oben), außerdem: Loipen, Skilifte (www.altaski.no, 2–4x wöchentlich geöffnet) und Ausflüge auf die Finnmarksvidda. Ideal zum Erleben der Polarnacht bzw. des nordischen Winters. Informationen auch auf: www.altatours.no.

Preiswerte Anreise mit dem Flugzeug (www.norwegian.no) und günstige Mietwagen (www.rent-a-wreck.no).

Shopping

- Im recht ansprechend mit Schiefer gestalteten modernen Zentrum der Stadt findet man einen **Rema 1000,** das **Vinmonopolet** und **Buch- und Sportladen.** Handwerkshaus (Souvenirs und Kunsthandwerk) gegenüber dem Rica Hotel.
- **Northern Delights:** Chocolaterie, in Kviby, Rv 883, 25 km nördl. Alta, Fr. 12–18, Sa./So. 12–16 Uhr, Schokoladen, Kakao, Kaffee, Tee.

Sonstiges

- **Internet:** Hard Disc Café (im Einkaufszentrum Parksenteret im Zentrum).
- **Bibliothek:** im Einkaufszentrum Storsenter; auch gratis Café in der Leseecke.
- **Post:** im Zentrum,
- **Arzt:** Legevakt im Helsesenter, Markveien 29–33 (Zentrum), Tel. 78455555.
- **Apotheke:** Markveien 14 (Zentrum), Tel. 78449610.

Ab Alta kann man nun auf der ereignisarmen, aber durch die vielen, teils wild schäumenden Flussläufe landschaftlich schönen **Rv 93 nach Kautokeino** auf der Hochebene der Finnmarksvidda weiterreisen (gute Wandermöglichkeiten ab dem samischen Ort Máze/Masi; für Unterkünfte unterwegs: siehe unter „Kautokeino").

Oder man kann auf der **E 6 Richtung Norden** fahren: Man verlässt Alta in Richtung Nordosten und gelangt durch das **Stokkedal** in die endlosen Weiten der **Hochebene Sennalandet** (Skáiddedottar), in **Áisaroaivi** eine kleine samische Kirche von 1962 passierend.

Durch die sehr komfortable Breite der Straße geht die Fahrt zügig voran und man erreicht recht bald die Wegkreuzung **Skáidi,** wo es auch eine Tankstelle gibt.

Die E 6 biegt nun nach Osten ab, in Richtung Nordkap und Lakselv. Nach Westen geht es hingegen auf der **Rv 94 nach Hammerfest.** Wer diesen lohnenden 60-km-Abstecher unternimmt, sollte den Wald von Skáidi noch einmal richtig genießen, denn Bäume werden nun absolute Mangelware, wobei die letzten größeren Exemplare noch in **Kvalsund** „erwischt" werden können, einem recht netten Ort mit der nördlichsten Hängebrücke der Welt, dem Prototyp eines Gezeitenkraftwerkes und einigen 2500 Jahre alten Felszeichnungen an der Post.

Ab Kvalsund sind es nun auf enger Straße noch 34 km. Der Weg führt durch so **raue und karge Landschaft,** dass sich sicher so mancher Reisende an den vielen, quicklebendigen Rentieren am Wegesrand noch mehr erfreut als sonst und das 7500 Einwohner zählende Hammerfest wie eine menschengemachte Oase erscheint.

Blick auf Hammerfest

Hammerfest

↗II/B1

Hammerfest (9000 Einwohner) gruppiert sich um einen außergewöhnlich geschützt liegenden **Naturhafen.** Als 1764 die Handelsrechte gelockert wurden, entwickelte es sich recht bald zu einem der wichtigsten Handelsplätze der Finnmark. Folgerichtig wurde dem Ort 1789 das Stadtrecht verliehen und er gilt seit jenen Tagen als die **nördlichste Stadt der Welt.** Da in dieser vom 21.11. bis 23.1. die Dunkelheit der Polarnacht regiert, installierte man 1891 die erste elektrische Straßenbeleuchtung Europas.

Durch die in Betrieb genommene **Erdgasförderung** erlebte die Stadt einen bislang nicht gekannten Aufschwung. Mit allen positiven (höhere Einnahmen) wie negativen Seiten (Ansteigen der Mieten, knapper Wohnraum).

Sehenswertes

Gegen Ende des Zweiten Weltkrieges wurde Hammerfest von den Deutschen komplett zerstört. In kaum einer anderen Region Nordnorwegens wurde die Taktik der verbrannten Erde, welche zum Ziel hatte, den feindlichen Truppen nichts als Asche zu überlassen, so konsequent angewendet wie hier. An diese Zeit erinnert das **Wiederaufbaumuseum** (Gjenreisningsmuseet, geöffnet Mitte Juni–Mitte Aug. 9–16 Uhr, Sa./So. 10–14 Uhr, ansonsten meist 11–14 Uhr, 50 NOK).

Heutzutage ist Hammerfest eine sympathische Stadt mit einem gewissen Charme, in der es trotz der nördlichen Lage nicht von pelzigen Untieren wimmelt, obgleich dies der hier ansässige berühmte **„Königliche Eisbärenclub“** vermuten lässt. Er befindet sich in der

555no Foto: ms

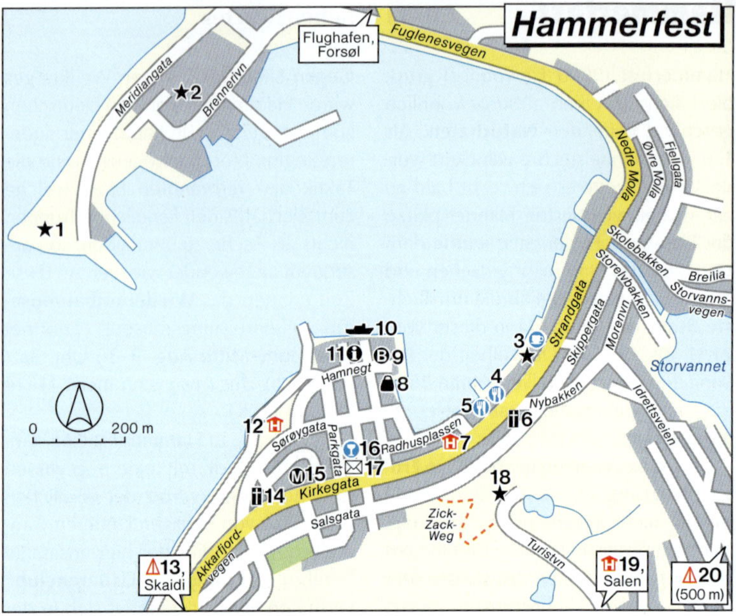

Hammerfest

- ★ 1 Skansen
- ★ 2 Meridiansäule
- ★ 3 Kulturhaus
- 4 Hammerfest Mat & Vinhus
- 5 Dinner
- 6 Kath. Kirche
- 7 Thon Hotel Hammerfest
- 8 Einkaufszentrum Nissen
- 9 Busbahnhof
- 10 Kai der Hurtigruten
- 11 Information
- 12 Rica Hotel Hammerfest
- 13 Hammerfest Turistsenter
- 14 Hammerfest-Kirche
- 15 Wiederaufbaumuseum
- 16 Redrum
- 17 Post
- ★ 18 Aussichtspunkt Varden
- 19 Hotell Skytterhuset
- 20 Storvannet Camping

Touristeninformation und bietet gegen ein nicht zu geringes Entgelt jedem die Mitgliedschaft an.

Zentraler Anlaufpunkt Hammerfests ist der **Rathausplatz,** mit der Fontäne vor der Stadthalle, einem Geschenk des ehemaligen US-Botschafters, dessen Mutter aus dieser Gegend stammte. Die Umgebung wird derzeit von Lichtdesignern umgestaltet.

Oberhalb des Marktes steht der schmucke, von *Eva* und *Knut Arnesen* anlässlich des zweihundertsten Stadtjubiläums geschaffene **Musikpavillon.** Hier beginnt der 1893 angelegte „Zick-Zack-Weg" auf den 80 m hohen Berg Salen. Der Rundblick vom **Aussichtsturm „Varden"** lohnt die Mühe allemal. Zu sehen sind neben einem Sammelsurium an bunten Häusern u.a. die an ein

Stockfischgestell erinnernde **Hammerfest-Kirche,** in deren Inneren ein großes Glasmosaik das Altarbild ersetzt (Mo.-Sa. 8-15 Uhr geöffnet), und die **Insel Melkøya,** das Zentrum der Erdgasförderung im Norden.

Etwas außerhalb, auf der Halbinsel Fuglenes gegenüber der Innenstadt, auf der anderen Seite des Hafens, liegt die 1854 errichtete **Meridiansäule.** Sie erinnert an die internationale Zusammenarbeit bei der ersten exakten Vermessung der Erde, die 1852 in Hammerfest abgeschlossen wurde. Seit 2006 steht die Säule auf der UNESCO-Liste der erhaltenswerten Kulturdenkmäler. Auf ihr ist u.a. die genaue Lage Hammerfests verzeichnet: 70° 40′ 11,3″. Zu erreichen ist das Denkmal, indem man der Hauptstraße immer geradeaus am Wasser entlang folgt und Richtung Melkøya abzweigt. Nach 100 m geht es nach links auf den Parkplatz. Neben der Säule ist auch die 1810 erbaute **Verteidigungsanlage Skansen** aus der Zeit der napoleonischen Kriege zu besichtigen, als der Ort oft von englischen Schiffen blockiert war, was zu Hungersnöten und Plünderungen führte.

Praktische Informationen

Touristeninformation

- **Turistinformasjonen i Hammerfest,** Hamnegt. 3 (am Hurtigrutenkai), Tel. 78413100, geöffnet: im Sommer 9-17 Uhr, ansonsten 10-14 Uhr, Tel. außerhalb der Öffnungszeiten: 78412185, www.hammerfest-turist.no, www.visitnorthcape.com. Im Gebäude befinden sich auch der Eisbärenclub und ein kleines Naturkundemuseum.

An- und Weiterreise

- **Busse:** www.veolia-transport.no, Rutetider -> Finnmark -> Lokalbuss/Langrutebuss; Bus u.a. nach Alta, Karasjok, Tana, Kirkenes.
- **Fähren/Boote:** www.veolia-transport.no, Rutetider -> Finnmark -> hurtigbåt (Schnellboot)/ferger (Fähren).
- **Schnellboote:** Tägliche Verbindung nach Alta, 270 NOK.

Schneewittchen im Nordmeer

Noch bis vor wenigen Jahren war der Hauptarbeitgeber Hammerfests die fischverarbeitende Industrie. Durch diese etwas einseitige wirtschaftliche Orientierung sah die ökonomische Zukunft der Stadt alles andere als rosig aus und immer mehr Bewohner kehrten der Stadt den Rücken. Eine erste Hoffnung auf Besserung keimte Anfang der 1980er Jahre mit dem Nachweis von riesigen Erdgasfeldern im Nordmeer. Da die Ressourcen in einer Tiefe von 250 bis 345 m schlummern und es fast unmöglich schien, diese zu erreichen, nannte man das Vorkommen treffenderweise „Snøhvit", Schneewittchen.

Die heute mögliche Nutzbarmachung des Rohstoffes verdankt man einer neuen Fördermethode, die nicht mehr auf Bohrinseln setzt, sondern das begehrte Naturprodukt über 140 km lange Rohre zum Terminal auf der Insel Melkøya pumpt. Hier wird das Gas veredelt, bei -160 °C verflüssigt und in Spezialschiffe verladen, mit denen es zum Käufer transportiert wird. Die komplette Anlage ist 2006 in Betrieb gegangen und soll bis 2035 arbeiten. Laut „Statoil" sollen bei Förderung und Transport Umweltschäden mit an 100 % grenzender Sicherheit ausgeschlossen sein. Sollte es jedoch zu einer Havarie kommen, so wären die Schäden an der empfindlichen arktischen Natur enorm (www.snohvit.info).

• **Hurtigruten:** Der Hurtigrutenkai liegt im Zentrum von Hammerfest. Nordgehend: 5.15–6.45 Uhr; südgehend: 11.15–12.45 Uhr.
• **Flughafen:** Tel. 67035050, www.wideroe.no. Direkt nördlich der Stadt. Die Fluggesellschaft Widerøe fliegt u.a. nach Alta, Honningsvåg und Tromsø.

Autovermietung/Taxi

• **Mietwagen:** Avis, am Flughafen und Seilmakerveien 1, Tel. 78407828; Rent A Wreck: Tel. 78412110, hammerfest@rent-a-wreck.no.
• **Taxi:** Tel. 78411234.

Unterkunft

• **Thon Hotel Hammerfest,** Strandgt. 2–4, Tel. 78429600, Fax 78429660, (*****). Gutes Hotel am Hafen. Restaurant, Bar und Fahrradverleih.
• **Rica Hotel Hammerfest,** Sørøygt. 15, Tel. 78411333, Fax 78411311, (*****/****). Gutes Mittelklassehotel mit Restaurant, Pianobar, Nachtclub und Fahrradverleih.
• **Hotell Skytterhuset,** Skytterv. 24, Tel. 78411511, www.skytterhuset.no. Recht ansprechendes Haus. DZ ab 995 NOK, Wochenende billiger.

Camping

• **Storvannet Camping,** Tel. 78411010, geöffnet 1.6.–15.9. Einfacher, aber schöner Platz am Ende des Sees Storvannet. 6 Hütten (**, ab 300 NOK). Anreise: 500 m hinter dem Zentrum an der kleinen Katholischen Kirche den Berg hoch, am Bunker (Tilfluktsrom) vorbei, sodann nach rechts und noch 1,5 km geradeaus.
• **Hammerfest Turistsenter,** Tel. 78411126, ganzjährig geöffnet. Wirklich sehr einfacher Platz mit integriertem Asylbewerberheim, auf einer Anhöhe 2 km vor Hammerfest. Preiswerte Hütten (*/**).

Essen und Trinken

• **Peppes Pizza** findet man im Einkaufszentrum Nissen; **Dinner:** nördlichstes Chinarestaurant der Welt, Strandgt. 22; Café mit Aussicht im **Kulturhaus; Redrum:** Pub & Bar in der Storgata; **Hammerfest Mat & Vinhus:** sehr gute Gerichte für nicht wenig Geld, Strandgt. 24.

Aktivitäten/Ausflüge

• **Ausflug nach Forsøl:** Ein lohnender Ausflug führt nach Forsøl, 9 km nördlich der Stadt. Wer am Ortseingang des Fischerdorfes nach rechts abzweigt, kommt zur Kirkegårdsbukt. Vom Parkplatz führt ein kleiner behindertengerechter Weg vorbei an Siedlungsplätzen aus der Steinzeit zu einem herrlichen Sand- und Geröllstrand.
• **Seiland Nationalpark:** Mitte 2006 neu etablierter Nationalpark. Er umfasst die Insel Seiland, südlich von Hammerfest. Unter Schutz stehen schroffe Berge, Gletscher und erstaunlich fruchtbare Täler. Tipps zu Ausflügen hält die Touristeninformation bereit.
• **Weitere Aktivitäten:** Schwimmhalle, Polarnachtfestival, Angelfahrten und samisches Essen in der Gamme auf dem Hausberg.
• **Kulturhaus:** Das markante Arktisk Kultursenter ist die neue Gute Stube der Stadt und ein herausragender Signalbau, mit blauen und roten LED-Lichtern illuminiert. Hier gibt es Theater, Konzerte, Kino & Café. www.aks.no.

Shopping

• Die kleinen Läden schließen 16 Uhr. Im **Einkaufszentrum Nissen** am Ufer hinter dem Markt gibt es u.a. das **Vinmonopolet. Rimi, Sport-, Buch- und Souvenirladen** liegen entlang der Hauptstraße, ein **Rema 1000** am Flughafen. **Fischmarkt** bis 14 Uhr auf dem Rathausplatz.

Internet

• **Internetcafé** im Einkaufszentrum Nissen.
• **Arzt:** Hammerfest Legesenter, Storgt. 3 und im Krankenhaus (Sykehus), Tel. 78412000.
• **Apotheke:** Strandgt. 8, Tel. 78407460.

Zurück auf der E 6, geht es nur 22 km weit in Richtung Osten bis zur nächsten Kreuzung, mit dem für viele Nordlandfahrer wichtigen Abzweig zur Insel Magerøya, auf der das berühmte Nordkap (auf norwegisch mit zwei „p" geschrie-

594no Foto: ff

ben) liegt. Die Straße dorthin führt durch kahle Landschaft am **Porsangerfjord** entlang und verschwindet zu guter Letzt in einen 6,8 km langen und 212 m unter dem Meeresspiegel verlaufenden **Tunnel,** welcher die einstige Fähre nach Honningsvåg ersetzt (Kosten: 145 NOK pro Richtung pro Auto).

Radfahrern bietet sich die ruhige, tunnelfreie Alternativstrecke der **Rv 889 nach Havøysund** an. Die Reise geht durch einsame Landstriche, vorbei an der „Sphinx", einer Felsformation vor dem Dörfchen Lillefjord, und der idyllischen Bucht Selvik (Badeplatz und Wanderweg).

Im Fischerort **Havøysund** (wörtlich „Meeresinselsund") legt täglich die Hurtigrute an, 9.45 Uhr nordgehend, 8.30 Uhr südgehend. Ein Wanderung führt zur **Landspitze Gavlen,** wo sich eine herrliche Aussicht auf das Meer bietet und 16 große Windräder stehen.

Das Nordkap – für viele ein Sehnsuchtsziel

- **Touristeninformation:** Kirkeveien 3, Tel. 78423766.
- **Unterkunft:** Havøysund Hotell & Rorbuer (DZ + Zimmer in Hütten; Tel. 78424300).

Insel Magerøya/ Nordkap

↗III/C1

Sehenswertes

Nach Tausenden Kilometern Fahrt ist für viele auf 71° 10′ 21″ nördlicher Breite das Traumziel erreicht: das Nordkap! Das 307 m steil abfallende, eindrucksvolle Felsmassiv bietet vom 14.5. bis 30.7. zumindest theoretisch freien Blick auf die Mitternachtssonne. Leider nur herrscht an den allermeisten Tagen im Jahr **dicker Nebel und ein eisiger Wind** lässt die vor der Weltkugel posierenden Besucher frösteln. Aus diesem Grund haben weitsichtige Marketingstrategen die **Nordkaphalle** erbauen lassen. Drinnen gibt es eine Aussichtsplattform hinter Glas und zudem neben Sonderpostamt, Caféteria und Souvenirladen auch eine Multivisionsschau, bei der man erahnt, was man draußen in den Nebelschwaden verpasst.

Damit jedoch noch nicht genug: Ein Thaipavillon erinnert an den Besuch des thailändischen Königs, in der ökumenischen Kapelle kann geheiratet werden, ein Restaurant sowie drei verschiedene Bars laden zum Verweilen ein und als krönender Abschluss lockt für 125 NOK noch die Mitgliedschaft im Royal North Cape Club.

Dies alles bietet sich dem weitgereisten Besucher an einer Stelle, die, genau genommen, gar **nicht der nördlichste Festlandspunkt Europas** ist, denn einerseits liegt die unweit entfernte unscheinbare Klippe Knivskjellodden noch 1′ 27″ weiter nördlich und andererseits befindet sich diese, wie auch das Nordkap selbst, auf einer Insel und nicht auf dem Festland. Und so müsste der alljährliche Massenandrang an Touristen eigentlich zum Nordkinn bei Kjøllefjord führen. Da jedoch im Jahre 1553 der englische Kapitän *Richard Chancellor* nicht dort, sondern hier vor dem Plateau auf dem Eiland Magerøya strandete und es kurzerhand „North Cape" nannte, machte fortan das Kap auf der Insel das Rennen.

Diverse **Denkmäler** erinnern heute an prominenten Besuch, wie jenen von *Louis Phillippe von Orleans* im Jahre 1795, der sich im Exil befand und hier droben Schutz vor Anschlägen suchte. Auch schaute rund 80 Jahre später der schwedisch-norwegische König vorbei und lobte das Kap als „letzten Stein in einem silberglänzenden Diadem, welches das Haupt Skandinaviens krönt".

Doch nicht nur blaublütige Besucher hinterließen ihre Spuren. So stiftete der italienische Botaniker *Tina Zuccoli* die Statue „Maria mit dem Jesuskind", die sicher mit ein Grund ist für die Scharen an italienischen Touristen. Ein norwegischer Kinderbuchautor gab hingegen den Anstoß für das Monument „Kinder der Erde".

Um zum Kap und zur Nordkaphalle zu gelangen, sind sagenhafte 215 NOK (Familien 505 NOK) **Gebühren** zu zahlen. Wer auf den Film verzichtet, spart 50 NOK. Studenten sind mit 140 NOK dabei. Hinzu kommen mindestens 140 NOK pro Richtung für den Nordkaptunnel und Parkgebühren. Insgesamt wird so der Besuch ganz schön teuer. Wer aber das (Gemeinschafts-)Gefühl haben möchte, einmal am Ende Europas gestanden zu haben, für den lohnt sich die Investition durchaus, für Freunde einsamer Landschaften natürlich eher weniger (geöffnet: Mitte Mai–Aug. 11–1 Uhr, Anf. Mai und Sept./Okt. 11–15 Uhr).

Der größte Ort auf der Insel Magerøya ist **Honningsvåg** (zu Deutsch: „Honigbucht"). Clevere Werbestrategen im Gemeinderat verliehen 1996 der Siedlung den Stadtstatus. Da jedoch nur 3000 Einwohner diesen Außenposten Europas besiedeln, wurde das Ansinnen von staatlicher Seite zurückgewiesen. Die Architektur Honningvågs ist geprägt von der Schlichtheit der Wiederaufbauzeit der 1950er Jahre, wobei das älteste Gebäude, die Kirche, noch von 1884 stammt und von 8 bis 22 Uhr ihre Pforten für Besucher geöffnet hält.

Lohnend ist auch ein Gang durch das **Nordkapmuseum.** Erläutert wird die Geschichte des Nordkaptourismus und das Leben im Hohen Norden vor 10.000 Jahren. Laut Werbeprospekt gibt es auch „ungezwungene Führungen in deutscher Sprache" (geöffnet 1.6.–15.8. 10–19 Uhr, So ab 12 Uhr, ansonsten Mo.–Fr. 12–16 Uhr, 30 NOK).

Weitere besuchenswerte Ortschaften auf der Insel Magerøya sind **Skårsvåg,** das nördlichste Fischerdorf der Welt, und **Gjesvær,** eine Siedlung mit malerischem Hafen.

Praktische Informationen

Touristeninformation

- **Nordkapp Reiseliv AS,** am Hafen in Honningsvåg, Tel. 78477030, Fax 78477039, www.nordkapp.no und www.visitnorthcape.com. Geöffnet: 14.6.–15.8. Mo.–Fr. 8.30–20 Uhr, Sa./So. ab 12 Uhr, 16.8–13.6. Mo.–Fr. 8.30–16 Uhr.

An- und Weiterreise

- **Lokalbusse:** von Honningsvåg nach Lakselv, Alta, Hammerfest und Gjesvær. Lokalbus Honningsvåg - Nordkap: im Sommer 2 x tägl., 100 NOK, Winter 700 NOK inkl. Eintritt; www.veolia-transport.no, Rutetider -> Finnmark -> Lokalbuss/Langrutebuss; **Busse Richtung Finnland:** (u.a. Helsinki) www.eskelisen-lapinlinjat.com (Seite auch auf Deutsch), Tel. 00358/(0)16/3422160.
- **Trampen:** Rund um das Nordkap meist kein Problem.
- **Straße Skårsvåg - Nordkap:** Wintersperre von Oktober bis April. Es fahren aber Snowscooter und Busse ab Honningsvåg zum Kap.
- **Mietwagen:** Avis, in Honningsvåg, Nordkappveien 14b und am Flughafen, Tel. 7847 6262; Nordkapp bilservice John Dyrstad, Tel. 78476060, in Honningsvåg.
- **Flughafen:** Tel. 67035050, Honningsvåg: Flüge mit Widerøe (www.wideroe.no, Tel. 81001200) nach Tromsø, Hammerfest und Kirkenes.
- **Hurtigrute:** Liegt in Honningsvåg nordgehend von 11.45 bis 15.15 Uhr und südgehend von 6.15 bis 8.30 Uhr vor Anker.

Unterkunft

- **Honningsvåg Brygge,** Tel. 78476464, Fax 78476465, www.hvg-brygge.no, ganzjährig geöffnet, (****/*****). Gutes Hotel mit Restaurant. Am Hafen gelegen.
- Die Rica-Hotel-Gruppe betreut drei sehr gute, komfortable Hotels (*****), alle mit Restaurant und Bar und ganzjährig geöffnet: **Rica Bryggen Hotel** (in Honningsvåg am Hafen, Tel. 78472888, Fax 78472724), **Rica Hotel Honningsvåg** (in Honningsvåg am Hurtigrutenkai, Tel. 78472333, Fax 78473379), **Rica Hotel Nordkapp** (in Skipsfjorden, Tel. 78473388, Fax 78473233).
- **Northcape Guesthouse,** Handy: 9282 3371, www.northcapeguesthouse.com, geöffnet: 1.5.–30.9. Einfaches Gästehaus mit Küche, Waschmaschine und Internet. DZ 600 NOK, Bett im 4-Bett-Zimmer 250–300 NOK. In der Straße Elvebakken im Zentrum von Honningsvåg gelegen.
- **Árran Nordkapp,** in Karmøyvær nördlich von Honningsvåg, Tel. 78475129, Fax 78475182, www.arran.as/nordkapp, geöffnet: 1.5.–1.10. (***/****). Sehr schönes blaues Holzhaus in toller Lage mit ansprechenden Zimmern.
- **Mini Price Motellet,** Skarsvåg, Tel. 7847 5248, Fax 78472380, www.minimotellet.no, einfache, aber gute Zimmer, ganzjährig geöffnet (*/**).
- **Nordkapp Turisthotel,** Tel. 78475267, bj.pettersen@c2i.net, (***). Einfaches Sommerhotel in Skarsvåg.

Jugendherberge

- **Nordkapp Vandrerhjem,** E 69, nördl. Ortsrand Honningsvåg, Tel. 91824156, nordkapp@hihostels.no, ganzjährig geöffnet, vom Design her etwas kühl, ansonsten aber gute JH in rotem Haus. Bett 330 NOK, DZ 760 NOK.

Camping/Hütten

- **Nordkapp Camping,** Tel. 78473377, Fax 78471177, www.nordkappspesialisten.no. Geöffnet: 1.5.–1.10. 15 Hütten (**/****) und 10 Zimmer (575 NOK). In rauer Landschaft an der Bucht Skipsfjorden nördl. von Honningsvåg gelegen. Sauna. Gute Sanitäranlagen.

- **North Cape Cabins,** Tel. 78472794, Fax 78473745, www.northcapecabins.no, geöffnet: 20.5.–20.9. 3 schöne Hütten (**) nördlich von Honningsvåg. Das Büro befindet sich in der Skolegt. 5.
- **Kirkeporten Camping,** Skarsvåg, Tel. 78475233, Fax 78475247, www.kirkeporten.no, geöffnet: 20.5.–1.9., Hütten können ganzjährig gemietet werden. Herrlicher Platz 14 km südlich des Nordkaps. 16 Hütten (**/****), 4 Zimmer (ab 500 NOK). Sauna, Aufenthaltsraum, Bootsverleih.
- **Midnattsol Camping,** Tel. 78475213, Fax 78475213, 20.5.–31.8. Einfacher Platz mit 15 Hütten und Café in Skarsvåg an der E 69.
- **Nordkapp Caravan & Camping,** Skarsvåg, Tel. 45221942, Fax 76471140, www.nordkappcaravancamp.no, geöffnet: 15.5.–30.8. 10 gute Hütten in Reihe (***), Zeltplatz, Fahrradverleih.

Essen und Trinken

- Essen gehen kann man in Honningsvåg in den Restaurants der Hotels und im **Café Corner,** dem **Sjøhuset Restaurant,** im Zentrum in der **Arctico Ice Bar** und im **Tre Kokker.**

Aktivitäten

- **Wandern: Knivskjellodden:** herrlicher, markierter Wanderweg zum nördlichsten Punkt Europas, 9 km pro Richtung. Blick auf den Nordkapfelsen. Einstieg: am Parkplatz an der E 69, 6 km vor dem Nordkap. **Kirkeporten:** das Kirchtor, ein wie ein Portal geformter Felsvorsprung, durch den zwischen 0 und 2 Uhr die Mitternachtssonne scheint. 2,5 km langer Weg ab dem Kirkeporten Campingplatz. **Honningsvåg:** Weg auf den angrenzenden Berg, mit Blick über den Ort.
- **Vogelsafari:** ab dem Gjesvær Turistsenter (Zimmer und Rorbuer) zu den Vogelfelsen der Umgebung (Tel. 78475773, www.birdsafari.com).
- **Weitere Angebote:** Meeresangeln, Winterausflüge, Hochseerafting, Kajakfahren, Tauchen. Infos in der Touristeninformation Honningsvåg.

Shopping

- **Souvenirs:** Arctandria, große Souvenirauswahl im Holmen Senter Honningsvåg; Arctic-Souvenir-Laden im Nordkapmuseum; Weihnachts- und Winterhaus in Skarsvåg.

In Honningsvåg gibt es diverse **Supermärkte** und **Tankstellen.**

Es geht nun auf der E 69 wieder zurück zur E 6. Wer an dieser Stelle nicht die gleichen Gefühle hegt wie der Italiener *Negri* anno 1664, der da schrieb: „Hier stehe ich am Nordkap, am äußersten Zipfel der Finnmark, am Ende der Welt selbst. Hier, wo die Welt endet, endet auch meine Wissbegierde und ich wende mich zufrieden nach Hause“, mag sich nach Osten begeben und den Porsangerfjord erkunden.

Porsangerfjord/ Lakselv

↗III/C1,2

Der Meereswasserarm ist mit sagenhaften 20 km Breite und 120 km Länge der flächenmäßig größte Fjord Norwegens. Mit seiner nicht selten azurblauen Farbe hat er bislang nicht nur so manchen Touristen in seinen Bann gezogen, sondern auch einige **Trolle.** In grauer Vorzeit war es, da einige von ihnen in den Bergen der Umgebung eine Kiste Gold vergraben wollten. Doch keines der geschlagenen Löcher war groß genug für den immensen Schatz. Und so kam es, dass sie die Zeit vergaßen und beim Versuch, ans andere Ufer zu gelangen, im Lichte der aufgehenden Sonne zu Stein erstarrten. Noch heute stehen sie in Form kurioser weißer Dolomitfelsen

562no Foto: ms

an einem kleinen Sandstrand auf der **Halbinsel Njárga** (Abzweig Trollholmsund; 15 Min. Spaziergang entlang roter Markierungen).

Unweit nördlich der Landzunge Stabburnes, eines interessanten Vogel- und Pflanzenschutzgebietes, erreicht man das Stabbursdalen Nature Center (11–18 Uhr, 40 NOK). Die Ausstellung informiert über die Kiefernlandschaft und die zahlreichen Wanderwege im nahe gelegenen 96 km² großen **Stabbursdalen-Nationalpark.**

Die „Weißen Trolle“ am Porsangerfjord (Trollholmsund)

Am Porsangerfjord

15 km weiter erreicht man **Lakselv.** Der 3000-Einwohner-Ort ist umgeben von beeindruckenden roten Erosionshängen und einem lichten Wald. Außer einer Likörbrennerei und einem lachsreichen Fluss gibt es nichts Sehenswertes, wohl aber ein gut sortiertes Einkaufszentrum und diverse Tankstellen.

Touristeninformation

- **Arctic Active,** in der Ortsmitte von Lakselv, Tel. 78460700, www.arctic-active.no. Unter anderem Informationen zu Aktivitäten in der Umgebung und zu Ausflügen zur Dolomitinsel Reinøya mit ihrer einzigartigen Tier- und Pflanzenwelt. Mitte Juni–Mitte Aug. 10-17 Uhr, ansonsten Mo.–Fr. 9–16 Uhr

An- und Weiterreise

- **Busse:** Busverbindung mit Alta, dem Nordkap und Kirkenes, www.ffr.no (siehe „Rutetider“: „Lokalbuss“ oder „Langrutebuss“).
- **Mietwagen:** Gebrauchtwagen von www.lakselv-bruktbilutleie.no, Tel. 98881300.

Unterkunft

- **Lakselv Hotell,** Tel. 78465400, Fax 7846 5401, (****/*****). Unterkunft mit Restaurant und Bar. Sauna und „Badeboot" (umgebautes Schiff mit Badezuber).
- **Porsanger Vertshus,** in Lakselv, Tel. 78461377, www.porsangervertshus.com, (***/****). Einfache Unterkunft. Spezielle Rabatt-Preise für Motorradfahrer (DZ 700 NOK). Bistro.

Jugendherberge

- **Lakselv Vandrerhjem,** Tel. 78461476, geöffnet vom 1.6.–31.8. 7 km südlich von Lakselv gelegen. Bett 200 NOK, DZ 550 NOK, Hütten 600 NOK.

Camping

- **Olderfjord Hotel/Russenes Camping,** Russenes, 500 m nördlich der Kreuzung der E 69 mit der E 6, Tel. 78463711, www.olderfjord.no.
- **Solstad Camping,** Lakselv, Rv 98, Tel. 7846 1404, Einfacher, vom 30.5. bis 30.9. geöffneter Platz in Lakselv. 15 Hütten ab 350 NOK.
- **Stabbursdalen Feriesenter,** 15 km nördl. von Lakselv, an der E 6, Tel. 78464760, post@stabbursdalen.no, ganzjährig geöffnet. Schöne Lage am Fluss Stabburselva. 19 Hütten (*/***), Rafting, Reiten, Minigolf, Cross-Cart. Mäßige Sanitäranlagen.
- **Skoganvarre Turist og Camping AS,** 27 km südlich von Lakselv, an der E 6, Tel. 7846 4846, www.skoganvarre.no, ganzjährig geöffnet. Guter Platz am Wasser. 19 Hütten (*/**). Hervorragende Angelmöglichkeiten.

Sonstiges

- **Tanken:** Wer weiter in Richtung Norwesten fahren will, sollte **in Lakselv voll tanken.** Zwar gibt es in Børselv und Ifjord kleine Zapfsäulen, nur sind diese sehr oft geschlossen. Auch in Mehamn und Kjøllefjord kann dies der Fall sein. Die nächste größere Tankstelle liegt in Rustefjelbmá, nach rund 200 km Wegstrecke am Fluss Tana.

Ab Lakselv führt die **E 6** nach Süden, zunächst über Serpentinen 300 m den Berg hinauf, zu einem tollen Aussichts-

565no Foto: ms

punkt, später durch die wüste, weite Felslandschaft der Finnmarksvidda nach Karasjok (siehe dort). Von dort folgt sie (etwas unspektakulär) dem Lauf des Flusses Tana Richtung Tana Bru. Die Hauptstraße ist von der Entfernung her zwar ein Umweg, lässt sich aber wesentlich schneller fahren als die Alternativroute, die kürzere und schmalere Straße Rv 98. Dafür ist auf dieser Strecke das Erlebnis größer.

Rv 98/ Nordkinn

↗III/C,D1

Hinweis: Unbedingt **in Lakselv volltanken,** da die nächste größere Tankstelle erst nach rund 200 km Wegstrecke kommt (siehe „Lakselv/Tanken").

Die Straße 98 folgt zunächst dem Fjord. Ein Zwischenstopp lohnt an der **Halbinsel Roddenjárga,** wo Schotterterrassen die einzelnen Abschnitte der Landhebung nach dem Ende der letzen Eiszeit vor rund 10.000 Jahren markieren (Parkplatz hinter der Anhöhe).

Im mehrheitlich von eingewanderten Finnen bewohnten Örtchen **Børselv** biegt nun der Weg in das Landesinnere ab und führt auf die an eine Prärie erinnernde **Hochebene des Børsfjells.** Unterwegs hat man rechter Hand den Blick frei auf den vom Fluss Børselva durchflossenen **Silfar-Canyon** und den nördlichsten Kiefernwald der Welt.

Vorbei am einsamen **Laksefjord,** wo lediglich zwei/drei Häuser und ein Kraftwerk von menschlichem Leben zeugen, und dem 37 m hohen Adamsfossen, erreicht man **Ifjord.** Diese seit nunmehr 120 km ausgeschilderte Kreuzung einen Ort zu nennen, würde an maßlose Übertreibung grenzen.

Immerhin: Wer hier nach Norden auf die Rv 888 abzweigt, gelangt auf die **Halbinsel Nordkinnhalvøya.** Die jeweils rund 1200 Einwohner beheimatenden Fischerorte **Kjøllefjord** und **Mehamn** laden zu Entdeckungen in der rauen arktischen Landschaft ein. So bietet Nordic Safari u.a. Boots- und Wandertouren nach Kinnarodden (Nordkinn) an, dem auf 71° 08′ 01″ N liegenden nördlichsten Festlandspunkt Europas. (Auf Grund des wechselhaften Wetters und der beschwerlichen Wegstrecke sollte die Tour nicht auf eigene Faust unternommen werden!)

In **Gamvik** kann ein natur- und kulturgeschichtliches Museum (geöffnet: im Sommer 9–16 Uhr, ansonsten Mo.–Fr. 9–15.30 Uhr) besucht werden. Außerdem sind hier sehenswert der nördlichste Leuchtturm der Welt *(Slettnes fyr),* das Naturschutzgebiet Slettnes (mit einem Naturlehrpfad) sowie der Aussichtspunkt Trollhetta am Gunnarsfjord.

Ab Ifjord führt die Rv 98 hinauf auf das äußerst karge **Ifjordfjell** (Wintersperre). Allenfalls die Rentiere der Samen finden auf den Sommerweiden dieser ungastlichen Hochebene noch ein paar schmackhafte Flechten.

In **Rustefjelbmá** ist der Fluss Tana erreicht. Da sich der Wasserlauf mit seinen seichten Ufern und Sandbänken nur schwer überqueren lässt, findet sich die nächste Brücke ans andere Ufer erst in dem Ort **Tana Bru,** der 23 km weiter südlich liegt.

15 km nördlich von Rustefjelbmá befindet sich eines der größten Deltagebiete Europas (Naturschutzgebiet mit Infotafeln).

Touristeninformation 

- Kjøllefjord: Tel. 78498151; Gamvik: Tel. 91764150, www.arctic-active.no.

An- und Weiterreise 

- **Hurtigrute:** ab Kjøllefjord: 17.55 Uhr nordgehend, 13.30 Uhr südgehend; ab Mehamn: 20 Uhr nordgehend, 1.15 Uhr südgehend.

Unterkunft 

- **Lorden Kro,** in Mehamn, Tel. 78497660, www.lordenkro.no, ganzjährig geöffnet (in der Nebensaison vorbestellen!). Zimmer.
- **Gamvik Gjestehus,** in Gamvik, Tel. 7849 6212.

Jugendherberge/Aktivitäten 

- **Mehamn Vandrerhjem/Nordic Safari** in Mehamn, Tel. 97421900, ganzjährig geöffnete JH in schönen roten Stelzenhäusern. Bett 350 NOK, DZ 650 NOK. Gehört zu Nordicsafari: www.nordicsafari.no, viele Sommer- und Winteraktivitäten. Vermietet werden auch tolle, aber teure Rorbuer (ab 1400 NOK). Zeltwiese.

Camping/Hütten 

- **Ifjord Camping,** an der Rv 98 in Ifjord, Tel. 78499817, nur im Sommer geöffnet. Kleiner, leicht schmuddeliger und nicht gerade empfehlenswerter Platz mit Minihütten (*/**).
- An der Rv 888 finden sich in Bekkarfjord, 30 km nördl. von Ifjord, die **Komforthütten des Bauernhofes Friborg Gård** (**), Tel. 78499162, ilseand@start.no, ganzjährig geöffnet. Fahrradverleih, Boote, Reiten, Tauchen.
- **Nordkyn Camping & Platten Hytteutleie,** 5 km vor Kjøllefjord, Tel. 48066066, www.nordkyncamping.no, ganzjährig geöffnet. Schöne Lage. Hütten (**). Fahrradverleih, Aufenthaltsraum mit TV und Sauna. Hinweis: Stand 2010 zum Verkauf.

Tana Bru

↗III/D1

Der wirklich einfallsreiche Ortsname „Tana Brücke", auf norwegisch *Tana bru,* auf samisch *Deanu °aldi,* weist auf die Bedeutung als **lokaler Verkehrsknotenpunkt** mit 2 Tankstellen und als regionales Einkaufszentrum hin. Sehenswertes gibt es außer einer 12 m hohen Angel, erbaut aus den Resten der im Krieg zerstörten Brücke, und der Silberschmiede (Sølvsmie) mit herrlichen Schmuckarbeiten nicht viel. Allerdings lockt der Fluss mit Riesenfängen (Lachse).

23 km südlich, kurz vor der finnischen Grenze, liegt die Siedlung **Polmak.** Sehenswert sind hier die Kirche aus dem Jahr 1850 und das Tana-Museum mit Ausstellungen zur Lachsfischerei (11–17 Uhr).

Auf der gegenüberliegenden Seite des Flusses führt die E 6, vorbei an der Levajok Fjellstue, nach Karasjok.

Touristeninformation 

- **Turistinformasjon i Tana,** neuerdings im Rathaus, Tel. 78925399, www.tana.kommune.no.

An- und Weiterreise 

- **Lokalbusse:** nach Hammerfest, Alta, Vadsø und Kirkenes (meist tägl. außer Sa.), www.ffr.no (siehe „Rutetider": „Lokalbuss" oder „Langrutebuss")

Unterkunft/Camping 

- **Comfort Hotel Tana & Camping,** Tel. 78926600, Sehr schlichter Platz mit Hütten (**), direkt in Tana Bru gelegen. Zudem: Hotelzimmer (*****), ganzjährig.
- **Tana Familiecamping,** E 6/E 75, 5 km südöstlich von Tana Bru, Tel. 78928630, Fax

78928631. Akzeptabler, ganzjährig geöffneter Platz mit 17 Hütten (*/**), Aufenthaltsraum und Sauna.

- **Storfossen Camping,** Tel. 78928811, Fax 78928899, 15.3.–1.10. Schöner, sauberer Platz in ruhiger Lage, 25 km südwestlich von Tana Bru, oberhalb des Flusses. Der Platz ist über die E 6 Richtung Karasjok zu erreichen. 12 Hütten (ab 350 NOK), Sauna, Aufenthaltsraum.
- **Polmakmoen Gjestegård,** in Polmak, Rv 895, Tel. 78928990, Fax 78928459. Übernachtung in komfortablen Hütten und Gammen, samischen Erdhäusern. Restaurant.

Aktivitäten

- **Angeln:** Angelkarten gibt es an den Tankstellen und auf dem Campingplatz.

Ab Tana Bru führt die **E 6** weiter nach Kirkenes, die **E 75** auf die Varanger-Halbinsel nach Vadsø und Vardø und die **Rv 890** nach Norden, Richtung Berlevåg und Båtsfjord (vor der Fahrt auf der Rv 890 sollte man in Tana Bru sicherheitshalber noch mal den Tank auffüllen).

Berlevåg/ Båtsfjord

↗III/D1

Geleitet den Besucher die Rv 890 zunächst noch durch eine reizvolle Flusslandschaft, vorbei an der **Deltamündung der Tana,** so verschwindet hinter **Leirpollskog** jeglicher Wald.

In Gednjehøgda biegt die **Rv 891** nach **Båtsfjord** ab. Die Siedlung ist mit 2500 Einwohnern Norwegens größtes Fischerdorf und hat außerdem mit 241 m Norwegens höchsten Fernsehmast vorzuweisen.

Die **Rv 890** folgt dem fischreichen Fluss Kongsfjordelva hinab zur Küste. Das Meer hat hier eine dramatisch-wüste Landschaft mit scharfen Felsnadeln, Zinnen und Türmchen sowie einem traumhaften Sandstrand mit Dünen an der Mündung des Sandfjordelva geschaffen.

Mit dem 1200-Einwohner-Ort **Berlevåg** meint man nun das Ende der Welt erreicht zu haben. Das stimmt nicht ganz, ist doch das Dorf international nicht unbekannt. „Schuld“ daran ist der lokale Männerchor, von dessen Treiben der norwegische Erfolgsfilm „Heftig und begeistert“ erzählt (www.heftig-og-begeistret.no).

Dass man sich hier mit Schöngeistigem ablenken muss, ist angesichts der rauen Natur nur allzu verständlich. So müssen z.B. 15 Tonnen schwere Tetrapoden die Fischersiedlung vor den Unbilden der oft stürmischen See schützen. Im kleinen **Museum** ist ein 20-minütiger Film über den Bau der Mole zu sehen (geöffnet: 10–18 Uhr, Sa./So. ab 13 Uhr, 30 NOK) und das **Arctic-Glasstudio** bietet von der Natur inspirierte Waren feil.

Touristeninformation

- In Berlevåg am Campingplatz, Tel. 78981610. Båtsfjord Reiseservice: Reisebüro, hilft bei Ausflügen und der Unterkunftssuche, im Flughafen gelegen, Tel. 78985740.

An- und Weiterreise

- **Busse:** Täglich außer Sa. Bus von Tana Bru nach Berlevåg. www.ffr.no (siehe „Rutetider“: „Lokalbuss“ oder „Langrutebuss“), Tel. 177.
- **Flugverbindungen** von Berlevåg nach Tromsø, Kirkenes und Hammerfest mit Widerøe, Tel. 67035170, www.wideroe.no.

- **Hurtigrute:** Wer will, kann bei freien Kapazitäten als Deckpassagier (ohne Kabine) ab Berlevåg um 22.45 Uhr mit der Hurtigrute über Båtsfjord, Vardø und Vadsø nach Kirkenes fahren. Zurück ist man mit dem gleichen Schiff am nächsten Tag um 22.30 Uhr (Kosten: ca. 1200 NOK).

Unterkunft/Camping

- **Berlevåg Camping & Apartment,** Tel. 78981610, www.berlevag-pensjonat.no, berlevag.camping@online.no. 1.6.–30.9. Sehr schöner Platz mit kostengünstigen Zimmern (DZ 700 NOK, Apartment 1100 NOK). Fahrradverleih, Hochseefahrten, Angeln, Tauchen.
- **Kjølnes Fyr,** Handy: 48174755. Einfache Zimmer im Leuchtturmwärterhaus vor Berlevåg.
- **Polar Hotell & Camping,** Båtsfjord, Tel. 78983100, www.polarhotell.no. Gutes Haus mit Restaurant und Sauna (*****, Wochenende/Sommer ***).

Wanderungen/Ausflüge

- **Skarvskiten:** Kleiner Vogelfelsen mit dem vielsagenden Namen „Kormorandreck" im verlassenen Fischerdorf Sylefjord bei Båtsfjord, dorthin führt eine 1 km lange Wanderung ab dem Hafen.
- **Syltefjordstauran:** Großer Vogelfelsen in Syltefjord. Im Ort gibt es auch das urtümliche Stauran Kunstkafé mit Souvenirladen und Hüttenverleih (Tel. 78985950). Zudem gibt es hier eine Kegelrobbenkolonie.
- **Veidnes am Kongsfjord:** Leichte 30-Minuten-Wanderung zu einer Festungsanlage aus dem Zweiten Weltkrieg. Hier hat man schöne Rundblicke!
- **Tanahorn:** 269 m hoher Panoramaberg mit samischem Opferplatz. Einstieg zur 4-km-Wanderung: 8 km westlich von Berlevåg.
- **Store Molvik:** Verlassenes Fischerdorf westlich von Berlevåg. Eine ausgedehnte Strandwanderung ist hier möglich.

18 km östlich von Tana Bru erreicht man in **Varangerbotn** das Ende des Varangerfjordes. Sehenswert ist hier das äußerst informativ gestaltete **Várjjat-Sami-Museum.** Anschaulich wird die Kultur und Geschichte der Seesamen beleuchtet (an der Straße nach Kirkenes gelegen, geöffnet: Mitte Juni bis Mitte Aug. 10–18 Uhr, ansonsten Mo.–Fr. 10–15 Uhr, 40 NOK). Zum Museum gehören auch ein samischer Spielplatz, Trockenerdenhütten, ein Vogelschutzgebiet mit Beobachtungsstand und der **Mortensnes-Kulturdenkmalpark.** Ein Weg führt zu einer reichhaltigen Ansammlung von bis zu 10.000 alten Besiedlungsspuren. Neben Hausgrundrissen aus der Steinzeit ist vor allem der eisenzeitliche Bautastein „Ceavccageadge" in Mortensnes an der E 75, Richtung Vadsø, 20 km hinter Varangerbotn, beachtenswert (Bautasteine sind schlanke, hohe, in den meisten Fällen unbearbeitete und unbeschriftete Steine).

Die E 75 führt nun an der felsigen Südküste der im Landesinneren fast völlig menschenleeren **Varanger-Halbinsel** entlang weiter nach Osten. Die Orte der Region lebten vom 18. Jahrhundert bis zum Beginn der russischen Revolution vom regen Handel mit Russland. Um sich verständigen zu können, entstand eine eigene Mundart, der Pormor-Dialekt (Mischung aus Norwegisch, Russisch, Englisch und Holländisch).

Vor Vadsø kommt man an der mit Wällen aus runden Felsbrocken umgebenen **Bucht Fugleåsbukta** mit samischen Steingräbern und Opferplätzen vorbei.

Vadsø

↗III/D1

Vadsø war schon früh ein wichtiger Fischer- und Handelsort und im 19. Jahrhundert das zentrale Siedlungsgebiet für die **Kvenen.** Die Kvenen waren Finnen, die ursprünglich aus Schweden und Finnland stammten und in die Gebiete Troms und Finnmark einwanderten. In den 30er Jahren des 19. Jahrhunderts zog es die Kvenen besonders an den Varangerfjord - 1860 waren ca. 50 % der Bewohner der Region Vadsø Kvenen. Heute ist die **6200 Einwohner** zählende Stadt **Sitz der Provinzverwaltung des Fylke Finnmark** und dank ihrer bunten Häuser, trotz der Zerstörungen im Zweiten Weltkrieg, ein recht einladender Ort.

Einen Besuch wert ist das interessante **Vadsø-Museum** mit dem um 1840 erbauten Kvenen-Hof Tuomainengården als Kernstück. Ausstellungen zur Kulturgeschichte im 1850 erbauten Handelshaus Esbensengården runden den Besuch ab (Mitte Juni–Mitte Aug. 10–16 Uhr, 40 NOK). Außerdem hält von 9 bis 14 Uhr die nicht gerade durch ihre dezente Architektur auffallende Kirche ihre Tore Besuchern offen. Vor dem Eingang des im Jahre 1958 erbauten Gotteshauses steht der Königsstein, mit Inschriften verschiedener hochrangiger Gäste.

Auf der der Stadt vorgelagerten Insel Vadsøya liegt östlich des Hurtigrutenkais der sehenswerte **Natur- und Kulturpark.** Er führt zu Siedlungsresten aus dem 16. Jahrhundert, einigen Kriegsdenkmälern und dem Ankermast für Luftschiffe. Von ihm aus starteten 1926 der Norweger *Roald Amundsen* mit der „Norge" und 1928 der Italiener *Umberto Nobile* mit der „Italia" ihre Nordpolexpeditionen.

Touristeninformation

- **Turistkontor,** Kirkegt. 15 (im Zentrum), 9800 Vadsø, Tel. 78940444, Fax 78940445, www.vadso-tourism.com. Geöffnet im Sommer Mo.–Fr. 9–18 Uhr, Sa./So. bis 16 Uhr, ansonsten Mo.–Fr. 10–15 Uhr.

An- und Weiterreise

- **Busse:** Täglich fahren Busse nach Kirkenes, Vardø und Tana Bru, www.ffr.no (siehe „Ruteopplysning": „Lokalbuss" oder „Langrutebuss"), Tel. 78956954 oder Tel. 177.
- **Flüge:** Direktflüge nach Troms, Alta und nach Kirkenes, Tel. 67035280, www.wideroe.no.
- **Hurtigrute:** legt um 8.15 Uhr an.

Unterkunft/Camping

- **Rica Hotel Vadsø,** Oscarsgt. 4, Tel. 78951681, Fax 78951002, ganzjährig geöffnet, (*****). Guter Standard. Restaurant, Bar, Fahrradverleih.
- **Nobile Hotell,** Brugt. 2, Tel. 78953335, Fax 78953435, ganzjährig geöffnet, (****). Mittelklassehotel mit Restaurant und Sauna.
- **PikkuSkitsi B&B,** Vestre Jakobselv, knapp 20 km westl. von Vadsø, Tel. 78956148, Handy 90550073, www.pikkuskitsi.no, ganzjährig geöffnet. Kleine Pension mit DZ für 640 NOK, Bett 320 NOK.
- **Vestre Jakobselv Camping,** knapp 20 km westl. von Vadsø, Tel. 78956064, geöffnet: 1.6.–30.8. Schön gelegener, einfacher Platz mit 18 Hütten (*/**) und Zimmern (**).
- **Ekkerøy Ferie og Fritid/Feriehus,** 13 km östl. v. Vadsø, Tel. 78956939, www.ekeroy.net. 3 Ferienhäuser in den Farben Weiß, Blau und Rot im hübschen Ekkerøy. Ab 975 NOK.
- **Varanager Panorama,** Strandgt. 2, Büro geöffnet: Mo.–Fr. 8.30–15.30 Uhr, Tel. 4000 1878, www.varangerpanorama.no. Vermittlung von sehr schönen Ferienhäusern. Ab 600 NOK/Tag. Königskrabbensafaris.

Aktivitäten

- **Angeln:** Sehr gute Lachsflüsse. Auch das Meeresangeln verspricht sehr gute Fänge.
- **Baden:** Strände für das gewagte Bad im Eismeer gibt es in Vestre Jakobselv und Ekkerøy.
- **Golf:** Neuer Platz in Vestre Jakobselv.

13 km östlich von Vadsø liegt die idyllische **Halbinsel Ekkerøy.** Neben einem einladenden Sandstrand gibt es hier einen der größten **Vogelfelsen** Europas. 50 verschiedene Arten können aus nächster Nähe beobachtet werden. Das **Dorf** selbst weist eine seit dem 15. Jahrhundert ununterbrochene Siedlungsgeschichte auf. Besichtigt werden kann die rund 100 Jahre alte Anlage Kjeldsenbruket, bestehend aus Kai, Packhäusern und Trankocherei (im Sommer geöffnet 12–18 Uhr, 20 NOK).

Durch den 2,9 km langen und 88 m unter der Wasseroberfläche liegenden **Eismeertunnel** erreicht man das auf einer Insel gelegene Vardø.

Vardø

↗III/D1

Vardø ist nicht nur **Norwegens östlichste Stadt,** sondern auch die einzige Europas innerhalb der arktischen Klimazone, die gekennzeichnet ist durch eine durchschnittliche **Temperatur** im wärmsten Monat von unter 10 °C. Bedingt durch die golfstromumspülte Küstenlage sind die Temperaturschwankungen jedoch nahezu beispiellos gering. Im Januar betragen die meteorologisch nachgewiesenen Extremwerte +5,1 °C und -21,5 °C, im Juli +22 °C (über 20 °C wird es allerdings nur extrem selten, meist ist es unter 10 °C) und +5,8 °C. Interessant ist vor allem der Frühling. Im Mai liegt die maximale Schwankungsbreite bei erstaunlich geringen 12 Grad (-5,5 bis +6,5 °C) und im Juni sogar nur bei 6,5 Grad (+0,5 bis +7 °C).

Typisch für die Klimazone ist auch das **Fehlen von geschlossenen Waldgebieten.** Bezeichnenderweise sind die 1960 angepflanzten 7 Ebereschen des Ortes allesamt trotz intensiver Fürsorge eingegangen.

Ende des 19. Jahrhunderts war Vardø (wörtlich: Wachturm-Insel) die norwegische Hauptstadt des Pomorhandels, u.a. da sich hier die für **Russland** am nächsten liegende **Zollstation** befand. In den 1890er Jahren kamen jährlich bis zu 384 russische Schiffe hierher. 361 norwegische Kähne reisten hingegen durchschnittlich gen Russland. Trotzdem gab es einen Exportüberschuss, keine Stadt des Landes führte mehr Salzfisch nach Russland aus als Vardø. 1875 wurde zudem eine Dampfschifflinie nach Arkangelsk in Betrieb genommen. Dies förderte auch den Tourismus und die Gründung eines schicken Grand-Hotels. Sogar die meisten Ladenschilder waren in russischer Sprache angebracht. Die Entwicklung endete mit der russischen Revolution 1914.

Größte Sehenswürdigkeit der 1789 gegründeten Stadt ist die **Festung Vardøhus.** Erbaut wurde sie zwischen 1734 und 1738 und sollte Feinden aus dem Osten trotzen, die dann wohl aber doch nicht kamen, denn die achteckige Anlage wurde nie zerstört (täglich geöffnet 8–21 Uhr, im Winter 8–18 Uhr).

Besichtigt werden kann auch die natur- und kulturgeschichtliche Sammlung des **Vardø-Museums.** Berichtet wird u.a. von den Hexenverfolgungen des 17. Jahrhunderts (geöffnet: Mo.–Fr. 9–18 Uhr, Sa./So. ab 11 Uhr, Winter Mo.–Fr. 9–15 Uhr, 40 NOK).

Das Holzgebäude der alten Schule aus dem Jahre 1888 steht Besuchern leider nicht offen.

Überragt wird der Ort von einem großen **Militärradar** zur Ortung und Überwachung von Weltraumschrott.

Wer nach einem Stadtbesuch das Erlebnis „Ultima Thule" (das Ende der Welt) noch steigern möchte, dem sei ein **Ausflug zum verlassenen Ort Hamningberg,** 40 km nördlich, empfohlen. Neben posteiszeitlichen Strandlinien und der urwüchsigen Landschaft sind die unter Denkmalsschutz stehenden Gebäude des Dorfes interessant.

Touristeninformation

- **Vardø Turistinformasjon,** 9950 Vardø, Tel. 78986907, Fax 78986908, www.vardo.kommune.no, kontakt@vardovekst.no. Geöffnet Mitte Juni bis Ende August Mo.–Fr. 10–19 Uhr, Sa/So 12–19 Uhr. Außerhalb dieser Öffnungszeiten: Tel. 78944800 .

An- und Weiterreise

- **Busse:** nach Vadsø und Tana Bru, www.ffr.no (siehe unter „Rutetider": „Lokalbuss").
- **Flüge:** u.a. nach Kirkenes und Båtsfjord, Tel. 67035250, www.wideroe.no.
- **Hurtigrute:** 4 Uhr Richtung Kirkenes und 16 Uhr Richtung Båtsfjord/Berlevåg.

Unterkunft/Camping

- **Nye Vardø Hotell AS,** Tel. 78987761, Fax 78998397, (****). Gutes Mittelklassehotel mit Sauna.
- **Gjestegården,** Strandgt. 72, Tel. 78987529, ganzjährig geöffnet. 5 einfache, preiswerte Zimmer.
- **Svartnes Motel & Camping,** Tel. 7898 7160. In Svartnes kurz vor Vardø an der E 75 gelegen. Nicht gerade idyllische Anlage, aber günstig (**). Ganzjährig geöffnet.

Aktivitäten

- **Wandern:** 15 km südlich von Vardø, in Kiberg, führt ein Kulturwanderweg vom **Partisanenmuseum** zum **Fort Kiberg** und zu großen Kanonenstellungen aus dem Zweiten Weltkrieg.

  7 km westlich von Hamningberg liegt der **See Syltevikvann.** Zu sehen ist hier ein samischer Opferring. Ein Weg führt am Ostufer des Sees entlang zu Siedlungsresten am Meer.
- **Weitere Angebote:** Angelfahrten, Vogelbeobachtungen auf Hornøya und Fotosafaris vermittelt die Touristeninformation. Boote und Fahrräder können bei „Hexeria" im Zentrum angemietet werden.

Sonstiges

- **Spezialitätenmarkt Pormordagene:** Norwegisch-russische Markttage am letzten Wochenende im Juli.

Wer nicht gerade einen Autoplatz auf einem Schiff der Hurtigrute vorbestellt hat oder auf gut Glück noch einen bekam, muss, um nach Kirkenes zu gelangen, wohl oder über auf der **E 75** wieder zurück nach Varangerbotn. Ab hier folgt die **E 6** dem Südufer des azurblauen Varangerfjordes und führt zunächst durch schroffe Natur, ab dem Bugøyfjord jedoch durch eine erstaunlich vegetationsreiche Wald- und Moorlandschaft.

Wasserfall an der Brücke bei Neiden

572no Foto: ms

Neiden

↗III/D2

Nur 9 km von der finnischen Grenze entfernt liegt der kleine Ort Neiden. Viel los ist hier nicht und der Laden und die kleine Tankstelle haben auch nur selten geöffnet.

Einen Zwischenstopp lohnen jedoch der **Wasserfall an der Brücke,** der schöne Campingplatz mit Panoramablick und die zwei Kirchen. Die rote, im Stile einer Stabkirche errichtete **Neiden-Kapelle** stammt aus dem Jahre 1902, die nur 3,5 x 3,25 m große russisch-orthodoxe **St.-Georgs-Kapelle** wurde 1565 erbaut. Sie ist das älteste Gebäude der Finnmark.

Zeugnis von der finnischen Einwanderung in die Region Sør-Varanger im 19. Jahrhundert legt der alte **Labahå-Hof** ab (an der Rv 893).

Zwischen Varangerbotn und Neiden lohnt sich ein 18 km Abstecher zum **malerischen Fischerdorf Bugøynes,** mit überwiegend finnischstämmigen Einwohnern. Der Ort wurde im Zweiten Weltkrieg nicht zerstört und liegt an einem schönen Sandstrand. Zum Vogelfelsen Ranvik führt eine 90-Minuten-Wanderung.

Unterkunft/Camping

• **Neidenelven Camping/Motell,** Tel. 7899 6203, Fax 78993144, www.neidenelven.no, ganzjährig geöffnet. Ansprechender, abgesehen vom Hundegebell auch ruhiger Platz im Birkenwald. 13 Hütten (ab 500 NOK), Aufenthaltsraum mit TV, Sauna, Grillstube, Angeln, Hundeschlittenfahrten. Alternativ kann auch im Neidenelven Turisthotel übernachtet werden.

• **Bugøynes Opplevelser**, Tel. 78990375, www.bugoynes.no, ganzjährig geöffnet. Im hübschen Ort Bygøynes, am Ende einer Nebenstraße, 40 km nördlich von Neiden. Kleine Hütten (400 NOK), gemütliche Zimmer (700 NOK) und ein Ferienhaus (900 NOK). Sauna und Bootsverleih.

Kirkenes

↗III/D2

Die-5000-Einwohner-Stadt Kirkenes liegt im Zentrum der Barentsregion, nur 18 km von der russischen Grenze entfernt. Der Ort verdankt seine Existenz den riesigen **Erzvorkommen,** die von 1906 bis 1996 von der Sydvaranger AS abgebaut wurden. Während des **Zweiten Weltkriegs** war es Kirkenes' Nachteil, dass es in der Nähe von Murmansk lag. Murmansk war als einziger eisfreier sowjetischer Hafen am Eismeer von strategischer Bedeutung für die Versorgung Moskaus. Fiel Murmansk, konnte auch die Hauptstadt eingenommen werden. Nazi-Deutschland stationierte 30.000 Soldaten in Kirkenes und insgesamt 100.000 Soldaten wurden von hier aus versorgt. Dies führte dazu, dass Kirkenes nahezu pausenlos von den Sowjets bombardiert wurde. Insgesamt gab es über 1000 Flugalarme und 320 Bombenangriffe, während dieser sich viele Bewohner in den Gruben versteckten. Nach dem strengen Winter 1943/44 schaffte es die Rote Armee, die Deutschen zurückzudrängen. Im Oktober 1944 war Kirkenes befreit. Da den Sowjets nichts überlassen werden sollte, führte die „Taktik der verbrannten Erde" jedoch zur Zerstörung weiter Teile der Finnmark.

Eine Dokumentation dieser schweren Zeit findet sich im **Grenzlandmuseum.** Auch gibt es wechselnde Ausstellungen zu Themen wie Kultur und Natur. Bilder von *Kaare Espolin Johnson* runden das Gesehene ab (Mitte Juni–Mitte Aug. 10–18 Uhr, ansonsten 10–15.30 Uhr, 40 NOK). Für Kunstinteressierte lohnt zudem ein Besuch des **Savio-Museums** an der Ortseinfahrt. Zu sehen sind Werke des samischen Künstlers *John Andras Savio* (geöffnet wie Grenzlandmuseum).

Neben diesen beiden Häusern steht lediglich noch die **Andersgrotta** Besuchern offen. Es handelt sich dabei um die Grube, die den Bewohnern der Stadt während des Zweiten Weltkrieges Schutz bot, außerdem ist sie die älteste Grube der Stadt (geöffnet: 15.6.–20.8. 10–13 Uhr, 100 NOK, www.andersgrotta.no).

Ansonsten gibt der Ort nicht viel her. Die Architektur, vor allem jene der 1959 erbauten Betonkirche, kann getrost als langweilig bezeichnet werden. Es dominieren riesige Verladeeinrichtungen und Halden das **Stadtbild.** Im Hafen dümpeln russische Rostlauben vor sich hin, deren eigentliche Bestimmung als Schiff kaum noch zu erkennen ist. Vom Handel und Wandel mit dem großen Nachbarn zeugen die zweisprachigen Straßenschilder und Supermarktausschilderungen. Näher kommt man **Russland,** ohne das Land selbst zu betreten, wohl kaum.

Die Nähe zu Russland zeigt sich auch beim Problem der **Königskrabben** (auch **Kamtschatkakrabben** genannt): Ursprünglich wurde die im Pazifik vorkommende Krabbenart in der Barents-

Umgebung Kirkenes

Varangerbotn
Vadsø
98
Vardø
Gandvik
Bugøynes
Hauksjöen
Valen
Sopnes
Vagge
Gjerdebukta
Bugoyfjord
E6
Kjelmsøya
Skogerøya
Sør-Leirvåg
Reinøya
Reinøysund
Ropelv
Grense-Jakobselv
Brekken
Solstad
Bjørnstad
886
Lanabukt
Vintervollen
Midtgård
Tårnet
Steinskiernes
Valbukta
Kirkenes
Buholmen
Neiden
Bjørkneset
Sandtangen
Stånga
Høybuktmoen
Munknes
Svartaksla
Skafferhullet
Storskog
Angelfjell
Lillebekken
Munkelv
Hesseng
Bjørnelvdal
Sevettijärvi, Inari
Sandnesfjella
Brattli
Bekkevoll
Langli
Strand
Virtain
Kuvernerinkoski
NORWEGEN
FINNLAND
Furuly
Ahmalahti
Svanvik
Malbekkvatnet
Nyheim
Sunde
Sapoljarnyj
Triangelen
Kaulatunturi
Kolosjoki
Skogfoss
Nikel
Murmansk
885
Kobbfoss
Langvatn
Vanhakkylä
Hauge
Pitkäjärvi
Skogly
Nesheim
Vaggatem
Lyngmo
RUSSLAND
Noatun
Nyrud
Majatalo
Øvre Pasvik Nationalpark
Pirechnyy
0
20 km

576no Foto: ms

Zweisprachiges Straßenschild in Kirkenes

see angesiedelt, um die Versogungslage von Murmansk zu verbessern. Die Umsiedlungsaktion wurde von *Josef Stalin* und seinem Nachfolger *Nikita Chruschtschow* in die Wege geleitet. Die bis zu 10 kg schweren Tiere gelten als Delikatesse, haben den Umzug in den Hohen Norden gut überstanden und gedeihen prächtig, sehr zum Leidwesen der örtlichen Fischindustrie (da sie - zusätzlich zur Überfischung - den Fischbestand bedrohen).

Kirkenes kann als Ausgangspunkt für zwei sehr interessante Ausflüge dienen. Der erste führt nach Osten auf der Rv 886 direkt an die russische Grenze nach **Grense Jakobselv.** Hier steht die 1869 erbaute **Kong-Oscar-II's-Kapelle,** der vom König persönlich in Auftrag gegebene „geistliche Wachturm gegen den östlichen Koloss verschiedener Glaubensrichtungen".

Der zweite Abstecher führt nach Süden in das **Pasviktal.** Die 120 km lange Strecke führt durch reizvolle Landschaft und endet am 170 km² großen **Øvre-Pasvik-Nationalpark.** Das größte Urwaldgebiet Norwegens ist der westlichtste Ausläufer der russischen Taiga und bietet eine einzigartige Flora und Fauna. So sind hier u.a. Braunbär, Luchs, Wolf und Vielfraß anzutreffen. Das Klima ist sehr kontinental. Es fällt nur sehr wenig Niederschlag und die Extremtemperaturen schwanken zwischen -52 °C im Februar und +32 °C im Juli. Relativ stete Westwinde schützten dabei die Region vor einem ökologischen Desaster, denn die Schlote der russischen Bergbaustadt Nikel sind nicht weit. Ein Blick auf die Industrieanlagen hat man von der „Höhe 96", 5 km westlich von Svanvik.

Touristeninformation

- Presteveien 1, Tel. 78992544, Fax 7899 6087, www.kirkenesinfo.no; geöffnet: 5.6.–10.9. Mo.–Fr. 8.30–18 Uhr, Sa./So. 10–17 Uhr, ansonsten: Mo.–Fr. bis 16 Uhr.

An- und Weiterreise

- **Busse:** nach Tana Bru, Alta, Vadsø, Hammerfest und Karasjok. Außerdem gibt es eine Verbindung nach Grense Jakobselv. www.ffr.no (siehe „Rutetider": „Lokalbuss" oder „Langrutebuss"), Tel. 78993972.
- **Busse nach und in Finnland:** (Ivalo und Inari): www.eskelisen-lapinlinjat.com (Seite auch auf Deutsch), Tel. +358/(0)16/3422160.
- **Hurtigrute:** liegt 10–12.45 Uhr im Hafen (Kai am Ende der Hauptstr., 1,5 km östl. des Zentrums). Bei freien Kapazitäten mögliche Rundfahrt als Deckspassagier (ohne Kabine):

bis Berlevåg, Ankunft 22.30 Uhr, Rückfahrt mit dem nächsten Schiff um 22.45 Uhr (Kosten: ca. 1250 NOK).

- **Flughafen:** Tel. 67035300, ab 5 Uhr geöffnet, sonntags ab 11 Uhr, Sa. 14.30–18 Uhr geschlossen. Verbindungen nach Oslo mit SAS und Norwegian und mit Widerøe zu fast allen anderen Flughäfen der Finnmark.
- **Mietwagen: Avis,** Tel. 78973705; **Hertz,** Tel. 78993973 (beide am Flughafen).
- **Taxi:** Tel. 78991397.

Unterkunft

- **Rica Arctic Hotel,** Kongens gate 1–3, Tel. 78992929, Fax 78991159, (*****). Bestes Hotel am Platz, im Zentrum gelegen. Neben Restaurant und Bar gibt es auch Schwimmbad, Sauna und Solarium.
- **Rica Hotel Kirkenes,** Pasvikvn. 63, Tel. 78991491, Fax 78991356, (****/*****). Nüchternes Hotel mit Restaurant und Disco.
- **Direktørboligen,** Kr. Nygaardsgt. 37, Tel. 78991809, Fax 78991821, (*****). Hotelzimmer in der ehemaligen 600 m² großen Wohnung des Direktors der Grubengesellschaft. 1962 im Bauhausstil errichtet. Schlicht und doch gemütlich. Eigene Bibliothek mit Kamin.
- **Hotell Wessel,** Dr. Wesselsgt. 3, Tel 7899 2168. Nicht außergewöhnlich, aber für den Preis gutes Hotel. DZ 1000 NOK, Wochenende günstiger.
- **Kirkenes Snowhotel,** Tel. 78970540, www.kirkenessnowhotel.com, wirklich tolles Schneehotel. 200 NOK/Pers. inkl. 2 Mahlzeiten und Sauna.
- **Barents Frokost Hotell,** im Zentrum von der E 6 in den Parkveien abbiegen, dann links in den Prestveien (Nr. 3), Tel. 78993299, Fax 78993096, gcelius@frisurf.no, ganzjährig geöffnet. Kleiner, quadratischer Klotz mit DZ für üppige 850 NOK.
- **Pasvik Taiga,** in Skogfoss, Tel. 78995444, www.pasvik-taiga.no. 7 gemütliche, urige Zimmer, u.a. ein russisches, norwegisches und finnisches Zimmer.

Camping/Hütten

- **Kirkenes Camping,** Tel./Fax 78998028, an der E 6, 10 km südlich von Kirkenes, im Sommer geöffnet. Älterer Platz in schönem Birkenwald. Einfache Hütten (300–500 NOK), Fahrradverleih.
- **Sollia Gjestegård,** in Storskog, 10 km östl. von Kirkenes, E 105, Tel. 78990820, Fax 78990761. Gute, ganzjährig geöffnete Hütten (**/***).
- **Øvre Pasvik Camping,** in Vaggatem am Ende des Pasviktales, Tel. 78995530, Fax 78997025, ganzjährig geöffnet. 10 Hütten (*/**), Sauna, Boots- und Fahrradverleih, Café.

Aktivitäten

- **Nationalpark:** Infos im Svanhovd Miljøsenter (Wildniszentrum) in Svanvik. Hier gibt es auch einen Botanischen Garten.
- **Wandern:** Beste Zufahrt zum Nationalpark über die Straße, die 2 km südlich des Campingplatzes in Vaggatem, abzweigt. Parkplatz in idyllischer Kiefernlandschaft am **Svartbrysttjørn.** Dem linken Ufer des Sees folgt ein 3,5 km langer Pfad bis zur Wasserfläche des Sees **Ellenvatnet.**
- **Winteraktivitäten:** Hundeschlittenfahrten und Kamtschatkakrabbensafaris haben folgende Anbieter im Angebot: **Barentasafari,** Tel. 90190594, www.barentssafari.no; **Pasvikturist,** Tel. 78995080, in Kirkenes, www.pasvikturist.no; **Pasvik Taiga,** www.pasvik-taiga.no, Tel. 78995444, in Skogfoss im Passviktal, Hundeschlittentouren; **Arctic Dive,** Tel. 95150755 (Tauchen im Eismeer), www.arcticdive.no; **Kirkenesopplevelser,** Tel. 91536231, www.kirkenesopplevelser.no.

Außerdem gibt es ein kleines Alpinzentrum und beleuchtete Loipen. Badeland.

Shopping

- **Russischer Markt:** Sept.–Mai am letzten Do im Monat in der Fußgängerzone.
- Ein **Einkaufszentrum** liegt am Ende der Fußgängerzone, ein **Rimi** am Markt und der **Rema 1000** in Richtung Hurtigrutenkai.

Sonstiges

- **Bibliothek:** am Markt gelegen.

Abstecher nach Russland

Ausflüge führen nach **Murmansk,** der größten Stadt nördlich des Polarkreises und in die Industriestadt **Nikel.** Der **Grenzübertritt** erfolgt in Storskog an der E 105 (geöffnet: 7–21 Uhr).

Visum: Für die Reise nach Russland wird ein gültiges Visum im Reisepass benötigt und in der Regel eine Einladung von einer für den internationalen Tourismus lizenzierten russischen Firma. Das Visum ist entweder spätestens 16 Tage vor Reiseantritt im Heimatland beim russischen Konsulat erhältlich oder in Kirkenes bei den Veranstaltern Pasvikturist und Grenseland, die sich auch um die Einladung kümmern. Alternativ kann man diesen auch Pass und Passbild zusenden, inklusive eines Antragsformulars, das es auf folgender Seite zum Download gibt: www.pasvikturist.no.

Die Kosten für die Bearbeitung liegen bei etwa 800 NOK, wenn das Visum noch am gleichen Tag ausgestellt werden soll. 2 Arbeitstage Bearbeitungszeit kosten ca. 700 NOK, 3 Tage 600 NOK und 4–10 Tage 400 NOK. Das Visum selbst schlägt bei einem Tag Gültigkeit mit 500 NOK zu Buche. 3 Tage kosten knapp 700 NOK (Stand: Febr. 2010).

Mit dem Auto nach Russland: Neben dem gültigen Visum ist ein Vermerk im Pass notwendig, wer den Wagen fährt. Zudem braucht man eine Autoversicherung. Auch da die Straßen nicht die besten sind, sollte man sich eher einer Busreise anvertrauen.

Busreisen: Entweder geführte Bustouren nach Nikel (750 NOK) und Murmansk (ab 1000 NOK, 3 Tage) oder mit dem Linienbus (nach Murmansk: 650 NOK für Hin- und Rückfahrt, nach Nikel 400 NOK).

Veranstalter

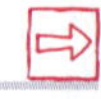

Alle weiteren Infos und Reisetipps sind bei folgendem Veranstalter erhältlich:

- **Pasvikturist AS,** Dr. Wesselgt. 9, 9915 Kirkenes, Tel. 78995080, Fax 78995057, www.pasvikturist.no.

Abstecher nach Finnland

Wer noch die **Hochebene der Finnmarksvidda** besuchen möchte, das Kernland des Volkes der Samen (oder über Finnland zurückreisen will), kann in Neiden, 44 km westlich von Kirkenes, auf die **Straße nach Inari** abbiegen.

Die Fahrt geht durch herrliche Kiefernlandschaft, vorbei an idyllischen Seen und einigen Ausläufern des über 1400 km² großen Inarisees. Nach 140 km erreicht man die **E 75,** biegt gen Norden ab, um wenige Kilometer weiter Richtung Westen der **Straße 92** zu folgen. Nach 85 km Fahrt ist **Karasjok** erreicht.

Wer es nicht so eilig hat, sollte auf der E 75 noch einen kurzen Abstecher nach **Inari** machen. Neben Tankstellen und einigen überteuerten Supermärkten lohnt hier das **Siida-Sami-Museum.** Auch sollte man die Wanderung zur einsamen **Waldkirche Pielpajärvi** aus dem Jahre 1752 nicht verpassen. Die Felsbrocken-Seen-Landschaft ist ein besonderes Erlebnis (ab dem Parkplatz am Feldweg nördlich des Museums: 5 km pro Richtung; Infokarte gibt es am Museum).

Camping/Hütten

- **Uriniemi Camping,** Tel. 00358/(02)/64026570, www.uruniemi.com. Toller Campingplatz, der am Inarisee, 3 km südöstlich von Inari (E 75), gelegen ist. Hier werden Hütten (Mökki) ab 20 € vermietet.
- **Lomakylä Inari,** 1.6.–20.9., Tel. 00358/(0) 16/671108, www.saariselka.fi/lomakylainari/fi/index.php. Platz am See. 38 Zimmer/Hütten.

Karasjok (Kárásjoga)

↗III/C2

Am Ostrand der mächtigen Hochebene der Finnmarksvidda liegt das **2900-Einwohner-Dorf** Karasjok. 85 % der Bevölkerung gehören zum Volk der Samen und so erstaunt es nicht, dass die Siedlung als die **Hauptstadt des Samenlandes** gilt und Sitz des Samenparlamentes ist. Obwohl dessen rechtliche Befugnisse nur begrenzt sind, ist man doch froh, mit dieser 1989 gegründeten Institution ein Sprachrohr für die eigenen Bedürfnisse gefunden zu haben.

Doch nicht nur das Parlament, sondern auch die samische Zeitung, die samische Bibliothek und das **Samische Künstlerzentrum** (Mo.–Fr. 10–17 Uhr, Sa. 13–16 Uhr) mit temporären Ausstellungen zu Malerei und Kunsthandwerk haben hier ihren Sitz.

Die Kultur des Volkes beleuchtet der touristengerecht aufbereitete **Sápmi-Themenpark.** Im ersten Raum des Haupthauses zeigt ein Film zunächst den Wandel vom Nomadenvolk hin zu einer modernen, sesshaften Gesellschaft, in der die Rentiere mittels Schneemobilen und Hubschraubern zusammengetrieben werden. Anschließend gelangt man in einen Multivisionssaal, wo dem Besucher Mythologie und Götterglauben der Samen näher gebracht werden. Der in einem künstlichen Feuer aufflackernde Kopf eines Schamanen erinnert denn aber doch eher an Disneyland, wozu auch folgende Anekdote des norwegischen Sprachprofessors *Stephen Walton* passt: „Ich wollte den in Tracht gekleideten Mann am Eingang kurz zum Themenpark befragen, als dieser mich bat, Englisch mit ihm zu reden. Er komme schließlich aus Belgien und habe hier nur einen Sommerjob als Same." In diesem Sinne kann auch die Freiluftanlage mit Lávvu, Gamme und Rentierhütte nicht ganz den Erwartungen gerecht werden (Anf. Juni–Mitte Aug. 9–19 Uhr, ansonsten 9–16 Uhr, 100 NOK).

Weniger mondän, aber zeitgemäß modern präsentieren sich hingegen die **Samischen Sammlungen** an der Straße nach Lakselv. Gezeigt werden Gegenstände der samischen Kultur und Fanggruben für wilde Rentiere (Mitte Juni–Mitte Aug. 10–18 Uhr, ansonsten meist 10–15 Uhr, 75 NOK).

Die alte **Kirche** von 1807 ist hingegen nur von außen zu besichtigen.

Touristeninformation

- Porsangerveien 1 (Str. Richtung Lakselv), Tel. 78468802, Fax 78468801, www.karasjokinfo.no; 9–16 Uhr, im Sommer bis 19 Uhr, und im Sapmi Park, Tel. 78468800 .

An- und Weiterreise

- **Busse:** nach Kautokeino und Kirkenes, www.ffr.no (siehe „Rutetider": „Langrutebuss") und nach Finnland (Rovaniemi) mit www.eskelisen-lapinlinjat.com (Seite auch auf Deutsch), Tel. 00358/(0)16/342 2160.

Unterkunft/Camping

• **Rica Hotel Karasjok,** Tel. 78467400, Fax 78466802, (*****). Ansprechendes Hotel am Themenpark. Pub, Bar, Sauna und das sehr gemütliche Gammen-Restaurant, wo der Gast an einer offenen Feuerstelle sitzt.

• **Annes Overnatting & Motell,** E 6, Richtung Tana Bru, Tel. 78466432, Fax 78466432. Einfache, ganzjährig geöffnete Pension (***/****).

• **Engholm Husky & Vandrerhjem,** Tel. 78467166, www.engholm.no. Die Zimmer sind vom 1.6. bis 1.9. zu mieten, die Hütten hingegen ganzjährig. Bett 400 NOK, DZ 700–800 NOK. Besonders empfehlenswert sind die 6 romantischen Blockhütten. Jede hat ihren eigenen urtümlichen Stil, beispielsweise mit Lampenschirmen aus Birkenholz oder Schiefertischplatten. Kosten: ab 400 NOK + 200 NOK/Pers. Platz für 3–8 Personen. Sauna. Lage: 6 km ab Zentrum, an der Straße nach Kautokeino. Transfer ab Zentrum: 50 NOK.

• **Karasjok Camping,** Tel. 78466135, Fax 78466697. Ganzjährig geöffneter Platz, kurz hinter Karasjok, an der Straße nach Kautokeino. 28 Hütten für 250–850 NOK.

• **Grensen Hyttenleie,** Tel. 78468161, Platz mit 4 Komforthütten an der Rv 92, nahe der finnischen Grenze.

Aktivitäten

• **Baden:** An warmen Sommertagen laden die Sandstrände des Flusses Kárásjohka zum Verweilen ein.

• **Hundeschlittenfahren: Engholm Husky,** Qualitätstouren unter der Leitung eines der besten Hundeschlittenführers Europas, Tel. 78467166, www.engholm.no; **Teigmo Helsegård,** Wellness-Hof, an der Str. nach Finnland, Tel. 78466507, www.teigmo.no.

• **Reiten:** Reittouren auf die Vidda mit Engholm Husky (siehe oben).

• **Weitere Angebote:** Flussbootfahrten, Ruderboot- und Fahrradverleih (Teigmo Helsegård, siehe oben). Besuche in Samenlagern vermittelt die Touristeninformation.

Shopping

• **Einkaufszentren und Tankstellen** liegen an der Rv 92 und im neu gestalteten Zentrum.

• **Knivsmed Strømeng,** samische Messer, Mo.–Fr. 8.30–16 Uhr. Von der Rv 92 Richtung Finnland in den Svinengveien abbiegen.

Sonstiges

• **Bibliothek und samisches Parlament:** an der Rv 92 Richtung Kautokeino.

Zwischen Karasjok und Kautokeino führt die Rv 92 hinauf auf die endlosen Weiten der **Hochebene Finnmarksvidda.** Kiefern und Birken im Miniaturformat, umgeben von Teppichen aus Rentierflechten, bestimmen das Landschaftsbild der Hochebene. Das Klima weist sehr kontinentale Züge auf. Im kurzen, mückenreichen Sommer steigen die Temperaturen oft genug auf über 25 °C an, währenddessen das Thermometer im Winter teils bis auf unter -40/-50 °C absackt. Dabei fallen lediglich knapp über 300 mm Niederschlag, nur wenig mehr als in so mancher Halbwüste.

Juhls' Silbergalerie in Kautokeino

Kautokeino (Guovdageaidnu)

↗II/B2

Kautokeino ist mit knapp 9700 km² Norwegens größte Gemeinde, beheimatet jedoch nur 3.000 Einwohner und rund 100.000 Rentiere. Der Ort ist neben Karasjok ein weiteres **wichtiges samisches Zentrum für Kultur und Ausbildung.** Ihren Sitz haben hier u.a. die Samische Hochschule, die Schule für Rentierzucht, das Samische Theater, eine Abteilung des Nordischen Institutes und ein Urbevölkerungszentrum.

Der Name Kautokeino bedeutet so viel wie „auf halber Strecke", und dass der Ort seinerzeit aus einem Zeltlagerplatz hervorging, ist noch heute erkennbar. Großzügig **verteilen sich die Häuser über die Ebene** und lassen kein wirkliches Zentrum erkennen. Es scheint, als ob diese Siedlung nur eine Zwischenstation ist und die wahre Heimat der Samen nach wie vor draußen in den Weiten der Finnmarksvidda bei den Rentierherden liegt.

Die wohl größte Attraktion des Ortes und unbedingt einen Besuch wert ist **Juhls' Silvergallery,** gegründet vom deutsch-dänischen Ehepaar *Regine* und *Frank Juhls.* Beide führte in den 1950er Jahren unabhängig voneinander ein tiefes Interesse am Leben nomadischer Völker nach Kautokeino. Lange Zeit zogen sie mit den Samen zu den verschiedenen Rentierweiden und lernten die Lebensweise und Kultur dieser Menschen kennen. Eine wichtige Rolle im Erscheinungsbild des Volkes stellt der üppige Gold- und Silberschmuck dar. Da dieser jedoch durch die nichtsesshafte Lebensweise und den Mangel an Werkzeug und Maschinen weder selbst hergestellt (er wurde eingekauft bzw. eingetauscht) noch repariert werden konnte, bat man die *Juhls,* die Aufgabe der Schmuckherstellung und -reparatur zu übernehmen. Ihr Haus steht oberhalb des Flusses, mit Blick über den Ort. Es erfuhr im Laufe der Jahrzehnte mehrfache Umgestaltungen, wobei die Natur immer als Inspiration und Vorbild diente. Es beheimatet neben der Werkstatt und den Verkaufs- und Ausstellungsräumen auch Sammlungen zur Kultur der Nomaden Afghanistans und einen kleinen Haustierzoo. Als Vorbild für den auf seine Art wohl einzigartigen Schmuck dienen die Flechten, Moose und Bäume der Finnmarksvidda.

581no Foto: ms

Nordnorwegen

Die Samen

Vermutlich reicht die Siedlungsgeschichte der Samen zurück bis in die Bronzezeit. Das raue Klima im Norden Europas machte dabei einen festen Zusammenhalt der Familienverbände, *Siida* genannt, notwendig. Diese **zogen nomadisierend den Rentierherden nach,** im Sommer gen Norden, wo die Sonne die Nahrungsgrundlage der Tiere, die Flechten, weniger ausdörrte, im Winter wieder in Richtung Süden. Übernachtet wurde in einer Gamme, einem Lávvu oder einem Goathi. Die **Gamme** ist eine mit Torf gedeckte Hütte, die aus gebogenen Stäben errichtet wurde. **Lávvu** und **Goathi** sind hingegen transportierbare Zelte mit Zeltstangen aus Birkenstämmen.

Das Leben der Samen geschah im Einklang mit der sie umgebenden Natur, welche durch **Götter** beseelt war. Der *Noaidi,* der Schamane, konnte in Trance in die Welt der Geister eintreten und als Mittler dienen. Angebetet wurden so genannte *Seiden,* besonders herausragende landschaftliche Charakteristika wie Seen, Felsen oder Berge. An dort befindlichen Opferplätzen wurden Gaben in Form von Essbarem dargeboten, z.B. um Glück in der Jagd zu haben.

Das **heutige Leben** der Samen unterscheidet sich kaum noch von dem anderer Europäer. Man hat den christlichen Glauben angenommen, ist zumeist sesshaft geworden und entsagt genauso wenig dem Fernseher wie dem Alkohol. Allerdings wird versucht, die Traditionen am Leben zu erhalten. Die Herstellung von Holzarbeiten und Messern mit Griffen aus Rentierhorn sowie das Tragen der bunten Trachten erfüllt dabei sowohl einen touristischen als auch einen identitätsschaffenden Zweck.

Öffnungszeiten: 26.6.–5.8. 9–21 Uhr, ansonsten 9–18 Uhr; 24.12.–3.1. geschlossen. Eintritt gratis! Infos und Bestellungen auch über: www.juhls.no, Anfahrt: An der Esso-Tankstelle abbiegen und dann nach links.

Außerdem lohnen einen Besuch die auf einer Anhöhe stehende, 1958 erbaute **Kirche** (1.6.–15.8., 9–21 Uhr) und das **Museum Kautokeino Bygdetun.** Die Ausstellung umfasst kulturgeschichtliche Sammlungen, Gerätschaften, Trachten und samische Erdhütten (15.6.–15.8. 9–19 Uhr, So. ab 12 Uhr, ansonsten: Mo.–Fr. 9–15 Uhr).

2007 verfilmte *Nils Gaup* im Ort die sogenannte **Kautokeino-Rebellion.** Der Film handelt von einem Aufstand gegen Kirche und Staat, in dem man sich in erster Linie gegen das **Alkoholverbot** zur Wehr setzte. 35 aufgebrachte Samen übten Lynchjustiz am lokalen Sheriff und einem Kaufmann. Die beiden Rädelsführer des Aufstandes wurden im Oktober 1854 schließlich zum Tode verurteilt und durch Enthauptung hingerichtet. Besonders interessant ist die Auflehnung gegen die Obrigkeit hinsichtlich der Tatsache, dass es bis dahin keinerlei blutige Auseinandersetzungen zwischen den Samen und dem Staat gab. In der Folgezeit kam es zu einer verstärkten **Assimilierung der Volksgruppe** in Norwegen.

Touristeninformation

- **Turistinformasjon,** 9520 Kautokeino, Tel. 78486500, www.kautokeino.nu.

An- und Weiterreise

- **Busse:** nach Karasjok und Alta, www.ffr.no (siehe „Rutetider“: „Langrutebuss“) und nach Finnland (Rovaniemi und Oulu) mit www.eskelisen-lapinlinjat.com (Seite auch auf Deutsch), Tel. +358/(0)16/3422160.

Unterkunft/Camping

Hinweis: Die Nächte können auch im Sommer empfindlich kalt werden.

Kautokeino und Umgebung:

- **Arctic Camping & Motell,** Tel. 78485400, Fax 78485301. Sehr einfacher Platz an der Rv 93, Richtung Finnland, unweit südlich des Rema 1000. Einfache und komfortablere Hütten und Zimmer ab 400/800 NOK.
- **Kautokeino Fritidssenter og Camping,** Tel./Fax 78485733, 30.5.–30.8. Etwas besser als der Platz im Ort, aber auch nicht wirklich umwerfend. Am See, 7 km südlich von Kautokeino gelegen. 8 Hütten zu Preisen von 250–850 NOK.
- **Kautokeino Villmarksenter,** im Zentrum, Tel. 78487602, vmsenter@start.no. 32 Betten, Café mit samischen Speisen. Diverse Outdoorangebote.
- **Thon Hotel Kautokeino,** Biedjovággeluodda 2, Tel. 23080200, Mitte 2008 eröffnetes, teures Komforthotel. 66 Zimmer mit toller Aussicht.
- **Madam Bongos fjellstue,** in Cunovuoppe, 11 km westl. von Kautokeino, Tel. 78486160. Gebirgsbaude auf der Finnmarksvidda mit 17 Zimmern und 5 Hütten, ab 150 NOK p.P. Samisches Essen (160 NOK/Pers.), serviert im *Lavvo,* dem trad. Zelt der Samen. Bootsverleih, Sauna.

Urlaubszentrum Enontekiö (Finnland):

- 4 **Campingplätze** mit Mökki (Hütten) ab 30 €), u.a. Paavontalo Lomakylä, Tel. 00358/(0)16/521021. An Straße 956 gelegen.

Entlang der Rv 93, Richtung Alta:

- **Cavzo,** in Maze, 60 km nördl., Tel. 78487588, www.cavzo.no, ganzjährig. Komfortable, große Hütten im Fjell (ab 1000 NOK/Tag). Übernachten im Lavvo, dem samischen Zelt: 350 NOK/Zelt. Viele Ausflugsangebote, Sauna, Badezuber, Motorbootverleih, Rentiertouren im Winter, Eisangeln.
- **Suolovuopmi Fjellstue,** 80 km nördl., Tel. 78487510, ganzjährig geöffnet. 12 Hütten und Caravanstellplätze.

Aktivitäten

- **Erleben der samischen Kultur und Outdoortravel: Viddas Veidemann,** www.viddas-veidemann.com, Tel. 78487868; **Sami Tour,** www.samitour.no, Tel. 78487588; **SamiAdventure,** www.samiadventure.no, Tel. 78485252; **Čáv o Safari AS,** www.cavzo.no, Tel. 78487588. Alle Anbieter haben ihren Sitz in Kautokeino.
- **Wandern:** 7 km südlich von Kautokeino beginnt ein 4,5 km langer **Kulturwanderpfad.**

  Sehr gute Wandermöglichkeiten gibt es vor allem ab dem samischen Ort **Máze (Masi),** etwa 60 km nördlich von Kautokeino.
- **Wasserfall:** Lohnenswert ist ein Ausflug zum Pikefossen („Mädchen-Wasserfall“), 18 km südlich von Máze/Masi. Rastplatz. Rv 93.

Kunst/Kultur/Festival

- **Kuturhaus:** Theater- und Kulturhaus mit preisgekrönter Architektur.
- **Samisches Volksfest:** Am Ostersonntag findet ein einmaliges samisches Volksfest mit Rentierschlittenrennen, Lappenhochzeit und Konzert statt.
- **Rentierscheide:** Ist ein Großereignis, wenn aus Tausenden von Tieren die Schlachttiere aussortiert werden. Große Rentierscheide im Herbst, die kleine im Frühjahr.

Shopping

- **Silberschmieden:** Neben Juhl's Silvergallery gibt es noch drei weitere empfehlenswerte Silberschmieden im Ort: Peter & Anitas Sølvsmie, Kristine Hætta's Sølvsmie, Sølvsmie F. Singer (Besitzer stammt aus Südtirol).
- **Samische Messer:** Erhältlich bei Knivsmed Strømeng, an der Straße Richtung Juhls Silvergallery.
- **Samische Produkte:** Oskal, an der Hauptstr., hier gibt es samische Bekleidung, Messer, Silberschmuck, Tassen.

- **Weitere Läden:** Es gibt einen **Rema 1000** mit nicht gerade üppigem Angebot, einen **Coop** und einen **Baumarkt.**

Sonstiges

- **Tanken:** Zwar gibt es zwei Tankstellen, jedoch ist nicht immer jeder Treibstoff vorrätig! Besser vorab in Karasjok, Alta oder Enontekiö tanken. **Post** und **Bank** sind vorhanden.

Spitzbergen (Svalbard)

Auf halben Wege zwischen Norwegen und dem Nordpol liegt das eisige Reich Spitzbergens, einer **Inselgruppe, die zu 60 % aus Gletschern besteht** und die schon von den Wikingern treffend als *Svalbard* („Land der kalten Küsten") beschrieben wurde.

Ins Bewusstsein der Europäer geriet die Region 1596, als der Holländer *Willem Barents* auf der Suche nach einem nördlichen Seeweg in Richtung Asien hier vorbeikam. In der Folge entdeckten vor allem **Walfänger und Jäger** Spitzbergen für sich und im 19. Jahrhundert war das Gebiet dann Zwischenstation für zahlreiche **Expeditionen in die Arktis.**

Entscheidend für die wirtschaftliche Entwicklung waren die immensen **Kohlevorkommen,** die vor allem zu Beginn des 20. Jahrhunderts den Rohstoff für viele Fabriken in den im Wachstum begriffenen Industrienationen lieferten. Pionier in Sachen Rohstoffabbau war der Amerikaner *M. Longyear,* der unweit der nach ihm benannten Ortschaft Longyearbyen 1906 die erste größere Grube eröffnete.

Das neu entstandene Interesse an Spitzbergen machte es notwendig, die Hoheitsverhältnisse des staatenlosen Landstrichs zu klären. Dies geschah 1920 mit dem **Spitzbergenvertrag.** Allen neun Unterzeichnerstaaten wurde ein freier Zugang zu den Inseln zugesichert und es wurde festgelegt, dass die Inseln entmilitarisiert bleiben sollten. Die verwaltungstechnische Oberhoheit wurde Norwegen übertragen.

Hauptort des Archipels ist der von Norwegern besiedelte 1200-Einwohner-Ort **Longyearbyen** (sprich: long-jebüen). Neben einigen noch in Betrieb befindlichen Kohlegruben, von denen u.a. die unter Denkmalsschutz stehenden Masten der alten Transportseilbahnen zeugen, findet der Tourist vor allem eine intakte Gemeinde mit allen erdenklichen Serviceleistungen und Annehmlichkeiten vor. Universität, Krankenhaus, Läden, Schwimmhalle, Kneipen und Kino schaffen Arbeitsplätze außerhalb des hoch subventionierten Bergbaus und helfen das raue arktische Klima zu überstehen.

Weitere Siedlungen sind der von Russen bewohnte Ort **Barentsburg** (800 Einwohner) und der Forschungsstützpunkt **Ny Ålesund.** Temporär bewohnt werden **Sveagruva** und **Pyramiden.**

Klima

Svalbard gehört zur arktischen Klimazone, wenngleich der Golfstrom im **Westteil der Inselgruppe** für ein deutlich gemäßigteres Klima als in anderen Regionen der gleichen Breitenlage sorgt.

585no Foto: ms

Das Meer ist hier im Sommer fast komplett frei von Treibeis.

In den **östlichen Landstrichen** hingegen, wo eine kalte Meeresströmung für Abkühlung sorgt, ist das Packeis beständiger und es landet oft sibirisches Treibholz an den Küsten an.

Die **Sommertemperaturen** liegen im Juli in Longyearbyen bei 3–9 °C, mit Maximalwerten von 15–16 °C. Insbesondere im Juni und August kann es mit bis zu -5 °C auch deutlich kühler werden und kurzzeitig schneien. Die **Mitternachtssonne** scheint vom 20.4. bis 22.8.

Der Hauptort Longyearbyen im März

Die **kältesten Monate** sind der Februar und der März. Meist herrschen Temperaturen von um die -15 °C, es wurden aber auch schon unter -40 °C gemessen. Nicht ganz so kalt sind der Dezember und der Januar. Der Winter dauert meist von Anfang Oktober bis Mai. **Polarnacht** herrscht in Longyearbyen vom 28.10. bis 14.2.

Recht **stürmisch** wird es meist im Herbst und an einigen Sommertagen.

Niederschlag fällt nur sehr wenig, meist um die 200 mm, weshalb auch von einer polaren Kältewüste gesprochen werden kann. Die Erosionsformen der Berge um Longyearbyen entsprechen daher auch jenen in Arizona und der Negev-Wüste.

Naturraum

60 % der Inselgruppe sind von **Gletschern** bedeckt. Es herrscht **Dauerfrostboden** vor. Nur die oberste Bodenschicht taut im Sommer auf und bildet eine morastige Oberfläche.

In den vergangenen 600 Millionen Jahren driftete die Inselgruppe Svalbard aus der Südpolregion rund 15.000 Kilometer weit gen Norden und wird in rund 50 Mio. Jahren den Nordpol erreicht haben. Geologisch ist Spitzbergen sehr abwechslungsreich. Auf verhältnismäßig kleiner Fläche finden sich sind **sehr viele Erdzeitalter sowie Gesteinsarten.** Die vorherrschenden Gesteine sind präkambrischen und tertiären Ursprungs, die durch die kaledonische und die tertiäre Gebirgsbildung geformt wurden. Die Kohlenflöze von Barentsburg und Longyearbyen stammen aus der Kreide und dem Tertiär. Es gibt viele fossilhaltige Sedimente.

Angesichts der kurzen Vegetationszeit ist die **Pflanzenwelt** überraschend vielfältig. Es kommen jedoch, wie es für Tundrenregionen typisch ist, keine hochwachsenden Pflanzen vor. Es gedeiht vor allem das Wollgras, der Gletschermohn, diverse Steinbrecharten, Moose und Flechten. An **Säugetieren** sind vor allem die Robben, die Polarfüchse, die etwas gedrungenen Spitzbergen-Rentiere und die Eisbären zu erwähnen.

Reisen und Sicherheit

Um die sehr empfindliche arktische Natur zu schützen, versucht man, über hohe Preise den Tourismus zu regulieren. Zudem wird auch bei eigener Anreise empfohlen, sich spätestens in Longyearbyen einem Reiseveranstalter anzuschließen. Ein Grund ist, dass der Ort wegen der **Gefahr, von Eisbären angegriffen zu werden,** nicht ohne Waffe verlassen werden darf!!! Gewehre können zwar ausgeliehen werden, doch grenzt es an Selbstbetrug, eines mitzunehmen, mit diesem in Notsituationen aber nicht umgehen zu können.

Die sehr interessanten, vielfältigen und **sicheren Ausflüge mit Reiseveranstaltern** können vor Ort gebucht werden (Adressen siehe „Aktivitäten/Reiseanbieter“).

Praktische Informationen

Touristeninformation

- **Svalbard Reiseliv AS,** Boks 323, 9171 Longyearbyen, Tel. 79025550, Fax 79025551, www.svalbard.net. Im Zentrum des Hauptortes gelegen.

Anreise

- Flüge mit SAS Braathens täglich von Tromsø und Oslo nach Longyearbyen für 100–350 €. Informationen: Tel. 79023800, www.sas.no und www.avinor.no/svalbard, Tel. 67035400, 10–16 Uhr geöffnet, Flughafenbus, Longyearbyen Buss og Taxi, Tel. 79021375; Arctic Autorent AS, Tel. 91702258.

Unterkunft

- **Radisson Blu Polar Hotel Spitsbergen,** Tel. 79023450, Fax 79023451. Ansprechendes Komforthotel mit Restaurant, Bar, Pub und Sauna, ganzjährig geöffnet. Hohe Preise: DZ ab 1500 NOK.
- **Spitsbergen Hotell,** Tel. 79026200, Fax 79026201. Traditionsreiches Haus, bekannt

als „Funken“, ganzjährig geöffnet. Gutes Restaurant, DZ ab 1600 NOK (Febr. 950 NOK).

- **Basecamp Spitsbergen,** Tel. 79024600, Fax 79024601. Aus Planken erbaute, sehr urige Unterkunft, ganzjährig geöffnet. Sauna, DZ 1400–2300 NOK.
- **Båten i Isen,** Tel. 79024600, Fax 79024601, www.basecampexplorer.com, ganzjährig geöffnet. Im Eis eingefrorenes Hotelsegelschiff! DZ mit Vollverpflegung 2400 NOK.
- **Gjestehuset 102,** Tel./Fax 79025716, Fax 79025716, www.wildlife.no. Gästehaus im oberen Ortsteil, in einem Grubenarbeiterhaus aus dem Jahre 1946. 1.3.–30.9. DZ 900 NOK, Bett 320 NOK, 1.10.–28.2. DZ 750 NOK, Bett 300 NOK.
- **Spitsbergen Guesthouse,** Tel. 79026300, Fax 79026301, www.spitsbergentravel.no, geöffnet März–Okt. Einfache Unterkunft mit schlichtem Charme. TV-Zimmer. DZ 1000 NOK; Bett im 3-Bett-Zimmer 365 NOK.
- **Mary-Ann's Polarrigg,** Tel. 79023702, Fax 79021097, www.polarriggen.com, ganzjährig geöffnet. Einfache Pension mit Outdoor-Badezuber. DZ 875–950 NOK.

Camping

- **Longyearbyen Camping,** Tel. 79021068, Fax 79021067, www.longyearbyen-camping.com. Sehr einfacher Platz, der am Flughafen, 4 km vom Zentrum entfernt, gelegen ist. 80 NOK p.P.

Essen und Trinken

- Essen und trinken kann man im **Kafe Busen** („Café Kumpel“) im Zentrum (Werkskantine mit preiswertem Essen), im etwas abseits gelegenen **Huset** (Restaurant, Pub, Kino), der **Funken Bar,** dem eleganten **Restaurant Nansen** und dem **Barents Pub.**

Kunst/Kultur/Festival

- In Longyearbyen befindet sich das interessante **Svalbard-Museum** (10/12–17 Uhr, 75 NOK) mit naturkundlichen Ausstellungen. Außerdem gibt es hier eine **Kunstgalerie** im Ortsteil Nybyen und ein **Kino.**
- Ein bedeutendes Fest und ein schöner Anlass für eine Reise nach Spitzbergen ist das **Sonnenfest** *(solfesten),* das die Rückkehr der Sonne in das Tal von Longyearbyen am 8. März feiert. Es gibt Konzerte und andere Veranstaltungen.

Aktivitäten/Reiseanbieter

- **Spitsbergen Travel:** Tel. 79026100, Fax 79026101, www.spitsbergentravel.no. Zum Teil gute Reisepakete im Angebot: 3 Tage, Flug ab Tromsø und Hotel für 4000 NOK. Ansonsten gibt es alle denkbaren Aktivitätsangebote und Touren (Schneemobil- und Hundeschlittenfahrten, Wanderungen, Grottenbesuche, Bootsausflüge usw.). Auch Kurs- und Konferenzangebote.
- **Svalbard Wildlife:** Tel. 79025660, www.wildlife.no. Schneemobil-, Hundeschlitten- und Eisgrottentouren (2350 NOK, 900 NOK, 550 NOK), zudem: Wanderungen.
- **Basecamp:** www.basecampexplorer.com. Hundeschlittentouren zum Hotelsegelschiff im Eis (siehe unter „Unterkunft“).

Weitere Anbieter finden sich auf der Homepage der Touristeninformation: www.svalbard.net.

Shopping

- In Longyearbyen gibt es einen **Supermarkt, Souvenir-, Outdoor-, Bekleidungs- und Sportläden** sowie ein **Vinmonopolet.**

Sonstiges

- Entlang der kleinen Fußgängerzone im Zentrum Longyearbyens finden sich **Post, Bank,** ein **Mini-Krankenhaus,** die **Touristeninformation** und eine **Bibliothek.** Außerdem gibt es einen **Snowscooterverleih** und eine **Tankstelle** am Hafen, eine **Schwimmhalle** und eine **Kirche.**

Hinweis

Um, besonders im Sommer, keinen Kohledreck in die Räume zu tragen, müssen vor dem Betreten einiger öffentlicher Einrichtungen die Schuhe ausgezogen werden.

Anhang

408no Foto: ms
582no Foto: ms
589no Foto: ms

Winterimpressionen

Wollgras

Trollfjord

Literaturtipps

Sachbücher

- *Arnold, Matthias:* **Edvard Munch,** Rowohlt Verlag. Monografie mit Bildern.
- *Baumgartner, Walter:* **Knut Hamsun,** Rowohlt. Monografie mit Bildern.
- *Brennecke, Detlef:* **Fridtjof Nansen,** Rowohlt Verlag. Monografie mit Bildern.
- *Brennecke, Detlef:* **Roald Amundsen,** Rowohlt Verlag. Monografie mit Bildern.
- *Brimi, Arne:* **Norwegische Naturküche,** Universitetsforlaget. Der norwegische Spitzenkoch lädt ein, die Küche seiner Heimat näher kennen zu lernen. Bilder und Rezepte.
- *Bugge, Alexander:* **Die Wikinger,** Reprint Verlag. Die Wikinger aus der Sicht der Wissenschaft zu Beginn des 20. Jahrhunderts.
- *Bugge, Gunnar:* **Stabkirchen. Mittelalterliche Baukunst in Norwegen,** F. Pustet Verlag. Teures und umfassendes Buch über die hölzernen Pagoden des Nordens.
- *Falck-Ytter:* **Polarlicht,** Verlag Freies Geistesleben. Hervorragende Präsentation des mystischen Lichtes. Farbige Abbildungen, Phänomenerklärungen.
- *Gjaerevoll, Olav* und *Jørgensen, Reidar:* **Gebirgsblumen in Skandinavien.** Beschrieben sind 164 Pflanzenarten. Farbige Zeichnungen.
- *Graham-Campbell, J.* (Hrsg.): **Bildatlas der Weltkulturen – Die Wikinger,** Bechtermünz Verlag. Geschichte, Mythologie und Kultur der Wikinger.
- *Herrmann, Paul:* **Nordische Mythologie.** Das Buch entführt in die sagenhafte Welt der Trolle und nordischen Götter.
- *Lindholm, Dan:* **Stabkirchen in Norwegen,** Verlag Freies Geistesleben. Eindrucksvolle Präsentation aller Stabkirchen des Landes. Zahlreiche Schwarz-Weiß-Abbildungen.
- *Norske Profiler:* **Aktuelle Kunst aus Norwegen,** DuMont. Teures, doch sehr umfassendes und gutes Buch.
- *Nyary, Josef:* **Die Vinland Saga,** Lübbe. Die Sage von der Entdeckung Amerikas durch die Wikinger.
- *Rieger, Gerd Enmo:* **Henrik Ibsen,** Rowohlt Verlag. Monografie mit Bildern.
- *Roberts, Morgan J.:* **Mythologie der Wikinger,** Athenaion Verlag. Lebendige Darstellung der alten nordischen Mythen und Sagen. Reich bebildert.
- *Röhrig, Tilman:* **Erik der Rote oder Die Suche nach dem Glück,** Dressler Verlag. Erzählung von den Entdeckungen und Fahrten Erik des Roten.
- *Schmidt-Luchs, Carl W.:* **Angeln in Norwegen,** Jahr Verlag. Alles rund um den Fisch.
- *Simek, Rudolf:* **Die Wikinger,** Beck Verlag. Wikingerforschung.
- *Welle-Srand, Erling:* **Bergwandern in Norwegen,** Nortra. Reiner Wanderführer für die Nationalparks und Gebirge Norwegens. Routen, Hütten des DNT.
- **Norwegisch – Wort für Wort,** Reihe Kauderwelsch, Bd. 30. Der unkomplizierte Sprechführer, auch für Anfänger, aus dem Reise Know-How Verlag (als **Kauderwelsch digital Norwegisch** auch auf CD-ROM erhältlich).
- **AusspracheTrainer Norwegisch,** Reise Know-How Verlag, Bielefeld. Audio-CD, ca. 60 Min. Laufzeit, die wich-

tigsten Sätze und Redewendungen des Kauderwelsch-Bandes zum Hören und Nachsprechen.

Belletristik

- *Aldo, Keel* (Hrsg.): **Skandinavische Erzähler,** 2 Bände, 2 x 550 Seiten, Manesse Bibliothek. Einzige, noch dazu sehr umfassende Sammlung der Geschichten bekannter und weniger bekannter Erzähler des Nordens.
- *Ambjørnsen, Ingvar:* **Weiße Nigger,** Rowohlt. Sarkastischer Blick auf die norwegische Gesellschaft und ihre Underdogs.
- *Amundsen, Roald:* **Die Eroberung des Südpols,** Ed. Erdmann Verlag. Spannender Bericht über die beschwerliche Reise in der Antarktis.
- *Asbjørnsen, Peder Christian* und *Moe, Jørgen:* **Norwegische Märchen,** Die Andere Bibliothek. Sammlung der schönsten Märchen der „Gebrüder Grimm Norwegens". Ergänzt durch alte, stimmungsvolle Fotografien.
- *Askildsen, Kjell:* **Eine weite, leere Landschaft,** Verlag Butte, Moekenberg. Erzählungen über die oft wirren, teils schockierenden Erlebnisse älterer und junger Zeitgenossen.
- *Bjørnstad, Ketil:* **Ballade in g-Moll – Edvard Grieg und Nina Hagerup.** Sympathischer Roman über das berühmteste Musikerehepaar des Landes und eine Liebeserklärung an Norwegen.
- *Christensen, Lars Saabye:* **Der Alleinunterhalter,** btb Verlag. Charmantes, turbulentes, witziges und melancholisches Buch über das Leben eines Alleinunterhalters im norwegischen Dorfalltag.
- *Faldbakken, Knut:* **Das Jahr der Schlange.** Kriminalroman über rätselhafte Mordfälle im sonst so ruhigen Hamar.
- *Fosnes Hansen, Erik:* **Momente der Geborgenheit,** Kiepenheuer. Beschwingte Erzählung über die Zufälle und Geschichten, die das Leben schreibt.
- *Gaarder, Jostein:* **Sofies Welt,** Hanser. Bestsellerroman, der die Geschichte der Philosophie und das Leben in der modernen Welt auf wundersame Weise verquickt.
- *Gulbranssen, Trygve:* **Und ewig singen die Wälder.** Der klassische Roman über die norwegische Bauernwelt des 19. Jahrhunderts schlechthin.
- *Hamsun, Knut:* **Hunger,** DTV. Bedeutendes Werk über das oft entbehrungsreiche und elende Leben in Oslo zu Beginn des 20. Jahrhunderts.
- *Hamsun, Knut:* **Segen der Erde,** DTV. Mit dem Nobelpreis ausgezeichneter Roman über das Bauernleben und den eisernen Willen, dem Land Früchte abzutrotzen.
- *Heyerdahl, Thor:* **Kon-Tiki,** Ullstein Verlag. Spannendes Buch über die Reise mit dem Balsafloß zur Osterinsel.
- *Hobæk Haff, Bergljot:* **Scham,** Verlage Econ und Claassen. Abenteuerliches, mitreißendes und doch gefühlvolles Buch über das ungewöhnliche Leben einer Familie.
- *Holt, Anne:* **Selig sind die Dürstenden** und **Blinde Göttin.** In beiden Romanen lässt Holt ihre Komissarin in den zwielichtigen Szenen Oslos ermitteln.
- *Ibsen, Henrik:* **Nora; Die Wildente,** Reclam. Beide Dramen gehören zu den Klassikern des 19. Jahrhunderts.

- *Kjærstad, Jan:* **Der Verführer,** Kiepenheuer. Eloquenter Kriminalroman von einem der beliebtesten Autoren Norwegens über das Leben eines Fernsehstars.
- *Lindell, Unni:* **Das Mondorchester,** Econ Verlag. Poetisches Buch über die Leidenschaft für den Mond.
- *Loe, Erlend:* **Die Tage müssen anders werden, die Nächte auch,** Droemer Verlag. Herrliches, witziges und erstaunliches Buch über die Suche eines Studenten nach dem Lebenssinn.
- *Nansen, Fridtjof:* **Auf Skiern durch Grönland und Eskimoleben,** Verlag Volk und Welt. Beeindruckender Bericht über die Überquerung des grönländischen Inlandeises und die Inuits.

595no Foto: nb

- *Nansen, Fridtjof:* **In Nacht und Eis,** Brockhaus Verlag. Spannender Bericht über die Expedition von 1893–1896.
- *Raffaelsen, Ellenor:* **Julia 3 – Gefährliche Mitternachtssonne.** Spannendes, nettes Jugendbuch über ein Exkursion in den Norden.
- *Seaver, Kirsten:* **Die Gudrid-Saga,** Limes Verlag. Geschichte einer ungewöhnlichen Frau zu Zeiten der Wikinger und deren Entdeckung Amerikas.
- *Staalesen, Gunnar:* **Begrabene Hunde schlafen nicht,** Goldmann. Varg Veum ermittelt in einer unheimlichen Mordaffäre.
- *Staalesen, Gunnar:* **Schwarze Schafe,** Goldmann. Der beliebte Krimiautor Staalesen legt seinem Detektiv eine gute Portion Sarkasmus in den Mund und lässt ihn im Bergener Rauschgiftmilieu ermitteln.
- *Ullmann, Linn:* **Die Lügnerin.** Meisterhaftes Buch der Tochter Liv Ullmanns. Eine Familienerzählung mit Witz und ironischem Blick auf die Dinge des Alltags und des Zusammenlebens.
- *Undset, Sigrid:* **Kristin Lavransdatter,** Der Kranz (1. Teil), Die Frau (2. Teil), Herder. Bedeutendes Monumentalwerk über das Leben Kristins im Mittelalter.
- *Wassmo, Herbjørg:* **Das Haus mit der blinden Glasveranda/Der stumme Raum/Gefühlloser Himmel.** Trilogie über das Leben Toras, eines vom Stiefvater missbrauchten Kindes.

Oslo – Hafen

Kleine Sprachhilfe (bokmål)

Aufgrund der über 400 Jahre währenden politischen und kulturellen Zwangsunion mit Dänemark ähnelt das Norwegische, speziell das „bokmål", sehr dem Dänischen. Allerdings: Sind im Schriftlichen fast 90 % der Worte ganz oder teilweise identisch, so ist doch die Aussprache eine völlig andere. Zu gerne verschlucken die Dänen alle Endungen, ja sogar halbe Worte, was die angestrengt zuhörenden Norweger schier zur Verzweiflung treiben kann, obgleich sie den Sinn der Worte meist erahnen werden.

Da Norwegen gleichfalls mit Schweden eine Zwangsunion eingehen musste, gibt es auch hier sprachliche Bande. Allerdings ist die Sprachsituation genau entgegengesetzt. Verstanden wird fast jeder aus dem östlichen Nachbarland, mit dem Schriftlichen gibt es jedoch oft genug Probleme. Zumal einige Worte genau das Gegenteil bedeuten. *Rolig* meint so z.B. im Norwegischen „ruhig", im Schwedischen jedoch „fröhlich". Missverständnisse sind da nie ganz ausgeschlossen.

Teilweise verstanden werden Norweger zudem in Finnland (wo aufgrund der schwedischen Minorität Schwedisch zweite Amtssprache ist) und in Island. Allerdings entspricht das Isländische in seiner über 1000 Jahre gepflegten sprachlichen Reinheit dem „Norse" der alten Wikinger. Schon so mancher Norweger fühlte sich bei einem Besuch im Land der Geysire wie auf einer Reise in die eigene Vergangenheit und begriff zunächst nichts von den eigentümlichen Sprachkonstrukten.

Für Deutsche ist Norwegisch eine einfach zu erlernende Sprache. Viele Worte ähneln denen der eigenen Muttersprache *(reise, glass, koste, sende, spise, høre)*.

In Norwegen ist es üblich, sich zu **duzen** und mit dem **Vornamen** (seltener Vor- und Nachnamen) anzureden. Man beachte: Das deutsche „du" wird im Norwegischen gleich geschrieben, aber immer „dü" ausgesprochen; sagt man „du" (was *do* geschrieben wird), so bedeutet dies „Toilette" (die auch *toalett* heißt).

Die norwegische **Grammatik** ist recht einfach. Es gibt keine Fälle und nur eine Beugungsform des Verbs. Das weibliche Geschlecht existiert, kann aber durch das männliche ersetzt werden. Die bestimmte Form des Substantivs wird durch eine Endung ausgedrückt. Bsp.: männlich: *en vei* (ein Weg), *veien* (der Weg), *veier* (Wege), *veiene* (die Wege), weiblich: *ei/en gate* (eine Straße), *gata/gaten* (die Straße), *gater* (Straßen), *gatene* (die Straßen); *et hus* (ein Haus), *huset* (das Haus), *hus* (Häuser), *husene* (die Häuser).

Die Buchstaben **æ, ø** und **å** stehen am Ende des Alphabets. Sie werden wie folgt ausgesprochen: æ („a" mit Tendenz zum „ä"), ø („ö"), å (kehliges „o")

Wörter zu Essen: siehe Kapitel „A–Z/Essen und Trinken", zu Straßenschildern: „A–Z/Autofahren".

Wer mehr lernen möchte, kann dies mit dem Sprechführer **Norwegisch – Wort für Wort** aus der Kauderwelsch-Reihe des REISE KNOW-HOW Verlags tun.

Verständigung

ja	ja
nei	nein
Hei!	Hallo!
God dag! („gu daag“)	Guten Tag!
Hva heter du? („wa heter dü“)	Wie heißt du?
Jeg heter ... („jei heter“)	Ich heiße ...
Hvor kommer du fra? („wur kommer dü fra“)	Wo kommst du her?
Jeg kommer fra ...	Ich komme aus ...
Jeg bor i ... („jei bur i“)	Ich wohne in ...
Hvordan går det? („wurdan goor dé“)	Wie geht es dir?
oder (gleich beliebt): *Hvordan har du det?* („wurdan har dü dé“)	wörtlich: Wie hast du es?
Det går bra. („dé goor bra“)	Es geht gut.
bare bra	sehr gut (wörtlich: nur gut)
dårlig („doorli“)	schlecht
takk	danke
vær så god („wa sche gu“)	bitte (wörtlich: sei so gut); wenn man aber jemanden bittet, etwas zu tun, sagt man:
vær så snill („vär saa snill“)	wörtlich: sei so nett
Snakker du tysk/engelsk/fransk/norsk? („snakker dü tüsk/engelsk/fransk/noschk?“)	Sprichst du deutsch/englisch/französisch/norwegisch?
Jeg snakker ...	Ich spreche ...
Jeg snakker bare litt ...	Ich spreche nur etwas ...
Jeg forstår ikke! („jei forstoor ikke“)	Ich verstehe nicht.
Jeg skjønner virkelig ingenting! („jei schönner wirkeli ingenting“)	Ich kapier' wirklich gar nichts!
Kan du snakke litt saktere? („kan dü snakke litt sakktere“)	Kannst du etwas langsamer sprechen?
Unnskyld! („ünnschül“)	Entschuldigung!
Det går bra/greit.	Okay, ist in Ordnung.
Hvor mye koster det? („wur müe koster dé“)	Wie viel kostet das?
Det koster ...	Es kostet ...

Zahlen

en/ett – 1
to („tu“) – 2
tre – 3
fire – 4
fem – 5
seks – 6
sju („schü“) oder *syv* („süv“) – 7
åtte – 8
ni – 9
ti – 10
elleve („elwe“) – 11
tolv („tol“) – 12
tretten – 13
fjorten („fjurtn“) – 14
femten – 15
seksten („seisten“) – 16
sytten („sötten“) – 17

aatten - 18
nitten - 19;
20 - zwei Möglichkeiten: *tjue* („chüe") oder *tyve*.
21 heißt dementsprechend: *tjueen* („chüe-en"), *enotyve* („en o tüwe").

Der lieben Zunge wegen kann es besser sein, für 20 das Wort *tyve* zu benutzen. Denn 27 würde ansonsten *tjuesju* („chüeschü") heißen, und damit haben selbst Norweger ihre liebe Mühe ...

tretti oder *tredve* - 30
førti - 40
femti - 50
seksti - 60
sytti („sötti") - 70
åtti („oti") - 80
nitti - 90
hundre („hündre") - 100

Zeit

tid	Zeit
time	Stunde
dag	Tag
natt	Nacht
døgn	Tag und Nacht, 24 Stunden

Zeichen(beschriftungen)

adgang forbud	Zutritt verboten
ankomst	Ankunft
avgang	Abfahrt
bilferje oder *bilferge*	Autofähre
bildekk	Autodeck
brygge	Anlegestelle
dekk	Deck (auf Booten)
drosje	Taxi
inngang	Eingang
lugar	Kabine
lukket, stengt	Geschlossen
sykehus/sjukehus	Krankenhaus
ut/nødut	Ausgang/Notausgang (eines der beliebtesten Schilder in norwegischen Häusern)
åpent	Geöffnet

Wochentage (Nynorsk)

mandag (*måndag*)	Montag
tirsdag (*tysdag*)	Dienstag
onsdag	Mittwoch
torsdag	Donnerstag
fredag	Freitag
lørdag (*laurdag*)	Samstag
søndag (*sundag*)	Sonntag

Monate

måned	Monat
januar („janüar")	Januar
februar („febrüar")	Februar
mars („marsch")	März
april („apriil")	April
mai	Mai
juni („jüni")	Juni
juli („jüli")	Juli
august („augüst")	August
september	September
oktober („oktouber")	Oktober
november („nuwember")	November
desember	Dezember

REISE KNOW-HOW

das komplette Programm fürs Reisen und Entdecken

Weit über 1000 Reiseführer, Landkarten, Sprachführer und Audio-CDs liefern unverzichtbare Reiseinformationen und faszinierende Urlaubsideen für die ganze Welt – *professionell, aktuell und unabhängig*

Reiseführer: komplette praktische Reisehandbücher für fast alle touristisch interessanten Länder und Gebiete **CityGuides:** umfassende, informative Führer durch die schönsten Metropolen **CityTrip:** kompakte Stadtführer für den individuellen Kurztrip **world mapping project:** moderne, aktuelle Landkarten für die ganze Welt **Edition Reise Know-How:** außergewöhnliche Geschichten, Reportagen und Abenteuerberichte **Kauderwelsch:** die umfangreichste Sprachführerreihe der Welt zum stressfreien Lernen selbst exotischster Sprachen **Kauderwelsch digital:** die Sprachführer als eBook mit Sprachausgabe **KulturSchock:** fundierte Kulturführer geben Orientierungshilfen im fremden Alltag **PANORAMA:** erstklassige Bildbände über spannende Regionen und fremde Kulturen **PRAXIS:** kompakte Ratgeber zu Sachfragen rund ums Thema Reisen **Rad & Bike:** praktische Infos für Radurlauber und packende Berichte außergewöhnlicher Touren **sound)))trip:** Musik-CDs mit aktueller Musik eines Landes oder einer Region **Wanderführer:** umfassende Begleiter durch die schönsten europäischen Wanderregionen **Wohnmobil-TourGuides:** die speziellen Bordbücher für Wohnmobilisten mit allen wichtigen Infos für unterwegs

Erhältlich in jeder Buchhandlung und unter www.reise-know-how.de

www.reise-know-how.de

Unser Kundenservice auf einen Blick:

- Vielfältige Suchoptionen, einfache Bedienung
- Alle Neuerscheinungen auf einen Blick
- Schnelle Info über Erscheinungstermine
- Zusatzinfos und Latest News nach Redaktionsschluss
- Buch-Voransichten, Blättern, Probehören
- Shop: immer die aktuellste Auflage direkt ins Haus
- Versandkostenfrei ab 10 Euro (in D), schneller Versand
- Downloads von Büchern, Landkarten und Sprach-CDs
- Newsletter abonnieren, News-Archiv

Die Informations-Plattform für aktive Reisende

REISE KNOW-HOW online

Kauderwelsch?
Kauderwelsch!

Die **Sprechführer der Reihe Kauderwelsch** helfen dem Reisenden, wirklich zu sprechen und die Leute zu verstehen. Wie wird das gemacht?

- Die **Grammatik** wird in einfacher Sprache so weit erklärt, dass es möglich wird, ohne viel Paukerei mit dem Sprechen zu beginnen, wenn auch nicht gerade druckreif.
- Alle Beispielsätze werden doppelt ins Deutsche übertragen: zum einen **Wort-für-Wort,** zum anderen in „ordentliches" Hochdeutsch. So wird das fremde Sprachsystem sehr gut durchschaubar. Ohne eine Wort-für-Wort-Übersetzung ist es so gut wie unmöglich, einzelne Wörter in einem Satz auszutauschen.
- Die **Autorinnen und Autoren** der Reihe sind Globetrotter, die die Sprache im Lande gelernt haben. Sie wissen genau, wie und was die Leute auf der Straße sprechen. Deren Ausdrucksweise ist häufig viel einfacher und direkter als z.B. die Sprache der Literatur. Neben der Sprache vermitteln die Autoren Verhaltenstipps und erklären Besonderheiten des Landes.
- **Jeder Band** hat 96 bis 160 Seiten. Zu jedem Titel ist ein **AusspracheTrainer auf Audio-CD** erhältlich.
- **Kauderwelsch-Sprechführer** gibt es für über 100 Sprachen in **mehr als 200 Bänden,** z.B.:

Norwegisch – Wort für Wort
Band 30, 176 Seiten
Schwedisch – Wort für Wort
Band 28, 112 Seiten
Finnisch – Wort für Wort
Band 15, 176 Seiten
Dänisch – Wort für Wort
Band 43, 128 Seiten

REISE KNOW-HOW Verlag, Bielefeld

HILFE!

Dieses Reisehandbuch ist gespickt mit unzähligen Adressen, Preisen, Tipps und Infos. Nur vor Ort kann überprüft werden, was noch stimmt, was sich verändert hat, ob Preise gestiegen oder gefallen sind, ob ein Hotel, ein Restaurant immer noch empfehlenswert ist oder nicht mehr, ob ein Ziel noch oder jetzt erreichbar ist, ob es eine lohnende Alternative gibt usw.

Unsere Autoren sind zwar stetig unterwegs und versuchen, alle zwei Jahre eine komplette Aktualisierung zu erstellen, aber auf die Mithilfe von Reisenden können sie nicht verzichten.

Darum: Schreiben Sie uns, was sich geändert hat, was besser sein könnte, was gestrichen bzw. ergänzt werden soll. Nur so bleibt dieses Buch immer aktuell und zuverlässig. Wenn sich die Infos direkt auf das Buch beziehen, würde die Seitenangabe uns die Arbeit sehr erleichtern. Gut verwertbare Informationen belohnt der Verlag mit einem Sprechführer Ihrer Wahl aus der über 220 Bände umfassenden Reihe „Kauderwelsch“.

Bitte schreiben Sie an:

Reise Know-How Verlag Peter Rump GmbH, Postfach 140666, D-33626 Bielefeld, oder per E-Mail an: info@reise-know-how.de

Danke!

Mit Reise Know-How ans Ziel

Die Landkarten des **world mapping project** bieten gute Orientierung – weltweit.

- Moderne Kartengrafik mit Höhenlinien, Höhenangaben und farbigen Höhenschichten
- GPS-Tauglichkeit durch eingezeichnete Längen- und Breitengrade und ab Maßstab 1:300.000 zusätzlich durch UTM-Markierungen
- Einheitlich klassifiziertes Straßennetz mit Entfernungsangaben
- Wichtige Sehenswürdigkeiten, herausragende Orientierungspunkte und Badestrände werden durch einprägsame Symbole dargestellt
- Der ausführliche Ortsindex ermöglicht das schnelle Finden des Zieles
- Wasserabstoßende Imprägnierung

Derzeit über 200 Titel lieferbar (siehe unter www.reise-know-how.de), z.B.:

- **Finnland, Nordskandinavien** (1:875.000)
- **Südschweden/Südnorwegen** (1:875.000)
- **Schweden, Süd** (1:500.000)

world mapping project
Reise Know-How Verlag, Bielefeld

Die norwegische Küche

Norwegens Küche bietet nicht nur traditionelle Gerichte, sondern immer wieder Überraschendes und Exotisches: Während die Fischgerichte von gebeiztem Lachs *(gravlaks)* über fermentierte Forelle *(rakfisk)* bis hin zu Stockfisch *(tørrfisk)* reichen, kann sich ein Karamellstück schon mal als Ziegenkäse entpuppen *(brunost)* und geräucherter Schafskopf *(smalahoved)*, Seehund- oder Elchsteak serviert werden.

Susanne Schöer /
Alexander Pöche
Norwegisch kochen
ca. 190 S., Hardcover
ISBN 978-3-89533-728-4
€ 16,90
Erscheint im Mai 2010.

VERLAG DIE WERKSTATT

www.werkstatt-verlag.de

Register

A

B

C

D

E

F

G

Anhang

H

M

N

T

Der Autor

593no Foto: ms

Martin Schmidt, geb. 1973 in Erfurt, bereiste Norwegen unzählige Male mit dem Auto, dem Fahrrad, per Bus und Bahn zu allen Jahreszeiten. Seine Kenntnisse der norwegischen Sprache erwarb er auf der Sommerschule Oslo 1998, 1999, 2000, 2003 und 2004 sowie während eines halbjährigen Aufenthaltes in Lillehammer. An der dortigen Hochschule wurde die Grundlage für seine Diplomarbeit zur Tourismusentwicklung im Hallingdal und Gudbrandsdal gelegt, welche den Abschluss des Studiums der Geografie an der Universität in Halle/Saale bildet. Der Autor ist heute freiberuflich tätig (Infos: www.norwegeninfo.net).

Danksagung

Neben allen Freunden, Verwandten und Bekannten danke ich speziell allen Lesern, die mit ihren Zuschriften zur Aktualität des Buches Südnorwegen, das die Grundlage für einige Kapitel dieses Buches bildete, beitrugen.

Mein besonderer Dank gilt: Prof. Dr. Ulrich Schmidt und Christine Schmidt, Eva König, Reinhard Kappler, Thomas Koschitzki, Marten Winter, Bettina Tesch, Stefan Bach, Sigrid Thorbjørnsen, Liv Sissel Stende, Ellenor Raffaelsen, Torstein Hattlevik, Kyrre Vigrestadt, Eva Hurlen, Halvor Gaarder, Stephen Walton und Fiona Turner.

Fotonachweis

Alle Bilder mit Ausnahme der namentlich im Impressum genannten und entsprechend gekennzeichneten Fotos stammen vom Autor.

Exkurse

Kartenverzeichnis

Atlas

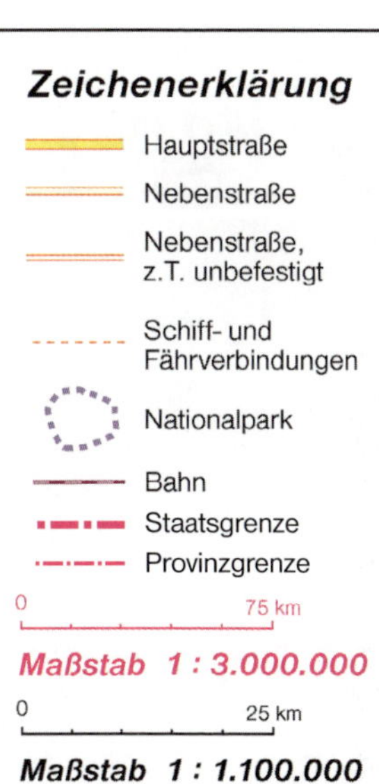

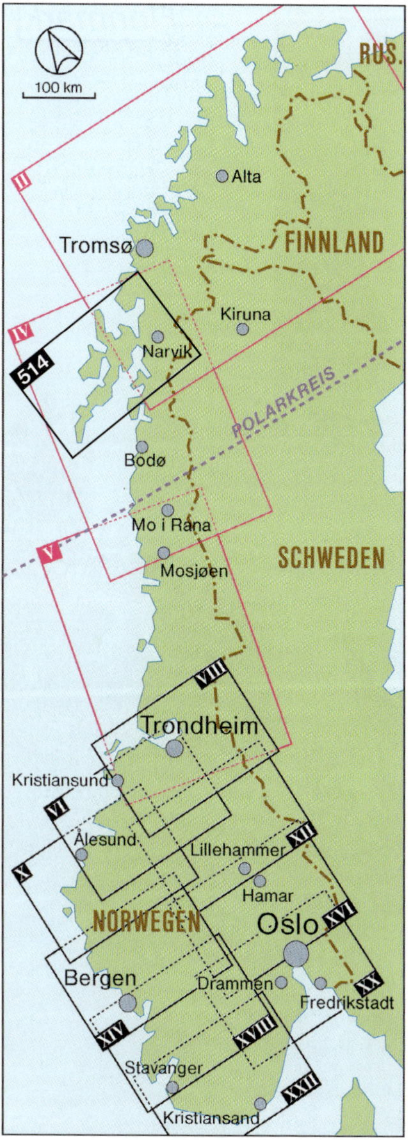

100 km
RUS.
II
Alta
Tromsø
FINNLAND
Kiruna
IV
514
Narvik
POLARKREIS
Bodø
Mo i Rana
V
Mosjøen
SCHWEDEN
VIII
Trondheim
Kristiansund
VI
Ålesund
XII
Lillehammer
X
Hamar
NORWEGEN
Oslo
XVI
Bergen
Drammen
Fredrikstadt
XX
XIV
XVIII
Stavanger
XXII
Kristiansand

Finnmark
200 km
Alta
Tromsø
FIN
Narvik
Kiruna
Bodø
SCHWEDEN
Mosjøen
Trondheim
Ålesund
Lillehammer
NORWEGEN
Oslo
Drammen
Bergen
Stavanger
Kristiansand
Sorvær
SORØYA
Hasevik
Sørøysund
STJERNØYA
SILDA
Hurtigruten
Øksfjord
Stjernsund
Årviksand
KVALØY
VANNA
ARNØY
Fugløysunde
Kvænangen
Storvik
Toften
Langfjordbotn
REBBENSØY
Vannøy
Skærvøy
Talvik
Alteidet
Kåfjord
Hansnes
Russelv
Oskfjordhamn
RINGVASSØY
Langslett
Ullsfjorden
Grøtsundet
Sletta
Storslett
Breivikeidet
Svensby
Spåknes
KVALØYA
Tromsø
Lyngen
Olderdalen
Fjordgard
Laukvik
Bakkejord
Lyngseidet
Mefjordvær
Botnhamn
Vikran
Fagernes
Kjosen
Odden
Skaland
Malangen
Balsfjorden
Stønnesbotn
Laksvatn
Skibotn
NORWEGEN
Andenes
Gryllefjord
Ånderdalen Nationalpark
SENJA
Seljelvnes
Reisa Nationalpark
Bleik
Finnfjordbotn
Nordfjordbotn
Oteren
Sørli
Finnsnes
Nordkjosbotn
ANDØY
Kampevoll
Lodbukta
TROMS
Myre
Stonglandseidet
Tranøyfjorden
Moen
Andselv
Skjold
Kautokeino
Grøtavær
Øverbygd
Kilpisjärvi
Andfjorden
Sjøvegan
Harstad
Vågsfjorden
Setermoen
Borkenes
Ibesand
Sørvik
Øvre Dividal Nationalpark
Refsnes
Sør-Rollnes
Tennevoll
Brandvoll
Myrlandshaug
Aidd
Flesnes
Tovik
Fossbakken
Tjeldsund bro
Gratangen
Altevatnet
Ramsund
Bjerkvik
Liland
Trældal
Kaares
Ofotfjorden
Karesuando
Lødingen
Narvik
Kjeldebotn
Bjørnfjell
Torneträsk
Skarberget
Ballangen
Palojoe
Bognes
NORDLAND
Tysfjord
SCHWEDEN
Ulvsvåg
Kjøpsvik
Øvre Soppero
Tømmernes
Muod
Sildhopen
Nikkaluokta
Kiruna
A
B
2
3
IV
16°
18°
20°
22°
70°
E6
E8
E10
91
868
86
84
83
45

Nordkap
Skarsvåg
MAGERØYA
Honningsvåg
Kåfjord
Repvåg
Slotten
Russenes
Kistrand
Skaidi
Kolvik
Børselv
Lakselv
Porsangerfjorden
SVÆRHOLT-HALVØYA
Laksefjorden
Kunes
Ifjord
Kjøllefjord
Mehamn
Gamvik
NORDKINN-HALVØYA
Hopseidet
Vardnes
Kalak
Rustefjelbma
Tanafjorden
Birkestrand
Berlevåg
Båtsfjord
Gednje høgda
Leirspollkog
Varanger-Halvøya Nationalpark
VARANGER-HALVØYA
Vardø
Hurtigruten
Vadsø
Varangerbotn
Tana Bru
Grasbakken
Varangerfjorden
Bugøynes
Bugøyfjord
Kirkenes
Grense-Jakobselv
Linahamari
Neiden
Tårnet
Zapoliarno
Svanvik
Nikel
Levajok
Utsjoki Ohcejohka
Skoganvarre
Jiesjavrre
Valjok
Karasjok
Karigasniemi
Jerggul
Hauge
Nyrud
Øvre Pasvik Nationalpark
Väylä
Kaamanen
Inarijärvi
Nautsi
Inari
Nellimö
Øvre Anàrjohka Nationalpark
Ivalo
RUSSLAND
FINNLAND
Vuotso
Porttipahdan
Lokanteko järvi
Sirkka
Muonio
0
75 km
E6
E69
98
888
889
890
891
79
C
D
1
2
3
24°
26°
28°
30°
32°
68°
70°

Atlas

Polarkreis bis Narvik
0
75 km
Andenes
Bleik
ANDØY
Myre
Risøyhamn
Stø
Myre
Sandnes
LANGØY
Frøskeland
Sortland
Straumsnes
Sigerfjord
Stokmarknes
Melbu
HINØYA
Fiskebøl
AUSTVÅGØY
Svolvær
Vonheim
VESTVÅGØY
Kabelvåg
Skrova
Leknes
Stamsund
Ballstad
Nusfjord
FLAKSTADØY
Reine
Å
Moskenes
MOSKENESØY
VÆRØY
Sørværøy
Røst
NORDSEE
Bodø
Sandvik
SANDHORNØY
Horsdal
Gildeskål
Storvik
Ørnes
Glomfjord
Vassdalsvik
Forøy
Ågskaret
Holand
Reppen
Jektvik
NESØYA
Kilboghamn
NORDLAND
Stokkvågen
Yterren
Mo i Rana
TOMMA
Sletta
Nesna
Dønnes
DØNNA
Levang
Korgen
Sandnessjøen
Søråkvik
Leirfjord
Alstahaug
Mosjøen
VESTERÅLEN
LOFOTEN
Senja
Skaland
Fjordgard
Mefjordvær
Lysnes
Gryllefjord
Sørli
Finnsnes
Kampevoll
Anderdalen Nationalpark
Stonglandseidet
Andselv
Moen
Bjørke-bakken
TROMS
Sjøvegan
Setermoen
Grøtavær
Kinn
Harstad
Ibe-sand
Sørvik
Brandvoll
Borkenes
Tennevoll
Sør-Rollnes
Myrlands-haug
Fossbakken
Flesnes
Refsnes
Tjeldsund bro
Bjerkvik
Tornehamn
Evenes
Bogen
Trældal
Liland
Bjørnfjell
Ramsund
Narvik
Lødingen
Kjeldebotn
Ballangen
Skarberget
Bognes
Kjøpsvik
Hamarøy
Ulvsvåg
Skutvik
Steigen
Tømmernes
Bogøy
Sildhopen
Nordfold
Rago Nationalpark
Eidet
Kjerringøy
Kalvik
Misten
Sørfold
Festvåg
Straumen
LANDEGODE
Løding
Fauske
Leivset
Sulitjelma
Skålsvik
Rognan
Tverrvik
Storjord
Junkerdal Nationalpark
Storjord
Graddis
Storjorda
Staupamoen
Saltfjellet-Svartisen Nationalpark
Bjøllånes
Krokstrand
Nevernes
Smilaholmen
Sädvaluspen
Jäckvik
Östansjö
Ammarnäs
Nordfjordbotn
Finnfjordbotn
Andfjorden
Vågsfjorden
Tranøyfjorden
Ofotfjorden
Tysfjorden
Vestfjorden
Sagfjorden
Folda
Saltstraumen
Ranafjorden
Hurtigruten
Akkajaure
Vastenjaure
Virihaure
Hornavan
Överuman
Rossvatn
Nördl. Polarkreis
A
B
1
2
3
12°
14°
16°
18°
66°
68°
II
V
200 km
Alta
Tromsø
FIN
Kiruna
Narvik
Bodø
SCHWEDEN
Mosjøen
Trondheim
Ålesund
Lillehammer
NORWEGEN
Oslo
Drammen
Bergen
Stavanger
Kristiansand

Trondheim bis Polarkreis
Nördl. Polarkreis
0
75 km
NORDSEE
200 km
Alta
Tromsø
FIN
Narvik
Kiruna
Bodø
SCHWEDEN
Mosjøen
Trondheim
Ålesund
Lillehammer
NORWEGEN
Oslo
Drammen
Bergen
Stavanger
Kristiansand
IV
VIII
Mo i Rana
Yterren
Sletta
Stokkvågen
TOMMA
Nesna
Dønnes
Levang
Korgen
Smilaholmen
Leirfjord
NORDLAND
DØNNA
Sandnessjøen
Tärnaby
Søråkvik
Mosjøen
Alstahaug
Røssvatn
Krutvatn-fjellstue
Tjøtta
Alsgård
Lomsdal-Visten Nationalpark
Hattfjelldal
Førvik
Vega
VEGA
Trofors
Anndalsvågen
Horn
Skillebotn
Hommelstø
Svenningdal
Brenna
Brønnøysund
Børgefjell Nationalpark
Klimpfjäll
Vennesund
Holm
Tosenfjorden
Terråk
Simle
Røyrvik
LEKA
Årsandøy
Namsskogan
Stora Blåsjön
Foldereid
Brekkvasselv
Tunnsjø Røyrvik
VIKNA
Kolvereid
Salsbruket
Valøy
Rørvik
Grøndalselv
Skorovatn
Gäddede
Lund
Eidet
Haraneset
Hurtigruten
Flasnes
Lierne Nationalpark
Namsos
Grong
Formofoss
Namsfjorden
NORD-TRØNDELAG
Kilan
Vegset
Snåsa
Årgård
Hotagen
Sørgjerd
Blåfjella-Skjækerfjella Nationalpark
Malm
Steinkjer
Harsvik
LINESØYA
Straumen
Årnes
Kallsedet
Kjerringvik
Verdal
Levanger
Sandvika
Kalsjön
Rødsjø
TARVA
Brekstad
Leksvik
Hellesvik
Olsøy
Mattmar
FRØYA
FJELL-VÆRØY
Beian
Järpen
Rissa
Valset
Meråker
Ånn
Kjerringvåg
Fillan
Rørvik
Stjørdal
HITRA
Sandstad
Sunde
Storlien
Trondheimsfjorden
Flak
TRONDHEIM
Forsnes
Skarvan og Roltdalen Nationalpark
Orkanger
Heimdalsbyen
Hellandsjø
Selbu
SØR-TRØNDELAG
Aure
Vinjeøra
Ljungdalen
Støren
Vækterstua
Meldal
Rindal
Osøy
Ålen
Berkåk

Atlas

Møre og Romsdal
NORDSEE
KRISTIANSUND
Molde
Ålesund
Åndalsnes
Geiranger
Stranda
Spjelkavik
MORE OG ROMSDAL
NORWEGEN
SCHWEDEN
FIN

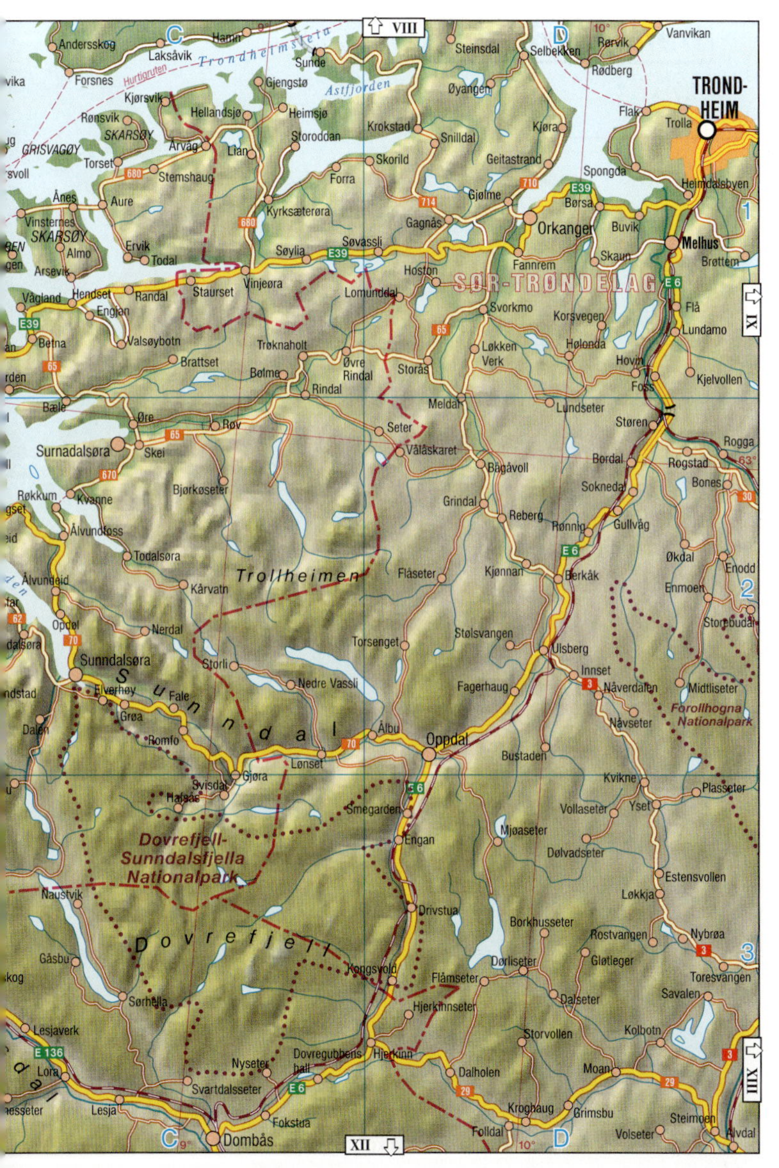
VIII
XI
XII
XIII
TRONDHEIM
Orkanger
Melhus
Oppdal
Sunndalsøra
Surnadalsøra
Dombås
SØR-TRØNDELAG
Trollheimen
Sunndal
Dovrefjell
Dovrefjell-Sunndalsfjella Nationalpark
Forollhogna Nationalpark
Trondheimsleia
Astfjorden

Trøndelag
NORDSEE
0
30 km
FRØYA
HITRA
SMØLA
TUSTNA
SKARSØY
STABBEN
FJELLVÆRØY
STORFOSNA
TARVA
GRISVAGØY
Frøyfjorden
Trondheimsleia
Astfjorden
Stjørnfjorden
Sunndalsfjorden
MØRE OG ROMSDAL
SØR-TRØNDEL
Trollheimen
Sunndal
Dovrefjell-
Sunndalsfjella
Nationalpark
Hurtigruten
Brekstad
Orkanger
Surnadalsøra
Sunndalsøra
Oppdal
XII
IX

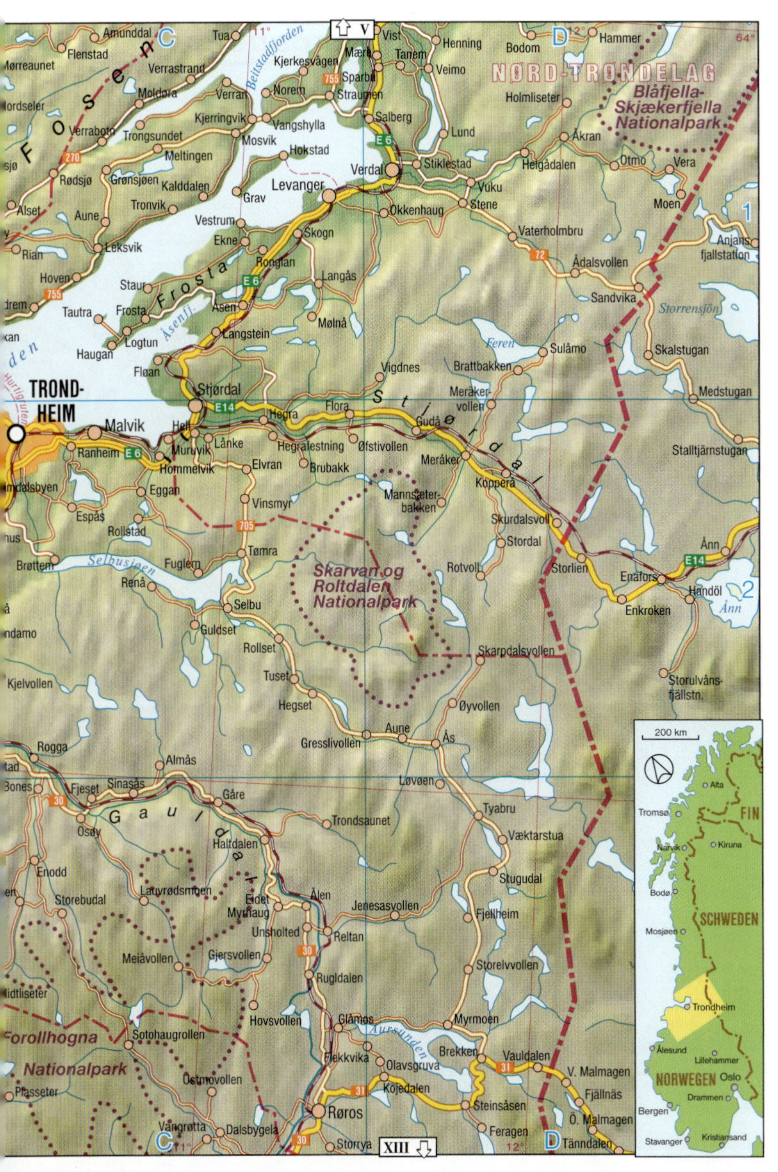
Trondheim
Malvik
Stjørdal
Levanger
Verdal
Røros
Nørd-Trøndelag
Blåfjella-Skjækerfjella Nationalpark
Skarvan og Roltdalen Nationalpark
Forollhogna Nationalpark
Selbu
Schweden
Norwegen
200 km

Sogn og Fjordane
NORDSEE
200 km
Alta
Tromsø
FIN
Narvik
Kiruna
Bodø
SCHWEDEN
Mosjøen
Trondheim
Ålesund
Lillehammer
NORWEGEN
Oslo
Drammen
Bergen
Stavanger
Kristiansand
0
30 km
HARAMS
LEPSØYA
Roaldsand
VIGRA
GISKE
GODØY
Ålesund
Breisundet
Runde
NERLANDSØY
Remøy
Flø
Brandal
Langevåg
Kvalsvik
HAREID
Sules
Kvalsund
Torvik
Hareid
Fosnavåg
Ulsteinvik
Vartalsfjorden
Moldtustranda
Dragsund
N. V
Hurtigruten
Vartdal
Voksa
GURSKØY
Fiksund
Vestkapp
Larsnes
Gurskøy
Rjånes
Årvik
Arvik
Kjerringa
Eltvik
Aram
Rovde
Velsvik
Ørsta
Koparnes
Syvdsnes
Voldafjorden
Lauvstad
Volda
STADLANDET
Eidså
Fiskå
Dravlaus
Slagnes
Folkestad
Selje
Myklebust
Date
Sylte
Raudeberg
Åheim
Straumshamn
Høydal
VÅGSØY
Steinsvik
Rimstad
Måløy
Bjørkedal
Osdal
Bryggja
Maurstad
BREMANGERLANDET
Nordfjorden
Stårheim
Haugen
Frislia
Nordfjordeid
Oldeide
Eidsfjorden
Rugsund
Bremangerpollen
Holmøyane
Isane
Hundeide
Langesi
Vingen
FRØYA
Ålfoten
Lote
Smørhamn
Kalvåg
Hennøystranda
Hyeneset
Trinnereim
Frøysjøen
Anda
Svelgen
Hestenesøyra
Ryssfjøra
Midlgulen
Førde
Vereide
N. Boten
Kleppenes
Sandane
HOVDEN
Hope
Gjemmestad
Urdane
Hyen
Midtbø
Sunndalen
Lyngneset
Haukå
SKORPA
Norddal
Lykkjebø
Solheim
Gjengedal
Florø
Bjørnset
Mykland
Eikefjord
Storebru
Kalland
Nes
Stavang
SOGN OG FJORDANE
Ske
Vevring
Naustdal
Hove bru
Aksla
Stavfjorden
Strongfjorden
Gjelsvik
Redalsgrend
Holevik
Vassenden
Sandal
Ervik
Førde
Moskog
Laukeland
Eikenes
Holsen
ATLØY
Askvoll
Bygstad
Bulandet
Vilnes
Tysse
Dale
Storehaug
VÆRLANDET
Landøy
Viksdalen
Skipaset
Hestad
Fure
Hellevik
Flekke
Årøy
Sande
Edalsosen
Mjell
Korssund
Sellevoll
Gaular
Nautsund
Salbu
Guddal
Ulvestad
Holtenbru
Heggheim
Dale
Hersvik
Sværen
XIV

VI
Sundsbø
OTRØY
Molde
E39
Arø
Lønset
Oppdøl
Kleive
Tjelle
Fjøseid
FLEMSØYA
Midsund
Moldefjorden
BOLSØYA
Grøness
Horsgard
Ranvik
Eidsvåg
Eidsøra
Ålvundeid
Rekdal
Hurtigruten
Furneset
SEKKEN
Sølsnes
Langfjorden
Mittet
Vistdal
Breivik
Åfar
Nauste
Oppdøl
Brattvåg
Vestnes
Holm
Afarnes
Øksendalsøra
Fiksdal
Vikebukt
Vågstranda
Eid
Sunndalsøra
Vatne
Tomra
Kjelbotn
Leirheim
Isfjorden
Grøvdal
Øverås
Brandstad
Skorgenes
Romsdalsfjorden
Skodje
Nyseter-stova
Måndalen
Åndalsnes
Dalen
Dovre Nationalp.
E39
E 136
Digernes
Sjøholt
Tresfjord
Velblugsnes
Vike
Magerholm
Øvstedal
Innfjorden
E 136
Søvik
Horgheim
Holbu
Aure
Dyrkorn
Berill
Kors
Reitan
Stordal
Overøye
Trollstigen
VIII
Ikornnes
Fjellseter
Brune
MØRE OG ROMSDAL
Flatmark
Langdalen
Finnset
Stranda
Liabygd
Linge
Valldal
Grønning
Trandal
Naustvik
Engeset
Norddalsfjorden
Fjørå
Verma
Opshaug
vik
Eidsdal
Stuguflåten
Leknes
Tafjord
Bjorli
Gåsbu
Øye
Eide bru
Tungasseter
Lesjaskog
Herdal
Herdal-seter
Råna
Viddal
Sunnylvsfjorden
Ljøen
Romsdal
Kaldhusseter
Lesjaverk
Hellesylt
Geirangerfj.
Geiranger
E 136
Tryggestad
Lora
Kjellstadli
Djupvasshytta
2
Bjørknesseter
Røyrhus
Vollset
Grotli
Billingen
Hornindal
Nyseter
Stryn
Videseter
Polifoss
62°
Oppstryn
Hjelle
Loen
OPPLAND
Erdal
Sunndalen
Raudalen
Innvik
Sande
Slette
Dønfoss
Bismo
Vangen
Sterringi
Olden
Nordberg
Skjåk
Eide
Bødal
Mysubytta
Brennseter
Anstad
Sota
Kjenndal
Lom
Rustøyane
Fåbergstølen
Sulheim
Soleggen
Briksdal
Røysheim
Fåberg
Kvanndalsvoll
Fonn
Jostedalsbreen
Krokenl
Bøverdal
Gjerde
Nationalpark
Høydalsseter
Elveseter
Juvasshytta
Jostedalen
Bøvertun
Bøverkinn-halsen
Galdhøpiggen 2469
Glittertind 2452
XII
Tungastølen
Bruheim
Glitterheim
Lunde
Øyabotn
Spiterstulen
3
Fossen
Krossbu
Jotunheimen
Høgebru
Mørkrid
Nationalpark
Suphelle
Kollstad
Skjolden
Leirvassbu
Jotunheimen
Nes
Turtagrø
Støleholmen
Leirmo
Luster
Fortun
Bessheim
Kvam
Gaupne
Gjendesheim
Joranger
Muradn
Nysete
Marifjøra
Hafslo
Urnes-Stabkirche
Haug
Hjelle
XV
Eidsbugarden
Valdresflya

Gudbrandsdal
VII+VIII
XI
XV
XVI
Dovrefjell
Dovre Nationalpark
Rondane Nationalpark
Jotunheimen Nationalpark
Jotunheimen
Romsdal
Gudbrandsdal
Valdres
OPPLAND
Finnset
Naustvik
Stuguflåten
Bjorli
Lesjaskog
Gåsbu
Sørhella
Lesjaverk
Lora
Bjørknesseter
Lesja
Nyseter
Svartdalsseter
Dombås
Fokstua
Dovregubbens hall
Hjerkinn
Kongsvold
Drivstua
Engan
Mjøaseter
Dølvadseter
Estensvollen
Løkkja
Borkhusseter
Gløtleger
Rostva
Dørliseter
Flåmseter
Hjerkinnseter
Dalseter
Storvollen
Kolbo
Dalholen
Moan
Grimsbu
Folldal
Kroghaug
Volseter
Holen
Stadsbuøyen
Flatseter
Dølbek
Kvislås
Breisjøse
Verkenseter
Dovre
Rudikverna
Dørålseter
Sládalen
Odden
Sterringi
Vangen
Bismo
Skjåk
Anstad
Dovreskog
Høvringen
Vågåmo
Nord-Sel
Straumbu
Nesset
Atnbru
Garmo
Lom
Tessanden
Sulheim
Soleggen
Lalm
Sel
Mysuseter
Røysheim
Narvarseter
Bjølstadmo
Otta
Storbek
Enden
Soll
Bøverdal
Kruke
Kringen
Randsverk
Leirflata
Hovdeseter
Juvasshytta
Galdhøpiggen 2469
Glittertind 2472
Heidal
Fiskdalseter
Yeolii
Brurusti
Sjoa
Kyam
Glitterheim
Spiterstulen
Venåsen
Venabu
Storfjell
Hindseter
Russli
Musetrene
Sødorp
Vinstra
Nordstulen
Harpefors
Venabygd
Nyseter
Sylte
Hundorp
Øksendals
Bessheim
Sikilsdalsseter
Akreseter
Skåbu
Fefor
Golå
Ringebu
Gjendesheim
Toftesete
Nedre Heimdalen
Dalseter
Fåvang
Annols
Kvålseter
Kvitfjell
Gopp
Valdresflya
Storhøli
Fagerhøy
Børkdalseter
Lykkestølen
Bygdin
Haugseter
Vassenden
Våsdalen
Olestølen
Beitostølen
Vollsbu
Skeikampen
Svatsum
Tretten
Oddestølen
Øystelistølen
Reysjøbu
Svingvoll
Olstad
Hensås
Skammestein
Liomseter
Østre Gausdal
Øye
Segalstad bru
Follebu
Hunder
Øyle
Lomen
Etnstølen
Hegge
Holseter
Vestre Gausdal
Grindaheim
Vestre Slidre
Volbu
Rabalen
Lundseter
Fåberg
Brusveá
Grytastølen
Rogne
Synnseter
Vorstadmoe
0
30 km
Baustin
Lenningen
Saksumdal
Smådalseter
Røn
Skrautval
Smiugard
Huguiia
Nylseter
Lillehamm
E 136
E 6
E 16
15
55
51
257
255
29
27
A
B
1
2
3
9°
10°
61°
62°

IX
XVII
Femundsmarka Nationalpark
Femunden
Rogen
HEDMARK
SCHWEDEN
Østerdalen
Glomma
Storsjøen
Osensjøen
Tynset
Tolga
Os
Dalsbygda
Vangrøtta
Nøra
Storrya
Tørresdalen
Feragen
Ö. Malmagen
Tänndalen
Vingelen
Narjordet
Søndervika
Nordvika
Kvenroen
Hodalen
Gradalen
Motrøen
Telneset
Narbuvoll
Sødalsvangen
Tufsingdal
Tronsjø
Storrøsta
Holøydal
Seter
Jonasvollen
Tylldalskjølen
Nyvollen
Eggen
Spekedalsseter
Brenna
Elgå
Tylldal
Finstad
Neksjølia
Joten
Bulvka
Dalset
Meiåvollen
Vladalen
Storsätern
Brua
Barkeid
Hogsetseter
Sørvollen
Tolgjevollen
Sågliden
Tysla
Unset
Fiskevollen
Sorken
Floåsen
Foskros
Elvål
Horndalen
Sømmåseter
Femundsenden
Øvre Rendal
Misterdalen
Devsjø
Isterflossen
Lillebo
Kvisten
Flötningen
Hanestad
Hornset
Jotsetra
Sølenstua
Engerdalssetra
Storbo
Flickerbäcken
Rossbacken
Atna
Otnes
Grøndalen
Elvbrua
Atnosen
Renåseter
Engerdal
Drevdagen
Åsheim
Heggerlset
Storbäcken
Flenøya
Skarvseter
Elvdal
Husfloen
Lilladalen
Mörkret
Koppang
Flendalen
Røa
Buruø
Sennsjøvika
Sjøll
Gördalen
Nordstumoen
Andrå
Engerneset
Stor-Elvdal
Villdalseter
Elgshøa
Linnes
Stai
Sjøli
Bakken
Eltdalen
Skåret
Messelt
Kittilia
Høgåsen
N. Løset
Jota
Flå
Floden
Rasta
Karinsbua
Jordet
Myklebyseter
Furuset
Lindstad
Granåsen
Stigen
Nor
Slettås
Ljørdal
Taraldstu
Nyskolla
Krokseter
Opphus
Deset
Mora
Skjerhalla
Teodors
Strand
Nordre Osen
Trysil
Rødsskaret
Nybergsund
Steinvik
Østby
Valmen
Støa
Sjusjøen
Flåtestøa
Gjevaldeshaugen
Seteråsen
Hegg
Øyungen
Odden
Tannåneset
Snippen
S. Osen
Rena
Svartodden
Bakken
Plassen
Åmot
Bilkberget
Bergundhaugen
Stangvollen
Bergslia
Midtskogberget
Rörbäcksnäs
200 km
Alta
Tromsø
FIN
Narvik
Kiruna
Bodø
Mosjøen
SCHWEDEN
Trondheim
Ålesund
Lillehammer
NORWEGEN
Oslo
Drammen
Bergen
Stavanger
Kristiansand

Bergen, Sognefjord
X
XVIII
0
30 km
NORDSEE
SOGN OG FJORDANE
HORDALAND
Sognefjorden
Hardangerfjorden
Stavfjorden
Dalsfjord
Sognesjøen
Fensfjorden
Masfjorden
Osterfjorden
Veafjorden
Hjelte Fjorden
Hurtigruten
Gaular
Bergen
Førde
Høyanger
Voss
Øystese
Norheimsund
Hauka
Norddal
Lykkjebø
Solheim
Gjengedal
Mykland
Bjørnset
Eikefjord
Storebru
Kalland
Nes
Stavang
Vevring
Naustdal
Hove bru
Aksla
Redalsgrend
Strongfjorden
Gjelsvik
Vassenden
Sanddal
Holevik
Ervik
Moskog
Holsen
Atløy
Askvoll
Eikenes
Laukeland
Bygstad
Storehaug
Bulandet
Landøy
Værlandet
Vilnes
Tysse
Dale
Skipaset
Fure
Viksdalen
Hestad
Edalsosen
Mjell
Korssund
Hellevik
Flekke
Årøy
Sande
Sellevoll
Nautsund
Guddal
Salbu
Holtenbru
Heggheim
Hersvik
Risnes
Hyllestad
Vadheim
Sula
Kraknella
Leirvik
Torvund
Kyrkjebø
Nordeide
Låne
Balestrand
Fiesje
Rysjedalsvika
Lavik
Kongsnes
Nessane
Hardbakke
Nåra
Daløy
Rutledal
Svartemyr
Trædal
Bjordal
Ortnevik
Kvamsøy
Nordgulen
Ytre Oppedal
Hest
Eivindvik
Brekke
Instefjord
Arnafjord
Svingen
Leversund
Mjømna
Stjordalen
Fjellstøve
Steinlandsstølen
Byknesøy
Ynnesdal
Kringla
Sandøy
Solheim
Steinsland
Gravik
Steine
Frøyset
Matre
Straume
Leirvåg
Mongstad
Duesund
Grandeien
Holas
Fedje
Sevrøy
Farestveit
Helg
Hoplandsjøen
Masfjorden
Nipa
Mo
Trefall
Gullbrå
Rossnes
Lindås
Nesfall
Eksingedal
Sørkvingo
Vågseidet
Sævråsvåg
Romarheim
Eidslandet
Vinje
Hellesøy
Vikanes
Brekhus
Myking
Manger
Selløy
Stamnes
Straume
Sæbø
Bjørsvik
Tjeldstø
Seim
Eikanger
Tyssebotn
Bolstadøyri
Evanger
Herdla
Blomvågen
Blomøy
Røssland
Alversund
Holsnøy
Hosanger
Dale
Hamre
Salhus
Knarvik
Lonevåg
Stranghelle
Hodnaberg
Rongesund
Osterøy
Øygarden
Askøy
Ask
Breistein
Gjerstad
Hamlagrøosen
Solsvik
Åsane
Haus
Bruvik
Vaksdal
Kvitingen
Rong
Kleppestø
Indre Arna
Trengereid
Store
Laksevåg
Adland
Klyve
Knarrevik
Espeland
Alvik
Utne
Sandvenster
Fjell
Tysse
Vikøy
Nesttun
Lønningdal
Ådland
Tælavåg
Hjellestad
Herand
Sotra
Fana
Tørvikbygd
Velure
Glesnes
Klokkarvik
Krokeide
Hatvik
Holdhus
Strandebarm
Jondal
Havtun
Osøyro
Fusa
Hålandsdal
E39
E16
5
13
57
55
570
580
555
48
49
7
61°
5°
6°
A
B
1
2
3

XI
XIX
XII
XVI
Jostedalsbreen
Nationalpark
Jotunheimen
Nationalpark
Jotunheimen
Hardangervidda
Nationalpark
BUSKERUD
Filefjell
Valdres
Hallingdal
Jostedalen
Lustrafjorden
Ardalsfjorden
Aurlandsfjorden
Nærøyfjord
Urnes-Stabkirche
Borgund Stabkirche
Sogndal
Lærdal
Aurland
Øvre Årdal
Hemsedal
Geilo
Ål
Lom
Galdhøpiggen 2469
Glittertind 2472
200 km
NORWEGEN
SCHWEDEN
FIN
Oslo
Bergen
Trondheim
Atlas

Oslo bis Lillehammer
XII
XV
XX
Filefjell
Valdres
Hemsedal
Hallingdal
Numedal
Norefjell
OPPLAND
BUSKERUD
Tyrifjorden
Tyin
Grindaheim
Øylo
Lomen
Hegge
Vestre Slidre
Volbu
Rabalen
Etnstølen
Liomseter
Segalstad bru
Holseter
Lundseter
Sjusjøen
Grytastølen
Rogne
Baustin
Lenningen
Smådalseter
Røn
Skrautval
Smiugard
Hugulia
Nylseter
Mørekvam
Grunke
Ulnes
Nord-Etnedal
Rust
Bjøberg
Feten
Vabuleino
Svenes
Fagernes
Flatøydegard
Torpa
Krististølen
Nossen
Åbjør
Aurdal
Storeskar
Tuv
Hemsedal
Lange-stølen
Hovda
Bjørgo
Etnedal
Lunde
Svingst
Flævasshytta
Oset
Sanderstølen
Bøle
Bagn
Høljerast
Nordsinni
Østsinni
Reinli
Breidablikk
Dokka
Robru
Meitebekk
Island
Kråkhamar
Bergsjø
Hellebekkseter
Fønhus
Gol
Leveld
Torpo
Herad
Hølervasseter
Skålvasseter
Garthus
Hestedalster
Engelia
Gullhagen
Hol
Ål
Dokki
Teinevasseter
Åsli
Begndalen
Åmot
Sørum
Hedalen
Nesbyen
Myking
Aurdalsseter
Fossholt
Nes
Lomsdalen
Rukke
Skurdalen
Buvassbrenna
Breivik
Fekjan
Bromma
Bjonevika
Tunnhovd-dammen
Dagali
Elsrud
Flentenseter
Gisterud
Flå
Viker
Gulsvik
Åmot
Vasstulan
Finsand
Tover
Solheimstølen
Brostrud
Flatvollseter
Strømsodd-bygda
Flaskerud
Buin
Lindellen
Rødberg
Medalen
Ørgenvika
Uvdal
Skjønne
Ringnes
Eggedal
Hallingby
Sokna
Jevnak
Ørpen
Nore
Kopseng
Hen
Hvåle
Noresund
Veme
Hamremoen
Nedre Eggedal
Glesne
Krøderen
Ask
Norde
Båsheim
Tyrifstrand
Veggli
Austbygda
Sigdal
Grefsrud
Hole
Atrå
Mogen
Rollag
Lauvlia
Snarum
Bakko
Gulsrud
Utvika
Sjøldset
Selsteigen
Kolsrud
Vatnås
Vikersund
Mland
Numedalkro
Bjørkeset
Vestre Spone
Håkanes
Heggen
Geithus
Lyngdal
Bakka
Sylling
Hovin
Flesberg
Åmot
Bingen
Skotselv
Sjåstad
Tuddal
Bakke
Svene
Tranby
30 km
200 km
Alta
Tromsø
FIN
Narvik
Kiruna
Bodø
SCHWEDEN
Mosjøen
Trondheim
Ålesund
Lillehammer
NORWEGEN
Oslo
Drammen
Bergen
Stavanger
Kristiansand

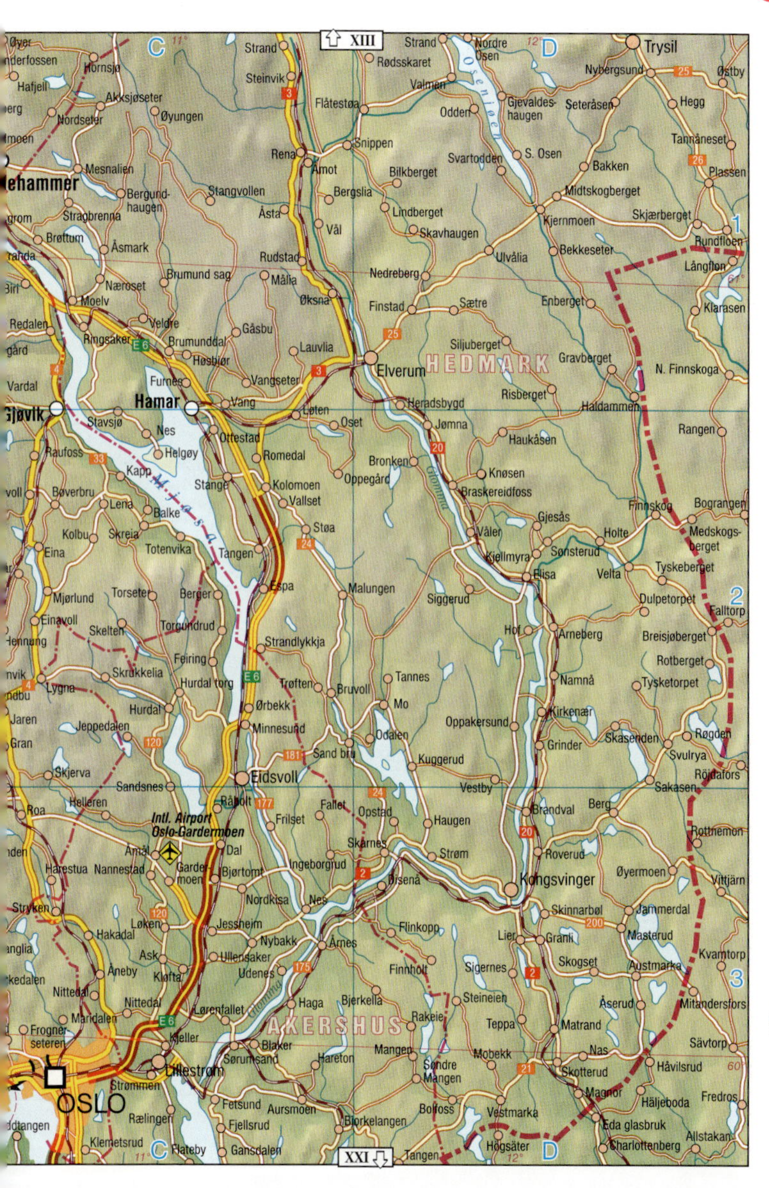
XIII
Trysil
Elverum
HEDMARK
Hamar
Gjøvik
Mjøsa
Eidsvoll
Intl. Airport Oslo-Gardermoen
Kongsvinger
AKERSHUS
Lillestrøm
OSLO
XXI
Strand
Steinvik
Rena
Åmot
Flåtestøa
Snippen
Rødsskaret
Valmen
Osensjøen
Nordre Osen
Gjevaldes-haugen
Odden
S. Osen
Svartodden
Nybergsund
Østby
Seteråsen
Hegg
Tannåneset
Bakken
Plassen
Midtskogberget
Kjernmoen
Skjærberget
Rundfloen
Bekkeseter
Ulvålia
Långflon
Klarasen
Enberget
Sætre
Finstad
Nedreberg
Skavhaugen
Lindberget
Bilkberget
Bergslia
Vål
Åsta
Rudstad
Målia
Øksna
Lauvlia
Siljuberget
Gravberget
N. Finnskoga
Risberget
Haldammen
Rangen
Heradsbygd
Jømna
Haukåsen
Knøsen
Braskereidfoss
Bronken
Oppegård
Oset
Løten
Vang
Vangseter
Romedal
Ottestad
Kolomoen
Vallset
Støa
Gjesås
Finnskog
Bograngen
Medskogs-berget
Holte
Sønsterud
Våler
Kjellmyra
Elisa
Velta
Tyskeberget
Dulpetorpet
Falltorp
Breisjøberget
Rotberget
Tysketorpet
Siggerud
Hof
Arneberg
Namnå
Kirkenær
Grinder
Skasenden
Røgden
Svulrya
Röjdåfors
Sakasen
Berg
Brandval
Rottnemon
Roverud
Øyermoen
Vittjärn
Skinnarbøl
Jammerdal
Granli
Lier
Masterud
Kvamtorp
Skogset
Austmarka
Sigernes
Steineien
Åserud
Mitandersfors
Teppa
Matrand
Sävtorp
Nas
Håvilsrud
Mobekk
Skotterud
Magnor
Häljeboda
Fredros
Eda glasbruk
Charlottenberg
Allstakan
Högsäter
Vestmarka
Bolfoss
Søndre Mangen
Mangen
Rakeie
Tangen
Bjørkelangen
Finnholt
Flinkopp
Strøm
Haugen
Skarnes
Opstad
Fallet
Vestby
Kuggerud
Oppakersund
Odalen
Sand bru
Mo
Tannes
Bruvoll
Malungen
Espa
Strandlykkja
Tangen
Trøften
Ørbekk
Minnesund
Råholt
Frilset
Ingeborgrud
Disenå
Nes
Årnes
Nordkisa
Bjørtomt
Dal
Gardermoen
Jessheim
Nybakk
Ullensaker
Udenes
Haga
Bjerkelia
Hareton
Blaker
Sørumsand
Kjeller
Lørenfallet
Fetsund
Aursmoen
Fjellsrud
Gansdalen
Flateby
Rælingen
Klemetsrud
Strømmen
Frogner-seteren
Maridalen
Nittedal
Åneby
Klofta
Ask
Hakadal
Løken
Nannestad
Amål
Harestua
Stryken
Sandsnes
Helleren
Roa
Skjerva
Jeppedalen
Hurdal
Hurdal torg
Lygna
Skrukkelia
Feiring
Torgundrud
Skelten
Einavoll
Mjørlund
Torseter
Berger
Eina
Kolbu
Skreia
Totenvika
Balke
Lena
Bøverbru
Raufoss
Kapp
Stange
Helgøy
Nes
Stavsjø
Furnes
Hosbjør
Brumunddal
Gåsbu
Ringsaker
Moelv
Veldre
Næroset
Brumund sag
Åsmark
Brøttum
Stagbrenna
Bergund-haugen
Stangvollen
Mesnalien
Øyungen
Akksjøseter
Nordseter
Hornsjø
Hafjell
Øyer
Redalen
Vardal
Jaren
Gran
Atlas

Stavanger bis Bergen
XIV
XXII
Bergen
Haugesund
Stavanger
Odda
Rosendal
Leirvik
Kopervik
Sauda
HORDALAND
ROGALAND
Folgefonn
Folgefonn Nationalpark
Hardangerfjorden
Bjørnafjorden
Boknafjorden
Preikestolen
nach Thorshavn (DK)
nach Hanstholm (DK)
nach Newcastle (GB)

XV
XVI
XX
XXIII
Hardangervidda
Hardangervidda Nationalpark
BUSKERUD
TELEMA
Setesdal
Nisser
Eidfjord
Simadalen
Fossli
Sæbø
Maurset
Halne
Fagerheim
Tuvaseter
Haugastøl
Geilo
Skurdalen
Myking
Rukke
Buvassbrenna
Breivik
Tunnhovd-dammen
Dagali
Oset
Tråastølen
Bjorseidalshytta
Tromdsbu
Vasstulan
Brostrud
Solheimstølen
Imingan
Uvdal
Rødberg
Skjønne
Nore
Hvåle
Kongsbergseter
Skålbø
Tangen
Kalhovd
Mårdalen
Graveide
Gostal
Austbygda
Grotteseter
Atrå
Bakko
Spjeldset
Lakenseter
Mlland
Håkånes
Krosso
Rjukan
Haukeliseter
Møsstrand
Skinnarbu
Kråmvik
Bakka
Hovin
Botn
Urbø
Edland
Haukeligrend
Grungedal
Bossbøen
Bondal
Tuddal
Rauland
Vierli
Tinnoset
Krossen
Øygarden
Bjåen
Vinjesvringen
Vinje
Straume
Kvambekk
Åmotsdal
Hjartdal
Byrte
Åmot
Øyfjell
Osstul
Skredeveit
Flatdal
Hovden
Mo
Ligrend
Ofte
Høydalsmo
Seljord
Berdal bru
Froland
Eidsborg
Hoslemo
Dalen
Moen
Morgedal
Sande
Grimdalen
Triset
Brunkeberg
Skafså
Kviteseid
Bykle
Bjørnevasshytta
Bjørnera
Amdals verk
Vråliosen
Bærhommen
Midsund
Vrådal
Straad
Kilen
Rotemo
Kleivegrend
Veum
Steane
Fjågesund
Hegglandsgrend
Vallerheim
Valle
Borgen
Fardal
Fyresdal
Grova
Brosdal
Brokke
Nomeland
Momrak
Dale
Fjone
Nissedal
Rysstad
Kleppe
Bo
E134
200 km
Alta
Tromsø
FIN
Kiruna
Narvik
Bodø
SCHWEDEN
Mosjøen
Trondheim
Ålesund
Lillehammer
NORWEGEN
Oslo
Bergen
Drammen
Stavanger
Kristiansand

Oslofjord
XVI
XIX
XXII
XXIII
Rjukan
Kongsberg
Notodden
Seljord
Dalen
Kviteseid
Vrådal
Bø
Lunde
Ulefoss
Skien
Porsgrunn
Larvik
Drangedal
Kragerø
Risør
TELEMARK
Numedal
Heddal Stabkirche
Telemark-Kanal
Nisser
JOMFRULAND
SKAGERRA
nach Hirtshals (DK)
SCHWEDEN
NORWEGEN
FIN
200 km
Oslo
Bergen
Stavanger
Trondheim
Tromsø

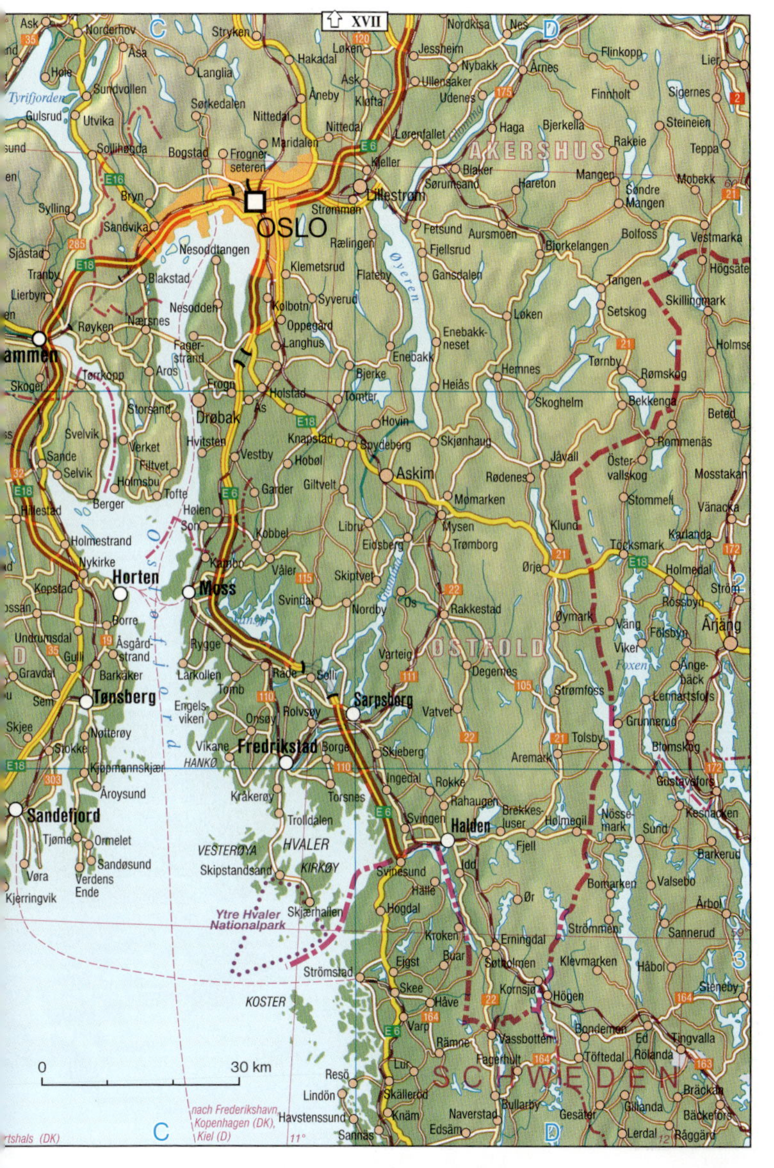
XVII
OSLO
AKERSHUS
ØSTFOLD
SCHWEDEN
Tyrifjorden
Øyeren
Oslofjord
Glomma
Ytre Hvaler Nationalpark
VESTERØYA
HVALER
KIRKØY
HANKØ
KOSTER
Foxen
Drammen
Lillestrøm
Drøbak
Askim
Horten
Moss
Sarpsberg
Fredrikstad
Tønsberg
Sandefjord
Halden
Årjäng
Ask
Norderhov
Åsa
Hole
Sundvollen
Gulsrud
Utvika
Sollihøgda
Stryken
Hakadal
Langlia
Sørkedalen
Nittedal
Maridalen
Bogstad
Frognerseteren
Løken
Jessheim
Nybakk
Ullensaker
Åneby
Klofta
Udenes
Lørenfallet
Kjeller
Blaker
Sørumsand
Nordkisa
Nes
Årnes
Flinkopp
Finnholt
Lier
Sigernes
Steineien
Haga
Bjerkella
Rakeie
Teppa
Hareton
Mangen
Søndre Mangen
Møbekk
Strømmen
Rælingen
Fetsund
Aursmoen
Fjellsrud
Bjørkelangen
Bolfoss
Vestmarka
Högsäter
Tangen
Skillingmark
Setskog
Holmsd
Sylling
Bryn
Sandvika
Sjåstad
Tranby
Lierbyn
Nesoddtangen
Blakstad
Nesodden
Nærsnes
Røyken
Klemetsrud
Flateby
Gansdalen
Syverud
Kolbotn
Oppegård
Langhus
Løken
Enebakkneset
Enebakk
Fagerstrand
Åros
Tørrkopp
Skoger
Bjerke
Tomter
Heiås
Hemnes
Skoghelm
Tørnby
Rømskog
Bekkenga
Beted
Frogn
Holstad
Ås
Storsand
Svelvik
Sande
Selvik
Verket
Filtvet
Holmsbu
Tofte
Berger
Hvitsten
Vestby
Knapstad
Hobøl
Spydeberg
Hovin
Skjønhaug
Jåvall
Rødenes
Rommenäs
Österväallskog
Mosstakan
Garder
Giltvelt
Mømarken
Stommeli
Vänacka
Hillestad
Holmestrand
Hølen
Son
Kobbel
Libru
Eidsberg
Mysen
Trømborg
Klund
Töcksmark
Karlanda
Nykirke
Kambo
Våler
Skiptvet
Ørje
Holmedal
Kopstad
Svindal
Nordby
Os
Rakkestad
Strøm
Rössbyn
Borre
Rygge
Ødymark
Väng
Fölsbyn
Undrumsdal
Gulli
Åsgårdstrand
Varteig
Viker
Ängebäck
Gravdal
Barkåker
Larkollen
Tomb
Råde
Sølli
Degernes
Strømfoss
Lennartsfors
Sem
Engelsviken
Onsøy
Rolvsøy
Vatvet
Grunnerud
Skjee
Nøtterøy
Stokke
Vikane
Borge
Skjeberg
Tolsby
Aremark
Blomskog
Kjøpmannskjær
Ingedal
Rokke
Gustavsfors
Åroysund
Kråkerøy
Torsnes
Rahaugen
Brekkesluser
Holmegil
Nössemark
Sund
Tjøme
Ormelet
Trolldalen
Svingen
Fjell
Barkerud
Sandøsund
Skipstandsand
Svinesund
Idd
Bomarken
Valsebo
Vøra
Verdens Ende
Kjerringvik
Hälle
Ør
Årbol
Hogdal
Skjærhallen
Strömmen
Sannerud
Kroken
Erningdal
Strömstad
Ejgst
Buar
Sødholmen
Klevmarken
Håbol
Skee
Kornsjø
Högen
Steneby
Håve
Varp
Rämne
Vassbotten
Bondemon
Ed
Tingvalla
Töftedal
Rölanda
Fagerhult
Lur
Resö
Lindön
Skällerød
Bullarby
Gesäter
Gillanda
Bräckan
Bäckefors
Havstenssund
Knäm
Naverstad
Edsäm
Sannäs
Lerdal
Råggärd
0
30 km
nach Frederikshavn, Kopenhagen (DK), Kiel (D)
rtshals (DK)
11°
12
C
D
1
2
3
E6
E16
E18
285
32
35
19
110
115
111
105
120
175
2
21
22
22
172
164
163
303

Atlas

Südlichstes Norwegen

XVIII

5° 6° 7° 58° 59°

A B 1 2

Ferkingstad BOKN Skudeneshavn Arsvågen Boknafjorden Eidssund FINNØY Hesby Halsnes Hovda Skår Nesvig Garsund Vadla Tøtlandsvik Laugaland Hjelmeland ROGALAND Nilsebu Sørbø Mortavika RENNESØY Ystebøhamn Mosterøy Vikevåg Fister Årdalsossen Viglesdalshytta Ullestad Alsvik Randaberg ferjekai Tau Dalen Randaberg Vistnes Jørpeland Songesand Stavanger Preikestolen Lysefjorden Lysebotn Tananger Hommersak Botne Eiane Øvre Espedal Suleska Bersagel Oanes Sola Sandnes Ims Forsand Fidjeland Lauvvik Helle Svartevatn Gandal Frafjord Tverrå Tjørhom Kvi Verdalen Sviland Dirdal Figgjo Oltedal Kleppe Gilja Øystebø Bryne Ålgård Brekko Mjåland Orre Time Gjesdal Byrkjedal Øvre Sirdal Eigeland Søyland Jæren Oppsal Birkeland Espeland Lindeland Solhom Nærbø Undheim Bue Bjordal Husvegg Varhaug Øvrebygd Sirdal Vigrestad Vikeså Bjømestad Tonstad Kna Eigeland Åvedal Risnes Bjerkreim Gya Brusand Ogna Rusdal Virak Haughom Netland Helleland Sirevåg Hegrestad Lindefjell Krossmoen Rossev Hellvik Slettebø Handeland Optedal Kvinlog Heskestad Egersund Ystebrød Mjåsund Sandvatn Moi Eia Hunnefossen Kleiva Eike Skåland Ålgård Sira Lædre Rekeland S Gyland Heddan Vatland Hauge Solbjør Flikka Sandvatn Sogndalstrand Elve Loga Trælandsfoss Snartef Åna-Sira Flekkefjord Kvinesdal Abelnes Feda Kirkehamn Rorvik Føland Listafjorden Sandvika Vatland Drange Elkeland Herad Jølle Lista Dragetal Lyngdal Vestbygd Vanse Farsund Allee Spind Loshamn Austad Vigeland Hausvik Spangereid Lindesnes

NORDSEE

nach Newcastle (GB)

nach Hirtshals (DK)

0 30 km

13 E39 44 45 42 465 43

200 km Alta Tromsø FIN Kiruna Narvik Bodø SCHWEDEN Mosjøen Trondheim Ålesund Lillehammer NORWEGEN Oslo Drammen Bergen Stavanger Kristiansand

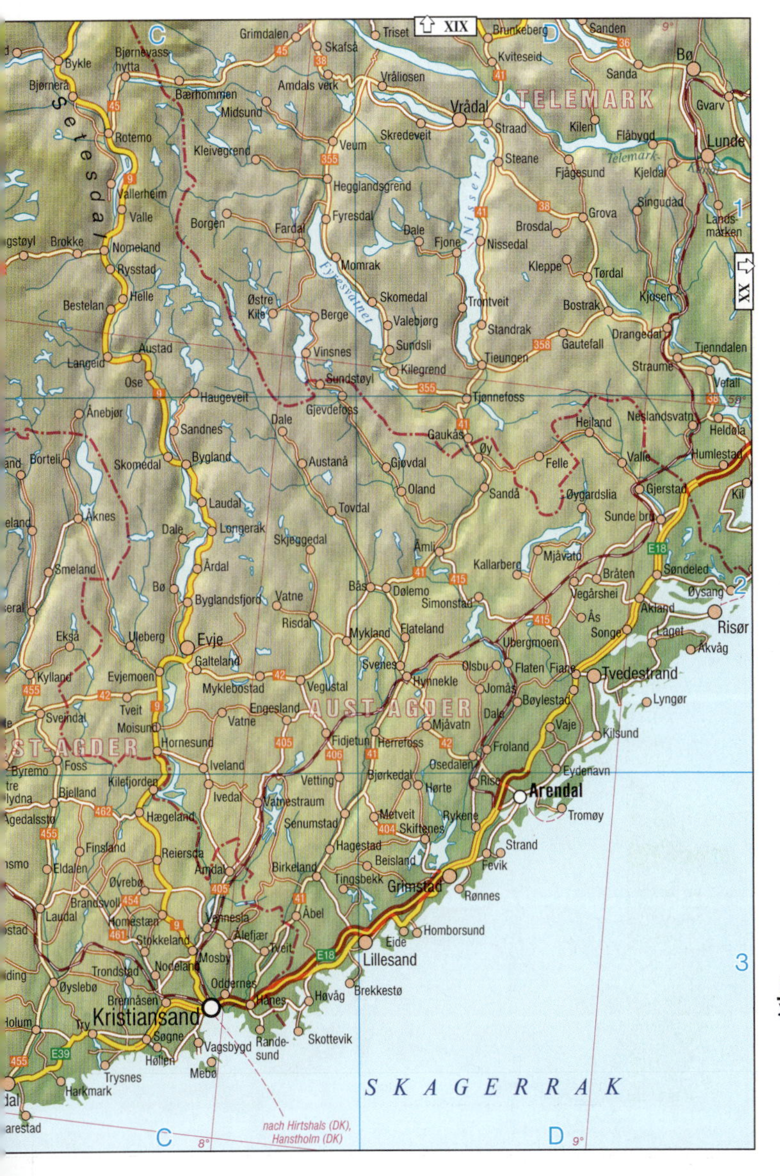
XIX
C
D
Grimdalen
Triset
Brunkeberg
Sanden
Bø
Bykle
Bjørnevass-
hytta
Skafså
Kviteseid
Bjørnera
Bærhommen
Amdals verk
Vråliosen
Sanda
Midsund
TELEMARK
Gvarv
Setesdal
Vrådal
Straad
Kilen
Flåbygd
Lunde
Rotemo
Veum
Skredeveit
Kleivegrend
Steane
Fjågesund
Telemark-Kanal
Kjeldal
Hegglandsgrend
Valleheim
Singudal
Valle
Fyresdal
Grova
Borgen
Fardal
Dale
Nisser
Brosdal
Lands-
marken
Fjone
Nissedal
Brokke
Nomeland
Momrak
Rysstad
Kleppe
Tørdal
Fyresvatnet
XX
Skomedal
Helle
Østre
Kile
Trontveit
Bostrak
Kjosen
Bestelan
Berge
Valebjørg
Standrak
Drangedal
Sundsli
Gautefall
Tjenndalen
Austad
Vinsnes
Tieungen
Langeid
Kilegrend
Straume
Ose
Sundstøyl
Vefall
Tjønnefoss
Haugeveit
Gjevdefoss
Åneb jør
Dale
Gaukås
Heiland
Neslandsvatn
Sandnes
Heldøla
Bygland
Øy
Valle
Borteli
Skomedal
Austanå
Gjøvdal
Felle
Humlestad
Oland
Gjerstad
Sandå
Øygardslia
Laudal
Kil
Tovdal
Sunde bru
Åknes
Dale
Longerak
Skjeggedal
Åmli
Mjåvatn
Smeland
Årdal
Kallarberg
Bråten
Søndeled
Bø
Ds
Dølemo
Øysang
Byglandsfjord
Vatne
Simonstad
Vegårshei
Akland
Risør
Risdal
Ås
Eksa
Uleberg
Evje
Flateland
Songe
Laget
Mykland
Ubergmoen
Åkvåg
Galteland
Svenes
Olsbu
Flaten
Fiane
Tvedestrand
Kylland
Evjemoen
Vegusdal
Hynnekle
Jomås
Myklebostad
Bøylestad
Lyngør
Tveit
Engesland
AUST-AGDER
Sveindal
Vatne
Dale
Moisund
Mjåvatn
Vaje
Hornesund
Fidjetun
Herrefoss
Kilsund
VEST-AGDER
Froland
Foss
Iveland
Osedalen
Byremo
Eydenavn
Kiletjorden
Vetting
Bjørkedal
Risdal
Arendal
Bjelland
Ivedal
Hørte
Vatnestraum
Tromøy
Hægeland
Metveit
Rykene
Senumstad
Skiftenes
Finsland
Hagestad
Strand
Reiersdal
Beisland
Eldalen
Fevik
Birkeland
Amdal
Tingsbekk
Øvrebø
Grimstad
Rønnes
Brandsvoll
Åbel
Laudal
Homestæn
Vennesla
Homborsund
Stokkeland
Ålefjær
Eide
Tveit
Mosby
Lillesand
Trondstad
Nodeland
Oddernes
Øyslebø
Høvåg
Brekkestø
Brennåsen
Hånes
Kristiansand
Try
Søgne
Skottevik
Vagsbygd
Rande-
sund
Høllen
Trysnes
Mebø
SKAGERRAK
Harkmark
nach Hirtshals (DK),
Hanstholm (DK)
C
8°
D
9°
1
2
3
E18
E39

NORWEGEN
DÄNEMARK
Ålesund
Stordal
Dombås
Otta
Ringebu
Lom
Stryn
Nordfjordeid
Måløy
Luster
Lillehammer
Rena
Trysil
Mora
Falun
Gävle
Florø
Førde
Kaupanger
Hamar
Elverum
Borlänge
Uppsala
Norrtälje
Vadheim
Aurland
Fagernes
Gol
Nes
Brandbu
Dal
Kongsvinger
Västerås
STOCKHOLM
Södertälje
Eskilstuna
Voss
Geilo
Hønefoss
OSLO
Arvika
Karlstad
Örebro
Katrineholm
Nyköping
Bergen
Alvik
Odda
Røldal
Kongsberg
Drammen
Mysen
Arjäng
Moss
Rakkestad
Norrköping
Sauda
Amot
Fredrikstad
Halden
Motala
Linköping
Mariestad
Haugesund
Valle
Skien
Larvik
Sandefjord
Strömstad
Langesund
Hjelmeland
Kragerø
Skara
Vänersborg
Västervik
Skudeneshavn
Stavanger
Evje
Lysekil
Trollhättan
Jönköping
Oskarshamn
Sandnes
Tonstad
Arendal
Grimstad
Göteborg
Borås
Borgholm
Egersund
Kvinesdal
Kristiansand
Skagen
Hauge
Lyngdal
Farsund
Kungsbacka
Värnamo
Växjö
Nybro
Kalmar
Hirtshals
Frederikshavn
Varberg
Ljungsby
Karlskrona
Halmstad
Karlshamn
Ronneby
Ålborg
Hanstholm
Thirsted
Hässleholm
Kiel
Newcastle
Hurtigruten
Fjord Line
Color Line
Kystlink
Stena Line
ThyFerries
60°
56°
4°
8°
12°
16°
378
448
446
444
416
362
368
343
434
458
455
432
355
354
335
407
330
397
454
402
394
136
319
298
282
279
250
180
176
172
279
273
294
205
233
269
231
227
216
99
Ortsbeschreibung auf Seite 99